条解 景品表示法

編集代表
村上政博

編集委員
伊藤憲二
森　大樹
藤井大悟

弘 文 堂

はしがき

　本書は、景品表示法が消費者庁に移管された後における、消費者保護法としての景品表示法についての初めの注釈書である。

　景品表示法は、平成15(2003)年の不実証広告規制の導入、平成20(2008)年の消費者団体訴権の導入、平成21(2009)年の消費者庁への移管、平成28(2016)年の課徴金制度の施行と、ここ20年間で大きく発展した。さらに本書刊行から5年後には更なる発展を遂げることが予想される。

　本書は何よりもタイミングに恵まれた。確約手続の導入、刑事直罰規定の新設などを内容とする令和5(2023)年改正法が成立したことと、それに先行して景品表示法研究会報告書等で論点整理が行われたことが景品表示法の理論面の発展に貢献した。さらに、令和5(2023)年改正法施行日の令和6(2024)年10月1日に合わせて本書の作業日程もおのずから定まることとなった。

　本書が無事完成でき、かつ、満足できるものに仕上がったことについては、数多くの関係者の協力の賜物である。

　まずは、長期間にわたり作業を共にしてもらった、編集委員、執筆責任者、執筆協力者各位に対して心からお礼を申し上げたい。なかでも、本書の手続法のうち、確約手続、課徴金制度、刑事罰などについては、景品表示法と独占禁止法の異同とそのあるべき姿を明らかにするために『条解独占禁止法』の対応部分を執筆した担当者に本書の該当部分の執筆をお願いした。

　特記すべき事項として、現国民生活センター理事長の山田昭典氏には景品表示法の歴史を執筆してもらったほか企画段階から様々に相談させていただいた。また本書についての作業開始時には西川康一編著『景品表示法(第6版)』(商事法務・2021)がこの分野の基本書であり、西川康一氏には企画当初からそれまでの経緯を教えてもらうとともに本書の内容についても数多くの助言をいただいた。公正競争規約については現公正取引協議会連合

会会長代行松山隆英氏からヒアリングの機会を設定してもらうと共に様々な助言をいただいた。ただし、本書の内容に係る基本方針についてはすべて編集代表が責任を負うべきものとなる。さらに、本書の事項索引のとりまとめおよび整理については全面的に須藤希祥氏にお願いした。

　最後に、このような注釈書の刊行には、他の本と比べて、膨大な時間と手間がかかるものである。本書の刊行に当たり、全面的な協力を得た弘文堂の北川陽子さんに御礼を申し上げたい。

　　　令和6（2024）年12月

編集代表
村上　政博

【編者・執筆者一覧】

〔編集代表〕

村上　政博（むらかみ・まさひろ）　一橋大学名誉教授・昭和女子大学客員教授
弁護士〔TMI 総合法律事務所〕

〔編集委員〕

伊藤　憲二（いとう・けんじ）　弁護士〔森・濱田松本法律事務所外国法共同事業〕
森　　大樹（もり・おおき）　弁護士〔長島・大野・常松法律事務所〕
慶應義塾大学大学院法務研究科教授
藤井　大悟（ふじい・だいご）　弁護士〔TMI 総合法律事務所〕

〔執筆責任者〕（司法修習期順）

山田　昭典（やまだ・あきのり）　独立行政法人国民生活センター理事長
高橋　省三（たかはし・しょうぞう）　名古屋経済大学大学院法学研究科非常勤講師
自動車公正取引協議会参与
笠原　　宏（かさはら・ひろし）　関西大学法学部教授
島田まどか（しまだ・まどか）　弁護士〔西村あさひ法律事務所・外国法共同事業〕
石田　　健（いしだ・たけし）　弁護士〔アンダーソン・毛利・友常法律事務所外国法
共同事業〕
須藤　希祥（すどう・きよし）　弁護士〔長島・大野・常松法律事務所〕
髙宮　雄介（たかみや・ゆうすけ）　弁護士〔森・濱田松本法律事務所外国法共同事業〕
鈴木　弘記（すずき・ひろき）　弁護士〔TMI 総合法律事務所〕

〔執筆協力者〕（司法修習期順）

宇都宮秀樹（うつのみや・ひでき）　弁護士〔森・濱田松本法律事務所外国法共同事業〕
森田多恵子（もりた・たえこ）　弁護士〔西村あさひ法律事務所・外国法共同事業〕
西本　良輔（にしもと・りょうすけ）　弁護士〔森・濱田松本法律事務所外国法共同事業〕
竹腰　沙織（たけこし・さおり）　弁護士〔森・濱田松本法律事務所外国法共同事業〕
金山　貴昭（かなやま・たかあき）　弁護士〔森・濱田松本法律事務所外国法共同事業〕
橋本　　康（はしもと・やすし）　弁護士〔アンダーソン・毛利・友常法律事務所外国法
共同事業〕
柿元　將希（かきもと・まさき）　弁護士〔森・濱田松本法律事務所外国法共同事業〕
村田　昇洋（むらた・しょうよう）　弁護士〔消費者庁表示対策課〕
梅澤　　舞（うめざわ・まい）　弁護士〔長島・大野・常松法律事務所〕
德備　隆太（とくび・りゅうた）　弁護士〔アンダーソン・毛利・友常法律事務所外国法
共同事業〕
馬渕　綾子（まぶち・あやこ）　弁護士〔消費者庁表示対策課〕
門田　航希（かどた・こうき）　弁護士〔森・濱田松本法律事務所外国法共同事業〕
安藤　庸博（あんどう・つねひろ）　弁護士〔TMI 総合法律事務所〕
野口　夏佳（のぐち・なつか）　弁護士〔長島・大野・常松法律事務所〕

吉川　智美	（よしかわ・ともみ）	弁護士〔アンダーソン・毛利・友常法律事務所外国法共同事業〕
久米野乃香	（くめ・ののか）	弁護士〔アンダーソン・毛利・友常法律事務所外国法共同事業〕
齊藤　三佳	（さいとう・みか）	弁護士〔アンダーソン・毛利・友常法律事務所外国法共同事業〕
芳賀　友香	（はが・ゆか）	弁護士〔TMI 総合法律事務所〕
生田　敦志	（いくた・あつし）	弁護士〔長島・大野・常松法律事務所〕
岩並野乃佳	（いわなみ・ののか）	弁護士〔森・濱田松本法律事務所外国法共同事業〕
小髙　綾太	（こだか・りょうた）	弁護士〔森・濱田松本法律事務所外国法共同事業〕
田中　達基	（たなか・たつき）	弁護士〔森・濱田松本法律事務所外国法共同事業〕
中坪　真緒	（なかつぼ・まお）	弁護士〔長島・大野・常松法律事務所〕
本田　陽希	（ほんだ・はるき）	弁護士〔長島・大野・常松法律事務所〕
飯田　浩貴	（いいだ・ひろき）	弁護士〔TMI 総合法律事務所〕
栗原　杏珠	（くりはら・あんじゅ）	弁護士〔長島・大野・常松法律事務所〕

条解景品表示法●目　　次—————————————————

はしがき　　　　　i
編者・執筆者一覧　iii
目　　次　　　　　v
凡　　例　　　　　xv

総論Ⅰ　景品表示法の歴史 ···································· 1

Ⅰ　景表法の制定 ···································· 1
1　制定に向けた背景(1)　　**2**　立法過程(2)　　**3**　原始景表法の体系(3)
4　初期の執行状況(8)

Ⅱ　景表法の主な改正状況 ···································· 9
1　昭和47年改正——都道府県への委任(9)　　**2**　平成15年改正——不実証
広告規制の導入(10)　　**3**　平成20年改正——消費者団体訴権の導入(12)
4　平成21年改正——景表法の消費者庁への移管(14)　　**5**　平成26年6月
の改正——管理上の措置の導入、都道府県の権限強化(17)　　**6**　平成26年
11月の改正——課徴金制度の導入(18)　　**7**　令和5年改正——確約制度の
導入、課徴金制度の見直し等(21)

Ⅲ　法改正以外のトピックス ···································· 23
1　表示規制における3号告示の活用(23)　　**2**　貿易摩擦と景表法(25)
3　規制緩和と景品規制(27)

Ⅳ　まとめ ···································· 28

総論Ⅱ　最近約5年間における消費者庁の法執行状況 ········· 30

1　最近5年間における景表法事例一覧(30)　　**2**　優良誤認表示——性能
効果・資料要求(31)　　**3**　その他の優良誤認表示(53)　　**4**　有利誤認表
示(64)　　**5**　告示該当(75)　　**6**　景品規制——「新聞業における景品類の
提供に関する事項の制限」（新聞業告示）(80)　　**7**　まとめ(81)

総論Ⅲ　景表法の基本構造と（立法政策を含む）今後の課題 ······· 82

1　法制の枠組み——景表法違反行為についての違法性段階説(82)
2　実体法——消費者保護法としての景表法(85)　　**3**　手続法(93)
4　不実証広告規制(101)　　**5**　5年後見直しによる最終決着を(106)

第1章　総　　則 ···································· 109

前注　総則的規定 ···································· 109

目　次　v

第1条〔目　　的〕……………………………………………………………… 111
　　1　本条の趣旨および経緯 *(111)*　　*2*　「一般消費者」*(114)*

第2条①〔定　　義〕……………………………………………………………… 117
　　1　本項の趣旨 *(117)*　　*2*　定義告示運用基準 *(118)*

第2条②〔定　　義〕……………………………………………………………… 121

第2条③〔定　　義〕……………………………………………………………… 122
　　1　定義告示・定義告示運用基準 *(123)*　　*2*　「景品類」の要件 *(123)*
　　3　「景品類」に該当しない経済上の利益 *(147)*　　*4*　景品類提供の主体と相
手方 *(158)*

第2条④〔定　　義〕……………………………………………………………… 160
　　1　定義告示 *(160)*　　*2*　「表示」の要件 *(161)*

第3条〔景品類及び表示の指定に関する公聴会等及び告示〕……………………… 176
　　1　本条の趣旨 *(176)*　　*2*　条文の解釈 *(176)*

第2章　景品規制・表示規制 ……………………………………………………… 179

第4条〔景品類の制限及び禁止〕………………………………………………… 179
　　1　景品規制総論 *(179)*　　*2*　一般懸賞・共同懸賞 *(197)*　　*3*　総付景品 *(222)*
　　4　複数の景品類の提供が行われる場合 *(236)*　　*5*　業種別告示 *(243)*

第5条〔不当な表示の禁止〕……………………………………………………… 249
　　1　禁止規定 *(250)*　　*2*　表示規制に係る法的枠組み *(250)*　　*3*　本条の事
業者 *(251)*　　*4*　供給主体性との関係 *(256)*　　*5*　課徴金納付命令の名宛
人との関係 *(258)*　　*6*　最近の事例 *(260)*

第5条(1)〔優良誤認表示〕………………………………………………………… 266
　　1　基本禁止表示 *(267)*　　*2*　「品質、規格その他の内容」*(267)*　　*3*　「実
際のものよりも著しく優良であると示し、又は事実に相違して当該事業者と
同種若しくは類似の商品若しくは役務を供給している他の事業者に係るもの
よりも著しく優良であると示す表示」*(268)*　　*4*　「著しく優良である」*(269)*
　　5　「実際のものよりも著しく優良であると示す表示」*(281)*　　*6*　「実際の
ものよりも著しく優良であると示す表示」の多様性 *(310)*　　*7*　「事実に相違
して競争事業者に係るものよりも著しく優良であると示す表示」*(339)*
　　8　「不当に顧客を誘引し、一般消費者による自主的かつ合理的な選択を阻害
するおそれがあると認められるもの」*(343)*

第5条(2)〔有利誤認表示〕………………………………………………………… 344
　　1　総　　論 *(344)*　　*2*　価格に関する有利誤認表示 *(347)*　　*3*　その他の
取引条件に関する有利誤認表示 *(385)*

第5条(3)〔その他の誤認表示〕…………………………………………………… 390
　　1　趣　　旨 *(390)*　　*2*　構成要件に関する解説 *(391)*　　*3*　現行の指定告
示 *(392)*　　*4*　無果汁の清涼飲料水等についての表示(告示❶) *(393)*

5 商品の原産国に関する不当な表示〔原産国告示〕（告示❷）（*395*）　**6** 消費者信用の融資費用に関する不当な表示（告示❸）（*405*）　**7** 不動産のおとり広告に関する表示（告示❹）（*408*）　**8** おとり広告に関する表示〔おとり広告告示〕（告示❺）（*410*）　**9** 有料老人ホームに関する不当な表示〔有料老人ホーム告示〕（告示❻）（*418*）　**10** 一般消費者が事業者の表示であることを判別することが困難である表示〔ステマ告示〕（告示❼）（*429*）

第6条〔景品類の制限及び禁止並びに不当な表示の禁止に係る指定に関する公聴会等及び告示〕 ·· *448*

1 歴史・趣旨（*449*）　**2** 他の法令における表示規制（*449*）

第3章　措置と課徴金 ·· *465*

前注　措置命令と独占禁止法の排除措置命令の異同 ························ *465*

1 景表法の独占禁止法からの独立（*465*）　**2** 景表法上のエンフォースメントの概要（*466*）　**3** 景表法上の措置命令と、独占禁止法上の排除措置命令の異同（*467*）

第7条①〔措置命令〕 ·· *467*

1 本項の趣旨・近時の状況（*468*）　**2** 措置命令の主体（*468*）　**3** 措置命令の法的性質と手続（*469*）　**4** 措置命令の名宛人（*471*）　**5** 措置命令の要件（*471*）　**6** 措置命令の内容（*472*）

第7条②〔不実証広告規制〕 ·· *475*

1 趣旨・沿革（*475*）　**2** 導入経緯の詳細（*476*）　**3** 要　件（*478*）　**4** 裁判例、措置命令の展開等（*485*）

第7条③ ·· *507*

第8条前注　課徴金制度 ·· *508*

1 課徴金制度の導入の経緯（*508*）　**2** 課徴金制度の趣旨・目的（*509*）　**3** 課徴金納付命令に関する実体的要件の概要（*510*）　**4** 課徴金納付命令に関する手続（*512*）　**5** 課徴金納付命令の効果等（*513*）　**6** 独占禁止法の課徴金制度との比較（*513*）

第8条①②〔課徴金納付命令〕 ·· *517*

1 概　要（*518*）　**2** 趣　旨（*518*）　**3** 非裁量的処分（*519*）　**4** 「課徴金対象行為」（*519*）　**5** 課徴金額の算定方法（*520*）　**6** 主観的要素（*535*）　**7** 規模基準（*545*）

第8条③ ·· *546*

1 趣旨・沿革（*546*）　**2** 要件に関する解説——「推定」の趣旨（*546*）　**3** 実務運用（*547*）

第8条④ ·· *547*

1 概　要（*548*）　**2** 趣　旨（*548*）　**3** 課徴金の計算の基礎となるべき事実（*549*）　**4** 25条1項による報告を求められたにもかかわらずその報告をしない場合（*549*）　**5** 具体的な推計方法（*549*）

目　次　vii

第8条⑤⑥‥‥‥‥‥‥‥‥‥‥‥‥‥‥‥‥‥‥‥‥‥‥‥‥‥‥‥‥‥‥‥‥‥‥‥‥‥‥ 550

1 概　　要（550）　**2** 趣　　旨（550）　**3** 基準日（550）　**4**「10年
以内に」（551）　**5**「課徴金納付命令（当該課徴金納付命令が確定している
場合に限る。）を受けたこと」（551）　**6**「当該課徴金納付命令の日以後にお
いて課徴金対象行為をしていた者」（551）

第9条〔課徴金対象行為に該当する事実の報告による課徴金の額の減額〕‥‥‥‥ 552

1 趣　　旨（552）　**2** 要　　件（554）　**3** 効果等（556）　**4** 自主
的報告の事例（557）　**5** 今後の運用の見通し（561）

第10条①〔返金措置の実施による課徴金の額の減額等〕‥‥‥‥‥‥‥‥‥‥‥‥ 562

1 趣　　旨（562）　**2** 確約手続との関係（563）　**3** 寄附制度の検討と
不採用（564）　**4** 本減額制度の内容（564）　**5** 本減額制度を利用でき
る事業者（565）　**6** 返金措置の対象となる一般消費者（565）　**7** 特定
消費者からの申出（567）　**8** 返金の額（567）　**9** 特定消費者への返金
手段（568）　**10** 実施予定返金措置計画の提出期限（570）

第10条②〔返金措置の実施による課徴金の額の減額等——実施予定返金措置計画
の必要的記載事項〕‥‥‥‥‥‥‥‥‥‥‥‥‥‥‥‥‥‥‥‥‥‥‥‥‥‥‥‥ 570

1 趣　　旨（570）　**2** 実施予定返金措置計画の必要的記載事項および添
付書類（570）　**3** 行政手続法との関係（571）

第10条③〔返金措置の実施による課徴金の額の減額等——申請前の返金措置の実施〕

‥‥‥‥‥‥‥‥‥‥‥‥‥‥‥‥‥‥‥‥‥‥‥‥‥‥‥‥‥‥‥‥‥‥‥‥‥‥ 571

1 趣　　旨（572）　**2** 具体的な任意記載事項（572）

第10条④〔返金措置の実施による課徴金の額の減額等——認定前の返金措置の実施〕

‥‥‥‥‥‥‥‥‥‥‥‥‥‥‥‥‥‥‥‥‥‥‥‥‥‥‥‥‥‥‥‥‥‥‥‥‥‥ 573

1 趣　　旨（573）　**2** 具体的な報告書記載事項（573）

第10条⑤〔返金措置の実施による課徴金の額の減額等——実施予定返金措置計画
の認定要件〕‥‥‥‥‥‥‥‥‥‥‥‥‥‥‥‥‥‥‥‥‥‥‥‥‥‥‥‥‥‥‥ 574

1 趣　　旨（574）　**2**「実施予定返金措置が円滑かつ確実に実施される
と見込まれるものであること」（1号）（575）　**3**「特定の者について不当に
差別的でないものであること」（2号）（575）　**4**「実施期間が……内閣府令
で定める期間内に終了するものであること」（3号）（576）

第10条⑥〔返金措置の実施による課徴金の額の減額等——実施予定返金措置計画
の変更〕‥‥‥‥‥‥‥‥‥‥‥‥‥‥‥‥‥‥‥‥‥‥‥‥‥‥‥‥‥‥‥‥‥ 577

1 趣　　旨（577）　**2** 変更認定申請書の記載事項（578）

第10条⑦〔返金措置の実施による課徴金の額の減額等——変更後の実施予定返金
措置計画の認定要件〕‥‥‥‥‥‥‥‥‥‥‥‥‥‥‥‥‥‥‥‥‥‥‥‥‥‥‥ 578

1 趣　　旨（578）　**2**「実施予定返金措置の対象となる者」のうち「特定
の者について不当に差別的でない」（本項の準用する5項2号）（578）

第10条⑧〔返金措置の実施による課徴金の額の減額等〕······································579
　　1　趣　　旨（579）　　**2**　「適合して実施されていない」の具体例（579）
　　3　認定の取消処分を争う方法（580）

第10条⑨〔返金措置の実施による課徴金の額の減額等〕······································581

第10条⑩〔返金措置の実施による課徴金の額の減額等〕······································581

第11条①··581
　　1　趣　　旨（582）　　**2**　報告の主体（582）　　**3**　報告の様式および添付書
　　類（582）　　**4**　報告が虚偽であった場合（583）

第11条②··583
　　1　趣　　旨（583）　　**2**　「認定後に実施された返金措置が認定実施予定返
　　金措置計画に適合して実施されたと認めるとき」（584）　　**3**　減額対象とな
　　る金額（584）

第11条③··585

第12条①〔課徴金の納付義務等〕··585

第12条②··585

第12条③··586
　　1　概　　要（586）　　**2**　本項の趣旨（586）　　**3**　関連規定の適用（587）
　　4　近時の事例（587）

第12条④⑤···587
　　1　概　　要（589）　　**2**　趣　　旨（589）　　**3**　「特定事業承継等子会社」
　　（589）

第12条⑥··590

第12条⑦··591

第13条〔課徴金納付命令に対する弁明の機会の付与〕································592
　　1　趣　　旨（592）　　**2**　行政手続法上の意見陳述手続の適用がないこと
　　（592）　　**3**　景表法において弁明の機会の付与が設けられた理由（592）
　　4　独占禁止法との関係（593）　　**5**　「名宛人となるべき者」（594）

第14条〔弁明の機会の付与の方式〕··595
　　1　趣　　旨（595）　　**2**　弁明書の提出（1項）（595）　　**3**　証拠書類等の提
　　出（2項）（596）

第15条〔弁明の機会の付与の通知の方式〕···596
　　1　趣　　旨（597）　　**2**　相当な期間（1項柱書）（597）　　**3**　通知の記載事
　　項（1項各号）（597）　　**4**　公示による通知（2項）（598）

第16条〔代理人〕··599
　　1　趣　　旨（600）　　**2**　代理人の選任（1項）（600）　　**3**　代理人の権限
　　（2項）（600）　　**4**　代理人の資格の証明（3項）（601）　　**5**　代理人の資格
　　の喪失（4項）（601）

目　次　ix

第17条〔課徴金納付命令の方式等〕 …………………………………………… 601

1 趣　旨(602)　　**2** 課徴金納付命令の方式(602)　　**3** 課徴金納付命令の効力発生時期(603)　　**4** 課徴金の納期限(603)

第18条〔納付の督促〕 ………………………………………………………………… 604

1 趣　旨(604)　　**2** 督促命令(605)　　**3** 督促命令の効果(605)

第19条〔課徴金納付命令の執行〕 …………………………………………………… 605

1 趣　旨(606)　　**2** 課徴金納付命令の効力(606)　　**3** 公務所または公私の団体に対する照会(606)

第20条〔課徴金等の請求権〕 ………………………………………………………… 607

1 趣　旨(607)　　**2** 独占禁止法との相違(607)

第21条〔行政手続法の適用除外〕 …………………………………………………… 607

1 趣　旨(608)　　**2** 行政手続法第3章の規定の適用がない不利益処分(608)　　**3** 認定実施予定返金措置計画取消処分に係る行政手続法12条および14条の規定の適用(608)

第22条〔事業者が講ずべき景品類の提供及び表示の管理上の措置〕 ………… 609

1 本条が設けられた背景(610)　　**2** 本条の規定内容(610)　　**3** 管理措置指針の基本的な考え方・用語の説明(610)　　**4** 具体的な措置の内容(614)　　**5** 管理措置指針と8条1項柱書ただし書の関係について(633)

第23条〔指導及び助言〕 ……………………………………………………………… 633

1 本条の意義(633)　　**2** 執行状況(634)　　**3** 具体的事例(634)

第24条〔勧告及び公表〕 ……………………………………………………………… 635

1 本条の意義(635)　　**2** 執行状況(636)

第4章　行政調査 ……………………………………………………………………… 637

前注　行政調査から措置までの流れ ……………………………………………… 637

1 概　要(637)　　**2** 執行主体(637)　　**3** 端　緒(639)　　**4** 調査(641)　　**5** 事前手続(弁明の機会の付与)(641)　　**6** 措　置(642)

第25条〔報告の徴収及び立入検査等〕 …………………………………………… 643

1 本条の趣旨(643)　　**2** 行政調査権限(643)　　**3** 立入検査に関する手続規定(2項)(644)　　**4** 行政調査権限と犯罪捜査権限の関係(3項)(644)

第5章　確約手続 ……………………………………………………………………… 645

前注　是正措置計画の認定および独占禁止法の確約手続との異同 …………… 645

1 確約手続導入の背景および経緯(645)　　**2** 概　要(646)　　**3** 確約手続の対象となる行為(647)　　**4** 手続の流れ(648)　　**5** 独占禁止法における確約手続との異同(650)　　**6** その他確約手続と類似の制度(653)　　**7** 諸外国における類似の制度(654)　　**8** 確約手続の長所および短所(654)

9 民事訴訟・抗告訴訟 (655)

第26条〔継続中の違反被疑行為に係る通知〕 ……………………………………… 656
1 確約手続通知をすることができる時期 (656) **2** 確約手続の対象 (657)
3 確約手続通知の効果 (658) **4** 確約手続通知の内容 (659)

第27条〔是正措置計画に係る認定の申請等〕 ……………………………………… 659
1 確約認定申請の方法 (660) **2** 認定申請書の内容 (661) **3** 確約認
定申請の変更または取下げ (661) **4** 是正措置の内容 (662) **5** 認定
または却下 (663) **6** 認定を受けた是正措置計画の変更 (664) **7** 是正
措置計画の認定に関する公表 (665)

第28条〔是正措置計画に係る認定の効果〕 ………………………………………… 665
1 是正措置計画の認定の効果 (665) **2** 確約手続移行前の手続との関係
等 (666)

第29条〔是正措置計画に係る認定の取消し等〕 …………………………………… 667
1 是正措置計画に係る認定の取消しの手続 (667) **2** 認定の取消しの効
果 (668)

第30条〔既往の違反被疑行為に係る通知〕 ………………………………………… 668

第31条〔影響是正措置計画に係る認定の申請等〕 ………………………………… 669

第32条〔影響是正措置計画に係る認定の効果〕 …………………………………… 670

第33条〔影響是正措置計画に係る認定の取消し等〕 ……………………………… 671

第6章　適格消費者団体 …………………………………………………………… 673

前注　民事救済（消費者団体訴訟制度） ……………………………………………… 673
1 総　論 (673) **2** 適格消費者団体による差止請求（事前の救済）(673)
3 特定適格消費者団体による被害回復請求（事後の救済）(678)

第34条〔差止請求権等〕 ………………………………………………………………… 689
1 適格消費者団体の差止請求権（1項）(690) **2** 適格消費者団体への情
報提供（2項）(698) **3** 適格消費者団体が提供を受けた情報の目的外利
用・提供の禁止（3項）(699) **4** 独占禁止法上の差止請求権（同24条）との
比較 (699)

第35条〔資料開示要請等〕 ……………………………………………………………… 701
1 趣　旨 (702) **2** 適格消費者団体による資料開示要請（1項）(702)
3 資料開示要請を受けた事業者の努力義務（2項）(703)

第7章　公正競争規約 …………………………………………………………………… 705

36条前注　公正競争規約 ……………………………………………………………… 705
1 公正競争規約とは (705) **2** 制定・改正経緯 (705) **3** 制度の趣
旨・存在理由 (711) **4** 公正競争規約制度の淵源等 (714)

目　次　xi

第36条①〔協定又は規約〕 ···································· 716

    1 概　　　要 (717)　　*2* 規約・規約制度の目的 (717)　　*3* 規約の業種と設定主体 (718)　　*4* 規約の運用機関 (公正取引協議会) (722)　　*5* 規約に定める事項 (723)　　*6* 協定・規約 (725)　　*7* 規約の認定 (725)　　*8* 認定の手続 (内閣府令) (727)　　*9* 規約の内容のまとめ (728)　　*10* 規約の変更 (729)　　*11* 規約によって生じる効果 (730)　　*12* 「事業者が講ずべき管理上の措置」における公正競争規約 (733)

第36条②〔認定の要件〕 ···································· 734

    1 認定要件 (734)　　*2* 認定処分の不服審査等 (738)

第36条③〔認定の取消し〕 ···································· 743

    1 概　　　要 (743)　　*2* 認定取消しの手続 (743)　　*3* 規約の廃止 (744)

第36条④〔告　　示〕 ···································· 745

    1 告示の内容 (745)　　*2* 官報告示の例 (745)

第36条⑤〔独占禁止法の適用除外〕 ···································· 746

    1 本項の内容 (746)　　*2* 独占禁止法適用除外の趣旨 (747)　　*3* 事業者団体による景品表示の自主規制等と独占禁止法 (748)

第37条〔協　　議〕 ···································· 748

    1 概　　　要 (748)　　*2* 制定経緯 (749)

後注　公正競争規約 ···································· 749

    1 公正競争規約の構成 (749)　　*2* 表示規約 (754)　　*3* 景品規約 (778)

第8章　執行機関等 ···································· 793

前　　注 ···································· 793

    1 執行機関総論 (793)　　*2* 景表法に関連した権限を有する機関 (794)　　*3* 景表法の運用に関与する機関 (798)

第38条〔権限の委任等〕 ···································· 801

    1 本条の趣旨 (803)　　*2* 消費者庁長官への委任 (1項) (803)　　*3* 公取委への再委任 (2項) (804)　　*4* 事業所管大臣等への再委任 (3項) (805)　　*5* 受任した権限行使の結果の報告 (4項) (806)　　*6* 事業所管大臣から地方支分部局の長への委任 (5項) (806)　　*7* 金融庁長官から証券取引等監視委員会への再委任 (6項) (807)　　*8* 金融庁長官から財務局長等への再委任 (7項) (808)　　*9* 証券取引等監視委員会から財務局長等への再委任 (8項・9項) (808)　　*10* 証券取引等監視委員会に委任された報告命令・処分に係る審査請求先 (10項) (809)　　*11* 都道府県が処理する事務 (11項) (810)

第39条〔内閣府令への委任等〕 ···································· 810

    1 概要等 (811)　　*2* 内閣府令への委任事項 (811)

第40条〔関係者相互の連携〕 ···································· 812

第9章　行政手続 ··· 815

第41条〔外国執行当局への情報提供〕 ·· 815
1　改正の概要 *(816)*　　*2*　本条の構成・趣旨 *(817)*　　*3*　要　　件 *(817)*

第42条〔送達書類〕 ··· 818
1　本条の趣旨 *(819)*　　*2*　送達すべき書類 *(819)*

第43条〔送達に関する民事訴訟法の準用〕 ································· 819
1　本条の趣旨 *(820)*　　*2*　付郵便送達 *(820)*　　*3*　在外事業者への送達 *(820)*

第44条〔公示送達〕 ··· 821
1　本条の趣旨 *(822)*　　*2*　公示送達を行う場合（1項）*(822)*　　*3*　公示送達の方法（2項）*(823)*　　*4*　公示送達の効力発生時期（3項・4項）*(824)*

第45条〔電子情報処理組織の使用〕 ··· 824
1　電子情報処理組織による処分通知等 *(824)*　　*2*　送達報告書に代わる電子ファイル記録 *(824)*

第10章　罰　　則 ··· 827

前　　注 ··· 827
1　はじめに *(827)*　　*2*　景表法の罰則規定の運用状況 *(827)*　　*3*　令和5年改正による直罰規定の新設 *(828)*　　*4*　独占禁止法の刑罰規定との異同 *(829)*　　*5*　課徴金との併科 *(831)*

第46条 ·· 833
1　本条の趣旨 *(833)*　　*2*　主　　体 *(833)*　　*3*　対象行為 *(833)*

第47条 ·· 834

第48条 ·· 835
1　本条の趣旨 *(835)*　　*2*　主　　体 *(836)*　　*3*　実行行為 *(838)*　　*4*　主　　観 *(838)*　　*5*　法定刑 *(839)*

第49条 ·· 839
1　本条の趣旨 *(840)*　　*2*　法人等に対する罰金刑（1項）*(840)*　　*3*　法人でない団体等に対する罰金刑（2項・3項）*(841)*

第50条 ·· 841
1　本条の趣旨 *(842)*　　*2*　従業者の違反行為 *(842)*　　*3*　法人の代表者の行為 *(842)*

第51条 ·· 842

第52条 ·· 843

目　次　xiii

事項索引　　*845*

判審決索引　　*853*

凡　例

1　本書の体裁

(1)　本文中の体裁は、**1**、**2**、**3**……、(1)、(2)、(3)……、(a)、(b)、(c)……、(i)、(ii)、(iii)……、(ア)、(イ)、(ウ)……の順で区分してある。

(2)　各条文ごとに目次を付し、解説内容の全体像を明らかにするとともに検索の便を図った。

(3)　条文全体の有機的な利用を図るため、他の条文の解説を参照する場合、「詳細については、**§2**③-**2**(4)(e)参照」あるいは〔**§15**①-**2**を参照〕〔その他の論点について、後述**2**(3)(b)参照〕などの形でリファーした。

2　法　　令

(1)　本書中で法令を示すときは、原則として令和6年10月現在のものによった。

(2)　各条文解説の先頭に掲げた景品表示法の条文は、原典どおりとした。ただし、条文数、条文内の漢数字は、算用数字に置き換えて表示した。

(3)　解説において、景品表示法は原則として条文番号のみで示した。

(4)　かっこ内で参照条文を示すときは、条は数字のみとし、項を①、②……、号を(1)、(2)……と表記した。

景品表示法については法令名を省き、略語表に掲げられているもの以外の法令名の表記については、大方の慣例に従った。

〔例〕景品表示法2条2項1号 ⟶ (2②(1))

同一法令の条文番号はナカグロ(・)でまとめ、異なる法令の条文番号は読点(、)で区切った。

〔例〕景品表示法13条・14条、特例法2条4号 ⟶ (13・14、特例2(4))

＊略語表──法令・機関・ガイドライン等

①法令等

景表法　　不当景品類及び不当表示防止法

※原則として条数のみを記載する。

改正については「平成/令和○年改正」とする。

景表規　　不当景品類及び不当表示防止法施行規則

※他法については「○○規」とする。

景表令　　不当景品類及び不当表示防止法施行令

※他法については「○○令」とする。

消契法	消費者契約法
独禁法	私的独占の禁止及び公正取引の確保に関する法律
一般指定	不公正な取引方法（平成21年10月28日公取委告示第18号）
特商法	特定商取引に関する法律
特例法	消費者の財産的被害等の集団的な回復のための民事の裁判手続の特例に関する法律
薬機法	医薬品、医療機器等の品質、有効性及び安全性の確保等に関する法律
JAS法	日本農林規格等に関する法律
公取委	公正取引委員会

②告示・ガイドライン等

医療関係告示	医療用医薬品業、医療機器業及び衛生検査所業における景品類の提供に関する事項の制限（制定昭和59年9月13日公取委告示第25号、全部変更平成9年8月11日公取委告示第54号、変更平成28年4月1日内閣府告示第124号）
おとり広告告示	おとり広告に関する表示（平成5年4月28日公取委告示第17号）
価格表示ガイドライン	不当な価格表示についての景品表示法上の考え方（平成12年6月30日公取委、改定平成28年4月1日消費者庁）
確約手続ガイドライン	確約手続に関する運用基準（令和6年4月18日消費者庁長官決定）
確約手続パブコメ	不当景品類及び不当表示防止法施行規則の一部を改正する内閣府令（案）等に関する御意見の概要及び当該御意見に対する考え方（令和6年4月18日）
確約手続府令	不当景品類及び不当表示防止法の規定に基づく確約手続に関する内閣府令（令和6年4月18日内閣府令第55号）
課徴金ガイドライン	不当景品類及び不当表示防止法第8条（課徴金納付命令の基本的要件）に関する考え方（平成28年1月29日消費者庁、一部改定令和6年4月18日消費者庁長官決定）
課徴金ガイドライン・パブコメ	「不当景品類及び不当表示防止法施行規則（案）」及

	び「不当景品類及び不当表示防止法第8条（課徴金納付命令の基本的要件）に関する考え方（案）」に対する意見募集の結果について（平成28年1月29日）消費者庁表示対策課
管理措置指針	事業者が講ずべき景品類の提供及び表示の管理上の措置についての指針（平成26年11月14日内閣府告示第276号、改正平成28年4月1日内閣府告示第125号、改正令和4年6月29日内閣府告示第74号）
原産国告示	商品の原産国に関する不当な表示（昭和48年10月16日公取委告示第34号）
懸賞運用基準	「懸賞による景品類の提供に関する事項の制限」の運用基準（平成24年6月28日消費者庁長官通達第1号）
懸賞制限告示	懸賞による景品類の提供に関する事項の制限（昭和52年3月1日公取委告示第3号、改正平成8年2月16日公取委告示第1号）
雑誌業告示	雑誌業における景品類の提供に関する事項の制限（制定昭和52年3月1日公引委告示第4号、全部変更平成4年2月12日公取委告示第3号、変更平成8年12月10日公取委告示第34号）
消費者庁報告書	消費者庁景品表示法検討会「報告書」（令和5年1月13日）
新聞業告示	新聞業における景品類の提供に関する事項の制限（制定昭和39年10月9日公取委告示第15号、全部変更平成10年4月10日公取委告示第5号、変更平成12年8月15日公取委告示第29号）
ステマパブコメ	「一般消費者が事業者の表示であることを判別することが困難である表示」告示案及び「一般消費者が事業者の表示であることを判別することが困難である表示」運用基準案に関する御意見の概要及び当該御意見に対する考え方（令和5年3月28日）
ステマ告示	一般消費者が事業者の表示であることを判別することが困難である表示（令和5年3月28日内閣府告示第19号）

凡　例　xvii

総額表示義務ガイドライン	総額表示義務に関する消費税法の特例に係る不当景品類及び不当表示防止法の適用除外についての考え方（平成25年9月10日消費者庁、一部改正平成31年3月29日消費者庁）
総付運用基準	「一般消費者に対する景品類の提供に関する事項の制限」の運用基準について（昭和52年4月1日事務局長通達第6号、改正平成8年2月16日事務局長通達第1号）
総付制限告示	一般消費者に対する景品類の提供に関する事項の制限（昭和52年3月1日公取委告示第5号、改正平成28年4月1日内閣府告示第123号）
定義告示	不当景品類及び不当表示防止法第2条の規定により景品類及び表示を指定する件（昭和37年6月30日公取委告示第3号、改正平成10年12月25日公取委告示第20号、平成21年8月28日公取委告示第13号）
定義告示運用基準	景品類等の指定の告示の運用基準について（昭和52年4月1日事務局長通達第7号、改正令和6年4月18日消費者庁長官決定）
電子商取引ガイドライン	消費者向け電子商取引における表示についての景品表示法上の問題点と留意事項（平成14年6月5日公取委、一部改定平成15年8月29日公取委）
比較広告ガイドライン	比較広告に関する景品表示法上の考え方（昭和62年4月21日公取委事務局、改正平成28年4月1日消費者庁）
不実証広告ガイドライン	不当景品類及び不当表示防止法第7条第2項の運用指針―不実証広告の規制に関する指針（平成15年10月28日公取委、一部改正平成28年4月1日消費者庁）
不動産業告示	不動産業における一般消費者に対する景品類の提供に関する事項の制限（制定昭和58年10月25日公取委告示第17号、全部変更平成9年4月25日公取委告示第37号）
有料老人ホーム告示	有料老人ホームに関する不当な表示（平成16年4月2日公取委告示第3号）

| 留意事項 | 健康食品に関する景品表示法及び健康増進法上の留意事項について(制定平成25年12月24日、全部改定平成28年6月30日、一部改定令和4年12月5日) |

3 判 例

(1) 原則として、令和6年11月までに公刊された資料によった。

(2) 判例の表記方法は、大方の慣例に従った。判例出典の表記は以下のような略語を用いた。

＊略語表──判例

審決集	公正取引委員会審決集・命令集
民集	最高裁判所民事判例集
刑集	大審院刑事判例集、最高裁判所刑事判例集
刑録	大審院刑事判決録
高民集	高等裁判所民事判例集
高刑集	高等裁判所刑事判例集
行集	行政事件裁判例集
裁時	裁判所時報
刑月	刑事裁判月報
訟月	訟務月報
判時	判例時報
判タ	判例タイムズ
金商	金融・商事判例

4 文 献

(1) 略語表の文献は原則として令和6年11月現在での最新版を示した。

(2) 略語表に掲げた文献を引用する場合、原則として参照頁数の後にその部分の執筆者名を〔　　〕に入れて示した。

(3) 略語表にない単行本については、著者『書名』(出版社・発行年)頁数を示した。雑誌等論文については、著者「論文名」掲載雑誌・号数(発行年)頁数を示した。

＊略語表──単行本その他

| 川井＝地頭所 | 川井克倭＝地頭所五男『Q＆A景品表示法──景品・表示規制の理論と実務〔改訂版第2版〕』(青林書院・2007) |

実務	渡辺大祐『法律要件から導く論点整理　景品表示法の実務』(第一法規・2023)
詳説課徴金制度	原山康彦＝古川昌平＝染谷隆明編著『詳説　景品表示法の課徴金制度』(商事法務・2016)
高居〔第7版〕	高居良平編著『景品表示法〔第7版〕』(商事法務・2024)
波光＝鈴木	波光巖＝鈴木恭蔵『実務解説　景品表示法〔第2版〕』(青林書院・2016)
西川〔第6版〕	西川康一編著『景品表示法〔第6版〕』(商事法務・2021)
逐条解説・平成26年11月改正	黒田岳士＝加納克利＝松本博明編著『逐条解説　令和26年11月改正景品表示法―課徴金制度の解説』(商事法務・2015)
逐条解説・令和5年改正	南雅晴＝片岡克俊編著『逐条解説　令和5年改正景品表示法―確約手続の導入など』(商事法務・2023)

＊略語表──雑誌・紀要・その他資料

公取	公正取引
最判解	最高裁判所判例解説
ジュリ	ジュリスト
曹時	法曹時報
ひろば	法律のひろば
法教	法学教室
法セミ	法学セミナー
インターネットQ＆A	消費者庁「インターネット上の取引と『カード合わせ』に関するQ＆A」
景品Q＆A	消費者庁「景品に関するQ＆A」
指針Q＆A	消費者庁「指針に関するQ＆A」
ステマQ＆A	消費者庁「ステルスマーケティングに関するQ＆A」
表示Q＆A	消費者庁「表示に関するQ＆A」

総論 I - I - *1*

総論 I 景品表示法の歴史

> **I 景表法の制定** **1** 制定に向けた背景 **2** 立法過程 **3** 原始景表法の体系 **4** 初期の執行状況 **II 景表法の主な改正状況** **1** 昭和47年改正——都道府県への委任 **2** 平成15年改正——不実証広告規制の導入 **3** 平成20年改正——消費者団体訴権の導入 **4** 平成21年改正——景表法の消費者庁への移管 **5** 平成26年6月の改正——管理上の措置の導入、都道府県の権限強化 **6** 平成26年11月の改正——課徴金制度の導入 **7** 令和5年改正——確約制度の導入、課徴金制度の見直し等 **III 法改正以外のトピックス** **1** 表示規制における3号告示の活用 **2** 貿易摩擦と景表法 **3** 規制緩和と景品規制 **IV まとめ**

　景表法(昭和37年法律第134号)は、昭和37(1962)年に制定された景品提供および広告・表示を規制する一般法である。同法は、当初、独禁法(昭和22年法律第54号)の規制のうち、不公正取引規制の一部に係る特例法として制定され、公取委を中心として運用されてきたが、消費者行政の一元化を進めるための、平成20(2008)年の消費者庁の新設時における消費者問題関連法制の整備により、その所管、執行権限等が消費者庁に移管され、現在に至っている。

　本項では、景表法の制定に至る事情から約60年にわたる同法制定後の動きについて法制面を中心に俯瞰する。

　なお、本項で引用する条文番号は、制定時またはそれぞれの改正時のもので、現行法のそれとは異なる場合が多いことに留意されたい。

I 景表法の制定

1 制定に向けた背景

　景表法が制定された昭和30年代は、日本が戦後復興から立ち上がり高度経済成長に移行する時期で、消費生活が高度化する一方、企業間の競争が激しくなって、消費者に対する広告宣伝活動も活発化し、商品の品質に関係しない過大な景品類の提供や誇大広告が社会問題化してきた時期に当たる。

　景品類についてみると、日本経済が自由競争を基調として企業間競争も活発化していった昭和20年代後半頃から昭和30年代にかけて、過大な景品付き販売が目立つようになってきた。例えば、流通業者に対しては多額の物品の提供や旅行等への招待といった供応行為、消費者向けには抽せん券付の販売行為(チューインガ

総論 I - I - 2

ムで1000万円が当たる、ウイスキーでハワイ旅行、電機製品で土地・建物を提供等）などが実施され、多くの業種に波及していった。

また、広告・表示に関しては、消費者の商品知識が不足している一方で、自社の商品・サービスに関する広告宣伝の量が年々増大し、その中には行きすぎた宣伝や商品内容の偽装などが行われるものもあった。この点で、大きな契機となったのは、いわゆる「ニセ牛缶事件」である。これは、昭和35(1960)年夏に牛肉製品の缶詰に異物が混入していたとの通報を受けたことを発端に類似の缶詰製品について調査を行ったところ、「牛肉の大和煮」等と表示され、市販されていた缶詰の大部分で馬肉や鯨肉が混用され、牛肉を100％使用していたものはごくわずかであることが判明したというものであった。この件の発覚を受けて、消費者団体等や業界内部からも、実効的な表示規制を求める声が強まった。

こうした状況に対処するため、公取委は、独禁法の規定に基づき、過大景品や不当表示を「不当顧客誘引」として不公正な取引方法に指定する告示を業種別に制定した（特殊指定）。

まず、昭和27(1952)年4月、しょうゆ業における景品提供に対する特殊指定が制定され（ただし、昭和28(1953)年の独禁法改正前の「不公正な競争方法」としての指定。同改正法施行時の昭和28年9月に「不公正な取引方法」として改めて指定）、その後、みそ業、ソース業、ゴムはき物業、マッチ業等多くの消費財に関して景品提供を原則禁止とする特殊指定が行われた。景品提供に関する多くの特殊指定の構造はほぼ同じで、「○○の生産・販売を業とする者が、販売手段として、○○の販売業者または消費者に対し、購買を条件として、物品、饗応等の経済上の利益を供与」することを不公正な取引方法と指定していた。また、不当表示に関しては、ニセ牛缶事件を契機として、まず昭和36(1961)年2月、食肉缶詰の表示に関する特殊指定が制定され、その後規制対象が瓶詰にも拡大された。

しかし、前述の特殊指定を制定するための公聴会や国会での議論において、独禁法による規制では、機動性等において十分ではない、特定の業種、商品類の枠を超えた一般的規制が必要との議論が起き、消費者保護、物価対策の観点からも過大景品・誇大広告を広く規制する新たな法律の制定機運が高まった（景表法の制定経緯、その後の公取委による運用状況については、公取委事務総局編『独占禁止政策50年史（上）（下）』（公正取引協会・1997）、各年度の公正取引委員会年次報告を参照）。

2 立法過程

公取委は、新たな法律による規制について検討を開始した。その検討では、規制の性格について、過大景品・誇大広告に対する規制の必要性については認めら

総論 I – I – 3 (1)

れるものの、それを消費者の商品選択を誤らせることにより事業者間の公正な競争を阻害するものとして独禁法の体系下で規制するのか、懸賞付き販売を中心に独禁法の体系から離れて消費者保護の観点から規制するのか等の議論が行われたが、結局前者の立場からの立案が進められた。

昭和37(1962)年1月、公取委において、「不当顧客誘引行為防止法案」が取りまとめられ、政府内の協議が進められた。同法案では、懸賞を含む景品類の規制、一般消費者を欺瞞する広告表示の禁止、表示事項の指定と表示義務、公正競争規約制度、都道府県による執行などが提示されていたが、協議の結果、法案の名称の変更、表示義務規定や都道府県による執行関係規定の削除などの修正が行われた上で、独禁法の特例を定めると位置付ける法案となった。

この「不当景品類及び不当表示防止法案」は、昭和37(1962)年3月29日、第40回国会に提出された。同法案については、衆議院、参議院とも全会一致で可決され（参議院における可決は、同年5月4日）、同年5月15日に公布、8月15日に施行された（以下、制定時の景表法を「原始景表法」という）。

原始景表法の施行に先立ち、執行等のために必要な各種告示等が制定された（後述3(3)）。また、同法の執行は、公取委事務局経済部の所掌事務（具体的には取引課。昭和39(1964)年に経済部から取引部が分離され、さらに、昭和41(1966)年には、取引部に景品表示課が新設され、取引課から所掌が移された）とされ、また、各地方事務所にも担当部署が置かれた。

3　原始景表法の体系

原始景表法は、全11条と附則から成り、その概要は以下のとおりである。現行法と比較すると、目的規定、手続規定（執行官署を含む）や処分内容はかなり変動しているが、禁止行為については、実質的に大きな変化はない（原始景表法制定当時の解説書としては、公取委事務局編『誇大広告と懸賞販売の規制——不当景品類及び不当表示防止法の解説』（ダイヤモンド社・1962））。

(1)　実体規定　1条から4条までで規制の趣旨、制限・禁止の対象を定める。

(a)　目的規定　1条では、「商品及び役務の取引に関連する不当な景品類及び表示による顧客の誘引を防止するため、私的独占の禁止及び公正取引の確保に関する法律（昭和22年法律第54号）の特例を定めることにより、公正な競争を確保し、もつて一般消費者の利益を保護することを目的とする」旨規定し、不当顧客誘引の防止に向けた独禁法の体系下にあることを明示しつつ、公正な競争の確保と一般消費者の利益保護を並立させている。

(b)　定義規定　2条で規制の対象となる「景品類」および「表示」を定めてい

総論 I - I - 3 (2)

るが、法文上はその外延を規定するにとどまり、具体的な内容は公取委の指定に委ねている（後述(**3**)(a)(i)）。

(c) **禁止規定**　3条で景品類について、4条で表示について規定する。

景品類については、規制の対象となる事項が景品類の額、種類、提供方法等であることは示されているが、どのような景品類の提供を制限または禁止することにするかは、公取委の指定に委ねている(**3**)。

表示については、優良誤認表示(4(1))および有利誤認表示(同(2))を法定するとともに、公取委の指定によりそれ以外の表示を禁止することも可能にしている(同(3))。

(2) **手続規定**　5条以下で委任法令の制定手続、執行手続等について定める。私法的規律、刑事法的規律については独立の定めはなく、独禁法の体系を利用している。

(a) **行政手続**　(i) **執行手続**　景表法の執行機関は、公取委である。違反行為に対する調査や不服審査に関する手続は、独禁法の審査・審判に関する手続が準用されており(7①ほか)、立入検査、物件留置、報告命令などを行うことができる。

違反行為が認定された場合、違反行為者に対しては、当該行為の差止め、再発防止策等を命じる排除命令が行われる(6①。既往の違反行為に対しても命じることができる。他方、独禁法上の措置とは異なり、除斥期間の定めはない)。排除命令を行うにあたっては、意見聴取および証拠提出の機会を与えるための聴聞手続が前置されている(6②)。また、公取委は、排除命令を行ったことを告示という形式で公表しなければならず(6③。官報告示)、その告示日が後述の審判請求の起算点となる(8①)。

排除命令に不服がある場合には、一般の行政不服審査や行政訴訟ではなく、まず独禁法の規定に基づく審判手続において争わなければならない(8・11)。審判手続を経た審決に対して更に不服がある場合には、独禁法違反行為に対する審決と同様に、審決取消訴訟を提起することとなる。

ここで、独禁法と景表法の処分に係る手続を簡単に整理する。景表法の手続は、簡易迅速な法執行を行うことを旨としていることから、当時の独禁法の執行手続に比べ簡略化されている。すなわち、独禁法では、公取委による審査・事実認定→(勧告→)審判開始決定→審判手続を経て改めて事実認定→審決(行政処分)という経路をたどり(ただし、勧告を応諾した場合は直ちに審決を行うことが可能)、慎重な手続である審判手続を経て事実認定・行政処分が行われることになっていたのに対し、景表法では、公取委による審査・事実認定→聴聞手続→排除命令(行政処分)とされ、行政処分に至る手続が簡略化されている。その一方で、景表法の排除命令は、通常の行政処分のような執行力が付与されておらず、不服申立てによ

4　総論 I　景品表示法の歴史

総論 I - I - 3 (3)

り審判手続が開始されると実施することができなくなり、改めて対象違反行為を独禁法19条違反とみなして行われる審判手続を経た審決の形で行政処分が行われ（7①・②）、その場合には元の排除命令は失効する（9②）。

(ii) **告示指定** 2条、3条に規定されている指定・制限・禁止は告示をもって行うこととし、当該告示の制定・改廃に当たっては、関係事業者や一般から意見を聴取する公聴会を開催しなければならない（5）。

(iii) **公正競争規約制度** 景品類または表示の自主規制手段として、公正競争規約制度が導入されている（10①）。

関係事業者または事業者団体は、公取委の認定を条件に、不当な顧客の誘引を防止し、公正な競争を確保するための協定または規約を締結し、または設定することができる。認定の要件は、積極要件としては「不当な顧客の誘引を防止し、公正な競争を確保するために適切なものであること」（10②(1)）であり、消極要件としては、「一般消費者及び関連事業者の利益を不当に害するおそれがないこと」（同(2)）、「不当に差別的でないこと」（同(3)）、「公正競争規約に参加し、又は公正競争規約から脱退することを不当に制限しないこと」（同(4)）である。

認定を受けた公正競争規約およびこれに基づいてする事業者または事業者団体の行為には、独禁法の違反行為に対する措置に関連する規定（勧告・審決、刑事告発等）が適用されない（10⑤）。なお、公正競争規約の認定およびその取消しに関する不服申立ては、公取委による審判手続を経ることとされている（同⑥）。

(b) **私法的規律** 景表法違反行為により損害を受けたものは、損害の賠償を請求することができるが、ここに独禁法の体系が援用されている。すなわち、景表法に違反する行為は、独禁法上の不公正な取引方法とみなされ、独禁法25条の無過失損害賠償の対象となる（7①）。また、確定した排除命令は、独禁法26条に規定する確定審決とみなされる（9①）。

なお、原始景表法の制定時には、独禁法においても私人による差止請求は認められていなかった。

(c) **刑事法的規律** 原始景表法では、景表法違反行為に対する直罰は規定されていない。これは、独禁法が、不公正な取引方法に該当する行為に対して直罰を設けていないことと整合する。他方、確定した排除命令は確定審決とみなされるため、当該排除命令の不履行は確定審決違反として刑事罰（2年以下の懲役または30万円以下の罰金）の対象となる（9①）。また、検査妨害等についても独禁法の罰則規定が適用される。

(3) 関係告示等の制定状況 規制内容の多くが公取委の告示によって行われることから、施行前後に多くの告示が制定されている。

総論 I - I - 3 (3)

(a) 原始景表法の本格施行前に制定された告示　景表法は、景品類および表示の具体的定義、禁止または制限される景品類の額等を公取委が定める告示に委ねているため、同法の執行のためにはあらかじめこれらの告示を定めておく必要がある。昭和37(1962)年8月15日の原始景表法の施行に先立って制定された告示は次の2件である。いずれの告示も、基本的な構造は維持したまま、対象を拡大、明確化するなどの対応を経て、現在に至っている。

(i) 「不当景品類及び不当表示防止法第2条の規定により景品類及び表示を指定する告示」(昭和37年公取委告示第3号)(定義告示)　本告示は、景表法の規制対象となる景品類および表示の定義を定めるものであり、「一般的に経済社会の中で景品として用いられるほぼ全部を、また表示のほとんどの形態を盛り」(公取委事務総局編・前掲「独占禁止政策50年史(上)」139頁)込んだとされている。

(ii) 「懸賞による景品類の提供に関する事項の制限」(昭和37年公取委告示第5号)(懸賞制限告示)　懸賞による過大な景品類の提供は、景表法制定の契機の1つであり、本告示は、「懸賞」の定義を定めた上で、提供できる景品類の最高額および総額を定めている。なお、本告示は、規制対象を拡大する方向で、施行間もない昭和40(1965)年および昭和44(1969)年に改正されている。

(b) 施行後初期に制定された告示　原始景表法施行から10年程度の間に制定された告示には次のようなものがある。

(i) 景品類に係る一般的な規制　(ア) 事業者景品告示　あらゆる業種に適用される一般的な景品規制としては、前述の懸賞制限告示に加えて、「事業者に対する景品類の提供に関する事項の制限」(昭和42年公取委告示第17号)(事業者景品告示)が制定された。これは、製造業者等が流通段階にある事業者に対して招待旅行等の便宜を提供する行為が年々拡大し、公正な競争の維持や消費者に対する負担転嫁の懸念等が問題となっていたこと(例えば、昭和41(1966)年6月の物価問題懇談会〔経済企画庁長官の諮問機関〕の提言)を受けて、消費財を生産または販売する事業者が取引先事業者に対して提供できる景品類の額の上限を定めている(事業者景品告示の廃止に関しては、後述Ⅲ 3 (1)参照)。

なお、一般消費者に対する景品類の提供は、後述(ii)の業種別告示の一部に規定されたものを除けば、独禁法上の不公正な取引方法(一般指定6号の不当顧客誘引)として規制されており、汎用性のある景表法上の告示である「一般消費者に対する景品類の提供に関する事項の制限」(総付制限告示)が制定されたのは、昭和52(1977)年である(昭和52年公取委告示第5号)。

(イ) オープン懸賞告示　景表法上の告示ではないが、昭和46(1971)年に「広告においてくじの方法等による経済上の利益の提供を申し出る場合の不公

6　総論I　景品表示法の歴史

総論 I-I-3(3)

正な取引方法」(昭和46年公取委告示第34号)(オープン懸賞告示)が、独禁法に基づく特殊指定として制定されている。

当時、景表法上の「懸賞」が「取引に付随して提供される」ことを要件としているのに対して、簡単なクイズを新聞で広告しそれへの回答を募集する、テレビのクイズ番組に出演する等の具体的な取引を介在させずに高額の賞品・賞金を提供する行為が多くみられていた(例えば、700万円相当の軽飛行機、1000万円のマンションの提供が企画されたことがある)。これらの行為に対して、公取委は、不公正な取引方法(一般指定6号の不当顧客誘引)として行政指導で是正させていたが、一般指定では規定が抽象的で効果的な規制がしにくいこと、昭和43(1968)年の消費者保護基本法(昭和43年法律第78号)制定時の国会における附帯決議で商品購入を条件としない懸賞による景品類の提供に対する規制を求められたことなどから、特殊指定による規制を行うこととした。

オープン懸賞告示は、指定された消費者向けの商品・サービスを取り扱う事業者が、顧客を誘引する手段として、広告において、一定の基準で選択した一般消費者に対して、正常な商慣習に照らして過大な金銭、物品その他の経済上の利益の提供を申し出ることを禁止する。提供できる金額の上限は、運用基準(「広告においてくじの方法等による経済上の利益の提供を申し出る場合の不公正な取引方法の指定に関する運用について」〔昭和46年事務局長通達第5号〕)により100万円とされた(オープン懸賞告示の緩和・廃止に関しては、後述Ⅲ3(2)参照)。

　(ii)　**業種別の景品規制告示**　　前述の一般的な景品規制とは別に、昭和39(1964)年10月の「新聞業における景品類の提供に関する事項の制限」(昭和39年公取委告示第15号)を嚆矢として、特定の業種ごとに景品類の制限告示が制定されてゆく(例えば、食品関係では、チョコレート業、即席めん類業、カレー・こしょう業、トマト加工業など、家庭用品では、写真機業、ルームクーラー業、カラーテレビ業など)。業種別告示は、消費者や流通業者に対する景品の提供を原則禁止とし、例外として少量・少額の景品提供を許容するという形態をとっており、具体的内容は前述の一般的な景品規制に準じるものが多いが、業種によっては、それぞれの特殊性に応じて、景品提供の態様を明確化したり、提供できる景品の額の上限をより厳格に定めたりするものもあった。

なお、いくつかの業種における景品提供に関しては、独禁法上の特殊指定でも規制されていた(新聞業、百貨店業等)が、景表法の定着、景表法上の業種別告示や公正競争規約の拡大につれて、事実上執行されなくなってゆく。

　(iii)　**表示関係**　　表示関係では、この期間において、原始景表法4条3号に基づく指定告示は制定されていないが、昭和41(1966)年から昭和42(1967)年に発

総論Ⅰ　景品表示法の歴史　7

総論 I - I - 4

生した一連の合成レモンに関する不当表示事件や果実飲料に関する実態調査を契機として、昭和48(1973)年に初の表示に関する指定告示となる「無果汁の清涼飲料水等についての表示」(昭和48年公取委告示第4号)が制定されている。

　(C)　公正競争規約　　公取委は、不当な顧客誘引行為に関して、原始景表法制定前から、業界による自主的な問題解決を指導してきたこともあり、関係業界による自主規制である公正競争規約制度は、原始景表法施行当初から活発に利用され、昭和46(1971)年度までに、景品関係で13業種14件(第1号は、「新聞業の公正競争規約」〔昭和39年9月認定〕)、表示関係で23業種25件(第1号は、「東京都の宅地建物取引の公正競争規約」〔昭和38年6月認定〕)の規約が認定されている。

　景品に関する公正競争規約は、業種別告示が存在する業種にあっては、当該告示の内容をより具体的な基準で定めるものとなり、表示に関する公正競争規約も含め、事実上、インサイダーは規約違反として公正取引協議会が、アウトサイダーは告示違反として公取委が対処するような棲み分けが行われてゆく。

4　初期の執行状況

　景表法の執行の初期において、公取委は、同法が定着するまでの間は、行政指導による対応を中心としていたとされる。

　昭和40年代からは運用が本格化し、特に、不当表示に対する排除命令が急増した。当時の排除命令の内訳をみると、昭和30年代は不動産の不当表示が、昭和40年代初期には観光土産品の不当表示が目立っている。

　景表法が本格施行された昭和37(1962)年8月から昭和46(1971)年度末までの約10年間の違反事件の処理状況は以下のとおりである。

年度(昭和)	排除命令			警告			計		
	景品	表示	計	景品	表示	計	景品	表示	計
37(8月〜)	0	8	8	18	46	64	18	54	72
38	0	4	4	93	49	142	93	53	146
39	1	16	17	79	94	173	80	110	190
40	2	14	16	71	60	131	73	74	147
41	5	16	21	105	201	306	110	217	327
42	2	50	52	131	365	496	133	415	548
43	9	55	64	150	415	565	159	470	629
44	23	49	72	310	495	805	333	544	877
45	19	33	52	367	608	975	386	641	1027
46	28	23	51	449	703	1152	477	726	1203

(出典:公取委事務総局編・前掲「独占禁止政策50年史(下)」)

8　総論I　景品表示法の歴史

総論 I - II - *1*

II 景表法の主な改正状況

景表法は、その制定から約40年間は、昭和47年改正による都道府県への権限の委任を除いて大きな法改正は行われず、指定告示の制定や種々の運用基準の制定・改廃による運用の強化・合理化が行われていたが、最近の約20年間では、執行力や執行体制の強化につながる法改正が頻繁に行われている。その中でも、特筆すべきは、平成21(2009)年の消費者庁の新設と景表法の同庁への移管であろう。この措置により、景表法の性格が、独禁法の補完を脱し、消費者の選択の自由を保護するという消費者保護法であることが鮮明となった。

以下に、主な法改正の状況を概説する。

1 昭和47年改正──都道府県への委任

昭和47(1972)年、景表法の初めての改正（昭和47年法律第44号）が行われ（昭和47年2月15日、第68回国会に提出、5月24日可決成立、5月30日公布、10月1日施行）、法律の執行権限の一部がいわゆる機関委任事務として都道府県知事に付与された。

景表法の都道府県知事による執行は、原始景表法制定時においても検討されたが実現を見なかった。しかし、その後の運用状況をみると、過大景品・不当表示が多発する状況にあり、また、消費者から都道府県に対する苦情も増加していた。こうした状況を受けて、昭和43(1968)年に制定された消費者保護基本法の審議過程で、衆参両院の附帯決議において、「都道府県知事が公正取引委員会に対し不当表示についての処分請求を行なえるよう検討すること」（昭和43年4月25日衆議院物価問題等に関する特別委員会、昭和43年5月22日参議院物価等対策特別委員会）が求められ、また、昭和45(1970)年の国民生活審議会答申において「景表法については、公正取引委員会内部のみでの監視処理体制の整備拡充には限度があると思われるので、地方公共団体との協力体制を強化し、さらに地方公共団体においても取締りが行なえる体制を検討すること」（第3次国民生活審議会答申「消費生活に関する情報の提供及び知識の普及に関する答申」〔昭和45年11月19日〕）が指摘された。本改正案の提案理由説明においても「公正取引委員会のみによる対応では迅速な処理が困難であることから、地域住民と密着した消費者行政を運営している都道府県知事と協力して不当景品類及び不当表示防止法の運用を行なうことができるようにする必要がある」とされている。

本改正によって、都道府県知事に付与されたのは、①違反事業者に対する指示を行うことができること（9の2。ただし、指示は行政指導であって、行政処分である排除

総論 I 景品表示法の歴史 9

総論 I − II − 2 (1)(2)

命令を行えるのは公取委のみ)、②当該指示に事業者が従わない場合等には公取委に対し措置を求めることができること(9の3)、③違反事業者等に対する調査を行うことができること(9の4)である。他方、公取委に対しては、都道府県知事に対する指揮監督の権能(9の5)が与えられた。

なお、後に地方分権の推進の議論において機関委任事務が廃止され、景品表示行政が地方自治体の自治事務に分類されたことから、公取委と都道府県知事との関係が変更された。すなわち、平成11(1999)年に制定された「地方分権の推進を図るための関係法律の整備等に関する法律」(平成11年法律第87号)により、公取委による都道府県知事への指揮監督権は廃止され、公取委の権限は、他の自治事務と同様に、景表法の事務運営等に関し技術的助言または勧告をすること(9の5)、および違法・不適切な事務処理に関して是正・改善措置を求めること(9の6)とされた。

2 平成15年改正——不実証広告規制の導入

(1) **優良誤認の事実認定の限界** 法定の表示規制の対象は優良誤認と有利誤認であるが、後者の有利誤認が広告表示そのものから表示と実態との乖離を比較的判断しやすいのに対し、優良誤認については、広告表示で標ぼうする事項、特に主張する性能や効能効果があるかどうかを簡単には判断できない。商品・サービスが持つ優れた点を強調することは当該商品・サービスの販売促進に大きな効果を持つものであるが、公取委では、優良誤認規制に当たって、立証に必要な性能や効能効果に関する試験を外部機関、専門家等に委嘱せざるを得ず、その結果を得るまで相当の時間を要し、消費者の誤認の迅速な排除という立法趣旨にそぐわない運用とならざるを得なかった。他方、当時すでに、米国、オーストラリア、韓国等においては、不当表示が疑われる広告表示に関して事業者が合理的根拠を持たない場合には違法とする趣旨の法規制(いわゆる「不実証広告規制」)が導入されていた。

(2) **公取委による検討——消費者取引問題研究会** 公取委は、平成13(2001)年11月、消費者が商品・サービスの適正な選択を行える意思決定環境を創出・確保していくことの必要性が一層高まっていることを踏まえ、競争政策の観点から公取委が消費者取引において取り組むべき問題について検討するため、「消費者取引問題研究会」(座長:落合誠一・東京大学大学院教授)を設置し、9回にわたる議論を経て、平成14(2002)年11月に報告書を公表した(消費者取引問題研究会「報告書 消費者政策の積極的な推進に向けて」〔平成14年11月13日〕)。

同報告書の提言は多岐にわたるが、「実質的な根拠なしに機能、効果、性質等

10 総論 I 景品表示法の歴史

を強調する表示の禁止」の項において、諸外国の法制例も挙げて、「商品・サービスの機能、効果、性質等の優良性を強調する表示は、消費者が当該表示には裏付けがあるものと信じることにより強い顧客誘引効果を有する。一方、現行の景品表示法では、実際に販売されている商品又はサービスに表示どおりの機能、効果、性能等がないことを公取委が立証する必要があるが、そのような立証には長時間を要する場合があり、迅速に不当表示規制を行うことが困難な場合が多い。したがって、表示内容を裏付ける実証データ等の実質的な根拠なしに商品・サービスの機能、効果、性質等の優良性を強調する表示を不当表示として禁止することができるよう、速やかに新たな制度を導入すべきである」として、不実証広告規制の導入を提言している。

また、「手続規定の整備」として「違反行為を迅速に排除するためには、排除命令の告示手続を廃止する」ことや、都道府県による執行力の強化も提言している。

なお、同報告書は、不当表示に対する直罰、排除命令違反の法人に対する罰則の強化、景表法違反行為に対する差止訴訟(団体訴権)、消費者取引における優越的地位濫用規定の活用等についても提言している。

前述の検討に加えて、政府全体においても、食肉の産地等に関する偽装が頻発していたこともあり、「規制改革推進3か年計画」(平成14年3月29日閣議決定)、「総合規制改革会議規制改革の推進に関する第2次答申——経済活性化のために重点的に推進すべき規制改革」(平成14年12月12日)などで、広告規制の強化を打ち出している。

(3) 改正法の概要　　前述(2)の報告書等を受けて、執行力の強化に資する以下の事項等を内容とする景表法改正案が取りまとめられ、平成15(2003)年2月28日に第156回国会に提出された。同法案は、同年5月16日に可決成立し、同月23日に公布され、同年6月23日(不実証広告規制に関連する改正部分は11月23日)に施行された(平成15年法律第45号。本改正の逐条解説として、南部利之編著『改正景品表示法と運用指針』(商事法務・2004))。

　(a)　**不実証広告規制**　　本規定は、公取委に対し、優良誤認表示に該当するか疑義がある表示について、事業者から表示の裏付けとなる合理的根拠資料を提出させる権限を与え、公取委が提出を求めた場合に事業者から合理的根拠資料が提出されないときには、当該表示を優良誤認表示とみなす規定が追加されている(4②)。

　(b)　**排除命令の告示手続の廃止**　　従来の排除命令手続では、排除命令を告示することが定められており(旧法6③)、当該告示日が不服申し立てのための審判請求の起算点となっていた(旧法8①。前述 I 3 (2)(a)参照)。しかし、通常の行政処

総論Ⅰ-Ⅱ-3(1)

分では求められないことが多い告示を行う(実際上は官報に掲載する)ためには一定の事務のための期間が必要となり、迅速簡便な処理という景表法の趣旨にそぐわない状況にある一方、排除命令が行われた事実の告知は公取委からの公表によりマスメディアやインターネットメディアなどを通じて即時に行われるようになってきていて、改めて告示する必要性が薄れていることなどから、当該告示手続を廃止し、独禁法の規定を準用する形で当事者に対する排除命令書の送達の規定を整備する(6②③)とともに、審判請求の起算点も送達の日に改めている(8①)。

　　(c)　都道府県による執行力の強化　　本改正では、都道府県による執行に関して、公取委による排除命令の内容と同様に、従来の指示の内容に加えて再発防止を含めることができるようにすること(9の2前段)、既往の違反行為に対する指示ができるようにすること(同後段)、都道府県による調査への拒否等に対する罰則の強化(3万円から50万円への罰金刑の引上げ。12①)が行われている。

3　平成20年改正――消費者団体訴権の導入

　平成20(2008)年から平成21(2009)年にかけて、消費者法を取り巻く環境の大きな変化の流れの中において、景表法はその性格に大きな変更が加えられた。1つは、景表法の私的執行を可能にする消費者団体訴権の導入であり、1つは、消費者行政の司令塔としての消費者庁の新設、景表法の所管の同庁への移管および景表法の目的の変更である。

　まず、平成20年には、消契法上の消費者団体訴権の対象が景表法違反にも拡大された。すなわち、「消費者契約法等の一部を改正する法律」(平成20年法律第29号)により、いわゆる適格消費者団体が行うことができる事業者に対する差止訴訟の対象に景表法上の優良誤認・有利誤認が追加され、景表法違反行為に対して私的執行ができることとなった。

(1)　消費者契約法上の消費者団体による差止訴権の導入

　消費者の利益の擁護を図る仕組みとして、消費者団体が消費者全体の利益のために訴えを提起することを認めるいわゆる消費者団体訴訟制度については、消契法の制定時から実現が求められており(消費者契約法案議決時の国会における附帯決議〔平成12年4月14日衆議院商工委員会、同月27日参議院経済・産業委員会〕、司法制度改革推進計画〔平成14年3月19日閣議決定〕、国民生活審議会消費者政策部会報告書「21世紀型の消費者政策の在り方について」〔平成15年5月28日〕等)、その後の検討の結果、平成17(2005)年6月23日、第19次国民生活審議会消費者団体訴訟制度検討委員会報告書「消費者団体訴訟制度の在り方について」が取りまとめられた。同報告書を受けて、政府は法案作成作業を進め、一定の消費者団体(適格消費者団体)が、所定の不当勧誘行為などを行うまたは行うおそ

12　　総論Ⅰ　景品表示法の歴史

総論 I − II − 3 (2)(3)

れのある事業者等に対して、当該行為の差止めを求めることができるようにすることなどを内容とする消契法の改正が行われた(「消費者契約法の一部を改正する法律」〔平成18年法律第56号〕。消費者団体訴権導入後の消契法の逐条解説として、内閣府国民生活局消費者企画課編『逐条解説 消費者契約法〔新版〕』(商事法務・2007))。

(2) 公取委等における検討 独禁法では、平成12(2000)年の改正(「私的独占の禁止及び公正取引の確保に関する法律の一部を改正する法律」〔平成12年法律第76号〕)により、不公正な取引方法を用いた行為(不当顧客誘引行為も含まれる)に対する私人による差止請求制度が導入された(独禁法24)が、消費者団体等の団体によるその行使は認められていなかった。そのため、前述(1)の動きとは別に、各方面から団体訴権について検討を求める要請(司法制度改革推進計画〔平成14年3月19日閣議決定〕、平成17年独禁法改正時の附帯決議〔平成17年3月11日衆議院経済産業委員会、同年4月19日参議院経済産業委員会〕、消費者基本計画〔平成17年4月8日閣議決定〕等)があり、これを受けて、公取委では、平成19(2007)年5月、「団体訴訟制度に関する研究会」(座長:古城誠・上智大学法学部教授)を設置し、同年7月、景表法違反行為に関して消費者団体による差止訴訟を導入すること等を提言する報告書の提出を受けた(「独占禁止法・景品表示法における団体訴訟制度の在り方について」〔平成19年7月12日〕)。

また、同時期に、特商法(昭和51年法律第57号)に関しても消費者団体訴権に関する議論が進められていた。すなわち、同法を所管する経済産業省は、産業構造審議会消費経済部会特定商取引小委員会(委員長:松本恒雄・一橋大学大学院法学研究科教授)等において、特商法違反行為に対して消費者団体による差止訴訟を導入することを検討していた(「産業構造審議会消費経済部会特定商取引小委員会報告書」〔平成19年12月10日〕)。

なお、国民生活審議会からは、複数の法律に消費者団体訴権の規定が設けられるので、消費者団体側の負担軽減、行政コストの効率化等の観点から、適格消費者団体の認定手続等を一元化するよう提言されている(第21次国民生活審議会消費者政策部会消費者契約に関する検討委員会報告書「景品表示法及び特定商取引法への消費者団体訴訟制度の導入に伴う消費者契約法上の論点について」〔平成20年2月7日〕)。

(3) 改正法の概要 前述のような検討を経て、景表法等への消費者団体訴権の導入等を内容とする消契法等の改正案は、平成20(2008)年3月4日、第269回国会に提出され、同年4月25日に可決成立し、同年5月2日に公布された(「消費者契約法等の一部を改正する法律」(平成20年法律第29号))。

本改正により消費者団体訴訟に関する規定が景表法に追加された(11の2)。その概要は以下のとおりである(本改正後の消契法の逐条解説として、消費者庁企画課編『逐条解説 消費者契約法〔第2版〕』(商事法務・2010))。

総論I 景品表示法の歴史　*13*

総論Ⅰ-Ⅱ-4(1)

(a) 差止訴訟の主体　　消契法上認定された適格消費者団体である。また、景表法の運用にかかわるため、当該団体の認定手続に公取委が関与する規定を消契法に追加している(消契15②・38①)。

(b) 差止の対象行為　　事業者が不特定かつ多数の一般消費者に対して行いまたは行うおそれのある優良誤認表示および有利誤認表示であり、3号告示違反は含まれない。

(c) 請求の内容　　前述(b)の行為の停止もしくは予防または違反に該当する表示である旨の周知その他の当該行為の停止もしくは予防に必要な措置をとることを請求することができる。

4　平成21年改正——景表法の消費者庁への移管

(1)　**消費者行政一元化**　　日本の消費者行政は、各行政機関がそれぞれの所管・権限に応じて担い、その全体の調整を担う部局として経済企画庁(のちに、内閣府)に国民生活局が置かれてきたが、2000年代後半以降、食品偽装等食の安全にかかわる事案や悪質商法による被害の増加などがみられ、省庁をまたがる横断的な事案に対して消費者行政の司令塔として強力な調整を行う役割を担う組織の必要性が強く主張されるようになってきた(消費者庁「平成30年度 消費者政策の実施の状況」第1部「特集 消費者庁及び消費者委員会設立10年——消費者政策の進化と今後の展望」参照)。こうした事情を背景に、政府は、平成20(2008)年1月、総理大臣施政方針演説において消費者行政一元化を表明した(平成20年1月18日第169回国会衆議院会議録第1号2頁以下)。そして、「各省庁縦割りになっている消費者行政を統一的・一元的に推進するための、強い権限を持つ新組織の在り方を検討し、その組織を消費者を主役とする政府の舵取り役とするため」(「消費者行政推進会議の開催について」平成20年2月8日閣議決定)、同年2月8日「消費者行政推進会議」(座長：佐々木毅・学習院大学法学部教授)が設置された。同会議は、消費者行政一元化に関する検討結果を、同年6月13日、「消費者行政推進会議取りまとめ——消費者・生活者の視点に立つ行政への転換」として政府に提出した。これを受けて政府では、「消費者行政推進基本計画」(平成20年6月27日閣議決定)を定め、その中で消費者庁の設置、景表法の消費者庁への移管を決定した。

その後、前述の「計画」を踏まえた法案化の検討が進められ、平成20(2008)年9月29日「消費者庁関連3法案」が第170回国会に提出されたが、同国会中は審議されず継続審査となった。同法案は、続く第171回国会において、政府案に修正(消費者行政全般に対する監視機能を有する消費者委員会の設置等)を加えた上で、平成21(2009)年5月29日に可決成立し、同年6月5日公布された(「消費者庁関連3法」に関す

総論 I − II − 4 (2)(3)

る逐条解説として、森雅子監修『消費者行政が変わる！消費者庁設置関連三法』（第一法規・2009）。「消費者庁関連３法」の修正を含めた審議経緯については、寺西香澄「国民目線に立った行政組織『消費者庁』の創設─消費者庁関連３法案」参議院事務局企画調整室編「立法と調査 No.294」（平成21年７月）17〜34頁）に詳しい）。

「消費者庁関連３法」とは、「消費者庁及び消費者委員会設置法」（平成21年法律第48号）、「消費者庁及び消費者委員会設置法の施行に伴う関係法律の整備に関する法律」（一括整備法。平成21年法律第49号）、「消費者安全法」（平成21年法律第50号）をいい、景表法の改正は、一括整備法12条として行われた。

(2) 景表法の所管の変更　前述(1)の消費者行政一元化の一環として、景表法の所管が公取委から消費者庁に移管された。

消費者行政一元化の議論の中では、公取委から、景表法をはじめとする取引関係（表示・契約）の各種法令を公取委が一元的に所管するとの提案（例：平成20年１月30日国民生活審議会第５回消費者政策部会資料、同年３月18日消費者行政推進会議第２回ワーキンググループ資料）もあったが、結局、取引関係だけではなく安全関係も含めた一元化を求める声が強く、個別作用法は原則消費者庁に移管されることとなり、景表法は消費者庁に移管された。その際、特商法等多くの消費者関連法令は、企画立案を中心に元々の所管官庁と消費者庁との共管とされたが、景表法は、一部（権限委任に基づく事件処理関係と公正競争規約の認定関係）を除き、企画立案も執行も公取委の所管から外れることとなった（笠原宏「消費者庁の創設と景品表示法の移管」公取委編『独占禁止政策の歩み（平成19年〜令和４年）』回想編（公取委・2022）。消費者庁への移管後の景表法の運用状況に関しては、消費者庁「消費者問題及び消費者政策に関する報告」（平成21〜23年度）および消費者庁「消費者政策の実施の状況」（消費者白書）（平成24年度〜）参照）。

(3) 改正法の概要　**(a) 法律の目的の変更**　景表法の所管が公取委から消費者庁に移管されるのに伴って、同法と独禁法との関係が遮断されるので、その目的に公正競争の確保を掲げることがそぐわないこと、同法が消費者の選択の自由を確保するものであることを明確化する必要があること等から、目的規定が改正されている。具体的には、独禁法の特例であることおよび公正な競争の確保が削除され、一般消費者による自主的・合理的な選択を阻害するおそれのある行為の制限および禁止が掲げられている(1)。目的規定の改正に合わせて、４条、５条などの規制根拠を示す文言からも競争色が一掃されている。

なお、違反行為に対する行政処分の名称が「排除命令」から「措置命令」に変更されている。

(b) 所管の移動に伴う規定の整備　**(i) 内閣総理大臣・内閣府の権限**　景表法の所管は内閣総理大臣とされている。手続の主体（告示制定、公聴会開催等）、執

総論Ⅰ-Ⅱ-4(3)

行(調査、命令発出等)、公正競争規約の認定等が内閣総理大臣の権限とされ(5・6・9等)、当該権限は原則として消費者庁長官に委任されている(12①。以下本項においては、内閣総理大臣から消費者庁長官に委任されている事項に関しては、主体を「消費者庁長官」または「消費者庁」と表記する)。これまで公取委規則で定められていたものは、内閣府令で定めるものとされ(5・12・13等)、この内閣府令を制定する際には、公取委への協議が必要となる(14)。ただし、改正前の景表法に基づき公取委が制定してきた規則・告示や認定した公正競争規約を有効とみなす(平成21年改正附則6)ことで法運用の継続性が保たれている。

なお、消費者庁の新設に当たり、関係省庁から多くの職員が同庁に出向しているが、景表法の執行部門もその大半は公取委からの出向者で占められ、この点からも移管時における執行の継続性が保たれている。

また、従来の排除命令等の処分に対する不服審査は、通常の行政処分とは異なり行政不服審査法の適用除外とされていた(旧法13)が、移管に伴ってこの規定は削除された。適格消費者団体の認定に係る手続への公取委の関与規定もなくなっている。

(ⅱ) 公正競争規約の位置付け　公正競争規約の認定に関して、消費者庁と公取委の関係および独禁法との関係の整理がなされている。すなわち、目的に合わせ認定要件が改正されるとともに、規約の認定権限は両機関の共管とされ、公取委は、主に同業者間の協定として競争制限性の観点からチェックする(11①～④)。同時に、認定された規約に基づく行為に対しては、独禁法違反行為に対する措置関係の規定が適用されない(同⑤)。

(c) 地方案件の処理　消費者庁は全国1組織であり、地方組織を持っていないため、地方案件の処理には、リソース上の制限が大きい。そこで、地方案件の処理を主眼とした、公取委および都道府県による事案処理を可能にする規定が置かれている。

(ⅰ) 公取委との関係　消費者庁長官は、公取委に対して権限の一部を委任することができる(12②)。委任の範囲は政令で定めることとされ、具体的には、違反被疑者等に対する調査権限(9①)が指定されている(不当景品類及び不当表示防止法第12条第1項及び第2項の規定による権限の委任に関する政令〔平成21年政令第218号〕2)。そして、当該調査権限を行使した結果は処分権限等を有する消費者庁に報告する義務がある(12③)。

実際上は地方案件について、この規定に基づき、公取委の地方事務所・支所は、各管轄区域内の景表法違反事件の調査を行っており、消費者庁はその結果を踏まえて行政処分・行政指導を行っている。

16　総論Ⅰ　景品表示法の歴史

総論Ⅰ-Ⅱ-5 (1)(2)

(ii) 都道府県との関係　都道府県知事は、従前どおり、都道府県の管轄内の景表法違反事件に対する調査権限、行政指導(指示)権限が維持された上で、調査権限に提出命令が追加されている(9②)。

なお、公取委との関係で置かれていた技術的助言等や是正の要求に関する規定(旧法10・11)は、消費者庁との関係では地方自治法上の国と地方自治体との関係に関する一般規定(地方自治法245の4等)が適用されることから、削除されている。

(d) 罰則の整備　(i) 罰則の整理　独禁法の適用・準用がなくなったことなどから、新たに措置命令違反罪(15)や内閣総理大臣(消費者庁)に対する検査妨害罪等(16)が規定されるほか、都道府県による調査に関して提出命令違反罪が追加されている(17)。

(ii) 法人重科等　両罰規定において、違反者が法人または団体である場合に、自然人たる行為者とは切り離して罰条を重くするいわゆる法人重科の規定(18①(1)・②(1))が新設され、また、違反行為の防止等を行わなかった法人の代表者または団体の役員等を処罰するいわゆる三罰規定(19・20)も導入されている。

5　平成26年6月の改正——管理上の措置の導入、都道府県の権限強化

(1)　改正の背景および経緯　食品包装や外食メニューにおける産地や食材に関する偽装表示は従来からあったが、平成25(2013)年頃にホテル、レストラン等で多数のメニュー表記等の偽装事案が発覚し、社会問題となった。こうした事態に対する政府全体の施策を進めるため、同年11月、「食品表示等問題関係府省庁等会議」が設置された。同会議では、関係省庁間の施策の調整が行われたほか、「食品表示問題等の適正化について」が取りまとめられた(平成25年12月9日食品表示等問題関係府省等会議決定)。同決定は、不正表示が蔓延した原因として、事業者のコンプライアンス意識の欠如、行政の監視指導体制不足等を挙げ、その対応策の一環として、景表法を改正し、事業者の表示管理体制の強化、行政の監視指導体制の強化、課徴金等の新たな措置の検討を行うことを検討すると表明した。同決定に基づき、「不当景品類及び不当表示防止法等の一部を改正する等の法律案」が平成26(2014)年3月11日に第186回国会に提出され、同年6月6日に可決成立した(平成26年法律第71号、平成26年6月13日公布)。

(2)　改正法の概要　本改正により、景表法に以下の規定が追加・改正された。

なお、課徴金制度については、本改正では導入に至らなかったが、本改正の施行後1年以内に、「課徴金に係る制度の整備について検討を加え、必要な措置を講ずる」とする規定が置かれ(平成26年6月改正4)、具体的な検討が継続されること

総論 I - II - 6(1)

となった(後述 **6** 参照)。

(a) **事業者が講ずべき景品類の提供および表示の管理上の措置**　　事業者による
コンプライアンス体制を確立させるため、事業者に対して景品類の提供または表
示に関する事項を適正に管理するための体制整備等の措置の構築を義務付けてい
る(7①)。また、内閣総理大臣が、当該措置の適正かつ有効な実施のための指針
を策定することとされている(7②、「事業者が講ずべき景品類の提供及び表示の管理上の
措置についての指針」〔平成26年内閣府告示第276号〕)。あわせて、事業者が必要な措置を
とらない場合には、消費者庁は、当該事業者に対して、指導、助言、勧告をする
ことができる(8・8の2)。

(b) **適格消費者団体の権能の拡大**　　適格消費者団体による差止請求に関連し
て、消費者安全法上の消費生活協力団体および消費生活協力員(消費者安全11の7)
が、差止請求対象行為に関する情報を適格消費者団体に提供することができるこ
ととされている(10②)。他方で、当該情報の目的外利用を禁止して(同③)、罰則も
設けている(21)。

(c) **関係機関との連携強化**　　国の機関との関係では、これまで公取委に対し
て調査権限を委任できることとされていたが、これに加えて、緊急かつ重点的な
対処が必要な場合に事業所管大臣および金融庁長官に対して調査権限を委任する
ことができることとされている(12③)。

都道府県との関係では、従来の都道府県知事の権限(調査、指示等)に加えて、措
置命令を行う権限および不実証広告規制に係る権限の委任が追加されている(12
⑪、不当景品類及び不当表示防止法第12条の規定による権限の委任等に関する政令10)。

また、これら諸機関間の連携の強化も規定されている(15)。

6　平成26年11月の改正——課徴金制度の導入

(1)　**検討経緯**　　(a) **公取委における検討**　　景表法違反行為に対する課徴金
の賦課については、まず公取委において検討された。

独禁法平成17年改正法(平成17年法律第35号)における見直し規定を受けて、課徴
金制度、手続等について検討するため官房長官の下に設置された「独占禁止法基
本問題懇談会」(座長：塩野宏・東京大学名誉教授)は、平成19(2007)年6月26日の報告
書において、「ぎまん的顧客誘引」(不当表示等)、「優越的地位の濫用行為」に対して
課徴金を賦課する可能性に言及している。

当該報告書を受けて、公取委は、平成19年10月16日に公表した「独占禁止法の
改正等の基本的考え方」において、「不公正な取引方法のうち、一定の不当表
示……を行った事業者に対する課徴金を導入する」との方針を示し、平成20(2008)

18　総論I　景品表示法の歴史

総論 I - II - 6 (1)

年3月11日、優良誤認表示・有利誤認表示行為に対し売上高の3％の課徴金を賦課する制度の導入を含む「私的独占の禁止及び公正取引の確保に関する法律及び不当景品類及び不当表示防止法の一部を改正する法律案」が国会に提出されたが、同法案は、結局一度も審議されないまま審議未了で廃案となった。

独禁法については、平成21(2009)年2月27日、先に廃案となった法律案の延長上にある「私的独占の禁止及び公正取引の確保に関する法律の一部を改正する法律案」が改めて国会に提出され、同年6月3日に可決成立した(平成21年法律第51号、平成21年6月10日公布)が、この間に景表法の所管が消費者庁に移管される予定となっていたことなどから、景表法上の課徴金制度については、消費者庁に検討が委ねられた。

(b) 消費者庁における検討　平成21(2009)年に景表法の所管が消費者庁に移管された後も景表法違反行為に対する制裁強化の議論は進められた。

平成21年5月に成立した「消費者庁及び消費者委員会設置法」では、附則6項に「政府は、消費者庁関連三法の施行後三年を目途として、加害者の財産の隠匿又は散逸の防止に関する制度を含め多数の消費者に被害を生じさせた者の不当な収益をはく奪……するための制度について検討を加え、必要な措置を講ずるものとする」旨の検討規定が置かれ、また、参議院における審議において、前述の検討に当たって「課徴金制度等の活用を含めた幅広い検討を行うこと」との附帯決議が行われた。

これらを受けて、消費者庁では、平成21年11月から「集団的消費者被害救済制度研究会」(座長：三木浩一・慶應義塾大学大学院法務研究科教授)を開催し、平成22(2010)年9月に公表した報告書において、偽装表示を含む違法行為に対する行政による経済的不利益賦課制度の制度設計上の課題および今後検討すべき論点を取りまとめた。

なお、これらに先立って、国民生活審議会(国民生活審議会意見「消費者・生活者を主役とした行政への転換に向けて」〔平成20年4月3日〕)、消費者行政推進基本計画(平成20年6月27日閣議決定)等においても、違反行為の抑止や消費者被害救済の観点から違反行為者による不当利益の吐き出しについて検討することが求められてきていた。また、第2期の消費者基本計画においても、消費者被害救済のために「課徴金制度の活用を含めた幅広い検討」が掲げられている(平成22年3月30日閣議決定)。

その後、消費者庁内に置かれた「財産の隠匿・散逸防止策及び行政による経済的不利益賦課制度に関する検討チーム」における検討を経て、平成23年(2011)10月「消費者の財産被害に係る行政手法研究会」(座長：小早川光郎・成蹊大学法科大学院教授)が設置され、①財産に対する重大な被害の拡大・防止のための行政措置、②

総論 I　景品表示法の歴史　*19*

総論Ⅰ-Ⅱ-6(2)

行政による経済的不利益賦課制度、③財産の隠匿・散逸防止策について検討が進められた。そして、平成25(2013)年6月に取りまとめられた報告書（「行政による経済的不利益賦課制度及び財産の隠匿・散逸防止策について」）において、消費者の自主的・合理的選択を阻害するおそれのある不当表示事案を実効的に抑止する措置として賦課金（課徴金等）の納付を命じる制度の導入が提案された（導入に当たって検討すべき課題等についても言及がある）。

さらに、平成25年頃の食品に関する不当表示事案の多発（前述5(1)参照）を背景として、景表法の執行力強化に関する議論が高まり、内閣総理大臣からの諮問を受けた消費者委員会が、課徴金制度の導入等を求める答申を行った（消費者委員会「不当景品類及び不当表示防止法上の不当表示規制の実効性を確保するための課徴金制度の導入等の違反行為に対する措置の在り方について（答申）」〔平成26年6月10日〕）ほか、平成26(2014)年6月の景表法改正法においても、課徴金制度の検討が求められた（前述5(2)参照）。

消費者庁では、こうした一連の動きと並行して法制化の検討を進めて、「不当景品類及び不当表示防止法等の一部を改正する法律案」が平成26年10月24日に第187回国会に提出され、同年11月19日に可決成立した（平成26年法律第118号、平成26年11月27日公布）。

(2) 改正法の概要　本改正の主な内容は、以下のとおりである（本改正の逐条解説として、逐条解説・平成26年11月改正、政・府令、ガイドラインを踏まえた解説として、詳説課徴金制度。なお、本改正により課徴金関係の規定が枝番を用いずに挿入されたため、全体的に大幅な条ずれが起きている。また、本改正時に、目次、章名および節名が追加されている）。

(a) 課徴金制度の本則　**(i) 課徴金対象行為**　5条に規定する優良誤認表示および有利誤認表示に限られ、同条3号の指定告示違反や不当景品の提供は対象ではない（8①）。処分手続は、措置命令とは別個に用意されている（後述(d)参照）。不実証広告規制に関する規定も別途設けられている（8③）。

(ii) 主観的要素　課徴金対象行為を行った場合であっても、当該表示が5条に規定する優良誤認表示または有利誤認表示に該当することを知らず、かつ、知らないことにつき相当の注意を怠った者でないと認められるときには課徴金の納付は命じられない（8①ただし書）。

(iii) 課徴金対象期間　課徴金対象期間の原則は、課徴金対象行為をしていた期間であるが、課徴金対象行為をやめた日から6か月の間に対象商品または役務の取引があるときは、最後の取引日までの期間（最長3年間）が加えられる（8②）。

(iv) 課徴金額の算定　課徴金対象期間に取引をした対象商品または役務

の売上額の３％が課されるべき課徴金額となる（8①。具体的な算定方法は、政令で定められている〔景表令（平成21年政令第218号）1・2〕）。

　　(v)　裾切り　　課徴金額が150万円未満であるときは、課徴金の納付を命じることができない（8①ただし書）。

　　(vi)　除斥期間　　課徴金対象行為をやめた日から５年を経過したときは、課徴金の納付を命ずることができない（12⑦）。

　　(b)　自主報告による減額　　違反事業者が、課徴金対象行為に該当する事実を消費者庁に自主的に報告したときは、課徴金額の50％が減額される（9）。具体的な報告方法は、内閣府令で定められている（景表規〔平成28年内閣府令第6号〕9）。これにより、不当表示の早期発見、事業者のコンプライアンス体制構築の促進が意図されている。

　　(c)　自主返金による減額　　違反事業者は、課徴金対象期間中に取引のあった一般消費者に対して、消費者庁の認定を受けた上で返金措置を講じることができる（10）。これは、一般消費者の被害回復の促進が目的とされる。そして、当該返金措置に基づいて返金された額は納付すべき課徴金額から減額され、返金額の方が大きい場合には、課徴金額は０となる（11②）。

　　(d)　賦課手続　　課徴金納付命令を行おうとするときの手続として、弁明の機会の付与（13・14・15）、命令の方式（17）、納付の督促および執行（18・19）、送達（21・22・23・24）等の規定が置かれているが、基本的には独禁法と同様の規定となっている。

7　令和５年改正──確約制度の導入、課徴金制度の見直し等

　　(1)　**検討経緯**　　消費者庁は、平成26年11月改正法の施行から一定の期間が経過したこと（前述*6*の平成26年11月改正附則４条には、施行５年経過後の検討条項があった）およびデジタル化の進展等の景表法を取り巻く社会環境の変化等を踏まえ、消費者利益の確保を図る観点から必要な措置について検討するため、令和4（2022）年３月から「景品表示法検討会」（座長：中川丈久・神戸大学大学院法学研究科教授）を開催し、10回にわたる議論を経て、令和5（2023）年１月13日、検討結果を公表した。同検討会報告書では、次のとおり、早期に対応すべき課題として10項目を、中長期的に検討すべき課題として４項目を提起している。

　　なお、早期に対応すべき課題の検討に当たっては、確約手続、課徴金の割増など、すでに独禁法に導入されている仕組みが多く参照されている。

〈早期に対応すべき課題〉

　①事業者に是正に向けた自主的な取組みを促すための確約手続の導入

総論Ⅰ-Ⅱ-7(2)

②課徴金制度における返金措置の利用拡大のための返金手段の拡大

③違反行為に対する抑止力強化(繰り返し違反者に対する課徴金の割増、課徴金の対象となる売上高の推計など)

④特商法など他の表示規制を参照した直罰規定の導入

⑤国際化への対応として、外国事業者に対する送達および外国当局に対する情報提供に関する規定の整備

⑥買取りサービスに係る景表法の適用に関する考え方の整理

⑦景表法に基づく処分に関して作成された書類の特定適格消費者団体に対する提供の検討(特商法等の運用状況を踏まえて)

⑧特商法の執行との連携(業務停止命令、役員等に対する業務禁止命令)

⑨都道府県との連携の深化

⑩適格消費者団体が差止請求権を行使するため事業者に対し表示の根拠の開示を求める制度の導入

〈中長期的に検討すべき課題〉

①景表法5条3号の指定告示違反に対する課徴金の賦課

②事業者によるデジタル表示の保存義務

③アフィリエイト広告における供給要件を満たさない者への規制の拡大

④ダークパターンに対する議論・研究の動向の注視

消費者庁は前述の消費者庁報告書を受けて法制化の検討に入り、令和5年2月28日、第211回国会に「不当景品類及び不当表示防止法の一部を改正する法律案」が提出され、同年5月10日に可決成立、同月17日に公布された(令和5年法律第29号)。

なお、消費者庁報告書の提起した早期に対応すべき課題のうち、運用上対処できるものについては運用基準の改定などが行われている(例:買取りサービスに関して定義告示運用基準を改定〔令和6年4月18日消費者庁長官決定〕)。

(2) 改正法の概要 本改正の主な内容は次のとおりであり(本改正の逐条解説として、逐条解説・令和5年改正)、施行日は、経過措置の政令への委任規定(公布の日)および弁明の機会の付与の通知方式に関する改正規定(公布日から3年以内で政令で定める日)を除き、令和6(2024)年10月1日である(「不当景品類及び不当表示防止法の一部を改正する法律の施行期日を定める政令」〔令和6年政令第191号〕)。

(a) 事業者の自主的な取組みの促進 (i) 確約手続の導入 不当表示に係る規定等に違反する疑いのある事業者が疑いの理由となった行為についての是正措置計画を申請し、消費者庁から当該是正措置計画について認定を受けたときは、当該行為について措置命令および課徴金納付命令の規定を適用しないことと

する措置を導入する(26〜33)。なお、確約手続は、独禁法平成28年改正により初めてわが国に導入されたものであり、景表法が2例目となる。

　(ii)　返金措置の弾力化　　事業者が消費者に対して返金措置を実施した場合に課徴金を減額する措置について、金銭による返金措置に加えて、当該返金措置の対象となる消費者が承諾した場合に金銭と同様に使用することができる前払い式支払手段を交付することも可能とする(10)。

　(b)　違反行為に対する抑止力の強化　　(i)　課徴金制度の見直し　　課徴金の納付を命ずる場合に、対象となる違反行為から遡り10年以内に課徴金納付命令を受けたことがある事業者に対しては、課徴金の額を加算する(8⑤)。課徴金賦課のための売上額の算定が困難な場合には、合理的な方法で推計して課徴金を課すことができる(8④)。

　(ii)　直罰の導入　　優良誤認表示および有利誤認表示と同等の行為を行った者に対する罰則を定める(48)。

　景表法に直罰規定が置かれるのは初めてだが、特商法をはじめ他の消費者保護法規にはすでに直罰規定が置かれているものがある(例えば、特商法については、その前身の訪問販売等に関する法律時代から直罰規定が存在する)。

　(c)　円滑な法執行の実現　　(i)　国際的執行体制の整備　　外国の関係機関に対して調査に必要な情報の提供をできるようにする(41)。また、国際的執行を容易にするため、送達すべき文書として措置命令書を明示し(42)、外国送達、公示送達等の規定が適用されることを明らかにするなど送達規定を整備する(43)。

　この部分でも特商法等における法整備が先行していた。例えば、外国当局に対する情報提供については、特商法69条の3、預託等取引に関する法律26条(いずれも「消費者被害の防止及びその回復の促進を図るための特定商取引に関する法律等の一部を改正する法律」〔令和3年法律第72号〕により追加)などの規定があり、また、外国送達、公示送達といった送達規定の整備もすでに行われていた。

　(ii)　適格消費者団体による開示要請規定の導入　　適格消費者団体は、優良誤認の疑いのある表示を行う事業者に対し、表示の裏付けとなる合理的な根拠を示す資料の開示を要請することができることとし、要請を受けた事業者には当該要請に応じる努力義務を課す(35)。

Ⅲ　法改正以外のトピックス

1　表示規制における3号告示の活用

　表示規制に係る3号告示には、必ずしも優良誤認または有利誤認をもたらすとまでは言えないが、消費者の商品選択に影響を及ぼしうる表示を具体的に指定す

総論 I－Ⅲ－1 (1)～(5)

ることで効果的に規制できる機能がある。消費者庁(かつては公取委)は、こうした観点から種々の3号告示を指定してきた。現在有効な3号告示に関する制定状況の概要は以下のとおりである。

(1) **無果汁の清涼飲料水等についての表示**(昭和48年公取委告示第4号)　果汁を用いていないにもかかわらず、甘味料、酸味料、香料、着色料などを用いてジュースのような味わいや外観を持った飲料に果物または果汁が入っていることをイメージさせるような絵柄等を表示していた清涼飲料水に関し、優良誤認として排除命令が発出されたことなどを契機として、より迅速かつ明確に規制ができるよう本告示が制定された。

(2) **商品の原産国に関する不当な表示**(昭和48年公取委告示第34号)　商品の原産国自身が商品の優劣を決定付けるわけではないが、産地がまとうイメージにより、消費者に当該商品が優良品であると印象付けることはできる。本告示を制定した背景には、国産品に比べ欧米産の商品の方が優良であるとの印象を消費者が持っている中で、外国をイメージした表示(国旗、国名、地図等)などを用いて国産品を外国品と誤認させるような表示が横行していたことがある。近年では、国産品の品質向上や新興国等からの輸入品の増加等により、外国産品を国産と偽るような表示が規制の中心になってきている。

(3) **消費者信用の融資費用に関する不当な表示**(昭和55年公取委告示第13号)　消費者に対する金銭の貸し付けやクレジット取引などの消費者信用の供与が拡大する一方で、融資費用(利息)に関する表示や利息に含まれる費用の範囲が事業者により異なり種々のトラブルが発生していたことから、消費者信用における利息、手数料その他の融資費用を明瞭に記載させることを目的として本告示が制定された。

(4) **不動産のおとり広告に関する表示**(昭和55年公取委告示第14号)　不動産業界では、景表法制定前から誇大広告が横行し、業界関係者の努力にもかかわらず、景表法施行後も表示上問題になる事例が多かった。特に、提供済みの物件や提供予定のない物件などを広告上に提示して顧客を誘引し、他の物件に誘導する手法、いわゆる「おとり」が多くみられたことから、これらを特に規制する本告示が制定された。

(5) **おとり広告に関する表示**(平成5年公取委告示第17号。制定は、昭和57年公取委告示第13号)　公取委が行った実態調査等により、不動産以外の分野においても格安の商品を広告等で掲示して顧客を誘引する商法が広く見られたことから、不動産以外の一般の商品・役務に関する「おとり」広告を規制するために昭和57(1982)年に本告示が制定された。その後、おとり広告が一般消費者に対して広告上の商品

24　総論 I　景品表示法の歴史

等に関する購入可能性を誤認させるおそれがあるものであることなどを明確化するため、平成5 (1993) 年に全部変更されている。

(6)　**有料老人ホームに関する不当な表示**（平成16年公取委告示第3号。**最終改正・平成18年公取委告示第35号**）　　高齢化社会の進展に伴って、高齢者に対して介護サービス等を提供する高齢者施設の需要が増大する中で、有料老人ホームの利用は、取引開始に当たって高額の費用が必要となることが多く、提供するサービスの性質上取引は長期にわたり、かつ、利用者の将来の心身の状況に応じて提供されるサービスの内容が変化することから、契約段階では将来を見通したサービス全体の内容が把握しにくい。このため、取引開始前の情報提供が重要であるにもかかわらず、広告や重要事項説明書で告知した内容を伴わない施設が多く存在し、しばしば景表法の執行対象となり、平成15 (2003) 年には排除命令が出されるに至った。そのため、公取委は、「有料老人ホームの表示に関する検討会」（座長：浦川道太郎・早稲田大学法学部教授）を開催し、平成15年10月1日に公表された同検討会の報告書（「有料老人ホームの表示の適正化に向けて」）をもとに、本告示を制定した。

(7)　**一般消費者が事業者の表示であることを判別することが困難である表示**（令和5年内閣府告示第19号）　　本告示は、消費者庁設立後に制定された初めての3号告示であり、いわゆるステルスマーケティングの規制を念頭に置いている。

　広告手段が多様化し、ソーシャルネットワーキングサービス（SNS）を含むデジタル広告が広く普及する中で、商品・役務を供給する事業者（広告主）が広告であることを隠して行うステルスマーケティングが、一般消費者の自主的かつ合理的な選択を阻害するおそれがあるとの観点から、消費者庁は、令和4 (2022) 年9月から「ステルスマーケティングに関する検討会」（座長：中川丈久・神戸大学大学院法学研究科教授）を開催し、ステルスマーケティングに対する景表法による規制の必要性、規制の具体的在り方等について検討を行った。同検討会は、同年12月28日に検討結果の報告書を公表し、これを受けて消費者庁は、本告示を制定した。

2　貿易摩擦と景表法

(1)　**貿易摩擦問題の景表法への影響**　　1970年代以降日本の大幅な貿易黒字等に起因して、諸外国、特に米国との間で個別の製品分野をめぐり（例：柑橘類、鉄鋼製品）貿易摩擦が激しくなり、その打開のために通商交渉が頻繁に行われるようになった。さらに、1980年代後半頃からは、日本の市場構造や流通・取引慣行など分野横断的な交渉が行われるようになり、販売促進活動に対する規制として景表法（特に、景品規制）が取り上げられるようになった。

総論Ⅰ-Ⅲ-2(2)(3)

公取委は、昭和61(1986)年5月、貿易摩擦を解消するために市場アクセスを改善し、競争を活発化させるとの観点からの政策パッケージとして「市場アクセス改善のための競争政策上の対応」を公表した。その中では、輸入品の販売促進に係る懸賞の緩和的見直し、比較広告の規制基準のガイドラインによる明確化などが取り上げられている。

従来、景品規制については、原則禁止の欧州型、原則自由の米国型に対して、日本は弊害規制の立場をとっていると説明されてきたが、貿易摩擦の解消といった文脈で、日本の景品規制は段階的に緩和されていった。

(2) 日米構造問題協議　景品規制は、日米間の貿易交渉においても取り上げられるようになった。

平成元(1989)年7月の日米首脳会談における合意に基づき、日米間の貿易と国際収支の調整上障壁となっている構造問題を識別・解決することを目的として、9月から日米構造問題協議(Structural Impediments Initiative, SII)が開始された。SIIにおいて、米国側は、日本側の構造問題の1つとして「流通」を取り上げ、その中で景品規制が議論された。平成2(1990)年6月に公表された「日米構造問題協議最終報告書」では、景品規制の内外無差別の運用と景品に関する公正競争規約の見直しが約束されている。

その後も日米間では、構造問題に関する政府間協議が継続され(SIIフォローアップ会合〔平成3年～〕、日米包括経済協議〔Japan-U. S. Framework for a New Economic Partnership〕〔平成5年～〕)、引き続き景品規制は議論の対象となり続けた。

(3) 日米フィルム市場問題　景表法に関係する日米間の貿易紛争が世界貿易機関(World Trade Organization, WTO)の場で争われた事例として、いわゆる日米フィルム紛争がある。これは、米国の写真フィルム・印画紙メーカーであったコダック社が日本の写真フィルム・印画紙市場における取引慣行が外国企業を排除する不公正なものであると主張して米国通商代表部(USTR)に米国の通商法の発動を訴えたことを発端として、米国政府がWTOに提訴したことにより、当該産業における日本の市場構造や取引慣行がWTOの紛争解決小委員会(パネル)において取り上げられた事案であった。WTOパネルで議論された論点は多岐にわたるが、米国側の主張の1つの柱に販売促進対抗措置として景品規制と公正取引協議会の活動が含まれていた。

米国側の景表法に関係する主な主張は、日本の写真フィルム・印画紙市場に関して、①事業者向け・一般向けのプロモーション活動を公取委の規制告示・公正競争規約が外国企業に不利になるよう制限している、②カメラ類に関する公正競争規約・公正取引協議会の活動が外国企業を排除するために用いられている(な

26　総論Ⅰ　景品表示法の歴史

お、当該規約の対象は「カメラ類」であり、写真フィルム・印画紙は含まれていなかった)、など
であった。これに対して日本側は、事実面および法解釈面でこれらの主張に反論
した。

　本件については、約1年半にわたるパネルにおける議論の結果、平成10(1999)
年4月、米国側の主張はいずれも証明されていないと結論付けたパネルの最終報
告書がWTOの紛争解決機関会合によって採択され、日本側の「勝訴」となった。
米国政府は、これをWTOの上級委員会に上訴せず、本件は終結した。

3　規制緩和と景品規制

　景品規制に関しては、前述2の貿易摩擦にかかわる議論に加えて、内外の事業
者から規制緩和の観点からの要望も行われていた(1980年代頃からの行政改革・規制緩
和政策が進められていく中で、公取委の執行力強化、独禁法適用除外カルテルの廃止等が唱えら
れる一方、持株会社の禁止等の独禁法上の規制についても、緩和要望が強くなっていた)。平成
6(1994)年には、規制緩和の推進の文脈で「競争政策の積極的展開」という枠組み
の中ではあるが、一部の景品規制の緩和・見直しが閣議決定されている(「今後に
おける規制緩和の推進等について」〔平成6年7月5日閣議決定〕、「規制緩和推進計画について」
〔平成7年3月31日閣議決定〕)。公取委は、日本市場の公正な競争の確保・促進を
図っていく等の観点から景品規制の見直し・明確化について検討するとして、平
成6年5月に「景品規制の見直し・明確化に関する研究会」(座長:鶴田俊正・専修大
学教授)を設置し、平成7(1995)年3月28日、同研究会の報告書を公表した。

　これ以降、公取委は、具体的な景品規制の見直し・明確化を順次進め、提供で
きる景品額の上限の緩和(懸賞制限告示、総付制限告示の改正)、業種別ルールの一般
ルールへの収れん(業種別告示の改正・廃止)、景品提供に係る運用の明確化などを行
い、とりわけ、事業者景品規制、オープン懸賞については、最終的には規制告示
の廃止につながった。

(1)　**事業者景品規制**　　景表法は、価格や品質によらない競争により、消費者
の商品選択を歪めるような景品提供や不当な表示を規制することがその趣旨で
あって、消費者に向けた販売促進行為が基本的には対象になる。事業者景品規制
についても、製造業者等が販売業者を景品類によって誘引することで、消費者に
対する自社の商品・役務提供の優位性を確保しようとすることも同様に消費者の
商品選択を歪めることとなると考えられている。事業者景品告示は、こうした観
点から昭和42(1967)年に制定され(前述I 3(3)(b)(i)ア参照)、また、業種別告示でも
対事業者景品の提供を制限する内容を含むものが制定された。しかし、流通機構
の変化により流通段階での競争状況が大きく変化し、消費者への利益還元の阻害

総論 I - III - 3 (2), IV

など制定時に懸念された問題も起き難いことから一般的に規制する必要性が乏しくなったとして、事業者景品告示は平成8(1996)年3月31日に廃止された（平成8年公取委告示第3号）。現在、有効な業種別告示は4件であるが、その中で事業者向けの景品提供を制限する条項を持つものは、医療用医薬品等の一部の業界に関するものが1件あるだけである（「医療用医薬品業、医療機器業及び衛生検査所業における景品類の提供に関する事項の制限」〔平成9年公取委告示第54号〕）。

(2) **オープン懸賞** オープン懸賞告示は、取引に付随せずに行われるいわゆるオープン懸賞について「正常な商慣習に照らして過大な……経済上の利益」の提供を禁止し、事実上景品提供額の上限を定める独禁法上の特殊指定であった（前述 I 3 (3)(b)(i)(イ)参照）。本告示は、取引付随性のないものでも高額な賞金・商品の提供による弊害を考慮したものであったが、前述の「景品規制の見直し・明確化に関する研究会」報告書の指摘もあり、上限額を100万円としていた運用基準の制定後20年以上経過して、所得の増大、物価の上昇等により受け取る価値が低下していること、消費者の行動が変化しオープン懸賞と商品選択との関連性が希薄になってきていることなどを理由として、平成8(1996)年4月に同告示の運用基準で定める上限額が10倍の1000万円に引き上げられた。さらに、商品選択との関連性が一層希薄になっていること、引き上げられた上限額での懸賞の実施例がほとんどなかったことなどを理由として、平成18(2006)年には本告示そのものが廃止された（平成18年公取委告示第9号）。

IV まとめ

景表法は、施行当初から、消費者団体等からの期待も高く積極的な運用がなされていた。それでも、過大景品や誇大広告が繰り返されたことから、抑止力・執行体制の拡充、規制対象の拡大・明確化を通じて規制が強化されてきた。ただし、法執行の実情をみると、景品規制が、制定当初は懸賞を中心に積極的に運用されていたものの、内外からマーケティングの主要手段を厳しく制限しているとの観点からの批判があって、国際的整合性が求められるようになっていったのに対し、表示規制については、広告・表示の手法の多様化、デジタル化や国際化の進展に伴い、規制範囲の拡大・明確化が進められ、今や表示規制が景表法の執行の中心となっている。

また、景表法の運用には、消費者庁以外にも公取委、都道府県等の多くの機関が関与しており、裁判例が少ない中で、ガイドライン等の形で執行当局の考え方が示されることで、これらの機関も含めた法運用の統一性が図られているので、本項ではあまり取り上げていないが、景表法の理解にはこうしたガイドライン等

28 総論 I 景品表示法の歴史

総論 I -Ⅳ

の参照も欠かせない。

　景表法は、消費者庁への移管後、執行強化等の観点からしばしば法改正が行われるようになり、その内容も独禁法だけではなく特商法等の先行する消費者法の規制や執行手段などを取り込んでいる。同時に、同庁が特商法等の消費者取引規制法、食品、日用品、繊維製品等の表示規制法などを併せ所管していることから、これら関連法令との一体的運用が行われる傾向が強くなっている。

　こうして、独禁法の特例法として生み出された景表法は、消費者保護法としての性格がより鮮明になってきている。　　　　　　　　　　　　〔山田昭典〕

総論Ⅱ-*1*

総論Ⅱ　最近約5年間における消費者庁の法執行状況

1 最近5年間における景表法事例一覧　　*2* 優良誤認表示——性能効果・資料要求
3 その他の優良誤認表示　　*4* 有利誤認表示　　*5* 告示該当　　*6* 景品規制——
「新聞業における景品類の提供に関する事項の制限」(新聞業告示)　　*7* まとめ

1 最近5年間における景表法事例一覧

　ここでの目的は、令和元(2019)年度から令和5(2023)年度まで、課徴金制度導入から確約手続制度導入までの間の約5年間の消費者庁による景表法の執行状況を明らかにするところにある。

　ちなみに、平成28(2016)年度から令和5年度における消費者庁などの景表法違反事件の命令件数は次のとおりである。

	平成28年度	平成29年度	平成30年度	令和元年度	令和2年度	令和3年度	令和4年度	令和5年度
措置命令								
消費者庁	27	50	46	40	33	41	41	44
都道府県	1	8	9	15	8	4	6	3
課徴金納付命令	1	19	20	17	15	15	17	12

　なお、措置命令件数、課徴金納付命令数とも、対象事業者による事案数であり、同日に類似の商品・役務における類似の表示について処理したものを1事案と計算すると命令件数はおおよそその半分程度となると解説されている。

　消費者庁による法執行に影響を与える出来事として、課徴金制度の導入を内容とする改正法は平成26(2014)年11月19日に成立し、平成28年4月1日に施行された。消費者庁長官は優良誤認表示および有利誤認表示について、違反事業者に対して、その要件を満たす限り、違反対象商品売上額に算定率3%を乗じた金額の課徴金の納付を命じなければならない。

　その意味で、それまでの法執行と比べると、消費者庁による法執行がもっとも厳格に行われた時期の数値となる。

　確約手続の導入を内容とする改正法は、令和5年5月10日に成立し、令和6年10月1日に施行された。施行後は、確約手続がとられる件数が増えて、消費者庁

総論Ⅱ-2

による措置命令の数は減少するものと予想されている。ただし、優良誤認表示、有利誤認表示などの基本実体ルールについては変わらない。

ここでは、令和元(2019)年度から令和5年度までの5年間の担当官解説が公表されている事例とその期間の法執行に影響を及ぼしている主要事例を解説分析して、現行課徴金制度下における法執行の実態とそこでの実体ルールを明らかにしようとしている。

そのため、事例について、①優良誤認表示(効果・性能に係る表示かつ合理的根拠資料提出要求がなされたもの)、②そのほかの優良誤認表示、③有利誤認表示、④告示該当表示、⑤景品規制に分類する。①は、優良誤認表示のうち効果・性能に係る表示で、消費者庁により合理的根拠資料提出要求がなされた事例であり、②はそれ以外の優良誤認表示となる。なお、優良誤認表示と有利誤認表示などこの分類法で双方に該当する最新の主要事例については双方で解説している。

このように、この期間の法執行は表示規制が中心であり、その中で、①提出資料が客観的に実証された内容のものであること、②表示された効果、性能と提出資料によって実証された内容が適切に対応していること、を要件とする不実証広告規制が実務上極めて大きな役割を果たしている。

2 優良誤認表示——性能効果・資料要求

事例❶ 株式会社オーシロに対する件—「タバクール」

・排除命令平成18年10月19日(優良誤認表示・合理的根拠資料提出要求)

「タバクール」という商品について、本件商品を煙草の先端に付着させて喫煙すれば煙草の煙に含まれるニコチンがビタミンに変化することによって減少し、喫煙による害がなくなるかのように示す表示をしていた。

・審判審決平成21年10月28日審決集56巻第1分冊316頁

公取委は、排除措置命令の取消しを求めた審判請求に対して4条2項の趣旨等から理由がないとして棄却した。

・東京高判平成22年10月29日(請求棄却。審決集57巻第2分冊162頁)

提出期限経過後に提出された資料は、本件資料が本件表示を裏付ける合理的な根拠を示すものであるか否かを判断するために参酌し得るにとどまるのであるから、参酌し得るのは、上記資料中、本件資料の内容を説明するものや補足する部分に限られるというべきである。したがって、提出期限経過後に提出された資料中の新たな試験・調査によって当該表示を裏付ける根拠を示そうとする部分は、本件資料が本件表示を裏付ける合理的な根拠を示す資料たり得るものではない。

山本裕子「不実証広告規制の趣旨と合理的根拠の判断基準(オーシロ事件)」川濵昇＝武田邦宣＝和

総論Ⅱ-2

久井理子編『経済法判例・審決百選〔第3版〕』(有斐閣・2024)260頁

事例❷ 株式会社翠光トップラインおよび株式会社ジェイトップラインに対する件—「シーグフィルム」

・措置命令平成27年2月27日(優良誤認表示・合理的根拠資料提出要求)

　窓ガラスに貼って使用する「シーグフィルム」という名称の商品について、そのリーフレットやウェブページで、具体的な数値をあげるなどして、本件商品を窓ガラスに貼付すると、夏季における遮熱効果および冬季における断熱効果があり、冷暖房効率を向上させるかのように示す表示をしていた。

・東京地判平成28年11月10日(請求棄却。判タ1443号122頁)

　平成15(2003)年改正の立法担当者が内閣法法制局における審査を含む法案の立案の過程において、4条2項のみなし規定の効果の及ぶ範囲が措置命令に限定され、その取消訴訟には及ばないとの解釈をとり得る規定の立案を企画して、「第6条の規定の適用については」との文言を付加し、同改正の解説にその解釈を記載しているなどの経緯があったとしても、そのような解釈は、行政事件訴訟の基本原則というべき取消訴訟の審理構造との整合性を欠く。

　措置命令後、その取消訴訟の継続中に、事業者から、措置命令前に提出されていれば合理的根拠資料に該当すると認められる資料の提出があったときには、消費者庁長官は、当該措置命令を将来に向かって撤回すべき義務を負うことになるものと解される。

事例❸ 株式会社だいにち堂に対する件—「アスタキサンチン　アイ&アイ」

・措置命令平成29年3月9日(優良誤認表示・合理的根拠資料提出要求)

　新聞紙上において、「アスタキサンチン　アイ&アイ」と称する食品について、「ボンヤリ・にごった感じ」という目の見え方が不良である状態が、本件商品を1日1粒摂取することにより、「クリア」「スッキリ」「くもりの気にならない、鮮明な毎日」という目の見え方が良好な状態になるかのように示す表示をしていた。

・平成30年2月26日消費者庁長官棄却裁決

　消費者庁長官は、原告の審査請求を棄却する旨の裁決を行った。

・東京地判令和2年3月4日金商1651号19頁

　東京地裁は、原告の請求に理由がないとしてその請求を棄却した。

・東京高判令和2年10月28日金商1651号17頁

　優良誤認表示に該当するか否かを判断するための合理的根拠資料の提出要求の対象を、具体的な効能・効果を訴求する表示に限定しないことが、表現の自由および営業の自由を侵害するものとはいえない。

　具体的な数値等を表示していなくとも、視覚の不良感が改善されるという効

能・効果を掲げて商品の優良性を強調する表示が優良誤認表示に該当する疑いがあると認めて、その該当性を判断するために、合理的根拠資料の提出を求める必要があると認めることは相当であり、事業者が提出した資料が合理的根拠資料に該当しないと認められる場合に優良誤認表示とみなされるという7条2項は適法である。

・最判令和4年3月8日判タ1500号76頁

　7条2項が、事業者がした自己の供給する商品等を示す表示について、当該表示のとおりの品質等が実際の商品等には備わっていないなどの優良誤認表示の要件を満たすことが明らかでないとしても、一定の場合に優良誤認表示とみなして直ちに措置命令をすることができるとしていることは、公共の福祉に合致する目的を有し、目的を達成するための手段として必要かつ合理的なものといえるから、憲法21条1項、22条1項に違反しない。

事例❹　三菱自動車工業株式会社に対する件—自動車燃費偽装事件

・措置命令平成29年1月27日（優良誤認表示）

　三菱自動車は、燃費値の実験に関し不正を行い、普通自動車、小型自動車および軽自動車の燃費性能について「30.4 km/ℓ」と表示していた。

・課徴金納付命令平成29年1月27日　4億8507万円（最初の課徴金納付命令）

・課徴金納付命令平成29年6月14日　自主的に報告したことによる2分の1の減額がなされ、かつ軽自動車8商品につき返金措置が実施されたと認め、453万円の課徴金納付を命じた。

・課徴金納付命令平成29年7月21日　返金措置の適合性を認めて、原処分を撤回するとともに、368万円の課徴金納付を命じた。

事例❺　日産自動車株式会社に対する件—自動車燃費偽装事件

・措置命令平成29年1月27日（優良誤認表示）

　日産自動車は、三菱自動車からOEM供給を受けていた軽自動車27商品について、ディーラーを通じて配布したカタログおよび自社ウェブサイトに掲載したウェブページにおいて燃費性能について「30.4 km/ℓ」と表示していた。

・課徴金納付命令平成29年6月14日　軽自動車6商品　317万円

　日産自動車の6商品の各売上額に100分の3を乗じて得た金額から、2分の1減額がなされ、返金措置計画に適合して実施された額を減額した金額である。

・平成30年12月21日消費者長官取消し裁決

　日産自動車は、平成29(2017)年9月13日、課徴金納付命令を不服として行政不服審査法に基づく審査請求をした。

　消費者庁（審査庁）は、審理員4名を指名し、平成30(2018)年5月31日審理員は審

総論Ⅱ-2

理員意見書を審査庁に提出した。

消費者庁は、平成30年7月6日行政不服審査会に諮問し、行政不服審査会は、同年10月31日、①本件6商品の燃費性能に関する表示が5条1号に定める優良誤認表示には該当しないこと、②日産自動車は課徴金対象行為を行った期間を通じて、本件表示が8条1項1号に該当することを知らないことにつき相当の注意を怠ったとは認められないことを理由に、本件命令は取り消されるべきとの答申を行った(行政不服審査会第1部会答申、平成30年度答申第47号)。

消費者庁は、平成30年12月21日、優良誤認該当性についての答申の判断は、関係法令の解釈適用を誤るものであったとしたが、日産自動車が相当な注意を怠ったとは認められないとする答申の結論には相応の合理性があるとして、裁決により、本件命令を取り消した。

・裁決要旨

本件6商品の各商品の燃費性能について一般消費者が本件表示から受ける印象・認識とその実際の燃費性との間には乖離があり、軽自動車である本件6商品の各商品の燃費性能について一般消費者に誤認を生じさせるものと認められる。優良誤認表示該当性については、措置命令および課徴金納付命令に共通する要件である。

課徴金納付命令の目的は、その名宛人となる課徴金対象行為をした事業者に経済的不利益を課すことにより、事業者が不当表示を行う動機を失わせ、不当表示規制の抑止力を高めることによって不当表示を防止することにある。

8条1項ただし書に主観的要件が定められた趣旨は、事業者が表示を行うに当たり、表示内容の真実性を確認するインセンティブを確保することにあり、同項ただし書にいう相当な注意は、表示内容の真実性の調査確認をすべき注意義務を事業者に課すものである。

「優良誤認表示に、該当することを知らず、かつ知らないことにつき相当の注意を行った」という相当注意義務の内容、水準および判断方法については、表示内容の決定や真実性の確認を行う実質的判断を有する者の認識および行為を基準として判断するのが相当である。相当注意義務の主体については、法人の場合は法人の業務実態を踏まえて判断すべきである。本件では、表示内容の決定や真実性の確認を行う実質権限を付与されたX(自然人)が相当注意義務の主体である。

向田直範「日産自動車株式会社に対する課徴金納付命令の取消しについて」公取823号(2019)20頁、染谷隆明「日産自動車に対する課徴金納付命令を取り消す裁決の実務的検討」公取822号(2019)46頁

事例❻ 株式会社ミーロードに対する件—「B-UP」と称する健康食品(サプリメント)

総論Ⅱ-2

・措置命令平成29年3月30日(優良誤認表示、合理的根拠資料提供要求)

　自社ウェブサイトのウェブページにおいて、「バストUPとスリムUPを同時にかなえるスタイルUPの決定版！」等と表示することにより、あたかも、本件商品を摂取するだけで、豊胸効果が得られるともに痩身効果が得られるかのように示す表示をしていた。

　同社から資料が提出されたが、当該資料は、当該資料の裏付けとなる合理的根拠を示すものとは認められないとしている。資料が提出されたが、提出資料内容は客観的に実証されたものでないと認定された場合に当たる。担当官解説で、豊胸効果と痩身効果という相反する2つの効果が同時に得られることは専門的知見から通常あり得ないと解説されているように、提出資料内容は客観的に実証されたものでないと簡単に認定することができる。

・課徴金納付命令平成30年3月23日　2430万円、やめた日平成28年12月8日、最後の取引を行った日平成29年4月7日

【現行の課徴金制度の下で、課徴金額の算定期間の終期は、①当該事業者が当該優良・有利誤認表示をやめた日(以下、「やめた日」という)、②当該事業者が当該優良・有利誤認表示をやめた日から6か月を経過した日(以下、「6か月経過日」という)、③当該事業者が当該優良・有利誤認表示をやめた日の後かつ6か月経過日の前である最後に取引を行った日(以下、「最後の取引を行った日」という)のいずれかの日である。最後の取引を行った日は日刊新聞紙2紙に訂正広告を掲載した日まで取引を行った日をいう。

　不当利得を算出するために、①当該事業者が当該優良・有利誤認表示をやめた日から6か月を経過する日までの取引は当該優良・有利誤認表示の影響を受けているという擬制、②当該事業者が当該優良・有利誤認表示をやめた日から日刊新聞紙2紙に訂正広告を掲載した日までの取引は当該優良・有利誤認表示の影響を受けているという擬制を行っていることになる。】

神力あけみ＝佐々木健「株式会社ミーロードに対する措置命令及び課徴金納付命令について」公取822号(2019)54頁

事例❼　イソフラボン販売会社16社に対する件―葛の花由来イソフラボンを成分とする機能性表示食品

・措置命令(16社)平成29年11月7日(優良誤認表示、合理的証拠資料提出要求)

ア　痩身効果に係る表示

　自社ウェブサイト等において、細身のウエストにメジャーを巻き付けた写真とともに、「【ウエストサポート】体重やお腹の脂肪を減らす」等と表示することにより、本件商品を摂取するだけで、内臓脂肪(および皮下脂肪)減少による、外見上、

総論Ⅱ-2

身体の変化を認識できるまでの腹部の痩身効果が得られるかのように示す表示をしていた。

基本的に、体験談についての「個人の感想です。効果効能を保証するものではありません」等といった打消し表示は、表示から受ける効果に関する認識を打ち消すものではない。

本件は、機能性表示食品に対して初めて措置命令を行った事例である。

消費者庁に届け出られた機能性表示食品であることは、表示される効果について国が審査を行った上で消費者庁長官が個別に許可をしたものでなく、景表法の適用を排除するものではない(食品表示14)。したがって、当該食品について、届出内容を超える表示をした場合や表示の裏付けとなる科学的根拠が合理性を欠いている場合にとどまらず、不適切な表示については5条が全面的に適用される。

不実証広告規制において、7条1項の「当該事業者が当該資料を提出した」と認められる要件は、①提出資料内容は客観的に実証されたものであることと、②表示された効果、性能と提出資料によって実証された内容が適切に対応していることである。

したがって、消費者庁が「当該表示の裏付けとなる合理的な根拠を示す資料の提出を求め」た場合の当該事業者の対応は、①資料を提出しなかった場合、②資料を提出したが、提出資料内容は客観的に実証されたものでないと認定された場合、③資料を提出し、提出資料は客観的に実証されたものであるが、表示された効果、性能と提出資料によって実証された内容が適切に対応していないと認定された場合、④資料を提出し、(i)提出資料内容は客観的に実証されたものであり、(ii)表示された効果、性能と提出資料によって実証された内容が適切に対応していると認定される場合に分類される。

④の場合に該当すると認定される場合は未だ存在していない。その場合の法的効果は当該表示が5条1号に該当する表示とみなす旨の法的効果がなくなることを意味する。その場合には、(法的効果は厳密には規定されていないが)不実証広告規制を重視する実務からみて、5条1号の優良誤認表示に該当しないことになるものと考えられる。

以下この場合分けに従って整理する。16社は、本件科学的根拠が示す内容を超える表示をしていたものであり、本件科学的根拠は、本件痩身効果に係る表示の裏付けとなる合理的な証拠とは認めらないものであるとしており、第2の場合に該当する。

イ　注文数量に係る表示

自社ウェブサイト等において、「弊社の予想を大きく上回る注文を頂いており、

総論 II-2

生産が間に合わない状態が続いております」等と表示することにより、あたかも、当該予想販売数量を上回るほどの相当程度多数の注文を受けているかのように示す表示をしていた。

・課徴金納付命令平成30年1月19日　9社合計1億1098万円、9社ごとにやめた日、最後の取引を行った日を認定

田中誠＝鈴木弘記「葛の花由来イソフラボンを機能性関与成分とする機能性表示食品の販売事業者に対する措置命令及び課徴金納付命令について」公取820号（2019）89頁

事例❽　株式会社ブレインハーツに対する件—供給する3食品・石けん・下着の5商品

・措置命令平成30年6月15日

ア　優良誤認表示、合理的根拠資料提出要求

　自社ウェブサイトにおいて、「14日間の使用で体重−12.8kg以上をお約束します」「使用後も落とした体重がほぼ戻りません」等と表示することにより、あたかも、摂取するだけで、短期間で著しい痩身効果などが得られ、かつ、痩身後の体重を維持することができるように示す表示をしていた。

　当該表示の合理的な根拠を示す資料の提出を求めたところ、ブレインハーツは、当該期間内に当該資料を提出しなかった。

イ　有利誤認表示

　自社ウェブサイトにおいて、通常価格と評する価額により販売された実績がないことを認識しながら、実際の販売価格が比較対照価格に比して安いように表示していた。

・課徴金納付命令30年6月15日　4商品合計1229万円、4商品につき、やめた日と最後の取引を行った日を認定

　違反認定対象表示はブレインハーツの自社ウェブサイトであり、アフィリエイト自体ではないとしながら、アフィリエイト広告事例として解説。

【アフィリエイトプログラムとは、ブログ、口コミサイト等のウェブサイトの運営者が広告主からの依頼により当該広告主が供給する商品または役務の紹介、バナー広告等を当該ウェブサイトに掲載し、当該ウェブサイトを通じて広告主の商品または役務の購入等があった場合に、当該ウェブサイトの運営者に対し、広告主から成功報酬が支払われる仕組みを指し、当該仕組みを有するウェブサイトのことをアフィリエイトサイトという。】

　ブレインハーツは、広告代理店を通じて、アフィリエイトサイトの運営者に対して、本件4商品に係る自社ウェブサイトを提示するなどして、当該自社ウェブサイトの記載内容を踏まえた本件4商品に係る口コミ、ブログ記事等を作成さ

せ、当該自社ウェブサイトのハイパーリンクとともに当該アフィリエイトサイトに掲載させており、当該アフィリエイトサイトが本件4商品の違反表示が掲載された販売サイトへの主要な集客経路となっていた。

措置命令について、一般消費者に対する周知徹底の方法については、本件4商品のアフィリエイトサイトからハイパーリンクにより自社ウェブサイトに遷移する動線を含めることとされた。この措置をとることにより、一般消費者が本件4商品のアフィリエイトサイトに設置されたハイパーリンクをクリックすると、従前は本件4商品の販売ページへ遷移していたが、措置の実施後は、ブレインハーツによる本件4商品に係る表示が景表法に違反するものである旨の周知文が掲載されたウェブページへ遷移することになる。

当該アフィリエイトサイトが本件4商品の違反表示が掲載された販売サイトへの主要な集客経路となっていたが、本件広告代理店およびアフィリエイトは、違反行為主体、供給主体に該当しない。

一般消費者が本件4商品のアフィリエイトサイトに設置されたハイパーリンクをクリックすると、ブレインハーツによる本件4商品に係る表示が景表法に違反するものである旨の周知文が掲載されたウェブページへ遷移することになるという措置命令内容の工夫で対応した。

並木悠＝西山亮介「株式会社ブレインハーツに対する措置命令及び課徴金納付命令について」公取825号（2019）71頁

事例❾ 株式会社 Life Leaf に対する件―「ファティーボ」と称する健康食品

・措置命令平成30年7月25日（優良誤認表示、合理的根拠資料提出要求）

自社ウェブサイトおよび自社商品同梱チラシにおいて、「女性らしい美ボディに！健康的にふっくらしたい」等と表示することにより、本件商品を摂取することにより、あたかも、容易に肥満効果が得られるかのように示す表示をしていた。

同社から資料が提出されたものの、当該資料は、当該表示の裏付けとなる合理的な根拠を示すものではないとしている。おそらく、提出資料内容は客観的に実証されたものでないと認定された場合に当たるものと考えられる。

・課徴金納付命令平成30年10月26日　266万円、やめた日平成30年3月26日、最後の取引を行った日平成30年7月19日

鈴木弘記「株式会社 Life Leaf に対する措置命令及び課徴金納付命令について」公取826号（2019）71頁

事例❿ 株式会社 GLORIA に対する件―「pinky plus」と称する健康食品（サプリメント）

・措置命令平成30年7月30日（優良誤認表示、合理的根拠資料提出要求）

総論Ⅱ-2

自社ウェブサイトにおいて、「10日間でまさかの２カップUP！」等と表示することにより、あたかも、本件商品を摂取するだけで、含まれる成分により、容易に著しい豊胸効果が得られるかのように示す表示をしていた。

体験談に近接して「個人の感想で、効果・効能を保証するものではありません」と表示する本件打消し表示は、一般消費者が表示から受ける本件商品の効果についての認識を打ち消すものではない。

同社から、資料が提出されたが、当該資料は、当該表示の裏付けとなる合理的な根拠を示すものとは認められなかった。

担当官解説において、本件商品は、ブラックコホシュ抽出物等を原材料としたサプリメントであり、ブラックコホシュについて、俗に女性ホルモンのバランスを整えるといわれているが、豊胸に関しての合理的根拠は認められないとしているように、資料を提出したが、提出資料内容は客観的に実証されたものでないと認定された場合に当たると考えられる。

・課徴金納付命令平成31年３月22日　4598万円、やめた日平成29年９月28日、最後の取引を行った日かつ６か月経過日平成30年３月28日

猪狩勝一郎＝山田将「株式会社GLORIAに対する措置命令及び課徴金納付命令について」公取835号（2020）71頁

事例⓫　株式会社シエルに対する件——「めっちゃたっぷりフルーツ青汁」と称する食品

・措置命令平成30年10月31日

ア　優良誤認表示、合理的根拠資料提出要求

自社ウェブサイトにおいて、「海外でも大注目！日本版スムージーの"青汁"ダイエット」「おいしく飲んでスリムボディに！」等と表示することにより、あたかも、本件商品を摂取するだけで、容易に痩身効果が得られるかのように示す表示をしていた。

当該表示の裏付けとなる合理的な根拠を示す資料の提出を求めたが、シエルは、当該期間内に当該資料を提出しなかった。

シエルによれば、本件痩身効果に係る表示について、１日３食のうち１食を本件商品に置き換えるという、いわゆる「置き換えダイエット」に関するつもりであったと弁解するが、表示された痩身効果が１食を本件商品に置き換えるという食事制限に起因して得られるものであることは記載されていなかった。

イ　有利誤認表示、購入者数の限定表示

自社ウェブサイトにおいて、「毎月先着300名様限定」等、毎月300名に限って本件商品の定期購入を開始できるかのように表示していたが、実際には、毎月の新

規定期購入者数は300名を著しく超過していた。

・課徴金納付命令平成30年10月31日　1億886万円（それまでの最高額）、やめた日平成30年1月30日、最後の取引を行った日かつ6か月経過日平成30年7月30日

　課徴金額については、5条違反行為として優良誤認表示と有利誤認表示で一体として算定する。

田中誠＝鈴木弘記「株式会社シエルに対する措置命令及び課徴金納付命令について」公取827号（2019）85頁

事例⑫　株式会社ECホールディングスに対する件─「ブラックサプリEX」と称する食品

・措置命令令和元年6月5日（優良誤認表示、合理的根拠資料提供要求）

　自社ウェブサイトにおいて、「ブラックサプリEX」と称する食品について、「Before」と付記された白髪が目立つ人物のイラストおよび「After」と付記された黒髪の人物のイラスト等とともに「簡単にできる白髪対策として話題！」等と表示することにより、あたかも、本件商品を摂取することにより、白髪が黒髪になる効果が得られるように表示していた。

　不当表示に該当するか否かは、表示上の特定の文章、図表、写真等の実から判断されるのではなく、表示の受け手である消費者が、表示の内容全体から受ける印象・認識によって総合的に判断される。

　当該表示の裏付けとなる合理的な根拠を示す資料の提出を求めたが、ECホールディングスは、当該期間内に当該資料を提出しなかった。

・課徴金納付命令令和3年1月28日　1972万円、やめた日平成31年2月7日、最後の取引を行った日平成31年4月24日

吉田英治「株式会社ECホールディングスに対する景品表示法に基づく措置命令及び課徴金納付命令について」公取857号（2022）79頁

事例⑬　株式会社ダッドウェイに対する件─抱っこひも4商品

・措置命令令和元年12月20日（優良誤認表示、比較広告事例、合理的根拠資料提出要求）

　店頭表示物、商品カタログ、自社ウェブサイトにおいて、「肩への負担が7分の1（他社比）」等と表示することにより、本件4商品を使用して乳幼児を対面抱きまたはおんぶした際に使用者の身体に掛かる負担は他社の商品に比して肩への負担が7分の1または14%であるとして、他社の商品に比して肩への負担等が著しく少ないかのように示す表示をしているまたはしていた。ただし、本件4商品が負担を軽減する効果がなかった旨の認定まではしていない。

　「事実に相違して自社と同種又は類似の商品を供給している他の事業者に係るものよりも著しく優良であると示す」表示に該当するとしている。「事実に相違し

総論 Ⅱ - 2

て」の解釈には触れていない。

【比較広告ガイドラインでは、適正な比較広告の要件として、①比較広告で主張する内容が客観的に実証されていること、②実証されている数値や事実を正確かつ適正に引用すること、および③比較の方法が公正であることを挙げている。】

　本件は、他の事業者が供給する商品との比較に関する表示について優良誤認と認定した事案(比較広告事例)である。ただし、本件では不実証広告規制が優先適用されている。

　他の事業者が供給する商品または役務との比較に関する表示について、消費者庁が優良誤認表示または有利誤認表示に該当すると認定した事案として、ニフティ株式会社に対する件(平成24年6月7日措置命令)、株式会社 ARS および株式会社リュウセンに対する件(平成29年11月2日措置命令)、ジュピターショップチャンネル株式会社に対する件(平成30年3月16日措置命令〔**事例㊺**〕)があるとしている。

　担当官解説では、消費者庁は、ダッドウェイから提出された資料が表示の裏付けとなるかについて、専門家に意見を聴取するなどして検討した結果、合理的な根拠を示すものとは認められないと判断したとしている。消費者庁は、これまでの事案と比べて、かなり慎重に検討した上で、提出資料内容は客観的に実証されたものでないと認定したものと考えられる。

・課徴金納付命令令和2年12月16日　3億7478万円、4商品についてやめた日、最後の取引を行った日を認定。

宗田直也＝美濃部翔司「株式会社ダッドウェイに対する措置命令及び課徴金納付命令について」公取851号(2021)89頁

事例⓮　株式会社ゼネラルリンクに対する件—「マカミア」と称する食品

・措置命令令和2年3月10日(優良誤認表示、合理的根拠資料提出要求)

　自社ウェブサイトにおいて、南米ペルー産のマカから抽出した成分を配合したサプリメントである「マカミア」と称する食品について、「授かり率が190%UPする妊活サプリ」等と表示することにより、あたかも、本件商品を摂取することにより、著しく妊娠しやすくなる効果が得られるかのように示す表示をしていた。

　本件では、ゼネラルリンクが作成した表示であるにもかかわらず、第三者が運営しているかのように装っていたウェブサイトも表示媒体として認定している。

　ゼネラルリンクは、資料を提出したが、当該資料は、当該表示の裏付けとなる合理的な根拠を示すものではなかった。担当官解説で「不妊の原因は様々であり、何か特定の成分で一律に妊娠率が向上するというようなことは考え難く、ある治療や成分等が妊娠確率を向上するさせるかどうかを実証することは非常に困難である」としているように、資料を提出したが、提出資料内容は客観的に実証され

たものでないと認定された場合に当たると考えられる。

・課徴金納付命令令和2年12月23日　193万円、やめた日令和2年2月5日、最後の取引を行った日令和2年4月17日

鈴木佳子＝渡辺大祐「株式会社ゼネラルリンクに対する措置命令及び課徴金納付命令について」公取852号（2021）94頁

事例⓯　有限会社ファミリア薬品に対する件──「芦屋美容館」の「朱の実」と称する石けん

・措置命令令和2年6月26日（優良誤認表示、合理的根拠資料提供要求）

　自社ウェブサイトや3種類の情報誌に掲載した広告において、「今すでに出来ているシミを薄くする」「目尻や頬のおばぁちゃんジミが消えた…！？」等と表示することにより、「朱の実」と称する石けんについて、あたかも、本件商品を使用することで、シミを消すまたは薄くすることができるかのように示す表示をしていた。

　担当官解説において、「体験談及び本件商品に含まれる成分の効果を強調することにより、本件商品を使用することでシミを消す又はシミを薄くする効果が得られるように表示しながら、実際には当該効果を裏付ける合意的な根拠を有しておらず」としているように、明確に、資料を提出したが、提出資料内容は客観的に実証されたものでないと認定された場合に該当する。本件担当官解説では、株式会社だいにち堂最高裁判決（上記**事例❸**）を引用している。

・課徴金納付命令令和4年8月9日　459万円、3表示地域ごとにやめた日と最後の取引を行った日を認定

竹内勇起＝太田大人＝井上雅人「有限会社ファミリア薬品に対する措置命令及び課徴金納付命令について」公取874号（2023）64頁

事例⓰　スプレー販売会社3社に対する件──亜塩素酸による除菌効果または空間除菌を標ぼうするスプレー

・措置命令令和3年3月4日（優良誤認表示、合理的根拠資料提出要求）

　自社ウェブサイトおよび容器に貼付したラベルにおいて、「水溶性安定型亜塩素酸水」「バクテリア・カビ・ウィルス　強力除菌」「長時間空気中に留まる、優れた空間除菌効果」「空気中の有機物に対して長時間の除菌効果を発揮」等と表示することにより、「亜塩素酸」または「クロラス酸」と称する成分の含有を謳った、本件商品を対象物や空間に噴霧することにより、あたかも、本件商品に含有される成分の作用により、汚れた環境下においても除菌する効果や空間を除菌する効果が得られるかのように示す表示をしていた。

　空間除菌を標ぼうする置き型や首掛け型の商品について措置命令を行ってきた

が、スプレー型に対する初めての措置命令である。

　3社は資料を提出したが、当該資料はいずれも、当該表示の裏付けとなる合理的な根拠を示すものとは認められなかった。

　担当官解説では、「例えば、スプレーによる空間除菌を訴求する表示の根拠として提出された資料が、スプレーではない機器を用いた試験の結果であったり、落下菌や付着菌に対する試験の結果である場合には、合理的根拠を示すための①②の要件を満たすものではな」い、「試験管内やシャーレ等を用いた特定の試験条件下における試験結果としては一定の効果が認められる場合であっても、それが、商品の実際の使用環境とはかけ離れた条件下における試験である場合など、実証された内容と表示内容が適切に対応していなければ、景品表示法に違反する結果を招くことに十分注意する必要がある」としており、提出資料が客観的に実証されたものであるが、表示された効果、性能と提出資料によって実証された内容が適切に対応していないと認定された場合に該当するとされた可能性が強い。

伊藤敬之＝森健太「亜塩素酸による除菌効果又は空間除菌を標ぼうするスプレーの販売事業者3社に対する景品表示法に基づく措置命令について」公取855号（2022）69頁

事例⓱　ティーライフ株式会社に対する件―ポット用ティーバック「メタボメ茶」
・措置命令令和3年3月23日（優良誤認表示、合理的な根拠資料提出要求）

　通信販売の商品に同梱して配布した広告冊子において、「メタボメ茶」と称するポット用ティーバック入りの食品について、女性のイラストとともに、「もう一度、あの頃のスリムな私に！」等と表示することにより、「メタボメ茶」を摂取することで同商品に含まれる成分の作用により著しい瘦身効果が得られるかのように示す表示を行った。

・東京地判令和4年4月28日（請求棄却）

　社会通念に照らして、一般消費者が当該表示の内容全体についてどのような印象ないし認識に至るかに基づいて判断することが相当である。メタボメ茶の効果や性能が、原告主張に係る食事制限や運動による瘦身効果の促進にとどまるものでなく、メタボメ茶に含まれる成分に大幅瘦身効果があるとの印象を受ける。

　「個人の感想であり実感されない方もいらっしゃいます」等の注意書きによる打消し表示の文言は、いずれも小さく、配色的にも目立ちづらく、冊子中に占める割合も極めて小さく表示されており、強調して表示されたメタボタ茶の効果、効能を打ち消すようなものであるといえない。

　本件資料提出要求の必要性を認めた消費者庁長官の判断が誤りであったとはいえず、運用指針の定めは「合理的な根拠」の判断基準として妥当なものであり、本件提出資料は合理的な根拠を示すものであるとは認められない。

総論Ⅱ-2

・課徴金納付命令令和6年3月6日　1771万円

事例⑱　株式会社シーズコーポレーションに対する件—「seeds 糖類」と称する食品

・措置命令令和3年5月14日(優良誤認表示、合理的根拠資料提出要求)

　楽天市場に開設した自社ウェブサイトにおいて、「糖鎖＋PS〔スファチジルセリン〕で脳を活性化！認知症のリスクを軽減します」「脳神経細胞の退化を予防し、アルツハイマー型・脳血管性認知症の症状が改善される『脳機能活性栄養素』です」等と表示するなど、あたかも、本件商品を摂取するだけで、本件商品に含まれる糖鎖栄養素等が身体の細胞に作用することにより、疾病の治療または予防の効果が得られるように示す表示をしていた。

　当該表示の裏付けとなる合理的根拠を示す資料を提出したが、当該資料は当該表示の裏付けとなる合理的な根拠を示すものであるとは認めらないものであった。担当官解説で、このような表示は悪質といわざるを得ないと評価されており、提出資料内容が客観的に実証されたものでないと認定された場合に当たると考えられる。

　消費者庁は、措置命令と同時に、食品表示法4条1項に規定する食品表示基準に違反する表示を行っていたことから、同法6条1項に基づく適正な表示への是正、品質表示のチェック体制の強化等を内容とする指示を行っている。

・課徴金納付命令令和5年3月24日　358万円、やめた日令和3年3月10日、最後の取引を行った日令和3年4月23日

横田武＝寺井良太「株式会社シーズコーポレーションに対する措置命令及び課徴金納付命令」公取881号(2024)66頁

事例⑲　株式会社ハウワイに対する件—まつ毛美容液等

・措置命令令和3年6月3日(優良誤認表示、合理的根拠資料提供要求)

　自社ウェブサイトにおいて、「エターナルアイラッシュ」と称するまつ毛美容液について、「たった2週間でこんなにまつ毛が伸びてきた」等と表示することにより、あたかも、本件商品に含まれる成分の作用により、著しいまつ毛の育毛効果が得られるかのように示す表示をしていた。

　自社ウェブサイトにおいて、「重ね発酵ハーブ茶」と称する商品について、「飲むだけ　無理せず－10㎏ダイエット」等と表示することにより、あたかも、普段摂取している飲料を本件商品に替えるだけで、本件商品の含まれる成分の作用により、容易に著しい痩身効果が得られるかのように示す表示をしていた。

　ハウワイは、資料を提出したが、当該資料は、当該表示の裏付けとなる合理的な根拠を示すものではなかった。提出資料内容が客観的に実証されたものでない

44　　総論Ⅱ　最近約5年間における消費者庁の法執行状況

と認定された場合に当たると考えられる。株式会社だいにち堂事件最高裁判決（上記**事例❸**）を引用している。

・課徴金納付命令令和 4 年 3 月29日　500万円、やめた日令和 2 年 7 月21日、最後の取引を行った日かつ 6 か月経過日令和 3 年 1 月21日

北園敏幸＝間阪吉幸＝田部孝俊＝井上雅人「株式会社ハウワイに対する措置命令及び課徴金納付命令について」公取868号（2023）76頁

事例㉑　ビジョンズ株式会社に対する件―「プルマモア　マッサージ＆モイストボディクリーム」と称する商品

・措置命令 3 年 6 月22日（優良誤認表示、合理的根拠資料提供要求）

　自社ウェブサイトにおいて、「プルマモア　マッサージ＆モイストボディクリーム」と称する商品について、容器包装の画像とともに「ダイエットにも美容にもこれ一本！」「女の格を上げるのは塗るだけダイエット？！」等、あたかも、本件商品を身体の部位に塗布するだけで、本件商品に含まれる成分の作用により当該部位に短期間で著しい痩身効果が得られるかのように示す表示をしていた。

　ビジョンズは、資料を提出したが、当該資料は、当該表示の裏付けとなる合理的な根拠を示すものではなかった。提出資料内容が客観的に実証されたものでないと認定された場合に当たると考えられる。

・課徴金納付命令令和 5 年 2 月 8 日　159万円、やめた日令和 2 年12月22日、最後の取引を行った日かつ 6 か月経過日令和 3 年 6 月22日

渡辺大祐＝間阪吉幸「ビジョンズ株式会社に対する措置命令及び課徴金納付命令について」公取877号（2023）71頁

事例㉒　マクセル株式会社に対する件―オゾン除菌消臭器

・措置命令令和 3 年 7 月28日（優良誤認表示、合理的根拠資料提出要求）

　自社ウェブサイトにおいて、「20畳までの空間を快適空間に！」「オゾンでウイルス除去を徹底サポート」「オゾンによる新型コロナウイルス（SARS-CoV-2）の不活化効果を確認」等と表示することにより、あたかも、本件商品を使用すれば、本件商品によって発生するオゾンの作用により、リビングルームや玄関などの20畳までの様々な空間において、新型コロナウイルスを除去する効果が得られるかのように示す表示をしていた。

　当該表示の裏付けとなる合理的根拠を示す資料を提出したが、当該資料は当該表示の裏付けとなる合理的な根拠を示すものであるとは認められないものであった。担当官解説は、あくまで本件商品の「リビングルームや玄関などの20畳までの様々な空間」における「新型コロナウイルスを除去する効果」について合理的な根拠が認められないと判断したものであり、その他の効果について判断したもの

ではないとしている。これによると、表示された効果、性能と提出資料によって実証された内容が適切に対応していないことに重きを置いていることになる。この件でも、だいち堂最高裁判決(上記**事例❸**)を引用している。

「雑貨品」についても不実証広告規制の対象となるとする、株式会社カクダイによる審決取消訴訟判決(東京高判平成22年7月16日審決集57巻第2分冊152頁)を引用している。

・課徴金納付命令令和5年2月14日　3216万円、やめた日令和3年1月29日、最後の取引を行った日かつ6か月経過日令和3年7月29日

石橋勇輝＝古野豊「マクセル株式会社に対する措置命令及び課徴金納付命令について」公取880号(2024)76頁

事例㉒　株式会社アクガレージおよびアシスト株式会社に対する件──「ジュエルアップ」および「モテアンジュ」と称する2食品

・措置命令令和3年11月9日(優良誤認表示、合理的根拠資料要求)

「Instagram」と称するSNS(以下、「Instagram」という)内のアカウントの投稿およびアフィリエイトサイトにおいて、「『バスト育ちすぎてヤバい!?』バストアップ＆美容ケアのW効果で簡単に巨乳メリハリボディになる裏ワザ解禁!」「バストアップ効果」等と表示して、あたかも、それらの商品を摂取することにより、豊胸効果が得られるかのような表示をしていた。

2社は、「ジュエルアップ」について、所定のInstagram内のアカウントを保有する者に対して表示内容をInstagram内に投稿するように指示することなどにより、「ジュエルアップ」に係るInstagram内の表示内容を共同して決定していた。

2社は、アフィリエイトプログラムを実現するシステムサービスとして提供するアフィリエイト・サービス・プロバイダーを通じて、「ジュエルアップ」および「モテアンジュ」のアフィリエイトサイトの表示内容を共同して決定していた。

アフィリエイトプログラムとは、一般消費者がバナー広告等を通じて広告主の商品または役務を購入したり、購入の申込みを行ったりした場合などあらかじめ定められた条件に従って、アフィリエイター等に対して、広告主から成功報酬が支払われる広告手法をいう。

なお、アシストは、アクガレージに対し、通販事業の企画、運営、プロモーション事業等を委託していたが、令和5年2月1日にアクガレージとの吸収合併により消滅している。

・課徴金納付命令令和5年1月24日・アシスト1億1716万円、令和5年3月30日・アクガレージ1944万円(2商品それぞれにつきやめた日と最後の取引を行った日および

総論Ⅱ-2

6か月経過日を認定)

　担当官解説では、アフィリエイトサイトの取扱いについて、アフィリエイト広告等に関する検討会「報告書」(令和4年2月15日)の「アフィリエイト広告の表示内容については ASP やアフィリエイターにも一定の責任あると考えられるものの、まずは『表示内容の決定に関与した事業者』とされる広告主が責任を負うべき主体であると考えられる」との処理方針を示している。

　本件が、Instagram 内のアカウントの投稿に係る表示について、優良誤認表示に該当するとして措置命令を行った初めての事例である。

　担当官解説では、Instagram 内のアカウントの投稿について「SNS における表示のように、当該表示の外形上の名義人が第三者であったとしても、その表示が、事業者が自己の供給する商品又は役務の取引について行う表示であると認められる実態にあれば、景品表示法の規制対象となり得る(ステルスマーケティングに関する検討会報告書(令和4年12月28日))」としている。

　その上で、5条3号の指定告示との関係で『『一般消費者が事業者の表示であることを判別することが困難である表示』を新たな不当表示として告示(以下ステルスマーケティング告示という)による指定を行った(令和5年3月28日)ことから、本件における Instagram 内のアカウントの投稿に係る表示については、ステルスマーケティング告示の施行時期(令和5年10月1日以降)に行われていた表示であれば、同告示に違反するものであったとの言い得る事案であったとしている」としている。

　もっとも、本件が5条1号の優良誤認表示に該当するとされたように、Instagram 内のアカウントの投稿に係る表示については5条1号違反の対象行為および措置命令内容として取り扱われることが多くなる。

渡辺大祐＝間阪吉幸「株式会社アクガレージ及びアシスト株式会社に対する措置命令及び課徴金納付命令について」公取883号(2024)76頁

事例㉓　大木製薬株式会社に対する件—二酸化塩素による空間除菌を標ぼうする商品(首掛け型)

・措置命令令和3年12月16日(優良誤認表示、合理的根拠資料要求)

　商品パッケージにおいて、「空間除菌」「二酸化塩素のパワーで　ウイルス除去・除菌※　ウイルオフ　ストラップタイプ」等と表示するなど、あたかも、表示されている使用方法のとおりに本件商品を使用すれば、当該商品から発生する二酸化塩素の作用により、表示されている使用場所において、身の回りの空間に浮遊するウイルスや菌が除去または除菌される効果等が得られるかのように示す表示をしていた。

　当該表示の裏付けとなる合理的な根拠を示す資料の提出を求めたところ、資料

を提出したが合理的な根拠を示すものであるとは認められないものであった。

　担当官解説では、狭い密閉空間での試験結果は、空間に広がりや、換気、人の出入りがあり、家具等の設置がなされているいるなどといった実際の商品の使用空間(実生活空間)において、本件各商品により空間の浮遊するウイルスや菌の除去・除菌の効果が得られる旨を表示していたことに対応していないと判断されたものと考えられるとしている。

・課徴金納付命令令和5年5月17日　4655万円、やめた日、最後の取引を行った日を認定

宗田直也＝石塚幸子＝能地裕之「二酸化塩素による空間除菌を標ぼうする商品の製造販売業者2社に対する措置命令及び課徴金納付命令について」公取885号(2024)74頁

事例㉔　大幸薬品株式会社に対する件─クレベリン商品6商品

・措置命令令和4年1月20日スプレー型等4商品、令和4年4月15日置き型2商品(優良誤認表示、合理的根拠資料提供要求)

　商品パッケージ、自社ウェブサイト、テレビコマーシャル等において、本件商品から発生する二酸化窒素の作用により、置き型2商品について、「空間に浮遊するウイルス・菌を除去」「用途　空間＆物体のウイルス除去・除菌・消臭にご使用いただけます」等と表示することにより、室内に設置することにより、室内空間に浮遊するウイルス等を除去する効果等が得られるかのように、スプレー型等4商品については、身近に置いたり、周辺の空間に噴射することにより、電車、バス、オフィス等の身の回りの空間に浮遊するウイルス等を除去する効果等が得られるかのように示す表示を行っていた。

・令和3年12月14日

　本件商品に係る措置命令の差止めを求める訴えの提起(行政事件訴訟37の4)および措置命令の仮の差止めを求める申立てを行う。

・令和4年1月12日東京地裁決定

　置き型商品に係る表示について措置命令の仮の差止めを認める決定。

・令和4年4月13日東京高裁決定

　仮の差止めを命じた原決定を取消し(令和4年4月15日置き型2商品についての措置命令の結果、差止めを求めた本訴は取下げで終了)。

・課徴金納付命令令和5年4月11日　6億744万円、課徴金対象行為をした期間と最後に取引した日(終期)までの加算期間の合計期間が3年間を超えたため、課徴金対象期間は終期から3年間までの期間とした。

　本件ヒアリング記録については、二酸化塩素のウイルス除去機能に関する総論的な知見を示すものであること、本件論文および外部報告書については、置き型

総論Ⅱ-2

2商品についての表示された効果を実証した内容であることは認めた。

しかし、当該試験において設定された閉鎖試験空間とは異なる実生活空間における浮遊ウイルス等の除去効果を実証するものとはいえない、すなわち、本件商品の表示に係る各効果と、上記資料により実証された内容が適切に対応されているとはいえないとした(笠原宏「不実証広告規制事案において、資料により根拠を示すべき『表示』の範囲及び資料の合理性等について判断した事例」公取877号(2023)23頁)。

担当官解説では、7条2項および8条3項に基づく不実証広告規制については、大幸薬品の提出した資料について、①試験方法に再現性がなく一般的に認められた方法、専門家多数が認める方法または社会通念上認められた方法ではなかったことから提出資料が客観的に実証された内容のものであるとはいえず、②表示にある実生活空間での効果を証明するものではないことから表示された効果、効能と提出資料によって実証された内容が適切に対応しているとはいえず、当該表示の裏付けとなる合理的な根拠を示す資料として認められないと判断された旨簡潔に解説している。さらに、事業者が表示の合理的な根拠と考える試験結果の詳細をそのまま記載することだけでは打消し表示として不十分であることを示唆しているとしている。

石塚幸子＝能地裕之「大幸薬品株式会社に対する措置命令及び課徴金納付命令について」公取884号(2024)71頁

事例㉕ 株式会社 W-ENDLESS に対する件――「Dr. 味噌汁」と称する食品

・措置命令令和4年4月5日(優良誤認表示、合理的根拠資料要求)

自社が運営するウェブサイトにおいて、「それは今までとは全く違う、"我慢しない"ボディメイク法で、『これだ！』と思って試してみることに。辛い食事制限や運動ではダメだった僕も、その方法を試してみると…」等と表示することにより、あたかも、本件商品を摂取するだけで、本件食品に含まれる成分の作用により、容易に著しい瘦身効果が得られるように示す表示をしていた。

当該表示の裏付けとなる合理的な根拠を示す資料の提出を求めたところ、資料を提出したが合理的な根拠を示すものであるとは認められないものであった。

・課徴金納付命令令和5年5月19日 530万円、やめた日、最後の取引を行った日かつ6か月経過日を認定

横田武「株式会社 W-ENDLESS に対する措置命令及び課徴金納付命令」公取886号(2024)83頁

事例㉖ 株式会社ファイテック等5社に対する件――投てき消火用具

・措置命令令和4年5月24日・25日(優良誤認表示、合理的根拠資料提供要求)

投てき消火用具について、商品パッケージにおいて、「ボトルそのまま火元に投げて簡単消火！」「本製品は初期段階の火災のみ有効です。(炎が天井に付くまでの

総論Ⅱ-2

火災)」等と表示することにより、あたかも、一般的な住宅の居室内で発生する火災に対して、本件各商品1本を投げ込むだけで、当該火災を消すことができる効果等が得られるかのように示す表示をしていた。

さらに、5社のうち株式会社エビス総研は、「消防庁認定」等と表示することにより、あたかも、同社が標榜する消火性能を消防庁が認定しているかのように示す表示をしていたが、消防庁が認定した事実はなかった。

合理的根拠を示すための資料を提出したが、①提出資料内容は客観的に実証されたものでなく、かつ②表示された効果、性能と提出資料によって実証された内容が適切に対応していないと認定されるとした。

担当官解説は、「投てき消火用具については、そもそも法定の消火用具に含まれないこともあり、消防法制下で定められる試験規格は存在せず、さらに、業界内で定着した一般的な試験方法等も存在しない。したがって、投てき消火用具の販売事業者が、自社(ないし第三者機関)で実施した試験・調査の結果をもって、表示の合理的な根拠を示す資料とする場合には、その試験・調査方法に関して『表示された商品・サービスの効果、性能に関連する学術界又は産業界において一般的に認められた方法又は関連分野の専門家多数が認める方法』は観念し難く、当該試験・調査が『社会通念上及び経験則上妥当と認められる方法で実施』したものであるといえるよう、十分に留意する必要がある。……この点、仮に事業者が提出した試験・調査の結果が、例えば、消火対象である火の発生状況を祷文に示していない等その試験条件が不明確なものであったり、複数得られた試験試験・調査結果のうち自社にとって都合の良いチャンピオンデータのみを抽出したものであったりする場合には、客観性が担保されたものとは言い難く、『社会通念上及び経験則上妥当と認められる方法で実施』されたものとは認められないことになり、前記条件①を満たさないものと評価される」とし、「前記要件②に関して、指針では、実施内容と表示とが対応しないものとして、実証された条件と当該商品の一般的な使用条件が異なっている場合や実証された内容以上の効果・性能を表示する場合等が挙げられている。……この点、本件表示は、あたかも、一般的な住宅の居室内で発生する、当該居室の天井に炎の高さが届くまでの火災の火元に本件各商品1本を投げるだけで、当該火災を消すことができる効果等が得られる旨標榜するものであるから、仮に事業者が提出した資料が、例えば、一般的な住宅の居室内で発生する火災の火よりも(火元や燃料の性質等から)消えやすい火を消火できることを実証するものであったり、本件各商品を複数本投げることで初めて消火できることを実証するものであったりする場合には、実証された条件と本件各商品の使用条件が異なっている、もしくは、実証された内容以上の効果・性能

総論Ⅱ-2

を表示していることになるため、前記要件②を満たさないものと評価される」としている。

このように、この件の担当官解説では、これまでの担当官解説と異なり、不実証広告規制の要件に沿って実際には当該効果を裏付ける合理的な根拠を有していないことを格段と詳しく解説している。

・課徴金納付命令令和5年1月27日　2社に対し2046万円と2224万円、1社がやめた日令和4年7月11日、最後の取引を行った日令和4年7月15日。もう1社がやめた日令和4年5月24日、最後の取引を行った日令和4年6月17日

大畑駿介「投てき消火用具の販売事業者5社に対する景品表示法に基づく措置命令及び課徴金納付命令について」公取878号（2023）65頁

事例㉗　株式会社山田養蜂場に対する件—「ビタミンD＋亜鉛」などと称する3商品

・措置命令令和4年9月9日（優良誤認表示、合理的根拠資料提出要求）

自社ウェブサイトにおいて、「このたび抗菌ペプチドの産生をサポートする『ビタミンD』に、身体の免疫力をサポートする必須ミネラル『亜鉛』『ビタミンA』『ビタミンB6』『ビタミンC』を配合し、一粒に凝縮した製品を開発いたしました。『ビタミンD』と『亜鉛』はともに新型コロナウィルス感染時の重症化を防ぐ可能性が研究報告されており、今注目されている栄養素です」等と表示することにより、あたかも、本件3商品を摂取することにより、新型コロナウィルスの感染予防および重症化予防の効果を得られるように示す表示をしていた。

当該表示の裏付けとなる合理的根拠を示す資料を提出したが、当該資料は当該表示の裏付けとなる合理的な根拠を示すものであるとは認められないものであった。新型コロナウィルス感染症に対する感染予防効果および重症化予防効果を標榜することについて否定的な見解が示されており、提出資料内容が客観的に実証されたものでないと認定された場合に当たると考えられる。

本件3商品はいわゆる健康食品であり、本件は健康食品の不当表示の事例に該当する。

竹山浩一＝向建春「株式会社山田養蜂場に対する措置命令」公取879号（2024）75頁

事例㉘　株式会社BMターゲット等に対する件—プラスチック製品の生分解性能

・措置命令令和4年12月19〜23日（優良誤認表示、合理的根拠資料提供要求）92商品（カトラリー、ストロー、カップなど、ごみ袋およびレジ袋、釣り用品、エアガン用BB弾）

10社が、自社ウェブサイトや商品パッケージにおいて、それぞれの生分解性プラスチック製品について、あたかも、それぞれがたとえ捨てられたりしても、そ

総論Ⅱ-2

れが使用される環境下で生分解される効果を有するかのように示す表示をしていた。実際にはその表示を裏付ける合理的な資料を有していなかった。

事例㉙ 興和株式会社に対する件—「ウイルス当番」と称する商品

・措置命令令和6年1月30日(優良誤認表示、合理的根拠資料提供要求)

　商品パッケージ、自社ウェブサイトにおいて、「二酸化塩素の除菌パワー」「ウイルス・菌の除去」等と表示することにより、あたかも使用方法のとおり使用すれば、本件商品から発生する二酸化塩素の作用により、室内空間に浮遊するウイルスまたは菌が除去または除菌される効果が得られるように表示していた。

　当該表示の裏付けとなる合理的な根拠を示す資料の提出を求めたところ、資料を提出したが合理的な根拠を示すものであるとは認められないものであった。

　関連して、令和6年1月31日新聞発表において、置き型や壁掛けによる二酸化塩素ガス発生商品や首から下げて携帯するような形の二酸化塩素ガス発生商品を使用すれば、あたかもこれらの商品から発生する二酸化塩素の作用によって、室内空間や身の回りに浮遊するウイルスや菌が除去される効果が得られるかのように表示していた、二酸化塩素による空気除菌を標榜する商品の販売業者4社による不当表示事件事例として、興和株式会社(措置命令令和6年1月30日)、株式会社中京医薬品(措置命令令和6年1月29日)、ピップ株式会社(措置命令令和6年1月29日)、株式会社三和製作所(措置命令令和6年1月26日)に対する件が、まとめて解説されている。

事例㉚ 株式会社ニトリに対する件—糖質カット炊飯器

・措置命令令和6年2月7日(優良誤認表示、合理的根拠資料提供要求)

　自社ウェブサイトおよび商品パッケージにおいて、「いつものご飯が低糖質で美味しくヘルシーに！」「糖質48%カット！」「低糖質釜を設置して、糖質成分を分離、カット」等と表示することにより、あたかも、本件商品の糖質カット炊飯機能で炊飯することにより、通常の炊飯機能で炊飯した米飯と同様の炊きあがりで、米飯に含まれる糖質(でんぷん)が、48%カットできるかのように示す表示をしていた。

　消費者庁は、当該表示の裏付けとなる合理的な根拠を示す資料の提出を求めたところ、資料が提出されたが、当該表示の裏付けとなる合理的な根拠を示すものであるとは認められないものであった。

　このほか、令和6年2月8日新聞発表において、「糖質カット炊飯器の販売事業者4社に対する景品表示法に基づく措置命令について」として、糖質カット炊飯機能で炊飯することによって、通常の炊飯機能で炊飯した米飯に含まれる糖質(でんぷん)が表示通りの(3割強から6割弱の)割合でカットできるように表示してい

た関連事例として、Areti 株式会社に対する件(措置命令令和6年2月6日)、リソウジャパン株式会社に対する件(措置命令令和6年2月1日)、AINX 株式会社に対する件(措置命令令和6年2月5日)がまとめて解説されている。

佐藤吾郎ほか「最近の景品表示法違反事件をめぐって」公取887号(2024)4頁〔真渕博前消費者庁審議官の解説〕

3 その他の優良誤認表示

事例㉛ 株式会社エー・ピーカンパニーに対する件―「チキン南蛮」「月見つくね」「塩つくね」「椎茸つくね南蛮」等と称する料理

・措置命令平成30年5月22日(優良誤認表示)

2種類の特定店舗において提供する本件8料理について、あたかも「地鶏一筋」等と表示することにより、地元の地鶏を使用しているかのように示す表示をしていた。実際には、ほとんどブロイラーなどを使用していた、または地鶏でない親鶏等を使用するものであった。メニュー表示の誤認は、表示上の特定の文章、図表、写真等から一般消費者が受ける印象・認識ではなく、表示内容全体から一般消費者が受ける印象・認識を基準とする。

フランチャイズ方式の下でライセンス契約を締結する事業者が経営する店舗に関する表示についても、フランチャイザーであるエー・ピーカンパニーが違反行為主体となる。

・課徴金納付命令平成31年3月1日 2店舗合計981万円、いずれの店舗も、やめた日平成29年8月22日、最後の取引を行った日かつ6か月経過日平成30年3月22日

並木悠「株式会社エー・ピーカンパニーに対する措置命令及び課徴金納付命令について」公取833号(2020)62頁

事例㉜ 株式会社 TSUTAYA に対する件―「動画見放題プラン」「動画見放題&定額レンタル8」「TSUTAYA 光」「TSUTAYA プレミアム」と称する4役務

・措置命令平成30年5月30日

ア 優良誤認表示

自社ウェブサイトにおいて、「動画見放題 月額933円(税抜)30日間無料お試し」等と表示することにより、あたかも、動画が見放題であるかのように表示していたが、実際に見放題となる対象動画の割合は TSUTAYA において配信する動画の12%ないし27%程度までであった。

「動画見放題」という強調表示に対して、「実質0円とは月額933円に毎月1080円分のポイントがついて540円の『新作』でも2本ご覧いただけます」等という打消し

表示が付されているが、見放題の記載とは離れた個所に小さな文字で記載されているものであり、回答に係る記載は質問に係る記載をクリックしなければ表示されないものであることから、動画見放題という表示内容に関する認識を打ち消すものではない。

　強調表示と打消し表示とを合わせて、表示物全体として表示から受ける一般消費者の認識と実際のもの等との間に差が生じないようにすることが求められる。本件打消し表示はわかりやすく適切な打消し表示とはいえない。

イ　有利誤認表示（期間限定表示）

　「さんねん割」と称するプランで、キャンペーン受付期限までに申し込んだ場合に3年間を契約期間とすることにより3年間にわたり毎月月額料金を割引するように表示していたが、実際にはキャンペーン受付期限後に申し込んでも同様の割引が適用されるものであった。

・課徴金納付命令平成31年2月22日　1億1753万円、「TSUTAYA 光」を除く3役務について、やめた日は平成30年1月10日、1月14日、5月14日、最後の取引を行った日はいずれも平成30年6月18日

横田武＝渡辺達也「株式会社 TSUTAYA に対する措置命令及び課徴金納付命令について」公取831号（2020）51頁

事例㉝　日本マクドナルド株式会社に対する件——「東京ローストビーフバーガー」等と称する料理とそれを含むセット料理

・措置命令平成30年7月24日（優良誤認表示、メニュー表示）

　テレビコマーシャルにおいて、ローストされた牛赤身のブロック肉をスライスする映像を放送するなど、「東京ローストビーフバーガー」「東京ローストビーフマフィン」と称する料理とそれを含むセット料理に牛のブロック肉（牛の部分肉を分割したもの）を使用しているかのように示す表示をしていたが、実際には過半について牛の成型肉（牛赤身のブロック肉を切断加工したものを加熱して結着させて、形状を整えたもの）を使用したものであった。牛の成型肉を焼いた料理について「ビーフステーキ」と表示することには問題がある旨の消費者庁見解がある。

・課徴金納付命令令和元年5月24日　2171万円、3料理について、やめた日は平成29年9月5日、最期の取引を行った日は平成29年6月5日と9月6日

田中誠＝磯部咲里「日本マクドナルド株式会社に対する措置命令及び課徴金納付命令について」公取837号（2020）81頁

事例㉞　チムニー株式会社に対する件——海鮮食材・「超速鮮魚」

・措置命令平成30年11月7日（優良誤認表示）

　自社店舗の「POP」と称する表示物において、あたかも、本件料理に使用して

総論Ⅱ-3

いる魚介類は当日のうちに水揚げされて当日のうちに店舗に配送されたものであるかのように示す表示をしていたが、実際には、水揚げされた日の翌日以降に店舗に配送されたものであった。表示と実際の流通過程との間に齟齬・乖離が生じた事例である。

並木悠＝磯部咲里「チムニー株式会社に対する措置命令について」公取829号(2019)57頁

事例㉟ イオンペット株式会社に対する件—ペットの「トリミングサービス」と「ホテルサービス」と称する役務

・措置命令平成31年4月3日(優良誤認表示)

ア　トリミングサービス

ポスター、チラシ、自社ウェブサイトにおいて、「当店では全てのトリミングコースで炭酸泉シャワーを使用しております」等と表示することにより、あたかも「トリミングサービス」で使用しているシャワーには炭酸水を使用しているかのような表示をしていた。実際には、51店舗において、全くまたは一定の割合で炭酸水を使用していなかった。

イ　ホテルサービス

ポスター、チラシ、自社ウェブサイトにおいて、犬を散歩させる写真とともに「お散歩朝夕2回」等と表示することにより、あたかも、「ホテルサービス」で「お散歩朝夕2回」など散歩が屋外で実施されているかのように示す表示をしていた。実際には、107店舗において、散歩は、全くまたは一定割合で、屋外で実施されていなかった。

・課徴金納付命令令和元年8月7日　3280万円、サービスごとにやめた日と最後の取引を行った日を認定。

各店舗で掲示した表示についてはイオンペットの社内の決裁を経ていた。決済時の表示物の内容確認の方法に不備があり、表示した内容と実際のサービスの内容とが一致しているかの確認ができる体制となっていなかった。

「管理措置指針」に言及している。

佐々木雅也「イオンペット株式会社に対する措置命令及び課徴金納付命令について」公取838号(2020)87頁

事例㊱ LINEモバイル株式会社に対する件—「エントリーパッケージフリープラン」と称する移動体通信役務

・措置命令令和元年7月2日(優良誤認表示)

自社ウェブサイトにおいて、「エントリーパッケージを事前にご購入いただくことで、お申し込み時に必要な登録事務手数料が不要になります」と表示することにより、あたかも「エントリーパッケージフリープラン」と称する商品におい

て、すべての移動体通信役務に係る申込時の登録事務手数料が不要となるものであるかのように示す表示をしていたが、実際には移動体通信役務のうち「データSIM」と称するサービスタイプに係る申込時には使用できないものであった。

本件打消し表示は、表示方法(初期状態では打消し表示が画面に表示されておらず、アコーディオンパネルのラベルをタップ等しなければその表示内容を認識できない)および表示内容(直接的に「データSIM」と称するサービスタイプの申込みにはエントリーコードを使用できないことを表示したものではない)の双方に問題があるため、本件表示から受ける本件商品の内容に関する認識を打ち消すものではない。

・課徴金納付命令令和元年12月27日　243万円、やめた日平成31年1月8日、最後の取引を行った日かつ6か月経過日令和元年7月8日

鈴木佳子「LINEモバイル株式会社に対する措置命令及び課徴金納付命令について」公取840号(2020)87頁

事例㊲　株式会社ファミリーマートおよび山崎製パン株式会社に対する件─「バター香るもっちりとした食パン」と称する食パン3商品、山崎製パンの札幌工場において製造され、北海道内で供給されたもの(ファミリーマートのプライベートブランド商品)

・措置命令令和2年3月30日(優良誤認表示)

容器包装において、「バター香るもっちりとした食パン」と表示するとともに、原材料名欄に「バター」および「もち米粉」と表示することにより、あたかも、原材料にバターおよびもち米粉を使用しているかのように示す表示をしていた。実際には、本件3商品には原材料にバターおよびもち米粉を使用していなかった。

ファミリーマート(コンビニエンスストアの運営者)は、本件3商品に係る容器包装の表示内容について、ヤマザキ製パンから提案を受けて同社と協議を行うなど、同社と共同して決定している。

山崎製パンによる本件行為は、食品表示法に規定する食品表示基準にも違反するものであることから、消費者庁は、同社に対し、本件措置命令に併せて、食品表示法に基づく指示を行った。

今井啓介＝廣田一之「株式会社ファミリーマート及び山崎製パン株式会社に対する景品表示法に基づく措置命令について」公取846号(2021)72頁

事例㊳　株式会社晋遊舎に対する件─懸賞付きパズル雑誌

・措置命令令和3年3月24日(優良誤認表示および有利誤認表示)

ア　優良誤認表示

対象となった雑誌(40誌)の紙面上に、抽選により賞品または賞金の提供の相手方を定める懸賞企画の表示について、「超豪華プレゼント」「液晶テレビ(東芝)」「現

総論Ⅱ-3

金1万円」「1名様」等と表示することにより、あたかも、紙面上で実施された懸賞広告に応募して当選すれば、それぞれの賞品等について、応募締切日から相当の期間内に紙面上に表示された数の当選者に賞品等が提供されるように示す表示をしていた。実際には、晋遊舎が当選者に対して賞品等を発送したのは240日から1428日が経過した後であった。

自己の供給する商品は、「懸賞付きパズル雑誌」である。懸賞企画は、商品の内容に係るものに当たる。

イ　有利誤認表示

対象となった雑誌(99誌)の紙面上に、抽選により景品類の提供の相手方を定める景品類提供企画の表示について、「現金1万円」「図書カード(1000円分)」「30名」「50名」等と表示することにより、あたかも、紙面上で実施された景品類提供企画に応募して当選すれば、それぞれの景品等について、応募締切日から相当の期間内に紙面上に表示された数の当選者に景品等が提供されるように示す表示をしていた。実際には、晋遊舎が当選者に対して賞品等を発送したのは262日から1217日が経過した後であった。

景品提供企画は(「自己の供給する商品」の「取引に付随して相手方に提供する経済上の利益」である「景品類」に該当し)商品の取引条件に当たる。

いずれも、対象となる雑誌を購入し、該当する企画に応募し、応募者の中から抽選により決定された当選者に賞品が提供される点では同一である。懸賞付きパズル雑誌は、当該行為自体が商品の内容をなすため、懸賞企画に係る発送遅延については優良誤認表示に該当するとし、景品類提供企画については、懸賞付きパズル雑誌という商品の取引に付随して相手方に提供する経済上の利益である「景品類」に該当するため有利誤認表示に該当すると認定した。

・課徴金納付命令令和4年8月5日　1231万円、やめた日と最後の取引を行った日はいずれも同日

山本和佳＝杉本和之「株式会社晋遊舎に対する景品表示法に基づく措置命令及び課徴金納付命令について」公取873号(2023)75頁

事例㊴　高知県農業協同組合に対する件──「特別栽培米 仁井田米」などと称する袋詰玄米・精米

・措置命令令和3年3月30日(優良誤認表示)

「特別栽培米 仁井田米」等と称する袋詰玄米・精米などの本件4商品(高知県を代表するブランド米)の各容器包装において、「特別栽培米」「農薬・化学肥料を高知県慣行栽培より50%以下に抑えたお米です」等表示することにより、本件4商品には、特別栽培米が使用されているかのように示す表示をしていたが、実際には、

その全部または一部について、特別栽培米ではなく、高知県内における一般的な栽培方法により生産された慣行栽培米が使用されていた。

特別栽培米とは、農林水産省の定めた「特別栽培農産物に係る表示ガイドライン」にのっとった、その生産地の一般的な栽培方法に比して使用する農薬および化学肥料を5割減らした栽培方法により生産された米をいう。

梶頼明＝北尾文兵＝船山公夫「高知県農業協同組合に対する景品表示法に基づく措置命令について」公取858号（2022）68頁

事例⓵ 株式会社 gumi および株式会社スクウェア・エニックスに対する件―オンラインゲームにおけるガチャ

・措置命令令和3年6月28日（優良誤認表示）

オンラインゲームの画面において、オンラインゲーム内において実施した本件5役務（一般的に「ガチャ」といわれる）について、提供割合の表示や「○召喚は1回ごとに、その提供割合にもとづいて抽選を行います」等と表示することにより、あたかも、10枠分のアイテムの抽選方法については、1枠ごとに提供割合（ガチャを実行した際にアイテムが排出される確率）に従って抽選が行われるように表示していた。

実際には、10枠分のアイテムの抽選方法については、1枠ごとに、提供割合に従って抽選が行われるものではなく、本件5役務を実行した結果提供される当該10枠分のアイテムの組み合わせは極端に限られたものとなっており、提供割合に従って抽選が行われれば提供される可能性のあった当該10枠分のアイテムの組み合わせのほとんどが、絶対に提供されないものであった。

オンラインゲームにおけるガチャでは、事業者と一般消費者の情報格差が大きく、一般消費者にはその仕組みを具体的に把握する手段が乏しいとされる。

渡辺大祐＝山中康平「株式会社 gumi 及び株式会社スクウェア・エニックスに対する措置命令について」公取860号（2022）70頁

事例⓶ タイガー魔法瓶株式会社に対する件―「PCK-A080」と称する電気ケトル

・措置命令令和3年8月31日（優良誤認表示）

テレビコマーシャルにおいて、「PCK-A080」と称する電気ケトルについて、転倒した本件商品から液体がこぼれない映像や「もしものとき、熱湯がこぼれないように、設計しています」との音声とともに、「転倒お湯もれ防止」等と表示することにより、あたかも、本件商品が転倒しても本件商品からお湯がこぼれないかのように示す表示をしていた。実際には、本件商品が転倒したときには、本件商品の構造上、本件商品からお湯がこぼれる場合があるものであった。

本件商品に何らの瑕疵があったものではなく、一般消費者の安全に関する機能の表示を問題とした。

総論 II - 3

・課徴金納付命令令和4年2月9日 588万円、やめた日令和3年1月20日、最後の取引を行った日かつ6か月経過日令和3年7月20日

能地裕之ほか「タイガー魔法瓶株式会社に対する措置命令及び課徴金納付命令について」公取863号(2022)73頁

事例㊷ メルセデス・ベンツ日本株式会社に対する件──普通自動車の標準装備機能

・措置命令令和3年12月10日(優良誤認表示)

　自社ウェブサイト、冊子、カタログにおいて、自社の販売する普通自動車について、あたかも標準装備であるかのように表示した機能が、実際には、①標準装備ではなかった、②標準装備ではない車両があった、③別途オプションを装備しなければ機能しないものであった。

　以下は要点のみを記載する。

　対象商品は「GLA200d　4 MATIC」「GLB200d」「GLB250　4 MATIC　スポーツ」と称する普通自動車である。

　「GLA200d　4 MATIC」について、ダイレクトステアリングは標準装備でなく、サングラスケースが標準装備でない車両があった。ナビゲーションパッケージ、アクティブステアリングアシストは別途オプションを装備しなければ機能しないものであった。

　「GLB200d」について、ダイレクトステアリング、オフロードエンジニアリングパッケージは標準装備でなく、サングラスケース、ロゴ付きブレーキキャリパーが標準装備でない車両があった。自動再発進機能、アクティブステアリングアシストは別途オプションを装備しなければ機能しないものであった。

　「GLB250　4 MATIC　スポーツ」について、サングラスケース、ロゴ付きブレーキキャリパーが標準装備でない車両があった。

・課徴金納付命令令和6年3月12日　12億3097万円、「GLA200d　4 MATIC」について5億9912万円、「GLB200d」「GLB250　4 MATIC　スポーツ」について6億3185万円、やめた日を認定。

　「GLB200d」に係る「AMGライン」の優良誤認表示の一部について自主報告がなされてその分の課徴金額について自主報告による50%減額が行われている。この事件の摘発が自主報告を契機するものであるならば、自主報告は慎重に行うべきことを示すものとなる。

佐藤吾郎ほか「最近の景品表示法違反事件をめぐって」公取887号(2024)4頁〔真渕博前消費者庁審議官の解説〕

事例㊸ 株式会社 Needs および有限会社ガレージゼストに対する件──中古自動車

・措置命令令和3年12月22日(優良誤認表示、中古自動車の修理歴の有無や走行距離)

総論 Ⅱ–3

　Needs については、本件44商品について、全国の中古自動車情報を掲載しているウェブサイトのウェブページにおいて「修理歴　なし」と表示し、あたかも、車体の骨格部分に損傷が生じたことのない中古自動車であるように示す表示をしていた。実際には、本件44商品は、車体の骨格部分に損傷が生じたことのある中古自動車であった。本件2商品について、中古自動車の走行距離が表示された数値のとおりであるかのように示す表示をしていたが、実際には表示された走行距離数の数値は実際の走行距離数よりも過少であった。

　ガレージゼストについて、本件37商品について、全国の中古自動車情報を掲載しているウェブサイトのウェブページにおいて「修理歴　なし」と表示し、あたかも、車体の骨格部分に損傷が生じたことのない中古自動車であるように示す表示をしていた。実際には、本件37商品は、車体の骨格部分に損傷が生じたことのある中古自動車であった。

　なお、走行距離について、自動車公正競争規約では、中古自動車の販売時の表示において、1000 km 未満の走行距離の数値を四捨五入して表示することを認めている。本件表示は、同規約が定める基準の範囲を大きく逸脱する表示であった。

有松晶＝羽田有希「株式会社 Needs 及び有限会社ガレージゼストに対する景品表示法に基づく措置命令について」公取865号(2022)77頁

事例㊹　株式会社 DYM に対する件—「DYM 就職」「DYM 新卒」と称する就職支援サービス

・措置命令令和4年4月27日(優良誤認表示)

　自社ウェブサイト、動画共有サービス等において、「DYM 就職」と称する就職支援サービスについて、「相談からの就職率驚異の96%‼」「参加者の95.8% が内定を獲得！」等と表示することにより、あたかも、①本件役務の提供を受けた求職者のうち、DYM から紹介を受けた企業に就職した者の割合は、96% であるかのように示す表示、②本件役務において DYM から紹介される就職案件には、人材派遣会社から派遣先企業に派遣されて業務に従事するものは含まれないかのように示す表示、③DYM は、2500社以上の求人情報を有しており、当該企業数の求人情報の中から求職者に企業を紹介することができるかのように示す表示、④書類選考なしで、DYM から紹介されるすべての企業の採用面接を受けることができるかのように示す表示をしていた。

　実際には、①96% という数値は、DYM が任意の方法で算定した、特定の一時点における最も高い数値であった。②本件役務において DYM から紹介される就職案件には、人材派遣会社から派遣先企業に派遣されて業務に従事するものが含まれていた。③平成30年5月1日以降、DYM が有している求人情報は、最大

総論Ⅱ-3

2000社程度であって、2500社を下回るものであった。④採用面接を受けるには書類選考が必要な企業があった。

労働分野における初めての措置命令である。

本件では、自社ウェブサイトのほか、アフィリエイトサイトおよびYouTube動画の表示についても不当表示として認定している。アフィリエイトサイトにおける表示内容についても表示してほしい項目を具体的に指示していたことから表示内容についてDYMにより決定されたと認定された。

DYMは、求職者に対して就職支援サービスを提供しているものの、反対給付としての金銭は受けておらず、就職をあっせんした求人企業から成功報酬としての手数料を収受することにより、収益を上げていた。

「無料」の就職支援サービスについて、金銭的負担なくサービスの供給を受けられる場合であっても、消費者が経済的価値を有する個人情報などを反対給付としてサービス提供主体に提供している場合には、サービス提供者の行為は「事業」に当たり「事業者」性が肯定されると解される。景表法が適用される「事業者」に該当する。

2条1項の事業者に該当するか、5条柱書の事業者に該当するか、2条4項の自己の供給する役務に関する表示に該当するかが問題となる。

宗田直也＝美濃部翔司「株式会社DYMに対する景品表示法に基づく措置命令について」公取869号(2023)66頁

事例㊺ キリンビバレッジ株式会社に対する件──「トロピカーナ 100% まるごと果実感 メロンテイスト」と称する果実ミックスジュース

・措置命令令和4年9月6日（優良誤認表示）

「トロピカーナ 100% まるごと果実感 メロンテイスト」と称するか果実ミックスジュースについて、容器において、「厳選マスクメロン」「100% MELON TASTE」と表示することにより、あたかも、本件商品の原材料の大部分がメロンの果汁であるかのように示す表示をしていた。実際には、原材料の98%程度はぶどう、りんごおよびバナナの果汁を用いており、メロンの果汁は2%程度しか用いていないものであった。

・課徴金納付命令令和5年1月18日　1915万円、やめた日令和4年4月13日、最後の取引を行った日令和4年9月28日

宗田直也＝山崎裕子「キリンビバレッジ株式会社に対する措置命令及び課徴金納付命令について」公取877号(2023)73頁

事例㊻　　株式会社バンザンに対する件──オンライン個別学習指導

・措置命令令和5年1月12日

総論Ⅱ　最近約5年間における消費者庁の法執行状況　　*61*

総論Ⅱ-3

ア　優良誤認表示

　自社ウェブサイトにおいて、バンザンが供給する「メガスタ高校生」「メガスタ医学部」「メガスタ中学生」「メガスタ私立」「メガスタ小学生」という５つのオンライン個別学習指導に関する役務について、「オンライン家庭教師で利用者満足度No.1に選ばれました！」「第1位　オンライン家庭教師　利用者満足度」等、あたかも、本件５役務および他の事業者が提供する同種の役務を利用した者に対する利用者の満足度を客観的な調査方法で調査した結果において、本件５役務に係る利用者の満足度の順位が第1位であるかのように示す表示等をしていた。

　実際には、バンザンが委託した事業者による調査は、回答者にバンザンが提供する本件５役務および他の事業者が提供する同種役務の利用の有無を確認することなく実施したものであり、本件５役務および他の事業者が提供する同種役務を利用した者の満足度を客観的な調査方法で調査したものではなかった。

イ　有利誤認表示

　本件５役務について、自社ウェブサイトにおいて、「返金保証」等、あたかも、表示された期限までに申し込んだ場合または入会前の学習相談を受けた場合に限り、入会金および４回分の授業料が返金される返金保証制度を利用できるかのような表示をしていた。実際には、表示された期限後に申し込んだ場合であっても、返金保証制度を利用できるものであった。

・課徴金納付命令令和５年８月１日　6346万円（３役務について）、やめた日令和４年７月19日、最後の取引を行ったかつ６か月経過日令和５年１月19日

事例㊼　株式会社ボードウォーク等３社に対する件─コンサート席のレイアウト

・措置命令令和５年２月15日（優良誤認表示）

　他の２社と共同して、東京ドームで実施された30周年ライブコンサートなどコンサートを一般消費者に提供するに当たり、ウェブサイトにおいて、「会場の座席レイアウトはこちら」との記載とともに、ステージ、Ｗ会員シート、SS席、S席およびA席について、会場内でのそれぞれの配置場所を図示した画像等を表示するなど、あたかも、SS席を購入すれば１階アリーナ席、S席を購入すれば１階スタンド席、A席を購入すればバルコニー席または２階スタンド席で本件役務の提供を受けることができるかのように示す表示をしていた。

　実際には、それぞれのチケットを購入しても、例えば、SS席を購入しても１階スタンド席で本件役務の提供を受ける場合があるなど、表示どおりの座席の割当てがなされるものではなかった。

事例㊽　株式会社新日本エネックスに対する件─太陽光発電システム機器の販売と施工

総論Ⅱ-3

・措置命令令和6年2月27日(優良誤認表示)

自社ウェブサイトにおいて、「No.1 2022 JMR 安心して導入できる太陽光発電・蓄電池販売」「No.1 2022 JMR 知人に紹介したい蓄電池販売」『『アフターフォローも充実の太陽光発電蓄電池販売』『安心して導入できる太陽光発電・蓄電池販売』『知人に紹介したい蓄電池販売』、の3部門でNo.1を取得しました!」等と表示するなど、あたかも、令和4年に、太陽光発電システム機器の販売と施工における自社商品・役務および同種の商品・役務に関する、「アフターフォローも充実の太陽光発電蓄電池販売」「安心して導入できる太陽光発電・蓄電池販売」「知人に紹介したい蓄電池販売」の3項目につき、実際に利用したことがある者または知見等を有する者を対象にそれぞれ調査した結果において、自社の商品・役務の順位がそれぞれ第1位であるかのように示す表示をしていた。

実際には、委託した事業者による調査は、前記3項目について、回答者に対し、自社が提供する本件商品・役務について実際に利用した者かまたは知見等を有する者かを確認することなく、新日本エネックスおよび特定競争者の印象を問うものであり、それぞれ客観的な調査に基づくものではなかった。

蓄電池を含む太陽光発電システム機器を販売して施工する地方都市に所在する事業者による No.1表示が問題となった関連事例として、株式会社安心頼ホームに対する件(措置命令令和6年2月27日)、フロンティアジャパン株式会社に対する件(措置命令令和6年2月29日)、株式会社エスイーライフに対する件(措置命令令和6年3月5日)がある。いずれの事件でも No.1表示作成には、リサーチ会社、調査会社が関わって、イメージ調査にすぎないようなものに基づいて No.1表示が行われていた。リサーチ会社として日本トレンドリサーチと日本マーケティング・リサーチ機構が関与していた。またいずれの事件も公取委地方事務所が調査を担当している。

佐藤吾郎ほか「最近の景品表示法違反事件をめぐって」公取887号(2024) 4頁〔真渕博前消費者庁審議官の解説〕

事例㊾ RIZAP 株式会社に対する件—スポーツクラブにおける各役務

・措置命令令和6年8月8日(優良誤認表示)

スポーツクラブである RIZAP が運営する「chocoZAP」と称する店舗において提供する各サービスについて、「＼＼1回たった10分で／／理想の白い歯へ」と称する自社ウェブサイトにおいて、「追加料金なし　全サービスとも24時間使い放題!」「ボディメイクや美容ケアはもちろん、リラクゼーションやワーキングスペースも好きな時にご利用可能です!」等と表示することにより、あたかも、各サービスについて、1日24時間のうち、いつでもまたは好きな時に利用できるか

総論Ⅱ　最近約5年間における消費者庁の法執行状況　*63*

のように示す表示をしていた。実際には、各サービスについて利用できる最大の
合計時間数が定められており、また1日24時間のうちいつでもまたは好きな時に
利用できるものではなかった。

　RIZAP が運営する「chocoZAP」と称する店舗において提供する各サービスにつ
いて、Instagram と称する SNS 内のアカウントの投稿について、第三者に対し
対価を提供することを条件に、Instagram に投稿を依頼し、当該第三者が投稿し
た表示を RIZAP が依頼した投稿であることを明らかにせずに抜粋するなどし
て、例えば、「セルフでも簡単！毎日をもっときれいに！完璧つるすべ肌へ　業
務用脱毛マシン採用」と称する自社ウェブサイトの「SNS でも話題！　絶賛の口
コミ続々」との表示箇所において、「気になっていた『chocoZAP』ついに入会し
ちゃった」「なんと完全個室のセルフ脱毛が使い放題‼ ←これにかなり惹かれた感
ある」等と表示するなどしていたことが、RIZAP が当該表示内容の決定に関与し
ている者であり、RIRAP が本件各サービスについて行う表示（事業者の表示）で「表
示内容全体から一般消費者にとって事業者の表示であることが明瞭になっている
とは認められないことから、当該表示は、一般消費者が事業者の表示であること
を判別することが困難であると認められる表示に該当するものであった」とステ
マ告示に該当するとした。

　この件では、①「＼＼１回たった10分で／／理想の白い歯へ」と称する自社ウェ
ブサイトにおける表示と、②Instagram と称する SNS 内のアカウントの投稿に
基づく表示に分けて法適用している。このうち、第1の行為は、典型的な優良誤
認表示に該当するものである。

　第2の行為についても、RIZAP が投稿の対価を直接支払うことにより第三者
に投稿させた行為を問題としており当然 RIZAP が責任を負うべき表示である。
双方の行為を一体として優良誤認表示に該当するとして事件処理することも可能
であったと考えられる。その場合でも、措置命令内容および課徴金納付命令とも
同じものとなる。特に、ベイクルーズ事件東京高裁判決による「関与する者」を対
象とする考え方の下では、広告主に対して口コミ投稿者、さらには口コミ投稿代
行会社による表示の責任を負わせる形で、広告主による優良誤認表示の責任を負
わせて一体として措置命令を行うことも可能であると考えられる。

4　有利誤認表示

事例㊿　株式会社エネルギア・コミュニケーションズに対する件─光回線イン
　　　　　ターネット接続サービス

・措置命令平成29年3月24日（有利誤認表示、期間限定表示）

64　　総論Ⅱ　最近約5年間における消費者庁の法執行状況

自社ウェブサイトにおいて、あたかも、キャンペーン期間内に新規に本件役務の提供を申し込んだ場合に限り、複数年割引が受けられるように表示していたが、実際には、当該割引は当該期間に限定されるものではなかった。

・課徴金納付命令平成30年3月23日　530万円、課徴金対象期間の終期（2件）はやめた日から6か月経過日かつ最後の取引を行った日である。

山中義道＝佐藤政康＝清水喬「株式会社エネルギア・コミュニケーションズに対する措置命令及び課徴金納付命令について」公取823号（2019）64頁

事例�51　株式会社イエローハットに対する件―オーディオ一体型カーナビ

・措置命令平成29年12月1日（有利誤認表示、過去の販売価格を比較対象価格とする二重価格表示）

日刊新聞紙の折り込んだチラシにおいて、セール期間以外は「通は当店通常価格」と称する価額により販売している旨表示し、実際の販売価格があたかも通常販売している価格に比して安いように表示していたが、「通」と称する価額は過去に販売された実績のない価格であった。

子会社が運営する店舗を通じて本件商品を販売していたが、表示主体性について、自らチラシの素案を作成し子会社等に提案していたことから、同チラシの表示内容の決定に関与していた者に当たるとしている。

並木悠「株式会社イエローハットに対する措置命令について」公取819号（2019）59頁

事例�52　アマゾンジャパン合同会社に対する件―クリアフォルダー等5商品

・措置命令平成29年12月27日（有利誤認表示、二重価格表示）

自己が運営するウェブサイトサイトにおいて、クリアフォルダー等5商品について、歳末特別価格と称する、実際の販売価格が、見え隠し線が付されて表示されていた（いわゆる見え隠しにした状態で併記した）「参考価格」と称する価格（いわゆるメーカー希望小売価格より高い価格）に比して安いかのように表示していた。

・東京地判令和元年11月15日（請求棄却。判タ1491号142頁）

自らまたは他の者と共同して積極的に表示の内容を決定した事業者のみならず、他の事業者が決定したあるいは決定する表示内容について、その事業者から説明を受けてこれを了承し、その表示を自己の表示とすることを了承した事業者および自己が表示内容を決定することができるにもかかわらず他の事業者に表示内容の決定を任せた事業者も不当な表示を行った事業者に該当する。

ウェブサイト上の価格表示に有利誤認があった場合において、製造事業者、仕入先または出品者は、いずれも当該表示の一部を成す表示の前提となる行為をした者にすぎず、これらの者の行為が、直ちに当該表示として具現化したわけでも、当該表示を決定したわけでもなく、プラットフォーム通信販売事業者が構築

総論Ⅱ-4

し、運営しているシステムが適用された結果として、当該表示がされる旨が決定され、実際に当該表示がされたときは、消費者庁長官がプラットフォーム通信販売事業者のみを名宛人として措置命令をしたとしても、その判断に裁量権の逸脱または濫用は認められない。

岩本論「プラットフォーム通信販売事業者の二重価格表示に対する景品表示法に基づく措置命令取消訴訟判決」公取837号(2020)68頁

・東京高判令和2年12月3日(請求棄却。ジュリ1559号6頁)

　アマゾンジャパン合同会社は商品販売用ウェブサイトである「Amazon.co.jp」を運営して、リテール事業およびマーケットプレイス事業を営んでいるところ、プラス株式会社製の3種類のクリアホルダーなど5商品について、いわゆるメーカー希望小売価格等よりも高い価格を、本件ウェブサイトに記載された「販売価格」を上回る「参考価格」として、見え消しにした状態で併記し、実際の「販売価格」が「参考価格」と比して安いかのように表示していた。景表法は、「商品の取引に関する不当な表示」による「顧客の誘引を防止し」、「一般消費者の利益を保護することを目的とする」ものである。

　「これら5商品に関して、およそ販売者として控訴人以外の業者名の表示がされていない本件において、控訴人のウェブサイト上のこれら5商品に関する『販売価格』、『参考価格』等の表示を見た一般消費者は、販売者である控訴人が、それぞれの商品の実際の販売価格を決め、その安さを強調して顧客を誘引するために、『参考価格』、『割引額』、『割引率』等の表示をしたと理解する以外に考えようがなく、この『参考価格』、『割引額』及び『割引率』等の表示によって、本件各商品が大幅に割引されたお買い得品であると一般消費者が誤解するとするならば、『商品の取引に関連する不当な表示』を行って『不当な顧客の誘引』を行った『主体』は、控訴人と考えるほかにはないということになる。」

　5条は、7条1項により、当該事業者に「措置命令」を発すことができるとしており、そうすると、5条にいう「不当な表示をした事業者とは、不当な表示内容を決定した事業者をいうもの、すなわち、措置命令を受けたときに、その不当とされる表示内容を使うことを止める決定をしたり、再び同様なことを行うことを防止するために必要な事項を決定したりすることができる権限を有する事業者でなければならない」。

佐藤吾郎「プラットフォーム通信販売事業者の二重価格表示に対する景品表示法に基づく措置命令取消訴訟控訴審判決」公取857号(2022)60頁。

事例㊾　イオンライフ株式会社に対する件——「イオンのお葬式」の名称で供給する葬儀サービスのうち、「火葬式」「1日葬」「家族葬」と称する葬儀サービス

総論Ⅱ-4

の各役務

・措置命令平成29年12月22日（有利誤認表示）

特定地域内で配布された日刊新聞紙に掲載した広告において、各役務について「追加料金不要」「火葬式198,000円（税込）」等と表示することにより、それぞれ記載された価格以外に追加料金が発生しないかのように表示していた。実際には、一定の場合に、追加料金が発生するものであった。

追加料金が発生する場合を明記していれば問題がなかったところ、同社の管理監督が十分でなかったため、打消し表示に当たる追加料金が発生する場合が漏れていたことが問題であった。

特約店葬儀社が契約当事者であるが、本件役務の提供・流通の実態に鑑みて、違反表示主体をイオンライフとした。

・課徴金納付命令平成31年4月12日　179万円、4役務につき4配布地域ごとにやめた日、最後に取引した日を認定

並木悠「イオンライフ株式会社に対する措置命令及び課徴金納付命令について」公取834号（2020）75頁

事例54　アワ・パーム・カンパニー・リミテッドに対する件―「クーラ限定ガチャ」と称する役務

・措置命令平成30年1月26日（有利誤認表示）

本件ゲーム内の本件役務の取引画面において、オンラインゲームで使用する「クーラ」と称するキャラクターを提供する「クーラ限定ガチャ」と称する役務について、「クーラ」「出現確率：3％」等と表示することにより、あたかも、本件役務の取引1回当たりの「クーラ」と称する当該キャラクターの出現確率が3％であるかのように示す表示をし、また、本件役務を10回分一括して取引する場合にあっては本件役務の取引1回当たりの「クーラ」と称するとキャラクターの出現確率が3％であるかのように表示をしていた。実際には、本件役務の取引1回当たりの当該キャラクターの出現確率は、0.333％であり、本件役務を10回分一括して取引する場合にあっては本件役務の取引1回当たりの当該キャラクターの出現確率も0.333％程度であった。

当該事業者は中華人民共和国北京市に所在する、日本国内に事業所を有しない外国事業者である。日本国内に事業者を有しない外国の事業者に対して措置命令および課徴金納付命令を行った事案である。オンライン取引等により、日本国内の一般消費者向けに商品や役務を供給し、日本国内の一般消費者向けに表示を行っている場合には景表法の適用対象となる。

・課徴金納付命令令和3年3月29日　609万円、やめた日平成29年1月4日、最

総論Ⅱ-4

後の取引を行った日も同日

有松晶＝川口真樹「アワ・パーム・カンパニー・リミテッドに対する措置命令及び課徴金納付命令について」公取856号(2022)89頁

事例㊺ ジュピターショップチャンネル株式会社に対する件—特定32型・40型テレビと特定ズワイガニ

・措置命令平成30年3月16日(有利誤認表示、将来の販売価格を比較対照価格とする二重価格表示)

　テレビのショッピング番組において、当該セール企画終了後に適用される「明日以降」と称する価額が通常の販売価格であって、当該セールス企画実施時における販売価格が通常の販売価格に比して安いものであるかのように表示していた。

・課徴金納付命令平成31年3月29日　2商品合計1534万円、特定40型テレビにつきやめた日平成29年3月20日、最後の取引を行った日平成29年5月20日、特定ズワイガニにつきやめた日平成28年12月13日、最後の取引を行った日平成29年1月11日

澤入満里子「ジュピターショップチャンネル株式会社に対する措置命令及び課徴金納付命令について」公取832号(2020)82頁

事例㉜ 株式会社 TSUTAYA に対する件—「動画見放題プラン」「動画見放題＆定額レンタル8」「TSUTAYA 光」「TSUTAYA プレミアム」と称する4役務

・措置命令平成30年5月30日

ア　優良誤認表示

　自社ウェブサイトにおいて、「動画見放題　月額933円(税抜)30日間無料お試し」等と表示することにより、あたかも、動画が見放題であるかのように表示していたが、実際に見放題となる対象動画の割合は TSUTAYA において配信する動画の12% ないし27% 程度までであった。

　強調表示と打消し表示について解説。表示内容に関する認識を打ち消すものではない。

イ　有利誤認表示、期間限定表示

　「さんねん割」と称するプランで、キャンペーン受付期限までに申し込んだ場合に3年間を契約期間とすることにより3年間にわたり毎月月額料金を割引するように表示していたが、実際にはキャンペーン受付期限後に申し込んでも同様の割引が適用されるものであった。

・課徴金納付命令平成31年2月22日　3役務合計1億1753万円、「TSUTAYA 光」を除く3役務について、やめた日は平成30年1月10日、1月14日、5月14日、最

総論Ⅱ-4

後の取引を行った日はいずれも平成30年6月18日

横田武＝渡辺達也「株式会社 TSUTAYA に対する措置命令及び課徴金納付命令について」公取831号（2020）51頁

事例㊶ 株式会社ジャパネットたかたに対する件―エアコンおよびテレビ

・措置命令平成30年10月18日（有利誤認表示、過去の販売価格を比較対照価格とする2重価格表示）

　配布した会員カタログ、ダイレクトメールなどにおいて、エアコンおよびテレビについて、あたかも、「ジャパネット通常税抜価格」等と称する価額は、ジャパネットたかたにおいて本件商品について通常販売している価格であり、「税引き後価格 会員様特価」等と称する実際の販売価格が当該通常販売価格に比して安いかのように表示していた。実際には「ジャパネット通常税抜価格」等と称する価額は、本件商品について最近相当期間にわたって販売された実績のないものであった。

　価格表示ガイドラインにおける「最近相当期間にわたって販売されていた価格」の要件を満たしているとは認められなかった。

・課徴金納付命令令和2年12月23日　5180万円

北園敏幸＝西上知成＝牟田名月「株式会社ジャパネットたかたに対する措置命令及び課徴金納付命令について」公取852号（2021）90頁

事例㊷ 株式会社ライフサポートに対する件―おせち料理7商品

・措置命令平成31年3月6日（有利誤認表示、二重価格表示）

　自社ウェブサイトにおいて、おせち料理を一般消費者に販売するに当たり、あたかも「通常価格」と称する価額が同社において本件商品について通常販売している価格であり、「歳末特別価格」と称する実際の販売価格が当該通常販売している価格に比して安いかのように表示していた。実際には、「通常価格」と称する価額は、同社において本件商品について最近相当期間にわたって販売された実績のないものであった。

・大阪地判令和3年4月22日（請求棄却。ジュリ1574号111頁）

　1条に規定する目的から『『一般消費者に誤認される表示』とは、当該商品又は役務についてそれほど詳しい情報・知識を有していない通常レベルの消費者、一般レベルの常識を有している消費者が、通常誤認を生ずる程度の表示をいう」。

　「一般消費者は、商品等の内容、取引条件という商品等の選択上重要な要素について誤認させられた状態において、自主的かつ合理的な選択を行うことができないことは明らかであることから、『一般消費者に誤認される表示』であると認められれば、通常、『一般消費者による自主的かつ合理的な選択を阻害するおそれ

がある』と認めることができる」。

　価格表示ガイドラインの内容については一般的な合理性を有するものであると認められ、5条2号該当性を判断するに当たっては、価格表示ガイドラインが定めるところにより、最近相当期間価格に当たるか否かについて斟酌しつつ、「著しく有利であると一般消費者に誤認される表示」に当たるか否かを判断すべきである。

<small>笠原宏「通信販売業者による過去の販売価格を比較対照価格とする二重価格表示に対する景品表示法に基づく措置命令取消訴訟判決」公取853号(2021)24頁</small>

事例❽　株式会社よりそうに対する件—「家族葬 無宗教プラン」「家族葬 仏式プラン」「一般葬 仏式プラン」と称する葬儀サービス

・措置命令令和元年6月14日(有利誤認表示)

　自社ウェブサイトにおいて、「家族葬 無宗教プラン」「家族葬 仏式プラン」「一般葬 仏式プラン」と称する葬儀サービスの各役務について、「全てセットの定額」「必要なものが全てコミコミだから安心　この金額で葬儀ができます」等表示することにより、あたかも記載された価格以外に追加料金が発生しないかのように表示していた。実際には、一定の場合に追加料金が発生するものであった。

　例外的場合を記載した本件打消し表示には、追加料金が発生しないとの一般消費者の誤認を解消する効果はないとしている。

・課徴金納付命令令和2年3月27日　417万円、やめた日平成30年3月7日、最後の取引を行った日平成30年9月6日

<small>伊藤敬之=大木健司「株式会社よりそうに対する措置命令及び課徴金納付命令について」公取845号(2021)65頁</small>

事例❾　フィリップ・モリス・ジャパン合同会社に対する件—「iQOS キット(バージョン2.4)」「IQOS キット(バージョン2.4Plus)」と称する商品

・措置命令令和元年6月21日(有利誤認表示、期間限定表示)

　コンビニエンスストア等において、表示されたキャンペーン期間内または期限までに限定して値引き等が受けられるような表示(期間等限定表示)をしていたにもかかわらず、実際には、当該値引きは当該期間または期限までに限定されるものではなく、その他の期間においても同様な値引き等が適用されていた。

　途中で値引き率が変更されている場合でも、値引額の変更前後で同一キャンペーンが継続されていると認定している。表示期間によって表示媒体が異なる場合であっても、複合的に有利誤認表示に該当すると認定している。

・課徴金納付命令令和2年6月24日　5億5274万円

<small>森健太「フィリップ・モリス・ジャパン合同会社に対する措置命令及び課徴金納付命令について」</small>

総論Ⅱ-4

公取848号（2021）107頁

事例⑩ 株式会社ファクトリージャパングループに対する件—整体サロンにおける「全体整体コース」と称する5役務

・措置命令令和元年10月9日（有利誤認表示、期間限定表示）

　整体サロンにおいて提供する「全身整体コース」「シェイプ整体トライアルコース」「快眠整体コース」等と称する、5役務について、「初めての方限定価格！」「ご好評につき〔注：特定日〕まで半額以下」等と表示することにより、あたかも直営店舗またはフランチャイズ店舗を通じて供給する役務の初回利用者等が本件5役務を利用する場合には、各期間内または各期限までに限り、各表示記載の割引価格が適用されるかのように（断続的に）表示していた。

　実際には、当該割引は当該期間または期限までに限定されるものではなく、その後も引き続き同様なキャンペーンが繰り返されていた。

・課徴金納付命令令和2年3月18日　392万円、やめた日および最後に取引した日が同日

伊藤敬之＝大木健司「株式会社ファクトリージャパングループに対する措置命令及び課徴金納付命令について」公取843号（2021）53頁

事例⑪ 株式会社キュラーズに対する件—「収納ユニット」と称する収納スペースの賃貸サービス

・措置命令令和2年1月17日（有利誤認表示、期間限定表示）

　自社ウェブサイト内の特定店舗に係るウェブページにおいて、特定期間を明記して、あたかも、表示された期限までに、本件役務の提供について問い合わせて新規に本件役務の提供を申し込んだ場合に限り、割引価格（30%割り引いた価格）で本件役務を提供するかのように表示していたが、実際には、表示された期間が経過後も、同様な割引価格で本件役務の提供を受けることができるものであった。

　割引キャンペーンを繰り返し行っていた事例である。

宗田直也＝美濃部翔司「株式会社キュラーズに対する措置命令について」公取840号（2020）90頁

事例⑫ 有限会社菊池商事および株式会社プレイズに対する件—ガソリン類

・措置命令令和3年12月16日（有利誤認表示）

　自らが運営するガソリンスタンドの看板において、税込価格であるかのように表示していたが、実際には、レギュラーガソリン、ハイオクガソリン、および灯油の本件3商品の表示された価格は消費税を含まない価格であって、税込価格ではなかった。

　2社は「税別」と表示していたが、当該表示は小さな文字で記載されており、一般消費者の税込価格であるという認識を打ち消すものではないと評価された。

総論Ⅱ　最近約5年間における消費者庁の法執行状況　*71*

北園敏幸＝上田充宏「石油製品の販売事業者2社に対する景品表示法に基づく措置命令について」公取865号（2022）74頁

事例㊹ 株式会社セドナエンタープライズに対する件—脱毛ラボ

・措置命令令和4年3月15日（有利誤認表示、期間限定表示）

　自社ウェブサイトにおいて、「脱毛らぽ ホームエディション」と称する商品について、「期間限定 3/14（日）まで」「脱毛ラボ Home Edition に乗り換えで45％OFF！」等と表示することにより、あたかも、表示された期限までに、乗り換え割を利用して新古品を購入した場合に限り、30％相当額の現金キャッシュバック等が受けられるように表示していた。実際には、表示された期限後に、乗り換え割を利用して新古品を購入した場合でも、30％相当額の現金キャッシュバック等が受けられるものであった。

　本件商品の取引に伴い提供されるキャッシュバックおよびポイント（レビューを投稿すれば代金の15％または20％相当額のポイント）またはプレゼント（ケア4点セット1万3728円相当）およびポイントを受け取ることができる具体的な期限を表示していながら、実際には、当該期限後においても同じキャッシュバック等が提供されていた。

　期間限定表示は、期間を限定した上で、その期間に限り通常よりも安い価格、割引キャンペーン、ポイント付与キャンペーンなどが適用される表示をいう。ポイント付与は月交代で5％違うポイントが繰り返し付与され、ケア4点セット等は日ごとに変更されていたが、実質的に同一キャンペーンと評価されて有利誤認表示に該当するとされた。

羽原広一「株式会社セドナエンタープライズに対する景品表示法に基づく措置命令について」公取867号（2023）64頁

事例㊺ 株式会社北海道産地直産センターに対する件—「味付け焼きたらこ」など37商品

・措置命令令和4年7月29日（有利誤認表示、二重価格表示）

　自社ウェブサイトで販売していた本件34商品およびTV番組内のコーナーで販売していた3商品について、「通常価格：￥4,000円税込」「通常ですね、1万600円相当のお品ですが、今回は35％オフの6,980円で販売いたします」「通常1万600円相当➡35％オフ　6,980円」等と表示することにより、あたかも、「通常価格」と称する価額は本件37商品について通常販売している価格であり、実際の販売価格が当該通常販売している価格に比して安いように表示していた。実際には、「通常価格」と称する価額は、販売された実績のないものであった

　二重価格表示とは、事業者が自己の販売価格に当該販売価格より高い他の価格（以下、「比較対照価格」という）を併記して表示するものをいう。

総論Ⅱ-4

自社ウェブサイト上の「通常価格」と称する表示について、一般消費者は、その自社ウェブサイトにおける過去の販売価格であると認識する。「相当」という文言からは、本件比較対象価格について、通常販売している単品価格の合計金額であると認識する。

横田未生＝望月友理子「株式会社北海道産地直送センターに対する景品表示法に基づく措置命令について」公取873号(2023)72頁

事例㊳ 株式会社晋遊舎に対する件—懸賞付きパズル雑誌

・措置命令令和3年3月24日(優良誤認表示および有利誤認表示)

ア 優良誤認表示

あたかも、各対象商品の紙面上で実施された懸賞広告に応募して当選すれば、それぞれの賞品等について、応募締切日から相当の期間内に紙面上に表示された数の当選者に賞品等が提供されるように示す表示をしていた。実際には、晋遊舎が当選者に対して賞品等を発送したのは240日から1428日が経過した後であった。

イ 有利誤認表示

あたかも、各対象商品の紙面上で実施された景品類提供企画に応募して当選すれば、それぞれの景品等について、応募締切日から相当の期間内に紙面上に表示された数の当選者に景品等が提供されるように示す表示をしていた。実際には、晋遊舎が当選者に対して賞品等を発送したのは262日から1217日が経過した後であった。

いずれも、対象となる雑誌を購入し、該当する企画に応募し、応募者の中から抽選により決定された当選者に賞品が提供される点では同一である。懸賞付きパズル雑誌は、上記行為自体が商品の内容をなすため、懸賞企画に係る発送遅延については優良誤認表示に該当するとし、景品類提供企画については、懸賞付きパズル雑誌という商品の取引に付随して相手方に提供する経済上の利益である「景品類」に該当するため有利誤認表示に該当すると認定した。

・課徴金納付命令令和4年8月5日 1231万円

山本和佳＝杉本和之「株式会社晋遊舎に対する景品表示法に基づく措置命令及び課徴金納付命令について」公取873号(2023)75頁

事例㊻ 株式会社バンザンに対する件—オンライン個別学習指導

・措置命令令和5年1月12日

ア 優良誤認表示

バンザンが供給する「メガスタ高校生」「メガスタ医学部」「メガスタ中学生」「メガスタ私立」「メガスタ小学生」という5つのオンライン個別学習指導に関する役務について、「第1位 オンライン家庭教師 利用者満足度」等、あたかも、本件

総論Ⅱ 最近約5年間における消費者庁の法執行状況 *73*

５役務および他の事業者が提供する同種の役務を利用した者に対する利用者の満足度を客観的な調査方法で調査した結果において、本件５役務に係る利用者の満足度の順位が第１位であるかのように示す表示等をしていた。

実際には、バンザンが委託した事業者による調査は、回答者にバンザンが提供する本件５役務および他の事業者が提供する同種役務の利用の有無を確認することなく実施したものであり、本件５役務および他の事業者が提供する同種役務を利用した者の満足度を客観的な調査方法で調査したものではなかった。

イ　有利誤認表示

本件５役務について、自社ウェブサイトにおいて、「返金保証」等、あたかも、表示された期限までに申し込んだ場合または入会前の学習相談を受けた場合に限り、入会金および４回分の授業料が返金される返金保証制度を利用できるかのような表示をしていた。実際には、表示された期限後に申し込んだ場合であっても、返金保証制度を利用できるものであった。

・課徴金納付命令令和５年８月１日　6346万円（３役務について）

事例㉟　株式会社ドミノ・ピザジャパンに対する件—サービス料加算

・措置命令令和５年６月27日（有利誤認表示）

店舗の店頭で配布したチラシ、住宅投函により配布したチラシおよび日刊新聞折り込みチラシにおいて、「＼お持ち帰り　Ⓜ￥1500～（税込）」「デリバリー　Ⓜ￥3000～（税込）」等と表示することにより、チラシに表示された価格あるいはその価格からクーポンによる割引を適用した価格でピザの提供を受けることができるかのように表示していたが、実際には表示価格にサービス料として６％または７％が299円を上限として加算されることになっていた。

事例㊱　中国電力株式会社に対する件—家庭用小売電気料金供給役務

・措置命令令和５年８月30日（有利誤認表示）

自社ウェブサイトやパンフレットにおいて、「スマートコース」と称する電気料金を適用する電気の小売供給および「シンプルコース」と称する電気料金を適用する電気の小売供給のうち、特定スマートコースおよび特定シンプルコースという本件役務について、「『従量電灯Ａ』から変更するだけで年間約1,200円おトクに！[※2]」「１年間で約1,200円[※1]おトクになる新コースです」、電気量料金の単価を一本化したシンプルなコースで「年間約10,000円おトクに！[※2]」と紹介して、自由料金の電気料金が規制料金の電気料金よりもお得であるかのように表示していたが、実際には、自由料金に適用される燃料費調整額が規制料金に適用される燃料費調整額を上回り、規制料金よりも自由料金の電気料金のほうが高額になることがあった。

総論Ⅱ-5(1)

・課徴金納付命令令和6年5月28日　16億5594万円、スマートコース約10億8600円、シンプルコース約5億6900円、やめた日、最後の取引を行った日を認定

5　告示該当

(1)　原産国表示

事例㊲　ユナイテッドアローズに対する件―輸入衣料品

　高級衣料専門店であるユナイテッドアローズ(以下、「アローズ」という)は、八木通商が輸入したイタリアのGTA Mode社製のズボンを輸入して、一般消費者向けに約2200着販売した。

　本件商品には、アローズの社名とともに「MADE IN ITALY」と記載された品質表示タッグおよびアローズの社名とともに「イタリア製」と記載された下げ札が取り付けられていた。

　原産国告示および同告示の原産国の定義に関する運用細則は、原産国とは「その商品の内容について実質的な変更が行われた国」をいい、衣料品については「縫製」が実質的な変更をもたらす行為としている。

　公取委は、八木通商のみならずアローズに対しても原産国告示に反する表示であるとして排除措置を命じた。この事件まで、不当表示の違反行為主体である「事業者」について表示内容を決定した者が該当し、「製造業者の表示をそのまま伝達した」小売業者は不当表示を行う事業者に該当しないとされてきた。

・公取委審判審決平成18年5月15日審決集53巻173頁

　景表法上の「表示を行った事業者」とは、表示内容の決定に関与した事業者をいい、決定に関与とは、自らもしくは他の者と共同して積極的に当該表示を決定した場合のみならず、他の者の表示内容に関する説明に基づきその内容を定めた場合や、他の者にその決定を委ねた場合も含まれる。

　アローズは、八木通商の説明に基づき本件商品がイタリア製である旨認識し、その認識の下に本件下げ札を自ら作成し、本件品質表示タッグの作成を八木通商に委託したのであるから、アローズは不当表示をした者に該当するとした。

・東京高判平成19年10月12日審決集54巻661頁

　不当表示をした事業者とは、一般消費者の利益を保護する観点から、メーカー、卸売業者、小売業者等いかなる生産・流通段階にある事業者かを問わず、一般消費者に伝達された表示内容を主体的に決定した事業者はもとより、当該表示内容を認識・認容し、自己の表示として使用することによって利益を得る事業者も、表示内容を間接的に決定した者としてこれに含まれる。

　原告の社名とともに「イタリア製」および「MADE IN ITALY」と記載した本件

品質表示タッグを取り付けたことについては、当該表示内容を認識・認容し、自己の表示として使用することによって利益を得ていた者であるから、表示内容を間接的に決定した者として、原告の商標とともに「イタリア製」と記載された本件下げ札を取り付けたことについてはその表示内容を実質的に決定した者として、不当表示の事業者に該当する。

行政処分たる排除命令が、対象事業者に対する非難可能性を基礎とする民事上・刑事上の制裁とはその性質を異にするものであることを考慮すると、「不当な表示を行った者」の故意・過失は要しないものというべきである。

事例❻❽ ベイクルーズに対する件——輸入衣料品

・東京高判平成20年5月23日審決集55巻842頁

アローズに対する東京高裁判決の「利益を得る事業者も、表示内容を間接的に決定した者としてこれに含まれる」はあいまいであるとの批判を受け、ベイクルーズに対する件の東京高裁判決が基本先例となっている。

「表示内容の決定に関与した事業者」が4条1項の「事業者」（不当表示を行った者）と解するべきであり、「表示内容の決定に関与した事業者」とは、「自ら若しくは他の者と共同して積極的に当該表示の内容を決定した事業者」のみならず、「他の者の表示内容に関する説明に基づきその内容を定めた事業者」や「他の事業者にその決定を委ねた事業者」も含まれるものと解するのが相当である。そして、上記の「他の者の表示内容に関する説明に基づきその内容を定めた事業者」とは、他の事業者が決定したあるいは決定する表示内容についてその事業者から説明を受けてこれを了承しその表示を自己の表示とすることを了承した事業者をいい、また、上記の「他の事業者にその決定を委ねた事業者」とは、自己が表示内容を決定することができるにもかかわらず他の事業者に表示内容の決定を任せた事業者をいうものと解される。

中川寛子「輸入ズボンの原産国の不当表示と販売事業者の責任」舟田正之＝金井貴嗣＝泉水文雄編『経済法判例・審決百選』（有斐閣・2010）270頁、金井貴嗣「原産国の不当表示と販売事業者の責任」金井貴嗣＝泉水文雄＝武田邦宣編『経済法判例・審決百選〔第2版〕』（有斐閣・2017）256頁

事例❻❾ 株式会社髙島屋に対する件——化粧品および雑貨品25ブランド147商品

・措置命令令和元年6月13日（「商品の原産国に関する不当な表示」〔以下、「原産国告示」という〕1項・2項に該当）

自社ウェブサイトにおいて、例えば、「ディオールスキン　フォーエヴァークッション　リフィル」という商品について、「原産国・生産国　フランス」と記載していたが、実際には当該商品の原産国は日本国（国産品）、大韓民国などの異なる国であるなど、本件147商品の実際の原産国（地）は、自社ウェブサイトに表

総論Ⅱ-5(2)

示された原産国(地)とは異なるものであった。

　著名ブランドの商品の表示については、同ブランドの業務委託先事業者から提供を受けた情報に基づき作成していたが、当該情報自体に誤りがあった。販売開始当初は、原産国の表示に誤りはなかったが、商品の販売途中で原産国が変更された際に、変更内容についての情報共有が適切になされず、その結果誤った原産国の表示に至ったものもあった。

並木悠「株式会社髙島屋に対する措置命令について」公取837号(2020)85頁

事例⑦　株式会社ビックカメラおよび株式会社ビック酒販に対する件—雑貨品・酒類

・措置命令令和3年9月3日(原産国告示1項または2項に該当する表示)

　ビックカメラの供給する177商品(雑貨品、電化製品等)について、自社ウェブサイトにおいて、例えば、原産国について「原産国日本」と表示していたが、実際の原産国は大韓民国である、原産国についてカナダと表示していたが、実際の原産国はアメリカ合衆国であるなど、表示された本件177商品の原産国(地)と、実際の原産国(地)とは異なるものであった。

　ビック酒販の供給する25商品(酒類)について、自社ウェブサイトにおいて、例えば、原産国について「フランス」と表示していたが、実際の原産国はスペイン王国であるなど、表示された本件25商品の原産国(地)は、実際の原産国(地)とは異なるものであった。

　原産国告示1項は、国産品についての表示であってその商品が国内で生産されたものであることを一般消費者が判別することが困難である表示を指定し、同告示2項は、外国産品についての表示であって、その商品がその原産国で生産されたものであることを一般消費者が判別することが困難であると認められる表示を指定している。ビックカメラは1項または2項に該当し、ビック酒販は2項に該当するとされた。

　当該表示の根拠となる情報やその変更について管理することが必要である。

石塚幸子＝森健太「株式会社ビックカメラ及び株式会社ビック酒販に対する景品表示法に基づく措置命令について」公取862号(2022)57頁、植村直輝「原産国告示違反とコンプライアンス(ビックカメラ及びビック酒販に対する措置命令)」公取861号(2022)46頁

(2)　おとり広告表示

事例⑦　クリエイト株式会社に対する件—光回線インターネット接続サービスの契約に係る取次ぎ

・措置命令令和3年6月2日(おとり広告告示1号「取引の申出に係る商品又は役務について、取引を行うための準備がなされていない場合その他実際には取引に応じることができない場

総論Ⅱ-5(2)

合のその商品又は役務についての表示」に該当する表示)

「フレッツ光」と称する光回線インターネット接続サービスを利用した光回線インターネット接続サービスの契約に係る取次ぎに関する役務について、16都府県に所在する51件の集合住宅への投函により配布したチラシにおいて、「NTT回線フレッツ光を利用した光ファイバー設備(インターネット回線)が設置済み」等と表示することにより、あたかも、チラシを配布した集合住宅には「フレッツ光」と称する光回線インターネット接続サービスを利用するための設備が設置されており、当該集合住宅の移住者に対し、本件役務を提供できるかのように表示していた。実際には、チラシが配布された16都府県に所在する51件の集合住宅には、「フレッツ光」と称する光回線インターネット接続サービスを利用するための設備は設置されておらず、当該集合住宅の移住者に対し、本件役務の取引に応じることができないものであった。

NTT回線フレッツ光の設備のない集合住宅の居住者には、据え置き型のWi-Fiルーター等を提供する方針で、チラシの下部に「マンションタイプ未設置の場合は、ファミリータイプ設備もしくは工事不要タイプのご案内をしております」との表示をしていたが、本件役務提供に関する認識を変えるものではないとしている。

宗田直也=美濃部翔司「クリエイト株式会社に対する措置命令について」公取859号(2022)76頁

事例⑫　株式会社あきんどスシローに対する件──回転寿司の3種類の料理

・措置命令令和4年6月9日(おとり広告告示1号〔取引を行うための準備がなされていない場合の表示〕または4号〔実際には取引する意思がない場合の表示〕に該当する表示)

自社ウェブサイトおよびテレビコマーシャルにおいて、3種類の料理について、「新物 濃厚うに包み」「冬の味覚 豪華かにづくし」等と表示することにより、あたかも、令和3年9月8日から同年20日までの間、本件店舗において、本件料理(うに料理およびかに料理)を提供するかのように表示していた。

実際には、うに料理については、うにの在庫が実施期間の途中に足りなくなる可能性があると判断して、本件店舗におけるうに料理の提供を停止することを決定することにより、その後、うに料理を提供しなかった。かに料理については、提供するための準備をしておらず、取引に応じることができないものであった。

うに料理については「取引の申出に係る商品又は役務について、合理的理由がないのに取引の成立を妨げる行為が行われる場合その他実際には取引する意思がない場合のその商品又は役務についての表示」(おとり広告告示4号)に該当する。「期間限定 売切御免」という記載は、一般消費者の認識に影響を与えない。かに料理については「取引の申出に係る商品又は役務について、取引を行うための準

備がなされていない場合その他実際には取引に応じることができない場合のその商品又は役務についての表示」(おとり広告告示1号)に該当する。

榊山彩子＝古野豊＝田部孝俊＝前川富美「株式会社あきんどスシローに対する措置命令について」公取871号(2023)67頁

(3)　ステルスマーケティング告示該当

事例⑱　医療法人社団祐真会に対する件—口コミ投稿

・措置命令令和6年6月6日(ステマ告示該当)

　祐真会がクリニックにおいて提供する診療サービスについて、「Googleマップ」と称するウェブサイト内の祐真会が開設運営するクリニックの「プロフィール」の「クチコミ」と称する当該施設の口コミおよび評価を示す箇所(以下、「口コミ投稿欄」という)において、インフルエンザワクチン接種のためにクリニックに来院した者に対して、上記口コミ投稿欄のクリニックの評価として星5「★★★★★」の投稿をすることを条件に、クリニックに支払うインフルエンザワクチン接種費用から割り引くことを伝えたことによって、口コミ投稿欄に星5という表示内容どおりの表示をしている行為がステマ告示に該当するとした。

　星5という口コミ投稿欄の表示内容については、いまだ優良誤認表示や有利誤認表示に該当しないと判断したのであろうが、星5という多量の表示が診療サービスについての優良誤認表示に該当すると判断する場合には、第三者に対して直接利益提供をもって当該表示をさせていた行為について広告主である祐真会が優良誤認表示をした行為であるとして事件処理することができる。

事例⑲　RIZAP株式会社に対する件—スポーツクラブにおける各役務

・措置命令令和6年8月8日(ステマ告示該当)

　スポーツクラブであるRIZAPが運営する「chocoZAP」と称する店舗において提供する各サービスについて、「＼＼1回たった10分で／／理想の白い歯へ」と称する自社ウェブサイトにおいて、「追加料金なしで　全サービスとも24時間使い放題！」「ボディメイクや美容ケアはもちろん、リラクゼーションやワーキングスペースも好きな時にご利用可能です！」等と表示することにより、あたかも、各サービスについて、1日24時間のうち、いつでもまたは好きな時に利用できるかのように示す表示をしていた。実際には、各サービスについて利用できる最大の合計時間数が定められており、また1日24時間のうちいつでもまたは好きな時に利用できるものではなかった。

　RIZAPが運営する「chocoZAP」と称する店舗において提供する各サービスについて、Instagramと称するSNS内のアカウントの投稿について、第三者に対し対価を提供することを条件に、Instagramに投稿を依頼し、当該第三者が投稿し

た表示を RIZAP が依頼した投稿であることを明らかにせずに抜粋するなどして、例えば、「セルフでも簡単！毎日をもっときれいに！完璧つるすべ肌へ　業務用脱毛マシン採用」と称する自社ウェブサイトの「SNS でも話題！絶賛の口コミ続々」との表示箇所において、「気になっていた『chocoZAP』ついに入会しちゃった」「なんと完全個室のセルフ脱毛が使い放題　これにかなり惹かれた感ある」等と表示するなどしていたことが、RIZAP が当該表示内容の決定に関与している者であり、RIRAP が本件各サービスについて行う表示（事業者の表示）で「表示内容全体から一般消費者にとって事業者の表示であることが明瞭になっているとは認められないことから、当該表示は、一般消費者が事業者の表示であることを判別することが困難であると認められる表示に該当するものであった」としステマ告示に該当するとした。

6　景品規制——「新聞業における景品類の提供に関する事項の制限」(新聞業告示)

事例⑭　株式会社産業経済新聞社・新聞販売店 2 店に対する件—電動アシスト自転車

・措置命令平成31年 3 月19日（新聞業告示制限違反）

　産経新聞の取引に関し、一般消費者に対して、電動アシスト自転車（8 万1000円相当）の提供という、告示制限の範囲を超える過大な景品類の提供を行った。

　新聞業告示により、懸賞によらない提供する景品類は、取引の価額の 8 ％または 6 か月分の購読料金の 8 ％のいずれか低い金額の範囲に制限されている（新聞業告示 1 項 3 号イ）。

山田昇「新聞社及び販売店に対する措置命令について」公取829号（2019）60頁

事例⑮　株式会社産経新聞社に対する件

・措置命令令和 5 年 3 月30日（景品類の重ね使い）

　産経新聞の取引に関し、一般消費者に対して、告示制限の範囲を超える過大な景品類の提供を行った。

　新聞購読の確保・獲得のため、新聞購読契約の勧誘・購読に際し、1 個では告示制限の範囲内の景品（8 本入り缶ビールギフトセット、米 3 kg、洗剤ギフトセット、スポーツ紙等）を複数個提供（いわゆる景品類の重ね使い）することにより、告示制限の範囲を超える過大な景品類の提供を行っていた。

　産経新聞社は、産経新聞購読者の確保・獲得のため、販売店における景品の重ね使いを指示していた。

千葉祥則「過大な景品類の提供を行っていた事業者に対する措置命令について」公取882号（2024）82頁。

7 まとめ

ここまでの約5年間の措置命令事例を分析したが、その特色は以下のとおりである。

第1に、景品規制違反事例は表示規制違反事例よりも格段に数が少ない。このことは、景品規制と表示規制の基本的な性格の差異から当然の結果である。

第2に、5条による表示規制のうち、指定告示による不当表示該当事例は、優良誤認表示該当事例、有利誤認表示該当事例よりも格段に事例数が少ない。このことも、優良誤認表示と有利誤認表示が中核的禁止表示と位置付けられることから、当然の結果である。

第3に、優良誤認表示該当事例と有利誤認表示該当事例とでは、有利誤認表示該当事例の数が比較的少なく、かつ違反形態も定型化しているものが多い。これも有利誤認表示が「価格その他の取引条件」という狭い範囲の表示を問題とすることから自然な結果である。

第4に、優良誤認表示と有利誤認表示を通じて、競争者に係るものより優良であるまたは有利であるに該当するとした事例は実際のものよりも優良であるまた有利であるとした事例よりも数が少ない。

第5に、優良誤認表示では、実に多様な表示が対象となっているが、それでも健康食品、美容効果に関する事例が過半を占めている。

優良誤認表示のうちでは、不実証広告規制が適用されている事例数が多いだけでなく不実証広告規制がその威力を発揮している。特に、株式会社だいにち堂事件最高裁決以降は、同最高裁判決を引用し、不実証広告規制が適用されている事例では、当該表示と「実際のもの」(実態)とが乖離しているという立証は不要であるかのような解説もみられる。ただし、不実証広告規制が適用されない優良誤認表示もかなりの割合で存在している。

課徴金納付を命じた事例(**事例❺**)では、「景品表示法第8条第1項ただし書の『相当の注意を怠った者でないと認められる』か否かについて」と題して、違反事業者が、当該課徴金違反行為をした期間を通じて当該違反行為に係る表示が景表法8条1項1号に該当することを知らず、かつ、知らないことにつき相当の注意を怠った者でないとは認められないとの記載がなされている。課徴金納付命令について特記しておくべき事項は、返金措置により課徴金額を減額した事例や自主申告により課徴金額が50%減額された事例(またはその旨の記載)が担当官解説ではこれまで取り上げられていないことである。 〔村上政博〕

総論Ⅲ　景表法の基本構造と（立法政策を含む）今後の課題

> *1* 法制の枠組み──景表法違反行為についての違法性段階説　*2* 実体法──消費者保護法としての景表法　*3* 手続法　*4* 不実証広告規制　*5* 5年後見直しによる最終決着を

1　法制の枠組み──景表法違反行為についての違法性段階説

(1)　景表法の位置付け　　景表法は、消費者保護法であり、消費者を誤認させる行為を規制する。この点は、景表法が公取委の所管であった当時から変わらない。

独禁法の基本体系との関係では、日本固有の規制、すなわち優越的地位の濫用行為と不正競争行為と同等の規制である。

競争ルールに当たる競争法違反行為については、市場における競争制限効果──重大性の度合い(重大度)が最大の要因となる。この点で、景表法違反行為とは本質的に異なる。

景表法違反行為については、基本的に違法度合いの段階で区分けする違法性段階説が当てはまる。

違反被疑行為については、確約計画の認定が行われる。通常の違反行為については、是正命令(判例法上の先例価値を有する)が行われ、判例法を形成する。著しい違反行為については課徴金納付命令が行われて(行政上の制裁により)違反抑止を図ることになる。

5条は、「著しく優良である」「著しく有利である」と規定し、著しい行為を規制対象としており、この文脈では、著しい違反行為とは、特に著しい優良誤認表示・有利誤認表示を意味する。

消費者庁は、専門行政機関として、違反行為の内容から違法度に応じて、確約手続による確約計画を認定して処理する、是正措置を命じて処理する、課徴金納付を命じて処理するという事件処理方針を決定する。

ただし、消費者団体が、差止請求による対象行為を違法度に応じて選別することは期待できない。消費者団体による差止請求の対象行為には、通常の違反行為と著しい違反行為が含まれる。

さらに、刑事罰対象行為となる悪質な違反行為、すなわち、自然人に対して道

義的責任を追及する行為については、警察、検察という刑事当局が違法度、悪質度に応じて独自に事件を選択し刑事罰を科すことになる。

(2)　景表法の実体法における妥当な判例・ルール　　(a)　表示規制　　現行の判例法については、すでにみてきたように、非常に使いにくい現行の確定金額算定方式の義務的課徴金制度の下で、妥当な判例法、ルールを形成している。今後は、独禁法の場合と同様に、特定消費者団体による差止請求訴訟において、先例の蓄積が進むと、とりわけ限界事例について優良誤認表示等に該当しないとする判例が出てくると、一段と判例法の形成が進むことになる。

　　(b)　景品規制　　景品規制について、公取委は、平成8(1996)年3月31日に事業者間景品告示を廃止し、平成18(2006)年4月18日にオープン懸賞告示を廃止した。消費者庁の設置以降、消費者庁が景品類の提供について措置命令を行ったことはない。このことは、総付制限告示と懸賞制限告示から成る、景品規制の簡明な現行ルールが有効に働いていることを示している。

(3)　公正競争規約制度　　(a)　公正競争規約の位置付け　　公正競争規約制度は、業界における自主規制ルールとして長期間にわたり(個別公正競争規約については設定時期が古いものも新しいものもある)実施されてきた。公正競争規約には当該業界のほとんどすべての事業者が参加していることが多く、いわゆる組織率はかなり高い。当該業界の景品表示の適正化に重要な役割を果たしてきた。

　公正競争規約は、景表法における個別商品、個別業種ごとのルールとしては、長い歴史を有し実効性のある規制として機能し、圧倒的な存在感を示している。現在でも、表示規制において、表示規約の表示ルールを遵守させるための公正取引協議会による会員事業者に対する研修や活動が、5条に基づく消費者庁による措置命令および課徴金納付命令という法執行と並ぶ二本柱となっている。

　なお、景表法本体である景品規制における業種別指定および表示規制における指定不当表示の一部にも同様に業種ごとのルールが採用されている。

　これに対して、メニュー表示問題を契機として平成26(2014)年6月の景表法改正により新設された「事業者が講ずるべき景品類の提供及び表示の管理上の措置」(管理措置指針)は、あくまでも、事業者に対して、一般的な法令遵守体制の整備、コンプライアンス態勢の整備を求めるものである。その点で、実体法上業種別のルールを構築するものでもなく、手続法上も景表法の違反事件処理手続と直接結びつくものではない。そこで、管理措置指針は、景表法の体系上、公正競争規約と並ぶほどの高い位置付けにはならない。

　　(b)　公正競争規約の内容　　公正競争規約の内容は、不当な顧客の誘引を防止し、一般消費者による自主的かつ合理的な選択および事業者間の公正な競争を

確保するために適切なものである。公正競争規約についての現行実務についても特段問題点を見出せない。

景品規約の実体法部分は、業種別告示が指定されている業種以外の業種のものについては、懸賞制限告示、総付制限告示という景品規制の景品類提供のルールをほぼそのまま採用し、景品規制のルールを業種ごとの景品規約によって確実に守らせようとしている。

表示規約の実体法部分は、表示規制の5条と結びつける禁止行為と表示ルールとに大別される。表示規約の実体法部分の禁止行為については、不当表示の禁止のほか、二重価格表示の禁止、おとり広告の禁止の名称で規定されている。表示規約の禁止行為は業種ごとに5条の禁止行為をより具体化したものである。表示規約は、この点で、業種ごとにより具体化した禁止行為（一般消費者に誤認されるおそれのある表示）を定めており、表示規約を遵守している行為は景表法に違反しない。

表示規約の表示ルール（必要表示事項、特定事項の表示基準、特定用語の使用基準等から成る）は、表示規約の参加事業者に対して積極的な行為規範を定める（策定する）ものである。表示規約による表示ルールの義務付けは、公正取引協議会による会員事業者に対する規約違反を取り締まることを可能とする。その結果、表示規約が設定されている業界においては、（参加事業者について）必要表示事項、特定の事項の表示基準、特定用語の使用基準という表示ルール（景表法との関係では上乗せ規制）が実効性のある表示規制と同等のものとして機能する。

(c) 制度としての公正競争規約とその法律効果　景表法のルールを遵守させるための方策や執行全体をみる場合において、公正競争規約は、措置命令や課徴金納付命令という法執行と並び、大きな価値・役割を有している。

公正競争規約を有効に機能させるためにもその法的性格、関係する法律問題を明確なものとすることが望ましい。

公正競争規約は、36条2項の4要件をすべて充足し、公正競争規約案の申請前の手続に従った上、公正競争規約案を申請し、公取委と消費者庁長官の認定を受けるという重々しい手続を経て成立する。公正競争規約に対する不服申立ても設けられている。

公正競争規約は、独禁法3条後段（不当な取引制限の禁止）等に違反するかが問われるような、表示または景品類の提供に係る事業者間における自主規制ルールの取決めでなく、公取委と消費者庁長官の共同認定を受けた景表法および独禁法上の制度である。

このため公正競争規約を遵守している参加事業者の行為は、消費者庁長官の認

総論Ⅲ-2(1)

定を受けたことにより、4条または5条に違反しないという効果が生じ、公取委の認定を受けたことにより独禁法に違反しないという効果が生じる。すなわち、公正競争規約は重々しい手続に従い、公取委および消費者庁長官による共同認定を受けた制度であって、公正競争規約を遵守している行為は単に独禁法や景表法の問題とならないというにとどまらず、独禁法や景表法に違反しない効果を有することが確認されたものと評価される。

5条は、不当表示を禁止し、積極的に事業者に一定の表示を義務付けるものではない。必要表示事項、特有事項の表示基準などから成る、当該業種、商品等に特有な、いわば上乗せルールである、表示ルールを遵守する行為は当然に5条に違反しない。消費者庁の認定はこのことを確認するものである。

独禁法との関係でも、公正取引協議会による規約の締結、その執行行為は8条に違反せず、会員事業者による規約への参加、規約の遵守行為は3条、19条等に違反しない。特に、表示や景品類の提供について公正競争規約を遵守している会員事業者の個々の行為は、欺まん的顧客誘引や不当な利益により顧客誘引に該当しない。

36条5項は、同項の認定を受けた公正競争規約およびこれらに基づいてする事業者または事業者団体の行為には、7条1項および2項、8条の2第1項および3項、20条1項、70条の4第1項ならび74条の規定を適用しないと規定している。すなわち、36条5項は、公正競争規約を遵守している行為(認定を受けた公正競争規約およびこれに基づいてする行為)については、緊急停止命令の申立てや刑事告発を含めて、独禁法3条、8条、19条違反に対して何らに措置を講じない旨規定している。36条5項に規定されていない、私人による差止請求や損害賠償請求についても会員事業者による公正競争規約を遵守する行為は独禁法に違反しないという同一の評価を受けるものと考えられる。

ただし、解釈論として公正競争規約を遵守している行為は景表法や独禁法に違反しないと解する場合、このような効果を受けるのは会員事業者による公正競争規約を遵守している行為に限定される。

2 実体法——消費者保護法としての景表法

(1) **実体法の体系化**　「消費者庁設置法の施行に伴う関係法律の整備に関する法律案」は、平成21(2009)年5月29日に成立した。消費者庁は、平成21年9月1日に発足し、改正景表法は消費者庁の下で同日施行された。これにより、景表法は、独禁法の特例法から独立した消費者法に性格が変わった。

それまで、景表法は、公正競争阻害性が不公正な競争手段型である不公正な取

総論Ⅲ-2(2)

引方法のぎまん的顧客誘引、不当な利益による誘引の特例法であった。そのため、それまでの独禁法の目的規定や事業者概念などは景表法に当てはまらないものであった。そのため、不当表示を禁止する現5条(その当時の4条)において、景表法の独自性を示すために、一般消費者、事業者、供給主体性、表示主体性、故意・過失要件などをすべて組み込む法律構成が採用された。

現在、景表法の実体法について、独立した消費者法としてその体系を確立すべき時期が来ている。

(2) 新たな規定の意義(1条、2条1項、2条2項)　(a) 総則的規定と顧客誘引

1条は、景表法が、平成21(2009)年に、公取委から、消費者庁に移管されるに伴い、独禁法の特例法から、消費者庁が所管する消費者法と位置付けるに際して、新しい要件を規定したものである。

2条1項(事業者)および2項(事業者団体)は、平成21年改正で新設されたものである。独禁法の事業者および事業者団体の定義をそのまま規定している。

景品類および表示については、2条3項の景品類の定義および4項の表示の定義で大きな枠組みを定めて、具体的な内容については、3条で内閣総理大臣による指定に委ねることとした。この1条から3条までが総則的規定となる。

4条による景品規制と5条による表示規制とでは規制の性格が大きく異なっている。

それの共通理念が、「顧客誘引」であり、景表法は顧客を誘引する行為を規制する。1条は「不当な景品類及び表示による顧客の誘引を防止するため」と規定し、顧客の誘引を防止するためとしている。さらに2条3項の景品類の定義、2条4項の表示の定義では「顧客を誘引するための手段として」と規定している。

公取委所管当時から、実際に当該表示によって顧客が誘引されたことも必要でなく、実際に誘引された顧客が特定される必要もないと解されてきた。事業者が自己の供給する商品等の内容または取引条件その他これらの取引に関する事項について行う表示であれば、基本的に「顧客を誘引するための手段として」という要件を充足する。

相手方である一般消費者が誘引に応じて契約を締結するか否か、取引を開始するか否かは要件にならない。定義告示運用基準は、「顧客を誘引するための手段として」について、「提供者の主観的意図やその企画の名目のいかんを問わず、客観的に顧客誘引のためになっているかどうかによって判断する」としている。

なお、当然のことに、「顧客を誘引する」には、これまで取引関係になかった者に対し新たに取引するように誘引する場合に限られず、(すでに取引関係にある者を相手方とするものを含むのであって)すでに取引関係にある者に対し取引を継続するよ

86　総論Ⅲ　景表法の基本構造と（立法政策を含む）今後の課題

うに誘引したり、取引量を増大するように誘引する場合も含まれる。

逆に、景表法は事業者に対し不当表示を行った事業者に対して当該不当表示を止めることを命じる法であり、不当表示を止めた後における当該商品の販売や当該役務の提供自体を禁止するものではない。

(b) 1条(目的規定)　(i) 目的規定の意義　1条は、「この法律は、商品及び役務の取引に関連する不当な景品類及び表示による顧客の誘引を防止するため、一般消費者による自主的かつ合理的な選択を阻害するおそれのある行為の制限及び禁止について定めることにより、一般消費者の利益を保護することを目的とする」と規定する。

「商品及び役務の取引に関連する不当な景品類及び表示による顧客の誘引を防止する」ことが景表法の直接の目的であり、「一般消費者の利益を保護すること」が景表法の究極の目的である。また、「一般消費者による自主的かつ合理的な選択を阻害するおそれのある行為の制限及び禁止について定めること」は、具体的な規制類型・規制手段としての、景品規制および表示規制を意味する。

(ii) 一般消費者の定義　「一般消費者」については、公取委の所管時期から、「当該商品又は役務についてさほど詳しい情報・知識を有していない、通常レベルの消費者、一般レベルの常識のみを有している消費者が基準となる」と解されてきた(西川〔第6版〕62頁、高居〔第7版〕67頁)。

「一般消費者」という用語は、景表法の1条、4条、5条1号、5条2号、5条3号で規定されており、一般消費者の定義は共通のものと解される。景品規制と表示規制とに関しても共通の要件である。一番上位の規定である1条(目的)で、論じることが相当である。

「一般消費者」の定義について健全な常識を備えた一般消費者をいうとすることは、規制の水準を過度に引き下げるおそれがある。逆に脆弱な判断能力を持つ者をいうとすることは規制の水準を過度に引き上げるおそれがある。その点から、一般消費者の定義については、規制水準に中立的な現行の定義を採用することが相当である。

(iii) 「取引」概念　1条の「商品及び役務の取引」の「取引」には有償取引のほか無償取引も含むという結論になる。

2条3項の「商品又は役務の取引」、2条4項の「商品又は役務の内容又は取引条件その他これらの取引」、5条柱書の「商品又は役務の取引」の「取引」も同様に解される(染谷隆明「景品表示法の『取引』概念の再検討——無償契約は『取引』か」公取834号(2020)34頁参照)。一般消費者に対する慈善事業、寄付行為に係る不当表示についても景表法の規制対象となる。

総論Ⅲ-*2*(3)

このことを示す代表事例が株式会社 DYM に対する措置命令(令和4年4月27日)である。この件で、株式会社 DYM が一般消費者に就職支援サービスを提供するに当たって、「就職率96%」「正社員」等の表示をしていたことが優良誤認表示に当たるとされた(**事例㊹**参照)。なお、この件で、就職支援サービスを提供する DYM は、求人先企業から手数料、報酬を得ているのであって、DYM が事業者に当たることに問題はない。さらに、この件で、何らかの対価を要するとして、一般消費者が個人情報等の情報を提出・登録することを反対給付である対価に当たると解する必要もない。

4条が「景品類の価額の最高額若しくは総額」と規定し、当該取引の取引価格を基準としているために現行景品規制においては有償取引であることが前提となる。

(ⅳ) 2条1項(事業者)　　事業者については、「商業、工業、金融業その他の事業を行う者をいう」と定義されている。

景表法の事業者については、一般消費者に向けての取引を勧誘のための表示を規制するため、勧誘を受けた相手方が現実に契約を締結して取引するか否かは要件とはならない。したがって、景表法の事業者については「対価を得て」は要件とならない。

景表法の事業者については、独禁法の事業者概念から対価性を取り除いた上で、①専門自由業、②教育事業・宗教事業・社会福祉事業、③公的機関の行為、④事業者団体の事業者としての活動などの点で、極めて広い範囲の行為を行う者が事業者に該当する。

現行定義告示運用基準は、「営利を目的としない協同組合、共済組合等であっても、商品又は役務を供給する事業については、事業者に当たる」「学校法人、宗教法人等であっても、収益事業を行う場合には、その収益事業については、事業に当たる」等としているが、このような結論は2条1項の事業者の定義から直接導かれる。

(ⅴ) 2条2項(事業者団体)　　景表法では、事業者団体を違反行為主体とし、措置命令の名宛人とする実体規定を有していない。そのため、景表法において、事業者団体が措置命令の名宛人・違反主体となることを想定していない。

この点から、51条が、事業者団体が景表法上措置命令の名宛人となることを前提にして、46条違反(措置命令違反)で事業者団体が刑事罰を受けることになった場合に、刑事罰の対象者となる自然人の範囲を「事業者団体の理事その他の役員」と規定するが、この規定の必要性については疑問がある。

(3)　**総則的規定——2条3項(表示の定義)と2条4項(景品類の定義)**　(a)　総則的規

総論Ⅲ-2(3)

定と適用範囲・適用除外　　通常の法律では、総則的規定において、適用範囲・適用除外の規定が置かれる。

　景表法では2条3項および2条4項は「事業者が自己の供給する」と規定し、この「事業者が自己の供給する」に関する供給主体性が景表法の適用範囲を定める機能を有する。

　(b)　景品規制および表示規制における「供給する」の解釈　　(i)　現行法の解釈

　これまで2条3項および2条4項が「自己の供給する商品又は役務」の取引と規定していることから、供給を受ける商品または役務の取引は景表法の規定の対象にならないと解されてきた。これを受けて、自己(当該事業者)が商品または役務の供給を受ける取引(古本の買入れ、従業員の募集等)に関して行われる広告は、景表法の対象となる表示ではないと解説されてきた。定義告示運用基準は「自己が商品等の供給を受ける取引(例えば、古本の買入れ)は『取引』に含まれない」としていた。

　(ii)　立法政策　　立法政策論としては、2条3項および2条4項に「供給を受けること」の追加することが考えられる。すなわち、景表法の対象行為として「自己の供給する」は狭すぎるとして、「供給すること」のほか、「供給を受けること」を含むように法改正することが検討課題となる。

　独禁法2条4項「競争の定義」は売手競争と買手競争を含む。例示行為として、①同一需要者に同種または類似の商品または役務を供給すること、②同一供給者から同種または類似の商品または役務の供給を受けること、を規定している。

　景表法においても、①消費者に同種または類似の商品または役務を供給すること、②消費者から同種または類似の商品または役務の供給を受けること、を対象行為とすることが考えられる。消費者から商品または役務の供給を受けることに係る表示について「高価買取保証」などは明白に5条の規制対象とすることが相当である。

　「供給すること又は供給を受けること」に改正する場合には、役務の供給を受けることから労働契約も規制対象となり、役務の供給を受ける表示として、従業員募集広告やパートタイム募集広告などの広範な表示も適用対象に含めることになる。この点から、消費者庁による立法的判断が求められる。

　(iii)　平成5年改正時の対応　　平成5(1993)年の景品表示法検討会における結論は「いわゆる買取りサービスも景表法5条柱書の対象に含まれる余地のあることを肯定した。ただし、それが、現行法の解釈でどこまで実現できるかについては、法律関係委員の間で意見の一致が見られなかった。そこで取りまとめとしては、少なくとも一定範囲の買取りサービスが景表法5条柱書の解釈に含まれ

ることを確認した。今後、法執行の過程で議論の続きがなされるものと期待している」である(中川丈久「景品表示法検討会等のとりまとめに当たって──景表法はどう変わるか、デジタル広告にどう向き合うか」公取870号(2023)11頁)。

この結論を受けて、定義告示運用基準(令和6年改定版)は、「自己が一般消費者から物品等を買い取る取引も、当該取引が、当該物件等を査定する等して当該物件等を金銭と引き換えるという役務を提供していると認められる場合には、『自己の供給する役務の取引』に当たる」と改定した。しかし、現行法上は供給を受ける商品または役務の取引は景表法の規定の対象にならないと解され、景品規制について買い取る取引についてその一部を適用対象とすることには理論上疑問がある。

(c) 表示規制における供給主体 (i) 現行法の解釈 これまで、景表法において規制の対象となるのは、商品・サービスを供給する事業者(商品等の供給主体)であり、広告媒体を発行する事業者である新聞社、雑誌社、テレビ局、ラジオ局は、規制の対象とならないと解されてきた。

現在でも、2条4項および5条に係る適用除外規定は存在せず、表示規制の対象とならない者または行為についての解釈は固まっていない。昔から、新聞社、雑誌社、テレビ局、ラジオ局のマスコミ4媒体は表示規制の対象とならないと解されてきた。

しかし、電通、博報堂、新聞社の子会社の広告代理店などの広告代理店業に属する者が一律に表示規制の対象にならないとはいえない。ましてや、新たな広告媒体であるインターネット広告やインターネット上の表示について一律に表示規制の対象とならないとは考えられない。

(ii) 立法政策 立法政策論としては、5条柱書を「何人も(いかなる者も)、商品又は役務の取引について、次の各号のいずれかに該当する表示に関与してはならない」と改正することが考えられる。

「薬機法」「医療法」「健康増進法」は、規制の対象者、禁止行為の主語を「何人も」とし、実際に広告代理店等を違反対象としている。ただし、この問題は、困難な法改正が必要であるため、高度に政策的な課題と評価されている。

(iii) 平成5年改正時の対応 平成5年の景品表示法検討会における結論は、「何人も」規制への法改正は見送ることにした。

さらに、現行法の解釈について、「供給者(広告主)以外の関係者は、景表法による禁止の対象者ではない。例えば、広告作成者(クリエーター、アフィリエイト広告の作成者、インフルエンサー、クチコミを書き込む者等)、広告取引の媒介者(広告代理店、アフィリエイト・サービス・プロバイダー、アドネットワーク事業者、種々の広告コンサルタント

総論Ⅲ-2(4)

等)、媒体社(新聞テレビ等の古典メディア、およびソーシャルメディアや検索、EC等のデジタルプラットフォーム)などは、景表法が不当表示を禁止する対象者ではない」として、広告媒体を発行する事業者である新聞社、雑誌社、テレビ局、ラジオ局は、規制の対象とならないとするほか、インターネット上の表示についてアフィリエイト広告におけるアフリエイト・サービス・プロバイダーや、ステマ広告における口コミ代行者も一律に規制の対象とならず、措置命令の名宛人としないと解釈した(中川・前掲11頁)。

(ⅳ) 現在の課題　インターネット上の表示のうち、アフィリエイト広告におけるアフリエイト・サービス・プロバイダーや、ステマ広告における口コミ代行者については、ケース・バイ・ケースで、不当表示内容を共同して決定している者に該当するとして、供給者である広告主と共に措置命令の名宛人としていくことが課題となる(§5柱書参照)。

(4) 表示規制と景品規制の基本的な差異　ⓐ 基本的な差異　景表法における実体規定は、定義された景品類について、景品類の制限および禁止を規定する4条と、定義された表示について、不当な表示の禁止を規定する5条である。

4条については、「内閣総理大臣は、……景品類の提供に関する事項を制限し、又は景品類の提供を禁止することができる」と規定し、「することができる」として内閣総理大臣に権限行使のためのルール形成において広範な裁量権を付与している。その上で、6条により、内閣総理大臣は、「景品類の提供に関する事項を制限し、又は景品類の提供を禁止するできる」という裁量権に基づき、懸賞制限告示、総付制限告示、業種別告示を告示により指定している。

5条については、5条柱書が、「事業者は、……してはならない」という事業者に対する禁止規定を定める。その上で、1号が優良誤認表示を規定し、2号が有利誤認表示を規定し、3号がその他の内閣総理大臣が指定した告示による不当表示を規定している。内閣総理大臣は、6条により、5条3号に基づきその他の不当表示を指定している。

6条による指定については、当初の指定、その変更、廃止とも告示によって行うものとしている。

このように、景品規制では、4条で内閣総理大臣に付与された、「することができる」という裁量権に基づき、内閣総理大臣が指定した、懸賞制限告示、総付制限告示、業種別告示により、さらにはその施行細則により、詳細な禁止行為を定めてそれを遵守させることを目標としている。その上で、ルールの実効性を確保するために措置命令が置かれている。

景品規制では、各告示の要件についての解釈論により実体ルールを明らかにす

ることになる。内閣総理大臣は、必要に応じて、いかなる解釈を採用することもでき、詳細なルールを設定することができる。

　他方、表示規制では、5条柱書は事業者に対して禁止された表示を「してはならない」という、包括的な禁止行為を規定し、禁止された表示(不当表示または誤認表示)として、1号の優良誤認表示、2号の有利誤認表示、3号の内閣総理大臣による指定告示による不当表示を定める。禁止された表示は抽象的に規定されているため、その内容は個別事例の集積により定まる。そのため、表示規制では抽象的な内容の禁止規定に基づき、個別事例の集積により実体ルールを明らかにすることになり、いわば判例法でルールが形成される。

　　(b)　5条の事業者　　5条の事業者は、「不当表示を行った事業者」(違反行為主体)をいう。5条の事業者は、2条1項や2条4項の事業者とは異なり、してはならないという禁止行為の主語であり、5条1号、2号、3号に該当する表示をした違反行為主体である事業者、措置命令の名宛人となる事業者をいう。5条の事業者が、2条1項の事業者性および2条4項の「自己の供給する」要件を満たすことは前提となる。

　5条の事業者については、アマゾンジャパン合同会社に対する措置命令についての東京高裁判決(東京高判令和2年12月3日〔**事例❷**〕)が現時点での基本先例である。ベイクルーズ事件東京高裁判決(東京高判平成20年5月23日〔**事例❸**〕)による「表示内容の決定に関与した事業者」という「やや広範かつあいまいな概念」に頼ることなく、5条の事業者については措置命令の名宛人として適切であるか否かという観点から決定されることとしている。5条の事業者には、不当な表示内容を共同して決定した事業者も事案に応じて名宛人として含めていくことが相当である(§5柱書を参照)。

　(5)　消費者法としての体系化　　独立した消費者法として、実体法は上位概念から順次その定義・内容を確定して単一法として体系化を図ることが相当である。

　このことは、1条で「一般消費者」概念および「取引」概念、2条1項で「事業者」概念、2条2項で「事業者団体」概念を確立することを意味する。

　また、1条から3条までが総則的規制であり、2条3項の景品類の定義、2条4項表示の定義のあとに、供給主体性を含め、景表法の適用範囲・適用除外を論じることが相当である。

　4条の景品規制と5条の表示規制については基本規定の差異からくる大きな差異について十分に認識する必要がある。さらに、事業者の故意・過失は措置命令において、8条1項ただし書の事業者の主観的要件については課徴金納付命令に

おいて論じることが相当である。

3　手続法

(1)　独禁法との比較研究

手続法のうち、確約手続、措置命令(排除措置命令)、課徴金納付命令、刑事罰関連規定については法文自体が独禁法の規定とほぼ同じである。景表法は、過去には、独禁法の一部として、公取委が所管していた。現在でも、公取委の職員が大勢消費者庁に出向して法執行を担当している。

そのため、景表法の確約手続、措置命令、課徴金納付命令、刑事罰の分析については、独禁法の各手続との比較研究が有意義・有益である。

大原則は、消費者庁が、違反行為の違法性の度合いにより、確約計画の認定、措置命令、課徴金納付命令の対象行為を適切に選別、峻別することである。

ここでは、様々な問題点を有し、立法政策的課題を抱える平成26(2014)年改正で導入された課徴金制度を先に解説し、その後に令和5(2023)年改正で導入された確約手続と刑事罰について解説する。また、措置命令については、不実証広告規制との関係が最大の論点であるため不実証広告規制の箇所で解説する。

(2)　課徴金納付命令

(a)　現行課徴金制度　消費者庁は、優良・有利誤認表示に係る是正命令の対象行為について、8条1項の主観的要件に該当する場合といわゆる裾切り基準に該当する場合を除き、一定の算定方式により算定された課徴金額の納付を当該事業者に対して義務的に命じなければならない。

課徴金制度の基本的性格について導入当初次のように解されていた。

それまで「事業者の側に不当表示によって得た利益が残ったままであり、また、一般消費者がその被害を事後的に回復することは困難となっていた。

これに対し、課徴金制度は、違反行為を事前に防止し、規制の実効性を確保するため、国が違反者に金銭的な不利益を課すものであり、この制度の導入により、事業者に不当表示を行う動機を失わせ、不当表示という違反行為が事前に抑止されることが期待される。また、本法の課徴金制度は、所定の手続に沿った返金措置を行った事業者についての課徴金を減額等することとしているところ、不当表示を実施した事業者が返金措置を行うことにより、一般消費者の被害回復が促進されることも期待される」(詳説課徴金制度1頁)。立法経緯については、「第1章法改正法成立までの経緯」(逐条解説・平成26年11月改正)参照。

課徴金納付命令の目的は、その名宛人となる課徴金対象行為をした事業者に経済的不利益を課すことにより、事業者が不当表示を行う動機を失わせ、不当表示規制の抑止力を高めることによって不当表示を防止することにあるとしながらも、課徴金制度導入時には、その当時課徴金制度の基本性格を不当利得の剥奪で

あるという説も根強く主張されていた上、一般消費者の被害回復による被害者救済を明確に制度の目的に含んでいた。

また、優良誤認表示および有利誤認表示の基本要件については、是正命令の場合と課徴金納付命令の場合で共通である。

課徴金の除外事由として、8条1項ただし書に「優良・有利誤認表示に、該当することを知らず、かつ知らないことにつき相当の注意を行った」という主観的要件が規定された。この主観的要件の導入が景表法上の課徴金制度の優れた点である。

この趣旨は、基本先例である日産自動車事件消費者長官取消裁決(平成30年12月21日〔事例❺〕)によると、事業者が表示を行うに当たり、表示内容の真実性を確認するインセンティブを確保することにあり、8条1項ただし書にいう相当な注意は、表示内容の真実性の調査確認をすべき注意義務を事業者に課すものである。相当注意義務の内容、水準および判断方法については、表示内容の決定や真実性の確認を行う実質的判断を有する者の認識および行為を基準として判断するのが相当であるとし、相当注意義務の主体については、法人の場合は法人の業務実態を踏まえて判断すべきである。この件では、表示内容の決定や真実性の確認を行う実質権限を付与されたX(自然人)が相当注意義務の主体とされた。

(b) 行政上の制裁——現行課徴金制度の問題点　今日、景表法の課徴金制度の法的性格は、独禁法の課徴金制度と同様に、行政上の制裁であると解される。

ところが、平成28(2016)年改正当時は、課徴金制度の法的性格について、不当利得の剥奪とする考え方が残っていた。さらに、現行課徴金制度は、消費者法として専ら消費者の私権を保護する法であるという考え方の影響を受けている。現行課徴金制度にはそれらの悪影響が残っている。

第1に、違反対象商品売上高の算定のための対象期間(実行期間)について、違反行為をやめたときを課徴金対象期間の終期にするのではなく、違反行為をやめた後に生じた取引を含めるようにしている。すなわち、「課徴金対象期間」に、「課徴金対象行為をした期間」のほか「課徴金対象行為をやめてから最後に取引した日までの期間」を追加している。

当該事業者が違反表示をやめた後も優良・有利誤認表示の影響を受けた取引を含めて、より正確に不当利得を算定しようとした結果である。

行政上の制裁であるという考え方の下では、違反対象商品売上額の算定方法を不当利得の算出と結びつける必要はなく、簡明な算定方法であることが望ましいことから、課徴金一般の課徴金額の算定方法におけるのと同様に、違反対象商品売上額の算定期間の終期は違反行為を止めた時点とすることが望ましい。

総論Ⅲ-3(2)

第2に、返金措置の実施による課徴金額減額制度を設けたことである。

この制度の基本発想として、景表法は消費者の私権を保護する制度であることから、被害者に返金させる制度を設けることが望ましく、被害者に返金した金額は、課徴金額から減額する、差し引くことが相当であると考えられた。さらには、この当時、課徴金制度の法的性格について不当利得の剥奪とする考え方が根強く残っていた。もっとも、この制度ができた背景として、課徴金額を全額国庫に納入させるのではなく、一部を消費者団体に納入させて消費者団体の財源とする制度を構築するという構想があったとされる。すると、消費者団体の財源確保という異質な動機と立法経緯から生まれた産物となる。

課徴金制度の法的性格が行政上の制裁であるとすると、課徴金は制裁を課して違反抑止を図る制度であって、被害者に返金するという民事救済と課徴金制度を結びつけることは誤りである。この点から、返金措置の実施による課徴金額の減額制度は廃止することが相当である。

第3に、自主申告による課徴金額50%減額制度を設けたことである。

自主報告について、「ただし、その報告が、当該課徴金対象行為についての調査があったことにより当該課徴金対象行為について課徴金納付命令があるべきことを予知してされたものであるときは、この限りではない」としている。

自主申告による課徴金額50%減額制度は、自主報告により、5条違反の優良・有利誤認表示を自認して証拠資料を提出するなど調査協力を行うことに対する課徴金額の減額制度であり、基本的に調査協力による課徴金減免制度である。それならば、自主報告について、「課徴金納付命令があるべきことを予知してされたものであるとき」を除外せずに、調査開始前および調査開始後の自主報告について認められるべきものである。

また、景表法違反行為は基本的に単独行為であり、独禁法の法執行の経験則からは単独行為に対して調査協力による課徴金減免制度はそれほど機能しないと評価される。

現実に、独禁法の単独行為に当たる、排除型私的独占に係る課徴金および優越的地位の濫用に係る課徴金については調査協力による課徴金減免制度は設けられていない。将来的に、排除型私的独占に係る課徴金は上限金額方式の裁量型課徴金制度となり、優越的地位の濫用に係る課徴金は廃止されるものと予想される。

自主申告される行為についてはむしろ確約手続により処理されるものと考えられる。そのことを確認した上で、自主申告による課徴金額50%減額制度は廃止することが相当である。

第4に、課徴金制度が制裁であることからは、措置命令の対象となる違反行為

総論Ⅲ　景表法の基本構造と（立法政策を含む）今後の課題　　95

総論Ⅲ-3(2)

すべてに課徴金納付を命じる必要はなく、制裁を課して違反抑止を図るために、特に著しい違反行為について課徴金を課す制度とするべきである。

措置命令の対象違反行為と、課徴金納付命令の対象違反行為については、違法度に応じて峻別すべきである。

8条1項ただし書に「当該事業者が当該課徴金対象行為をした期間を通じて当該課徴金対象行為に係る表示が次の各号のいずれかに該当することを知らず、かつ知らないことにつき相当な注意を怠つた者でないと認められるとき」という要件を設けている。

措置命令の対象行為については、故意または過失は不要とされているため、この要件は措置命令を受ける行為の一部について課徴金対象行為から除くものであり、ある程度この要請に応えるものである。

しかし、非難可能性などの主観的要件のみを問題とし、極めて例外的な場合のみを除外すると解されている。したがって、これでは射程範囲が狭すぎることになる。

課徴金ガイドラインは、「『相当の注意を怠った者でないと認められる』か否か」と題して、「『知らないことにつき相当の注意を怠った者でないと認められる』か否かは、当該事業者が課徴金対象行為に係る表示をする際に、当該表示の根拠となる情報を確認するなど、正常な商慣習に照らし必要とされる注意をしていたか否かにより、個別事案ごとに判断されることになる。」「当該判断に当たっては、当該事業者の業態や規模、課徴金対象行為に係る商品又は役務の内容、課徴金対象行為に係る表示内容及び課徴金対象行為の態様等を勘案することとなるが、当該事業者が、必要かつ適切な範囲で、『事業者が講ずべき景品類及び表示の管理上の措置についての指針』（平成26年内閣府告示第276号）に沿うような具体的な措置を講じていた場合には、『相当の注意を怠った者でない』と認められると考えられる」としている。その上で、5想定例を記載している。

措置命令の対象とする行為と、課徴金納付命令の対象とする行為とを峻別すべきである。想定例は当該事業者の故意または過失は必要要件でないとされる措置命令を発行することが妥当であっても、非難可能性の点から制裁に当たる課徴金納付命令を発行することは妥当でない事例があることを示している。

それら想定例の下で、調査の結果、それらの事実関係が判明した場合に、「知らず、かつ、知らないことにつき相当の注意を怠つた者ではないと認められる」に該当するとして課徴金納付を命じないことは相当であるとして、過去の違反行為についての措置命令を行うか、または過去の違反被疑行為についての確約措置をとらせるのかは今後の課題となる。

96　総論Ⅲ　景表法の基本構造と（立法政策を含む）今後の課題

総論Ⅲ-3(2)

(c) 現行法制を改善するための改正事項　現行課徴金額の算定における課徴金対象期間の終期については違反行為をやめたときよりも遅い時期に設定されている。これも課徴金制度の基本的性格を不当利得の剥奪と捉えて正確に不当利得を算定しようとしたための悪影響である。制裁という性格からは違反行為をやめた時点を終期として算定期間を算定して課徴金額を算定することが相当である。この結果、独禁法のカルテルの場合と同様に、是正命令と課徴金納付命令を同時に命じることも可能となる。

同様の現象は、独禁法の課徴金制度において、過去に、業種別一定率を採用していたことや入札談合の場合に個別調整手続に上程された物件のみを当該商品売上額の対象としていたことにもみられた。

課徴金ガイドラインは、課徴金対象期間について、「課徴金対象行為をした期間」に「課徴金対象行為をやめてから最後に当該取引をした日までの期間」を加えるとして、5想定例を示している。課徴金対象期間の終期については課徴金対象行為をやめたときとすることが相当である。

5つの想定例に即していうと、当該商品について課徴金対象行為をやめた日については、①当該商品について優良誤認表示を内容する包装をやめた日、②当該商品について有利誤認表示を内容とするチラシの配布をやめた日、③当該商品について優良誤認表示を内容とするポスターの訂正ポスターを自己の店舗内および店頭に掲示した日、④当該商品について優良誤認表示を内容とするテレビコマーシャルの訂正コマーシャルをテレビ放送局に放送させた日、⑤当該商品について有利誤認表示を内容とするウェブサイトの訂正ウェブサイトを公開した日とすることが相当である。これにより、当該商品について、「課徴金対象行為をした期間」である、優良誤認表示・有利誤認表示を始めた日から課徴金対象行為をやめた日までを課徴金額の算定期間とすることが考えられる。行政上の制裁としては、より簡明な制度の方が望ましい。

(d) 抜本的な立法課題　現行法は、内閣総理大臣は、景表法違反行為について、違反対象商品売上額に基本算定率3％を乗じた課徴金額の納付を命じなければならないと規定する。

景表法の課徴金制度については、行政上の制裁として、基本算定率3％程度の確定金額方式の義務的課徴金制度を維持することが可能である。

独禁法におけるあるべき課徴金制度と評価されている、上限金額方式の裁量型課徴金制度を創設することも考えられる。この場合、「違反対象品売上額に上限算定率4.5％と想定課徴金行為期間を乗じた金額の範囲内で、課徴金を課すことができる」と規定する。消費者庁は、課徴金を課すか否か、上限金額の範囲内で

いくらの金額の課徴金を課すかについて裁量権を有する。結局、消費者庁は、特に著しい違反行為に対して裁量で課徴金額を決定することになる。

しかし、景表法違反行為の性格から、景表法の課徴金制度について、行政制裁金、すなわち、上限金額方式の裁量型課徴金とするまでの必要はないと考えられる。

さらなる改正案として、課徴金を特に著しい違反行為に限定するための課徴金制度として、次の2つが考えられる。

第1案：内閣総理大臣は、景表法違反行為について、違反対象商品売上額に基本算定率3％を乗じた課徴金額の納付を命じることができる。課徴金制度を確定金額算定方式の裁量型課徴金制度とする。

第2案：内閣総理大臣は、特に著しい景表法違反行為について、違反対象商品売上額に基本算定率3％を乗じた課徴金額の納付を命じなければならない。確定金額算定方式の義務的課徴金制度を維持した上で、課徴金の対象行為を特に著しい違反行為に限定することになる。

いずれの場合でも、繰り返し違反の場合には基本算定率は4.5％となる。

この結果、景表法違反行為について課徴金納付命令を行わずに措置命令を行うことが可能となる。

いずれの場合でも、特に著しい違反行為に課徴金を課すというほぼ同一の効果をもたらすが、両者のうちでは、制裁という本質に照らすと、第1案の方が妥当である。

なお、課徴金の法的性格が行政上の制裁であるという点から、今回の改正事項である、繰り返し違反に対する課徴金額1.5割増し、課徴金算定における推計規定について問題はない。今回の改正は、課徴金の法的性格が行政上の制裁であることを裏付けるものとなる。

(3)　確約手続　　(a)　**基本的性格**　　景表法の確約制度については特段法制上の問題点はない。

景表法の確約手続は、独禁法の確約手続と同等のものである。確約計画には判例法としての先例効果、先例価値はない。その基本的性格は行政上の和解である。参考とすべき、独禁法の確約制度の基本的性格や運用実績については、村上政博「独占禁止法の確約手続の意義とその限界」NBL1259号(2024)21頁参照。

確約手続の基本的性格は、違法か否かの判断の難しい行為について、違反を認定しないで相手方事業者に一定の措置をとらせて事件処理を終了するところにある。

是正措置を命じて先例効果を持たせるべき行為、課徴金納付を命じて違反抑止

を図るべき行為について、確約手続は適用されない。

　ただし、独禁法の基本体系との関係では、景表法違反行為は、優越的地位の濫用行為、不正競争行為と同等の行為であり、日本固有の規制に該当する。この点から確約手続は優越的地位の濫用行為等に対するのと同様に活用されるものと見込まれる。

　⒝　確約手続の運用基準　　確約手続ガイドラインは、確約手続の対象になるかは、違反被疑行為について「個別具体的な事案ごとに、……判断する」とし、判判断準は「個別具体的な事案に応じて、違反被疑行為等を迅速に是正する必要性、あるいは、違反被疑行為者の提案に基づいた方がより実態に即した効果的な措置となる可能性などの観点から判断する」とし、考慮要素は、「違反被疑行為がなされるに至った経緯、違反被疑行為の規模及び態様、一般消費者に与える影響の程度並びに確約計画において見込まれる内容その他当該事案における一切の事情を考慮する」としている。違反被疑行為者が優良誤認・有利誤認表示に当たる疑いのあることを自ら認めて証拠資料を提出するという調査協力を行うか否かは重要な考慮要素に当たる。

　確約手続の対象外となる場合として、10年以内に法的措置を受けたことがある場合、悪質かつ重大な違反被疑行為と考えられる場合が例示されている。しかし、先例価値を残すべき案件や課徴金を課して違反抑止を図るべき案件については措置命令をとることになり、措置命令をとるのはそれらの案件に限定されるものではない。

　結局、確約手続によるか措置命令によるかという事件処理方針の選択については消費者庁の広範な裁量に委ねられる。

　確約手続ガイドラインは、確約措置のうち、一般消費者への被害回復措置として「被通知事業者が違反被疑行為に係る商品又は役務を購入した一般消費者に対し、その購入額の全部又は一部について返金すること（返金の手段、方法等は、事業者の自主的な判断に委ねられるが、自主返金制度において定める内容が参考となる）」とした上、措置実施の確実性の点から「確約措置として一般消費者への被害回復を行う場合には、当該措置の内容、被害回復の対象となる一般消費者が当該措置の内容を把握するための周知の方法並びに当該措置の実施に必要な資金の額及びその調達方法が具体的に明らかにされていなければ」ならないとしている。返金措置については、課徴金制度の下での返金措置よりも、確約計画としての返金措置の方が活用されるものと見込まれる。

　確約手続ガイドラインで「消費者庁は、これらの違反被疑行為について確約手続通知をするに当たっては、個別具体的な事案ごとに、確約手続により問題を解

総論Ⅲ-3⑷

決することが一般消費者による自主的かつ合理的な商品及び役務の選択を確保する上で必要があるか否かを判断する」としている。事件処理方針として、確約手続で処理するか措置命令で処理するかについては、消費者庁の広い裁量が認められるものであり、今後の運用をみてその評価を判断せざるを得ない。独禁法の確約手続における、金銭的価値の回復制度と同様に、返金措置は確約手続の確約措置として行うことが相当である。

調査開始前または調査開始後に、事業者が景表法違反を自認して証拠資料を提出するなどの自主報告を行う行為も（課徴金納付命令を行うよりも）、確約手続で処理することが相当である。自主報告に基づく早期解決、早期事件処理と結びつき、確約措置としての一般消費者への被害回復に結びつきやすいものである。

このように、確約手続の活用は、返金措置による課徴金額減額制度の廃止と自主報告による課徴金額50％減額制度の見直しにつながる。

⑷　**刑事罰**　　ⓐ　警察・検察の独自の権限　　日本法の刑事責任は、まず自然人に道義的責任、倫理的責任を問うところにある。法人処罰は認められておらず、法人に対する刑事罰金は自然人の刑事責任を前提とした上、両罰規定がある場合に科せられる。

独禁法のカルテルに対する刑事罰に関する手続は、公取委による手続と刑事手続との間に密接な関連がある。重々しい法的効果を有する公取委の刑事告発権、公取委の反則調査権限（刑事告発を目標とする行政調査権）、合同調査の実施、告発問題協議会などにより独禁法の行政手続と刑事手続とを制度的、実務的に結びつけている。

刑事罰と行政法規違反の関係について、大陸法系の基本手続に従うと、行政庁（消費者庁）が第1次的に刑事罰を科すことが相当な行為を選別して、その事件を刑事当局に付託（通告）する制度を採用することが相当である。この場合、刑事当局は、付託された件について刑事捜査を開始するか否かの裁量権を有し、刑事捜査を開始する義務を負わない。

ところが、景表法違反行為についての刑事手続は、警察・検察の捜査等と、消費者庁の調査等とを関連付ける規定は一切存在せず、行政手続とは完全に異なる手続となっている。警察・検察が独立して刑事罰相当行為を選別することになる。

今後、刑事罰を活用するためには、消費者庁が、刑事罰を科すことを相当と思料する事業者、自然人を特定して、刑事罰の対象となる行為を検察庁等に付託する、ただし検察庁等はその付託に応じて刑事捜査を開始する義務を負わない、という実務慣行を確立することが望ましい。

100　　総論Ⅲ　景表法の基本構造と（立法政策を含む）今後の課題

総論Ⅲ-4(1)

(b) 二重処罰の禁止との関係　　独禁法では、法人事業者に対する両罰規定による刑事罰金と、課徴金との関係が、憲法上の二重処罰の禁止規定との関係で大きな問題となってきた。課徴金納付命令の課徴金額と刑事罰金額との関係について、刑事罰金額の半額を課徴金額から控除するという半額控除制を採用している。

景表法違反の場合の法人事業者に対する両罰規定による刑事罰金額は最大100万円にとどまり、景表法違反については課徴金額による制裁による違反抑止を図ることが中核となることが固まっており、憲法上の二重処罰の禁止規定との関係は生じない。

(c) 是正命令の不遵守に対する刑事罰　　46条は、措置命令に違反したときは、当該違反行為をした者は、2年以下の懲役または300万円以下の罰金に処する旨規定する。

独禁法では、確定前の排除措置に違反した事業者に、行政罰として50万円以下の過料が課せられる(独禁法97)が、景表法にはそのような規定は存在せず、確定の前後を問わず、是正命令の不遵守に対して刑事罰が科せられる。

(d) 共犯関係等は通常の刑事罰と同様　　刑罰規定の適用により、消費者庁による表示規制の違反対象事業者の範囲が事実上拡大されるかが論じられている。

5条1号および2号と同等の内容の行為を対象としていることならびに行政法規の解釈と刑事法規の解釈とは合致することが望ましいことから、刑事当局が、消費者庁による現行是正命令の名宛人の範囲を超えて法適用することには慎重であるべきである。すなわち、施行時点で、施行後に刑事罰がどの程度活用されるかについては予測することは極めて難しいが、共同正犯には問題はないが、景表法違反に対する教唆犯、幇助犯として、表示規制の違反対象事業者の範囲を拡大していくことには慎重であるべきである。

4　不実証広告規制

(1) **措置命令と不実証広告規制**　　(a) 措置命令の基本的性格　　措置命令は、違反行為者の責任に応じた制裁として科されるものではなく、その名宛人は、客観的に違反行為を行っているまたは行った事業者である。措置命令については当該事業者の故意・過失の有無を問うことなく、必要な措置を命じることができる。

(b) 不実証広告規制(4条2項〔当時〕の解釈)　　不実証広告規制とは、性能効果に関する優良表示について、行政庁がその証拠資料の提出を命じたにもかかわらず、当該事業者が一定期間内に合理的な資料を提出しない場合に、当該表示を優

総論Ⅲ-4(2)

良誤認表示に当たるとみなす、または推定する制度である。

その目的は、性能効果に関する優良誤認表示について、専門機関による調査、鑑定等を省力して、一般消費者の利益を迅速に保護するところにある。

4条2項において、当該表示を優良誤認表示に当たるとみなすと規定したため、それまで1号、2号、3号で共通に「一般消費者に誤認される表示」としていたのを、1号では「一般消費者に対し……示す表示」とした。この理由は、平成15(2003)年改正で不実証広告規制の7条2項を追加するのに際して、一般消費者に誤認される表示のままでは、消費者庁長官に立証責任が残るために、表示の裏付けとなる合理的根拠を有しない商品または役務の内容に関する不当表示については消費者庁長官が立証責任を軽減するまたはその責任を負わないとするところにある。

(2) **4条2項についての解釈の変遷**　平成15年改正で4条2項が規定されて以来、公取委の担当者は4条2項の法律効果については一貫して次のように解釈してきた。

「表示の裏付けとなる合理的な根拠を示す資料の提出がない場合には、当該表示が優良誤認表示に該当するという公正取引委員会の直接的な立証を必要とせず、優良誤認表示とみなすという強い法律効果が生じる。

商品又は役務の内容に関して著しい優良性を示して顧客を誘引する表示について、これを裏付ける合理的な根拠がなければ、当該商品又は役務には表示どおりの内容がないと考えてまず間違いないであろう。しかしながら、表示どおりの内容がないという直接的な立証が行われていない限り、論理的には、商品又は役務に表示どおりの内容があるという可能性がゼロではない。

例えば、事業者が何ら根拠なく表示を行っていたものの、新たに試験・調査を実施したところ、合理的な根拠があることが判明し、提出期限後に資料を提出した場合であっても、第4条第2項の規定から、形式的には、当該表示は不当表示ということになる。

しかし、当該表示は、実質的には、一般消費者の優良誤認を招くものではないことから、これを排除するために行政処分を行うことや、当該処分を維持することは相当でない。このため、公正取引委員会は、事業者から提出された資料などにより当該表示が第4条第1項の優良誤認に該当しないことが判明した場合には、排除措置がまだ出されていなければ、排除命令を行わない、排除命令に対する審判手続が継続中であれば、排除命令の内容を否定する審決を行う、排除命令や排除命令に関する審判を経た審決が確定していれば、第9条第3項の規定を適用して審決をもって当該排除命令等を取り消すなどの必要な措置を採ることとな

102　総論Ⅲ　景表法の基本構造と（立法政策を含む）今後の課題

総論Ⅲ-4(3)

ろう」(菅久修一編者『景品表示法〔初版〕』(商事法務・2005)66頁)。

オーシロ事件東京高裁判決(平成22年10月29日審決集57巻2分冊162頁〔**事例❶**〕)は、「提出期限経過後に提出された資料は、本件資料が本件表示を裏付ける合理的な根拠を示すものであるか否かを判断するために参酌し得るにとどまるのであるから、参酌し得るのは、上記資料中、本件資料の内容を説明するものや補足する部分に限られるというべきである。したがって、提出期限経過後に提出された資料中の新たな試験・調査によって当該表示を裏付ける根拠を示そうとする部分は、本件資料が本件表示を裏付ける合理的な根拠を示す資料たり得るものではない」とした。

次いで、トップライン事件東京地裁判決(平成28年11月10日判タ1443号122号)は、「平成15年改正の立案担当者が、内閣法制局における審査を含む法案の立案の過程において、法4条2項のみなし規定の効果の及ぶ範囲が法6条の定める措置命令に限定され、その取消訴訟には及ばないとの解釈を採り得る規定の立案を企画して、法4条2項に『第6条の規定の適用については』との文言を付加し、同改正の解説に上記の解釈を自らの見解として記載しているなどの経緯があったとしても、そのような解釈は、……行政事件訴訟の基本原則というべき取消訴訟の審理構造との整合性を欠く」、「措置命令後、その取消訴訟の係属中に、事業者から、措置命令前に提出されていれば合理的根拠資料に該当すると認められる資料の提出があったときは、消費者庁長官は、当該措置命令を将来に向かって撤回すべき義務を負うことになるものと解される」とした。すなわち、事業者から、措置命令前に提出されていれば合理的根拠資料に該当すると認められる資料の提出があったときに、消費者庁長官は、当該措置命令を将来に向かって、撤回すべき義務を負うことになるものと解されるので、事業者の手続的利益の保護はその範囲内で図られるとした。

(3) 課徴金制度の導入による不実証広告規制の変化——平成26年改正以降 (a) 不実証広告規制の取扱い 課徴金制度を導入する平成26(2014)年改正により、不実証広告規制については、4条2項から7条2項と8条3項とに分けた上、その法律効果が異なるものとして規定された。

措置命令については、優良誤認に該当する表示のうち、消費者庁が、必要性要件を満たすとして、合理的根拠資料の提出を求めた表示について、合理的根拠資料を提出しなかったという不提出要件を満たす場合に、5条1号に該当する表示であるとみなされる(7②)。課徴金納付命令については、優良誤認に該当する表示のうち、消費者庁が、必要性要件を満たすとして、合理的根拠資料の提出を求めた表示について、合理的根拠資料を提出しなかったという不提出要件を満たす

場合に、5条1号に該当する表示であると推定される(8③)。

　ちなみに、当該表示について、合理的根拠資料の提出を求める必要があるか否か、合理的根拠資料と認められる資料を提出しなかったか否かについては、措置命令と課徴金納付命令に共通な同一手続として行われる。

　(b)　措置命令に係る7条2項のみなし効果　　措置命令に係る7条2項について、株式会社だいにち堂事件東京高裁判決(令和2年10月28日金商1651号17頁〔**事例❸**〕)は、「具体的な数値等を表示していなくとも、視覚の不良感が改善されるという効能・効果を掲げて商品の優良性を強調する表示が優良誤認表示に該当する疑いがあると認め、その該当性を判断するために、合理的根拠資料の提出を求める必要があると認めることは相当であり、事業者が提出した資料が合理的根拠資料に該当しないと認められる場合に優良誤認表示とみなされるという7条2項は適法である」とし、株式会社だいにち堂事件最高裁判決(令和4年3月8日判タ1500号76頁)は「7条2項が、事業者がした自己の供給する商品等の品質等を示す表示について、当該表示のとおりの品質等が実際の商品等には備わっていないなどの優良誤認表示の要件を満たすことが明らかでないとしても、所定の場合に優良誤認表示とみなして直ちに措置命令をすることができるとしていることは、公共の福祉に合致する目的を有し、目的を達成するための手段として必要かつ合理的なものといえるから、憲法21条1項、22条1項に違反しない」としている。

　このように、措置命令に係る7条2項については4条2項と同一解釈が採用されている。是正命令では、消費者庁が、優良誤認表示に該当するか否か判断するために必要があるとして、合理的根拠資料の提出を求めた表示内容については、合理的根拠と認められる資料を提出したか否かが専ら問題となり、合理的証拠資料を提出しなかったとして不提出要件を満たす場合には、自動的に5条1号に該当する優良誤認表示に該当する。株式会社だいにち堂事件東京高裁判決以降、担当官解説には、合理的証拠資料を提出しなかったとして不提出要件を満たすとした事例では、実際には、記載された効能、効果を生じるものではなかったという認定が省略されることも多い。

　(c)　課徴金納付命令に係る8条3項の推定効果　　課徴金納付命令に係る8条3項については、これまで基本先例は存在しない。

　課徴金納付命令では、推定する効果にとどまるために、合理的根拠資料を提出しなかったという不提出要件を満たす場合でも、当該表示が5条1号の実体要件に該当するかが問題となり得る。当該表示について合理的根拠資料を提出しなかった、またはできなかった場合でも、5条1号の表示に当たらないとして5条1号の要件に該当しないと主張して反証を行いその推定を覆す可能性がある。

総論Ⅲ-4(3)

この点は、期限までに提出された資料について、「参酌し得る」とされるその資料の内容を説明するものや補足するものと、提出期限経過後に提出された新たな試験・調査によって当該表示を裏付ける根拠を示そうとするものの双方に当てはまる。

この反証に成功し、当該表示を裏付ける合理的な根拠を示す資料であると認められることは極めてまれな事例であろうが、論理上は認めざるを得ない。優良誤認表示規制は当該優良誤認表示をやめさせるものであって、当該商品を命令後も販売し続けることを禁止するものではないため、反証を試みる事業者は出現するものと考えられる。

この反証が成功した場合の法的効果について、課徴金ガイドラインは、「課徴金納付命令に関する不実証広告規制」について、「本法7条2項と8条3項は、『みなす』か『推定する』かという効果において異なるが、その他は同様である。このため、本法8条3項の適用についての考え方、合理的な根拠の判断基準及び表示の裏付けとなるとなる合理的な根拠を示す資料の提出手続は、『不当景品類及び不当表示防止法第7条第2項の運用方針』と同様である」とした上、「資料提出期間経過後であっても、当該表示の裏付けとなる合理的な根拠を示す新しい資料を提出し、当該優良誤認表示には該当しないことを主張することができる」としているが、違反被疑事業者が資料提出期間後に、当該表示の裏付けとなる合理的な根拠を示す新しい資料を提出し、当該優良誤認表示には該当しないことを主張しその立証に成功した場合の法的効果を明らかにしていない。論理上、この反証に成功した場合、当該課徴金納付命令の取消しとそれによる課徴金の返還義務が生じることになる。

(d) さらなる立法政策論　消費者庁による不実証広告規制の手続は、措置命令の場合と課徴金納付命令の場合に共通な同一手続であることが明らかになっている。

論理上、措置命令の場合と課徴金納付命令の場合で法律効果を異なるものとする合理的な理由は見出せない。いずれかを選択する場合には、推定するとする方が論理上妥当である。是正命令についても、不実証広告要件である必要性要件と不提出要件を満たすときにも、反証が成功した場合に遡及的に措置命令を取り消すことができるように、違反行為の存在を推定すると規定することが相当である。

その上で、前述のとおり、課徴金納付命令は、違法度の高い、過去の行為に対する制裁として、すなわち、課徴金納付命令を特に著しい違反行為に限定することと、必然的に事後に覆される余地が少ない違反行為を対象としていくことが相

当である。

　ただし、合理的根拠資料を提出しなかったという不提出要件を満たす場合に推定すると規定された場合でもその推定を覆すことが事実上困難であるため、実質的に現在と変わらない実務となるものと予想される。このような事情で、現在までのところ、この問題は論理上、解釈上の問題にとどまり現実の改正課題として議論されるまでに至っていない。

　(4)　適格消費者団体による差止請求権についての取扱い　適格消費者団体による差止請求権については、資料開示要請に対する協力義務が規定されている。協力義務への不協力に対する法的効果は規定されていない。

　適格消費者団体による差止請求の対象行為には、通常の違反行為と特に著しい違反行為の双方を含む。

　裁判所は不実証広告規制の適用に関して広い裁量権を有する。不実証広告規制に関連して、裁判所は、その裁量権の行使により、性能効果に関する優良誤認表示のうち、違法度の特に著しい行為については協力義務への不協力から優良誤認表示に当たることをより積極的に推定するという、いわゆる相関関係説を採用する可能性が高い。

　なお、確約手続との関係で、対象行為は違反被疑行為にとどまり、違反を認定するものではないことから、確約計画の認定には、不実証広告規制は適用されない。

5　5年後見直しによる最終決着を

　(1)　5年後における状況　令和5（2023）年改正法附則（令和5年5月17日法律第29号）5条（検討）は、「政府は、この法律の施行後5年を経過した場合において、この法律による改正後の規定の施行の状況について検討を加え、必要があると認めるときは、その結果に基づいて必要な措置を講じるものとする」と規定している。

　令和5（2023）年10月1日の施行後5年後を経過すると、課徴金納付命令、確約手続や刑事罰の実務や運用実態は自ずから固まっているものと見込まれる。

　確約手続は、景表法違反行為について慎重に適用すべきである。優良誤認表示等についてここまで執行力を強化してきたのであり、課徴金納付命令が行われている表示について確約手続により処理するような法運用は行うべきではない。すなわち、独禁法において確約手続施行後5年間にみられたような、単一事業者による行為についてはすべて確約手続により事件処理するという運用方針はとるべきではない。

　適格消費者団体による損害賠償請求制度と、確約手続による被害回復措置とは

競合関係にある。5年後には、いずれの対応がより有効であるかが明らかになっているものと考えられる。

課徴金制度については、今後の法改正課題を考えて、自主報告による課徴金額50%減額措置および返金措置による課徴金額減額措置はできる限り適用しないという方針をとることが望ましい。

(2) 解釈事項 残る課題のうち、①実体法全般について消費法としての体系化を図ること、②表示主体性と供給主体性のあるべき解釈を確立して、措置命令の実現を確保するために措置命令の名宛人を広告主のほかの事業者まで拡大していくこと、③公正競争規約を制度として位置付けて、その法律効果の明確化を図ることは、現行法の解釈で実現できる事項である。

このうち、第1の景表法についての消費者法としての体系化、第3の公正競争規約の法的効果の明確化については比較的簡単な課題であり実現しているものと考えられる。第2の措置命令の名宛人の範囲の拡大については2条4項の適用対象から外れる事業者とその行為内容を明らかにすることが望ましい。

また、インターネット上の表示のうち、アフィリエイト広告におけるアフィリエイト・サービス・プロバイダーやアフィリエイターについて、広告主と並んで、措置命令の名宛人とすることができるかなどの課題についてもその方向性が明らかになっているものと見込まれる。

(3) 法改正事項 令和6(2024)年の改正法施行後5年間経過後に、確約手続などの実績を踏まえた上、課徴金納付命令については、行政上の制裁に純化しかつ今後の法改正課題を考えて、自主報告による課徴金額50%減額措置、返金措置による課徴金額減額措置は廃止することが相当である。さらに、課徴金制度については制裁という性格に合わせて一層裁量性を強めていくべきである。

不実証広告規制については、現行法では、7条2項で是正命令に対するみなし効果を、8条3項で課徴金納付命令に対する推定効果を規定するが、これらの規定を維持することは論理的整合性を確保する点からは相当でなく、不実証広告規制の法的性格を明らかにし、推定規定に統一することが理論上望ましい。これにより不実証広告規制は実体法として位置付けられる。

さらに、消費者庁報告書において長期的な立法課題とされた、①表示規制および景品規制において2条3項および2条4項において、供給することのほかに「供給を受けること」も規制対象とすること、②5条の事業者を「何人も」に変更することにより表示規制について「何人も」規制を導入することについても検討が進んでいくものと考えられる。「供給を受けること」を規制対象とすることは十分にあり得るものと考えられる。「何人も」規制の導入については、まずは表示規制の

総論 Ⅲ-5(3)

対象とならない者・行為を明確にすることが先行課題であり、「何人も」規制の導入の実現は 5 年後においても容易でないものと予想される。

〔村上政博〕

第 1 章　総　則

前注　総則的規定

　景表法は、昭和37(1962)年に、独禁法が規定する不公正な取引方法である「ぎまん的顧客誘引」(一般指定⑧)および「不当な利益による顧客誘引」(一般指定⑨)に当たる行為のうち、特に消費者との関係で問題が大きいと考えられた不当な表示と過大な景品類の提供を取り上げて、さらに規定を具体的にする形で、独禁法の特例法として制定された(高居〔第7版〕2頁)。景表法は、その制定から平成21(2009)年までは、公取委が所管していた。平成21年に消費者庁が設置され、同庁が消費者利益の擁護および増進に関わる主要な法律を一元的に所管することとされたのに伴い、景表法もその1つとして消費者庁に移管された〔総論Ⅰ-Ⅱ-4参照〕。この際、独禁法の特例法という位置付けが変更されたことに伴って所要の改正が行われており(以下、「平成21年改正」という)(高居〔第7版〕26〜27頁)、景表法が競争政策ではなく消費者政策のための法律であることが明らかになるように、1条の目的規定も改正された。こうして、景表法は消費者法の1つとして位置付けられることになった〔総論Ⅲ-2(1)参照〕。

　2条1項の「事業者」および2項の「事業者団体」の定義規定は、平成21年改正において新設されたものであるが、規制の趣旨の実質を変えようとするものではないことから、独禁法の規定ぶりが維持されている(高居〔第7版〕44頁)。したがって、それまでの独禁法における事業者および事業者団体の解釈がそのまま当てはまる。

　2条3項および4項は、「景品類」および「表示」についてそれぞれ定義しているが、その詳細については内閣総理大臣による指定に委ねている。すなわち、公取委の告示による指定(定義告示)が、「消費者庁及び消費者委員会設置法の施行に伴う関係法律の整備に関する法律」(平成21年法律第49号)の経過措置(附則4)により、改正後の景表法の規定に基づいて内閣総理大臣が指定したものとみなされて、引き続き適用されており(高居〔第7版〕42頁)、具体的にどのようなものが「景品類」や「表示」に該当するかについては、定義告示およびこれをさらに具体化した定義告

1章前注

示運用基準において定められている。また、3条により、「景品類」および「表示」の指定ならびにその変更および廃止は、いずれも告示によって行うこととされている。このように、景表法は内閣総理大臣に「景品類」および「表示」の指定について幅広い権限を与えているが、これは、景品類や表示の規制を、取引実態等の変化に合わせて迅速かつ弾力的に行うことができるようにするためであると説明されている（小畑徳彦「第1回 景品表示法の目的・概要・運用状況」公取721号(2010)96頁、波光＝鈴木9頁〔波光巌〕）。なお、対象となる「景品類」や「表示」の定義の詳細を内閣総理大臣の指定に委ねているという点においては景品規制および不当表示規制は共通しているが、両者の意味合いは異なる〔**総論Ⅲ-2**(**4**)(a)参照〕。すなわち、景品規制を定める4条は、「内閣総理大臣は、……景品類の提供に関する事項を制限し、又は景品類の提供を禁止することができる」と規定して、法律で一律に制限・禁止の内容を定めるのではなく、内閣総理大臣に権限行使のルールを形成するための広範な裁量権を付与しており、これを受けて内閣総理大臣が懸賞制限告示、総付制限告示および業種別告示を定めることにより制限・禁止の内容を具体的に定めている。一方で、不当表示規制を定める5条は、柱書において、「事業者は、……次の各号のいずれかに該当する表示をしてはならない」と包括的に不当表示の禁止を定めた上で、5条各号で個別の禁止行為を定め、その一部について、一定の要件のもとで内閣総理大臣にその指定を委ねる形(5⑶)をとっている。これは、景品類の提供については、提供される景品類や提供方法等は業種や業態によって様々であり、時代によって考え方が変化することもあり得るのに対し、表示については、どのような表示が不当であるか、あるいはどの程度であれば不当であるかといった点について、業種や業態によって大きく異なるものではなく、時代による変化も考えにくいためであると説明される（川井＝地頭所22～23頁）。

　ちなみに、平成21年改正により、現4条の定める景品規制の要件が「不当な顧客の誘引を防止するため」から「不当な顧客の誘引を防止し、一般消費者による自主的かつ合理的な選択を確保するため」に変更され、現5条の定める不当表示の要件については、「公正な競争を阻害するおそれがある」表示から「一般消費者による自主的かつ合理的な選択を阻害するおそれがある」表示に変更された。もっとも、公正な競争の確保と、一般消費者が自主的かつ合理的に商品等の選択を行うことができる意思決定環境の創出・確保を図ることは表裏一体の関係にあることから、平成21年改正前の規制内容や規制範囲を実質的に変えるものではないと解されている（高居〔第7版〕28頁）。

　さらに、景表法違反に係る執行手続に関しても、平成21年改正前は、独禁法の規定を準用する形で手続規定を定め、違反行為に対して公取委が「排除命令」を

110　第1章　総　則

§ 1-*1*(1)

行っていたが(平成21年改正前6②③)、平成21年改正により独禁法の手続規定の準用は廃止され、「排除命令」に代わって、内閣総理大臣から委任を受けた消費者庁長官が「措置命令」を行う権限を有することになった(現7)〔**第3章前注-*1*参照**〕。また、平成21年改正前は、行政不服審査法による不服申立てができないこととされており、排除命令に不服がある者は、公取委に対して審判を請求する必要があった(平成21年改正前6②、独禁49⑥)。しかし、平成21年改正により審判手続に関する規定は削除され、審判手続は適用されないこととなった。その結果、措置命令に対する不服申立ては、行政不服審査法に基づく消費者庁長官に対する異議申立てまたは行政事件訴訟法に基づく取消訴訟によることとなった〔**総論 I - II - *4*(3)(a)参照**〕。

〔森大樹＝須藤希祥＝梅澤舞〕

〔**目　的**〕
第 1 条　この法律は、商品及び役務の取引に関連する不当な景品類及び表示による顧客の誘引を防止するため、一般消費者による自主的かつ合理的な選択を阻害するおそれのある行為の制限及び禁止について定めることにより、一般消費者の利益を保護することを目的とする。

　　1　本条の趣旨および経緯　　*2*　「一般消費者」

1　本条の趣旨および経緯

　(1)　**本条の趣旨**　　本条は、景表法の目的を規定している。その目的は、①「商品及び役務の取引に関連する不当な景品類及び表示による顧客の誘引を防止するため」、②「一般消費者による自主的かつ合理的な選択を阻害するおそれのある行為の制限及び禁止について定めることにより」、③「一般消費者の利益を保護すること」という 3 つの部分に分けられる。①が景表法の直接的な目的であるといえる。②は、直接的な目的である①を達成するための手段として、一定の行為の制限や禁止、具体的には景品規制および不当表示規制を定めることを示している。③は、景表法が①の直接目的のために②の制限・禁止を定めるのは、究極的には一般消費者の利益を保護するためであることを明らかにしている(南雅晴編著『はじめて学ぶ景品表示法』(商事法務・2023) 2 頁、景品表示法研究会編著『景品表示法質疑応答集』(第一法規・1983)102頁〔**総論 III - *2*(2)(b)(i)参照**〕)。

第 1 章　総　則　*111*

§ 1-*1*(2)

　過大な景品類提供や不当な表示によって顧客を誘引する行為は、価格や品質による本来の競争をゆがめるものであり、一般消費者による自主的かつ合理的な商品または役務の選択を阻害するおそれのある行為である。一般消費者は、多様な商品または役務の中から自主的かつ合理的に商品等を選択できる場合には、自らの好み、必要性や予算などに基づいて、安くて良い商品等を選んで購入することができ、これによって消費者利益が実現される。景品類の提供は市場への新規参入者等にとっては有効な販売促進手段となることもあり、景品類の提供という手法自体が直ちに不当であるというわけではないが、過大な景品類の提供が行われると、一般消費者は商品等の価格や品質によってではなく、景品類の魅力や多寡によって商品等を選択するおそれがある。また、一般消費者が自主的かつ合理的に商品または役務を選択するためには、当該商品または役務に関する情報が、事業者から消費者に正確にゆがみなく伝わることが必要であるところ、不当な表示が行われると、これが実現しないことになりかねない。このように、過大な景品類の提供または不当な表示が行われると、消費者は自主的かつ合理的な選択、すなわち良質廉価な商品等の購入ができないこととなり、消費者利益が損なわれることになる(髙居〔第7版〕3頁)。そして、過大な景品類提供や不当表示は、ある事業者が行うとこれが他の事業者にも波及し、他の事業者はより過大な景品類の提供やより誇大な表示を行うという波及性・累進性があるため、これによって事業者間の公正な競争が阻害され、さらに一般消費者の利益が損なわれることになりかねない(林秀弥＝村田恭介＝野村亮輔『審決・命令・警告　徹底整理　景品表示法の理論と実務』(中央経済社・2017)44〜45頁、波光＝鈴木1〜2頁〔波光巌〕)。そこで、景表法は、一般消費者による自主的かつ合理的な選択を確保し、その利益を保護するため、景品類提供については過大なものを制限または禁止するとともに、不当表示を禁止している。

　(2)　本条の経緯　　平成21年改正前の本条は、「この法律は、商品及び役務の取引に関連する不当な景品類及び表示による顧客の誘引を防止するために、私的独占の禁止及び公正取引の確保に関する法律(昭和22年法律第54号)の特例を定めることにより、公正な競争を確保し、もって一般消費者の利益を保護することを目的とする」と規定していた。平成21年改正前の景表法の目的に関しては、景表法の規定により公取委が行った公正競争規約の認定に対する行政上の不服申立ての利益が個々の消費者にあるか否かが問題となった事件(最判昭和53年3月14日民集32巻2号211頁〔主婦連ジュース訴訟〕)において、最高裁が、景表法が独禁法の特例を定めた法律であることなどを理由として、「景表法の目的とするところは公益の実現にあり、同法1条にいう一般消費者の利益の保護もそれが直接的な目的である

§ 1 - *1*(2)

か間接的な目的であるかは別として、公益保護の一環としてのそれであるというべきである」という判断を示していた。

　その後、景表法は消費者法の1つとしての性格を濃くしていくこととなる。すなわち、平成16(2004)年には、消費者保護基本法が全面的に改正されて消費者基本法となり、消費者法の体系の基礎と位置付けられた。消費者基本法は、消費者政策の「推進は、……消費者が自らの利益の擁護及び増進のため自主的かつ合理的に行動することができるよう消費者の自立を支援することを基本として行われなければならない」と規定するとともに(消費者基本2①)、消費者政策における重要課題として、「消費者が商品の購入若しくは使用又は役務の利用に際しその選択等を誤ることがないようにするため、商品及び役務について、品質等に関する広告その他の表示に関する制度を整備し、虚偽又は誇大な広告その他の表示を規制する等必要な施策を講ずる」ことを規定した(消費者基本15)。この改正により、景品類の提供と表示の適正化を図る景表法の役割が、消費者法の1つとして一層重要視されるようになった(高居〔第7版〕4頁)。

　また、平成20(2008)年に、福田康夫総理(当時)が消費者行政を強化する方針を打ち出したことを受け、翌平成21(2009)年には、各省庁縦割りの弊害を打破して消費者行政の司令塔として機能できるようにするために消費者庁が設置されることになった(高居〔第7版〕4頁、26〜27頁、内閣官房消費者行政一元化準備室「消費者庁関連3法の概要」ジュリ1382号(2009)9頁)。消費者庁は、専ら消費者の立場に立って活動する行政機関として、消費者基本法2条に定める消費者の権利の尊重およびその自立の支援その他の基本理念にのっとり、消費者が安心して安全で豊かな消費生活を営むことができる社会の実現に向けて事務を行うことを任務とし(消費者庁及び消費者委員会設置3)、各府省庁から移管される表示、取引、安全関係の法律に関する事務などを所掌することとされた(同4)。そこで消費者庁は消費者に身近な問題を取り扱う法律を所管することとなったが、消費者に対して商品・サービスの選択の基礎を与える「表示」に関する法律として、景表法も公取委から消費者庁に移管された(内閣官房消費者行政一元化準備室・前掲13頁)。景表法に基づく過大な景品類の提供および不当表示に対する規制は、公正な競争を確保するとともに、消費者が自主的かつ合理的に商品または役務の選択を行える意思決定環境の創出・確保を図るための消費者政策とも位置付けられるところ、消費者庁は、「生産者サイドから消費者・生活者サイドへの視点の転換の象徴」として消費者政策を担うために設置されることから、景表法が競争政策ではなく消費者政策のための法律であることが明らかになるように目的規定が改正された(高居〔第7版〕4〜5頁、27頁)〔**総論Ⅰ-Ⅱ-*4*** 参照)。

第1章　総　則　　*113*

§ 1-*2*(1)

2 「一般消費者」

(1) 概　要　　本条では「一般消費者の利益」の保護が目的として掲げられている。本条を含めて景表法においては、単なる「消費者」ではなく「一般消費者」という文言が用いられているが、景表法には「一般消費者」の定義規定は設けられていない。

　一般的には、「消費者」とは、何らかの財やサービスを消耗する行為を行う者を意味する(大森政輔ほか編『法令用語辞典〔第11次改訂版〕』(学陽書房・2023)417〜418頁)。「消費者」の語を用いる国内法としては、消契法、電子消費者契約に関する民法の特例に関する法律、消費者基本法、消費者庁及び消費者委員会設置法、消費者安全法、消費者教育の推進に関する法律、食品安全基本法などがある。このうち、消契法では、「消費者」について「個人(事業として又は事業のために契約の当事者となる場合におけるものを除く。)をいう」と定義している(消契2①)。他方で、「一般消費者」の語を用いる国内法としては、景表法のほか、独禁法、食品表示法、家庭用品品質表示法、消費生活用製品安全法、JAS法などがある。これらの法律においても、「一般消費者」については定義されていない。

　なお、消費者契約法における「消費者」としては、同法の適用を受ける消費者契約の一方当事者である個別具体的な消費者が想定されているが、景表法にいう「一般消費者」はそのような個別具体的な消費者を意味するものではない。この点については、平成21年改正前において、景表法の規定により公取委が行った公正競争規約の認定に対する行政上の不服申立ての利益が個々の一般消費者にあるか否かが問題となった事件(最判昭和53年3月14日民集32巻2号211頁〔主婦連ジュース訴訟〕)において、最高裁が、不服申立人適格が認められるのは「不服申立をする法律上の利益がある者」であるとした上で、(当時の)景表法の目的は公正な競争秩序の維持という公益の実現にあり、一般消費者の利益の保護もそれが直接的な目的であるか間接的な目的であるかは別として、公益保護の一環としてのそれであり、景表法における一般消費者も国民を消費者としての側面から捉えたものというべきであって、景表法の規定により一般消費者が受ける利益は公益の保護を通じ国民一般が共通して持つにいたる利益、すなわち公益の保護の結果として生ずる反射的利益にすぎないとして、個々の消費者の不服申立人適格を否定した。この最高裁の考え方によれば、現行法の1条のように、たとえ一般消費者の利益の保護が景表法の究極的な目的であるとしても、景表法の規定によって消費者が受ける利益は国民一般が共通して受ける利益であり、消費者の個別具体的な利益ではないこと、また、景表法の基本的な条文構造は平成21年改正前から変化がないことからすれば、現行法においても一般消費者に公正競争規約の認定に対する行政上の

§1-**2**⑵

不服申立人適格は認められないものと考えられる(越山安久「判批」最判解説昭和53年度90頁、岡村周一「不服申立人適格」宇賀克也＝交告尚史＝山本隆司編『行政判例百選Ⅱ〔第6版〕』(有斐閣・2012)295頁参照)。

⑵　**「一般消費者」の知識レベル**　「一般消費者」の意義に関しては、不当表示規制において誤認の主体である「一般消費者」がどの程度の知識を有している者をいうか、という点との関係で論じられることが多いものの、「一般消費者」の語は、1条のほか、景品規制を定める4条および不当表示規制を定める5条1号、同条2号および3号においても用いられており、その内容は景品規制および不当表示規制で共通していると解される〔**総論Ⅲ-2**⑵(b)(ii)参照〕。

「一般消費者」の知識レベルについては、商品または役務についてさほど詳しい情報・知識を有していない、通常レベルの消費者、一般レベルの常識のみを有している消費者が基準となると説明されることが多く、実務でもこのように考えられている(高居〔第7版〕67頁、松尾剛行『広告法律相談125問〔第2版〕』(日本加除出版・2022)121頁、実務39頁)。消費者の中には、商品または役務について専門的な知識を持つ者もいれば、他方ではほとんど無知な者もいるが、このような消費者がどのように認識するかを基準とするものではない(川井＝地頭所191～192頁)。例えば、インターネット上で商品販売用ウェブサイトの運営を営む事業者が、当該ウェブサイトにおいて「参考価格」と称する価額を販売価格に併記し、実際の販売価格が当該価格に比して安いかのように示す表示をしていたという事案で事業者が措置命令の取消しを求めて提訴した訴訟において(東京地判令和元年11月15日判タ1491号142頁〔アマゾンジャパン合同会社に対する件〕。**事例㉒**参照)、裁判所は、5条2号にいう「一般消費者に誤認される表示」について、「当該商品又は役務についてそれほど詳しい情報・知識を有していない通常レベルの消費者、一般レベルの常識を有している消費者が、通常誤認を生ずる程度の表示をいう」と判示し、原告が主張するように「一般消費者」を「『健全な常識を有する消費者』」と限定的に解すべき法令上の根拠は見当たら」ないとして原告の主張を排斥した(なお、同事件は東京高判令和2年12月3日ジュリ1559号6頁で原告の敗訴が確定している)。また、通信販売事業者がお節料理の取引について、「歳末特別価格」と称する価格で販売する旨とともに、「歳末特別価格」より高い「通常価格」と称する価格を併記することによって、「歳末特別価格」が「通常価格」に比して安い旨を示す表示をしていたという事案において(大阪地判令和3年4月22日ジュリ1574号111頁〔ライフサポート事件〕。**事例㉗**参照)、同様の判断が示されている(実務39頁)。

一方で、「一般消費者」について「健全な常識を有する消費者」であると説明するものもある。例えば、東京高判平成16年10月19日(判時1904号128頁〔ヤマダ電機対コジ

マ事件〕）では、裁判所は問題となった表示が有利誤認表示に該当するか否かの判断において、「健全な常識を備えた一般消費者」の認識を基準として検討しており、数が「それほど多くないと考えられる」者(同一案でいえば、家電量販店 A の店頭における「B〔注：競合店〕より安くしてます」という表示をもって、A の店舗で販売されるすべての商品についてその店頭表示価格が B の店舗よりも必ず安い等の確定的な認識を抱く者)の認識は「一般消費者」の認識とはいい難いと判断している〔**§ 5 ②-2** (5)(c)参照〕。また、適格消費者団体による事業者に対する差止請求訴訟において名古屋高判令和 3 年 9 月 29 日(公刊物未登載)は、有利誤認表示について「健全な常識を備えた一般消費者の認識を規準として、社会一般に許容される誇張の程度を越えて商品等の有利性があると、誤って認識される表示」をいうと判示した。

　「一般消費者」を「健全な常識を備えた一般消費者」と捉える場合の方が、「さほど詳しい情報・知識などを有していない、通常レベルの消費者、一般レベルの常識のみを有している消費者」と捉える場合よりも、やや知識レベルが高い認識を基準としているようにも読め、誤認のしやすさでみると前者の方が「一般消費者が誤認する」という結論を導きにくくなるようにも思われる(実務39頁)。「健全な常識を備えた一般消費者」と考える見解については、いわゆる脆弱な消費者を「一般消費者」の枠外に置き景表法の保護の対象外としてしまうという指摘があり得る。この点については、需要者として脆弱な消費者・誤解をしやすい消費者が想定されるのであれば、そうした消費者も「一般消費者」として保護対象となるとする見解(染谷隆明「独禁法事例速報」ジュリ1567号(2022) 7 頁(大阪地判令和 3 年 4 月22日〔ライフサポート事件〕。**事例⑰**参照)、松尾・前掲121頁)、ごく一部の者の無知や勘違いによって誤認が生じるような場合にはいずれの定義においても保護対象外となり、両者の定義の違いによって誤認の有無の結論を分けるような事案があることに疑問を呈する見解(実務40頁)、仮に「健全な常識を備えた一般消費者」と定義した場合の判断基準や判断要因については現時点では明らかではないとする趣旨の見解などがある(岩本諭「独占独禁法における『一般消費者』の考察─概念定立に向けた視点の整理」金井貴嗣先生古稀祝賀論文集『現代経済法の課題と理論』(弘文堂・2022)20頁以下)〔**総論Ⅲ-2** (2)(b)(i)参照)。

　(3)　**「一般消費者」の範囲**　　商品または役務の需要者の範囲が限定されている場合には、その限定された需要者一般が一般消費者に該当するとされている(高居〔第 7 版〕68～69頁)。例えば、商品や役務が高齢者向けのものであれば高齢者が、児童向けのものであれば児童が、その商品や役務についての一般消費者となるとされる(加藤公司ほか編『景品表示法の法律相談〔改訂版〕』(青林書院・2018)122頁、川井＝地頭所15頁)。限定された需要者を「一般消費者」と捉えた事例として、万年筆の通信

1|6　第 1 章　総　　則

§2①-1

販売において、ガラス玉を使用した万年筆に「ダイヤ入」り等の表示をした事案において、排除命令が出されたものがある（排除命令昭和43年7月5日〔ダイヤ工業株式会社に対する件〕）。これは、当該通信販売の対象が主に小学生から中学生の低学年層であったことから、これらの児童の判断力を基準として「一般消費者に誤認される表示」であると判断したものである（川井＝地頭所159～160頁）。また、たばこの先端に粉末状の商品を付けるだけで「たばこの煙に含まれるニコチンをビタミンに変える」等の表示がされた事案について、想定される「一般消費者」は「本件商品の需要者と考えられる喫煙者である一般消費者」であると判断したものがある（株式会社オーシロによる審決取消請求事件〔東京高判平成22年10月29日審決集57巻第2分冊162頁〕。**事例❶**参照）。

なお、景表法は日本国内の一般消費者を保護するものであり、日本国籍を有する一般消費者のみを保護の対象としているわけではないため、訪日外国人に対する表示も景表法の規制対象となると考えられる（池田・染谷法律事務所編著『デジタル広告法務―実務でおさえるべきFAQ』（商事法務・2024）53頁）。

〔森大樹＝須藤希祥＝梅澤舞〕

〔定　義〕

第2条　①　この法律で「事業者」とは、商業、工業、金融業その他の事業を行う者をいい、当該事業を行う者の利益のためにする行為を行う役員、従業員、代理人その他の者は、次項及び第36条の規定の適用については、これを当該事業者とみなす。

1　本項の趣旨　　*2*　定義告示運用基準

1　本項の趣旨

本項は、景表法が消費者庁へ移管された際の平成21(2009)年改正において新設されたものである。もっとも、平成21年改正前と規制の趣旨の実質を変えようとするものではないことから、この「事業者」の定義については、独禁法の規定ぶりが維持されている（高居〔第7版〕44頁）。すなわち、「事業者」とは、「商業、工業、金融業その他の事業を行う者」をいう（本項）。「その他の事業」にはサービス業、出版業、新聞業、放送業、不動産業、運輸業など、あらゆる事業が含まれる。独禁法

第1章　総　則　*117*

§2①-2

の「事業者」について、判例(最判平成元年12月14日民集43巻12号2078頁〔都営芝浦と畜場事件〕)は、「独占禁止法2条1項は、事業者とは、商業、工業、金融業その他の事業を行う者をいうと規定しており、この事業はなんらかの経済的利益の供給に対応し反対給付を反覆継続して受ける経済活動を指し、その主体の法的性格は問うところではない」としている。景表法も企業の顧客獲得活動に対する規律という点で独禁法と共通することに鑑みれば、景表法上も同様に解してよく、営利を目的としているかどうかを問わず、経済活動を行っている者はすべて「事業者」に該当する(高居〔第7版〕44~45頁)〔**総論Ⅲ-2**(2)(b)(ⅳ)参照〕。また、外国の事業者が日本国内に支店や営業所を有していない場合であっても、日本国内の一般消費者向けに商品を販売または役務を提供している場合には、「事業者」に当たり得る(高居〔第7版〕46~47頁)。

　実際に、日本国内に本店や営業所を有していない外国事業者に対して措置命令が出された事案として、日本国内の一般消費者向けにオンラインゲームの配信等を行っていた事業者がした表示について措置命令を行った事案(措置命令平成30年1月26日〔アワ・パーム・カンパニー・リミテッドに対する件〕。**事例㊹**参照)や、日本国内の一般消費者向けにサバイバルゲーム等で用いられるエアガン用 BB 弾のインターネット販売を行っていた事業者がした表示について措置命令を行った事案(措置命令令和4年12月20日〔Guay Guay Trading Co., LTD. に対する件〕)がある。

　なお、本項後段は、事業者の利益のためにする行為を行う役員、従業員、代理人その他の者は、2条2項(事業者団体の定義〔§2②参照〕)および36条(協定または規約〔§36①参照〕)の規定の適用については、これを事業者とみなす旨を規定する。この規定により、事業者の役員等が、実質的に事業者の利益のために行動していながら、個人の資格・名義で団体の構成員となっている場合や団体の活動に参加している場合にも、当該役員等は事業者とみなされ、事業者が当該団体の構成事業者に該当し得ることになる。

2　定義告示運用基準

> 〔定義告示運用基準〕
> 　2　「事業者」について
> 　(1)　営利を目的としない協同組合、共済組合等であっても、商品又は役務を供給する事業については、事業者に当たる。
> 　(2)　学校法人、宗教法人等であっても、収益事業(私立学校法第26条等に定める収益事業をいう。)を行う場合は、その収益事業については、事業者に当たる。

§ 2 ①-2(1)

(3) 学校法人、宗教法人等又は地方公共団体その他の公的機関等が一般の事業者の私的な経済活動に類似する事業を行う場合は、その事業については、一般の事業者に準じて扱う。

(4) 事業者団体が構成事業者の供給する商品又は役務の取引に附随して不当な景品類の提供を企画し、実施させた場合には、その景品類提供を行った構成事業者に対して景品表示法が適用される。

景表法における「事業者」について、定義告示では特に触れられていないものの、定義告示の解釈基準を示した定義告示運用基準において、その意味が説明されている。定義告示運用基準は公取委により定められたものであり、独禁法上の解釈を踏まえた記述となっているが、前述のとおり、平成21年改正後の景表法2条1項の規定も、規制の趣旨の実質を変えるものではないから、これによることができる（高居〔第7版〕45頁）。

(1) **協同組合、共済組合等が商品または役務を提供する場合** 営利を目的としているかどうかを問わず、経済活動、すなわち対価を得て商品または役務を供給する事業を行っている者は、当該事業については事業者に該当する。営利を目的として事業を行う株式会社はもちろん、営利を目的としない協同組合、共済組合等であっても、商品または役務を供給する事業を行う場合には、当該事業については事業者に該当する（定義告示運用基準2(1)）。このように、ある主体が事業者に該当するか否かは、その行う事業との関係で判断される。例えば、営利を目的としない組合が自身で物産展を実施するなどの場合には、この物産展を行う事業について、事業者に該当することになる（景品Q&A・Q4）。協同組合による景品類提供が問題となった事例として、排除命令昭和45年9月7日（千歳市開拓農業協同組合に対する件）がある。この件は、千歳市開拓農業協同組合が、「年末年始謝恩福引大売出し」と称して一定購入額ごとに抽選券を交付し、くじの方法でカラーテレビ等を提供したという事例であるが、当該組合は事業者として扱われて、景品規制が適用され、排除命令が出された（西川〔第6版〕44頁、丸嶋透＝松嶋隆弘『景品・表示の法実務』（三協法規出版・2014）40頁）。また、協同組合が行った表示が問題となった事例として、排除命令平成8年5月28日（全国酪農業協同組合連合会に対する件）がある。全国酪農業協同組合連合会が種類別名称を「牛乳」と表示した商品を製造販売し、このうちほとんどのものには「成分無調整」と表示していたが、実際には、これらの商品は一部を除いて、生乳にクリーム、脱脂粉乳、水等を混入して製造したものであったという事例において、全国酪農業協同組合連合会は事業者として扱われ、優良誤認表示を行ったものとして排除命令が出された（鈴木満「判批」今村成和＝厚谷襄児編『独禁法審決・判例百選〔第5版〕』（有斐閣・1997）217頁）。近年でも、協同組合が

第1章　総　　則　　*119*

事業者として取り扱われた事例として、措置命令令和3年3月30日（高知県農業協同組合に対する件）などがある（高居〔第7版〕45頁）。

　なお、協同組合、共済組合だけでなく、国や地方公共団体の場合も、国債・地方債の発行や、バス、電車、ガス事業等については事業者に該当すると考えられる（高居〔第7版〕45頁）

　(2)　学校法人、宗教法人等が収益事業を行う場合　　学校法人、宗教法人等であっても、例えば出版物の販売等の収益事業（私立学校26、宗教法人6②参照）を行う場合は、その収益事業については事業者に該当する（定義告示運用基準2(2)）。学校法人による景品類の提供について問題になった事例として、排除命令昭和49年5月24日（学校法人文化学園に対する件）がある。学校法人文化学園が収益事業として雑誌および書籍の販売を行っていた場合で、取引先である書籍・雑誌小売業者を対象に、①増売運動参加に当たり、増売のノルマを達成した書店について、その代表者の妻または女子従業員1名に対し、香港・マカオ旅行を提供したこと、②通常支払うよりも高率の報奨金を提供し、これをハワイ旅行の大部分の費用に充当してハワイ旅行に招待したケースにおいて、学校法人文化学園が事業者であるとして、景品規制を適用して排除命令が出された（西川〔第6版〕44〜45頁、丸橋＝松嶋・前掲40〜41頁）。他にも、排除命令平成18年11月13日（学校法人西日本松永学園に対する件）、排除命令平成17年2月25日（学校法人フジ学園に対する件）、排除命令平成17年2月25日（学校法人石川学園に対する件）などが出されている。また、消費者庁が措置命令を出した事案として、措置命令平成23年6月29日（学校法人北海道安達学園に対する措置命令）がある。同事案は、同法人が経営する専門学校の生徒募集に関する表示において、就職実績について不当表示が行われたものであり、同法人は事業者であることを前提に措置命令が出された（高居〔第7版〕45頁）。

　(3)　学校法人、宗教法人等または地方公共団体その他の公的機関等が私的な経済活動に類似する事業を行う場合　　学校法人、宗教法人等や地方公共団体その他の公的機関等が、一般の事業者の私的な経済活動に類似する事業を行う場合は、仮に公共性のある目的であったとしても、その事業については一般の事業者に準じて扱う（定義告示運用基準2(3)）。この点に関し、地方公共団体等が主催する博覧会・展覧会において懸賞を行う場合については、「地方公共団体等の行う博覧会又は展覧会における懸賞について」（昭和48年7月14日公取指第325号）という通知が出されている。同通知においては、「地方公共団体その他の公的機関の主催する博覧会又は展覧会（新聞社がその文化事業として参加するものを含む。）は、それ自体は公共的性格の強い事業であるが、入場料を徴収し、その入場者に対し景品類を提供する場合は、一般の事業者の私的な経済活動に類似するものとみられる」した上で、共

§2②

同懸賞の例〔§4-1(3)(a)(ii)参照〕に準じて、提供できる景品類の最高額(30万円)・総額(懸賞に係る取引の予定総額の3％)の規制が設けられている。したがって、地方公共団体等の博覧会等の主催者が有料の入場者を対象として懸賞により景品類を提供する場合には、この制限に従わなければならない(全国公正取引協議会連合会編『景品表示法関係法令集〔令和4年版〕』(全国公正取引協議会連合会・2022)151頁)。

〔森大樹＝須藤希祥＝梅澤舞＝中坪真緒〕

〔定　義〕
第2条　②　この法律で「事業者団体」とは、事業者としての共通の利益を増進することを主たる目的とする2以上の事業者の結合体又はその連合体をいい、次に掲げる形態のものを含む。ただし、2以上の事業者の結合体又はその連合体であつて、資本又は構成事業者(事業者団体の構成員である事業者をいう。第51条において同じ。)の出資を有し、営利を目的として商業、工業、金融業その他の事業を営むことを主たる目的とし、かつ、現にその事業を営んでいるものを含まないものとする。
 (1) 2以上の事業者が社員(社員に準ずるものを含む。)である一般社団法人その他の社団
 (2) 2以上の事業者が理事又は管理人の任免、業務の執行又はその存立を支配している一般財団法人その他の財団
 (3) 2以上の事業者を組合員とする組合又は契約による2以上の事業者の結合体

「事業者団体」は、事業者とは別個・独立の法主体として取り扱われ、「事業者としての共通の利益を増進することを主たる目的とする2以上の事業者の結合体又はその連合体」と定義されている(本項)。本項に定める「事業者団体」の定義は、独禁法の「事業者団体」の定義規定(独禁2②)と同じ内容である。

本項ただし書は、「資本又は構成事業者……の出資を有し、営利を目的として商業、工業、金融業その他の事業を営むことを主たる目的とし、かつ、現にその事業を営んでいるものを含まない」と規定していることから、2以上の事業者の結合体またはその連合体であっても、当該団体自体が主体として事業活動を行っている場合には、当該団体は「事業者団体」(本項本文)ではなく「事業者」(本条①)に該当する(白石忠志『独占禁止法〔第4版〕』(有斐閣・2023)523〜524頁)。独禁法では、事業

第1章　総　則　　*121*

§2③

者団体を事業者と並ぶ違反行為主体として捉え(独禁8)、排除措置命令の名宛人としている。しかし、景表法はこのような規定を有していないことから、事業者団体が違反行為主体となることを想定していないといえる(伊従寛＝矢部丈太郎編『広告表示規制法』(青林書院・2009)135頁)。そのため、事業者団体の行為に景表法は適用されない〔総論Ⅲ-**2**(2)(b)(v)参照〕。

　なお、事業者団体の行為に関連して、定義告示運用基準において、「事業者団体が構成事業者の供給する商品又は役務の取引に附随して不当な景品類の提供を企画し、実施させた場合には、その景品類提供を行った構成事業者に対して景品表示法が適用される」とされている(定義告示運用基準2(4))。平成26(2014)年12月に改正されるまでは、定義告示運用基準2(4)の末尾において、「その事業者団体に対しては独占禁止法8条1項5号〔注：現在の独禁法8(5)〕が適用されることになる」とされていたため、過大な景品類の提供を企画し、構成事業者に実施させた事業者団体に対しては、当然に独禁法8条5号が適用されることとなっていた。しかし、上述の法改正を経た現在においては、景品類提供を行った構成事業者には景表法が適用される一方で(定義告示運用基準2(4))、そのような場合であっても事業者団体に当然に独禁法8条5号が適用されるわけではなく、構成事業者の景品類提供が独禁法19条で禁止される不当な利益による顧客誘引(一般指定⑨)に該当するか否かが判断され、それが認められる場合には、その事業者団体の行為として同法8条5号に違反するかどうかが個別に判断されることになる(高居〔第7版〕218～219頁)。

〔森大樹＝須藤希祥＝梅澤舞＝中坪真緒〕

〔**定　義**〕

第2条　③　この法律で「景品類」とは、顧客を誘引するための手段として、その方法が直接的であるか間接的であるかを問わず、くじの方法によるかどうかを問わず、事業者が自己の供給する商品又は役務の取引(不動産に関する取引を含む。以下同じ。)に付随して相手方に提供する物品、金銭その他の経済上の利益であつて、内閣総理大臣が指定するものをいう。

　1　定義告示・定義告示運用基準　　**2**　「景品類」の要件　　**3**　「景品類」に該当しない経済上の利益　　**4**　景品類提供の主体と相手方

§2③-1, 2

1 定義告示・定義告示運用基準

本項は、景表法の景品規制の適用対象となる「景品類」を、「顧客を誘引するための手段として、その方法が直接的であるか間接的であるかを問わず、くじの方法によるかどうかを問わず、事業者が自己の供給する商品又は役務の取引（不動産に関する取引を含む。以下同じ。）に付随して相手方に提供する物品、金銭その他の経済上の利益であつて、内閣総理大臣が指定するものをいう」と定義し、その詳細を内閣総理大臣による指定に委ねている。

本項の定めを受けて、定義告示1項は、「景品類」について次のように指定している。

〔定義告示〕
1 不当景品類及び不当表示防止法（以下「法」という。）第2条第3項に規定する景品類とは、顧客を誘引するための手段として、方法のいかんを問わず、事業者が自己の供給する商品又は役務の取引に附随して相手方に提供する物品、金銭その他の経済上の利益であつて、次に掲げるものをいう。ただし、正常な商慣習に照らして値引又はアフターサービスと認められる経済上の利益及び正常な商慣習に照らして当該取引に係る商品又は役務に附属すると認められる経済上の利益は、含まない。
一 物品及び土地、建物その他の工作物
二 金銭、金券、預金証書、当せん金附証票及び公社債、株券、商品券その他の有価証券
三 きよう応（映画、演劇、スポーツ、旅行その他の催物等への招待又は優待を含む。）
四 便益、労務その他の役務

また、公取委は、定義告示1項で定められた景品類の定義の意義をさらに明確化するため、定義告示運用基準を公表している。景表法が消費者庁に移管された後も、同運用基準に示された考え方に基づいて法運用が行われている（高居〔第7版〕217頁）。

2 「景品類」の要件

定義告示運用基準では、ある行為が景品類の提供に該当するための要件が、①「顧客を誘引するための手段として」、②「事業者」、③「自己の供給する商品又は役務の取引」、④「取引に附随して」および⑤「物品、金銭その他の経済上の利益」の5項目に分類されており、それぞれについての考え方が示されている。

以下では、その各項目について解説する。

第1章 総 則 123

§ 2 ③-2(1)

(1) 「顧客を誘引するための手段として」(定義告示運用基準1)

〔定義告示運用基準〕
1 「顧客を誘引するための手段として」について
 (1) 提供者の主観的意図やその企画の名目のいかんを問わず、客観的に顧客誘引のための手段になっているかどうかによって判断する。したがって、例えば、親ぼく、儀礼、謝恩等のため、自己の供給する商品の容器の回収促進のため又は自己の供給する商品に関する市場調査のアンケート用紙の回収促進のための金品の提供であっても、「顧客を誘引するための手段として」の提供と認められることがある。
 (2) 新たな顧客の誘引に限らず、取引の継続又は取引量の増大を誘引するための手段も、「顧客を誘引するための手段」に含まれる。

　(a) 「顧客を誘引する」　「顧客を誘引する」とは、新たな顧客の誘引に限らず、既存の顧客に対して取引の継続や取引量の増大を誘引することも含まれる（定義告示運用基準1(2)）。例えば、会員制の仕組みで物品を販売している事業者が既存の会員に対して何らかの利益を提供する場合もこの要件を満たす。また、その顧客が特定の事業者と反復的・継続的に取引するか1回限りの取引をするにすぎないかを問わない（波光＝鈴木13頁〔波光巖〕）。

　(b) 「手段として」　定義告示運用基準では、「顧客を誘引するための手段として」について、提供者の主観的意図やその企画の名目のいかんを問わず、客観的に顧客誘引のための手段になっているかどうかによって判断するとされている（定義告示運用基準1(1)）。客観的にみて経済上の利益の提供が顧客誘引のための手段になっているかどうかが問題であり、経済上の利益を提供した結果、実際に取引が行われるかどうかは関係ない（景品表示法研究会編著『景品表示法質疑応答集』(第一法規・1983)202頁）。

　例えば、事業者が顧客に対する謝恩や社会的儀礼等を目的として何らかの経済上の利益の提供を行った場合であっても、客観的に顧客誘引の効果を発生させているのであれば、この要件を満たすと考えられている（高居〔第7版〕218頁）。法令の文言からすると、顧客誘引の「効果」ではなく、顧客を誘引するための「手段」といえるか否かが判断基準であるから、これは、顧客を誘引する「効果」が発生していれば、事業者の主観的な目的にかかわらず、顧客を誘引するための「手段」であるといえるとの考え方が示されているといえよう。このほか、例えば、事業者が持続可能な社会を実現すると謳って商品の容器を持参した者に対して懸賞により金品を提供した場合、事業者が市場調査のためのアンケート用紙の回収を促進するために謝礼等を提供した場合であって、アンケートに適切に答えるためにはその

124　第1章　総　則

§ 2 ③-2⑴

商品を買わなければならないときや、販売業者が当該市場調査のためのアンケート用紙を自己の店舗の入店者のみに配布している等の事情が認められるときは、顧客誘引の手段になっていると考えられている(高居〔第7版〕218頁)。

　なお、自己の商品または役務の一定期間の使用状況を報告するモニターに対する謝礼は、その報告に要する労力に対する報酬として相応のものである場合には顧客誘引の手段とはいえないと考えられるが、報酬がその労力に相応しない過大なものである場合は、顧客誘引の手段と認められるおそれがある(波光=鈴木14頁〔波光巖〕)。

　(c)　顧客への告知の有無　　商品の購入後に初めて経済的利益の提供があったことがわかる場合(例えば、包装を開けた後に初めて景品が中に入っていることがわかる場合等)でも、購入者は当該購入により経済的利益の提供の存在を知ることになるし、経済的利益の提供があるという情報がSNS等を通じて拡散されることも想定される。そうすると、当該利益を目当てにして同一の購入者が商品を再び購入することやSNS等を通じて利益の提供を知った消費者が当該商品を購入するということが起き得るため、その経済的利益の提供について顧客誘引性が認められるものと考えられる(景品Q&A・Q3、植村幸也『製造も広告担当も知っておきたい　景品表示法対応ガイドブック〔改訂版〕』(第一法規・2024)127頁参照)。

　他方で、顧客に事前告知することなく、特定の1名に1回だけ経済上の利益を提供する場合には、当該顧客が当該利益を得るために商品または役務を再び購入することや、利益の提供を知った他の消費者が当該商品または役務を購入することは考え難いので、顧客誘引のための手段にはならないと考えられる。例えば、ある施設の1万人目の利用者に、事前告知することなく記念品を提供するといった場合である。ただし、事前告知を行わない場合であっても、事業者が当該利益を提供する企画を継続的に実施していたり、景品類の提供を受けた顧客のSNSへの投稿が拡散される等して当該提供が周知の事実となったりしているようなときには、顧客は当該利益を得るために商品または役務を購入するということも想定される。その場合には、その利益の提供は顧客誘引のための手段として行うものと考えられる(古川昌平『エッセンス景品表示法』(商事法務・2018)145〜146頁、景品Q&A・Q3)。

　(d)　審決例　　顧客誘引性について判断を示した審決例として、株式会社パルン本社に対する件(〔昭和44年(判)第1号〕審判審決昭和45年2月17日審決集16巻174頁)がある。本件は、事業者が、自己の販売する乳酸菌飲料の購入予約者に対し抽せん券を与え、特等100万円を1名、1等現金1万円を2名に提供する等の内容の景品付販売を企画し、実施したことが、景表法違反に問われた事案である。本件で

第1章　総　則　125

§ 2 ③-2 (2)(3)

は、事業者が景品付販売を企画し、その旨を一般消費者に申し出ている事実が明らかである以上、たとえこの抽せんに参加できる者が対象商品の購入予約者という一定の資格を備える者に限られているとしても、この企画がもつ顧客誘引効果を否定することはできず、しかも、その効果がすでに対象商品を飲んでいる者だけに限らず、まだ飲んでいない者にまで及ぶことは明らかであるとの判断が示された。

(2) **「事業者」(定義告示運用基準2)** 「事業者」の意義については、**§ 2 ①-2** を参照されたい。

(3) **「自己の供給する商品又は役務の取引」**(定義告示運用基準3)

〔定義告示運用基準〕
3 「自己の供給する商品又は役務の取引」について
(1) 「自己の供給する商品又は役務の取引」には、自己が製造し、又は販売する商品についての、最終需要者に至るまでのすべての流通段階における取引が含まれる。
(2) 販売のほか、賃貸、交換等も、「取引」に含まれる。
(3) 銀行と預金者との関係、クレジット会社とカードを利用する消費者との関係等も、「取引」に含まれる。
(4) 自己が一般消費者から物品等を買い取る取引も、当該取引が、当該物品等を査定する等して当該物品等を金銭と引き換えるという役務を提供していると認められる場合には、「自己の供給する役務の取引」に当たる。
(5) 商品(甲)を原材料として製造された商品(乙)の取引は、商品(甲)がその製造工程において変質し、商品(甲)と商品(乙)とが別種の商品と認められるようになった場合は、商品(甲)の供給業者にとって、「自己の供給する商品の取引」に当たらない。ただし、商品(乙)の原材料として商品(甲)の用いられていることが、商品(乙)の需要者に明らかである場合(例えば、コーラ飲料の原液の供給業者が、その原液を使用したびん詰コーラ飲料について景品類の提供を行う場合)は、商品(乙)の取引は、商品(甲)の供給業者にとっても、「自己の供給する商品の取引」に当たる。

(a) **「自己の供給する」** (i) **供給主体性** 「自己の供給する商品又は役務の取引」には、自己が製造し、または販売する商品についての、最終需要者に至るまでのすべての流通段階における取引が含まれる(定義告示運用基準3(1))。すなわち、「供給」とは、売買、請負その他のあらゆる契約形態によるものを含み、また、事業者が一般消費者と直接取引する場合に限られない(南雅晴編著『はじめて学ぶ景品表示法』(商事法務・2023) 7～8頁)。例えば、小売業者が一般消費者に対して商品を販売するという取引は、当該商品を製造したメーカーにとっても「自己の供給

126 第1章 総 則

§ 2 ③-2 ⑶

する商品又は役務の取引」に該当し、当該メーカーが消費者に対してノベルティ等を提供することも、他の要件を満たせば景品類の提供に当たる。また、フランチャイズチェーンの加盟店が商品または役務を供給するという取引も、フランチャイズチェーンの運営事業者にとって「自己の」供給する商品または役務の取引に該当すると考えられている(高居〔第7版〕219頁)。これは、事業者が一般消費者と直接取引する場合でなくても、自己の供給する商品または役務を購入する最終消費者に景品類を提供することにより、当該消費者との関係で、自己の供給する商品または役務の顧客を誘引するための手段となり得るからであると考えられる。

本項ないし定義告示1項において、「自己の」供給する商品または役務について経済上の利益を提供することが要件とされているのは、景品規制の趣旨が、過大な景品類の提供によって一般消費者が自主的かつ合理的に商品または役務を選択することが阻害されることを防止することにあるところ、提供する景品類を過大にする動機を有するのは、自己が供給する商品または役務に顧客を誘引することによって、直接的または間接的に利益が増大する事業者であるためであると考えられる。

例えば、ショッピングセンター運営者が同センターの来訪客に粗品などの経済的利益を提供していたとしても、同運営者が商品または役務を消費者に供給していないのであれば、その経済的利益は景品類には該当しない。このような景品類の提供がショッピングセンター運営者と出店者(テナント)の共同企画である場合も、ショッピングセンター運営者が商品または役務を消費者に供給していない場合には、同様に、ショッピングセンター運営者は「自己の」という要件を満たさないと考えられる(植村・前掲127~128頁)。他方で、例えば、ショッピングセンターの出店者(テナント)から商品を購入した者を対象としてショッピングセンター運営者が経済上の利益を提供する場合には、ショッピングセンター運営者は「自己の」供給する商品または役務という要件を満たさないので景品規制の適用を受けないものの、出店者(テナント)とショッピングセンター運営者との間に特定の協力関係があり共同して経済上の利益を提供していると認められれば、出店者(テナント)については「自己の」供給する商品または役務についてショッピングセンター運営者とともに経済上の利益を提供しているものとして取り扱われ、出店者(テナント)のみが景品規制の適用を受けるものと考えられる(定義告示運用基準4⑵ウかっこ書、景品Q&A・Q12~14。後記⑷(b)(iii)(イ)参照)。

インターネット上のショッピングモールやシェアリングエコノミー等のデジタルプラットフォーム(以下、「DPF」という)が介在する取引においてDPF事業者が経済的利益の提供を行う場合に、景品規制の対象となるかという問題がある。この

第1章 総 則 *127*

§ 2 ③-2(3)

ような取引においては、典型的には、利用者がDPF事業者と締結する無償での
DPFの利用契約と、当該利用契約を前提として、各利用者間で締結される取引
契約(典型的には売買契約や役務提供契約)の締結という2種類の契約が存在するもの
と考えられる(中田邦博「デジタルプラットフォーム取引と消費者保護─消費者法のデジタル化
への対応」法セミ827号(2023) 2頁)。DPF事業者と各利用者(取引契約における供給者と購
入者)の三者間の契約をそれぞれ別個のものとして捉え、DPF事業者の契約責任
は利用契約の範囲に限定され、取引契約についての責任を負わないと考える場
合、DPF事業者が取引契約における購入者に対して経済的利益を提供するとし
ても、DPF事業者が商品または役務を供給しているわけではないため、ショッ
ピングセンター運営者と同様、DPF事業者は「自己の」という要件を満たさず、
景品類の提供者とはならないこととなる。他方、DPF上での取引契約の締結に
当たっては、DPF事業者との利用契約に基づいて、DPF取引に参加する会員資
格が付与されることが前提となっているため、取引契約と利用契約には密接な関
連性があり、個別のビジネスモデルごとにDPF事業者がどのような役割を担っ
ているかの分析を踏まえてDPF事業者の固有の契約上の責任の有無を判断すべ
きであると考えることもできる(中田・前掲7頁)。その結果として、DPF事業者と
供給者が共同で商品または役務を供給しているとみることができる場合もあり得
ると考えられる。また、少なくとも、DPF事業者と供給者との間に特定の協力
関係があり共同して経済上の利益を提供していると認められ、供給者に景品規制
が適用される可能性は十分にあると考えられる。この点について、消費者庁は、
事業者と消費者をマッチングするDPF事業者が、プラットフォームに掲載され
ている事業者とのマッチングが成功して成約に至った消費者に対して景品を提供
する場合について、当該景品企画は、プラットフォームに掲載されている事業者
との成約件数の増加につながるものであることから、当該DPF事業者とプラッ
トフォーム掲載事業者が特定の協力関係にあると考えられ、当該景品はプラット
フォーム掲載事業者の取引に付随する提供として、総付景品の規制の対象となり
得ると考えられると説明している(景品Q&A・Q13)。

　また、ポイントシステムを提供する事業者が、その提携事業者との間で商品ま
たは役務の取引をした一般消費者(無料で会員登録した者)に対し、その取引金額に
基づいたポイントを付与し、当該一般消費者は、提供事業者が取り扱う商品また
は役務を購入する際に、ポイント相当額の値引きを受けることができる(ポイント
システム提供業者は、提供事業者に対して当該一般消費者が使用したポイント分の金員を支払
う)という事業において、ポイントを保有する一般消費者に当該ポイントを賭け
たゲームを行わせ、その勝敗によって、当該ポイントの得喪を争うというサービ

128　　第1章　総　　則

§ 2 ③-2(3)

スを提供している場合について、消費者庁は、ポイントシステム提供事業者との関係では、定義告示1項に規定する「自己の供給する商品又は役務の取引」を行っているとはいえないことから、同事業者が景表法に抵触することはないが、この企画は、くじその他偶然性を利用して定める方法等によるものであることから、提携事業者との関係においては「懸賞」に該当し、提携事業者が顧客を誘引するための手段として、取引に附随して一般消費者に対して提供するポイントは、「値引と認められる経済上の利益」に該当しない「懸賞による場合」であると考えられるため、景品類に該当するとして、この企画は、景表法の規制を受ける景品類の提供を行うものであるとの見解を表明している(法令適用事前確認手続制度を利用した照会に対する回答〔消表対第1307号〕)。

(ii) 商品が加工される場合　一般的に、原材料が加工されて最終製品となるような場合(例えば、大豆を原材料として豆腐を製造する場合や、木材を加工して家具を作る場合)には、原材料の供給者からみて最終製品の取引は通常「自己の供給する商品の取引」とはならないが、最終製品の需要者からみて、特定の原材料が用いられていることが明らかである場合には、原材料の供給者にとっても「自己の供給する商品の取引」となる(定義告示運用基準3(5))。これは、特定の原材料が用いられていることが一般消費者にとっても明らかである場合、当該特定の原材料を用いた最終製品の取引は、ひいては当該原材料の取引と同視することができるため、流通段階にあって一般消費者と直接取引しない事業者の場合と同様に、最終製品の需要者に景品類を提供することにより、当該需要者との関係で、自己の供給する商品または役務の顧客を誘引するための手段となり得るからであると考えられる。

原材料の加工が問題となった事例として、排除命令昭和46年7月29日(日本ペプシコーラ株式会社および北海道飲料株式会社に対する件)がある。これは、日本ペプシコーラが「ペプシコーラ」および「ミリンダ」という商標名の清涼飲料の原液を製造し、北海道飲料に対し原液を供給するとともに上記商標の使用を許諾し、製造技術、販売業務等について統一的な指導監督を行っていたという事案であったが、北海道飲料が販売する最終製品についても、日本ペプシコーラの「自己の供給する商品」に該当すると判断された。

また、例えば、コーヒー豆・紅茶等の卸売業者が自己の直営または関連会社の経営する喫茶店の入店者に対して景品類を提供する場合のように、あるサービスの提供に際して特定の供給者の供給する商品が用いられていることが当該サービスの需要者に明らかである場合も、当該商品の供給者にとって、当該サービスの提供が「自己の供給する商品又は役務の取引」になると考えられる(排除命令昭和48

第1章　総　則　*129*

§2③-*2*(3)

年5月16日〔札幌上島コーヒー株式会社に対する件〕)。

　(b)　「取引」　(i)　「取引」の種類　「取引」には、事業者が商品を販売したり役務を提供したりする場合のほか、物の賃貸、交換等の取引や、銀行預金やクレジットカードに係る取引等も含まれる(定義告示運用基準3(2)(3))。

　事業者が一般消費者から物品等を買い取る取引も、当該取引が、当該物品等を査定する等して当該物品等を金銭と引き換えるという役務を提供していると認められる場合には、その事業者にとって「自己の供給する役務の取引」に当たる(定義告示運用基準3(4))。ここでいう「物品等」には、事業者が一般消費者から購入することのある目的物が広く含まれ、債権も含まれる(確約手続パブコメ66番)。

　買取りサービスについては、令和6年4月18日付けで改正される前の定義告示運用基準では、「自己が商品等の供給を受ける取引(例えば、古本の買入れ)は、『取引』に含まれない」とされていた。しかし、令和5年1月13日付けの消費者庁報告書において、近年、一般消費者を対象とした買取りサービスに係る消費者トラブル事例(例えば、事業者が広告において表示した買取金額と実際の買取金額に乖離がある事例)が多発しているところ、定義告示運用基準3(4)との関係で、このような買取りサービスに景表法が適用されるか否かについて明確でなく、買取りサービスに係る景表法の適用について考え方を整理する必要があるとの指摘がなされたことを背景に、買取りサービスが「自己の供給する……役務の取引」として規制可能であることを明確化するため、定義告示運用基準の記載が見直された。

　なお、これは、事業者が「物品等を査定する等して当該物品等を金銭と引き換えるという役務を提供していると認められる場合」に関する定めである。これに対し、例えば、金券ショップが、特段の査定を行うことなく、1万円分の商品券を常時9500円で一般消費者から買い取る旨を表示して取引をしている場合、そのほかに一般消費者に対して労務・便益を提供していると認められる事情(例えば、消費者宅を訪問して物品等を引き取る訪問・出張サービスや、買取額がつかない物品を処分すること)がなければ、自己の供給する「役務」の取引には当たらないと考えられる(確約手続パブコメ52番、60番)。

　また、雇用契約は自己(事業者)が役務の提供を一方的に受ける側に立つものであるため、「自己の供給する商品又は役務の取引」には該当しない(景品Q&A・Q8)。

　(ii)　取引の有償性　「取引」が有償のものに限られるか否かについて、景表法や告示等に規定はないが、景表法の景品規制の趣旨が、過大な景品類の提供を行うことにより一般消費者が商品または役務の品質や価格等以外に基づく選択をし、品質や価格による自主的かつ合理的な選択を阻害するおそれがあるため、

130　第1章　総　則

§ 2 ③-2(4)

適切な景品類の提供を確保しようとする点にあることを踏まえ、有償のものに限られるとする見解がある。例えば、この見解によれば、スマートフォン等で利用される特定のアプリケーションをインストールした者に対し、経済上の利益を付与する懸賞企画についてみると、当該アプリを無料で利用できる場合には、当該アプリのインストール自体は「取引」に該当せず、当該企画で提供する経済上の利益は「景品類」に該当しないと考えることとなる(有料アプリのダウンロードや無料アプリのアプリ内課金サービスは「取引」に該当するため、それらを応募の条件とするなどの場合には「景品類」に該当し得る)(古川・前掲エッセンス146頁)。

他方で、スマートフォン等の普及により、一般消費者が金銭的な出捐を伴わない無償契約(検索サービス利用契約、インターネットモール利用契約やSNS利用契約等)が増加しているところ、そのような無償契約についても景表法の不当表示規制を及ぼして「一般消費者による自主的かつ合理的な選択」を確保すべきであるという問題意識から、無償契約であっても、事業者が一般消費者に対して商品等を供給するものは、景表法上の「取引」に該当するという解釈をとることが可能であるとする見解もある(染谷隆明「景品表示法の『取引』概念の再検討─無償契約は『取引』か」公取834号(2020)34頁)。

(4) 「取引に附随して」(定義告示運用基準4)

〔定義告示運用基準〕

4 「取引に附随して」について

(1) 取引を条件として他の経済上の利益を提供する場合は、「取引に附随」する提供に当たる。

(2) 取引を条件としない場合であっても、経済上の利益の提供が、次のように取引の相手方を主たる対象として行われるときは、「取引に附随」する提供に当たる(取引に附随しない提供方法を併用していても同様である。)。

ア 商品の容器包装に経済上の利益を提供する企画の内容を告知している場合(例 商品の容器包装にクイズを出題する等応募の内容を記載している場合)

イ 商品又は役務を購入することにより、経済上の利益の提供を受けることが可能又は容易になる場合(例 商品を購入しなければ解答やそのヒントが分からない場合、商品のラベルの模様を模写させる等のクイズを新聞広告に出題し、回答者に対して提供する場合)

ウ 小売業者又はサービス業者が、自己の店舗への入店者に対し経済上の利益を提供する場合(他の事業者が行う経済上の利益の提供の企画であっても、自己が当該他の事業者に対して協賛、後援等の特定の協力関係にあって共同して経済上の利益を提供していると認められる場合又は他の事業者をして経済上の利益を提供させていると認められる場合もこれに当たる。)

§ 2 ③-2(4)

エ　次のような自己と特定の関連がある小売業者又はサービス業者の店
舗への入店者に対し提供する場合
①　自己が資本の過半を拠出している小売業者又はサービス業者
②　自己とフランチャイズ契約を締結しているフランチャイジー
③　その小売業者又はサービス業者の店舗への入店者の大部分が、自
己の供給する商品又は役務の取引の相手方であると認められる場合
（例　元売業者と系列ガソリンスタンド）

(3)　取引の勧誘に際して、相手方に、金品、招待券等を供与するような場
合は、「取引に附随」する提供に当たる。

(4)　正常な商慣習に照らして取引の本来の内容をなすと認められる経済上
の利益の提供は、「取引に附随」する提供に当たらない(例　宝くじの当せん
金、パチンコの景品、喫茶店のコーヒーに添えられる砂糖・クリーム)。

(5)　ある取引において2つ以上の商品又は役務が提供される場合であって
も、次のアからウまでのいずれかに該当するときは、原則として、「取引
に附随」する提供に当たらない。ただし、懸賞により提供する場合(例
「○○が当たる」)及び取引の相手方に景品類であると認識されるような仕方
で提供するような場合(例　「○○プレゼント」、「××を買えば○○が付いてく
る」、「○○無料」)は、「取引に附随」する提供に当たる。
ア　商品又は役務を2つ以上組み合わせて販売していることが明らかな
場合(例　「ハンバーガーとドリンクをセットで○○円」、「ゴルフのクラブ、
バッグ等の用品一式で○○円」、美容院の「カット(シャンプー、ブロー付き)○
○円」、しょう油とサラダ油の詰め合わせ)
イ　商品又は役務を2つ以上組み合わせて販売することが商慣習となっ
ている場合(例　乗用車とスペアタイヤ)
ウ　商品又は役務が2つ以上組み合わされたことにより独自の機能、効
用を持つ1つの商品又は役務になっている場合(例　玩菓、パック旅行)

(6)　広告において一般消費者に対し経済上の利益の提供を申し出る企画が
取引に附随するものと認められない場合は、応募者の中にたまたま当該
事業者の供給する商品又は役務の購入者が含まれるときであっても、そ
の者に対する提供は、「取引に附随」する提供に当たらない。

(7)　自己の供給する商品又は役務の購入者を紹介してくれた人に対する謝
礼は、「取引に附随」する提供に当たらない(紹介者を当該商品又は役務の購
入者に限定する場合を除く。)。

　経済上の利益の提供が「景品類」に該当するためには、当該提供が「取引に附随
して」行われることが必要である。景表法の目的は、「商品及び役務の取引に関連
する不当な景品類……による顧客の誘引を防止する」ことと規定されていること
から(1)、「取引に附随する」とは、「取引を条件とする」よりも広く解され、経済
上の利益の提供が、顧客が商品または役務を購入する意思決定に直接結びつく可

132　第1章　総　則

§2③-2(4)

能性のある形で行われるものについては、取引附随性があるといえる(高居〔第7版〕221頁)。その具体的な内容については、定義告示運用基準4において説明されている。

(a) 取引を条件とする場合　　取引を条件として他の経済上の利益を提供する場合は、「取引に附随」する提供に当たる(定義告示運用基準4⑴)。例えば、商品の購入者に対して粗品を提供する場合には、取引を条件として他の経済上の利益を提供する場合に当たる。

(b) 取引を条件としない場合　　前述のとおり、景表法の目的からすれば、経済上の利益の提供が、取引を条件としない場合であっても、顧客が商品または役務を購入する意思決定に直接結びつく可能性のある形で行われるものについては、取引附随性があるといえる(高居〔第7版〕221頁)。例えば、経済上の利益の提供が、次の⑴から⑸までのように取引の相手方を主たる対象として行われるときは、「取引に附随する」提供に当たる。

(ⅰ) 容器包装における企画内容の告知　　商品の容器包装に経済上の利益を提供する企画の内容を告知している場合(例えば、商品の容器包装にクイズを出題する等応募の内容を記載している場合)には、取引附随性が認められる(定義告示運用基準4⑵ア)。このような場合、容器包装で告知するのみであれば、商品を購入せずとも告知内容を読んで応募できるはずであるが、実際には応募しようとする者のうちの多くは当該商品を購入して応募することから、取引附随性が認められるといわれている(植村・前掲131頁)。

なお、経済上の利益の提供が取引の相手方を主たる対象として行われている場合に、取引附随性が認められる提供方法のほか、これが認められない提供方法が併用されている場合でも、取引に附随する提供であるとされる(定義告示運用基準4⑵柱書かっこ書)。例えば、クイズに正解すればオリジナルグッズをもらえるという企画について、商品の容器包装とインターネット上のウェブサイトの双方に応募内容が記載されている場合、容器包装で告知している点を捉えると取引附随性が認められ、インターネット上のウェブサイトで告知している点を捉えると取引附随性が認められないことになるが、これらが併用されている当該企画については、取引附随性が認められる(植村・前掲134頁)。

(ⅱ) 商品または役務の購入により、経済上の利益の提供を受けることが可能または容易になる場合　　商品または役務を購入することにより、経済上の利益の提供を受けることが可能または容易になる場合(例えば、商品を購入しなければ解答やそのヒントがわからない場合、商品のラベルの模様を模写させる等のクイズを新聞広告に出題し回答者に対して提供する場合)にも取引附随性が認められる(定義告示運用基準4⑵

第1章 総　則　*133*

§2③-2⑷

イ）。

　他にも、例えば、商品の写真を持っているところを写真に撮影し、その写真を
SNS に投稿した人を対象に、抽選で物品の提供を行う場合、商品を購入するこ
とにより経済上の利益を受けることが可能または容易になるから、取引に附随す
る提供に該当するものと考えられる（株式会社電通 法務マネジメント局編『広告法』（商事
法務・2017）209頁）。

　また、例えば、入賞者には20万円相当の賞品が与えられるという写真コンテス
トを実施する際、「応募は、X（広告主名）製のカメラに限ります」という応募条件を
付けるが、当該カメラの購入を応募の条件とはしない場合も取引附随性が認めら
れるといわれている。この場合、友人から指定のカメラを借りるなどの方法で応
募することも可能であり、指定のカメラの購入は必須ではなく、商品の購入によ
り初めて経済上の利益の提供を受けることが可能になるわけではない。しかし、
入賞するためには自分の所有するカメラの方が使用しやすく、良い写真を撮影す
ることができるというコンテストの応募者が存在することは十分に想定され、そ
のような応募者にとっては、指定のカメラを自ら購入することで経済上の利益の
提供を受けることが容易になるものと考えられるためである（株式会社電通 法務マ
ネジメント局編・前掲209頁）。

　さらに、対戦型ゲーム X の全国大会を実施し、優勝者には賞品を提供するが、
当該ゲームを購入することは大会に出場する条件とはしないという場合にも、大
会前に当該ゲームを購入して練習をすることで、大会で良い成績を出して優勝す
ることが容易になるため、取引附随性が認められると考えられる（株式会社電通 法
務マネジメント局編・前掲209～210頁）。このような対戦型ゲームの大会参加者に賞金
または賞品を提供する事例に関して、消費者庁は、法令適用事前確認手続制度を
利用した2件の照会に対し、同年9月9日付けでそれぞれ以下のとおり回答を
行っている。

　・まず、オンライン上における対戦型のパズルゲームを一般消費者に供給する
　　事業者が、当該パズルゲームの有料コンテンツを利用するユーザーに限らず
　　一般消費者が無料で応募・参加できる当該パズルゲームの大会を開催し、成
　　績優秀者に対して賞金を提供するという企画を実施し、かつ、大会参加者は
　　当該大会の中で有料コンテンツを利用することはできるが、有料コンテンツ
　　の利用の有無はゲームの勝敗には影響を与えないという場合について、消費
　　者庁は、有料ユーザーが大会におけるパズルゲームで有利になるということ
　　はないという事実を前提とすると、この企画において有料ユーザーが賞金の
　　提供を受けることが可能または容易になるという状況は認められないため、

134　　第1章　総　　則

§ 2 ③-2 (4)

本件でパズルゲーム供給事業者が提供する賞金は、取引に附随して提供する経済上の利益には該当せず、景品類に該当しないとの見解を表明した。(法令適用事前確認手続制度を利用した照会に対する回答［消表対第1305号］)。

・一方、アクションゲーム(家庭用ゲーム機向けソフトを購入するか、またはゲームセンターで金銭を支払うことによりプレイ可能)を一般消費者に供給する事業者が、上記と同様に当該アクションゲームの大会を開催し、成績優秀者に対して賞金を提供する企画を実施する場合について、当該アクションゲームの技術向上のためには原則的に繰返しのゲームプレイが必要であり、ソフトを購入したりゲームセンターで金銭を支払ったりした有料ユーザーが賞金を獲得する可能性は高いという事実を前提とすると、この企画において有料ユーザーが賞金の提供を受けることが可能または容易になるという状況が認められ、本件でアクションゲーム供給事業者が提供する賞金は、取引に附随して提供する経済上の利益に該当し、景品類に該当するから、景品規制の適用対象となる、との見解を表明した。(法令適用事前確認手続制度を利用した照会に対する回答［消表対第1306号］)。

このように、有料ユーザーが賞金の提供を受けることが可能または容易となるという状況が認められるか否かによって、取引附随性の有無に関する判断が分かれているものと考えられる。

(iii) 自己の店舗への入店者に対する経済上の利益の提供　小売業者またはサービス業者が、自己の店舗への入店者に対し経済上の利益を提供する場合には、取引附随性が認められる。また、他の事業者が行う経済上の利益の提供の企画であっても、小売業者またはサービス業者が当該他の事業者に対して協賛・後援等の特定の協力関係にあって共同して経済上の利益を提供していると認められる場合または他の事業者をして経済上の利益を提供させていると認められる場合には、入店者に対し提供される経済上の利益について取引附随性が認められる(定義告示運用基準4(2)ウ)。

(ア) 自己の店舗への入店者　小売業者やサービス業者が、経済上の利益を提供することにより自己の店舗への入店者の増加を図ることは、入店者の購入機会を拡大させることになりやすいため、取引附随性が認められる。

「入店者に対し……提供する」には、小売業者等が、入店者に対して店舗で経済上の利益を提供する場合だけでなく、例えば、経済上の利益が提供される企画への応募用紙や応募箱を自己の店舗に設置する場合や、クイズの回答者に経済上の利益を提供する企画において、来店することでクイズの解答が判明しまたはクイズへの回答が容易になるような場合、経済上の利益が提供される企画を店頭で告

第1章　総　　則　　*135*

§ 2 ③-2 (4)

知する場合、当選者に対する商品の引渡しを店頭で実施する場合等も含まれる。また、営業を行っている建造物内だけでなく、店舗の外の敷地や公道に接した軒先であっても「店舗」に該当する場合がある(高居〔第7版〕222頁)。

　また、金融業者等が自己の店舗において商品に関するセミナーを開催し、参加者に粗品を提供する場合には問題なく取引附随性が認められるが、例えば、店舗から離れたイベント会場等を借りてセミナーを開催する場合でも、会場において商品の申込み等の商談が可能な状況にあれば、取引附随性が認められると考えられる(景品表示法研究会編著・前掲229の5頁)。

　店舗への来場者に関する取引附随性が問題とされた事件として、株式会社東美およびエスマートに対する件([昭和46年〔判〕第2号]審判審決昭和47年9月27日審決集19巻97頁)がある。本件では、店舗への来場者を対象に懸賞により景品類を提供した事案において、事業者が、来店者のうち商品を購入した顧客は全体の3分の1にすぎず、その他は見廻りもしくはひやかし客であるから、大半の顧客は取引の蓋然性がないと主張したことについて、一般に店舗に出入りする者が取引の蓋然性を有するかどうかは、当該店舗の態様、販売する商品の種類および販売の仕方等取引をめぐる各般の事情を総合して判断すべきところ、①本件における各店舗がいずれもスーパー方式をとる小売店であり、その販売する商品は食料品をはじめ一般消費者が日常使用する家庭用品または衣料品等が主体であること、②被審人らが本件企画を「○○が当る中元大売出し」と称し、豊富な優良品を安値で販売する旨を新聞、チラシ等に繰返し広告している事実に徴すれば、本件懸賞は明らかに中元大売出し期間中における販売促進のための顧客誘引手段となっていること、③事業者が見廻りもしくはひやかし客と見ている者の中には実質的に買物客と一体とみなすべき者が介在していること等を考え合わせると、当該事業者の店舗に出入りする者の大半が取引の蓋然性がないと一概に断定することはできないとして事業者側の主張を排斥し、取引附随性を認めた。

　　　(イ)　小売業者やサービス業者が協賛、後援などの協力関係にある場合

　小売業者やサービス業者自身が行うものではなく、製造業者など他の事業者が行う経済上の利益の提供の企画であっても、小売業者やサービス業者が当該企画を行う他の事業者との間で協賛、後援などの特定の協力関係にあり、共同して入店者に経済上の利益を提供していると認められる場合や、小売業者やサービス業者が、製造業者に入店者への経済上の利益の提供をさせているような場合には、取引附随性が認められる。

　この点に関連して、消費者庁は、次のような考え方を示している。

　まず、小売業者やサービス業者の「入店者」に対して他の事業者が経済的利益を

§2③-2(4)

提供する場合でなくても、事業者間に特定の協力関係にある場合には取引附随性が認められるような説明がみられる。すなわち、事業者Ａが別の小売業者である事業者Ｂと共同で行うことを検討している景品企画において、事業者Ｂの商品の購入者にもれなく景品を提供するものの、景品企画の告知や景品の受け渡しは、消費者と直接取引をしていない事業者Ａが行う場合について、定義告示運用基準4(2)ウを参照した上で、事業者Ａと事業者Ｂが共同して本件企画を検討しており、事業者Ｂも一定の関与が想定されることから、事業者Ａと事業者Ｂが特定の協力関係にあり、共同して経済上の利益を提供していると認められ、その利益を事業者Ｂが提供する景品とみれば、事業者Ｂは、景品の提供を行うに当たり自身の商品の購入を条件としているから、本件は、事業者Ｂの取引に附随する提供として、景品規制の対象となるとの見解を公表している(景品Q&A・Q12)。

また、事業者と消費者をマッチングするプラットフォームを提供する事業者が、プラットフォームに掲載されている事業者とのマッチングが成功して成約に至った消費者に対してもれなく景品を提供するという事例については、前記(3)(a)(i)で述べたとおり、取引附随性を認め得ると説明している(景品Q&A・Q13)。

他方で、消費者庁は、あるメーカーが自社のキャンペーン対象商品にくじをつけて販売し、当選者に景品を提供する企画を実施するが、この企画に小売業者は一切関与していない場合、小売業者はメーカーと共同して経済上の利益を提供しているとはいえないため、メーカーは景品規制の適用を受けるが、小売業者がその適用を受けることはないとの見解を表明している(景品Q&A・Q14)。

このように消費者庁は、ある事業者Ａが他の事業者Ｂと取引を行った消費者に対して経済上の利益を提供する場合、消費者と直接取引を行った事業者Ｂと事業者Ａとの間に特定の協力関係がある場合や、事業者Ｂが事業者Ａに経済上の利益の提供をさせているような場合には、提供の対象が「入店者」か否かにかかわらず、事業者Ａによる経済上の利益の提供には取引附随性が認められるとの考え方を示しているといえる。

(ウ) インターネット上の懸賞企画の取扱い　インターネットのウェブサイトを懸賞企画の告知や応募の手段とすることが、懸賞制限告示による規制の対象となるか否かについては、ウェブサイト間を自由に容易に移動できる等のインターネット特有の要素を考慮に入れる必要があることから、公取委は、「インターネット上で行われる懸賞企画の取扱いについて」(平成13年4月26日)を公表し、考え方の明確化を図った。景表法が消費者庁に移管された後も、上記の考え方に基づいて同法の解釈・運用が行われている(髙居〔第7版〕223頁)。そこでは、以下の

第1章　総　　則　*137*

ような考え方が示されている。

インターネット上の懸賞については、一般消費者はインターネット上のウェブサイト間を自由に移動することが可能かつ一般的であることから、eコマースサイトの閲覧と物理的に店舗に来店することを同一視することはできず、ウェブサイト上に懸賞のページを設けたとしても、それだけで「自己の店舗への入店者に対し経済上の利益を提供する場合」と同様の状況にあるとはいえない。ウェブサイト上で実施される懸賞企画は、懸賞の告知や応募の受付を行う懸賞サイトが商品の販売を行うeコマースサイト上にあったり、eコマースサイトから懸賞サイトへリンクが貼られたりしていて、eコマースサイトを見なければ懸賞サイトを見ることができないなど、懸賞に応募する者がeコマースサイトを閲覧することを前提としているサイト構造のウェブサイト上で実施されるものであっても、懸賞に応募しようとする者が商品やサービスを購入することに直ちにつながるものではないから、その経済上の利益の提供に取引附随性はないものと取り扱われる。ただし、eコマースサイトにおいて商品または役務を購入することにより、ウェブサイト上の懸賞企画に応募することが可能になったり、容易になったりする場合(商品を購入しなければ懸賞に応募するためのクイズの正解またはそのヒントがわからない場合や商品を購入することで当選確率が高まるような場合等)には、取引附随性が認められる。例えば、商品の購入者の当選確率を、商品を購入していない者の2倍とする場合には、取引附随性が認められることになるであろう(松尾剛行『実践編 広告法律相談125問』(日本加除出版・2023)150〜151頁)。

インターネットサービスプロバイダーや電気通信事業者等、一般消費者がインターネットに接続するために必要なサービス(接続サービス)を提供する事業者がインターネット上で行う懸賞企画についても、当該懸賞企画を告知するウェブサイトには当該懸賞を実施しているプロバイダー等と契約している者以外の者でもアクセスすることができるという特徴にかんがみ、懸賞企画に応募できる者を自己が提供する接続サービスの利用者に限定するなどしない限り、取引附随性は認められない。

(iv) 自己と特定の関連がある小売業者またはサービス業者の店舗への入店者にする提供　次のような自己と特定の関連がある小売業者またはサービス業者の店舗への入店者に対して経済上の利益を提供する場合には、取引附随性が認められる(定義告示運用基準4(2)エ)。

①自己が資本の過半を拠出している小売業者またはサービス業者

②自己とフランチャイズ契約を締結しているフランチャイジー

③その小売業者またはサービス業者の店舗への入店者の大部分が、自己の供給

§ 2 ③-2(4)

する商品または役務の取引の相手方であると認められる場合(例えば、ガソリンの元売業者と系列ガソリンスタンド)

例えば、製造業者が自己の供給する商品を販売している小売業者の入店者に対して経済上の利益を提供する場合、製造業者と小売業者との間に上記①から③のような特定の関連があれば、経済上の利益を提供する製造業者に取引附随性が認められる。他方で、小売業者が景品提供主体である製造業者と資本関係がなく、かつ、小売業者の店舗が当該製造業者の供給する商品以外の商品も幅広く取り扱っている百貨店、スーパーマーケット、量販店等である場合であって、応募用紙や応募箱を店舗に置くだけであれば、当該製造業者の商品を購入する意思決定に結びつく可能性が高まるとは考えられないため、取引附随性は認められない(高居〔第7版〕223頁)。

(v) 過去に取引を行った顧客を対象とする場合　小売店が過去の売上げを基準として(例えば、昨年1年間に10万円分以上の商品を購入した顧客を対象として)「お客様感謝デー」を実施し、来店者にもれなく景品の提供を行う場合、原則として、それを告知した後の取引を期待して行われるものであるので、告知後に見込まれる取引に附随するものと考えられる(景品Q&A・Q10)。

(c) 勧誘に際しての金品、招待券等の供与　取引の勧誘に際して、相手方に、金品、招待券等を供与するような場合は、取引附随性が認められる(定義告示運用基準4(3))。勧誘を断っても景品類は提供されるため、取引を条件として経済上の利益を提供しているわけではないものの、勧誘を受けているにもかかわらず景品類のみ受け取って取引は拒否することに抵抗がある者も少なくなく、顧客が商品または役務を購入する意思決定に直接結びつく可能性があるためであると考えられる(古川昌平「実務担当者のための景表法ガイドマップ」(商事法務・2024)215頁)。例えば、新聞購読の勧誘員が、遊園地の入場券等の拡材を各戸に配布することは、その新聞の購読を開始しない家庭があっても取引附随性が認められる。また、事業者が、自己が提供する商品または役務の割引券を街頭で配布したり、雑誌・新聞等に印刷したりする場合は、やはり取引の勧誘の手段といえるので、取引附随性が認められる(波光=鈴木19頁〔波光嚴〕)。飲食店などの情報を広告形式で記載し、一部の飲食店の広告面にクーポン券を印刷しているいわゆるフリーペーパーを発行している会社が、当該フリーペーパーを駅の改札口等で配布する場合、フリーペーパー発行会社との関係では、取引附随性は認められないが、フリーペーパーに掲載されている店舗が、フリーペーパーに印刷されているクーポン券を持参した顧客に対して物品などを提供する場合は、店舗と顧客との個々の取引における取引附随性が認められる(景品Q&A・Q11)。

第1章　総　則　*139*

§ 2 ③-2(4)

(d) **取引の本来の内容をなすと認められる経済上の利益の提供**　正常な商慣習に照らして取引の本来の内容をなすと認められる経済上の利益の提供については、取引附随性が否定される（定義告示運用基準4(4)）。例えば、宝くじの賞金やパチンコの景品は、「賞金」、「景品」といった名称で呼ばれていても、それらの「賞金」、「景品」を獲得することは「宝くじを買う」、「パチンコをする」という取引の本来の内容であるため、取引附随性がなく、景品類には該当しない。また、喫茶店のコーヒーに添えられる砂糖・クリーム等も、ブラックコーヒーにこれらを併せたものが、一般的な喫茶店のメニューである「コーヒー」であるから、「コーヒーの提供を受ける」という取引の本来の内容をなすものであり、取引附随性はない。

また、あるサービスの月額有料会員に提携施設を優待価格で使用できるという特典をつけた場合、当該特典は、そのような特典のある有料会員サービスに月会費を支払うことによって提供されたものであり、提携施設を優待価格で使用することも取引の本来の内容に含まれると考えることができる。したがって、取引附随性は認められず、景品規制の対象とはならない（景品Q&A・Q26）。

他方、参加費を必要とする市民向けマラソン大会において、上位入賞者に賞金が提供される場合、取引の本来の内容は「マラソン大会に参加する」ことであるため、賞金の獲得はこれに含まれず、その取引に附随して提供される景品類であると考えられる（景品Q&A・Q28）。

(e) **2つ以上の商品または役務が提供される場合**　ある取引において2つ以上の商品または役務が提供される場合であっても、次の①から③までのいずれかに該当するときは、原則として、取引附随性は認められない（定義告示運用基準4(5)）。

①商品または役務を2つ以上組み合わせて販売していることが明らかな場合
（例えば、「ハンバーガーとドリンクをセットで○○円」、「ゴルフのクラブ、バッグ等の用品一式で○○円」、美容院の「カット（シャンプー、ブロー付き）○○円」、しょう油とサラダ油の詰め合わせ）

②商品または役務を2つ以上組み合わせて販売することが商慣習となっている場合（例えば、乗用車とスペアタイヤ）

③商品または役務が2つ以上組み合わされたことにより独自の機能、効用を持つ1つの商品または役務になっている場合（例えば、玩菓、パック旅行）

ただし、懸賞により提供する場合および取引の相手方に景品類であると認識されるような仕方で提供するような場合（例えば、「○○プレゼント」、「××を買えば○○が付いてくる」、「××を買えば○○無料」と謳って提供する場合）には、取引附随性が認め

140　第1章　総　　則

§ 2 ③-2(5)

られる。取引の相手方に景品類であると認識されるような仕方で提供する場合に当たるか否かについては、特定の文言のみに着目するのではなく、提供の方法・形態を総合的にみて判断される（高居〔第7版〕226～227頁）。

例えば、イベント企画会社が、有料のイベントを実施する際に、イベント来場者には必ずTシャツを配布することとする場合、これがイベントの入場チケット5000円の取引に附随してもれなくTシャツが提供されるという企画であると認められる場合には、景品規制の対象となる。他方、例えば、Tシャツ付き入場チケットとして販売するなど、イベントの参加とTシャツがセットで5000円であることが明らかであれば、原則として取引に附随する提供に当たらず、景品規制の対象とはならない（景品 Q&A・Q30）。

(f) **オープン懸賞**　商品や事業者の注目度を高めるために、広告において、懸賞により一般消費者に対して経済上の利益の提供を申し出ることがある。例えば、テレビ番組や新聞紙や雑誌の広告欄等で簡単なクイズを出題し、正解者の中から抽選で10名にプレゼントを提供するというものがこれに当たる。こうした行為が取引附随性のない方法（例えば、特定の商品または役務の購入によりクイズに正解することが可能または容易になる場合には取引附随性が認められる〔前記(b)参照〕）で行われることがあるが、このような懸賞は「オープン懸賞」と呼ばれる。オープン懸賞については、**§ 4-2**(6)で後述するが、オープン懸賞の応募者の中にたまたま当該事業者の供給する商品または役務の購入者が含まれるときであっても、その者に対する経済的利益の提供について取引附随性は認められない（定義告示運用基準4(6)）。

(g) **購入者の紹介に対する謝礼**　自己の供給する商品または役務の購入者を紹介してくれた人に対して謝礼を提供する場合には、原則として、取引附随性は認められない（定義告示運用基準4(7)）。ただし、例えば、謝礼の提供に当たって、商品Aを購入した上で、誰かを紹介することが条件となっている場合であれば、商品Aの取引に附随することになる。また、紹介者を過去に自己の供給する商品または役務を購入してくれた者に限定する場合、今後の取引に附随することになる（景品 Q&A・Q31）。

(5) 「物品、金銭その他の経済上の利益」（定義告示運用基準5）

〔定義告示運用基準〕

5 「物品、金銭その他の経済上の利益」について
  (1) 事業者が、そのための特段の出費を要しないで提供できる物品等であっても、又は市販されていない物品等であっても、提供を受ける者の側からみて、通常、経済的対価を支払って取得すると認められるものは、「経済上の利益」に含まれる。ただし、経済的対価を支払って取得すると

§ 2 ③-2(5)

　　認められないもの(例　表彰状、表彰盾、表彰バッジ、トロフィー等のように
　　相手方の名誉を表するもの)は、「経済上の利益」に含まれない。
　(2)　商品又は役務を通常の価格よりも安く購入できる利益も、「経済上の利
　　益」に含まれる。
　(3)　取引の相手方に提供する経済上の利益であっても、仕事の報酬等と認め
　　られる金品の提供は、景品類の提供に当たらない(例　企業がその商品の
　　購入者の中から応募したモニターに対して支払うその仕事に相応する報酬)。

　「景品類」に該当するのは、その提供によって一般消費者による自主的かつ合理
的な選択が阻害されるおそれのある物品、金銭その他の「経済上の利益」である。
この「経済上の利益」に当たるか否かは、提供を受ける者の側からみて、通常、経
済的対価を支払って取得すると認められるものといえるか否かによって判断され
る(定義告示運用基準5(1))。
　「経済上の利益」に当たるものとして、定義告示1項には、①物品および土地、
建物その他の工作物、②金銭、金券、預金証書、当せん金附証票(宝くじ)および
公社債、株券、商品券その他の有価証券、③きょう応、ならびに④便益、労務そ
の他の役務が列挙されている。これらを列挙するに当たり、定義告示1項柱書本
文は、「経済上の利益であつて、次に掲げるものをいう」としていることから、文
理上、上記①から④は限定列挙と考えられるが(木村智博＝高橋宗利「インターネット上
の表示及び景品類の提供に関する景品表示法上の考え方について―『口コミサイト』と『カード合
わせ』」公取744号(2012)44頁)、これらは、通常経済的対価を支払わなければ取得でき
ないものをすべて含む趣旨で網羅的に列挙するものであるから、ある経済上の利
益が、定義告示1項各号のうちのいずれに当たるかが問題となることは少ない
(景品表示法研究会編著・前掲233頁)。
　　(a)　「経済上の利益」に該当する場合　　(ⅰ)　提供する側が出費を要しないも
の、非市販品等　　「提供を受ける者の側からみて、通常、経済的対価を支払っ
て取得すると認められるもの」と定められていることから明らかなとおり、経済
的対価の支払いの要否は、提供を受ける者の立場から判断される。したがって、
提供する側の事業者が、その入手・提供のために特段の出費を要しない物品等
や、市販されていない物品等であっても、提供を受ける者の側からみて、通常、
経済的対価を支払って取得すると認められるものは、「経済上の利益」に含まれる
(定義告示運用基準5(1)本文)。
　　例えば、小売店が製造業者から無料で寄贈された商品を顧客に提供する場合に
は、提供する側の事業者がその提供に当たって特段の出費を要しないものの、当

142　　第1章　総　　則

§ 2 ③-2 (5)

該商品は、提供を受ける側からみれば通常経済的対価を支払って取得するものであるため、「経済上の利益」に該当すると考えられる(波光＝鈴木23頁〔波光巌〕)。また、例えば、著名な俳優と散歩をすることができる権利のようなものについても、芸能人は通常経済的対価を得て役務を提供するものであり、提供を受ける者の側からみて通常経済的対価を支払って取得するものであるため、「経済上の利益」に該当するとする見解がある(古川・前掲ガイドマップ222頁)。

オンラインゲーム上で提供されるアイテム等についても、(個々の提供行為についてみれば)提供する側においてそのための出費を伴うものではない場合もあるが、オンラインゲーム上で敵と戦うとか仮想空間上の部屋を飾るといった何らかの便益等の提供を受けることができるものであり、一般消費者がその獲得に相当の費用をかけている実態を踏まえると、提供を受ける者の側からみて、「通常、経済的対価を支払って取得すると認められるもの」として「経済上の利益」に当たるといえる(「オンラインゲームの『コンプガチャ』と景品表示法の景品規制について」〔平成24年5月18日消費者庁、一部改定平成28年4月1日消費者庁〕4(1)ア、同(2)イ(イ))。また、提供されるアイテム等が、提供を受ける者の側からみて、通常経済的対価を支払って取得すると認められるものであれば、それが非売品であったり、利用者同士が交換することができなかったりする場合であっても、「経済上の利益」に当たるとされている(インターネットQ&A・Q23)。なお、オンラインゲーム上のアイテムやアバター、キャラクター等は定義告示1項4号にいう「便益、労務その他の役務」(情報の供給や娯楽の提供等も含む極めて広い概念とされる)に当たるとされている(インターネットQ&A・Q2〜Q3)。

(ii) 通常の価格よりも安く購入できる利益　商品または役務を通常の価格よりも安く購入できる利益も、「経済上の利益」に含まれる(定義告示運用基準5(2))。

例えば、ジャケットを購入した者にシャツを割引して販売する場合や、土地購入者のうち抽せんで選ばれた者のみ住宅を割引して建築する場合、自動車の購入者に対してカーナビを割引して取り付ける場合等も「経済上の利益」に該当すると考えられる(波光＝鈴木23頁〔波光巌〕、植村・前掲137頁)。ただし、これらの経済上の利益について、値引と考えられるようなものも相応に含まれるところ、これが「正常な商慣習に照らして値引……と認められる経済上の利益」(定義告示①ただし書)に当たる場合には、景品類に該当しない。その詳細は、3(2)において後述する。

(b) 「経済上の利益」に該当しない場合　(i) 経済的対価を支払って取得すると認められないもの　提供を受ける者の側からみて、通常、経済的対価を支

第1章　総　則　*143*

§ 2 ③-2(5)

払って取得すると認められないものは、「経済上の利益」に当たらない(定義告示運用基準5(1)ただし書)。

例えば、表彰状、表彰盾、表彰バッジ、トロフィー等のように相手方の名誉を表するために提供されるものは、通常の場合、「経済上の利益」に該当しない。また、販売数が限定されている商品を購入することができる権利等については、例えば、当該商品が非常に入手困難で、これを購入できる権利自体が通常経済的対価を支払って取得するといえるような事情がある場合でなければ、原則として「経済上の利益」に含まれない(景品Q&A・Q33)。有料の施設を運営している事業者が、施設来場者に対して、通常は別途利用料の支払いが必要となるスペースを無料で開放する場合、例えば、普段は有料である日に一時的なキャンペーンとして実施するとき等には「経済上の利益」に該当する可能性はあるが、特定の曜日の施設来場者に対して毎週無料開放を実施するのであれば、そもそも当該曜日の施設来場者にそのスペースの利用料を負担させる予定がないということであるため、「経済上の利益」に含まれない(景品Q&A・Q34)。

アイドルグループのCDに当該グループのメンバーの人気の順位を決定する総選挙の投票券が同封される場合の投票券について、定義告示1項に掲げる「経済上の利益」に該当するとは考えられず、また、そのような投票券が通常経済的対価を支払って取得するものとは考え難いことを理由に、「経済上の利益」に該当しないとする見解もあるが(植村・前掲136頁)、「役務」は情報の供給や娯楽の提供等も含む極めて広い概念であると説明する消費者庁の立場(インターネットQ&A・Q3)に照らせば、自らの投票したメンバーの総選挙における順位の結果を楽しむという娯楽に参加する権利の提供であり、「経済上の利益」に該当するという見方もできると思われる。また、アイドルのCDに当該アイドルとの握手会に参加して一定時間握手することができる握手券が同封される場合の握手券について、アイドルが握手という役務を提供するため当然に「経済上の利益」に当たるとする見解がある一方(植村・前掲136頁)、握手券は基本的に市場で売買されるものではないため通常経済的対価を支払って取得すると認められるものとはいえず、「経済上の利益」に当たらないとする見解もある(公益社団法人日本広告審査機構『広告法務Q&A─150の声をもとに解説した広告規制の基礎』(宣伝会議・2014)81頁)。もっとも、投票券や握手券については、投票券や握手券が「経済上の利益」であるか否かにかかわらず、これらが付されたCDは、通常、「投票券が同封されたCD」や「握手券が同封されたCD」として購入されるものであり、2つ以上の商品または役務を組み合わせたものが1つの取引対象になっていると評価されるので、そもそも「取引に附随して」提供されたものといえず(定義告示運用基準4(5))、景品類に該当しな

144 第1章 総 則

§ 2 ③-*2*(5)

いと考えられる(波光巖＝横田直和＝小畑徳彦＝高橋省三『改訂　Q&A 広告宣伝・景品表示に関する法律と実務』(日本加除出版・2024)228頁)。

　　(ii)　仕事の報酬等　　取引の相手方に提供する経済上の利益であっても、仕事の報酬等と認められる金品の提供は、景品類の提供に当たらない(定義告示運用基準5(3))。「仕事」に当たるか否かは、役務の内容等を踏まえて個別具体的に判断される(高居〔第7版〕229頁)。

　例えば、企業がその商品の購入者の中から応募したモニターに対して、その仕事に相応する報酬を支払う場合は、仕事の報酬等と認められる金品の提供に当たり、「景品類」には含まれない。他方で、モニターとして同じ作業をしたにもかかわらず抽選の方法等により謝礼の支払いの有無や謝礼額に差を設けるような場合や、モニターとしての作業内容が簡単なものであってその報酬がその仕事に相応しない過大な金品である場合には、仕事の報酬等と認められる金品の提供に当たらず、景品類に該当する可能性がある(景品Q&A・Q52)。後者の場合の一例として、ある小売店で500円の商品Aを購入し、その場で誰でもすぐに回答できるアンケート(当該小売店の好感度を5段階評価で回答してもらうもの)に回答した全員に対し、回答に対する謝礼として1000円相当の金品を提供する場合、アンケートが誰でも簡単に回答できるものであることからすると、1000円相当の金品は、通常、仕事に相応する報酬とは認められないとして、景品類に該当すると考えられる(景品Q&A・Q53)。

　仕事の報酬等に当たるかが過去に問題となった例として、前掲・審判審決昭和45年2月17日(株式会社パルン本社に対する件)がある。本件は、事業者が、自己の販売する乳酸菌飲料の購入予約者に対し抽せん券を与え、特等100万円を1名、1等現金1万円を2名に提供する等の内容の景品付き販売を実施したことが景表法違反に問われた事案である。その中で、事業者は、特等の100万円は当選者が事業者と締結した契約に基づき当該事業者の嘱託社員として活動する対価・報酬として支払われるもの(協力配当金制度)であるから、顧客誘引の手段ではない旨を主張した。もっとも、協力配当金制度の趣旨、運用実態、当選者の嘱託社員としての業務の履行状況等を総合的に判断して、報酬とは認められなかった。

　なお、資格試験学習支援事業を営む事業者が、合格者が作成する合格体験記を金銭を支払って買い取る場合は、景表法における景品規制の趣旨の潜脱と認められるような事実関係が別途存在しない限り、原則として、「仕事の報酬等と認められる金品の提供」に当たり、景品類の提供に当たらないものと考えられる(令和2年7月16日付で消費者庁に対し行われたグレーゾーン解消制度に基づく確認の求めに対する同庁の同年8月14日付回答)。

第1章　総　則　*145*

§2③-2(5)

　また、いわゆるeスポーツ大会において主催者が参加者へ賞金を提供する場合について、消費者庁は、「法令適用事前確認手続制度を利用した照会に対する回答」(消表対第620号)において、以下の①および②の大会等について、それぞれ以下に記載する事情を考慮して、当該大会等における当該参加者への賞金の提供は、景表法における景品類の制限の趣旨の潜脱と認められるような事実関係が別途存在しない限りにおいては、「仕事の報酬等と認められる金品の提供」に当たるとして、当該大会等で提供される賞金は景品類に当たらないとの見解を公表している。

　①(大会等の内容)

　　　対戦型コンピューターゲームを使用して参加者同士で勝敗を争い最終成績が決定される競技型のゲーム大会やリーグ戦(「大会等」)における賞金の提供先を照会者がプロライセンスを付与した選手(「ライセンス選手」)に限定する大会等

　(考慮した事情)

　　　「ライセンス選手は、当法人が別途公認する大会において大会規約に基づき好成績を収め、競技性、興行性ある大会等へ出場するゲームプレイヤーとしてプロフェッショナルであるという自覚を持ち、スポーツマンシップに則り、ゲームプレイの技術の向上に日々精進することを誓約する者で、ライセンス取得に相応しいと判断された者である」こと、「ライセンス選手は、大会等において高い技術を用いたゲームプレイの実技又は実演により好成績を収め、大会等の競技性及び興行性の向上に資する者であることが類型的に保証されている」こと、ならびに「ライセンス選手は、仕事の内容として、高い技術を用いたゲームプレイの実技又は実演を多数の観客や視聴者に対して見せ、観客や視聴者を魅了し、大会等の競技性及び興行性を向上させることが求められている」こと。

　②(大会等の内容)

　　　賞金の提供先に資格制限を設けないが一定の方法で参加者を限定した上で大会等の成績に応じて賞金を提供する大会等

　(考慮した事情)

　　　参加者が「所定の審査基準に基づいて大会等運営団体から審査を受けて、参加資格の承認を受けなければならない。当該基準によって選抜される選手は、……高い技術を用いたゲームプレイの実技若しくは実演又はそれに類する魅力のあるパフォーマンスを行い、多数の観客や視聴者に対してそれを見せることが仕事の内容として期待されており、大会等の競技性及び興行性の

§ 2 ③-3 (1)

向上に資する者であることが類型的に保証されている」こと、および「本ケースにおいて賞金を受け取る可能性のある選手は、仕事の内容として、高い技術を用いたゲームプレイの実技若しくは実演又はそれに類する魅力のあるパフォーマンスを行い、多数の観客や視聴者に対してそれを見せ、大会等の競技性及び興行性を向上させることが求められている」こと。

3 「景品類」に該当しない経済上の利益

顧客に対して提供される経済上の利益であっても、正常な商慣習に照らして、①値引と認められるもの、②アフターサービスと認められるもの、および③当該取引に係る商品または役務に附属すると認められるものについては、「景品類」に該当しない（定義告示①ただし書）。上記①から③までの経済上の利益は、商品または役務の価格、品質、内容等に極めて密接に関係しており、その性質上取引の本来の内容をなすべきものであって、取引附随性を欠くことから、「景品類」に該当しないことを確認的に規定したものである（東京高判昭和56年4月2日行集32巻8号1379頁〔栄光時計株式会社事件〕）。すなわち、事業者が上記①から③までの経済上の利益を提供したとしても、消費者は、これらが商品または役務自体の価格や品質等に含まれるものとして商品等の選択に当たっての判断を行うことから、その提供によって一般消費者による自主的かつ合理的な選択が阻害されることにはならないと考えられるため、景品規制の対象外とされている（高居〔第7版〕229頁）。

(1) 「**正常な商慣習に照らして**」　現実の取引社会においては、値引、アフターサービス、附属品または附属サービスにも様々な態様のものがあり、その内容、提供の方法、取引実態、業界における取引慣行等を踏まえると、景品規制の対象となる「景品類」と実質的に異ならないものが含まれる可能性もある。したがって、定義告示1項ただし書は、どのようなものが「景品類」に含まれない経済上の利益に当たるかについて、「正常な商慣習に照らして」判断するとしている（高居〔第7版〕229～230頁）。

「正常な商慣習に照らして」判断するとは、取引の対象となる商品の特徴、提供される経済上の利益の内容、提供の条件、方法、業界における取引慣行等を勘案して、一般消費者による自主的かつ合理的な選択の確保という景表法の目的（1）からみて容認し得るものか否かという観点から、個別に判断するということである（高居〔第7版〕230頁、景品Q&A・Q36）。その業界において現に一般化し、常態化している商慣習に照らして判断するということではないため、現存する商慣習に合致するからといって、直ちにその行為が正当化されることにはならない（高居〔第7版〕230頁、景品Q&A・Q36）。この点に関して、前掲・東京高判昭和56年4月2日

第1章　総　則　*147*

§ 2 ③-3(2)

(栄光時計株式会社事件)は「告示〔注：定義告示〕第3号第1項但書は、……当該経済上の利益が『景品類』に含まれないものとされる値引にあたるか否かは、正常な商慣習に照らしてこれを判断すべきものとする趣旨を規定したものと解される。そして右の判断は、当該経済上の利益の内容、提供の条件、方法、当該業界における慣行等を勘案し、公正な競争秩序維持の観点から、右利益が当該業界において取引の本来の内容をなす値引であると認められるか否かについてすべきものであり、したがつて、右判断にあたつては、過去に同様の態様の前例が当該業界ないし当該事業者において行われたことがあるか否かの観点のみから判断すべきではない」と判示している（なお、同判示中の「公正な競争秩序維持の観点」は、平成21年改正前の当時の景表法の目的を踏まえたものであり、同改正後の景表法上では「一般消費者による自主的かつ合理的な選択の確保」に読み替えることができると考えられる〔高居〔第7版〕230頁〕）。

　具体的には、①値引との関係では、取引の内容、提供される経済上の利益の内容や提供方法等、②アフターサービスとの関係では、取引の対象となる商品または役務の特徴、アフターサービスの内容、必要性、当該取引の約定の内容等、③附属品または附属サービスとの関係では、取引の対象となる商品または役務の特徴、提供される附属物または附属サービスの内容、必要性、取引の約定の内容等をそれぞれ勘案することになる（定義告示運用基準6(1)、7(1)、8(1)、高居〔第7版〕230頁・235頁）。また、公正競争規約が設定されている業種については、当該公正競争規約の定めるところを斟酌することになる（定義告示運用基準6(2)、7(2)、8(2)）〔§7後注-4(7)参照〕。公正競争規約を斟酌することとされているのは、公正競争規約が、景品類に関する事項について、「不当な顧客の誘引を防止し、一般消費者による自主的かつ合理的な選択及び事業者間の公正な競争を確保するために適切なものであること」等の要件に適合するとして、当該業種において「正常な商慣習」であると考えられる内容が成文化され、内閣総理大臣（38条1項により消費者庁長官に権限が委任されている）および公正取引委員会が認定したものであるためである(36)。

(2)　「正常な商慣習に照らして値引と認められる経済上の利益」（定義告示運用基準6）

　〔定義告示運用基準〕
　6　「正常な商慣習に照らして値引と認められる経済上の利益」について
　　(1)　「値引と認められる経済上の利益」に当たるか否かについては、当該取引の内容、その経済上の利益の内容及び提供の方法等を勘案し、公正な競争秩序の観点から判断する。
　　(2)　これに関し、公正競争規約が設定されている業種については、当該公正競争規約の定めるところを参酌する。

§ 2 ③-3 (2)

(3) 次のような場合は、原則として、「正常な商慣習に照らして値引と認められる経済上の利益」に当たる。

　ア　取引通念上妥当と認められる基準に従い、取引の相手方に対し、支払うべき対価を減額すること(複数回の取引を条件として対価を減額する場合を含む。)(例　「×個以上買う方には、〇〇円引き」、「背広を買う方には、その場でコート〇〇％引き」、「×××円お買上げごとに、次回の買物で〇〇円の割引」、「×回御利用していただいたら、次回〇〇円割引」)。

　イ　取引通念上妥当と認められる基準に従い、取引の相手方に対し、支払った代金について割戻しをすること(複数回の取引を条件として割り戻す場合を含む。)(例　「レシート合計金額の〇％割戻し」、「商品シール〇枚ためて送付すれば〇〇円キャッシュバック」)。

　ウ　取引通念上妥当と認められる基準に従い、ある商品又は役務の購入者に対し、同じ対価で、それと同一の商品又は役務を付加して提供すること(実質的に同一の商品又は役務を付加して提供する場合及び複数回の取引を条件として付加して提供する場合を含む(例　「CD 3枚買ったらもう1枚進呈」、「背広1着買ったらスペアズボン無料」、「コーヒー5回飲んだらコーヒー1杯無料券をサービス」、「クリーニングスタンプ〇〇個でワイシャツ1枚分をサービス」、「当社便〇〇マイル搭乗の方に××行航空券進呈」)。)。ただし、「コーヒー〇回飲んだらジュース1杯無料券をサービス」、「ハンバーガーを買ったらフライドポテト無料」等の場合は実質的な同一商品又は役務の付加には当たらない。

(4) 次のような場合は、「値引と認められる経済上の利益」に当たらない。

　ア　対価の減額又は割戻しであっても、懸賞による場合、減額し若しくは割り戻した金銭の使途を制限する場合(例　旅行費用に充当させる場合)又は同一の企画において景品類の提供とを併せて行う場合(例　取引の相手方に金銭又は招待旅行のいずれかを選択させる場合)

　イ　ある商品又は役務の購入者に対し、同じ対価で、それと同一の商品又は役務を付加して提供する場合であっても、懸賞による場合又は同一の企画において景品類の提供とを併せて行う場合(例　A商品の購入者に対し、A商品又はB商品のいずれかを選択させてこれを付加して提供する場合)

　「値引と認められる経済上の利益」に当たるか否かについては、取引の内容、提供される経済上の利益の内容および提供の方法等を勘案し、また公正競争規約が設定されている業種については当該公正競争規約の定めるところを参酌して、一般消費者による自主的かつ合理的な選択の確保という景表法の目的(1)からみて容認し得るものか否かという観点から、個別に判断される(定義告示運用基準6(1)(2)、高居〔第7版〕230頁、景品Q&A・Q36)。定義告示運用基準においては、「公正な競争秩序の観点から」とされているが、これは、景表法の消費者庁への移管に伴い1条

第1章　総　則　149

§ 2 ③-3 ⑵

の目的規定が平成21(2009)年に改正されたことからすれば、「一般消費者による自主的かつ合理的な選択の確保の観点から」と読み替えることができる(高居〔第7版〕230頁参照)。

　(a)　「値引」と認められる場合　　事業者が結果として自己の供給する商品または役務の価格を下げる場合には、それは原則として値引と認められるという考え方から、以下の(i)から(iii)のような行為は、取引通念上妥当と認められる基準に従って行われるものであれば、「正常な商慣習に照らして値引と認められる経済上の利益」に当たり、景品類に該当しない(定義告示運用基準6⑶、高居〔第7版〕231頁)。

　　(i)　支払うべき対価の減額(定義告示運用基準6⑶ア)　　取引通念上妥当と認められる基準に従い、取引の相手方が支払うべき対価を減額すること(複数回の取引を条件として対価を減額する場合も含む)は、自己の供給する商品または役務の対価の減額であり、値引と認められる行為に当たる。例えば、以下のようなものが挙げられる。

　①「×個以上買う方には、○○円引き」
　②「背広を買う方には、その場でコート○○％引き」
　③「×回御利用していただいたら、次回○○円割引」
　④「×××円お買上げごとに、次回の買物で○○円または○○％の割引」(景品Q&A・Q37)
　⑤次回以降に自己の店舗での支払いに使用できる割引券の提供(景品Q&A・Q37。後述(c)参照)
　⑥商品または役務の購入者に対し、支払額に応じて、次回以降の自己の店舗での支払いに充当できるポイントを提供(景品Q&A・Q39)
　⑦一定の月額料金を徴収してサービスを提供するサブスクリプションサービスにおいて、新規契約者に、同サービスの2か月以上の利用を条件として初回1か月分の料金を無料とすること(2か月以上の利用が条件とされているため、少なくとも2か月分の料金の合計額から1か月分の料金を値引きしていると考えられる)(景品Q&A・Q40)

　　(ii)　割戻し(定義告示運用基準6⑶イ)　　取引通念上妥当と認められる基準に従い、取引の相手方が支払った代金について割戻し(キャッシュバック)を行うこと(複数回の取引を条件として割戻し〔キャッシュバック〕を行う場合も含む)も、事後的に対価を減額する行為であることから、値引と認められる行為に当たる(高居〔第7版〕231頁)。例えば、以下のようなものが挙げられる。

　①「レシート合計金額の○％割戻し」

150　　第1章　総　　則

§ 2 ③-3⑵

②「商品シール○枚ためて送付すれば○○円キャッシュバック」

なお、取引の相手方が支払った代金以上の金額の提供を行うことは、「正常な商慣習に照らして値引と認められる経済上の利益」に当たらないと考えられる（景品Q&A・Q42）。

　　　(iii) 同一の商品または役務の付加提供（定義告示運用基準6⑶ウ）　　取引通念上妥当と認められる基準に従い、ある商品または役務の購入者に対して、同じ対価で（追加の支払いを要することなく）、それと同一の商品または役務（実質的に同一の商品または役務も含む）を付加して提供すること（複数回の取引を条件として付加提供する場合も含む）も、取引金額を変えずに取引数量を増やせば、当該商品または役務の取引価格（1個当たりの単価）は取引金額を取引数量で除したものとなって引下げられるので（波光巖＝横田直和＝小畑徳彦＝高橋省三『改訂　Q&A 広告宣伝・景品表示に関する法律と実務』（日本加除出版・2024）231頁）、値引と認められる行為に当たる。例えば、以下のようなものが挙げられる。

①「CD 3枚買ったらもう1枚進呈」

②「背広1着買ったらスペアズボン無料」

③「コーヒー5回飲んだらコーヒー1杯無料券をサービス」

④「クリーニングスタンプ○○個でワイシャツ1枚分をサービス」

⑤「当社便○○マイル搭乗の方に××行航空券進呈」

なお、購入した商品もしくは役務と同一または実質的に同一の商品もしくは役務の付加提供であっても、購入した数量等よりも多く付加するような場合には、「正常な商慣習に照らして値引と認められる経済上の利益」に当たらないと考えられる（景品Q&A・Q43）。

　付加提供される商品または役務がどのようなものであれば「同一」ないし「実質的に同一」とみられるかについては、商品の特性や取引の態様等に応じて、一般消費者の立場からみた認識を基準として判断される（高居〔第7版〕232頁参照）。例えば、購入した商品と付加提供される商品のそれぞれの個性が希薄である場合などには、実質的に同一であると認識される可能性が高まるものと考えられる。上記①の場合、すべて3000円のアルバムCDのうち3枚買えばもう1枚同価格のアルバムCDが付加されるのであれば、各CDのタイトルは別のものであっても、同価格のアルバムCDという点において個性が希薄化され、一般消費者が実質的に同一のものであると認識すると考えられる。また、例えば、ワゴンセールで様々な種類の靴下が1組300円で販売されているとき、ワゴンの中の靴下を4組購入すれば、同じく当該ワゴンの中の靴下をもう1組進呈するといった企画については、ワゴン内で販売されることにより各靴下の個性が希薄化し、一般消費者が実

第1章　総　則　　*151*

§ 2 ③-3(2)

質的に同一のものであると認識すると考えられる(景品 Q&A・Q44)。

　他方、例えば以下のような場合は、実質的に同一の商品の付加には当たらないことが多いと考えられる。

　①「コーヒー〇回飲んだらジュース1杯無料券をサービス」(定義告示運用基準6(3)ウただし書)(メニュー上「コーヒー」と認識される飲料であれば同一の商品であるとされるのに対し、同じ飲料であっても、ジュースや紅茶など他の種類のものはコーヒーと同一の商品ではないと考えられるため〔波光=横田=小畑=高橋・前掲232頁〕)

　②「ハンバーガーを買ったらフライドポテト無料」(定義告示運用基準6(3)ウただし書)(内容はハンバーガーとフライドポテトのセット商品と同じでも、「〇〇無料」のように取引の相手方に景品類であると認識されるような表示の仕方をした場合、一般消費者は別のものが付加されるという認識を有することになるため〔植村幸也『製造も広告担当も知っておきたい　景品表示法対応ガイドブック〔改訂版〕』(第一法規・2024)149頁〕)

　③航空会社が付与するマイルについて、これを使用して、他社の提供する商品やサービスなど、当該航空会社の提供する航空運送サービス等と実質的に同一といえない商品やサービスの提供も受けられる場合(高居〔第7版〕257頁)

　なお、上記①との関係で、例えば、カフェで一定金額以上のドリンク群(コーヒーや紅茶、ジュースなどを含む)に含まれるドリンクを〇回注文した場合に、その対象となるドリンク群に含まれるドリンク1杯無料券を進呈するというような場合には、アルバム CD の例に照らして考えると、当該ドリンク群の中で個性が希薄化され、一般消費者が実質的に同一のものと認識する可能性が高いのではないかと考えられる。

　また、同一の商品または役務の付加については「同じ対価で」(追加の支払を要することなく)行われることとされているが、例えば、「1個100円の〇〇を3個買ったら、10円でもう1個提供する」というものについては、上記(i)に述べた対価の減額が行われているという理由で「正常な商慣習に照らして値引と認められる経済上の利益」と認められる(高居〔第7版〕232頁)。

　(b)　「値引」と認められない場合　　対価の減額、割戻し(キャッシュバック)や同一の商品または役務の付加提供は、原則として値引と認められるが、次のような場合は、「値引と認められる経済上の利益」に当たらない。

　　(i)　懸賞によって行う場合　　対価の減額、割戻し(キャッシュバック)または同一の商品もしくは役務の付加提供であっても、その対象者の選定等を懸賞によって行う場合には「値引と認められる経済上の利益」には当たらない(定義告示運用基準6(4)ア・イ)。例えば、以下のようなものがこれに当たると考えられる。

　①ある店舗において、一定期間に500円以上購入した者を対象に、次回以降同

152　第1章　総　　則

§ 2 ③-3(2)

店舗で使用できる割引券を抽選で提供する場合(景品 Q&A・Q46)

②当たりが出たら、購入金額の半額をキャッシュバックする場合(株式会社電通 法務マネジメント局編『広告法』(商事法務・2017)219頁)

③当たりが出たら、購入商品をもう1つ贈呈する企画をする場合(株式会社電通 法務マネジメント局編・前掲219頁)

対価の減額・割戻し(キャッシュバック)であっても懸賞による場合には「値引と認められる経済上の利益」に該当しないことを前提に判示したと考えられる例として、以下のものがある。

・排除命令昭和50年10月21日(関西服装株式会社に対する件)

　　紳士服および紳士用品の製造販売業者が、一般消費者を対象に、「店内全品・仮決算在庫一掃」と称して、各店舗において、紳士服または紳士用品を購入した者に1品購入ごとにスピードくじを1本引かせ、購入価額の9割、6割、2割または1割のいずれかに相当する金額を当該購入価額から減額するという方法により景品類を提供することを企画・実施した事案。

・排除命令昭和44年6月5日(株式会社山下家具店に対する件および株式会社新潟大丸に対する件)

　　キャンペーン期間終了後、その期間中の特定の日を抽選により決め、当日の買い物代金の全額を払い戻すこととした事案。

加えて、「法令適用事前確認手続制度を利用した照会に対する回答」(消表対第1307号)では、一般消費者が提携事業者との間で取引した場合に当該一般消費者に対して取引金額100円ごとに1ポイント(当該一般消費者は、当該ポイントを利用することにより、すべての提携事業者が取り扱う商品・役務を購入する際に1ポイント1円相当の値引きを受けることが可能)を付与する前提において、ポイント付与を受けた一般消費者がそのポイントを利用して、ブラックジャック、ルーレットといった一般的なカジノゲーム等や将来的に起こり得る何らかのイベントの結果を予想するタイプのゲームに参加し、その勝敗によって当該ポイントの得喪を争うというサービス提供を企画した場合、当該企画において一般消費者に対して提供されるポイントは、「正常な商慣習に照らして値引と認められる経済上の利益」に該当しない「対価の減額……であっても、懸賞による場合」(定義告示運用基準6(4)ア)であるとされている。

　　(ii)　金銭の使途を制限する場合　　対価の減額や割戻し(キャッシュバック)によって顧客が得る金銭の使途を特定のものに制限する場合も「値引と認められる経済上の利益」には当たらない(定義告示運用基準6(4)ア)。例えば、指定の旅行費用に充当させる場合や、一定額の他の商品と引き換えさせる場合(古川昌平『エッセ

第1章　総　則　*153*

ンス景品表示法』(商事法務・2018)156頁)がこれに該当すると考えられる。

なお、この「金銭の使途を制限する場合」とは、本来、減額または割戻し(キャッシュバック)を行った「金銭」は自由に使用できるにもかかわらず、特定の商品を購入するためにしか使うことができないという条件を付して減額または割戻し(キャッシュバック)を行う場合には、「値引と認められる経済上の利益」とは認められないという意味であり、「金銭」以外は含まれない。そのため、ある店舗において、商品A(1000円)を10個購入した顧客全員に、同店で商品Bを購入するときに使用できる3000円割引券を提供する場合、割引券の使用対象を商品Bに限定していても、条件を満たす購入者に対し、「金銭」ではなく、商品Bの購入時に使用できる自社の「割引券」を提供しているだけであるため、「金銭の使途を制限する場合」には該当しない(景品Q&A・Q47)。

　　　(iii)　景品類の提供を併せて行う場合　　対価の減額、割戻し(キャッシュバック)または同一の商品もしくは役務の付加提供であっても、同一の企画において景品類の提供と併せて行う場合には、「値引と認められる経済上の利益」に該当しない(定義告示運用基準6(4)ア・イ)。例えば、以下のようなものがこれに当たると考えられる。

　①取引の相手方に金銭または景品類のいずれかを選択させる場合(定義告示運用基準6(4)ア)

　②ある店舗において、商品の購入者に対し、購入額に応じたポイントを提供する場合であって、当該ポイントは、ポイント数に応じて、次回以降の支払いに充当するか、景品類の提供を受けるかを選択することができる場合(景品Q&A・Q49)

　③スーツを購入したらスペアズボンまたは革靴を無料で贈呈する企画を実施する場合(植村・前掲152頁)

　上記③については、スペアズボンの提供だけであれば、本来同一商品の付加であり「値引と認められる経済上の利益」に当たるが、革靴の提供を併せて行っているため、全体として景品類に該当することになる。

　　　(c)　割引券について　　すでに述べたとおり、自己との取引において顧客が支払うべき対価を減額することは、原則として「値引と認められる経済上の利益」に該当する(定義告示運用基準6(3)ア)。この対価の減額が、次回以降の自己との取引に使用することができる割引券や値引券等を交付し、それを使用させる方法で行われるものであっても、結論に変わりはない。例えば、スポーツクラブとエステティックサロンの運営を行っている会社が、スポーツクラブの新規入会者に対してエステティックサロンで使用できる割引券を提供する場合、スポーツクラブと

§ 2 ③-3(3)

エステティックサロンは別のサービスであるが、どちらも同じ事業者が供給するものであるため、「値引と認められる経済上の利益」に当たる（景品 Q&A・Q41）。

他方、定義告示や定義告示運用基準に必ずしも明記されていないものの、他の事業者の供給する商品または役務の取引の対価を減額することは「値引と認められる経済上の利益」に当たらないと考えられている。自己との取引と他の事業者との取引に共通して用いられる割引券等（自他共通割引券）であっても同様である（景品 Q&A・Q122〜Q126）。例えば、近隣の3店舗が共同して、いずれかの店舗で1000円以上購入してくれた顧客に対し、当該店舗のほか近隣の他の2店舗のどこでも使用できる「300円割引券」を提供するという場合、これは「値引と認められる経済上の利益」には当たらないこととなる（景品 Q&A・Q123）。

もっとも、総付制限告示2項3号は、「自己の供給する商品又は役務の取引において用いられる割引券その他割引を約する証票であつて、正常な商慣習に照らして適当と認められるもの」について、総付景品に係る規制を適用しないこととしており、その具体的内容について述べる総付運用基準4は、この「証票」について、「金額を示して取引の対価の支払いに充当される金額証（特定の商品又は役務と引き換えることにしか用いることのできないものを除く。）並びに自己の供給する商品又は役務の取引及び他の事業者の供給する商品又は役務の取引において共通して用いられるものであって、同額の割引を約する証票を含む」としている。詳細は総付景品の規制の項目（§4-3(3)(d)）で述べるが、自他共通割引券は、「値引と認められる経済上の利益」には当たらないものの、「同額の割引を約する証票」であれば総付景品の規制は適用されない。「同額の割引を約する証票」とは、「〇〇円割引券」のように割引金額が一定のものを指し、「〇〇％割引券」のように購入金額によって割引金額が異なるものや、他の事業者との取引で使用した方が割引額が大きいもの等は含まれない（高居〔第7版〕257頁）。なお、懸賞規制においては、このような自他共通割引券の適用除外の規定は設けられていない。

(3) 「正常な商慣習に照らしてアフターサービスと認められる経済上の利益」（定義告示運用基準7）

〔定義告示運用基準〕
7 「正常な商慣習に照らしてアフターサービスと認められる経済上の利益」について
  (1) この「アフターサービスと認められる経済上の利益」に当たるか否かについては、当該商品又は役務の特徴、そのサービスの内容、必要性、当該取引の約定の内容等を勘案し、公正な競争秩序の観点から判断する。
  (2) これに関し、公正競争規約が設定されている業種については、当該公

第1章 総 則 *155*

§ 2 ③-3(4)

正競争規約の定めるところを参酌する。

アフターサービスは、商品または役務の一般消費者との取引において、瑕疵のないものを提供するとともに、それらを本来の目的に沿って使用することができるようにするために行われるものであって、一般消費者はそのアフターサービスの内容をも勘案して商品または役務を選択し取引を行うものと考えられる（波光＝鈴木29頁〔波光巌〕）。アフターサービスは取引完了後に行われるものであるが、正常な商慣習からみて適当な範囲で行われるものは、買い手が期待する取引の本来の内容をなすものであり、「景品類」に該当しない（高居〔第7版〕234～235頁）。

「アフターサービスと認められる経済上の利益」に当たるか否かについては、取引の対象となる商品または役務の特徴、アフターサービスの内容、必要性、当該取引の約定の内容等を勘案し、また、公正競争規約が設定されている業種については当該公正競争規約の定めるところを参酌して、一般消費者による自主的かつ合理的な選択の確保という景表法の目的（1）からみて容認し得るものか否かという観点から、個別に判断される（定義告示運用基準7(1)(2)、高居〔第7版〕230頁、235頁、景品Q&A・Q36）。ここでも定義告示運用基準の「公正な競争秩序の観点から」という定めは、景表法の消費者庁への移管に伴い1条の目的規定が平成21(2009)年に改正されたことからすれば、「一般消費者による自主的かつ合理的な選択の確保の観点から」と読み替えることができる（高居〔第7版〕230頁、235頁参照）。

「アフターサービスと認められる経済上の利益」に当たるものとして、例えば、機械や器具の一定期間の点検または修理サービス（高居〔第7版〕235頁）、不動産の補修、点検（景品Q&A・Q50）等が考えられる。また、不良品の交換等は、アフターサービスというよりも瑕疵のない商品を供給するという取引の内容そのものであると評価できる場合が多いと考えられるが、いずれにせよ、「景品類」には該当しない（高居〔第7版〕235頁）。なお、アフターサービスの提供期間が限定されており、一定期間経過後は同様のサービスが有料とされる場合であっても、上記の考え方は変わらないと考えられる（波光＝鈴木29頁〔波光巌〕）。

(4)　「正常な商慣習に照らして当該取引に係る商品又は役務に附属すると認められる経済上の利益」（定義告示運用基準8）

〔定義告示運用基準〕

8　「正常な商慣習に照らして当該取引に係る商品又は役務に附属すると認められる経済上の利益」について

(1)　この「商品又は役務に附属すると認められる経済上の利益」に当たるか否かについては、当該商品又は役務の特徴、その経済上の利益の内容等

156　第1章　総　　則

§ 2 ③-3 ⑷

(2)　これに関し、公正競争規約が設定されている業種については、当該公正競争規約の定めるところを参酌する。

(3)　商品の内容物の保護又は品質の保全に必要な限度内の容器包装は、景品類に当たらない。

　商品または役務を購入した際に、正常な商慣習として当然にそれに附属する物品またはサービスは、商品または役務の一部と評価することができるため、「景品類」に該当しない(高居〔第7版〕235頁)。また、商品の内容物の保護または品質の保全に必要な限度内の容器包装は、「景品類」に当たらない(定義告示運用基準8(3))。

　「商品又は役務に附属すると認められる経済上の利益」に当たるか否かについては、取引の対象となる商品または役務の特徴、提供される附属品または附属サービスの内容、必要性、取引の約定の内容等を勘案し、また、公正競争規約が設定されている業種については当該公正競争規約の定めるところを参酌して、一般消費者による自主的かつ合理的な選択の確保という景表法の目的(1)からみて容認し得るものか否かという観点から、個別に判断される(定義告示運用基準8(1)(2)、高居〔第7版〕230頁、235頁、景品Q&A・Q36)。ここでも定義告示運用基準の「公正な競争秩序の観点から」という定めは、景表法の消費者庁への移管に伴い1条の目的規定が平成21(2009)年に改正されたことからすれば、「一般消費者による自主的かつ合理的な選択の確保の観点から」と読み替えることができる(高居〔第7版〕230頁、235頁参照)。なお、附属品または附属サービスが、独立して販売されている場合であっても、そのことのみをもって直ちに「商品又は役務に附属すると認められる経済上の利益」に当たらないとされるものではない(高居〔第7版〕235頁)。

　例えば、以下のようなものがこれに当たると考えられる。

①弁当についてくる割り箸や紙ナプキン(景品Q&A・Q51、高居〔第7版〕235頁)

②ケーキについてくるドライアイス(古川昌平『実務担当者のための景表法ガイドマップ』(商事法務・2024)228頁参照)

③メガネについているケースやレンズ拭き(波光＝鈴木30頁〔波光巌〕)

⑤家具・大型家電製品等の重量物を購入した際の配送サービス(波光＝鈴木30頁〔波光巌〕)

⑥百貨店・スーパー等で買い物をした際の駐車場利用券(波光＝鈴木・30頁〔波光巌〕)

⑦旅館の送迎サービス(実務255頁)

§ 2 ③-4⑴

4 景品類提供の主体と相手方

定義告示や定義告示運用基準には必ずしも明示的に定められていないが、本条3項は、「景品類」の定義について「その方法が直接的であるか間接的であるかを問わず……相手方に提供する」経済上の利益と定めている。そこで、形式的には商品または役務の供給者(取引の当事者)ではない第三者が取引の相手方に経済上の利益を提供する場合(景品類提供の主体の問題)や、商品または役務の供給者が形式的には取引の相手方ではない第三者に経済上の利益を提供する場合(景品類提供の相手方の問題)、これらが「景品類」の提供に該当するか、また、該当する場合に誰が景品規制の適用を受けることになるかという問題があるとされる(高居〔第7版〕236頁)。

(1) **景品類提供の主体** 景品類提供の主体が問題となる事例として、①メーカーが出荷段階において商品の包装箱に景品類を封入しておく場合が挙げられている。この事例で、小売業者がメーカーの企画に全く参画せず、単に仕入れた包装箱の状態でそのまま販売している場合には、小売業者は、景品類提供の主体であるとはいえないとされている。これに対し、②メーカーが小売業者にスピードくじを渡しておき、当該商品の購入者に対し小売業者の店舗で抽選して、当選者に小売業者の供給する他の商品を景品類として提供する場合、メーカーだけでなく、小売業者の取引にも付随して提供する経済上の利益となり、「景品類」に該当して、メーカーと小売業者の両者が景品類提供の主体として規制対象になる可能性があるとされる(高居〔第7版〕236頁)。

これらの事例で結論が異なるのは、景品類を提供する行為について小売業者の関与の度合いが異なるからであるとされ、景品類提供の主体を考えるに当たっては、いかなる商品の取引に付随し、いかなる商品の顧客誘引手段になっているかということに加え、その企画の立案(主商品の選定、景品類の種類、額、実施期間、実施地域、売上げ予定の算定、その企画の宣伝方法など)を行ったのは誰か、経費の負担者は誰かといった事情を総合的にみて判断する必要があると説明されている(高居〔第7版〕236頁)。また、この判断時には、これらに加えて、実務上、(客観的な視点ではないが最初の指標として)一般消費者からして誰が景品企画を実施しているとみえるか、という観点も勘案されていると考えられるとする見解もある(古川昌平『実務担当者のための景表法ガイドマップ』(商事法務・2024)229頁)。

もっとも、1つの景品類提供の主体が1つの事業者である必要はない(実際、上記②の事例については、メーカーと小売業者の両者が景品類提供の主体となる可能性があるとされている)ことからすれば、それぞれの事業者との関係で「景品類」の提供に当たるか否かを個別に検討することとは別に、景品類提供の主体が誰かを定める議論を

158 第1章 総 則

§ 2 ③-4 (2)

行う実益があるかというと疑問がある。上記①および②の事例では、メーカーが景品類の提供主体であることは明らかであるところ、あとは小売業者にとって「景品類」の提供に当たるか否かを検討すれば足りるのではないかと思われる。

　この点に関し、消費者庁は、取引の相手方と直接の取引を行っていない他の事業者が経済上の利益を提供する場合について、定義告示運用基準 4(2)ウを参照した上で、①他の事業者に対して協賛、後援等の特定の協力関係にあって共同して経済上の利益を提供していると認められる場合や②他の事業者をして経済上の利益を提供させていると認められる場合には、小売業者の取引に付随する景品類の提供に当たるという見解を示している（景品 Q&A・Q12〜Q14）。そこで、上記①および②の事例でも、これに従い、メーカーに加え、小売業者との関係でも取引に付随する「景品類」の提供に当たるか否かを検討すれば足りるようにも思われる（なお、企画の立案や経費の負担を誰が行ったか等の事情は、特定の協力関係があるか否かの考慮要素と捉えることができると思われる）。

　(2)　景品類提供の相手方　「景品類」の提供は、顧客（取引の相手方）を誘引するために行われるものであるから、基本的に、顧客（取引の相手方）に対して行われることになり、それ以外の第三者に対して行われることはあまり想定されない（古川・前掲221頁）。

　しかし、例えば、学校の生徒たち（取引の相手方）が商品を購入し、購入数に応じて付与されるポイントを学校が集めて応募すると、学校（第三者）にピアノや遊具が提供される場合のように、商品または役務の供給者が形式的には取引の相手方（生徒）ではない第三者（学校）に経済上の利益を提供する場面があり得る。このように取引の相手方と経済上の利益の提供を受ける者が一致しない場合に、当該経済上の利益の提供が「景品類」の提供に該当するのかが問題となる。

　この点については、取引の相手方ではない第三者に対して経済上の利益を提供することにより、取引の相手方にいかなる形であれ経済上の利益がもたらされると客観的に認められる場合には、当該取引の相手方に対し「景品類」を間接的に提供したとみてよいと考えられている。例えば、上記の事例では、生徒たちは学校に提供されたピアノや遊具を使えるようになるという経済上の利益を受けているといえる。第三者（学校）に提供された経済上の利益はピアノや遊具という物品であり、取引の相手方（生徒たち）が受ける経済上の利益はピアノや遊具を使用できるという便益であって、これらはその形態を異にしているが、「景品類」を間接的に提供したと認める妨げにはならないと考えられる（高居〔第7版〕237頁）。

　他方、例えば、自己の供給する教材の購入者を紹介した者に対して謝礼を提供するというキャンペーンを行った場合、通常、第三者である紹介者に経済上の利

§ 2 ④-1

益(謝礼)がもたらされたとしても、取引の相手方(商品の購入者)に経済上の利益が
もたらされるような関係にはないため、例外的に取引の相手方に経済上の利益が
もたらされるという状況が客観的に認められない限り、「景品類」に該当しない
(高居〔第7版〕237頁)。　　　　　　　　　　〔森大樹＝須藤希祥＝馬渕綾子＝中坪真緒〕

〔定　　義〕
第2条　④　この法律で「表示」とは、顧客を誘引するための手段として、事
　業者が自己の供給する商品又は役務の内容又は取引条件その他これらの取
　引に関する事項について行う広告その他の表示であつて、内閣総理大臣が
　指定するものをいう。

　　　1　定義告示　　*2*　「表示」の要件

1　定義告示

　本項は、景表法の不当表示規制の適用対象となる「表示」を「顧客を誘引するた
めの手段として、事業者が自己の供給する商品又は役務の内容又は取引条件その
他これらの取引に関する事項について行う広告その他の表示であつて、内閣総理
大臣が指定するものをいう」と定義し、その詳細については、内閣総理大臣の指
定に委ねている。
　本項の定めを受けて、定義告示2項は、「表示」について次のように指定してい
る。

〔定義告示〕
　2　法第2条第4項に規定する表示とは、顧客を誘引するための手段として、
　　事業者が自己の供給する商品又は役務の取引に関する事項について行う広
　　告その他の表示であつて、次に掲げるものをいう。
　　一　商品、容器又は包装による広告その他の表示及びこれらに添付した物
　　　による広告その他の表示
　　二　見本、チラシ、パンフレット、説明書面その他これらに類似する物に
　　　よる広告その他の表示(ダイレクトメール、ファクシミリ等によるものを含
　　　む。)及び口頭による広告その他の表示(電話によるものを含む。)
　　三　ポスター、看板(プラカード及び建物又は電車、自動車等に記載されたもの
　　　を含む。)、ネオン・サイン、アドバルーン、その他これらに類似する物に

§ 2 ④-2(1)

　　よる広告及び陳列物又は実演による広告

　四　新聞紙、雑誌その他の出版物、放送(有線電気通信設備又は拡声機による放送を含む。)、映写、演劇又は電光による広告

　五　情報処理の用に供する機器による広告その他の表示(インターネット、パソコン通信等によるものを含む。)

　なお、本項の「表示」の定義のうち、「顧客を誘引するための手段として」、「事業者が」、「自己の供給する商品又は役務の内容又は取引条件その他これらの取引」という部分は、2条3項の「景品類」の定義で用いられている語と同じである。これらの語について、定義告示運用基準においては、「景品類」の定義の文脈で規制当局の解釈が示されているが、「表示」の定義との関係でも、同じ語については同様に解してよいと考えられている(波光巌=横田直和=小畑徳彦=髙橋省三『改訂Q&A広告宣伝・景品表示に関する法律と実務』(日本加除出版・2024)87頁)。

2　「表示」の要件

　(1)　「顧客を誘引するための手段として」　「顧客を誘引する」の意義については、すでに§2③-2(1)において述べたとおりである。前述のとおり、今まで取引関係のない者を新たに取引するよう誘引することだけでなく、すでに取引関係がある者に対し、取引の増大・継続や再度の取引を誘引することも含まれるから、例えば、商品の包装に隠されて購入前には消費者の目に触れることがないような表示であっても、購入後に目に触れるものであれば景表法の対象になると考えられている(高居〔第7版〕44頁、古川昌平『実務担当者のための景表法ガイドマップ』(商事法務・2024)27~28頁)。漫画雑誌内の誌面に掲載された懸賞企画において、同誌面上に記載された景品類の当選者数の表示が有利誤認表示であると認定するものとして、株式会社秋田書店に対する措置命令(措置命令平成25年8月20日)がある。

　また、「顧客を誘引するための手段として」行われているか否かは、事業者の主観的意図により判断されるものではなく、表示の受け手に対して客観的に顧客誘引の効果を持つものであるか否かで判断するものとされている(高居〔第7版〕44頁、南雅晴編著『はじめて学ぶ景品表示法』(商事法務・2023)14頁)。事業者が自己の供給する商品または役務について行う表示であれば、そのほとんどが直接または間接に顧客誘引の効果を持つといえるであろうし(川井=地頭所146頁、実務12頁)、事業者が費用を拠出して広告・表示を制作等する場合には、顧客誘引の効果を最大限に引き出すための検討を行うことが通常であるから(古川・前掲27頁)、事業者が自己の供給する商品または役務について行う表示であれば、その事実そのものから、通常「顧客を誘引するための手段」と認められるものと考えられている(南編著・前掲14

第1章　総　則　　*161*

§ 2 ④-2(2)(3)

頁)。なお、不良商品に対する謝罪広告や措置命令に基づく訂正広告のようなものであっても、その内容によっては顧客誘引の手段となることがある。例えば、訂正広告で「なお、今回の措置命令は、包装における不当表示に対してなされたものであり、品質に関係するものではありませんのでご安心ください。」と表示した場合、この部分は顧客誘引効果を持ち、「顧客を誘引するための手段」という要件に該当するという見解もある(川井＝地頭所146頁、古川・前掲27頁)。もっとも、商品等に表示されていても顧客誘引効果が全くないものについては、「顧客を誘引するための手段として」行われているとはいえ、景表法上の「表示」に当たらない。例えば、食品表示法によって加工食品に表示が義務付けられている製造所固有記号が実際と違っていた場合、製造所番号には顧客誘引効果はないので、食品表示法上は問題となるだろうが、景表法の問題とはならないと考えられる(景品表示法研究会編著『景品表示法質疑応答集』(第一法規・1983)803の4頁)。

(2)　「**事業者**」　「事業者」の意義については、**§ 2 ①-1、2**を参照されたい。

(3)　「**自己の供給する商品又は役務の内容又は取引条件その他これらの取引に関する事項について行う**」　(a)「自己の供給する」(供給主体性)　2条4項に定める広告その他の表示は、事業者が「自己の供給する」商品または役務に関する事項について行うものである。薬機法や健康増進法、医療法の広告規制においては、「何人も……してはならない。」と定められており(薬機66①、健康増進65①、医療法6の5①)、規制の対象は商品等の供給主体に限られていないが、景表法においては供給主体性を有する場合に限って規制の対象となる。

表示について事業者に供給主体性が認められるか否かは、商品または役務の提供や流通の実態をみて実質的に判断される(髙居〔第7版〕46頁)。供給主体性が認められる事業者は、当該商品等を一般消費者に直接供給した者に限定されるものではなく、メーカーや卸売事業者等にも供給主体性が認められ得る(髙居〔第7版〕46頁、実務20頁)。

「自己の供給する商品又は役務」には、単独で供給した場合のみならず、他の事業者と共同して商品または役務を供給していると認められる場合も含まれると解されている(管理措置指針第2-1)。一定の商品を複数の事業者が共同して供給していると認定した事例として、電子商取引サイトの企画および運営ならびに健康食品等の企画、開発、販売および輸出入等を営む株式会社アシスト(アシスト)が、通信販売業等を営む株式会社アクガレージ(アクガレージ)に対して通販事業の企画、運営、プロモーション業務等を委託しており、またアクガレージの従業員がアシストの代表取締役を務めていたという事案において、アシストとアクガレージが食品2商品を共同して供給していると認定した措置命令令和3年11月9日

162　第1章　総　　則

§ 2 ④-2 (3)

(株式会社アクガレージおよびアシスト株式会社に対する件。**事例㉒**参照)がある。

　以下では、表示規制との関係で供給主体性の有無が問題となる具体的な場面について解説する。

　　（i）製造事業者、卸売業者、小売店等　　製造業者、卸売業者、小売店等のように同一の商品の販売ルート上にある事業者には供給主体性が認められる（高居〔第7版〕46頁）。例えば、ズボンのタグに付されている原産国の表示に係る不当表示が問題となった東京高判平成20年5月23日（平成19年(行ケ)5号）（〔株式会社ベイクルーズ事件〕。**事例㊽**参照）では、一般消費者にズボンを販売する小売業者である株式会社ベイクルーズのみならず、小売業者に当該ズボンを販売する輸入卸売業者である八木通商株式会社にも供給主体性を認めている。また、措置命令平成29年7月11日（東京瓦斯株式会社に対する件）および措置命令平成29年12月1日（株式会社イエローハットに対する件。**事例㊿**参照）も同様である（なお、供給主体性が認められる事業者がすべて景表法違反の責任を負うわけではない。§5-3(1)(2)において後述するとおり、表示内容の決定に関与した事業者が不当表示の主体となる）。

　　（ii）業務委託者・受託者　　事業者が、別の事業者に業務を委託している場合であっても、受託者が委託者の名義を用いるなど、当該業務を当該委託者の業務として行う場合には、外形的には受託者が一般消費者に商品または役務を供給しているが、委託者に当該商品または役務の供給主体性が認められると判断されることがある。例えば、ホテルのレストランのメニューの表示に関する措置命令平成25年12月19日（株式会社阪神ホテルシステムズに対する件）では、ホテルの運営について消費者向けの役務一切を別の事業者に委託していると認定しながらも、ホテル等において提供する料理の表示について、委託者である株式会社阪神ホテルシステムズに供給主体性を認めている。同様に宿泊施設等の運営について消費者向けの役務一切を別の事業者に委託していると認定しつつ、委託者である事業者に供給主体性を認めた事例として、措置命令平成25年12月19日（近畿日本鉄道株式会社に対する件）および措置命令平成27年2月4日（株式会社ロイヤルパークホテルズアンドリゾーツに対する件）などがある。

　これに対し、事業者が別の事業者から商品または役務の供給業務を受託する場合、当該受託者が、受託者の名義で独立した商品または役務を供給しているようなときは、当該商品または役務を受託者が供給していると判断され得る（古川・前掲164頁）。例えば、不動産売買・賃貸借の仲介事業者は、不動産の売主・貸主から仲介の依頼を受けて売主・貸主と媒介契約等を締結するとともに、当該不動産の買主・借主を募集して売主・貸主と買主・借主の当該不動産の売買・賃貸借を仲介するところ、当該仲介事業者は、当該不動産の売主・貸主ではないものの、

第1章　総　　則　　*163*

当該不動産に関する仲介サービスを買主・売主に提供することから、その仲介する不動産に関し表示を行う場合、「自己の供給する」不動産について表示を行っているとみられる(「不動産のおとり広告に関する表示」〔昭和55年公取委告示第14号〕)(高居〔第7版〕46～47頁、古川・前掲164頁)。仲介事業者が仲介対象不動産について優良誤認表示や「不動産のおとり広告に関する表示」(昭和55年公取委告示第14号)該当表示等を行ったことを理由に排除命令をした事例として、排除命令平成20年6月18日(株式会社エイブルに対する件)がある。

(iii) フライチャンズチェーンの運営事業者、ライセンサー　フライチャンズチェーンが取り扱う商品または役務について、当該チェーンの運営事業者が表示を行う場合、運営事業者自体は商品の売買契約や役務提供契約の当事者でなくとも、当該商品または役務の表示について供給主体性が認められる(高居〔第7版〕46～47頁)。例えば、フライチャンズチェーンの運営事業者が、その直営店舗やフライチャンズ店舗(加盟店)を問わずどこの店舗にもある商品を、運営事業者が管理する商標で販売しているような場合、加盟店の経営について、フライチャンズチェーンの運営事業者がフライチャンズ契約に基づきブランド・ノウハウの使用許諾や経営指導を行い、加盟店がそれに対する対価を支払う等して、一体的な事業運営が行われているのが通常であり、一般消費者も運営事業者と加盟店を一体のものとして認識するのが通常であると思われることを踏まえると、加盟店が当該商品やその原材料を運営事業者自体から仕入れていない場合であっても、運営事業者には、加盟店分の商品を含めて供給主体性が認められると判断され得る(古川・前掲162頁)。

フランチャイズチェーン運営事業者が食パンに実際には使用されていない原材料が使用されていたかのような不当表示を行ったとして問題となった措置命令令和2年3月30日(株式会社ファミリーマートおよび山崎製パン株式会社に対する件。**事例㊲**参照)では、フランチャイズチェーン運営事業を行う株式会社ファミリーマート(ファミリーマート)が、山崎製パン株式会社(山崎製パン)に委託して製造させた食パンを、ファミリーマート直営店舗またはフライチャンズ店舗において一般消費者に提供していた事案において、ファミリーマートについては山崎製パンに委託して製造させた商品を直営店舗またはフライチャンズ店舗において供給したことが、山崎製パンについてはファミリーマートから委託を受けて製造した商品をファミリーマート店舗を通じて供給したことが、それぞれ認定され、供給主体性が認められている。そのほかにフライチャンズチェーンの運営事業者やライセンサーの供給主体性について問題になった事例として、排除命令平成19年12月14日(株式会社村さ来本社に対する件)、措置命令平成21年11月10日(株式会社ファミリーマート

§ 2 ④-2(3)

に対する件)、措置命令平成27年12月11日(株式会社ダスキンに対する件)、措置命令平成30年5月22日(株式会社エー・ピーカンパニーに対する件。**事例㉛**参照)、措置命令平成30年5月30日(株式会社 TSUTAYA に対する件。**事例㉜**参照)、措置命令平成30年7月24日(日本マクドナルド株式会社に対する件。**事例㉝**参照)、措置命令平成30年12月21日(株式会社ユニクエストに対する件)、措置命令令和元年6月14日(株式会社よりそうに対する件。**事例㊽**参照)、措置命令令和元年10月9日(株式会社ファクトリージャパングループに対する件。**事例㊿**参照)などがある。

また、「イオンのお葬式」の名称で供給する葬儀サービスの表示に関する措置命令平成29年12月22日(イオンライフ株式会社に対する件。**事例㊳**参照)では、イオンライフ株式会社が、「イオン」等という商標や「イオンのお葬式」の名称のもとで、葬儀サービスの提供を希望する一般消費者に対し、同社と特約店契約を締結する葬儀サービス提供事業者をあっせんし、同事業者にイオンライフ株式会社が自ら定めた内容や取引条件により当該葬儀サービスを提供させるとともに、同事業者の支援、顧客管理や顧客からの問合せ対応等を行っていたという事案において、イオンライフ株式会社に供給主体性が認められている。

(ⅳ) 大規模小売事業者(百貨店等)　百貨店等の大規模小売事業者の売り場を借りて営業している販売事業者には、例えば、「○○百貨店名店街××商店」のように自己の名称を明らかにして出店している者、ブランド名称のみを明らかにして出店している者、「○○百貨店××部」のように百貨店の一部門であるかのような形態で営業している者など様々な営業形態がある。これらの販売事業者が取り扱う商品の表示について大規模小売事業者に当該商品の供給主体性が認められるか否かは、大規模小売事業者と販売事業者との関係など、当該商品の提供や流通の実態をみて実質的に判断される(高居〔第7版〕48頁参照)。例えば、自己の名称を明らかにして、またはブランド名称のみを明らかにして出店している販売事業者が、百貨店の関与を受けずに、百貨店の外で広告を行った場合には、店舗の所在地として百貨店の名称が記載されていても、当該百貨店に当該商品の供給主体性は認められないと考えられる一方、販売事業者の営業が百貨店の一部門であるかのような形態で行われている場合においては、販売事業者のみならず百貨店にも供給主体性が認められる場合がある(高居〔第7版〕48頁参照)。また、一時的に大規模小売事業者の店内で行われる催事についても同様の問題があり、催事についても大規模小売事業者と催事事業者との関係や役割分担は様々であるから、催事事業者が取り扱う商品の表示について大規模小売事業者に当該商品の供給主体性が認められるか否かについても、事案ごとの個別の事情に応じ、大規模小売事業者と催事事業者との関係や一般消費者に対していかなる名称を表示しているか

第1章　総　　則　　*165*

§ 2 ④-2(3)

など、当該商品の提供や流通の実態をみて実質的に判断される(波光巖＝横田直和＝小畑徳彦＝高橋省三『改訂　Q&A　広告宣伝・景品表示に関する法律と実務』(日本加除出版・2024)106〜107頁)。

　この点について、明治屋産業株式会社が、京王百貨店内の「㈱京王百貨店精肉売場」の運営を行い、株式会社京王百貨店が明治屋産業株式会社に対し当該売場の売上額に一定の比率を乗じた額を仕入れ額として支払う旨の契約を締結して、食肉等を販売していた事案(排除命令平成14年10月25日〔株式会社京王百貨店および明治屋産業株式会社に対する件〕)では、同売場で販売する牛肉の表示について、株式会社京王百貨店にも供給主体性を認めている。措置命令平成28年12月21日(イズミヤ株式会社および株式会社牛肉商但馬屋に対する件)でも、スーパー等の大規模小売事業者を営むイズミヤ株式会社と、スーパーの入居事業者である株式会社牛肉商但馬屋が、同様の契約関係の下で食肉等を販売していた事案において、販売する牛肉の表示についてイズミヤ株式会社にも供給主体性を認めている。催事事業者からピアノ等の販売催事の申出を受けて大規模小売事業者である株式会社九州ニチイが催事を行った排除命令平成元年3月1日(株式会社九州ニチイに対する件)では、株式会社九州ニチイが同社の新聞折込チラシで広告を行い、同社が催事事業者のピアノ等を販売していたという事案において、当該チラシについて株式会社九州ニチイに供給主体性を認めている。

　　(v)　オンライン・ショッピングモールの運営事業者　　オンライン・ショッピングモールの出店事業者が販売する商品について、当該出店事業者に供給主体性が認められることは明らかある一方、オンライン・ショッピングモールの運営事業者は、通常、当該商品の販売契約の契約当事者ではなく、当然には当該商品の表示について供給主体性は認められない。オンライン・ショッピングモールの運営事業者にも供給主体性が認められるか否かは、オンライン・ショッピングモールの事業形態やシステム(例えば、出店事業者と購入希望者とのマッチング、受注、決済等に関するシステム)の態様、商品に関する販売キャンペーンの企画・実施状況(例えば、運営事業者が出店事業者と共同して当該販売キャンペーンを企画し実施しているか)等に鑑みて当該商品の販売について運営事業者がどのように関与しているかなど、当該商品の提供や流通の実態をみて実質的に判断される(高居〔第7版〕49頁)。したがって、商品の提供や流通の実態をみて実質的に判断した結果、運営事業者が出店事業者と共同して商品の販売を行い、共同で広告を行っているなどの事情が認められるのであれば、運営事業者にも供給主体性が認められる場合があると考えられる(高居〔第7版〕49頁)。

　　(vi)　広告代理店、広告媒体(新聞社、出版社、放送局等)　　広告代理店や、新

§2④-2(3)

聞社、出版社、放送局等の広告媒体は、第三者が供給する商品または役務の広告の制作等に関与していても、自らまたは当該商品もしくは役務を供給する他の事業者と共同してその商品または役務を供給していると認められない限り、当該商品または役務の表示について供給主体性は認められない(高居〔第7版〕47頁)。

　(vii)　アフィリエイトプログラムにおける広告主、アフィリエイター等

　アフィリエイトプログラムとは、インターネットを用いた広告手法の1つである。アフィリエイトプログラムとして比較的多く見られる広告手法の仕組みは、①広告される商品等を供給する事業者(広告主)以外の者(アフィリエイター)が、広告主が供給する商品または役務のバナー広告(広告主の運営する販売サイトへのリンク〔アフィリエイトリンク〕付きの広告)等を作成してウェブサイト(アフィリエイトサイト)に掲載し、②当該アフィリエイトサイトを閲覧した者が、バナー広告等をクリックする、バナー広告等を通じて当該広告主の販売サイトにアクセスして広告主の商品を購入するなど、あらかじめ定められた条件を充足することで、③広告主がアフィリエイターに対して成功報酬を支払うというものである。この広告手法における、アフィリエイトリンクをクリックさせるために行われるアフィリエイターによるアフィリエイトサイト上の表示は、一般にアフィリエイト広告と呼ばれる(高居〔第7版〕58〜59頁)。

　アフィリエイターが行う広告は、広告主の供給する商品または役務に関する表示となるため、広告主には供給主体性が認められる一方、アフィリエイターは、通常、当該商品または役務を自ら供給している者ではないため、広告主と共同して当該商品または役務を供給していると認められない限り、供給主体性は認められない(高居〔第7版〕59頁、「インターネット消費者取引に係る広告表示に関する景品表示法上の問題点及び留意事項」〔平成23年10月28日消費者庁、一部改定平成24年5月9日消費者庁、一部改訂令和4年6月29日消費者庁〕第2-4(2))。また、アフィリエイト広告と直接関与する可能性のあるインフルエンサーやそれらの関係者を取り巻く仲介事業者についても、通常は当該商品または役務を自ら供給している者ではないため、同様に、広告主と共同して当該商品または役務を供給していると認められない限り、供給主体性は認められない(古川・前掲162頁)。もっとも、この点に関して、令和4(2022)年12月28日付け「ステルスマーケティングに関する検討会　報告書」においては、今後の対応として、広告主ではない悪質な不正レビューを募集する仲介事業者が中心となってステルスマーケティングを生じさせており、当該仲介事業者を規制することがステルスマーケティングを解決するために必要であると判断される場合や、インフルエンサーが広告主の指示を超えて表示を作成することが常態化していると判断される場合など、広告主だけを景表法で規制しても不当表示

§ 2 ④-2(3)

をなくすことができないと考えられる場合には、供給主体性に係る要件等の位置付けの見直しを行い、仲介事業者やインフルエンサーにまで規制の対象範囲を拡大するように検討すべきであると指摘されている(同報告書48頁)。

　なお、令和4年3月から同年12月にかけて消費者庁で開催された景品表示法検討会においても、供給主体性に係る要件の緩和が議論された。具体的には、「供給要件(「自己の供給する商品又は役務」)を満たさない者への規制対象の拡大」という検討課題について、アフィリエイト広告を行う場合、アフィリエイターは自ら商品または役務を供給していないことから、供給主体性を有しないこととなり、表示規制の対象外となっているものの、表示の適正化の観点からは、アフィリエイター等の供給主体性を有しない者へも規制対象を拡大すべきか検討が必要ではないかということが問題の所在として指摘された(消費者庁報告書34頁)。しかしながら、同検討会においては、①景表法は、商品または役務の取引に関連する不当な顧客誘引の防止を目的としていることから、規制対象とされる事業者は、商品または役務の取引に関連する主体、すなわち、商品または役務を供給する事業者(広告主)とされており、商品または役務を供給する事業者による不当表示を規制すれば、上記目的達成のために必要かつ十分であるとの考えによっていること、②ある事業者が供給する商品または役務について表示を行う場合、当該商品または役務を供給しないが当該表示作成に関与する者としては、アフィリエイターだけでなく、広告代理店、デジタル・プラットフォーム事業者、新聞発行社、雑誌発行社、テレビ放映会社、ラジオ放送会社等の多種多様な者が想定されること、③令和4年2月15日付け「アフィリエイト広告等に関する検討会　報告書」において、アフィリエイターを広告主と同様の責任主体として位置付けるべきかについて、多くの誠実な事業者に対する萎縮効果を招き、問題となる広告の排除という目的を超えてアフィリエイト広告市場全体の縮小を招く可能性もあることなどから慎重に考える必要があり、また、そもそも景表法は、不当表示規制の一般法であることから、現在の表示主体・供給主体について対象を拡大することは、広く様々な業態についても規制対象になり得ることを意味し、アフィリエイト広告の対応だけには収まらないという問題もあるため、慎重に検討する必要があると指摘されていること(同報告書49頁)、④アフィリエイト広告については、広告主である事業者がアフィリエイト広告の表示の管理等の措置を講じるとされたこと(管理措置指針第4-3(2))を挙げた上で、これらの状況を踏まえ、まずは、広告主である事業者が行う不当表示に対する行政処分等に加えて、アフィリエイト広告を含めた違反行為の未然防止のための管理上の措置も講じられることにより、アフィリエイト広告等の新たなビジネスモデルが進展する中でも不当な表示を排除して

168　第1章　総　　則

§ 2 ④-2(3)

いくことに努めていくべきであるとして、供給主体性の要件の緩和に係る提言は見送られた(消費者庁報告書35頁)。

　なお、事業者がアフィリエイトプログラムを用いた表示を行う際に、アフィリエイターに委託して自らの商品または役務について表示を行わせているにもかかわらず、そのことを開示しない場合には、「一般消費者が事業者の表示であることを判別することが困難である表示」として不当表示に該当することとなる(5(3))。その詳細は、**§ 5(3)-10**において述べる。

　また、身分のない者も共犯になり得ることから(刑65①)、令和5(2023)年改正景表法施行後は、供給主体性が認められる者が優良誤認表示や有利誤認表示を故意で行う場合、これに供給主体性の認められない者(アフィリエイター、インフルエンサー、仲介事業者や調査会社等)が共同すれば、48条1号または2号に定める犯罪について共犯が成立するという考えがあり得る(「座談会 最近の景品表示法違反事件をめぐって」公取877号(2023)14頁、古川・前掲39頁、162頁参照)。

　(b)　「商品又は役務……について」　本項に定める広告その他の表示は、自己の供給する「商品又は役務の」取引に関する事項について行う表示である。このように「商品又は役務」についての表示であることが必要とされているため、例えば、自社の株主総会開催通知、新株発行の広告や従業員募集広告などは景表法の不当表示規制の対象となる「表示」には該当しない(高居〔第7版〕50頁)。

　また、近年、直接的には商品または役務の名称やその内容自体は記載せずに、その効能・効果について書かれた書籍や記事、映像媒体、情報番組等の体裁をとっている広告や、イメージ向上のために行われる広告などがある。そのような広告その他の表示が商品または役務の内容や取引についての「表示」に当たるか否かは、景表法の表示規制を及ぼすべき場合であるか否かという問題であるため、景表法の目的に照らし、一般消費者を取引に誘引するものか否かという観点から判断され、当該表示に商品または役務の名称や内容が明示されているか否かによって一義的に決まるものではない(古川・前掲50頁)。したがって、直接的には商品または役務の名称やその内容自体が明記されていない場合であっても、一般消費者を特定の商品または役務の取引に誘引し得る説明を行うものなどは、商品または役務の取引に関する事項について行う「表示」に該当すると認められる場合がある(留意事項第3-2のなお書、高居〔第7版〕50頁、古川・前掲50頁)。以下では、直接的には商品または役務の名前やその内容自体が明記されていないものの、商品または役務の取引に関する事項について行う「表示」に該当すると認められるか否かが問題となる具体的な場面について説明を加える。

　(i)　商品の紹介と成分・原材料の効能の説明とを分けた広告　広告その

第1章　総　則　*169*

§ 2 ④-2(3)

他の表示において、具体的な商品名が明示されていない場合であっても、当該表示における原材料や成分の効能の説明等によって特定の商品または役務の取引に誘引し得るような事情が認められるときは、商品または役務の取引に関する事項について行う「表示」に該当する。例えば、薬機法等における未承認医薬品の広告規制の対象となることを逃れるために、「薬事法における医薬品等の広告の該当性について」（平成10年9月29日医薬監第148号都道府県衛生主管部（局）長あて厚生省医薬安全局監視指導課長通知）に示されている当該広告規制の対象となる広告の要件のうち、「特定医薬品等の商品名が明らかにされていること」という要件に該当しないよう、特定の商品名を記載せず、当該商品に含まれる成分の効果、効能を標ぼうするいわゆる「成分広告」という体裁をとるような広告がある。このような成分広告も、成分広告と商品についての広告の関係、一般消費者がこれらの広告に接することとなる一連の仕組み、当該成分の他の事業者による使用可能性など、諸般の事情を考慮して、成分広告に接した一般消費者において、当該成分を含有する商品が当該商品を指すものであると認識すると認められるような場合など、当該商品の取引に関する「表示」と認められる場合があると考えられる（高居〔第7版〕50頁、古川・前掲50〜52頁参照）。

　留意事項第3-2には、以下のような例が紹介されている。

・「特定の食品や成分の健康保持増進効果等に関する広告等に記載された問合せ先に連絡した一般消費者に対し、特定の食品や成分の健康保持増進効果等に関する情報が掲載された冊子とともに、特定の商品に関する情報が掲載された冊子や当該商品の無料サンプルが提供されるなど、それら複数の広告等が一体となって当該商品自体の購入を誘引していると認められるとき」には、当該広告その他の表示は、景表法（および健康増進法）上の「表示」に当たる。

・「特定の食品や成分の健康保持増進効果等に関する書籍や冊子、ウェブサイト等の形態をとっている場合であっても、その説明の付近にその食品の販売業者の連絡先やウェブサイトへのリンクを一般消費者が容易に認知できる形で記載しているようなとき」や「特定の食品や成分の名称を商品名やブランド名とすることなどにより、特定の食品や成分の健康保持増進効果等に関する広告等に接した一般消費者に特定の商品を想起させるような事情が認められるとき」にも、当該広告その他の表示は、景表法（および健康増進法）上の「表示」に当たる。

　この点について、ある広告に字面上商品名が記載されていないとしても、その一事をもって、当該広告が商品に関する表示でないというべきではない旨判示している事案として、京都地判平成27年1月21日（平成26年(ワ)第116号）（民集71巻1号17頁

170　第1章　総　　則

§ 2 ④-2 (3)

〔サン・クロレラ販売株式会社事件の第一審判決〕）がある。当該裁判例では、サン・クロレラ販売株式会社が、健康食品を製造して一般消費者に対し販売する一方、法人格を有しない団体である「日本クロレラ療法研究会」が、一般消費者に対し、サン・クロレラ販売株式会社の販売する商品名を明記せずに、（当該商品に含まれる一般的原材料である）クロレラおよびウコギには「病気と闘う免疫力を整える」「神経衰弱・自律神経失調症改善作用」等の効用があることを記載した新聞折込チラシを配布した事案において、「商品名を表示しない広告であっても、多数の消費者が当該広告で行われた不当な説明に誘導されて特定の商品購入に至るという仕組みがある場合には、当該広告をも景表法の規制対象としなれければ、景表法の規制目的を達成することが非常に困難となる」として、主に、①営利法人による新聞折込チラシの配布は、通常、その商品の販売促進を目的とするものであること、②日本クロレラ療法研究会が購入を推奨するのはサン・クロレラ販売株式会社の商品だけであること、③日本クロレラ療法研究会のチラシに記載された効用に関心を抱いた顧客は必然的にサン・クロレラ販売株式会社の商品の購入に勧誘されるという仕組みがとられていることを理由として、当該チラシの記載が商品の取引に関する「表示」に当たると判示した（なお、控訴審〔大阪高判平成28年2月25日判時2296号81頁〕では、原審で審理の対象となったチラシの配布が控訴審判決時点で行われておらず、また配布するおそれがあるとはいえないと判断し、10条1項1号に基づく差止めの必要性があるとはいえないとして、同号に基づく差止請求に関してその余の点についての判断がされず、上告審〔最判平成29年1月24日民集71巻1号1頁〕では景表法に関する判断はなされていない）。

　また、「成分広告」の景表法上の「表示」該当性に関して、措置命令令和元年11月1日（イマジン・グローバル・ケア株式会社に対する件）は、同社が供給する「プロリコ」と称する商品（対象商品）について、同社ウェブサイトを通じて「プロリコ」と称する成分についての資料を請求した一般消費者に対して、冊子およびチラシを送付するとともに、対象商品の注文はがき付きチラシおよび対象商品の無料サンプルを送付していた事案において、同社ウェブサイトならびに冊子およびチラシの記載が対象商品の取引に関する「表示」に当たると認定している。措置命令平成28年3月31日（ココナッツジャパン株式会社に対する件）においても、同社ウェブサイト上で形式的に特定の商品を紹介するウェブページとその原材料の効能の説明するウェブページが分かれているものの、各ページがハイパーリンクで接続されていたという事案において、「商品紹介ページ、これにリンクさせたページ及び更にそれにリンクさせたページ全体を商品の広告として認定した」として、当該ページを一体的に捉えて全体的に景表法上の「表示」に当たると判断している。

　上記裁判例等と同様の考え方に基づけば、電車広告やテレビCMで特定の商

第1章　総　則　*171*

§ 2④-2(4)

品の特徴的な原材料等について、商品名は記載せず具体的な説明を行うとともに「『○○（特徴的な原材料名）』を検索」等のように特定の検索文言を示しておき、一般消費者がインターネット上で検索エンジンを用いて当該単語を入力して検索すると検索結果画面の上部に当該原材料を含む特定の商品の販売ページへのリンクが表示されるといった場合にも、当該電車広告やテレビCMは商品または役務の内容や取引に関する景表法上の「表示」であると判断される可能性があるという見解がある（古川・前掲51頁）。

　　(ii)　イメージ広告　　商品または役務の内容や取引条件について具体的に示さず、企業や商品または役務の知名度、好感度といった抽象的なイメージを向上させることのみを目的とした、いわゆる「イメージ広告」が行われることがある。例えば、①企業イメージの向上のために、自己の供給する商品または役務と全く関係のない社会問題、環境問題、文化振興等に関する取組みを行っていることをアピールする広告や、②プロスポーツ選手が栄養ドリンクを飲んでいるシーンを内容とする飲料メーカーのテレビCMなどが挙げられる。このような「イメージ広告」のうち①の類型は、自己の供給する商品の取引に関する事項について行う「表示」には該当せず、また、②の類型についても、商品または役務の内容や取引条件について具体的に示しているものでないため、自己の供給する商品の取引に関する事項について行う「表示」には基本的には該当しないと考えられる。ただし、単なるイメージ広告を越えて、例えば、そのプロスポーツ選手がその栄養ドリンクを毎日愛飲しているから活躍できている等と自己の体験として述べる場合には、商品の内容（品質）について具体的に示すものであり、自己の供給する商品の取引に関する事項について行う「表示」に該当し得るものと考えられる（高居〔第7版〕70頁、古川・前掲54頁）。

　　(c)　「取引」　　「取引」の意義については、§2③-2(3)(b)を参照されたい。

　(4)　**「広告その他の表示であつて、内閣総理大臣が指定するもの」**　　本項は「広告その他の表示」と規定していることから、「広告」は「表示」の例示にすぎず、「広告」は「表示」に含まれるものと整理されている。したがって、景表法において、「広告」と「表示」の違いを議論する実益はないといえる（南編著・前掲15頁、波光＝横田＝小畑＝高橋・前掲85頁）。

　本項は、表示について「内閣総理大臣が指定するもの」と定めているが、本項の「広告その他の表示」の具体的内容を定める定義告示2項1号から5号は極めて広範な内容となっており、およそ事業者が顧客を誘引する際に利用すると思われるものはすべて含まれていると考えられる。

　なお、商品名や企業名それ自体も、定義告示2項1号から5号のような形で表

§ 2 ④-2 ⑷

示する場合、景表法の不当表示規制の対象となり得る。企業名自体が景表法上の問題とされた事例として、例えば、看板等に「天然の温泉村」という企業名等の表示を行っていたが、実際には天然温泉を使っていなかったことについて、企業名から天然温泉を使っていると誤認されるおそれがあるものと判断された株式会社天然の温泉村に対する警告（平成16年8月9日）がある（高居〔第7版〕44頁）。

以下では、定義告示2項1号から5号の内容について解説する。

　(a)　商品、容器または包装による広告その他の表示およびこれらに添付した物による広告その他の表示（定義告示2項1号）　　この類型には、取引される商品やその容器・包装に行われる表示で、商品とともに取引の相手方に引き渡されるものが該当する（丸橋透＝松嶋隆弘『景品・表示の法実務』（三協法規出版・2014）63頁、川井＝地頭所151頁）。

定義告示2項1号の「商品……による」表示とは、商品自体に、直接文字、絵、色、図案等を印刷・刻印・貼付する等の方法で記載するものをいう。例えば、商品自体に刻印した文字や図案、洋服・シャツ等に縫いつけられたり貼付されたりしたタグ等が含まれる。商品の色、大きさ、香り等は商品自体のもつ性質であり一般的には表示とはいえないが、商品によっては、事業者が商品に着色・着香などを施したりすれば、それが「商品……による表示」に該当することがあるとされる（川井＝地頭所151頁）。例えば、無果汁の飲料に果汁の色や香りをつけることにより、果汁が含まれているかのように見せることや（丸橋＝松嶋・前掲63頁）、水飴をはちみつに見せかけるために着色・着香することはこれに該当するといわれている（波光＝鈴木87頁〔鈴木恭蔵〕）。

類似例として、「肉組織状植物蛋白質を混合した食品の表示について（通知）」（1976年1月30日公取委指定第26号）という通達では、ひき肉に肉組織状植物蛋白質を混合した食品について、「ひき肉（食肉）に、肉組織状植物蛋白を混合した食品に、その旨が明瞭に表示されていない場合は、当該食品の色、味、形状などにより、ひき肉（食肉）そのものであると一般消費者に誤認されるので不当な表示になる」とされており、造形も「表示」に該当することを前提とした説明がされている（植村幸也『製造も広告担当も知っておきたい 景品表示法対応ガイドブック〔改訂版〕』（第一法規・2024）116頁、波光＝鈴木87頁参照〔鈴木恭蔵〕）。

また、定義告示2項1号の「容器又は包装による……表示」とは、①商品の容器または包装に、文字、絵、色、図案等を印刷、刻印または貼付する方法で記載するもの、②容器または包装の形、色、大きさ自体で示すものである。①は、例えば缶ジュースの文字や絵、ラベルやマーク、牛乳びんのキャップ、包装紙に記載された文字等である。②には、実際の中身に対して過大な容器または包装を用い

§ 2 ④-2(4)

ることにより内容量を多く見せかけるような場合が当てはまり、例えば上げ底等の過大包装を用いた観光土産品や、過大な乾燥剤を入れた食品海苔缶等の過大な容器・包装等がこれに当たる(波光＝鈴木87頁〔鈴木恭蔵〕、川井＝地頭所151頁、丸橋＝松嶋・前掲63頁)。

定義告示2項1号の「商品、容器又は包装……に添付した物による表示」には、商品、容器、包装にある程度物理的に定着しているもののほか、商品とは別に引き渡されるものも含まれる(景品表示法研究会編著・前掲803の2頁)。例えば、商品の説明書や保証書、薬の箱の中に入れられた効能書、寸法や洗濯方法等を記載した下げ札や値札等がこれに該当する(川井＝地頭所152頁、丸橋＝松嶋・前掲64頁)。

(b)　見本、チラシ、パンフレット、説明書面その他これらに類似する物による広告その他の表示および口頭による広告その他の表示(定義告示2項2号)　　この類型には、商品から切り離された広告媒体による表示や、人の声による表示が該当する。「説明書面」とは、旅行業・銀行業等をはじめとするサービス業等において、サービス内容等を記載した書面であり、消費者に配布されるものである(景品表示法研究会編著・前掲803の2頁)。景表法以外の法令において消費者に交付することが義務付けられている書面等(例えば、有料老人ホームの入居希望者等に交付する重要事項説明書など)もこれに該当する(高居〔第7版〕43〜44頁)。

「口頭による広告その他の表示(電話によるものも含む。)」とは、店頭・店内、街頭等における商品または役務の効能・効用等についての口頭による説明等をいい、訪問や電話、ダイレクトメールによって行われる場合も含まれる(丸橋＝松嶋・前掲64頁)。口頭による説明等は従業員等によって行われる場合が多いが、従業員等による表示は使用者である事業者の表示とみなされる(民事的にも、被用者が第三者に加えた責任が使用者の責任とされる場合がある〔民715〕)(波光＝鈴木87〜88頁〔鈴木恭蔵〕)。近年、口頭による表示が問題となった例として、無料体験会場において営業員が商品について行うセールストークが表示に該当するとして、措置命令が出されたものがある(措置命令平成25年10月17日〔株式会社ヘルスに対する件〕、高居〔第7版〕42〜43頁)。また、サシが入った牛肉であるかのように表示していたが、実際には牛肉に牛脂その他の添加物を注入する加工を行っていたという事案において、表示媒体の1つとしてラジオ放送での音声が認定されている(排除命令平成19年5月18日〔株式会社テレマートに対する件〕)(これらの事例について、実務14〜15頁)。

(c)　ポスター、看板、ネオン・サイン、アドバルーン、その他これらに類似する物による広告および陳列物または実演による広告(定義告示2項3号)　　この類型は、多数の者が注視することによって効果をあげることを前提とする媒体による広告である。「これらに類似する物」としては、旗、垂れ幕、吹き流し、飛行機、飛行船

174　第1章 総　則

§ 2 ④-2(4)

などがある(川井＝地頭所154頁)。定義告示2項3号の「陳列物……による広告」に
は、ショーウィンドウや食堂の店頭の陳列、売り場の陳列による表示等が含まれ
る。「食肉の表示に関する公正競争規約」(4(6))においては、「外部から見える場所
に内部のものよりも品質が著しく優良な食肉を陳列することにより、陳列されて
いる食肉全部の品質が著しく優良であるかのように誤認されるおそれがある表
示」が不当表示に該当することを規定している(波光＝鈴木88頁〔鈴木恭蔵〕)。「実演に
よる広告」とは、人の動作による広告を意味し、量販店における包丁の実演販売
のようなものが典型的であり、マネキンやモデルによる実演、講演会における講
師の実演などが含まれる。ただし、かかる実演が口頭の説明のみによって行われ
る場合には、定義告示2項2号の「口頭……による表示」に当たる(丸橋＝松嶋・前
掲64頁)。そのほかに、開店前から店舗の前にサクラの行列を作らせることもこの
類型に該当し「表示」に当たるとする見解もある(加藤公司ほか編『景品表示法の法律相談
〔改訂版〕』(青林書院・2018)114頁、波光＝横田＝小畑＝高橋・前掲92頁)。

　(d)　新聞紙、雑誌その他の出版物、放送、映写、演劇または電光による広告(定義
告示2項4号)　　この類型には、主としてマスメディアを利用する広告であって、
広告主とは独立した事業者によって行われる場合が該当する(丸橋＝松嶋・前掲65
頁)。「新聞紙、雑誌その他の出版物……による広告」については、新聞の広告欄
を利用するもののほか、取材記事の形式をとるものであっても、実質的には事業
者の広告と認められる場合にはこれに当たる(川井＝地頭所155頁、丸橋＝松嶋・前掲65
頁)。「出版物」には、レコード、CD、録音テープなども含まれる(川井＝地頭所155
頁)。「放送……による広告」についても同様に、実質的には広告と認められるよ
うな放送番組は、番組自体が事業者の広告と認められる(丸橋＝松嶋・前掲65頁)。
「映写」には「スライド」も含まれる(川井＝地頭所155頁)。

　(e)　情報処理の用に供する機器による広告その他の表示(定義告示2項5号)　　こ
の類型は、インターネット上で広告が行われるようになったことを受けて、平成
10(1998)年に定義告示に追加された(丸橋＝松嶋・前掲65頁、実務14頁)。具体例として
は、自社のウェブサイト等を用いた広告、楽天やAmazon等のいわゆる電子商
店街における広告、SNSを用いた広告、電子メールによる広告などが該当する
(景品表示法研究会編著・前掲803の3頁)。

　近年、消費者庁がプレスリリースの表示について措置命令を出した事案(措置命
令令和4年9月9日〔株式会社山田養蜂場に対する件〕)がある。同事案で不当表示が認定
された表示媒体には、自社ウェブサイトに加えて、事業者がプレスリリースを掲
載する外部ウェブサイトも含まれており、本件はプレスリリース配信代行業者の
ウェブサイトにおける事業者のプレスリリースの表示について措置命令が出され

第1章　総　　則　　*175*

た初めての事案である（高居〔第7版〕43頁）。　〔**森大樹＝須藤希祥＝梅澤舞＝馬渕綾子**〕

〔**景品類及び表示の指定に関する公聴会等及び告示**〕
第3条　①　内閣総理大臣は、前条第3項若しくは第4項の規定による指定
　をし、又はその変更若しくは廃止をしようとするときは、内閣府令で定め
　るところにより、公聴会を開き、関係事業者及び一般の意見を求めるとと
　もに、消費者委員会の意見を聴かなければならない。
　②　前項に規定する指定並びにその変更及び廃止は、告示によつて行うもの
　とする。

---

1 本条の趣旨　　*2* 条文の解釈

1　本条の趣旨

　2条3項および4項は、「景品類」および「表示」の定義の詳細について、内閣総理大臣による指定に委ねている。本条は、2条3項もしくは4項による指定をし、またはその変更もしくは廃止をする場合に必要な手続および方法を定める。

　本条1項は、2条3項もしくは4項の規定による「景品類」または「表示」の定義を定める指定またはその変更もしくは廃止をしようとするときは、内閣府令で定めるところにより、公聴会を開き、関係事業者および一般の意見を求めるとともに、消費者委員会の意見を聴かなければならないことを定める。

　本条2項は、2条3項もしくは4項の規定による指定またはその変更もしくは廃止は、告示によって行うことを定める。

2　条文の解釈

　(1)　**「前条第3項若しくは第4項の規定による指定」**　「前条第3項若しくは第4項の規定による指定」とは、「景品類」または「表示」の定義を定めることとされている内閣総理大臣の指定を指す。

　(2)　**「公聴会」**　2条3項もしくは4項の規定による指定またはその変更もしくは廃止をしようとするときは、内閣府令で定めるところにより、公聴会を開いて、関係事業者および一般の意見を求めることとされている。公聴会を開催して意見を徴することについては、消費者庁長官に権限が委任されている（38①、景

176　第1章　総　則

§ 3 - *2*(3)

表令14)（波光＝鈴木9〜10頁〔波光嚴〕、高居〔第7版〕215頁〔6条について〕）。

(3) 「**告示**」　2条3項もしくは4項の規定による「景品類」もしくは「表示」の定義を定める指定またはその変更もしくは廃止は、告示によって行うこととされている。「景品類」および「表示」の定義を定める告示として、定義告示がある。なお、公取委の告示による指定（定義告示）が、「消費者庁及び消費者委員会設置法の施行に伴う関係法律の整備に関する法律」（平成21年法律第49号）の経過措置（附則4条）により、改正後の景表法の規定に基づいて内閣総理大臣が指定したものとみなされて、引き続き適用される（高居〔第7版〕42頁）。また、定義告示の運用基準として、「定義告示運用基準」が定められている。　〔森大樹＝須藤希祥＝馬渕綾子〕

§ 4 *-1*(1)

第2章　景品規制・表示規制

〔景品類の制限及び禁止〕

第4条　内閣総理大臣は、不当な顧客の誘引を防止し、一般消費者による自主的かつ合理的な選択を確保するため必要があると認めるときは、景品類の価額の最高額若しくは総額、種類若しくは提供の方法その他景品類の提供に関する事項を制限し、又は景品類の提供を禁止することができる。

1　景品規制総論　*2*　一般懸賞・共同懸賞　*3*　総付景品　*4*　複数の景品類の提供が行われる場合　*5*　業種別告示

1　景品規制総論

（1）　**景品規制の運用状況**　(a)　措置命令　後述するとおり、景品規制の内容は、本条に基づき、懸賞制限告示、総付制限告示および業種別告示によって明らかにされている。事業者がこれらに違反して景品類を提供した場合、内閣総理大臣からの権限の委任を受けた消費者庁（消費者庁長官）や都道府県（都道府県知事）は、当該事業者に対し、その行為の差止めもしくはその行為が再び行われることを防止するために必要な事項またはこれらの実施に関連する公示その他必要な事項を命ずることができる（措置命令。7①・4・38①⑪、景表令23①）〔**§ 7-2**参照〕。景表法が平成21（2009）年に消費者庁に移管される前は、公取委が、現行法上の措置命令に相当する排除命令を行う権限を有していた〔**第3章前注-1**参照〕。措置命令は行政処分の1つであり、これが行われた場合には、認定された違反行為や命令の概要のほか、違反行為を行った事業者の名称や所在地、代表者等も公表される。

しかしながら、本稿執筆時点（令和6年10月）において、景品規制に違反したことを理由に当局が措置命令を出す事案は非常に少ない。平成12（2000）年3月15日に公取委が4件の排除命令（いずれも新聞業告示違反）を行ったのを最後に、過大な景品類を提供したことを理由として公取委または消費者庁が排除命令または措置命令を行った例は1件もない（すなわち、現在までに、消費者庁が景品規制に基づき措置命令を行った事案は存在しない）。都道府県においては、比較的最近のものとして、大阪府

§ 4 − 1 ⑴

が、平成31年3月19日に3件、令和元年12月10日および令和5年3月30日にそれ
ぞれ1件(計5件)の措置命令を行っている(いずれも新聞業告示違反)〔**総論Ⅱ−6**、**§ 4−
5** ⑴(d)参照〕。なお、新聞業告示違反事件が措置命令の対象となることが多いの
は、どの新聞を購読するかという一般消費者の選択が景品類提供に影響されるこ
とは好ましくなく、また、一般の日刊新聞紙は主に宅配により販売されており、
他紙の購読者を対象とする景品類提供により新聞販売店が景品類での競争を行う
事態を招くことになるため、次に説明する行政指導だけでは違反を防止すること
が難しく、当該景品類提供が景表法違反であることを明確にして新聞業界におけ
る景品競争を防止しようとしているためであるといわれている(波光巌＝横田直和＝
小畑徳彦＝高橋省三『改訂　Q&A広告宣伝・景品表示に関する法律と実務』(日本加除出版・
2024)254〜255頁)。

　　(b)　行政指導　　また、消費者庁は、行政機関の一般的権限として、その所
管する景表法に関し、行政指導を行うことができる(行政手続2(6)。以下、単に「指
導」という)。消費者庁は、措置命令を行うに足る事実が認められなかった場合で
あっても、景表法に違反するおそれがあるときは、関係事業者に対して是正措置
をとるよう指導しており、景品規制に係る事件について、近時は年間10〜20件程
度の指導を行っている(直近5年の状況をみると、令和5年度3件、令和4年度9件、令和
3年度14件、令和2年度11件、令和元年度18件)。

　指導は行政処分ではなく、これが行われた場合であっても、対象行為を行った
事業者に係る情報は公表されない。しかし、そうであるからといって、指導を受
けてなお是正措置を講じることなく景品類の提供を継続し、当該景品類の提供が
違反行為に該当すると認められるに至った場合には、措置命令の対象となり得
る。また、景品類の提供は販促企画の一環として行われるのが通常であるとこ
ろ、事業者が景品類を提供するキャンペーンを実施している期間中に、景品規制
に違反しているという指摘を受け、当該指摘が正しいときには当該キャンペーン
を中止・変更せざるを得ない事態に陥ることもあり得る。例えば、ある航空会社
は、平成20(2008)年に「抽選で希望の国内線往復航空券・国際線往復航空券をそれ
ぞれ5組10名様にプレゼント」というキャンペーンを実施していたが、当該キャ
ンペーンは、仮に当選者が東京―ロンドン間のファーストクラス平日便を選んだ
場合、1組当たりの価格が約397万円となり、明らかに景品規制に反するもので
あった。同社は、顧客の指摘を受けてこの事態を認識し、景品を旅行券10万円分
に差し替え、メールなどでお詫びを実施したが、この件は新聞等により報道され
た。このような場合、事後的な対応には多大な労力や金銭的支出を伴う可能性が
あるだけでなく、事業者の評判にも影響し得る。事業者が景品規制に違反した際

180　　第2章　景品規制・表示規制

§ 4 −1 ⑵⑶

に被る可能性のある損害は決して小さいとはいえず、リスクを軽視することはできない(古川昌平『実務担当者のための景表法ガイドマップ』(商事法務・2024)205〜206頁、実務231〜232頁)。

⑵　**景品類の提供の方法**(**懸賞・総付**)　　取引の相手方に提供する経済上の利益が景品類に該当する場合、提供することができる景品類の最高額や総額には限度額が設けられている。その限度額の具体的な内容は、景品類の提供方法、すなわち、いわゆる「懸賞」か「総付」かによって異なる。「懸賞」とは、①くじその他偶然性を利用して定める方法、または②特定の行為の優劣または正誤によって定める方法によって、景品類の提供の相手方または提供する景品の価額を定めることをいい(懸賞制限告示①)、このような方法による景品類の提供は懸賞制限告示によって規制されている。一方で、「懸賞」によらないで提供する景品類を、一般的に「総付景品」といい、総付制限告示によって規制されている。なお、景表法およびこれに基づく告示においては、特定の金品・サービス等を景品類として提供することを禁止する旨の定めはないが、他の法令などにより規制を受けている場合がないかどうかについては留意が必要である(例えば、医薬品等については、医薬品等適正広告基準により、家庭薬を見本に提供する程度の場合を除いて、医薬品を賞品として授与する旨の広告は禁止されている〔医薬品等適正広告基準の改正について(平成29年9月29日薬生発0929第4号)、医薬品等適正広告基準の解説及び留意事項等について(平成29年9月29日薬生監麻発0929第5号)〕〔企業法務実務研究会編著『景品表示法の実務の対応』(三協法規出版・2010)128頁、岡田米蔵＝梁瀬和男『広告法規〔新訂第1版〕』(商事法務・2006)107頁〕)。

⑶　**規制の概要**　　懸賞による景品類の提供には、懸賞制限告示によって景品類の最高額と景品類の総額について限度額が設けられており、総付による景品類の提供には、総付制限告示によって景品類の最高額についての限度額が設けられている。その詳細は後述**2**および**3**を参照されたい。

　これらの告示による制限のほか、特定の業種における景品類の提供に係る告示(業種別告示)による制限もある。その詳細は後述**5**を参照されたい。

　⒜　**懸賞景品規制**　　(ⅰ)　**一般懸賞**　　事業者が、商品の購入者等に対し、懸賞によって景品類を提供する場合(ただし、共同懸賞に該当する場合を除く)、提供することができる景品類の価額につき、次のとおり制限される(懸賞制限告示②、③)。

取引の価額	景品類限度額	
	最高額	総額
5000円未満	取引の価額の20倍	懸賞に係る売上予定総額の2％
5000円以上	10万円	

第2章　景品規制・表示規制　　*181*

§ 4 -*1*(3)

(ii) 共同懸賞　　一定地域の小売業者・サービス業者の相当多数、1つの商店街の小売業者・サービス業者の相当多数、または一定地域の同業者の相当多数が懸賞による景品類の提供を共同して実施する場合(共同懸賞)については、次のとおり、一般懸賞の場合と比べて提供することができる景品類の限度額が若干緩和されている(懸賞制限告示④)。もっとも、共同懸賞に該当するための要件は厳格であり、単に複数名で共同して実施すれば直ちに共同懸賞に該当するわけではない〔後述 *2*(4)参照〕。

取引の価額	景品類限度額	
	最高額	総額
不問	30万円	懸賞に係る売上予定総額の3％

(b) 総付景品規制　　一般消費者に対し、懸賞以外の方法により景品類を提供する場合(総付景品)については、次のとおり、景品類の最高額が制限される(総付制限告示①)。なお、景品類の最高額について、次の金額以内であることに加え、「正常な商習慣に照らして適当と認められる限度」を超えないことも要件とされている〔後述 *3*(2)参照〕。

取引の価額	景品類限度額	
	最高額	総額
1000円未満	200円	制限なし
1000円以上	取引の価額の20％	

(c) 事業者に対する景品類提供の取扱い　　かつて、昭和30年代後半以降の高度経済成長期においては、流通網の整備等を目的として、消費財等の製造業者から流通業者やサービス業者に対する過大な景品類の提供が行われていたため、懸賞制限告示および総付制限告示とは別に、「事業者に対する景品類の提供に関する事項の制限」(昭和42年公取委告示第17号)という告示が存在した。しかし、その後の社会状況の変化により事業者に対する景品類提供が問題となるおそれが少なくなったことから、同告示は平成8(1996)年4月に廃止された(波光＝横田＝小畑＝高橋・前掲253頁)。その結果、事業者に対する景品類提供についても、懸賞制限告示および総付制限告示の規律によることとなり、以下のとおり、懸賞景品規制は事業者に対する景品類提供も消費者に対する景品類提供も同様に対象とするのに対して、総付景品規制は消費者に対する景品類提供に限って対象とするという状況

§ 4 **-1**(4)

になっている(植村幸也『製造も広告担当も知っておきたい 景品表示法対応ガイドブック〔改訂版〕』(第一法規・2024)165頁)〔**総論Ⅰ-Ⅲ-3**(1)参照〕。

　景表法の「取引」には事業者間取引(いわゆる BtoB 取引)を含むところ、懸賞制限告示は特段の限定なく「取引の相手方」への景品類提供を規制しており、規制対象は一般消費者に対する景品類提供に限られず、事業者に対する景品類提供も含む。そのため、事業者に対して懸賞の方法で景品類を提供する場合には、原則として懸賞制限告示の定める上限の範囲内で行わなければならない(松尾剛行『広告法律相談125問〔第2版〕』(日本加除出版・2022)155頁)。例えば、懸賞景品規制は、製造業者が販売業者を対象として懸賞を行う場合(小売業者を対象とした懸賞の事例として、排除命令昭和48年9月26日〔スター食糧株式会社に対する件〕)や、製造業者が販売業者の従業員を対象として懸賞を行う場合(小売業者の従業員を対象とした懸賞の事例として、排除命令平成2年3月12日〔ヤマハ株式会社に対する件〕)にも適用される(波光＝鈴木54頁〔波光巌〕)。一方で、総付制限告示は「一般消費者」に対する景品類提供についての規律のみを定めているので、「事業者に対する景品類の提供に関する事項の制限」廃止以降は、事業者に対する総付景品の提供については、一般的規制は撤廃されたといえる。もっとも、業種別告示(医療関係告示)や公正競争規約による制限が適用される場合があるので留意が必要である(松尾・前掲155～156頁)。

　消費者庁は一般消費者の利益の擁護および増進等を任務としているので(消費者庁及び消費者委員会設置3①)、事業者向けの景品類提供は本来同庁が直接規制対象とするところではないが、事業者向けに過大な景品類が提供されることにより事業者が取り扱う商品が影響を受けると、顧客である一般消費者の自主的かつ合理的な商品選択が阻害されることにもつながりかねないこと等を理由に、販売先の事業者やその役員・従業員に景品類を提供する場合の景品規制を含めて消費者庁が景表法の運用を行っているといわれている(波光＝横田＝小畑＝高橋・前掲234頁)。

　他方で、現在、景表法は一般消費者の利益保護を目的としており(1)、同法の景品規制は、一般消費者による自主的かつ合理的な選択を阻害するおそれがあり、一般消費者を保護する必要がある場合に限り行われるべきであるという前提に立ち、事業者向けの景品類提供については懸賞制限告示による規制対象としないという解釈・運用が検討されるべきであるとする見解もある(古川昌平『エッセンス景品表示法』(商事法務・2018)142頁)。

　(4)　「景品類の価額」(「景品類の価額の算定基準について」(昭和53年11月30日事務局長通達第9号)。以下「景品類価額算定基準」という)

§ 4-1(4)

〔景品類価額算定基準〕
1 景品類の価額の算定は、次による。
　(1)　景品類と同じものが市販されている場合は、景品類の提供を受ける者
　　が、それを通常購入するときの価格による。
　(2)　景品類と同じものが市販されていない場合は、景品類を提供する者が
　　それを入手した価格、類似品の市価等を勘案して、景品類の提供を受け
　　る者が、それを通常購入することとしたときの価格を算定し、その価格
　　による。
2 海外旅行への招待又は優待を景品類として提供する場合の価額の算定も
　1によるが、具体的には次による。
　(1)　その旅行が、あらかじめ旅行地、日数、宿泊施設、観光サービス等を
　　一定して旅行業者がパンフレット、チラシ等を用いて一般に販売してい
　　るもの(以下「セット旅行」という。)である場合又はその旅行がセット旅行で
　　はないが、それと同一内容のセット旅行が他にある場合は、そのセット
　　旅行の価格による。
　(2)　その旅行がセット旅行ではなく、かつ、その旅行と同一内容のセット
　　旅行が他にない場合は、その旅行を提供する者がそれを入手した価格、
　　類似内容のセット旅行の価格等を勘案して、景品類の提供を受ける者が、
　　それを通常購入することとしたときの価格を算定し、その価格による。

　(a)　景品類の価額の算定　　景品類は、事業者が顧客を誘引するための手段
として、自己の供給する商品または役務の取引に附随して相手方に提供する経済
上の利益であるから、取引の相手方は、取引対象である商品または役務とは別に
景品類の提供を受けることになる。取引の相手方は、通常であれば対価を支払っ
てその景品類を取得する必要があるにもかかわらず、商品または役務の取引に附
随してその提供を受けることができるところに顧客誘引効果がある。
　景品類提供企画は、景品類という経済上の利益を提供することにより一般消費
者の商品またはサービスの選択を自社に有利にしようとするものであるので、提
供される景品類の価額については、それが提供される一般消費者の立場からみ
て、どの程度の金額のものが提供されたと考えるかによって判断されることにな
る(波光＝横田＝小畑＝高橋・前掲237頁、波光＝鈴木30頁〔波光巌〕)。
　このような観点から、景品類の価額の算定については、景品類価額算定基準1
にその考え方が示されている。その具体的内容は以下のとおりである。
　　(i)　景品類と同じものが市販されている場合　　景品類と同じものが市販
されている場合は、景品類の提供を受ける者が、それを通常購入するときの価格
による(景品類価額算定基準1(1))。一般消費者が商品やサービスを購入するときには
消費税を支払うことになるから、景品類の価額は消費税相当額を含む額となる

184　　第2章　景品規制・表示規制

§ 4-1(4)

（景品 Q&A・Q77）。他方、郵送費・梱包費等は含まれない（景品 Q&A・Q83）。景品類の価額はあくまでも一般消費者が購入する際に通常支払う価格であって、事業者が景品類として提供する物品を仕入れた際の原価ではないし、メーカーが自社製品を景品類として提供する場合も、製造原価や出荷原価ではない（高居〔第7版〕237頁）。また、景品類の提供事業者が協賛事業者等から無償で入手したものであっても、そのことを理由に景品類の価額が0円になるものではない（景品 Q&A・Q81）。加えて、使用期限間近の商品や未使用で返品された商品など、まだ使用できるものの通常販売することができないものを景品類として提供する場合、通常売り物にならない商品であることを理由に景品類の価額が0円になるわけではなく、売り物にならない事情も踏まえて、それを通常購入することとしたときの価格を算定する必要がある（景品 Q&A・Q82）。

　例えば、景品類として提供しようとする物品について、オンラインショッピングサイトにおいて販売価格が設定されている場合、当該物品が、通常、そのオンラインショッピングサイトで購入するものといえるのであれば、同サイトでの販売価格を景品類の価額とすることができる。他方、実際には当該オンラインショッピングサイトにおいて、当該物品の販売がすでに終了している場合や、長期間にわたり入荷がなく販売の実態がない場合などは、同サイトにおける販売価格を通常購入するときの価格とみることはできない。そのため、当該物品を通常購入することができる他の方法における販売価格や市価を参考に算定する必要がある（景品 Q&A・Q80）。また、例えば、化粧品業界等においてみられるように、市販品のミニチュアが景品類として提供されるときは、原則として、当該市販品の市価に容量比を乗じた額が景品類の価額となる。ただし、容器の品質、形状に著しい差異があるときは、この差異を勘案する必要がある（「化粧品業界における景品類の提供について（回答）」〔昭和52年12月16日公取指第965号、公取委事務局取引部長から日本化粧品工業連合会宛〕②）。

　また、利用する曜日によって異なる料金が設定されているサービスの利用券を景品類として提供する場合、消費者が曜日を問わず当該利用券を用いてサービスを利用できるのであれば、最も高い料金が適用される曜日に利用した場合であっても規制の範囲内である必要があるため、景品類の価額は最も高い曜日の利用料金となる。景品類の価額に平均や中央値といった考え方はないため、各曜日の利用料金の平均の価格を景品類の価額とすることはできない（景品 Q&A・Q78）。

　価格が変動するものを景品類として提供する場合（例：ダイナミック・プライシング〔商品やサービスの需要に応じて価格を変動させる仕組み〕がとられた商品・サービス、株券、NFT〔Non-Fungible Token〕等）、景品類の提供を受ける者が、景品類の受領後に権利

第2章　景品規制・表示規制　　*185*

§ 4 − *1* (4)

を行使するものか否かによって、考え方が異なる。

①宿泊券、航空券、入場チケットなど、景品類の提供を受ける者が、景品類の受領後に権利を行使する必要があるものについては、ダイナミック・プライシングがとられているか否かにかかわらず、権利を行使することができる期間において想定される最も高い価格を合理的に算定し、これを景品類の価額とすることとなる。

②これに対し、株券、NFT、金など、景品類の提供を受ける者が、景品類の受領後に権利を行使する必要がないものについては、当該景品類が提供される時点における価格により算定することとなる(景品Q&A・Q79)。提供者が取得した時点の価格ではないため、留意が必要である(丸橋透＝松嶋隆弘『景品・表示の法実務』(三協法規出版・2014)157頁)。

また、例えば、宝くじを提供する場合は、宝くじが当選した場合の賞金の額で算定するのではなく、宝くじを購入するときの額(例えば、年末ジャンボ宝くじなら1枚300円)により算定することとなる(景品Q&A・Q84)。

(ii) 景品類と同じものが市販されていない場合　景品類と同じものが市販されていない場合は、景品類を提供する者がそれを入手した価格、類似品の市価等を勘案して、景品類の提供を受ける者が、それを通常購入することとしたときの価格を算定し、その価格による(景品類価額算定基準1(2))。

例えば、書店が、その店舗で5000円(税込)以上購入した顧客全員に、景品類として非売品のオリジナルボールペンを提供したとき、当該ボールペンの類似品の通常の入手価格が300円(税込)であれば、これが当該ボールペンを「通常購入するときの価格」に近いと考えられるから、景品類である当該ボールペンの価額は300円となる。当該書店と付き合いのある業者に当該ボールペンの制作を大量発注したため、実際には当該ボールペンの仕入れ値が税込150円だったとしても、その価格が景品類の価額となるわけではない(丸橋＝松嶋・前掲302〜303頁参照)。

類似品も市販されていない場合は、仕入価格や、景品類の製造コスト、景品類を販売することとした場合に想定される利益率等から、景品類の提供を受ける者が、それを通常購入することとしたときの価格を算定し、その価格による。例えば、ぬいぐるみを景品類として提供する場合であって、当該ぬいぐるみと類似したぬいぐるみが市販されていないときは、ぬいぐるみの製造原価と販売のために上乗せされると想定される利益を基準として、実際にそのようなぬいぐるみが販売されるとすれば付されるであろう価格を算定し、これを景品類の価額と考えることになる。また、プレミアムがつくような景品類であれば、それも考慮に入れる必要があると指摘する見解もある(加藤公司ほか編『景品表示法の法律相談[改訂版]』(青

§ **4−1**(5)

林書院・2018)77頁、景品表示法研究会編著・前掲422〜423頁)。例えば、プロサッカー選手のサイン入りサッカーボールを景品類として提供しようとする場合には、当該景品類の価額は、単なるサッカーボールの取得価格でなく、これに加え、同選手のサイン入りであること(プレミアム)を踏まえた利益率を勘案する等して算定することとなるものと考えられる(古川・前掲ガイドマップ245頁)。

　　(b)　海外旅行への招待または優待　　海外旅行への招待または優待を景品類として提供する場合の価額の算定も上記(a)の基準によるが、具体的には次のように考えられる(景品類価額算定基準2)。

①その旅行が、あらかじめ旅行地、日数、宿泊施設、観光サービス等を一定して旅行業者がパンフレット、チラシ等を用いて一般に販売しているもの(以下、「セット旅行」という)である場合またはその旅行がセット旅行ではないが、それと同一内容のセット旅行が他にある場合は、そのセット旅行の価格による。

②その旅行がセット旅行ではなく、かつ、その旅行と同一内容のセット旅行が他にない場合は、その旅行を提供する者がそれを入手した価格、類似内容のセット旅行の価格等を勘案して、景品類の提供を受ける者が、それを通常購入することとしたときの価格を算定し、その価格による。

なお、旅行代金は時期により価格が変動し得るが、当該価格は、利用時期を基準に考える。その結果、利用可能時期を設定せずに海外旅行を提供する場合には、利用時の価格が繁忙期価格になる可能性があるので、景品類の価額が繁忙期価格になることを前提に企画を設計する必要がある(古川・前掲ガイドマップ244頁)。

　(5)　「取引の価額」(総付運用基準1)　　一般懸賞によって提供する景品類の最高額および総付景品の最高額は、「取引の価額」を基準として算定される。景品規制の趣旨が、取引に附随して過大な景品類の提供が行われると、一般消費者の射幸心を助長し、一般消費者の自主的かつ合理的な選択が阻害されるおそれがあるため、過大な景品類の提供を制限することにあることに照らし、一般消費者が景品類の提供を受けるのに必要な「取引の価額」を基準として規制を設けたものと考えられる。この「取引の価額」をどのように捉えるかについては、総付運用基準1に定められており、懸賞運用基準5(1)はこれを準用している。なお、同一の取引に附随して2以上の景品類提供を行う場合を定める総付運用基準1(5)については、後述4において説明する。

〔総付運用基準〕
　1　告示第1項の「景品類の提供に係る取引の価額」について

第2章　景品規制・表示規制　　*187*

§ 4 - **1**(5)

(1) 購入者を対象とし、購入額に応じて景品類を提供する場合は、当該購入額を「取引の価額」とする。

(2) 購入者を対象とするが購入額の多少を問わないで景品類を提供する場合の「取引の価額」は、原則として、100円とする。ただし、当該景品類提供の対象商品又は役務の取引の価額のうちの最低のものが明らかに100円を下回つていると認められるときは、当該最低のものを「取引の価額」とすることとし、当該景品類提供の対象商品又は役務について通常行われる取引の価額のうちの最低のものが100円を超えると認められるときは、当該最低のものを「取引の価額」とすることができる。

(3) 購入を条件とせずに、店舗への入店者に対して景品類を提供する場合の「取引の価額」は、原則として、100円とする。ただし、当該店舗において通常行われる取引の価額のうち最低のものが100円を超えると認められるときは、当該最低のものを「取引の価額」とすることができる。この場合において、特定の種類の商品又は役務についてダイレクトメールを送り、それに応じて来店した顧客に対して景品類を提供する等の方法によるため、景品類提供に係る対象商品をその特定の種類の商品又は役務に限定していると認められるときはその商品又は役務の価額を「取引の価額」として取り扱う。

(4) 景品類の限度額の算定に係る「取引の価額」は、景品類の提供者が小売業者又はサービス業者である場合は対象商品又は役務の実際の取引価格を、製造業者又は卸売業者である場合は景品類提供の実施地域における対象商品又は役務の通常の取引価格を基準とする。

(a) 購入者を対象とし購入額に応じて景品類を提供する場合 　購入者を対象とし、購入額に応じて景品類を提供する場合には、当該購入額を取引の価額とする（総付運用基準1(1)）。取引の価額は、消費税込みの価格となる（景品Q&A・Q60）。例えば、1個税込500円の商品の購入者を対象に景品類を提供する場合には、取引の価額は購入額の500円となる（景品Q&A・Q61）。商品を限定せず、「○円以上お買い上げの方」というように一定額の購入を条件とする場合には、その購入額○円が取引の価額となる（加藤ほか編・前掲26頁）。取引の価額は、個別の取引ごとに検討するから、例えば、1000円以上の商品の購入者を対象に景品類を提供する企画を実施する場合、仮に対象商品の購入を2度行った顧客が2度応募したとしても、これは単一の企画において2度別々の取引をして2度応募しているだけであるので、取引の価額はそれぞれの取引について最低購入額である1000円となる（植村・前掲169頁）。また、商品の購入時に、1ポイントを1円として支払いに充当することができるポイントを使用することが想定される場合であっても、貯まったポイントを使用するか否かが購入者の判断に委ねられている場合には、ポ

18　第2章　景品規制・表示規制

§ 4 - *1* (5)

イント分の値引を踏まえない購入額が取引の価額となる。他方で、ポイントを使用することが景品類の提供を受ける条件となっているような場合であれば、取引の価額はポイント使用分を控除した額となる(景品 Q&A・Q62)。なお、買取りサービス〔§ 2 ③-*2* (3)(b)〕においては購入額というものを観念できないため、買取額に応じて景品類を提供する場合には、買取額が取引の価額となる(景品 Q&A・Q 7、高居〔第 7 版〕242頁)。

(b) 購入者を対象とするが購入額の多少を問わないで景品類を提供する場合

(i) 考え方 購入者を対象とするが購入額の多少を問わないで景品類を提供する場合、つまり、代金がいくらであるかは問わず何か購入した相手方に対してはもれなく景品類を提供するという場合の取引の価額は、原則として、100円とされている。ただし、当該景品類提供の対象商品または役務の取引の価額のうちの最低のものが明らかに100円を下回っていると認められるときは、当該最低のものを取引の価額とすることとし、逆に当該景品類提供の対象商品または役務について通常行われる取引の価額のうちの最低のものが100円を超えると認められるときは、当該最低のものを取引の価額とすることができる(総付運用基準 1 (2))。購入者を対象とするが購入額の多少を問わないで景品類を提供する場合には、当該店舗における商品または役務のうち何を購入しても景品類を提供するということであるから、当該店舗における商品または役務のうち通常購入される最低価格のものを基準としても、景品類の限度額を超えないものとなっている必要がある。例えば、その店舗で取り扱う商品のうち最低価格のものは80円であり、その商品の購入者にも景品類を提供するということであれば、取引の価額は80円となるが、当該店舗において80円の商品が売れることは滅多になく、通常売れている商品の中で最低価格のものは150円であるという場合であれば、150円を取引の価額とすることができる。なお、買取りサービスにおいて、買取りした者を対象とするが、買取額の多少を問わないで景品類を提供する場合、取引の価額は原則として100円となるが、通常行われる取引の価額のうち最低のものが明らかに100円を下回るときは当該最低のものが取引の価額となり、100円を超えるときは当該最低のものが取引の価額となる(景品 Q&A・Q 7)。

最低のものが「明らかに」100円を下回っているとされている点については、小売業者であれば通常自己の取り扱う商品の販売価格は把握していると考えられるから、「明らか」ではない場合は考えにくいが、例えば、メーカーが懸賞を行う場合には、各小売店での設定価格をすべて把握しているとは限らないため、「明らか」に100円を下回る場合のみ、取引の価額をその価格に引き下げなければならない(つまり、100円を下回ることが「明らか」でなければ100円とすればよい)と考えられる(植

第 2 章 景品規制・表示規制 *189*

§ **4 −1**(5)

村・前掲170頁)。

　また、「通常行われる」取引の価額の意味について、例えば、美容院が来店者に対して景品類を提供する場合、店内に飲料の自動販売機が設置されているとしても、「通常」行われる取引は飲料の販売ではなく美容施術の提供であるから、取引の価額は、飲料の販売価格ではなく、通常行われる美容施術のうち最低料金のものとなる(景品 Q&A・Q73)。「通常行われる」取引の価額という表現は、購入を条件とせずに、店舗への入店者に対して景品類を提供する場合(後記(c)参照)にも用いられているが、この場合も考え方は同様である。

　景品類の価額と同様、取引の価額にも、平均や中央値という考えはない。複数の商品のうちどれを購入しても同じ景品類の提供を受けられる場合には、景品類の提供を受けるのに必要な取引のうち最低の金額が取引の価額となる(景品 Q&A・Q65・Q67)。例えば、施設の入場チケット購入者にもれなく景品類を提供する場合であって、入場チケットの種類が大人2000円、中高生1500円、小学生1000円という3種類あるとき、どれを購入しても同じ景品類の提供を受けられるのであれば、景品類の提供を受けるのに必要な取引のうち最低の金額が取引の価額となる。この事例においては、最も安い入場チケット料金は小学生の1000円であるので、取引の価額は1000円となる(景品 Q&A・Q64)。また、ガソリンのように価格が変動する商品の購入者に景品類を提供するキャンペーンを行う場合、取引の価額に中央値という考えはないため、価格が変動する商品をキャンペーン期間中いつ購入しても同じ景品類の提供を受けられる場合には、景品類の提供を受けるのに必要な取引のうち最低の金額が取引の価額となる。つまり、キャンペーン期間中に想定されるガソリン価格(過去の同時期の価格、直近の価格変動傾向、原油をめぐる情勢等から合理的に想定される価格)のうち最も安い価格を取引の価額とする必要がある(景品 Q&A・Q67)。

　複数の対象商品を購入することを前提とする企画の場合には、景品類の提供を受けるのに必要な合計金額のうち最低のものが取引の価額となる。例えばA社とB社が共同して景品類提供企画を実施する場合で、A社の対象商品の中から1つ、さらにB社の対象商品の中から1つ購入したらもれなく景品類を提供するように、複数事業者の取引を条件とする場合には、景品類の提供を受けるのに必要な取引のうち最低の金額となるのは、A社の対象商品とB社の対象商品のそれぞれ最も安いものを購入する場合の合計であるから、当該合計金額が取引の価額となる(景品 Q&A・Q66)。また、近隣の小売店10店舗においてスタンプラリーによる景品類提供企画を行う場合、各店舗で1回1000円以上購入するとスタンプが押され、スタンプを3個集めるともれなく景品類を提供するという場合には、

190　　第2章　景品規制・表示規制

§ 4-1(5)

景品類の提供を受けるためには1000円の買い物を3店舗で実施して3個のスタンプを集める必要があるため、景品類の提供を受けるのに必要な取引のうち最低の金額である合計3000円が取引の価額となる(景品Q&A・Q70)。スタンプラリーに関するこのような考え方は、スタンプを実際に押すのではなく、デジタルスタンプを集める企画や、特定の景品類と交換できるポイントを集める企画にも同様に当てはまる(古川・前掲ガイドマップ241頁)。

なお、例えば前年度1年間に合計10万円以上購入してくれた顧客を対象として抽選で景品類を提供する場合のように、過去に取引をした者を対象に景品類提供企画を行う場合、過去の購入額(10万円)を取引の価額としてよいかという問題がある。この場合、通常過去に取引をしたことのある顧客に対して景品類を提供するのは、その後の取引に誘引することを意図したものであって、過去の購入額は、今回の景品類提供の対象者を選定するための基準にすぎない(波光=鈴木46頁〔波光巖〕)。したがって、景品類の提供は景品類提供企画の告知をした後に発生し得る取引に附随するものであるから、その場合の取引の価額は、景品類提供企画を告知した後に発生し得る通常の取引のうち最低のものとなり、過去の購入額を取引の価額とすることはできない(景品Q&A・Q10)。過去に取引したことのある者に対する景品類の提供については、**§ 2③-2(4)(b)(v)**も参照。

(ii) 排除命令　㋐ 株式会社葵丸進に対する件(排除命令昭和46年7月9日)

飲食業を営む事業者が、飲食金額の多少にかかわらず飲食した者を対象としてクイズに応募用紙で応募させ、また、クイズの問題をテレビ、店内、店頭等に掲げたポスターに出題して、官製はがきで応募させ、正解者の中から2か月に1回抽選を行い、1回の抽選でカラーテレビ(15万8000円相当)を40台、期間中240台(総額3792万円相当)等を提供することを企画し、実施した。本件における最低の取引の価額は、香の物またはご飯の60円であるが、通常単独で飲食される最低の価額は玉子丼の150円であるので、当該懸賞に係る最低の取引の価額は150円であるとされた。したがって、①懸賞により提供できる景品類の最高額は3000円であり、カラーテレビの価額はこの制限を超えており、また、②当該懸賞に係る取引の予定総額は7億2000万円であって、懸賞により提供できる景品類の価額の総額は1440万円であったが、景品類の価額の総額はこの制限を超えており、①および②の点で懸賞制限告示に違反するとされた(波光=鈴木36〜37頁〔波光巖〕、古川・前掲ガイドマップ238頁)。

本排除命令を踏まえると、食事処のような飲食店が景品類を提供する場合における「通常行われる取引の価額のうち最低のもの」は、顧客がその店舗で通常単独で飲食する料理のうち最低の価額であると考えられる。これに対して、ドリンク

や料理を複数注文することが予定されている居酒屋のような店舗については、「通常行われる取引の価額のうち最低のもの」について、さらに具体的な検討を要すると考えられる（古川・前掲エッセンス167頁）。

(イ)　オリエンタル商事有限会社に対する件（排除命令昭和53年5月29日）

バッティングセンターの経営を行う事業者が、一般消費者を対象に、昭和52年9月15日から同年12月31日の3か月半を期間とし、同社のバッティングセンターでバッティングゲームを行った者に対し、ゲーム数のいかんを問わず、ホームランの本数の多い順に、第1位中古自動車（30万円相当）1台、第2位・第3位腕時計（1万8000円相当）各1個、第4位・第5位木製バット（3300円相当）各1本の景品類を提供することを企画し、実施した。同バッティングセンターの当該期間中における入場者のゲーム状況は、通常の客の場合、10日に1度程度来場し、1回の来場の際に約3ゲーム（1ゲーム当たりの料金250円）のゲームを行い、また、常連の客の場合、3日に1度程度来場し、1回の来場の際に約5ゲームのゲームを行ったと認められた。本排除命令は、これらの事情を踏まえて、当該懸賞に係る取引の価額を「概ね8,000円以上5万円未満の範囲であると認められる」とし、当時、懸賞により提供できる景品類の最高額は取引の価額が5000円以上5万円未満である場合には1万円とされていたことから（波光＝鈴木61頁〔波光巖〕）、景品類中第1位、第2位および第3位の景品類はこの制限を超えるものとされた。

本排除命令は取引の価額について、通常の客の場合を基準として、期間中10.5回来場したものとし（3か月半で、10日に1回来場したとすると10.5回）、そのゲーム数3に250円を乗じた額（10.5回×3ゲーム×250円＝7875円）を通常の取引の最低の価額とし、「概ね8,000円以上5万円未満」と認定したと考えられる（波光＝鈴木61頁〔波光巖〕）。

(c)　購入を条件とせずに、店舗への入店者に対して景品類を提供する場合　　(i) 原則　　商品や役務の購入を条件とせずに、店舗への入店者に対してもれなく景品類を提供する場合の取引の価額は、原則として100円とされている。ただし、当該店舗において通常行われる取引の価額のうち最低のものが100円を超えると認められるときは、当該最低のものを取引の価額とすることができる（総付運用基準1(3)、景品Q&A・Q72）。

購入を条件とせずに、店舗への入店者に対して景品類を提供する場合、入店者は、当該店舗における商品または役務のうち何かを購入する可能性があることから、この場合は、当該店舗における商品または役務のうち最低の価格のものを取引の価額とすることになっている（波光＝鈴木61頁〔波光巖〕）。

例えば、ガソリンスタンドの入店者全員に景品類を提供する場合、そこで通常行われる取引のうち最低価格のものはオートバイの給油であり、その価格が500

§ 4-1(5)

円ということであれば、取引の価額は500円となる(景品表示法研究会編著・前掲413〜414頁参照)。また、住宅ローンセンターへの来訪者へ景品類の提供を行う場合は、当該センターで取り扱っている住宅ローンの最低の利息額(最低貸出額×最低貸出期間×最低貸出金利)を取引の価額とすることができ、最低貸出額等を規定していない場合には、過去の実例からみた最低の貸出額、貸出期間に応じた利息額を取引の価額とみるものと考えられている(全国銀行公正取引協議会「景品規約に関する照会事例」〈照会事例19〉「来店時の取引価額」)。

(ii) 特定の商品・役務を対象とする場合　　購入を条件とせずに、店舗への入店者に対して景品類を提供する場合であっても、特定の種類の商品または役務についてダイレクトメールを送り、それに応じて来店した顧客に対して景品類を提供する等の方法による場合など、景品類提供に係る対象取引をその特定の種類の商品または役務の購入に限定していると認められるときは、その商品または役務の価額を取引の価額として取り扱うこととされている(総付運用基準1(3))。例えば、家具類の展示即売会を行うに当たってダイレクトメールを送り、ダイレクトメールを持参した来店者に景品類を提供するような場合が考えられる。ただし、このような場合であっても、一般の売場と展示即売会場を区別するなどの配慮をしない限り、展示即売会の来店者に限定したものではなく、一般の売場も含めた店舗への入店者一般を対象にした景品類の提供として取り扱われると考えられている(高居〔第7版〕241〜242頁)。すなわち、例えば、一般の売場では1万円の椅子が最低価額の商品で、展示即売会場では10万円のソファーが最低価額の商品である場合であって、展示即売会場が一般の売場とは入り口が別の特設スペースに設置されているときは、ダイレクトメールを持参した顧客が訪れる展示即売会場で販売されているもののうち最低価額のものが「取引の価額」として取り扱われるものと考えられる。他方で、例えば、展示即売会場が一般の売場の中の一角に設置されており、ダイレクトメールに応じて来店した顧客も一般の入店者と同様にそこで1万円の椅子を購入することができる場合には、仮に仕切り等で売場が区別されていたとしても、景品類提供に係る対象取引は展示即売会場で販売されている商品の購入に限定されているとはいえないため、取引の価額は1万円になるものと考えられる。すなわち、売場の区別が本質ではなく、あくまでもダイレクトメールに応じて来店した顧客が購入する対象商品が特定のものに限定されているといえるか否かで判断されるものと考えられる(景品表示法研究会編著・前掲412頁、植村・前掲171頁参照)。

(iii) 排除命令　　(ア) 株式会社東美および株式会社エスマートに対する件(排除命令昭和45年12月8日)　　衣料品・家庭用品・日用雑貨・食料品の小売業を営

第2章　景品規制・表示規制　　*193*

§ 4 - *1* (5)

む２つの事業者は、共同して、クイズを新聞・チラシに広告し、また、各店舗の大部分の店内に置いた応募用紙または官製はがきで応募させ、正解者の中から抽選で、Ｓ東美賞として自動車(54万8000円相当)１本、特賞としてカラーテレビ(15万5000円相当)１本、１等賞としてエチケットブラシ(500円相当)50本、２等賞としてハンガー(150円相当)200本、３等賞としてナプキン(50円相当)500本を提供した。しかし、当該懸賞に係る最低の取引の価額は、キャラメルの９円であり、景品類の価額の最高額は180円であるため、景品類のうちＳ東美賞、特賞および１等賞の景品類の価額はこの制限を超えており、懸賞制限告示に違反するとされた(なお、オープン懸賞との併用がなされているが、応募用紙を店内に置いていたため取引に附随すると判断された。取引附随性の点に関しては審決(公取委審判審決昭和47年９月27日)で判断されている〔後述 **2** **(4)(b)(iv)**参照〕)(波光＝鈴木38頁〔波光巌〕、中村雄一「店内においた応募用紙又は官製はがきにより応募させる懸賞による景品付販売」金沢良雄編『独禁法審決・判例百選〔第２版〕』(有斐閣・1977)201頁)。

(イ) **昭和石油株式会社に対する件**(排除命令昭和45年３月11日)　　石油精製業および石油製品販売業を営む事業者は、同社系列の給油所にクイズを記載した応募用紙を置き、当該応募用紙または官製はがきで回答させることにより、給油所へ主として自動車に給油するために来る者に応募させる企画を実施した。その際、当該企画の対象期間中毎月抽選を行い、１等カラーテレビ(14万9000円相当)を３名に提供する等のほか、更に、応募者全員について抽選を行い、特賞自動車(69万2000円相当)を１名に提供する等した。本排除命令は、取引の価額について、同社の自動車用ガソリンは１ℓ当たり小売価格が約50円であるとしつつも、通常自動車の最低給油量は約10ℓであることから、当該懸賞に係る取引の価額は約500円であって、懸賞により提供できる景品類の価額の最高額は１万円であり、１等賞、２等賞および特賞の景品類の価額はこの制限を超え、懸賞制限告示に違反するとした。この事案では、自動車用ガソリンに係る取引の最低単位は１ℓであるものの、通常の最低給油量が約10ℓであると認定した上で、当該給油量の対価が通常行われる取引の価額のうち最低のものであるとして、取引の価額を判断したものである(古川・前掲ガイドマップ239～240頁)。

(ウ) **ジャパンエンバ株式会社に対する件**(排除命令平成11年３月30日)　　毛皮製の衣服および身の回り品の製造業者が、①店舗または展示販売場の会場ごとに応募期間を定め、あらかじめ郵送したダイレクトメールに同封した応募券により、当該店舗または会場において応募した一般消費者を対象として、抽選により、イギリス・フランスへの６日間のペア旅行(24万6000円相当)を２名、ハワイへの５日間のペア旅行(16万円相当)を５名、国内旅行券(４万円相当)を10名にそれぞれ

194　　第２章　景品規制・表示規制

§ 4 − *1*(5)

提供し、また、それとは別の時期に、②店舗または展示販売場の会場ごとに応募期間を定め、当該店舗または会場において商品を購入した一般消費者を対象として、抽選により、ハワイへの5日間のペア旅行(16万円相当)を5名に提供した。本排除命令は、①および②のいずれについても、懸賞における取引の価額は5000円以上と認められることから、懸賞により提供することができる景品類の価額の最高額は10万円であるから、①および②のいずれの企画についても、イギリス・フランスへの旅行およびハワイへの旅行は、制限額を超えるものであったとした。取引の価額について、①の企画は、購入を条件としていないが店舗または会場で販売されている商品の最低価格のものは5000円であるから、懸賞に係る取引の価額は5000円であると認定され、②の企画は、購入を条件としているが購入額の多少を問わないものであり店舗または会場で販売されている商品の最低価格のものは5000円であるから、懸賞に係る取引価額は5000円であると認定されたものである(波光＝鈴木62〜63頁〔波光厳〕)。

(d) 景品類の提供者と「取引の価額」 景品類の提供者が小売業者またはサービス業者である場合は、対象商品または役務の実際の取引価格を基準とし、また、景品類の提供者が製造業者または卸売業者である場合は、景品類提供の実施地域における対象商品または役務の通常の取引価格を基準とする(総付運用基準1(4)、景品Q&A・Q74)。つまり、景品類の価額は、あくまでも一般消費者の購入額(小売価格)が基準となっている(植村・前掲179頁)。

例えば、メーカーが同社の商品Aを大阪府内の小売店で購入した顧客を対象に景品類を提供する場合に、全国の小売店における商品Aの販売価格がまちまちであるときには、景品類提供企画を実施する地域である大阪府内における小売店の商品Aの通常の販売価格が取引の価額となる。実施地域が大阪府であるにもかかわらず、東京都内の小売店における販売価格を基準とすることはできない(波光＝鈴木39頁参照〔波光厳〕)。

なお、メーカーが景品類の提供を行う場合に基準となるのは「通常の取引価格」であるので、特売セールでの販売価格などは除いて、小売業者の通常の販売価格によるべきである(景品Q&A・Q74)。

メーカーが小売業者を通じて一般消費者を対象に景品類を提供する場合は、基本的には「通常の取引価格」はメーカー希望小売価格となるだろうが、市場価格が値崩れしておりメーカー希望小売価格から相当値引きした価格が実勢販売価格となっている場合には、市場における実勢販売価格が基準となると考えられる(加藤ほか編・前掲56頁、景品表示法研究会編著・前掲411頁)。

(e) 継続的取引の場合の「取引の価額」の考え方 取引の価額は、個別の取引

§ 4 − *1*(5)

ごとに検討する必要があるが、取引の実態や契約内容から一定の期間継続的に取引を続けることが前提とされると認められるときには（保険・消費者金融・クレジットカード・携帯電話・インターネットプロバイダ等、一定程度継続的に取引を行うことが一般的で、一般消費者が月額制等で定期的に料金を支払う場合）、例外的に、取引の価額を一定期間の取引の価額の合計額で考えることができる場合がある。例えば、一度契約した場合、3か月は解約できないとされているような場合には、3か月分の料金をもって「取引の価額」とすることができると考えられる。しかし、契約上特に契約期間の制約等がなく、取引の実態としてもごく短期間で解約する一般消費者が存在するような場合には、一定期間の利用料の合計額を取引の価額とすることはできない（高居〔第7版〕242頁、株式会社電通 法務マネジメント局編・前掲212頁）。例えば、継続的取引を前提とした月額サービスの契約を条件として新規契約者に対して景品類を提供する場合、契約時に支払う必要があるのは初期費用および初月の月額料金のみであれば、1か月の利用料金に当たる初期費用と初月の月額料金の合計額が通常行われる取引の価額のうち最低のものであり、これが基本的には取引の価額となる。他方で、取引の実態が異なれば、初期費用と一定期間の利用料金の合計額を取引の価額とすることができる場合がある（景品Q&A・Q68）。すなわち、当該サービスの契約を締結した顧客は、通常最低でも3か月はサービスの提供を受けており、1か月や2か月で解約する顧客はほとんどいないというような場合であれば、初期費用と3か月分の利用料金の合計額を取引の価額とすることができると考えられる。

　クレジットカードの入会者に対し、抽選の方法により景品類を提供する場合、入会者は、通常、1年程度は契約を継続するものと考えられるので、そのような場合においては、①入会金、②初年度の年会費、③1年間における利用額の合計のうち通常考えられる最低のものを合算した金額が取引の価額であると考えられている（景品Q&A・Q69。ただし、クレジットカードの利用額は、利用者が加盟店との取引に基づいて支払うべき金額を立て替えたものであるため、これをもとに利用者とクレジットカード会社との間の「取引の価額」を算定することが適切かについては議論の余地があると思われる）。なお、クレジットカード会社の提供する景品類について、入会金等の費用が発生せず、一定の取引額を条件としない場合は、「取引価額が確定しない場合」として上限1500円の景品類提供を行うか（銀行業における景品類の提供の制限に関する公正競争規約3(2)、同施行規則2①）、過去の客観的データから通常考えられる最低の取引額を取引の価額とみなして景品類を提供することができるとされている（全国銀行公正取引協議会「景品規約に関する照会事例」〈照会事例25〉「クレジットカード入会申込時の取引価額」）。

196　第2章　景品規制・表示規制

§4-2(1)

2 一般懸賞・共同懸賞

(1) 「懸賞」(懸賞制限告示1項、懸賞運用基準1および2)

(a) 「懸賞」の定義とその例

〔懸賞制限告示〕

1 この告示において「懸賞」とは、次に掲げる方法によつて景品類の提供の
相手方又は提供する景品類の価額を定めることをいう。
一 くじその他偶然性を利用して定める方法
二 特定の行為の優劣又は正誤によつて定める方法

「懸賞」とは、懸賞制限告示1項において上記のとおり定められており、その各
号に示された2種類の方法は、懸賞運用基準1および2において、以下のとおり
例示されている。

〔懸賞運用基準〕

1 「懸賞による景品類の提供に関する事項の制限」(昭和52年公正取引委員会告
示第3号。以下「告示」という。)第1項第1号の「くじその他偶然性を利用して
定める方法」についてこれを例示すると、次のとおりである。
(1) 抽せん券を用いる方法
(2) レシート、商品の容器包装等を抽せん券として用いる方法
(3) 商品のうち、一部のものにのみ景品類を添付し、購入の際には相手方
がいずれに添付されているかを判別できないようにしておく方法
(4) 全ての商品に景品類を添付するが、その価額に差等があり、購入の際
には相手方がその価額を判別できないようにしておく方法
(5) いわゆる宝探し、じゃんけん等による方法
2 告示第1項第2号の「特定の行為の優劣又は正誤によって定める方法」に
ついてこれを例示すると、次のとおりである。
(1) 応募の際一般に明らかでない事項(例 その年の十大ニュース)について予
想を募集し、その回答の優劣又は正誤によって定める方法
(2) キャッチフレーズ、写真、商品の改良の工夫等を募集し、その優劣に
よって定める方法
(3) パズル、クイズ等の解答を募集し、その正誤によって定める方法
(4) ボーリング、魚釣り、○○コンテストその他の競技、演技又は遊技等
の優劣によって定める方法(ただし、セールスコンテスト、陳列コンテスト等
相手方事業者の取引高その他取引の状況に関する優劣によって定める方法は含ま
れない。)

(i) くじその他偶然性を利用して定める方法(懸賞運用基準1)　　誰に景品
類を与えるかや、複数ある景品類のうちの景品類を与えるかをくじその他の

第2章　景品規制・表示規制　*197*

§ 4 -2(1)

「偶然」によって決定する場合をいう。「偶然」とは、応募者からみて不確定または不明確であることを意味し、景品類の提供者がすでに知っていることでも、応募者からみれば不確定または不明確である場合には、「偶然」に該当する(高居〔第7版〕239頁)。誰に景品を与えるかや、複数ある景品類のうちどの景品類を与えるかをくじの方法を用いて決定する場合でも、顧客がくじの結果(自己が景品類の提供を受けることができるかや、できる場合、どの景品類がもらえるか)を取引の前に知ることができ、くじの結果によって取引するか否かを自由に決定できるようなものは、懸賞には該当しない(ただし、これらは総付制限告示の規制対象になり得る)(高居〔第7版〕239頁)。また、景品類の付いている商品の購入希望者が多数存在するために、景品類付きの商品を購入することができる者を抽選で決定する場合であっても、抽選に外れた者が景品類の付いていない商品を購入する必要がないような場合には、懸賞には該当しない(高居〔第7版〕239頁)。

懸賞運用基準1は、「偶然性を利用して定める方法」の例として、以下のようなものを挙げている。

(ア) 抽選券を用いる方法　　抽選券の与え方については、その方法のいかんを問わない。抽選券を手渡したり、商品に抽選券を添付したり、取引のあとで郵送したりする場合などが典型例であるが(川井＝地頭所79頁)、例えば、メーカーが商品の包装の中に抽選番号を印字した抽選券を封入しておき、当選番号を後日インターネット上や販売店の店頭で発表し、当選者はメーカーまたは販売店に連絡して景品類の提供を受けるというような方法も考えられる(波光＝鈴木55頁〔波光巖〕)。また、抽選器や福引きを使い当選者に景品類を提供する場合もこれに含まれる(丸橋透＝松嶋隆弘『景品・表示の法実務』(三協法規出版・2014)159頁)。

(イ) レシート、商品の容器包装等を抽選券として用いる方法　　商品の包装袋、容器、王冠、キャップ等の容器包装や、代金支払いの際に渡されるレシート、映画館の入場券の半券等を抽選券として用いる場合(レシート等に抽選番号を印字した上で当選番号を決定して景品類を提供する方法や、枚数または個数などの一定条件を満たしたレシートや商品の空箱等を持参または郵送した者の中から当選者を決めて景品類を提供するような場合)がこれに当たる(川井＝地頭所81頁)。レシートを用いる方法は、直接消費者と接する販売店やサービス業者が行う場合が多いが、メーカーが利用する場合もあり得る。容器包装等はメーカーがその商品を製造する際に作成することが多いので、この方法を用いるのはほとんどがメーカーであると思われる(川井＝地頭所81頁)。

(ウ) 商品のうち、一部のものにのみ景品類を添付し、購入の際には相手方がいずれに添付されているかを判別できないようにしておく方法　　商品の中

198　第2章　景品規制・表示規制

§ 4 -2(1)

に、景品類そのものが入っている場合と、景品類の引換証（商品の一部に同一商品に引き換える旨や引き換える景品類の品名が記載されている場合を含む）が入っている場合のいずれも含む。景品類の引換証とは、特に引換証として作成された紙片だけではなく、引換証の役割を果たすものはすべて含まれる。例えば、サイダーの王冠や牛乳のキャップの裏に同一商品に引き換える旨や引き換える景品類の品名が書いてあるのであれば、その王冠やキャップが引換証となる（川井＝地頭所82頁）。アイスキャンディーの当たり棒等もこれに当たる。なお、上記(イ)同様の理由から、この方法は、販売店ではなくメーカーが自社の販売する商品について用いることが多い（波光＝鈴木56頁〔波光巌〕）。

　　　　(エ)　すべての商品に景品類を添付するが、その価額に差等があり、購入の際には相手方がその価額を判別できないようにしておく方法　　上記(ウ)の場合と同様に、商品の中に景品類そのものが入っている場合と景品類の引換証が入っている場合とがある。

　以下の例のように、添付されているもの自体に「価額」の差とは必ずしもいえない価値の差が存在する場合も、どの景品類を入手できるかどうかに偶然が作用することになるので、景品類の「価額に差等があ」る場合として懸賞に該当する。

① すべての商品に1点、5点、10点といった点数券を包装の内側に印字したりシールで隠したりして添付し、合計得点が30点に達した場合に特定の景品類を提供する場合。景品類は一種類しかない以上、価額差があるとはいえないが、それぞれの点数券には価値の差がある（高居〔第7版〕239〜240頁）。

② すべての商品に異なる種類のキャラクターのフィギュアを中が見えない袋に入れて提供する場合であって、フィギュア間で生産費用に差がなくても、フィギュアの出来映えに格差を設けたり、封入数が少なく希少価値のあるプレミアムキャラクターを含めたりするような例で、提供を受ける側からみて個々のフィギュアの価値が異なり、一般市価が一律にならないような場合（加藤公司ほか編『景品表示法の法律相談〔改訂版〕』（青林書院・2018）24〜25頁）。

　この方法ではすべての商品に景品類が添付されるので、その景品類の価額は商品の価額に比べて非常に少額とならざるを得ない。というのも、後記(3)で述べるとおり、懸賞制限告示3項により、提供することができる景品類の価額の総額は取引予定総額の100分の2までと限定されているので、すべての商品に景品類を添付する場合には1個の商品に添付可能な景品類の価額の平均は商品の価額の100分の2（2％）となるからである。したがって、実際にはこの方法は、得点に差のある点数券（1点券、5点券、10点券等）を添付しておき、何点か集めたら景品類を提供するという形式で用いられることが多い（景品表示法研究会編著『景品表示法質疑応

§ 4-2(1)

答集』(第一法規・1983)337頁)。

　なお、購入の際に相手方が景品類の価額を判別できる場合には、総付制限告示の規制対象になり得る。購入の際に中に何が入っているかわからないという点では「福袋」にも類似の特徴があるが、「福袋」の場合は「福袋」自体を購入するものであるから、「景品類」に当たらない(波光＝鈴木56頁〔波光巌〕)。

　　　(オ)　いわゆる宝探し、じゃんけん等による方法　　宝探しは、一定額以上の商品または役務の購入者に対し、一定の場所において景品類を探し当てさせて提供するというものであるが、1人が複数の景品類を探し当てられることとする場合、その総額が最高額の制限を超えないよう留意する必要がある(波光＝鈴木56頁〔波光巌〕)。この方法には現金のつかみ取りも含まれるが、同様に最高額の制限に留意する必要がある(向田直範「景品類の提供の制限(その1　懸賞とは)」公取613号(2001)45頁)。

　また、「法令適用事前確認手続制度を利用した照会に対する回答」[消表対第1307号]では、提携事業者との間で商品または役務の取引をした一般消費者が、その取引金額に基づいたポイントを別の事業者から付与される場合において、一般消費者がポイントを利用して一般的なカジノゲーム等に参加することができる企画は、くじその他偶然性を利用して定める方法等によるものとして提携事業者との関係において「懸賞」に該当すると説明されている。このように、カジノゲーム等の結果に応じて景品類を提供する場合もこの方法に含まれると考えられる。

　なお、じゃんけんは、一般的な感覚では勝ち負けで決する方法としてむしろ懸賞制限告示1項2号の「優劣又は正誤」による例として分類すべきようにも思われるが、景表法では、勝ち負けはグー・チョキ・パーがどのような組合せで出現するかつまり偶然により決まるものと考えられているようである(加藤ほか編・前掲25頁)。

　　　(カ)　抽選の方法　　なお、一般懸賞の当選者の抽選方法については、法令等で具体的に規定されているわけではないが、公正な抽選が原則であることはいうまでもない(株式会社電通　法務マネジメント局編『広告法』(商事法務・2017)223頁)。例えば、あらかじめ告知した抽選方法とは別の方法で当選者を選定することは、参加者に疑念を抱かせることになるので適切ではなく、また、実際の当選者数が告知した当選者数に満たないときなどは、取引条件に関する不当表示として景表法5条2号違反となるおそれがある(景品Q&A・Q87)。

　　　(ⅱ)　特定の行為の優劣または正誤によって定める方法(懸賞運用基準2)
懸賞制限告示1項1号と異なり、誰に景品類を与えるか、与える景品類のうちどのようなものを与えるかを、偶然性以外の要素も加味して決定する場合である

§ 4-2⑴

（高居〔第7版〕240頁）。懸賞運用基準は、「特定の行為の優劣又は正誤によって定める方法」の例として、以下のようなものを挙げている（懸賞運用基準2）。

　　　⑺　応募の際一般に明らかでない事項（例：その年の十大ニュース）について予想を募集し、その回答の優劣または正誤によって定める方法　　「正誤」とは、正解かどうかにより選ぶことであり、「優劣」とは、正解がない場合に正解に近い回答を出した者を選ぶことである（川井＝地頭所88頁）。例えば、スポーツの試合の勝敗および点数について、予想する回答と結果との比較で景品類の当選を決める場合もこの方法に含まれる（丸橋＝松嶋・前掲160頁）。

　なお、「応募の際一般に明らかでない事項」とは、応募者にとって明らかでない事項であればよく、回答を募集する側は知っている事項であってもよい（波光＝鈴木56頁）。例えば、メーカーが新製品の希望小売価格を購入者に当てさせたり、建築主が建設予定のビルの高さを入居希望者に当てさせたりする方法がこれに該当する（川井＝地頭所88頁）。

　なお、応募の際に一般に明らかである事項の回答の正誤によって定める方法については、下記⑺に含まれる。

　　　⑺　キャッチフレーズ、写真、商品の改良の工夫等を募集し、その優劣によって定める方法　　この方法は、本来的に正解が要求されないような問題に対して、応募者の中から相対的に優秀な者を選んで当選者を決めるという方法で、当選者を決めるためには必ず審査という手続が必要となる。いわゆる優等懸賞といわれるもので、商品名、商品のイメージキャラクター、これらの愛称、商品を活用した新メニュー、商品のキャッチコピー、会社の経営改善についてのアイデア、感想文、絵画等を募集するような場合などが含まれる。例えば、旅行会社が行う旅行の写真コンテストのようなケースは「○○コンテスト」と名付けられていても下記⑴ではなくこの方法に該当する（川井＝地頭所90頁）。

　ただし、優等懸賞であっても、新聞や雑誌等で取引に付随しない形で不特定多数の一般からの作品の応募を求め、その優秀者に対し懸賞金等を提供するような場合（オープン懸賞による場合）は、懸賞景品規制の適用を受けない〔後記⑹参照〕。

　　　⑼　パズル、クイズ等の解答を募集し、その正誤によって定める方法　　この方法は、問題、パズル、クイズ等が出題されるような方法である。出題される問題には必ず正解があるという点で、応募者の中から相対的に優秀な者を選ぶ優等懸賞とは異なる（波光＝鈴木57頁〔波光厳〕）。例えば、商品の名称、仕様、機能、品質、成分などに関する質問等が考えられる（丸橋＝松嶋・前掲160頁）。

　ただし、クイズの解答が非常に簡単で誰にとっても一目瞭然といえるような場合（例えば、商品の名前を穴埋め式で解答して応募させ、正解者には商品を提供するといった場

§ 4 -2⑴

合)には、実際は「特定の行為の優劣又は正誤」で当選者を絞り込むのでなく、応募者全員に景品を提供する方法と変わらなくなるので、「懸賞」の方法には該当しない場合がある（景品Q&A・Q113）。

この方法は、あらかじめ正解が決まっているために、正解者が出ない場合にその正解に最も近い者を選んだり、多数の正解者がいるときに抽選の方法をとったりすることもある点が上記(イ)の優等懸賞と異なる。また、あくまでも論理的に正解が得られるという点で、最終的には推測という偶然性を要する回答となる上記(ア)とも異なる（川井＝地頭所92頁）。なお、多数の正解者がいるときに抽選の方法を取った場合には、「正誤によって定める方法」という側面のほか、「くじその他偶然性によって定める方法」という側面も有すると考えられるが、いずれにせよ「懸賞」に当たることに変わりはない。

(エ)　ボウリング、魚釣り、○○コンテストその他の競技、演技または遊技等の優劣によって定める方法（ただし、セールスコンテスト、陳列コンテスト等相手方事業者の取引高その他取引の状況に関する優劣によって定める方法は含まれない）　取引に付随すると認められるボウリング大会の景品や取引先を招待してのゴルフ大会の景品も懸賞制限告示の範囲内のものでなければならない（波光＝鈴木57頁〔波光巌〕）。ただし、セールスコンテスト等かっこ書きのような場合は、販売促進のための技術向上を競う場合であるので、懸賞に該当しないとされている（高居〔第7版〕240頁）。

(ⅲ)　懸賞に該当する例　　以下では、懸賞に該当するとされている例をいくつか取り上げる。

(ア)　排除命令昭和48年9月26日（小野田レジャーに対する件）　ボウリング大会の「とび賞」が懸賞に該当するとされた事件。ボウリング場を経営する事業者が、自社のボウリング場において、ある卸売市場内の卸売人・仲買人等の従業員を対象に、ボウリング大会を行い、予選参加者から1500円、決勝参加者からさらに2000円を徴収し、ボウリング競技の成績順位により、グアム島旅行招待（約8万4000円相当）その他の賞の景品類を提供することを企画・実施した。この企画により景品類を提供する方法の中には、例えば、ボウリング競技の成績順位のうち、「7、17、27、37位」、「10、20、40、60、80位」等のものに対して提供するいわゆる「とび賞」と称されるものがあり、このような方法は「懸賞」に当たるとされた。

そして、当該懸賞に係る取引の価額は決勝参加者については3500円であるから、懸賞により提供することができる景品類の価額の最高額は1万円（当時）であり、決勝において「10、20、40、60、80位」の者に提供されるグアム島旅行招待の価額はこの制限額を超えるものであった。

(イ)　排除命令昭和46年3月26日（いせやに対する件）　　ゴルフボールの「つ

202　　第2章　景品規制・表示規制

かみ取り」が懸賞に該当するとされた事件。衣料品雑貨等の小売業を営む事業者が、500円以上購入した者に箱の中に入ったゴルフボールをつかみ出させ、つかみ出したゴルフボールの数が10個のときは自動車(約46万円相当)、9個のときは自転車(約9800円相当)、8個のときは石油ストーブ(約4500円相当)などその他つかみ出したゴルフボールの数に応じて景品類を提供することを企画・実施した。

しかし、当該懸賞に係る取引の価額は500円であるから、懸賞により提供することができる景品類の価額の最高額は1万円(当時)であり、自動車はこの制限額を超えるものであった。また、この懸賞により提供した景品類の価額の総額も制限を超えるものであった。

　　　(ウ)　抽選で値引券を提供する場合　　自己の供給する商品または役務の取引において、取引通念上妥当と認められる基準に従い取引の相手方に対し支払うべき対価を減額すること(複数回の取引を条件として対価を減額する場合を含む)は、正常な商慣習に照らして値引と認められる経済上の利益に該当し、景品類に含まれず、景品規制の対象とはならない〔§2③-3(2)〕。ただし、抽選で値引券を提供する等、対価の減額であっても懸賞による場合は値引とは認められず、景品類に含まれることとなり、懸賞景品規制の対象となる(定義告示運用基準6(4)ア)(景品Q&A・Q46)。

なお、値引券が割引率表示(○%値引券)の場合、割引額の上限額を設定しないと一般懸賞の規制の範囲を超える可能性がある。

(b)　先着順(懸賞運用基準3)

> 〔懸賞運用基準〕
> 　3　先着順について
> 　来店又は申込みの先着順によって定めることは、「懸賞」に該当しない(「一般消費者に対する景品類の提供に関する事項の制限」その他の告示の規制を受けることがある。)。

先着順は、偶然性の要素がない(行けばもらえる)から「懸賞」に該当せず、総付景品規制の適用を受けることになる〔後記3(1)(c)参照〕(もっとも、先着順についても偶然性を認める見解もある〔植村幸也『製造も広告担当も知っておきたい　景品表示法対応ガイドブック〔改訂版〕』(第一法規・2024)165〜167頁〕)。ただし、ウェブサイト、電話、ファクシミリ、郵便等による商品等の購入の申込順に景品類を提供する場合などにおいて、商品等の購入者が、申込時点において景品類の提供を受けるかどうかを知ることができず、偶然性によって景品類の提供の相手方が決定されることに等しいと認められる場合には、購入者にとっては「偶然性を利用して定める方法」となるため

第2章　景品規制・表示規制　　203

§ 4 - 2(2)(3)

懸賞に該当する（景品Q&A・Q112）。例えば、ウェブサイト上で「50名先着限定」と明示し購入者の一部に先着順で景品類を提供する企画を実施する場合において、購入者が自己の購入の順位をあらかじめ知ることができないときは、「50名」に達した時点で直ちに申込みができなくなるようにしない限り、「50名＋α」の申込みを受け付けそのうち「50名」に対し景品類を提供することとなる。その場合には、「先着」と示しているものの、購入者は申込み時点において景品類の提供を受けるかどうか知ることができないので、偶然性によって景品類の提供の相手方が決定されるに等しいと認められ、総付景品規制ではなく懸賞景品規制を受けるおそれがある（古川昌平『エッセンス景品表示法』（商事法務・2018）164頁）。

(2) 一般懸賞における景品類の最高額の制限（懸賞制限告示2項）

(a) 制限の内容

〔懸賞制限告示〕
2 懸賞により提供する景品類の最高額は、懸賞に係る取引の価額の20倍の金額（当該金額が10万円を超える場合にあっては、10万円）を超えてはならない。

§ 4 - 1 (3)(a)(i)の表のとおり、一般懸賞によって提供する景品類の最高額は、取引の価額の20倍または10万円のうちいずれか低い方を超えてはならない（懸賞制限告示②）。また、後述〔4(1)〕で説明するとおり、同一の企画で複数回の景品類獲得の機会を与える場合（例えば、1枚の抽選券で複数回の抽選に参加できそれぞれの抽選で景品類を獲得できる場合）には、複数回提供される景品類の価額の合計が最高額の制限を超えてはならない。

(b) 最高額の制限を超えるとされた事例　最高額の制限を超えるとされた事例として後述する排除命令昭和53年5月29日（オリエンタル商事有限会社に対する件）〔1(5)(b)(ii)〕や後述する排除命令平成11年3月30日（ジャパンエンバ株式会社に対する件）〔1(5)(c)(iii)〕がある。

(3) 一般懸賞における景品類の総額の制限（懸賞制限告示3項）

(a) 制限の内容

〔懸賞制限告示〕
3 懸賞により提供する景品類の総額は、当該懸賞に係る取引の予定総額の100分の2を超えてはならない。

§ 4 - 1 (3)(a)(i)の表のとおり、一般懸賞によって提供する景品類の総額は、当該懸賞に係る取引の予定総額の100分の2（2%）を超えてはならない。景品類の提供方法として懸賞を用いる場合、応募者の中から当選者を絞り込んで全員には景

§ 4-2(3)

品類を提供しない代わりに総付に比較して高額な景品類を提供することが許容されている。それにもかかわらず、もし懸賞の方法をとりながら実際には当選者数を非常に多く設定しておき、応募者の大多数に景品類を提供するような方法が採用されると、実質的には高額な景品類を総付の方法で提供するに等しく、総付景品規制の潜脱的手段になってしまい、その結果、企業体力の格差によっては市場の競争環境をゆがめたり、一般消費者の正当な商品・役務選択に影響を与えたりすることにもなりかねない。そのため、懸賞の方法を用いる場合は、提供される景品類の総額についても規制が定められている（加藤ほか編・前掲27頁）。

　特定の商品の購入を条件とする懸賞を実施し、最高額の景品（取引価額の20倍）を提供する場合、その景品の価額が当該商品の売上予定総額の100分の2（2％）に収まるようにするためには、当選確率を1000分の1（0.1％）以下に設定する必要がある。また、アイスキャンディーに当たりくじを付けて、当たったらもう1本もらえるという懸賞企画の場合、取引価額と同額の景品を提供することになるから、その当選確率は100分の2（2％）以下に設定する必要がある。

　また、懸賞で、抽選に外れ当選しなかった者にも残念賞などとして粗品を提供する場合、懸賞に参加した者がもれなく景品類の提供を受けるものの、提供される景品類の価額に差が生じることとなるから、残念賞などとして提供される景品類は末等と同様の扱いとなり、これも懸賞により提供される景品類に該当することになる。したがって、残念賞として提供する粗品の価額も景品類の総額に合算する必要がある（景品Q&A・Q92）。

　(b)　「懸賞に係る取引の予定総額」（懸賞運用基準7）

〔懸賞運用基準〕
　7　告示第3項及び第4項の「懸賞に係る取引の予定総額」について
　　懸賞販売実施期間中における対象商品の売上予定総額とする。

「懸賞に係る取引の予定総額」については、懸賞の対象となる取引の売上予定総額とされている（懸賞運用基準7）。懸賞を実施しようとする事業者は、客観的にみて合理的な売上予定総額を設定して、景品類の総額がその100分の2（2％）の範囲内に収まるように企画を立てる必要がある。景品類を多く提供したいために根拠のない（あるいは根拠が薄弱な）過大な売上予定総額を設定し、それに基づいて景品類を提供してはならない。なお、懸賞企画を実施することにより通常よりも売上げが伸びることが予想される場合には、その伸びを加えた売上げ予定総額を算出する必要がある。他方、前年の同時期の販売実績や同種の懸賞企画を行った際の販売実績など客観的にみて合理的な売上予定総額に基づいているのであれば、何

第2章　景品規制・表示規制　　205

らかの理由で実際の売上総額が予定を下回り、結果的に景品類の総額が売上総額100分の2（2％）を超過したとしても直ちに懸賞景品規制に違反することとなるものではない（景品Q&A・Q91、植村・前掲175頁）。

　売上予定総額の算出に当たって、例えば、スーパーでキャンペーン期間中に1回の取引で（レシート合算で）3000円以上購入した顧客を対象に抽選で景品類を提供する場合には、抽選対象を特定の商品を購入した顧客に限定しているわけではないため、懸賞に係る売上の対象商品は、スーパーで販売されるすべての商品となる。ただし、だからといって、キャンペーン期間の全商品の売上予定総額を用いてよいわけではない。すなわち、当該懸賞企画の対象となる顧客は、このスーパーにおいて1回の取引で3000円以上購入した者となるから、当該懸賞企画に係る売上予定総額は、1回の取引で3000円以上購入する顧客から見込まれるキャンペーン期間中の売上予定額となる（消費者庁「景品に関するQ&A」Q90）。また、例えば、抽選対象を単価3000円以上の商品を購入した顧客に限定した場合には、特定の商品を購入した顧客に限定することとなるため、この場合の懸賞に係る売上予定総額は、単価3000円以上の商品を購入する顧客から見込まれるキャンペーン期間中の売上予定額となる（景品Q&A・Q90）。

　　(c)　総額の制限を超えるとされた事例　　総額の制限を超えるとされた事例として以下の事例がある。

　　　(i)　排除命令昭和48年7月11日（森永乳業に対する件）　　乳製品飲料等の製造販売業者が、一般消費者を対象に、乳酸菌飲料である製品のキャップの裏に漫画を印刷し、購入者のうち当該漫画が印刷されたキャップを当てた者に当該乳酸菌飲料1本（22円相当）、総額3億7375万円相当の景品類を提供した。当該懸賞に係る取引予定総額は約26億3546万円であって、懸賞により提供することができる景品類の価額の総額はその2％の約5270万円であり、本件における景品類の価額の総額はこの制限を超えるものとされた。

　　　(ii)　排除命令平成5年12月22日（丸の内カラー現像所に対する件）　　写真現像・焼き付け業等を営む事業者が、その店舗において、セール期間中にカラーフィルム1本の現像および焼き付けを同時注文した者に対し、抽選でビデオカメラ等の景品類を提供することを企画し、実施した。当該企画の懸賞に係る取引の予定総額は2043万円と認定されており、同社が懸賞により提供できる景品類の総額は41万円（予定総額の100分の2）までであるが、景品類総額はこれを超えるものであった（このほかにも、景品類の最高額の制限にも違反していた）。

　　　(iii)　考察　　懸賞企画において景品類の総額規制違反として法的措置が講じられた過去の事案（いずれも公取委が所管していた時期のもの）はいずれも、提供され

§ 4 - *2*(4)

た景品類の総額が事業者が設定した取引予定総額の100分の2（2％）を超えるもの
であることを認定した上で、同規制に違反するものとされており、事業者が設定
した取引予定総額より低い取引予定総額を認定した上で当該予定総額を超えるこ
とを理由として措置命令等がなされた事案は見当たらない。このような過去の事
例に照らすと、抽選等により購入代金の全額を払い戻すような懸賞企画において
当選確率を100分の2（2％）超に設定するような場合（例えば、「レシート持参で40人に
1人に全額キャッシュバック」といった企画を行う場合）を除き、事業者が設定した取引予
定総額が過去の懸賞企画における売上実績などから想定し得る範囲内で設定され
ており、景品類の総額がその100分の2（2％）を超えていなければ、総額規制に違
反しているとの判断は難しいものと考えられる（波光巖＝横田直和＝小畑徳彦＝高橋省
三『改訂　Q&A広告宣伝・景品表示に関する法律と実務』(日本加除出版・2024)242〜243頁)。

(4)　共同懸賞の制限(懸賞制限告示4項)

〔懸賞制限告示〕
　4　前2項の規定にかかわらず、次の各号に掲げる場合において、懸賞によ
　　り景品類を提供するときは、景品類の最高額は30万円を超えない額、景品
　　類の総額は懸賞に係る取引の予定総額の100分の3を超えない額とすること
　　ができる。ただし、他の事業者の参加を不当に制限する場合は、この限り
　　でない。
　　一　一定の地域における小売業者又はサービス業者の相当多数が共同して
　　　　行う場合
　　二　一の商店街に属する小売業者又はサービス業者の相当多数が共同して
　　　　行う場合。ただし、中元、年末等の時期において、年3回を限度とし、
　　　　かつ、年間通算して70日の期間内で行う場合に限る。
　　三　一定の地域において一定の種類の事業を行う事業者の相当多数が共同
　　　　して行う場合

　　(a)　規制の内容　　一般懸賞に対する制限にかかわらず、以下の①から③の
場合において懸賞により景品類を提供するときは(共同懸賞)、**§ 4 - *1*(3)(a)(ii)**の
表のとおり、景品類の最高額は30万円を超えない額、景品類の総額は懸賞に係る
取引の予定総額の100分の3（3％）を超えない額とすることができる(懸賞制限告示
④本文)。ただし、他の事業者の参加を不当に制限する場合は、この限りではな
く、一般懸賞の規制に服することとなる(懸賞制限告示④ただし書)。
　①一定の地域における小売業者またはサービス業者の相当多数が共同して行う
　　場合(以下、「地域共同懸賞」という)。例えば、「○○市ふるさと振興祭り」、「○
　　○市春祭り」等の名称で市の商工会議所や商店街連合会が主催したり市の行

第2章　景品規制・表示規制　*207*

§ 4-2⑷

政当局が協賛したりするような、市全体をあげての規模と性質を有する大売り出しで抽選会や福引き等を行うような場合がこれに当たる（高居〔第7版〕245頁、波光＝鈴木66頁〔波光厳〕参照）。

② 1の商店街に属する小売業者またはサービス業者の相当多数が共同して行う場合（以下、「商店街共同懸賞」という）。ただし、中元、年末等の時期において、年3回を限度とし、かつ、年間通算して70日の期間内で行う場合に限る。例えば、「○○駅前商店街年末大感謝祭」といった催しで抽選会や福引き等を行うような場合がこれに当たる（高居〔第7版〕245頁参照）。

③ 一定の地域において一定の種類の事業を行う事業者の相当多数が共同して行う場合（以下、「同業者共同懸賞」という）。例えば、特定の市内で営業するパン店が共同して行う「○○市パン祭り」や、一定の地域内でメーカーや卸売業者の同業者（例えば、カメラメーカーやカメラの卸売業者）と共同して行う「カメラ祭り」などで抽選会や福引き等を行うような場合がこれに当たる（高居〔第7版〕245頁参照）。

一般懸賞と比べて共同懸賞における景品類の価額の規制が緩やかに設定されている理由としては、上記①から③のような場合には、かねてから全国各地において懸賞付販売が行われるなど共同懸賞が商慣習として定着していたこと、競争業者を含め多くの事業者が共同で行うものであるため一般消費者の商品選択や事業者間の競争に及ぼす影響が少ない（他の競争関係にある事業者の顧客を自己と取引するように誘引するという性質が希薄である）ことなどが挙げられている（波光＝横田＝小畑＝高橋・前掲245頁、加藤ほか編・前掲95頁）。

なお、数社程度の事業者がタイアップするなどして実施する懸賞企画も共同懸賞に該当すると誤解されることがあるが、そのような企画は、共同懸賞の要件を満たさないと考えられるため、一般懸賞の規制に服することになる（株式会社電通 法務マネジメント局編・前掲204～205頁）。

(b) 「一定の地域」（懸賞運用基準8）

〔懸賞運用基準〕
　8　告示第4項第1号及び第3号の「一定の地域」について
　(1) 小売業者又はサービス業者の行う告示第4項第1号又は第3号の共同懸賞については、その店舗又は営業施設の所在する市町村（東京都にあっては、特別区又は市町村）の区域を「一定の地域」として取り扱う。
　　　1の市町村（東京都にあっては、特別区又は市町村）の区域よりも狭い地域における小売業者又はサービス業者の相当多数が共同する場合には、その業種及びその地域における競争の状況等を勘案して判断する。

208　第2章　景品規制・表示規制

§ 4 -2(4)

(2) 小売業者及びサービス業者以外の事業者の行う共同懸賞については、
同種類の商品をその懸賞販売の実施地域において供給している事業者の
相当多数が参加する場合は、告示第4項第3号に当たる。

　地域共同懸賞(前記(a)①)および同業者共同懸賞(同③)における「一定の地域」については、原則として市町村(東京都の特別区も含む)と規定されている(懸賞運用基準8(1))。しかし、合併によって誕生した新しい市町村内における旧市町村の区域など、市区町村の区域より狭い区域であっても、その業種やその地域の実情を勘案した結果、「一定の地域」として認められる場合がある(景品Q&A・Q10)。従来、「一定の地域」は、通常の消費者が問題となっている地域の中心に立ってみて、通常の買物をするために行動する範囲かどうかを基準として解釈されていたが、この解釈が曖昧であったため、市町村という明確な範囲が1つの基準として定められた(丸橋＝松嶋・前掲167頁)。

　どの程度の範囲が「一定の地域」に当たるかについて、具体的な判断は、懸賞付販売が行われている地域における店舗の分布状況等をみて行うほかない。例えば、1つの商店街や1つの商業ビル内の店舗という程度では、「一定の地域」というには狭すぎるものと考えられる。東京でいえば、池袋周辺、新宿周辺、銀座周辺等、人の集まる地域にある複数の商店街や複数の商業ビル内の店舗が同一企画の下で連合して懸賞を行うような場合であれば共同懸賞に当たる余地もあるといわれている(長谷川古「ニュー大和田センター事件—懸賞付販売と共同懸賞付販売〈公取委S40.10.7排除命令〉」金沢良雄編『独禁法審決・判例百選』(有斐閣・1970)129頁)。

　また、例えば、1つの市の中にいくつかの温泉地があり、それぞれ相当離れて別途の名称が付いており、それぞれ温泉地ごとに旅館・ホテルの団体を作っているような場合であって、それぞれの温泉地における事業活動が相互に影響を及ぼさないようなときは、1つの温泉地に所在する旅館・ホテルの大多数が参加すれば、共同懸賞に該当する可能性がある(高居〔第7版〕245～246頁)。

　メーカーや卸売業者が行う同業者共同懸賞(前記(a)③)の場合は、その懸賞販売の実施地域が「一定の地域」となる(懸賞運用基準8(2))。例えば、北海道の牛乳のメーカーが共同して東京都において懸賞企画を実施しようとする場合は、北海道でなく東京都が「一定の地域」となる。したがって、仮に北海道の牛乳メーカーの相当多数がこの企画に参加している場合であっても、東京都で販売されている牛乳には他県所在の牛乳メーカーのものも多く含まれている等の事情により、当該企画の参加者(北海道の牛乳メーカーの相当多数)だけでは東京都で販売されている牛乳のメーカーの相当多数に当たらない場合は、この企画は「共同懸賞」には当たら

第2章　景品規制・表示規制　　209

§ 4 *-2*(4)

ないこととなる(高居〔第 7 版〕246頁は茨城県の納豆メーカー、波光＝鈴木66～67頁〔波光嚴〕は、長野県のみその製造販売業者の例を挙げている)。

　(c)　商店街の共同懸賞　(i)　一般論　1 の商店街に属する小売業者またはサービス業者の相当多数が共同して懸賞を行う場合は、共同懸賞に当たる(商店街共同懸賞〔前記(a)②〕)。商店街共同懸賞(前記(a)②)は、地域共同懸賞(同①)の特例として認められたものである。従来、「一定の地域」における繁華街で複数の商店会が組織されている等の事情により、その繁華街で同一企画に基づく共同懸賞ができない場合があったが、従来の懸賞制限告示の運用では「一定の地域」についての基準が曖昧であったため、いくつかの商店会では、独自の企画の下で共同で懸賞販売をする例が見られた。これらは、中元・年末などほぼ同一時期に実施されていたため、ある商店会の懸賞販売により他の商店会が著しく顧客を奪われるという弊害が生じるおそれもないことから、昭和52(1977)年の懸賞制限告示の改正により、「1 の商店街」において行う懸賞について、そこに属する小売業者やサービス業者の「相当多数」が参加する場合には、共同懸賞に当たるものとされた(丸橋＝松嶋・前掲168頁)。ただし、一定の条件(中元・年末等の時期、年 3 回まで、かつ、年間通算して70日の期間内)が付された。

　「1 の商店街」に当たるためにどの程度の規模が必要となるかについては、後記(iii)において後述する。なお、ここでいう「商店街」には、インターネット上で通信販売業者が出店するショッピングポータルサイトのような仮想のもの(いわゆる電子商店街)は含まれない(景品 Q&A・Q108)。

　また、「中元、年末等の時期」については、中元、年末およびこれらに類似する年中行事で地域一般において行われるものの時期と解するのが妥当と考えられる。したがって、「商店街○周年記念」等といった当該商店街独自の事由による場合はこれに該当しないものと考えられている。また、「年 3 回」や「年間通算して70日」というときの「年」または「年間」というのは、暦年(1 月から12月)を指すと解される(波光＝鈴木67頁〔波光嚴〕)。

　(ii)　商店街振興組合主催の懸賞(懸賞運用基準 9)

〔懸賞運用基準〕
　9　告示第 4 項第 2 号の共同懸賞について
　　商店街振興組合法の規定に基づき設立された商店街振興組合が主催して行う懸賞は、第 4 項第 2 号の共同懸賞に当たるものとして取り扱う。

　商店街振興組合法(昭和37年法律第141号)の規定に基づき設立された商店街振興組合が主催して行う懸賞については、商店街共同懸賞〔前記(a)②〕に当たるものとし

210　第 2 章　景品規制・表示規制

§ 4 - *2* ⑷

て取り扱われる（「1の商店街」の要件だけでなく「相当多数」の要件も同時に満たす）。

これは商店街振興組合が主催する場合には商店街共同懸賞〔前記⒜②〕に当たることを定めたものであり、商店街振興組合が主催しない場合であってもこれに当たる場合はある（景品 Q&A・Q104）。

また、懸賞運用基準9は、あくまでも「商店街振興組合」が主催するものについて定めたものであるから、商店街振興組合法11条に基づく「商店街振興組合連合会」（複数の商店街振興組合が会員となっているもの）が主催し共同懸賞として実施する場合は当然にこれに当たるわけではなく、商店街共同懸賞〔前記⒜②〕の要件を満たす場合にのみこれを行うことができる。

　(iii)　「1の商店街」　　商店街振興組合法6条は、商店街振興組合の区域について、小売業者またはサービス業者の30人以上が近接していることを1つの要件としているため、この規定に準じ、商店街振興組合が主催しない場合であっても、通常、30人以上の小売業者またはサービス業者が近接して商店街を形成している場合や、30店舗以上の小売業者またはサービス業者が入居しているいわゆるテナントビル、ショッピングビル等の場合は、「1の商店街」として認められる（景品 Q&A・Q104）。

しかし、例えば、大規模小売店の店内に、同小売店の売場とは別に各フロア数店の専門店が分散して入居しており、すべてのフロアの専門店を合計すると30店舗以上あったとしても、全体として各店舗が近接していないような場合、それらの専門店は「1の商店街」を形成しているとは認められないと考えられる。他方で、7階建てのビルのうち、4階までを大規模小売店が使用し、5階から7階までを30店舗以上の専門店だけで使用しているような場合には、全体として各店舗が近接しているため、5階から7階までの専門店だけで、「1の商店街」を形成していると認められると考えられる（丸嶋＝松嶋・前掲169頁、川井＝地頭所114頁）。

商店街振興組合連合会の主催する懸賞企画について、会員たる商店街が点在していて近接していない場合には、30人以上の小売業者またはサービス業者が近接して商店街を形成しているとはいえず、「1の商店街」とは認められないので、商店街共同懸賞として実施することはできず、一般懸賞の規制の対象となる。なお、会員である個々の商店街がそれぞれで共同懸賞を実施する場合には、それぞれ共同懸賞に該当するかどうかで判断される（景品 Q&A・Q107）。

　⒟　「相当多数」（懸賞運用基準10）

　10　告示第4項の「相当多数」について
　　共同懸賞の参加者がその地域における「小売業者又はサービス業者」又は

第2章　景品規制・表示規制　　*211*

§ 4 -2⑷

　　「一定の種類の事業を行う事業者」の過半数であり、かつ、通常共同懸賞に
　　参加する者の大部分である場合は、「相当多数」に当たるものとして取り扱
　　う。

　「相当多数」とは、地域共同懸賞（前記ⓐ①）でいえば「一定の地域」の小売業者ま
たはサービス業者の、商店街共同懸賞（前記ⓐ②）でいえば「１の商店街」に属する
小売業者またはサービス業者の、同業者共同懸賞（前記ⓐ③）でいえば、「一定の地
域」において「一定の種類の事業を行う事業者」の、それぞれ過半数であり、かつ、
「通常共同懸賞に参加する者」の大部分である場合をいう。「通常共同懸賞に参加
する者の大部分である場合」という要件は、商店街についていえば、通常共同懸
賞に参加しない事業者、例えば不動産業者、新聞販売業者などを別にして、一般
の小売業者またはサービス業者の大部分が参加することを指す（景品 Q&A・Q103）。

　⒠　「一定の種類の事業」（懸賞運用基準11）

　　11　告示第４項第３号の「一定の種類の事業」について
　　　　日本標準産業分類の細分類として掲げられている種類の事業（例 1011 清涼
　　　飲料、7821 理容業、8043 ゴルフ場）は、原則として、「一定の種類の事業」に
　　　当たるものとして取り扱うが、これにより難い場合は、当該業種及び関連
　　　業種における競争の状況等を勘案して判断する。

　同業者共同懸賞〔前記ⓐ③〕は、「一定の種類の事業を行う事業者」が共同して懸
賞を行う場合である。この「一定の種類の事業」について、日本標準産業分類の細
分類として掲げられている種類の事業は、原則として「一定の種類の事業」に当た
るものとして取り扱われる。例えば、日本標準産業分類では、「大分類 E 製造
業」「中分類09 食料品製造業」「小分類091 畜産食料品製造業」の中の細分類とし
て、「0911 部分肉・冷凍肉製造業」「0912 肉加工品製造業」「0913 処理牛乳・乳飲
料製造業」等と分類されているので、各細分類に該当する事業を行う事業者同士
であれば、共同懸賞を行うことができる（波光＝鈴木68頁〔波光厳〕）。「眼鏡祭り」など
もこの共同懸賞の例として挙げられる。

　他方で、日本標準産業分類の細分類によって判断するのが難しい場合は、当該
業種及び関連業種における競争の状況等を勘案して判断することになる（景品
Q&A・Q102）。例えば、清涼飲料業界では、メーカーの業態が農業共同組合、菓
子メーカー、酒類メーカー等多様であり、また、商品群も炭酸飲料、果実飲料、
コーヒー飲料、茶系飲料等多種に分かれている。これに対し、細分類は「0913 処
理牛乳・乳飲料製造業」「1011 清涼飲料製造業」「1031 製茶業」「1032 コーヒー製
造業」といった分類となっており、必ずしも競争の実情に応じた分類ではないと

212　　第２章　景品規制・表示規制

§ 4 -2(4)

いえる。このように、細分類によって判断するのが難しい場合には、当該業種の
競争状況等を勘案して、例えば、炭酸飲料のメーカーのみの共同懸賞が認められ
る場合もある(川井＝地頭所111頁)。

(f) 共同懸賞への参加の不当な制限について(懸賞運用基準12)

12 共同懸賞への参加の不当な制限について
次のような場合は、告示第4項ただし書の規定により、同項の規定によ
る懸賞販売を行うことができない。
(1) 共同懸賞への参加資格を売上高等によって限定し、又は特定の事業者
団体の加入者、特定の事業者の取引先等に限定する場合
(2) 懸賞の実施に要する経費の負担、宣伝の方法、抽せん券の配分等につ
いて一部の者に対し不利な取扱いをし、実際上共同懸賞に参加できない
ようにする場合

　共同懸賞も事業者の一種の共同行為であるので、共同懸賞の実施に際して、あ
る事業者を不当に排除したり、ある事業者を不当に差別的に取り扱い、その事業
者の事業活動を困難にさせたりするような場合は、独禁法19条の「不公正な取引
方法」に該当するおそれがある(一般指定⑤)。また、共同懸賞については、地域の
消費者が買い物を行う範囲で全体として行われている懸賞であるため多少高額の
景品類が提供されても消費者の商品・サービスの選択への悪影響が及びにくいこ
ともあり、一般の懸賞よりも緩やかな規制となっているものと考えられる。そう
であるならば、一部の事業者が不当に排除されている場合には、このような緩や
かな規制を適用する根拠が認められないこととなる。そこで、懸賞制限告示4項
ただし書は、「他の事業者の参加を不当に制限する場合」には共同懸賞とは認めな
い旨を定めており、懸賞運用基準12は、その具体的な場合として「共同懸賞への
参加資格を売上高等によって限定し、又は特定の事業者団体の加入者、特定の事
業者の取引先等に限定する場合」および「懸賞の実施に要する経費の負担、宣伝の
方法、抽せん券の配分等について一部の者に対し不利な取扱いをし、実際上共同
懸賞に参加できないようにする場合」を挙げている。

　このうち、「共同懸賞への参加資格を売上高等によって限定し、又は特定の事
業者団体の加入者、特定の事業者の取引先等に限定する場合」とは、例えば、資
本金や売上高、市場占有率等について高い基準を設けて小規模な企業が参加でき
ないようにする場合、商店街に店舗があってもそこの商店会に加盟していない事
業者に参加を認めない場合、特定のフランチャイズ加盟店や特定のメーカーの系
列店のみに参加資格を限定するといった場合が挙げられる(景品Q&A・Q106参照、
高居〔第7版〕247～248頁)。

第2章　景品規制・表示規制　　213

§4-*2*(5)

(g) 共同懸賞に該当しないとされた事例　(i) 排除命令昭和48年9月26日(中川電気商会ほか39名に対する件)　A社の製造する家電製品の販売業者39名は、共同して、一般消費者を対象として、家電製品の展示即売会を開催し、3万円以上の購入者および購入予約者に、三角くじを引かせ、景品類として、特賞カラーテレビ1台、1等自転車2台その他を提供した。これは多数の同業者が共同して行った懸賞付販売であるが、特定メーカーの系列店に限定されていたため、「一定の種類の事業を行う事業者」の「相当多数」が共同して行うものとは認められなかった。

(ii) 排除命令昭和52年12月7日(イクセエンタープライゼズほか17名に対する件) あるテナントビル内の1階および地下1階に店舗を有する小売業者及び飲食業者18名は、一般消費者を対象として、各店舗内にクイズの応募用紙を置き、入店者に応募させ、正解者の中から抽選により、期間中毎日、特賞ハワイ6日間の旅行の優待券を提供した。このケースは、同一のテナントビルに入居する小売業者、サービス業者が共同して共同懸賞を行ったものであるが、参加店舗が少数のため、商店街の行う「共同懸賞」に該当するとは認められなかった。

(h) 違反した場合　共同懸賞の要件を充足していないのに、提供される景品類の価額を30万円に設定した場合、参加した各事業者が単独で一般懸賞を行ったものとして懸賞制限告示違反に問われることとなる。また、共同懸賞に当たる場合でも、提供される景品類の価額が30万円を超えたりしている場合、参加した各事業者が懸賞制限告示違反に問われるほか、商店会や組合等の事業者団体が主催して実施した場合、当該事業者団体は、懸賞制限告示違反に問われるとともに、独禁法8条5号(「事業者に不公正な取引方法に該当する行為をさせるようにすること」)に違反する場合がある(高居〔第7版〕248頁、波光=鈴木70頁〔波光巖〕)。

(5) カード合わせ・コンプガチャ(懸賞制限告示5項、懸賞運用基準4)

〔懸賞制限告示〕
5　前3項の規定にかかわらず、2以上の種類の文字、絵、符号等を表示した符票のうち、異なる種類の符票の特定の組合せを提示させる方法を用いた懸賞による景品類の提供は、してはならない。

いわゆるカード合わせの方法を用いた懸賞による景品類の提供は、禁止されている(懸賞制限告示⑤)。また、いわゆるコンプガチャはカード合わせの方法に該当する(懸賞運用基準4(1))。

§ 4-2⑸

〔懸賞運用基準〕

4　告示第5項(カード合わせ)について

　⑴　次のような場合は、告示第5項のカード合わせの方法に当たる。

　　携帯電話端末やパソコン端末などを通じてインターネット上で提供されるゲームの中で、ゲームの利用者に対し、ゲーム上で使用することができるアイテム等を、偶然性を利用して提供するアイテム等の種類が決まる方法によって有料で提供する場合であって、特定の二以上の異なる種類のアイテム等を揃えた利用者に対し、例えばゲーム上で敵と戦うキャラクターや、プレーヤーの分身となるキャラクター(いわゆる「アバター」と呼ばれるもの)が仮想空間上で住む部屋を飾るためのアイテムなど、ゲーム上で使用することができるアイテム等その他の経済上の利益を提供するとき。

　⑵　次のような場合は、告示第5項のカード合わせの方法に当たらない。

　　ア　異なる種類の符票の特定の組合せの提示を求めるが、取引の相手方が商品を購入する際の選択によりその組合せを完成できる場合(カード合わせ以外の懸賞にも当たらないが、「一般消費者に対する景品類の提供に関する事項の制限」その他の告示の規制を受けることがある。)

　　イ　1点券、2点券、5点券というように、異なる点数の表示されている符票を与え、合計が一定の点数に達すると、点数に応じて景品類を提供する場合(カード合わせには当たらないが、購入の際には、何点の券が入っているかが分からないようになっている場合は、懸賞の方法に当たる(本運用基準第1項⑷参照)。これが分かるようになっている場合は、「一般消費者に対する景品類の提供に関する事項の制限」その他の告示の規制を受けることがある。)

　　ウ　符票の種類は2以上であるが、異種類の符票の組合せではなく、同種類の符票を一定個数提示すれば景品類を提供する場合(カード合わせには当たらないが、購入の際にはいずれの種類の符票が入っているかが分からないようになっている場合は、懸賞の方法に当たる(本運用基準第1項⑶参照)。これが分かるようになっている場合は、「一般消費者に対する景品類の提供に関する事項の制限」その他の告示の規制を受けることがある。)

　⒜　カード合わせ　　2以上の種類の文字、絵、符号等を表示した符票のうち、異なる種類の符票の特定の組合せを提示させる方法を用いた懸賞による景品類の提供(いわゆる「カード合わせ」)は禁止されている(懸賞制限告示⑤)。例えば、菓子などの包装箱の中に子どもに人気のあるアニメの様々なキャラクターのうち1種類のカードが入っており、それらのカードを全種類集めて店舗へ持っていくと景品類と引き換えることができるというものがこれに当たる(インターネットQ&A・Q5参照)。

第2章　景品規制・表示規制　　**215**

§ 4 -2(5)

（ⅰ）禁止の趣旨　このような方法の懸賞は、途中まではすぐに集まるが、次第に集まりにくくなる点において消費者に錯覚を生じさせ得る仕組みとなっており、その方法自体に欺瞞性が強い。例えば、1から6までの数字が書かれたカードが大量に用意されていて、各数字のカードを全部揃えるという場合、各数字のカードが同じ割合で含まれているとしても、最初は1から6のどの数字のカードが出てもよいので必要なカードが出る確率は6分の6であるが、2つ目の数字のカードが出る確率は6分の5、3つ目の数字のカードが出る確率は6分の4というように、別の数字のカードが出る確率は徐々に下がっていく。そのため、例えば、3つ目の数字のカードまで揃えるのに引かなければならない回数と、そこからさらに6つ目の数字のカードまで揃えるのに引かなければならない回数との間には大きな差が生じるが、消費者は、3つ目の数字のカードまで揃えた時点で、それまでに要した回数と同じ程度の回数で6つ目まですべて揃うと錯覚する可能性がある（インターネットQ&A・Q7～Q8参照）。また、景品規制では景品類の価額の上限のみを規制しているため、事業者側でこの確率の引下げについていくらでもコントロールすることができる点も問題となり得る（丸橋＝松嶋・前掲163頁）。例えば、企業が当選率を下げようと思えば、組み合わせる絵札をその種類ごとに各地方に偏在させておけば、特定の地方でいくら商品を買っても全種類の絵札が揃うことは決してないという作為を行うこともできる（川井＝地頭所97頁）。さらに、子どもについては、大人に比較して判断力が未熟であり、当選率に関して錯覚が生じる傾向が顕著であるところ、カード合わせの方法は子ども向けの商品に用いられることが多く、子どもの射幸心を煽る度合いが著しく強いことから、全面禁止とされている（高居〔第7版〕248～249頁）。

　昭和37(1962)年の懸賞制限告示の制定当初は、「カード合わせ」は偶然性を利用するものとして懸賞の一方法とされ禁止されていなかったが、昭和20年代後半に東京紅梅製菓株式会社が販売するキャラメルにプロ野球の特定のチーム所属の野球選手の写真カードを同封し、選手9名のカードを揃えると景品がもらえ、さらに監督のカードを加えて揃えると高額な景品がもらえることになっていたが、人気選手や監督のカードがなかなか揃わず、多くの子どもがキャラメルを買い続けるということが大きな社会問題となったことを踏まえて、昭和44(1969)年の改正の際に全面禁止された（波光＝横田＝小畑＝高橋・前掲240頁）。

　景表法においては、景品類の提供自体は禁止されておらず、「射幸心の抑制」という観点から上限規制が設けられているのに対し、「カード合わせ」の方法が一律に禁止されているのは例外的であり、また、その禁止の根拠として「欺瞞性」を問題にするのは、不当表示規制の発想に近いという指摘がある（白石忠志「コンプガ

§ 4-2(5)

チャと景表法」法教383号(2012)38頁)。

(ii) 「符票」　懸賞制限告示5項の「符票」とは、文字、絵、符号等によって あるものを他のものと区別する何らかの印を示すものをいい、その形式を問わ ない(インターネットQ&A・Q11)。昭和37(1962)年の懸賞制限告示の制定当初におけ る担当官の解説では、「符票というのは紙片に限らない。」ということが告示制定 者の意思であったことが明らかにされ、また、「符票が商品自体(いろいろな動物を かたどったあめ菓子など)の場合もあろう」と述べられており、取引の対象となる商 品自体が符票としての役割を兼ね得ることを示すことで、符票の形式を問題とす ることに独自の意味がないことが示唆されている(木村智博=高橋宗利「インターネッ ト上の表示及び景品類の提供に関する景品表示法上の考え方について─『口コミサイト』と『カー ド合わせ』」公取744号(2012)45頁)。これは、異なる符票の特定の組合せを揃えること を目指して商品を購入したり、課金したりすることが「カード合わせ」として全面 禁止された趣旨に鑑みると、符票は特定の組合せの目印となり得ることが重要で あり、符票の形式が問題とされているわけではないことを根拠としているものと 思われる。そのため、例えば、デジタルデータとしてのアイテム等やお菓子に付 された小さな動物の玩具等も「符票」になり得る。

(iii) カード合わせの方法に該当しない例　なお、次のような場合はカー ド合わせの方法に該当しない(懸賞運用基準4(2))(丸橋=松嶋・前掲164〜165頁)。

①異なる種類の符票の特定の組合せの提示を求めるが、取引の相手方が商品を 購入する際の選択によりその組合せを完成できる場合　例えば、商品に付 いているカードの種類が外から見て明らかであり、商品購入の際に自由に選 ぶことができる場合がこれに該当する。この方法は、カード合わせ以外の懸 賞にも当たらないが、総付制限告示その他の告示の規制の適用を受けること がある。

②1点券、2点券、5点券というように、異なる点数の表示されている符票を 与え、合計が一定の点数に達すると、点数に応じて景品類を提供する場合 　例えば、300円の商品には1点、600円の商品には2点のカードがそれぞ れ入っており、5点分のカードを集めた場合はA景品、10点分のカードを 集めた場合はB景品を提供する場合がこれに該当する。この方法は、カー ド合わせには当たらないが、購入の際に何点の券が入っているかが分からな い場合は、懸賞の方法に当たる(懸賞運用基準1(4)参照)。購入の際に何点の券 が入っているかがわかる場合は、総付制限告示その他の告示の規制の適用を 受けることがある。

③符票の種類は2以上であるが、異種類の符票の組合せではなく、同種類の符

第2章　景品規制・表示規制　　217

§ 4 -2(5)

票を一定個数提示すれば景品類を提供する場合　例えば、300円の商品には白色、600円の商品には赤色のカードがそれぞれ入っており、白色のカード10枚でA景品、赤色のカード5枚でB景品を提供する場合がこれに該当する。この方法は、上記②と同様、カード合わせには当たらないが、購入の際にはいずれの種類の符票が入っているかがわからない場合は、懸賞の方法に当たり(懸賞運用基準1(3)参照)、これがわかる場合は、総付制限告示その他の告示の規制を受けることがある。

(b)　コンプガチャ　「ガチャ」とは、オンラインゲームの中で、オンラインゲームのプレーヤーに対してゲーム中で用いるキャラクターやアイテムを抽選の方式により供給する仕組みのことである。「コンプガチャ」は、一般的には、「ガチャ」によって、例えば、特定の数種類のアイテム等を全部揃える(「コンプリート」する、「コンプ」する等という)と、オンラインゲーム上で使用することができる別のアイテム等を新たに入手できるという仕組みをいう。そして、プレーヤーが対価を支払って抽選に参加する有料のガチャは、オンラインゲームを提供する事業者とプレーヤーとの間のオンラインゲーム上のアイテム等に関する取引と認められるところ、有料のガチャを通じて特定の数種類のアイテム等を全部揃えることができたプレーヤーに提供されるアイテム等は、有料のガチャという取引にプレーヤーを誘引するための手段として、当該取引に付随して提供される経済上の利益であって、2条3項の「景品類」に該当する。数種類のアイテム等は、互いに種類が異なるものであり、端末の画面上に表示されるそれぞれのアイテム等を示す図柄はそのアイテム等を他の種類のアイテム等と区別する印であり、こうした端末の画面上に表されるアイテム等を示す図柄も、懸賞制限告示5項にいう「符票」に該当する。このように、オンラインゲームの中で有料のガチャを通じて特定の数種類のアイテム等を全部揃えることができたプレーヤーに対して別のアイテム等を提供することは、「2以上の種類の文字、絵、符号等を表示した符票のうち、異なる種類の符票の特定の組合せを提示させる方法を用いた懸賞による景品類の提供」(懸賞制限告示⑤)としてカード合わせに該当し、同項の規定によって禁止される(南雅晴編著『はじめて学ぶ景品表示法』(商事法務・2023)108〜109頁)。

(i)　コンプガチャが禁止された経緯　平成23(2011)年半ば頃以降、携帯電話端末やパソコン端末などを通じてインターネット上で提供されるゲームにおいて、有料ガチャによって絵柄の付いたアイテム等を販売し、異なる絵柄の特定の組み合わせを揃えた利用者に対し、特別のアイテムを提供するというイベント(いわゆる「コンプガチャ」)が盛んに行われるようになった(高居〔第7版〕249頁)。そして、プレーヤーがゲームを優位に進めるために、有料アイテム等を購入し、請求

218　第2章　景品規制・表示規制

§ 4-2 (5)

額が高額になるなどの問題が指摘されていた。こうしたオンラインゲームに関する問題は、消費者庁やソーシャルゲームプラットフォーム連絡協議会（6社協議会）においても議論され、平成24(2012)年5月9日、6社協議会はコンプガチャ廃止を表明した。また、消費者庁も、同年5月18日、「オンラインゲームの『コンプガチャ』と景品表示法の景品規制について」を公表して考え方を示し、同年6月28日には懸賞運用基準を改正して、コンプガチャが「カード合わせの方法」を用いた懸賞による景品類の提供に該当するため全面的に禁止されることを明らかにした（同改正は同年7月1日に施行された）（林＝村田＝野村・前掲50〜51頁）。

また、消費者庁は、平成25(2013)年1月19日、インターネットQ&Aを公表し、オンラインゲームにおける「カード合わせ」に関する考え方を示している。

(ii) 現在における留意点　現在、コンプガチャを提供する事業者はほぼ存在しないと思われ、その意味ではコンプガチャはすでに終了した問題といえる。ただ、コンプガチャ以外の仕組みがカード合わせに該当する場合もある。すなわち、複数のキャラクターやアイテムを組み合わせるとより強力なスキルや必殺技等を使用できる仕組みはゲームにおいて比較的よくみられるが、このキャラクターやアイテムをガチャから排出する場合、この仕組みは「2以上の……異なる種類の符票の特定の組合せを提示させる方法を用いた懸賞による景品類の提供」に該当する可能性がある。

実際に、平成27(2015)年度には、「異なる◯種類のレアアイテムをそろえた者に対し、ゲームを有利に進めていくことが可能となる特定のアイテムを提供する」との企画がカード合わせとして行政指導を受けている（消費者庁「平成27年度における景品表示法の運用状況及び表示等の適正化への取組」〔2016年6月17日〕）。また、令和3年度には、アイテムAとBを両方とも獲得して使用すると「◯◯の能力を最大◎◎％アップさせるとともに、◯◯を装備するキャラクターの能力等を強化することができる効果を提供する」との企画が、カード合わせとして、行政指導を受けている（消費者庁「令和3年度における景品表示法の運用状況及び表示等の適正化への取組」〔2022年5月26日〕）。いずれも、ガチャから排出される複数の別種アイテムを入手するとより有利なアイテムや効果を入手できるとの仕組みであるが、このような仕組みは基本的には避けるべきであろう。

なお、カード合わせに該当させない方法として、組み合わせるアイテムについて、ガチャ以外にも個別購入を可能とする方法等も存在する。類似した仕組を導入する場合、インターネットQ&Aのほか、日本オンラインゲーム協会ガイドラインワーキンググループ「オンラインゲームにおけるビジネスモデルの企画設計および運用ガイドライン」（2016年4月）が参考になると思われる（前野孝太朗「ゲーム・

§ 4 -*2*⑹

eスポーツ分野における景品表示法の問題—措置命令・課徴金納付命令、指導の事例を踏まえた実務上の留意点」ひろば76巻6号(2023)54〜55頁)。

　　(c)　カード合わせに該当するのではないかと問題になった平成20年の事例——CD販売時の特典ポスター合わせによるイベント招待企画　　あるアイドルグループのCDを発売するに当たり、同CDの販売会社が、当該アイドルグループが出演する劇場で同CDを購入した者にメンバー44名のうち1名のポスターを提供するとともに、44名分のポスターを揃えるとあるイベントに招待するとの景品提供企画を実施した。この企画では購入時にポスターのメンバー指定ができず、「悪徳商法ではないか」とのファンからの批判が相次ぎ、当該CD販売会社は、企画開始の翌日に、独禁法上の不公正な取引方法に該当するおそれがあったとしてこの企画を中止した(波光＝横田＝小畑＝高橋・前掲241頁)。

　⑹　**オープン懸賞**(制限告示廃止済み)　　総論Ⅰ-Ⅲ-*3*⑵・§2③-*2*⑷(f)で触れたとおり、商品や事業者の注目度を高めるために、広告において、懸賞により一般消費者に対し経済上の利益の提供を申し出る行為は、取引付随性が生じないような方法で行われる限り、一般的に「オープン懸賞」といわれる。かつては、オープン懸賞で提供できる金品等の最高額が1000万円と定められていたが、平成18(2006)年4月に規制が撤廃され、現在では、提供できる金品等について上限額の定めはない。

　オープン懸賞に該当するものとしては、次のようなものが挙げられる(川井＝地頭所38頁)。

　①テレビ番組で視聴者を参加させクイズを出題して争わせ、勝ち抜いた者に対して賞金を提供するなどという方法を用いるもの。

　②テレビ番組またはインターネット上、新聞紙上もしくは雑誌上の広告ページを利用して、テレビ番組に関する簡単な問題または商品もしくは会社に関する簡単な問題を出題して応募させ、当選者に高額の景品類を提供するという方法を用いるもの。

　ただし、上記①や②のような場合であっても、商品を購入または参加費を支払わなければ懸賞に応募するためのクイズの正解やそのヒントが分からない場合等は、商品または役務の購入により、経済上の利益の提供を受けることが可能または容易になる場合として取引付随性が認められ、オープン懸賞に該当しない〔§2③-*2*⑷(b)(ii)参照〕。

　オープン懸賞の応募者に対して経済上の利益を提供することについては、たまたま応募者の中に当該事業者の供給する商品または役務の購入者が含まれていても、そのことをもって取引附随性があることにはならない(定義告示運用基準4⑹、

§ 4-2(7)

高居〔第7版〕227頁）。

　また、例えば菓子類を販売している事業者が、自社商品の情報等を掲載した無料のメールマガジンを発行している場合、当該事業者が、自社ウェブサイトからメールマガジンの購読を申し込んだ者に対し、抽選で景品類を提供するという企画を考えたとしても、メールマガジンの購読自体は、商品の購入や店舗への来店を必要とせずに申し込むことが可能であり、無料であることから、「取引に附随」するとはいえず、オープン懸賞として実施することができる。オンラインショッピングサイトにおいて無料の会員登録をした者や、無料のアプリをダウンロードした者、SNSのアカウントをフォローもしくは友達登録した者、指定の投稿に「いいね」を押した者、または指定のハッシュタグ（#）を付けて投稿した者を対象に、抽選で景品を提供するというような場合も基本的には同様である（ただし、当選者が景品の提供を受けるには実店舗に来店する必要がある等の事情がある場合には、「取引に附随」する提供に当たることとなる〔景品 Q&A・Q15・Q17・Q18・Q19・Q20〕〔実務244頁〕）。

　なお、「オープン」とは、取引と関連しないという意味を表わす俗称であり（川井＝地頭所39頁）、前記(1)〜(3)で説明した一般懸賞と共同懸賞は、オープン懸賞と比較してクローズド懸賞ともいわれる（日本広告審査機構『広告法務 Q&A』（宣伝会議・2014）76頁）。

　(7)　**関係する公取委事務局長通知（参考）**　地方公共団体等の行う博覧会または展覧会における懸賞および輸入品バザール等における懸賞については、以下のとおり公取委事務局長通知が発出されている（波光＝鈴木70頁〔波光巌〕、丸橋＝松嶋・前掲173頁参照）。

　(a)　「地方公共団体等の行う博覧会又は展覧会における懸賞について」（昭和48年7月14日付公取委事務局長通知）　地方公共団体その他公的機関の主催する博覧会または展覧会（新聞社がその文化的事業として参加するものを含む）は、それ自体は公共的性格が強い事業であるが、入場料を徴収し、その入場者に対し景品類を提供する場合は、一般の事業者の私的な経済活動に類似するものとみられる。一般の事業者が懸賞付販売をする場合の景品類の最高限度については、共同懸賞の場合であっても、景品類の価額の最高額が30万円を超えない額、総額は当該懸賞に係る取引の予定総額の100分の3を超えない額と定められている。そこで、上記の博覧会等の主催者が、その入場券の販売に付随して懸賞により景品類を提供する場合には、景品類の価額の最高限度額は、最高額および総額とも、共同懸賞の制限に準ずることとされている。

　(b)　「輸入品バザール等における懸賞の取扱いについて」（昭和61年5月27日付公取委事務局長通知）　外国大使館等の公的機関または輸入促進を目的とする公的機関

が、わが国の消費者の嗜好について調査し、輸入品についての知識を普及させること、その他外国企業や輸入品について広報を行うことを主たる目的として、期間を限って輸入品バザール等を主催する場合においては、当該公的機関が一般消費者に対し懸賞により最高額が1000万円を超えない賞品等を提供することは、独禁法および景表法上差し支えないこととされている。ただし、賞品等の提供の相手方が展示商品の購入者に限定されるものであってはならず、また、展示商品の販売業者が賞品等を提供するかのように一般消費者に誤認される広告をするものであってはならない。

3 総付景品

〔総付制限告示〕
1　一般消費者に対して懸賞（「懸賞による景品類の提供に関する事項の制限」（昭和52年公正取引委員会告示第3号）第1項に規定する懸賞をいう。）によらないで提供する景品類の価額は、景品類の提供に係る取引の価額の10分の2の金額（当該金額が200円未満の場合にあっては、200円）の範囲内であって、正常な商慣習に照らして適当と認められる限度を超えてはならない。

（1）　規制対象（総付制限告示1項）

　一般消費者に対して懸賞によらないで提供する景品類は、一般的に「総付景品」、「ベタ付け景品」などと呼ばれており、総付制限告示は、このような景品類の提供に係る規制を定めている。総付制限告示は、懸賞制限告示と異なり、「一般消費者に対して」と規定されていることから、事業者に対して懸賞によらないで景品類を提供する場合は、原則として総付景品規制は適用されない。ただし、医療用医薬品業、医療機器業および衛生検査所業については、例外的に、医療機関等の事業者に対する総付景品の提供も規制の対象となる（医療関係告示）。事業者に対する景品類の提供については、前述*1*(3)(C)参照。

　総付制限告示は「懸賞によらないで提供する」と定めているため、懸賞によらない景品類の提供はすべて「総付」である。「総付」や「ベタ付け」という言葉からすれば、商品の購入者全員や店舗への入店者全員に景品類を提供する場合という印象を受けるが、必ずしもそのような場合に限られるものではない（植村幸也『製造も広告担当も知っておきたい　景品表示法対応ガイドブック〔改訂版〕』（第一法規・2024）180頁）。「懸賞によらないで提供する」とは、具体的には懸賞制限告示1項に規定される「くじその他偶然性を利用して定める方法」や「特定の行為の優劣又は正誤によって定める方法」以外の方法により提供することを意味する。例えば、①商品の購入者に

§ 4-3⑴

対し購入額に応じて、あるいは購入額の多少を問わないで、もれなく提供する場合、②店舗への入店者に対して商品の購入を条件とせずもれなく提供する場合、③購入や入店の先着順によって提供する場合などがこれに当たる〔高居〔第7版〕253頁〕。

(a) 商品の購入者に対し、購入額に応じて、あるいは購入額の多少を問わないで、もれなく提供する場合　商品の購入者に対し、購入額に応じて、あるいは購入額の多少を問わないで、もれなく景品類を提供する場合には、総付による景品類の提供に該当する。例えば、(i)自社の商品を買ってくれたすべての人に同一の景品類を提供する場合、(ii)メーカー等が、自社の商品に応募券を封入するなどして購入者全員に応募資格を与え、応募してきた人にはもれなく同一の景品類を提供する場合、(iii)小売店やサービス業者等が、一定の購入額ごとにスタンプやポイント等を付与し、スタンプやポイントの数に応じて景品類を提供する場合などがこれに該当する〔川越憲治『その表示・キャンペーンは違法です 規制緩和時代の広告・販促法 イラスト版』(日本経済新聞社・1997)34頁参照)。

(b) 店舗への入店者に対して商品の購入を条件とせずもれなく提供する場合
店舗への入店者全員に、商品を購入したかどうかにかかわらず景品類を提供する場合は、総付による景品類の提供に該当する〔景品Q&A・Q111)。店舗への入店者に非常に簡単で通常誰でも正解できるようなクイズ(商品のパッケージにクイズがあり、その商品の名前を穴埋め式で解答して応募させるような方法)を出題し、クイズの正解者にもれなく景品類を提供するような場合もこれに含まれる〔加藤公司ほか編『景品表示法の法律相談〔改訂版〕』(青林書院・2018)24頁)。特定の行為の優劣または正誤によって景品類の提供の相手方を定める場合には懸賞に該当するが、通常誰でも正解できるようなクイズの場合には、正誤によって景品類の提供の相手方を定めているのではなく、来店者全員に景品類を提供しているのと同じであるから、総付景品の規制の対象となる〔景品Q&A・Q113)。

また、入店者全員に景品類を提供するが、景品類を数種類用意し、入店者が好きなものを選べるようにする場合や、入店者が提供を受ける景品類を自由に選ぶことができないものの、景品類の価額が同額であるなど消費者からみて景品類の価額に差等がない場合は、くじその他の偶然性を利用して景品類を定めることにならないため、総付による景品類の提供に該当する〔景品Q&A・Q89、全国銀行公正取引協議会「景品規約に関する照会事例」(照会事例33)複数の景品のなかから選択できる方式の景品提供)。一方で、入店者全員にもれなく景品類を提供する場合であっても、その景品類の価額に差等があり、来店した顧客がどれをもらえるかわからないという場合には、くじその他偶然性を利用して提供する景品類の価額を定めていること

第2章　景品規制・表示規制　　223

§ 4 -*3*(1)

になるので、懸賞による景品類の提供に該当することに注意が必要である（景品
Q&A・Q89）。

　(c)　**購入や入店の先着順によって提供する場合**　「先着順」については、商品
の購入者や店舗への入店者が「先着〇名」の枠内に入るかどうかは偶然の事情であ
り、偶然性によって景品類提供の有無が左右されているとみることもできるた
め、懸賞の方法に当たるようにも思われる。しかし、懸賞運用基準3では「先着
順」による場合を懸賞に該当しないとしており、代わりに総付制限告示やその他
の告示の規制を受けることがある旨が明記されている。これは、「先着順」は、景
品類のある限り購入者全員に提供する方法といえることから、懸賞に当たらない
と整理しているものと考えられる（加藤ほか編・前掲28〜29頁）。先着順の詳細な説明
および先着順であっても懸賞に該当し得る例などについては、前述 *2*（1）(b)参
照。

　(d)　**その他の事例**　総付による景品類の提供に該当するか否かが判断しづ
らい事例を紹介する。

　（ⅰ）**総付景品かセット販売かが問題となる事例**　誰でも参加できる有料
のイベントを実施する場合、イベントの入場チケット5000円の取引に附随して、
もれなくTシャツが提供される企画であると認められるのであれば、総付景品
による景品類の提供に該当する。一方で、イベントの参加とTシャツがセット
で5000円であることが明らかな場合であれば、原則として取引に付随する提供に
当たらず、景品規制の対象とはならない（景品Q&A・Q30。詳細については、§2③-*2*
(4)(e)参照）。

　（ⅱ）**同一の企画において値引と景品類の提供とを併せて行う事例**　例え
ば、ある商品（1万円）を購入した顧客に、1500円相当の物品または2500円の
キャッシュバックのどちらかを選んでもらい提供する企画を実施する場合、提供
する物品は総付景品、キャッシュバックは値引と捉えることができるのか問題と
なる。前述したとおり（§2③-*3*(2)(a)(ⅱ)）、自己の供給する商品または役務の取引
において、取引通念上妥当と認められる基準に従い、取引の相手方に対し、支払
うべき対価を割り戻すこと（キャッシュバック）は、「正常な商慣習に照らして値引と
認められる経済上の利益」に該当し、「景品類」に含まれず、景品規制の対象とは
ならないが、同一の企画において景品類の提供を併せて行う場合（例えば、取引の
相手方に景品類の提供か代金の割戻し〔キャッシュバック〕のいずれかを選択させる場合）は、値
引とは認められず景品類に該当することになる（定義告示運用基準6(4)ア）。したがっ
て、上記の例のように物品またはキャッシュバックのいずれかを選択させる場合
には、いずれも景品類に該当し、総付景品の規制の対象となる。なおこの場合、

224　第2章　景品規制・表示規制

§ 4-3(2)

提供することができる景品類の最高額は、取引の価額(1万円)の10分の2(2000円)となるため、2500円のキャッシュバックは実施することができない(景品Q&A・Q48〜Q49。詳細については**§2③-3(2)(b)(iii)参照**)。

(2) 規制内容(総付制限告示①)　一般消費者に提供する総付景品最高額は、「景品類の提供に係る取引の価額の10分の2の金額(当該金額が200円未満の場合にあっては、200円)の範囲内であつて、正常な商慣習に照らして適当と認められる限度」を超えてはならない(総付制限告示①)。つまり、総付の方法で提供することができる景品類の最高額は、景品類の提供に係る取引の価額が1000円未満の場合は200円まで、1000円以上の場合は取引の価額の10分の2(20%)の金額までとなる(景品Q&A・Q110)。

なお、総付の方法で提供する景品類については、その総額についての制限はないが、一般的には、総付景品は一定の対象者全員に景品類を提供することが多いため、最高額の制限が総額の制限としても実際上機能していると考えることもできる(加藤ほか編・前掲30頁)。

現在の総付景品に対する規制内容は以上のとおりであるが、昭和52(1977)年に制定された当時の総付制限告示では、原則として取引の価額の10分の1(10%)を提供できる景品類の最高額とし、さらに、取引の価額が50万円を超える場合は5万円を超えて景品類を提供してはならないこととされていた。その後、平成8(1996)年の改正により、5万円の最高限度額の制限が撤廃され(川井=地頭所115頁)、平成19(2007)年の改正により、景品類の最高額を取引の価額の10分の2(20%。取引の価額が1000円未満の場合の限度額は200円)に引き上げることとされた(高居〔第7版〕253頁)。

以上に加え、総付制限告示1項は、総付景品の最高額について、「正常な商習慣に照らして適当と認められる限度」を超えてはならないとしている。この「正常な商習慣」については、提供される物品またはサービスの内容、提供方法、業界における慣行等を踏まえ、一般消費者による自主的かつ合理的な選択の確保という景表法の目的(1)の観点から判断されるものとされている。しかし、実際には、総付制限告示1項の運用においては、提供された景品類の価額が同項における上限額以下であるか否かが重視されており、「正常な商習慣」に照らし不当なものとして法的措置が講じられた事例は見当たらない(波光巖=横田直和=小畑徳彦=高橋省三『改訂 Q&A 広告宣伝・景品表示に関する法律と実務』(日本加除出版・2024)247頁)。「正常な商習慣に照らして」の意義については、**§2③-3(1)参照**。

§ 4 -3(3)

(3) **適用除外**(総付制限告示2項)

(a) 概要

〔総付制限告示〕
2 次に掲げる経済上の利益については、景品類に該当する場合であつても、前項の規定を適用しない。
　一 商品の販売若しくは使用のため又は役務の提供のため必要な物品又はサービスであって、正常な商慣習に照らして適当と認められるもの
　二 見本その他宣伝用の物品又はサービスであつて、正常な商慣習に照らして適当と認められるもの
　三 自己の供給する商品又は役務の取引において用いられる割引券その他割引を約する証票であつて、正常な商慣習に照らして適当と認められるもの
　四 開店披露、創業記念等の行事に際して提供する物品又はサービスであつて、正常な商慣習に照らして適当と認められるもの

　総付制限告示2項1号から4号までに掲げられている経済上の利益については、そもそも景品類に該当しないものも含まれているが、これらが仮に景品類に該当する場合であっても、総付景品の規制は適用されない(総付制限告示②)。これらについては、景表法の目的に照らして規制の必要がないからである(波光=鈴木40頁〔波光巖〕、景品表示法研究会編著『景品表示法質疑応答集』(第一法規・1983)431頁)。これらは、いずれも「正常な商習慣に照らして適当と認められるもの」でなければならない。この要件を満たすかどうかは、提供される物品またはサービスの内容、提供方法、関連業種における取引実態等を勘案した上で、一般消費者による自主的かつ合理的な選択の確保の観点から判断される(高居〔第7版〕254頁)。

　なお、許容される経済上の利益を提供した場合であっても、その結果として、不当に低い対価で商品または役務を提供したのと同じ結果になるときは、独禁法2条9項3号の不当廉売に該当することがある(波光=鈴木28頁、40頁〔波光巖〕)。

(b) 商品の販売・使用等のため必要な物品またはサービス(総付運用基準2)

〔総付運用基準〕
2 告示第2項第1号の「商品の販売若しくは使用のため又は役務の提供のため必要な物品又はサービス」について
　当該物品又はサービスの特徴、その必要性の程度、当該物品又はサービスが通常別に対価を支払って購入されるものであるか否か、関連業種におけるその物品又はサービスの提供の実態等を勘案し、公正な競争秩序の観点から判断する(例えば、重量家具の配送、講習の教材、交通の不便な場所にある旅館の送

226　第2章　景品規制・表示規制

§ 4-3⑶

迎サービス、ポータブルラジオの電池、劇場内で配布する筋書等を書いたパンフレット等で、適当な限度内のものは、原則として、告示第2項第1号に当たる。）。

　「商品の販売若しくは使用のため又は役務の提供のため必要な物品又はサービスであって、正常な商慣習に照らして適当と認められるもの」(総付制限告示②(1))については、取引本来の内容をなすものが多く含まれており、そもそも基本的には「景品類」に該当しないと考えられるが(定義告示①ただし書、定義告示運用基準8)、仮に景品類に該当する場合であっても、総付景品規制が適用されないことが確認的に規定されている(古川昌平『実務担当者のための景表法ガイドマップ』(商事法務・2024)250頁)。このような物品またはサービスが商品の販売・使用等のため必要なものとして総付景品規制の適用除外となるかどうかについては、当該物品またはサービスの特徴、その必要性の程度、当該物品またはサービスが通常別に対価を支払って購入されるものであるか否か、関連業種におけるその物品またはサービスの提供の実態等を勘案し、一般消費者による自主的かつ合理的な選択の確保の観点から判断する(総付運用基準2)。

　総付運用基準2には、具体例として「重量家具の配送、講習の教材、交通の不便な場所にある旅館の送迎サービス、ポータブルラジオの電池、劇場内で配布する筋書等を書いたパンフレット等で、適当な限度内のもの」が挙げられている。なお、「適当な限度内」とされていることから、当該商品または役務の種類や特徴などからみて、過度のもの(例えば、ポータブルラジオの場合における1回分の使用個数を超える電池の提供など)は、景品類に該当するおそれがある(川井=地頭所118頁)。

　他には、駐車場のない店舗の利用者への駐車場料金の負担や交通利用券の提供、エアコンの取り付け等のサービス、眼鏡につけるレンズ拭きやケース、簡易的なショッピングバッグ、オンラインショッピングサイトでの送料無料サービス等についても、「商品の販売若しくは使用のため又は役務の提供のため必要な物品又はサービス」と考えられるため、正常な商慣習に照らして適当と認められる限り、総付景品の規制は適用されない(景品Q&A・Q117~Q118、高居〔第7版〕255頁、景品表示法研究会編著・前掲432頁)。

　(c)　見本その他宣伝用の物品またはサービス(総付運用基準3)

〔総付運用基準〕
3　告示第2項第2号の「見本その他宣伝用の物品又はサービス」について
　(1)　見本等の内容、その提供の方法、その必要性の限度、関連業種における見本等の提供の実態等を勘案し、公正な競争秩序の観点から判断する。
　(2)　自己の供給する商品又は役務について、その内容、特徴、風味、品質

第2章　景品規制・表示規制　227

§ 4-3(3)

等を試食、試用等によって知らせ、購買を促すために提供する物品又は
サービスで、適当な限度のものは、原則として、告示第2項第2号に当
たる(例　食品や日用品の小型の見本・試供品、食品売場の試食品、化粧品売場
におけるメイクアップサービス、スポーツスクールの一日無料体験。商品又は役
務そのものを提供する場合には、最小取引単位のものであって、試食、試用等の
ためのものである旨が明確に表示されていなければならない。)。

(3)　事業者名を広告するために提供する物品又はサービスで、適当な限度
のものは、原則として、告示第2項第2号に当たる(例　社名入りのカレン
ダーやメモ帳)。

(4)　他の事業者の依頼を受けてその事業者が供給する見本その他宣伝用の
物品又はサービスを配布するものである場合も、原則として、告示第2
項第2号に当たる。

「見本その他宣伝用の物品又はサービスであつて、正常な商慣習に照らして適
当と認められるもの」(総付制限告示②(2))は、景品類の定義には該当すると考えられ
るが、総付景品規制の対象からは除外されている。

総付運用基準3(2)には、その具体的な内容について、「自己の供給する商品又
は役務について、その内容、特徴、風味、品質等を試食、試用等によって知ら
せ、購買を促すために提供する物品又はサービス」と定め、その具体例として、
食品や日用品の小型の見本・試供品、食品売場の試食品、化粧品売場におけるメ
イクアップサービス、スポーツスクールの一日無料体験を挙げている。これらに
ついては、見本・試供用として特別に製作されたものに限らず、市販されている
商品またはサービスそのものを提供することもできるが、その場合には、最小取
引単位のものであって、試食、試用等のためのものである旨が明確に表示されて
いる必要があるとされている。例えば、350ml入り(150円)、500ml入り(250円)、1
ℓ入り(350円)のものがある飲料Aについて、来店者に対して見本品として提供
する場合、容量の最も小さい350ml入りのものの容器に、見本品であることを明
記している場合には、この飲料を見本品として提供することが正常な商習慣に照
らして適当と認められるのであれば、総付景品の規制は適用されない(景品Q&A・
Q119)。

この見本等に当たるかどうかについては、見本等の内容、その提供の方法、そ
の必要性の限度、関連業種における見本等の提供の実態等を勘案し、一般消費者
による自主的かつ合理的な選択の確保の観点から判断する(総付運用基準3(1)、高居
〔第7版〕256頁)。例えば、提供される物品の内容が耐久消費財である場合は見本等
とは認められず、また、たとえ物品に見本や試供品等という表示があったとして
も、見本等に名を借りて比較的大きな経済的価値のあるものを提供し、その経済

228　第2章　景品規制・表示規制

§ 4 -*3*(3)

的価値により取引を誘引するような場合は、当該物品は見本等と認められない（高居〔第7版〕256頁）。

　また、「事業者名を広告するために提供する物品又はサービス」、例えば、社名入りのカレンダーやメモ帳、ボールペン等で、適当な限度内のものも、見本等に当たり、原則として総付景品規制の適用対象とならない（総付運用基準3(3)、景品Q&A・Q121）。

　「他の事業者の依頼を受けてその事業者が供給する見本その他宣伝用の物品又はサービス」を配布する場合も、同様である（総付運用基準3(4)）。例えば、清涼飲料製造業者からの依頼を受けた食品製造業者が、自己の顧客に対して、清涼飲料製造業者の見本を配布するような場合や（波光＝鈴木41頁〔波光巌〕）、他社から配布を依頼された試供品を、イベントの来場者にもれなく配布する場合などがこれに当たる（景品Q&A・Q120）。

　総付制限告示2項2号の「見本」については、公取委事務局取引部長から日本化粧品工業連合会宛「化粧品業界における景品類の提供について（回答）」（昭和52年12月16日公取指第965号）において、商品の性質、内容等を一般消費者に知らせるために必要な程度のものであり、取引の有無にかかわりなく提供されるもの、または、取引に附随して提供される場合でも取引額の多寡によらず提供されるものとされている。たとえ「見本」と表示しても、①一定額以上の商品を購入した者にのみ提供する場合、②商品の購入額の多寡により提供する物品に差異を設ける場合、③複数の物品を詰め合わせることにより、独自の使用価値が生ずると認められる場合には、一般的には「見本」に該当しないとされている（波光＝鈴木41〜42頁〔波光巌〕、古川・前掲ガイドマップ251〜252頁）。

　(d)　自己との取引において用いられる割引券その他割引を約する証票（総付運用基準4）

〔総付運用基準〕

4　告示第2項第3号の「自己の供給する商品又は役務の取引において用いられる割引券その他割引を約する証票」について

(1)　「証票」の提供方法、割引の程度又は方法、関連業種における割引の実態等を勘案し、公正な競争秩序の観点から判断する。

(2)　「証票」には、金額を示して取引の対価の支払いに充当される金額証（特定の商品又は役務と引き換えることにしか用いることのできないものを除く。）並びに自己の供給する商品又は役務の取引及び他の事業者の供給する商品又は役務の取引において共通して用いられるものであって、同額の割引を約する証票を含む。

　「自己の供給する商品又は役務の取引において用いられる割引券その他割引を

第2章　景品規制・表示規制　　*229*

§ 4 -3(3)

約する証票であって、正常な商慣習に照らして適当と認められるもの」(総付制限告示②(3))は、景品類に該当する場合であっても、総付制限告示の適用対象とはならず、顧客に自由に提供することができる。これに含まれるか否かについては、その提供方法、割引の程度や方法、関連業種における割引の実態等を勘案し、一般消費者による自主的かつ合理的な選択を阻害することがないかどうかという観点から判断する(総付運用基準4(1)、高居〔第7版〕257頁)。

「証票」とは一般的には紙片のことを意味するが、電子データであってもこれに該当する(植村・前掲153頁)。総付景品規制を受けない「証票」には、(i)金額を示して取引の対価の支払いに充当される金額証(特定の商品または役務と引き換えることにしか用いることのできないものを除く)、(ii)自己の供給する商品または役務の取引および他の事業者の供給する商品または役務の取引において共通して用いられるものであって、同額の割引を約する証票が含まれる(総付運用基準4(2))。

(i) 金額を示して取引の対価の支払いに充当される金額証(特定の商品または役務と引き換えることにしか用いることのできないものを除く) 「金額証」とは、例えば「当店1000円券」のように、それ自体金銭と同様の価値を持ち、代金全部への充当も可能なものをいう。これに対して、(狭義の)「割引券」は、代金の全部ではなく一部に充当されることが予定されているものである。そのいずれについても総付景品規制の適用は受けないこととされている。

ただし、特定の商品または役務と引き換えることにしか用いることのできないもの(特定の商品または役務に用途を限った100％割引券も含まれる)は、引換対象の商品または役務を景品類として提供しているのと異ならないため、総付制限告示2項3号による適用除外の対象とはならない(高居〔第7版〕257頁、植村・前掲155頁)。

(ii) 自己の供給する商品または役務の取引および他の事業者の供給する商品または役務の取引において共通して用いられるものであって、同額の割引を約する証票 自己の供給する商品または役務の取引において用いられる割引券その他割引を約する証票については、それが自己との取引に用いられ、取引通念上妥当と認められる基準に従っているものである場合は、「正常な商習慣に照らして値引と認められる経済上の利益」となり、そもそも景品類に該当しない(定義告示①ただし書、定義告示運用基準6)〔§2③-3(2)〕。一方で、自己だけでなく他の事業者との取引にも共通して用いられる割引券その他割引を約する証票(自他共通割引券)については、景品類に該当し得る場合もあるが、仮に景品類に該当する場合であっても、自己との取引について値引と同様の効果がもたらされる可能性があることから、それが正常な商習慣に照らして適当と認められるのであれば、総付景品の規制の適用除外となる(高居〔第7版〕256～257頁)。

230 第2章 景品規制・表示規制

§ 4 -3(3)

例えば、2000円以上購入した顧客に対して、次回の買い物の際に自店だけではなく他店でも共通して使用できる500円分の割引券を提供する場合、「値引と認められる経済上の利益」には該当せず景品類には該当する。しかし、自己と他の事業者の取引において同額の割引を約する証票であるといえ、これが正常な商慣習に照らして適当と認められるのであれば、総付景品の規制は適用されないことになる。そのため、この場合に取引の価額2000円の10分の2 (20%)である400円を超えた500円の割引券を提供しても、特に問題はない(景品Q&A・Q122)。

なお、この適用除外に該当するためには「自己」が含まれていなければならないので、他の事業者との取引のみにおいて用いられる割引券の場合には、総付景品の規制を受けることになる。例えば、「全国百貨店共通券1000円」は、それを利用できる店舗(例えば、百貨店)によって提供される場合には自他共通割引券として総付景品規制の対象外となるが、それを利用できない店舗(例えば、小さな個人商店)が取引に附随して提供した場合には景品類となり、総付景品規制の適用を受ける。つまり、汎用性の高い「全国百貨店共通券」や「QUOカード」などの商品券であっても、それを自己との取引で使用できない事業者が提供する場合には、自他共通割引券とはいえず、総付景品規制の範囲内で提供しなければならない(植村・前掲156頁)。

上記(i)の「金額を示して取引の対価の支払いに充当される金額証」については、特定の商品または役務と引き換えることにしか用いることのできないものは含まないと明記されている。これに対して、(ii)の「自己の供給する商品又は役務の取引及び他の事業者の供給する商品又は役務の取引において共通して用いられるものであって、同額の割引を約する証票」については、特定の商品または役務と引き換えることにしか用いることのできないものは含まないということは明記されていない。もっとも、「金額証」について特定の商品または役務と引き換えることにしか用いることができないものを除く趣旨は、特定の商品または役務と引き換える金額証を交付することは結局その物を交付しているのと同じであるから、それを制限することにより景品規制の潜脱を防ぐという点にあると考えられる(古川・前掲エッセンス182頁、川井＝地頭所121頁)。そして、「割引券」等の名称の証票であっても、同様の事態は生じ得る。したがって、「割引券」等の名称の証票であっても、それが特定の商品または役務と引き換えることにしか用いることのできないものである場合には、適用除外とは認められず、総付景品規制の対象となる(高居〔第7版〕257頁)。また、例えば、特定商品の代金が98%割引になるような割引券については、当該商品を交付しているのとほとんど同じであり、提供方法、割引の程度または方法、関連業種における割引の実態等を勘案して正常な商慣習に

照らすと、「割引券」に該当しないと判断される可能性がある(古川・前掲エッセンス182頁、波光＝鈴木47頁〔波光厳〕)。

自他共通割引券については、自己との取引と他の事業者との取引に「同額の割引を約する」もの(例えば、「○○円割引券」)でなければならない(景品Q&A・Q126)。したがって、例えば、自己との取引で用いるよりも他の事業者との取引で用いた方が割引額が大きい場合や、「○○％割引券」のように購入額に一定の割合を乗じた額の割引を約する(購入金額によって割引金額が異なることになる)場合には、「同額」という要件を欠き、原則どおり総付景品規制が適用される(高居〔第7版〕257頁、景品Q&A・Q123)。なお、自他共通割引券については、具体例として、自社と他社で共通して使用する同額の割引を行う、クーポン券、ポイントカード、マイレージサービス等が挙げられる。割引券の使用日時を限定するもの(例えば、「月末5日間のみ」)、割引券の使用品目を一定の範囲に限定するもの(例えば、「バッグ類にのみ使用可」)、割引券の使用限度額を定めるもの(例えば、「3000円ごとに1000円引きを1枚使用可」)であっても、自他共通割引券として適用除外になり得ると考えられる(古川・前掲ガイドマップ252頁参照)。

オンラインショッピングサイトなどで付与されるポイントについては、次回以降の自店での買い物の際に1ポイント1円で支払いの一部に充当できるポイントであり、交換手続をすれば自店だけでなく他店のポイントに交換でき、他店においても1ポイント1円で支払いの一部に充当できるという場合には、自店および他店で共通して用いられるものであり、自店でも他店でも1ポイント1円であることから、同額の割引を約する証票に当たり、総付景品規制の適用除外となる(景品Q&A・Q124)。オンラインショッピングモールの運営者が、モールの加盟店で買い物をした消費者に対して、他の加盟店でも使用できるポイントを付与する場合、モール運営者がモール内に自社店舗を有していれば、このようなポイントは自他共通割引券に当たると考えられる。他方で、モール運営者がモール内に自社店舗を有していない場合に、このようなポイントが自他共通割引券といえるのかが問題になり得る。これに関連して、景品Q&A・Q125は、一定のサービスに係る情報提供サイトを運営している事業者が、同サイトに掲載された事業者からサービス提供を受けた消費者に対して、同サイトに掲載されている他の事業者からのサービス提供を受ける際にも使用できるポイントを提供するという事例について、この論点に触れることなく、自他共通割引券に該当するから総付景品規制の適用はないと説明している。この事例において、情報提供サイト運営者は、同サイトに自社のサービスを掲載しているわけではないと考えられることからすると、消費者庁の上記考え方に従えば、オンラインショッピングモールの運営者

232　第2章　景品規制・表示規制

§ 4 -3(3)

が、加盟店の取引に附随して消費者にポイントを付与する場合にも、同様に自他共通割引券と評価することができるものと考えられる(池田毅「ビジネスを促進する景表法の道具(2)共通ポイントプログラムと景品規制」会社法務 A2Z 204号(2024)48〜49頁)。なお、自他共通割引券については、自己との取引と他の事業者との取引に「同額の割引を約する」ものでなければならないから、仮に、ポイントを支払いの一部に充当する際に、1ポイント＝〇円が自店と他店で異なる場合には、同額の割引を約する証票とは認められないので、提供するポイントには総付景品の規制が適用される(景品 Q&A・Q124)。なお、ある一定期間のみ1ポイント＝〇円の交換比率を変更することになった場合、景品規制の現在の運用においては景品類の提供時に景品規制をクリアしているかが問題となり、その後の状況変化は原則として提供時の判断を覆すものではないと考えられていることからすれば、ポイント付与時に自他共通割引券としての要件を満たしていたのであれば、その後付与時には予定されていなかった交換比率の変更がなされたとしても、自他共通割引券であるとの判断は変わらないと考えられる(池田・前掲47〜48頁)。

また、航空会社のいわゆるマイレージサービスは、自社の提供する航空運賃サービス等の利用実績(蓄積マイル)に応じて、自社の航空券を無料で提供したりその価格を減額したりするのであれば、値引と認められる経済上の利益に当たるため(定義告示①ただし書、定義告示運用基準6)、景品類に当たらず景品規制の対象とはならない。これに対して、当該マイルを使用して他社の提供する商品やサービスの提供が受けられる場合には、景品類には当たることとなる。しかし、提供される経済上の利益の内容が、総付制限告示2項各号に該当するものである場合(例えば、A航空会社を利用してマイルをためると、A航空会社とB会社で共通して使用できる同額の割引証やポイントと交換できる場合)は、総付景品規制の適用対象から除外される(高居〔第7版〕257頁、植村・前掲161頁)。

なお、街頭で無差別に配布しているフリーペーパーに掲載されたクーポン券については〔§ 2③-2(4)(c)参照〕、フリーペーパーを発行している会社との関係では通常取引附随性は認められず景品規制は適用にならないが、フリーペーパーの掲載店舗がクーポン券を持参した顧客に対して物品などを提供する場合には、店舗と顧客との取引における取引附随性が認められ、総付景品規制の適用対象となる(景品 Q&A・Q11)。

(e) 開店披露等の行事に際して提供する物品またはサービス 「開店披露、創業記念等の行事に際して提供する物品又はサービス」、例えば、新規開店の披露として入店者に対してもれなく提供する粗品、創業100年を記念するために商品購入者にもれなく提供する記念品といった物品等については、「正常な商慣習に

§ 4 -*3*(3)

照らして適当と認められるもの」であれば、総付景品規制の適用除外となる（総付制限告示②(4)）。これは、日本ではこのような場合における経済上の利益の提供が商習慣化しており、一般消費者を不当に誘引する可能性が低いことが考慮されたものである（古川・前掲ガイドマップ253頁）。ただし、業種によっては公正競争規約により一般的なレベルより厳しいまたはより具体的な規制をしている場合もある（川井＝地頭所123頁）。例えば、出版物小売業、指定自動車教習所業や家庭電気製品業に関する公正競争規約（§37後注-*1*(2)(b)）において、開店披露等の行事についての規定が設けられている（古川・前掲ガイドマップ253頁）。

　開店披露と創業記念が例示されていることについて、これらはあくまで例示であるので、社会的に行事として広く受け入れられているものであれば、他の行事であっても幅広く適用できるとする見解もあるが（植村・前掲186頁）、開店披露と創業記念が具体的に例示されていることからすれば、それに準ずる行事であることが求められると考えられる。例えば、開店披露、創業記念以外の行事で適用除外が認められたものとしては、旧仙台藩の地域等で行われているいわゆる「初売」が挙げられる（景品 Q&A・Q127）。この旧仙台藩の地域における初売については、公取委事務局仙台地方事務所長から取引部宛になされた照会、すなわち、期日を正月の３日以内、景品類の価額の最高額を「(1)取引価額の10分の２　ただし、500円以内の価額の景品類を提供する場合は、取引価額の10分の２をこえることとなつても、この限りではない。(2)景品類の限度額は５万円とする」に対して、「初売等の一般消費者に対する景品類の提供の取扱いについて(回答)」（昭和52年9月21日公取指第693号）において、照会の内容どおり取り扱うことで差し支えないとの回答がなされている（全国公正取引協議会連合会編『景品表示法関係法令集〔平成22年版〕』61頁）。当時は総付景品の最高額の制限は、取引の価額の10分の１（10％。1000円未満の場合は100円）とされていたが、当該回答はこの制限額を超える景品類の提供を認めたものであり、初売に関する景品類提供が総付景品規制を受けないことを認めたものと理解できる。これに対して、店舗改装のために休業した後のリニューアルオープンを記念して粗品を配布するような場合には、それが開店披露と実質的に同視し得るような場合（休業期間が長期にわたった場合等）でなければ、適用除外の対象とはならないと考えることができる（なお、ガソリンスタンド開店５周年を記念して景品類を提供した事例において、総付景品の提供については排除命令の対象とされなかったものがある〔株式会社アークに対する件（排除命令平成５年６月18日）〕）。また、開店披露、創業記念等について、購入者にもれなく景品類を提供する場合でも、一定金額以上の購入や複数の条件を設定するなどして、極めて限定的に提供するような場合は、正常な商習慣に照らして適当と認められず、総付景品の規制が適用される可能性

§ 4 -3 (4)

がある(景品Q&A・Q127)。また、開店披露であれば、オンラインショッピングサイトの新規開設であっても適用除外の対象となり得るが、インターネットではサイトの開設が容易であることから、サイトを閉鎖し再び新規に開設することを繰り返しているような場合には、開店披露と同一視することは難しく、適用除外とならないと考えられる(景品Q&A・Q128)。

  (f)　公正競争規約との関係(総付運用基準5)

> 〔総付運用基準〕
> 5　公正競争規約との関係について
>   本告示で規定する景品類の提供に関する事項について、本告示及び運用基準の範囲内で公正競争規約が設定された場合には、本告示の運用に当たつて、その定めるところを参酌する。

  総付制限告示と総付運用基準の範囲内で公正競争規約が設定された場合には、前記「正常な商習慣」の解釈などの総付制限告示の運用にあたって、同規約の定めるところが参酌される(総付運用基準5)。これは、公正競争規約の認定の要件として、公正な競争を確保するために適切なものであること、一般消費者および関連事業者の利益を不当に害するおそれがないこと等が掲げられていることから、これらの要件をクリアして認定された規約上のルールは正常な商習慣に照らして適当なものと認めてよいという理由によるものである(川井=地頭所117頁)。つまり、公正競争規約に参加していない事業者であっても、同規約の定めに反して経済上の利益を提供した場合には、正常な商習慣に反するものとして景表法違反に問われる場合がある(波光=鈴木40頁〔波光厳〕)〔§37後注-4(7)参照〕。

  (4)　**審決例・排除命令**　　総付景品の最高額の制限を超える景品類を提供した事例としては、以下のものがある。

  (a)　北見シグナス商事株式会社に対する件(排除命令昭和53年4月21日)　　同社は、昭和52(1977)年12月24日～同年12月30日までの間、システムコンポーネントステレオ(販売価格47万4900円)の購入者を対象として、13型カラーテレビ(6万円相当)等を提供した。当時の総付制限告示では、一般消費者に懸賞によらないで提供することができる景品類の価額は、取引価額が1000円以上50万円未満のときは取引価額の10分の1であったから、この景品類提供は制限額を超えて違反とされた。

  (b)　有限会社金沢うえの屋に対する件(排除命令昭和55年10月29日)　　同社は、昭和55(1980)年5月から9月の間に開催したセールにおいて、婚礼用セット家具を50万円以上購入した者に対して同社において使用できる30万円の商品券を提供する等の企画を実施した。当時の総付制限告示では、50万円以上の購入者に対する

§ 4 –4 (1)

総付景品の最高限度額は5万円であったため、これは総付制限告示に違反するものであった。

(c) 当摩建設株式会社に対する件（排除命令昭和56年10月28日）　土地付き住宅の購入者を対象に、「当社特典」と称して自動車を提供した行為ならびに購入後3年間電気、水道およびガスの使用料を負担した行為が、総付制限告示に違反するとして、排除命令が出された。本件を契機として、昭和58(1983)年10月に、不動産業告示が制定された。

(d) 株式会社フレンズオブフリージアに対する件（排除命令昭和57年3月30日）　同社は、電気製品・スポーツ用品等（販売価格3万9500円〜98万円）を通信販売により販売し、購入者に対して、先着順に、景品類（2万4000円〜2万8000円相当）を提供した。当時の総付制限告示では、取引価額が1000円以上50万円未満のときに提供できる総付景品の最高限度額は取引価額の10分の1であったから、提供した景品類の価額はいずれも制限額を超えるものであった。

(e) 株式会社日本旅行に対する件（排除命令昭和58年3月31日）　ハワイ旅行（1人当たり13万8000円および25万8000円）に参加した一般消費者全員に対し、ハワイの島に招待する等の景品類（合計10点約6万8000円相当）の提供をするとともに、抽選で東京・那覇間の無料往復航空券等を提供したことについて、懸賞制限告示、総付制限告示に違反するとして、排除命令が出された。

4　複数の景品類の提供が行われる場合
(1)　同一の取引に付随して2以上の景品類提供が行われる場合の規制

〔懸賞運用基準〕
5　告示第2項の「懸賞に係る取引の価額」について
　(2)　同一の取引に付随して2以上の懸賞による景品類提供が行われる場合については、次による。
　　ア　同一の事業者が行う場合は、別々の企画によるときであっても、これらを合算した額の景品類を提供したことになる。
　　イ　他の事業者と共同して行う場合は、別々の企画によるときであっても、それぞれ、共同した事業者がこれらの額を合算した額の景品類を提供したことになる。
　　ウ　他の事業者と共同しないで、その懸賞の当選者に対して更に懸賞によって景品類を追加した場合は、追加した事業者がこれらを合算した額の景品類を提供したことになる。

§ 4 -4(1)

〔総付運用基準〕
1　告示第1項の「景品類の提供に係る取引の価額」について
　(5)　同一の取引に附随して2以上の景品類提供が行われる場合については、次による。
　　　ア　同一の事業者が行う場合は、別々の企画によるときであっても、これらを合算した額の景品類を提供したことになる。
　　　イ　他の事業者と共同して行う場合は、別々の企画によるときであっても、共同した事業者が、それぞれ、これらを合算した額の景品類を提供したことになる。
　　　ウ　他の事業者と共同しないで景品類を追加した場合は、追加した事業者が、これらを合算した額の景品類を提供したことになる。

　同一の取引に付随して2以上の景品類提供が行われる場合の規制については、懸賞運用基準5(2)および総付運用基準1(5)において前記のとおり定められている。

　(a)　同一の取引　　例えば、同一店舗における同一商品の取引が「同一の取引」に当たることは明らかである。そのほか、例えば、小売事業者についてみると、ある店舗での1000円以上の取引と同じ店舗での2000円以上の取引は、1000円について必ず重なるので「同一の取引」に該当する。メーカーと小売業者についてみると、消費者庁は次のような見解を公表している。まず、メーカーが、商品A(1000円)の購入者を対象に抽選により景品を提供するキャンペーンを実施し、同時期に、小売店が、メーカーが行う懸賞とは別に、商品Aを必ず含んで、1500円分以上商品を購入した者を対象に抽選により景品を提供するキャンペーンを実施する場合には、「同一の取引」に付随して景品類を提供する場合に該当する。他方で、小売店が、メーカーによる商品Aの購入者向けの懸賞企画と同時期に、A商品の購入を条件とせず1500円分以上商品を購入した者を対象に懸賞を行う場合、購入商品の中にたまたま商品Aが含まれていたとしても、メーカーの企画と「同一の取引」に付随して提供するとは認められない(景品Q&A・Q95-1)。しかし、このような消費者庁の考え方に対しては、小売店で行う景品類の提供が商品Aを購入する場合にも行われるものである以上、商品Aを購入する顧客の意思決定に結びつくことは否定できないため、小売店のキャンペーンの対象から商品Aを除外しない限り、このような場合も「同一の取引」に付随して2以上の景品類提供が行われる場合に該当するとの見解もある(加藤公司ほか編『景品表示法の法律相談〔改訂版〕』(青林書院・2018)62頁)。

　(b)　同一の取引に付随して2以上の懸賞による景品類提供が行われる場合(懸賞運用

§ 4−4(1)

基準5(2))　　同一の取引に付随して2以上の懸賞による景品類提供が行われる場合の取扱いについては、次のとおりである(景品Q&A・Q95-2)。

　(ⅰ)　同一の事業者が行う場合　　同一の事業者が行う場合は、別々の企画によるときであっても、これらを合算した額の景品類を提供したことになる(懸賞運用基準5(2)ア)。重複当選を制限しないときには、景品類の最高額規制に関し、各景品類額が各企画に係る「取引の価額」の20倍または10万円のいずれか低い金額を超えないようにするとともに、各企画で提供される景品類の合算額が全企画の参加条件に該当する場合の最低の「取引の価額」の20倍または10万円のいずれか低い金額を超えないようにする必要がある。2つ以上の懸賞企画を実施する場合には景品類の総額規制を受ける。(懸賞運用基準には明示されていないものの)全企画の景品類の価額を合算した総額が、予定売上総額の100分の2(2%)を超えないようにする必要があると考えられる。これに対し、重複当選を制限する場合には、両方を合わせて検討する必要はない(古川昌平『エッセンス景品表示法』(商事法務・2018)172頁)。

　例えば、ある商品について本店が全国的な懸賞企画を実施しているときに、支店が同一の商品について別の懸賞販売企画を自己の管内において実施したような場合は、両方の景品類の合算額が最高額の制限内でなければならない。

　また、スーパーマーケットを営む事業者が、①同店で食品A(1000円)を購入した顧客に抽選でオーブントースター(2万円相当)を提供する企画と、②食品Aを含め3000円以上購入した顧客に抽選で電子圧力鍋を提供する企画を同時に実施する場合、当該①企画と②企画の重複当選を制限しないときには、食品Aを含め3000円以上購入した者は、①オーブントースターと②電子圧力鍋が重複して当たる可能性がある。そのため、当該重複を考慮して企画を設計する必要がある(これに対し、一方の当選者は他方の当選者から除くなど重複当選を制限する場合には、当該重複を考慮する必要はない)。具体的には、景品類の最高額規制に関し、各企画で提供される景品類が各企画に係る「取引の価額」(1000円または3000円)の20倍を超えないようにするとともに、各企画で提供される景品類の合算額が両企画に参加する場合の最低の「取引の価額」(3000円)の20倍を超えないようにする必要がある。オーブントースターが2万円である場合には、電子圧力鍋として提供できる景品類は、6万円(＝3000円×20倍)から2万円を控除した4万円を超えてはならない。また、どちらも懸賞の方法により景品類を提供する場合に適用を受ける景品類の総額規制に関し、両企画で提供されるすべての景品類の価額を合算した総額が、両企画の予定売上総額(＝前記①の企画の予定売上総額＋上記②の企画の予定売上総額−上記①の企画の予定売上総額〔重複部分〕)＝結局は前記②の企画の予定売上総額)の100分の2(2%)を超え

§ 4-4(1)

ないようにしなければならない(古川・前掲エッセンス172頁)。

(ii) 他の事業者と共同して行う場合　　他の事業者と共同して行う場合は、別々の企画によるときであっても、共同した事業者がそれぞれこれらの額を合算した額の景品類を提供したことになる(懸賞運用基準5(2)イ)。具体的な計算等は上記(i)と同様である(古川・前掲エッセンス173頁)。例えば、メーカーが懸賞企画を実施しているときに、そのメーカーと卸売業者が相談してさらに別個の懸賞企画を実施したような場合は、重複当選を制限しないときは、メーカーと卸売業者がそれぞれ両方の景品類の合算額の景品類を提供したことになるので、メーカーと卸売業者のそれぞれにとって、この合算額が最高額の制限内でなければならない。

(iii) 他の事業者と共同しないで行う場合　　ある事業者の実施した懸賞企画の当選者に対して、当該事業者と共同せずに別の事業者が更に懸賞によって景品類を追加した場合は、追加した事業者がこれらを合算した額の景品類を提供したことになる(懸賞運用基準5(2)ウ)。

例えば、メーカーが商品の購入者に懸賞による景品類(最高額の制限内)を提供しているときに、小売業者が当該商品の購入者に独自に別途の懸賞による景品類を追加して提供する場合は、小売業者にとって景品類の合算額が最高額の制限を超えないようにしなければならない。他の事業者が追加的に懸賞により景品類を提供したために制限額を超えた場合は、追加的に実施した事業者のみが懸賞制限告示に違反したこととなる(波光＝鈴木64頁〔波光巖〕)。

共同せずに行う場合であるため、後続企画の実施者が先行企画の当選者を把握することは困難であるから、重複当選を排除することは難しい。また、特に後続企画の実施者が、先行企画に係る売上総額を把握することは通常極めて困難であるため、総額制限を遵守することは難しいと思われる。既に特定の事業者が実施している景品類提供企画と同一の取引に付随して、別の景品類提供企画を実施しようとする事業者は、このような難点があることを十分考慮した上で、企画の内容等を慎重に検討する必要がある(古川・前掲エッセンス174頁)。

(c) 同一の取引に付随して一般懸賞企画と共同懸賞企画が併用された場合の取扱い

同一の取引に付随して一般懸賞景品提供企画に併せて共同懸賞景品提供企画が行われている場合であって、重複当選を制限していない場合には、両方の懸賞に当選する可能性があるので、それぞれの懸賞で提供される景品類の額を懸賞の規制における景品類の最高額の範囲内に収めた上で、両方の懸賞に当選しても、その景品類の合計額が提供できる景品類の最高額を超えないようにする必要がある。例えば、ある店舗で合計5000円以上購入すると、その店の懸賞にも商店街の

第2章　景品規制・表示規制　　*239*

§ 4 -4(1)

共同懸賞にも参加することができる場合、取引の価額は5000円であるから、一般懸賞で提供できる景品類の最高額は10万円(5000円の20倍)、共同懸賞で提供できる景品類の最高額は30万円から一般懸賞で提供した景品類の額を差し引いた額となる。例えば、共同懸賞で最高25万円の景品類を提供するのであれば、一般懸賞で提供できる景品類の最高額は5万円となり、一般懸賞で最高10万円の景品類を提供するのであれば、共同懸賞で提供できる景品類の最高額は20万円となる。また、景品類の総額については、例えば、一般懸賞では、この店舗の一般懸賞実施期間中において合計5000円以上購入する者の売上予定総額の100分の2(2%)以内に、共同懸賞では、共同懸賞実施期間中において合計5000円以上購入する者の商店街全体の売上予定総額の100分の3(3%)の額から、この店舗の一般懸賞で提供する景品類の総額を差し引いた額に収める必要がある(景品Q&A・Q97)。

　(d)　同一の取引に付随して懸賞企画と総付企画が併用された場合の取扱い　同一の取引に付随して懸賞景品提供企画に併せて総付景品提供企画が行われている場合には、前者により景品類を受け取る一般消費者は後者による景品類も受け取っているので、双方の景品類を合算すれば前者による上限規制を上回る景品類を受け取ることがあり得る。もっとも、このような場合の景表法上の取扱いについては、景品類の価額を合算する必要はなく、それぞれの景品提供企画における景品類の提供が懸賞制限告示や総付景品告示の範囲内のものであれば問題ないものとされている(景品Q&A・Q96)。過去に両告示に違反したとして法的措置が講じられた唯一の景品事件である排除命令昭和58年3月31日(株式会社日本旅行に対する件)においても、それぞれの告示のみに基づく判断がなされており、懸賞による景品類提供と総付による景品類提供とは、これらを同時に行う場合であっても、景品類の価格が合算されないとの運用が行われているものと考えられている(波光巌=横田直和=小畑徳彦=高橋省三『改訂　Q&A広告宣伝・景品表示に関する法律と実務』(日本加除出版・2024)243頁)。

　懸賞景品提供企画と総付景品提供企画が併用された場合について、以下の2つの説例を通じて取り扱いを説明する(加藤ほか編・前掲78頁、82〜83頁参照)。

　(i)　店舗に来店した顧客にもれなく粗品(300円相当)を提供し、さらに抽選で当選した顧客にパソコン(15万円相当)を提供する場合　店舗に来店した顧客にもれなく提供する粗品は総付景品に該当する。したがって、当該店舗における最低取引価額が1500円以上であればその10分の2(20%)に当たる300円相当の粗品を提供することができるが、最低取引価額が1500円未満の場合には、300円相当の粗品は提供可能な価額を超える景品類となり、これを提供すれば総付制限告示に違反する行為となる。また、抽選で当選した者に提供するパソコンは懸賞景品に

§ 4−4⑴

該当するところ、そもそも懸賞により提供することができる景品の上限額は最高で10万円となるので、15万円相当のパソコンを提供する行為は、懸賞制限告示に違反する。

　　（ⅱ）　店舗に来店した顧客に対して抽選を行い、当選した顧客にコーヒーメーカー（10万円相当）を提供し、はずれた顧客にもれなく粗品（300円相当）を提供する場合　　懸賞によって提供するコーヒーメーカー（10万円相当）は、当該店舗における最低取引価額が5000円以上であれば提供することができる。また、抽選にはずれた者に提供する粗品は、はずれた者にもれなく提供されるものではあるが、抽選の結果によって提供される景品類に違いがある場合と捉えられるので（抽選のうち1等がコーヒーメーカー、2等が粗品という扱いになる）、総付景品ではなく懸賞景品となる。すなわち、この場合には懸賞企画と総付企画が併用された場合ではなく、1つの懸賞企画が行われた場合として取り扱われる。この場合、粗品も懸賞景品となるから、300円相当のものであれば提供することは可能であるが、提供する懸賞賞品の総額が規制の範囲内であるかを別途検討する必要がある。

　　（e）　同一の取引に付随して2以上の総付による景品類提供が行われる場合（総付運用基準1⑸）　　同一の取引について総付の方法で2以上の景品類提供が行われる場合の考え方についても、懸賞制限告示の場合と基本的に同様である（総付運用基準1⑸）。同一の事業者が同一の取引に附随して総付の方法で2以上の景品類の提供を行う場合において、重複提供を制限しないときには、景品類の最高額規制に関し、各企画で提供される景品類の価額がそれぞれの企画に係る「取引の価額」の10分の2（20%）または200円のいずれか高い金額を超えないようにするとともに、各企画で提供される景品類の合算額が全企画の参加条件に該当する場合の最低の「取引の価額」の10分の2（20%）または200円のいずれか高い金額を超えないようにする必要がある。例えば、3000円以上の購入者にもれなく景品Aを提供し、10000円以上の購入者にもれなく景品Bを提供するという場合（10000円以上の購入者には景品Aおよび景品Bをいずれも提供するという場合）、それぞれの企画との関係では、景品Aは600円以下にする必要があり、景品Bは2000円以下にする必要があることになるが、重複提供を制限していないため、景品Aと景品Bの合算額を2000円以下にする必要がある。

　　これに対し、重複提供を制限する場合（上記の例でいえば、景品Bを提供する顧客には景品Aを提供しない場合）には、各企画で提供される景品類の価額が、それぞれの企画に係る「取引の価額」の10分の2（20%）または200円のいずれか高い金額を超えなければ問題はない（全企画に参加する場合の最低の「取引の価額」の10分の2〔20%〕または200円のいずれか高い金額を超えるか否かを検討する必要はない）（古川・前掲エッセンス172頁）。

第2章　景品規制・表示規制　　*241*

§ 4 −4(2)

(2)　同一の企画で懸賞により数回の景品類提供の機会を付与する場合の規制(懸賞運用基準6)

〔懸賞運用基準〕
6　懸賞により提供する景品類の限度について
　懸賞に係る1の取引について、同一の企画で数回の景品類獲得の機会を与える場合であっても、その取引について定められている制限額を超えて景品類を提供してはならない(例えば、1枚の抽せん券により抽せんを行って景品類を提供し、同一の抽せん券により更に抽せんを行って景品類を提供する場合にあっては、これらを合算した額が制限額を超えてはならない。)。

　(a)　複数回の懸賞による景品類提供　　同一の取引について、同一の企画で懸賞によって複数回の景品類獲得の機会を与える場合(例えば、1つの取引で複数回の抽選に参加する機会を与える場合)には、各機会に提供される景品類の価額を合算した価額について、懸賞景品規制が適用される。この定めは、景品類の最高額および景品類の価額の総額の双方について妥当する(波光＝鈴木63〜64頁〔波光厳〕)。
　すなわち、景品類の最高額との関係では、各機会に提供する景品類全体のうち最高額のもの(重複当選を許容するのであれば各機会に提供する景品類のうち最高額のものの合算額)が、取引の価額の20倍または10万円のいずれか低い方を超えないよう設定する必要がある。
　また、景品類の総額について、一定の期間中の購入者を対象に当該期間中に複数回抽選を行う(当選者が重複することもあり得る)ような場合であれば、全期間における懸賞に係る売上予定総額の100分の2(2%)となるよう設定することはもちろん、抽選対象となる取引期間ごとに、当該期間における懸賞に係る売上予定総額の100分の2(2%)となるよう設定する必要がある。
　例えば、小売業者が、令和7年1月1日から1月31日までの商品A(1500円)の購入者を対象に、同年1月15日と1月31日に抽選を行い、それぞれ当選者に景品類を提供する場合(重複当選を制限しない場合)という設例で検討する。この場合、景品類の最高額は、「取引の価額」(1500円)の20倍の3万円となる。ここで、1回目の抽選で当選者に最高2万円相当の景品類を交付したとする。この場合、重複当選を制限しない以上、この当選者は2回目の抽選でも当選する可能性があるから、1回目の景品類の最高額と2回目の景品類の最高額を合算して3万円を超えないようにする必要がある。そのため、2回目の抽選で当選者に提供することができる景品類の最高額は、全体の最高額である3万円から1回目の景品類の最高額である2万円を控除した1万円相当に限られることになる。

§ 4 -5

また、景品類の総額は、各懸賞に係る売上予定総額の100分の 2（2％）以内にする必要があり、具体的には以下のとおり設定することとなる。
・ 1 回目 ＝ 1 月 1 日〜 1 月15日の売上予定総額の100分の 2（2％）
・ 2 回目 ＝ 1 月 1 日〜 1 月31日の売上予定総額の100分の 2（2％）－ 1 回目の景品類総額（古川・前掲エッセンス175〜176頁）

複数回提供される景品類について、その合計額や総額が最高額または総額の制限を超える場合には、同じ者が複数回当選することができない（抽選に当選した者がそれ以降の抽選に参加できない）仕組みを作り、その旨をあらかじめ明示することが必要である。

(b)　ダブルチャンス　　同一の取引に付随して、 1 回目の懸賞により景品類を提供するとともに、当該懸賞に外れた者のみを対象として 2 回目の懸賞を行う（1 回目の懸賞と 2 回目の懸賞とで重複して当選することはない）という企画について、「ダブルチャンス」等と呼ばれることがある。このような「ダブルチャンス」の企画においては、 1 回目の懸賞と 2 回目の懸賞の当選者は重複しないそのため、両方を合わせて検討する必要はなく、景品類の最高額は、 1 回目の懸賞および 2 回目の懸賞について、それぞれ取引の価額の20倍または10万円のいずれか低い方となる。ただし、景品類の総額については、 1 回目の懸賞および 2 回目の懸賞で提供する全ての景品類の価額を合算した金額が、これら懸賞の実施期間中における、懸賞に係る商品の売上予定総額の100分の 2（2％）以内になるようにする必要がある。

例えば、小売業者が、商品 A（1500円）の購入者を対象に、懸賞の方法により景品を提供し、 1 回目の懸賞に外れた者を対象として別途懸賞を行う場合を想定すると、景品類の最高額は、 1 回目および 2 回目の懸賞それぞれについて、1500円の20倍で 3 万円となる。また、景品類の総額は、 1 回目および 2 回目の懸賞で提供するすべての景品類の価額を合算した金額が、当該懸賞の実施期間中における、商品 A の売上予定総額の100分の 2（2％）以内になるようにする必要がある（景品 Q&A・Q94、古川・前掲エッセンス174〜175頁）。

5　業種別告示

これまで述べてきた懸賞制限告示および総付制限告示は、幅広い業種に横断的に適用されるものであるが、このような一般的な景品規制に加えて、特定の業種に適用される告示（業種別告示）において、特別な規定（一般的な景品規制より制限的な内容や、一般的な景品規制が対象としていない事項に関する規定）が設けられている。現在、①新聞業、②雑誌業、③不動産業、④医療用医薬品業、医療用機器および衛生検

§ 4 -5(1)

査所業の各業界について、業種別の告示が制定され、各業界において提供される景品類に制限が設けられている。

なお、これら告示によるもののほか、公正競争規約により、業界の自主ルールが規定されている場合もあり、例えば、出版物小売業などは、一般の景品規制とは異なる自主規制を設けている。公正競争規約については、**§37後注-4**で後述する。

(1) **新聞業告示** 新聞については、再販売価格維持行為が認められ(独禁23④)、さらに新聞は発行業者または販売業者が定価を割り引いて販売することが不公正な取引方法とされているが(新聞業における特定の不公正な取引方法〔平成11年7月21日公取委告示第9号〕)、景品類の提供については、一般的な規制より厳しい規制がなされている。新聞業告示の内容は以下のとおりである。なお、新聞業告示の規制対象となる新聞とは、一定の題号を用い時事に関する事項を掲載し、日々発刊するものである(景品表示法研究会編著『景品表示法質疑応答集』(第一法規・1983)710頁)。この新聞にはいわゆる業界紙も含まれるが、特定の団体の発行する機関誌は含まれない(景品表示法研究会編著・前掲752頁)。なお、新聞業告示は景品類を提供する相手方を一般消費者に限定していないため、事業者に対して行う景品類の提供もこの告示で規制される(小畑徳彦「第11回-懸賞による景品類の規制、業種別景品規制」公取732号(2011)98頁)。新聞業についてはこれとは別に、景品類の提供の制限に関する公正競争規約が定められている〔**§37後注-4**(3)(b)参照〕。

(a) **懸賞景品に関する制限**(新聞業告示1項) 懸賞により提供する景品類は、次に該当する範囲内であって、新聞業における正常な商習慣に照らして適当と認められる範囲内でなければならない。

(i) **一般懸賞の場合**(新聞業告示1項1号)

最高額：取引の価額の10倍または5万円のいずれか低い金額の範囲

総額：取引予定総額の1000分の7(0.7%)の金額の範囲

(ii) **共同懸賞の場合**(新聞業告示1項2号) 懸賞制限告示における共同懸賞の制限(懸賞制限告示4)と同じである。

(b) **総付景品に関する制限**(新聞業告示1項3号) 懸賞によらないで提供する景品類は、次のいずれかに該当する範囲内でなければならない。

①取引の価額の100分の8(8%)または6か月分の購読料金の100分の8(8%)のいずれか低い金額の範囲(②または③に該当するものを除く)。

②自己が発行し、または販売する新聞に附随して提供する印刷物であって、新聞に類似するものまたは新聞業における正常な商習慣に照らして適当と認められるもの。ここでの「附随」するとは、新聞の本紙に付加して購読者に交付

§ 4-5(1)

される印刷物であり、本紙に対し従たるものという意味である。この印刷物は、新聞と合わせて配達された場合に限らず、自己の新聞の購読者に限定した配布した場合も「附随」して提供されたものといえる。「新聞に類似するもの」とは、号外、解説版、日曜版等当該新聞を補完する機能を有し、かつ、当該新聞と別個には通常販売できないと認められるものをいう(景品表示法研究会編著・前掲753頁)。具体的には、新聞に附随して配布される新聞社発行の小冊子などがこれに該当する(小畑・前掲98頁)。

③その対象を新聞購読者に限定しないで行う催し物等への招待または優待であって、新聞業における正常な商習慣に照らして適当と認められるもの。新聞社が主催する展覧会の招待券または優待券などがこれに該当する(小畑・前掲98頁)。

(c) その他(新聞業告示2項)　新聞の発行を業とする者が、その新聞の編集に関連してアンケート、クイズ等の回答、将来の予想等の募集を行い、その対象を自己の発行する新聞を購読するものに限定しないで懸賞により景品類を提供する場合には、前記(a)と(b)の規定にかかわらず、当該景品類の価額の最高額は、3万円を超えない額とすることができる。

(d) 処分事例　新聞業告示違反について消費者庁が措置命令を行ったものはなく、公取委の排除命令も平成10年度のものが最後であるが、近年では平成30年度、令和元年度および令和4年度に大阪府により計5件の措置命令がなされている(波光巌=横田直和=小畑徳彦=高橋省三『改訂　Q&A広告宣伝・景品表示に関する法律と実務』(日本加除出版・2024)254頁)。

(i) 大阪府による株式会社産業経済新聞社等に対する措置命令　大阪府は、株式会社産業経済新聞社(産経新聞社)および同社の新聞販売店2店(両販売店)の計3者に対して、新聞購読契約の締結の取引に関し、景表法4条に違反する過大な景品類の提供が認められたとして、平成31(2019)年3月19日付で措置命令を行った。

新聞購読契約の取引においては、新聞業告示により、懸賞によらないで提供する景品類が、取引の価額の100分の8(8%)または6か月分の購読料金の100分の8(8%)のいずれか低い金額の範囲に制限されている。しかし、産経新聞社の直営販売店等の一部や両販売店は、電動アシスト自動車(8万1000円相当)など、告示制限の範囲を超える過大な景品類を一般消費者に提供していた。また、産経新聞社は、大阪本社販売局内に関係事業者のファクシミリを設置させ、各販売店からの景品類の発注を受け付けさせており、当該景品類の代金は、一旦産経新聞社が立て替えて関係事業者に支払い、産経新聞社の請求と合わせて各販売店から回収

していた（大阪府知事松井一郎「不当景品類及び不当表示防止法第7条第1項の規定に基づく措置命令について」〔消セ第2049号〕、景品表示法研究会編著・前掲753の2頁、山田昇「新聞社及び販売店に対する措置命令について」公取829号(2019)60頁。**事例⓸**参照）。

　その後、産経新聞社は、遅くとも上記措置命令を受けた平成31(2019)年3月19日以降、一般消費者との新聞購読契約の勧誘および締結に際し、1個では告示制限の範囲内である景品類（8本入り缶ビールギフトセット、米3kg等）を複数個提供（以下、「景品類の重ね使い」という）し、遅くとも令和2(2020)年4月の社内会議において、販売店における景品類の重ね使いを指示していた。大阪府は、景品類の重ね使いにより告示制限の範囲を超える景品類の提供を行っていたとして、産経新聞社に対し、令和5(2023)年3月30日付で2度目の措置命令を行い、販売店に対しては行政指導を行った（千葉祥則「過大な景品類の提供を行っていた事業者に対する措置命令について」公取882号(2024)82〜83頁、大阪府ウェブサイト。**事例⓹**参照）。

　　(ii)　大阪府の毎日新聞瓢箪山南販売所、毎日新聞北山本販売所および毎日新聞八尾北販売所(本件販売店)に対する措置命令　　本件販売店は、一般消費者との毎日新聞の購読契約に際し、3000円から1万円の商品券を提供していたほか、スポーツ紙の無料提供や毎日新聞購読料の割引、毎日新聞購読料を無料とする月の設定などを行っていた。新聞業告示では、毎日新聞（セット版定価月額4037円）を6か月以上購読する場合に提供できる景品類の上限は1937円であり、本件販売店が提供する景品類はこの上限を超えていた。このような行為は、景表法4条に違反するとして、令和元(2019)年12月10日、措置命令が出された（景品表示法研究会編著・前掲753の3頁）。

　(2)　**雑誌業告示**　　雑誌についても再販売価格維持行為が認められているが（独禁23④）、景品類の提供についても、雑誌の特性を踏まえて、一般的な規制とやや異なる規制がされている（小畑・前掲98頁）。雑誌業告示の対象となる「雑誌」は、週刊、隔週刊、月刊、季節等定期的に刊行される出版物である。ただし、定期的に刊行される出版物であっても、分冊して逐次刊行される全集や商品の宣伝、企業PRのために刊行されるパンフレット類は「雑誌」に含まれない（景品表示法研究会編著・前掲705頁）。

　なお、編集に関連し、かつ、雑誌と一体として利用する教材その他これに類似する物品であって、雑誌の発行をする事業における正常な商習慣に照らして適当と認められる範囲の景品類の提供は許されている（雑誌業告示①(3)）。理科学習雑誌に添付された実験器具、英語学習雑誌に添付されたCDなどがこれに該当する（小畑・前掲99頁）。これに対して、編集に関連した印刷物の付録、例えば、女性誌に挟み込まれた料理カード、型紙、別冊の家計簿のようなものは、その付録が添

§ 4 –5⑵

付されている雑誌に掲載されている事項を補完する機能を有し、かつ、雑誌発行業者も特に付録として作成したものであり、通常雑誌と別個に販売されないものであるから、このような付録は「雑誌」として取り扱われ、そもそも景品類としての規制は受けない（景品表示法研究会編著・前掲706～707頁）。

雑誌は商品そのものが広告媒体であるため、他の事業者が雑誌に経済上の利益の提供を行う旨の広告または情報を掲載したとしても、これをもって雑誌発行業者が雑誌業告示の規制を受けるわけではない。しかし、その経済上の利益の提供に雑誌発行業者が雑誌の購読を誘引する手段として企画に関与した場合は、雑誌業告示の規制の対象を受ける。例えば、雑誌発行業者と広告主との間に提供する景品類の費用分担等の資金的関係がある場合や、クイズ等の募集に際し雑誌に挟み込んだ応募はがきを用いさせる場合、雑誌発行業者が当該雑誌に懸賞が付されていることを広告する場合等である（景品表示法研究会編著・前掲707～708頁）。なお、雑誌業についてはこれとは別に、景品類の提供の制限に関する公正競争規約が定められている〔§37後注-1（4）(b)参照〕。

(a)　懸賞景品に関する制限（雑誌業告示1項1号）　懸賞により景品類を提供する場合は、懸賞制限告示の範囲内の景品類であれば提供することができる。

「懸賞により」とは、例えば、雑誌に印刷された応募券により応募させる方法、雑誌に挟み込まれた応募はがきによりアンケートまたはパズル等に回答させる方法により募集し、抽選により景品類を提供する相手方またはその額を決める方法をいう。また、取引の価額とは雑誌の価額であり、売上予定総額は当該雑誌の発行部数に雑誌の価額を乗じた額である（景品表示法研究会編著・前掲705頁）。

(b)　総付景品に関する制限（雑誌業告示1項2号）　懸賞によらないで景品類を提供する場合は、総付制限告示の範囲内の景品類であれば提供することができる。

「懸賞によらないで」とは、例えば、雑誌に印刷された応募券等を送付させ、送付してきた者全員に景品類を提供するものである（景品表示法研究会編著・前掲706頁）。

(c)　その他（雑誌業告示2項）　雑誌に募集の内容を掲載して、その雑誌の編集に関連するアンケート、パズル等の回答、将来の予想、学力テスト、感想文、写真等の募集を行い、懸賞により景品類を提供する場合には、前述の規定（雑誌業告示①）にかかわらず、当該景品類の価額の最高額は、3万円を超えない額とすることができる。したがって、雑誌に掲載されたパズル等の懸賞により提供する景品類は、懸賞制限告示により最高額とされている「取引の価額の20倍の金額」を超えても、3万円までなら提供することができる（小畑・前掲99頁）。ただし、同一の雑誌に掲載されている2つ以上のパズル等の懸賞において、同一人が当選するこ

第2章　景品規制・表示規制　　*247*

§ 4−5(3)(4)

とがあり得る場合、景品類を合算した価額は３万円を超えてはならない(景品表示法研究会編著・前掲706頁)。

(d) 処分事例——株式会社共同通信社に対する件(排除命令昭和53年４月６日)　雑誌の購読者を対象に、雑誌『FMfan』に募集の内容を掲載し、とじ込みの応募用紙に、編集に関連するアンケートの回答等を記入させて応募させ、抽選により、オープンリール式テープデッキ等の景品類を提供した行為が、雑誌業告示２項に違反するとして、排除命令が出された(全国公正取引協議会連合会編・前掲76頁)。

(3)　不動産業告示　不動産業告示は、不動産の売買、交換もしくは賃貸または不動産の売買、交換もしくは賃貸の代理もしくは媒介を業とする者が、一般消費者に対し、次に掲げる範囲を超えて景品類を提供することを禁止している。不動産業告示の対象となる「不動産」は、土地および建物である。なお、不動産業については、これとは別に、景品類の提供の制限に関する公正競争規約も認定されている〔**§37後注−4**(5)(b)参照〕。

(a) 懸賞景品に関する制限(不動産業告示１号)　懸賞により景品類を提供する場合は、懸賞制限告示の範囲内の景品類であれば提供することができる。取引の価額は、不動産の売買・交換の場合には当該取引に係る不動産の販売価額等であり、不動産の賃貸借の場合には当該賃貸借契約を締結するために必要な費用の額であるとされている(景品表示法研究会編著・前掲757頁)。

(b) 総付景品に関する制限(不動産業告示２号)　懸賞によらないで景品類を提供する場合の最高限度額は、取引の価額の10分の１(10%)または100万円のいずれか低い金額の範囲内である。総付景品について、総付制限告示より厳しい制限をしているが、これは不動産の場合、取引の価額が大きいためと考えられる(小畑・前掲99頁)。

(4)　医療関係告示　医療関係告示は、医療用医薬品の製造または販売を業とする者、医療機器の製造または販売を業とする者および衛生検査を行うことを業とする者(医療関係事業者)が、病院、診療所等(これらの役員、医療担当者その他従業員を含む)(医療機関等)に対して景品類を提供する場合についての制限を行っている。医療関係告示の規制対象となる「医療用医薬品」とは、医薬品、医療機器等の品質、有効性及び安全性の確保等に関する法律(昭和35年法律第145号)２条１項に規定する医薬品であって、医療機関等において医療のために使用されるものである。「医療機器」とは、同法２条４項に規定する医療機器であって、医療機関等において医療のために使用されるものである。「衛生検査」とは、人体から排出され、または採取された検体について行う臨床検査技師等に関する法律(昭和33年法律第76号。現在の臨床検査技師等に関する法律)２条に規定する検査である(景品表示法研究会編

148　第２章　景品規制・表示規制

§5

著・前掲758頁。なお、臨床検査技師等に関する法律の改正により、「衛生検査」の語ではなく「検体検査」の語が用いられるようになったが、医療関係告示においては引き続き「衛生検査」の語が用いられている）。

医療関係告示により、医療用医薬品の製造・販売業者、医療機器の製造・販売業者および衛生検査所は、医療機関等に対し、医療用医薬品、医療機器または衛生検査の取引を不当に誘引する手段として、医療用医薬品もしくは医療機器の使用または衛生検査の利用のために必要な物品またはサービスその他正常な商慣習に照らして適当と認められる範囲を超えて景品類を提供してはならないこととされている。

医療関係告示は、景品規制に関する他の告示と異なり、専ら事業者である医療機関に対する景品提供を規制するものであるが、医療関係告示の対象となる商品またはサービスについては、一般消費者に提供される医療サービスの内容を左右する重大な要素である一方、医療サービスの利用者(患者)は、これらの医薬品、医療機器等を自ら選択することはできず、専ら医療機関・医師の選択に委ねるほかはないことから、過大な景品類提供によって医療機関・医師の適正な選択が歪められることのないようにしなければ、一般消費者による自主的かつ合理的な選択が確保されている状況が確保できない。医療関係告示が、消費者法に位置付けを変えた景表法の下の告示として消費者庁により運用されるのは、かかる観点を踏まえたものであると説明されている(西川〔第6版〕243〜244頁)。

なお、医療用医薬品製造販売業、医療用医薬品卸売業、衛生検査所業および医療機器業については、これとは別に、それぞれ景品類の提供の制限に関する公正競争規約が認定されている〔§37後注-4(6)(c)〜(f)参照〕。

〔森大樹＝須藤希祥＝梅澤舞＝野口夏佳〕

〔不当な表示の禁止〕

第5条 事業者は、自己の供給する商品又は役務の取引について、次の各号のいずれかに該当する表示をしてはならない。

---

1 禁止規定　　*2* 表示規制に係る法的枠組み　　*3* 本条の事業者　　*4* 供給主体性との関係　　*5* 課徴金納付命令の名宛人との関係　　*6* 最近の事例

§ 5 -1, 2

1 禁止規定

違反行為主体である事業者に対して特定・限定された表示を「してはならない」という禁止規定方式で禁止行為を定めている。禁止される表示(一般消費者に誤認される表示・すなわち誤認表示)として、本条1号に該当する優良誤認表示、本条2号に該当する有利誤認表示、本条3号に該当するその他の告示による表示を定める。したがって、表示規制は、優良誤認表示規制、有利誤認表示規制、その他の告示による表示規制に大別される。

なお、内閣総理大臣は、6条に基づき、「第5条第3号の規定による指定」として、7つの指定により各禁止表示を定めている。すなわち、内閣総理大臣は6条に基づき、「第5条第3号の規定による指定」として、①無果汁の清涼飲料水等についての表示、②商品の原産国に関する不当な表示(原産国告示)、③消費者信用の融資費用に関する不当な表示、④不動産のおとり広告に関する表示、⑤おとり広告に関する表示(おとり広告告示)、⑥有料老人ホームに関する不当な表示(有料老人ホーム告示)、⑦一般消費者が事業者の表示であることを判別することが困難である表示(ステマ告示)を指定している。したがって、その他の告示による表示規制は、実質的に7つの告示による規制に分類される。

2 表示規制に係る法的枠組み

法文に基づく、本条1号、2号、3号の禁止行為の差異は以下のとおりである。

3号の禁止表示は、1号、2号と比べての独自なものである。1号、2号が「一般消費者に誤認される表示」を禁止するのに対して、3号は「一般消費者に誤認されるおそれがある表示」を禁止している。「おそれ」が入るため、消費者に与える誤認の程度、水準がより低い水準・程度のものも禁止表示に含まれる。

3号は、内閣総理大臣が告示を指定するための要件を規定する。ただし、指定告示では、「一般消費者に誤認されるおそれがある表示」をその対象としているのであり、告示により指定された個別不当表示についても「一般消費者に誤認されるおそれがある表示」を禁止する。

ちなみに、1号が「一般消費者に対し……示す表示」としたのは、不実証広告規制を導入したためであり「一般消費者に誤認される表示」と基本的に同じであると解されている。

誤認される対象表示について、本条柱書は「商品又は役務の取引」とし、1号は「商品又は役務の品質、規格その他の内容」(内容が総括概念である)とし、2号は「商品又は役務の価格その他の取引条件」(取引条件が総括概念である)とし、3号は「商品

250　第2章　景品規制・表示規制

§ 5 -3 (1)

又は役務の取引に関する事項」としている。表示の定義規定である2条4項は「商品又は役務の内容又は取引条件その他これらの取引に関する事項」としており、「その他」が入るため一番広い範囲の表示を対象とする。3号の「商品又は役務の取引に関する事項」は、2条4項の定義と同一であると解され、最も広い範囲の表示を対象とする。

このため、3号の表示は最も広い範囲の表示を問題として、(対象事業者の業種・特性単位でも、表示の態様単位でも)多様な形態の禁止表示を告示により定めることができる。

1号、2号の禁止表示は、景表法の中核禁止表示であるとともに、比較的狭い範囲の表示を対象とする。1号は、「実際のものより」も著しく優良であると示す表示と「事実に相違して競争事業者に係るもの」よりも著しく優良であると示す表示の双方を禁止する。2号は、「実際のもの」よりも取引の相手方に著しく有利であると誤認される表示と競争事業者「に係るものよりも」取引の相手方に著しく有利であると誤認される表示の双方を禁止する。ここでは「当該事業者と同種若しくは類似の商品若しくは役務を供給している他の事業者」は、競争事業者と言い換える。

誤認される対象表示について、1号は「商品又は役務の品質、規格その他の内容」とし、2号は「商品又は役務の価格その他の取引条件」とし、「商品又は役務の内容又は取引条件その他これらの取引に関する事項」(2④)や「商品又は役務の取引に関する事項」(本条(3))よりも狭い範囲の表示としている。

現実にも、行政上の制裁である課徴金および刑事罰の対象行為は1号と2号の禁止表示に限定されている。

また、指定告示による禁止行為は、「一般消費者に誤認されるおそれがある表示」であるため、同時に1号と2号の禁止行為に該当することもあり得る。その場合、事例によって、1号、2号を優先して適用することも、1号、2号該当行為と指定告示該当行為とを分けて法適用することもあり得る。

3 本条の事業者

(1) **違反表示主体** 本条の事業者は、「表示を行った事業者」「不当表示をした事業者」をいう。

本条の事業者は、2条1項や2条4項の事業者とは異なり、してはならないという禁止行為の主語であり、本条1号、2号、3号に該当する表示をした違反行為主体である事業者、措置命令の名宛人となるものをいう。本条の事業者が、2条1項の事業者(事業者性)や、2条4項の表示の定義であるの「自己の供給する」

を満たすことは前提条件である。

過去には、景表法上の「表示を行った事業者」(表示主体)については、「表示内容を決定した者」が当たると解されて、製造業者や供給元の表示をそのまま伝達した小売業者等は5条の事業者に該当しないため景表法上の責任を負わないと解された。

(2) **ベイクルーズ事件東京高裁判決**　表示を行った事業者の範囲を拡大する契機となった事件が、輸入衣料品の原産国表示に係るユナイテッドアローズに対する件(**事例㊼**)である。

この件で、高級衣料専門店であるユナイテッドアローズ(以下、「アローズ」という)は、八木通商が輸入したイタリアのGTA Mode社製のズボンを仕入れて、一般消費者向けに約2200着販売した。本件商品には、アローズの社名とともに「MADE IN ITALY」と記載された品質表示タッグおよびアローズの社名とともに「イタリア製」と記載された下げ札が取り付けられていた。

原産国告示および同告示の原産国の定義に関する運用細則は、原産国とはその「商品の内容について実質的な変更をもたらす行為」が行われた国をいい、一部の衣料品については「縫製」が実質的な変更をもたらす行為であるとしている。

この件で、公取委は、八木通商のみならずアローズに対しても原産国告示に反する表示であるとして排除措置を命じた(公取委審判審決平成18年5月15日審決集53巻173頁)。

公取委は、「表示を行った事業者」とは、表示内容の決定に関与した事業者をいい、決定に関与とは、自ら若しくは他の者と共同して積極的に当該表示を決定した場合のみならず、他の者の表示内容に関する説明に基づきその内容を定めた場合や、他の者にその決定を委ねた場合も含まれるとした。

アローズは、八木通商の説明に基づき本件商品がイタリア製である旨認識し、その認識の下に本件下げ札を自ら作成し、本件品質表示タッグの作成を八木通商に委託したのであるから、アローズは不当表示をした者に該当するとした。

この件で、東京高裁は、不当表示をした事業者とは、一般消費者の利益を保護する観点から、メーカー、卸売業者、小売業者等いかなる生産・流通段階にある事業者かを問わず、一般消費者に伝達された表示内容を主体的に決定した事業者はもとより、当該表示内容を認識・認容し、自己の表示として使用することによって利益を得る事業者も、表示内容を間接的に決定した者としてこれに含まれるとした。その上で、原告の社名と共に「イタリア製」および「MADE IN ITALY」と記載した本件品質表示タッグを取り付けたことについては、当該表示内容を認識・認容し、自己の表示として使用することによって利益を得ていた者であ

§ 5-3(2)

るから、表示内容を間接的に決定した者として、原告の商標とともに「イタリア製」と記載された本件下げ札を取り付けたことについてはその表示内容を実質的に決定した者として、不当表示の事業者に該当するとした(東京高判平成19年10月12日審決集54巻661頁〔ビームス事件〕、東京高判平成20年5月23日審決集55巻842頁〔ベイクルーズ事件〕)。

この高裁判決による、利益を得る者と利益を受けなかった者で分ける基準については批判が強く、それを修正した、同種の事件であるベイクルーズに対する件(**事例❻❽**)についての東京高裁判決による以下の判示部分が基本先例となった。

事業者とは、「表示内容の決定に関与した事業者」をいう。「表示内容の決定に関与した事業者」には、「自ら若しくは他の者と共同して積極的に表示の内容を決定した事業者」のみならず、「他の者の表示内容に関する説明に基づきその内容を定めた事業者」や「他の事業者にその決定を委ねた事業者」も含まれる。

「他の者の表示内容に関する説明に基づきその内容を定めた事業者」とは「他の事業者が決定したあるいは決定する表示内容についてその事業者から説明を受けてこれを了承しその表示を自己の表示とすることを了承した事業者」をいい、「他の事業者にその決定を委ねた事業者」とは「自己が表示内容を決定することができるにもかかわらず他の事業者に表示内容の決定を任せた事業者」をいう(東京高判平成20年5月23日審決集55巻842頁〔ベイクルーズ事件〕。中川寛子「輸入ズボンの原産国の不当表示と販売事業者の責任」舟田正之＝金井貴嗣＝泉水文雄編『経済法判例・審決百選』(有斐閣・2010)270頁。金井貴嗣「原産国の不当表示と販売事業者の責任」金井貴嗣＝泉水文雄＝武田邦宣編『経済法判例・審決百選〔第2版〕』(有斐閣・2017)256頁)。

この判決以降、本条の事業者に該当するかは、製造業者・卸売業者・小売業者、フランチャイズ本部、百貨店、オンラインショッピングモールなどの名称を問わず、個別に当該事業者が前述の意味で「表示内容の決定に関与した事業者」に該当するか否かにより判断されると解されてきた。

ベイクルーズ事件東京高裁判決のうち、「他の者の表示内容に関する説明に基づきその内容を定めた事業者」も「表示内容の決定に関与した事業者」として本条の事業者に該当するという判旨は、過去には、景表法上の「表示を行った事業者」(表示主体)については、「表示内容を決定した者」が当たると解されて、製造業者や供給元の表示をそのまま伝達した小売業者等は本条の事業者に該当しないため景表法上の責任を負わないと解された時期もあるため、製造業者のみならず、その販売会社等も本条の事業者に該当するとして表示主体の範囲を拡大する効果をもたらした。

ただし、もともと、自ら表示の内容を決定した事業者と他の事業者と共同して

第2章 景品規制・表示規制 253

表示の内容を決定した事業者は本条の事業者に該当するとされており、同一商品の製造業者とその販売会社とは「他の者の表示内容に関する説明に基づきその内容を定めた事業者」に該当するというまでもなく、通常共同して表示の内容を決定した事業者として本条の事業者に該当する。

他方、「他の事業者にその決定を委ねた事業者」も「表示内容の決定に関与した事業者」として本条の事業者に該当するという判旨は、決定を委ねられた事業者や決定を任せられた事業者を本条の事業者に加えるものではない。当該事業者が責任を負う表示内容について、第三者である、決定を委ねた事業者や決定を任せた事業者による表示内容を追加するものである。すなわち、表示主体である事業者に表示内容を委ねた者、任せた者による不当表示の責任の負わせるものであり、表示内容を委ねられた者、任せられた者について措置命令の名宛人とするものではない。

(3) **現行ルールとしてのアマゾンジャパン合同会社事件東京高裁判決** 有利誤認表示として、デジタルプラットフォーマーである、アマゾンジャパン合同会社に対する件（**事例㊿**）の東京高裁判決が本条柱書の事業者についての現行のルールとなる。この件では、アマゾンジャパン合同会社がシステムを構築して卸売業者である納入業者に利用させたが、アマゾンジャパン合同会社が表示主体、措置命令の名宛人であると認定された。

この件で、消費者庁は、デジタルプラットフォーマーであるアマゾンジャパン合同会社のウェブサイトに出品された商品価格に関する不当な二重価格表示について、出品者に対してではなく、アマゾンジャパン合同会社に対して有利誤認表示に該当するとして措置命令を行った。それに対して、アマゾンジャパン合同会社は、同社のウェブサイトに出品した商品の参考価格等については出品者が決定したものであると主張した。

この件で、東京地裁は、令和元年11月15日（判時2502号68頁）に、ベイクルーズ事件東京高裁判決に従い「表示内容の決定に関与した事業者」とは、「自ら又は他の者と共同して積極的に表示の内容を決定した事業者のみならず、他の事業者が決定したあるいは決定する表示内容についてその事業者から説明を受けてこれを了承しその表示を自己の表示とすることを了承した事業者〔他の事業者の表示内容に関する説明に基づき内容を決めた事業者〕及び自己が表示内容を決定することができるにもかかわらず他の事業者に表示内容の決定を任せた事業者〔他の者にその決定を委ねた事業者〕も含まれると解するのが相当である」とした上、アマゾンジャパン合同会社は、「仕入先又は出品者が入力した参考価格の中から1つの情報を、原告〔注：アマゾンジャパン合同会社〕が使用するコンピュータシステムが何らかの基準の

254　第2章　景品規制・表示規制

§ 5-3(3)

下に選別した結果に基づいて本件ウェブサイト上に表示するものとするとの選択をした上で、それに沿う表示に係るシステムを構築した結果、仕入先又は出品者が入力した参考価格が表示されたものであるから、本件各表示について、原告〔注：アマゾンジャパン合同会社〕が表示内容を決定したものと認められる」とした（東京地判令和4年11月15日判時2502号68頁、岩本諭「プラットフォーム通信販売事業者の二重価格表示に対する景品表示法に基づく措置命令取消訴訟判決」公取837号（2020）68頁参照）。

他方、東京高裁は、令和2年12月3日（ジュリ1559号6頁）に以下の内容の判決を下し請求を棄却した。

本件においては5商品に関して販売者として控訴人以外の業者名以外の表示がなされておらず、「控訴人のウェブサイト上のこれら5商品に関する『販売価格』、『参考価格』等の表示を見た一般消費者は、販売者である控訴人が、それぞれの商品の実際の販売価格を決め、その安さを強調して顧客を誘引するために、『参考価格』『割引額』、『割引率』等の表示をしたと理解する以外に考えようがなく」、この表示によってこれら5商品は「大幅に値引きされたお買い得品であると一般消費者が誤認するとするならば、『商品の取引に関連する不当な表示』を行って、『不当な顧客の誘引』を行った『主体』は、控訴人と考えるほかはない」。

本条は、事業者が不当表示を行ったときは、7条1項により、「当該事業者に対し、その行為の差止め、その行為が再び行われることを防止するために必要な事項を命じるなどのいわゆる『措置命令』を発することができるとしており、そうすると、景表法5条にいう不当な表示をした事業者とは、不当な表示内容を決定した事業者をいうもの、すなわち、措置命令を受けたときに、その不当とされる表示内容を使うことを止める決定をしたり、再び同様なことを行うことを防止するために必要な事項を決定したりすることができる権限を有する事業者でなければならない」。控訴人は、商品の販売者として、顧客誘引のための行為を行う権限を有しており、措置命令を受けた場合には、参考価格の表示をやめたり変更する権限を当然に有する。

以上により、本件においては、表示内容の決定に関与した事業者か否かというやや広範かつ曖昧な概念に該当するか否かについて議論するまでもなく、控訴人は、本条2号にいう不当な表示をした事業者に該当する。

東京高裁は、本条の事業者は不当表示をした事業者を意味するとした上で、アマゾンジャパン合同会社が「不当表示をした者」に該当するとした。いずれの判決もアマゾンジャパン合同会社を本条の事業者に該当するとしたが、理由付けについては、5条の事業者は、違反行為主体である事業者、措置命令の名宛人となる者をいうとした上で、認定事実に基づき直接「不当表示をした者」に該当するとい

第2章 景品規制・表示規制 **255**

§ 5-3(4), 4(1)

う結論を導く高裁判決の方が地裁判決よりも事実認定、法律構成とも妥当である（佐藤吾朗「プラットフォーム通信販売事業者の二重価格表示に対する景品表示法に基づく措置命令取消し控訴審判決」公取857号（2022）60頁参照）。

東京高裁判決の判示どおり、ベイクルーズ事件東京高裁判決による「表示内容の決定に関与した事業者」理論が曖昧な概念か否かは別としても、「表示内容の決定に関与した事業者」理論が本条の事業者の範囲を確定する概念として明晰性を欠き、かつ本条の事業者の範囲を拡大する点からは有効に機能してこなかったことも事実である。今後は、5条の事業者については、アマゾン事件東京高裁判決をメルクマークとして、措置命令の実効性を確保する、措置命令内容を実現することを基準として決定することが相当である。

（4） 5条柱書の「自己の供給する」要件 5条柱書の「自己の供給する」については、措置命令の名宛人には供給者が含まれること、措置命令の名宛人の少なくとも1社は供給者であることを必要としたものと解される。このように解して、措置命令の実効性を確保するために、供給者以外の者も措置命令の名宛人とすることが相当である。

これまで、措置命令の名宛人にはすべて供給主体(供給者、商品または役務を供給する事業者)であることが要件であり、商品または役務を一般消費者に供給している他の事業者と共同して商品または役務を一般消費者に供給している場合に限り措置命令の名宛人となると解されてきた。この供給主体性についての解釈の下で、広告代理店、アフィリエイト・サービス・プロバイダーなどの、広告主以外の者が措置命令の名宛人とされた事例はない。この解釈では措置命令の名宛人の範囲について措置命令を実現するために十分に拡大することはできない。

4 供給主体性との関係

（1） 表示主体性との関係 2条4項は「事業者が自己の供給する商品又は役務」と5条柱書の事業者は、「自己の供給する商品又は役務」と規定している。

2条4項の表示の定義における「自己の供給する」が上位概念であり、総則的規定において表示の定義により、表示規制の適用される行為、行為者を定めて、表示規制の射程範囲や適用除外を規定したと解することが自然である。

その上で、5条柱書が「自己の供給する」と規定していることから、2条4項において規制対象となる(なりうる)行為、行為者を前提として、表示主体である5条の名宛人のうち、少なくとも1社は供給主体性を有することを前提要件としたと解することが自然である。

さらに、課徴金制度の導入後は、課徴金制度を有効に活用し、措置命令の名宛

256　第2章　景品規制・表示規制

§ 5-4(2)

人を課徴金納付命令の名宛人とするために、措置命令の名宛人である５条の事業者のうち少なくとも１社は供給者に該当する者とする必要がある。

(2) **表示規制の適用範囲、適用除外**　(a)　２条４項の表示の定義　２条４項の「事業者が自己の供給する商品又は役務」は、表示規制の適用される行為、行為者を定めて、表示規制の射程範囲や適用除外を明確にしたことになる。かねてから、この問題が措置命令の名宛人の問題と関連付けて、供給主体性として論じられてきた。

このほか、景表法からの適用除外を受ける表示について、２条３項および２条４項が「自己の供給する商品又は役務」の取引と規定していることから、自己の供給する商品また役務が規制の対象となり、供給を受ける商品または役務の取引は景表法の規定の対象にならないとされてきた。そこで、景表法の対象行為として、「供給すること」のほか、２条３項および２条４項に「供給を受けること」を追加するように法改正することが議論されてきた。本稿では、課題を表示規制に限定するため、この問題については省略する。

(b)　表示規制からの適用除外を最も広く認める解釈　表示規制から適用除外を最も広く認める見解が、広告主以外の者が行う表示について表示規制は適用されないという令和５年景品表示法検討会における結論である。

同検討会座長は「供給者(広告主)以外の関係者は、景表法による禁止の対象者ではない。例えば、広告作成者(クリエーター、アフィリエイト広告の作成者、インフルエンサー、クチコミを書き込む者等)、広告取引の媒介者(広告代理店、アフィリエイト・サービス・プロバイダー、アドネットワーク事業者、種々の広告コンサルタント等)、媒体社(新聞テレビ等の古典メディア、およびソーシャルメディアや検索、EC 等のデジタルプラットフォーム)などは、景表法が不当表示を禁止する対象者ではない」としている。広告媒体を発行する事業者(新聞社、出版社、広告代理店、放送局、ショッピングモール等)は、規制の対象とならないとするほか、アフィリエイト広告におけるアフィリエイト・サービス・プロバイダーや、ステマ広告における口コミ代行者も一律に規制の対象とならず、措置命令の名宛人としないとしている(中川丈久「景品表示法検討会等のとりまとめに当たって―景表法はどう変わるか、デジタル広告にどう向き合うか」公取870号(2023)11頁)。

景表法において規制の対象となる表示について、商品・サービスを供給する事業者(商品等の供給主体)である広告主による表示に限定し、広告主以外の者による表示を規制対象とするためには、５条柱書を「何人も(いかなる者も)、商品又は役務の取引について、次の各号のいずれかに該当する表示に関与してはならない。」と改正する以外にないと解するのである。

第２章　景品規制・表示規制　　257

§ 5−5(1)

(c) **ケース・バイ・ケースで決定するという解釈**　　表示規制の対象とならないのは、新聞社、雑誌社、テレビ局、ラジオ局という伝統的マスコミ4媒体による表示に限定される。供給主体性を有する広告主による表示は当然に表示規制の適用になる(措置命令の名宛人となることと同じ)うえ、広告代理店、ショッピングモール、インターネット上の表示についてのアフィリエイト・サービス・プロバイダー、アフィリエイターや、ステマ広告における口コミ代行者などについても、商品等の提供における具体的な取引関係や流通の実態を総合してケース・バイ・ケースで表示規制の適用対象となるかを決定する(または適用対象となり得る)という解釈が相当である。この解釈では、供給主体である広告主以外の者については供給主体性は不要であるとして、5条の事業者に該当するか否かが優先して判断される。

しかし、これまでの解釈では、広告主以外の者の表示を規制対象とするためには、それら広告主以外の者が広告主と共同して商品またはサービスを供給しているという供給主体性が認められる必要があるとしている(高居〔第7版〕47頁、西川〔第6版〕45～46頁、実務20頁)。このような供給主体性を措置命令の前提要件としている限り、前記表示規制の適用除外を広く認める説と結果的に大差なくなる。現実にも、これまで、広告代理店、ショッピングモール、インターネット上の表示についてのアフィリエイト・サービス・プロバイダー、アフィリエイターや、ステマ広告における口コミ代行者を表示規制の適用対象とし、措置命令の名宛人とした事例は存在しない。

したがって、広告代理店などについても、商品等の提供における具体的な取引関係や流通の実態を総合してケース・バイ・ケースで表示規制の適用対象となり得ると解した上、アマゾン事件東京高裁判決を論拠として、措置命令の名宛人とするために、すべての名宛人についての供給主体性は不要であるとし、事例に応じて、措置命令内容を実現するために、広告主以外の者について、不当表示の内容を共同して決定している者に該当するとして、広告主と共に措置命令の名宛人にしていくことが相当である。

5　課徴金納付命令の名宛人との関係

(1)　**措置命令前置**　　7条1項前段は、措置命令について「内閣総理大臣は命じることができる」と、8条1項柱書前段は、課徴金納付命令について「内閣総理大臣は命じなければならない」と規定している。

このため、現行法制上、課徴金納付命令は措置命令を前置としていない。しかし、これまで措置命令が行われず、課徴金納付命令のみが行われた優良誤認表

§ 5-5(2)

示、有利誤認表示事件は存在しない。課徴金納付命令の行われる不当表示(優良誤認表示と有利誤認表示)は措置命令が行われた不当表示に限定され、課徴金納付命令の名宛人は措置命令の対象となった名宛人に限定されている。

優良誤認表示等の事件において、事前に違反表示についての調査が行われて、同一違反表示が認定されるのであり、措置命令が先行することは自然な結果である。

このことは、課徴金の法的性格が、行政上の制裁であり、制裁である以上、違法とされた措置命令対象の不当表示のうち違法度の高い不当表示に対して違反抑止を図るものであることによる。現行法制上も、主観的要件を満たさない措置命令の事業者に対しては課徴金納付を命じることはできない。

また、課徴金納付命令の名宛人という点から課徴金制度を運用するためには(課徴金額を算定するために)、措置命令の名宛人が単独である場合には、その名宛人が供給者である必要がある。さらに、措置命令の名宛人が連名で複数である場合には、その名宛人のうち、少なくとも1社が供給者である必要がある。

(2) **課徴金納付命令の名宛人の選択**　　措置命令の名宛人が2社連名など複数の事業者になることは現実によくあり得る。

その場合に、制裁である以上、同一商品または役務の販売額に対して二重に課徴金額算定の基礎としてはならないという二重賦課の禁止をどのように取り扱うかが今後の課題となる。

製造業者が販売業者に対して不当表示内容の広告の作成を指示した場合に、製造業者は、表示主体性、供給主体性を有し措置命令の名宛人となる。同時に、その指示に従った、あるいは、製造業者の説明を鵜呑みにして自らの広告を作成した販売業者は、当該不当表示の表示主体性、供給主体性を有し、措置命令の名宛人となる。

その結果、製造業者および販売業者について、当該不当表示の内容を共同して決定した者として表示主体性を充足し、当該商品等を共同して供給する者として供給主体を充足して、連名で措置命令の名宛人とすることができる。

ただし、その場合、制裁という性格から、課徴金額について当該商品等の売上額について二重に算定することはできない(禁止される)。結局、事案に応じて、製造業者、販売業者のいずれかを主導者として課徴金納付命令の名宛人とすることになる。実務上は販売業者を課徴金納付命令の名宛人とすることが多くなるものと予想される。理論上は二重算定をしない金額の課徴金額について両社に連帯支払い義務を課すことも考えられるが、現行制度上認められるか疑問がある。

また、同一商品について、製造業者が容器または包装に不当表示を行い、販売

会社がチラシ、パンフレットに同一不当表示を行う場合にも、製造業者および販売業者は、表示主体性と供給主体性を有し、連名で措置命令の名宛人となり得る。この場合にも、課徴金納付命令の名宛人については同じ問題が生じる。

もともと、課徴金制度は制裁である以上、「内閣総理大臣は命じることができる」と規定し、行政当局に裁量権を付与しないと適切な執行は行えない。現行課徴金制度が、確定金額算定方式の義務的賦課課徴金制度であるため実務上法運用に苦労することになる。

この問題は、未解決の課題である。これまでの課徴金納付が命じられた事例では、措置命令の名宛人が1社であり、その名宛人が供給者である事例がほぼすべてを占め、措置命令の名宛人を課徴金納付命令の名宛人としている。

課徴金納付が命じられた事例のうち、連名で2社を措置命令の名宛人とした、株式会社アクガレージおよびアシスト株式会社に対する件(**事例㉒**)では、アシストとアクガレージは、課徴金額がそれぞれ分けて算定されているように、両社は同等の供給主体(供給者)と位置付けられており、両社を課徴金納付命令の名宛人とすることに何ら問題はない。

6 最近の事例

(1) **分類法** 課徴金制度導入後の最近の事例について、単一事業者を措置命令の名宛人とした事例、連名で2社を措置命令の名宛人とした事例、今後措置命令の名宛人とすることが検討されるインターネット上の表示を巡る事例に分けて検討していく。

(2) **単一事業者を措置命令の名宛人とした事例** 最近の事例として、広告主である供給者を違反事業者として措置命令の名宛人としたが、供給元、製造業者以外の小売業者による表示についても措置命令の内容とした事例としては、次のようなものがある。

株式会社イエローハットに対する件(**事例51**)では、過去の販売価格を比較対象価格とする二重価格表示が有利誤認表示に該当するとした。同社は、オーディオ一体型カーナビの販売に関して、子会社が運営する店舗を通じて本件商品を販売していたが、自ら チラシの素案を作成し子会社等に提案していたことから、株式会社イエローハットが同チラシの表示内容の決定に関与していた者に当たるとしている(並木悠「株式会社イエローハットに対する措置命令について」公取819号(2019)59頁)。

イオンライフ株式会社に対する件(**事例53**)では、「イオンのお葬式」の名称で供給する葬儀サービスを有利誤認表示に該当するとした。消費者との間では特約店葬儀社が契約当事者であったが、本件役務の提供する流通の実態に鑑みて、イオ

ンライフ株式会社が違反表示主体であると認定された(並木悠「イオンライフ株式会社に対する措置命令及び課徴金納付命令について」公取834号(2020)75頁)。

フランチャイズ方式の下でライセンス契約を締結する事業者が経営する店舗に関する表示について、株式会社エー・ピーカンパニーに対する件(**事例㉛**)では、フランチャイザーであるエー・ピーカンパニーを違反行為主体とした。この件で、エー・ピーカンパニーは、「宮崎県日南市じとっこ組合」等の統一商標等の下に、ライセンス契約を受けた事業者が契約する店舗の経営について、統一的な方法で、統制、指導および援助を行い、これらの対価としてロイヤリティを収受していたのであり、エー・ピーカンパニーについて自社の直営する店舗における表示だけなく、ライセンシーが運営する店舗における表示も含めて違反行為主体である事業者に当たると認定された(並木悠「株式会社エー・ピーカンパニーに対する措置命令及び課徴金納付命令について」公取833号(2020)62頁)。

子会社、特約店、フランチャイジーという第三者が当該商品等を一般消費者に直接供給しているといっても、その者を措置命令の名宛人としていない場合には、その者についての供給主体性を問題にする必要はない。すなわち、これらの事例では措置命令の名宛人である単一事業者についてのみ供給主体性を認めることで足りる。

このほか、原産国表示規制について、大規模小売業者が違反行為主体に当たるとされた事例として、輸入雑貨品・酒類に係る株式会社ビックカメラおよび株式会社ビック酒販に対する件(**事例㉔**)、化粧品および雑貨品25ブランド147商品に係る株式会社髙島屋に対する件(**事例㉕**)がある。すなわち、株式会社ビックカメラおよび株式会社ビック酒販に対する件および株式会社髙島屋に対する件では、原産国告示による規制の特質から、百貨店や量販店が原産国告示違反の違反主体に当たるとされた(植村直輝「原産国告示違反とコンプライアンス(ビックカメラ及びビック酒販に対する措置命令)」公取861号(2022)46頁)。

ベイクルーズ事件東京高裁判決が示す通り、輸入業者とともに小売業者も表示主体性を有し、両者が措置命令の名宛人となり得る。原産国告示規制については、規制の効率性の観点から、多数の輸入業者を措置命令の対象とせずに、百貨店、量販店のみを措置命令の名宛人としたものである。

(3)　連名で2社を措置命令の名宛人とした事例　　連名で2社を措置命令の名宛人とした事例としては、株式会社アクガレージおよびアシスト株式会社に対する件(**事例㉒**)と株式会社ファミリーマートおよび山崎製パン株式会社に対する件(**事例㉗**)とがある。

株式会社アクガレージおよびアシスト株式会社に対する件(**事例㉒**)では、「ジュ

§ 5-6⑷

エルアップ」および「モテアンジュ」と称する2食品について、「Instagram」と称するSNS(以下、「Instagram」という)内のアカウントの投稿においておよびアフィリエイトサイトにおいて、「『バスト育ちすぎてヤバい!?』バストアップ＆美容ケアのW効果で簡単に巨乳メリハリボディになる裏ワザ解禁！」「バストアップ効果」などと表示して、あたかも、それらの商品を摂取することにより、豊胸効果が得られるかのような表示をしていた。

2社は、「ジュエルアップ」について、所定のInstagram内のアカウントを保有する者に対して表示内容をInstagram内に投稿するように指示することなどにより、「ジュエルアップ」に係るInstagram内の表示内容を共同して決定していた。2社は、アフィリエイトプログラムを実現するシステムサービスとして提供するアフィリエイト・サービス・プロバイダーを通じて、「ジュエルアップ」および「モテアンジュ」のアフィリエイトサイトの表示内容を共同して決定していた。

アシストは、アクガレージに対し、通販事業の企画、運営、プロモーション事業等を委託していたが、令和5年2月1日にアクガレージとの吸収合併により消滅している。

課徴金納付命令については、アシストに対し令和5年1月24日に1億1716万円、アクガレージに対して令和5年3月30日に1944万円が命じられている。

アシストとアクガレージは、課徴金額がそれぞれ分けて算定されているように、同等の表示主体、供給主体となっており、両社が措置命令および課徴金納付命令の名宛人となっていることに何ら問題はない。

株式会社ファミリーマートおよび山崎製パン株式会社に対する件(**事例㊲**)では、本件食パン3商品は山崎製パンから商品仕様等の提案を受け入れて販売したファミリーマートのプライベートブランド商品であり、ファミリーマートは本件3商品に係る容器包装の表示内容について、山崎製パンからの提案を受けて同社と協議を行うなど、同社と共同して決定しているとされた。この件は、山崎製パンとファミリーマートが共同して本件食パン3商品を供給し、かつ表示内容を決定したと認定できる。ただし、本件商品を供給する者はファミリーマートであり、山崎製パンはファミリーマートと共同して表示内容を決定した者であるとして措置命令の名宛人とすることも可能であったと考えられる。仮に本件について課徴金納付命令を行う場合にはファミリーマートが名宛人となる。

⑷ **インターネット上の表示を巡る事件**　これまでいずれも広告主である単一事業者が措置命令の名宛人となっている。

株式会社ゼネラルリンクに対する件(**事例⑭**)では、自社ウェブサイトにおいて、

262　第2章　景品規制・表示規制

§ 5-6(4)

南米ペルー産のマカから抽出した成分を配合したサプリメントである「マカミア」と称する食品について、「授かり率が190%UPする妊活サプリ」等と表示することにより、あたかも、本件商品を摂取することにより、著しく妊娠しやすくなる効果が得られるかのように示す表示をしていた。

本件では、ゼネラルリンクが作成した表示であるにもかかわらず、第三者が運営しているかのように装っていたウェブサイトも表示媒体として認定している。本件インターネット上の表示はゼネラルリンクが作成したものであって、ゼネラルリンクを措置命令、課徴金納付命令の名宛人としたことに何ら問題はない（鈴木佳子＝渡辺大祐「株式会社ゼネラルリンクに対する措置命令及び課徴金納付命令について」公取852号（2021）94頁）。

株式会社ブレインハーツに対する件（**事例❽**）では、供給する3食品・石けん・下着の5商品（うち4商品がアフィリエイトサイトに掲載）について、自社ウェブサイトにおいて、「14日間の使用で体重−12.8 kg以上をお約束します」「使用後も落とした体重がほぼ戻りません」等と表示することにより、あたかも、摂取するだけで、短期間で著しい痩身効果などが得られ、かつ、痩身後の体重を維持することができるように示す表示をしていた。

また、自社ウェブサイトにおいて、通常価格と評する価額により販売された実績がないことを認識しながら、実際の販売価格が比較対照価格に比して安いように表示していた。

ブレインハーツは、広告代理店を通じて、アフィリエイトサイトの運営者に対して、本件4商品に係る自社ウェブサイトを提示するなどして、当該自社ウェブサイトの記載内容を踏まえた本件4商品に係る口コミ、ブログ記事等を作成させ、当該自社ウェブサイトのハイパーリンクと共に当該アフィリエイトサイトに掲載させており、当該アフィリエイトサイトが本件4商品の違反表示が掲載された販売サイトへの主要な集客経路となっていた。

措置命令について、一般消費者に対する周知徹底の方法については、本件4商品のアフィリエイトサイトからハイパーリンクにより自社ウェブサイトに遷移する動線を含めることとされた。この措置をとることにより、一般消費者が本件4商品のアフィリエイトサイトに設置されたハイパーリンクをクリックすると、従前は本件4商品の販売ページへ遷移していたが、措置の実施後は、ブレインハーツによる本件4商品に係る表示が景表法に違反するものである旨の周知文が掲載されたウェブページへ遷移することになる。

当該アフィリエイトサイトが本件4商品の違反表示が掲載された販売サイトへの主要な集客経路となっていたが、違反認定対象表示はブレインハーツの自社

§ 5−6⑷

ウェブサイトであり、アフィリエイト自体ではないとし、本件広告代理店および
アフィリエイトは、違反行為主体、供給主体に該当しないとした。ただし、この
件では、広告代理店やアフィリエイトサイトの運営者の役割・機能は詳しく事実
認定されていない（並木悠＝西山亮介「株式会社ブレインハーツに対する措置命令及び課徴金
納付命令について」公取825号（2019）71頁）。

　株式会社 DYM に対する件（**事例㊹**）では、自社ウェブサイト、動画共有サービ
ス等において、「DYM 就職」と称する就職支援サービスについて、「相談からの
就職率驚異の96％‼」「参加者の95.8％ が内定を獲得！」等と表示することにより、
あたかも、①本件役務の提供を受けた求職者のうち、DYM から紹介を受けた企
業に就職した者の割合は、96パーセントであるかのように示す表示、②本件役務
において DYM から紹介される就職案件には、人材派遣会社から派遣先企業に派
遣されて業務に従事するものは含まれないかのように示す表示、③DYM は、
2500社以上の求人情報を有しており、当該企業数の求人情報の中から求職者に企
業を紹介することができるかのように示す表示、④書類選考なしで、DYM から
紹介されるすべての企業の採用面接を受けることができるかのように示す表示を
していた。実際には、①96パーセントという数値は、DYM が任意の方法で算定
した、特定の一時点における最も高い数値であった。②本件役務において DYM
から紹介される就職案件には、人材派遣会社から派遣先企業に派遣されて業務に
従事するものが含まれていた。③平成30年 5 月 1 日以降、DYM が有している求
人情報は、最大2000社程度であって、2500社を下回るものであった。④採用面接
を受けるには書類選考が必要な企業があった。

　本件では、自社ウェブサイトのほか、アフィリエイトサイトおよび YouTube
動画の表示についても不当表示として認定している。アフィリエイトサイトにお
ける表示内容についても表示してほしい項目を具体的に指示していたことから表
示内容について DYM により決定されたと認定された。DYM がアフィリエイト
サイトにおける表示内容についても表示してほしい項目を具体的に指示していた
ことから DYM を措置命令の名宛人としたことは妥当である（宗田直也＝美濃部翔司
「株式会社 DYM に対する措置命令について」公取869号（2023）66頁）。

　株式会社アクガレージおよびアシスト株式会社に対する件（**事例㉒**）では、「Ins-
tagram」と称する SNS（以下、「Instagram」という）内のアカウントの投稿におい
およびアフィリエイトサイトにおいて、「『バスト育ちすぎてヤバい⁉』バストアッ
プ＆美容ケアの W 効果で簡単に巨乳メリハリボディになる裏ワザ解禁！」「バス
トアップ効果」などと表示して、あたかも、それらの商品を摂取することにより、
豊胸効果が得られるかのような表示をしていた。

264　　第 2 章　景品規制・表示規制

§ 5−6(5)

2社は、「ジュエルアップ」について、所定の Instagram 内のアカウントを保有する者に対して表示内容を Instagram 内に投稿するように指示することなどにより、「ジュエルアップ」に係る Instagram 内の表示内容を共同して決定していた。

2社は、アフィリエイトプログラムを実現するシステムサービスとして提供するアフィリエイトサービスプロバイダーを通じて、「ジュエルアップ」および「モテアンジュ」のアフィリエイトサイトの表示内容を共同して決定していた。

担当官解説では、アフィリエイトサイトの取扱いについて、「アフィリエイト広告等に関する検討会報告書」(令和4年2月15日)の「アフィリエイト広告の表示内容については ASP やアフィリエイターにも一定の責任あると考えられるものの、まずは『表示内容の決定に関与した事業者』とされる広告主が責任を負うべき主体であると考えられる」との処理方針を示している。

本件が、Instagram 内のアカウントの投稿に係る表示について、優良誤認表示に該当するとして措置命令を行った初めての事例である。

担当官解説では、Instagram 内のアカウントの投稿について「SNS における表示のように、当該表示の外形上の名義人が第三者であったとしても、その表示が、事業者が自己の供給する商品又は役務の取引について行う表示であると認められる実態にあれば、景品表示法の規制対象となり得るものである(ステルスマーケティングに関する検討会報告書〔令和4年12月28日〕)」としている。その上で、5条3号の指定告示との関係で『『一般消費者が事業者の表示であることを判別することが困難である表示』を新たな不当表示として告示(以下ステルスマーケティング告示という)による指定を行った(令和5年3月28日)ことから、本件における Instagram 内のアカウントの投稿に係る表示については、ステルスマーケティング告示の施行時期(令和5年10月1日)以降に行われていた表示であれば、同告示に違反するものであったとの言い得る事案であったとしている。」としている。

この件が、アフィリエイト・サービス・プロバイダーや投稿代行者に対しても措置命令の名宛人とするべきかを検討すべき事例となる。「アフィリエイト広告等に関する検討会報告書」の存在が、アフィリエイト・サービス・プロバイダーを措置命令の名宛人とすることに消極的な理由として挙げられている(渡辺大祐＝間阪吉幸「株式会社アクガレージ及びアシスト株式会社に対する措置命令及び課徴金納付命令にいて」公取883号(2024)76頁)。

(5)　**今後の課題**　　今後、事案に応じて、アマゾン事件東京高裁判決を論拠として、措置命令内容を実現するために必要であるとして、広告代理店、アフィリエイト・サービス・プロバイダー、アフィリエイターなども共同して当該不当

§ 5⑴

表示の内容を決定した者に当たるとして、措置命令の名宛人にしていくことが課題であると考えられる。広告主とともに、広告代理店、アフィリエイト・サービス・プロバイダー、アフィリエイターなどを措置命令の名宛人とする理由は、当該不当表示を止めるように命じる措置命令の内容を確実に履行させてその実効性を確保するためである。

　広告代理店やアフィリエイト・サービス・プロバイダー、アフィリエイターが広告主の指示に従っている場合には、広告主を措置命令の名宛人とすることで命令内容の実現は可能である。広告代理店やアフィリエイト・サービス・プロバイダー、アフィリエイターが実質的に商品開発等を主導している場合に、それらの者を当該不当表示について共同して決定している者に当たるとして広告主とともに名宛人に加える必要がある。この場合、供給する者はあくまでも広告主であり、広告代理店やアフィリエイト・サービス・プロバイダー、アフィリエイターが、当該商品または役務を広告主と共同して供給していると認定することはむずかしいと考えられる。

　また、ステマ告示で指定した不当表示「一般消費者が事業者の表示であることを判別することが困難である表示」はその内容が不明確かつ曖昧である。

　商品等を供給する当該事業者(広告主)が、第三者である口コミ投稿代行者に不当表示(優良誤認表示または有利誤認表示)をさせる場合には、当該事業者に当該不当表示を決定した者として口コミ投稿代行者による当該不当表示の責任を負わせることが相当である。また、事案に応じ、当該事業者を措置命令の名宛人とするほか、措置命令内容を実現するために、主導した口コミ投稿代行者も共同して当該不当表示の内容を決定した者に当たるとして、措置命令の名宛人とすることが相当である。

〔村上政博〕

〔優良誤認表示〕
第5条　(1)　商品又は役務の品質、規格その他の内容について、一般消費者に対し、実際のものよりも著しく優良であると示し、又は事実に相違して当該事業者と同種若しくは類似の商品若しくは役務を供給している他の事業者に係るものよりも著しく優良であると示す表示であつて、不当に顧客を誘引し、一般消費者による自主的かつ合理的な選択を阻害するおそれがあると認められるもの

§ 5 (1)-1, 2

1 基本禁止表示　　*2* 「品質、規格その他の内容」　　*3* 「実際のものよりも著しく優良であると示し、又は事実に相違して当該事業者と同種若しくは類似の商品若しくは役務を供給している他の事業者に係るものよりも著しく優良であると示す表示」　*4* 「著しく優良である」　　*5* 「実際のものよりも著しく優良であると示す表示」　*6* 「実際のものよりも著しく優良であると示す表示」の多様性　　*7* 「事実に相違して競争事業者に係るものよりも著しく優良であると示す表示」　　*8* 「不当に顧客を誘引し、一般消費者による自主的かつ合理的な選択を阻害するおそれがあると認められるもの」

1　基本禁止表示

本号は、「商品又は役務の品質、規格その他の内容について、一般消費者に対し、実際のものよりも著しく優良であると示し、又は事実に相違して当該事業者と同種若しくは類似の商品若しくは役務を供給している他の事業者に係るものよりも著しく優良であると示す表示」を禁止し、禁止表示のうち優良誤認表示を規定する。

禁止表示について、本条2号、3号では「一般消費者に誤認される（おそれがある）表示」としてあるのを、1号では「一般消費者に対し……示す表示」としている。この理由は、平成15（2003）年改正で不実証広告規制を定める旧4条2項を追加するのに際して、「一般消費者に誤認される表示」のままでは、消費者庁長官に通常の立証責任を課すことになるために、当該表示を裏付ける合理的な根拠を示す資料を要求する事案については、すなわち、不実証広告規制が適用される（の対象となる）優良誤認表示については、消費者庁長官の立証責任を軽減するまたはなくするところにある。現行禁止表示について、「一般消費者に対し……示す表示」とした理由は、不実証広告規制の導入と結びつけて説明する以外にない。

「一般消費者に対し……示す表示」は、「一般消費者に誤認される表示」と同一のものであるとの解説もなされている。

優良誤認表示事例のうち相当比率の事例は、当該表示を裏付ける合理的な根拠を示す資料の提出を要求せずに、すなわち、不実証広告規制を適用されないまま措置命令が行われており、それらの事例については「一般消費者に対し……示す表示」はそれまでの「一般消費者に誤認される表示」と同一のものであるという解説が当てはまる。

2　「品質、規格その他の内容」

商品または役務の「品質、規格その他の内容」のうち「品質、規格」については、優良誤認表示の典型的・代表的な形態を例示している。

第2章　景品規制・表示規制　　267

§ 5(1)-3

「品質、規格その他の内容」について通常次のように解説されている（西川〔第6版〕78頁）。

「品質」とは、商品に関する成分や属性のことをいう。

「成分」には、主に物理的特性としての原材料、純度、濃度、添加物などが該当する。

「属性」には、主に測定・評価の対象である性能、効果、安全性、耐久性、鮮度、味、においなどが該当する。

「規格」とは、国、公的機関、民間団体等が定めた一定の要件を満たすことで自動的にまたは認証等を経て特定のマーク等によって、その旨を表示することができるものをいう。これには、国、公的機関、民間機関等が定めた基準を充足している旨の表示も含まれる。

「内容」には、品質、規格のように商品または役務そのものに直接関わるものに限られず、品質、規格に間接的に影響を及ぼすものも含まれる。

間接的に影響を及ぼすものには、原産地、製造方法、考案者、受賞の有無、保証の有無、有効期限、他者からの評価などが該当する。

優良誤認表示について、この要件の分類は、それに合わせて個別事例・判例を分析・解説するためには使えない。そのため、品質、規格、その他の内容のどれに該当するかを論じることについて実務的な実益はない。現在の実務書でも「品質と規格は、商品または役務の内容に関する例示であるので、個別の表示内容が商品または役務の『品質』、『規格』、『その他の内容』のどれに該当するかを論じることは実益がない。現に、排除命令および措置命令においても、ほとんどの場合、これらの区分を示すことなく『（商品又は役務の）内容について』の不当表示である旨が認定されている」としている（西川〔第6版〕78頁、高居〔第7版〕84頁）。

3 「実際のものよりも著しく優良であると示し、又は事実に相違して当該事業者と同種若しくは類似の商品若しくは役務を供給している他の事業者に係るものよりも著しく優良であると示す表示」

不当表示のうち、商品または役務の「品質、規格その他の内容」に係る表示について、「実際のものよりも著しく優良であると示す表示」と「事実に相違して当該事業者と同種若しくは類似の商品若しくは役務を供給している他の事業者に係るものよりも著しく優良であると示す表示」に2分類している。

このうち、「当該事業者と同種若しくは類似の商品若しくは役務を供給している他の事業者」は、平成21(2009)年改正においてそれまでの「競争関係にある」を言い換えたものである。独禁法2条4項の「同一の需要者に同種又は類似の商品又

§ 5 (1)-4(1)

は役務を供給すること」と同一の(より妥当な)文言を使用することになる。したがって、一般消費者に同種または類似の商品または役務を提供している他の事業者は「競争事業者」と同一である。

したがって、優良誤認表示については、「実際のものよりも著しく優良であると示す」表示と「事実に相違して競争事業者に係るものよりも著しく優良であると示す」表示とに大別される。

4 「著しく優良である」

「一般消費者に対し、……著しく優良であると示す表示」は「著しく優良であると一般消費者に誤認される表示」と同一である。この意味では、本条2号の「著しく有利であると一般消費者に誤認される表示」とも同様に解釈される。

(1) 著しい優良性　　「実際のものよりも著しく優良であると示す表示」および「事実に相違して競争事業者に係るものよりも著しく優良であると示す表示」ともに、「著しく優良である」こと、すなわち、著しい優良性を要件としている。

平成21年改正前の4条1号(現本号)にいう「『著しく』とは、誇張・誇大の程度が社会一般に許容されている程度を超えていることを指しているものであり、誇張・誇大が社会一般に許容される程度を超えるものであるかどうかは、当該表示を誤認して顧客が誘引されるかどうかで判断され、その誤認がなければ顧客が誘引されることは通常ないであろうと認められる程度に達する誇大表示であれば『著しく優良であると一般消費者に誤認される』表示に当たると解される。そして、当該表示を誤認して顧客が誘引されるかどうかは、商品の性質、一般消費者の知識水準、取引の実態、表示の方法、表示の対象となる内容などにより判断される」(東京高判平成14年6月7日審決集49巻579頁〔カンキョー管財人による審決取消請求事件〕)。

このように、「著しく」とは社会的に許容される程度を超えることをいい、「社会的に許容される程度を超えるか否かについては、商品の性質、一般消費者の知識水準、取引の実態、表示の内容・方法などを勘案して判断すべき」であると解されてきた(中山武憲「空気清浄機の性能・効果に関する優良誤認(カンキョー事件)」舟田正之=金井貴嗣=泉水文雄編『経済法判例・審決百選』(有斐閣・2010)268頁)。

公取委所管時には、著しい優良性に該当するかが直接争点となってきた。著しい優良性についての限界事例が日本交通公社(以下、「JTB」という)事件審判審決である。

この件で、一般旅行業者であるJTBは、自己の実施する海外主催旅行への参加者の募集に関して、「白夜の北極圏と北欧4カ国フィヨルドの旅」と題するリーフレット約6万6千枚をその支店の店頭に置くこと等により、一般消費者に広告

第2章　景品規制・表示規制　　269

§ 5 (1)-4(2)

した。

ところが、リーフレットにおいて、「ミッドナイト・サン」「沈まない太陽を訪ねる」と明記し、「沈まない太陽を訪ねるラップランドでの1日のフィナーレは、ホテルの近くの丘陵地より望むミッドナイトサン(白夜)です」等記載していたが、実際に現地で沈まない太陽を見ることができるのは、全13回の実施予定の旅行のうち9回であり、後半に実施される4回では見ることができないものであった。この件で、JTBは「ミッドナイト・サン」「沈まない太陽」という表現は、「花の都パリ」「霧の摩周湖」といった表現と同様に、白夜をいわば象徴的にイメージする表現として使用したものであり、一般消費者も本件リーフレットを読んで24時間沈まない太陽が観光内容となっているとは受け取らないと主張した。

公取委は、その募集広告の観光内容が、一般消費者に真夜中でも薄明かり状態である白夜を体験することではなく、「24時間沈まない太陽」を見られると受け取られるものであり、かつそれが観光価値に差を生じる主催旅行に参加するか否かを決定する情報であるとして、実際のものよりも著しく優良であると一般消費者に誤認される表示であるとした(公取委審判審決平成3年11月21日審決集38巻3頁。小畑徳彦「日本交通公社に対する正式審決について」公取495号(1992)59頁)。

JTB事件が、社会的に許容される程度を超えるというカンキョー事件東京高裁判決の下、現在までの事件で、著しい優良性について争った限界事例となる。現在では、「著しく優良である」「著しく有利である」という要件該当性について直接争われる事例はなくなっている。最近では、「強調表示と打消し表示」の問題として取り上げられている。すなわち、強調表示により「著しく優良である」とされる表示について、適切な打消し表示によって「著しく優良である」とまでは評価されなくなるかが議論されている。

さらに、効能、効果についての優良誤認表示に該当するかについて、消費者庁が当該表示を裏付ける合理的な根拠の提出を要求する事案については、当該事業者が当該表示を裏付ける合理的な根拠を示す資料を提出できたか否かという不実証広告規制の問題として処理されている。すなわち、当該事業者が当該表示を裏付ける合理的な根拠を示す資料を提出できたと認められる場合には、「著しく優良である」表示に該当せず、当該事業者が当該表示を裏付ける合理的な根拠を示す資料を提出できたと認められない場合には「著しく優良である」表示に該当するという取扱いがなされている。

(2) **強調表示と打消し表示**　(a) 打消し表示の2類型　景表法において、ある表示が一般消費者に「著しく優良である」と「誤認」されるか否かの判断は、表示上の特定の文章、図表、写真等から一般消費者が受ける印象・認識ではなく、表

§ 5(1)-4(2)

示内容全体から一般消費者が受ける印象・認識を基準として行う。

　著しく優良とは、その表示が社会一般に許容される程度を超えて誇張されたものであり、その誇張の程度が消費者の商品選択に影響を与えるようなものをいうが、強調表示と打消し表示については、表示内容全体から見て「著しく」に該当するか、すなわち社会的に許容される限度を超えるかが問題となる。

　消費者庁は、平成29(2017)年7月14日に「打消し表示に関する実態調査報告書」を、平成30(2018)年5月16日に「スマートフォンにおける打消し表示に関する実態報告書」を、同年6月7日に「広告表示に接する消費者の視線に関する実態調査報告書」を公表し、同日にこれらの報告書に基づき、打消し表示に関する景表法の考え方をまとめた「打消し表示に関する表示方法及び表示内容に関する留意点(実態調査報告書のまとめ)」を公表している。

　このうち、「打消し表示に関する実態調査報告書」(平成29年7月)(以下、「調査報告書」という)の次に記載する別表が、参考になる。

分類名	内容	具体例	
		強調表示	打消し表示
例外型	例外(別条件型及び追加料金型に係るものを除く)がある旨の注意書き	入院、手術、通院の保障が、一生涯続いて安心。何回でも受取OK！	・「医療行為、医療機関及び適応症などによっては、給付対象とならないことがあります」
体験談型	体験談に関する注意書き	楽しくダイエット！！毎日すっきり起きて、体重が5kg減り、着られなかった服がぶかぶかになり、周りからほめられるようになりました。	・「個人の感想であり、効果には個人差があります」 ・「個人の感想であり、効果を保証するものではありません」 ・「個人の感想であり、効果、効能を表すものではありません」
別条件型	何らかの別の条件が必要である旨を述べる注意書き	次世代モバイル！通話も！ネットも！月額2340円！(税抜き)	・「●●のインターネット契約が3年間必要です」 ・「○○カードを同時に申し込みされたお客様限定」
非保証型	(体験談を記述せずに、)効果、性能等には個人差がある旨や、効果、性能等を保証するものではない旨を述べる注意書き	10時間効果が持続！！	・「結果には個人差があります」 ・「気持ちを表すもので、効果効能を保証するものではありません」

第2章　景品規制・表示規制　　271

§5(1)-4(2)

分類名	内容	具体例	
		強調表示	打消し表示
変更可能性型	予告なく変更する可能性がある旨を述べる注意書き	印刷パック料金(用紙、印刷込み、梱包込み)3000円！(税抜き)	・「価格・内容は予告なく変更する可能性があります」
追加料金型	強調表示で示した代金以外の金銭が追加で必要になる旨を述べる注意書き	毎月780円！！	・「別途、初期費用がかかります」 ・「別途、端末代金が必要になります」
試験条件型	一定の条件下での試験結果、理論上の数値等である旨を述べる注意書き	●GBの高速通信を実現！！	・「ご利用の対応機器が●●規格対応の場合です」

　この別表は、打消し表示について、例外型、体験談型、別条件型、非保証型、変更可能性型、追加料金型、試験条件型に分類整理している。

　打消し表示は、「個人の感想であり、効果には個人差があります」、「個人の感想であり、効果を保証するものではありません」、「個人の感想であり、効果、効能を表すものではありません」などの体験談に関する注意書きである「体験談型」と、「医療行為、医療機関及び適応症などによっては、給付対象とならないことがあります」などの例外がある旨の注意書きである「例外型」とに大別される。

　「結果には個人差があります」「気持ちを表すもので、効果効能を保証するものではありません」などの体験談を記述せずに、効果、性能等に個人差がある旨や効果、性能を保証するものではない旨を述べる注意書きである「非保証型」は体験談型に近い性質を有する。

　「●●のインターネット契約が3年間必要です」「○○カードを同時に申し込まれたお客様限定」などの、何らかの別な条件が必要である旨を述べる注意書きである「別条件型」、「別途、初期費用がかかります」、「別途、端末料金が必要になります」などの強調表示で示した代金以外の金銭が追加で必要になる旨を述べる注意書きである「追加料金型」、「ご利用の対応機器が●●規格対応の場合です」などの一定の条件下での試験結果、理論上の数値等である旨述べる注意書きである「試験条件型」は、例外型に近い性質を有する。

　なお、「価格・内容は予告なく変更する可能性があります」などの予告なく変更する可能性がある旨を述べる注意書きである「変更可能性型」は、ビジネスにおいて当然に発生する事項であって、打消し表示といえるものではない。

　(b)　体験談型の打消し表示に係る個別事例　　最近の個別事例の中で体験談型

§ 5(1)−4(2)

の打消し表示が問題となったものとして次のような事例がある。

株式会社 EC ホールディングスに対する件(措置命令令和元年 6 月 5 日)(**事例⓬**)では、「ブラックサプリ EX」と称する食品に関する表示を優良誤認表示に該当するとした。

同社は、自社ウェブサイトにおいて、「ブラックサプリ EX」と称する食品について、「Before」と付記された白髪が目立つ人物のイラストおよび「After」と付記された黒髪の人物のイラスト等と共に「簡単にできる白髪対策として話題」等と表示することにより、あたかも、本件商品を摂取することにより、白髪が黒髪になる効果が得られるように表示していた。

不当表示に該当するか否かは、表示上の特定の文章、図表、写真等のみから判断されるのではなく、表示の受け手である消費者が、表示の内容全体から受ける印象・認識によって総合的に判断される(吉田英治「株式会社 EC ホールディングスに対する景品表示法に基づく措置命令及び課徴金納付命令について」公取857号(2022)79頁)。

イソフラボン販売会社16社に対する件(措置命令(16社)平成29年11月 7 日)(**事例❼**)では、葛の花由来イソフラボンを成分とする機能性表示食品に係る表示を優良誤認表示に該当するとした。

自社ウェブサイト等において、痩せたウエストにメジャーを巻き付けた写真と共に、「お腹の脂肪を減らしたい方へ」等と表示することにより、本件商品を摂取するだけで、内臓脂肪(および皮下脂肪)減少による、外見上、身体の変化を認識できるまでの腹部の痩身効果が得られるかのように示す表示をしていた。

基本的に、体験談についての「個人の感想です。効果効能を保証するものではありません」等といった打消し表示は、表示から受ける効果に関する認識を打ち消すものではないとしている。

体験談型の打消し表示について、体験談から受ける「『大体の人』が効果、性能を得られる」という認識が変容することはほとんどない。「あたかも体験談が効果、性能等を示すものではないかのように記載する表示は、商品の効果、性能等を標ぼうしていることと矛盾しており、意味をなしていないと考えられる」という調査報告書(84頁)を引用して、本件痩身効果に係る表示から受ける効果に関する認識を打ち消すものではないといえるとしている。さらに、担当官解説では、「かかる観点からすれば、体験談が示す効果、性能等の内容と商品又は役務の効果、性能等の根拠が対応していない場合には、たとえ、体験談等自体が架空のものでなく事実であったとしても、景品表示法上問題となる場合がある」としている。

このように、体験談を用いる場合の打消し表示はほとんど打消し表示として意味をもたないものとしている(田中誠＝鈴木弘記「葛の花由来イソフラボンを機能性関与成

第 2 章　景品規制・表示規制　**273**

分とする機能性表示食品の販売事業者に対する措置命令及び課徴金納付命令について」公取820号（2019）89頁）。

株式会社 GLORIA に対する件（措置命令平成30年7月30日）（**事例❿**）では、「pinky plus」と称する健康食品（サプリメント）に関する表示を優良誤認表示に該当するとした。

自社ウェブサイトにおいて、「10日間でまさかの2カップUP！」等と表示することにより、あたかも、本件商品を摂取するだけで、含まれる成分により、容易に著しい豊胸効果が得られるかのように示す表示をしていた。

本件表示においては、体験談に近接して「個人の感想で、効果・効能を保証するものではありません」と表示するなど、いわゆる体験談型の打消し表示が用いられている。担当官解説では、このような打消し表示は、一般消費者が表示から受ける本件商品の効果についての認識を打ち消すものではないと指摘している。担当官解説は、このような体験型の打消し表示について、強調表示である体験談を打ち消す効果が認められることはほぼないとしている（猪狩勝一郎＝山田将「株式会社 GLORIA に対する措置命令及び課徴金納付命令について」公取835号（2020）71頁）。

ティーライフ株式会社に対する件（措置命令令和3年3月23日）（**事例⓱**）では、ポット用ティーバック「メタボメ茶」に関する表示を優良誤認表示に該当するとした。

通信販売の商品に同梱して配布した広告冊子において、「メタボメ茶」と称するポット用ティーバック入りの食品について、女性のイラストと共に、「もう一度、あの頃のスリムな私に！」等と表示することにより、「メタボメ茶」を摂取することで同商品に含まれる成分の作用により著しい痩身効果が得られるかのように示す表示を行った。

この件の東京地裁判決（令和4年4月28日）も「個人の感想であり実感されない方もいらっしゃいます」等の注意書きによる打消し表示の文言は、いずれも小さく、配色的にも目立ちづらく、冊子中に占める割合も極めて小さく表示されており、協調して表示されたメタボメ茶の効果、効能を打ち消すようなものであるといえないとした。このように、裁判所も、このような体験型の打消し表示には強調表示を打ち消す効果はないという結論を支持している。

(c)　例外型の打消し表示に係る個別事例　　最近の個別事例の中で例外型の打消し表示が問題となったものとして次のような事例がある。

株式会社 TSUTAYA に対する件（措置命令平成30年5月30日）（**事例㉜**）では、「動画見放題プラン」「動画見放題＆定額レンタル8」「TSUTAYA 光」「TSUTAYA プレミアム」と称する4役務に関する表示を優良誤認表示に該当するとした。

自社ウェブサイトにおいて、「動画見放題　月額933円（税抜）30日間無料お試し」

等と表示することにより、あたかも、動画が見放題であるかのように表示していたが、実際に見放題となる対象動画の割合は TSUTAYA において配信する動画の12% ないし27% 程度であった。

「動画見放題」という強調表示に対して、「実質0円とは月額933円に毎月1080円分のポイントがついて540円の『新作』でも2本ご覧いただけます」「動画見放題プランは『動画見放題』対象の作品から、どれだけ観ても毎月定額でお楽しみいただけます。毎月、動画見放題プランの更新日に1080円分のポイントがつき、『新作』も含めお好きな作品をご覧いただけます」等という例外型の打消し表示が付されている。このように、表示内容、記載内容は一般消費者にとってかなり難解なもの、あるいは理解の容易でないものであるため、本件の例外型打消し表示は、わかりやすく適切な打消し表示とはいえないとされた。

例外型の打消し表示を行う場合には一般消費者が打消し表示の内容を正確に理解できるように表示されることが求められる。

本件打消し表示は、見放題の記載とは離れた箇所に小さな文字で記載されているものであり、かつ回答に係る記載は質問に係る記載をクリックしなければ表示されない、いわゆるアコーディオン式となっていたものであることから、動画見放題という表示内容に関する認識を打ち消すものではない。

担当官解説では、強調表示と打消し表示とを合わせて、表示物全体として、表示から受ける一般消費者の認識と実際のもの等との間に差が生じないようにすることが求められるとしている(横田武＝渡辺達也「株式会社 TSUTAYA に対する措置命令及び課徴金納付命令について」公取831号(2020)51頁)。

LINE モバイル株式会社に対する件(措置命令令和元年7月2日)(**事例㊱**)では、「エントリーパッケージフリープラン」と称する移動体通信役務に関する表示が優良誤認表示に該当するとした。

自社ウェブサイトにおいて、「エントリーパッケージを事前にご購入いただくことで、お申し込み時に必要な登録事務手数料が不要になります」と表示することにより、あたかも「エントリーパッケージフリープラン」と称する商品において、すべての移動体通信役務に係る申込時の登録事務手数料が不要となるものであるかのように示す表示をしていたが、実際には移動体通信役務のうち「データSIM」と称するサービスタイプに係る申込時には使用できないものであった。

同一ウェブページの下部に表示した「よくある質問」に「エントリーパッケージとは何ですか？」と表示し、当該表示をクリックまたはタップすると「データSIM(SMS付き)または音声通話 SIM をお申し込みできます」と表示されるが、本件打消し表示は①「データ SIM」と称するサービスタイプの申込みにはエント

リーコードを使用できないことを直接的に表示したものではなく、②強調表示とは離れた箇所に小さな文字で表示されているものであり、回答に係る表示は質問に係る表示をクリックまたはタップしなければ表示されないものであった。

本件打消し表示は、表示方法(初期状態では打消し表示が画面に表示されておらず、アコーディオンパネルのラベルをタップ等しなければその表示内容を認識できない)および表示内容(直接的に『データSIM』と称するサービスタイプの申込みにはエントリーコードを使用できないことを表示したものではない)の双方に問題があるため、本件表示から受ける本件商品の内容に関する認識を打ち消すものではない。

担当官解説では、本件打消し表示は、アコーディオンパネルを用いてパネル内に情報を表示する方法がとられ、アコーディオンパネルのラベルをタップ等しなければその表示内容を認識できず、初期画面に打消し表示が表示されていないことを問題と捉え、強調表示と打消し表示が一体として認識できる表示となっているかが重要であるとしている(鈴木佳子「LINEモバイル株式会社に対する措置命令及び課徴金納付命令について」公取840号(2020)87頁)。

イオンライフ株式会社に対する件(措置命令平成29年12月22日)(**事例㊼**)では、「イオンのお葬式」の名称で供給する葬儀サービスのうち、「火葬式」「1日葬」「家族葬」と称する葬儀サービスの各役務に関する表示を有利誤認表示に該当するとした。

特定地域内の配布された日刊新聞紙に掲載した広告において、各役務について「追加料金不要」「火葬式198,000円(税込)」等と表示することにより、それぞれ記載された価格以外に追加料金が発生しないかのように表示していた。実際には、一定の場合に、追加料金が発生するものであった。

担当官解説では、本件の表示当時、広告に「追加料金不要」との表現を用いる場合には、当該広告に追加料金が発生する場合がある旨の打消し表示を付することとしていた。しかしながら、同社における不当表示の防止等を図るための管理監督が十分ではなかった結果、本件新聞紙面広告における表示について当該打消し表示が漏れてしまったとしている。この点からは、例外型の打消し表示がわかりやすく表示された場合には適切な打消し表示と評価される可能性もあった。

他方で、担当官解説では調査報告書(92頁)を引用して、「打消し表示がなくても、商品・サービスの内容や取引条件の実際を一般消費者が認識できるような強調表示の内容とすることが求められる」と指摘している(並木悠「イオンライフ株式会社に対する措置命令及び課徴金納付命令について」公取834号(2020)75頁)。

株式会社よりそうに対する件(措置命令令和元年6月14日)(**事例㊽**)では、「家族葬 無宗教プラン」「家族葬 仏式プラン」「一般葬 仏式プラン」と称する葬儀サービスに関する表示が有利誤認表示に該当するとした。

§ 5(1)−4(2)

自社ウェブサイトにおいて、「家族葬 無宗教プラン」「家族葬 仏式プラン」「一般葬 仏式プラン」と称する葬儀サービスの各役務について、「全てセットの定額」「必要なものが全てコミコミだから安心 この金額で葬儀ができます」等表示することにより、あたかも記載された価格以外に追加料金が発生しないかのように表示していた。実際には、一定の場合に追加料金が発生するものであった。

例外的場合を記載した本件打消し表示には、打消し表示が強調表示と近接した場所に記載させているとはいえず、打消し表示の記載は特段目立たないため、さらに追加費用が発生する条件や単価などの具体的な情報が一切与えられておらず、追加料金が発生しないとの一般消費者の誤認を解消する効果はないとしている。

この件では、例外的場合として追加条件が発生する事由は、①霊柩車等の搬送距離が最大50 km を超える場合、②安置日数が 4 日を超えてドライアイスの追加が必要となる場合、③火葬場利用料が 1 万5000円を超える場合、④式場利用料が 5 万円を超える場合とわかりやすいものであるため、例外型の打消し表示の工夫によっても対処できた可能性のある事例であると考えられる。

担当官解説では調査報告書(92頁)を引用して、「事業者が商品・サービスの内容や取引条件について強調表示を行おうとする場合には、まず、打消し表示がなくても、商品・サービスの内容や取引条件の実際を一般消費者が認識できるような強調表示の内容とすることが求められる」としている(伊藤敬之＝大木健司「株式会社よりそうに対する措置命令及び課徴金納付命令について」公取845号(2021)65頁)。

有限会社菊池商事および株式会社プレイズに対する件(措置命令令和 3 年12月16日)(**事例62**)では、ガソリン類の価格表示が有利誤認表示に該当するとした。

2 社は、自らが運営するガソリンスタンドの看板において、税込価格であるかのように表示していたが、実際には、レギュラーガソリン、ハイオクガソリン、および灯油の本件 3 商品の表示された価格は消費税を含まない価格であって、税込価格ではなかった。

2 社はガソリンスタンドの看板において、「レギュラー129」「ハイオク139」および「軽油109」など表示するのみで税引価格であると積極的に表示したものではない。しかし、一般消費者は、総額表示義務の下で、 2 社が看板に表示していた価格は税込価格であると誤認させるものであるとされた。

2 社は本件表示において「税別」と表示していたが、当該表示は小さな文字で記載されており、一般消費者の税込価格であるという認識を打ち消すものではないと評価された(北園敏幸＝上田充宏「石油製品の販売事業者 2 社に対する景品表示法に基づく措置命令について」公取865号(2022)74頁)。なお、消費税法上、事業者は、不特定かつ多数の者に課税資産の譲渡等を行う場合には、価格を表示する際には、税込価格を

第 2 章 景品規制・表示規制　　277

表示しなければならないとされている(消費税63)。

クリエイト株式会社に対する件(措置命令令和3年6月2日)(**事例⑰**)では、光回線インターネット接続サービスの契約に係る取次に関する表示がおとり広告告示1号に該当するとされた。

「フレッツ光」と称する光回線インターネット接続サービスを利用した光回線インターネット接続サービスの契約に係る取次ぎに関する役務について、16都府県に所在する51件の集合住宅への投函により配布したチラシにおいて、「NTT回線フレッツ光を利用した光ファイバー設備(インターネット回線)が設置済み」等と表示することにより、あたかも、チラシを配布した集合住宅には「フレッツ光」と称する光回線インターネット接続サービスを利用するための設備が設置されており、当該集合住宅の移住者に対し、本件役務を提供できるかのように表示していた。実際には、チラシが配布された16都府県に所在する51件の集合住宅には、「フレッツ光」と称する光回線インターネット接続サービスを利用するための設備は設置されておらず、当該集合住宅の移住者に対し、本件役務の取引に応じることができないものであった。

NTT回線フレッツ光の設備のない集合住宅の居住者には、据え置き型のWi-Fiルーター等を提供する方針で営業しており、チラシの下部に「マンションタイプ未設置の場合は、ファミリータイプ設備もしくは工事不要タイプのご案内をしております」との表示をしていたが、本件役務提供に関する認識を変えるものではないとしている(宗田直也=美濃部翔司「クリエイト株式会社に対する措置命令について」公取859号(2022)76頁)。

　　(d)　打消し表示の効果についてのまとめ　　株式会社ECホールディングスに対する件、イソフラボン販売会社16社に対する件、株式会社GLORIAに対する件、ティーライフ株式会社に対する件、株式会社TSUTAYAに対する件、LINEモバイル株式会社に対する件、イオンライフ株式会社に対する件、株式会社よりそうに対する件、有限会社菊池商事および株式会社プレイズに対する件、クリエイト株式会社に対する件という最近の10件をみても、優良誤認表示事例が6件、有利誤認表示事例が3件、おとり広告事例1件である。この問題が本条の不当表示全体に関連するものであることが理解できる。逆にいうと、強調表示と打消し表示とは、「著しい」が要件となっている優良誤認表示と有利誤認表示のみに関連する問題ではない。

打消し表示の種類別にみると、前半の4件が体験談型であり後半の6件が例外型である。体験型の打消し表示が問題となった事例では、すべて合理的根拠を裏付ける資料の提出が求められており、不実証広告規制が適用されている。体験談

278　　第2章　景品規制・表示規制

§ 5 (1)—4 (2)

型の打消し表示について強調表示との関係で一般消費者が受けた印象、認識を打ち消す効果はないという取扱いがなされている。今回の調査結果から、実際に商品を摂取した者の体験談を見た一般消費者は大体の人が効果、性能を得られるという認識を抱き、「『個人の感想です。効果には個人差があります』、『個人の感想です。効果を保証するものではありません』といった打消し表示に気付いたとしても、体験談から受ける「『大体の人』が効果、性能を得られる」という認識が変容することはほとんどないと考えられる」とした体験談に関する調査報告書の考え方が当てはまる。

他方、例外型の打消し表示については、株式会社 TSUTAYA に対件、LINE モバイル株式会社に対する件、クリエイト株式会社に対する件では、技術的にも一般消費者にとって難解なものであるとして打ち消す効果は認められないとされている。例えば、適用条件や期間の異なる複数の割引が存在するなどの複雑な料金体系の場合や、打消し表示内容について業界独自の用語、技術に関する用語などの専門技術的なものを含む場合には、「一般消費者が読んでもその内容を理解できない打消し表示であれば、表示していないことと変わりない。そのため、事業者は、一般消費者が打消し表示の内容を正確に理解できるように分かりやすく表示するとともに各媒体の特徴を踏まえた上で一般消費者に見やすく表示する」必要があるとの要請を満たしていないとされたものと考えられる(調査報告書92〜93頁)。

この点から、動画広告については、強調表示と打消し表示が別の画面に表示されているか、打消し表示が含まれる画面の表示時間、音声等による表示の方法(文字のみで表示された打消し表示には一般消費者の注意が向かない傾向がある)などが考慮要因となり、パソコンやスマートフォンによるウェブ広告については打消し表示を見るまでにどの程度スクロールする必要があるか、アコーディオンパネルやハイパーリンク先における打消し表示のあり方などが考慮要件となるが、一般的には打消し表示が強調表示を打ち消すと認められることは容易でないものと考えられる。

イオンライフ株式会社に対する件については内容が理解しやすいものであるためか、正確に書き示せば有効な打消し表示として認められる余地もあるかのような解説もなされている。その場合でも、担当官解説では、調査報告書(92頁)の「事業者においては、表示を行う際の前提として、一般消費者が普段広告に接する際に打消し表示を意識して見ない(読まない)という実態を十分に理解し、広告に記載した内容を一般消費者が正しく認識できるように工夫して表示を行うことが求められる。これを踏まえた上で、事業者が商品・サービスの内容や取引条件について強調表示を行おうとする場合には、まず、打消し表示がなくても商品・サー

§ 5 (1)-4 (3)

ビスの内容や取引条件の実際を一般消費者が認識できるような強調表示の内容とすることが求められる」という内容を引用している。葬儀サービスのようなサービスについても強調表示と打消し表示とを常に一体化して記載すべきであるというのでは厳しすぎるのであって、打消し表示を明確に記載することによって強調表示を打ち消す場合があるものと考えられる。

(3)　**不実証広告規制への移行**　　品質に係る効能・効果、性能・効果を問題とする表示が不当表示となるか否かについては、「著しく」に該当するか否かは、当該表示を裏付ける根拠となる資料を提出できたか否かという不実証広告規制により決定されることが多い。だいにち堂事件最高裁判決(**事例❸**)以降は、同最高裁判決を引用し、合理的な根拠を示す資料の提出要求がなされる事例においては、当該表示と「実際のもの」(「実際には」と記載される実態)とが乖離しているという立証は不要であるかのような解説も多くみられる。すなわち、当該事業者が事前に当該表示を裏付ける資料を事前にどこまで入手し提出できるのかという不実証広告規制の問題となっている。

　「著しく」の基本ルールを確立した、空気清浄機に関する表示についてのカンキョー事件〔前述(1)参照〕では、店頭配布用パンフレットまたは新聞広告において、本件製品(空気清浄機)について、「フィルター式では集塵が難しい微細なウイルスやバクテリア、カビの胞子、ダニの死骸の砕片までもホコリと一緒に捕集します」「電子の力で花粉を強力に捕集するだけでなく、ダニの死骸・カビの胞子・ウイルスなどにも有効な頼もしい味方です」等と記載し一般消費者に広告した。この件で、公取委は、①他のフィルター式空気清浄機よりも集塵能力が高く、また②室内の空気中のウイルスを実用的な意味で有効に捕集する能力を有しているかのような表示をしているが、実際には、そのような性能を有するものではなく、①の表示については、競争関係にある他の事業者に係るものよりも著しく優良であり、②の表示については、実際のものよりも著しく優良であると誤認されるものであるとして、排除措置を命じた(中山武憲「空気清浄機の性能・効果に関する優良誤認(カンキョー事件)」経済法判例・審決百選〔初版〕268頁)。

　この事件は「著しく」の判断基準を確立した事例で、かつ、不実証広告規制を導入する直前の事例である。今日では、このような表示については、消費者庁が当該表示を裏付ける合理的な根拠を示す証拠の提出を求めて、当事会社が当該表示を裏付ける合理的根拠を示す証拠を提出できるか否かによって優良誤認表示に該当するか否かが決まる。このように、今日では、著しい優良性に関して、性能、効果に関する表示が優良誤認表示に該当するか否かについては、不実証広告規制の適用を受けて措置命令が行われることが多い。不実証広告規制の詳しい適用、

280　　第2章　景品規制・表示規制

§ 5⑴–5⑴⑵

運用については § 7②および § 8③を参照。

5　「実際のものよりも著しく優良であると示す表示」

⑴　**「実際のものよりも著しく優良であると示す表示」についての主要なテーマ**　最近では、優良誤認表示に該当する表示は「実際のものよりも著しく優良であると示す表示」がほとんどすべてを占めている。

公取委所管当時から、不当表示の対象となる商品または役務としては、健康食品表示が最大かつ最多数の件数を占める分野であった。健康食品表示についての不当表示については、「健康食品に関する景品表示法及び健康増進法上の留意事項について」（留意事項）が公表されていることから、この留意事項に沿って食品についての現行ルールを解説する。

次いで、不当表示についての商品・役務横断的なテーマとして、昔から取り上げられてきた事項であるとともに最近脚光を浴びている No.1 表示と、デジタル広告の進展に合わせて最近大きな話題となっているアフィリエイト広告について解説する。

健康食品表示、No.1 表示、アフィリエイト広告いずれも優良誤認表示で問題となることが圧倒的に多いが、有利誤認表示（5⑵）、告示指定表示（5⑶）においても問題となる。

⑵　**健康食品表示**　ⓐ　健康食品表示の対象となる食品　消費者庁は、令和4（2022）年12月5日に、それまでの留意事項（平成25年12月24日）を廃止して、新たな留意事項を公表した（田中誠「健康食品に関する景品表示法及び健康増進法上の留意事項について」公取870号（2023）29頁参照）。

最新の留意事項が、健康食品について景表法を適用する現行ルールを包括的に解説している。

健康増進法における「食品」とは、薬機法上の医薬品を除くすべての飲食物をいう。健康食品とは、健康増進法に定める健康保持増進効果等を表示して食品として販売に供する物をいう。健康食品について、健康増進法65条1項が、「何人も、食品として販売に供する物に関して広告その他の表示をするときは、健康の保持増進の効果その他内閣府令で定める事項（……、以下「健康保持増進効果」という。）について、著しく事実に相違する表示をし、又は著しく人を誤認させるような表示をしてはならない」と規定している。

健康の保持増進の効果には、①疾病の治療または予防を目的とする効果、②身体の組織機能の一般的増強、増進を目的とする効果、③特定の保健の用途に適する旨の効果、④栄養成分の効果などが広く含まれる。

第 2 章　景品規制・表示規制　　*281*

§ 5(1)-5(2)

健康食品が最上位の概念である。留意事項は、特定保健用食品、栄養機能食品、機能性表示食品のすべてを含む総称として保健機能食品という名称を用いている。

「特定保健用食品」とは、生理学的機能などに影響を与える保健機能成分を含んでおり、個別に有効性および安全性等に関する国の審査を受け、特定の保健の目的が期待できる旨の表示を許可または承認された食品をいう。

「栄養機能食品」とは、特定の栄養成分を含むものとして国が定める基準に従い当該栄養成分の機能を表示する食品をいう。

「機能性表示食品」とは、機能性関与成分によって特定の保健の目的(疾病リスクの低減に係るものを除く)が期待できる旨を科学的根拠に基づいて容器包装に表示する食品をいう。実際には、不当表示に該当するとされた健康食品は、「特定保健用食品」「栄養機能食品」「機能性表示食品」のいずれにも該当しないものが大部分を占めている。また、「特定保健用食品」「栄養機能食品」「機能性表示食品」についての表示が景表法の適用除外を受けることもない。現実にも、さくらフォレスト株式会社に対する件〔後述(d)(ⅱ)〕のように、国が一旦受け入れた機能性表示食品について、後日景表法に違反する表示に当たるとされている。

(b) 健康食品表示規制の法的枠組み (a)で述べたとおり、健康増進法65条1項が、「何人も、食品として販売に供する物に関して広告その他の表示をするときは、健康の保持増進の効果その他内閣府令で定める事項(……、以下「健康保持増進効果」という。)について、著しく事実に相違する表示をし、又は著しく人を誤認させるような表示をしてはならない」と規定している。

なお、食品一般の表示・広告に係る法律実務に対応するためには、規制法令が多種多様であり、かつ、義務表示事項と禁止表示事項が重要部分において重複しつつ併存するという特殊性を正しく理解することが不可欠である。食品表示のコンプライアンスに当たっては、複数の法令間の関係を矛盾なく捉え、義務表示事項と禁止表示事項の両方にバランスよく対処する必要性を理解しなければならないとされる(長橋宏明「食品表示の法的リスクとコンプライアンス上の留意点-景品表示法、食品表示法等の法律実務と執行傾向を踏まえて」公取823号(2019)11頁参照)。

留意事項は、「虚偽誇大表示等に関する景品表示法及び健康増進法の規定は、いずれも、特定の用語、文言等の使用を一律に禁止するものではない。」とし、「一般消費者が表示から受ける認識、印象、期待は、表示された一部の用語や文言のみで判断されるものではなく、当該用語等のほか周辺に記載されているその他の表現、掲載された写真、イラストのみならず、時にはコントラストも含め、表示全般で判断することとなる」としている(田中誠「健康食品に関する景品表示法及び健康増進法上の留意事項について」(公取870号(2023)29頁))。

282 第2章 景品規制・表示規制

§ 5 ⑴-5 ⑵

　留意事項では、「虚偽広大表示等に該当するか否かを『表示全体で判断する』との意味を明らかにするため、具体的な広告例を用いて、留意すべき事項について解説する」として具体的な参考広告例2件（痩身効果についての広告例と糖尿病についての広告例）について細かく解説している。
　大変参考となるためここでその広告例をそのまま引用する。

【痩身効果についての広告例】

第2章　景品規制・表示規制　　283

§ 5 (1)-5 (2)

| ア | 健康保持増進効果等 |

本広告は、太った男性の画像(②)や、太っていた女性が痩せてスリムになった使用前後の画像(⑧)などとともに、大きな文字で「ブヨブヨお腹が、たったの1粒で…！」(①)、「飲むだけでドンドン落ちる！」(⑥)といった本商品による痩身効果を暗示する文言などのほか、本商品を摂取した者の体験談として、「飲み始めてすぐに効果が！こんなに簡単にスリムになれるなんて！」(⑨)などと記載することにより、一般消費者に対し、本商品を摂取することによる痩身効果を訴求するものである。

このような痩身効果は、「人の身体を美化し、魅力を増し、容ぼうを変え、又は皮膚若しくは毛髪を健やかに保つことに資する効果」に当たり、健康保持増進効果等に該当する。

| イ | 表示内容全体から受ける一般消費者の印象 |

本広告には、「本商品を飲めば、運動や食事制限をせずに痩せることができる」などといった直接的な表現はない。しかし、「お腹のブヨブヨも気になるんだけど、やっぱり美味しいものが食べたい！」(③)、「食事制限したくない方、運動も苦手という方必見です！」(④)などと記載するとともに、本商品を摂取した者の体験談として「運動は苦手だし、食事制限も長続きせず…」(⑤)、「普段の食生活や生活習慣を変えずに、たった1粒飲むだけで、スグに体型に変化が出てきた」(⑦)などと記載することにより、本商品を摂取するだけで、特段の運動や食事制限をせずに痩身効果が得られるかのように暗示的に表現しているものといえる。

また、「短期間で著しく痩せる」などの直接的な表現はないが、4週間で約15kgの減量に成功した使用前後の画像(⑧)、「短期間で驚きの変化が実感できます」(⑩)との文言、本商品を摂取した者の体験談として、「飲み始めてすぐに効果が！こんなに簡単にスリムになれるなんて！」(⑨)との文言などを記載することにより、短期間で容易に著しい痩身効果を得られるかのように暗示的に表現しているものといえる。

本広告においては、「たった1粒で…！」「飲み始めてすぐに効果が！」「変化を実感することができます」など、直接的に「痩せる」とは表現せず、また、どの程度の期間でどの程度の痩身効果が得られるかは明らかにしていない。しかし、表示内容全体からすれば、本広告における「効果」や「変化」が痩身効果を意味していることは明らかであり、本商品を摂取することによって短期間で著しい痩身効果を得られるとの印象を一般消費者に与える。

以上のとおり、本広告は、本広告の表示内容全体から、あたかも、本商品を摂取するだけで、特段の運動や食事制限をすることなく、短期間で容易に著しい痩身効果が得られるかのように表示しているものといえる。しかし、実際には、消費エネルギーが摂取エネルギーを上回らない限り、人は痩せないのであって、特定の健康食品を摂取するだけで、特段の運動や食事制限をすることなく、短期間で容易に著しい痩身効果が得られることはないのであるから、本広告は虚偽誇大表示等に当たるおそれがある。

なお、本広告には、体験談について、「個人の感想であり、効果には個人差があります。」(⑪)との注意書きがあるが、このような表示をしたとしても、虚偽誇大表示等に当たるか否かの判断に影響を与えるものではなく、体験談等を含む表示内容全体から本商品に痩身効果があるものと一般消費者に認識されるにもかかわらず、実際にはそのような効果がない場合には、その表示は虚偽誇大表示等に当たる。

| ウ | その他の留意事項(有利誤認表示) |

「今なら、初回ご注文の方に限り、通常価格6,000円のところ、3,000円でご提供します！」(⑫)との表示をしているが、実際には最近相当期間にわたって本商品を6,000円で販売したことがない場合などには、景品表示法上の不当表示(有利誤認表示)に該当するおそれがある。

また、「30日間全額返金保証」(⑬)と表示しているにもかかわらず、実際には、返金を受けるためには特段の条件がある場合などには、景品表示法上の不当表示(有利誤認表示)に該当するおそれがある。

284　　第2章　景品規制・表示規制

§ 5(1)-5(2)

【糖尿病についての広告例】

第2章 景品規制・表示規制　285

§ 5 (1)-5(2)

ア 健康保持増進効果等

　本広告は、「ご飯や麺類、甘い物に気をつけているけど…もう糖なんて気にしない！」(①)、「糖分を制限されている方を安心にサポート」(②)などといった本商品による糖尿病の改善効果を暗示する文言などのほか、本商品の原料であるヨモギに含まれる成分の説明として、「糖の吸収を抑える働きがあることが専門機関による研究で明らかにされています。」(⑤)、「糖の吸収を緩やかにする働きが確認されており、血糖値やコレステロールの改善に必要な栄養素です。」(⑥)、「高血糖を防ぐ働きがあり、肥満の抑止はもちろん糖尿病の改善にも役立つことが確認されています。」(⑧)との文言、「空腹時または食後の値が気になる」、「お酒や甘い物の制限が辛い」(③)といった悩みを有する者に対し、「そんな方には、『新緑よもぎ茶』」との文言などを記載することにより、一般消費者に対し、本商品を摂取することによる糖尿病の改善効果を訴求するものである。

　このような糖尿病の改善効果は、「疾病の治療又は予防を目的とする効果」に当たり、健康保持増進効果等に該当する。

イ 表示内容全体から受ける一般消費者の印象

　本広告には、「本商品を飲めば、食事療法や薬物治療によることなく、糖尿病を改善する効果を得られる」などといった直接的な表現はない。しかし、「ご飯や麺類、甘い物に気をつけているけど…もう糖なんて気にしない！」(①)、「『糖尿対策』には、運動や食事制限が近道とは分かっていても…どれも長続きしない、好きな物も食べたい…。薬に頼らなくても、手軽に、短期間で『実感』したいけど、そんな便利なものなんて無いよね…。」(④)との文言や、ヨモギに含まれる食物繊維や β カロテンには高血糖を防ぐ働きがあるとの説明とともに、「この食物繊維を効率よく摂取することが『正常』に近づく一歩です！」(⑦)、「β カロテンを摂取して、『改善』に近づきましょう！」(⑨)との文言、「『国産ヨモギ』の自然パワーで、薬に頼らず、『数値改善』、『数値正常』を実感してください。」(⑩)との文言、本商品を摂取した者の体験談として、「飲み始めてから、体の変化を"実感"することができ、2か月くらいで、その『実感』が数値にも現れました。（中略）おかげ様で今では大好きな揚げ物やお酒も楽しむことができるようになり、毎日の食事が楽しみになりました。」(⑪)などといった文言を記載することにより、本商品を摂取するだけで、食事療法や薬物治療によることなく、糖尿病を改善する効果を得られるかのように暗示的に表現しているものといえる。

　本広告においては、「糖なんて気にしない！」(①)、「糖尿対策」(④)、「『数値改善』、『数値正常』を実感してください」(⑩)など、直接的に「糖尿病を改善する」とは表現していないが、「糖尿」が糖尿病を意味していることは明らかであり、本商品を摂取するのみで正常値を超える血糖値を正常値に戻して糖尿病を改善する効果を得られるとの印象を一般消費者に与える。

　以上のとおり、本広告は、本広告の表示内容全体から、あたかも、本商品を摂取するだけで、食事療法や薬物治療によることなく、糖尿病を改善する効果が得られるかのように表示しているものといえる。しかし、実際には、糖尿病は食事療法や薬物治療を含む医師の診断・治療によらなければ一般的に改善が期待できない疾患であって、特定の健康食品を摂取するだけで、食事療法や薬物治療によることなく、糖尿病を改善する効果が得られることはないのであるから、本広告は虚偽誇大表示等に当たるおそれがある。

　なお、このような表示を行うことにより、糖尿病を抱える者が適切な診療機会を逸してしまうおそれがあるため、このような表示は、原則として、「国民の健康の保持増進及び国民に対する正確な情報の伝達に重大な影響を与えるおそれがある」と認められ、健康増進法第66条第1項の規定に基づく勧告の対象となる。

§ 5 (1)–5 (2)

(c)　景表法による健康食品表示規制　　景表法については、消費者庁は明確に違反となる事例を選別して優良誤認表示に該当するとして措置命令を行っている。留意事項に列挙されている健康食品に係る多数の「景品表示法措置命令事例」を読むと、これまで明確に優良誤認表示に該当する事例が選別されているのであり、特定保健用食品、栄養機能食品、機能性表示食品のいずれに該当するかによって、違反か否か結論が異なるという差異が生じるような限界事例はほぼないことがわかる。

　「景品表示法措置命令事例」として記載されている47件のうち、あたかも、当該食品が特定保健用食品または特別用途食品として消費者庁長官の許可の要件を満たしたものであるかのように表示していたことによる不当表示は2件にとどまる。健康食品を摂取するだけで、特段の運動や食事制限をすることなく、短期間で容易に著しい痩身効果が得られるかのように示す表示と分類される、痩身効果を標ぼうする食品についての不当表示が28件と圧倒的な多数を占め、その後に医師または歯科医師の診談、治療等によることなく疾病を治癒できるかのように示す表示と分類される、疾病の予防または予防の効果を標ぼうする食品についての不当表示が5件と続いている。

　最近の事例をみても、その中の食品に関する事例をいちいち列挙するまでもなく、痩身効果等が得られるかのように示す表示や疾病を治癒できるかのように示す表示が圧倒的に多いことを明確に理解できる。

　このように、健康食品を摂取するだけで、特段の運動や食事制限をすることなく、短期間で容易に著しい痩身効果が得られるかのように示す表示があまりにも多いため、留意事項では、「健康食品の中には、痩身効果を標ぼうするものが多く見受けられる。しかし、消費エネルギーが摂取エネルギーを上回らない限り、人は痩せないのであって、特定の健康食品を摂取するだけで、……適切な運動や食事制限をしながら、人が痩せることができるのは、6か月間で4kgから5kg程度までである」という見解が示されている。

(d)　機能性表示食品に係る表示が優良誤認表示に当たるとされた事例　　機能性表示食品とは、食品表示法4条1項の規定に基づく食品表示基準(平成27年内閣府令第10号)の規定に基づき、疾病に罹患していない者に対し、機能性関与成分によって健康の維持および増進に資する特定の保健の目的が期待できる旨を科学的根拠に基づいて容器包装に表示をする食品であって、当該食品に関する表示の内容、食品関連事業者名および連絡先等の食品関連事業者に関する基本情報、安全性および機能性の根拠に関する基本情報、生産・製造および品質の管理に関する情報、健康被害の情報収集体制その他必要な事項を販売日の60日前までに消費者

第2章　景品規制・表示規制　　287

§ 5(1)-5(2)

庁長官に届け出られたものをいう。機能性表示食品であっても景表法の適用を免れるものではない。

これまで、機能性表示食品に係る表示に関して措置命令が行われた事例としては、(i)イソフラボンの販売事業者16社に対する件、(ii)さくらフォレスト株式会社に対する件および(iii)株式会社アリュールに対する件がある。

(i) イソフラボン販売事業者16社に対する件(措置命令平成29年11月7日)(**事例❼**) 葛の花由来イソフラボンを機能性関与成分とする機能性表示食品の販売業者16社に対する件において、16社が行っていた機能性表示食品に係る届出表示および認定された表示内容は、例えば以下のとおりであった。

届出表示の内容	認定された表示内容
本品には、葛の花由来イソフラボン(テクトリゲニン類として)が含まれます。葛の花由来イソフラボン(テクトリゲニン類として)には、肥満気味な方の、体重やお腹の脂肪(内臓脂肪と皮下脂肪)やウエスト周囲径を減らすのを助ける機能があることが報告されています。肥満気味な方、BMIが高めの方、お腹の脂肪が気になる方、ウエスト周囲径が気になる方に適した食品です。	あたかも、対象商品を摂取するだけで、誰でも容易に、内臓脂肪(及び皮下脂肪)の減少による、外見上、身体の変化を認識できるまでの腹部の痩身効果が得られるかのように示す表示

消費者庁は、16社に対し、上記「認定された表示内容」欄記載の表示の裏付けとなる合理的な根拠を示す資料の提出を求めたところ、16社は、表示に係る裏付けとする資料を提出したが、当該資料は、当該表示の裏付けとなる合理的な根拠を示すものであるとは認められないとされ、措置命令が行われた。

本件は、機能性表示食品に係る表示が処分の対象となった初の事例である。

本件担当官解説において、「なお、本件科学的根拠が本件届出表示に係る機能性の科学的根拠であることを否定するものではない。」とされていることから、機能性の科学的根拠自体が否定されたというより、機能性の科学的根拠を超える表示がなされていたために優良誤認表示とされたものと考えられる(田中誠＝鈴木弘記「葛の花由来イソフラボンを機能性関与成分とする機能性表示食品の販売事業者16社に対する措置命令及び課徴金納付命令について」公正取引820号(2019)89頁、91頁・注2)。

(ii) さくらフォレスト株式会社に対する件(措置命令令和5年6月30日) さくらフォレストが行っていた機能性表示食品に係る届出表示および認定された表示内容は、例えば、以下のとおりであった。

288 第2章 景品規制・表示規制

§ 5(1)–5(2)

	届出表示の内容	認定された表示内容
商品①	本品にはDHA・EPA、モノグルコシルヘスペリジン、オリーブ由来ヒドロキシチロソールが含まれます。DHA・EPAには中性脂肪を低下させる機能があることが、モノグルコシルヘスペリジンは血圧が高めの方の血圧を下げる機能があることが、オリーブ由来ヒドロキシチロソールは抗酸化作用を持ち、血中のLDLコレステロール(悪玉コレステロール)の酸化を抑制させることが報告されています。	中性脂肪を低下させる効果、高めの血圧を下げる効果及び血中のLDLコレステロールの酸化を抑制させる効果が得られるかのように示す表示
商品②	本品にはDHA・EPAが含まれます。DHA・EPAには中性脂肪を低下させる機能があることが報告されています。	中性脂肪を低下させる効果が得られるかのように示す表示

　消費者庁は、さくらフォレストに対し、上記「認定された表示内容」欄記載の表示の裏付けとなる合理的な根拠を示す資料の提出を求めたところ、同社は、表示に係る裏付けとする資料を提出したが、当該資料は、当該表示の裏付けとなる合理的な根拠を示すものであるとは認められないとされ、措置命令が行われた。

　上記表のとおり、本件においては、機能性表示食品に係る届出表示の内容と認定された表示内容は、ほぼ同一の内容であり、「届出内容を超える表示」をしていたものとは言い難い。

　機能性表示食品に係る届出表示とほぼ同内容の「認定された表示内容」について合理的な根拠がないと認められた例であり、これは、そもそも、届出表示自体について根拠がなかったために優良誤認表示に当たるとされたものといえる。

　本件は、機能性表示食品に係る表示について、届出表示自体の科学的根拠が否定された初の事例である。

　なお、消費者庁は、

①本件対象2商品と商品の届出内容と同一の科学的根拠であること

②本件対象2商品に表示された機能性関与成分(DHA・EPA)の含有量以下であること

という条件に該当する機能性表示食品88件について、各事業者に科学的根拠として疑義がある点を指摘した結果、令和6(2024)年9月30日時点において、全件について撤回の申出がなされ、うち67件について撤回届出が提出済みとなっている(令和6年9月30日「機能性表示食品に対する景品表示法に基づく措置命令を踏まえた食品表示法における対応について(情報提供)」)。

　(iii)　株式会社アリュールに対する件(措置命令令和5年11月27日)　アリュールに対する件では、アリュールが行っていた機能性表示食品に係る届出表示およ

§ 5 (1)-5 (2)

び認定された表示内容は、例えば、以下のとおりであった。

届出表示の内容	認定された表示内容
本品には、りんご由来プロシアニジンが含まれます。りんご由来プロシアニジンには肥満気味な方の体重、体脂肪、内臓脂肪、ウエストサイズの減少をサポートすることにより、高めのBMIを減らす機能が報告されています。BMIが高めの方に適した食品です。	誰でも、容易に、外見上、身体の変化を認識できるまでの痩身効果、顔面の美白(シミが薄くなる)効果、コレステールの低下作用、脂質代謝改善効果、抗アレルギー効果、デンタルケア(オーラルケア)効果、アンチエイジング効果及びスポーツパフォーマンスの改善効果が得られるかのように示す表示

　消費者庁は、アリュールに対し、上記「認定された表示内容」欄記載の表示の裏付けとなる合理的な根拠を示す資料の提出を求めたところ、アリュールは、表示に係る裏付けとする資料を提出したが、当該資料は、当該表示の裏付けとなる合理的な根拠を示すものであるとは認められないとされ、措置命令が行われた。

　届出表示の内容と認定された表示内容は異なっており、当該表示に関しては、前述(i)と同様に、届出内容を超える表示をしていたものとして、優良誤認表示に当たると評価されたものといえる。

　さらに、アリュールは、「機能性表示食品とは、根拠に基づいて効果が届出されているもので国が激やせする効果を認めているんです！」、「国が痩せると認めたサプリ」および「国が痩せる効果を認めた機能性表示食品」等と表示をしていたところ、本件措置命令において、「あたかも、本件商品を摂取すれば、本件商品に含まれる成分の作用により、誰でも、容易に、外見上、身体の変化を認識できるまでの痩身効果を得られることについて、消費者庁又は国が認めているかのように示す表示をしていた」ものの、「実際には、消費者庁又は国が本件商品に当該効果が得られることについて、認めた事実はない」と認定されている。これは、「国の評価、許可等を受けたものと誤認される表示」をしていたものとして、優良誤認表示に当たると評価されたものといえる。

　従前から、「国の評価、許可等を受けたものと誤認される表示」が優良誤認表示に該当することは指摘されていたところ、本件は、このような観点から措置命令が行われた初の事例である。なお、消費者庁は、本件命令が行われた後の12月5日に、「消費者庁から消費者の皆様へ機能性表示食品の正しい理解についての御協力をお願いします」というプレスリリースを行い、「今般の事例……は、『消費者庁又は国が機能性表示食品の効果を認めているかのような表示をしていたこと』等、行き過ぎたウェブサイト広告が問題となったものです。」という注意喚起を行っている。

290　第2章　景品規制・表示規制

§ 5(1)-5(2)

　留意事項(第4-1(2)ア～エ)においては、機能性表示食品の性格に鑑み、特に次の4つの事項に留意するように指摘がされている。なお、留意事項は「虚偽誇大表示等」としているが、ここでは「優良誤認表示」に言い換える。

　①届出内容を超える表示

　機能性表示食品について、届出をした表示内容を超える表示をする場合には、その表示は優良誤認表示に当たるおそれがある。

　②特定保健用食品と誤認される表示

　機能性表示食品は、特定保健用食品とは異なり、表示される効果や安全性について国が審査を行った上で消費者庁長官が個別に許可をしたものではない。そのため、機能性表示食品を特定保健用食品と誤認させる表示は優良誤認表示に当たるおそれがある。

　③国の評価、許可等を受けたものと誤認される表示

　機能性表示食品は、表示される効果について国が審査を行った上で許可等を与えたものではない。したがって、国による評価、許可等を受けたものと誤認される表示は優良誤認表示に当たるおそれがある。

　④表示の裏付けとなる科学的根拠が合理性を欠いている場合

　機能性表示食品は、表示される効果について国が審査を行った上で消費者庁長官が個別に許可をしたものではない。したがって、表示の裏付けとなる科学的根拠が合理性を欠くと認められる場合には、その表示は優良誤認表示に当たるおそれがある。

　イソフラボン販売事業者16社に対する件(**事例❼**)は、機能性の科学的根拠を超える表示がなされていたために、上記①「届出内容を超える表示」をしていたものとして優良誤認表示に当たるとされたと評価される。

　さくらフォレスト株式会社に対する件は、上記④「表示の裏付けとなる科学的根拠が合理性を欠いている場合」に該当するものとして優良誤認表示に当たるとされたと評価される。

　株式会社アリュールに対する件は、上記③「国の評価、許可等を受けたものと誤認される表示」をしていたものとして、優良誤認表示と評価される。

　(e)　特定保健用食品に係る表示が優良誤認表示に当たるとされた事例　　特定保健用食品は、健康増進法43条1項または同法63条1項の規定に基づき、内閣府令で定める特別の用途のうち、特定の保健の用途に適する旨の表示をすることについて、消費者庁長官の許可または承認を受けた食品であって、食生活の改善に寄与することを目的として、その食品の摂取が健康の維持増進に役立つ、または適する旨を表示することが許可または承認されているものをいう。特定保健用食品

第2章　景品規制・表示規制　　*291*

§ 5 (1)-5 (2)

であっても、景表法の適用を免れるものではない。

これまで、特定保健用食品に係る表示に関して措置命令が行われた事例としては、日本サプリメント株式会社に対する件(措置命令平成29年2月14日)がある。

日本サプリメントは、対象商品につき、あたかも、当該商品が特定保健用食品として消費者庁長官の許可の要件を満たしているものであるかのように示す表示をしていた。

実際には、遅くとも平成23(2011)年8月以降、品質管理として、包装後の製品における関与成分についての試験検査が行われておらず、また、平成26(2014)年9月または10月に、関与成分の特定ができないことが判明しており、特定保健用食品の許可の要件を満たしていないものであったとして、措置命令が行われた。

本件は、特定保健用食品に係る表示が処分の対象となった初の事例である。

本件は、当初は、特定保健用食品の許可の要件を満たしていたものの、一定の時期以降、品質管理や試験検査が実施されず、その結果、特定保健用食品の許可の要件を満たさなくなったにもかかわらず、要件を満たしているものであるかのように示す表示をしていたものとして、優良誤認表示に当たるとされたと評価される。

留意事項(第4-1(1)ア〜オ)においては、特定保健用食品の性格に鑑み、特に次の5つの事項に留意するように指摘がされている。

①許可を受けた表示内容を超える表示

表示を許可された保健の用途を超える表示を行うことは、許可表示から期待される保健の用途を超える過大な効果があるかのような誤認を与えるとともに、このような過大な効果についても、国が許可しているかのような誤認を一般消費者に与えることから、優良誤認表示に当たるおそれがある。

②試験結果やグラフの使用方法が不適切な表示

広告や容器包装等において試験結果やグラフを使用することが、直ちに優良誤認表示に当たるものではない。しかし、試験結果やグラフを不適切に使用することにより、一般消費者に誤認される表示をする場合には、その表示は優良誤認表示に当たるおそれがある。

③アンケートやモニター調査等の使用方法が不適切な表示

広告や容器包装等においてアンケートやモニター調査等の結果を使用することが、直ちに優良誤認表示に当たるものではない。しかし、アンケートやモニター調査等の結果を不適切に使用することにより、一般消費者に誤認される表示をする場合には、その表示は優良誤認表示に当たるおそれがある。

④医師または歯科医師の診断、治療等によることなく疾病を治癒できるかのよ

§ 5 (1)-5 (2)

うな表示

　ガン、糖尿病、高血圧、心臓病、肝炎、虫歯など、通常医師または歯科医師の診断、治療等を受けなければ保健衛生上重大な結果を招くおそれのある疾病について、医師または歯科医師の診断、治療等によることなく治癒できるかのような表示は、優良誤認表示に当たるおそれがある。

　⑤特定保健用食品の許可の要件を満たしたものであるかのような表示

　特定保健用食品として消費者庁長官の許可を受け、当該許可の要件を満たしたものであるかのように示す表示をしていたにもかかわらず、実際には品質管理として、包装後の製品における関与成分についての試験検査が行われていないなど、健康増進法43条1項の規定に基づく特定保健用食品の許可の要件を満たしていない場合には、その表示は優良誤認表示に当たるおそれがある。

　日本サプリメント株式会社に対する件は、上記⑤「特定保健用食品の許可の要件を満たしたものであるかのような表示」）をしていたものとして、優良誤認表示に当たるとされたと評価される。

　(f)　特別用途食品に係る表示が優良誤認表示に当たるとされた事例　　特別用途食品は、健康増進法43条1項または同法63条1項の規定に基づき、乳児用、幼児用、妊産婦用、病者用その他の内閣府令で定める特別の用途に適する旨の表示をすることについて、消費者庁長官の許可または承認を受けたものである。特別用途食品であっても、景表法の適用を除外されるものでない。

　特別用途食品に係る表示に関して、優良誤認表示に当たるとして措置命令が行われた事例として、キッセイ薬品工業株式会社に対する件(措置命令平成29年10月19日)がある。

　キッセイ薬品工業は、対象商品について、健康増進法に規定する特別用途表示の許可等に関する内閣府令8条1項6号に掲げる同令別記様式第2号による許可証票を記載するとともに、「消費者庁許可特別用途食品」等と表示することにより、あたかも、当該商品が特別用途食品として消費者庁長官の許可の要件を満たしたものであるかのように示す表示をしていた。

　実際には、平成26(2014)年7月頃から平成28(2016)年11月1日までの間、包装後の製品における栄養成分であるたんぱく質量の規格値の基準を満たすための品質検査の管理が行われておらず、製品規格値を上回る数値となっており、特別用途食品として消費者庁長官の許可の要件を満たしていないものであった。

　(g)　成分の効果を訴求する表示　　留意事項(第3-2)は、広告その他の表示において具体的な商品名が明示されていない場合であっても、「広告等における説明などによって特定の商品に誘引するような事情がみとめられるとき」には、景

第2章　景品規制・表示規制　　293

表法上の「表示」に該当するとして、以下の具体例を挙げている。

第1に、特定の食品や成分の健康保持増進効果等に関する書籍や冊子、ウェブサイト等の形態をとっている場合であっても、その説明の付近にその食品の販売業者の連絡先やウェブサイトへのリンクを一般消費者が容易に認知できる形で記載しているようなとき。

第2に、特定の食品や成分の健康保持増進効果等に関する広告等に記載された問合せ先に連絡した一般消費者に対し、特定の食品や成分の健康保持増進効果等に関する情報が掲載された冊子とともに、特定の商品に関する情報が掲載された冊子や当該商品の無料サンプルが提供されるなど、それら複数の広告等が一体となって当該商品自体の購入を誘引していると認められるとき。

第3に、特定の食品や成分の名称を商品名やブランド名とすることなどにより、特定の食品や成分の健康保持増進効果等に関する広告等に接した一般消費者に特定の商品を想起させるような事情が認められるとき。

関連事例として、(i)イマジン・グローバル・ケア株式会社に対する件と(ii)サン・クロレラ販売株式会社に対する件がある。

（i）イマジン・グローバル・ケア株式会社に対する件(措置命令令和元年11月1日)　本件は、「ブロリコ」と称する商品(以下、「本件商品」という)について、ウェブサイト、冊子およびチラシにおいて、あたかも本件商品を摂取するだけで、免疫力が高まり、疾病の治療または予防の効果が得られるかのように示す表示をしていたものと認められた事案であるところ、前提として、「本件ウェブサイトを通じて『ブロリコ』と称する成分に係る資料を請求した一般消費者に対して、本件冊子及び本件チラシを送付するとともに、本件商品の注文はがき付きチラシ及び本件商品の無料サンプルを送付していた」という事実が認定されている。

詳細な実態としては、ウェブサイトには、本件商品ではなく、「ブロリコ」と称する「成分」についての説明しかされていなかったが、一般消費者が本件ウェブサイトを見て「ブロリコ」と称する「成分」に係る資料請求をすると、同じく成分について説明する本件冊子および本件チラシが送付されてくるとともに、それとは別に、本件商品の注文はがき付きのチラシおよび本件商品の無料サンプルが送付されてくるという仕組みであったようである(片桐一幸ほか「座談会 最近の景品表示法違反事件をめぐって」公取863号(2022)4頁以下)13頁以下〔片桐発言〕)。

また、措置命令上認定された事実ではないものの、本件の背景には、①本件ウェブサイト記載の電話番号を通じて消費者から問い合わせがあれば、本件商品の案内をすることもあったこと、②成分の名称と商品の名称が同じであったこと、③「ブロリコ」という商標について商標登録がなされており、他の事業者は対

§ 5 (1)−5 (2)

象会社の承諾なく「ブロリコ」という名称を使用することはできなかったことから、「ブロリコ」と称する成分が配合された商品は本件商品を指すものと特定できたことといった事情があったようである（同〔片桐発言〕）。事業者がこのような仕組みを採用した理由は薬機法による広告規制を回避するところにあったと推測される。

　以上のとおり、本件は、ウェブサイトの表示から「成分」に興味を持って資料請求をすると、必ず、本件商品の広告や本件商品の無料サンプルが送付されるという実態が認められ、「成分」の効果訴求と「商品」の広告とが密接に結びついていたものであり、このような仕組みを前提とすると、ウェブサイト、冊子およびチラシのそれぞれを単体でみた場合には、形式的には「成分」についての表示しかされていなかったとしても、実質的には商品についての表示であると評価されたものといえる。

　　(ii)　サン・クロレラ販売株式会社に対する件（消費者団体による差止請求事件、京都地判平成27年1月21日判時2267号83頁）　　本件は、適格消費者団体である原告が、健康食品の小売販売等を目的とする株式会社である被告に対して、被告が行うチラシに係る表示が景表法上の優良誤認表示に該当するものとして、10条1号（当時。現34条1号）に基づいて、当該チラシに係る表示の差止め等を求めた事案である。

　本件については、対象となったチラシに記載されていたのは、被告商品に配合される、「クロレラ」「ウコギ」という成分の効用だけであり、被告商品の商品名等が記載されていなかったことから、「商品」の表示といえるかどうかが争点となった。

　この点について、裁判所は、「研究会チラシは日刊新聞紙の折込チラシであるところ、営利法人による新聞折込チラシの配布は、通常、その商品の販売促進を目的とするものであると考えられる。また、研究会チラシは、クロレラの中にも様々な品質のものがあり、クロレラ研究会が推奨するものを服用したことにより慢性的疾患の症状が改善したことを記載しているのであって、クロレラ研究会が推奨する商品の購入を強く誘導するものである。そして、クロレラ研究会が購入を推奨するのは被告商品だけであるから、結局のところ、顧客は、研究会チラシの記載に関心を持ってクロレラ研究会と接触すれば、被告商品の購入を勧誘されることになる」と述べて、当該チラシは成分の効用を人々に知らしめようとする広告ではなく、被告商品の内容に関する表示と認められると判断した。

　さらに、商品の記載がないから商品の内容を表示するものではないという被告の反論に対して、「景表法による不当表示に対する規制は、商品を購入させるた

第2章　景品規制・表示規制　　*295*

§ 5 ⑴–5 ⑶

めの不当な誘導を社会から排除し、一般消費者の適正な商品又は役務の選択を確保することを目的とするから、ある広告に、字面上、商品名が記載されていないとしても、その一事から当該広告は商品表示ではないとして規制対象から外すのは相当ではない。なぜなら、商品名を表示しない広告であっても、多数の消費者が当該広告で行われた不当な説明に誘導されて特定の商品購入に至るという仕組みがある場合には、当該広告をも景表法の規制対象としなければ、景表法の規制目的を達成することが非常に困難となるからである。これを研究会チラシについてみるならば、そこに記載された様々な効用に関心を抱いた顧客は必然的に被告商品の購入を勧誘されるという仕組みが取られているのであるから、研究会チラシの記載を被告商品の品質に関する表示とみなければならないのである」と判示した。

なお、本訴訟においては、前提として、①本件チラシの作成主体とされていたクロレラ研究会のウェブサイトからクロレラ研究会に資料請求をすると、クロレラ研究会が作成したとする多数の資料が送付されてくるほか、被告商品のカタログや注文書が送付されてくること、②研究会チラシに記載された電話番号に従ってクロレラ研究会に電話で問い合わせると、被告商品の購入を推奨されること、③クロレラ研究会は、被告商品以外の商品のカタログを送付することはないことという事実関係が認定されている。「成分」の効用の表示と「商品」の広告が密接に結びついているという観点からは、上記(i)の措置命令と類似の実態があったといえる。

以上のとおり、たとえ、形式的には、具体的な商品や役務の名称を付さずに、成分の効果のみを訴求する表示であったとしても、当該表示に誘導されて最終的には特定の商品の購入を誘引する広告にたどり着くような関係が認められる場合には、当該表示は「商品又は役務」の表示であると評価される可能性がある。

⑶　**No.1表示**　⒜　No.1表示とは　　No.1表示には、「特定部門売上No.1」「顧客満足度ランキング第1位」などNo.1、第1位という用語を直接使用する場合のほか、「最高級」「最高レベル」「日本一」「ベスト」などの表現を用いる場合も含まれる。ここでは、No.1表示について広めにとらえる。

No.1表示は、商品または役務の内容について、実際のものよりも著しく優良であると誤認させる、優良誤認表示に該当するものが多いが、「当店の特定商品は地域No.1の安さです」など著しく有利であると誤認させる表示に該当するものもある。

⒝　「No.1表示に関する実態調査報告書」など　　No.1表示については、公取委が「No.1表示に関する実態調査報告書」(平成20年6月13日)を公表し、その考え方

296　第2章　景品規制・表示規制

§ 5 (1)-5 (3)

を取りまとめている。

まず、No. 1表示についての基本的考え方として、No. 1表示が不当表示になら
ないためには、第1に、表示の内容が客観的な調査に基づいていること、第2
に、調査結果を正確かつ適正に引用していることの両方を満たす必要がある。

第1の客観的な調査に基づいているといえるためには、①当該調査が関連する
学術界または産業界において一般的に認められた方法または関連分野での専門家多
数が認める方法によって実施されていること、または②当該調査が社会通念上お
よび経験則上妥当と認められる方法で実施されていることが必要であるとしてい
る。②社会通念上および経験則上妥当と認められる方法で実施されているか否か
については、具体的には、表示の内容、商品等の特性、関連分野の専門家が妥当
と判断するか否かなどの点から総合的に判断される。

第2の調査結果の正確かつ適正な引用であるためには、No. 1表示は、直近の
調査結果に基づいて表示するとともに、No. 1表示の対象となる商品等の範囲、
地理的範囲、調査期間・時点、調査の出典についても当該調査の事実に即して明
りょうに表示する必要があるとしている。

また、「No. 1表示に関する実態調査報告書」は、以下のように、No. 1表示の態
様ごとに、明りょうでない表示例や望ましい表示について取りまとめている。

　(i)　商品等の範囲に関する表示　　No. 1表示の対象となる商品等につい
て、広告表示等から、一般消費者が認識する商品等の範囲と、No. 1表示の根拠
となる調査の対象となった商品等の範囲に乖離があり、一般消費者が認識する商
品等の範囲においてはNo. 1であるとの事実がない場合には不当表示となり得
る。例えば、「○○年度 美容液売上No. 1」と表示する場合、一般消費者は、当該
年度におけるすべての美容液のうち売上がNo. 1と認識するものと考えられる
が、実際には、特定のカテゴリー(例えば、一定の年齢層向け美容液)の売上実績がNo.
1であるにすぎない場合には不当表示となり得る。そのため、No. 1表示の根拠
となる調査結果に即して、一般消費者が理解できるようにNo. 1表示の対象とな
る商品等の範囲を明りょうに表示することが望ましい。なお、商品等の範囲につ
いては、関係業界において商品等の範囲に関する基準がある場合には当該基準に
従い、当該基準が一般消費者に知られていない場合には、当該商品等の範囲につ
いて一般消費者に理解できるように説明を加える必要がある。

　(ii)　地理的範囲に関する表示　　No. 1表示の対象となる商品等について、
広告表示等から、一般消費者が認識する地理的範囲とNo. 1表示の根拠となる調
査の対象となった地理的範囲との間に乖離があり、一般消費者が認識する地理的
範囲においてはNo. 1であるとの事実がない場合には不当表示となり得る。例え

第2章　景品規制・表示規制　　297

ば、「地域 No. 1」とのみ表示する場合には、一般消費者が認識する地理的範囲は様々であり、当該認識された地理的範囲と、実際に No. 1 であるといえる地理的範囲との間に差異が生じやすいと考えられることから、不当表示となるおそれがある。そのため、No. 1 表示の根拠となる調査結果に即して、調査対象となった地域を、都道府県、市町村等の行政区画に基づいて明りょうに表示することが望ましい。

　(iii)　調査期間・時点の関する表示　　No. 1 表示の根拠となる調査について、直近の調査結果では No. 1 であったとの事実がないにもかかわらず、過去の調査結果において No. 1 であったことを根拠として、調査期間を明りょうに表示することなく No. 1 表示を行うことは、一般消費者に現在においても No. 1 であると誤認されるおそれがあり、不当表示となり得る。また、例えば、売上実績に関する No. 1 表示について、過去のある調査期間において No. 1 であったことを表示しているにもかかわらず、調査期間を表示しないなどにより、現在においても No. 1 であると一般消費者に認識され得る場合には、不当表示となり得る。そのため、No. 1 表示は、直近の調査結果に基づいて表示するとともに、No. 1 表示の根拠となる調査の対象となった期間・時点を明りょうに表示することが望ましい。

　(iv)　No. 1 表示の根拠となる調査の出典に関する表示　　No. 1 表示の根拠となる調査の出典の表示の有無にかかわらず、当該調査が客観的なものとはいえない場合、または当該調査結果が正確かつ適正に引用されていない場合には、不当表示となり得る。特に、当該調査が自社の調査による場合は、客観性を欠く独自の基準による調査が行われるおそれがあることから、不当表示となりやすいため留意を要する。

　また、自社による調査結果であるにもかかわらず、第三者である調査機関が行った調査であるかのような表示をした場合には、不当表示となるおそれがある。そのため、No. 1 表示の根拠となる調査の出典を具体的かつ明りょうに表示することが望ましい。

　なお、「具体的かつ明りょうに表示する」とは、例えば、調査会社による調査を根拠とするのであれば、調査会社名および調査の名称を表示することである。また、雑誌の調査結果に基づくのであれば、雑誌名、発行年月日、調査の名称(当該調査が調査会社に委託して行われたものである場合は、調査会社名および調査の名称)を表示することである。

　また、調査結果や調査方法は、一般消費者に対してもこれらの情報が公開されることが望ましい。特に、顧客満足度調査など、多様な調査方法がある場合に

§ 5(1)-5(3)

は、客観的な調査に基づくものであることが確認できるように、表示物に調査方法の概要を併せて表示することが望ましい。このほか、第三者が調査した既存の順位付け等を根拠とする場合は、当該調査が客観的に実証された根拠に基づくものかを確認する必要がある。

(c) 「No. 1 表示に関する実態調査報告書」(令和6年9月26日)　「No. 1 表示に関する実態調査報告書」の前でも、「顧客満足度 No. 1」という表示は、実際に当該サプリメントを使用しまたは当該役務を利用した者に対して調査を行い、類似なものや競争事業者のものと客観的に比較した上で、その結果に基づいて表示されるべきものであり、当該商品や役務を利用している者であるか、否かを問わずに行われた調査に基づく「No. 1 表示」は、優良誤認表示に該当するとされてきた。すなわち、「顧客満足度 No. 1」については、その前提となる顧客満足度調査において、①顧客満足度調査の調査対象者が自社の社員や関係者である場合または調査対象者を自社に有利となるように選定するなど無作為に抽出されていない場合、②調査対象者数が統計的に客観性が十分に確保されるほど多くない場合、③自社に有利になるような調査項目を設定するなど調査方法の公平性を欠く場合には、調査の客観性に疑義があり、景表法上問題となるおそれがあると評価される。

その上で、消費者庁は、「顧客満足度」など第三者の主観的評価を指標とする No. 1 表示を主たる対象とする「No. 1 表示に関する実態調査報告書」を令和6 (2024)年9月26日に公表している。

この調査では、①イメージ調査を根拠に「顧客満足度 No. 1」等としている表示、②顧客満足度など「第三者の主観的評価」を指標とする No. 1 表示を対象としている。この場合、イメージ調査とは、調査対象の商品または役務やこれと比較する競合商品等のウェブサイトを閲覧させ、これを閲覧した際の印象(イメージ)に基づき、「顧客満足度が高いと思うものを選んでください」等と質問をして、回答させる調査をいうとしている。

より具体的には、「顧客満足度」「品質満足度」「コスパ満足度」等のように商品等に満足していることを示すフレーズ、「医師の〇% が推奨」「おすすめしたい No. 1」等のように専門家等が商品等の購入・利用を勧めていることを示すフレーズなどが用いられている事例を問題としている。

実態調査の結果、No. 1 表示、高評価% 表示により、消費者は当該商品・役務が他社商品等と比べて優れていると認識することにより、消費者の購入の意思決定に与える影響は大きいとしている。

さらに、広告主へのヒアリング調査によると、①No. 1 表示等を行うことを検

§ 5 (1)-5 (3)

討した経緯として調査会社・コンサルティング会社等から勧誘・提案を受けたことを挙げる回答が多かった、②広告主の多くは、表示の基本的な内容(アンケートの質問項目や比較対象としている競合他社の商品等)を把握していなかった、としている。そこで、広告主の取組みとして、事業者が講ずるべき管理上の措置(特に、表示等の根拠となる情報の確認)を徹底することを挙げている。

上記実態調査報告書は、このような No. 1 表示についての景表法上の考え方として、合理的根拠に基づかず事実と異なる場合には不当表示として問題となるとした上、合理的根拠と認められるためには次の 4 点を満たす必要があるとしている。

第 1 に、比較対象となる商品・サービスが適切に選定されていること。

同種商品等のうち市場における主要なものの一部または全部を比較対象に含めないまま、調査を行っている場合には、景表法上問題となるおそれがある。

第 2 に、調査対象者が適切に選定されていること。

No. 1 表示の対象商品・サービスを利用したことのない者を調査対象者としたり、利用経験の有無を確認することなく調査対象者を選定している場合、景表法上問題となるおそれがある。単なるイメージ調査の結果では、調査対象者が適切に選定されているといえない。

第 3 に、調査が公平な方法で実施されていること。

調査方法について、調査者による恣意性や、調査対象者のバイアスを排除し、公平な調査が行われるように留意する必要がある。自社に有利になるよう回答を誘導する場合や自社の商品・サービスが 1 位になるまで調査を繰り返している場合は景表法上問題となるおそれがある。

第 4 に、表示内容と調査結果が適切に対応していること。

「医師の90% が推奨する」といった高評価 % 表示について、実際に行われた調査が、①調査回答者が医師かどうか自己申告により確認するだけで、医師であることが客観的に担保できていない場合、②調査対象者である医師の専門分野(専門の診療科など)が、対象商品等を評価するに当たって必要な専門的知見と対応していない場合などであった場合、景表法上問題となるおそれがある。

(d) No. 1 表示に係る事例分析　　No. 1 表示に係る事例として、司法試験の受験予定者である一般消費者を対象とする、司法試験の受験対策用の各種講座についての受講生募集に関する表示である東京リーガルマインドに対する件が基本先例である(排除命令平成17年 2 月10日排除命令集 4 巻217頁)。

この件で、東京リーガルマインドは、パンフレットおよび自社ウェブサイトにおいて、「LEC is No. 1 94%　司法試験合格占有率」、「2003年年度司法試験合格

300　　第 2 章　景品規制・表示規制

§ 5 (1)-5 (3)

者1,170名中、1,099名が LEC 会員、376名が LEC 入門講座を受講」「平成元年～平成15年までの総合合格占有率91.14%」等と記載することにより、あたかも、平成15年度の司法試験合格者の94%、平成元年度から平成15年度までの15年間における司法試験合格者の91.14% が自社の司法試験対策講座を受験した者であるかのように表示していた。実際には、遅くとも平成12年度以降の同社の合格実績は、口述試験会場までの送迎バスを利用した者、論文試験解答等の資料の提供を受けた者、受験願書の提供を受けた者等、同社の司法試験対策講座を受講していない者を含めて算出しているものであった。本件表示は、役務の内容に関する、実際のものよりも著しく優良であると誤認させる、優良誤認表示に該当するとされた。

同種の不当表示として、各種国家試験に係る試験に係る試験対策講座の合格実績に関する不当表示(平成17年2月25日排除命令第2号ないし4号)、結婚相手紹介等の役務の当該役務を通じて成婚した会員数の不当表示(平成18年5月19日排除命令第17・18号)、学習塾による県立高校の合格実績に関する不当表示(平成19年1月26日排除命令第2号)などがある(山田務「合格者数の水増し広告による有利誤認」舟田正之＝金井貴嗣＝泉水文雄編『経済法判例・審決百選』(有斐閣・2010)274頁)。

最近の事例として株式会社 DYM 対する件、株式会社 PMK メディカルラボに対する件および株式会社バンザンに対する件がある。

株式会社 DYM に対する件(措置命令令和4年4月27日)(**事例㊹**)では、「DYM 就職」「DYM 新卒」と称する就職支援サービスに関する表示が優良誤認表示に該当するとされた。

株式会社 DYM に対する件で、同社は、自社ウェブサイト、動画共有サービス等において、「DYM 就職」と称する就職支援サービスについて、「相談からの就職率驚異の96% !!」「参加者の95.8% が内定を獲得！」等と表示することにより、あたかも、①本件役務の提供を受けた求職者のうち、DYM から紹介を受けた企業に就職した者の割合は、96% であるかのように示す表示、②本件役務において DYM から紹介される就職案件には、人材派遣会社から派遣先企業に派遣されて業務に従事するものは含まれないかのように示す表示、③DYM は、2500社以上の求人情報を有しており、当該企業数の求人情報の中から求職者に企業を紹介することができるかのように示す表示、④書類選考なしで、DYM から紹介されるすべての企業の採用面接を受けることができるかのように示す表示をしていた。

実際には、①について、96% という数値は、DYM が任意の方法で算定した、特定の一時点における最も高い数値であった。②について、本件役務において

§ 5 (1)-5 (3)

DYM から紹介される就職案件には、人材派遣会社から派遣先企業に派遣されて業務に従事するものが含まれていた。③について、平成30年5月1日以降、DYM が有している求人情報は、最大2000社程度であって、2500社を下回るものであった。④について、採用面接を受けるには書類選考が必要な企業があった(宗田直也＝美濃部翔司「株式会社 DYM に対する景品表示法に基づく措置命令について」公取869号(2023)66頁)。

株式会社 PMK メディカルラボに対する件(措置命令令和4年6月15日)では、同社が供給する豊胸施術に係る役務および痩身施術に係る役務の2役務について、「Rakuten BEAUTY」と称するウェブサイトに開設したウェブサイトにおいて、「あの楽天リサーチ2冠達成★バスト豊胸＆痩身部門で第1位！」「バストアップ第1位 施術満足度」「ボディ痩身第1位 施術満足度」等と表示することにより、あたかも、楽天インサイト株式会社が実施した本件2役務を利用した者に対する施術満足度の調査の結果において、本件2役務に係る施術満足度の順位が第1位であるかのように示す表示をしていた。実際には、本件2役務に係る楽天インサイト株式会社が実施した調査は、同社が提供する2役務および他の事業者が提供する本件2役務と同種または類似の役務を利用した者に対する調査ではなく、また、当該調査において同社が提供する本件2役務に係る施術満足度の順位は第1位ではなかった。

株式会社バンザンに対する件(措置命令令和5年1月12日)(**事例㊻**)ではオンライン個別学習指導に関する表示が優良誤認表示に該当するとされた。

バンザンが供給する「メガスタ高校生」「メガスタ医学部」「メガスタ中学生」「メガスタ私立」「メガスタ小学生」という5つのオンライン個別学習指導に関する役務について、「第1位オンライン家庭教師 利用者満足度」「オンライン家庭教師で利用者満足度 No 1に選ばれました！」など、あたかも、本件5役務および他の事業者が提供する同種の役務を利用した者に対する利用者の満足度を客観的な調査方法で調査した結果において、本件5役務に係る利用者の満足度の順位が第1位であるかのように示す表示等をしていた。

実際には、バンザンが委託した事業者による調査は、回答者にバンザンが提供する本件5役務および他の事業者が提供する同種役務の利用の有無を確認することなく実施したものであり、本件5役務および他の事業者が提供する同種役務を利用した者の満足度を客観的な調査方法で調査したものではなかった。バンザンが委託した事業者による調査は、回答者の条件を付さずに、当該事業者に登録している会員全員を対象に、設定した回答者数に到達するまで実施したものであり、口コミの人気度や AO・推薦入試対策のための役務として推奨できるもので

302　第2章　景品規制・表示規制

§ 5 (1)-5 (3)

あるかについて、客観的な調査手法で調査を実施したものとは到底いえない。

さらに No. 1 表示が問題となった最新の事例として、蓄電池を含む太陽光発電システム機器を販売して施工する地方都市に所在する事業者に対する件として、株式会社新日本エネックスに対する件(措置命令令和6年2月27日)(**事例❹**)をはじめとする一連の事件がある。

株式会社新日本エネックスに対する件では、自社ウェブサイトにおいて、「No. 1 2022 JMR　安心して導入できる太陽光発電・蓄電池販売」「No. 1 2022 JMR 知人に紹介したい蓄電池販売」『『アフターフォローも充実の太陽光発電蓄電池販売』『安心して導入できる太陽光発電・蓄電池販売』『知人に紹介したい蓄電池販売』、の3部門で No. 1 を取得しました！」等と表示するなど、あたかも、令和4 (2022)年に、太陽光発電システム機器の販売と施工における自社商品または役務および同種の商品または役務に関する、「アフターフォローも充実の太陽光発電蓄電池販売」「安心して導入できる太陽光発電・蓄電池販売」「知人に紹介したい蓄電池販売」の3項目につき、実際に利用したことがある者または知見等を有する者を対象にそれぞれ調査した結果において、自社の商品・役務の順位がそれぞれ第1位であるかのように示す表示をしていた。

実際には、委託した事業者による調査は、前記3項目について、回答者に対し、自社が提供する本件商品・役務について実際に利用した者かまたは知見等を有する者かを確認することなく、新日本エネックスおよび特定競争者の印象を問う者であり、それぞれ客観的な調査に基づくものではなかった。

関連事例として、株式会社安心頼ホームに対する件(措置命令令和6年2月27日)、フロンティアジャパン株式会社に対する件(措置命令令和6年2月29日)、株式会社エスイーライフに対する件(措置命令令和6年3月5日)がある。いずれの事件でもNo. 1 表示作成には、リサーチ会社、調査会社が関わって、イメージ調査にすぎないようなものに基づいて No. 1 表示が行われていた。リサーチ会社として日本トレンドリサーチと日本マーケティングリサーチ機構が関与していた。また、それらの事件については公取委地方事務所が調査を担当している(「最近の景品表示法違反事件をめぐって」公正取引887号(2024) 4 頁〔真渕博前消費者庁審議官の解説〕)。

(e) No. 1 表示と不実証広告規制　　No. 1 表示として、プラスワン・マーケティング株式会社に対する件(措置命令平成29年4月21日)では、「FREETEL SIM」と称する移動体通信役務において行った、「『業界最速』の通信速度」「SIM 販売シェア No. 1」「シェア No. 1！」との表示が優良誤認表示に該当するとされた。株式会社 ARS および株式会社リュウセンに対する件(措置命令平成29年11月2日)では、「電気の110番救急車」等と称する、日常生活における各種トラブルを解決するための

第2章　景品規制・表示規制　　*303*

§ 5 (1)-5 (4)

9 役務に係る表示のうち、比較サイトにおける同業他社との比較表示において、「最大手」「業界 No.1」「日本一」等と表示したことが優良誤認表示に該当するとされた。

それらの件では、当該表示を裏付ける根拠を示す資料を提出することを要求した上で、提出資料に合理的根拠は認められなかったとしており不実証広告規制が適用されている。

しかし、最近の No.1 表示事例である、株式会社 DYM 対する件（**事例㊹**）、株式会社 PMK メディカルラボに対する件、株式会社バンサンに対する件（**事例㊻**）、株式会社新日本エネックスに対する件（**事例㊺**）などでは当該表示を裏付ける合理的根拠資料の提出要求はなされておらず、不実証広告規制は適用されていない。

7 条 2 項は「事業者がした表示が第 5 条第 1 号に該当するか否か判断するために必要があると認めるとき」と規定しており、不実証広告規制が適用される表示は性能、効果に関する表示に限定されない。中でも、No.1 表示が不実証広告規制の適用対象についての限界的な表示となると評価されてきた。

No.1 表示のうちでも、「顧客満足度ランキング第 1 位」「人気アンケート第 1 位」等のような商品・役務の効能、効果が優れていることを示していると受け取られるものは不実証広告規制に馴染み、「売上高第 1 位」「シェア第 1 位」との客観的な数値であって実際の数値との食い違いが明白なものは不実証広告規制にふさわしくないといえるのであろうが、その線引きは不明確である。当該表示を裏付ける合理的な資料の提出を要求する表示については、合理的な証拠を提出したと認められることはほぼない結果となっていることから、No.1 表示について不実証広告規制を適用することはすべての No.1 表示を不当表示とすることになりかねないことから消費者庁はその適用には慎重になっていると考えられる。

(4) アフィリエイト広告について　**(a) アフィリエイト広告の法的枠組み**　広告主は、商品の販売や各種サービスの申込みを受け付けている事業者である。アフィリエイト広告を利用する広告主は、通常、アフィリエイト・サービス・プロバイダー(ASP)と契約し、広告主自らがアフィリエイト・サービス・プロバイダーを通じてアフィリエイト広告の表示の管理を行う。アフィリエイト・サービス・プロバイダーとは、アフィリエイターを募り、アフィリエイトネットワークを構築し、広告主とのマッチングをさせる機能を持つアフィリエイトプログラムを提供する事業者をいう。ただし、広告主が直接アフィリエイターと契約しアフィリエイト広告の表示の管理を行うこともある。アフィリエイターは、アフィリエイトサイトを運営する法人または個人のウェブサイトの管理者である。自らのアフィリエイトサイトにアフィリエイト広告を掲載し、成功報酬としてアフィ

304　　第 2 章　景品規制・表示規制

§ 5 (1)-5 (4)

リエイト広告の収入を得る。

このように、アフィリエイト広告に関係する主たる事業者は、広告主、アフィリエイト・サービス・プロバイダー、アフィリエイターである。

(b) アフィリエイト広告に係る個別事例　最近では、株式会社 T.S コーポレーションに対する件（措置命令令和3年3月3日）を始めとして、アフィリエイト広告に係る事例が急増してきている。

T.S コーポレーションに対する件は、「BUBKA ZERO」と称する育毛剤（本件商品）を販売するに当たり、「『90％がフサフサになった育毛剤』がヤバイ！」等と表示することにより、あたかも本件商品を使用するだけで、本件商品に含まれる成分の作用により、短期間で、外見上視認できるまでに薄毛の状態が改善されるほどの発毛効果が得られるかのように示す表示をしていた。

T.S コーポレーションは、本件商品の販売に関し、ブログその他のウェブサイトの運営者が当該ウェブサイトに広告主の商品または役務のバナー広告等を掲載し、一般消費者がバナー広告等を通じて広告主の商品または役務を購入したり、購入の申込みを行ったりした場合など、あらかじめ定められた条件に従って、アフィリエイターに対して、広告主から成功報酬が支払われるという「アフィリエイトサイトプログラム」と称する広告手法を用いている。T.S コーポレーションは、アフィリエイトサイトプログラムを実現するシステムをサービスとして提供する「アフィリエイト・サービス・プロバイダー」と称する事業者を通じて、本件商品に係る本件アフィリエイトの表示内容を自ら決定している。

このように、この件で、優良誤認表示に該当する不当表示がなされていたのはアフィリエイトサイトであったが、T.S コーポレーションが表示主体性を有し、「表示内容を自ら決定している者」に該当するとして措置命令の名宛人とされた。

最近の事例として、株式会社ブレインハーツに対する件（事例❽）と株式会社DYM に対する件（事例㊹）とがある。

株式会社ブレインハーツに対する件（措置命令平成30年6月15日）（事例❽）では、供給する3食品・石けん・下着の5商品（うち4商品がアフィリエイトサイトに掲載）に関する表示が優良誤認表示および有利誤認表示に該当するとされた。

自社ウェブサイトにおいて、「14日間の使用で体重－12.8 kg 以上をお約束します」「使用後も落とした体重がほぼ戻りません」等と表示することにより、あたかも、摂取するだけで、短期間で著しい痩身効果などが得られ、かつ、痩身後の体重を維持することができるように示す表示をしていた。さらに、自社ウェブサイトにおいて、通常価格と評する価額により販売された実績がないことを認識しながら、実際の販売価格が比較対照価格に比して安いように表示していた。

第2章　景品規制・表示規制　　305

§ 5 (1)–5 (4)

　担当官解説では、本件のアフィリエイトプログラムおよび法適用について次のように解説している。

　アフィリエイトプログラムとは、ブログ、口コミサイト等のウェブサイトの運営者が広告主からの依頼により当該広告主が供給する商品または役務の紹介、バナー広告等を当該ウェブサイトに掲載し、当該ウェブサイトを通じて広告主の商品または役務の購入等があった場合に、当該ウェブサイトの運営者に対し、広告主から成功報酬が支払われる仕組みを指し、当該仕組みを有するウェブサイトのことをアフィリエイトサイトというとしている。

　ブレインハーツは、広告代理店を通じて、アフィリエイトサイトの運営者に対して、本件4商品に係る自社ウェブサイトを提示するなどして、当該自社ウェブサイトの記載内容を踏まえた本件4商品に係る口コミ、ブログ記事等を作成させ、当該自社ウェブサイトのハイパーリンクと共に当該アフィリエイトサイトに掲載させており、当該アフィリエイトサイトが本件4商品の不当表示が掲載された販売サイトへの主要な集客経路となっていた。

　措置命令について、一般消費者に対する周知徹底の方法については、本件4商品の「アフィリエイトサイトからハイパーリンクにより自社ウェブサイトに遷移する動線を含めること」を措置命令の内容とした。ブレインハーツがこの措置をとることにより、一般消費者が本件4商品のアフィリエイトサイトに設置されたハイパーリンクをクリックすると、従前は本件4商品の販売ページ（不当表示が掲載されていたウェブサイト）へ遷移していたものが、措置の実施後は、ブレインハーツによる本件4商品に係る表示が景表法に違反するものである旨の周知文が掲載されたウェブページへ遷移することになる。

　このように、当該アフィリエイトサイトが本件4商品の不当表示が掲載された販売サイトへの主要な集客経路となっていたが、本件広告代理店およびアフィリエイトは、違反行為主体、供給主体に該当しないとされた。その上で、措置命令において、一般消費者が本件4商品のアフィリエイトサイトに設置されたハイパーリンクをクリックすると、ブレインハーツによる本件4商品に係る表示が景表法に違反するものである旨の周知文が掲載されたウェブページへ遷移するようにさせた。いわば、措置命令内容の工夫で対応したことになる。

　ただし、この担当官解説では、留意事項においては、アフィリエイトサイト上の表示についても、広告主が表示内容の決定に関与している場合（アフィリエイターに表示内容の決定に委ねている場合を含む）には、広告主は景表法および健康増進法の措置を受けるべき事業者に当たるとの考え方が明らかにされていると指摘している（並木悠＝西山亮介「株式会社ブレインハーツに対する措置命令及び課徴金納付命令につい

§ 5 (1)-5 (4)

て」公取825号(2019)71頁)。

　株式会社 DYM に対する件(措置命令令和 4 年 4 月27日)(**事例㊹**)では、「DYM 就職」「DYM 新卒」と称する就職支援サービスに関する表示が優良誤認表示に該当するとされた。

　自社ウェブサイト、動画共有サービス等において、「DYM 就職」と称する就職支援サービスについて、「相談からの就職率驚異の96%!!」「参加者の95.8% が内定を獲得!」等と表示することにより、あたかも、①本件役務の提供を受けた求職者のうち、DYM から紹介を受けた企業に就職した者の割合は、96% であるかのように示す表示、②本件役務において DYM から紹介される就職案件には、人材派遣会社から派遣先企業に派遣されて業務に従事するものは含まれないかのように示す表示、③DYM は、2500社以上の求人情報を有しており、当該企業数の求人情報の中から求職者に企業を紹介することができるかのように示す表示、④書類選考なしで、DYM から紹介されるすべての企業の採用面接を受けることができるかのように示す表示をしていた。

　実際には、①について、96% という数値は、DYM が任意の方法で算定した、特定の一時点における最も高い数値であった。②について、本件役務において DYM から紹介される就職案件には、人材派遣会社から派遣先企業に派遣されて業務に従事するものが含まれていた。③について、平成30年 5 月 1 日以降、DYM が有している求人情報は、最大2000社程度であって、2500社を下回るものであった。④について、採用面接を受けるには書類選考が必要な企業があった。

　この件では、本件措置命令では、自社ウェブサイトのほか、アフィリエイトサイトおよび YouTube 動画の表示という、多数のアフィリエイトサイトの表示を措置命令の対象としている。DYM は、アフィリエイトサイトにおける表示内容についても表示してほしい項目を具体的に指示していたことから表示内容について DYM により決定されたと認定された。

　アフィリエイトサイトの表示について違反認定した理由について、担当官解説では、「紹介される就職案件には、人材派遣会社から派遣先企業に派遣されて業務に従事する者は含まれない」ことを強調した表示をし、DYM は、自社ウェブサイトやアフィリエイトサイトにおいて、「正社員求人案件100%」等と表示していたが、実際には、DYM があっせんする就職案件には、無期雇用派遣や常用派遣と呼ばれる働き方をする、いわゆる人材派遣をメインとしている会社に無期限の雇用契約を締結して就職するものが一定数含まれていたことを挙げている。このような会社と無期限の雇用契約を締結した求職者は、採用後、同社から派遣先の別の企業に派遣されて業務に従事していた。

第 2 章　景品規制・表示規制　　*307*

§ 5 ⑴-5 ⑷

このように、アフィリエイトサイトにおいては、あたかも、DYM から紹介される就職案件については、人材派遣会社から派遣先企業に派遣されて業務に従事するものは含まれないかのように示す表示、すなわち、アフィリエイトサイトに表示された個別の企業に就職できるものと一般消費者に認識される表示が行われていた。

担当官解説では、事業者がアフィリエイト広告を利用して自社のサービスを宣伝する場合には、当然ながら広告主である事業者が責任を負うべき対象となるとしながらも、アフィリエイト広告等に関する検討会「報告書」(令和4年2月15日)において、アフィリエイトの広告の表示内容については、「まずは『表示内容の決定に関与した事業者』とされる広告主が責任を負うべき主体であると考えられる」という考え方を示している旨上記報告書を引用している(宗田直也＝美濃部翔司「株式会社 DYM に対する景品表示法に基づく措置命令について」公取869号(2023)66頁)。

株式会社アクガレージおよびアシスト株式会社に対する件(措置命令令和3年11月9日)(**事例㉒**)では、「ジュエルアップ」および「モテアンジュ」と称する2食品に係る表示が優良誤認表示に該当するとされた。

「Instagram」と称する SNS 内のアカウントの投稿およびアフィリエイトサイトにおいて、「『バスト育ちすぎてヤバい!?』バストアップ＆美容ケアのW効果で簡単に巨乳メリハリボディになる裏ワザ解禁!」「バストアップ効果」などと表示して、あたかも、それらの商品を摂取することにより、豊胸効果が得られるかのような表示をしていた。

2社は、アフィリエイトプログラムを実現するシステムサービスとして提供するアフィリエイト・サービス・プロバイダーを通じて、「ジュエルアップ」および「モテアンジュ」のアフィリエイトサイトの表示内容を共同して決定していた。

担当官解説では、アフィリエイトプログラムとは、一般消費者がバナー広告等を通じて広告主の商品または役務を購入したり、購入の申込みを行ったりした場合などあらかじめ定められた条件に従って、アフィリエイター等に対して、広告主から成功報酬が支払われる広告手法をいい、アフィリエイトサイトの取扱いについて、アフィリエイト広告等に関する検討会「報告書」(令和4年2月15日)の「アフィリエイト広告の表示内容については ASP やアフィリエイターにも一定の責任はあると考えられるものの、まずは『表示内容の決定に関与した事業者』とされる広告主が責任を負うべき主体であると考えられる」との処理方針を示している。要するに、アフィリエイト・サービス・プロバイダーを措置命令の名宛人としなかったことについては上記報告書の結論に従ったものであるとしている(渡辺大祐＝阪吉幸「株式会社アクガレージ及びアシスト株式会社に対する措置命令及び課徴金納付命令

§ 5 ⑴-5 ⑷

について」公取883号(2024)76頁)。

(c) アフィリエイト広告規制の現状と課題　現在、消費者庁では、アフィリエイト・サービス・プロバイダー、アフィリエイターは、供給主体性を満たさないために、5条の事業者には該当しないとされて、広告主に対して、アフィリエイト・サービス・プロバイダー、アフィリエイターによる不当表示内容を含めて、不当表示を行った者に該当するとして措置命令が行われてる。その上で、アフィリエイト広告について、広告主に対する措置命令内容の工夫で対応するという基本方針が採用されている。

今後の法的課題は、アフィリエイト・サービス・プロバイダーに対して、共同して不当表示を行った者に該当するとして是正命令を行っていくことにある。

留意事項は「アフィリエイトサイト上の表示について、広告主がその表示内容を具体的に認識していない場合であっても、広告主自らが表示内容を決定することができるにもかかわらず他の者であるアフィリエイターに表示内容の決定を委ねている場合など、表示内容の決定に関与したと評価される場合には、広告主は景品表示法及び健康増進法上の措置を受けるべき事業者に当たる。このため、アフィリエイトプログラムを利用する広告主は、事業者が講ずべき表示等の管理上の措置として、アフィリエイター等の作成する表示等を確認することが必要となる場合があることに留意する必要がある。他方、アフィリエイターやアフィリエイト・サービス・プロバイダー(広告主とアフィリエイターとの間を仲介してアフィリエイトプログラムを実現するシステムをサービスとして提供する事業者を指す)は、通常、アフィリエイトプログラムの対象となる広告主の商品を自ら供給する者ではないため、景品表示法上の措置を受けるべき事業者には当たらない」としている。このうち、「広告主がその表示内容を具体的に認識していない場合であっても、広告主自らが表示内容を決定することができるにもかかわらず他の者であるアフィリエイターに表示内容の決定を委ねている場合など、表示内容の決定に関与したと評価される場合」は、ベイクルーズ事件東京高裁判決から導いたものであるが、同事件東京高裁判決は広告主に対して表示内容を委ねた者として表示内容の責任を負わせるものであって、広告主以外の表示内容の決定を委ねられた者を5条の事業者に当たるとするものではない。

また、留意事項は、景表法の規制の対象となる者と題して、「景品表示法において規制の対象となるのは、商品・サービスを供給する事業者であり、広告媒体を発行する事業者(新聞社、出版社、広告代理店、放送局、ショッピングモール等)は、原則として、規制の対象とならない。もっとも、自己の供給する商品・サービスについて一般消費者に対する表示を行っていない事業者であっても、例えば、当該

§ 5 (1)-6(1)

事業者が、商品・サービスを一般消費者に供給している他の事業者と共同して商品・サービスを一般消費者に供給していると認められる場合は、景品表示法の規制の対象となる」としている。しかし、供給主体性で論じたように、アフィリエイト・サービス・プロバイダーが広告主とともに「共同して商品・サービスを一般消費者に供給していると認められる場合」、すなわち供給者に当たると認定することはむずかしいと評価される。

そこで、アフィリエイト・サービス・プロバイダーも広告主と不当表示について同等に違法性、有責性が認められる場合に、その不当表示を確実にやめさせるために、アフィリエイト・サービス・プロバイダーと広告主とが共同して表示内容を決定したと認定し、アフィリエイト・サービス・プロバイダーを措置命令の名宛人としていくことが今後の課題となる。

6 「実際のものよりも著しく優良であると示す表示」の多様性

(1) 多種多様な対象商品および役務とその表示内容　不当表示に該当するとされた事例については、「実際のものよりも著しく優良であると示す表示」に該当するとされた事例の数が圧倒的に多い。しかも、多種多様な商品および役務についての多様な形態のものが含まれる。

これらに事例をどのように分類、類型化して詳しく解説するかは極めて難しい。独禁法の判例法の整理・解説と同じく、抽象的な禁止規定の下での多数の事例の中からいかに優劣・先例価値を判断し、主要判例を取捨選択・選別するかという問題である。

参考のために、商品および役務ごとの事例を一応分類すると、①美容・ダイエット（スタイルを含む）、②空間における除菌効果・消臭効果、③健康食品（機能性表示食品、特定保健用食品等を含む）、④原料原産地表示、⑤メニュー表示、⑥製品の品質、機能、⑦自動車関係、⑧サービス業、⑨オンラインゲーム、⑩金融関係、⑪環境関係、に大別される。

このうち、①美容・ダイエット、②空間における除菌効果・消臭効果、については最近の事例でも数多く取り上げられ解説されている。③健康食品等についてはすでに詳しく解説済みである〔**5**(2)参照〕。

そこで、「実際のものよりも著しく優良であると示す表示」に該当する事例がいかに多様な商品、製品を対象としているかを明らかにするため、もちろん、網羅的なものではないが、①原料原産地表示、②メニュー表示、③製品の品質、機能、④自動車関係、⑤サービス業、⑥オンラインゲーム、⑦金融関係、⑧環境関係、に分類して代表的事例を解説する。

310　第2章　景品規制・表示規制

§ 5 ⑴-6⑵

また、優良誤認表示について義務的賦課方式の課徴金の対象行為とすることは、景表法執行における極めて大きな出来事である。そのため、課徴金制度の導入の前後において、消費者庁による審査事件として取り上げる基準や事件処理方針において差異が生じるかが関心事であったが、今のところ大きな差異は生じていない。

⑵　**具体的な参考事例**　ⓐ　原料原産地表示　（ⅰ）　原料原産地表示に関する事例　加工食品や衣料品等について、それ自体の原産地ではなく、その原料ないし原材料の原産地について事実と異なる表示を行うことも、優良誤認表示となる。原料ないし原材料の原産地がいずれであるかは、本来は、当該原料ないし原材料の品質そのものはもちろん、それを用いた加工食品等の、厳密な意味での品質に必ずしも直結するものではない。しかし、一般消費者において、商品自体のみならずその原料ないし原材料についても、商品の安全性や品質等を評価する上での一定の指標となっているほか、特定の原産地の原料ないし原材料を用いた商品が市場において価値が高いものとして評価される場合も多くあることから、原料ないし原材料の原産地を商品の優良性を謳う根拠として用いる場合はもちろん、単に一般消費者への情報提供として表示するにとどまる場合であっても、それらについての事実と異なる表示は、優良誤認表示となり得る。

また、原料ないし原材料の原産地に係る事実と異なる表示の事例の中には、①単純に実際とは異なる原産地が表示されており、その点について特に議論の余地がない事案のほか、②そもそも原料ないし原材料について表示をしているといえるのかどうかという表示の評価の段階で争いがあり得る事案や、③原料ないし原材料について、何を基準に原産地を判断すべきかが問題となる事案もある。

①の例としては、例えば、令和元（2019）年10月16日付け株式会社プラスワンに対する措置命令では、唐揚げ店の看板において、「国産若鶏使用　絶品あげたて」等と表示することにより、あたかも、対象商品には、国産の鶏もも肉を使用しているかのように示す表示をしているまたは表示をしていたが、実際にはすべて、ほとんどすべてまたは3割程度、ブラジル連邦共和国産の鶏もも肉を使用していたと認定されている。また、平成21年11月10日付け株式会社ファミリーマートに対する措置命令では、おにぎりの包装袋に貼付されたシールにおける表示に関して、「国産鶏肉使用」と記載していたが、実際には、ブラジル連邦共和国で肥育された鳥の肉が用いられていたと認定されている。また、平成16年7月13日付け株式会社ベルーナに対する排除命令（平成16年（排）第12号）では、「ご当地の新鮮な素材を使ったカレーで日本各地を巡る」等と表示した上で、個別の商品について「鹿児島ポークカレー」と表示していたが、実際にはデンマーク王国産の豚肉が用いら

第2章　景品規制・表示規制　*311*

れていたことなどが不当表示と認定されている。

　②の例としては、例えば、平成28年3月10日付け株式会社村田園に対する措置命令（その取消請求事件として東京地判平成29年6月27日〔判タ1462号119頁〕）では、ブレンド茶に使用されている原材料である農作物について日本産である旨の明示はされていなかったものの、「阿蘇の大地の恵み」等の文言や日本の山里を思わせる風景のイラストの記載から、対象商品の原材料が日本産であるかのように示す表示をしていたと認定されている。

　③の例としては、例えば、平成16年7月21日付け家庭用塩の製造業者9社に対する警告は、外国で採取された天日塩を日本国内で再加工していたのにもかかわらず日本国内の地名を付した表示をしていたことが問題とされた事案であるが、その中では、例えば、「赤穂あらなみ天日塩」「赤穂あらなみの天日塩は……太陽と風により海水から自然結晶された天日塩に塩田にがりを当社独自の方法で加えたまろやかなお茶です」等と表示していたことについて、赤穂で採取された海水のみを用いた塩であったかのように表示したものと評価されている。

　なお、食品表示法に基づき定められている食品表示基準においては、すべての加工食品について、①設備を設けて飲食させる場合（外食）、②食品を製造し、または加工した場所で販売する場合（いわゆるインストア加工を含む）、③不特定または多数の者に対して譲渡（販売を除く）する場合、④容器包装に入れずに販売する場合を除いて、原則として原材料に占める重量割合が最も高い原材料（重量割合上位1位の原材料）について、原産地の表示が義務付けられている（食品表示基準3条・5条。なお、一部の加工食品については、これとは異なる原材料の原産地表示が義務付けられているほか、米穀等と酒類については、一定の場合、特別法〔米穀等の取引等に係る情報の記録及び産地情報の伝達に関する法律、酒税の保全及び酒類業組合等に関する法律〕の規定が優先的に適用される）。

　　(ii)　日本緑茶センター株式会社に対する件（措置命令平成23年6月14日）──食用塩　　自社が供給する食用塩について、天日塩と認識される表示、および、凝固防止剤等を使用していない旨の表示をしていたが、実際には、天日蒸発による海塩を溶解して洗浄した後、釜で乾燥させたものであって天日塩とはいえないものであり、また、凝固防止剤が添加されているものであった。なお、措置命令においては、天日塩とは「海水を太陽熱と風力によって自然乾燥させて結晶化させる方法により製造された塩」としている。

　商品ラベルおよび自社ウェブサイトにおいて、「純粋さを追求するため海水を自然蒸発させて製造されます。自然塩ならではのまろやかな旨味をお楽しみください」「最初から最後まで塩田で天日の力を使い、結晶させた完全天日塩です」等

§ 5 (1)–6 (2)

と表示していたことから、また、「※本品は凝固防止剤や添加物を一切使用しておりません」と記載していたことから、上記のように認定されている。

　食品において、凝固防止剤が添加されているかどうかにかかる表示が、優良誤認表示の対象となることについては特に異論はないと解されるため、以下では天日塩である旨の表示に関して解説する。食用塩のような食品について、その製造方法などについて、一定の方法によるものである旨を積極的に表示している場合、それらは、基本的には一般消費者における商品選択において重要な要素となると考えられるため、それに関する表示が、優良誤認表示の対象となる役務の「品質」に関する表示に当たる。なお、本件で問題となったような、塩を溶解して洗浄した後、釜で乾燥させるという工程については、洗浄によって一定の成分が喪失される可能性もあり、他方で、基本的に成分的には当初の塩と異ならないものである可能性もあるが、そのようなものであっても、一般消費者にとって重要であり、また、事業者においてもそれを商品の品質の優良性につながるものとして積極的に表示している以上は、事実と異なる場合には不当表示となり得る。

(消費者庁公表文より)

　特に、前述した食用塩については、平成16(2004)年7月21日に公取委による一般消費者向けの調理用塩の包装に係る表示について調査結果が公表され、9社に対して警告がなされており、その際にも、沖縄等で採取された海水を用いたものであるかのように表示していたが、実際には外国産の天日塩を沖縄等で採取した海水に溶解するなどして再生加工したものであったことなどが問題とされている。本事件の時点では、かかる調査を受けて「食用塩の表示に関する公正競争規約」も策定されており、本事件当時の同規約の施行規則においては、「天日」について、「濃縮(採かん)・結晶工程において、塩田、ネット等を用いて、主に太陽熱又は風力によって水分を蒸発させる方法」と規定されていたとされる。

　本事件における公取委の判断も、これらの先例および規約における考え方を踏

§ 5 ⑴-6 ⑵

襲したものとなっており、「天日塩」と認識される表示をしていたのにもかかわらず、実際には天日蒸発による海塩を溶解して洗浄した後、釜で乾燥させた精製塩であったことから不当表示に当たると認定している。

現行の食用塩の表示に関する公正競争規約(平成31年6月7日改定)では、「なお、原材料が天日蒸発により製塩されたものである場合には、『天日』をつけて記載することができる」(規約3条2号イ)、「『天日塩』の用語は、塩田、流下盤、枝条架、ネット等を用いて、主に太陽熱又は風力によって水分を蒸発させる方法により結晶化した食用塩に限り表示することができる」(規約5条4号)とされている。

　(b)　メニュー表示　　(i)　メニュー表示に関する事例　　飲食メニューにおける食材をめぐる表示の問題は従来から存在した(例えば、平成20年12月16日付け日本ヒルトン株式会社に対する排除命令、平成24年10月18日付け株式会社ホテル椿館に対する措置命令等)。

平成25(2013)年に、ホテル、レストラン等の提供する料理のメニューに関して、使用する食材に関する偽装問題が多数発覚し、同年以降、複数のホテル等に対して、措置命令が行われた(①平成25年12月19日付け近畿日本鉄道株式会社に対する措置命令、②同日付け株式会社阪急阪神ホテルズに対する措置命令、③同日付け株式会社阪神ホテルシステムズに対する措置命令、④平成27年2月4日株式会社ロイヤルパークホテルズアンドリゾーツに対する措置命令)。これらの事例において問題となった表示内容を例示すると次のとおりである。

事例	表示内容	実際
①	ウェブサイトにおいて「大和地鶏唐揚げ」等と記載	「地鶏肉の日本農林規格」(平成11年農林水産省告示第844号)の定義に該当しない鶏肉を使用
②	店頭掲示メニューに「有機野菜のプチサラダと前菜2種盛り合わせ」と記載	「有機野菜の日本農林規格」(平成12年農林水産省告示第59号)の定義に該当しない野菜を使用
③	ルームサービスのメニューに「車海老のチリソース煮」と記載	クルマエビよりも安価で取引されているブラックタイガーを使用
④	メニューに「黒毛和牛ヒレ肉の低温ロースト　磯の香りをのせた岩海苔のブールコンポーゼを添えて　黒酢ソースと仙台小ねぎのコンビネーションと共に」と記載	養殖ののりを使用
④	「ヴァン・ルージュで煮込んだ黒毛和牛頬肉の宝石箱見立て　野菜のロンドと共に」	「和牛等特色ある食肉に関するガイドライン」(平成19年3月26日18生畜第2676号農林水産省生産局長通知)に定められた和牛の定義に該当しない牛の頬肉を使用

314　第2章　景品規制・表示規制

§ 5 (1)-6 (2)

　これらのメニュー偽装問題の発生は、平成26(2014)年に2度にわたって行われた課徴金納付命令および表示管理体制の導入等を行う景表法の改正にも影響を与えた。その他にも、消費者庁において、ガイドライン「メニュー・料理等の食品表示に係る景品表示法上の考え方について」(平成26年3月28日消費者庁公表、平成28年4月1日消費者庁最終改正)が作成されるに至っている。同ガイドラインはその後一部改訂がなされているが、一般的な優良誤認に係る不当表示の考え方に加えて、具体的な食材を踏まえたメニュー表示に関するQ&Aが示されている。

　食品については、特に特定の用語の用法について、社会常識や、用語等の一般的意味のほかに、社会的に定着していると認められる法令等における定義・基準・規格などが比較的多く存在し、それらを考慮する必要性が高いことに注意を払う必要がある。同ガイドラインでは、例えば、①「ビーフステーキ」「ステーキ」という用語を用いた場合、牛の生肉の切り身を焼いた料理であるかのように示す表示と認識され得るため、成形肉や牛脂注入加工肉を使用することは景表法上問題となり得る、②「和牛」という用語には、「和牛等特色ある食肉の表示に関するガイドライン(和牛・黒豚)」(平成19年3月26日18生畜第2676号農林水産省生産局長通知)が定められているところ、これに該当しない牛肉を用いることは景表法上問題となり得る、③「キングサーモン」を使用している旨を表示しつつ、実際には「サーモントラウト」を用いることは、両者はいずれもサケ科サケ属に分類される魚であるもののそれぞれ異なる魚介類であるから景表法上問題となり得る、といった考え方が具体的に示されている。

　最近の事例でも、飲食店のメニューにおける不当表示事例として、平成30年5月22日付け株式会社エー・ピーカンパニーに対する措置命令(**事例㉛**)、平成30年11月7日付けチムニー株式会社に対する措置命令(**事例㉞**)が行われている。

　　(ii)　株式会社バークジャパンに対する件(措置命令平成23年3月4日)　　同社および同社のフランチャイズチェーンに加盟する事業者が運営する飲食店において、一般消費者に牛肉料理2品を提供するに当たり、料理の写真とともに、商品1につき「霜降サーロインステーキ」等、商品2につき「健康ステーキ」等と記載することにより、あたかも、料理に用いている牛肉が、商品1については霜降りといわれる一定の飼育方法により脂肪が細かく交雑した状態とになった牛肉である、商品2については、牛の生肉の切り身であるかのように示す表示をしていたが、実際には、商品1については牛脂を注入する加工を行った牛肉であり、商品2については、牛の横隔膜の部分の肉を食用のりで貼り合わせる加工を行ったものであった。

　調査官解説(近江真梨奈＝石塚杏奈「株式会社バークジャパンに対する措置命令について」公

§ 5(1)-6(2)

取733号(2001)99頁)によると、牛脂注入加工肉とは、「牛脂に、水、水あめ、コラーゲン、植物性たん白等を混ぜ合わせたものを、『インジェクション』という注射針が針山になったような機械により牛肉に注入し、人工的に霜降り状の肉質に変質させ、形状を整えたもの」をいい、成形肉とは、「牛の生肉、脂身、横隔膜等に酵素添加物や植物性たん白等を加えるなどして人工的に結着し、形状を整えたもの」をいう。

　商品1については、「霜降」とは、一定の飼育方法により脂肪が細かく交雑した状態になった牛肉をいうところ、実際には、牛脂注入加工により人工的に霜降り状の肉質に変質させたものであり、表示と実態の間に齟齬が生じていることから、優良誤認表示と評価されたものである。「霜降」の語が、脂肪の交雑のみならず、それが「一定の飼育方法によって」行われたものであることを含意するものであるとすれば、人工的な交雑であるか、飼育方法による交雑であるかについて、社会通念上許容されない齟齬が生じていると評価できる。

　このほか、天然由来のものと化学合成により製造されたものとが科学的に等価

商品1

商品2

（消費者庁公表文より抜粋）

§ 5(1)–6(2)

であるとしても優良誤認表示に当たるとされた事案として、サプリメントについて、天然アセロラ由来のビタミンＣであることを表示していたが、実際には、大部分がアセロラ以外から得られたビタミンＣであったことが優良誤認表示に当たると評価されたアサヒフードアンドヘルスケア株式会社に対する排除命令（[平成16年（排）第14号]平成16年7月29日）などがある。

　商品2については、「ステーキ」とは、牛の生肉の切り身を意味するところ、実際には成形肉であったことから優良誤認表示とされたものである。「ステーキ」の語が、単に牛肉ということのみならず、「生肉の切り身」ということまで含意するとすれば、「生肉の切り身」であるか「成形肉」であるかという点に齟齬が生じているため、社会通念上許容されない齟齬が生じていると評価できる。

　「霜降」については、措置命令の認定した語義に違和感はそれほどないと思われる。一方で、「ステーキ」については、成形肉ではない「生肉の切り身」ということまで含意されているという認定はやや厳しいようにも思われるが、株式会社フォルクスに対する排除命令（[平成17年（排）第12号]平成17年11月15日）においても「ステーキ」は「牛の生肉の切り身」を意味するものとされており、かかる解釈が定まっている。

　類似の事案としては、「霜降り馬刺し」と表示していたが馬脂注入馬肉であった馬肉商品の製造販売業者ら5社に対する排除命令（平成19年12月14日）、「サシが入った肉」であるかのように表示をしていたが一切には牛脂その他の添加物を注入する加工を行ったものであった株式会社テレマートに対する排除命令（[平成19年（排）第13号]平成19年5月18日）がある。また、食肉に関する事案としては、「Ａ4又はＡ5等級の格付がなされた牛肉」のみが用いられているかのように表示していたが実際には「Ａ4又はＡ5等級以外の格付がなされた牛肉」であったというシンワオックス株式会社に対する措置命令（平成23年3月3日）などがある。

　(c)　製品の品質、機能　　(i)　ロッテ健康産業株式会社に対する件（排除命令平成19年8月29日）―使い捨てカイロ　　自社の製造販売する使い捨てカイロの包装袋上で、その持続時間（40℃以上を保持し、持続する時間）について次頁の「包装袋の記載」欄のとおり記載することにより、あたかも、有効期限内に使用すれば、持続時間として記載された時間内において、摂氏40度以上の発熱効果が持続するかのように示す表示をしていたが、実際には、有効期限内に使用した場合であっても、摂氏40度以上の発熱効果が持続する時間は、製造してから時間が経過するに従って短くなり、持続時間として記載された時間を相当程度下回ることとなるものであった。

　なお、使い捨てカイロについては、日本工業規格において、「持続時間（40℃以

第2章　景品規制・表示規制　　*317*

§ 5 (1)-6 (2)

(消費者庁公表文より抜粋)

	包装袋の記載		有効期限間際の持続時間
	表面	裏面	
商品A	持続時間20時間(40℃以上を保持し、持続する時間)	1月ないし3月に製造した製品については、その製造した時から3年が経過する年の6月を、4月ないし12月に製造した製品については、その製造した時から4年が経過する年の6月を、それぞれ有効期限として記載	15時間程度
商品B	持続時間14時間(40℃以上を保持し、持続する時間)		10時間程度
商品C	持続時間6時間(40℃以上を保持し、持続する時間)		3時間程度
商品D	持続時間9時間(40℃以上を保持し、持続する時間)		2時間程度

上を保持し、持続する時間)」を「1個ごとの外袋」に表示しなければならないとされていた。

　調査官解説(田村洋巳=浅田隆泰「ロッテ健康産業株式会社に対する排除措置命令について」公取687号(2008)63頁)によると、日本工業規格では、持続時間に係る試験方法として、「測定したすべての試料の持続時間のうち、最大値及び最低値の1つを除外し、残る測定値の平均値(測定試料10個のうち8個の平均)」。と定められていた。また、調査官解説によれば、本件各商品を有効期限間際に使用した場合の持続時間は、表の「有効期限間際の持続時間」欄に記載したように減少する傾向にあるとされている。

　本件では、有効期限内に渡って表示された持続時間に関する品質が保持さないことをもって、優良誤認表示に当たるとしているものであるが、これは、「有効期限」の表示によって、当該期限が経過するまでは、表示された品質が保持されているものであると一般消費者は認識するとの判断を前提としたものと考えられる。

§ 5⑴–6⑵

(ⅱ) 株式会社エコリカ等12社に対する件(措置命令平成24年6月14日)　株式会社エコリカ等12社は、商品パッケージ等において、対象商品である一般照明用電球形LEDランプについて、白熱電球の40W形または白熱電球の60W形と同等の明るさを得ることができるような表示をしていたが、実際には、対象商品の全光束は、日本工業規格(JIS)において規定されている白熱電球の全光束(40W形485ルーメン、60W形810ルーメン)を大きく下回るものであり、用途によっては比較対照とした白熱電球と同等の明るさを得ることができないものであった。

商品パッケージおよび自社ウェブサイトにおいて、「電球40W相当の明るさ」「40Wクラス」と記載していたことから、上記のように認定されている。

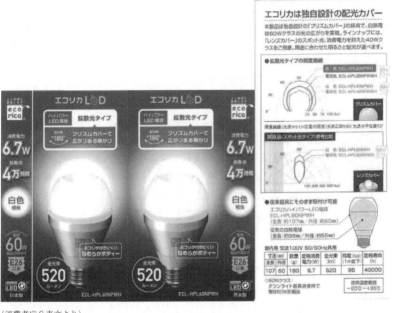

(消費者庁公表文より)

措置命令の発令当時、日本工業規格(JIS)においては、LED電球の明るさに関する規定はなかったものの、白熱電球の明るさの性能の指標は全光束とされ、白熱電球の40W形の全光束は485ルーメン、白熱電球の60W形の全光束は810ルーメンと規定されていた。光源の明るさを評価する指標としては、単位時間当たりに放射される光の量である「光束」(単位：lm〔ルーメン〕)、単位面積当たりに入射する光束である「照度」(単位：LX〔ルクス〕)等があるが、消費者庁の公表文によれば、照

第2章　景品規制・表示規制　　319

§ 5 (1)−6 (2)

度は、測定位置・距離等によって変化する一方で、光源から放射される光の総量（全光束）は条件に左右されず一定であることから、光源の明るさの性能は、全光束で測定するのが適当であるとされている。

LED電球において、電球の明るさに関する表示が、優良誤認の対象となることについては特に異論はないと解されるが、本件においては次の2点が特徴的である。

第1に、株式会社エコリカの商品パッケージにおいては、上記画像からもわかるとおり、問題となった「電球60W相当の明るさ」の表示と同等以上の大きさで「全光束520ルーメン」と記載されている点である。措置命令文によれば、実際にも全光束は520ルーメンであったようであり、全光束の表示に関する限りは、実態に齟齬はなく、一般消費者としては、対象商品の全光束を認識し得ることからすれば、LED電球の明るさについて著しい誤認を生じないとの評価する余地もあるのではないかが問題になる。この点について、髙居〔第7版〕は、「実際の全光束を記載していたものもあったが、一般消費者にとっては、当該全光束の表示ではなく、よりなじみのある、比較対照とした白熱電球と同等の明るさを得ることができる旨の表示によって商品を選択していたと考えられることから、全光束の記載のない他の本件対象商品と同様に不当表示と認定された」としている。このように、打消し表示として、「全光束520ルーメン」との表示をしたとしても、強調表示により生ずる誤認を解消することはできないとされた。全光束が520ルーメンであることが事実であるとしても、日本工業規格の定める白熱電球の明るさについての基準を満たさないことから、いわば矛盾する表示であるといえ、「電球60W相当の明るさ」の表示から生じる認識に影響を与えるものではないと評価できる。

第2に、エコリカについては、商品パッケージの後面において、「◎60Wクラス：ダウンライト器具装着時で電球60W形相当」、「◎40Wクラス：ダウンライト器具装着時で電球40W形相当」と記載されていた点である。かかる表示によって、「電球60W相当の明るさ」の意味内容について補足していることからすれば、実態と表示に齟齬は生じていないとの評価もあり得るところであるが、「電球60W相当の明るさ」「電球40W相当の明るさ」の表示と近接していないことおよびこれらの表示に比して小さい文字でなされたものであることを理由として、一般消費者に認識されるものとは認められないとしている。

日本工業規格において、具体的に白熱電球の40W形の全光束は485ルーメン、白熱電球の60W形の全光束は810ルーメンと規定されていることからすれば、60Wや40Wの白熱電球と同等とはいえないという評価に異論はないところであろう

が、このような規定がない場合には、実際の全光束が表示されているものについては、不当表示とまではいえないという評価もあり得るものと考えられる。なお、一般社団法人日本照明工業会の「電球形LEDランプ性能表示等のガイドライン」においては、一般照明用電球代替を訴求する場合の基準が定められている。

　(ⅲ)　株式会社オークローンマーケティングに対する件(措置命令平成28年9月1日)　テレビショッピング番組および自社ウェブサイトにおいて、販売するフライパンについて、①「ダイヤモンドの次に硬いセラミックを使用」等と、また、②「耐摩耗テスト50万回クリア!!」等の表示を、「釘を炒めたって傷が付かない」旨の表示や、当該フライパンで金属製品を用いて調理する映像とともに表示していた。

　しかし、実際には、当該フライパンの表面処理加工に用いられている「セラミック」と称する物質はダイヤモンドの次に硬いものであったとはいえず、本件商品を金属製品で擦った場合には50万回を大きく下回る回数で傷がつくものであった。

　②に関しては、問題とされた表示では、「耐摩耗テスト」の内容については、「当社基準」とのみ表示されており、その具体的な方法は全く示されていなかったが、表示事業者においては、ナイロンターナーを使用して試験を行ったものとされている(勝上一貴＝渡邉亮輔＝上地伸久「株式会社オークローンマーケティングに対する景品表示法に基づく措置命令について」公取799号(2017)75頁)。これに対して消費者庁は、テレビショッピング番組の放送中で、(ⅰ)本件商品の表面をコインで擦っても傷がつかないとする映像、(ⅱ)本件商品で釘を炒めても傷がつかないとする映像、(ⅲ)その他、金属製品(金属ヘラ等)を用いて調理をする映像を複数(認定箇所は5か所)用いていたことから、一連の映像について、金属製品による耐摩耗テストをクリアしたものと認識させるものと認定している。このように本件は、問題となった訴求文言について、その文言だけではなく、映像表現全体を通して一般消費者に与える印象を総合的に評価し、表示内容を判断することにより、暗示的な効果も含めた認定が行われていることが特徴的である。

　なお、本件で、消費者庁は、不実証広告規制は用いずに、ステンレス板を用いた対象フライパン表面の耐摩耗性の試験を外部委託して行い、結果、50万回を大

§ 5 (1)–6 (2)

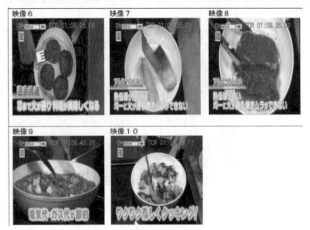

きく下回る回数で素地の露出が確認されたとしている。

(d) 自動車関係　（i）　株式会社 e-chance に対する件（措置命令平成29年12月19日）　①「あっという間にキレイに！」との映像、自動車ボディの傷に対象商品が塗布され、その後、当該傷が判別できなくなる程度に消える映像および「様々な傷が簡単に、あっという間にキレイに」との音声、ならびに②自動車ボディのクリアコート層よりも深い部分に達したキズに対象商品が塗布され、その後、自動車ボディの塗膜が復元され、当該傷が消えるアニメーション映像および「画期的な傷補修剤・レニュマックスが車にできた傷をしっかりとふさぐんです。乾くと滑らかな表面を作り出し、ボディを長持ちさせてくれます」との音声等をテレビコマーシャルとして放送することにより、あたかも、対象商品の修復性能は、自動車ボディのカラー層に至る傷に対して、対象商品を塗布して乾かすだけで容易に当該傷を判別できなくなる程度に消すことができるものであるかのように示

§ 5 (1)–6 (2)

す表示をしていたところ、消費者庁から当該表示の裏付けとなる合理的な根拠を示す資料の提出を求められ、資料を提出したものの、当該表示の裏付けとなる合理的な根拠を示すものとは認められなかった。

①についての画像

音声「様々な傷が簡単に、あっという間にキレイに」

§ 5 (1)-6 (2)

②についての画像

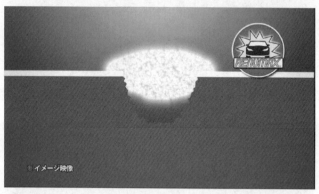

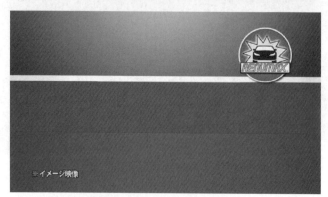

音声「画期的な傷補修剤・レニュマックスが車にできた傷をしっかりとふさぐんです。乾くと滑らかな表面を作り出し、ボディを長持ちさせてくれます」

§ 5 (1)-6 (2)

本件は、対象商品を塗布することにより、自動車ボディのカラー層に至る傷を判別できなくなる程度に消すことができる旨の表示をしたが、当該表示の裏付けとなる合理的な根拠を示すことができなかったものである。

本件のテレビコマーシャルにおいては、上記①の表示において、「クリアコート上についた浅いキズを修復するための商品です」「クリアコート下の塗装まで達しているキズや大きなキズ・面積の広いキズの修復には使用しないでください」との表示はなされており、カラー層に至る傷には使用できない旨は一応示されていた。

しかしながら、上記②の表示においては、クリアコートと思われる白い層の下にあるカラー層（赤い層）に傷が生じた場合であっても、対象商品により修復が可能であるかのような表示がされていることから、カラー層に至る傷に対しても効果がある旨の表示をしたとの認定がなされたものと考えられる。

(ii) 株式会社 Needs および有限会社ガレージゼストに対する件（**事例㊸**）ほか—中古自動車の修復歴・走行距離虚偽表示　これらの事例は、中古自動車の修復歴や走行距離について実態と異なる表示をしていたものである。

関連事例の一覧表は次のとおりである。

年月日	事業者名	事案概要
措置命令 令和 3 年12月22日	株式会社 Needs および有限会社ガレージゼスト	株式会社 Needs は中古自動車44商品、有限会社ガレージゼストは中古自動車37商品について、各中古自動車に係る情報を掲載するウェブページにおいて、「修復歴　なし」と表示していたが、実際には車体の骨格部分に損傷が生じたことのある中古自動車であった。 株式会社 Needs は中古自動車 2 商品に係る情報を掲載するウェブページにおいて、実際の走行距離よりも過少な走行距離を表示していた。
措置命令 平成27年12月25日	株式会社ローランインターナショナル	中古自動車61台について、中古自動車情報誌において、修復歴がない旨の表示をしていたが、実際には車体の骨格部位が損傷するなどの修復歴があった。なお、本件は、埼玉県が行政処分を行った事案である。
措置命令 平成24年 2 月28日	岩切自動車こと岩切明春など 5 社	5 社は中古自動車35台について、中古自動車情報誌等の商品説明欄において、修復歴がない旨表示していたが、実際には修復歴がある中古自動車であった。 5 社のうち 3 社は中古自動車 8 台について、中古自動車情報誌等の商品説明欄において、実際の走行距離よりも過少な走行距離を表示していた。
排除命令 平成18年10月18日	株式会社アイビー	中古二輪自動車32台について、展示場に展示して販売していたところ、走行距離計を巻き戻しまたは走行距離数のより少ないものに交換することにより、走行距離数を過少に示す表示をし、また、当該32台のうち24台について、中古二輪自動車情報誌において、走行距離数を過少に示す表示をしていた。

第 2 章　景品規制・表示規制　　*325*

排除命令 平成15年11月5日	有限会社ユニバーサルワールドおよびトレードインオートモービルこと酒向均	有限会社ユニバーサルは中古自動車9台、酒向均は中古自動車8台について、走行距離計を走行距離数のより少ないものとなるよう操作することにより、または走行距離数のより少ないものに交換することにより、走行距離数を過少に表示した。また、中古自動車情報誌において、実際の走行距離よりも過少な走行距離を表示していた。
排除命令 平成13年10月15日	有限会社新ヨコハマ自動車販売	中古自動車18台について、同社の展示場に展示して販売していたところ、走行距離計を巻き戻し又は走行距離数のより少ないものに交換することにより、走行距離数を約1.4万km～7.9万km過少に表示していた。

　中古自動車の修復歴や走行距離は、一般消費者が商品を選択するに当たって重要な考慮要素となるものであり、たとえ自動車の性能や安全性に直ちに影響を与えるとはいえないものであったとしても、優良誤認表示になり得る。

　なお、自動車業における表示に関する公正競争規約においては、中古自動車について、一般消費者に直接販売する目的で展示する場合、インターネットおよび新聞、雑誌等の広告に販売価格を表示するなどの場合には、走行距離数や修復歴の有無を記載することが求められている(同規約11)。その際、走行距離数の表示に当たっては、1000km未満は四捨五入することが認められている(中古車に関する施行規則7①)。また、①走行距離計が取り替えられている車両については、走行距離計のキロ数のほか、走行距離計が取り替えられている旨ならびに取替え前および取替え後のキロ数、②走行距離数に疑義がある車両については、走行距離計のキロ数および「?」の記号ならびに推定できる根拠がある場合には推定キロ数(推定キロ数が表示できない場合には、「不明」と記入)、③走行距離計が改ざんされている車両については、走行距離計のキロ数および改ざんされている旨を記載することとされている(中古車に関する施行規則7条1項ただし書、6条8項)。なお、二輪自動車の表示に関する事項を定める二輪自動車業における表示に関する公正競争規約にも同旨の規定が定められている(同規約12、中古車に関する施行規則3)。

　(e)　サービス業　　(i)　株式会社サンマークライフクリエーションおよび株式会社オーエムエムジーに対する件(排除命令平成18年5月19日)──結婚相手紹介サービス事業　　株式会社サンマークライフクリエーションに対する件では、会員制度による異性会員の情報提供および紹介等のサービスの会員募集に関し、雑誌広告において、「会員数38,051人　全国ネットワーク『明るい幸せな家庭環境づくりに奉仕する』サンマリエです」と記載していたが、実際の会員数は2万538人であった。

　また、「2005年1月から9月実績」として「成婚者数3,478人」と表示していたが、

§ 5(1)-6(2)

実際には、会員との結婚または婚約を理由に退会した会員947人に、当該サービスを通じて成婚したものとはいえない会員(会員との交際を理由に退会した約800人および会員外の者との結婚または婚約を理由に退会した会員約1600人)を加えることにより、当該サービスを通じた成婚者数を誇大に表示していた。

株式会社オーエムエムジーに対する件では、会員制度による異性会員の情報提供および紹介等のサービスの会員募集に関し、新聞広告および雑誌広告において、「あなたと結婚したい人がいます」「13万人ものしあわせの声は、オーネットが選ばれる理由です」等と表示していたが、実際には、会員との結婚または婚約を理由に退会した会員6万5238人に、当該サービスを通じて成婚したものとはいえない会員外の者との結婚または婚約を理由に退会した会員6万7838人を加えることにより、当該サービスを通じた成婚者数を誇大に表示していた。

結婚相手の紹介サービスにおいては会員数や実際の成婚者数は、消費者による事業者を選定するに当たって重要な判断要素となる。これらの件では、いずれの事業者においても、成婚者数として表示していた会員数に、自社のサービスを通じて成婚したものとはいえない会員を含めていたことから優良誤認表示とされたものである。

なお、いずれの事業者においても、成婚者数には、「外部成婚含む」や「会員外成婚者含む」といった文言を打消し表示として記載していた。しかしながら、結婚相手の紹介サービスは、会員同士の結婚を実現させるためのサービスであることからすれば、一般消費者は、成婚者数との表示を見れば、当該サービスを通じた成婚者数であると認識するものと考えられるため、当該サービスの成果とはいえない結婚または婚約等を理由とした退会者が、表示された成婚者数の中に相当程度含まれていることを認識することは困難であることを理由に、打消し表示として足りないとの判断がなされたものと考えられる。

(ii) イオンペット株式会社に対する件(措置命令平成31年4月3日)(**事例㉟**)——ペットの「トリミングサービス」と「ホテルサービス」と称する役務　イオンペット株式会社は、第1に、自社が51店舗(なお、対象事業者の公表文〔2019年4月3日付イオンペット株式会社「措置命令に関するお詫びとお知らせ」〕によると、サービスを提供する全店舗数は177店舗)で提供するペットのトリミングサービスについて、トリミングサービスで使用しているシャワーには、炭酸泉を使用しているかのように示す表示をしていたが、実際には、全くまたは一定の割合で、炭酸泉を使用していなかった(18店舗では未使用、33店舗では一定割合未使用)。

ポスター、チラシ、自社ウェブサイト、店頭POPにおいて、「当店では全てのトリミングコースに炭酸泉シャワーを使用しております」「当店のシャワーは炭酸

泉を使用しています。炭酸泉で気分爽快!!!」等と表示していたことから、上記のように認定されている。

（消費者庁公表文より）

　同社は、第2に、107店舗（なお、対象事業者の公表文によると、サービスを提供する全店舗数は177店舗）で提供するペットホテルについて、屋外での散歩が実施されているかのように示す表示をしていたが、実際には、全くまたは一定の割合で、屋外での散歩は実施していなかった（屋内での散歩にとどまった。27店舗では未実施、80店舗では一定割合未実施）。

　「お散歩1日2回」および「夕方のお散歩」と記載するとともに、犬を外で散歩させる写真を掲載することから、上記のように認定されている。

（消費者庁公表文より）

　ペットのトリミングサービスやペットホテルにおいて、預託されたペットの取扱いについて、一定の水準ないし内容で取扱う旨を積極的に表示している場合、それらは、基本的には一般消費者におけるサービスの利用の有無や、利用するサービスの選択において重要な要素となると考えられるため、それに関する表示が、優良誤認表示の対象となる役務の「品質」に関する表示に当たる。

　なお、消費者庁の公表文では、「屋外での散歩」と、「散歩」という用語を使用しているだけでは屋外で行われるべきものという評価はせずに、犬を外で散歩させる写真が表示されていることをもって、「散歩」の中でも、特に「屋外」で行う散歩を行う旨を表示していたと認定している。この点については、か

§5(1)–6(2)

かる写真の表示がなかったとしても、「散歩」という表現のみで一般消費者をして屋外で実施される散歩が提供されるものと認識させたという評価を行う余地もあったものと考えられるが、より確実性の高い認定を行ったものと推察される。

また、担当官解説(佐々木雅也「イオンペット株式会社に対する措置命令及び課徴金納付命令について」公取838号(2020)87頁)では、本件表示が生じた原因について、例えば、炭酸泉シャワーについて、設備が故障したり撤去されていたりしていたのにもかかわらず、当該状況が把握できる確認体制となっていなかったことや、本社から店舗に対して、表示どおりのサービス提供を行うべきことが具体的に指示されていなかったなど、①表示物の決裁時に表示内容の確認方法の不備や、②掲示した表示物のフォロー体制の未確立が原因であったと評価している。

　(f)　株式会社 gumi および株式会社スクウェア・エニックスに対する件(措置命令令和3年6月28日)**(事例⑩)**—オンラインゲームにおけるガチャ　　オンラインゲーム上で提供されるガチャにおいて、1枠ごとに提供割合に従って抽選が行われるかのように示す表示をしていたが、1枠ごとに抽選が行われるものではなく、実際には以下のような方法により提供されていたため、1枠ごとに提供割合に従って抽選が行われれば提供される可能性のあった10枠分のアイテムの組み合わせのほとんどが、絶対に提供されないものであった。

> ①一定の提供割合に基づいた配列のリストを2種類作成する(リストにおける配列の順番はランダムに決定されたものである。ただし、このリストは一般消費者に共通するものであって、異なる配列の順番の新たなリストが作成されることはない。すなわち、提供割合が3.12500% に設定されている31種類の UR ユニットについてはそれぞれ2体ずつ、提供割合が1.56250% に設定されている2種類の UR ユニットについてはそれぞれ1体ずつの合計64体(31種類の UR ユニット×2体+2種類の UR ユニット×1体=合計64体)から構成されているところ、この2種類のリストにおける UR ユニットの並び順は、それぞれ、合計64体がランダムに並べられている)
> ②ガチャを実行した一般消費者に、2種類あるリストのうちどちらを適用するのかについて、抽選を行う
> ③一般消費者がガチャを実行した結果は、②の抽選によって用いることが決まったリストにおける UR ユニットの並び順に基づいて、連続する10体の UR ユニットが提供されることで決定される。また、次以降にガチャを実行し、②の抽選によって、前の一般消費者と同じ UR ユニットのリストが用いられることとなった一般消費者の結果は、前の一般消費者の結果の続きから、連続する10体の UR ユニットが提供されることで決定される
> ④③の工程において UR ユニットのリストが1周した場合は、再び各リストの先頭に戻り、各リストの順番どおりに結果が決定される

§ 5 (1)–6 (2)

オンラインゲームのガチャの取引画面において、「召喚は1回ごとに、その提供割合にもとづいて抽選を行います」、「また、『1st Anniversary 1回限定 UR10枠確定10連召喚』からは同じ『ユニット』および『ビジョンカード』が出現する場合がございます」などと記載していたことから、1枠ごとに提供割合に従って抽選が行われるかのように示す表示をしたものと認定されている。

オンラインゲームにおけるガチャのキャラクター等（上記措置命令においては「ユニット」）の提供割合は、一般消費者が当該ガチャを利用するか否かというサービスの選択において重要な要素となると考えられるため、これが優良誤認表示の対象となる役務の「品質」に関する表示に当たることについては特に異論はないと思われ、事実と異なる表示を行った場合には、優良誤認表示となることは明らかである。本件は、提供割合に齟齬がないとしても、抽選方法に齟齬が生じる場合には、優良誤認表示に該当するものとされた点に特徴があるといえよう。1枠ごとに提供割合に従って抽選が行われた場合には、相当数の提供結果のパターンが生じ得るところ、本件の提供方法では、提供結果のパターンが非常に限定的となるため、実質的に提供割合に齟齬を生じるのと等しいため、優良誤認表示と評価された。

(g) 金融関係 (i) 株式会社エムアイカードに対する件（措置命令令和元年7月8日） この件では、優良誤認部表示に該当する事実のみを解説する。

株式会社エムアイカードは、自社の発行するクレジットカードについて、新規に本件役務の提供に係る契約を締結し、かつ、三越伊勢丹グループの百貨店において商品の購入または役務の提供を受ける際の代金決済に本件役務を利用した場合、入会初年度においては、当該利用額の8％分のポイントが付与されるかのように示す表示をしていたが、実際には、例えば、3000円未満の商品の購入または役務の提供を受ける際の代金決済に本件役務を利用した場合には当該利用額の1％分のポイントしか付与されないなど、表示内容に反して利用額の8％分のポイントが付与されない場合があった。

具体的には、「三越伊勢丹グループ百貨店でのご利用で初年度8％ポイントが貯まります」「百貨店でお得！初年度ポイント率8％！」「百貨店でお得！」「ポイントが早く貯まる！」「MICARD⁺ GOLD に新規でご入会いただくと三越伊勢丹グループ百貨店内のお買物で初年度8％ポイントが貯まる！」等と記載をしていたことから、上記のように認定されている。なお、「※ボーナス1回払いの場合は、1％ポイントとなります」「※セール品、福袋、送料、お仕立て代、加工料、修理代、箱代、一部のブランド、特定商品などは特典対象外となります」等の打消し表示がなされていたが、強調表示から離れた箇所に小さく表示されたハイパー

§ 5 (1)–6 (2)

(消費者庁公表文より抜粋)

§ 5(1)-6(2)

リンクをクリックしなければ表示されない別のウェブページに表示されるものであること等から、有効な打消し表示とは評価されないとされている。

クレジットカードサービスにおいて、ポイント付与率等の情報は、一般消費者におけるサービスの利用の有無や、利用するサービスの選択において重要な要素になっていると考えられるため、それに関する表示が、優良誤認表示の対象となる役務の「品質」に関する表示に当たり得る。なお、ポイント付与率についての表示は、取引条件に係る表示として有利誤認表示の対象となる場合もあるが、本件では、対象役務がクレジットカードサービスであるため、対象役務の「品質」に関する表示として、優良誤認表示の対象となる。

ただし、クレジットカードサービスにおけるポイントの付与については、対象取引(取引内容、加盟店等)、対象期間、ポイント付与の上限など、様々な例外が存在している場合があるところ、それにもかかわらず、ポイント付与率の最高額が強調して表示される傾向にある。そのような表示は、強調表示された高いポイント付与率が適用されない場合の数量、割合や、強調表示された高いポイント付与率が適用されない場合があることについて表示内容から一般消費者が予見可能であるかなどの状況に応じて、一般消費者の誤認を防止するための適切な打消し表示が行われていなければ不当表示となるおそれがある。

本件では、「三越伊勢丹グループ百貨店でのご利用で初年度8%ポイントが貯まります」等、対象店舗での取引であれば、常に8%ものポイントが付与されるかのような表示をしていた一方で、次のような例外があったことが認定されている。

番号	ポイント付与に係る例外条件
1	3000円未満の商品の購入または役務の提供を受ける際の代金決済にエムアイカードプラスゴールドを利用した場合、利用額の1%分のポイントしか付与されないものであった。
2	食料品の購入ならびにレストランおよび喫茶において役務の提供を受ける際の代金決済にエムアイカードプラスゴールドを利用した場合、利用額の1%分のポイントしか付与されないものであった。
3	エムアイカードプラスゴールドの利用に係る支払方法をボーナス1回払いとした場合、利用額の1%分のポイントしか付与されないものであった。
4	セール品、福袋、一部のブランドの商品その他の特定商品の購入および送料、お仕立て代、加工料、修理代、箱代等に係る役務の提供を受ける際の代金決済にエムアイカードプラスゴールドを利用した場合、ポイントは付与されないものであった。

このような例外取引が、どの程度の割合を占めていたのかなどは明らかではないものの、例えば、番号1の3000円未満の取引や、番号2の食料品の購入ならび

332 第2章 景品規制・表示規制

§ 5 (1)–6 (2)

にレストランおよび喫茶店の利用は、相当な割合を占めていた可能性があるように考えられる。このような重大な例外があったにもかかわらず、強調表示においては何らの留保も表示されておらず、かつ、打消し表示の明瞭性も低かったことから、不当表示と認定され、措置命令に至った。なお、強調表示における留保としては、例えば、「最大8％」と表示をしたり、また、打消し表示の表示方法としては、例えば「一部、対象外取引があります」といった表示がなされる例が広告実務においては比較的多くみられるように思われるが、これらの表示であっても、打消し表示として有効に機能し、不当表示の成立を妨げるかどうかは、例外の内容や割合などにもよると考えられる。

(ii) アメリカン・ライフ・インシュアランス・カンパニーに対する件(排除命令平成19年10月19日)　当該保険に加入すれば、被保険者が上皮内新生物にり患していると診断された場合には一時金が60万円支払われるかのように示す表示をしているが、実際には、当該一時金は、被保険者が上皮内新生物にり患していると診断され、かつ、その治療を目的とした入院中に所定の手術をしたときに支払われるものであり、上皮内新生物にり患していると診断されただけでは支払われないものであった。

一般日刊紙による広告において、「総合保障で、家計と家族を守る！」と題して、「ガン 悪性新生物 一括300万円 ガン診断一時金250万円＋生活習慣病一時金50万円(上皮内新生物の場合は一括60万円)」と記載し、当該広告を見て資料請求を行った一般消費者に配付したパンフレットにおいて、当該パンフレットの最初の見開きの左側紙面に「生活習慣病」と題して、「アリコの元気によくばり保険なら 生活習慣病保障 ガン (悪性新生物) 一括300万円 (上皮内新生物60万円)」と、さらに次の見開きの左側紙面に「『標準コース(YAH プラン)』のポイント」と題して、「ガン(悪性新生物)の場合、一括300万円が受け取れます」と記載の上、「生活習慣病の中でも、ガン(悪性新生物)の場合には、特に手厚く保障します(上皮内新生物の場合は一括60万円)。2年に1回を限度としてガン診断一時金は何度でも、生活習慣病一時金のガンに関する保障は他の生活習慣病一時金と通算して最高10回まで受け取れます」と記載していたことから、上記のように認定されている。

保険サービスにおいて、どのような場合にどのような補償が行われるのかは、保険サービスの本質的な要素であって、消費者がサービスを選択する場合に重要な要素となるものと考えられ、これに関する表示が優良誤認表示の対象となる役務の「品質」に関する表示に当たる。

したがって、サービスの内容や条件について、訴求する場合(いわゆる強調表示)、例外や付加的な条件があるにもかかわらず、これを記載しない場合には、優良誤

認表示となる。

　本件においては、上記パンフレットにおいて、「保障プラン」と題する表の欄外ならびに最終紙面の「支払事由について」と題して一時金等の支払事由を列挙している欄のうち「生活習慣病一時金」の欄および「ガン診断一時金」の欄に、被保険者が上皮内新生物にり患した場合に一時金が支払われるのは上皮内新生物にり患していると診断され、かつ、その治療を目的とした入院中に所定の手術をしたときである旨をそれぞれ記載されていたが、これらの記載は、本件パンフレットの記載と同一視野に入る箇所に記載されたものではなく、かつ、本件パンフレットの記載と比して小さい文字によるものであって見やすく記載されたものではなかったため、強調表示によって一般消費者に生じた誤認を解消するものではないと評価された。

　なお、本件においては、新聞広告とパンフレットの表示の2点を併せて問題としているところ、担当官解説(細井利洋「アメリカン・ライフ・インシュアランス・カンパニーに対する排除命令について」公取688号(2008)63頁)は、新聞広告は資料請求広告であり、当該広告を見た一般消費者が直ちに保険の加入申込みをすることはできず、契約するためには資料請求を行い、パンフレット等を入手する必要があったため、新聞広告とパンフレットを関連付けて判断する必要があったものと考えられるとの指摘がなされている。

　しかしながら、優良誤認表示の対象となる「表示」に当たるためには、商品または役務の取引についての表示であることは必要であるものの、必ずしも当該表示のみをもって商品・役務の購入ができる必要はないはずであり(特商法の定める通信販売における広告〔特商11〕においては、消費者がその表示により契約の申込みをすることができるものであることが必要と解されている)、新聞広告単独でも優良誤認表示とすることは可能であったように思われる。

　(h)　環境関係　　(i)　製紙会社8社に対する件(排除命令平成20年4月25日)
製紙会社8社に対する件における、対象事業者名、商品名、表示内容、実際の古紙配合率などは次の一覧表のとおりである。

事業者名	商品名	表示媒体	表示期間	表示内容	実際の古紙配合率
王子製紙株式会社	NEW やまゆり100	商品ラベル	遅くとも平成18年4月頃から平成19年9月頃まで	古紙100%	大部分の期間において50～75%
		箱		古紙100%、古紙100%再生紙	

§ 5 (1)-6 (2)

紀州製紙 株式会社	再生 PPC100	商品ラベル および箱	遅くとも 平成16年10月頃から 平成20年1月頃まで	再生 PPC100、 古紙パルプ配 合率100%	大部分の期 間において 42〜53%
大王製紙 株式会社	リサイクル100	包装紙 および箱	遅くとも 平成15年4月頃から 平成20年1月頃まで	リサイクル 100	大部分の期 間において 27〜40%
		商品ラベル (一部の商品)		コピー・ワー プロ用再生紙 100%	
	再生 PPC-W JAN	包装紙	遅くとも 平成15年4月頃から 平成20年1月頃まで	古紙配合率 100%	大部分の期 間において 5〜13%
		箱		古紙配合率 100%、R100	
		商品ラベル		古紙100%	
	プランテッド PPC	包装紙 および箱	平成18年6月頃から 平成20年1月頃まで	(古紙40%＋植 林木60%)パル プ使用	大部分の期 間において 5〜23%
	FS プランテッ ド PPC		平成18年10月頃から 平成20年1月頃まで		
中越パル プ工業株 式会社	レジーナ PPC100	包装紙、 商品ラベル および箱	遅くとも 平成16年8月頃から 平成20年1月頃まで	100% 再生紙、 古紙パルプ配 合率100%	大部分の期 間において 27〜30%
日本製紙 株式会社	リボン PPC 用 紙ナチュラル	ウェブサイト	遅くとも 平成16年4月頃から 平成19年5月頃まで	古紙配合率 70%	大部分の期 間において 11〜20%
	リボン PPC 用 紙クリーン		遅くとも 平成16年4月頃から 平成19年9月頃まで		大部分の期 間において 15〜22%
	FCP-UP	包装紙 および箱	平成15年6月頃から 平成20年1月頃まで	㉚、古紙	大部分の期 間において 15〜18%
	イメージア				大部分の期 間において 7〜22%
北越製紙 株式会社	マリコピー R70	包装紙および 商品ラベル	遅くとも 平成17年4月頃から 平成19年9月頃まで	マリコピー R70	大部分の期 間において 2%
		箱		マリコピー R70、 再生 PPC 用紙	
丸住製紙 株式会社	やしま R100	包装紙	遅くとも 平成17年4月頃から 平成20年1月頃まで	RECYCLE PAPER、 やしま R100	大部分の期 間において 49〜58%
		箱		やしま R100、 再生 PPC	

丸住製紙株式会社	やしまR100	ウェブサイト	遅くとも平成17年4月頃から平成20年1月頃まで	やしまR100、古紙を100%原料として環境を配慮した白色度70%のPPC用紙です	大部分の期間において49〜58%
三菱製紙株式会社	三菱PPC用紙REB100	包装紙	遅くとも平成19年1月頃から同年2月頃まで	古紙パルプ配合率100%	55%
		箱		再生100%PPC用紙、古紙パルプ配合率100%	
	三菱PPC用紙REB100-CH	包装紙	遅くとも平成19年2月頃から平成20年1月頃まで	古紙パルプ配合率100%	
		箱		再生100%PPC用紙、古紙パルプ配合率100%	

表示されていた画像の一例は次のとおりである。

平成20(2008)年1月頃に、表示と実際の古紙配合率が乖離している問題について報道がなされた。担当官解説(守本洋明＝川木秀昭「製紙会社8社に対する排除命令について」公取695号(2008)62頁)によれば、本件で措置命令の対象となった8社を含む製紙会社18社が、自社製品について、実際の表示と古紙配合率に乖離があったことを公表しており、偽装数量は月当たり9万7371tであった。

実際の表示と古紙配合率に乖離があったとして各社が公表している紙の品種は多岐にわたるが、本件は、最終製品として製紙会社が製造した取引先流通業者を通じて一般消費者に販売していたのは再生紙コピー用紙であったことから、国内

§ 5 (1)−6 (2)

において再生紙コピー用紙を製造販売していた8社に対して、排除命令が行われたものである。なお、8社の月当たり平均偽装数量は18社の月当たり偽装数量の約9割（8万7990 t）を占めている。

　環境問題への関心はますます高まっているところ、実態よりも環境に良い商品である旨の表示をすることは、たとえ紙の品質自体には変わりがなかったとしても、優良誤認表示になり得るものである。

　(ii)　株式会社BMターゲット等に対する件（措置命令令和4年12月19〜23日）（**事例㉓**）─プラスチック製品の生分解性能　　プラスチック製品の生分解性能に係る対象商品は、第1に、カトラリー、ストロー、カップ等、第2に、ゴミ袋およびレジ袋、第3に、釣り用品、第4に、エアガン用BB弾である。

　第1に、ウェブサイトにおいて、「堆肥化可能の生分解性カトラリー」「堆肥化可能な生分解性PLAを使ってのカトラリーは約3か月で土に還ります。脱プラは必要ですが、カトラリーとしても強度も必要であり、このBMTトウモロコシPLAカトラリーはecoと利便性を兼ね備えた商品です」、水の上に植物の葉がある画像と共に、「PLA　環境にやさしい　海に還る生分解性」等と表示するなどにより、あたかも、使い捨てられても約3か月で土や海に還る生分解性等を有するかのような表示等をしていたが、表示の裏付けとなる合理的な根拠を示すことができなかった。

　第2に、ウェブサイトにおいて、「PLA＋PBAT　ポリ乳酸　環境に優しい　完全生分解性プラ　脱プラ対策」「PLA 生分解性プラスチック」「PLA樹脂(ポリ乳酸)は、環境中の水分により加水分解を受けて低分子化され、微生物などにより最終的には二酸化炭素と水にまで分解されます」等と表示するなどにより、あたかも、投棄されまたは埋め立てられても自然環境中で微生物によって水と二酸化炭素に分解される生分解性等を有するかのような表示等をしていたが、表示の裏付けとなる合理的な根拠を示すことができなかった。

　第3に、商品パッケージにおいて、「生分解　生分解性くわせエサ」「本品は水中の微生物によって分解される生分解性樹脂を使用しており、保存液も含め全て魚や人体に無害です」等と表示することにより、あたかも、使用後に水中に残されたままでも、水中の微生物によって分解される生分解性等を有するかのような表示等をしていたが、表示の裏付けとなる合理的な根拠を示すことができなかった。

　第4に、ウェブサイトにおいて、「屋外フィールドの必需品!!　100%分解される高品質の生分解エコロジーBB弾」「[生分解プラスティック・ポリ乳酸とは]ポリ乳酸は、環境中の水と微生物によって、最終的には二酸化炭素と水に分解され

第2章　景品規制・表示規制　　*337*

§ 5(1)-6(2)

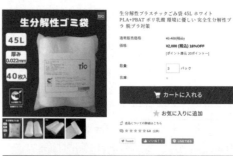

§ 5 (1)−7

る素材です」等と表示するなどにより、あたかも、使用後に使用環境中に残されたままでも使用環境中の水と微生物によって二酸化炭素と水に分解される生分解性を有するかのような表示等をしていたが、表示の裏付けとなる合理的な根拠を示すことができなかった。

　本件は、生分解性を謳う表示について、同時期に10社に対して措置命令を行ったものである。

　環境に配慮しているように装ういわゆるグリーンウォッシングへの対応は、SDGs等の広がりを背景に、世界的に注目される分野であり、日本においても2050年のカーボンニュートラルの実現に向けた取組みが行われるなど、環境に対する意識が高まっているところ、環境表示の重要性に鑑み、一斉に行政処分が行われたものと考えられる。

　生分解性に係る表示については、例えば、日本バイオプラスチック協会が生分解性プラスチックの名称を使用するに際して一定の基準を定めるなど、業界団体による自主基準も定められているところ、これらの基準も参照し、適切な表示をすべきである。

7　「事実に相違して競争事業者に係るものよりも著しく優良であると示す表示」

　「競争事業者に係るものよりも著しく優良であると示す表示」について、5条2号の優良誤認表示における同種の表示とは異なり「事実に相違して」という要件を設けている。

　この「事実に相違して」という要件は、「競争事業者に係るものよりも著しく優良であると示す」表示には、景表法上問題となるものであることを基礎づける、有利誤認表示でいえば、「一般消費者に誤認される」という要件がないため、追加されているとされる。

　最近では、優良誤認表示に該当する表示のうち、「事実に相違して競争事業者に係るものよりも著しく優良であると示す表示」に該当するとされた事例の数は極めて少ない。それらの事例をみても、「事実に相違して」については特に触れていない。

　「競争事業者に係るものよりも著しく優良であると示す表示」「競争事業者に係るものよりも著しく優良又は有利であると誤認させる表示」については、不実証広告規制の導入前または公取委所管時までは「比較広告に関する景品表示法上の考え方」（公取委事務局昭和62年4月21日）（いわゆる、「比較広告ガイドライン」）がもっとも有益な基準を示すものであった。

　消費者庁は、平成28(2016)年4月1日に比較広告ガイドラインを公表している。

第2章　景品規制・表示規制　　*339*

§ 5 (1)-7

それによると、比較広告とは、自己の供給する商品等について、これと競争関係にある特定の商品等を比較対象商品等として示し、商品等の内容または取引条件に関して、客観的に測定または評価することによって比較する広告をいう。

比較広告ガイドラインは、比較広告が不当表示にならないようにするためには、①比較広告で主張する内容が客観的に実証されていること、②実証されている数値や事実を正確かつ適正に引用すること、③比較の方法が公正であること、という3つの要件をすべて満たす必要があるとしている。

したがって、①実証されていない、または実証され得ない事項を挙げて比較するもの、②一般消費者の商品選択にとって重要でない事項を重要であるかのように強調して比較するものおよび比較する商品を恣意的に選び出すなど不公正な基準によって比較するもの、③一般消費者に対する具体的な情報ではなく、単に競争事業者またはその商品を中傷しまたは誹ぼうするもの、は不当表示に該当するおそれがあるとしている。

商品の品質について「事実に相違して競争事業者に係るものよりも著しく優良であると示す表示」に該当するとした最近の事例は、株式会社ダッドウェイに対する件のみである。

株式会社ダッドウェイに対する件（措置命令令和元年12月20日）（**事例⓭**）では、抱っこひも4商品に関する表示が優良誤認表示に該当するとされた。

同社は、店頭表示物、商品カタログおよび自社ウェブサイトにおいて、「肩への負担が7分の1（他社比）」等と表示することによって、本件4商品を使用して乳幼児を対面抱きまたはおんぶした際に使用者の身体に掛かる負担は他社の商品に比して肩への負担が7分の1または14％であるとして、他社の商品に比して肩への負担等が著しく少ないかのように示す表示をしているまたはしていた。ただし、本件4商品に肩への負担を軽減する効果がなかった旨の認定まではしていない。

「肩への負担が7分の1（他社比）」「快適性を使用者にかかる圧力で比較すると、一般的な腰ベルト付き抱っこひもを100とした場合、エルゴベビーはわずかその14％程度、つまり負担がきわめて少ない、という実験結果が出ています。抱いた赤ちゃんが自然に中央に導かれる立体設計により、親子ともにバランスの良い抱っこ姿勢を保てることも、疲れにくい理由のひとつです」等と表示して、あたかも本件4商品を使用して乳幼児を対面抱きまたはおんぶした際に使用者の身体にかかる負担が他社の商品に比して著しく少ないかのように表示していた。消費者庁は、当該表示の裏付けとなる合理的な根拠を示す資料の提出を求め、ダッドウェイから提出された資料が表示の裏付けとなるかについて、専門家に意見を聴

340 第2章 景品規制・表示規制

§ 5⑴-7

取するなどして検討した結果、合理的な根拠を示すものとは認められないと判断した。

この件は、他の事業者が供給する商品との比較に関する表示について優良誤認表示と認定した事案である。消費者庁は、本件表示が「事実に相違して競争事業者に係るものよりも著しく優良であると示す表示」に当たるとしたが、「事実に相違して」の解釈には一切触れておらず、「事実に相違して競争事業者に係るものよりも著しく優良であると示す表示」に当たるかが包括的に判断されている。

本件担当官解説では、本件はいわゆる比較広告について措置命令を行った事例であるとし、比較広告ガイドラインでは、適正な比較広告の要件として、①比較広告で主張する内容が客観的に実証されていること、②実証されている数値や事実を正確かつ適正に引用すること、および③比較の方法が公正であることを挙げている。しかし、本件表示についての比較広告ガイドラインの3要件への当てはめは解説されておらず、本件では不実証広告規制が優先適用されている、または不実証広告規制により結論が導かれたと評価される（宗田直也＝美濃部翔司「株式会社ダッドウェイに対する措置命令及び課徴金納付命令について」公取851号(2021)89頁）。

いずれにせよ、「実際のものよりも著しく優良、有利であるもの」に該当するとされた事例と比べて「競争事業者に係るものよりも著しく優良、有利であるもの」に当たるとされた事例の数は少ない。

他の事業者が供給する商品または役務との比較に関する表示について、近年消費者庁が優良誤認表示または有利誤認表示に該当すると認定した事案としては次のような事例が挙げられる。

株式会社ARSに対する件（課徴金納付命令平成30年6月29日）では、日常生活における各種トラブルを解決するための9役務に係る表示が優良誤認表示に該当するとされた。そのうち、比較サイトにおける同業他社との比較表示について、「電気の110番救急車」と称する電気トラブル解決サービス、「街の電気屋さん」と称する屋号による電気トラブル解決サービスおよび「ライフ救急車」と称する屋号により電気トラブル解決サービスの各役務について、それぞれ、実際には株式会社ARSが運営しているにもかかわらず自社とは無関係の事業者が運営するものであるかのように装って「電気のトラブルお助け隊」と称する比較サイトにおいて、あたかも、当該サイト運営事業者が、50を超す電気トラブル解決サービス提供事業者から選定した15事業者のサービス内容を客観的に比較した結果、「電気の110番救急車」と称する電気トラブル解決サービスが第1位、「街の電気屋さん」と称する屋号による電気トラブル解決サービス第2位、「ライフ救急車」と称する屋号により電気トラブル解決サービスが第3位として評価されたかのように示す表示

第2章　景品規制・表示規制　*341*

§ 5 ⑴-7

をしていた。

　さらに「クラピタル」と称する屋号による害虫トラブル解決サービスについて、実際には株式会社 ARS が運営しているにもかかわらず自社とは無関係の事業者が運営するものであるかのように装った「害虫＆害獣駆除業者比較ナビ」と称する比較サイトにおいて、あたかも、当社サイト運営事業者が、全国から選定した15の害虫トラブル解決サービス提供事業者のサービス内容を客観的に比較した結果、「クラピタル」と称する屋号による害虫トラブル解決サービスが第1位として評価されたように示す表示をしていた。

　上記表示について、消費者庁は8条3項の規定に基づき、株式会社 ARS に対し、当該表示の裏付けとなる合理的な根拠を示す資料の提供を求めたが、同社は当該資料を提出しなかった。

　ニフティ株式会社に対する件(措置命令平成24年6月7日)では、「@nifty WiMAX」と称するモバイルデータ通信サービスに係る表示が優良誤認表示および有利誤認表示に該当するとされた。

　ニフティ株式会社は、「他社サービス比較表〜@nifty なら他社 WiMAX サービスに比べても安い！〜」「料金の安さだけでなく、サービス充実度も合わせて他社 WiMAX サービスと比べてください！」と記載の上、ニフティ株式会社、UQ コミュニケーションズ、NEC ビッグローブ株式会社および株式会社ヤマダ電機がそれぞれ提供する「Flat 年間パスポート」と称する WiMAX サービスのプランの料金ならびに電子メールサービス、ブログサービス等の有無を記載した一覧表を掲載するとともに、当該一覧表において、ヤマダ電機が提供する Flat 年間パスポートプランには電子メールサービスが付属していない旨を記載していた。実際には、ヤマダ電機は、Flat 年間パスポートプランの無料オプションサービスとして電子メールサービスを提供していた。

　また、「ノート PC にもスマートフォンにもこのアイテム1つでネットに繋げる」「光ファイバーや ADSL の代わりに」と記載の上『@nifty WiMAX Flat 年間パスポート』なら、月額3,591円」と記載し、「自宅と外出用の回線を『@nifty WiMAX(ワイマックス)』だけにするととても節約できる上に、タブレットが3G回線よりもはるかに高速になります」と記載の上、「@nifty WiMAX(ワイマックス) Flat 年間パスポート3,591円」と記載していた。実際には、ニフティ株式会社が提供する光ファイバー回線または電話回線を利用したインターネット接続サービスと併用した Flat 年間パスポートを利用した場合の月額費用が3591円であり、Flat 年間パスポートのみを利用した場合の月額費用は、3853.5円であった。

　さらに、競争者に関するものよりも有利であると表示したことが有利誤認表示

342　　第2章　景品規制・表示規制

§ 5 (1)-8

に該当するとされた事例として、ジュピターショップチャンネル株式会社に対する件（措置命令平成30年3月16日）（**事例㊺**）がある。

この件では、テレビショッピングにおける宣伝の会話などにおいて、本件40型テレビに係る他の販売業者の販売価格は、同日時点において最低でも15万円程度であって、同社の実際の販売価格が当該他の販売業者の販売価格に比して安いように表示していたが、実際には、同日時点において、本件40型テレビに係る他の販売事業者は、15万円を下回るものが複数存在し、同社の実際の販売価格を下回るものも複数存在した。

8 「不当に顧客を誘引し、一般消費者による自主的かつ合理的な選択を阻害するおそれがあると認められるもの」

本号に「不当に顧客を誘引し、一般消費者による自主的かつ合理的な選択を阻害するおそれがあると認められるもの」が規定されている。この要件は、本号および本条2号、3号に共通の要件として規定されている。

この要件は、旧4条1号において「不当に顧客を誘引し、公正な競争を阻害するおそれがある」と規定されていた当時から、不要な要件であると解されていた。

日本交通公社事件（公取委審判審決平成3年11月21日審決集38巻3号）は、「『実際のものよりも著しく優良であると一般消費者に誤認される』ものは、通常『不当に顧客を誘引し、公正な競争を阻害するおそれがある』ものと解される」とした。実際のものよりも著しく優良であると一般消費者に誤認されるものであることが立証されれば、当該表示は、当然に「不当に顧客を誘引し、公正な競争を阻害するおそれがある」と認められるから、それについて立証する必要はないと解されてきた（波光巌「海外主催旅行の募集広告の不当表示」厚谷襄児＝稗貫俊文編『独禁法審決・判例百選〔第6版〕』（有斐閣・2002)218頁）。ちなみに、波光・前掲の解説において、いくつかの文献（吉田文剛『景品表示法の実務』（ダイヤモンド社・1970)207頁、黒田武＝本城昇編著『事例詳解景品表示法』（公正取引協会・1987)110頁、佐藤一雄『新講・現代消費者法』（商事法務研究会・1996)79頁）を引用して、この解釈が学説の支持するところであるとしているように、この要件が立証する必要のない当然に認められるものであるというのが確定解釈であった。

景表法が消費者庁に移管されて「不当に顧客を誘引し、一般消費者による自主的かつ合理的な選択を阻害するおそれがあると認められるもの」に変更後も同一解釈が採用される。

大阪地判令和3年4月22日は、「一般消費者は、商品等の内容、取引条件という商品等の選択上重要な要素について誤認させられた状態において、自主的かつ

第2章 景品規制・表示規制　343

合理的な選択を行うことができないことは明らかであることから、『一般消費者に誤認される表示』であると認められれば、通常、『一般消費者による自主的かつ合理的な選択を阻害するおそれがある』と認めることができる」としている。むしろ「通常」という文言は例外があるように解される余地があることから、通説に従い「通常」を削除することが望ましい。

　現在における解説書でも、「規定する一般消費者に誤認される表示であると認められれば、通常『不当に顧客を誘引し、一般消費者による自主的かつ合理的な選択を阻害するおそれがあると認められる』に該当すると解される」(高居〔第7版〕70頁)としている。高居〔第7版〕では、先例として日本交通公社に対する審決(平成3年11月21日)を引用している。また、渡辺実務では「一般消費者に対し、実際のものよりも著しく優良であると示す表示」等のそれまでの要件を満たすのであれば、この要件も満たされるからである」とし、「実務上、この要件が単独で問題となることは基本的にない」としている(実務51頁)。

　その意味では、今日では、廃止、削除してもかまわない文言、要件である。結局は不要な規定、要件が存在する場合に、学者が使用する典型的言い回しであるが、1条の目的規定の趣旨を念のために、確認するための規定であると解するしかない。

〔村上政博＝藤井大悟＝鈴木弘記〕

〔有利誤認表示〕

第5条　(2)　商品又は役務の価格その他の取引条件について、実際のもの又は当該事業者と同種若しくは類似の商品若しくは役務を供給している他の事業者に係るものよりも取引の相手方に著しく有利であると一般消費者に誤認される表示であつて、不当に顧客を誘引し、一般消費者による自主的かつ合理的な選択を阻害するおそれがあると認められるもの

1　総　　論　　*2*　価格に関する有利誤認表示　　*3*　その他の取引条件に関する有利誤認表示

1　総　　論

（1）　**規　　定**　　本号には、不当表示の一種として、「商品又は役務の価格その他の取引条件について、実際のもの又は当該事業者と同種若しくは類似の商品若しくは役務を供給している他の事業者に係るものよりも取引の相手方に著しく

§ 5⑵-*1*⑵

有利であると一般消費者に誤認される」表示が掲げられている。これが「有利誤認表示」と呼ばれる類型である。

事業者は、自己の供給する商品または役務の取引について、上記に該当する表示であって、「不当に顧客を誘引し、一般消費者による自主的かつ合理的な選択を阻害するおそれがあると認められる」表示を行ってはならない。

⑵ **解　釈**　⒜「価格その他の取引条件」　「価格その他の取引条件」とは、商品または役務の内容そのものを除いた取引に係る条件を指し、価格・料金の額のほか、数量、支払条件、景品類、各種サービス、保証や商品または役務に付随する経済上の利益など多様な事項を含む。

具体例を挙げれば以下である。

①価格・料金の額：(直接明示される)金額、(間接的に示される)割引率、安さの理由や程度を説明する文言

②数量：商品の個数、内容量、重量等やサービスの回数、時間

③支払条件：現金払いや分割払いといった支払方法、支払期限、手数料、解約条件

④景品類：提供の有無、内容、価額、種類、提供方法、当選率

⑤各種サービス：配送・取付け・回収などの付随的サービス、修理・補修・検査などのいわゆるアフターサービス

⑥保証：内容、期間、条件

⑦経済上の利益：設備投資に対する利益、投資額の回収期間

⒝「実際のもの又は当該事業者と同種若しくは類似の商品若しくは役務を供給している他の事業者に係るものよりも取引の相手方に著しく有利であると一般消費者に誤認される」　(i)　想定される場合　価格その他の取引条件について、実際のものよりも取引の相手方に有利に表示する場合、または競争事業者に係るものよりも取引の相手方に有利に表示する場合が規定されている。

後者については、自己の取引条件を有利に表示する場合だけでなく、競争事業者の取引条件を不利に表示する場合も想定される。また、競争事業者の取引条件について、事実を表示している場合でも、競争事業者と自己の取引条件との間に差がなく、同一の不利な点があるにもかかわらず、これを競争事業者の取引条件のみの欠点として表示するなど、競争事業者との比較の方法が公正でない場合も含まれる。

(ii)「取引の相手方に(著しく)有利」　「取引の相手方」とは、実際に取引をする一般消費者だけでなく、取引の相手方となるべき一般消費者も含まれる。

また、一般消費者の誰にとっても有利であると認識される場合だけではなく、

§ 5 (2)-*1*(2)

特別な事情のある一般消費者にとってのみ有利であると認識される場合であっても、そのような事情のある一般消費者であれば誰にとっても有利であると認識する場合には、本要件を満たす。

　さらに、取引条件自体については事実が記載されている場合でも、当該取引条件が特定の消費者だけに優先的に適用され、他の一般消費者とは異なる特別の取引条件が適用されている、すなわち優遇されていると誤認させるような場合も、取引の相手方に有利と誤認されることになるため、本要件を満たす。例えば、限定された期間内においてのみ割引や返金制度等の適用が受けられるかのように表示しつつ、実際には、それ以外の期間においても同一条件での取引が可能である場合がこれに該当し、近時の具体例としては以下がある。

①課徴金納付命令令和5年8月1日(株式会社バンザンに対する件)(**事例㊻**)

②措置命令令和5年1月12日(株式会社バンザンに対する件)(**事例㊻**)

③措置命令令和5年6月23日(富士通クライアントコンピューティング株式会社に対する件)(**事例6**)

④措置命令令和3年9月14日(株式会社ハビリィに対する件)(**事例5**)

　他にも例えば、「先着○名限定」などと表示しながら、実際にはそれを上回る人数が当該商品を購入可能であった場合などもこれに該当する(措置命令および課徴金納付命令等平成30年10月31日〔株式会社シエルに対する件〕)。

　　(iii)　「**著しく(有利)**」　著しく有利であると誤認される表示か否かは、当該表示が、一般的に許容される誇張の程度を超えて、商品または役務の選択に影響を与えるような内容か否かによって判断される。

　　(iv)　「**一般消費者**」　誤認の主体である一般消費者とは、当該商品または役務についてそれほど詳しい情報・知識を有していない、通常レベルの消費者、一般レベルの常識を有している消費者を指す(高居〔第7版〕67頁参照)。

　　(v)　「**誤認される**」　「誤認」とは、実際のものと一般消費者が当該表示から受ける印象・認識との間に差が生じることをいい、「誤認される」とは、実際に誤認したかや購入したかにかかわらず、そのような誤認が生じる可能性が高いと認められれば本要件を充足する(高居〔第7版〕64頁参照)。価格表示についていえば、当該表示によって販売価格が実際と異なって安いという印象を一般消費者に与えることをいう。

　　(c)　「**不当に顧客を誘引し、一般消費者による自主的かつ合理的な選択を阻害するおそれがあると認められる**」　「取引の相手方に著しく有利であると一般消費者に誤認される」場合、通常は「不当に顧客を誘引し、一般消費者による自主的かつ合理的な選択を阻害するおそれがある」と考えられており、実質的には不要な要件

§ 5 (2)-*2*(1)

である。一般消費者が、取引条件という商品等の選択上重要な要素について誤認させられた状態において、自主的かつ合理的な選択を行うことができないことがその理由である（高居〔第7版〕70～71頁）。

(d) **故意・過失**　事業者の主観的意図は問題とならず、故意・過失も必要ではない（高居〔第7版〕64頁）。

2　価格に関する有利誤認表示

(1) **総　論**　(a) **価格表示ガイドライン**　前述*1*(1)のとおり、有利誤認表示が対象とする「価格その他の取引条件」とは、商品または役務の内容そのものを除いた取引に係る条件全般を指すが、特に販売価格は、事業者にとっては他の事業者との競争において重要な手段となるものであり、他方で消費者にとっても商品または役務の選択上最も重要な情報の1つである。そして、販売価格は事業者による価格表示を通じて伝達されまたは認識されることから、価格表示の適正が確保される必要がある。

そこで、どのような価格表示が一般消費者に誤認を与え、景表法に違反するおそれがあるかを明らかにするため、公取委は価格表示ガイドラインを公表している。

なお、本書においては、価格表示ガイドラインと同様に、わかりやすさの観点から、主に小売業者が一般消費者に対して商品を供給する場合に行う価格表示を前提とした考え方を説明している。もっとも、当該考え方については、同ガイドラインで示されているように、「基本的には、役務の価格表示及び小売業者以外の事業者が行う商品又は役務の価格表示」についても適用される。

(b) **問題となり得る価格表示の類型**　本号の規定から、販売価格に関する表示に関しては、①自己が供給する商品または役務の販売価格について、実際の販売価格よりも著しく有利であると一般消費者に誤認される表示や、②自己が供給する商品または役務の販売価格について、競争事業者の販売価格よりも著しく有利であると一般消費者に誤認される表示が景表法上問題となる（価格表示ガイドライン第2-1(1)）。このうち、「有利であると一般消費者に誤認される」とは、当該表示によって販売価格が実際と異なって安いという印象を一般消費者に与えることをいい、「著しく有利」であると誤認されるか否かについては、前述*1*(2)(b)(iii)で述べたとおり、当該表示が、一般的に許容される誇張の程度を超えて、商品または役務の選択に影響を与えるような内容か否かにより判断される（価格表示ガイドライン第2-1(2)）。

価格表示ガイドラインは、上記を踏まえ、次のような価格表示を行う場合に

§ 5 (2)-2(2)

は、景表法に違反する不当表示に該当するおそれがあるとしている（価格表示ガイドライン第2-2）。

① 実際の販売価格よりも安い価格を表示する場合

② 販売価格が、過去の販売価格や競争事業者の販売価格等と比較して安いとの印象を与える表示を行っているが、例えば、次のような理由のために実際は安くない場合

 ア 比較に用いた販売価格が実際と異なっているとき。

 イ 商品または役務の内容や適用条件が異なるものの販売価格を比較に用いているとき。

③ その他、販売価格が安いとの印象を与える表示を行っているが実際は安くない場合

以下では、価格表示に関する有利誤認表示の考え方およびこれに該当するおそれのある事例について、主要な類型ごとに示す。

なお、価格表示ガイドラインは、各類型に該当する個々の表示について、本号に規定される個別の要件の該当性について明示的に述べることなく、「一般消費者に販売価格が安いとの誤認を与え、不当表示に該当するおそれがある」との評価を行っている。すなわち、ここでは、各類型に該当する場合、当該表示は、通常、「取引の相手方」（「一般消費者」）に「商品又は役務の価格」（「販売価格」）が「実際のもの又は当該事業者と同種若しくは類似の商品若しくは役務を供給している他の事業者に係るものよりも……有利」（「安い」）と「誤認される」（「誤認を与え」る）ものとして、前述 *1* (2)の各要件を満たし得ると整理されていると考えられる。なお、価格表示ガイドラインは、その記載上、販売価格が「安い」との誤認について、その程度が「著し」い場合に限定していない。これは、「商品又は役務（サービス）の選択上最も重要な……情報」である販売価格に関する誤認は、通常、商品または役務の選択に影響を与えるためと考えられる。

(2) **販売価格に関する表示** 商品または役務の販売に際して販売価格が表示される場合、一般消費者は、通常、特段の条件なく、表示された販売価格を負担すれば当該商品または役務を購入できると認識し、当該認識を前提として商品または役務の選択を行うものと考えられる。そのため、特定の商品または役務について販売価格が表示されたにもかかわらず、一般消費者が当該商品または役務を購入するために負担すべき金額が当該販売価格よりも大きい場合や、当該販売価格が適用される場合が限定されているような場合には、一般消費者の上記認識は実態を正しく反映したものではないものとなる。その結果、一般消費者が当該認識に基づいて行った商品または役務の選択は、誤ったものとなり得る。

§ 5 ⑵-2 ⑵

　そこで、価格表示ガイドラインは、販売価格に関する表示についての基本的な考え方として、事業者が販売価格に関する表示を行う場合には、販売価格、当該価格が適用される商品または役務の範囲（関連する商品、役務が一体的に提供されているか否か等）、および、当該価格が適用される顧客の条件について、正確に表示する必要があるとしている。そして、事業者がこれらの事項について実際と異なる表示を行う場合や、あいまいな表示を行う場合には、当該表示については、一般消費者に対して販売価格が安いとの誤認を与え、不当表示に該当するおそれがあるとしている。なお、上記の基本的な考え方については、特定の商品または役務について販売価格を単体で示す場合のみならず、後述⑶以下で述べるような、二重価格表示等における販売価格の表示についても同様に当てはまる（価格表示ガイドライン第3-1）。

　そして、価格表示ガイドラインは、上記のような基本的な考え方を示した上で、事業者が販売価格に関して以下のような表示を行う場合には、当該表示は不当表示に該当するおそれがあるとしている（価格表示ガイドライン第3-2）。

①実際の販売価格より安い価格を販売価格として表示すること。

　（事例）

　　・A不動産会社が、「分譲宅地　価格／1m² 10万円〜12万円〜特選地」と表示しているが、実際には、当該宅地の価格は1m²当たり約14万8000円ないし約18万5000円であるとき。

②通常他の関連する商品や役務と併せて一体的に販売されている商品について、これらの関連する商品や役務の対価を別途請求する場合に、その旨を明示しないで、商品の販売価格のみを表示すること。

　（事例）

　　・A内装工事業者が、「カベ1部屋5000円　クロス張替え」と表示しているが、実際には、5000円はクロスそのものの代金であり別途施工料金が請求されるとき。

③表示された販売価格が適用される顧客が限定されているにもかかわらず、その条件を明示しないで、商品の販売価格のみを表示すること。

　（事例）

　　・A電器店が、「新バージョンソフト　特別価格5000円」と表示しているが、実際には、当該価格は同ソフトの旧バージョンを所有する者だけに適用される特別価格であるとき。

　　・A電気通信事業者が、「国際ダイヤル通話サービス　アメリカまで1分60円」と表示しているが、実際には、当該価格は特定の割引プランに加入し、

§ 5 (2)-2(3)

かつ、1か月当たり一定金額以上の使用実績がある利用者が、深夜・早朝時間帯に3分間通話したときに適用される1分間当たりの料金であるとき。

事例1　措置命令令和5年6月27日（ドミノ・ピザジャパンに対する件）
　事業者は、その提供する料理（対象商品）に関し、チラシ上で、「＼お持ち帰り／半額＼毎日、いつでも、どのピザでも、好きなだけ／　お持ち帰り」、「＼お持ち帰り／半額　Ⓜ¥950（税込）Ⓡ¥1249（税込）Ⓛ¥1550（税込）」および「デリバリーⓂ¥1900（税込）Ⓡ¥2499（税込）Ⓛ¥3100（税込）」等と表示し、あたかもチラシに表示された価格または同価格からクーポンによる割引を適用した価格で対象商品の提供を受けることができるかのように表示していた。しかし、実際は、対象商品の注文に際し、上記チラシに記載されていた「お持ち帰り」「デリバリー」と称する表示価格に加え、「サービス料」と称する価格が加算されるものであった。

事例2　措置命令令和5年8月30日（中国電力株式会社に対する件）
　事業者は、電気の小売供給に関する役務（対象役務）に関し、「スマートコース」と称するコースについて、ウェブサイト上で、「ご家庭のお客さまに最も多くご契約いただいている『従量電灯A』よりも、1年間で約1,200円[※1]おトクになる新コースです。[※2]」、「電気のご使用量が比較的少なく、時間帯を気にせずに電気をご使用になりたいお客さま（月平均ご使用電力量400 kWh以下）におすすめです」等と表示し、あたかも、少なくとも月平均の使用電力量が400 kWh以下の場合のスマートコースの電気料金は「従量電灯A」と称する電気料金を適用する電気の小売供給（以下、「従量電灯A」という）の電気料金より安価であるかのように表示していた。
　また、「シンプルコース」と称するコースについて、パンフレット上で、「『従量電灯A』で電気をたくさん使うご家庭なら年間約10,000円おトクに！　[※2]」「ご家族が多いご家庭や、昼間は家にいることが多いお客さまなど、ご使用量が月平均400 kWhを超えるお客さまにおすすめです」等と表示し、あたかも、少なくとも月平均の使用電力量が400 kWhを超える場合のシンプルコースの電気料金は従量電灯Aの電気料金より安価であるかのように表示していた。
　しかし、実際は、スマートコースにおいて月平均の使用電力量が400 kWh以下の場合であってもスマートコースの電気料金が、また、シンプルコースにおいて月平均の使用電力量が400 kWhを超える場合であってもシンプルコースの電気料金が、それぞれ、従量電灯Aの電気料金より安価にならない場合があった。

(3)　二重価格表示　　販売価格に関する表示については、実際の販売価格より

350　　第2章　景品規制・表示規制

§ 5 (2)-2(3)

も安い価格を（単体で）表示する場合に加えて、実際には安くないにもかかわらず、過去の販売価格や競争事業者の販売価格等と比較することで安いとの印象を与える表示を行う場合にも、不当表示に該当する可能性がある。そこで、ここでは、こうした他の販売価格との比較対照による販売価格に関する表示（いわゆる二重価格表示）について、不当表示に該当するおそれのある類型ごとに詳述する。

　(a)　二重価格表示についての基本的な考え方　事業者においては、過去の販売価格等との比較対照を行うことにより販売価格の安さを強調する観点から、販売価格に関する表示を行うに際して、「自己の販売価格に当該販売価格よりも高い他の価格……を併記して表示する」場合があり、価格表示ガイドラインは、こうした表示を「二重価格表示」と定義付けている（以下、本書においても当該表示を「二重価格表示」という。また、「当該販売価格よりも高い他の価格」を「比較対照価格」という）。二重価格表示には、それを見た一般消費者に表示された販売価格の比較を可能にし、これによって商品選択を容易にするという側面があり（加藤公司ほか編著『景品表示法の法律相談〔改訂版〕』（青林書院・2018）211頁）、価格表示ガイドラインも、二重価格表示の内容が適正な場合には、一般消費者の適正な商品選択と事業者間の価格競争の促進に資する面があるとしている。

　しかしながら、価格表示ガイドラインは、以下のように、販売価格の安さを強調するために用いられた比較対照価格の内容について適正な表示が行われていない二重価格表示については、一般消費者に販売価格が安いとの誤認を与え、不当表示に該当するおそれがあるとしている（価格表示ガイドライン第4-1(1)(2)）。

①同一ではない商品の価格を比較対照価格に用いて表示を行う場合
②比較対照価格に用いる価格について実際と異なる表示やあいまいな表示を行う場合

　(ⅰ)　同一ではない商品の価格を比較対照価格に用いて表示を行う場合
　価格表示ガイドラインは、不当表示に該当するおそれがあるとされる上記の二重価格表示のうち、「同一ではない商品の価格を比較対照価格に用いて表示を行う場合」（①）について、「販売価格と比較対照価格との価格差については、商品の品質等の違いも反映されているため、二重価格表示で示された価格差のみをもって販売価格の安さを評価することが難しく、一般消費者に販売価格が安いとの誤認を与え、不当表示に該当するおそれがある」との考え方を示している（価格表示ガイドライン第4-1(1)ア第一段落）。価格表示ガイドラインがこのような考え方をとる理由としては、商品等の販売価格には「商品の品質、販売価格の性格（セール価格か通常価格かなど）、小売業者の業態（ディスカウンターか百貨店かなど）、アフターサービスの有無」などの隠された事情が反映されているところ、これらの要素の

第2章　景品規制・表示規制　**351**

§ 5 (2)-2(3)

差異を明らかにせずに販売価格のみを比較表示した場合には、これらの事情を正確に認識できない一般消費者において、価格に影響する要素が同一であることを前提に、単純に表示された価格差の比較のみに基づいて取引条件が有利であると誤認するおそれがあるためであると考えられている(髙居〔第7版〕114頁)。ただし、同一ではない商品の販売価格を比較対照価格に用いる二重価格表示においては、「商品の違いが明示してあるかどうかを問わず」不当表示に該当するおそれがあるとも考えられており(公取委消費者取引課編「景品・表示相談実例集」追録58号(中央法規・2023)1701頁)、価格に影響する要素である商品の品質等の違いを明示したとしても、それだけで直ちに当該二重価格表示が一般消費者に誤認を与えるおそれがなくなるものではない点には留意する必要がある。

　また、価格表示ガイドラインは、ここでいう「同一ではない商品」か否か(商品の同一性)の判断要素として「銘柄、品質、規格等からみて同一とみられるか否か」を挙げており、衣料品等のように色やサイズの違いがあっても同一の価格で販売されるような商品については同一性が肯定され得るが、新品と中古品、汚れ物、キズ物、旧型または旧式の物(以下、「中古品等」という)の間では同一性が否定されるとしている。また、野菜、鮮魚等の生鮮食料品については、生産地や生産条件により品質が異なり、仕入れ価格も日々刻々と変動するため、一般的には、画一的に生産される工業製品等に比して商品の同一性を判断することが難しいと考えられており、価格表示ガイドラインは、生鮮食料品を対象とする二重価格表示については、後述(b)(iii)で述べるタイムサービスの場合のように、比較対象とされる商品の同一性が明らかな場合や、一般消費者が商品の同一性を判断することが可能な場合を除き、一般消費者に販売価格が安いとの誤認を与え、不当表示に該当するおそれがあるとしている(価格表示ガイドライン第4-1(1)イ)。

　なお、価格表示ガイドラインは、同一ではない商品の販売価格を比較対照価格に用いる二重価格表示であっても、「一の事業者が実際に販売している2つの異なる商品について現在の販売価格を比較すること」については、通常、景表法上問題となるものではないとしている(価格表示ガイドライン第4-1(1)ア第二段落)。その理由について、価格表示ガイドラインは明記していないが、上記のような二重価格表示が通常問題とならない理由としては、一般的に、「当該事業者自身が販売していれば、通常は、商品の差異以外の価格の決定要素については共通であると考えられ、そうであれば、一般消費者が商品の違いを正確に認識した上で販売価格の安さを評価することができると考えられるため」であるとされている。そのため、上記のような二重価格表示が不当表示に該当しないためには、「一の事業者が販売する異なる商品の販売価格を用いた二重価格表示であるという状況が

§ 5 (2)–2 (3)

確保されていること、すなわち、一の事業者が同一の販売条件の下、同一の性格の販売価格を用いた上で、2つの商品それぞれがどのようなものであるか(品質の違い等)が消費者に明確に示されていること」(例えば、事業者が特定の商品のキズ物を安価に販売する際に、新品に関する自己の販売価格を比較対照価格に用いる二重価格表示をする場合には、販売対象となる商品がキズ物であることを明瞭に表示するなど)が必要であると考えられており(高居〔第7版〕115頁、公取委消費者取引課・前掲1710頁)、単純に価格表示ガイドラインが示す「一の事業者が実際に販売している2つの異なる商品について現在の販売価格を比較する」場合に形式的に該当しているというだけで不当表示に該当するおそれを払しょくできるものではないことには、留意する必要がある。

(ii) 比較対照価格に用いる価格について実際と異なる表示やあいまいな表示を行う場合　価格表示ガイドラインは、不当表示に該当するおそれがあるとされる二重価格表示のうち、「比較対照価格に用いる価格について実際と異なる表示やあいまいな表示を行う場合」(②)に関し、二重価格表示の比較対照価格として用いられる「過去の販売価格、希望小売価格、競争事業者の販売価格等」については、事実に基づいて表示する必要があり、虚偽の価格(そもそも存在しない架空の価格や、実際よりも高い価格等)(加藤ほか編著・前掲211頁)を比較対照価格に用いる二重価格表示は一般消費者に販売価格が安いとの誤認を与え、不当表示に該当するおそれがあるとの考え方を示している。また、過去の販売価格や競争事業者の販売価格等でそれ自体は根拠のある価格(虚偽の価格ではない価格)を比較対照価格に用いる場合においても、その価格の内容についてあいまいな表示を行う場合(例えば、後述(b)(i)①で述べるように、比較対照価格となる過去の販売価格について、いつの時点でどの程度の期間販売されていた価格であるか等その内容を正確に表示しない場合などが想定される)には、一般消費者に販売価格が安いとの誤認を与えることとなり、不当表示に該当するおそれがあるとしている(価格表示ガイドライン第4-1(2))。

そして、価格表示ガイドラインは、比較対照価格として用いられる価格の類型(過去および将来の販売価格、希望小売価格、競争事業者の販売価格ならびに他の顧客向けの販売価格)ごとに、これらを比較対照価格として用いる二重価格表示が一般消費者に販売価格が安いとの誤認を与え、不当表示に該当するおそれがあると考えられる場合について詳論している(価格表示ガイドライン第4-2〜5)。そのため、本書においても、後述(b)以下で、それぞれの類型毎の考え方について述べる。

ただし、こうした比較対照価格の類型ごとの検討においても、例えば中古品の販売の際に過去の時点での新品の販売価格を比較対照価格として用いて二重価格表示を行うケースなどでは、比較対照価格が過去のもの等であるという点に加え

§ 5 (2)-*2*(3)

て、比較対象とされる商品が同一でないという点が並行して問題となり得る。すなわち、比較対照価格の類型ごとに検討を行う場合でも、比較対象となる商品の同一性(前述(i)の観点)については横断的に問題となる点に留意する必要がある。

(b) 過去や将来の販売価格を比較対照価格とする二重価格表示　　事業者においては、特定の商品について、需要喚起や在庫処分等の目的で期間限定のセールを行うために販売価格を引き下げる際に、当該セールにおける販売価格の安さを強調する等の観点から(加藤ほか編著・前掲211頁)、過去の時点における販売価格を「当店通常価格」や「セール前価格」等と称した上で、これを比較対照価格として用いて二重価格表示を行うことがある。また、逆に、特定の商品の販売を新たに開始する場合等において、販売当初の段階における需要喚起等を目的としたセールを行う際に、販売当初の価格を「お試し価格」や「先行販売価格」等と称した上で、将来の時点における販売価格を比較対照価格として用いて二重価格表示を行うこともある。

そして、後述するように、上記のような時点の異なる販売価格を比較対照価格として用いる二重価格表示については、仮に同一の商品に関する販売価格を比較している場合であっても、比較対照価格の根拠がない場合(当該販売価格による過去の販売実績がなく、または将来の販売予定がない場合等)や、その内容が不明確である場合(当該販売価格による過去の販売実績はあるが、その期間がごく限られており、かつこれが明示されていない場合等)には、一般消費者に販売価格が安いとの誤認を与えることとなり、不当表示に該当するおそれがある。

(i) 過去の販売価格を比較対照価格として用いる二重価格表示　　特定の商品の販売に際し、過去の販売価格を比較対照価格として用いて二重価格表示がなされる場合においては、当該比較対照価格がどのようなものであるかの具体的な表示がなされていない限り、一般消費者は、通常、セール以前に当該比較対象価格での販売が相当期間にわたり実施されており、かつ、セールによって表示されている差額分だけ販売価格が安くなったものと認識すると考えられる(価格表示ガイドライン第4-2(1)ア(ア)a)(高居〔第7版〕117頁)。そのため、事業者が、セール直前に実績作り目的で比較対照価格となる販売価格を一時的に引き上げることや、平常時とは異なる特異な販売状況における(通常よりも高額な)販売価格を恣意的に比較対照価格として選択することを通じて、比較対象とすることが不適切な価格を比較対照価格として用いて二重価格表示を行う場合には、一般消費者の上記認識は実態を正しく反映しないものとなる。その結果、一般消費者は、セール期間中の販売価格の値下げの程度が実際よりも大きくなっている(販売価格が実際よりも安くなっている)との誤認を抱くおそれが生じると考えられる。

354　第2章　景品規制・表示規制

§ 5(2)-2(3)

そこで、価格表示ガイドラインは、過去の販売価格を比較対照価格として用いる二重価格表示についての基本的な考え方として、以下のような考え方を示している(価格表示ガイドライン第4-2(1)ア(ア)b)。

①同一の商品について最近相当期間にわたって販売されていた価格とはいえない価格を比較対照価格に用いるときは、当該価格がいつの時点でどの程度の期間販売されていた価格であるか等その内容を正確に表示しない限り、一般消費者に販売価格が安いとの誤認を与え、不当表示に該当するおそれがある。

　ただし、セール実施の決定後に販売を開始した商品の二重価格表示については、商品の販売開始時点で、セールにおいていくらで販売するか既に決まっており、セール前価格は実績作りのものとみられることから、セール前価格で販売されていた期間を正確に表示したとしても、不当表示に該当するおそれがある。

②他方、同一の商品について最近相当期間にわたって販売されていた価格を比較対照価格とする場合には、不当表示に該当するおそれはないと考えられる。

　(ア)　最近相当期間にわたって販売されていた価格　　過去の販売価格を比較対照価格として用いる二重価格表示についての上記考え方においては、その不当表示該当性の判断に当たり、用いられる比較対照価格が「最近相当期間にわたって販売されていた価格」であるか否かが1つの基準として示されている。

この「最近相当期間にわたって販売されていた価格」の意義に関して、価格表示ガイドラインは、「相当期間」とは「必ずしも連続した期間に限定されるものではなく、断続的にセールが実施される場合であれば、比較対照価格で販売されていた期間を全体としてみて評価することとなる」としている(価格表示ガイドライン第4-2(1)ア(イ)a)。また、価格表示ガイドラインは、「販売されていた」とは「事業者が通常の販売活動において当該商品を販売していたことをいい、実際に消費者に購入された実績のあることまでは必要ではない。他方、形式的に一定の期間にわたって販売されていたとしても、通常の販売場所とは異なる場所に陳列してあるなど販売形態が通常と異なっている場合や、単に比較対照価格とするための実績作りとして一時的に当該価格で販売していたとみられるような場合には、『販売されていた』とはみられない」としている(価格表示ガイドライン第4-2(1)ア(イ)b)。

そして、価格表示ガイドラインは、上記のような「最近相当期間にわたって販売されていた価格」の意義を踏まえて、特定の比較対照価格が当該価格に該当するか否かの判断について、「当該価格で販売されていた時期及び期間、対象と

§ 5 (2)-*2*(3)

なっている商品の一般的価格変動の状況、当該店舗における販売形態等を考慮しつつ、個々の事案ごとに検討されることとなる」とし、事案ごとの個別具体的な検討が必要であるという考え方を示している。しかし、価格表示ガイドラインは、上記のような原則論を示しつつも、比較対象価格が「最近相当期間にわたって販売されていた価格」に該当するための一般的な判断基準として、以下の2つの要件を示している(価格表示ガイドライン第4-2(1)ア(ウ))。

①二重価格表示を行う最近時(セール開始時点から遡る8週間、当該商品が販売されていた期間が8週間未満の場合は当該期間)において、当該価格で販売されていた期間が当該商品が販売されていた期間の過半を占めていること。

②当該価格で販売されていた期間が通算して2週間未満の場合、または当該価格で販売された最後の日から2週間以上経過している場合に該当しないこと。

上記の内容を前提に、具体的なケースについてまとめると、次頁の図のように整理することができる。このうち、(1)、(2)および(5)では価格Aが、(3)では価格Bがそれぞれ上記の要件をいずれも満たすため、これらは「最近相当期間にわたって販売されていた価格」に該当すると考えられる。他方で、(4)および(6)では、価格Aと価格Bのいずれも上記の要件を満たさず、「最近相当期間にわたって販売されていた価格」に該当しないため、これらを比較対照価格として用いる二重価格表示は不当表示に該当するおそれがあると考えられる(公取委消費者取引課編・前掲1706頁)。

なお、価格表示ガイドラインは、上記2つの要件のそれぞれに関して、どの時点までに満たされている必要があるかについては明確に述べていない。この点について、一般的には、要件②(のうち、後段の「当該価格で販売された最後の日から2週間以上経過している場合に該当しないこと」)については、「セール開始時点において満たされていることが必要なのであって、この要件によってセールの実施期間が2週間を超えてはならないということとはならない」と考えられており、他方で要件①については、二重価格表示が行われる時点でセール期間を明示していた場合を除き、「セール実施期間を通じて満たされている必要」があると考えられている。そのため、過去の価格を比較対照価格として用いる二重価格表示をセール期間を明示せずに行った場合に、セール期間が4週間を超えるなどの理由によりセール期間中に当該比較対照価格が要件①を満たさなくなった場合には、その時点以降に当該価格を比較対照価格として用いて二重価格表示を継続することが景表法上問題となるおそれがある(高居〔第7版〕120~124頁)。

　　　(イ)　不当表示に該当するおそれのある表示　　価格表示ガイドラインは、以上のような考え方を踏まえ、過去の販売価格を比較対照価格として用いる

356　　第2章　景品規制・表示規制

§ 5 (2)–2 (3)

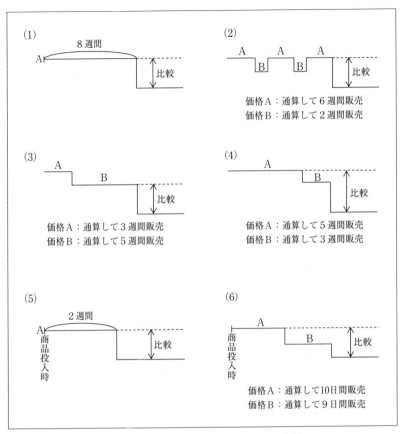

(公取委消費者取引課編「景品・表示相談実例集」追録58号(2023)1706頁より抜粋)

二重価格表示のうち、以下のような表示は不当表示に該当するおそれがあるとしている(価格表示ガイドライン第4—2(2)ア)。

①実際に販売されていた価格よりも高い価格を、「当店通常価格」等最近相当期間にわたって販売されていた価格であるとの印象を与えるような名称を付して比較対照価格に用いること。

(事例)
- A衣料品店が、「紳士スーツ　当店通常価格5万8000円の品　4万円」と表示しているが、実際には、当該商品と同一の商品について、通常4万5000円で販売しているとき。
- Aスーパーが、「＊印は当店通常価格　マーガリン＊498円　258円」と表

§ 5 (2)-2(3)

示しているが、実際には、当該商品と同一の商品について、通常338円で
販売しているとき。

②販売実績の全くない商品またはセール直前に販売が開始された商品等、短期
間しか販売した実績のない商品の価格を、「当店通常価格」等最近相当期間に
わたって販売されていた価格であるとの印象を与えるような名称を付して比
較対照価格に用いること。

（事例）

・A寝具店が、「羽毛ふとん　当店通常価格1万5800円を1万2000円」と表
示しているが、実際には、当該商品は今回初めて販売されるものであると
き。

・A衣料品店が、「比較対照価格の㊞は当社通常価格の略　980円均一　紳
士ポロシャツ〈各種〉(M・L寸)　㊞2800円の品」と表示しているが、実際に
は、当該商品と同一の商品について、当該比較対照価格により販売された
実績がないとき。

③過去の販売期間のうち短期間において販売されていた価格を、「当店通常価
格」等最近相当期間にわたって販売されていた価格であるとの印象を与える
ような名称を付して比較対照価格に用いること。

（事例）

・A衣料品店が、「婦人カシミヤセーター当店通常価格1万2000円を9500
円」と表示しているが、実際には、当該商品と同一の商品について、過去
の販売期間（8週間）のうち、当該価格で販売されていた期間は当初2週間
だけであり、その後の6週間はこれより低い価格で販売されていたとき。

④過去において販売されていた価格を、具体的な販売期間を明示しないで、ま
たは実際と異なる販売期間を付記して比較対照価格に用いること。

（事例）

・A人形店が、「5月人形兜飾り　7万2000円の品　セール期間中4万3000
円で販売」と表示しているが、実際には、当該商品と同一の商品について、
7万2000円で販売した期間が2日間だけであるとき。

・A衣料品店が、「新作ダブルスーツ○月1日～20日までの販売価格4万
8000円の品　3万3800円」と表示しているが、実際には、当該商品と同一
の商品について、当該比較対照価格により販売されていたのは2日間だけ
であるとき。

・Aゴルフ用品製造販売業者が、インターネット上のショッピングサイト
において、「ゴルフクラブ　定価38万円　特価13万8000円」と表示してい
る

§ 5 (2)-*2* (3)

が、実際には、当該「定価」と称する価格は、当該商品の販売開始時における同社の直営小売店舗での販売価格であって、当該価格での販売は4年前に終了しているとき。

⑤販売する商品と同一ではない商品（中古品等を販売する場合において、新品など当該商品の中古品等ではない商品を含む）の過去の販売価格を比較対照価格に用いること。

（事例）

・A楽器店が、「電子オルガン　当店通常価格65万円を36万5000円」と表示しているが、実際には、当該商品は長期間展示品であって新品とはみなされないもので、当店通常価格は新品のものの価格であるとき。

事例3　措置命令令和3年9月14日（株式会社ハピリィに対する件）

　事業者は、撮影プラン（対象役務）に関し、ウェブサイト上で、「オフシーズンの七五三撮影は断然お得♪　七五三前撮りキャンペーン　期間：6月1日（月）〜7月31日（金）」「七五三前撮りデータセット」「対象期間：6月1日（月）〜7月31日（金）」「通常価格38,700円が最大47%Off　19,800円（税抜）　土日祝日は24,800円（税抜）」「■撮影期間6月1日（月）〜7月31日（金）」等と表示するなど、あたかも、「通常価格」と称する価額は、同社において対象役務について通常提供している価格であるかのように表示していた。しかし、実際は、「通常価格」と称する価額は、同社において対象役務について提供された実績のないものであった。

事例4　措置命令令和5年6月23日（富士通クライアントコンピューティング株式会社に対する件）

　事業者は、ノートパソコン（対象商品）に関し、自社ウェブサイト上で「WEB価格（税込）　187,880円　キャンペーン価格（税込）　148,425円　21%OFF（10/5 14時まで）」と表示するなど、あたかも「WEB価格」と称する価額は、自社ウェブサイトにおいて対象商品について通常販売している価格であり、「キャンペーン価格」と称する価額が当該通常販売している価格に比して安いかのように表示していた。しかし、実際には、当該「WEB価格」は、自社ウェブサイトにおいて、対象商品について販売された実績のないものであった。

　なお、チェーンストアの開店セール等においては、当該チェーンストアでの販売実績のない特定の商品について、他のチェーンストアにおける従来の販売価格を比較対照価格として用いて二重価格表示を行うケースも存在する。こうしたケースにおいても、当該チェーンストアにおいて、「自店平常価格」等、実際と異なり自店においてあたかも販売実績があるかのような表示を行う場合には、当該

第2章　景品規制・表示規制　*359*

§ 5 (2)-2 (3)

表示は景表法上問題がある。しかし、チェーン展開がなされている場合において、当該商品がチェーン全体で統一価格で実際に販売されている場合においては、当該価格が「最近相当期間にわたって販売されていた価格」とみなされることを前提に、これを「チェーン通常価格」や「当社平常価格」等と称して比較対照価格に用いることは特に問題がないと考えられている（公取委消費者取引課編・前掲1720ノ9頁）。

(ii) 将来の販売価格を比較対照価格とする二重価格表示　　特定の商品の販売に際し、将来の販売価格を比較対照価格として用いて二重価格表示がなされる場合においては、一般消費者は、通常、比較対照価格とされた将来の販売価格には十分な根拠がある、すなわち、セール期間経過後に、当該商品が比較対照価格とされた販売価格で実際に販売されることが予定されており、かつ、その予定のとおり販売されることが確実であると認識すると考えられる。そして、消費者は、上記のような認識を有するに至った場合には、当該商品が当該販売価格で販売されることを前提として、現時点（二重価格表示がなされている時点）においてはそれよりも安い価格で当該商品を購入し得ることを有利な事情として勘案した上で、商品選択を行うこととなるものと考えられる。そのため、表示された将来の販売価格での販売予定がそもそもない場合や、当該販売価格での販売期間がごく短期間のみにとどまる場合等、当該販売価格が十分な根拠のあるものではないときには、一般消費者に販売価格が安いとの誤認を与え、不当表示に該当するおそれがある。

(ア) 価格表示ガイドラインにおける将来の販売価格を比較対照価格として用いる二重価格表示の考え方　　価格表示ガイドラインは、上記のような将来の販売価格を比較対照価格として用いる二重価格表示について、「将来の価格設定は、将来の不確定な需給状況等に応じて変動するものであることから、将来の価格として表示された価格で販売することが確かな場合（需給状況等が変化しても表示価格で販売することとしている場合など）以外において、将来の販売価格を用いた二重価格表示を行うことは、適切でないと考えられる」として、一定の場合を除いて不適切であるという考え方を示している（価格表示ガイドライン第4－2(1)イ）。

そして、価格表示ガイドラインは、このような考え方を踏まえ、将来の販売価格を比較対照価格として用いる二重価格表示のうち、例えば、「セール期間経過後も販売価格を引き上げる予定がないにもかかわらず、又はセール期間経過後ごく短期間しか表示された価格で販売しないにもかかわらず、セール期間経過後の将来の販売価格を比較対照価格に用いる」ような場合には、当該二重価格表示は不当表示に該当するおそれがあるとしている（価格表示ガイドライン第4－2(2)イ）。

360　第2章　景品規制・表示規制

§ 5 (2)-2 (3)

事例5　措置命令令和3年9月14日(株式会社ハピリィに対する件)(事例3と同事案)

　　事業者は、撮影プラン(対象役務)に関し、ウェブサイト上で、「オフシーズンの七五三撮影は断然お得♪　七五三前撮りキャンペーン　期間：6月1日(月)～7月31日(金)」「七五三前撮りデータセット」「対象期間：6月1日(月)～7月31日(金)」「通常価格38,700円が最大47%Off　19,800円(税抜)　土日祝日は24,800円(税抜)」「■撮影期間6月1日(月)～7月31日(金)」等と表示するなど、あたかも、表示された期間内または期限内に撮影した場合に限り、「通常価格」と称する価額から割り引いた価格で対象役務の提供を受けることができるかのように表示していた。しかし、実際は、表示された期間外または期限後に撮影した場合であっても、「通常価格」と称する価額から割り引いた価格で対象役務の提供を受けることができるものであった。

事例6　措置命令令和5年6月23日(富士通クライアントコンピューティング株式会社に対する件)(事例4と同事案)

　　事業者は、ノートパソコン(対象商品)に関し、自社ウェブサイト上で「WEB価格(税込)　187,880円　キャンペーン価格(税込)　148,425円　21%OFF(10/5 14時まで)」と表示するなど、あたかも、表示された期限内に購入した場合に限り、キャンペーン価格で対象商品を購入することができるかのように表示していた。しかし、実際は、表示された期限後に購入した場合であっても、当該キャンペーン価格で対象商品を購入することができるものであった。

　　また、事業者は、ノートパソコン(対象商品)に関し、自社ウェブサイト上で「"まとめ買いキャンペーン実施中"買えば買うほどお得！　対象商品のお買い上げ数量に応じて割引額がアップするお得なキャンペーンです。3台以上のお買い上げ→1台につき3,000円OFF！　5台以上のお買い上げ→1台につき5,000円OFF！」や「[期間：2022年10月26日(水)14時まで]」と表示するなど、あたかも、表示された期限内に対象商品を含む「まとめ買いキャンペーン」と称する企画に関する商品を複数購入した場合に限り、キャンペーン価格からさらに値引きした価格で対象商品を購入することができるかのように表示していた。しかし、実際には、表示された期限後に購入した場合であっても、当該キャンペーン価格からさらに値引きした価格で対象商品を購入することができるものであった。

　　(イ)　将来の販売価格を比較対照価格とする二重価格表示に対する執行方針　　将来の販売価格を比較対照価格として用いる二重価格表示に関して、消費者庁は、令和2(2020)年12月25日、価格表示ガイドラインを補完するものとして「将来の販売価格を比較対照価格とする二重価格表示に対する執行方針」(以下、ここにおいて「執行方針」という)を公表した。

第2章　景品規制・表示規制　　*361*

§ 5(2)-2(3)

執行方針は、将来の販売価格について、確定した事実として存在する過去の販売価格と異なり、「これを比較対照価格とする二重価格表示を行っている時点においては、未だ現実のものとなっていない価格であり、将来における需給状況等の不確定な事情に応じて変動し得るもの」と位置付けた上で、前述(ｱ)で述べた価格表示ガイドラインの考え方と同様に、「将来の販売価格を比較対照価格とする二重価格表示は、その表示方法自体に、表示と実際の販売価格が異なることにつながるおそれが内在されたものであるといわざるを得ず、比較対照価格とされた将来の販売価格で販売することが確かな場合(需給状況等が変化しても当該将来の販売価格で販売することとしている場合など)以外においては、基本的に行うべきではない」との考え方を示している(執行方針第1)。

その上で、執行方針は、価格表示ガイドラインには明記されていない、将来の販売価格を比較対照価格として用いる二重価格表示について景表法を適用する際の考慮事項について、以下のように、同法上の考え方を詳述している(執行方針第2-1)。

すなわち、前述のように、将来の販売価格を比較対照価格として用いる二重価格表示がなされる場合においては、一般消費者は、通常、比較対照価格とされた将来の販売価格には十分な根拠がある(セール期間経過後に、当該商品が比較対照価格とされた販売価格で実際に販売されることが予定されており、かつ、その予定のとおり販売されることが確実である)と認識するものと考えられる。そのため、事業者が、「比較対照価格とされた将来の販売価格で販売する」「確実な予定」を有していないにもかかわらず、当該価格を比較対照価格とする二重価格表示を行うと、このような消費者の認識と齟齬が生じ、景表法に違反する有利誤認表示となるおそれがある。そして、ここでいう「比較対照価格とされた将来の販売価格で販売する」とは、「事業者がセール期間経過後の一般的な販売活動において比較対照価格とされた将来の販売価格で販売すること」をいうものとし、その将来の販売価格が「比較対照価格の根拠を形式的に整える手段として当該価格で販売するものであるとみられるような場合」、すなわち、いわゆる見せかけの価格として設定されたものであるような場合には、「比較対照価格とされた将来の販売価格で販売する」とはみられないとしている。また、事業者が上記のような販売を行う「確実な予定」を有しているか否かについては、「当該事業者が、将来の販売価格を比較対照価格とする二重価格表示を行う際に有している販売計画の内容等に基づいて判断される」とした上で、「確実な予定」を有していると認められるためには、事業者が、セール期間経過後に比較対照価格とされた将来の販売価格で販売するための合理的かつ確実に実施される販売計画(以下、単に「合理的かつ確実に実施される販売計画」という)を、

§ 5 (2)-2 (3)

セール期間を通じて有していることを必要としている。なお、執行方針は、ここでいう「合理的」かつ「確実に実施される」販売計画について、例えば、販売計画の内容が、それを実行しても計画のとおり比較対照価格とされた将来の販売価格で販売することができる見込みが客観的に乏しいなどのために合理的なものと認められない場合には、「合理的」な販売計画を有しているとは認められないとする。また、販売計画の内容が、例えば、比較対照価格とされた将来の販売価格で販売するか否か自体について、将来の販売価格を比較対照価格とする二重価格表示の開始後に事業者が改めて判断するものになっている場合や、発生するか否かが不確実な事実にかからしめている場合などは、「確実に実施される」販売計画とは認められないとする。

そして、執行方針は、上記のような将来の販売価格を比較対照価格として用いる二重価格表示についての景表法上の考え方を踏まえ、こうした二重価格表示が有利誤認表示として取り扱われる場合と有利誤認表示として取り扱われない場合のそれぞれについて、以下のような考え方を示している（執行方針第2-2）。

すなわち、事業者が、将来の販売価格を比較対照価格として用いる二重価格表示の対象となっている商品について、セール期間経過後に、比較対照価格とされた将来の販売価格で実際に販売している場合は、比較対照価格の根拠を形式的に整える手段として当該価格で販売しているものであるとみられるような場合を除き、通常、事業者が将来の販売価格を比較対照価格とする二重価格表示を行う際に有していた合理的かつ確実に実施される販売計画に基づいて販売しているものであると推測されるとしている（執行方針第2-2(1)第一段落）。また、執行方針は、事業者がセール期間経過後に比較対照価格とされた将来の販売価格で販売を行っていない場合（商品自体を販売しない場合のほか、商品自体は販売しているものの、当該販売価格で販売していない場合を含む。以下同じ）であっても、事業者が、①合理的かつ確実に実施される販売計画を有していたことを示す資料やデータを有しており、かつ、②将来の販売価格で販売できない特段の事情が存在する場合は、少なくとも、当該特段の事情が発生する以前において、合理的かつ確実に実施される販売計画を有していなかったことは推認されないとしている。したがって、将来の販売価格を比較対照価格として用いる二重価格表示について、事業者から、合理的かつ確実に実施される販売計画を有していたことを示す資料やデータ（①）および将来の販売価格で販売できない特段の事情が存在することを示す資料（②）の提出があり、かつ、事業者が、当該特段の事情の発生後遅滞なく当該表示を取りやめ、顧客に対し、比較対照価格とされた将来の販売価格で販売することができなくなったことを告知している場合等においては、消費者庁は、原則として、これ

第2章　景品規制・表示規制　　*363*

§ 5 ⑵-2 ⑶

を景表法に違反する有利誤認表示であるものとして取り扱うことはないとしている。なお、執行方針は、上記①および②について、以下のように具体化している（執行方針第2―2⑵）。

①合理的かつ確実に実施される販売計画を有していたことを示す資料やデータの例は、以下のとおりである。なお、事業者がこれらの資料やデータを確認しておくことは、22条(旧26条)に規定する事業者が講ずべき景品類の提供および表示の管理上の措置としても必要なこととされる。

・将来の販売価格を比較対照価格とする二重価格表示の対象商品を、事業者が自ら製造している場合においてはその製造計画(製造数量、製造原価等)や販売に要する費用、他の事業者から仕入れている場合においては当該他の事業者との契約内容(発注数量、仕入価格、納期等)や販売に要する費用を示す資料であって、事業者が比較対照価格とされた将来の販売価格で対象商品等を販売できるか否かの判断に資するもの。

・将来の販売価格を比較対照価格とする二重価格表示の対象商品と同一または類似の商品の売上げを示す資料やデータであって、事業者が比較対照価格とされた将来の販売価格で対象商品等を販売した場合の売上げの推測に資するもの。

②将来の販売価格で販売できない特段の事情としては、地震、台風、水害等の天変地異、感染症の流行等によって、当該事業者の店舗が損壊したり、流通網が寸断されたりするなどにより、比較対照価格とされた将来の販売価格で販売できなくなった場合のように、比較対照価格とされた将来の販売価格で販売できなくなったことが事業者の責に帰することができない不可抗力を原因とするため、やむを得ないと評価される場合(販売することが物理的には可能であったとしても、実質的に販売できなくなったことが事業者の責に帰することができない不可抗力を原因としており、また、そのことが社会通念上やむを得ないと評価される場合が含まれる)が考えられる。他方で、顧客からのセール継続の要望や、市況の低下によるセールの売上目標の不達成、他事業者による値下げ等の事情は、事業者にとってセールの終了や当該将来の販売価格で販売することをためらわせる事情ではあるものの、合理的に予見できないものであったとはいえないため、通常、こうした事情があっても将来の販売価格で販売できない特段の事情が存在するとは認められない。

(将来の販売価格で販売できない特段の事情が存在すると認められる事例)
・Ａ酒店が、「赤ワイン　来月1日から7800円の品　現在セール中にて5800円」と表示したが、表示した後に地震が発生し、Ａ酒店の店舗が損壊した

§ 5 (2)-2(3)

ことにより、セール期間経過後に赤ワインを販売できないとき。

・Bホームセンターが、「ペットボトル水12本入りケース　セールで1200円　来月1日から2000円」と表示したが、表示した後に台風通過に伴う水害で交通路が寸断され、商品の仕入れができなくなったことにより、セール期間経過後にペットボトル水12本入りケースを販売できないとき。

・C食料品店が、「チーズ　明日18日から200円の品　本日17日限り150円」と表示したが、18日の営業開始直前に冷蔵庫が故障したことから、チーズが傷んで食品ロスとなるのを避けるために、18日は50円で販売したとき。

・D通信販売業者が、「除菌ハンドソープ　セール価格700円　来月1日から1000円」と表示したが、表示した後に新たな感染症が発生し、その流行が著しく拡大したため、表示開始時までには予期できなかった需要の急増が生じ、除菌ハンドソープの販売が増加して在庫がなくなり、仕入先の業者から納入してもらうこともできなくなったことにより、セール期間経過後に除菌ハンドソープを販売できないとき。

・E通信販売業者が、「マフラー　来月1日から1万5000円　特別価格7980円」と表示し、セール期間経過後に販売する分の商品について仕入先業者に発注をしていたが、専ら仕入先業者のミスにより、E通信販売業者にマフラーを納入できなかったことにより、セール期間経過後にマフラーを販売できないとき。

・Fアイスクリーム店が、「地元産フルーツを使ったアイスクリーム　新発売のため特別価格200円にて提供　来月から300円」と表示したが、表示した後に芸能人が当該アイスクリームを自らが出演するテレビ番組で絶賛したために、表示開始時までには予期できなかった需要の急増が生じ、原材料である地元産フルーツの供給が追い付かなくなったことにより、セール期間経過後に当該アイスクリームを製造販売できないとき。

これに対し、執行方針は、事業者が、セール期間経過後に比較対照価格とされた将来の販売価格での販売を行っていない場合であって、上記②のような特段の事情も存在しないような場合には、通常、合理的かつ確実に実施される販売計画を有していなかったことが推認されるとし、このような場合には、原則として、当該二重価格表示の開始時点から、景表法に違反する有利誤認表示であるものとして取り扱うものとしている（執行方針第2-2(1)第二段落、第三段落）。そして、執行方針は、上記②のような特段の事情が存在するとは認められない事例について、以下のような例を挙げている（執行方針第2-2(2)イ(イ)）。

（将来の販売価格で販売できない特段の事情が存在すると認められない事例）

第2章　景品規制・表示規制　　*365*

§ 5 (2)-2 (3)

- G百貨店が、「お中元セール　うなぎのかば焼き　来月1日以降は4800円　セール価格3500円」と表示したが、一部の顧客からセール継続を求められたためセール期間を延長したとき。
- H衣料品店が、「スーツ　来週月曜日から3万円　セール特売価格2万円」と表示したが、表示後にスーツの売上げが伸びないため、売上目標に達するまでセール期間を延長したとき。
- I通信販売業者が、「エアコン　ただ今限りのセール特価3万8000円　8月以降4万8000円」との表示を5月から開始していたところ、セール開始後の気温上昇による一般的な需要増の結果、売行きが増加して在庫が売り切れたが、追加仕入れをしなかったため、セール期間経過後の8月以降にエアコンを販売しなかったとき。
- Jホームセンターが、「石油ファンヒーター　ただ今限りのセール特価1万円　4月以降1万3000円」との表示を2月から開始していたが、セール開始後の気温上昇による一般的な需要減の結果、市況が低下したり、売れ残りが出たりしたためセール期間経過後の4月以降もセールを継続したとき。
- K家電量販店が、「ドラム式洗濯機　来週木曜日までの特別セール17万9000円　来週金曜日以降は19万9000円」と表示していたが、セール開始後他社が値下げしてきたため対抗上セールを継続したとき。

　なお、執行方針は、この点に関連して、「具体的なセールの期間や期限を示さないで将来の販売価格を比較対照価格とする二重価格表示を行っている場合には、通常、そのこと自体により、合理的かつ確実に実施される販売計画を有していなかったことが強く疑われることから、具体的なセールの期間や期限を示すことが望ましい」としているため（執行方針第2-2⑴(注3)）、有利誤認表示に該当するとの評価を避ける観点からは、将来の販売価格を比較対照価格として用いる二重価格表示を行う場合には、セールの期間や期限についてあらかじめ具体的な表示を行うことを原則とすべきである点に留意する必要がある。

　執行方針は、上記のように事業者が将来の販売価格での販売を行っていない場合のほか、事業者がセール期間経過後に比較対照価格とされた将来の販売価格で販売を行う場合であっても、その販売期間がごく短期間にとどまり、それがやむを得ないと評価できる特段の事情が存在していない場合には、通常、合理的かつ確実に実施される販売計画を有していなかったことが推認されるとしている。そのため、当該事業者が、比較対照価格とされた将来の販売価格で販売する期間がいつであるかなど比較対照価格の内容を正確に表示しない限り、原則として、当

§ 5 (2)-2 (3)

該二重価格表示の開始時点から、景表法に違反する有利誤認表示であるものとして取り扱うものとしている(第2-2(3)前段)。なお、ここでいう「ごく短期間」であるか否かについては、個別具体的に判断されるものの、一般論として、「セール期間経過後直ちに比較対照価格とされた将来の販売価格で販売を開始し、当該販売価格での販売を2週間以上継続した場合」には、「ごく短期間」であったとは考えられず、当該販売価格での販売が、比較対照価格の根拠を形式的に整える手段として行われていたものであるとみられるような場合を除き、将来の販売価格での販売期間が短いという理由で有利誤認表示として取り扱うことはないとしている(第2-2(3)後段)。ただし、クリスマスケーキ、恵方巻、年越しそば等の特定の期間または特定日(以下、「特定の期間等」という)に需要が集中する商品については、当該特定の期間等に販売される価格を比較対照価格として用いる二重価格表示による割引価格での予約販売等に関して、当該特定の期間等が2週間未満である場合でも、通常は、有利誤認表示として取り扱うことはないとしている(執行方針第2-2(3)(注6))。

(iii) **タイムサービスを行う場合の二重価格表示**　過去または将来の価格を比較対照価格として用いる二重価格表示の典型例として、特定の商品について一定の営業時間に限り価格の引下げを行ったり、または生鮮食料品等について売れ残りを回避するために一定の営業時間経過後に価格の引下げを行ったりする場合において、事業者が、いわゆる「タイムサービス」等と称して、当初の表示価格(および、タイムサービス終了後も通常の販売価格で販売を継続する場合には当該販売価格)を比較対照価格として用いる二重価格表示を行うケースがある。価格表示ガイドラインは、こうしたタイムサービスによる二重価格表示について、「通常は、不当表示に該当するおそれはないと考えられる」との考え方を示している(価格表示ガイドライン第4-2(1)ウ)。その理由については、これまで販売していた特定の商品そのものについて割引を行うというタイムサービスの性質上、タイムサービス前後の価格変化の状況が一般消費者にとって明らかであるため、比較対照価格に用いられる本来の表示価格での販売期間の長短を厳密に論じずとも、通常は不当表示に該当するおそれがないためであると考えられている(高居〔第7版〕136〜137頁)。

(c) **希望小売価格等を比較対照価格とする二重価格表示**　事業者においては、特定の商品の販売に当たり、販売価格の安さを強調するための手段として、前述(b)のように過去や将来の販売価格を比較対照価格として用いる場合のほか、製造業者によって設定された当該商品の希望小売価格や参考小売価格等を比較対照価格として用いて二重価格表示を行うことがある。

(i) **希望小売価格**　希望小売価格とは、製造業者、卸売業者、輸入総代

§ 5 (2)-2 (3)

理店等の、小売業者以外の者(以下、「製造業者等」という)により、小売業者の価格設定の参考になるものとして設定され、あらかじめ、新聞広告、カタログ、商品本体への印字等により公表されている価格をいう(加藤ほか編著・前掲1720頁)。こうした希望小売価格の性質から、一般消費者は、通常、希望小売価格について、小売業者の販売価格が安いかどうかを判断する際の参考情報の1つとなり得るものと認識しているものと考えられる。そのため、価格表示ガイドラインは、事業者が、製造業者等により設定され、あらかじめ公表されている(すなわち、当該価格が一般消費者に了知される状態にある〔加藤ほか編著・前掲1720頁〕)とはいえない価格を、希望小売価格と称して比較対照価格に用いて二重価格表示を行う場合には、一般消費者に販売価格が安いとの誤認を与え、不当表示に該当するおそれがあるとしている(価格表示ガイドライン第4-3(1)ア)。

　希望小売価格は、上記のように、製造業者等により設定されたものである、すなわち、小売業者から独立した第三者としての製造業者等が、小売業者の価格設定の参考になるものとして設定したものである必要がある。そのため、例えば、プライベートブランド商品について小売業者が自ら設定した価格や、製造業者等が小売業者の意向を受けて高めに設定した価格等を希望小売価格と称して比較対照価格に用いて二重価格表示を行う場合には、当該希望小売価格は根拠のないものとして、不当表示に該当するおそれがあると考えられている(公取委消費者取引課編・前掲1725頁)。同様に、商品が通信販売等の形式で小売販売されるケースにおいて、製造業者等が希望小売価格を公表している場合であっても、当該製造業者等の商品を特定の通信販売業者(小売業者)しか扱っていないなど、製造業者等と小売業者が密接な関係にある場合には、当該希望小売価格を比較対照価格として用いることには問題があると考えられている(公取委消費者取引課編・前掲1723頁)。

　　(ii)　参考小売価格等　　また、希望小売価格とは別に、製造業者等が、一般消費者に対する公表は行わず、小売業者に対してのみ参考小売価格等の名称で価格を提示する場合がある(以下、「参考小売価格等」という)。こうした参考小売価格等については、あらかじめ公表されたものであるという要件を欠くため、希望小売価格には該当しないものではあるが、価格表示ガイドラインは、「小売業者の小売価格設定の参考となるものとして、製造業者等が設定したものをカタログやパンフレットに記載するなどして当該商品を取り扱う小売業者に広く呈示されている場合(製造業者等が商談の際に当該商品を取り扱う小売店の一部の問い合わせに対して個別に呈示するような場合は含まない。)」であることを前提として、「希望小売価格」以外の名称を用いるなどして一般消費者が誤認しないように表示する形であれば、小売業者が参考小売価格等を比較対照価格に用いて二重価格表示を行うこと自体は

368　　第2章　景品規制・表示規制

§5(2)-2(3)

可能であるとしている。ただし、製造業者等が小売業者に対して呈示している参考小売価格等であっても、呈示先が大手や得意先等に限定されているなど、「製造業者等が当該商品を取り扱う小売業者に小売業者向けのカタログ等により広く呈示している」という前提を欠く価格については、参考小売価格等と称して行う場合であっても、当該価格を比較対照価格とする二重価格表示は不当表示に該当するおそれがあるとされる(価格表示ガイドライン第4-3(1)イ)。

(iii) **不当表示に該当するおそれのある表示**　以上のような考え方を踏まえ、価格表示ガイドラインは、希望小売価格や参考小売価格等を比較対照価格として用いる二重価格表示のうち、以下のような表示は不当表示に該当するおそれがあるとしている(価格表示ガイドライン第4-3(2))。

① 希望小売価格よりも高い価格を希望小売価格として比較対照価格に用いること。

(事例)

・A電器店が、「全自動洗濯機　メーカー希望小売価格7万5000円の品　5万8000円」と表示しているが、実際には、当該商品と同一の商品について、メーカーであるB電機が設定した希望小売価格は6万7000円であるとき。

② 希望小売価格が設定されていない場合(希望小売価格が撤廃されている場合を含む)に、任意の価格を希望小売価格として比較対照価格に用いること。

(事例)

・A衣料品店が、「ビジネス・スーツ　メーカー希望小売価格2万9000円の品　割引価格2万3800円」と表示しているが、実際には、当該商品と同一の商品について、メーカーは希望小売価格を設定していないとき。

・Aスーパーが、「インバーターエアコン　メーカー希望小売価格20万円の品　13万8000円」と表示しているが、実際には、当該商品と同一の商品について、メーカーであるB電機は希望小売価格を1年前に撤廃しているとき。

③ (1)プライベートブランド商品について小売業者が自ら設定した価格、(2)製造業者等が専ら自ら小売販売している商品について自ら設定した価格、または(3)特定の小売業者が専ら販売している商品について製造業者等が当該小売業者の意向を受けて設定した価格を、希望小売価格として比較対照価格に用いること。

(事例)

・Aミシン店が、「電子ミシン　メーカー希望小売価格　3万円の品　1万8000円」と表示しているが、実際には、当該商品は同店が海外の事業者に

第2章　景品規制・表示規制　　369

§ 5 ⑵-2⑶

製造委託した自社ブランド商品であるとき。

・A宝飾品製造販売業者が、「プラチナ台ダイヤモンドリング0.1カラット　メーカー希望小売価格10万円の品　3割引　7万円」と表示しているが、実際には、当該商品はA宝飾品製造販売業者が製造し、自ら直営店のみで販売するものであるとき。

・A家具店が、「Bメーカー応接5点セット　メーカー希望小売価格12万円の品産直価格7万8000円」と表示しているが、実際には、当該商品はA家具店のみで販売されており、当該希望小売価格は、A家具店がBメーカーに依頼して設定させた価格であるとき。

④製造業者等が当該商品を取り扱う小売業者の一部に対してのみ呈示した価格を、希望小売価格として比較対照価格に用いること。

（事例）

・A服飾雑貨品店が、「Bメーカー製財布　メーカー希望小売価格6000円の品3800円」と表示しているが、実際には、当該希望小売価格は、Bメーカーが商談の際にA服飾雑貨品店を含む当該商品を取り扱う小売業者の一部にのみ呈示した価格であるとき。

⑤販売する商品と同一ではない商品(中古品等を販売する場合において、新品など当該商品の中古品等ではない商品を含む)の希望小売価格を比較対照価格に用いること。

（事例）

・A電器店が、「○○社製パソコン　メーカー希望小売価格27万円の品18万円」と表示しているが、実際には、当該希望小売価格は、販売する商品に比べて記憶容量が大きいなど同一ではない商品のメーカー希望小売価格であるとき。

⑥⑴参考小売価格等が設定されていない場合に、任意の価格を参考小売価格等として比較対照価格に用いること、および⑵製造業者等が当該商品を取り扱う小売業者の一部に対してのみ呈示した価格を、参考小売価格等として比較対照価格に用いること。

（事例）

・A眼鏡店が、「78%OFF　メーカーセット参考小売価格　3万3000円の品レンズ付き7000円」と表示しているが、実際には、当該商品と同一のレンズとフレーム一式の商品について、メーカーは参考小売価格を設定していないとき。

・A眼鏡店が、「ブランドフレーム　参考小売価格 ¥34000→¥5000

§ 5 (2)-2 (3)

85%OFF」と表示しているが、実際には、メーカーとの商談の際に、A眼鏡店を含む当該商品を取り扱う小売店の一部の問い合わせに対して、メーカーから呈示された価格を、参考小売価格として比較対照価格に用いたものであるとき。

事例7　措置命令令和2年6月24日(株式会社サンドラッグに対する件)
　事業者は、医薬品、食品等(対象商品)に関し、例えば、ある対象商品について日刊新聞紙に折り込んだチラシ上で「★1190円の品」、「498円　(税込)537円」および「★印はメーカー希望小売価格(税抜)の略です」と表示するなど、実際の販売価格に当該価格を上回る「★」との記号を付した「メーカー希望小売価格」と称する価額を併記することにより、あたかも、当該商品にはメーカー希望小売価格が設定されており、実際の販売価格が当該メーカー希望小売価格に比して安いかのように表示するなどしていた。しかし、実際には、対象商品についてメーカー希望小売価格は設定されていなかった。

　(d)　市価や競争事業者の販売価格を比較対照価格とする二重価格表示　　事業者においては、特定の商品について、第三者と比較して自らの販売する商品が安いことを強調する等の観点から、当該商品に関する市価や特定の競争事業者における販売価格を比較対照価格として用いて二重価格表示を行うことがある。そして、こうした市価や特定の競争事業者における販売価格を比較対照価格として用いて二重価格表示がなされる場合においては、一般消費者は、通常、当該表示において、同一の商品について代替的に購入し得る事業者の最近時の販売価格との比較が行われていると認識するものと考えられる。
　そこで、価格表示ガイドラインは、こうした二重価格表示において、上記のような一般消費者の認識に反して、同一の商品について代替的に購入し得る事業者の最近時の販売価格とはいえない価格を比較対照価格として用いるような場合には、当該表示は一般消費者に販売価格が安いとの誤認を与え、不当表示に該当するおそれがあるとしている。そして、市価や特定の競争事業者の販売価格を比較対照価格として用いる二重価格表示を行う場合には、競争事業者の最近時の販売価格(特に市価を比較対照価格として用いる場合には、「当該事業者が販売している地域内において競争関係にある事業者の相当数の者が実際に販売している価格」)を正確に調査する必要があるとともに、特定の競争事業者の販売価格と比較する場合には、当該競争事業者の名称を明示する必要があるとしている(価格表示ガイドライン第4-4(1))。
　また、価格表示ガイドラインは、上記で正確に調査すべき対象として挙げている競合事業者の「最近時の販売価格」について、どのような販売価格がこれに該当するかについての判断基準を明記していない。しかし、一般的には、ここでいう

第2章　景品規制・表示規制　　*371*

§ 5 (2)-*2*(3)

「最近時の販売価格」とは、「表示をする時点における競争事業者の最新の販売価格であって、当該事業者の通常の価格変化の状況に照らし」て、「①店頭表示のように表示が実際のセールと同時に行われ、当該表示が一定期間継続するものについては、表示が行われるすべての時点で、競争事業者において実際に販売されていると考えられる価格」や、「②チラシ広告等のように実際のセールよりも前に表示が行われるものについては、表示後の実際のセール期間中に、競争事業者において実際に販売されていると考えられる価格」のようなものでなければならないと考えられている。そして、ここでいう「実際に販売されていると考えられる価格」とは、競争事業者の価格を比較対照価格として用いて二重価格表示を行おうとする事業者において主観的にそのように推定しているだけでは足りないとされ、そうした二重価格表示については、「競争事業者の最新の販売価格を調査しただけではなく、当該事業者における価格変化の状況を把握した上で行われる必要」があると考えられている。なお、当該事業者における価格変化の状況の把握に際しては、比較される競争事業者の反応(当該競争事業者の価格を比較対照価格とする二重価格表示に対する対抗値下げの可能性等)も考慮に入れる必要があるとされる(高居〔第7版〕144〜146頁)。

そして、価格表示ガイドラインは、市価や競争事業者の販売価格を比較対照価格として用いる二重価格表示のうち、以下のような表示は不当表示に該当するおそれがあるとしている(価格表示ガイドライン第4-4(2))。

①最近時の市価よりも高い価格を市価として比較対照価格に用いること。

(事例)

・A人形店が、「陶製人形　市価9000円のものを3500円」と表示しているが、実際には、当該商品と同一の商品について、A人形店が販売している地域内における他の人形店では、最近時において3000円から4000円で販売されているとき。

②最近時の競争事業者の販売価格よりも高い価格を当該競争事業者の販売価格として比較対照価格に用いること。

(事例)

・A時計店が、「○○製時計　B時計店横浜店10万8000円の品　8万円」と表示しているが、実際には、当該商品と同一の商品について、B時計店横浜店では最近時において7万円で販売されているとき。

③商圏が異なり一般消費者が購入する機会のない店舗の販売価格を比較対照価格に用いること。

§ 5(2)-2(3)

（事例）

・Ａスーパー福岡店が、「紳士用皮革ベルト　Ｂスーパーで1万2000円の品　7800円」と表示しているが、実際には、当該比較対照価格は事実上福岡地域の一般消費者が購入する機会のないＢスーパーの長崎店の販売価格であるとき。

④販売する商品と同一ではない商品（中古品等を販売する場合において、新品など当該商品の中古品等ではない商品を含む）について、競争事業者が販売している価格を比較対照価格に用いること。

（事例）

・Ａ電器店が、「衛星放送内蔵テレビ（25インチ）　Ｂ電器店の販売価格18万5000円の品　14万8000円」と表示しているが、実際には、当該比較対照価格は当該商品の性能を一層向上させた後継機種の販売価格であるとき。

事例8　措置命令令和5年3月2日（株式会社5コーポレーションに対する件）

　事業者は、自社が運営する学習塾または自社とフランチャイズ契約を締結する事業者が経営する学習塾を通じて供給する個別指導に係る役務（対象役務）に関し、自社ウェブサイト上で、「お月謝（中1）」、「指導時間数（月あたり）」、「定期テスト対策」の各項目について、「19,800円（平日週3から週5回まで定額）」「月20時間＋α可能（1時間あたり@835円）」および「追加料金なし」ならびに「他の個別指導塾」として「22,000円（指導回数が増えれば月謝は積上）」「月8時間（1時間あたり@2,500円）」および「追加料金あり（1時間あたり単価×回数の積上）」と記載した「他の個別指導塾との料金比較表」と題する自社および他の事業者がそれぞれ提供する個別指導の月謝や指導時間数等に関する比較表ならびに「お月謝3万円の差が年間にすると36万円になります」および「他の個別指導塾をご利用の場合、回数を増やせば増やすほど、当然ながらお月謝は高くなります。毎日個別塾5-Days では、週5回まで定額料金でお通いいただけ、通えば通うほどお得になります」と記載した「他個別指導塾との授業料比較イメージ」と題する自社および他の事業者がそれぞれ提供する個別指導の月謝を比較したグラフを表示することにより、あたかも、対象役務は、1時間当たりの授業料金が835円であり、また、対象役務と同等の条件で提供されている他の事業者が提供する個別指導に比して月謝が安いかのように表示していた。しかし、実際には、対象役務の1時間当たりの授業料金は1188円であり、また、比較対照とした他の事業者が提供する個別指導の月謝は、対象役務と同等の条件で提供されている個別指導の月謝ではなかった。

　なお、前述のように、価格表示ガイドラインは、市価を比較対照価格として用いる二重価格表示を行う場合には「当該事業者が販売している地域内において競

§ 5 (2)-2(3)

争関係にある事業者の相当数の者が実際に販売している価格」の調査が必要であるとしており、不当表示に該当する事例として「商圏が異なり一般消費者が購入する機会のない店舗の販売価格を比較対照価格に用いること」を挙げている。こうした価格表示ガイドラインの考え方に照らすと、例えば万年筆や、時計、ライター等といった、海外から輸入した商品に関する場合であっても、これを国内で販売する際に、「海外市価」を比較対照価格として用いる二重価格表示を行うことには問題があると考えられている(公取委消費者取引課編・前掲1744頁)(高居〔第7版〕149頁、加藤ほか編著・前掲1744頁)。

　また、小売業者においては、市価に類するものとして、商品の紹介雑誌等に掲載されている実勢価格等を比較対照価格として用いる形で二重価格表示を行うケースも考えられる。こうした実勢価格等を比較対照価格として用いる二重価格表示については、当該実勢価格の情報の出所、内容が明確なものであることを前提として、「○○誌○月号○頁に収載の○○地域における実勢価格」などと表示して行う場合には、直ちに不当表示となるものではないが、仮に当該紹介雑誌等に掲載されていた実勢価格等に誤りがあった場合には、小売業者が不当表示の実施者として責任を問われることとなると考えられている。そのため、こうした二重価格表示を行おうとする小売業者においては、データの正確性等について留意する必要がある(公取委消費者取引課編・前掲1745頁)。

　(e)　他の顧客向けの販売価格を比較対照価格とする二重価格表示　　事業者においては、特定の商品について、顧客の条件(顧客の購入時期を含む。以下同じ。)に応じて販売価格に差が設けられている場合に、特定の条件を満たす顧客向けの販売価格の安さを強調する等の観点から、他の顧客向けの(より高額な)販売価格を比較対照価格として用いて二重価格表示を行うことがある。そして、こうした他の顧客向けの販売価格を比較対照価格として用いる二重価格表示がなされる場合においては、一般消費者は、通常、表示されたそれぞれの販売価格が適用される顧客の条件の内容およびその販売価格の差を比較した上で商品選択を行うこととなる。

　そのため、価格表示ガイドラインは、他の顧客向けの販売価格を比較対照価格とする二重価格表示を行う場合に、それぞれの販売価格が適用される顧客の条件の内容等について、実際と異なる表示を行う場合や、あいまいな表示を行う場合には、一般消費者に販売価格が安いとの誤認を与え、不当表示に該当するおそれがあるとしている(価格表示ガイドライン第4-5(1))。

　こうした観点から、価格表示ガイドラインは、他の顧客向けの販売価格を比較対照価格として用いる二重価格表示のうち、以下のような表示は不当表示に該当するおそれがあるとしている(価格表示ガイドライン第4-5(2))。

§ 5 (2)-2 (4)

① (会員制の販売方法において非会員価格を比較対照価格に用いる場合) 容易に会員になることが可能であって、その価格での購入者がほとんど存在しないと認められる販売価格を非会員価格として比較対照価格に用いること。

(事例)

・A宝飾店が、「K18ダイヤモンドピアス　非会員価格 ¥50,000　会員価格 ¥24,980」と表示しているが、実際には、購入を希望する一般消費者は誰でも容易に会員となることができ、非会員価格で販売されることはほとんどないとき。

② (需要のピーク時における販売価格を比較対照価格に用いる場合) 需要のピーク時とオフ時で販売価格の差が大きく、かつ、ピーク時の期間が特定の時期に限定されている場合において、オフ時の販売価格を表示する際に、ピーク時の販売価格を、「当店標準価格」等当該事業者における平均的な販売価格であるとの印象を与える名称を付して比較対照価格に用いること。

(事例)

・Aリゾートホテルが、「宿泊料金(ツイン1泊2日食事なし)標準料金1人当たり4万円のところ〇月〇日〜〇日に限り2万円」と表示しているが、実際には、当該比較対照価格は宿泊客が多い特定の期間において限定的に適用されている価格であるとき。

(4)　割引率または割引額の表示　　(a)割引率または割引額の表示の基本的な考え方　割引率または割引額の表示は、価格を間接的に示すものとして「価格その他の取引条件」に関する表示に該当することから(高居〔第7版〕108頁)、価格表示ガイドラインにおいて、二重価格表示に類似した表示方法として有利誤認表示との関係が示されている(価格表示ガイドライン第5-1(1))。また、近時は割引率または割引額を表示する以外にも、ポイント還元によって表示価格の一定割合を事後的に還元することを取引条件として表示する事例もあることから、価格表示ガイドラインでは、割引率および割引額に加えてポイント還元率を含めて「割引率等」と定義し、有利誤認表示に該当する場合を整理している(価格表示ガイドライン第5-2イ)。

割引率または割引額を用いた表示は、比較対照価格と販売価格の差を割引率または割引額で表示するものであるが、例えば「全店3割引」や「全品500円引き」といった形で具体的な比較対照価格を表示しないケースも存在する。こうしたケースは、厳密には二重価格表示の定義(前述2(3))には当てはまらないものの、一般消費者に販売価格が実際のものよりも安いとの誤認を生じさせるおそれがあるという点では二重価格表示の場合と同様であることから、二重価格表示と同様の考え方に基づいて有利誤認表示の該当性が判断される(川井＝地頭所262頁)。

第2章　景品規制・表示規制　　*375*

§ 5 (2)-2 (4)

　割引率または割引額を用いた表示においては、①適用される割引率等および②算出の基礎となる価格という2つの要素において消費者の誤認が生じ得る。以下、それぞれの要素に分けて不当表示に該当するおそれのある表示について検討する。

　(b)　割引率等に関する不当表示　　(i)　一括的な割引率等の表示　　まず、割引率等に関する不当表示の例として、一括的な割引率または割引額の表示がある。一括的な割引率または割引額の表示は、小売事業者の取り扱う全商品または特定の商品群を対象として一括して割引率または割引額を表示するような場合を指す(例：「店内全品半額」「エアコン全品ポイント還元5％アップ」)。価格表示ガイドラインにおいて、このような表示は、小売事業者にとって個別品目ごとの値引き表示を行う場合の煩雑さを回避したり、一般消費者に対する訴求力を高めたりする利点がある一方、その訴求力が強いことから、算出の基礎となる価格、適用される商品の範囲および適用されるための条件について明示することにより、一般消費者が誤認しないようにする必要があるとされている(価格表示ガイドライン第5-1(2))。

> **事例9　措置命令平成23年7月26日(株式会社 AOKI ほかに対する件)**
>
> 　紳士服ショップ5社が有利誤認に基づく措置命令を受けた事案である。テレビコマーシャルやチラシの表示において、「全品半額」と強調して表示を行っていたが、実際は特定の価格以上の商品のみが半額の対象となっており、またチラシに付帯していた割引券の持参が半額の要件となっているなど、「全品半額」とはいえない内容となっていた。
>
> 　なお、違反事業者は「一部セール対象外品あり」と表示していたものの、強調された「全品半額」の表示に鑑みて、このような一部除外がある旨の表示は「全品半額」と誤認した消費者の認識を打ち消すような表示とは認められないと判断された。

　(ii)　幅のある割引率等の表示　　表示をする際に割引率に幅を持たせる表示(例：「店内商品5％～20％OFF」「全商品10％、15％、20％ポイント還元」等)は、特定の商品に適用される割引率等を曖昧にすることにより、一般消費者に対して有利な取引条件であるという誤認を与える場合がある。特に、最大割引率等を強調する表示の場合、一般消費者は事業者の販売する全商品または特定の商品群の中の多数の商品について最大割引率等が適用されるものと誤認する可能性が高い。また、表示において強調された割引率等の適用を受けるためには一定の条件を満たさなければならないにもかかわらず、当該条件が表示されていなかったり、割引率等の表示に比して著しく小さく表示されていたりする場合があるところ、このような

376　第2章　景品規制・表示規制

§ 5 (2)-2 (4)

場合には、一般消費者は表示されている割引率等が特段の条件なく適用されるものと誤認する可能性が高い。

そこで、価格表示ガイドラインでは、このような幅のある割引率等の表示のうち上記のような誤認を生じさせる表示は不当表示に該当するおそれがあるとされている（価格表示ガイドライン第5ー2ウ）。

事例10　措置命令令和5年7月28日（北海道電力株式会社に対する件）

名宛人事業者は電力会社であるところ、消費者に配布したリーフレットにおいて、「ほくでんガス＋ほくでんの電気料金プランエネとくポイントプランのセットで　ガス料金が北海道ガスの『一般料金』より5％おトクに！電気とガス合わせたら年間約6000円相当おトク！」との表示を行い、あたかも、電力と都市ガスの小売供給について名宛人事業者とセットで契約するだけで契約前の電気料金と都市ガス料金の合計金額または電気料金の金額に比べ、年間で表示された金額相当分のポイントによる利益を得られるかのように表示を行っていた。

しかし、実際には、表示されたポイント相当額には毎月のログイン、おおむね毎週配信されるコラムの閲覧等を行わなければ付与されないポイント相当分が含まれており、電力と都市ガスをセットで契約するだけで、表示された割引額等に相当する利益を得られるものではなかった。

(c)　算出の基礎となる価格に関する不当表示　　価格表示ガイドラインでは、算出の基礎となる価格に関する不当表示として、①表示価格を一旦引き上げた上で割引率等を用いた表示を行うこと、②セール実施の決定後に販売が開始された商品を対象として割引率等を用いた表示を行うこと（以上、価格表示ガイドライン第5ー2イ）および③任意に設定した価格を算出の基礎として割引率または割引額の表示を行うこと（価格表示ガイドライン第5ー2エ）といった例が挙げられている。

この点、上記①の類型のように、引き上げた表示価格を割引率の算出の基礎となる価格として用いてよいかは、二重価格表示の場合と同様、当該引き上げた価格について「最近相当期間」にわたって販売された実績があるか否かで判断される〔前述2（3）(b)(i)ア参照〕。また、上記②の類型についても、商品の販売開始時点で、セールにおいていくらで販売するかすでに決まっている以上、セール前価格は実績作りのために恣意的に定められている可能性が否定できないという点で、二重価格表示を行う場合と同様の考え方が妥当する〔前述2（3）参照〕（高居〔第7版〕151頁）。

事例11　措置命令令和元年8月7日（株式会社ブルースターに対する件）

名宛人事業者はクリーニングサービスを提供する事業者であるところ、「ダウン　オール半額」および「ダウンジャケット　900円」と表示するチラシを配布

第2章　景品規制・表示規制　　377

§ 5 (2)-2(5)

し、クリーニングサービスについて通常提供している価格から半額または30%
割り引いて提供するかのような表示を行っていた。

　しかし、実際は半額という割引額または30％という割引率の算出の基礎と
なる価格は、問題となった店舗において最近相当期間にわたって提供された
実績のないものであった。

　(5)　**販売価格の安さを強調するその他の表示**　　(a)　基本的な考え方　　価格表
示ガイドラインは、事業者の取り扱う全商品または特定の商品群を対象に、その
商品の販売価格の安さを強調するために、安さの理由や安さの程度を説明する用
語を用いた表示を行うことについて、そのような表示が不当表示に該当する場合
の考え方を示している（価格表示ガイドライン第6-1）。安さの理由を説明する表示
の例として「倒産品処分」「工場渡し価格」「会員特価」「閉店セール」等の表示が、安
さの程度を説明する表示の例として「大幅値下げ」「他店より安い」等の表示がそれ
ぞれ考えられる。

　価格表示ガイドラインは、こうした表示のすべてが有利誤認表示として問題と
なるわけではないとしつつ、販売価格が通常時の価格と比較してほとんど差がな
かったり、適用対象となる商品が一部に限定されているにもかかわらず、表示さ
れた商品の全体について大幅に値引きされているような表示を行うなど、実際と
異なって安さを強調するものである場合には、一般消費者に販売価格が安いとの
誤認を与えることから、不当表示に該当するおそれがあるとしている。

　また、事業者が安い販売価格を表示する際に、当該価格が適用される条件を明
示していたとしても、一般消費者が容易に判断できないような限定条件となって
いたり、価格が安い旨の表示よりも著しく小さな文字で表示するなど、限定条件
を明示せずに価格の有利性を殊更強調する表示を行うことは、一般消費者に著し
く有利である旨の誤認を与えることから、不当表示に該当するおそれがあるとさ
れている。

　なお、「大幅値下げ」という表現があった際に、当該表現が何割ほど値下げをし
ているかという評価について、一般消費者の認識との相違が生じたとしても、そ
れ自体が直ちに不当表示に該当するわけではない。原則としては、「大幅値下げ」
という表示がなされているのにもかかわらず、実際には販売価格が安くなってい
ない場合に不当表示の問題が生じることになる（ただし、一見して「大幅」とは言い難い
微々たる額しか値下げをしていない場合には、例外的に不当表示として問題とされる場合もあろ
う）（川井＝地頭所263頁）。

　(b)　**販売価格の安さの理由に関する不当表示**　　価格表示ガイドラインは、上

378　　第2章　景品規制・表示規制

§ 5 (2)-2(5)

記のような基本的な考え方を示した上で、通常時の価格と比較して特に安くなっている商品がない、または一部に限定されているにもかかわらず、安さの理由を説明する用語を用いて、表示された商品全体について販売価格が安くなっていることを強調する表示を行うことは、不当表示に該当するおそれがあるとしている（価格表示ガイドライン第6-2ア）。

（事例）

①Ａ寝具店が、「製造業者倒産品処分」と強調して表示しているが、実際には、表示された商品は製造業者が倒産したことによる処分品ではなく、当該小売店が継続的に取引のある製造業者から仕入れたものであり、表示された商品の販売価格は従来と変わっていないとき。

②Ａ人形店が、「ひな人形商品全品工場渡し価格により御奉仕」と強調して表示しているが、実際には、工場渡し価格により販売される商品は表示された商品のうち一部の商品に限定されているとき。

事例12　排除命令平成17年8月2日（有限会社ビックイレブンに対する件）

　新聞折込みチラシにおいて、「一流メーカー・一流問屋の倒産品」「倒産処分市」と強調して記載し、実際の販売価格に比べて著しく高い価格を「メーカー希望小売価格」として表示し、比較対照価格として実際の販売価格に併記した事案。実際は「メーカー希望小売価格」は製造業者が設定しているものではなく、著しく割安で販売されているかのように見せるために独自に設定した価格であった。

　比較対照価格を用いた二重価格表示に関する事案であるが、「メーカー希望小売価格」の9割近い割安価格に信憑性を持たせるために、販売価格の安さの理由を強調する表示を行っている点に特徴がある。

　(c)　販売価格の安さの程度に関する不当表示　　通常時の価格と比較して特に安くなっている商品が存在しないか一部に限定されているにもかかわらず、安さの程度を説明する用語を用いて、表示された商品の全体について販売価格が特に安くなっていることを強調する表示を行うことも、不当表示に該当するおそれのあるものとして価格表示ガイドラインにおいて例示されている（価格表示ガイドライン第6-2イ）。

（事例）

①Ａスポーツ用品店が、「他店よりも販売価格を安くします」と強調して表示しているが、実際には、表示された商品について、他店よりも安い価格で販売を行わないとき。

②Ａ衣料品店が、「冬物衣料全品大幅値下げ断行！」と強調して表示している

第2章　景品規制・表示規制　　*379*

§ 5 (2)-*2*(5)

が、実際には、「当店通常価格」よりも特に安くなっている商品は表示された商品のうちの一部の商品に限定されているとき。

③A 電器店が、「他店チラシ掲載売価より更に10% 以上安くします」と強調して表示しているが、実際には、他店のチラシ価格と価格比較できる商品は表示された商品のうちの一部の商品に限定されているとき、または他店のチラシ価格よりも価格が安く設定されていない商品があるとき。

事例13　東京高判平成16年10月19日判時1904号128頁（ヤマダ電機対コジマ事件）

　家電量販店を営む株式会社ヤマダ電機（以下、「ヤマダ電機」という）が、同じく家電量販店を営む株式会社コジマ（以下、「コジマ」という）が行った「当店はヤマダさんよりお安くし〔て〕ます」という表示について、不当表示に当たるとして損害賠償請求を求めた事案である。

　本判決では、価格表示ガイドラインの考え方を参照しつつ、①表示の適用対象となる商品の範囲が明示されておらず、個々の商品に付されている表示ではない概括的・包括的内容の表示に留まり、②「ヤマダさんよりお安くし〔て〕ます」という表示が対象とする価格が、店頭表示価格と店頭で交渉した結果最終的に消費者に提示される価格のいずれであるか特定されていないという事実が指摘されている。そして、店舗で販売されるすべての商品についてその店頭表示価格がヤマダ電機の店舗よりも必ず安い、またはコジマの値引後価格は必ずヤマダ電機のそれよりも安くなるという確定的な認識を抱く消費者の数は、それほど多くないと考えられるとして、本件で問題とされた表示に接した消費者は、一般的に、これを価格の安さで知られるヤマダ電機よりもさらに安く商品を売ろうとするコジマの企業姿勢の表明として認識するにとどまるというべきと認定し、不当表示に当たらないと判示した。

　また、本判決では、景表法の不当表示に対する規制は、公正な競争を確保することによって一般消費者の利益を保護することを目的としており、競争事業者の利益の保護を目的とするものではないとして、5条2号に違反する不当表示に当たるとなったとしても、直ちに不法行為を構成し損害賠償請求が認められることにはならないとも判示した。

事例14　措置命令令和4年3月24日（株式会社 EE21に対する件）

　名宛人事業者は、「未来ケアカレッジ」の名称で供給する「介護職員初任者研修」と称する役務に係る表示について、「通常受講料 ¥64,500（税別）」「11/19お申込み分まで げき得キャンペーン 教室限定 キャンペーン価格 ¥44,500（税別）」と表示し、「げき得」と販売価格が特に安くなっていることを強調した表示を行っていた。しかし、実際には、申込み期限である11月19日よりも後に申し込んだ場合であっても、「通常受講料」と称する価額から割り引いた価格で研修を受講することができるものであり、「げき得」と表示されている価格は、通常時の価格と比較して安くなっているものではなかった。

380　　第2章　景品規制・表示規制

§ 5 (2)-2 (6)

(6) 消費税の表示 (a) 消費税の表示の背景 わが国においては、平成26 (2014)年に８％、令和元(2019)年に10% という形で消費税(以下、本章では国税としての消費税および地方消費税を合わせて「消費税」とする)が段階的に引き上げられたところ、その過程で生じる不当表示についても問題とされてきた。すでに直近の消費税の引上げからは一定の期間が経過し、消費税に関する不当表示の問題が生じる場面は減少してきているものの、現在でも問題となり得る場合があること、今後再び消費税の引上げが行われる場合には同様の問題が生じ得ることから、本項では消費税の表示に関する不当表示の問題について論じることとする。

消費税は、資産の譲渡等(事業として対価を得て行われる資産の譲渡および貸付けならびに役務の提供。消費税2(8))について課される税金であり、事業者の販売価格に消費税を上乗せした価格で一般消費者に販売される。事業者にとって、販売価格として消費税が上乗せされている価格(税込価格)を表示するよりも、消費税が上乗せされる前の価格(税抜価格)を表示する方が消費者にとって販売価格が安いという印象を与えることとなることから、表示の方法によっては不当表示の問題が生じることになる。こうした背景から、平成16(2004)年改正後の消費税法63条において、事業者が消費者に対して価格を表示する際には消費税額を含めた価格を表示しなければならないと定められ、いわゆる税込価格での表示が義務付けられている(総額表示義務)。

もっとも、平成26年および令和元年に予定されていた２度にわたる段階的な消費税の引上げに伴い制定された、「消費税の円滑かつ適正な転嫁の確保のための消費税の転嫁を阻害する行為の是正等に関する特別措置法」(平成25年法律第41号)(以下、「消費税転嫁対策特別措置法」という)において、現に表示する価格が税込価格であると誤認されないための措置を講じているときに限り、税抜価格を表示することができるという総額表示義務の例外規定が設けられた(同10①)。また、同条３項では、事業者は税込価格と税抜価格を併記するものとされ、同法11条では、税込価格が明瞭に表示されているときは、不当表示に関する景表法５条(本条)の規定は適用しないと定められた。これらの規定は、消費者の誤認の防止と、消費税の円滑かつ適正な転嫁の確保および事業者による値札の貼替え等の事務負担の軽減といった利益のバランスをとるための規定ということができる。

税抜価格と税込価格を併記する場合でも、税抜価格を強調することにより一般消費者に誤認される表示を行うことが考えられるため、消費者庁は平成25(2013)年９月、総額表示義務ガイドラインを公表し、この中で税込価格が明瞭に表示されているか否かを判断する際の考え方を示している。

消費税転嫁対策特別措置法は、消費税の段階的な引上げに伴う経過措置を定め

第2章 景品規制・表示規制 *381*

§ 5 (2)-2(6)

る時限法であったことから、令和3 (2021) 年3月31日をもって失効しており、現在は税込価格であると誤認されないための措置を講じている場合であっても税抜価格だけを表示することは総額義務表示に違反する上、本号の有利誤認表示にも該当し得る。

また、消費税転嫁対策特別措置法失効後の総額表示義務の考え方を示すために財務省が令和3年1月に公表した「事業者が消費者に対して価格を表示する場合の価格表示に関する消費税法の考え方」において、消費税転嫁対策特別措置法の失効は、税込価格と税抜価格を併記する場合における景表法の考え方に変更を及ぼすものではないとされていることから、現在も税込価格と税抜価格を併記する場合には、なお総額表示義務ガイドラインの考え方が妥当すると考えられる。

(b) 総額表示義務ガイドラインの考え方　税込価格と税抜価格を併記する場合において、当該表示が不当表示に該当するのは、税込価格が明瞭に表示されていない等により、表示されている税抜価格を税込価格であると一般消費者が誤認する場合である。そこで、総額表示義務ガイドラインにおいては、表示媒体における表示全体からみて税込価格が一般消費者にとってみやすく、かつ、税抜価格が税込価格であると一般消費者に誤解されることがないように表示されていれば、税込価格が明瞭に表示されているといえるとした上で、その判断においては以下の①～③の考慮要素を総合的に勘案するとされている（総額表示義務ガイドライン第2）。

①税込価格表示の文字の大きさ

税込価格表示の大きさが著しく小さいため、一般消費者が税込価格を見落としてしまう可能性があるか否か。

②文字間余白、行間余白

余白の大きさ、一定幅当たりの文字数等から、税込価格が一般消費者にとって見づらくないか否か。

③背景の色との対照性

例えば、明るい水色、オレンジ色、黄色の背景に、白色の文字で税込価格を表示するといったように分かりにくい色の組合せになっていないか否か。背景の色と税込価格の表示の文字の色とは、対照的な色の組合せとすることが望ましい。また、背景の色と税込価格の表示の文字の色との対照性が必ずしも十分ではない場合には、税込価格の表示に下線を引くことなどによって、税込価格が一般消費者にとって見やすく、かつ、税抜価格が税込価格であると一般消費者に誤解されることがないように表示する必要がある。

また、総額表示義務ガイドラインにおいては、税込価格が明瞭に表示されてい

382　第2章　景品規制・表示規制

るか否かの判断に当たって、表示媒体ごとの特徴についても勘案する必要がある
としている。例えば、対象となる一般消費者が注意深く見ることができる表示方
法(例えば、手に取れるチラシ)であれば、比較的小さく税込価格を表示している場合
でも一般消費者は総額を認識することが可能であるのに対し、短時間しか目にす
ることができない表示(例えば、テレビコマーシャル)や離れた場所から目にすること
が想定される表示(例えば、駅のホームから見るビルに設置されている広告)の場合は、税
込価格を殊更に小さく表示したとはいえない場合であっても、強調されている価
格が税抜価格であることを消費者が把握することは難しくなる場合がある。

> **事例15(事例㉜)** 措置命令令和3年12月16日(石油製品の販売事業者2社に対する
> 件)
>
> 　ガソリンスタンドを営む名宛人事業者が、ガソリンスタンドの公道から見
> える店舗の看板において、レギュラーガソリン、ハイオクガソリンおよび軽
> 油の3商品について税抜価格を記載していた。なお、名宛人事業者は、当該
> 表示について「税別」と表示していたが、当該表示は小さな文字で記載されて
> いるものであること等から、上記3商品の価格表示が税込価格に関するもの
> であるとの一般消費者の認識を打ち消すものではないとされた。
> 　措置命令においては明示されていないが、「税別」との打消し表示が一般消
> 費者の認識を打ち消すものではないとされた背景には、当該ガソリンスタン
> ドの利用者は走行中の車から看板を見るため、限られた時間しか当該看板を
> 見ることができないのが通常であるという点も考慮されたものと思われる。

　(c)　消費税の引上げ時における表示上の注意点　　消費税引上げに伴い、消費
税引上げ分について値引き等を事業者が行うことにより、あたかも消費者が消費
税を負担していないまたはその負担が軽減されているかのような誤認を消費者に
与える表示が行われることが懸念された。そこで、消費税転嫁対策特別措置法8
条は、取引の相手方に消費税を転嫁していない旨の表示(例:「消費税は転嫁しませ
ん」「消費税還元セール」「当店は消費税増額分を据え置いています」)や取引の相手方が負担す
べき消費税に相当する額の全部または一部を対価の額から減ずる旨の表示(ただし
消費税との関連を明示しているものに限る)(例:「消費税率上昇分値引します」「消費税10%分還
元セール」「消費税率の引上げ分をレジにて値引します」)を禁止するとともに、消費者庁は
平成25(2013)年9月に、「消費税の転嫁を阻害する表示に関する考え方」(平成25年
9月10日消費者庁公表。平成31年3月29日消費者庁最終改正)を公表し、参考資料として
「消費税率の引上げに伴う表示に関する景品表示法の考え方」についても公表して
いる。

　「消費税率の引上げに伴う表示に関する景品表示法の考え方」では、消費税の表

§ 5 (2)-2(6)

示に関連して不当表示に該当するおそれがある例として以下を挙げている。

①消費税率引上げ前の相当期間にわたって販売されていた価格とはいえない価格にもかかわらず、当該価格で消費税率引上げ以降も販売しているかのような「価格据え置き」等の表示

②消費税率の引上げに際して、商品の内容量を減らしているなど、当該商品の販売価格に影響する要素が同一ではないにもかかわらず、その旨を明確に示さずに行う「価格据え置き」等の表示

③実際には、その小売事業者が過去の販売価格等より消費税率の引上げ幅または消費税率と一致する率の値引きをしていないにもかかわらず、これらの率を値引きしているかのような「8％値引き」「10％値引き」等の表示

④二重価格表示を行う場合に、税抜きの販売価格等の比較対照価格として、税込みのメーカー希望小売価格等を用いる表示

⑤消費税率の引上げに際して、事業者の販売価格等について、実際には消費税率の引上げ分相当額を超えて値上げしたにもかかわらず、消費税率の引上げ分相当額しか値上げしていないかのような表示

⑥非課税の商品または役務は、土地、有価証券などごく限られているのに、それ以外の商品または役務について、消費税が課税されていないかのような表示

⑦免税事業者でないにもかかわらず、免税事業者であるかのような表示、または免税事業者と取引していないにもかかわらず、免税事業者と取引しているかのような表示

　これらの消費税の引上げ時に懸念される不当表示の事例は、一時的に発生するものであり常に問題となるものではないが、今後再び消費税の引上げ等が行われる場合には問題となる可能性が高い(川井＝地頭所267頁)。

　(d)　商品または役務によって対象となる税率が異なる場合の表示　　令和元(2019)年の消費税引上げによって消費税の標準税率は10％となったが、国民生活への影響を考慮し、「酒類・外食を除く飲食料品」と「定期購読契約が締結された週2回以上発行される新聞」を対象に8％の軽減税率制度が導入された。その結果、店内で飲食する場合の税込価格の方が、テイクアウトや出前で飲食物を購入する場合の税込価格よりも高いという状況が生じたところ、テイクアウト等の場合であることを明瞭に表示せずにテイクアウト等の税込価格のみを表示している場合には、一般消費者に店内飲食の価格が実際の価格よりも安いとの誤認を与えてしまうことから、不当表示に該当するおそれがある(高居〔第7版〕161頁)。

　消費者庁は、他省庁と連名で「消費税の軽減税率制度の実施に伴う価格表示に

384　第2章　景品規制・表示規制

§ 5 (2)-3 (1)(2)

ついて」を公表し(平成30年 5 月18日消費者庁・財務省・経済産業省・中小企業庁公表)、消費税の軽減税率制度実施後における適切な価格表示の基準を示している。この考え方は、外食および外食以外の飲食料品に関する表示のみならず、同一の商品や役務について異なる税率が適用される場合の表示についても参照できる基準となっている。また、「すべて軽減税率が適用されます」といった表示や、「消費税は 8 % しか頂きません」といった表示を行うことは、消費税転嫁対策特別措置法および景表法上問題となり得る点に注意する必要がある。

3 その他の取引条件に関する有利誤認表示

(1) 数量に関する有利誤認表示 数量は取引条件の一種であり、数量の表示について一般消費者に誤認を与える場合は不当表示になり得る。特に、数量や重量を客観的指標を用いて明示している場合には不当表示となることは少ないが、容器や包装がその内容に比して過大である場合(いわゆる過大包装)には、その内容量について正確に認識することができなくなるため、一般消費者が誤認する可能性が高くなる。過大包装の問題は様々な分野で起こり得ることから、化粧品、アイスクリーム類および氷菓等の様々な分野において、公正競争規約により過大包装に関する自主的な表示基準が設けられている(公正競争規約については後述**36条前注**参照)。

不当表示のおそれのある数量や過大包装に関する表示として以下のような事例がある。

①化粧品を入れる直接の容器をさらに外部の容器で包装する場合、外部の容器と直接の容器との間に不必要な空間を空け、内容量を大きく見せること(化粧品の適正包装規則 2 条 1 .)

②内容物の保護または品質保全の限度を超えて、外見から容易に判明することが出来ないように底をあげ、内容量を大きく見せること(観光土産品の表示に関する公正競争規約 4 条(1))

③ 3 人前の分量しかないフルーツポンチの缶詰に「 5 人前」と表示したもの

④百貨店事業者がお歳暮に梱包される牛肉の詰め合わせの重量を明記することなく、商品見本に添付された注文カードの梱包重量の欄に一定の重量を表示していたが、当該表示は同梱されるソース等の重量も含めた重量であり、実際の牛肉の重量は表示されていた重量の 4 割から 6 割にすぎなかった事例(排除命令平成18年 6 月19日〔株式会社丸井今井に対する件〕)

(2) 支払条件に関する有利誤認表示 商品や役務を購入する際に、一括払いではなく、割賦やローンで購入する場合がある。そして、商品それ自体の価格や

§ 5 (2)-*3*(3)

条件が変わらずとも、割賦販売やローン等の取引条件が特に有利であると一般消費者に誤認させる表示が行われる場合には、不当表示の問題が生じ得る。そこで、消費者庁は「不当な割賦販売価格等の表示に関する不当景品類及び不当表示防止法第5条第2号の運用基準」(昭和47年2月29日事務局長通達第2号、平成28年4月1日消費者庁最終改正)を定め、不当表示に該当するおそれのあるものの基準を示している(川井＝地頭所264頁)。

支払条件に関する有利誤認表示の例としては、以下のような事例が存在する。

① 「月々1,900円からクルマが買える」と表示しながらも、実際に対象商品を購入するには、月々の支払額1900円の他に、頭金および年2回のボーナス時に月々の支払額に加算される金額を支払う必要があるものであった事例(措置命令平成23年3月28日〔株式会社ガリバーインターナショナルに対する件〕)

② 外貨定期預金について「預け入れ金額1000万円　1年間の受取利息合計額○○円」と表示していたが、実際には、預入時と払戻期にそれぞれ為替手数料が徴収されるため、為替相場に変動がない場合に、預金者が実際に受け取ることができる実質的な利息相当額は、表示された金額を下回る額にすぎなかったもの(公取委警告平成16年5月28日〔シティバンク、エヌ・エイおよび株式会社新生銀行に対する件〕)

(3)　景品類に関する有利誤認表示　　商品または役務を販売する際に、キャンペーンや抽選により景品を提供する旨を表示している例がある。取引条件として表示された景品類について表示と異なった提供方法や提供数であった場合には、取引条件に関する有利誤認表示の問題が別途生じ得る。

景品類に関する有利誤認表示の例として、以下のような事例が存在する。

① 漫画雑誌において、実際は誌面上に記載された当選者数を下回る数の景品類の提供を行っていたにもかかわらず、あたかも誌面上に記載された当選者数と同数の景品類が提供されるかのように表示したもの(措置命令平成27年3月13日〔株式会社竹書房に対する件〕)

② 「超豪華プレゼント！　年末年始キャンペーン」と称する、抽せん券を用いた応募者の中から抽選により当選者を定める景品類の提供企画について、実際には自社ウェブサイト上に記載された当選本数を下回る数の景品類の提供を行っていたにもかかわらず、あたかも自社ウェブサイト上に記載された当選本数と同数の景品類が提供されるかのような表示をしていたもの(措置命令平成29年7月19日〔グリー株式会社に対する件〕)

③ 実際に景品類が提供されたのは、応募締切日から短いものでも262日間、長いものでは1217日間が経過した後であったのにもかかわらず、応募締切日お

386　第2章　景品規制・表示規制

§ 5 (2)-3 (4)(5)

よび発送に関する事項を表示することにより、あたかも、当該景品類提供企画に応募して当せんすれば、それぞれの景品類について、応募締切日から相当の期間内に誌面上に表示された数の当せん者に景品類が提供されるかのように表示していたもの(措置命令令和3年3月24日〔株式会社晋遊舎に対する件〕〔**事例㊳**〕)

(4) **保証に関する有利誤認表示**　商品や役務の提供について事業者により保証が付されている場合、保証のない商品と比べて安心感が増し、保証の内容に期待して商品の購入や役務の提供を一般消費者が決定することがある。そのため、事業者の提供する商品や役務の保証に関して一定の保証を行う表示を行っているにもかかわらず、実際には当該表示の内容に満たない保証しかなされない場合は、不当表示の問題が生じ得る。

保証に関する表示のうち、不当表示のおそれのあるものとして以下のような例がある(川井=地頭所270頁)。

①家電製品について、「5年間の品質保証」や「無料修理」と表示しているにもかかわらず、実際には一部の部品についてのみしか品質保証や無料修理を行っていなかったもの(高居〔第7版〕164頁)

②実際は期限後に申込みを行った場合でも同様の制度を利用できるのにもかかわらず、期限内に申込みを行った受講生に対して限定で、通常授業1か月分と同時間分の追加授業を無料で受けられる「成績保証」と称する制度を利用できるかのように表示していたもの(措置命令令和5年1月12日〔株式会社バンザンに対する件〕〔**事例㊻**〕)

③実際には、一定の条件を満たす中古車のみが10年の車両保証期間の対象であったにもかかわらず、「あんしん10年保証」等とすべての中古車について10年の車両保証期間が適用される旨を表示していたもの(措置命令平成23年3月28日〔株式会社ガリバーインターナショナルに対する件〕)

(5) **インターネット等の電子商取引に関する有利誤認表示**　(a) 電子商取引の特徴　現在、インターネット上でのBtoC取引は非常に活発に行われているところ、インターネット等の電子商取引の場面においても不当表示の問題は生じ得る。インターネット取引等の電子商取引における表示に関する留意事項について、公取委は、電子商取引ガイドラインを公表し、電子商取引に伴う景表法上の留意点を示している(電子商取引ガイドライン第1-1(1))。また、近年活発となっている電子取引に関する法律の適用・解釈を示した、経済産業省が公表する「電子商取引及び情報財取引等に関する準則」(平成14年3月経済産業省公表。令和4年4月経済産業省最終改正)において、優良誤認表示および有利誤認表示規制に関する記載が

第2章　景品規制・表示規制　　*387*

§ 5 (2)-*3*(5)

あり、これらも電子商取引の際に留意すべきである。

電子商取引ガイドラインは、電子取引の特性として以下の事項を挙げており、このような特性から、電子商取引は商品選択や注文等における消費者の誤認を招きやすいとしている（電子商取引ガイドライン：はじめに2①～③）。

①ウェブページ上の指示に従ってクリックをしていけば契約が成立してしまう場合があるなど、契約の申込みが容易である。

②画面上の制約があるため、スクロール（一画面で表示しきれないときに、表示内容を上下・左右に動かすこと）しなければ表示内容全体を見ることができない場合がある。

③技術的な特徴として、多くの情報を提供できるようにするため、ハイパーリンク（当該リンクをクリックするだけで、当該ウェブページの別の場所や他のウェブページまたは全く別のサイトへ移動することができる仕組み）などの手法が用いられる場合が多い。

　(b)　インターネット等の電子商取引における表示　　電子商取引は商品選択や注文等における消費者の誤認を招きやすいことから、通常の商品やサービスの取引時における表示以上に、商品やサービスの内容または取引条件についての重要な情報が適切に提供される必要がある。特に、電子商取引に伴い提供される情報のうち、事業者にとって有利な点を強調し不利な点を隠すような表示や、スクロールやハイパーリンクを使用することにより、事業者にとって不利な点を表示しないあるいは見づらくすることによって、消費者の誤認を生む不当表示として問題となることがある（電子商取引ガイドライン第1-1(1)・2(1)）。

電子商取引ガイドラインにおいて、スクロールやハイパーリンク等インターネット等の電子商取引における表示を行う上で有利誤認表示の問題となる事例が列挙されており、実際に有利誤認表示と判断された事例も存在する。

事例16　措置命令令和2年3月24日（株式会社イオン銀行に対する件）
　「【新規ご入会者限定】最大20％キャッシュバックキャンペーン」と称する表示を行い、あたかも、商品の購入または役務の提供を受ける際の代金決済に所定のカードを利用した場合、応募者1人当たりのキャッシュバックの上限金額を合計10万円として、当該代金の最大20％相当額のキャッシュバックを受けることができるかのように表示していた。
　しかし、実際はキャッシュバックを受けることができない例外条件が定められており、当該例外条件の表示は、①「【新規ご入会者限定】最大20％キャッシュバックキャンペーン」の表示から離れた最下部に小さく表示されていた「『ご入会特典に関するご注意』」とのハイパーリンクをクリックまたはタップして遷移しなければ表示されず、②キャンペーンに関して記載された多数の

388　第2章　景品規制・表示規制

§ 5 (2)-3(6)

取引条件の一部として小さい文字で表示されていたものであった。

(6) その他の取引条件に関する有利誤認表示事例　これまで述べてきたもの以外にも、取引条件に関する有利誤認表示の例として以下のような事例が挙げられる。

①専門誌の専門学校生徒の募集要項に、「学費返還制度導入」と記載し、あたかも入学辞退者に対して、納付した学費をすべて返還するような表示がなされていたが、実際は納入した学費のうち、3割程度の金銭を返還しないものであったもの(排除命令平成18年5月24日〔株式会社代々木ライブ・アニメイションに対する件〕)。

②実際は、申込期間を経過した後に申込を実施した場合であっても30％割り引いた金額で役務提供を受けられたのにもかかわらず、申込期間中に申込みを行った者に限って3か月間30％割引となるキャンペーンを行っている旨の表示をしていたもの(措置命令令和2年1月17日〔株式会社キュラーズに対する件〕〔事例⑤〕)。

③「登録料、保証金、預り金、管理費、維持費、サポート費、カリキュラム費、運営費、年会費、解約金、違約金等は、一切かかりません」と表示し、あたかも家庭教師の役務提供を受けるに際して「指導料金」と称する費用以外に一切支払う必要のないものであるかのように表示していたが、実際は、「入会金」と称する費用の負担が必要となるもの(措置命令平成26年1月28日〔株式会社シニアに対する件〕)。

④「西日本パス」という割引乗車券を販売する際、パンフレットに一例として鳥取〜大阪間の特急電車を利用するモデルコースが表示されていたが、途中他社電車を利用することが明示されておらず、別途料金がかかること等を明確に表示していなかったもの(排除命令平成21年8月7日〔西日本旅客鉄道株式会社に対する件〕)。

⑤実際は写真と同等のコーディネートを実現するためには「レンタルセット価格」として記載された金額のほか、相当程度の費用が必要となるものであったにもかかわらず、レンタルによるセット商品の内容を記載し、「レンタルセット価格　148,000円(税込)」および「写真のコーディネートは参考の一例につき、セットの内容と異なる場合がございます」と記載するとともに、セット商品を着用したモデルの写真を掲載することにより、あたかも「レンタルセット価格」として記載された金額を支払うことによって写真と同等のコーディネートが実現できるセット商品をレンタルすることができるかのように

第2章　景品規制・表示規制　　389

§ 5 (3)-*1*

表示したもの(措置命令平成25年2月8日〔振袖に係るセット商品のレンタル業者3社に対する件〕)。 〔*1* 西本良輔＝岩並野乃佳・*2*(1)～(3) 髙宮雄介＝門田航希・*2*(4)～*3*(6) 柿元將希＝田中達基〕

〔その他の誤認表示〕

第5条 (3)　前2号に掲げるもののほか、商品又は役務の取引に関する事項について一般消費者に誤認されるおそれがある表示であつて、不当に顧客を誘引し、一般消費者による自主的かつ合理的な選択を阻害するおそれがあると認めて内閣総理大臣が指定するもの

---

1 趣　旨　　*2* 構成要件に関する解説　　*3* 現行の指定告示　　*4* 無果汁の清涼飲料水等についての表示(告示❶)　　*5* 商品の原産国に関する不当な表示〔原産国告示〕(告示❷)　　*6* 消費者信用の融資費用に関する不当な表示(告示❸)　　*7* 不動産のおとり広告に関する表示(告示❹)　　*8* おとり広告に関する表示〔おとり広告告示〕(告示❺)　　*9* 有料老人ホームに関する不当な表示〔有料老人ホーム告示〕(告示❻)　　*10* 一般消費者が事業者の表示であることを判別することが困難である表示〔ステマ告示〕(告示❼)

1 趣　旨

　本号では、前2号で定められている優良誤認表示および有利誤認表示以外の不当表示として、消費者庁の主任大臣である内閣総理大臣に対して不当表示を指定する権限が付与されている。当該指定は、告示によることから、「指定告示」と呼ばれる。

　表示規制一般の趣旨は、消費者の適正な商品選択を妨げるような表示を規制することにあるところ、現実の経済社会では多様な商品または役務が取引され、その広告表示も多様化していることから、優良誤認表示および有利誤認表示に関する規制だけでは、一般消費者の自主的かつ合理的な選択を阻害するおそれのある表示を実効的に排除することは不十分であると考えられる。そのような状況に柔軟に対処するため、本号において、内閣総理大臣に対して不当表示を指定する権限が与えられているものである。本号に基づく指定は、「無果汁の清涼飲料水等についての表示」のように業種別に行うことも、原産国告示のように一定の事項について行うことも可能である。

　指定告示には、必ずしも前2号の優良誤認表示または有利誤認表示には該当するとはいえないものの、なお「一般消費者に誤認されるおそれがある」表示とし

§ 5 (3)—2 (1)(2)

て、ある特定の情報の明記を欠く表示や特定の条件下での表示を指定するものと、実際に過去の優良誤認表示または有利誤認表示に係る諸事例から抽出された特定の表示について「一般消費者に誤認されるおそれがある」表示として指定するものがある。後者の指定については、過去に問題視された誤認表示について指定告示の形で具体的な要件化をすることで、明確化による違反行為の未然防止や措置の迅速化等が図られているといえる。

本号では「前2号に掲げるもののほか」と規定されているが、上記の後者の指定の例からもわかるように、本号に違反する表示が優良誤認表示ないし有利誤認表示に該当することもあり得、指定告示と優良誤認表示・有利誤認表示は、相互に排他的な関係に立つわけではない。また、法律上、優良誤認表示・有利誤認表示と指定告示による表示の関係についてはいずれかが優先的に適用されるというものではないところ、いずれが適用されるかにより、措置命令段階では差異を生じないものの、優良誤認表示・有利誤認表示のみが課徴金の対象となる現行の制度の下では、課徴金については大きな差異をもたらす。

2 構成要件に関する解説

本号に基づいて不当表示を指定するための要件は、以下のとおりである。なお、これらは、指定に当たっての要件であり、いったん指定した告示を個別の事案に適用するための要件ではない。

(1) **「商品又は役務の取引に関する事項」**　本号の対象となる表示は、「商品又は役務の取引に関する事項」についての表示である。典型的には商品または役務の内容や取引条件が含まれるが、商品または役務の内容や取引条件を直接に示すものでないとしても、取引に関係のある事項に関する表示であれば含まれることになる。具体的には、企業の歴史、市場における地位（売上高）等の企業の信用に関する事項、事業者の名称、商標、商品名等が挙げられる。

他方で、表示者が供給する商品または役務の取引に関係がないものは含まれない。具体的には、株主総会の招集通知、従業員の募集に関する通知、自社の環境問題に対する取組みに関する表示等が挙げられる。

(2) **「一般消費者に誤認されるおそれがある」**　本号は前2号と異なり、より広く「おそれ」のある表示も対象とするため、商品または役務の取引に関する事項の優良性や有利性の判断に直ちに結びつかない表示であっても不当表示として指定され得る。また、前2号と異なり、「著しく優良」または「著しく有利」であることは要件とされていないため、商品または役務の取引に関する事項の優良性や有利性について、誤認されるおそれはあるがその程度が著しい程度に至らない表示で

第2章　景品規制・表示規制　*391*

§ 5 (3)-2 (3)(4), 3

も、本構成要件を充足し得る。また、一般消費者が何らかの誤認をして商品・役務を選択するおそれのある表示であれば、商品または役務の内容または取引条件を優良または有利であると誤認するものでなくても、指定の対象とすることができる。

(3) **「不当に顧客を誘引し、一般消費者による自主的かつ合理的な選択を阻害するおそれがある」**　前2号と同じ文言であり、不当表示の存在自体が一般消費者の自主的かつ合理的な商品選択の機会を奪うことになるため、景表法の目的に反するものであることを確認的に規定したものにすぎず、本号の指定に関して実質的な限定を付す要件ではない。本構成要件の意義については、前2号の解説を参照されたい。なお、景表法による不当表示の規制は、一般消費者による自主的かつ合理的な選択を確保するためのものであるから、商品または役務の取引に関する事項について一般消費者に誤認されるおそれのある表示であっても、消費者の商品・役務の選択に影響を及ぼさず、一般消費者による自主的かつ合理的な選択を阻害するおそれがあると認められないものを、本号に基づいて指定することはできない。

(4) **「内閣総理大臣が指定」**　景表法の運用機関である消費者庁の主任大臣である内閣総理大臣に対して不当表示を指定する権限が付与されている。内閣総理大臣は、本号の指定をし、またはこれらの変更もしくは廃止をしようとするときは、公聴会を開き、関係事業者および一般の意見を求めるとともに、消費者委員会の意見を聴かなければならない（6①）。指定自体は内閣総理大臣が行うが、指定に当たって公聴会を開催し意見を徴することについては、消費者庁長官に権限が委任される（38①、景表令14）。本号による指定ならびにこれらの変更および廃止は、告示によって行うとされている（6②）。

なお、本号の告示の指定に当たっては、運用基準も併せて策定するのが通例となっている。運用基準の策定に際して公聴会の開催は義務付けられていないが、運用基準は告示の解釈基準を示すものであるため、運用基準についても告示と併せて原案を開示して意見を募集することが通例である。

3　現行の指定告示

現在、指定告示として定められているものは、以下の7つである。このうち❶〜❻は、景表法の規制主体が消費者庁に移管される前に景表法を所管していた公正取引委員会が告示として発したものであるが、消費者庁及び消費者委員会設置法の施行に伴う関係法律の整備に関する法律の附則4条1項において、「この法律の施行前にこの法律による改正前の……法律……の規定によりされた免許、許

§ 5 (3)-4(1)

可、認可、承認、指定その他の処分又は通知その他の行為は、法令に別段の定めがあるもののほか、この法律の施行後は、この法律による改正後の……法律……の相当規定によりされた免許、許可、認可、承認、指定その他の処分又は通知その他の行為とみなす」と規定されたことで、消費者庁への移管後も❶〜❻は指定告示として効力を有する取扱いとなっている。

❶ 無果汁の清涼飲料水等についての表示(昭和48年3月20日公取委告示第4号)

❷ 商品の原産国に関する不当な表示(昭和48年10月16日公取委告示第34号)〔原産国告示〕

❸ 消費者信用の融資費用に関する不当な表示(昭和55年4月12日公取委告示第13号)

❹ 不動産のおとり広告に関する表示(昭和55年4月12日公取委告示第14号)

❺ おとり広告に関する表示(平成5年4月28日公取委告示第17号)〔おとり広告告示〕

❻ 有料老人ホームに関する不当な表示(平成16年4月2日公取委告示第3号)〔有料老人ホーム告示〕

❼ 一般消費者が事業者の表示であることを判別することが困難である表示(令和5年3月28日内閣府告示第19号)〔ステマ告示〕

4 無果汁の清涼飲料水等についての表示(告示❶)

(1) **指定内容**　(a) **指定対象**　本告示は、以下の2つの表示を不当表示として指定している。なお、「対象商品」とは(b)に後述する商品を、「対象表示」とは(c)に後述する表示を指す。

①原材料に果汁・果肉が使用されていない対象商品についての対象表示であって、当該対象商品の原材料に果汁・果肉が使用されていない旨が明瞭に記載されていないもの。

②原材料に僅少な量の果汁・果肉が使用されている対象商品についての対象表示であって、当該対象商品の原材料に果汁・果肉が使用されていない旨もしくは当該対象商品に使用されている果汁・果肉の割合が明瞭に記載されていないもの。

(b) **対象商品**　本告示の対象となる商品は、清涼飲料水、乳飲料、はっ酵乳、乳酸菌飲料、粉末飲料、アイスクリーム類または氷菓であり(以下、「清涼飲料水等」という)、容器に入っているものまたは包装されているものに限定される。

(c) **対象表示**　本告示の対象となる表示内容は、以下のいずれかに該当する表示である。

①当該清涼飲料水等の容器または包装に記載されている果実の名称を用いた商品名等の表示

第2章　景品規制・表示規制　　*393*

§ 5 (3)—4 (2)(3)

②当該清涼飲料水等の容器または包装に掲載されている果実の絵、写真または図案の表示

③当該清涼飲料水等またはその容器・包装が、果汁、果皮または果肉と同一または類似の色、かおりまたは味に着色、着香または味付けがされている場合のその表示

(2) 各要件の解釈 (a) 「果実」 「果実」とは、日本標準商品分類による果実をいう。

(b) 「果汁」 「果汁」とは、果実を粉砕して搾汁、裏ごし等をし、皮、種子等を除去したものをいう。

(c) 「果汁・果肉が使用されていない旨」が「明瞭に記載」 「果汁・果肉が使用されていない旨」とは、「無果汁」「果汁を含まず」「果汁ゼロ」「果汁０％」のいずれかの文言を記載する場合を指し、それが「明瞭に記載」されたというためには、果汁・果肉が使用されていない旨または使用した果汁・果肉の含有率を、商標または商品名の表示（２か所以上に表示されている場合は、そのうちで最も目立つもの）と同一視野に入る場所に、背景の色と対照的な色を用いて、かつ、14ポイント以上の大きさの文字で見やすいように記載する必要があり（ただし、技術的理由等により「同一視野に入る場所」に記載できない場合は、容器上で他の見やすい場所に記載するものとし、容器上に記載することが著しく困難な場合で、あらかじめ公取委に届け出たときは、王冠または紙栓に記載することができるものとするが、その場合の「無果汁」等の記載の位置は、その中央部分とし、かつ、紙栓をした清涼飲料水等にあっては、フードにも「無果汁」等の記載をするものとする）、また対象表示が内容物、容器等と外箱等の両方にある場合は、その両方に記載する必要がある。

(d) 「僅少な量」 「僅少な量」の果汁・果肉とは、重量配分率で５％未満の量を指し、水を加えて提供する清涼飲料水等の場合は、標準の希釈倍数等により飲用に供する状態における重量配分率で５％未満の量を指す。なお、果実飲料の日本農林規格に定める測定方法に基づく検査によって、果汁分が検出されない清涼飲料水等は、果汁が使用されていないものとして取り扱うこととされている。

(e) 「商品名等」「果実の名称を用いた商品名」 「商品名等」とは、商品名、説明文その他の文言をいい、「果実の名称を用いた商品名」には、「レモネード」「○○フルーツ」「フルーツ○○」等と称する商品名を含む。

(3) 規制の趣旨・背景 昭和42(1967)年、公取委が無糖合成レモン飲料にレモンの図柄や生レモンエキス等の文言を表示して販売した業者に対して不当表示として排除命令を同時に発出する事例が相次いだ（株式会社明治屋食品工場および株式

394 第2章 景品規制・表示規制

§ 5 (3)—4 (4), 5 (1)

会社明治屋に対する排除命令〔昭和42年5月31日〕、サントリー株式会社に対する排除命令〔昭和42年5月31日〕、ヤンズ通商株式会社および明治商事株式会社に対する排除命令〔昭和42年5月31日〕、ポッカレモン株式会社に対する排除命令〔昭和42年5月31日〕、日本ジュース販売株式会社に対する排除命令〔昭和42年6月13日〕、スター食品工業株式会社に対する排除命令〔昭和42年6月13日〕、モロゾフ酒造株式会社に対する排除命令〔昭和42年6月13日〕、株式会社の々川産業に対する排除命令〔昭和42年6月13日〕、森永製菓株式会社に対する排除命令〔昭和42年6月13日〕、サンコー食品株式会社および株式会社東食に対する排除命令〔昭和42年6月13日〕)。これを受けて、社団法人日本果汁協会等が合成レモン飲料に関する公正競争規約を作成して公取委の認定を受けたところ、主婦連合会が無果汁および果汁5％未満の飲料でも「合成着色飲料」または「香料使用」等とのみ表示すれば足りるとするのは一般消費者に果汁を含有しない旨を偽りなく伝えるものではない等と主張して裁判まで発展するに至った(最判昭和53年3月14日民集32巻2号211頁)。このように社会問題化した経緯を踏まえて、公取委が無果汁の清涼飲料水等に無果汁表示を行う旨の本告示が制定された。

(4) **主な違反事例**　国分株式会社に対する排除命令(平成16年2月27日排除命令・排除命令集24巻99頁)がある。飲料・食料品等の卸売業者が、原材料に果汁・果肉が使用されていない清涼飲料について、その容器に果実(レモン、ライム、オレンジ、ぶどう)の名称を用いた商品名等を記載し、果実の図案を掲載し、内容物に果実と類似の着香または着色等をすることにより、原材料に果汁・果肉が使用されているかのような印象を与える表示をしているにもかかわらず、容器に、清涼飲料水の原材料には果汁・果肉が使用されていない旨を明瞭に記載していなかった点で、(当時の)4条1項3号の規定に違反する。

5　商品の原産国に関する不当な表示〔原産国告示〕(告示❷)

(1) **指定内容**　本告示は、以下の2つの表示を不当表示として指定している。

(a) **原産国告示第1項**　国内で生産された商品についての以下のいずれかの表示であって、その商品が国内で生産されたものであることを一般消費者が判別することが困難であると認められるもの(以下便宜上、「原産国告示第1項」という)

ⓘ外国の国名、地名、国旗、紋章その他これらに類するものの表示

ⓘⓘ外国の事業者またはデザイナーの氏名、名称または商標の表示

ⓘⓘⓘ文字による表示の全部または主要部分が外国の文字で示されている表示

(b) **原産国告示第2項**　外国で生産された商品についての以下のいずれかの表示であって、その商品がその原産国で生産されたものであることを一般消費

第2章　景品規制・表示規制　　395

§ 5 (3)-5 (2)

者が判別することが困難であると認められるもの(以下便宜上、「原産国告示第2項」という)

ⓐその商品の原産国以外の国の国名、地名、国旗、紋章その他これらに類するものの表示

ⓑその商品の原産国以外の国の事業者またはデザイナーの氏名、名称または商標の表示

ⓒ文字による表示の全部または主要部分が和文で示されている表示

　本告示は、実際の原産国を判別することが困難な表示を禁止しているにすぎず、商品の原産国を必ず表示するように義務付けるものではない(原産国について表示を全くしないことは禁じられていない)。ただし、商品の実際の原産国以外の国に関する表示(当該商品の原産国以外の国名、地名、事業者名、デザイナーの氏名等)によって、一般消費者が当該商品の原産国を判別することが困難となる場合には、不当表示となるおそれがあるため、その場合は、当該商品の原産国が一般消費者に誤認されないよう、原産国を明らかにするための表示をする必要があるとされている(表示Q&A・Q30)。

　したがって、本告示は、原産国以外の国の国名、国旗、デザイナーの氏名等の表示自体を完全に禁止するものではなく、またすべての商品について実際の原産国の表示を義務付けるものでもない。そのため、原産国の代わりに、主な製造工程ごとにその工程を行った国を表示することや、これらの情報を原産国と併記して表示することも可能である(表示Q&A・Q49)。

　また、本告示はあくまで原産「国」の誤認を規制するものであり、同一国内での原産地を誤認させるような表示、例えば国内のA地方産の商品につきB地方産であるような表示が行われたような場合(日本国内の産地の偽装表示)は、本告示の対象外であり、優良誤認表示(本条(1))の問題となる。

　なお、本告示の違反には故意・過失を問わない。

(2)　各要件の解釈　　(a)　原産国告示第1項(ⓘ)の「表示」　　上記(1)(a)ⓘの表示は、国名または地名の略称・通称、地域の名称、国の地図等の表示(「U.S.A.」「イギリス」「England」「ヨーロッパ」等)が含まれる。外国の国名または地名を含むものの日本の事業者の名称であることが明らかな表示(「○○屋」等〔○○は外国の国名または地名〕)は含まれない。また、外国の国名や地名等を含むものの、商品の普通名称であって、原産国が外国であることを示すものでないことが明らかな表示(和文による「フランスパン」「ロシアケーキ」「ボストンバッグ」「ホンコンシャツ」等)も含まれない。また、和文によるか、外国の文字によるかを問わない。

　　(b)　原産国告示第1項(ⓘ)の「表示」　　上記(1)(a)ⓘの表示は、外国の事業者

396　第2章　景品規制・表示規制

§ 5 ⑶-5 ⑵

の名称等を含むが、商品の普通名称であって、原産国が外国であることを示すものでないことが明らかな表示は含まれない。また、和文によるか、外国の文字によるかを問わない。

(c) 原産国告示第1項(ⅲ)の「表示」　上記⑴(a)ⅲの表示は、以下の表示は、「表示」には該当しないとされる。

①外国の文字で表示(ローマ字綴りの場合を含む)された国内の事業者の名称または商標であって、国内で生産された商品(以下、「国産品」という)に表示されるものであることを一般消費者が明らかに認識していると認められるものの表示

②法令の規定により、一般消費者に対する表示として、日本語に代えて用いることができるものとされている表示(「ALL WOOL」「STAINLESS STEEL」等)

③一般の商慣習により、一般消費者に対する表示として、日本語に代えて用いられているため、日本語と同様に理解されている表示(「size」「price」等)

④外国文字が表示されているが、それが模様、飾り等として用いられており、商品の原産国が外国であることを示すものでないことが明らかな表示(手提げ袋の模様として英文雑誌の切抜を用いたもの等)

(d) 原産国告示第2項(ⅰ)の「表示」　上記⑴(b)ⅰの表示は、国名または地名の略称・通称、地域の名称、国の地図等の表示(「U.S.A.」「イギリス」「England」「ヨーロッパ」等)が含まれる。また、和文によるか、外国の文字によるかを問わない。

(e) 原産国告示第2項(ⅱ)の「表示」　上記⑴(b)ⅱの表示は、和文によるか、外国の文字によるかを問わない。

(f) 原産国告示第1項(ⅰ)(ⅱ)(ⅲ)の「表示」との併記　原産国告示第1項の表記がある場合でも、①「国産」「日本製」等の明示、②「○○株式会社製造」「製造者○○株式会社」等の明示、③事業者の名称(外国文字表記。ローマ字綴りによる場合を含む)と国内の地名を冠した工場名が(地名を冠していない工場名の場合は、その所在地名を附記して)併記された明示、④目立つ「Made in Japan」表記のいずれかの方法で国産品である旨が表示されている場合は、原則的に不当表示に該当しない。もっとも、それでもなお、その商品の原産国がいずれであるか紛らわしいときは、これらの表示とともに、外国の国名等とその商品との関係を和文で明示しなければ、不当表示に該当する。例えば、「Fabric made in England」、「Material、imported from France」または単に「Italy／Japan」等と表示されている場合、「日本製、生地は英国製」「原材料をフランスから輸入し、○○株式会社△△工場で製造」「イタリアのデザインにより、○○株式会社で縫製」等のように関係を表示すれば問題ないとされている。

　原産国を明らかにするための表示は、原則として、本告示の対象となる表示が

なされている表示媒体に明示することが要求されるが、本告示の対象となる表示が、商品、容器、包装またはこれらに添付した物(ラベル、タッグ等)にされている場合は、目立つようにして行うならば、これらのうち、いずれの物に表示してもよい。

(g) 「○○国の事業者」　「○○国の事業者」(原産国告示第1項(ⅲ)、原産国告示第2項(ⅲ))とは、その国に本店を有する事業者(日本に本店を有する事業者は、いわゆる外資系の会社でも、「外国の事業者」(原産国告示第1項(ⅲ))に含まれない)をいう。

(h) 「外国」　「外国」とは、日本の領土・領海以外の地域をいう。具体的には、公海であるインド洋で捕獲された魚を日本沿岸産であるかのように表示すると、本告示に違反する。なお、公海上の蟹工船で缶詰にした蟹缶等、日本に船籍を有する船舶上で生産された商品は国産品とされる。

(i) 「生産」　「生産」には農水産物の採取、採捕、栽培行為も含まれ、工業製品でない生鮮食品等も「商品」に含まれる。

(j) 「原産国」　「原産国」とは、その商品の内容について実質的な変更をもたらす行為が行われた国をいい、商品の原産地が一般に国名よりも地名で知られているため当該商品の原産地を国名で表示することが適切でない場合は、その原産地を原産国とみなして本告示が適用される。

「商品の内容について実質的な変更をもたらす行為」は、「『商品の原産国に関する不当な表示』の原産国の定義に関する運用細則」(昭和48年12月5日公取委事務局長通達)において、次頁の表のとおり定義されている。本告示では、商品の原産国の判定基準として、内容について最も大きな変更をもたらす生産工程が行われた地を基準とする考え方が採用されており、価値を付加する工程が行われた地は基準とされていない。次頁の表の定義は、本告示の規制目的が一般消費者の原産国に関する誤認のおそれを排除しようとする点にあることを考慮し、一般消費者が商品の原産国といった場合に当該商品についていかなる行為が行われた国を連想するかという観点から定められている。

「商品の原産地が一般に国名よりも地名で知られているため当該商品の原産地を国名で表示することが適切でない場合」としては、例えば、マカオ産の商品について、日本の一般消費者にとっては、マカオは、ポルトガルとしてよりもマカオとして知られていることが多く、また、ポルトガル本国とマカオは別のものと認識されている側面も強いため、ポルトガル産と表記されてもマカオ産であることを想起する人がほぼいないと考えられることから、「ポルトガル産」と表記するのではなく、「マカオ産」と表記すべきということになる。

また、本告示の運用基準(昭和48年10月16日事務局長通達第12号)は、以下の行為に留

§ 5 (3)−5 (2)

品目		実質的な変更をもたらす行為
食料品	緑茶 紅茶	荒茶の製造
	清涼飲料（果汁飲料を含む）	原液または濃縮果汁を希釈して製造したものにあっては希釈
	米菓	煎焼または揚
衣料品	織物	染色しないものおよび製織前に染色するものにあっては製織。製織後染色するものにあっては染色。ただし、製織後染色する和服用絹織物のうち、小幅着尺または羽尺地にあっては製織および染色 (注)「小幅着尺または羽尺地」には、小幅着尺および羽尺地が連続したもの、小幅着尺または羽尺地がそれぞれ2以上連続したものその他小幅着尺または羽尺地より丈の長いものであってこれらと同様の用に供せられるものを含む
	エンブロイダリーレース	刺しゅう
	下着 寝着 外衣(洋服 婦人子供服 ワイシャツ等) 帽子 手袋	縫製
	ソックス	編立
身のまわり品	かわ靴	甲皮と底皮を接着、縫製その他の方法により結合すること
雑貨	腕時計	ムーブメントの組立て。ただし、側またはバンドが重要な構成要素となっている高級腕時計および防水などの特殊な腕時計にあっては、ムーブメントの組立ておよび側またはバンドの製造 (注)ただし書の腕時計において、ムーブメントの組立てが行われた国と側またはバンドの製造が行われた国とが異なるときは、原産国は、2国となる

まる場合には、実質的変更に該当しないとしている。

①商品にラベルを付け、その他標示を施すこと。

②商品を容器に詰め、または包装をすること。

③商品を単に詰合せ、または組み合わせること。

④簡単な部品の組立てをすること。

　消費者庁ウェブサイトでは、「A国で製造したワインをB国にバルク輸出し、B国でボトリング後、日本に輸入した」事例について、ワインについては製造（発酵）が実質的変更行為であり、ボトリングは実質的変更行為に該当しないため、原産国はA国となるという見解が示されている。また、同ウェブサイトには、「A国とB国でそれぞれ製造されたワインをC国にバルク輸出し、そこでブレン

第2章　景品規制・表示規制　　399

§ 5 (3)-5 (2)

ドしてボトリング後に日本に輸入した」事例について、ブレンドはワインの風味を大きく変化させる点で「実質的変更行為」に該当するため、原産国は、ブレンドが行われたＣ国となるという見解が示されている（表示 Q&A・Q47〜48）。

　また、過去に公取委は、以下のような見解を回答している。

・インスタントコーヒーについては、コーヒー豆の粉砕、抽出濃縮後の乾燥が行われた国が原産国となるが、その後にブレンドされた場合には、ブレンドされた国が原産国となる。

・冷凍海産物は、捕獲された国ではなく、冷凍された国が原産国となる。

・ベルトは、通常はベルトの皮部分を完成した国が原産国であるが、バックル部分がベルトの重要な構成要素となる場合は、皮部分とバックルを完成させた国の２国とも原産国となる。

・ゴルフクラブの原産国は、組立て国である。

・スキーは、木部の原産国と金具の原産国の２国とも原産国となる。

・玩具については、一般消費者が容易に組み立てられるような簡単な組立ては実質的変更ではなく、そのような簡単な組立てをする前の段階まで完成させた国が原産国となる。

・家具は、Ａ国で完成させた家具を輸送上の都合によりＡ国で解体して国内で組み立てた場合、Ａ国が原産国となり、国産のボルト、ナット等を使用するとしても、それ以外の部分品の全部がＡ国産であれば、Ａ国が原産品であるのに対し、Ａ国産の部分品と国産の部分品（ボルト・ナット等を除く）を組み合わせて国内で完成した場合は国産品となる。

・エアコンは、完成部品をＡ国から輸入して国内で組み立てる場合には、組立てをした日本が原産国である。

・陶器・漆器の上絵付け、部分的色付け、金属製食事用・食卓用・台所用器具の圧延加工、仕上げ加工（磨き、メッキ、塗装）については一概にいえない。

・加工食品の場合は、その原材料の原産国を問わず、その加工工程が行われた国を原産国とし、実質的な変更行為とする。

　具体的にどのような生産工程が実質的な変更行為と判断されるかは、商品ごとに多種多様であるため、「実質的な変更」の該当性については、前述した具体例を参考として類推せざるを得ない。

　なお、原産国が２国以上となりうる場合（商品の重要な構成要素が複数あり、そのいずれの部分も重要性に優劣を付け難く、それぞれ異なる国で生産される場合のほか、商品の重要な生産工程が複数あり、そのいずれの工程も重要性に優劣を付け難く、それぞれ異なる国で行われる場合を含む）には、「〇〇はＡ国製、△△はＢ国製」というように原産国を具体

§ 5(3)-5(3)(4)

的に書き分ければ、仮に原産国を1国に絞るのが正しい場合でも、不当表示にはならない。また、単に「国産」と表示すると原材料の採取地の意味と誤解されるおそれがある場合には、その製造工程の内容を示すこと(「日本で冷凍」「日本で塩漬け」等)によって原産国を表示することが妥当である。

(k) **対象となる商品の範囲** 本告示は、規制対象となる商品の範囲を特に限定していない。しかし、景表法の規制対象となる誤認またはそのおそれの主体は一般消費者であるから、一般消費者に対する表示が想定されない商品は、本告示の適用対象外である。業務用の商品、中間財、資本財である商品がこれに該当する。

また、「商品」の原産国に関する不当な表示に該当しないものは、本告示の対象外である。例えば、日本の事業者が制作した映画を外国の事業者が制作した映画であるかのように広告して一般に上映する行為がこれに該当する。ただし、この場合には、別途、本条1号の優良誤認表示として問題となり得る。

(3) 規制の趣旨・背景 本告示が制定された昭和48(1973)年当時は、労働コストの低い日本で製造したものを舶来品と偽ることが大きな社会問題となっており、そのような事態に対応するために本告示が制定された。しかし、昨今では、国産品であることがむしろ付加価値となっているため、本告示の制定当初の趣旨は失われつつある。もっとも、今日では、ブランドイメージの低い外国の生産品を、ブランドイメージの高い国の製品であるかのように偽る場面が往々にして問題となることが多い。そのため、本告示は、現在では、このような社会情勢の変化を踏まえて、上記のような場面を主に想定した規制として位置付けられている。

(4) 主な違反事例 (a) 排除命令平成元年3月17日(株式会社マキに対する件) 大韓民国または香港製の婦人服に取り付けられた「MADE IN KOREA」、「MADE IN HONG KONG」、「韓国製」または「香港製」という表示物を取り去り、これにより当該製品の原産国に関して一般消費者の判別が困難となる表示を行った。

(b) 排除命令平成4年8月5日(日本電池株式会社に対する件) 二輪自動車の補修用鉛蓄電池について、「MADE IN TAIWAN」という表示がなされている箇所に取扱い上の注意を記載したラベルを貼付して、一般消費者が原産国を判別することが困難な表示を行った。

(c) 排除命令平成6年7月1日(株式会社サン・フェルメールに対する件) 中華人民共和国、香港または大韓民国で生産された婦人服に取り付けられた「MADE IN CHINA」、「MADE IN HONG KONG」または「MADE IN KOREA」という表

第2章 景品規制・表示規制 *401*

§ 5 (3)-5(4)

示物を取り去り、日本の事業者名を示す「㈱サン・フェルメール」の記載がある下札を取り付けて、これらの製品の原産国に関して一般消費者の判別が困難となる表示を行った。

(d) 排除命令平成16年11月24日(八木通商株式会社および株式会社ユナイテッドアローズに対する件)(**事例⑰**)　衣料品の輸入卸売業等を営む八木通商株式会社は、イタリアに所在するジー・ティーアーモーダ社の製造したズボンを輸入して、衣料品の小売業等を営む株式会社ユナイテッドアローズに納入するにあたり、株式会社ユナイテッドアローズより委託を受けて、株式会社ユナイテッドアローズの商号等が記載された品質表示タッグと下げ札をルーマニアで縫製して取り付けていたが、ズボンについては縫製された国が当該商品の原産国であると認められるところ、両社は品質表示タッグと下げ札に「イタリア製」とそれぞれ記載することにより、あたかも当該商品の原産国がイタリアであるかのように表示していた。この排除命令後に出された公取委審判審決平成18年5月15日(審決集53巻173頁)では、違反行為の表示主体とは「当該不当な表示についてその内容の決定に関与した事業者」を指し、「決定に関与」とは、自らもしくは他の者と共同して積極的に当該表示の内容を決定した場合のみならず、他の者の表示内容に関する説明に基づきその内容を定めた場合や、他の者にその決定を委ねた場合も含まれ、この場合において、当該表示が不当な表示であることについて、当該決定関与者に故意または過失があることを要しないところ、株式会社ユナイテッドアローズは、八木通商株式会社の説明に基づいて当該商品がイタリア製である旨の認識の下に「イタリア製」と記載した下げ札を自ら作成し、品質表示タッグについてはその作成を八木通商株式会社に委託して「イタリア製」および「MADE IN ITALY」と記載したものを作成していることなどから、表示内容の決定に関与したことは明らかであると判断された。そして、本件に関して係属した東京高判平成19年10月12日(審決集54巻661頁)は、不当表示をした事業者とは、公正な競争を確保し一般消費者の利益を保護する観点から、メーカー、卸売業者、小売事業者等いかなる生産・流通段階にある事業者かを問わず、一般消費者に伝達された表示内容を主体的に決定した事業者はもとより、当該表示内容を認識・認容し、自己の表示として使用することによって利益を得る事業者も、表示内容を間接的に決定した者として、これに含まれると解するのが相当であるところ、公取委の認定した事実からすれば、株式会社ユナイテッドアローズは、その商標と共に「イタリア製」と記載された本件下げ札について、その表示内容を実質的に決定したというべきであるし、また、その社名と共に「イタリア製」および「MADE IN ITALY」と記載された本件品質表示タッグについて、表示内容を認識・認容し、自己の表示として

402　第2章　景品規制・表示規制

§ 5 (3)-5 (4)

使用することによって利益を得ていたものであるから、表示内容を間接的に決定した者として、「不当表示を行った事業者」に該当すると判示した。

(e) 排除命令平成16年11月24日(八木通商株式会社および株式会社ベイクルーズに対する件)(**事例❸**)　衣料品の輸入卸売業等を営む八木通商株式会社は、イタリアに所在するジー・ティー・アー　モーダ社の製造したズボンを輸入して、衣料品の小売業等を営む株式会社ベイクルーズに納入するに当たり、株式会社ベイクルーズより委託を受けて、輸入者としての八木通商株式会社の商号等が記載された品質表示タッグと株式会社ベイクルーズの商号等が記載された下げ札をルーマニアで縫製して取り付けていたが、ズボンについては縫製された国が当該商品の原産国であると認められるところ、両社は品質表示タッグと下げ札に「イタリア製」とそれぞれ記載することにより、あたかも当該商品の原産国がイタリアであるかのように表示していた。本件に関して係属した東京高判平成20年5月23日(審決集55巻842頁)は、「事業者」(不当表示を行った者)とは、「表示内容の決定に関与した事業者」を意味し、「表示内容の決定に関与した事業者」には、「自らもしくは他の者と共同して積極的に表示の内容を決定した事業者」のみならず、「他の者の表示内容に関する説明に基づきその内容を定めた事業者」や「他の事業者にその決定を委ねた事業者」も含まれ、「他の者の表示内容に関する説明に基づきその内容を定めた事業者」とは、他の事業者が決定したあるいは決定する表示内容についてその事業者から説明を受けてこれを了承しその表示を自己の表示とすることを了承した事業者をいい、また、上記の「他の事業者にその決定を委ねた事業者」とは、自己が表示内容を決定することができるにもかかわらず他の事業者に表示内容の決定を任せた事業者をいうものと解せられるところ、株式会社ベイクルーズは、八木通商株式会社から本件商品の原産国がイタリアである旨の説明を受けてこれを信用し、同社に作成および取付けを依頼した本件品質表示タッグおよび本件下げ札に本件商品の原産国がイタリアであると記載されることを了解して、かかる本件品質表示タッグおよび本件下げ札が取り付けられた本件商品を自己の経営するセレクトショップにおいて販売していたことが認められるから、不当な表示を行った事業者(不当表示を行った者)として、「表示内容の決定に関与した事業者」、すなわち、「他の者の表示内容に関する説明に基づきその内容を定めた事業者」に該当することは明らかであると判示した。

(f) 排除命令平成19年6月18日(琉球ガラス工芸協業組合ほか2名に対する件)　ベトナムで生産されたガラス製品について、三社が共同して作成した通信販売用カタログにおいて、「Ryukyu glass Gift Selection 琉球ガラスギフトセレクション」「琉球ガラス職人の技と情熱」または「琉球ガラス専門店」等と表示することで、あ

第2章　景品規制・表示規制　*403*

§ 5 (3)-5 (4)

たかも掲載しているガラス製品のすべてが沖縄県で生産されたものであるかのように表示して、一般消費者が原産国を判別することが困難な表示を行った。

(g) 排除命令平成21年1月8日(全日空商事株式会社に対する件。排除命令集26巻587頁) 革製品の通信販売業者が、ブランドの革製品を販売するに当たり、当該商品の原産国について自ら十分な確認を行わないまま、当該商品について「日本製」と記載することにより、あたかも当該商品の原産国がわが国であるかのように示す表示をしていたが、実際には当該商品の原産国は中華人民共和国であった。

(h) 排除命令平成21年1月8日(株式会社ウイングツーワンに対する件) 革製品の通信販売業者が、ブランドの革製品を販売するに当たり、当該商品の原産国について自ら十分な確認を行わないまま、当該商品について日刊紙に掲載した広告において「日本製」と記載することにより、あたかも当該商品の原産国がわが国であるかのように示す表示をしていたが、実際には、当該商品の原産国は中華人民共和国であった。

(i) 排除命令平成21年6月9日(アドルフォ・ドミンゲスジャパン株式会社に対する件。排除命令集26巻745頁) 衣料品の小売業者が、ブランドの衣料品を販売するにあたり、中華人民共和国・インド・トルコの国名が商品に縫い込まれまたは貼付された原産国タッグ・原産国シールをはさみで切る等して取り去り、ブランド名タッグ・ブランド名下げ札を取り付けたままにすることにより、それらの原産国を判別することが困難な表示を行っていた。

(j) 消費者庁警告平成22年1月21日(株式会社ティンカーベルに対する件) 衣料品小売販売事業者である株式会社ティンカーベルが、タイ王国で製造された衣料品の販売に当たって、そのタグに「MADE IN CHINA」と表示した。

(k) 措置命令平成22年3月25日(株式会社ボンシックに対する件) 化粧品化粧雑貨輸入業者が、米国 NYX コスメチック社「NYX」の商標を付した化粧品・化粧雑貨を販売するに当たり、対象商品のラベルに「アメリカ製」と表示したが、実際には中華人民共和国、台湾、大韓民国等で製造されたものであった。

(l) 措置命令平成22年11月30日(株式会社光洋に対する件) 株式会社光洋が、サザエの販売にあたって、「＜島根県産他国内産＞活サザエ貝」等と表示していたが、実際の原産国は大韓民国であった。

(m) 措置命令平成24年9月28日(有限会社藤原アイスクリーム工場に対する件) 天然はちみつの販売にあたって、その原産国を日本の「岩手」「盛岡」または「三陸地方」等と表示していたが、実際には、国内で採蜜された天然はちみつに、中華人民共和国またはハンガリーで採蜜された天然はちみつを混合したものであった。

404 第2章 景品規制・表示規制

§ 5 (3)−6 (1)

(n)　措置命令平成29年6月23日(株式会社ボーネルンドに対する件)　　株式会社ボーネルンドは、自らが供給する玩具16商品(以下、「本件商品」という)について、平成28(2016)年12月7日から同月9日までの間に、新聞折り込みチラシにおいて、例えば、「アンビトーイ・ベビーギフトセット」と称する本件商品について、英国の国旗を掲載するとともに、「イギリス」と記載する等、それぞれ、国旗を掲載するとともに、国名を記載していたが、実際には、本件商品の原産国は中華人民共和国であり、本件商品の原産国について判別することが困難なものであった。

(o)　措置命令令和元年6月13日(株式会社髙島屋に対する件)(**事例❻❾**)　　株式会社髙島屋が、消費者に販売する化粧品および雑貨について、自社ウェブサイトにおいて「原産国・生産国」または「原産国」と記載して国名を表示していたが、そのうち147品目について、記載された国名または地名が実際の原産国または原産地ではなかった。

(p)　措置命令令和3年9月3日(株式会社ビックカメラおよび株式会社ビック酒販に対する件)(**事例❼⓪**)　　株式会社ビックカメラは、消費者に販売する雑貨品について、自社ウェブサイトで原産国を表示していたが、そのうち177品目について、表示した原産国が実際の原産国ではなかった。

6　消費者信用の融資費用に関する不当な表示(告示❸)

(1)　**指定内容**　(a)　**指定対象**　　消費者信用とは、将来の収入で支払うという消費者の返済能力や支払意思を信用して、販売業者や金融業者が消費者に対し消費生活のための購入資金を貸し付けたり、商品やサービスの販売に際して支払いを繰り延べることをいい、商品やサービスを購入して代金を後払いにする販売信用(クレジット)と、金銭を借り入れて利用後に返済する消費者金融に大別される。本告示は、「消費者信用の融資費用に関する以下のいずれかの表示であって、実質年率が明瞭に記載されていないもの」を不当表示として指定する。なお、利息が年建てによる率(アドオン方式〔途中で返済しても全期間借りたものとして利息を計算する方式〕によるものを除く)で記載され、かつ、利息以外のすべての融資費用の内容およびその額または率が明瞭に記載されている場合は対象外となっている。また、消費者信用の融資費用につき法令等に設けられた特別の定めに基づいて行う表示(質屋営業法に基づいて行う表示や、国、特別の法律による特別の設立行為をもって設立される法人〔例えば、○○公庫、○○公団、日本勤労者住宅協会等〕や地方住宅供給公社等が行う表示等)についても、本告示は適用されない。

①利息、手数料その他の融資費用の率がアドオン方式により表示されている場合

§ 5⑶-6⑵

ⅱ利息、手数料その他の融資費用の率が日歩、月利等年建て以外の方法により表示されている場合

ⅲ融資費用が金額によって表示されている場合

ⅳ融資費用が返済事例により表示されている場合

ⅴ融資費用の一部についてのみ年建てによる率で表示されている場合

　(b)　想定される表示　　上記ⅱ〜ⅴとしては、具体的には、以下のような表示が想定している。

　ⅱ:「日歩○銭」「月利○円○銭」等と低利であるような印象を与える表示

　ⅲ:「利息は1万円につき30円」「1万円を1週間利用して利息は雑誌1冊分」等のみの表示

　ⅳ:「手取30万円、返済月々1万5000円×36回、ボーナス時2万円加算」、「申込金30万円、24回均等払いの場合、初回2万7300円、2回目以降2万7200円」等のみの表示

　ⅴ:「利息年8％」と表示しているが、実際には他に手数料、集金費等を徴収する場合

　(c)　対象事業者　　本告示の適用を受ける事業者は、消費者信用の表示を行う事業者、すなわち、金融機関、貸金業者、割賦販売業者、ローン提携販売業者、割賦購入あっせん業者を対象として想定している。商品やサービスを購入して代金を後払いにする販売信用(クレジット)と、金銭を借り入れて利用後に返済する消費者金融のいずれも、本告示の対象である。

　⑵　各要件の解釈　　「消費者信用」とは、事業者が一般消費者に対し行う金銭の貸付けおよび商品の販売または役務の提供に係る代金支払いの繰延べの許容により供与される信用をいう。

　「融資費用」とは、利息、手数料、信用調査費、集金費、保証料、保険料その他名義を問わず、信用供与に際し、一般消費者から受ける金銭のすべてをいうが、登記手数料、印紙代その他法令の規定に基づくものおよび担保物件に係る火災保険料を除く。

　「実質年率」とは、実際に利用可能な融資金または未払金の額に期間数を乗じて得た額を合計した額に対する融資費用の総額の割合を年を単位として表したものをいい、次の算式で算定される(「消費者信用の融資費用に関する不当な表示」の運用基準〔昭和55年6月9日事務局長通達第8号〕)。

$$R = \frac{F}{\sum_{i=1}^{n} U_i \cdot T_i}$$

　　　R：実質年率
　　　F：融資費用の総額

§ 5 (3)-6 (3)

> n：融資金の完済するまでの返済回数
> Ti：融資金の前回の返済の日から今回の返済の日の前日まで
> の期間（年を単位として表すものとする。以下同じ）。ただし、
> T1は、信用供与を受けた日から第１回の返済の日の前日まで
> の期間
> Ui：前回の返済の日の前日における融資金の未払残高から、
> 前回の返済額のうち融資金への充当分を減じた額。ただし、
> U1は、信用供与時の融資金の額であるが信用供与時に融資費
> 用の一部または全部を徴収するものにあっては、実際に交付
> することとなる融資金の額

　実質年率は、少なくとも0.1％の単位まで示すものとし、前記(1)(a)(i)～(v)各号の表示に併記する場合は、その表示と同等以上の大きさの文字を用いる必要がある。取引によって実質年率が異なる場合には、通常行われる取引における最も高い年率を記載し、その実質年率がいかなる条件のときに適用されるかを表示する必要がある(例えば、「実質年率通常○％以内（○万円、○年間融資の場合）」「実質年率○％から○％まで」等の表示)。

　「記載されている年建ての利息」は、少なくとも0.1％の単位まで示され、融資費用に関する表示と同等以上の大きさの文字を用いる必要があり、「年○○％」「年利○○％」「年率○○％」のように表示することが想定されているが、個々の取引により年建ての利息が異なる場合には、その旨が表示される必要がある(「年利○○％（融資金○万円、融資期間○年の場合）」「年率○○％から○○％」「融資金○万円　年○○％」等)。

　「融資費用の内容およびその額または率が明瞭に記載されている場合」とは、利息以外のすべての融資費用について、内容(手数料、信用調査費、保証料等)と、その額または率が明瞭に記載されている場合をいい、金額でなく率で記載する場合は、年建てによる率(アドオン方式によるものを除く)で記載されているものをいう。

　(3)　規制の背景・趣旨　　昭和30年代以降、割賦信用販売の普及に伴って販売信用（クレジット）が拡大し、他方では銀行による個人を対象としたローンの開始および主としてサラリーマンや主婦を顧客とする無担保、無保証人の小口金融(サラ金)業者の出現によって消費者金融(ローン)が拡大したことで、消費者信用が急成長を遂げた。その中で、消費者が契約内容をよく理解しないまま高額な商品を購入させられたり、解約条件など契約内容が消費者に一方的に不利となっていたりする等の消費者トラブルが多発し、社会問題化した。このように、消費者信用においては、事業者が一般消費者に金銭を貸し付けたり、商品販売に際して代金

§ 5 (3)−6 (4), 7 (1)

支払いを繰り延べたりして信用を供与する場合に、それに必要な融資費用が正しく、かつ、一般消費者に理解されやすいように表示されていなければ、表示の仕方によっては、その融資費用が実際より低く、有利であるかのように誤認される場合があるため、このような事態に対応するため、本告示が制定された。

(4) 主な違反事例 (a) 有限会社湘南ハウジングに対する審判審決(排除命令昭和59年7月13日、審判審決昭和61年7月23日審決集33巻7頁) 特定の土地の取引に関するビラを新聞に折り込んで配布したが、そのビラにおいて、支払条件に関して返済事例による融資費用の表示をしたところ、「お支払い例 1区画48万円の土地を購入の場合 5年(60回)の割賦返済 月々わずか5,133円(60回)金利含む ボーナス時30,000円(10回)金利含む」と表示したが、実質年率を記載していなかった。

(b) 排除命令平成3年11月12日(光陽不動産株式会社に対する件。排除命令集18巻115頁) 宅地建物取引業者が、特定の土地の取引に関するビラを新聞に折り込んで配布したが、そのビラにおいて、当該土地の割賦による支払条件としてアドオン方式による融資費用の率を表示し、「ローンの場合/年利12%(アドオン方式)最小5年60回払い」とのみ記載し、実質年率を記載しなかった。

(c) 排除命令平成5年3月15日(有限会社エス・ケイ・プランニングに対する件) 宅地建物取引業者が、特定の土地の取引に関するビラを新聞に折り込んで配布したが、そのビラにおいて、土地の割賦による支払条件について、アドオン方式による融資費用の率の表示をしているが、「(年利9.8%)金利アドオン方式」とのみ記載し、実質年率(16.96%)を記載していなかった。

(d) 排除命令平成5年3月15日(株式会社エヌ・ビー・エスに対する件) 宅地建物取引業者が、特定の土地の取引に関するビラを新聞に折り込んで配布したが、そのビラにおいて、土地の割賦による支払条件について、アドオン方式による融資費用の率の表示をしているが、「年利6%(アドオン式)」とのみ記載し、実質年率(10.84%)を記載しなかった。

7 不動産のおとり広告に関する表示(告示❹)

(1) 指定内容 おとり広告とは、広告した商品または役務の購入を希望する顧客に対して、実際には別の商品を販売することを意図する広告である。本告示は、「自己の供給する不動産の取引に顧客を誘引する手段として行う以下のいずれかの表示」を不当表示として指定する。

⑴取引の申出に係る不動産が存在しないため、実際には取引することができない不動産についての表示

⑵取引の申出に係る不動産は存在するが、実際には取引の対象となり得ない

§ 5 (3)−7 (2)(3)

不動産についての表示

ⅲ取引の申出に係る不動産は存在するが、実際には取引する意思がない不動産についての表示

(2) 各要件の解釈 (a) 「不動産」 「不動産」とは、土地および建物をいう。

(b) 「不動産が存在しない」 「不動産が存在しない」とは、広告等に表示した物件が、所在地に存在しない場合のほか、実際に販売しようとする不動産とその内容、形態、取引条件等において同一と認め難い場合を指す。

(c) 「実際には取引の対象となり得ない」 「実際には取引の対象となり得ない」とは、表示した物件が売却済みのものまたは処分を委託されていない他人のものである場合のほか、表示した物件に重大な瑕疵があるため、そのままではその物件を取引することができないものであることが明らかな場合（ただし、当該物件に瑕疵があることおよびその内容が明瞭に記載されている場合を除く）を指す（「不動産のおとり広告に関する表示」等の運用基準〔昭和55年6月9日事務局長通達第9号〕）。

重大な瑕疵があり取引できない場合とは、例えば、建築基準法で定める道路に2 m以上接道していないため、当該敷地に建物を新築・改築・増築できない場合、売家と広告しているにもかかわらず実際には廃屋である場合、土地の全部または一部が高圧線下にあるため建築制限されている場合等が挙げられる。

当該物件に瑕疵のあることが明瞭に記載されている場合とは、例えば、「建築不可」「再建築不可」「売地、ただし廃屋有」「土地○○ m²、ただし、敷地の30%は高圧線下」「売地、ただし沼沢地」等と表示している場合である。

(d) 「実際には取引する意思がない場合」 「実際には取引する意思がない場合」とは、顧客に対し広告等に表示した物件に案内することを合理的な理由がないのに拒否する場合のほか、表示した物件に関する難点をことさら指摘するなどして、その物件の取引に応じず、顧客に他の物件を勧める場合を指す。本告示違反は、おとり広告であることについて認識がなかったか否かや、やむを得ない事情で掲載したままにしていたか否かとは関係せず成立する。

(3) 規制の趣旨・背景 おとり広告においては、広告される商品や役務は消費者にとって魅力的なものであっても、その広告をした企業は実際に販売する意思がないか販売することができないものであるのに対し、実際に消費者が販売を進められる商品や役務は割高なものが選ばれるのが常である。このように、おとり広告は、消費者に魅力的な商品等を広告して消費者を誘引し、実際には割高な商品等を販売しようとすることが多く、欺まん的な販売方法として消費者利益を損なう点で、厳しい規制が必要とされていたところ、特に不動産取引において、このようなおとり広告の問題が多発したことから、他の商品または役務に先立っ

第2章 景品規制・表示規制 　409

て、不動産取引を対象とする本告示が制定された。

（4）　**主な違反事件**　　(a)　排除命令昭和58年11月22日（有限会社都開発に対する件。排除命令集14巻89頁）　　宅地建物取引業者が、特定の土地付き住宅の取引に関するビラを新聞に折り込んで配布したが、そのビラにおいて、「新築4LDK」「土地40.65坪付（正味34.60坪）」「建物86.47 m²」「一戸建土地付住宅をお譲りします」等の文言と住宅の1階および2階の平面図を記載して、あたかも土地付住宅を販売するかのように表示したが、実際には、当該住宅は建築されておらず、当該土地の相当部分が擁壁・私道・階段で平坦部分が少ないため、特殊な基礎工事を施工しなければ今後も建築できない状態であり、取引することができないものであった。

(b)　排除命令昭和59年9月5日（有限会社協和住宅に対する件。排除命令集15巻96頁）　　宅地建物取引業者が、特定の土地付き住宅の取引に関する記事を週刊住宅情報（首都圏版）に掲載したが、その記事において、「引渡　即」（物件を引き渡せる時期が即時の意味）、「態様（売）」（被審人が売主の意味）等と記載し、あたかも当該物件を販売するかのように表示していたが、実際には、当該物件はすでに売却済みであり、取引の対象となり得ないものであった。

(c)　排除命令平成2年10月2日（株式会社アートライフに対する件）　　宅地建物取引業者が、賃貸住宅の取引に関する記事を住宅情報誌に掲載したが、その記事において、特定の物件をあたかも賃貸することができるように表示しているが、実際には当該物件は広告時において賃貸されており、取引の対象となり得ないものであった。

(d)　排除命令平成20年6月18日（株式会社エイブルに対する件。排除命令集26巻484頁）　　すでに賃貸中の物件について、表示期間において取引の対象となり得ないにもかかわらず、あたかも賃貸できるかのように表示した。

8　おとり広告に関する表示〔おとり広告告示〕（告示❺）

（1）　**指定内容**　　本告示は、一般消費者に商品を販売し、または役務を提供することを業とする者が、自己の供給する商品または役務の取引（不動産に関する取引を除く）に顧客を誘引する手段として行う以下のいずれかの表示を不当表示として指定する。

　　⒜取引の申出に係る商品または役務について、取引を行うための準備がなされていない場合その他実際には取引に応じることができない場合のその商品または役務についての表示（以下、「おとり広告告示第1項」という）
　　⒝取引の申出に係る商品または役務の供給量が著しく限定されているにもかかわらず、その限定の内容が明瞭に記載されていない場合のその商品または役

§ 5 (3)-8(2)

務についての表示(以下、「おとり広告告示第2項」という)

ⓒ取引の申出に係る商品または役務の供給期間、供給の相手方または顧客一人当たりの供給量が限定されているにもかかわらず、その限定の内容が明瞭に記載されていない場合のその商品または役務についての表示(以下、「おとり広告告示第3項」という)

ⓓ取引の申出に係る商品または役務について、合理的理由がないのに取引の成立を妨げる行為が行われる場合その他実際には取引する意思がない場合のその商品または役務についての表示(以下、「おとり広告告示第4項」という)

(2)　各項の要件の説明　　(ⓐ)　おとり広告告示第1項　　(ⅰ)「取引を行うための準備がなされていない場合」　　本要件の該当性は、形式的な契約成立の可否だけでなく、実際の引渡状況や品揃えも含めて実質的に判断される。また、複数店舗での販売を申し出ている場合において、その対象となる店舗のうち一部でも取り扱わない店舗があれば、本要件を充足すると解される。

「おとり広告に関する表示」等の運用基準(平成5年4月28日事務局長通達第6号、平成28年4月1日消費者庁長官決定)(以下、「おとり広告告示の運用基準」という)は、以下の例を掲げている。なお、以下の場合において、それが表示を行った事業者の帰責事由以外によるものと認められ、かつ、当該事業者が、広告やビラ等における取引の申出に係る商品または役務(以下、「広告商品等」という)の取引を申し込んだ顧客に対し、広告やビラ等で申し出た取引条件で取引する旨を告知するとともに希望する顧客に対しては遅滞なく取引に応じているときには、不当表示には当たらないものとして取り扱うとされている。

①通常は店頭展示販売されている広告商品等が店頭に陳列されていない場合

②引渡しに期間を要する商品について、広告商品等の引渡しに通常の期間より長期を要する場合

③広告した販売数量の全部または一部につき取引に応じることができない場合

④広告で写真等により表示した品揃えの全部または一部について取引に応じることができない場合

⑤単一の事業者が同一の広告において複数の店舗で販売する旨申し出た場合であってその一部に取り扱わない店舗がある場合

　　(ⅱ)「取引に応じることができない場合」　　おとり広告告示の運用基準は、以下の例を掲げている。

①広告商品等が売却済みである場合

②広告商品等が処分を委託されていない他人の所有物である場合

配送の手違いによって品物が発売当日に間に合わなかったような場合でも、本

第2章　景品規制・表示規制　　*411*

§ 5 (3)-8 (2)

告示に定めるおとり広告となるおそれがあるため、事業者は、品物が発売当日に間に合わないときは、発売当日にその旨を店頭等で速やかに告知するとともに、広告で商品等の取引を申し込んだ顧客に対しては広告やビラ等で申し出た取引条件で取引する旨を告知し、希望する顧客に対して遅滞なく取引に応じる等の十分な対応策を講じる必要がある。

(b) おとり広告告示第2項 (i)「著しく限定されている」 「著しく限定されている」とは、広告商品等の販売数量が予想購買数量の半数に満たない場合をいう。予想購買数量は、従来、同様の広告によって同一または類似の商品または役務について行われた取引の申出に係る購買数量、商品等の内容、取引条件等を勘案して算定される。なお、商品または役務の供給量が限定されていることにより、当該商品または役務が著しく優良である、またはその取引条件が著しく有利であることを強調する表示を行っているにもかかわらず、実際には限定数量を超えて取引に応じる場合には、本告示ではなく、本条1号または2号の規定に違反するおそれがある。

(ii)「明瞭に記載されていない場合」 販売数量が著しく限定されている場合には、実際の販売数量が当該広告やビラ等に商品名等を特定した上で明瞭に記載する必要があり、販売数量が限定されている旨のみが記載されているだけ（例えば、「数量には限りがあります」「売切御免」とのみ記載する場合）では、限定の内容が明瞭に記載されているとはいえない。例えば、「○○メーカー製品3割引」「○○製品5割引から」等と表示した場合において、実際には当該割引による販売数量が著しく限定されている商品があれば、当該商品を特定して販売数量を明瞭に記載する必要がある。

(iii) 複数の店舗で販売する旨を申し出る場合 単一の事業者が、同一の広告やビラ等においてその事業者の複数の店舗で販売する旨を申し出る場合には、原則として、店舗ごとの販売数量が明記されている必要がある。広告スペース等の事情により、店舗ごとの販売数量を明記することが困難な場合には、当該広告やビラ等に記載された全店舗での総販売数量に併せて、店舗により販売数量が異なる旨および全店舗のうち最も販売数量が少ない店舗における販売数量の表示が必要である。また、高額な耐久財等について全店舗における販売数量が一括管理されており、全店舗における総販売数量に達するまではいずれの店舗においても取引する場合には、その旨の表示がなされていれば足りる。

いずれの場合においても、広告した商品または役務の取引を行わない店舗がある場合には、その店舗名が記載されている必要があり、そのような記載がない場合には、当該店舗において広告商品等について取引を行うための準備がなされて

412 第2章 景品規制・表示規制

§ 5 (3)–8 (3)

いない場合(おとり広告告示第1項)に該当することになる。

(c) おとり広告告示第3項　供給期間、供給の相手方または顧客1人当たりの供給量の限定については、実際の販売日、販売時間等の販売期間、販売の相手方または顧客1人当たりの販売数量が当該広告、ビラ等に明瞭に記載されていなければならず、これらについて限定されている旨のみが記載されているだけでは、限定の内容が明瞭に記載されているとはいえない。

(d) おとり広告告示第4項　(i)「取引の成立を妨げる行為が行われる場合」おとり広告告示の運用基準には以下の例が挙げられている。以下の場合には、結果として広告商品等の取引に応じることがあったとしても、おとり広告告示第4項に該当する。

①広告商品を顧客に対して見せない、または広告やビラ等に表示した役務の内容を顧客に説明することを拒む場合

②広告商品等に関する難点をことさら指摘する場合

③広告商品等の取引を事実上拒否する場合

④広告商品等の購入を希望する顧客に対して当該商品等に替えて他の商品等の購入を推奨する場合において、顧客が推奨された他の商品等を購入する意思がないと表明したにもかかわらず、重ねて推奨する場合

⑤広告商品等の取引に応じたことによって販売員等が不利益な取扱いを受けることとされている事情の下において他の商品を推奨する場合

(ii)「合理的理由」　未成年者に酒類を販売しないこと等が、これに該当する。

(3)　規制の趣旨・背景　広告商品等が実際には申出どおり購入することができないものであるにもかかわらず、一般消費者がこれを購入できると誤認するおそれがある表示について、不当に顧客を誘引し、公正な競争を阻害するおそれがあるものとしてこれを規制するものである。このような表示は、表示した商品または役務に関心を持つ消費者を誘引した上で自己が実際に販売する他の商品または役務を売り付ける手段として用いられ、かかる不当な顧客誘引行為は、一般消費者による自主的かつ合理的な選択を阻害するものであるため、規制の必要性が認められる。そのため、事業者は、広告やビラ等において広く消費者に対し取引の申出をした広告商品等については、消費者の需要に自らの申出どおり対応することが必要であり、何らかの事情により取引に応じることについて制約がある場合には、広告やビラ等においてその旨を明瞭に表示することを義務付けられている。具体的には、おとり広告告示第1項および第4項では消費者の需要に自ら申出どおり対応することが義務付けられ、おとり広告告示第2項および第3項では

第2章　景品規制・表示規制　*413*

§ 5 (3)-8 (4)

消費者の需要に自ら申出どおり対応することができない場合があることについて、広告やビラ等においてその旨を明瞭に表示することが義務付けられることによって、一般消費者による自主的かつ合理的な選択の確保が図られている。なお、本告示およびおとり広告告示の運用基準はいずれも通信販売の場合を除外していないため、対象となる商品または役務について実店舗での販売を行わず通信販売のみ行っている場合でも、本告示の適用対象となり得る。

　おとり広告告示の運用基準では、「通常よりも廉価で取引する旨の記載を伴う商品または役務」(目玉商品)に関する表示に対する規制に重点を置くことが明記されている。そのため、特に、目玉商品の販売にあたっては、一般消費者が広告表示どおりの商品を広告表示どおりの金額で購入できるように準備し、販売数量の予測に見合った供給量を確保する必要がある。もっとも、需要を完全に予測することは困難であるため、目玉商品の販売期間における供給状況を踏まえた表示内容の柔軟な変更を実施できるようにあらかじめ準備しておくべきであり、仮に目玉商品が販売期間中に売り切れてしまった場合(売り切れてしまうこと自体は本告示違反ではない)には、適時に広告内容に反映させることを徹底することが求められる。また、目玉商品が中古品等の特定物である場合には、広告において販売対象としている商品の在庫が存在するか、販売委託を受けているかを常に確認しておくことが重要となる。

　(4)　**主な違反事例**　　以下の違反事例では、表記上の問題だけでなく、実際の店舗での営業行為に着目して禁止されている表示行為に該当するか否かが判断されている点に留意が必要である。

　(a)　排除命令平成4年2月18日(ミシン流通センター厚木店に対する件。排除命令集18巻129頁)　　ミシン販売業等事業者が、ミシンの取引に関する広告を新聞等に掲載したが、その広告において、「7・6・5割引」、「当店では有名メーカーの人気商品や最新型、また電子ミシンからコンピューターさらに専門の職業用からロックまで全て取り揃えております」等の文言および商品名・販売特別価格・販売台数を具体的に表示したが、当該ミシンの購入を希望して来店した一般消費者に対し、表示した台数までの販売実績がないにもかかわらずすでに売り切れた旨を告げたり、表示したミシンの難点をことさら指摘したりするなどして、表示していない他のミシンの購入を勧め、実際には取引する意思がない商品を広告した。

　(b)　排除命令平成7年7月17日(九州ミシンセンター福岡店に対する件。排除命令集20巻78頁)　　ミシン小売事業者が、特定の型のミシン(以下、「ミシン①」という)を特価で販売する旨のビラを新聞に折り込んで配布し、またはテレビ広告を放送した

414　第2章　景品規制・表示規制

§ 5 (3)−8 (4)

が、これらの広告にて表示した特価は仕入額を下回り、注文に応じて販売するだけでは全く採算に合わない額であるものの、ミシンの注文を増やすために表示していたところ、ミシン①を注文した一般消費者に対し、販売員をして、その使用方法および性能について、より売買差益の大きい別の型のミシン（以下、「ミシン②」という）と比較して説明するなどしてミシン①の購入意思を失わせるよう仕向け、性能の良いミシン②を購入するよう勧め、ミシン②の販売価格を高いとして購入をためらう者に対しても分割払いの利用を促すなどして再度ミシン②の購入を勧め、販売価格がミシン①より高いさらに別の機種のミシンも推奨することにより、ミシン②を中心としてミシン①よりも著しく高価な他のミシンを購入するよう、時間をかけて強力に勧めた。

(c) 公取委警告平成18年2月28日（株式会社ドン・キホーテに対する警告。消費者庁ウェブサイト）　大型ディスカウント業者が、北海道内5店舗において、ブランドの14種類の商品を販売するにあたり、その販売数量を「限定数あり」とのみ記載し、具体的な販売数量を記載せず、準備していた数量は、13種類の商品については各1点、1種類については2点のみであり、販売数量が著しく限定されているにもかかわらず、限定の内容が明瞭に記載されているとはいえないものであった。

(d) 措置命令平成25年12月19日（近畿日本鉄道株式会社に対する件。消費者庁ウェブサイト）　同社の100％子会社の運営する旅館が、その提供する料理について、旅行情報ウェブサイト等において、「大和肉鶏」「県畜産技術センターが『名古屋種』や『シャモ』などをかけ合わせ開発した奈良独自の地鶏です」「『大和肉鶏鍋』や『つみれ鍋』としてお召し上がりいただいております」と記載することにより、あたかも当該旅館において大和肉鶏料理を提供することができるかのように表示していたが、実際には当該旅館において広告掲載時期に「大和肉鶏」と称する地鶏を仕入れておらず、大和肉鶏料理を提供していなかった。

(e) 措置命令平成26年11月26日（株式会社ジャストライトに対する件。消費者庁ウェブサイト）　中古車販売事業者が、中古車情報雑誌ウェブサイトに広告掲載していた中古自動車のうち、34台について、広告掲載していた期間以前にすでに売買契約が成立しており、販売することができないにもかかわらず、販売することができるかのように表示していた。

(f) 措置命令平成26年1月21日（株式会社きむらに対する件。消費者庁ウェブサイト）　食料品等小売業者が、うなぎ蒲焼の店頭販売に関するチラシを新聞に折り込んで配布し、自社ウェブサイトおよびテレビコマーシャルで放送したが、これらの広告において「愛知県三河一色産　うなぎ蒲焼」「愛知県三河一色産　生うなぎ

§ 5 (3)-8(4)

（養殖）」等と表示してあたかも当該商品を販売するかのように表示していたところ、実際には愛知県三河一色産のうなぎを仕入れておらず、対象商品の全部において取引に応じることができないものであった。

　(g)　措置命令平成28年12月21日（イズミヤ株式会社および株式会社牛肉商但馬屋に対する件）　牛肉商およびスーパーセンターが、平成28(2016)年2月13日付新聞折込チラシを配布したが、「土　13日限り」「和牛専門店　但馬屋」「■八尾店・広陵店は『兵庫産神戸牛・佐賀産和牛』」「■神戸玉津店は『兵庫産神戸牛・神戸ワインビーフ』」「今ついている本体価格よりレジにて3割引」と記載することにより、あたかも、平成28(2016)年2月13日に対象商品を販売するかのように表示していたが、実際には、同日に販売するための神戸牛の仕入れは行っておらず、イズミヤ株式会社および株式会社牛肉商但馬屋は、対象商品の全部について取引に応じることができないものであった。

　(h)　措置命令平成29年7月11日（東京ガスイズミエナジー株式会社に対する件）　東京ガスイズミエナジー株式会社は、「リンナイ 35号ガスファンヒーター RN-C635SFH-WH」と称するガスファンヒーターについて、チラシ等において、「東京ガスのガス展2016」「オススメ！」「リンナイ 35号ガスファンヒーター RN-C635SFH-WH」等と記載して、あたかも、「東京ガスのガス展2016」と称するイベントにおいて当該ガスファンヒーターを販売するかのように表示したが、実際には、ガス展で販売するための当該商品を準備しておらず、ガス展において当該商品の全部について取引に応じることができないものであった。

　(i)　措置命令平成29年7月27日（ソフトバンク株式会社に対する件）　ソフトバンク株式会社は、「いい買物の日 Apple Watch キャンペーン」と称するキャンペーン（以下、「本件キャンペーン」という）を企画し、平成28(2016)年11月1日から同月4日までの間、自社ウェブサイトにおいて、本件キャンペーン期間中、ソフトバンクショップの Apple Watch 取扱店舗において、「Apple Watch（第1世代）」と称する通信端末（以下、「本件商品」という）が税抜き1万1111円で購入できる旨記載するとともに、本件キャンペーンの対象店舗(485店舗)および本件商品(86商品)の一覧を掲載したウェブページへのハイパーリンクを記載することにより、あたかも、本件キャンペーン期間中に対象の485店舗の各店舗において、本件商品の各商品について、それぞれ、税抜き1万1111円で販売するかのように表示をしていたが、実際には、平成28年11月3日の本件キャンペーン初日に、本件商品のうち66商品については、対象の485店舗の各店舗ごとに21ないし65商品(ほとんどの店舗において半数以上の商品)を準備しておらず、それぞれ、取引に応じることができないものであった。

§ 5 (3)-8(4)

(j)　措置命令令和3年6月2日(クリエイト株式会社に対する件)**(事例⑳)**　　クリエイト株式会社は、「フレッツ光」と称する光回線インターネット接続サービスを利用した光回線インターネット接続サービスの契約に係る取次ぎに関する役務を提供している。クリエイト株式会社は、集合住宅への投函により配布したチラシにおいて、「建物共有インターネット設備に関するお知らせ」または「当マンションにおきまして、NTT回線フレッツ光を利用した光ファイバー設備(インターネット回線)が設置済みのためご利用いただけますのでお知らせいたします」等と表示することにより、あたかも、チラシを配布した集合住宅には「フレッツ光」と称する光回線インターネット接続サービスを利用するための設備が設置されており、当該集合住宅の居住者に対して、上記役務を提供することができるかのように表示していた。もっとも、実際には、当該チラシが配布された集合住宅には、「フレッツ光」と称する光回線インターネット接続サービスを利用するための設備は設置されておらず、当該集合住宅の居住者に対して、上記役務の取引に応じることができないものであった。

なお、消費者庁は、クリエイト株式会社に対する措置命令の発出と同日付で、「光回線インターネット接続サービスのおとり広告に関する注意」と題する公表資料を掲載し、一般消費者に対し、次のような注意喚起を行っている。「管理会社を装って、光ファイバー設備が設置されていない集合住宅にチラシを配布する事業者に御注意ください。事業者に連絡するとホームルーター等の勧誘が行われます。あたかも、光ファイバー設備が設置されているかのように表示して、こうした勧誘を行うことは、景品表示法のおとり広告告示違反になります。」「疑問や不安を感じた場合は、まずは、御自身の集合住宅の管理会社に確認してください。」

(k)　措置命令令和4年6月9日(株式会社あきんどスシローに対する件)**(事例⑳)**株式会社あきんどスシローは、回転寿司店を営むスシローと称する各店舗において、令和3(2021)年9月8日から同月20日までの期間において実施した「世界のうまいもん祭」と称するキャンペーンの対象料理のうち、「新物!濃厚うに包み」と称する料理について、自社ウェブサイトにおいて「新物!濃厚うに包み100円(税込110円)」または「9月8日(水)〜9月20日(月・祝)まで!売切御免!」等と表示することにより、あたかも令和3年9月8日から同月20日までの間、各店舗において、「新物!濃厚うに包み」と称する料理を提供できるかのように表示していた。また、令和3年9月8日から同年10月3日までの期間において実施した「匠の一皿 独創／とやま鮨し人考案 新物うに 鮨し人流3種盛り」と称するキャンペーンの対象料理のうち、「とやま鮨し人考案 新物うに 鮨し人流3種盛り」と称する料理について、自社ウェブサイトにおいて、「とやま鮨し人考案 新物うに 鮨し人

第2章　景品規制・表示規制　　*417*

§ 5 (3)-9(1)

流3種盛り 480円(税込528円)」または「9月8日(水)〜10月3日(日)まで 売切御免！」等と表示することにより、あたかも令和3年9月8日から同年10月3日までの間、各店舗において、「とやま鮨し人考案 新物うに 鮨し人流3種盛り」と称する料理を提供するかのように表示していた。しかし、実際には、キャンペーンの実施期間中にこれらの料理の材料が不足すると判断したため、期間中の一部の日にこれらの料理の提供を停止することを決定して各店舗の店長等にその旨周知し、その後、決定に基づき、一部の店舗で、一部の日にこれらの料理を終日提供しなかった。また、令和3年11月26日から同年12月12日までの期間において実施した「冬の大感謝祭 冬のうまいもん」と称するキャンペーンの対象料理のうち、「冬の味覚！豪華かにづくし」と称する料理についても、自社ウェブサイトにおいて、「〇旬冬の味覚！豪華かにづくし780円(税込858円)1日数量限定」「新登場の『三重尾鷲ぶりとろのレアしゃぶ』や、スシローとっておきのかにを集めた『冬の味覚！豪華かにづくし』など、冬の味覚を大満喫！今だけの旨さを是非ご賞味ください！」または「●対象期間2021年11月26日(金)〜12月12日(日) 期間限定！売切御免！」等と表示することにより、あたかも、令和3(2021)年11月26日から同年12月12日までの間、各店舗において、「冬の味覚！豪華かにづくし」と称する料理を提供するかのように表示していた。しかし、実際には、キャンペーン実施期間中の一部の日に、一部の店舗でこの料理を提供するための準備をしておらず、取引に応じることができないものであった。

9 有料老人ホームに関する不当な表示〔有料老人ホーム告示〕(告示❻)

(1) **指定内容**   有料老人ホームとは、高齢者に対する居住空間のほか、食事の提供等の日常生活に必要な各種サービスを一体的に提供する施設である。本告示は、以下の表示を不当表示として指定している。

(a) 土地または建物についての表示   表示に係る有料老人ホームの土地または建物を当該有料老人ホームが所有していないにもかかわらず、そのことが明瞭に記載されていないもの(以下便宜上、「有料老人ホーム告示第1項」という)。

(b) 施設または設備についての表示   (i) 表示に係る有料老人ホームの入居者の利用に供される施設・設備が以下のいずれかに該当するにもかかわらず、そのことが明瞭に記載されていないもの(以下便宜上、「有料老人ホーム告示第2項」という)。

㋐当該有料老人ホームが設置しているものではない施設・設備

㋑当該有料老人ホームの敷地または建物内に設置されていない施設・設備

㋒入居者が利用するためには、利用のたびに費用を支払う必要がある施設・設

418　第2章　景品規制・表示規制

§ 5 (3)-9 (1)

備

　(ⅱ)　表示に係る有料老人ホームの入居者の特定の用途に供される施設・設備が当該特定の用途のための専用の施設・設備として設置・使用されていないにもかかわらず、そのことが明瞭に記載されていないもの(以下便宜上、「有料老人ホーム告示第3項」という)。

　(ⅲ)　表示に係る有料老人ホームの設備の構造・仕様がそのすべてにおいて用いられているわけではないにもかかわらず、そのことが明瞭に記載されていないもの(以下便宜上、「有料老人ホーム告示第4項」という)。

　(c)　居室の利用についての表示　　(ⅰ)　表示に係る有料老人ホームの入居者の居室が以下のいずれかに該当するにもかかわらず、そのことが明瞭に記載されていないもの(以下便宜上、「有料老人ホーム告示第5項」という)。

㋐入居者が当初入居した居室から他の居室に住み替えることがあること

㋑入居者の居室住替えの場合に、住替え後の居室の1人当たりの占有面積が当初入居した居室の1人当たりの占有面積に比して減少すること

㋒入居者の居室住替えの場合に、当初入居した居室の利用に関する権利が変更または消滅すること

㋓入居者の居室住替えの場合に、入居者が住替え後の居室の利用に関し、追加費用を支払うこと

㋔入居者の居室住替えの場合に、当初入居した居室の利用費用について、住替えによる居室の構造・仕様の変更または住替え後の居室の1人当たりの占有面積の減少に応じた調整が行われないこと

　(ⅱ)　有料老人ホームにおいて、入居者の状態によっては、当該有料老人ホームでの終身居住または介護サービスの提供を受けられない場合があるにもかかわらず、そのことが明瞭に記載されていないもの(以下便宜上、「有料老人ホーム告示第6項」という)。

　(d)　医療機関との協力関係についての表示　　有料老人ホームと医療機関との協力関係の内容(当該医療機関の名称、協力の具体的内容〔協力に関する診療科目等〕、入居者の費用負担〔保険診療の一部負担を除く〕)が明瞭に記載されていないもの(以下便宜上、「有料老人ホーム告示第7項」という)。

　(e)　介護サービスについての表示　　(ⅰ)　有料老人ホームが介護サービスを提供しないことが明瞭に記載されていないもの(以下便宜上、「有料老人ホーム告示第8項」という)。

　(ⅱ)　有料老人ホームが提供する介護保険法の規定に基づく保険給付の対象とならない介護サービスの内容および費用が明瞭に記載されていないもの(以下便

第2章　景品規制・表示規制　　419

§5(3)-9(2)

宜上、「有料老人ホーム告示第9項」という)。

(f) 介護職員等についての表示　　(i)　有料老人ホームの介護職員等(介護職員・看護師・准看護師をいう。以下同じ)の数について、以下のいずれかに掲げる数が明瞭に記載されていないもの(以下便宜上、「有料老人ホーム告示第10項」という)。

⑦常勤換算方法による介護職員等の数

④介護職員等が要介護者等(介護保険法の規定に基づく要介護認定または要支援認定を受けた有料老人ホームの入居者をいう。以下同じ)以外の入居者に対し、食事の提供その他日常生活上必要なサービスを提供する場合にあっては、要介護者等に介護サービスを提供する常勤換算方法による介護職員等の数

⑦夜間における最少の介護職員等の数

(ii)　有料老人ホームの介護に関する資格を有する介護職員等の数が常勤・非常勤の別ごとに明瞭に記載されていないもの(以下便宜上、「有料老人ホーム告示第11項」という)。

(g)　管理費等についての表示　　管理費、利用料その他の名義を問わず、有料老人ホームが入居者から支払いを受ける費用(介護サービスに関する費用および居室の利用に関する費用を除く)の内訳が明瞭に記載されていないもの(以下便宜上、「有料老人ホーム告示第12項」という)。

本告示の対象となる事業者には、老人福祉法上の有料老人ホームのほか、実態として同法上の有料老人ホームと同様のサービス形態・契約形態を有しているものも含まれる。

なお、有料老人ホームに該当しない施設が行う表示や、有料老人ホーム告示に該当しない表示であっても、本条1号または2号の規定に違反する表示が行われた場合には、同各号が適用されることになる(表示Q&A・Q38)。

(2)　**各要件の解釈**　　(a)「有料老人ホーム」　　「有料老人ホーム」とは、老人を入居させ、入浴、排せつもしくは食事の介護、食事の提供またはその他の日常生活上必要な便宜の供与(他に委託して供与をする場合および将来において供与をすることを約する場合を含む)をする事業を行う施設(老人福祉29①)をいう。

(b)「介護サービス」　　「介護サービス」とは、要介護者等に提供されるものであって、入浴、排せつ、食事等の介護、洗濯、掃除等の家事、生活等に関する相談および助言その他要介護者等に必要な日常生活上の世話、機能訓練ならびに療養上の世話をいう。

(c)「常勤換算方法」　　「常勤換算方法」とは、当該事業所の従業者の勤務延時間数を当該事業所において常勤の従業者が勤務すべき時間数で除することにより、当該事業所の従業者の員数を常勤の従業者の員数に換算する方法(指定居宅

420　　第2章　景品規制・表示規制

§ 5 (3)−9 (3)

サービス等の事業の人員、設備及び運営に関する基準(平成11年厚生省令第37号。以下「居住サービス基準」という) 2(8))をいう。

(d) 「明瞭に記載されて」 「明瞭に記載されて」いるといえるためには、本告示の各項の記載事項につき、各項に掲げる表示に近接した箇所に、高齢者にもわかりやすく、目立つように記載されている必要があり、各項に掲げる表示が絵、写真等文字以外による表示である場合には、各項の記載事項が、当該文字以外による表示に近接した箇所に、高齢者にもわかりやすく、目立つように記載されている必要がある。また、各項に掲げる表示が、同一の広告媒体において2か所以上に表示されている場合は、そのうち最も目立つものに近接した箇所に、各項の記載事項が、高齢者にもわかりやすく、目立つように記載されていれば、不当表示に該当しない。もっとも、各項の記載事項が、告示各項に掲げる表示に近接した箇所に、高齢者にもわかりやすく、目立つように記載されていても、その記載内容が事実と異なる場合には、原則として、告示各項の不当表示に該当する。なお、広告媒体の制限により、記載事項を告示各項に掲げる表示に近接した箇所にすべて記載することができない場合であっても、告示各項に掲げる表示の近接した箇所に、告示各項において記載事項の要点を高齢者にもわかりやすく、目立つように記載した上、当該事項の詳細を、当該媒体の他の箇所等に見やすいように記載する必要がある(「有料老人ホームに関する不当な表示」の運用基準(平成16年6月16日事務総長通達第11号、平成18年10月12日事務総長通達第13号)(以下、「有料老人ホーム告示の運用基準」という)13(1)(2)(注))。

(3) **各表示における留意点**　(a) 土地または建物についての表示　土地または建物について明瞭な表示がされている例としては、「事業主体○○、土地所有者△△、建物所有者□□」「土地・建物の権利形態 賃借(定期借地権 契約期間○年(平成△年契約))」といった記載が挙げられる。他方で、有料老人ホームがその土地または建物を所有していないにもかかわらず、「鉄筋コンクリート造○階建て」とのみ表示している場合や、有料老人ホームの建物の外観の写真のみを表示している場合には、不当表示に該当することになる(有料老人ホーム告示の運用基準1)。

(b) 施設または設備についての表示　「入居者の利用に供される施設または設備」には、商業施設、公園、学校、図書館、美術館、博物館、病院、官公署等であって、不特定多数の者の利用に供されることが表示上明らかであるものは含まない(有料老人ホーム告示の運用基準2)。

(i) 「当該有料老人ホームが設置しているものではない施設または設備」これについて、明瞭な記載といえる場合には、当該施設または設備の設置者等の具体的な名称の記載がされている場合を含む。具体的には、有料老人ホーム

§ 5 (3)-9(3)

告示の運用基準(2(2))には以下の例が掲げられている。

①「写真の温水プールは△市が設置しているもので、入居者の方も自由利用できます」

②「写真の特別浴室は医療法人○○が経営する△△センターが設置しているものです」

　(ⅱ)　「当該有料老人ホームの敷地または建物内に設置されていない施設または設備」　これについて、明瞭が記載といえるには、以下の事項のいずれかが記載されている必要がある(有料老人ホーム告示の運用基準2(3))。

①当該有料老人ホームから当該施設または設備までの距離(「写真の○○プールは当ホームから○mの場所にあります」等の記載)

②当該有料老人ホームから当該施設または設備までの所要時間(「○○センターは当ホームから徒歩○分の場所にある△△の施設内にあります」等の記載)

③当該施設または設備が当該有料老人ホームと隣接した場所に設置されている場合はその旨(「写真の特別浴室は当ホームの敷地に隣接した○○センター内にあります」等の記載)

　(ⅲ)　「入居者が利用するためには、利用するごとに費用を支払う必要がある施設または設備」　これについて、明瞭な記載といえるためには、入居者が当該施設・設備を利用するたびに費用を支払う必要があることの記載が必要である。具体的には、有料老人ホーム告示の運用基準(2(4))には以下の例が掲げられている。

①「写真の○○プールを利用するためには、一回当たり○円の費用が必要となります」

②「○○センターを利用するためには、その都度費用が必要となります」

　(ⅳ)　「当該施設または設備が当該特定の用途のための専用の施設または設備として設置または使用されていない」　このことの明瞭な記載例として、有料老人ホーム告示の運用基準(3)には以下の例が掲げられている。

①「機能訓練室(教養娯楽室と共用)」

②「○○室(機能訓練実施時には機能訓練室として使用します)」

　(ⅴ)　「設備の構造または仕様についての表示」　これには、具体的な設備の名称を記載せずに行う「南向き」、「バリアフリー構造」、「プライバシー確保」等の表示を含む。設備の構造または仕様について明瞭に表示されている例として、有料老人ホーム告示の運用基準(4(2))には以下の例が掲げられている。

①「南向きの部屋　○部屋中△部屋」

②「南向き居室○室(△室の居室は東向き)」

§ 5 (3)–9(3)

③「居室 A タイプ（○○、△△付き）　○室中△室（居室 B タイプ（□室）には○○、△△が設置されていません）」

　(c)　居室の利用についての表示　　(ⅰ)　「入居者が当初入居した居室から他の居室に住み替えることがある」　　この場合に、入居者が住み替える居室が、例えば、2 人以上の入居者が入居する介護居室(有料老人ホームが自ら介護サービスを提供するための専用の居室をいう。以下同じ)である場合には、「介護居室(○人室)」等、当該居室が 2 人以上の入居者が入居する居室であることが記載されている必要がある(有料老人ホーム告示の運用基準 5)。

　　　(ⅱ)　「終身にわたって入居者が居住し、または介護サービスの提供を受けられるかのような表示」　　これに当たる場合として、有料老人ホーム告示の運用基準(6(1))には以下の例が掲げられている。なお、「介護一時金」、「健康管理費」等の表示についても、表示された名目で徴収される費用が高額なこと等と相まって、「終身にわたって入居者が居住し、または介護サービスの提供を受けられるかのような表示」に該当する場合もあり得ることに留意する必要がある。

　①「終身介護」
　②「最後までお世話します」
　③「生涯介護」
　④「終身利用」
　⑤「入居一時金について追加の費用はいりません」

　　　(ⅲ)　「入居者の状態によっては、当該入居者が当該有料老人ホームにおいて終身にわたって居住し、または介護サービスの提供を受けられない場合がある」　　これについて、明瞭な記載といえるためには、以下の事項が記載されている必要がある(有料老人ホーム告示の運用基準 6 (2))。

　㋐入居者の状態によっては、当該入居者に対して、当該有料老人ホームからの退去または提携施設等への住替えを求める場合があること
　㋑退去または提携施設等への住替えを求めることとなる入居者の状態の具体的な内容

　(d)　医療機関との協力関係についての表示　　「当該協力の内容」について、明瞭な記載があるといえるためには、以下の事項が記載されている必要がある(有料老人ホーム告示の運用基準 7)。

　①協力関係にあるとする医療機関の名称および当該協力の具体的な内容(当該協力に関する診療科目の具体的な名称を含む)(例えば、「○○病院(内科)　年に○回の健康診断」等)
　②入居者が費用(健康保険法等に基づく医療または療養の給付を受ける際の一部負担金を除

第 2 章　景品規制・表示規制　　*423*

§ 5⑶-9⑶

く)を負担する必要がある場合はその旨

(e)　介護サービスについての表示　　(i)　「有料老人ホームが当該介護サービスを提供するものではない」　このことについて、明瞭な記載があるといえる例として、入居者が介護が必要となった場合に外部の事業者による訪問介護等の介護サービスを利用する必要がある旨が記載されている場合が挙げられている(有料老人ホーム告示の運用基準8)。

(ii)　「介護保険法の規定に基づく保険給付の対象とならない介護サービスについての表示」　この表示には、入居者が支払う介護サービスに関する費用であって、介護保険法の規定に基づく保険給付(以下、「介護保険給付」という)の対象となる介護サービスの利用者負担分以外のものについての表示(例えば、「介護一時金○円」「月額払介護費△円」等)を含む。なお、「介護保険法の規定に基づく保険給付の対象とならない介護サービス」とは、要介護者等に対する介護保険給付の対象となる介護サービス以外の介護サービスをいい、要介護者等以外の入居者(以下、「自立者」という)に対する食事の提供その他日常生活上必要なサービス(以下、「生活支援サービス」という)を含まない。また、「健康管理費」等の表示であっても、当該表示とともに介護保険給付の対象とならない介護サービスまたはその費用の存在を想起させる表示がなされることによって、「介護保険法の規定に基づく保険給付の対象とならない介護サービスについての表示」に該当する場合もあり得ることに留意する必要がある(有料老人ホーム告示の運用基準9)。

(iii)　「当該介護サービスの内容および費用」　これについて、明瞭な記載があるといえるためには、以下の記載が必要である(有料老人ホーム告示の運用基準9)。

㋐　有料老人ホームにおいて、介護保険給付の対象とならない介護サービスとして、要介護者等の個別的な選択により、個別的な介護サービスを提供するとして、その費用を徴収する場合にあっては、次の①および②の事項の記載。

①当該個別的な介護サービスの具体的内容

②当該費用およびその徴収方法

㋑　有料老人ホーム(介護保険法の規定に基づく特定施設入居者生活介護事業者の指定を受けた有料老人ホームを除く)において、介護保険給付の対象とならない介護サービスとして、上記㋐以外の、個々の要介護者等ごとに必要な介護サービスを必要に応じて適宜提供するとして、その費用を徴収する場合にあっては、次の①および②の事項の記載。なお、この場合、①の介護職員等によって具体的にどのような介護サービスが提供されるのか等について表示されることが望ましいとされている。

§ 5 (3)-9(3)

①要介護者等の数に応じた介護職員等（上記(ア)の介護サービスの提供に従事する介護職員等を除く）の数（前述(1)(f)(i)有料老人ホーム告示第10項(ア)および(イ)の介護職員等の数の記載の例による。例えば、「要介護者等2人に対し、週○時間換算で介護職員1人以上」等）

②当該費用およびその徴収方法

　有料老人ホームは、具体的にどのような介護サービスが提供されるのかおよび当該介護サービスの提供と徴収する費用との対応関係について、入居者等に対して具体的に説明する必要がある。仮に、有料老人ホームが当該費用の全部または一部を、介護サービスの提供に要する費用以外の費用に充当することとしている場合には、当該費用は、介護保険給付の対象とならない介護サービスの提供に充当されるものとは認められないものであり、不当表示に該当する。

　　(ウ)　介護保険法の規定に基づく特定施設入居者生活介護事業者の指定を受けた有料老人ホームにおいて、居宅サービス基準175条1項2号の規定に基づく員数よりも介護職員等の人員配置が手厚いとして介護サービスに関する費用を徴収する場合は、次の①から③までの事項の記載。なお、この場合、次の①の手厚い人員配置の介護職員等によって具体的にいかなる介護サービスが提供されるのか等について表示されることが望ましいとされる。

①要介護者等の人数に応じた介護職員等（上記(ア)の介護サービスの提供に従事する介護職員等を除く）の数（前述(1)(f)(i)の有料老人ホーム告示第10項(ア)および(イ)の介護職員等の数の記載の例による。例えば、「要介護者等2人に対し、週○時間換算で介護職員1人以上」等）

②当該費用およびその徴収方法

③当該費用が、当該有料老人ホームが提供する介護サービス（上記(ア)の介護サービスを除く）に要する費用のうち、介護保険給付および利用者負担分による収入によって賄えない額に充当するものとして合理的な積算根拠に基づいていること

　なお、③の当該費用の積算根拠は、当該有料老人ホームが提供する介護サービス（上記(ア)の介護サービスを除く）に要する費用のうち、介護保険給付および利用者負担分による収入によって賄えない額に充当するものとして、介護必要期間、職員配置等を勘案した、表示された時点における合理的な根拠により積算されたものである必要がある。また、③の記載については、当該費用が、当該有料老人ホームが提供する介護サービス（上記(ア)の介護サービスを除く）に要する費用のうち、介護保険給付および利用者負担分による収入によって賄えない額に充当するものとして合理的な積算根拠に基づいているとの概括的な記載によることが可能であるが、当該有料老人ホームは、入居者等に対して、当該費用が合理的な積算根拠に

§ 5 (3)-9 (3)

基づいていることを具体的に説明する必要がある。仮に、③の記載があっても、実際には当該積算根拠が当該有料老人ホームが提供する介護サービス（上記㋐の介護サービスを除く）に要する費用のうち、介護保険給付および利用者負担分による収入によって賄えない額に充当するものとして合理的なものとは認められない場合には、不当表示に該当する。

(iv)　費用が明瞭に分離して表示されない場合　自立者と要介護者等の双方が有料老人ホームを利用できる場合において、自立者に対する生活支援サービスに関する費用と、要介護者等に対する介護保険給付の対象とならない介護サービスに関する費用が明瞭に分離して表示されていない場合は、不当表示に該当する。不当表示に該当する例としては、要介護者等に対する介護保険給付の対象とならない介護サービスに関する費用と自立者に対する生活支援サービスに関する費用を一括して、「介護費　入居時一時払い　400万円」とのみ表示しているような場合が挙げられる。

また、上記(iii)の㋐および㋑または㋒の双方の介護サービスを提供する有料老人ホームにおいて、要介護者等に対する介護保険給付の対象とならない介護サービスに関する費用について、上記(iii)㋐に掲げる費用と同表示(iii)㋑または㋒に掲げる費用が明瞭に分離して表示されていない場合は、不当表示に該当する。不当表示に該当するのは、要介護者等の個別的な選択による個別的な介護サービスに関する費用と居宅サービス基準175条1項2号の規定に基づく員数よりも介護職員等の人員配置が手厚いとして徴収する費用を一括して、「介護費　入居時一時払い　380万円　介護保険給付の対象とならない手厚い人員配置および個別的な御希望による買物代行や外出介助のためにいただくものです」とのみ表示している場合である。

(iii)の㋑または㋒について、同表示㋑①または㋒①の要介護者等の数に応じた介護職員等の数が記載されていても、実際には記載どおりの数が配置されていない場合は、有料老人ホーム告示第9項〔前述(1)(e)(ii)〕および有料老人ホーム告示第10項〔前述(1)(f)(i)〕の不当表示に該当する。

(f)　介護職員等についての表示　(i)　「介護職員等（介護職員・看護師・准看護師をいう。以下同じ）の数についての表示」　この表示は、「多数」「多くの」「十分な」「充実の」等の具体的な数値を明示せずに行う表示を含む（有料老人ホーム告示の運用基準10）。

(ii)　有料老人ホーム告示第10項㋐の「常勤換算方法による介護職員等の数」・同㋑の「要介護者等に介護サービスを提供する常勤換算方法による介護職員等の数」　これについて、明瞭な記載があるといえるためには、当該有料老人

426　第2章　景品規制・表示規制

§ 5 (3)-9 (3)

ホームにおいて常勤の介護職員等が勤務することとされている時間数、常勤換算方法による介護職員等の数、要介護者等に介護サービスを提供する常勤換算方法による介護職員等の数の記載が必要である。具体的な記載方法として、運用基準には以下の例が掲げられている。なお、事務員、調理員、営繕職員、警備員、有料老人ホームの施設内等に設置されている医療機関に勤務する看護師等有料老人ホームの介護職員等に該当しない職員の数を介護職員等の数に加算して表示することは、不当表示に該当する。

①「週〇時間換算で△人(うち要介護者等対応□人)」

②「△人 うち要介護者等対応□人(週〇時間換算)」

　(iii)　有料老人ホーム告示第10項⑦の「夜間における最少の介護職員等の数」

これについて、明瞭な記載があるといえるためには、宿直時間帯における最少の介護職員および看護職員の数、および当該有料老人ホームにおいて設定した宿直時間帯が記載される必要がある。具体的な記載方法として、有料老人ホーム告示の運用基準(10(3))には以下の例が掲げられている。

①「夜間(〇時～翌△時)最少時の介護・看護職員数〇人(介護職員△人、看護職員□人)」

②「夜間最少時の介護職員数△人・看護職員数□人(夜間は〇時から翌△時までの時間帯)」

　(iv)　「介護に関する資格」　法令に基づく介護に関する資格(介護福祉士、訪問介護員、保健師、看護師、准看護師、理学療法士、作業療法士、介護支援専門員等)をいう。「介護に関する資格を有する介護職員等の数が常勤または非常勤の別ごとに」明瞭に記載した例は、「〇〇士〇人(常勤職員△人、非常勤職員□人)」「常勤の〇〇士△人、非常勤の〇〇士□人」といった記載である(有料老人ホーム告示の運用基準11)。

　(g)　管理費等についての表示　「当該費用の内訳」が明瞭に記載されるためには、「管理費」、「利用料」等その名称から一般消費者が当該費用の使途を直ちに判別することが困難な名目により包括的に入居者から支払いを受ける費用について、その内訳となる費目が明瞭に記載されている必要がある(「管理費の使途は、事務・管理部門の人件費、自立者に対する生活支援サービス提供のための人件費および共用施設の維持管理費です」等)。ただし、仮に、当該有料老人ホームにおいて、当該費用が上記費用の内訳として記載した費目どおりに使用されていない場合には、不当表示に該当する。また、有料老人ホームにおいて、入居者の選択に基づく個別のサービス提供に対して入居者から支払いを受ける費用がある場合には、上記費用に含まれるものと一般消費者に誤認されるおそれのないよう、当該個別のサービスの内容等についても、明瞭に記載されている必要がある(有料老人ホーム告示の運用基準12)。

第2章　景品規制・表示規制　　427

§ 5 (3)-9(4)(5)

(4) **規制の趣旨・背景**　　前述のとおり、有料老人ホームとは、高齢者に対する居住空間のほか、食事の提供等の日常生活に必要な各種サービスを一体的に提供する施設である。このような有料老人ホームの提供するサービスは、長期間にわたって提供される、複合的なサービスであるため契約段階では消費者にとってわかりづらい、一度入居してしまうと退去が困難である等の特徴がみられる。また、利用者の将来の心身の状況に応じて、提供されるサービスの内容が変化するため、契約段階では将来を見通したサービス全体の内容を把握することが困難である。

近年、有料老人ホームが、その提供するサービスの具体的な内容をあらかじめ表示しないことから、その時点では不当表示として規制されず、後になって「そのようなはずではなかった」としてトラブルになるケースが多発するようになった。有料老人ホームの取引においては、有料老人ホームを選択する時点において、消費者の誤認を招くおそれのない表示となっていることが極めて重要である。そこで、公取委は、「有料老人ホームの表示に関する検討会」において対策を検討し、有料老人ホームの提供する各種サービスの内容について、消費者に誤認されるおそれのあるサービスの内容を明瞭に表示させることにより、不当表示を未然に防止し、不当表示に対して厳正に対処するため、指定を行った。

(5) **主な違反事例**　　(a) 排除命令平成18年3月13日(株式会社川島コーポレーションに対する件。排除命令集25巻96頁)　　有料老人ホーム運営業者が、特定の有料老人ホームに関するパンフレットを入居希望者に配布したが、(i)その表面の半面にわたって当該老人ホームの建物外観の写真を掲載したものの、当該事業者がその土地・建物を所有していないことを明瞭に記載しておらず、(ii)当該老人ホームは介護保険法に基づく特定施設入所者生活介護の指定を受けておらず、別の事業者が介護保険法に基づく要介護認定または要支援認定を受けた入居者に対する介護サービスを提供し、自ら介護サービスを提供しないということを明瞭に記載していなかった。

(b) 排除命令平成18年3月13日(株式会社ライフケアサービスに対する件。排除命令集25巻99頁)　　有料老人ホーム運営業者が、特定の高齢者向け賃貸マンションの入居者に対して提供する訪問介護サービスに関して、(i)利用希望者に配布したパンフレットに「2階ナースステーションには、24時間365日常駐の看護師」と記載して、24時間看護師が常駐する看護体制であるように表示したが、実際には当該パンフレット配布期間中の1年間には看護師が夜間勤務していない日が200日以上あり、24時間看護師が常駐する看護体制をとっておらず、(ii)県のホームページに掲載して上記マンションの入居希望者に閲覧可能としていた有料老人ホーム重要

428　第2章　景品規制・表示規制

§ 5⑶-*10*⑴

事項説明書において、介護職員等について「夜間勤務職員(18時～翌日9時)」の欄に人数を「8」と記載したが、実際の夜間の最少の介護職員等の数は2人であり、看護職員について「夜間勤務職員(18時～翌日9時)」の欄に人数を「2」と記載したが、実際の夜間の最少の看護職員の数は0または1人であった。

⒞　排除命令平成19年2月8日(株式会社原弘産に対する件。排除命令集25巻352頁)当該有料老人ホームは、(i)看護師および介護福祉士を全く配置していないにもかかわらず、それらを配置しているかのように表示し、(ii)健康診断を定期的に実施するかのような表示を行ったが、実際には自ら定期健康診断を実施しておらず、(iii)医療機関との協力関係について、医療機関の名称、診療科目等協力の具体的内容を明瞭に記載しなかった。

⒟　排除命令平成19年2月8日(株式会社ディア・レスト三次に対する件。排除命令集25巻358頁)　当該有料老人ホームは、パンフレットやホームページ等に建物外観のイラスト図や写真を掲載していたが、自社所有でない旨明確に記載していなかった。また、医療機関との協力関係についても、4医療機関の医師が定期的な往診を実施し、当該4医療機関と24時間の協力関係があるかのように表示していたが、実際にはそのような協力関係はなかった。さらに、夜間における最少の介護職員の数があたかも16人または13人であるかのように表示していたが、実際には2人であった。

⒠　措置命令平成30年7月3日(HITOWAケアサービス株式会社に対する件)　　自己が営む有料老人ホームのパンフレットにおいて、「終の棲家として暮らせる重介護度の方へのケア」「寝たきりなど要介護度が重い方もお過ごしいただくことができます。ご希望の方には、医療機関と連携しご家族様のお気持ちに寄り添いながら看取り介護にも対応しております」と記載していたが、実際には、入居者の行動が、他の入居者または自社の従業員の生命もしくは身体に危害を及ぼしまたはその切迫したおそれがある場合であって、当該有料老人ホームにおける通常の介護方法または接遇方法ではこれを防止することができないときは、当該入居者との入居契約を解除することがあり、入居者の状態によっては、当該入居者が当該有料老人ホームはにおいて終身にわたって居住し、または介護サービスの提供を受けられない場合があるにもかかわらず、そのことを明瞭に記載していなかった。

10　一般消費者が事業者の表示であることを判別することが困難である表示〔ステマ告示〕(告示❼)

⑴　**指定内容**　　本告示は、「事業者が自己の供給する商品または役務の取引

§ 5 (3)–*10*(2)

について行う表示であって、一般消費者が当該表示であることを判別することが困難であると認められるもの」を不当表示として指定する。

(2)　**規制の背景**　本告示は、ステルスマーケティング(以下、「ステマ」という)を規制することを目的とし、令和 5 (2023)年 3 月28日に指定・公表され、同年10月 1 日に施行された。ステマとは、広告主が自らの広告であることを隠したまま広告を出稿する(インフルエンサー等への宣伝の依頼も含む)広告形態を指す。

従来、ステマという広告形態は、優良誤認表示(本条(1))または有利誤認表示(本条(2))を伴わない限り、景表法の規制対象とはなっていなかった。しかし、ステマが行われた場合、一般消費者は、そもそも当該表示が広告であると認識することが困難であり、本当は広告であるにもかかわらず、誇張や誇大が含まれない客観的な感想だと考える可能性があるため、ステマは実態とは異なる印象を抱かせ消費者を誤導する表示として問題があることが指摘されていた。一方、インフルエンサー等が広告であることを隠したまま勧めることが、必ずしも直ちに品質や条件等を著しく優良であると誤認させるとまでは認定できない場合も多く、優良誤認表示や有利誤認表示による規制では不十分であるという問題があった。

このような状況を受け、消費者庁は、令和 4 (2022)年に「インターネット消費者取引に係る広告表示に関する景品表示法上の問題点及び留意事項」を改定して、口コミサイトの記事等に関する注意喚起の記載を明確化したほか、同年に「ステルスマーケティングに関する検討会」を 8 回開催し、ステルスマーケティングに関する検討会「報告書(案)」の策定および令和 4 年12月28日付けでの「『ステルスマーケティングに関する検討会報告書(案)』に関する意見募集の結果の公示について」(以下、「報告書(案)パブコメ」という)の公表を経て、具体的な規制の方向性を整理した「ステルスマーケティングに関する検討会報告書」を取りまとめた。同報告書においては、広告であるにもかかわらず広告であることを隠すステマについては、業界団体等の自主規制のみでは対応できず、景表法による規制の必要性があること、ステマを早急に規制する必要性があることからすると、不当表示の類型のうち、多様な不当表示に柔軟かつ機動的に対応可能な本号に基づく告示として新たに指定することが妥当かつ現実的であること、SNS における表示のように、表示の外形上の名義人が第三者であったとしても、その表示が事業者が自己の供給する商品または役務の取引について行う表示であると認められる実態にあれば、景表法の規制対象となり得ること等が明記された。

そして、消費者庁は、これらの検討を踏まえて、ステマ行為自体に対する初の規制として、令和 5 年 3 月28日付けで、ステマ告示の指定、当該指定告示の運用基準の策定、ステマパブコメの公表を行い、同年10月 1 日の施行に至った。本告

430　　第 2 章　景品規制・表示規制

示は、景表法が消費者庁に移管されて以降初めての指定告示となり、「一般消費者に誤認されるおそれがある」ものを予防的・機動的に規制することに主眼が置かれている。

(3) **本告示の趣旨および射程**　一般消費者は、事業者による表示であると認識すれば、当該表示内容にはある程度の誇張・誇大が含まれ得ると考えて、商品選択の際には、それを考慮に入れることができる。他方で、実際には事業者の表示であるにもかかわらず、第三者による表示であると誤認してしまうと、一般消費者は、当該表示内容にある程度の誇張・誇大が含まれ得るとの認識を抱く機会がなく、一般消費者の商品選択における自主的かつ合理的な選択が阻害されるおそれがある。そこで、本告示は、そのようなおそれのある表示を不当表示として規制している。

上記趣旨から、本告示の対象は、事業者の表示であるにもかかわらず、第三者による表示であるように見えるものである。事業者の表示であることが一般消費者にとって明瞭である、または社会通念上明らかであるものは、本告示の対象外であって、本告示は、それらに関する事業者の自由な広告・宣伝活動を阻害するものではない。

本告示の対象となるのは、景表法における他の不当表示規制と同様に、自己の供給する商品または役務の取引に関する表示について、その内容の決定に関与した事業者(いわゆる広告主)であるから、当該事業者から依頼を受けて表示(SNSへの投稿等)を行うインフルエンサーやアフィリエイター(アフィリエイト広告を自分のブログやSNS等に掲載し報酬を得る者をいう。以下同じ)は規制の対象外となる。ただし、インフルエンサー等が、広告主と共同して商品等を供給しているという例外的な場合には、当該インフルエンサー等も規制の対象となる(ステマQ&A・Q1回答)。

(4) **各要件の解釈**　(a) 「事業者が自己の供給する商品または役務の取引について行う表示」　「事業者が自己の供給する商品または役務の取引について行う表示」(以下、「事業者の表示」という)とは、事業者が自己の供給する商品または役務の取引について行う表示で、表示内容の決定に関与したと認められる、つまり、客観的な状況に基づき、第三者の自主的な意思による表示内容と認められない場合を指す。事業者が第三者に何らかの表示の依頼をしたとしても、事業者が第三者の表示内容の決定に関与しなければ、「事業者の表示」に該当することはなく(ステマパブコメ No.26)、結果的に当該事業者の目的に沿う表示となってしまうこと自体をもって、「事業者の表示」の該当性が肯定されるわけではない(ステマパブコメ No.67)。

事業者が表示内容の決定に関与したか否かを判断するに当たっては、特に事業

者がインフルエンサーやアフィリエイター等の第三者の表示内容の決定に関与したか否かを判断することになる。第三者に経済上の利益をもたらすかどうかは、「事業者の表示」に該当するかどうかの判断に当たっての一考慮要素となる(ステマパブコメ No. 68)。「事業者が表示内容の決定に関与した」とされる表示は、事業者が自ら行う表示と事業者が第三者をして行わせる表示に分けられる。

「取引」には、有償取引だけでなく無償取引(消費者から金銭の出捐を受けるわけではないが、自身の氏名や職歴等のパーソナルデータ等を提供する代わりに無償でサービスを提供し、取得したパーソナルデータ等をもとに広告でマネタイズするビジネス等)も含まれる(措置命令令和 4 年 4 月27日〔株式会社 DYM に対する件〕**事例㊹**)。反復継続的に反対給付があれば「取引」が存在するものと捉えることができるため、反対給付の有無が 1 つのメルクマールとされるが、反対給付の存在が要件とされるか否かについては争いがある。

「表示」には、定義告示 2 項に定めるあらゆる表示(商品、容器または包装等による広告〔2 (1)〕、見本、チラシ、パンフレット、ダイレクトメール、口頭による広告〔同(2)〕、ポスター、看板〔同(3)〕、新聞紙、雑誌等による広告〔同(4)〕、インターネット等による広告〔同(5)〕等)が含まれるため、インターネット上の表示だけでなく、マスメディア 4 媒体(新聞、雑誌、ラジオ、テレビ)の表示も対象となる。

なお、本告示の「表示」に該当するかどうかの判断は、ベイクルーズ事件判決(東京高判平成20年 5 月23日審決集55巻842頁)(**事例㊽**)を踏まえた、従来の法運用における解釈と同様であるとされている(ステマパブコメ No. 17)。ベイクルーズ事件判決では、「商品を購入しようとする一般消費者にとっては、通常は、商品に付された表示という外形のみを信頼して情報を入手するしか方法はないのであるから、そうとすれば、そのような一般消費者の信頼を保護するためには、『表示内容の決定に関与した事業者』が法 4 条 1 項の『事業者』(不当表示を行った者)に当たるものと解すべきであり、そして、『表示内容の決定に関与した事業者』とは、『自ら若しくは他の者と共同して積極的に表示の内容を決定した事業者』のみならず、『他の者の表示内容に関する説明に基づきその内容を定めた事業者』や『他の事業者にその決定を委ねた事業者』も含まれるものと解するのが相当である。そして、上記の『他の者の表示内容に関する説明に基づきその内容を定めた事業者』とは、他の事業者が決定したあるいは決定する表示内容についてその事業者から説明を受けてこれを了承しその表示を自己の表示とすることを了承した事業者をいい、また、上記の『他の事業者にその決定を委ねた事業者』とは、自己が表示内容を決定することができるにもかかわらず他の事業者に表示内容の決定を任せた事業者をいうものと解せられる」と判示している(上記引用中の法文番号は、当時の法文番号を指

§ 5 (3)–*10*(4)

す）。

　また、他法令の適用がある場合でも、事業者の表示と認められる実態があるものについては、他法令だけではなく本告示の対象となる（例えば、特商法における連鎖販売取引等）。

　（ⅰ）事業者が自ら行う表示　　事業者が自ら行う表示には、事業者が自ら表示しているにもかかわらず第三者が表示しているかのように誤認させる表示、例えば、事業者と一定の関係性を有し、事業者と一体と認められる従業員や、事業者の子会社等（当該事業者の親会社〔持株会社〕を含む〔ステマパブコメ No. 48〕）の従業員が行った事業者の商品または役務に関する表示も含まれる。このような表示が事業者の表示に該当するか否かは、従業員の事業者内における地位、立場、権限、担当業務、表示目的等の実態を踏まえて、事業者が表示内容の決定に関与したかが総合的に判断されることとなり、従業員が、自身の SNS アカウントを利用して、自社の商品を使用した感想を投稿したとしても、それだけで直ちに、事業者の表示に当たると判断されるわけではない（ステマ Q&A・Q 3 回答）。

　事業者の表示に該当する場合とは、商品または役務の販売を促進することが必要とされる地位・立場にある者が、当該商品または役務の販売を促進するための表示を行うときを指し、他の者に指示をして表示を行わせる場合を含むとされている。具体的には、販売や開発に係る役員、管理職、担当チームの一員等が、商品または役務の画像や文章を投稿して一般消費者の当該商品または役務の認知を向上させようとする表示のほか、自社製品と競合する他社の製品を誹謗中傷し、自社製品の品質・性能の優良さについて言及する表示を行う場合が、事業者の表示に該当するとされている。従業員の投稿が「事業者の表示」に当たる場合には、当該投稿に「広告」等とわかりやすく記載するなど、「事業者の表示」であることを明瞭にしなければ、告示に違反する（ステマ Q&A・Q 3 回答）。

　事業者の表示に該当しない場合としては、商品または役務を販売する事業者の従業員や当該事業者の子会社等の従業員ではあるものの、当該商品または役務の販売を促進することが必要とされる地位・立場にはない者が、当該商品または役務に関して一般消費者でも知り得る情報を使う等して、当該商品または役務の販売を促進する目的ではない表示を行う場合が挙げられている。ただし、このような場合でも、従業員が自らの立場を明かさずに自社製品に関して投稿する行為については、一般消費者に否定的に受け止められる可能性は否定できないため、従業員が販売促進に従事しているか否かにかかわらず、従業員が自社製品についてSNS 等に投稿することについては、コンプライアンス上、一定のリスクを伴う可能性があることに留意が必要である。また、本告示の規制対象となるのは、商

第 2 章　景品規制・表示規制　　*433*

§ 5 (3)−*10*(4)

品・サービスを供給する事業者が行う表示であり、商品・サービスを供給しない媒体事業者が自主的な意思で企画、編集、制作した表示については、通常、商品・サービスを供給する事業者が表示内容の決定に関与したとはいえないため、事業者の表示には該当しない(ステマパブコメ No. 51)。

　ステマ Q&A には、「事業者の表示」の該当性が問題となる例として、以下が挙げられている。

結論	事例	消費者庁の見解	Q&A
非該当	街頭において試供品として自社の商品を無償で提供し、その際に「よろしければ使用後の感想をSNSに投稿してください。」と声掛けし、SNSへの投稿を依頼する場合	事業者は、SNS に投稿することを依頼しているが、投稿内容についての指示は行っていない。また、事業者は、往来する不特定多数の人に対して、SNSに投稿して貰えるかどうかを問わずに試供品として商品を無償配布しているにすぎず、通常、それ以上の関係性はないと考えられるため、表示内容の決定に関与しているとはいえない。 したがって、SNS への投稿がされたとしても、当該投稿は、通常、「事業者の表示」には当たらない。	4
該当の可能性有	インフルエンサーに自社の商品を無償で提供し、その際に「よろしければ使用後の感想を SNS に投稿してください。」と声掛けし、SNS への投稿を依頼する場合	街頭サンプリング事例(Q&A 4)とは異なり、特定のインフルエンサーを選定して商品を無償で提供する点で、当該インフルエンサーとの間で何らかのやり取りが行われているなど、その時点で一定の関係性が認められる場合がある。そのため、インフルエンサーとの間のやり取りの内容、無償提供の内容、無償提供の目的、取引関係の有無(過去の取引関係や、将来の取引可能性の有無)等の個別具体的な事情によっては、インフルエンサーの自主的な意思による表示内容とは認められず、「事業者の表示」に当たると判断される場合があり、当たる場合には、当該投稿が「事業者の表示」であることを明瞭にしなければ、告示に違反する。	5
非該当	一般消費者に対し、自社のサービスを利用した後に、予約サイトの口コミ投稿を行うことを条件として、サービスを割引価格で提供する場合	口コミ投稿の内容についての指示は含まれておらず、一般消費者の口コミ投稿を促進する目的で、サービスを割引価格で提供するという程度の関係の下であって、割引程度の対価であることも踏まえれば、表示内容の決定に関与しているとはいえないため、当該口コミ投稿は、通常、「事業者の表示」には当たらない。	6前段
該当	一般消費者に対して、自社のサービスを利用した後に、予約サイトの口コミ投稿を行うことおよびサービスへの評価として「星5(☆☆☆☆☆)」を付けることを条件として、サービスを割引価格で提供する場合	口コミ投稿にあたって、「星5(☆☆☆☆☆)」を付けることが条件とされており、事業者は表示(投稿)の内容を決定しているといえるため、「事業者の表示」に当たる。したがって、「事業者の表示」であることを明瞭にしなければ、告示に違反する。なお、口コミ投稿にあたって、「星5」ではなく、サービスの品質や内容、価格等の取引条件について推奨するコメントをすることが条件とされている場合も同様である。	6後段

434　第2章　景品規制・表示規制

§ 5 (3)–10 (4)

非該当	EC サイトでの自社商品の購入者が、当該商品のレビュー投稿を行うことを条件として、次回の商品購入に使用できるクーポン券を提供する場合	Q&A 6 前段と同様に考えることができ、顧客が行った当該レビュー投稿は、通常、「事業者の表示」には当たらず、告示に違反しない。	7
非該当	A 商品(食品)の発売20周年を記念して、SNS において、「#A 商品は、今年で発売20周年」とハッシュタグを付けて、A 商品を食べた感想を投稿した者の中から抽選で景品をプレゼントするキャンペーンを行う場合	事業者は、A 商品を食べた感想を投稿することは応募条件としているが、具体的な内容についての指示は行っていない。また、事業者は、不特定多数者に対して、「#A 商品は、今年で発売20周年」とハッシュタグを付けて、A 商品を食べた感想を投稿するというキャンペーンの募集をしているにすぎず、通常、それ以上の関係性はないと考えられ、投稿内容が抽選結果に影響しない場合は、表示内容の決定に関与しているとはいえない。したがって、抽選の結果、プレゼントの提供を受ける場合があるとしても、キャンペーンに応募するためになされた表示(投稿)は、通常、「事業者の表示」に当たらない。	8 前段
該当	A 商品(食品)の発売20周年を記念して、SNS において、「#A 商品は、今年で発売20周年」に加え、「#毎日食べたい美味しさ！」「#ダイエット中の人にもおすすめ！」とハッシュタグを付けて、A 商品を食べた感想を投稿した者の中から抽選で景品をプレゼントするキャンペーンを行う場合	「毎日食べたい美味しさ！」や「ダイエット中の人にもおすすめ！」という具体的な感想を記載することまでが条件とされており、事業者が表示(投稿)の内容を決定しているといえるため、「事業者の表示」に当たる。	8 後段
非該当	EC サイトにおいて購入者が行ったレビュー投稿につき、【1】客観的な事実に反する内容を含んだレビュー投稿や、【2】他社の名誉を毀損する内容を含んだレビュー投稿をした購入者に対して、当該記載を改めるよう依頼する場合	【1】客観的な事実に反する内容を含んだレビュー投稿(実際には存在しない性能が記載されたもの等)や、【2】他社の名誉を毀損する内容を含んだレビュー投稿につき、その記載を改めるよう依頼したとしても、そのことのみをもって、事業者が自己の供給する商品・サービスの品質、規格、その他の内容や価格等の取引条件について行う表示の内容の決定に関与していると評価することはできないため、「事業者の表示」には当たらない。 なお、上記【1】は、あくまでも客観的な事実に反する内容が含まれている場合であり、例えば、顧客が、購入商品を使用した感想(評価)を記載していることに対して、自社に都合の良い内容に改めるよう依頼すれば、当該依頼を受けて修正されたレビュー投稿は「事業者の表示」に当たり得る。	9

(ii) 事業者が第三者をして行わせる表示　(ア) 事業者の表示に該当する場合　事業者の表示に該当する場合とは、事業者が第三者に対して表示内容につき明示的に依頼・指示した場合である。具体的には、以下の例が「一般消費者

第 2 章　景品規制・表示規制　　435

§ 5 (3)-*10*(4)

が事業者の表示であることを判別することが困難である表示」の運用基準(令和5年3月28日消費者庁長官決定)(以下、「ステマ告示の運用基準」という)に挙げられている。

①事業者が第三者に対して当該第三者のSNS上や口コミサイト上等に自らの商品または役務に係る表示をさせる場合

②EC(電子商取引)サイトに出店する事業者がいわゆるブローカー(レビュー等をSNS等において募集する者)や自らの商品の購入者に依頼して、購入した商品について、当該ECサイトのレビューを通じて表示させる場合

③事業者がアフィリエイトプログラムを用いた表示を行う際に、アフィリエイターに委託して自らの商品または役務について表示させる場合

④事業者が他の事業者に依頼して、プラットフォーム上の口コミ投稿を通じて、自らの競合事業者の商品または役務について、自らの商品・役務と比較した低い評価を表示させる場合

仮に明示的な依頼・指示が存在しない場合でも、事業者と第三者の間に事業者が第三者の表示内容を決定できる程度の関係性があり、客観的な状況に基づき、第三者の表示内容について、事業者と第三者の間に第三者の自主的な意思による表示内容とは認められない関係性がある場合には、事業者の表示といえる。このような関係性の有無は、事業者と第三者の間の具体的なやり取りの態様や内容(メール、口頭、送付状等の内容)、事業者が第三者の表示に対して提供する対価の内容、その主な提供理由(宣伝目的か否か)、事業者と第三者の関係性の状況(過去に事業者が第三者の表示に対して対価〔金銭または物品に限らず、その他の経済上の利益(イベント招待等の供応)等、対価性を有する一切のものを含む〕を提供していた関係性の継続期間および今後の継続可能性)等の実態も踏まえて、総合的に判断される。例えば、媒体事業者が事業者の指示に左右されず、自主的な意思で企画、編集、制作した表示については、通常、事業者が表示内容の決定に関与したといえないため、「事業者の表示」には該当しないが、事業者が、その記事の内容を事前にチェックし、場合によっては修正を指示した場合が、「事業者が表示内容の決定に関与した」といえるか否かについては、事案ごとに個別具体的に判断される(ステマパブコメ No. 94)。ステマQ&AのQ19回答では、インフルエンサーが、Z社から、「当社のE商品を使用した感想を投稿してくれるなら、報酬をお渡しする。」と提案され、引き受けることにしたが、Z社からは、特段、投稿内容の指定を受けているわけではないという場合において、投稿に「広告」等の記載をする必要があるかどうかについて、上記の判断基準を述べた上で、個別に投稿の依頼を受け、報酬を受領する場合は、当該投稿は「事業者の表示」に該当する可能性が高いといえるため、「事業者の表示」であることが明瞭となるような記載をすること(例えば、「Z社から依頼を受

436　第2章　景品規制・表示規制

§ 5 (3)−**10** (4)

けて投稿しています」と記載すること）が適当であるとしている。

ステマ告示の運用基準（第2−1(2)イ）では、事業者が第三者に対してある内容の表示を行うよう明示的に依頼・指示していない場合であっても、事業者の表示とされる場合として、以下の例が挙げられている。

① 事業者が第三者に対して SNS を通じた表示を依頼しつつ、自らの商品または役務について表示してもらう目的で、当該商品または役務を無償で提供し、それを受けた当該第三者が当該事業者の方針や内容に沿った表示を行う場合。いわゆる「ギフティング」や「サンプリング」の中でも、事業者が第三者の表示内容の決定に関与したものは、本告示の対象となる。

② 事業者が第三者に対して自らの商品または役務について表示することが、当該第三者に経済上の利益となることを言外から感じさせたり（事業者が第三者との取引には明示的に言及しないものの、当該第三者以外との取引内容に言及することで、遠回しに当該第三者に自らとの今後の取引の実現可能性を想起させる等）、言動から推認させたりする（事業者が第三者に対して SNS への投稿を明示的に依頼しないものの、当該第三者が投稿すれば自らとの今後の取引の実現可能性に言及する等）等の結果として、当該第三者が当該事業者の商品または役務についての表示を行う場合。

また、アフィリエイト広告については、事業者がアフィリエイターに委託して表示内容を作成させているため、アフィリエイターの表示は「事業者の表示」に該当するが、アフィリエイターがアフィリエイトサービスプロバイダーの提供する機能を使用して表示内容を変更したとしても、事業者が当該アフィリエイトサービスプロバイダーを通じてアフィリエイターに自己の供給する商品または役務についての表示作成を委託している以上は、「事業者の表示」に該当することになるとされている（ステマパブコメ No. 91）。

なお、ステマ Q&A の Q16回答では、プロモーションのために、インフルエンサーに依頼して、当社の商品について SNS に投稿をしてもらっている（当該投稿は「事業者の表示」にあたる）ところ、当該投稿を抜粋して「お客様の声」として自社ウェブサイト内に掲載することについて、「お客様の声」という場合、通常は、顧客の自主的な意思に基づく感想等が記載されていると理解されるため、「事業者の表示」に当たるインフルエンサーの投稿を、「お客様の声」として自社のウェブサイト上に掲載することは適当ではなく、自社の依頼したインフルエンサーの投稿であることがウェブサイトを見た一般消費者にとって明瞭になる形で表示する必要があるとされている。

　　　(イ)　事業者の表示に該当しない場合　　事業者の表示に該当しない場合とは、事業者が第三者の表示に関与したとしても、客観的な状況に基づき、第三

第2章　景品規制・表示規制　　*437*

§ 5 (3)-*10*(4)

者の自主的な意思による表示内容と認められる場合である。事業者と第三者の間で自社の商品または役務に関する内容への関与を行うことなく、単に事業者が一方的に第三者に対して自社の商品または役務の紹介を促すにとどまる場合等は、第三者が自らの嗜好等に基づき、事業者の依頼とは一切の関係なく商品または役務の表示を行うことになるため、事業者が表示内容の決定に関与したとはいえないことから、事業者の表示に該当しないことになる。例えば、口コミ投稿等の表示において、投稿者である第三者に対して事業者から表示内容について一切の情報のやりとりが行われていない場合には、「表示内容の決定に関与した」には該当しないとされている(報告書(案)パブコメ70頁)。ステマ Q&A の Q21回答においても、インフルエンサー等が事業者の依頼に応じてではなく、その自主的な意思に基づいて商品やサービスに関する表示(SNS への投稿)を行う場合には、当該投稿は「事業者の表示」に当たらないため、「PR」等と記載する必要はないとされている。また、事業者との間で、ある商品の CM の出演についてのみ契約しているタレントが、当該契約の対象にはなっていない自己の SNS において投稿した写真に当該商品が映り込んでいる場合において、当該タレントの SNS の投稿が、当該タレントの自主的な意思に基づく表示と客観的に認められるのであれば、広告出演契約があるとの一事をもって、事業者の表示に該当することになるものではない(ステマパブコメ No. 79)。

この判断に当たっては、上記と同様、第三者と事業者の間で表示内容につき情報のやり取りが直接または間接的に一切行われていないか、事業者から第三者に対する表示内容に関する依頼や指示の有無、第三者の表示の前後において事業者が第三者の表示内容に対して対価を既に提供しているか、過去に対価を提供した関係性がどの程度続いていたか、今後の提供が決まっているか、今後対価を提供する関係性がどの程度続くのか等、事業者と第三者の間に事業者が第三者の表示内容を決定できる程度の関係性があるか否かが考慮される。当該考慮においては、表示対象となった商品または役務の特性等(特定の季節のみに販売数量が増える商品か等)の事情も勘案される。ステマ告示の運用基準(第2-2(1))では、「客観的な状況に基づき、第三者の自主的な意思による表示内容と認められる場合」、つまり、事業者の表示とならない場合として、以下の例が挙げられている。

①第三者が事業者の商品または役務について、SNS 等に当該第三者の自主的な意思に基づく内容として表示(複数回の表示も含む)を行う場合。

②事業者が第三者に自らの商品・役務を無償で提供し、SNS 等を通じた表示を依頼するが、当該第三者は自主的な意思に基づく内容として表示する場合。これに関して、ステマ Q&A の Q17回答においては、インフルエンサー

438　第2章　景品規制・表示規制

がX社のB商品の愛用者であることをSNS上で投稿しており、今後も投稿しようと思っていたところ、X社から、B商品を無償でプレゼントされ、その際に、「B商品を愛用いただきありがとうございます。今後もよろしければSNSに投稿してください。」と伝えられたという場合に、無償提供を受けた後の投稿において「広告」「PR」等と記載する必要があるかについて、「事業者が第三者に対して自らの商品又は役務を無償で提供し、SNS等を通じた表示を行うことを依頼するものの、当該第三者が自主的な意思に基づく内容として表示を行う場合」には、当該表示(投稿)は、「事業者の表示」に当たらないものの、無償提供の目的・内容、その後のX社との間のやり取りの内容、X社との取引関係の有無等の個別具体的な事情を踏まえて、当該投稿は当該インフルエンサーの自主的な意思による表示内容とは認められないと判断される場合があるため、当該インフルエンサーが元々B商品を気に入っており、当初から投稿しようと思っていたような場合にまで、「広告」「PR」等と記載して投稿をする必要はないものの、以降の投稿において、X社から無償で提供されたB商品を使っている画像を掲載するような場合は、X社からB商品の提供を受けた旨を記載することは有益であるという見解が示されている。一方、「インフルエンサーが、過去に、Y社から依頼を受けて、C商品のプロモーションのための投稿を行ったことがあるが、Y社の販売する別の商品(D商品)を購入して気に入ったため、D商品をおすすめする投稿を行う」という場合には、過去に、Y社から依頼を受けてC商品のプロモーションのための投稿を行ったことがあるとしても、これとは別のD商品について、自主的な意思に基づく表示(投稿)を行う場合には、当該投稿は「事業者の表示」に当たらないため、「PR」等と記載をして投稿する必要はないとされている(ステマQ&A・Q18回答)。

③アフィリエイターの表示でも、事業者と当該アフィリエイターの間で当該表示に係る情報のやり取りが直接または間接的に一切行われていない等、アフィリエイトプログラムを利用した広告主による広告とは認められない実態にある表示を行う場合。

④ECサイトに出店する事業者の商品を購入する第三者が、自主的な意思に基づく内容として当該ECサイトのレビュー機能を通じて、当該事業者の商品等の表示を行う場合。

⑤ECサイトに出店する事業者が、自らの商品の購入者に対して、当該ECサイトのレビュー機能による投稿に対する謝礼として次回割引クーポン等を配布する場合でも、当該事業者(当該事業者から委託を受けた仲介事業者を含む)と

§ 5 (3)—10 (4)

当該購入者の間で、当該購入者の投稿(表示)内容について情報のやりとりが直接または間接的に一切行われず、客観的な状況に基づき、当該購入者が自主的な意思によって投稿(表示)内容を決定したと認められる投稿(表示)を行う場合。ただし、この場合に、当該購入者の投稿(表示)内容に誤記があり、当該商品を販売する事業者等の社会的評価を低下させるおそれがあるため、当該事業者が当該購入者に対して投稿(表示)内容の修正を依頼したとしても、それだけでは、当該購入者の表示が当該事業者の表示とされるものではないとされている(ステマパブコメ No.123参照)。

⑥第三者が、事業者が SNS 上で行うキャンペーンや懸賞に応募するために、当該第三者の自主的な意思に基づく内容として当該 SNS 等に表示を行う場合。

⑦事業者が、自社のウェブサイトの一部において、第三者が行う表示を利用する場合でも、当該第三者の表示を恣意的に抽出すること(第三者の SNS の投稿から事業者の評判を向上させる意見のみを抽出しているにもかかわらず、そのことが一般消費者に判別困難な方法で表示すること等)なく、また、当該第三者の表示内容に変更を加えること(第三者の SNS の投稿には事業者の商品等の良い点、悪い点の両方が記載してあるにもかかわらず、その一方のみの意見を取り上げ、もう一方の意見がないかのように表示すること等)なく、そのまま引用する場合。ただし、客観的な状況に基づき、事業者のウェブサイトの一部について第三者の自主的な意思による表示内容と認められる場合は、当該ウェブサイトの一部のみをもって当該事業者の表示とされないことを示すものであって、当該ウェブサイトの一部を含めたウェブサイト全体が当該事業者の表示とされることは当然にあり得、当該ウェブサイト全体は、通常、当該事業者の表示であることが明らかであるとされている。ステマ Q&A の Q10回答でも、自社商品の購入者に、商品を使用した感想等に関するアンケートの回答に協力してもらい、その回答の一部を引用(抜粋)して「お客様の声」として自社ウェブサイト内に掲載するという事例において、アンケートの回答の中から無作為に選んだ回答を引用して掲載する場合は「事業者の表示」に該当しないが、商品について好意的な評価をしているものだけを選んで引用する場合や、商品の「良い点」・「悪い点」を挙げている回答の「良い点」の部分だけを引用する場合等は、「事業者の表示」に該当すると述べられている。

⑧事業者が不特定の第三者に対して試供品等を配布した結果、当該不特定の第三者が自主的な意思に基づく内容として表示を行う場合。

⑨事業者が特定の第三者(事業者が供給する商品または役務について会員制〔一定の登録

§ 5 (3)-*10*(4)

者に対して一定の便益を付与する制度等）を設けている場合における会員）に対して試供品等の配布を行った結果、当該特定の第三者が自主的な意思に基づく内容として表示を行う場合。なお、一定の便益とは、およそ利益であれば幅広くこれに該当するが、一定の便益を付与する場合であっても、これらを受けた特定の第三者が自主的な意思に基づき表示を行う場合には、「事業者の表示」に該当しない（ステマパブコメ No. 121）。

⑩事業者が表示内容を決定できる程度の関係性にない第三者に対して表示を行わせることを目的としていない商品または役務の提供（単なるプレゼント等）をした結果、当該第三者が自主的な意思に基づく内容として表示を行う場合。

新聞・雑誌の発行や放送等を業とする媒体事業者（インターネット上で営む者も含む）が自主的な意思で企画・編集・制作した表示は、通常、編集権が媒体事業者にあることから、事業者が表示内容の決定に関与したとはいえず、事業者の表示に該当しない。これには、正常な商慣習における取材活動に基づく記事の配信、書評の掲載、番組放送（事業者の協力を得て制作される番組放送も含む）等が含まれる（ステマパブコメ No. 100参照）。問合せに回答する、正常な商慣習の範囲内で商品・サービスを提供するだけなど、事業者が媒体事業者の表示内容の決定に関与していないと考えられる場合は、「事業者の表示」に該当しない（ステマパブコメ No. 120）。ただし、媒体事業者の表示でも、事業者が表示内容の決定に関与したとされる場合は、事業者の表示となる。これは、正常な商慣習を超えた取材活動等である実態（対価の多寡に限らず、これまでの取引実態と比較して、事業者が媒体事業者に対して通常考えられる範囲の取材協力費を大きく超えた金銭等の提供や謝礼の支払い等が行われる場合）にあるか否かが考慮要素となる。

(b) 「一般消費者が当該表示であることを判別することが困難である」 「一般消費者が当該表示であることを判別することが困難」な表示とは、事業者の表示であるにもかかわらず、事業者の表示であることを明瞭にしないこと等によって、一般消費者が事業者の表示であることを判別することが困難な表示を指す。そのため、本要件の該当性は、一般消費者にとって事業者の表示であることが明瞭か、すなわち、第三者の表示であると一般消費者に誤認されないかを表示内容全体から検討されることになる。「表示」の意義は、(a)で上述したとおりであり、映画やドラマのシーンにおける表示も「表示」に該当する（ステマパブコメ No. 165）。「表示内容全体から判断」（ステマ告示の運用基準第3柱書）とは、優良誤認表示や有利誤認表示における判断と同様に、表示上の特定の文言、図表、写真等から一般消費者が受ける印象・認識ではなく、表示内容全体から一般消費者が受ける印象・認識が基準となって判断するということである。

§5(3)-*10*(4)

(i) 一般消費者にとって事業者の表示であることが明瞭でないもの　(ア)事業者の表示であることが記載されていないもの、および(イ)事業者の表示であることが不明瞭な方法で記載されているものが、一般消費者にとって事業者の表示であることが明瞭でないものであるとされている(ステマ告示の運用基準第3-1)。

(ア) 事業者の表示であることが記載されていないもの　事業者の表示であることが全く記載されていない場合、または事業者がアフィリエイトプログラムを用いた表示を行う際に、アフィリエイトサイトに当該事業者の表示であることを記載していない場合がこれに該当する。運用基準は、後者について、複数の商品または役務の価格情報や内容等を比較するアフィリエイトサイトであれば、当該サイト自体が一般消費者にとって事業者の表示であることが明瞭となっている限り、一般消費者が第三者の表示であると誤認することはないことため、掲載したすべての商品または役務について、それぞれ当該事業者の表示であることを記載する必要はないとしている。

(イ) 事業者の表示であることが不明瞭な方法で記載されているもの　事業者の表示であることが不明瞭な方法で記載されているものとして、ステマ告示の運用基準(第3-1(2))は以下の例を挙げている。

①事業者の表示である旨を部分的にしか表示していない場合。

②文章の冒頭に「広告」と記載しつつ文中に「これは第三者として感想を記載しています」と記載すること、または文章の冒頭に「これは第三者としての感想を記載しています」と記載しつつ文中に「広告」と記載することで、事業者の表示であるか否かわかりにくい表示をする場合。

③動画に事業者の表示である旨の表示を行う際に、一般消費者が認識できないほど短い時間で当該事業者の表示であることを示す場合(長時間の動画において、冒頭以外〔動画の中間、末尾〕にのみ当該表示をする等、一般消費者が認識しにくい箇所のみに表示を行う場合も含む)。「一般消費者が認識できないほど短い時間」とは、事業者の表示であることを数秒程度しか表示しない場合が挙げられる(ステマパブコメ No.156)。なお、表示全体から一般消費者にとって事業者の表示であることが明瞭になっている限り、事業者の表示であることを示すタイミングが特定の箇所である必要はない(ステマパブコメ No.153)。ステマ Q&A の Q15回答では、動画の冒頭に「広告」「この動画はプロモーションを含みます。」等と表示していたとしても、一般消費者が途中から視聴する場合もあり、当該表記を見逃すおそれがあることから、事案によっては、表示内容全体から、一般消費者にとって「事業者の表示」であることが明瞭となっていないと判断される場合があるため、画面上に常に「広告」と表示するなど、動画

442　第2章　景品規制・表示規制

全体を通して「事業者の表示」であることが明瞭となるようにしておくことが望ましいという見解が示されている。

④一般消費者が事業者の表示であることを認識できない文言を使用する場合。

⑤事業者の表示であることを一般消費者が視認しにくい表示の末尾の位置に表示する場合（コンテンツを閲覧するためにスクロールが必要なウェブページ等の末尾に記載し、一般消費者が視認しにくくなる状況等〔ステマパブコメ No. 148〕）。ステマ Q&A の Q14回答では、SNS における投稿が「事業者の表示」に当たる場合には、当該投稿の本文ではなくツリー（リプライ）に「広告」等の記載がされていたとしても、通常、一般消費者が当該記載に気付かないおそれがあり、「事業者の表示」であることが明瞭とはいえない場合が多いと考えられるとされている。

⑥事業者の表示である旨を周囲の文字と比較して小さく表示した結果、一般消費者が認識しにくい表示となった場合。

⑦事業者の表示である旨を文章で表示しているが、一般消費者が認識しにくい表示（長文による表示、周囲の文字の大きさよりも小さい表示、他の文字より薄い色を使用した結果、一般消費者が認識しにくい表示等）となる場合。

⑧事業者の表示であることを他の情報に紛れ込ませる場合（SNS の投稿において、大量のハッシュタグを付した文章の記載の中に当該事業者の表示である旨の表示を埋もれさせる場合等）。

　(ii)　一般消費者にとって事業者の表示であることが明瞭であるもの　(ア)一般消費者にとって、表示内容全体から、事業者の表示であることがわかりやすい表示となっているもの、または(イ)事業者の表示であることが一般消費者にとって明瞭であるもの、もしくは社会通念上明らかであるものが、これに該当する（ステマ告示の運用基準第3-2）。

　　　(ア)　一般消費者にとって、表示内容全体から、事業者の表示であることがわかりやすい表示となっているもの　　表示において、「広告」「宣伝」「プロモーション」「PR」等の文言を用いる場合、または「A 社から商品の提供を受けて投稿している」等の文章を用いる場合がこれに該当する。なお、表示内容全体から、一般消費者にとって「事業者の表示」であることが明瞭となっていればよく、「広告」「宣伝」「プロモーション」「PR」以外の用語を記載する方法が禁止されているものではない（ステマ Q&A・Q11回答）。ただし、従業員が従業員が個人の SNS において自社商品の宣伝を行う場合に、「私は○○社の社員です。」等と所属が明示されているだけでは、一般消費者にとって「事業者の表示」であることが明瞭となっているとは必ずしもいえない（ステマ Q&A・Q12回答）。また、「広告」「宣伝」「プ

第2章　景品規制・表示規制　　*443*

ロモーション」「PR」等の文言を使用したとしても、事業者の表示であることが明瞭となっているか否かは表示内容全体から判断されることから、当該文言を使用していることのみをもって一般消費者にとって事業者の表示であることが明瞭となっていると必ず認められるわけではないことについて、留意が必要である。具体的には、「広告」と表示していても、周囲の文字と比較して小さく表示する場合など不明瞭な方法で記載されている場合には、表示内容全体から一般消費者にとって事業者の表示と認められないとされている（ステマパブコメ No. 159）。

　　(イ)　事業者の表示であることが一般消費者にとって明瞭であるもの、もしくは社会通念上明らかであるもの　　社会通念上、事業者の表示であることを記載せずとも一般消費者に事業者の表示であることが明瞭である場合には、本告示の対象とならない。具体的には、以下の例がステマ告示の運用基準（第3‐2⑵ア〜オ）に挙げられている。

①放送CMのように、広告と番組が切り離されている表示を行う場合。

②事業者の協力を得て制作される番組放送や映画等において、当該事業者の名称等をエンドロール等を通じて表示を行う場合。

③新聞紙の広告欄のように、「広告」等と記載されている表示を行う場合。

④商品・役務の紹介自体が目的である雑誌その他の出版物で表示を行う場合。

⑤事業者自身のウェブサイト（特定の商品または役務を特集する等、期間限定で一般消費者に表示されるウェブサイトも含む）における表示を行う場合。ただし、事業者自身のウェブサイトでも、当該サイト中の特定のページにおいて、当該事業者の表示ではないと一般消費者に誤認されるおそれがあるような場合（媒体上で、専門家や一般消費者等の第三者の客観的な意見として表示しているように見えるものの、実際には、事業者が当該第三者に依頼・指示をして特定の内容の表示をさせた場合や、そもそも事業者が作成し、第三者に何らの依頼すらしていない場合等）には、第三者の表示は、当該事業者の表示であることを明瞭に表示しなければならない。なお、事業者が第三者に特定の内容の表示を依頼・指示して表示させた場合における当該事業者の表示である旨の表示として、例えば、「弊社から○○先生に依頼をし、頂いたコメントを編集して掲載しています」等の表示が考えられる。

　　なお、多数の事業者が出店しているECモール上のストア・商品情報については、通常、ECモールサイト上のストアにおいて、そのストア（電子店舗）の表示そのものが、一般消費者にとって、事業者の表示であることが明瞭となっているため、個々のストアの表示において、広告であることを明示する必要はないとされている（ステマパブコメ No. 154）。

§ 5 (3)−*10*(5)

⑥事業者自身の SNS アカウントを通じた表示を行う場合。なお、その前提と
　して、事業者自身の公式アカウントであることを一般消費者が理解できる必
　要があるが、その方法については、各事業者において判断されるべきものと
　されている(ステマパブコメ No. 137)。

⑦社会的な立場・職業等(観光大使等)から、一般消費者にとって事業者の依頼を
　受けて当該事業者の表示を行うことが社会通念上明らかな者を通じて、当該
　事業者が表示を行う場合。

　ステマ Q&A の Q13回答では、アフィリエイトサイトについては、当該サイト
の表示内容全体からみて、一般消費者にとって「事業者の表示」であることが明瞭
となっているかどうかが重要となるため、アフィリエイトサイトの冒頭に、「こ
のサイトはアフィリエイト広告を利用しています。」等と記載がされていても、文
字のサイズや色なども踏まえ、一般消費者にとって、「事業者の表示」であること
が明瞭となっていることが必要であるとされている。また、アフィリエイトサイ
ト内の一部に、「事業者の表示」ではないと一般消費者に誤認されるおそれがある
表示(例えば、専門家の客観的な意見のように記載されているものの、実際には、当該専門家に
報酬を支払ってコメントを依頼しており「事業者の表示」に当たるもの)が含まれている場合
には、その付近に「○○社から○○先生に依頼をし、頂いたコメントを編集して
掲載しています。」といった記載をするなど、当該一部を見ただけであっても、一
般消費者にとって、「事業者の表示」であることが明瞭となっている必要があると
述べられている。

　(5)　本告示に該当した場合の制裁　　指定告示は課徴金対象行為から除外され
ているため、本告示のみに該当するステマは、課徴金納付命令(8①)の対象とは
ならないが、不当表示により一般消費者に与えた誤認の排除、再発防止策の実
施、今後同様の違反行為を行わないこと等を命ずる措置命令(7①)の対象となる。
なお、優良誤認表示・有利誤認表示にも該当するステマであって、優良誤認表
示・有利誤認表示として規制される場合には、これまでと同様に、措置命令と課
徴金納付命令両方の対象となる。また、違反の事実が認められない場合でも、違
反のおそれのある行為がみられたときは、行政指導の対象となる(ステマ Q&A・Q
2回答)。

　本告示に違反する表示行為が施行日前に開始し、施行日以後も続いている場合
において、本告示の規制対象となるかについて、消費者庁は、アフィリエイト広
告等、事業者が施行日前に第三者に行わせた表示で、その後に表示の作成者であ
る第三者と連絡がつかず、事業者が表示を管理できない状態にあるなど施行日後
において事業者の表示と判断される実態を欠いている場合には、本告示の対象と

第2章　景品規制・表示規制　　*445*

§ 5 (3)-*10*(6)

なることはない一方、事業者が施行日前に第三者に行わせた表示でも、施行日後も、当該表示の作成者と連絡がつくなど事業者が表示を管理できる状態にあるなど施行日後において事業者の表示であると判断される実態にある場合は、施行日後の表示が本告示の対象となる可能性があるとしている(ステマパブコメ No. 194等)。

なお、運用基準等を踏まえたとしても、当該表示のうち違反となるものと違反ではないものを区別することが事業者にとって難しい場面も多く想定されることから、消費者庁においては、既往の行為でない限り、景表法に関して事業者からの事前相談を受け付けている(ステマパブコメ No. 28・29)。

また、事業者が、22条1項に基づき、消費者庁「事業者が講ずべき景品類の提供及び表示の管理上の措置についての指針」(令和4年6月改正)に従って、第三者(インフルエンサー、アフィリエイター等)に対し、広告であることの明確化を含めた教育・啓発等を行っていた場合でも、不当表示を禁止する5条と事業者が講ずべき景品類の提供および表示の管理上の措置を求める22条1項では、規制趣旨・要件・効果が異なるため、当該事業者が本条で禁止される不当表示に該当する行為を行った場合には、本条に違反することとなる点には留意されたい(ステマパブコメ No. 197)。

(6) **主な違反事例**　本書発行時点では、本告示の制裁対象となった事案は存在しないが、以下の事案は、本告示施行前に、ステマによる表示について、裏付けとなる合理的な根拠がないことを理由に優良誤認表示(本条(1))として措置命令が出された事案である。

(a) **株式会社アクガレージおよびアシスト株式会社に対する措置命令**([消表対第1794号および第1795号]令和3年11月9日措置命令)**(事例㉒)**　株式会社エアクガレージおよびアシスト株式会社は共同して、一般消費者に対して「ジュエルアップ」「モテアレンジュ」と称する食品(以下、「本件商品」という)を販売していたところ、表示の裏付けとなる合理的な根拠を確認することなく、アフィリエイトサイトとインスタグラムの投稿で、あたかも本件商品の摂取により豊胸効果が得られるような表示を行っていたことが違反とされた。本件で、同2社は、アフィリエイター等に対して、あらかじめ定められた条件(当該アフィリエイター以外の者が供給する商品または役務のバナー広告等を掲載し、一般消費者がバナー広告等を通じて広告主の商品または役務を購入したり、購入の申込みを行ったりした場合等)に従って、広告主から成功報酬が支払われる広告手法(アフィリエイトプログラム)を共同して用いているところ、同2社は、アフィリエイトプログラムを実現するシステムをサービスとして提供する「アフィリエイトサービスプロバイダー」と称する事業者を通じて、本件商品に係るアフィリエイトサイトの表示内容を共同して自ら決定していると認定された。

446　第2章　景品規制・表示規制

§ 5(3)-*10*(6)

なお、本事例は、本告示の施行前に、表示にその裏付けとなる合理的な根拠がないことを理由に優良誤認表示(5(1))として措置命令および課徴金納付命令が出された事案である。

(b) 医療法人社団祐真会に対する措置命令(令和6年6月6日措置命令)(**事例⓭**)
医療法人社団祐真会(以下、「祐真会」という)は、医科診療所を運営する事業者であるが、祐真会が運営するマチノマ大森内科クリニック(以下、「クリニック」という)は、インフルエンザワクチン接種のためにクリニックに来院した者に対し、Googleマップ内の祐真会が開設し運営するクリニックのプロフィールにおける口コミ投稿欄のクリニックの評価として、「★★★★★」または「★★★★」の投稿(以下、「本件星投稿」という)をすることを条件に、当該来院者がクリニックに対して支払うインフルエンザワクチン接種費用から割り引くことを伝えることによって、当該来院者が投稿した口コミ内容の表示をしたと認定された。これらの表示は、祐真会がクリニックにおいて診療サービスに係る役務(以下、「本件役務」という)を一般消費者に提供するにあたり、当該来院者に対し、本件星投稿を条件に当該来院者がクリニックに対して支払うインフルエンザワクチン接種費用から割り引くことを伝え、これに応じて割引と受けた来院者が本件星投稿を行っているため、当該投稿による表示は祐真会が供給する本件役務の取引について行う事業者の表示であると認められ、かつ、表示内容全体から一般消費者にとって事業者の表示であることが明瞭になっているとは認められないことから、当該表示は、一般消費者が事業者の表示であることを判別することが困難であると認められる表示に該当するものとされた。

(c) RIZAP株式会社に対する措置命令(令和6年8月8日措置命令)(**事例㊾**)　RIZAP株式会社(以下、「RIZAP」という)は、第三者に対し、対価を提供することを条件に、RIZAPが運営する「chocoZAP」と称する店舗において提供する役務(以下、「本件役務」という)についてインスタグラムに投稿を依頼したことによって当該第三者が投稿した表示をRIZAPが依頼した投稿であることを明らかにせずに抜粋するなどして、「セルフでも簡単！　毎日をもっとキレイに！　完璧つるすべ肌へ　業務用脱毛マシン採用」と称する自社ウェブサイトの「SNSでも話題！　絶賛の口コミ続々」との表示箇所において、サングラスをかけた女性がセルフ脱毛の機器を使用する画像とともに、「気になっていた『chocoZAP』ついに入会しちゃった」「なんと完全個室のセルフ脱毛が使い放題！！　←これにかなり惹かれた感ある」「しかも服装自由・シューズの履き替え不要で来たままの服装でメチャクチャ気軽に通える！」「※個人の感想です。」等の表示をしていたところ、RIZAPは、本件役務に係る上記表示内容の決定に関与しているものであり、当該表示は、

第2章　景品規制・表示規制　*447*

§6

RIZAP が供給する本件役務の取引について行う表示(以下、「事業者の表示」という)と認められるとされた。そして、かかる表示は、表示内容全体から一般消費者にとって事業者の表示であることが明瞭になっているとは認められないことから、当該表示は、一般消費者が事業者の表示であることを判別することが困難であると認められる表示に該当するものであったとされた。

　(d)　大正製薬株式会社に対する措置命令(令和6年11月13日措置命令)　　大正製薬株式会社(以下、「大正製薬」という)は、第三者に対し、大正製薬が供給する「NMN taisho」と称するサプリメント(以下、本段落において「本件商品」という)の無償提供および対価の提供を条件に、本件商品に関して Instagram 投稿を依頼したこと等によって当該第三者が投稿した表示の一部を抜粋し、自社ウェブサイトにおいて、「Instagram で注目度上昇中♪」「品質にこだわりたい方には特許処方の大正製薬『NMN taisho』」といった表示や、本件商品を持つ人物の画像と併せて「〜様」「いくつになっても自分らしく、"今が最高"と思える活き活きとした日々を過ごしていきたいですね！」等の表示をしていた。これについて、大正製薬は、本件商品に係る上記表示内容の決定に関与しているものであり、当該表示は、大正製薬が自己の供給する本件商品の取引について行う表示(「事業者の表示」)であると認定された。そして、かかる表示は、第三者が投稿した表示について、大正製薬が当該第三者に対して依頼した投稿であることを明らかにしておらず、表示内容全体から一般消費者にとって事業者の表示であることが明瞭になっているとは認められないことから、当該表示は、一般消費者が事業者の表示であることを判別することが困難であると認められる表示に該当するものとされた。

〔竹腰沙織＝小髙綾太〕

〔景品類の制限及び禁止並びに不当な表示の禁止に係る指定に関する公聴会等及び告示〕

第6条　①　内閣総理大臣は、第4条の規定による制限若しくは禁止若しくは前条第3号の規定による指定をし、又はこれらの変更若しくは廃止をしようとするときは、内閣府令で定めるところにより、公聴会を開き、関係事業者及び一般の意見を求めるとともに、消費者委員会の意見を聴かなければならない。

②　前項に規定する制限及び禁止並びに指定並びにこれらの変更及び廃止は、告示によつて行うものとする。

§ 6 -*1, 2*(1)

1 歴史・趣旨　　*2* 他の法令における表示規制

1 歴史・趣旨

　本条は、内閣総理大臣は、4条(景品類の制限および禁止)の規定による制限・禁止もしくは5条3号(指定告示)の規定による指定、またはこれらの変更・廃止をしようとするときは、内閣府令で定めるところにより、公聴会を開き、関係事業者および一般の意見を求めるとともに、消費者委員会の意見を聴かなければならないことを定める手続的規定である。また。当該制限・禁止および指定ならびにこれらの変更・廃止は、告示によって行うものとされている。

　平成20年(2008)年6月に閣議決定された「消費者行政推進基本計画」において、景表法の規制主体が消費者庁に移管されることとなったことに伴い、本条で規定される権限は「公正取引員会」から「内閣総理大臣」に移管され、さらに消費者庁長官に委任される形となった。

2 他の法令における表示規制

　景表法における不当表示に関する規制は、基本的にあらゆる商品または役務の取引を対象としているが、表示に関する規制は、景表法以外の法令においても、それぞれの法令の目的に応じて設けられている。

　以下では、広告に関する表示規制が設けられている法令を中心として、消費生活に関連が深く、特に重要と考えられる法令に関する主な表示規制を簡単に概観する。

　(1)　特商法　　特商法は、「特定商取引(訪問販売、通信販売及び電話勧誘販売に係る取引、連鎖販売取引、特定継続的役務提供に係る取引、業務提供誘引販売取引並びに訪問購入に係る取引をいう。以下同じ。)を公正にし、及び購入者等が受けることのある損害の防止を図ることにより、購入者等の利益を保護し、あわせて商品等の流通及び役務の提供を適正かつ円滑にし、もつて国民経済の健全な発展に寄与すること」を目的としている(同1)。

　かかる目的を達成するため、特商法では、特定商取引として定められた各取引類型において、往々にして不公正な取引が行われ、またこれらの特殊性のために、消費者が不当な損害を被ることがある実態に鑑み、取引類型ごとに、それぞれ規制を設けている。

　表示規制としては、通信販売、連鎖販売取引および業務提供誘引販売取引の広告における一定の表示事項の表示義務(特商11・35・53)、通信販売、連鎖販売取引、特定継続的役務提供および業務提供誘引販売取引における商品の性能・効

第2章　景品規制・表示規制　　*449*

§ 6 - *2*(1)

能、役務の内容・効果、取引により得られる利益等の法定事項についての誇大広告等の禁止(同12・36・43・54)が設けられている。

これらの規制は、いずれも「広告」をする場合に適用されるものであるが、特商法における「広告」とは、例えば通信販売の場合、販売業者等(同法において、事業者の呼称は特定商取引の類型ごとに異なるため、販売業者、役務提供事業者、統括者、勧誘者、一般連鎖販売業者、業務提供誘引販売業を行う者および購入業者を総称して「販売業者等」と定義されている〔同66①〕)がその広告に基づき通信手段により契約の申込みを受ける意思が明らかであり、かつ、消費者がその表示により契約の申込みをすることができるものをいい、イメージ広告等は該当しないと解されており(消費者庁ウェブサイト「特定商取引に関する法律・解説(令和5年6月1日時点版)」77頁)、景表法の「表示」概念よりも狭い概念といえる。

表示義務は、通信販売の場合、隔地者間の取引であるため、広告において一定の事項について明確な表示を行わせることで、後日、取引条件等についてトラブルが発生することを防止することを目的とするものであり、また、連鎖販売取引および業務提供誘引販売取引の場合、広告には取引に対して興味を抱かせる大きな効果があるため、必要表示事項を規定して、契約締結の前段階で過大に期待を抱かせることなどを防止することを目的とするものである。

誇大広告等の禁止は、「著しく事実に相違する表示」または「実際のものよりも著しく優良であり、若しくは有利であると人を誤認させるような表示」を禁止するものである。具体的に何が「著しい」に該当するかの判断は、個々の広告について判断されるべきであるが、例えば、「一般消費者が広告に書いてあることと事実との相違を知っていれば、当該契約に誘い込まれることはない」等の場合は該当すると考えられており(消費者庁・前掲「特定商取引に関する法律・解説」91頁)、基本的な考え方は景表法と同様と考えられる。なお、誇大広告等の禁止については、景表法7条2項と同様の不実証広告規制が導入されている。

主務大臣は、販売業者等がこれらの規制に違反した場合において、取引の公正および購入者等の利益が(著しく)害されるおそれがあると認めるときは、当該販売業者等に対し、指示および業務停止命令を行うことができる(特商14①・15①・38①・39①・46①・47①・56①・57①)。

また、連鎖販売取引および業務提供誘引販売取引における表示義務に違反した場合、誇大広告等の禁止に違反した場合には、行為者および法人は100万円以下の罰金に処される(特商72①(1)(6)・74①(3))。指示に違反した場合には、行為者は6か月以下の懲役もしくは100万円以下の罰金に処され、またはこれを併科され(同71(2))、法人は100万円以下の罰金に処され(同74①(3))、また、業務停止命令に違反

§ 6-2(2)

した場合には、行為者は3年以下の懲役もしくは300万円以下の罰金に処され、またはこれを併科され(同70(3))、法人は3億円以下の罰金に処される(同74①(1))。

　なお、特商法の行政処分の主体は主務大臣とされているが、一定の事項を除き、消費者庁の所掌に係る権限については、主務大臣である内閣総理大臣(特商67①)から消費者庁長官に委任されている(同③)。また、消費者庁長官の権限の一部は、経済産業局長に委任されている(特商69③、同令43②)。これらに加え、特商法における主務大臣の権限に属する事務の一部は、都道府県知事が行うこととすることができるとされている(特商68、同令42①～⑥)。

　(2)　**薬機法**　薬機法は、「医薬品、医薬部外品、化粧品、医療機器及び再生医療等製品(以下「医薬品等」という。)の品質、有効性及び安全性の確保並びにこれらの使用による保健衛生上の危害の発生及び拡大の防止のために必要な規制を行うとともに、指定薬物の規制に関する措置を講ずるほか、医療上特にその必要性が高い医薬品、医療機器及び再生医療等製品の研究開発の促進のために必要な措置を講ずることにより、保健衛生の向上を図ること」を目的としている(薬機1)。

　医薬品等の効能・効果等に関して虚偽や誇大な広告がされると、その内容を信じた者により医薬品が不適正に使用され、保健衛生上の危害を生じさせるおそれがある(堀尾貴将『実務解説　薬機法』(商事法務・2021)293頁)。

　そのため、薬機法は、表示規制として、医薬品等の名称、製造方法、効能、効果または性能に関して、虚偽・誇大な記事を広告等(誇大広告等)することを禁止しており(薬機66①)、医薬品等の効能、効果または性能について、医師その他の者がこれを保証したものと誤解されるおそれがある記事を広告等することも、同項に該当するものとして禁止している(同②)。このほか、広告については、特定疾病用の医薬品および再生医療等製品の広告の制限(薬機67)、承認前の医薬品、医療機器および再生医療等製品の広告の禁止(同68)も設けられている。

　不当表示の規制主体として供給主体性と表示主体性が求められる景表法とは異なり、これらの規制の対象者は「何人も」とされており(いわゆる「何人規制」)、医薬品等の製造業者や販売業者に限定されない。何人規制が適用されたものとして、医薬品の承認を受けていない健康食品について広告したことが薬機法68条違反であることを理由に、広告主である健康食品の販売会社および広告代理店等の従業員等が逮捕され、販売会社およびその担当者のほか、広告代理店およびその担当者が略式起訴され、罰金刑が科された事案がある(ステラ漢方株式会社「お詫びとお知らせ」〔令和3年3月31日〕)。

　また、薬機法上の「広告」に該当するかは、①顧客を誘引する(顧客の購入意欲を昂進させる)意図が明確であること、②特定医薬品等の商品名が明らかにされている

第2章　景品規制・表示規制　　*451*

§ 6-*2*(3)

こと、③一般人が認知できる状態であること、のいずれの要件も満たす場合には、該当すると判断されている（「薬事法における医薬品等の広告の該当性について」〔平成10年9月29日医薬監第148号厚生省医薬安全局監視指導課長通知〕）。

医薬品等に関する誇大広告等の監視指導については、厚生労働省により、「医薬品等適正広告基準」（「医薬品等適正広告基準の改正について」〔平成29年9月29日薬生発0929第4号厚生労働省医薬・生活衛生局長通知〕）および「医薬品等適正広告基準の解説及び留意事項等」（「医薬品等適正広告基準の解説及び留意事項等について」〔平成29年9月29日薬生監麻発0929第5号厚生労働省医薬・生活衛生局監視指導・麻薬対策課長通知〕）が示されている。

なお、景表法36条1項の規定に基づき、医薬品等のうち、①化粧品については、化粧品公正取引協議会により「化粧品の表示に関する公正競争規約」、②化粧石けんについては、化粧石けん公正取引協議会により「化粧石けんの表示に関する公正競争規約」、③歯みがき類については、歯磨公正取引協議会により「歯みがき類の表示に関する公正競争規約」がそれぞれ設定されている。

厚生労働大臣または都道府県知事は、薬機法66条1項または68条の規定に違反した者に対し、措置命令を行うことができる（同72の5①）。また、同法66条1項の規定に違反する行為は、課徴金納付命令（課徴金の額は、課徴金対象期間に取引をした課徴金対象行為に係る医薬品等の対価の額の合計額の4.5%）の対象となる（同75の5の2①）。

また、薬機法66条1項または68条の規定に違反した場合、行為者は2年以下の懲役もしくは200万円以下の罰金に処され、またはこれを併科され（同85(4)(5)）、法人は200万円以下の罰金に処される（同90(2)）。同法67条の規定に違反した場合、行為者は1年以下の懲役もしくは100万円以下の罰金に処され、またはこれを併科され（同86①(17)）、法人は100万円以下の罰金に処される（同90(2)）。厚生労働大臣または都道府県知事の措置命令に違反した場合には、行為者は2年以下の懲役もしくは200万円以下の罰金に処され、またはこれを併科され（同85(6)）、法人は200万円以下の罰金に処される（同90(2)）。

なお、厚生労働大臣の権限の一部は、地方厚生局長に委任されている（薬機81の4①、同令82①、同規281①）。

　(3)　**不正競争防止法**　不正競争防止法は、「事業者間の公正な競争及びこれに関する国際約束の的確な実施を確保するため、不正競争の防止及び不正競争に係る損害賠償に関する措置等を講じ、もって国民経済の健全な発展に寄与すること」を目的としている（同1）。

不正競争防止法は、その規制の対象となる「不正競争」を2条1項各号において定義している。表示に関連するものとしては、「商品若しくは役務若しくはその

452　　第2章　景品規制・表示規制

§ 6 - *2*⑷

広告若しくは取引に用いる書類若しくは通信にその商品の原産地、品質、内容、製造方法、用途若しくは数量若しくはその役務の質、内容、用途若しくは数量について誤認させるような表示をし、又はその表示をした商品を譲渡し、引き渡し、譲渡若しくは引渡しのために展示し、輸出し、輸入し、若しくは電気通信回線を通じて提供し、若しくはその表示をして役務を提供する行為」(誤認惹起行為)が規定されている(同2①⑳)。

「広告」とは、公衆に対してなされる表示のうち営業目的をもってなされたものを指すとされる(経済産業省知的財産政策室編『逐条解説 不正競争防止法〔第2版〕』(商事法務・2019)143頁)。また、「誤認させるような表示」に該当するかどうかは、個別・具体的事案に応じて、当該表示の内容や取引界の実情等、諸般の事情が考慮された上で、取引者・需要者に誤認を生じさせるおそれがあるかどうかという観点から判断される(経済産業省知的財産政策室編・前掲146〜147頁)。

不正競争防止法は、事業者の営業上の利益という私益と、公正な競争秩序の維持という公益を保護法益としており、その実現手段としては、当事者間の差止請求、損害賠償請求等の民事的請求を基本としつつも、公益の侵害の程度が著しく、当事者間の民事的請求にのみ委ねられることが妥当でない行為類型については刑事罰の対象としている。

まず、民事的請求については、不正競争によって営業上の利益を侵害され、または侵害されるおそれがある者による差止請求権(不正競争防止3)、故意または過失により不正競争を行って他人の営業上の利益を侵害した者の損害賠償責任(同4)等が規定されている。

刑事罰については、「不正の目的をもって」誤認惹起行為を行った者(不正競争防止21③⑴)、「商品若しくは役務若しくはその広告若しくは取引に用いる書類若しくは通信にその商品の原産地、品質、内容、製造方法、用途若しくは数量又はその役務の質、内容、用途若しくは数量について誤認させるような虚偽の表示をした者」(同③⑸)は、5年以下の懲役もしくは500万円以下の罰金の処され、またはこれを併科され、法人は3億円以下の罰金に処される(同22①⑶)。

⑷ 金融商品取引法 金融商品取引法(以下、「金商法」という)は、「企業内容等の開示の制度を整備するとともに、金融商品取引業を行う者に関し必要な事項を定め、金融商品取引所の適切な運営を確保すること等により、有価証券の発行及び金融商品等の取引等を公正にし、有価証券の流通を円滑にするほか、資本市場の機能の十全な発揮による金融商品等の公正な価格形成等を図り、もつて国民経済の健全な発展及び投資者の保護に資すること」を目的としている(金商1)。

金融商品取引業者・登録金融機関や金融商品仲介業者が行う広告等の表示は、

第2章 景品規制・表示規制 *453*

§ 6 - 2 ⑷

投資者への投資勧誘の導入部分に当たり、明瞭かつ正確な表示による情報提供により、適正な投資勧誘の履行を確保する必要がある(金融庁監督局証券課「金融商品取引業者等向けの総合的な監督指針」〔令和6年10月〕53頁)。

そのため、金商法では、表示規制として、金融商品取引業および金融商品仲介業の広告等における一定の表示事項の表示義務(金商37①・66の10①)、金融商品取引業および金融商品仲介業に関する誇大広告等の禁止(同37②・66の10②)が設けられている。

金商法において広告の定義規定は設けられていないが、「広告」とは、「随時または継続してある事項を広く(宣伝の意味も含めて)一般に知らせること」をいうと解されている(岸田雅雄監修『注釈金融商品取引法〔改訂版〕第2巻』(金融財政事情研究会・2022)355頁)。また、広告に該当しないものであっても、多数の者に対して同様の内容で行う情報の提供は、広告類似行為(金融商品取引業等に関する内閣府令72・266)として、規制の対象となる。

なお、これらの規制を含め、金融商品取引業者等の検査・監督については、金融庁監督局証券課により、前掲「金融商品取引業者等向けの総合的な監督指針」が示されている。

内閣総理大臣は、金融商品取引業者・登録金融機関がこれらの規制に違反した場合において、その業務の運営または財産の状況に関し、公益または投資者保護のため必要かつ適当であると認めるときは、当該金融商品取引業者・登録金融機関に対し、業務改善命令を行うことができ(金商51・51の2)、また、登録取消しまたは業務停止命令等を行うこともできる(同52・52の2)。

内閣総理大臣は、金融商品仲介業者がこれらの規制に違反した場合、当該金融商品仲介業者に対し、登録取消しまたは業務停止命令や業務方法変更命令等を行うことができる(金商66の20)。

これらの規制に違反した場合、行為者は6か月以下の懲役もしくは50万円以下の罰金に処せられ、またはこれを併科され(金商205⑽⑾)、法人は50万円以下の罰金に処せられる(同207①⑹)。金融商品取引業者・登録金融機関が業務改善命令に違反した場合には、その代表者または役員は30万円以下の過料に処せられる(同208⑸)。金融商品取引業者・登録金融機関が業務停止命令に違反した場合には、その代表者等は1年以下の罰金もしくは100万円以下の罰金に処せられ、またはこれを併科され(同201⑹)、法人は1億円以下の罰金に処される(同207①⑸)。金融商品仲介業者が業務停止命令に違反した場合には、その代表者等は2年以下の懲役もしくは300万円以下の罰金に処せられ、またはこれを併科され(同198の5⑵)、法人は3億円以下の罰金に処される(同207①⑶)。また、金融商品仲介業者が業務

454　第2章 景品規制・表示規制

§6-2(5)(6)

方法変更命令等に違反した場合には、その代表者または役員は30万円以下の過料に処せられる(同208(5))。

なお、金商法の行政処分の主体は内閣総理大臣とされているが、一定の事項を除き、金商法による権限は内閣総理大臣から金融庁長官に委任されている(金商194の7①)。また、金融庁長官の権限の一部は、金融庁長官から証券取引等監視委員会に委任されたもの(同②〜④)を除き、財務局長または財務支局長に委任されている(同⑥、同令39〜44の5)。

(5) **割賦販売法**　割賦販売法は、「割賦販売等に係る取引の公正の確保、購入者等が受けることのある損害の防止及びクレジットカード番号等の適切な管理等に必要な措置を講ずることにより、割賦販売等に係る取引の健全な発達を図るとともに、購入者等の利益を保護し、あわせて商品等の流通及び役務の提供を円滑にし、もつて国民経済の発展に寄与すること」を目的としている(割賦販売1)。

表示規制としては、割賦販売、ローン提携販売、包括信用購入あっせんおよび個別信用購入あっせんの広告における一定の表示事項の表示義務(割賦販売3④・29の2③・30④・35の3の2②)が設けられている。

割賦販売法における「広告」とは、顧客を誘引するための表示をいい、マスメディアを媒体とするもののほかチラシや店頭に表示しているものも含まれる。単に割賦販売等を扱う旨の広告は規制の対象とはならないが、具体的な価格や支払条件について1つでも広告した場合には、規制の対象となる(経済産業省商務情報政策局商務・サービスグループ商取引監督課編『令和2年版 割賦販売法の解説』(日本クレジット協会・2021)76頁)。

なお、割賦販売の表示に関しては、景表法のガイドラインとして、「不当な割賦販売価格等の表示に関する不当景品類及び不当表示防止法第5条第2号の運用基準」(昭和47年2月29日事務局長通達第2号、改正平成28年4月1日消費者庁長官決定)が定められている。

これらの規制に違反した場合、行為者および法人は50万円以下の罰金に処せられる(割賦販売53(2)・54①)。

(6) **貸金業法**　貸金業法は、「貸金業が我が国の経済社会において果たす役割にかんがみ、貸金業を営む者について登録制度を実施し、その事業に対し必要な規制を行うとともに、貸金業者の組織する団体を認可する制度を設け、その適正な活動を促進するほか、指定信用情報機関の制度を設けることにより、貸金業を営む者の業務の適正な運営の確保及び資金需要者等の利益の保護を図るとともに、国民経済の適切な運営に資すること」を目的としている(貸金業1)。

表示規制としては、貸付条件の広告等における一定の表示事項の表示義務等

第2章 景品規制・表示規制　　455

§ 6 -*2*(7)

（貸金業15）、貸金業の業務に関する誇大広告等の禁止等（同16）が設けられている。

　表示義務等の趣旨は、貸金業者の広告等において、資金需要者に対する適正な情報提供を確保する点にある（上柳敏郎＝大森泰人編著『逐条解説 貸金業法』（商事法務・2008）127頁）。誇大広告等の禁止等については、貸金業者による過剰な広告等が借り手の借入れを助長しているとの観点から、規制がなされている（上柳＝大森編著・前掲130頁）。

　これらの規制を含め、貸金業者の検査・監督については、金融庁により、「貸金業者向けの総合的な監督指針」（令和6年12月）が示されている。

　内閣総理大臣または都道府県知事は、登録を受けた貸金業者がこれらの規制に違反した場合において、その業務の運営に関し、資金需要者等の利益の保護を図るため必要があると認めるときは、当該貸金業者に対し、措置命令（貸金業24の6の3①）や登録取消しまたは業務停止命令を行うことができる（同24の6の4①②）。

　また、貸金業法15条または16条1項の規定に違反した場合、内閣総理大臣または都道府県知事の措置命令に違反した場合には、行為者は1年以下の懲役もしくは300万円の罰金に処され、またはこれを併科され（貸金業48(2)（2の2)(3)（8の2)）、法人は300万円以下の罰金に処される（同51①②）。業務停止命令に違反した場合には、行為者は5年以下の懲役もしくは1000万円以下の罰金に処され、またはこれを併科され（同47の2）、法人は1億円以下の罰金に処される（同51①(1)）。

　なお、貸金業法の行政処分の主体は内閣総理大臣および都道府県知事とされているが、一定の例外を除き、内閣総理大臣の権限については、金融庁長官に委任されている（貸金業45①、同令5）。また、金融庁長官の権限の一部は、財務局長または財務支局長に委任されている（貸金業45②、同令6）。

　(7)　旅行業法　　旅行業法は、「旅行業等を営む者について登録制度を実施し、あわせて旅行業等を営む者の業務の適正な運営を確保するとともに、その組織する団体の適正な活動を促進することにより、旅行業務に関する取引の公正の維持、旅行の安全の確保及び旅行者の利便の増進を図ること」を目的としている（旅行業1）。

　表示規制としては、募集型企画旅行の広告における一定の表示事項の表示義務（旅行業12の7）、旅行業務についての誇大広告等の禁止（同12の8）が設けられている。

　なお、景表法36条1項の規定に基づき、募集型企画旅行については、旅行業公正取引協議会により、「募集型企画旅行の表示に関する公正競争規約」が設定されている。

　観光庁長官は、旅行業者または旅行業者代理業者（「旅行業者等」）がこれらの規制

§ 6-2(8)

に違反した場合において、その業務の運営に関し、取引の公正、旅行の安全または旅行者の利便を害する事実があると認めるときは、当該旅行業者等に対し、業務改善命令を行うことができる(旅行業18の3①)。また、これらの規制に違反した場合は、登録の取消事由になる(同19①(1))。

これらの規制に違反して広告をした場合、観光庁長官の業務改善命令に違反した場合には、行為者および法人は30万円以下の罰金に処される(旅行業79(5)(11)(12)・82)。

なお、旅行業法における観光庁長官の権限に属する事務の一部は、都道府県知事が行うこととすることができるとされている(旅行業67、同令5)。

(8) **医療法**　医療法は、「医療を受ける者による医療に関する適切な選択を支援するために必要な事項、医療の安全を確保するために必要な事項、病院、診療所及び助産所の開設及び管理に関し必要な事項並びにこれらの施設の整備並びに医療提供施設相互間の機能の分担及び業務の連携を推進するために必要な事項を定めること等により、医療を受ける者の利益の保護及び良質かつ適切な医療を効率的に提供する体制の確保を図り、もつて国民の健康の保持に寄与すること」を目的としている(医療1)。

表示規制としては、医業もしくは歯科医業または病院もしくは診療所、助産師の業務または助産所に関する虚偽広告の禁止(医療6の5①・6の7①)、比較優良広告や誇大広告の禁止その他の広告基準への適合(同6の5②・6の7②)、広告事項の制限(同6の5③・6の7③)が設けられている。

不当表示の規制主体として供給主体性と表示主体性が求められる景表法とは異なり、これらの規制の対象者は「何人も」とされており、医師や病院等の医療機関に限定されない。

また、医療法上の「広告」に該当するかは、①患者の受診等を誘引する意図があること(誘引性)、②医業もしくは歯科医業を提供する者の氏名もしくは名称または病院もしくは診療所の名称が特定可能であること(特定性)、のいずれの要件も満たす場合には、該当すると判断されている(厚生労働省『医業若しくは歯科医業又は病院若しくは診療所に関する広告等に関する指針(医療広告ガイドライン)』(令和6年9月13日最終改正)2頁)。

都道府県知事、保健所を設置する市の市長または特別区の区長は、当該広告の中止命令または是正命令を行うことができる(医療6の8②)。

これらの規制のうち、医療法6条の5第1項、6条の6第4項または6条の7第1項の規定に違反した場合、中止命令または是正命令に違反した場合には、行為者は6か月以下の懲役または30万円以下の罰金に処せられ(同87(1)(3))、法人は

§ 6-2(9)(10)

30万円以下の罰金に処せられる(同90)。

(9) **住宅宿泊事業法** 住宅宿泊事業法は、「我が国における観光旅客の宿泊をめぐる状況に鑑み、住宅宿泊事業を営む者に係る届出制度並びに住宅宿泊管理業を営む者及び住宅宿泊仲介業を営む者に係る登録制度を設ける等の措置を講ずることにより、これらの事業を営む者の業務の適正な運営を確保しつつ、国内外からの観光旅客の宿泊に対する需要に的確に対応してこれらの者の来訪及び滞在を促進し、もって国民生活の安定向上及び国民経済の発展に寄与すること」を目的としている(住宅宿泊事業1)。

表示規制としては、住宅宿泊管理業者の責任に関する事項等についての誇大広告の禁止(住宅宿泊事業31、国土交通省関係住宅宿泊事業法規12)が設けられている。

広告の媒体は、新聞の折込チラシ、配布用のチラシ、新聞、テレビ、ラジオまたはインターネットのホームページ等種類を問わない(厚生労働省医薬・生活衛生局、国土交通省不動産・建設経済局、国土交通省住宅局、国土交通省観光庁『住宅宿泊事業法施行要領(ガイドライン)』〔平成29年12月26日策定、最終改正令和5年7月19日〕40頁)。

また、「実際のものよりも著しく優良であり、若しくは有利であると人を誤認させるような表示」と認められるものとは、住宅宿泊管理業についての専門的な知識に関する情報を有していない一般の家主を誤認させる程度のものをいうと解されている(前掲『住宅宿泊事業法施行要領(ガイドライン)』41頁)。

都道府県知事は、住宅宿泊事業者が誇大広告の禁止に違反した場合、住宅宿泊事業の適正な運営を確保するため必要があると認めるときは、その必要の限度において、該住宅宿泊事業者に対し、業務改善命令を行うことができる(住宅宿泊事業15)ほか、業務停止命令を行うことができ(同16①)、また、他の方法により監督の目的を達成することができないときは、事業廃止命令を行うことができる(同②)。

誇大広告の禁止に違反した場合、行為者および法人は30万円以下の罰金に処される(住宅宿泊事業76(6)・78)。業務停止命令または事業廃止命令に違反した場合、行為者は6か月以下の懲役もしくは100万円以下の罰金に処され、またはこれを併科され(同73(2))、法人は100万円以下の罰金に処される(同78)。

(10) **独禁法** 独禁法は、「私的独占、不当な取引制限及び不公正な取引方法を禁止し、事業支配力の過度の集中を防止して、結合、協定等の方法による生産、販売、価格、技術等の不当な制限その他一切の事業活動の不当な拘束を排除することにより、公正且つ自由な競争を促進し、事業者の創意を発揮させ、事業活動を盛んにし、雇傭及び国民実所得の水準を高め、以て、一般消費者の利益を確保するとともに、国民経済の民主的で健全な発達を促進すること」を目的とす

458 第2章 景品規制・表示規制

§ 6 − *2*(11)

る(独禁 1)。

独禁法は、2 条 9 項において不公正な取引方法を禁止しており、一般指定では、「ぎまん的顧客誘引」として、「自己の供給する商品又は役務の内容又は取引条件その他これらの取引に関する事項について、実際のもの又は競争者に係るものよりも著しく優良又は有利であると顧客に誤認させることにより、競争者の顧客を自己と取引するように不当に誘引すること」を不公正な取引方法(指定禁止行為)として指定している(独禁 2 ⑨(6)、一般指定⑧)。

ぎまん的顧客誘引に該当する行為としては、虚偽・誇大広告、不当表示による誤認行為、不当な特殊販売(マルチ商法等)等が挙げられる。

理論上は、景表法違反行為を独禁法で規制することも可能であると解されているが(伊従寛＝矢部丈太郎編『広告表示規制法』(青林書院・2009)133〜134頁)、景表法は独禁法の特例法として制定されたことから、不当表示の規制は主として景表法により行われており、ぎまん的顧客誘引は、景表法の対象とならない行為、例えば、一般消費者に対する表示とはいえない表示(事業者に対する表示)その他の誤認表示(連鎖的取引、マルチ商法等)を対象としてきた(村上政博ほか編『条解独占禁止法〔第 2 版〕』(弘文堂・2022)253頁)。

公取委は、事業者がぎまん的顧客誘引に該当する行為をした場合、当該事業者に対し、排除措置命令を行うことができる(独禁20)。

なお、不公正な取引方法の違反行為に対する罰則の規定はないが、排除措置命令に違反した場合、50万円以下の過料にも処される(独禁97)。また、確定した排除措置命令に従わない場合には、行為者は 2 年以下の懲役または300万円以下の罰金に処せられ(同90(3))、法人は 3 億円以下の罰金に処される(同95①(2))。

(11)　**日本農林規格等に関する法律**　　JAS 法は、「農林水産分野において適正かつ合理的な規格を制定し、適正な認証及び試験等の実施を確保するとともに、飲食料品以外の農林物資の品質表示の適正化の措置を講ずることにより、農林物資の品質の改善並びに生産、販売その他の取扱いの合理化及び高度化並びに農林物資に関する国内外における取引の円滑化及び一般消費者の合理的な選択の機会の拡大を図り、もって農林水産業及びその関連産業の健全な発展と一般消費者の利益の保護に寄与すること」を目的としている(JAS 1)。

表示規制としては、政令が指定する飲食料品以外の農林物資の品質に関する表示について基準を定めるか(JAS59・60)、または、JAS 規格を制定することとしており(同 3 ③)、JAS 規格制度が制定されている。

JAS 規格制度では、JAS 規格による格付検査に合格した製品について、格付の表示(JASマーク)を付すことを認めており、具体的な格付の表示様式や方法が

第 2 章　景品規制・表示規制　　*459*

§ 6 − *2*⁽¹²⁾

告示で定められている。

主務大臣は、JASマークの表示が適当でない場合には、改善を命じ、または、JASマークの除去もしくは抹消を命じることができる（JAS39①）。また、格付け検査に合格していないにも関わらずJASマークを表示した場合やJASマークの除去または抹消の命令に違反した場合には、行為者は1年以下の懲役または100万円以下の罰金に処せられ（同78⑸⑺）、法人は1億円以下の罰金に処せられる（同83①⑴）。

（12）　**食品表示法**　　食品表示法は、「食品に関する表示が食品を摂取する際の安全性の確保及び自主的かつ合理的な食品の選択の機会の確保に関し重要な役割を果たしていることに鑑み、販売の用に供する食品に関する表示について、基準の策定その他の必要な事項を定めることにより、その適正を確保し、もって一般消費者の利益の増進を図るとともに、食品衛生法、健康増進法及びJAS法による措置と相まって、国民の健康の保護及び増進並びに食品の生産及び流通の円滑化並びに消費者の需要に即した食品の生産の振興に寄与すること」を目的としている（食品表示1）。

表示規制としては、内閣総理大臣は、①食品関連事業者等が食品の販売をする際に表示されるべき事項（表示事項）、および、②表示されるべき事項を表示する際に食品関連事業者等が遵守すべき事項（遵守事項）について、販売の用に供する食品に関する表示の基準（食品表示基準）を定めなければならないとされており（食品表示4①）、具体的な表示事項および遵守事項は告示で規定されている。また、食品関連事業者等は、食品表示基準に従った表示がされていない食品の販売をしてはならないとされている（同5）。

表示事項が表示されていない食品の販売をし、または販売の用に供する食品に関して表示事項を表示する際に食品表示基準に定められた遵守事項を遵守しない食品関連事業者があるとき、内閣総理大臣、農林水産大臣または財務大臣は、この食品関連事業者に対し、表示事項を表示し、または遵守事項を遵守するよう指示することができる（食品表示6①③）。また、内閣総理大臣は、これらの指示を受けた者が、正当な理由がなくてその指示に係る措置をとらなかったときは、その者に対し、その指示に係る措置をとるべきことを命ずることができ（同⑤）、この命令に違反した者は、1年以下の懲役または100万円以下の罰金に処せられる（同20）。

また、食品関連事業者等が、アレルゲン、消費期限等の食品を摂取する際の安全性に重要な影響を及ぼす事項について食品表示基準に従った表示がされていない食品の販売等する場合、内閣総理大臣は、消費者の生命または身体に対する危

460　　第2章　景品規制・表示規制

§ 6 -2 (13)(14)

害の発生または拡大の防止を図るため緊急の必要があると認めるときは、この食品関連事業者等に対し、食品の回収その他必要な措置や一定期間の業務停止を命ずることができる（食品表示6⑧）。この命令に違反した場合には、行為者は3年以下の懲役または300万円以下の罰金に処せられ（同17）、法人は3億円以下の罰金に処せられる（同22①(1)）。

加えて、食品表示基準に従った表示がされていない食品の販売をした場合は、行為者は2年以下の懲役もしくは200万円以下の罰金に処せられ（食品表示18）、法人は1億円以下の罰金に処せられる（同22①(2)）。

（13）　**食品衛生法**　　食品衛生法は、「食品の安全性の確保のために公衆衛生の見地から必要な規制その他の措置を講ずることにより、飲食に起因する衛生上の危害の発生を防止し、もつて国民の健康の保護を図ること」を目的としている（食品衛生1）。

表示規制としては、食品衛生法に基づき定められる規格や製造基準に関する表示について基準を定めるとともに（食品衛生19）、公衆衛生に危害を及ぼすおそれがある虚偽・誇大な表示・広告を規制している（同20）。

厚生労働大臣は、販売または営業上使用する器具または容器包装等についての規格やこれらの製造方法の基準を定めることができ（食品衛生18①）、内閣総理大臣は、この規格または基準が定められた器具または容器包装に関する表示につき、必要な基準を定めることができる（同19①）。この表示基準に違反した者は、2年以下の懲役または200万円以下の罰金に処せられ（同82①）、法人は1億円以下の罰金に処せられる（同88(1)）。

また、食品、添加物、器具または容器包装に関しては、公衆衛生に危害を及ぼすおそれがある虚偽・誇大な表示・広告をしてはならない（食品衛生20）。虚偽・誇大な表示・広告が行われた場合、内閣総理大臣または都道府県知事は、その食品、添加物、器具もしくは容器包装の廃棄や虚偽・誇大な表示・広告による食品衛生上の危害を除去するために必要な措置を命ずることができ（同59②）、都道府県知事は、公衆衛生に危害を及ぼすおそれがある虚偽・誇大な表示・広告を行った者に対し、営業許可の取消し、営業禁止または営業停止をすることができる（同60①）。加えて、公衆衛生に危害を及ぼすおそれがある虚偽・誇大な表示・広告を行った場合、行為者は2年以下の懲役または200万円以下の罰金（同82①）、同法59条2項または60条1項に基づく命令に従わない場合、行為者は3年以下の懲役または300万円以下の罰金（同81①(3)）、法人は1億円以下の罰金に処せられる（同88(1)）。

（14）　**健康増進法**　　健康増進法は、「我が国における急速な高齢化の進展及び

第2章　景品規制・表示規制　　*461*

§ 6 -2(15)

疾病構造の変化に伴い、国民の健康の増進の重要性が著しく増大していることにかんがみ、国民の健康の増進の総合的な推進に関し基本的な事項を定めるとともに、国民の栄養の改善その他の国民の健康の増進を図るための措置を講じ、もって国民保健の向上を図ること」を目的としている（健康増進1）。

表示規制としては、特定用途表示に関する規制（健康増進43①）と誇大表示の禁止（同65）が設けられている。

特定用途表示とは、「販売に供する食品につき、乳児用、幼児用、妊産婦用、病者用その他内閣府令で定める特別の用途に適する旨の表示」（健康増進43①）であり、特定用途表示をしようとする者は、内閣総理大臣の許可を受けなければならず（同①）、この許可に係る食品に関しては内閣府令で定める基準に従い表示しなければならない（同⑥）。内閣総理大臣の許可なく特定用途表示を行った者および法人は、50万円以下の罰金に処せられる（同72(2)・75）。

また、誇大表示の禁止に関しては、「何人も、食品として販売に供する物に関して広告その他の表示をするときは、健康の保持増進の効果その他内閣府令で定める事項について、著しく事実に相違する表示をし、又は著しく人を誤認させるような表示をしてはならない」（健康増進65①）と規定されている。健康増進法の規制対象は、「何人も」と規定されており、景表法のように商品または役務の供給事業者のみならず、広告等の媒体となる新聞や雑誌等の業務に関与する者も同法の規制対象となる。

内閣総理大臣または都道府県知事は、健康増進法65条1項に違反して表示をした場合で、国民の健康の保持増進および国民に対する正確な情報の伝達に重大な影響を与えるおそれがあると認めるときは、その者に対し、当該表示に関し必要な措置をとることを勧告することができ（健康増進66①）、この勧告に従わない場合には、勧告に従うよう命ずることができる（同②）。この命令に違反した者は、6か月以下の懲役または100万円以下の罰金に処せられる（同71）。

(15)　家庭用品品質表示法　　家庭用品品質表示法は、「家庭用品の品質に関する表示の適正化を図り、一般消費者の利益を保護すること」を目的としている（家庭用品品質表示1）。

表示規制としては、内閣総理大臣は、①製造業者等が家庭用品の成分、性能、用途、貯法その他品質に関し表示すべき事項（表示事項）、および、②表示されるべき事項を表示する際に製造業者等が遵守すべき事項（遵守事項）について、家庭用品ごとに表示の標準となるべき事項を定めるものとされている（同3①）。

内閣総理大臣または経済産業大臣は、表示事項や遵守事項に違反する業者に対して、表示事項を表示し、または遵守事項を遵守すべき旨を指示できる（家庭用品

462　　第2章　景品規制・表示規制

§6-2(16)

品質表示4①)。

また、内閣総理大臣は、家庭用品の品質に関する表示の適正化を図るため特に必要があると認めるときは、内閣府令で、製造業者等に対し、当該家庭用品に係る表示事項について表示をする場合には、当該表示事項に係る遵守事項に従うことを命令できる(家庭用品品質表示5)。さらに、内閣総理大臣は、生活必需品またはその原料等である家庭用品については、表示事項が表示されていないものが広く販売され、これを放置しては一般消費者の利益を著しく害すると認めるときは、内閣府令で、製造業者等に対し、当該家庭用品に係る表示事項を表示したものでなければ販売・陳列してはならないことを命令することができる(同6①)。加えて、内閣総理大臣は、同法6条1項の場合において、製造業者等が当該家庭用品に係る表示事項を適正に表示することが著しく困難であると認めるときは、内閣府令で、製造業者等に対し、当該家庭用品については、内閣総理大臣が表示事項を表示したものでなければ販売・陳列してはならないことを命令することができる(同7)。

家庭用品品質表示法5条から7条に規定する命令に違反した者および法人は、20万円以下の罰金に処される(同25・27)。

(16) 宅地建物取引業法　宅地建物取引業法(以下、「宅建業法」という)は、「宅地建物取引業を営む者について免許制度を実施し、その事業に対し必要な規制を行うことにより、その業務の適正な運営と宅地及び建物の取引の公正とを確保するとともに、宅地建物取引業の健全な発達を促進し、もつて購入者等の利益の保護と宅地及び建物の流通の円滑化とを図る」ことを目的としている(宅建業1)。

表示規制としては、虚偽・誇大広告を禁止している(宅建業32)。具体的には、宅地建物取引業者は、その業務に関して広告をするときは、当該広告に係る宅地・建物の所在、規模、形質利用制限、環境、交通その他利便または代金、借賃等の対価の額等について、著しく事実に相違する表示、または実際のものよりも著しく優良であり、もしくは有利であると人を誤認させるような表示をしてはならないとし(同32)、これに違反した者および法人は、6か月以下の懲役または100万円以下の罰金に処せられる(同81・84)。

〔*1* 竹腰沙織＝小髙綾太・*2* 金山貴昭＝村田昇洋〕

3章前注-*1*

第3章　措置と課徴金

前注　措置命令と独占禁止法の排除措置命令の異同

1　景表法の独占禁止法からの独立　　*2*　景表法上のエンフォースメントの概要
3　景表法上の措置命令と、独占禁止法上の排除措置命令の異同

1　景表法の独占禁止法からの独立

　平成21(2009)年改正前の景表法1条が、同法の目的を「商品及び役務の取引に関連する不当な景品類及び表示による顧客の誘引を防止するため、私的独占の禁止及び公正取引の確保に関する法律(昭和22年法律第54号)の特例を定めることにより、公正な競争を確保し、もつて一般消費者の利益を保護すること」(傍点は執筆者)としていたとおり、景表法は、昭和37(1962)年の制定時から平成21年の消費者庁への移管(景表法の消費者庁への移管については、**総論Ⅰ-Ⅱ-4**を参照)までの間、独禁法の「特例を定める」法律という位置付けの公取委所管の法令であった。平成21年の消費者庁関連3法の成立に伴い、景表法が消費者庁に移管された際、上記景表法1条が定める同法の目的も「商品及び役務の取引に関連する不当な景品類及び表示による顧客の誘引を防止するため、一般消費者による自主的かつ合理的な選択を阻害するおそれのある行為の制限及び禁止について定めることにより、一般消費者の利益を保護すること」〔傍点は執筆者〕に変更された。さらに、本章で取り扱う景表法7条1項(平成21年前の6①)の行政処分は、平成21年改正前は「排除命令」と呼称されていたところ、「措置命令」という名称に変更され、従前は景表法違反行為を独禁法上の不公正な取引方法とみなし、これについての排除命令を独禁法上の排除措置命令とみなして、独禁法上の違反行為に対する手続規定および排除措置命令に関する規定を適用する旨の規定(平成21年改正前の6②③)が存在していたところ、これらの規定も削除された。これらの改正によって、景表法は、独禁法の特例法という位置付けが変更されただけでなく、個々の規定の観点からも独禁法から独立するに至った。ただし、目的規定の変更にもかかわらず、平成21年改正によって、景表法の実体規制に実質上の変更はないものとされている。また、措

3章前注-*2*

置命令は、平成21年改正前の排除命令の処分内容(差止め、再発防止、公示等)を維持した上で改称されたものである(高居[第7版]29頁)。

2 景表法上のエンフォースメントの概要

前記1で述べたとおり、措置命令は、平成21年改正前においては、排除命令と呼称され、独禁法の一部規定との関係で排除措置命令(独禁7①)とみなされていた。この措置命令のほかに、現在、景表法上のエンフォースメントとしての行政上の措置としては、課徴金納付命令(8①)、是正措置計画の認定(27③・31③)が存在する(また、景表法の明文規定は存在しないものの、後述するとおり実務上は行政指導[行政手続2(6)]が行われることも多くある)。これらはいずれも消費者庁移管後に景表法に導入されたものであるが、それぞれ独禁法上の課徴金納付命令(独禁7の2①)および確約計画の認定(独禁48の3③、48の7③)との類似性がみられ、その運用については、景表法よりも以前に類似の制度を導入していた独禁法の運用状況が参考になり得る(なお、景表法を所管する消費者庁表示対策課の職員には独禁法を所管する公取委からの出向者が多く含まれ、歴代の表示対策課長も公取委からの出向者が務めている)。景表法上の課徴金納付命令および是正措置計画の認定の詳細と、独禁法上の措置との異同については、**第8章前注、§8**および**第5章前注**を参照。

これらの行政上の措置のほかに、景表法のエンフォースメントとしては、第6章に定められている刑事罰に加え、民事上の措置としての適格消費者団体による差止請求(34①)が存在する。なお、民事上の措置として、平成21年改正前には、独禁法上の無過失損害賠償制度(独禁25)との関係でも、排除命令は独禁法に基づく排除措置命令とみなされていたが(平成21年改正前の6②)、平成21年改正により規定が削除され、同制度は景表法違反行為には適用されないことになった。なお、平成21年改正までは、同じく景表法6条2項により、独禁法45条との関係で景表法違反行為は不公正な取引方法とみなされることになっていたため、何人も、景表法に違反する事実があると思料するときは、公取委に対し、その事実を報告し、適当な措置をとるべきことを求めることができ(独禁45①)、当該報告を受けた公取委は、必要な調査をすることが義務付けられるとともに(独禁45②)、適当な措置をとり、または措置をとらないこととしたときは、当該報告をした者に速やかに通知することが義務付けられていた(独禁45③)。平成21年改正により景表法6条2項が削除され、独禁法45条が景表法違反行為との関係で適用されなくなったため、現在では、消費者庁または公正取引委員会の地方事務所に対してオンライン、郵送または電話等により景表法に違反する事実を報告することはできるものの、消費者庁において調査義務や措置をとるか否かについて報告者に通

知する義務は負わないこととなっている。

3 景表法上の措置命令と、独占禁止法上の排除措置命令の異同

景表法上の措置命令と、独禁法上の排除措置命令は、違反行為の排除・防止のために必要な行為を命じることを内容とする行政処分である点は同様である。

一方で、独禁法上の排除措置命令については、既往の行為に対する発令に際して「特に必要があると認めるとき」との要件が加えられているが(独禁7②)、景表法にそのような限定はない。したがって、景表法の場合、既往の行為についても、その要件自体はそれ以外の行為の要件と同一であると解される点が、独禁法とは異なっている(実務360頁)。

また、「特に必要があると認めるとき」に該当する場合であっても、独禁法の場合、同法7条2項ただし書により、当該行為終了時から7年間という除斥期間が設けられているのに対し、景表法上の措置命令については、除斥期間は規定されていないという違いがある(以上につき、後記*5*(2)参照)。

なお、景表法および独禁法のいずれについても、法に違反するおそれのある行為を行った事業者に対し、行政指導が行われることがある(後記*3*(1)参照)。

〔森大樹＝須藤希祥＝本田陽希〕

〔措置命令〕

第7条 ① 内閣総理大臣は、第4条の規定による制限若しくは禁止又は第5条の規定に違反する行為があるときは、当該事業者に対し、その行為の差止め若しくはその行為が再び行われることを防止するために必要な事項又はこれらの実施に関連する公示その他必要な事項を命ずることができる。その命令は、当該違反行為が既になくなつている場合においても、次に掲げる者に対し、することができる。

(1) 当該違反行為をした事業者

(2) 当該違反行為をした事業者が法人である場合において、当該法人が合併により消滅したときにおける合併後存続し、又は合併により設立された法人

(3) 当該違反行為をした事業者が法人である場合において、当該法人から分割により当該違反行為に係る事業の全部又は一部を承継した法人

(4) 当該違反行為をした事業者から当該違反行為に係る事業の全部又は一部を譲り受けた事業者

§ 7①-1(1)(2), 2

1 本条の趣旨・近時の状況　　**2** 措置命令の主体　　**3** 措置命令の法的性質と手続
4 措置命令の名宛人　　**5** 措置命令の要件　　**6** 措置命令の内容

1　本項の趣旨・近時の状況

　（1）　**趣　　旨**　　本条は、4条（過大な景品類の提供の禁止）または5条（不当な表示の禁止）に違反する行為を行う事業者に対し、内閣総理大臣が、行政処分として、その行為の差止め、その行為が再び行われることを防止するために必要な事項、これらの実施に関連する公示その他必要な事項を命じることができることを定めている。

　なお、令和5（2023）年改正（同改正について、**総論Ⅰ-Ⅱ-7**を参照）により本条2項に「（以下「措置命令」という。）」とのかっこ書が加えられるとともに、3項が新設された。措置命令については、令和5年改正前には定義が設けられておらず、条文上は「第7条第1項の規定による命令」として言及されていたところ（ただし、7条を含む節の名称が「第2節　措置命令」とされていたため、「措置命令」と呼ばれていた）、令和5年改正により、同命令が多数回引用されることとなったため、命令そのものの略称を条文中に設けた方が簡潔となるという理由により、2項にかっこ書で定義が加えられた（逐条解説・令和5年改正17頁）。

　（2）　**執行状況**　　平成28（2016）年度以降の各年度の措置命令の件数は、以下の表のとおりである（消費者庁公表資料による。なお、都道府県等の措置件数には、市町村によるものも含む）。近年、景表法違反に係る年間の端緒件数は増加傾向にあるところ、それにもかかわらず措置命令件数が増加していないことの理由としては課徴金制度が導入されたことにより事件処理に要する期間が長期化していることが指摘されている（消費者庁報告書11頁）。

　また、都道府県知事による措置命令については、さらに件数が少ないが、これは、行政指導による表示の是正が優先的に図られているからであるとする指摘がある（佐藤吾郎「特集　景品表示法をめぐる近時の重要論点—措置命令及び課徴金納付命令の現状と課題」ひろば76巻6号（2023）67頁）。

年度	平成28	平成29	平成30	令和元	令和2	令和3	令和4	令和5
国	27	50	46	40	33	41	41	44
都道府県等	1	8	9	15	8	4	6	3

2　措置命令の主体

　措置命令を行う権限は、内閣総理大臣から消費者庁長官に委任されており（38

§ 7 ①-*3*(1)(2)

①、景表令14)、国による措置命令は、消費者庁長官名で行われる(高居〔第7版〕324頁)。また、かつては、都道府県知事は、景表法違反行為があると認める場合、事業者に対して、その行為の取りやめ等を指示することができ(平成26年改正前の7)、当該事業者が指示に従わない場合等に、消費者庁長官に対し、措置請求を行うことができるのみであったが(平成26年改正前の8(1))、平成26(2014)年改正によって33条11項(現38⑪)および景表令23条1項本文が新設されたことにより、都道府県知事にも措置命令等に係る権限の委任がされているため、改正後は都道府県知事自らが措置命令を行うことができるようになった。

さらに、地方自治法252条の17の2第1項の規定を根拠として、都道府県が、市町村に措置命令等に係る権限権限を移譲している例がある(高居〔第7版〕323頁)。

3 措置命令の法的性質と手続

（1）　**措置命令の法的性質**　　措置命令は、行政手続法2条4号の不利益処分に該当し、行政処分一般に認められる効力(公定力、不可争力等)を有する(実務371頁)。

（2）　**措置命令についての事前・事後の手続および制裁**　　ⓐ　事前手続　　措置命令が不利益処分に当たる以上、これを行おうとする場合には、行政手続法13条1項により、措置命令の名宛人となるべき者(相手方当事者)に対する聴聞または弁明の機会の付与を要する。景表法上の措置命令については、弁明の機会の付与の手続がとられている。なお、措置命令と同じく景表法上の執行手段である課徴金納付命令については、行政手続法13条2項4号の適用除外に該当し、行政手続法上は弁明の機会の付与が要求されているわけではないものの、事業者の手続保障と迅速な執行の調和の観点から、景表法は13条以下で弁明の機会を付与する旨を定めている(高居〔第7版〕372頁)。このように、措置命令と課徴金納付命令のいずれについても弁明の機会の付与が行われるものの、その法的根拠は異なる。

措置命令についての弁明の機会の付与は、行政手続法の規定に基づいて行われる。まず、消費者庁長官は、①予定される措置命令の内容(具体的には、措置命令の根拠となる事実、法令の適用が含まれる)、②弁明書、証拠を提出することができる旨および③弁明書、証拠の提出先、提出期限を記載した文書をもって、相手方事業者に通知することになる。なお、この通知に対して、相手方事業者から提出期限までに弁明書等の提出がなされなかった場合には、弁明の機会を与え終えたこととなるものと解されている(高居〔第7版〕326頁)。

この通知を受けた相手方事業者は、弁明書および証拠書類等を提出することができる(行政手続29①②)。なお、弁明は、消費者庁長官が口頭ですることを認めた場合には、口頭ですることができる(同①)。

第3章　措置と課徴金　　*469*

§ 7 ①-*3*(2)

通知を受けた相手方事業者が、定められた提出期限までに弁明書を提出した場合、消費者庁長官は、自らまたは公正取引委員会もしくは事業所管大臣等が調査した事実と、相手方事業者の弁明の内容等を勘案した上で、措置命令を行うか否かや、行う場合における内容を決定する。相手方事業者から弁明書の提出がなかった場合や予定される措置命令の内容に異議がない場合には、通常、弁明の機会の付与の際に通知された予定される措置命令の内容と同内容の措置命令が行われる(高居〔第7版〕326頁)。

　(b)　**不服申立て・違反に対する制裁**　　平成21(2009)年9月1日に、景表法が消費者庁に移管された際に、審判手続に関する規定が削除されたことで、措置命令に対する不服申立ては、一般の行政処分と同様に処理され、行政不服審査法に基づく消費者庁長官への審査請求または行政事件訴訟法3条2項に基づく処分取消請求によることとなった(高居〔第7版〕328頁)。景表法は、審査請求前置主義を採用していないため、措置命令に対して不服のある者は、審査請求または取消請求のいずれも行うことができ、審査請求を行った上で、当該請求に対する裁決の取消訴訟を提起することも可能である(加藤公司ほか編『景品表示法の法律相談〔改訂版〕』(青林書院・2018)326頁)。

　措置命令に従わない者に対しては、2年以下の懲役または300万円以下の罰金が科される(46①)。また、情状により、懲役と罰金が併科されることもある(同②)。この罰則に加え、措置命令に従わない事業者(法人、自然人または法人でない団体)にも3億円以下の罰金が科される(いわゆる両罰規定。49①(1)・②(1))。さらに、措置命令違反の計画を知り、その防止に必要な措置を講ぜず、またはその違反行為を知り、その是正に必要な措置を講じなかった当該法人(当該法人で事業者団体に該当するものを除く)の代表者に対しても、300万円以下の罰金が科される(いわゆる三罰規定。50)。実際の事例として、確定した排除命令違反(不動産会社が、不動産の立地および価格についての誇大広告を行ったことで、公取委の承認を得た上での訂正広告、違反行為と同様の優良誤認表示および有利誤認表示を行わないことおよび1年間広告物を公取委へ提出するという内容の排除命令を課され、同命令は確定したが、その後も同社は違反行為と同様の広告を行い続け、さらに広告物の公取委への提出も行わなかったという事例)について罰則が適用された東京高判昭和46年1月29日刑月3巻1号20頁(株式会社三愛土地告発事件)があり、被告会社に罰金20万円、被告人に懲役1年執行猶予3年、罰金10万円が科されている。なお、措置命令について、審査請求または取消請求を行った場合でも、行政処分一般と同様に、措置命令の効力は停止しない(行政事件訴訟25①、行政不服審査25①)。そのため、これらの請求を行った場合でも、執行停止の決定(行政事件訴訟25②、行政不服審査25②)を得ていない限りは、措置命令の内容を実行しなけ

§ 7 ①-4, 5(1)

れば刑事罰の対象となる(加藤ほか編・前掲326頁、328頁)。実際にも執行停止を認めた事例として東京地決平成27年4月20日(判タ1424号205頁)がある。

4 措置命令の名宛人

本条1項2～4号の規定により、措置命令は、違反行為者だけでなく、①法人である違反行為者について、当該法人が合併により消滅した場合には、当該合併に係る存続法人または新設法人、②法人である違反行為者について、当該法人から分割により当該違反行為に係る事業の全部または一部を承継した法人、③違反行為者から当該違反行為に係る事業の全部または一部を譲り受けた事業者に対しても行うことができる。これは、一般消費者の誤認を排除する等の必要があるにもかかわらず、違反行為者の企業再編等によって措置をとることができなくなることがないようにするためである(高居〔第7版〕325頁)。なお、名称を変えて繰り返し景表法違反行為を行うような悪質な事業者に対応するため、法人を隠れみのとし、自然人が実質的には不当表示を行っている等と認められる場合に、実質的な違反行為者と評価できる当該自然人に供給主体性・表示主体性が認められるときは、当該自然人を措置命令および課徴金納付命令の名宛人とする等の運用上の工夫をすべきである旨が指摘がなされている(消費者庁報告書18頁)。

5 措置命令の要件

(1) 故意・過失の要否　　措置命令を行うに当たって、条文上、事業者の故意または過失が明示的に要件として定められているわけではないが、事業者に対する不利益処分であることから、これを要するか否かが問題となり得る。この点について、排除命令に関する事案ではあるものの、ベイクルーズ事件東京高裁判決(東京高判平成20年5月23日審決集55巻842頁)(**事例❻**)は、「行政処分たる排除命令〔注：現在の措置命令〕が、対象事業者に対する非難可能性を基礎とする民事上・刑事上の制裁とはその性質を異にするものであることを考慮すると、景品表示法4条1項〔注：現5条〕に違反する不当表示行為すなわち違反行為については、不当表示行為すなわち違反行為があれば足り、それ以上に、そのことについて『不当表示を行った者』の故意・過失は要しないものというべきであり、故意・過失が存在しない場合であっても排除命令を発し得るものというべきである」として、事業者の故意または過失は要件とならないと判示している。

景表法の目的が、「一般消費者による自主的かつ合理的な選択」を確保することにあり(1)、その手段である措置命令も民事的・刑事的責任を問うことを目的とするものではないことからすれば、現行景表法においても、違反事業者における

§ 7 ①-5⑵⑶, 6⑴

故意・過失の有無を問わず、違反事実のみをもって措置命令を行うことができると解される(南雅晴編著『はじめて学ぶ景品表示法』(商事法務・2023)135〜136頁)。

(2) **既往の行為に対する措置命令の可否および除斥期間**　措置命令は、「当該違反行為が既になくなっている場合」においても行うことができる(本条①柱書後段)。これは、違反行為者が違反行為をすでに取りやめていたとしても、必ずしも一般消費者の誤認が排除され、その自主的かつ合理的な選択が回復されるわけではなく、新聞公示その他の手段によりなおその誤認を排除する必要がある上に、再発防止のための措置や不作為命令についても、違反行為継続の有無にかかわらず、必要な場合があるためである。なお、独禁法上の排除措置命令については、既往の行為に対する発令に際して「特に必要があると認めるとき」との要件が加えられているが(独禁7②)、景表法にそのような限定はない。したがって、既往の行為についても、その要件自体はそれ以外の行為の要件と同一であると解される(実務360頁)。

また、独禁法上の排除措置命令とは異なり、措置命令については、除斥期間は規定されていない(独禁7②ただし書参照)。

(3) **措置命令の必要性と行政指導**　本条1項前段は、「内閣総理大臣は、……命ずることができる」と定めている。課徴金納付命令に関する8条1項柱書前段の文言が「内閣総理大臣は……命じなければならない」と定められていることと比較対照すると明確であるとおり、措置命令については、違反行為が認められる場合に必ず行われるわけではなく、必要性が認められる場合に限って行うことができるものと解される(実務363頁)。

なお消費者庁は、措置命令をする必要性までは認められない場合でも、景表法に違反するおそれのある行為を行った事業者に対し、是正措置をとるよう指導を行うことがある。この指導は、行政処分ではなく、行政手続法2条6号の行政指導に該当し、行政手続法第4章の各規定の適用を受ける。もっとも、この行政指導は、「その根拠となる規定が法律に置かれているもの」ではないことから、同法第4章の規定のうち同法36条の2(行政指導の中止等の求め)は適用されず、また、同法第4章の2(処分等の求め)の規定である同法36条の3も適用されない。

6　措置命令の内容

(1) **概　要**　措置命令は、名宛人に対し、違反行為の差止め、違反行為が再び行われることを防止するために必要な事項、これらの実施に関する公示、その他必要な事項を命じるものである(本条①柱書前段)。具体的には、(a)違反行為の取りやめ・同様の行為の禁止、(b)一般消費者の誤認排除のための周知徹底、(c)

§ 7 ①-6⑵

再発防止策の策定、(d)今後の広告の提出等その他の事項が命じられることが一般的である(高居〔第7版〕326〜327頁)。

⑵　具体的内容　　(a)　**違反行為の取りやめ・同様の行為の禁止**　　措置命令が行われる時点でも違反行為が継続して行われている場合には、当該違反行為を取りやめることが命じられる。他方、違反行為者が違反行為をすでに取りやめている場合には、これが命じられることはないといわれている(実務360頁)。なお、消費者庁から調査を受けた段階で、多くの事業者は対象となる表示を取りやめることから、実際には、措置命令の時点で違反行為を取りやめるよう命じられることはほとんどないとする指摘がある(植村幸也『製造も広告担当も知っておきたい　景品表示法対応ガイドブック〔改訂版〕』(第一法規・2024)230頁)。

また、現に行われている違反行為の取りやめのほか、今後、違反行為と同様の表示をしてはならない旨も命じられる。なお、違反行為者がすでに対象商品の販売を中止している場合であっても、当該商品または「これらと同種の商品の取引に関し」同様の表示を行ってはならないといった形で、なお同様の行為が禁止されることがある(実際の例として、後述の株式会社QVCジャパンに対する排除命令〔排除命令平成21年1月14日〕が挙げられる)。

(b)　**一般消費者の誤認排除のための周知徹底**　　違反行為によって一般消費者に生じた誤認を排除するために、対象となる表示が不当表示であったことについて一般消費者に周知徹底すること(公示)が命じられる。消費者庁長官による措置命令においてこの措置が命じられる場合、その周知徹底の方法についてあらかじめ消費者庁長官の承認を受けなければならないこととされる(実務360〜361頁)。周知徹底の具体的方法としては、実務上、措置命令を受けた事業者は、日刊新聞紙2紙に社告の掲載を行うことが通常であり、数百万円程度の出費が必要となる(藪内俊輔「特集　最近の表示行政の動き—企業法務の観点から見た景表法の運用状況と今後の留意点」公取763号(2014)14頁)。また、アフィリエイトサイトからハイパーリンクによって不当表示であったことの周知文に遷移するようにすることを命じられた例もある(株式会社ブレインハーツに対する措置命令〔措置命令平成30年6月15日〕)。日刊新聞紙への社告掲載等による周知徹底を行った後は、消費者庁長官への速やかな報告が求められる(植村・前掲231頁)。なお、日刊新聞紙への社告の掲載については、デジタル化の時代に、誤認排除措置として有効かという疑問を呈する指摘もある(佐藤吾郎「特集　景品表示法をめぐる近時の重要論点—措置命令及び課徴金納付命令の現状と課題」ひろば76巻6号(2023)66頁)。

この周知徹底については、違反行為による一般消費者の誤認排除のために行われるものであることから、違反行為を取りやめた後であっても命じることができ

第3章　措置と課徴金　　*473*

る。また、措置命令に先立ち、該当商品等の購入者に対して返品・返金に応じたという事実があっても、直ちに一般消費者の誤認を排除する措置がとられているとはいえず、一般消費者への周知徹底の命令を当然に免れるわけではない(高居〔第7版〕327頁)。

例えば、株式会社QVCジャパンに対する排除命令(排除命令平成21年1月14日)は、実際には素地がABS樹脂であり、漆とウレタン樹脂の塗料を混合したものまたはウレタン樹脂の塗料によって塗装を行っていた食器について、あたかも素材は木であり、漆のみで塗装を行ったものであるかのように示す表示をしていたという事案において、違反事業者が、当該商品の販売を中止した上で、当該商品を購入した者に対して、表示と実際が異なる事実および商品代金を返還する旨を告知していたという事実を認定した上で、当該表示が事実に反し、実際のものよりも著しく優良であると示すものであったことを示すよう命じている。

一方、株式会社ポッカコーポレーションに対する排除命令(排除命令平成20年12月5日)では、実際には、ポストハーベスト(収穫後の農産物用の農薬)の一種を使用したレモンの果汁を用いたレモン果汁100%の商品について、あたかもポストハーベストを使用していないかのように表示をしていたという事案において、違反事業者が当該商品を回収の上、購入した者に対し商品代金を返還する旨告知した事実を認定し、公示を命じなかった。当該命令において公示が命じられなかったのは、不当表示を内容とする広告が行われた範囲と購入者の範囲の関係等との関連も踏まえつつ、違反事業者が事後的に採った告知の措置が、当該表示に接した者の誤認排除として十分かという点を踏まえたものであると指摘されている(西川〔第6版〕306頁)。

(c) 再発防止策の策定　　再発防止策に関しては、例えば、「同様の表示が行われることを防止するために必要な措置を講じ、これを貴社の役員及び従業員に周知徹底しなければならない」といった内容が命じられる(実務361頁)。この措置についても、実際に行った措置の内容を速やかに消費者庁長官に報告することが求められる(植村・前掲220頁)。

(d) 今後の広告の提出等その他の事項　　措置命令においては、以上のような措置のほか、今後の広告を提出することが求められることもある(高居〔第7版〕326〜327頁)。

なお、表示と実際の役務の内容とが適合するように改善措置を講じるよう命じた排除命令も存在する。石川ライフクリエート株式会社に対する排除命令(排除命令平成15年4月16日)においては、有料老人ホームの施設の内容について、あたかも介護保険給付金により提供する介護サービスを超えるサービスが実施され、医師

§7②-1

による月4回の健康診断の実施、専用室における担当者による指導の下リハビリテーションが実施され、全居室が南向きであるかのようにパンフレット等において表示したが、実際にはそのような事実はなかったという事案において、表示と施設の内容とが適合するように改善措置を講じるよう命じられている。

〔森大樹＝須藤希祥＝本田陽希〕

〔不実証広告規制〕

第7条 ②　内閣総理大臣は、前項の規定による命令(以下「措置命令」という。)に関し、事業者がした表示が第5条第1号に該当するか否かを判断するため必要があると認めるときは、当該表示をした事業者に対し、期間を定めて、当該表示の裏付けとなる合理的な根拠を示す資料の提出を求めることができる。この場合において、当該事業者が当該資料を提出しないときは、同項の規定の適用については、当該表示は同号に該当する表示とみなす。

---

1 趣旨・沿革　　*2* 導入経緯の詳細　　*3* 要　件　　*4* 裁判例、措置命令の展開等

1　趣旨・沿革

　行政庁が、優良誤認表示を理由として行政処分を行おうとする場合、当該商品または役務について、本来、行政庁が、当該商品または役務の内容が表示どおりではないことを立証する必要がある。しかしながら、そのことを立証するには、専門家による調査・鑑定が必要となって、多大な時間を要する可能性があり、その結果、消費者被害が拡大するおそれがある。

　他方で、事業者は、商品または役務について、著しい優良性を示す表示をするのであれば、あらかじめ資料を有しているべきであるといえる。

　このように、迅速に不当表示規制を実施する必要性の観点から、平成15(2003)年改正によって、本条項が導入された。

　なお、本項は、単なる手続規定ではなく、事業者は合理的な根拠なく商品または役務の内容に関する著しい優良性を示す表示を行ってはならないという実体的な意義も有している(高居〔第7版〕95頁、東京高判平成22年11月26日審決集57巻第2分冊181頁)。

第3章　措置と課徴金　　*475*

§ 7 ②-2

なお、本項が、憲法21条1項および22条1項に違反するか否かが争われた、株式会社だいにち堂による措置命令処分取消請求事件(最判令和4年3月8日判タ1500号76頁)(**事例❸**)において、最高裁は、本項の目的は、「事業者との商品等の取引について自主的かつ合理的な選択を阻害されないという一般消費者の利益をより迅速に保護すること」にあり、これは公共の福祉に合致すること、本条項が適用される範囲は合理的に限定されていること、目的達成の手段として必要かつ合理的なものであることを理由に、「憲法21条1項、22条1項に違反するものではない」と判示した。

2 導入経緯の詳細

不実証広告規制は、平成15年5月23日法律第45号による改正(平成15年11月23日施行)により初めて導入された。なお、不実証広告規制の導入に伴って、4条1号(当時)の優良誤認表示の規制規定も微修正されたが、規制対象の実質的な変更はないものとされている。

同改正は、当時の食品における虚偽表示の続発を受け、表示に対する一般消費者の信頼を回復することを目的として、「規制改革推進3か年計画(改定)」(平成14年3月29日閣議決定)における見直し方針に基づいて開催された「消費者取引問題研究会」における検討結果を踏まえて行われた。

改正の趣旨は、公取委における問題表示の立証の負担の軽減により、調査期間中にわたって不当表示の疑いがある商品等が販売され続け、消費者被害が拡大するおそれを防止することにあり、表示は顧客誘引の手段であることから、本来、事業者は表示を行う以上はその根拠を有しているべきとの価値判断を前提として、不実証広告規制が導入されるに至ったものである。導入された不実証広告規制においては、6条1項(現7①)および7条(現廃止)の規定の適用との関係での効果として規定されており、行政庁が行政処分(排除命令〔当時〕)を行う場合に限って、その立証責任を軽減ないし転換したものと評価できる。

その後、不実証広告規制は、関連規定の改正の影響などで改正はされたものの、その実質的な規定内容に変化はなかったが、平成26年11月27日法律第118号による改正(平成28年4月1日施行)において、課徴金制度が導入されたことに伴い、大幅な改正がなされることとなった。

同改正以前は、不実証広告規制は、不当表示の禁止規定(現5)において、前述のとおり、措置命令(旧排除命令)の発令に関する規定の適用において、合理的な根拠となる資料の提出がなされなかった場合に優良誤認表示に該当する表示と「みなす」効果を付与するものとして規定されていたが、同改正によって、規定自体

476 第3章 措置と課徴金

§ 7 ②-2

が措置命令(7)および課徴金納付命令(8)にかかる規定に移されることとなり、その効果も、前者においては「みなし」規定が維持されたのに対して、後者においては「推定」規定とされた。この点、改正前の不実証広告規制においても、不実証広告規制は、行政処分(措置命令)の発令との関係に限って効果を有するものとして規定されていたため、規定条文の移動は実質的な規制内容の変更を意味するものではない。

　一方、「みなし」と「推定」の相違については、景品表示法における不当表示に係る課徴金制度等に関する専門調査会による平成26年6月10日付け「不当景品類及び不当表示防止法上の不当表示規制の実効性を確保するための課徴金制度の導入等の違反行為に対する措置の在り方について(答申)」(4～5頁)では次のように述べられている。

　　ウ　不実証広告規制に係る表示(第4条第2項)
　　不実証広告規制(注5)に係る表示については、課徴金を賦課できるものとする必要性は高い。合理的な根拠資料を有しないまま優良誤認表示に該当する蓋然性の高い表示をもって顧客を誘引し取引を行う事業者の行為はそれ自体悪質であり、事業者が得た不当な利得を課徴金によって剥奪することが強く要請される一方、特に効果・性能に関する表示については、機動的かつ実効的な法執行を確保する観点から、行政側に過度の立証負担を課するのは適当でないからである。

　　もっとも、措置命令は緊急の必要に応じて現在の危険状態を除去することを目的とし、また事後的に合理的根拠資料を備えることにより表示の再掲が許されるという意味で暫定的な処分であるのに対し、課徴金は、過去の行為に対して経済的不利益を課すもので、暫定的意味合いを有しないという点において異なるものである。

　　したがって、課徴金賦課処分において不実証広告規制の手法を取り入れるに当たっては、この違いを踏まえ、措置命令に関する第4条第2項とは別に、効果・性能に関する表示について事業者から一定の期間内に合理的根拠資料の提出がなければ課徴金を賦課することとした上で、被処分者の正当な利益を保護する観点から、被処分者がその後の訴訟において合理的な根拠資料を提出して不当表示でないことを立証することにより、賦課処分について争うことができるものとする手続規定を設けるべきである(注6)。

　　実際上、これまでになされた不実証広告規制に係る措置命令の事案に照らしても、違反行為者が取消訴訟において合理的根拠資料を補完しうる事例が多いとは考えにくく、このような規定の仕方によっても、課徴金制度の執行力は十分に確保されるものと考えられる。

　　なお、違反行為者が事後的に合理的根拠資料を補完して賦課処分を争う途を認めるとしても、合理的根拠は本来、表示の当初から持っていてしかるべ

§ 7 ②-3(1)

きものであり(注7)、賦課処分に際し、違反行為者に対してその補完のため特
段の時間的猶予を付与する必要はない。

(注5)　効果・性能に関する表示について、消費者被害拡大防止の観点から、
　　迅速に措置命令を発令することができるようにするため、事業者から一定の
　　期間内に表示の裏付けとなる合理的な根拠を示す資料の提出のない場合に、
　　当該表示を優良誤認表示とみなして、措置命令の対象とするもの。
(注6)　仮に、現行の第4条第2項と同様の効果を有する規定を課徴金の場合
　　にも設けるとすると、課徴金納付命令後に違反行為者において合理的な根拠
　　資料を用意できたとしても、訴訟において当該資料をもって処分の取消しを
　　主張することができないことになる。これに関しては、端的に、表示の裏付
　　けとなる合理的根拠資料を有しないで行う表示を不当表示とすることにより
　　課徴金賦課の対象とすることも考えられるが、その場合は、新たな不当表示
　　類型を追加することになり、景品表示法における課徴金の性質やその賦課手
　　続などについて、直ちに考え方を整理することが困難であると考えられる。
(注7)　裁判例においても、「事業者は、当該表示の裏付けとなる合理的な根
　　拠を示す資料をあらかじめ有した上で表示を行うべきであり、かかる資料を
　　有しないまま表示をして販売を行ってはならない」とされている(東京高判平成
　　22年11月26日〔平成21年(行ケ)第45号〕)。

　すなわち、措置命令との関係では、従前の規定同様「みなし」効果とされている
ことから、その規定内容に特に変更はない一方、課徴金納付命令との関係で「推
定」規定とされたのは、課徴金納付命令を受けた者が、取消訴訟において合理的
な根拠資料を提出して不当表示でないことを立証することにより、賦課処分につ
いて争うことができることを担保することにより、被処分者の正当な利益を保護
するためであり、措置命令との間で相違を設けたのは、措置命令は緊急の必要に
応じて現在の危険状態を除去することを目的とし、また事後的に合理的根拠資料
を備えることにより表示の再掲が許されるという意味で暫定的な処分であるのに
対し、課徴金は、過去の行為に対して経済的不利益を課すもので、暫定的意味合
いを有しないという点において異なるからであるとされている。かかる整理によ
れば、不実証広告規制が適用された行政処分について、対象が課徴金納付命令で
あれば、被処分者は、取消訴訟において不実証広告規制の手続において提出して
いない合理的な根拠資料を提出して争うことができるが、対象が措置命令である
場合には、それはできないということを前提にしていたものと考えられる。

3　要　件

　(1)　**「事業者がした表示」**　　当該要件には、「事業者」「がした」「表示」という3
点の解釈が含まれているところ、「事業者」については §2①-2 で解説したとお

§7②-3⑵

りであり、(事業者)「がした」については**§5柱書**で解説したとおりであり、「表示」については**§2④-2**で解説したとおりである。

⑵　「第5条第1号に該当するか否かを判断するため必要があると認めるとき」

ⓐ　「必要があると認めるとき」　　優良誤認表示の疑いがあれば、「第5条第1号に該当するか否かを判断するため必要がある」といえると解されている(高居〔第7版〕96頁)。この点につき、株式会社だいにち堂による措置命令処分取消請求事件第1審(東京地判令和2年3月4日金商1651号19頁)(**事例❸**)は、商品等の効能・効果につき数値等を用いた具体的な記載まではされていない場合であっても、優良誤認表示に該当する疑いが認められる限り、本項の要件を充足するものと判断した。

　ⓑ　適用対象　　本項の適用対象となる表示につき、優良誤認表示に該当する疑いが認められれば広く対象となるものであり、効果、性能に関する表示に限られるものではない(高居〔第7版〕98頁)。

　この点について、不実証広告ガイドラインにおいて、本項の適用対象として、効果、性能に関する表示のみが対象であるかのようにも解釈できる記載がなされており(不実証広告ガイドライン第2-1等)、これを是認するかのような消費者庁担当官の見解も存在する(南雅晴編著『はじめて学ぶ景品表示法』(商事法務・2023)43頁においては、「消費者庁としては、7条2項が適用される事案は、基本的には、事業者が商品または役務の内容について行う表示のうち、効果、性能に課する表示の事案であることを明らかにしている」と説明されている)。

　しかしながら、そもそも、条文の文言上、本項の適用対象として、優良誤認表示に該当し得る表示のうち、「効果、性能に関する表示」のみに限定すると解釈できるような規定にはなっていない。立案担当者の解説においても、「第4条第2項〔注：現7条2項。以下同じ〕は、効果、性能に関する表示以外についても適用され得るものである」とされている(南部利之編著『改正景品表示法と運用指針』(商事法務・2004)45～46頁)。不実証広告ガイドラインにおいても、「効果、性能に関する表示」のみについて言及されているだけであり、本項の適用対象を「効果、性能に関する表示」に限る旨の明言はされていないことに鑑みると、不実証広告ガイドラインの記載は、単に、本項の適用対象となり得る代表例を念頭において記載されているだけであると考えることも十分に合理的である。

　確かに、本項の適用対象となり得るのは、事実上、「効果、性能に関する表示」が多いと思われる。逆に、それ以外の表示については、通常の調査手法によって、それほど時間を要さずに客観的な反証が可能である場合が多いとも思われ、本項を適用するのは適切ではない(比例原則違反と評価され得る)と評価できる場合もあると考えられる。しかしながら、そのような比例原則を確保することは、本項

第3章　措置と課徴金　　**479**

§ 7 ②-3 (3)(4)

の「必要があると認めるとき」という要件を満たすかどうかという判断を慎重に行うということでも十分に実現可能であり、あえて、本項の適用対象自体を「効果、性能に関する表示」に限ると解釈することは必要でないと考えられる。

実際に、効果、性能に関する表示以外にも本項が適用された例としては、例えば、プラスワン・マーケティング株式会社に対する措置命令（平成29年4月21日）においては、格安 SIM 事業者の中で、移動体通信役務の提供を受けるために必要な SIM カードの販売数量に係る自社のシェアが第1位であるかのように示す表示について本項が適用された。

また、株式会社 ARS および株式会社リュウセンに対する措置命令（平成29年11月2日）においては、対象役務に係る業界において自社が最大手または一番の事業者であるかのように示す表示について本項が適用された。

(3)　**「期間を定めて」**　資料の提出期限は、原則として、資料の提出を求める文書を交付した日から15日を経過する日までの期間である（景表規7②）。

上記期間につき、例外として、「正当な事由」があると認められる場合は、延長される（景表規7②ただし書）。ただし、「正当な事由」とは、自然災害等の不可抗力による場合など、限定的なものとなるであろうと解されている（高居〔第7版〕101頁）。

(4)　**「当該表示の裏付けとなる合理的な根拠を示す資料」**　「当該表示の裏付けとなる合理的な根拠を示す資料」と認められるには、不実証広告ガイドラインにおいて、次の2つの要件を満たす必要があるとされている（不実証広告ガイドライン第3-1）。

①提出資料が客観的に実証された内容のものであること
②表示された効果、性能と提出資料によって実証された内容が適切に対応していること

要件①につき、「客観的に実証された内容のもの」とは、(a)試験・調査によって得られた結果、または(b)専門家、専門家団体もしくは専門機関の見解または学術文献に該当するものをいい、不実証広告ガイドライン（第3-2(1)(2)）の内容をまとめると次のとおりである。

(a)試験・調査によって得られた結果
・試験・調査によって得られた結果を表示の裏付けとなる根拠として提出する場合、当該試験・調査の方法は、表示された商品・サービスの効果、性能に関連する学術界または産業界において一般的に認められた方法または関連分野の専門家多数が認める方法によって実施する必要がある。
・学術界または産業界において一般的に認められた方法または関連分野の専

480　第3章　措置と課徴金

§ 7 ②-3 ⑷

門家多数が認める方法が存在しない場合には、当該試験・調査は、社会通念上および経験則上妥当と認められる方法で実施する必要がある。
・消費者の体験談やモニターの意見等の実例を収集した調査結果を表示の裏付けとなる根拠として提出する場合には、無作為抽出法で相当数のサンプルを選定し、作為が生じないように考慮して行うなど、統計的に客観性が十分に確保されている必要がある。
(b)専門家、専門家団体もしくは専門機関の見解または学術文献
・次のいずれかに該当するものであれば、客観的に実証されたものと認められる。
　→専門家等が、専門的知見に基づいて当該商品・サービスの表示された効果、性能について客観的に評価した見解または学術文献であって、当該専門分野において一般的に認められているもの
　→専門家等が、当該商品・サービスとは関わりなく、表示された効果、性能について客観的に評価した見解または学術文献であって、当該専門分野において一般的に認められているもの
・特定の専門家等による特異な見解である場合、または画期的な効果、性能等、新しい分野であって専門家等が存在しない場合等当該商品・サービスまたは表示された効果、性能に関連する専門分野において一般的には認められていない場合には、その専門家等の見解または学術文献は客観的に実証されたものとは認められない。

　また、要件①を満たす場合、すなわち、提出資料自体は客観的に実証された内容のものであっても、要件②を満たさない場合は、当該資料は、当該表示の裏付けとなる合理的な根拠を示すものとは認められない。
　不実証広告ガイドライン（第3-3）において、表示された効果、性能と提出資料によって実証された内容が適切に対応しているとはいえず、当該提出資料は表示の裏付けとなる合理的な根拠を示すものとは認められない例としては、以下のものが挙げられている。

〈事例1〉
　家屋内の害虫を有効に駆除すると表示する家庭用害虫駆除器について、事業者から、公的機関が実施した試験結果が提出された。
　しかしながら、当該試験結果は、試験用のアクリルケース内において、当該機器によって発生した電磁波が、害虫に対して一時的に回避行動を取らせることを確認したものにすぎず、人の通常の居住環境における実用的な害虫駆除効果があることを実証するものではなかった。

〈事例2〉
　あらゆる種類のエンジンオイルに対して10%の燃費向上が期待できると表

示する自動車エンジンオイル添加剤について、事業者から、民間の研究機関が実施した試験結果が提出された。

しかしながら、その試験結果は、特定の高性能エンジンオイルについて燃費が10%向上することを確認したものにすぎず、一般的な品質のエンジンオイルについて同様の効果が得られることを実証するものではなかった。

〈事例3〉

99%の紫外線をカットすると表示する紫外線遮断素材を使用した衣料について、事業者から、当該化学繊維の紫外線遮断効果についての学術文献が提出された。

しかしながら、当該学術文献は、当該紫外線遮断素材が紫外線を50%遮断することを確認したものにすぎず、紫外線を99%遮断することまで実証するものではなかった。

〈事例4〉

「食べるだけで1か月に5kg痩せます」との見出しに加え、「○○大学△△医学博士の試験で効果は実証済み」との専門家による評価があることを表示することにより、表示全体として、食べるだけで1か月に5kgの減量効果が期待できるとの認識を一般消費者に与えるダイエット食品について、事業者から、美容痩身に関する専門家の見解が提出された。

しかしながら、当該専門家の見解は、当該食品に含まれる主成分の含有量、一般的な摂取方法および適度の運動によって脂肪燃焼を促進する効果が期待できることについて確認したものにすぎず、食べるだけで1か月に5kgの減量効果が得られることを実証するものではなかった。

不実証広告ガイドラインが示す上記判断基準は、裁判例によっても妥当なものであると認められている（東京地判令和4年4月28日裁判所ウェブサイト〔ティーライフ株式会社に対する件〕**事例⓱**、東京地判令和2年3月4日金商1651号19頁〔株式会社だいにち堂に対する件〕**事例❸**、東京地判平成28年11月10日判タ1443号122頁〔株式会社翠光トップラインおよび株式会社ジェイトップラインに対する件〕**事例❷**等）。

(5)　**「求めることができる」**　本項に基づく資料提出要求の主体は、「内閣総理大臣」と規定されているものの、その権限は、消費者庁長官に委任されている（38①）。

また、消費者庁長官は、都道府県知事に権限を委任することができることとされており（38⑪、景表令23①）、都道府県知事も本項に基づく資料提出要求を行うことができる。

なお、公取委には、本項に基づく資料提出要求を行う権限は認められていない（38③、景表令14・15）。

482　第3章　措置と課徴金

§ 7 ②-3 (6)(7)

本項に基づき資料の提出を求める場合は、①事業者の氏名または名称、②資料の提出を求める表示、③資料を提出すべき期限および場所を記載した文書を交付して行う（景表規7①）。

　(6)　**当該事業者が当該資料を提出しないとき**　　資料を提出しない場合だけではなく、資料を提出しているものの、当該資料が「当該表示を裏付ける合理的な根拠を示す資料」に該当しない場合もこれに当たる（東京高判平成22年10月29日〔平成21年(行ケ)第44号〔株式会社オーシロに対する件〕**事例❶**、高居〔第7版〕102頁）。

　(7)　**当該表示は同号に該当する表示とみなす**　　(a)　「みなす」の趣旨　　本項の効果としては、優良誤認表示とみなされ、合理的な根拠を示す新たな資料を提出して当該表示の優良誤認表示該当性を争うことができなくなるという効果が生じる（逐条解説・平成26年11月改正52頁）。

　ただし、「資料提出期間経過前に提出した資料が合理的な根拠を示す資料であったことを補強する趣旨で当該期間経過後にそれまで提出しなかった資料を提出し、「当該事業者が当該資料を提出しないとき」に該当しないことを主張・反証すること自体はできると考えられる」と解されている（逐条解説・平成26年11月改正52〜53頁）。

　また、東京地判平成28年11月10日（判タ1443号122頁）（株式会社翠光トップラインおよび株式会社ジェイトップラインに対する件〔**事例❷**〕）は、「消費者庁長官は、法4条2項及び6条に基づき措置命令をした後であっても、事業者から、措置命令前に提出されていれば合理的根拠資料に該当すると認められる資料の提出があったときは、当該措置命令を将来に向かって撤回すべき義務を負うことになる（上記資料の提出後もみなし規定の効果は維持され、当該措置命令がその処分時において適法であるとの評価に変わりはない一方で、上記資料の提出によって当該表示を裏付ける合理的な根拠が示され、優良誤認表示との擬制の基礎は失われる以上、その後も当該措置命令の撤回をしないことは処分権者としての裁量権の範囲を超えるとの評価を受けることになる。）ものと解されるので、措置命令により事業者が受ける制約もその後の資料の提出を踏まえた撤回により解消される余地があ」と判示した（条文番号は当時のもの）。

　したがって、提出期限経過後であっても、「合理的な根拠」を準備し、提出するよう努めることは、一定の意義があるものといえる。

　(b)　「みなす」効果が訴訟にも及ぶか　　本項によるみなしの効果は、措置命令を行う場合にとどまるか否かが問題となる（仮に、本項を適用してした措置命令の取消訴訟において同項の適用が排除されると解するとすれば、措置命令が適法であるといえるためには、消費者庁長官において優良誤認表示に該当することを主張立証しなければならず、これを立

第3章　措置と課徴金　　*483*

§ 7 ②-3(7)

証するに足りる証拠を提出できない場合には当該措置命令が違法なものとして取り消されることになる〔前掲・東京地判平成28年11月10日〕）。これは、本項の規定において、「この場合において、当該事業者が当該資料を提出しないときは、同項の規定の適用については、当該表示は同号に該当する表示とみなす」と規定され、本条1項の適用との関係においてのみ「みなし」の効果が生じるかのように規定されている上に、かつて立案担当者が、「その『みなし』効果が及ぶ範囲を公正取引委員会が行う排除命令（第6条第1項）及び審判手続（第7条）の段階に限定し、審決取消訴訟段階における裁判所の判断にまで及ばないようにしたものである」と解説していたことから問題となり得る（南部編著・前掲15頁）。

　この点については、裁判例（東京高判平成22年10月29日〔平成21年（行ケ）第44号〕**事例❶**）は、「その審理の対象は、原処分の根拠とされた法令の定める処分の要件の有無であり、景表法4条2項に定める要件、すなわち、被告が本件表示が同条1項1号に該当する表示か否かを判断するために資料の提出を求める必要があると認めるときに該当するか否か、及び原告の提出した本件資料が『当該表示の裏付けとなる合理的な根拠を示す資料』に該当するか否かが審理の対象になると解すべきである」と判示し（条文番号は当時のもの）、本項によるみなしの効果は、取消訴訟にも及ぶことを明らかにしている（前掲・東京地判平成28年11月10日も同旨）。

　なお、前掲・東京地判平成28年11月10日は、上記立案担当者の見解について、「一般に、法律の改正がされた場合において、改正の対象とされた規定の解釈をするに当たり、当該改正の立案担当者の見解が参酌されるとしても、当該規定の解釈は訴訟法規及びその基本原則を含む既存の関係法令及びその解釈との整合性が確保されるものでなければならず、立案担当者の見解が上記の整合性を欠くものである場合には、当該見解を採用することが相当でない場合もあるものといえる。そして、平成15年改正の立案担当者が、内閣法制局における審査を含む法案の立案の過程において、法4条2項のみなし規定の効果の及ぶ範囲が法6条の定める措置命令に限定され、その取消訴訟には及ばないとの解釈を採り得る規定の立案を企図して、法4条2項に『第6条の規定の適用については』との文言を付加し、同改正の解説に上記の解釈を自らの見解として記載しているなどの経緯があったとしても、そのような解釈は、上記(3)において説示した行政事件訴訟の基本原則というべき取消訴訟の審理構造との整合性を欠くものというほかなく、また、客観的には、みなしの対象を措置命令の根拠規定（法6条）の適用場面に限定する上記の文言が付加されたからといって、上記の基本原則に従って4条2項のみなし規定の効果が当然に措置命令の取消訴訟にも及ぶと解することが別段妨げられるものともいえないから、上記の解釈を採用することはでき」ないと判示

§ 7 ②-*4*(1)(2)

した。

4 裁判例、措置命令の展開等

（1）**概　要**　本項が適用された場合、措置命令においては、次のような認定がされるだけであり、どのような資料が提出され、いかなる理由で「当該表示の裏付けとなる合理的な根拠を示すものであるとは認められない」と判断されたのかについては、措置命令自体からは明らかにはならない。

①資料は提出されたものの、「当該表示の裏付けとなる合理的な根拠を示すものであるとは認められない」場合

> 消費者庁長官は、前記〇の表示について、それぞれ、景品表示法第５条第１号に該当する表示か否かを判断するため、同法第７条第２項の規定に基づき、〇〇に対し、期間を定めて、当該表示の裏付けとなる合理的な根拠を示す資料の提出を求めたところ、〇〇は、当該期間内に表示に係る裏付けとする資料を提出したが、当該資料はいずれも、当該表示の裏付けとなる合理的な根拠を示すものであるとは認められないものであった。

②資料が提出されなかった場合

> 消費者庁長官は、前記〇の表示について、それぞれ、景品表示法第５条第１号に該当する表示か否かを判断するため、同法第７条第２項の規定に基づき、〇〇に対し、期間を定めて、当該表示の裏付けとなる合理的な根拠を示す資料の提出を求めたところ、〇〇は、当該期間内に当該資料を提出しなかった。

そこで、裁判例やガイドライン等において、どのような資料が、どのような理由で、「当該表示の裏付けとなる合理的な根拠を示すものであるとは認められない」と評価されたのかを分析することが重要である。

（2）**裁判例**　(a)　大幸薬品株式会社による措置命令処分仮の差止申立事件（東京高決令和４年４月13日〔令和４年（行ス）第８号〕）**(事例㉔)**　　大幸薬品は、あたかも、本件６商品（置き型タイプ２商品、ペンタイプ、フックタイプ、スプレータイプ２商品）を使用等することにより、室内空間に浮遊するウイルスまたは菌が除去または除菌される効果等が得られるかのように示す表示をしていたものとして、消費者庁長官が、同社に対し、当該表示の裏付けとなる合理的な根拠を示す資料の提出を求めたところ、同社は、表示に係る裏付けとする資料を提出したが、当該資料は、当該表示の裏付けとなる合理的な根拠を示すものであるとは認められないとされ、同社に対して弁明の機会の付与が行われた。

第３章　措置と課徴金　　*485*

§ 7 ②-4 (2)

　これに対して、大幸薬品は、措置命令の差止訴訟を提起するとともに、仮の差止めを申し立てたところ、東京地決令和4年1月12日(令和3年(行ク)第331号)は、本件6商品のうち置き型タイプ2商品についての措置命令に係る仮の差止めを認め、その余の申立てを却下した。これに対して、大幸薬品および国の双方が即時抗告したところ、本決定は、例えば、以下の資料について、表示の裏付けとなる合理的な根拠を示すものではないと判断した。

	提出資料	評価・理由の概要
1	大阪大学医学系研究科の特任教授へのヒアリングの記録 (例えば、以下の趣旨の回答が記載されたもの ・実際の生活空間では、二酸化塩素が壁等に付着した有機物等と反応することがあり得るので、ステンレスの実験空間と全く同一というわけではないと思われるが、二酸化塩素とウイルス等の接触の頻度を左右するのは二酸化塩素濃度であるから、二酸化塩素濃度が同じであれば、実際の生活空間と実験空間とで大きな差異はないと考えられる。 ・生活空間中の二酸化塩素の効果については、はっきりとは明言できないが、二酸化塩素は、自然に分解されるものであり、また、壁に付着した有機物等と反応したりすることで消滅することもあるので、ステンレスのチャンバー内の空間よりは減少しやすいといえる。)	本件ヒアリング記録のうち、本件各商品の実生活空間におけるウイルス除去機能について文献等による客観的・具体的な論拠や実証値などを紹介しているものでもないから、本件各商品が実生活空間において前記本件各商品の表示の裏付けとなる合理的な資料ということはできない。
2	二酸化塩素濃度とウイルス等の除去効果の関係についての論文 (査読付きの論文であり、大幸薬品の従業員等が参加して実施した試験の結果を報告、分析したものであって、同試験の方法および結果は、次のとおりである。 a　試験方法　　ステンレスで覆われた25立方メートルの暴露チャンバー内に、黄色ブドウ球菌、大腸菌ファージ(MS2)、大腸菌ファージ(Phi-X174)の懸濁液を放出し、所定の濃度の二酸化塩素が放出された後、これらの菌数の減少を経時的に計測した。試験中、チャンバー内は密閉されており、内部の空気はファンによって攪拌された。また、二酸化塩素を放出している間、チャンバー内は、温度は26.5±0.1℃、相対湿度は52.6±2.0%に保たれた b　試験結果　　黄色ブドウ球菌は、0.01	・本件論文は、査読付きのものであり、試験方法や試験結果、その要約について特段不合理な点はみられない。そうであれば、同論文は、その設定した試験条件下においては、0.01 ppmの二酸化塩素が、黄色ブドウ球菌を60分後に、大腸菌ファージを3時間後にいずれも99%以上減少させるという効果を実証したという限りにおいて、二酸化塩素そのものの効果を客観的に実証した内容のものであると認めるのが相当である。 ・本件論文は、閉鎖試験空間での一定の条件下における低濃度二酸化塩素ガスによる浮遊ウイルス等の除去等の効果を実証するにとどまり、閉鎖

§ 7 ②−4 ⑵

		ppm の二酸化塩素濃度の下では、60分後に2.0×10の6乗から1.3×10の4乗 CFU/m^3に減少し、0.02 ppm および0.1 ppm の下では、減少はより顕著であった。これらの菌数の減少は、二酸化塩素がない場合の減少（自然減衰）よりも顕著であった。大腸菌ファージは、0.01 ppm および0.02 ppm の二酸化塩素濃度の下では、3時間後には生存可能な数が当初の100分の1を下回り、この減少数も、二酸化塩素がない場合の減少（自然減衰）よりも顕著であった。）	試験空間とは異なる実生活空間における浮遊ウイルス等の除去等の効果を実証するものでないことは明らかである。そうであれば、本件各商品の表示に係る上記の各効果と本件論文より実証された内容が適切に対応しているとは認められない。
3	一般財団法人北里環境科学センターが実施した置き型タイプの商品のウイルス等の除去効果に関する試験の報告書（本件各部外報告書）	・当該試験方法が、フィルターによる捕集量に着目した試験方法ではないことに鑑みれば、当該試験方法において定められた、試験チャンバー（20〜32 m^3）、温湿度条件、操作方法および測定方法に準拠して試験を行った場合におけるウイルス等を除去する効果そのものを科学的に実証するものと認めることは可能ということができ、その限りにおいて、関連する学術界または産業界において一般的に認められた方法または関連分野の専門家多数が認める方法に当たると認めるのが相当である。 したがって、本件各外部報告書は、限られた条件下においては、大腸菌ファージウイルスは3時間後に、黄色ブドウ球菌は、当初の菌量により2または3時間後にいずれも99.9%以上減少させる効果を有することを実証したという限りにおいて、本件商品（置き型タイプのうちの1つ）の効果を客観的に実証した内容のものであると認めるのが相当である。 ・本件各外部報告書は、本件商品（置き型タイプのうちの1つ）について、いずれも閉鎖試験空間での一定の条件下における低濃度二酸化塩素ガスによる浮遊ウイルス等の除去等の効果を実証するにとどまり、閉鎖試験空間とは異なる実生活空間における浮遊ウイルス等の除去等の効果を実証するものでないことは明らかである。そうであれば、本件各商品の表示に係る上記の各効果と本件各外部報告書により実証された内容が適切

第3章 措置と課徴金　　487

§ 7 ②-4⑵

		に対応しているとは認められない。
4	大幸薬品が住居の部屋に置き型タイプの商品を設置して二酸化塩素濃度または浮遊細菌の除菌率を計測した試験の報告書2通(本件内部報告書1および2)	・本件各商品を各設置して2日目に実施するとされているが、2日目に測定することが適切であるとする科学的な根拠が何ら明らかにされていない上、実際にはいずれも各試験を実施した日の午前9時に「ゲル設置」とされているのであって、設定した試験条件と実際の試験方法がそごしている。
		・(相手方提出の疎明資料によれば)低濃度二酸化塩素ガスによるウイルス等を除去等する効果は室内の温湿度に大きく影響される旨の指摘がされているところ、本件内部報告書1については、本件各商品を各設置した地点の温湿度が測定されていなかったり、結果が記載されていないなど、そもそも試験結果の報告書としても完成しているとは認め難い。
		・本件内部報告書2についても、有人または人の出入りのある室内の環境において、本件のような試験条件の設定(9時間にわたる測定時間中、有人環境下〔成り行き〕では、3時間のみ人が在室し、人の出入り〔成り行き〕では、3時間後および6時間後にそれぞれ10秒間だけ扉を開けて人が出入りすると設定されたもの)が客観的、科学的に適切であることを的確に裏付ける科学的な根拠や参照となる試験方法等は何ら見当たらない。
		・(相手方提出の疎明資料によれば)低濃度二酸化塩素ガス(20〜30 ppb)による活性ウイルス量については、30%RHの低湿度条件下では有意の低下は認められないが、本件内部報告書1および2は、いずれも低濃度二酸化塩素ガスによるウイルス等の不活化に適するとされる湿度でのみ実施されたものであって、ウイルス等を有意に不活化させないとする湿度30%程度では実施されていないから、設定された主要な試験条件も適切であるとは直ちには認められない。
		・いずれも社会通念上および経験則上

488　第3章　措置と課徴金

§ 7 ②-4 (2)

		妥当と認められる方法によって実施されたものとも認めることができないというべきであるから、客観的に実証された内容のものであると認めることもできない。
5	1Kの人が居住する集合住宅内におけるリビング等の5か所に本件各商品を設置し、通常の生活条件(室内灯ON、自然換気、有人1名、ドアの開閉なし)のもと、1日後、2日後、4週間後および2か月後にウイルス等を除去等する効果を試験したもの(計4通)	・いずれについても自然減衰等の影響を排除するための比較の試験が実施されていないため、本件各商品自体によるウイルス等の除去等の効果が不明である。 ・夏季を含む期間(6月16日から10月25日まで)に有人により実施したとするにもかかわらず、自然換気(換気扇OFF、エアコンOFF)のみと記載されているなど現実的ではない試験条件が設定されている。 ・そもそも、このような一定の長期間にわたる試験について、本件試験条件が適切であるとする科学的な根拠や参照となる試験結果等も見当たらない。 ・いずれも、客観的に実証された内容のものであると認めることもできないというべきである。

　不実証広告ガイドライン上、「当該表示の裏付けとなる合理的な根拠を示す資料」と認められるには、①提出資料が客観的に実証された内容のものであること、②表示された効果、性能と提出資料によって実証された内容が適切に対応していることという要件のいずれも満たす必要があるところ、上記表1、4および5については、要件①を満たさないと判断され、上記表2および3については、要件①は満たすものの、要件②を満たさないと判断されたものである。

　上記表1の判断においては、専門家の見解が得られた場合であっても、それだけでは足りず、その見解を裏付ける具体的な論拠が必要であることが示されている。

　また、上記表4および5の判断においては、試験条件の設定が適切であることについての科学的な根拠が必要である旨が指摘されている。

　さらに、上記表2および3のように、一定の条件下においては客観的に実証された内容のものであると評価し得る場合であっても、それがその一定の条件下でしか当てはまらないのか、他の条件下でも同様に当てはまるのかという点については、慎重な判断が必要であるといえる。

§ 7 ②-4(2)

(b) **ティーライフ株式会社による措置命令取消請求事件**（東京地判令和4年4月28日〔令和3年(行ウ)第153号〕）（**事例⑰**）　ティーライフは、あたかも、本件商品を摂取することにより、当該商品に含まれる成分の作用による著しい痩身効果が得られるかのように示す表示をしていた。

消費者庁長官が、同社に対し、当該表示の裏付けとなる合理的な根拠を示す資料の提出を求めたところ、同社は、表示に係る裏付けとする資料を提出したが、当該資料は、当該表示の裏付けとなる合理的な根拠を示すものであるとは認められないとされ、措置命令が行われた。

当該措置命令について提起された取消訴訟においては、本判決は、例えば、以下の提出資料について、表示の裏付けとなる合理的な根拠を示すものではないと判断した。

	提出資料	評価・理由の概要
1	第三者専門機関に委託して実施した、以下の内容の実証試験に関する論文 (ア)被験者 以下の選択基準を満たし、除外基準に合致せず、メタボメ茶の摂取を自ら希望する者を被験者とした。 a　選択基準 〔1〕20歳以上59歳以下の健康な男女、〔2〕ダイエットの実施を希望する者、〔3〕BMIが高めの者(BMI123 kg/m²以上の者) b　除外基準 〔1〕食物に対するアレルギーの既往歴のある者、〔2〕試験結果に影響を及ぼす医薬品を服用している者、〔3〕痩身を目的とした健康食品、ドリンクを摂取している者、〔4〕その他、試験総括責任医師が適切でないと認めた者 (イ)試験デザイン等 一定の運動プログラムを行いながらメタボメ茶を摂取する群(A群)、メタボメ茶のみを摂取する群(B群)、プラセボ品(麦茶)のみを摂取する群(C群)の3群を設定し、無作為化並行群間比較試験(介入実施者と測定者がブラインドの単盲検)を実施した。 運動プログラムについては、運動器具「下腹スリムスイング」を用いて1日1分間の運動を行うものとした。 試験期間は平成30年7月から10月の12	・本件各表示は、単にメタボメ茶が運動による痩身効果を促進する作用を有する旨を表示するにとどまらず、メタボメ茶の摂取自体によって著しい痩身効果が得られることを示すものであるから、そもそも本件各表示と本件資料によって実証されたとする内容とが適切に対応しているとはいえない。 ・当該資料が主に検討しているA群(運動＋メタボメ茶)とC群(プラセボ品)との群間比較については、A群にはメタボメ茶による影響に加え、運動による影響が付加されているのであるから、A群とC群との間にみられた各項目の変化が、専ら運動プログラムの実施によって生じた可能性を排除できておらず、そもそもメタボメ茶が痩身効果に寄与しているか否か、仮に寄与しているとしてそれがどの程度であるかは、本件実証試験からは明らかではない。 ・本件実証試験においては、A群とB群の群間比較が行われているところ、A群(メタボメ茶＋運動)とB群(メタボメ茶)を比較したとしても、いずれの群もメタボメ茶を摂取している以上、メタボメ茶による痩身効果を実証したことにならないことは明らかである。

§7②-4⑵

<table>
<tr>
<td></td>
<td>

週間とし、被験者には試験品の摂取状況、食事の内容および量ならびにA群については運動プログラムの実施状況を記した日誌と、毎日の体重変化を記録したレコーディングシートの提出を義務付けた。

(ウ)無作為化

試験総括責任医師の判断により71人の応募者から選択基準を満たし、除外基準に合致しない52人を選択した後、試験に関係のない割付責任者が、偏りを防ぐために年齢とBMIを考慮した上で、乱数表を用いてA群(18人)、B群(17人)、C群(17人)に振り分け、介入を開始した。割付内容は、割付責任者が厳重に保管し、臨床試験データ固定後に試験実施機関に開示した。

(エ)制限事項等

被験者は、試験期間中、食事、運動等の生活習慣を試験参加以前から変えずに維持すること等の制限事項を順守するよう指導を受けた。

(オ)統計処理

統計処理に当たっては、両側検定で、危険率5%未満($p<0.05$)を有意差ありと判定することとされた。

(カ)試験結果

被験者52人のうち、試験を途中で中止した者および解析棄却基準に該当した者(データの信頼性が疑われる事情等が生じた者)を除く38名(A群15人、B群11人、C群12人)が解析の対象とされた。解析の結果、摂取前と12週後との比較で、A群は体脂肪率で減少傾向がみられ、ウエスト、ヒップ、体重およびBMIで有意な減少がみられた。B群は、ウエスト、ヒップ、体重、BMIおよび体脂肪率で有意な減少がみられた。C群は、ヒップと体重の2項目で有意に減少した。

</td>
<td>

・本件実証試験においては、A群ないしC群についての(群間比較ではなく)摂取前と12週後の比較も行われているところ、各群の摂取前と12週後の比較についてみても、当該論文自体においても指摘されているとおり、被験者は、食事の内容および量を記載した日誌や毎日の体重変化を記録したレコーディングシートを作成しており、これによって無意識下で生活の見直しがされた可能性があり、現に、プラセボ品を摂取したC群においてもヒップや体重の有意な減少が確認されている。したがって、各群の摂取前と12週後の比較のみではメタボメ茶の痩身効果が客観的に実証されたとはいえない。

</td>
</tr>
<tr>
<td>2</td>
<td>

人における茶カテキン類の抗肥満効果の有無について実施した実験結果に基づく論文(実験の内容は、BMIの値が普通体重から肥満〔1度〕に属する27ないし47歳の男性23名を被験者とし、カテキン含量118.5mgの飲料500mℓを摂取する群〔以下「低含有群」という〕およびカテキ

</td>
<td>

・実験で使用された飲料のカテキン量は、低含有群のもので メタボメ茶2.5ℓ分以上に相当し、高含有群のものでメタボメ茶10ℓ分以上に相当するものであって、メタボメ茶に含有されるカテキン量を大きく上回っている。本件各表示は、前判示

</td>
</tr>
</table>

第3章 措置と課徴金　*491*

§ 7 ②-4(2)

	ン含量483.0 mg の飲料500 m ℓ を摂取する群〔以下「高含有群」という〕）について、実験前、4週目および12週目の体重、BMI、ウエスト、体脂肪率等の値を測定したというものである。その結果は、体重については、低含有群は12週目のみ有意な変化を認めたのに対し、高含有群では4週目、12週目でいずれも有意な変化を認め、BMI、ウエスト周囲長および体脂肪率については低含有群、高含有群のいずれについても経時的な低下を認め、いずれの項目においても高含有群が低含有群より低い値を示す傾向があり、高含有群においては、12週目において血中総コレステロール、血中グルコース、血中インスリン等について有意な変化が認められたなどというもの）	のとおり、日々の飲料をメタボメ茶に代えることにより、これに含まれる成分の作用によって著しい痩身効果が得られる旨を示すものであることからすれば、当該論文によって実証されたとする内容と、本件各表示が示すメタボメ茶の効果、性能とが適切に対応しているとはいえない。 ・本件実験は、上記のとおり、カテキン含有量の多い飲料を摂取した群とカテキン含有量の少ない飲料を摂取した群について実施されたものであって、プラセボ群が設定されていないから、学術界または産業界において一般的に認められた方法または関連分野の専門家多数が認める方法によって実施されたものとは認め難い。
3	日本栄養・食糧学会誌に掲載された「茶葉カテキンの構成成分である(－)エピガロカテキンガレートの血中コレステロール低下作用」と題する論文	茶カテキンの構成成分であるエピガロカテキンガレートが血中コレステロールの低下作用を有する旨記載されていることが認められるものの、ラットによる実験結果を基にしたものにすぎず、ヒトに対する痩身作用について客観的に実証されたものであるとはいえない。

　上記表1の判断については、比較対照試験における群間比較の方法という観点で参考になる。合理的な根拠と認められるには、比較対照試験において、対象商品の摂取の有無という差異だけに着目した群間比較を行うことが基本である。本件については、介入群において、対象商品の摂取に加えて、「運動」という条件が付加されており、このような介入群とプラセボ群との比較では、群間差が、「運動」を原因としてもたらされた可能性を排除できず、対象商品の効果を示す根拠としては合理的でないと判断されたものといえる。

　上記表2の判断においては、まず、試験に使用されたカテキン量と対象商品に配合されているカテキン量が異なるということであり、「表示された効果、性能と提出資料によって実証された内容が適切に対応している」とはいえないものであった。さらに、プラセボ群が設定されていないことも、合理性が認められない理由の1つとして挙げられている。かかる観点からすれば、そもそも、「効果、性能に関する表示」の「合理的な根拠」であると認められるには、基本的には、プラセボ群を設定した比較対照試験を実施する必要があると考えられる。

§ 7 ②-4 (2)

上記表3の判断においては、ラットでの実験結果であることが指摘されている。かかる判断からすれば、人についての効果、性能を訴求するのであれば、ラットでの試験では足りず、人に対する試験を実施する必要があると考えられる。

(c) 株式会社だいにち堂による措置命令処分取消請求事件(東京地判令和2年3月4日金商1651号19頁)(**事例❸**)　だいにち堂は、あたかも、本件商品を摂取することにより、ボンヤリ・にごった感じの目の症状を改善する効果が得られるかのように示す表示をしていた。

消費者庁長官が、同社に対し、当該表示の裏付けとなる合理的な根拠を示す資料の提出を求めたところ、同社は、表示に係る裏付けとする資料を提出したが、当該資料は、当該表示の裏付けとなる合理的な根拠を示すものであるとは認められないとされ、措置命令が行われた。

当該措置命令について提起された取消訴訟においては、本判決は、例えば、以下の提出資料について、表示の裏付けとなる合理的な根拠を示すものではないと判断した。

	提出資料	評価・理由の概要
1	本件商品を購入した消費者2名に対する取材の結果を記載した「お客様取材カード」、本件商品を購入した消費者12名の意見等を表に整理したもの	無作為抽出法で相当数のサンプルを選定し、作為が生じないように考慮して行うなどして、統計的に客観性が十分に確保されているものとは認められない。
2	・厚生労働省による平成22年国民生活基礎調査統計表の第9表(有訴者率〔人口千対〕、年齢〔10歳階級〕・性・症状〔複数回答〕別)のうち、「目のかすみ」および「物を見づらい」との症状に係る部分が黄色に塗られているもの ・本件商品のリピート率について、平成26年3月1日から同年9月30日までの期間を対象として、新規購入者数、2回以上購入者数、リピート率および初回購入月別のリピート率を記載したもの	本件商品の有する効能・効果について客観的に実証するものではない。
3	本件商品の含有成分であるアスタキサンチンの性質、効果等に関する解説および本件商品の含有成分であるビルベリーリールティン、イチョウ葉、DHA等の性質、効果等に関する解説	各成分に関する一般的な解説にとどまるものであり、本件商品の有する効能・効果について客観的に実証するものではない。

第3章　措置と課徴金　*493*

§ 7 ②-4(2)

4	本件商品の含有成分であるアスタキサンチンおよびアントシアニンに関し、人に対する効能・効果を検証した試験結果	これらの試験に使用された各成分と本件商品の含有成分の量が近似するなどの事情は認められず、本件商品の有する効能・効果について客観的に実証するものではない。

　上記表1の判断においては、無作為抽出法でサンプルが選定されていないことが指摘されている。不実証広告ガイドライン(第3-2(1)I)においては、「消費者の体験談やモニターの意見等の実例を収集した調査結果を表示の裏付けとなる根拠として提出する場合には、無作為抽出法で相当数のサンプルを選定し、作為が生じないように考慮して行うなど、統計的に客観性が十分に確保されている必要がある」と規定されており、かかる判断は、不実証広告ガイドラインに即した判断である。

　上記表2ないし4の判断においては、対象商品の性能・効果に関するものではないことが指摘されており、「表示された効果、性能と提出資料によって実証された内容が適切に対応している」とはいえないものであったといえる。かかる判断からすれば、「合理的な根拠」であると認められるには、単に、含有成分・配合成分についての効果が実証されているだけでは足りず、対象商品または対象役務そのものについての実証試験が必要であると考えられる。

　(d)　株式会社翠光トップラインおよび株式会社ジェイトップラインによる措置命令取消等請求事件(東京地判平成28年11月10日判タ1443号122頁)(事例❷)　翠光トップラインおよびジェイトップラインは、例えば、あたかも、本件商品を使用すれば、夏季においては本件商品が窓ガラスから入る熱を40%ないし50%削減し、冬季においては本件商品が窓ガラスから逃げる熱を20%ないし30%削減し、冷暖房効率が最大40%向上するとともに冷暖房費が10%低下するかのように示す表示等をしていた。

　消費者庁長官が、両社に対し、当該表示の裏付けとなる合理的な根拠を示す資料の提出を求めたところ、両社は、表示に係る裏付けとする資料を提出したが、当該資料は、当該表示の裏付けとなる合理的な根拠を示すものであるとは認められないとされ、措置命令が行われた。

　当該措置命令について提起された取消訴訟において、本判決は、例えば、次頁の以下の資料について、表示の裏付けとなる合理的な根拠を示すものではないと判断した。

§7②-4(2)

	提出資料	評価・理由の概要
1	厚21μmの塗料(その材質は本件商品の表面層にある本件塗料と同一である)である試験体(本件試験体)をあらかじめ作成した上で、Z13センターが、分光光度計を用いて4000ないし370毎cmの波数域(波長の逆数であり、2.5ないし27μmの波長域である)における本件試験体の透過率を測定し、その結果について、縦軸を透過率、横軸を波数とする本件スペクトルを作成し、平成14年8月21日付け「試験成績書」に添付したもの	・本件資料のうちZ13センターが作成した資料のみによっては、本件試験体の常温熱放射の波長域における透過率を確認することはできない。 ・本件資料には、本件スペクトルがあるだけで、常温熱放射の波長域における本件試験体の透過率やその算出過程を示す記載はなく、いかなる算出過程によって本件塗料の透過率を95.1%と記載したのかも不明である。 ・本件資料には、本件スペクトルが表示されているものの、選定波長における本件試験体の透過率の数値を示す記載がない上、本件試験体の常温熱放射の波長域における透過率が0.705(70.5%)であることやその算出過程を示す記載はなく、どのような根拠や方法によってその透過率を算出したのかが不明である。 ・本件資料は本件商品を試験体としてその透過率を測定したものではない。 ・本件商品はガラスに貼って使用するものであるところ、本件資料はガラスに貼った状態における本件塗料ないし本件商品の常温熱放射の波長域における放射率を測定したものではない。
2	発泡スチロール製箱(ボックス)を用いて、太陽光熱照射によるボックス内の温度上昇を測定することで、シーグフィルムの日射遮断特性を把握することを目的として行われた実験の方法や結果等を記載したもの	本件資料において説明されている本件商品の遮蔽係数が0.5に相当する旨の結論も、本件資料に係る実験に使用された実験箱の仕様や実験箱が置かれた外部環境と同一の条件の下においてのみ妥当し得るものということができるのであって、これと異なる他の条件の下においてそのような結論を一般化することはできない。
3	秋田市のZ27センターにおいて、既製のアルミサッシ枠(60×60cm。本件アルミサッシ枠)に取り付けた試験用のガラス(取り付け後のガラス部分の面積は0.229m²であり、本件アルミサッシ枠の面積は0.131m²である)を発泡スチロール	・本件資料にはこれらの熱貫流率の実測値の計算式が示されておらず、どのような根拠や方法によってこのような数値になるのかが不明である。 ・本件資料に係る実験において算出された試験用のガラスの熱貫流率の実

第3章 措置と課徴金 495

§ 7 ② -4 (2)

<table>
<tr>
<td></td>
<td>製の箱(外寸90×90×90 cm、壁の厚さ15 cm。本件ミニモデル)の一側面に密閉固定し、本件ミニモデルを低温に保った大型恒温槽内に配置し、本件ミニモデルの内部の温度を20℃ に保つためのヒーターの消費電力を測定し、その結果から上記試験用のガラスの熱貫流率を算出したもの</td>
<td>測値は、本件ミニモデルの本件アルミサッシ枠部分および発泡スチロール部分からの熱損失があり、積算消費電力に影響を与えていた可能性があることを踏まえた検証や補正をしないまま算出されており、また、3 mm ガラスおよび本件複層ガラスの熱貫流率の実測値やその相互の比率がカタログ値から大きくかい離していることに鑑みると、このような実測値に基づいて3 mm ガラスおよび本件複層ガラスのカタログ値と比例換算することにより本件商品を貼付した3 mm ガラスの熱貫流率を算出することに合理性があるとはいえない。</td>
</tr>
<tr>
<td>4</td>
<td>・本件商品を窓ガラスに貼付した部屋と本件商品を窓ガラスに貼付していない部屋の室温ないし窓ガラス面の付近温度を測定したところ、本件商品を窓ガラスに貼付した部屋の方が、窓面からのいずれの位置においても、夏季等においては温度が低下し、冬季等においては温度が高くなったことが確認されたとするもの
・同一の建物の2室において、本件商品を窓ガラスに貼付した部屋と本件商品を窓ガラスに貼付していない部屋の空調機が処理した熱量、稼働回数、稼働時間または電力消費量を比較し、本件商品を窓ガラスに貼付した部屋の方が上記熱量、稼働回数、稼働時間または電力消費量が減少したことが確認されたとするもの
・同一の建物の2室において、本件商品を窓ガラスに貼付した部屋と本件商品を窓ガラスに貼付していない部屋の温水ヒーター部の室温と窓部の室温を測定し、その温度差から各部屋の消費熱エネルギーを対比したところ、本件商品を貼付した部屋の温度差の方が、本件商品を貼付していない部屋の温度差よりも小さく、消費熱エネルギーが削減されたことが確認されたとするもの</td>
<td>いずれも、比較の対象となる2室の測定条件を同一に設定できる実験室や実験用の建物等において行われたものではなく、実際に人の生活や活動等の用に供されている現場において実験がされたものである。そして、このような現場においては、壁、天井および床を通じて隣接する部屋、廊下、屋外等との間との熱貫流(熱の流入または流出)が生ずるところ、冷暖房、日射、人の活動等の状況により隣接する部屋等の室温が異なる可能性があり、比較対象とされた部屋に係る熱貫流が同一であることが担保されておらず、熱貫流量の差異が実験結果に影響を及ぼしている可能性を排除することはできない。
そのため、比較対象とされた2室において、室温に影響を及ぼす要因が異なっていた可能性を排除することはできず、窓ガラスへの本件商品の貼付の有無以外の実験条件が同一であったことが担保されているとはいえない。</td>
</tr>
</table>

上記表1および3の判断においては、まず、対象商品に係る透過率の算出プロ

496 第3章 措置と課徴金

セスや実測値の計算式が不明であることが指摘されている。このように、「合理的な根拠」であると認められるには、試験結果を導くプロセスが明確にされ、再現可能性が確保されていることが必要であると考えられる。

また、上記表1の判断においては、提出資料に係る試験が、対象商品そのものを使用した試験ではないことおよび対象商品について想定される使用方法とは異なる方法での試験であることが指摘されている。かかる判断からすれば、「合理的な根拠」であると認められるには、①対象商品または対象役務そのものを使用・利用した試験であること、②対象商品または対象役務について想定されている使用方法・条件と全く同一の方法・条件下での試験であることが必要であると考えられる。

上記表2の判断においては、試験がなされた特定の条件下でのみ妥当し得るものであり、他の異なる条件下において結論を一般化できないことが指摘されている。このように、特定の試験条件下で結果が得られた場合であっても、それが他の条件下において一般化できるものであるのかどうかは慎重な検討が必要である。他の条件下においても同様の結論が得られることについて実証できていない場合において、「効果、性能を訴求する表示」を行うのであれば、少なくとも、当該効果、性能が得られる条件を明記する必要があると考えられ、また、他の条件下において同様の効果、性能が得られることは実証されていないことを明記することが望ましいと考えられる。

上記表4の判断においては、比較対照試験について、対象商品の使用の有無以外の実験条件が同一であったことが担保されているとはいえないことが指摘されている。このように、比較対照試験を実施する場合においては、結果に影響を与え得る要因を適切に特定し、対象商品の使用以外は、介入群と対照群で、当該要因に係る条件が同一となるような方法で試験を実施することが必要であるといえる。

(3) **審 決** ⓐ 株式会社オーシロ事件（平成18年（判）第19号〔審判審決平成21年10月28日〕）（**事例❶**） オーシロは、本件商品につき、あたかも、本件商品をたばこの先端に付着させ喫煙すれば、たばこの煙に含まれるニコチンがビタミンに変化することによりニコチンが減少し、喫煙による害がなくなるかのように示す表示をしていた。

公取委が、同社に対し、当該表示の裏付けとなる合理的な根拠を示す資料の提出を求めたところ、同社は、表示に係る裏付けとする資料を提出したが、当該資料は、当該表示の裏付けとなる合理的な根拠を示すものであるとは認められないとされ、排除命令が行われた。

§ 7 ②-4(3)

当該排除命令に係る審判請求に対する審決において、公取委は、例えば、以下の資料について、表示の裏付けとなる合理的な根拠を示すものではないと判断した。

	提出資料	評価・理由の概要
1	ペルー国立工業大学による試験報告書	・30年以上前に、たばこの煙の中に含まれるニコチンの量の測定方法に関して現在一般的に認められた方法または関連分野の専門家多数が認める方法である公定法とは異なる方法による試験結果に基づいて作成されたものであり、より正確な試験結果を導く試験方法が存在しているとして、わが国の複数の専門家は、その試験結果の正確性に疑問を呈している。 ・本件商品と同一成分の別商品を混入していないたばこの煙に含まれるニコチンの量と当該商品を混入したたばこの煙に含まれるニコチン酸の量の対比のみから、本件商品の混入によりニコチンがニコチン酸に変化したということが実証されたとはいえない。
2	DVD-R に保存された映像資料	同映像資料で見解を述べている教授は、何ら証拠を示さず、本件商品によってニコチンが減少し得ると述べるだけであり、同発言は、試験・調査の結果を示すものでなく、また、本件商品に関して客観的に評価した見解であって当該専門分野において一般的に認められているものでもない。
3	化学品検査協会の試験報告書	たばこの煙の中に含まれるタール量について測定したものであり、ニコチンがニコチン酸に変化することを実験・調査したものではない。
4	千葉県薬剤師会検査センターによる試験検査報告書	・本件商品を使用することにより主流煙中のニコチン酸が増加したことを示す結果が記載されているにとどまり、「たばこの煙に含まれるニコチンをビタミンに変える」ことによってニコチン酸が増加することを示す結果が記載されていない。 ・たばこの中のニコチンが、喫煙時の燃焼によってニコチン酸に変化することは、化学的に一般的な知見とは

498　第3章　措置と課徴金

§ 7 ②-4 ⑶

		されていないし、ニコチン酸はビタミンの一種として広く植物などの生物の生体内に分布しているものであり、本件商品の原料には植物等が含まれていることからすれば、ニコチンがニコチン酸に変化するという因果関係は、不明といわざるを得ない。

　上記表１の判断については、当該試験方法自体が、「学術界又は産業界において一般的に認められた方法又は関連分野の専門家多数が認める方法」(不実証広告ガイドライン第3-2⑴ア)ではないと判断されたものと考えられる。このように、特定の専門家による協力が得られた場合であっても、当該専門家による測定方法・試験方法が、「学術界又は産業界において一般的に認められた方法又は関連分野の専門家多数が認める方法」であるといえるかどうかについては、他の専門家にセカンド・オピニオンを聞くなどして、慎重に判断する必要があると考えられる。

　上記表２の判断については、専門家の見解であっても、何ら根拠がなく、また、対象商品の試験・調査を結果を示すものではない場合は、「合理的な根拠」とはいえない可能性があることを示唆するものである。

　上記表３および４の判断については、「表示された効果、性能と提出資料によって実証された内容が適切に対応している」という要件を満たさないと判断したものといえる。

　(b)　ミュー株式会社事件(平成18年(判)第17号〔審判審決平成21年10月28日〕)　　ミューは、本件商品につき、あたかも、本件商品をたばこの先端に付着させ喫煙すれば、主流煙について、その煙に含まれるニコチンがビタミンに変化することによりニコチンが減少し、または体内のビタミンＣの破壊を抑制することにより、また、副流煙について、その煙に含まれるニコチンおよびタールが減少することにより、喫煙による害がなくなるかのように示す表示をしていた。

　公取委が、同社に対し、当該表示の裏付けとなる合理的な根拠を示す資料の提出を求めたところ、同社は、表示に係る裏付けとする資料を提出したが、当該資料は、当該表示の裏付けとなる合理的な根拠を示すものであるとは認められないとされ、排除命令が行われた。

　当該排除命令に係る審判請求に対する審決において、公取委は、例えば、以下の資料について、表示の裏付けとなる合理的な根拠を示すものではないと判断した。

第3章　措置と課徴金　　499

§7②-4(3)

	提出資料	評価・理由の概要
1	医学博士のコメント・シートに添付された検査報告書における試験	・血中のニコチン濃度やニコチンの代謝には個人差があることを踏まえると、被験者数が5名と少数であり、試験期間が20日間と短期間であることから、客観的に実証されたというに足りる試験方法とはいえない。 ・同試験は本件商品の利用の前後の数値を比較するものであるにもかかわらず、試験期間前や試験期間中に被験者がどの程度喫煙していたか等の前提条件が不明であり、ニコチンの代謝速度を考慮すると最低でもおおむね48時間前の喫煙状況を被験者同士のばらつきがないように条件を合わせなければ、被験者ごとの個人差等による影響を排除できないなど、試験結果の合理性、客観性を担保するに足りる試験方法とはいえない。
2	特許公報	・特許庁における審査は、特許出願された発明について、特許法上の要件である新規性、進歩性、産業上の利用可能性等について、あるいは明細書の記載事項、出願人に関する要件等の手続事項に関する不備の存否等について審査するものであり、その結果、拒絶の理由を発見することを目的としていることから、特許庁により発明に特許を受けたとしても、それは出願された特許について拒絶の理由がなかったと判断されたことを示すにすぎないのであって、発明の効果・性能に関してすべて実証されていることを担保するものでない。 ・また、特許公報に特定の試験の結論が記載されている場合においても、その記載自体が当該試験の客観性、信頼性等を担保するものではなく、特許公報自体が発明の効果・性能のすべてを実証するものとはいえない。

　上記表1の判断においては、まず、被験者数が少数であり、かつ、試験期間が短期間であることが指摘されている。

500　　第3章　措置と課徴金

§7②-4(3)

　また、当該試験は前後比較試験の結果である上に、試験前および試験期間中の喫煙の状況が不明であり、かつ、個人差等による影響を排除できていないことが指摘されている。かかる指摘は、統計的な客観性を確保した上で比較対照試験が必要であることを指摘する上記(2)の一部の裁判例が示す判断と通ずるものがある。

　上記表2の判断においては、特許公報は、あくまで特許法の観点から拒絶の理由がなかったことを示すものにすぎず、必ずしも、表示された効果、性能の裏付けとなるものではないことが指摘されている。このように、特許公報が存在するからといって、必ずしも、景表法上の「合理的な根拠」に当たるわけではない（むしろ、当たらないことがほとんどであると思われる）ことに留意すべきである。

　(c)　株式会社カクダイ事件(平成21年〔判〕第4号〔審判審決平成22年1月20日〕)　　カクダイは、あたかも、本件商品を携帯電話等に内蔵されている充電池の裏に設置して携帯電話等を使用することにより、当該商品が携帯電話等のアンテナとして機能することによって携帯電話等の電波の受信状態が大幅に向上するかのように、携帯電話等を使用できる時間が大幅に長くなるかのように、また、劣化した充電池の機能を再生し充電池の交換までの期間が大幅に長くなるかのように示す表示をしていた。

　公取委が、同社に対し、当該表示の裏付けとなる合理的な根拠を示す資料の提出を求めたところ、同社は、表示に係る裏付けとする資料を提出したが、当該資料は、当該表示の裏付けとなる合理的な根拠を示すものであるとは認められないとされ、排除命令が行われた。

　当該排除命令に係る審判請求に対する審決において、公取委は、例えば、以下の資料について、表示の裏付けとなる合理的な根拠を示すものではないと判断した。

	提出資料	評価・理由の概要
1	平成16年5月22日に、3機種の携帯電話について、カクダイの従業員らが東京都中央区日本橋本町に所在するビル内等3か所において、本件商品を装着した場合と装着しない場合との携帯電話液晶画面に表示されるアンテナの本数（電波の受信レベルを表す）等を比較したもの	・携帯電話が受信する電波は、携帯電話の位置、向き、周囲の状況等の影響を受け、時間的に大きく変動することから、電波の受信状態を正確に評価するためには、一定の強さの電波を発射する装置を用いて電波のレベルを一定にし、外部からの影響を受けない電波暗室等の適切な測定環境において、実使用状態に近づけた方法で試験を実施する必要があることが認められるところ、当該試験は、上記測定方法に沿ったものとも、また実使用状態に近づけて行わ

第3章　措置と課徴金　　*501*

§ 7 ②-**4**(3)

		れたものともいえない。 ・携帯電話の画面の表示からしても、携帯電話の位置、向き、周囲の状況等の測定条件が必ずしも正確に同一ではなく、また、時間的なずれがあって、当該試験の結果は、これらの影響等を受けたものである可能性がある。 ・実際に実施した試験の全容も明らかではなく、示された結果も6例と少ない。
2	取引先への説明用に、携帯電話に本件商品を装着した場合と、装着しない場合との電波の受信状況を、カクダイの従業員が「簡単電測」なるソフトウェアを用いて測定し比較した結果を示す資料	・簡単電測を用いた測定は全部で4機種の携帯電話等について行われたところ、2機種については、時間帯によって受信状態向上効果がなかったため、本件資料に記載しなかったというものである。 ・電波の受信状態を正確に評価するためには、一定の強さの電波を発射する装置を用いて電波のレベルを一定にし、外部からの影響を受けない電波暗室等の適切な測定環境において、実使用状態に近づけた方法で試験を実施する必要があることが認められるところ、本件資料からは、試験が上記測定方法に沿ったものか、また実使用状態に近づけて行われたものか不明である。
3	ウェブサイトに書き込まれた購入者等の本件商品の使用後の評価・感想等が記載された文書	ウェブサイトに書き込まれた購入者の主観的な評価、感想等を集めたにすぎないものであって、無作為に抽出された相当数のサンプルを選定し、作為が生じないように考慮して行うなど、統計的な客観性が確保されたものとは、到底いえない。
4	株式会社マテリアル研究所が実施した放電試験の結果を示した資料 （300回以上充放電を繰り返した充電池について満充電後に本件商品を未装着の状態で4Vから0Vになるまでの放電に要した時間〔放電時間〕を計測し、次に、同じ充電池について、満充電後に本件商品を装着した状態で4Vから0Vになるまでの放電時間を7回計測したというもの）	・商品の効果を比較試験によって実証するためには、測定条件等を同一にして試験を行う必要があることおよび充電池は製品、ロットによる違いのほか、製造後の貯蔵年数、貯蔵条件等によって劣化の度合いが異なることから、それぞれ少なくとも3個以上の同一履歴の充電池を使用して実施することが必要であるところ、当該試験では、本件商品を装着した状態での測定は7回であるのに対し

502　第3章　措置と課徴金

§ 7 ②-4⑶

		本件商品を装着しない状態での測定回数は1回のみであり、また、1個の充電池しか使用しておらず、比較試験の方法として不十分である。 ・携帯電話等の充電池の使用時間や充電池の寿命は充電池の電池容量(電池が放電する電気量)によって決定され、電池容量を測定するためには、放電時間に加えて放電電流値の測定が必要であることが認められるところ、本件試験は、放電電流値を測定するものではなく、また、その測定方法も、放電を終止すべき電圧(おおむね2.7Vから3V程度)を大きく下回る0Vまでの放電時間を計測するものであり、使用時間延長効果や充電池寿命延長効果の測定方法として適切ではない。 ・不純物(スラグ)の生成とそれによる電池の劣化に係る記述をはじめ、学術的な根拠のない仮説であり、科学的根拠に基づくものではない。

　上記表1および2の判断においては、測定方法自体が、「学術界又は産業界において一般的に認められた方法又は関連分野の専門家多数が認める方法」によって実施されたものとはいえない上に、対象商品の実使用条件下で行われたものではないことが指摘されている。さらに、上記表1については、比較をするに当たって、各試験条件の同一性が担保されていなかった上に、試験の全容も明らかでなく、また、示された結果が少数であることが指摘されている。

　上記表3の判断においては、購入者の主観的な評価、感想を集めたものにすぎず、統計的な客観性が確保されたものとはいえないということが示されており、「消費者の体験談やモニターの意見等の実例を収集した調査結果を表示の裏付けとなる根拠として提出する場合には、無作為抽出法で相当数のサンプルを選定し、作為が生じないように考慮して行うなど、統計的に客観性が十分に確保されている必要がある」という不実証広告ガイドラインの考え方に即して判断されたものといえる。

　事業者は、本項に基づく資料の提出要求を受けた際、「合理的な根拠」として、消費者のアンケートや体験談に関する資料を提出することがあるが、一般的には、自発的にアンケートや体験談を事業者に送付するような消費者は、当該事業者に親和的な属性の者が多いと考えられるため、このような中立性の観点から

§ 7 ②-4 (4)

も、単なるアンケートや体験談は、「合理的な根拠」であると認められない可能性が高い点に留意すべきである。

上記表4の判断においては、比較対照試験を実施したものの、比較条件が同一ではない上に、測定方法自体も適切でなく、また、そもそも、記載内容が学術的な根拠に基づくものではないことが指摘されており、「学術界又は産業界において一般的に認められた方法又は関連分野の専門家多数が認める方法」によるものではないと判断されたものといえる。

(4) **措置命令**　(a) 医療法人社団バイオファミリーに対する措置命令（平成26年7月4日）　バイオファミリーは、対象役務につき、あたかも、当該役務の提供を受けることにより、顎関節症、睡眠時無呼吸症候群、腰痛、椎間板ヘルニア、坐骨神経痛等の特定の疾患または症状が治癒または改善するかのように示す表示をしていた。

消費者庁長官が、バイオファミリーに対し、当該表示の裏付けとなる合理的な根拠を示す資料の提出を求めたところ、バイオファミリーは、表示に係る裏付けとする資料を提出したが、当該資料は、当該表示の裏付けとなる合理的な根拠を示すものであるとは認められないとされ、措置命令が行われた。

例えば、消費者庁は、以下の資料について、表示の裏付けとなる合理的な根拠を示すものではないと判断した。（坂本友由喜「医療法人社団バイオファミリーに対する景品表示法に基づく措置命令について」公取775号(2015)69頁）。

	提出資料	評価・理由の概要
1	バイオファミリーの所見	同社の考え方が記載されただけであったことから、客観的に実証された内容であるとはいえない。
2	カルテ	無作為抽出法で相当数のサンプルを選定し、作為が生じないように考慮して行うなどして、統計的に客観性が十分に確保されているものとは認められない。
3	国内や海外の文献	本件役務を対象としたものではなく、表示内容と資料によって実証された内容が対応していない。

上記表1の判断については、「提出資料が客観的に実証された内容のものであること」という要件を満たさないと判断されたものといえる。

上記表2の判断については、あくまで、当該カルテに記載された個別の症例に関する妥当性や結果のみを裏付けるものにすぎず、対象役務に関して、カルテに

§ 7 ②-4 (4)

記載されたのと異なる条件下においても、同様の効果、性能が得られることを示すものではないと判断されたものといえる。

上記表3の判断においては、本件役務を対象とするものではなく、「表示された効果、性能と提出資料によって実証された内容が適切に対応していること」という要件を満たさないと判断されたものといえる。

(b) 浴室用洗桶および台所用洗桶の製造販売業者および通信販売業者13社に対する排除命令（平成19年6月29日）　13社は、あたかも、本件商品を浴室や台所に置くだけでもしくは浴室や台所で使用することによりまたは当該商品にくんだ水やお湯を浴室内や台所シンク内にかけることにより、当該商品から発生する銀イオン、亜鉛イオンまたは金属イオンにより浴室内または台所シンク内のカビ・細菌の発生を抑制するかのように示す表示をしていた。

公取委が、13社に対し、当該表示の裏付けとなる合理的な根拠を示す資料の提出を求めたところ、13社は、表示に係る裏付けとする資料を提出したが、当該資料は、当該表示の裏付けとなる合理的な根拠を示すものであるとは認められないとされ、排除命令が行われた。

例えば、公取委は、以下の資料について、表示の裏付けとなる合理的な根拠を示すものではないと判断した（光井徳子「浴室用洗桶及び台所用洗桶の製造販売業者及び通信販売業者13社に対する排除命令について」公取686号（2007）67頁）。

	提出資料	評価・理由の概要
1	実験データ	本件対象商品には抗菌作用を有する銀または亜鉛が素材として含まれており、本件対象商品の本体表面へのカビ・細菌の付着を防止する効果を示すものは存在したが、「①置くだけ②使うだけ（または使うことによって）③汲んだ水をかけることによって」のいずれかの方法により、浴室または台所シンクのカビや細菌の発生を抑制する効果を実証したものは皆無であった。
2	アンケート・モニター調査結果	対象の人数が少ない、社員などの利害関係人が含まれている、使用環境が統一されていない、使用方法が不明などの問題であり、統計的合理性が認められないものであった。

上記表1の判断においては、対象商品の表面の効果だけが実証されたものであって、室内または台所シンク内への効果は実証されていないことが指摘されており、「表示された効果、性能と提出資料によって実証された内容が適切に対応

§ 7 ②-4⑷

していること」という要件を満たさないと判断されたものといえる。

上記表2の判断については、消費者の体験談やモニターの意見等の実例を収集した調査結果を表示の裏付けとなる根拠として提出する場合には、無作為抽出法で相当数のサンプルを選定し、作為が生じないように考慮して行うなど、統計的に客観性が十分に確保されている必要があるという不実証広告ガイドラインの考え方に即して判断されたものといえる。

(c)　「健康食品に関する景品表示法及び健康増進法上の留意事項について」〔留意事項〕での指摘　消費者庁の留意事項においては、消費者庁がこれまで措置命令を行った事例において、「合理的な根拠」と認められなかった理由として、次のものが挙げられている。

①提出資料が客観的に実証された内容のものでないもの

	提出資料	評価・理由
1	提出資料が商品に含まれる成分に関するウェブサイト上の情報や、ショッピングサイトでのレビューの内容をまとめたもの	表示された効果に関連する分野を専門として実務、研究、調査等を行う専門家、専門家団体もしくは専門機関(以下、「専門家等」という)の見解または学術文献ではなかった。
2	商品の原材料の効果に関する文献	査読者のいる学術誌に掲載されたものではなく、専門家等の見解または学術文献とは認められないものであった。
3	商品を用いたヒト試験の報告書	そのヒト試験において対照品として用いられたものが、商品とは全く別の商品であった(特定成分の効果を検証する試験を行う場合は、その特定成分を含む試験品と、その試験品からその特定成分のみを除外したものを対照品とする必要がある)。
4	痩身効果を標ぼうする商品に関し、商品を用いたヒト試験の報告書	その試験における被験者の選定が恣意的であった(試験品摂取群が対照品摂取群に比べ、体重が重く、体脂肪率が高かった)。
5	痩身効果を標ぼうする商品に関し、商品を用いたヒト試験の報告書	その試験の被験者の食事内容やカロリー摂取量が記録されていなかった。

②表示された効果と提出資料によって実証された内容が適切に対応していないもの

§7③

	提出資料	評価・理由の概要
1	商品に含まれる成分に関するウェブサイト上の情報をまとめたもの	表示された本件商品自体の効果を実証するものではなかった。
2	商品に含有される成分に関する研究論文	その成分に関する一般的な記述があるにすぎず、その商品の効果を実証するものではなかった。
3	商品の成分に関する研究論文	その論文における被験者の成分摂取量と商品に含まれる量が著しく乖離しており、その商品を摂取することによる効果を実証するものではなかった。
4	商品の成分に関する試験データ	マウスやラットによる動物実験データであって、ヒトへの有効性を実証するものではなかった。
5	痩身効果を標ぼうする商品に関し、商品を用いたヒト試験の報告書	内臓脂肪や体重の減少について、実証された内容と表示された効果が著しく乖離していた。
6	特段の運動や食事制限をすることなく摂取するだけで痩身効果が得られることを標ぼうする商品に関し、商品を用いたヒト試験の報告書	ヒト試験の被験者に対して運動や食事制限の介入指導が行われていた。
7	糖質や脂質の吸収抑制効果を標ぼうする商品に関し、商品を用いたヒト試験の報告書	吸収抑制効果について、実証された内容と表示された効果が著しく乖離していた。
8	免疫力が高まることにより疾病の治療または予防の効果が得られることを標ぼうする商品に関し、商品の成分が一部の免疫細胞を活性化することに関する試験データ	疾病の治療または予防の効果に係る本件商品の有効性を実証するものではなかった。

〔鈴木弘記＝安藤庸博＝芳賀友香〕

第7条 ③ 措置命令は、措置命令書の謄本を送達して行う。

令和5年改正により新設された本項は、措置命令について、措置命令書の謄本を送達して行うことを規定するものである。同項が規定されたのは、措置命令が、公権力の主体たる国が行う、直接国民の権利義務に影響を与える行政処分であることおよび手続の明確性の観点から、措置命令書の謄本を相手方に交付する

第8条前注-1(1)(2)

方法で行うこととする必要があること、ならびに課徴金納付命令と同様、景表法の目的達成のための第一義的手段である措置命令についても、同命令の相手方の所在が不明の場合等に備えて、送達に関する規定にかからしめる必要があるためである（逐条解説・令和5年改正18頁）。当該送達については、民訴法の各規定が適用され(43)、一定の要件の下で公示送達も行うことができる(44①)。

〔森大樹＝須藤希祥＝本田陽希〕

第8条前注　課徴金制度

1 課徴金制度の導入の経緯　　*2* 課徴金制度の趣旨・目的　　*3* 課徴金納付命令に関する実体的要件の概要　　*4* 課徴金納付命令に関する手続　　*5* 課徴金納付命令の効果等　　*6* 独占禁止法の課徴金制度との比較

1　課徴金制度の導入の経緯

（1）　**平成20年法案提出と景表法の消費者庁移管**　　課徴金制度は、平成26(2014)年11月改正により、一定の景表法違反行為を抑止するために導入された。景表法は、昭和37(1962)年に成立した歴史のある法律であるが、長い歴史を鑑みると、課徴金制度が導入されたのは比較的最近といえる。

もっとも、景表法に課徴金制度を導入しようという議論は、平成26年改正の際に初めて出てきたわけではない。公取委は、まだ公取委が景表法を所管していた平成20(2008)年、景表法に不当表示を対象とする課徴金制度を導入することなどを内容とした景表法の改正法案を提出している。しかし、この法案は第169回国会において審議未了のまま継続審議となり、170回国会において廃案となった。

また、景表法そのものも、消費者庁の設立に合わせて、公取委から消費者庁へ移管することとなった。そのため、景表法も競争法体系から消費者法体系に属するものとなったことから、課徴金制度の導入については、消費者法体系という位置付けの中から改めて整理を行うこととされた。

（2）　**消費者庁における検討**　　平成21(2009)年9月に消費者庁が設置されると、消費者庁においても、景表法へ課徴金制度を導入することは様々な形で検討された。平成21年11月から開催された集団的消費者被害救済制度研究会においても、行政による形成的不利益賦課について検討され、さらなる検討が必要とされている。平成23(2011)年10月からは、「消費者の財産被害に係る行政手法研究会」が開

第8条前注-1(3)～(5), 2

催され、平成25(2013)年6月にまとめられた報告書においては、行政による経済的不利益賦課制度について景表法への導入が検討され、消費者の自主的かつ合理的な選択の確保のために、不当表示を実効的に抑止するための措置として課徴金制度を位置付けることができるとされた。

このように消費者庁内で検討が進んでいた折、平成25年10月、有名ホテル事業者において、メニュー表示と実際に使用していた食材とが異なっていたことが公表された。このような動きは全国各地のホテルに見られ、また、ホテルだけではなく、レストランにおいても同様の問題が発覚した。

このような問題を契機に、消費者庁では、行政の監視体制の強化等を内容とする景表法の改正法案の検討と課徴金制度導入のための検討が並行して進められた。

(3) **平成26年6月改正法の本則4条および附帯決議** 平成26(2014)年6月の景表法改正法は、課徴金制度を内容としたものではなかったが、その本則4条として、「政府は、この法律の施行後1年以内に、課徴金に係る制度の整備について検討を加え、必要な措置を講ずるものとする」との規定が盛り込まれた。また、法案審議の過程において、附帯決議により、「課徴金制度の導入に当たっては、透明性・公正性の確保のための主観的要素の在り方など賦課要件の明確化及び加算・減算・減免措置等についても検討し、事業者の経済活動を委縮させることがないよう配慮するとともに、消費者の被害回復という観点も含め検討し、速やかに法案を提出すること」とされた。

(4) **消費者庁における検討** 附帯決議を受け、消費者庁は、早期に法案を提出すべく、法律案であるにもかかわらずパブリックコメントを実施するなど、積極的に検討し、平成26年10月24日には課徴金制度を内容とする改正法案を閣議決定した。

(5) **改正法の成立** 課徴金制度の導入のための改正法案は、第187回国会に提出され、平成26年11月19日に成立し、同月27日に交付された。

2 課徴金制度の趣旨・目的

課徴金制度の核となる部分は、課徴金納付命令であるが、そのような命令の仕組みが設けられた趣旨は、違反行為者に経済的不利益を課すことにより、事業者が不当表示を行う動機を失わせ、不当表示規制の抑止力を高めることによって不当表示を防止する点にあるとされている(逐条解説・平成26年11月改正33頁)。この趣旨は、課徴金制度全体に対しても同様のことがいえるであろう。

しかし、景表法の課徴金制度全体の趣旨としては、違反行為の抑止だけにとど

第8条前注-3(1)～(4)

まらず、一般消費者の被害回復を促進するという側面もある。例えば、後述する10条1項の返金制度は、そのような趣旨から設けられている。

3　課徴金納付命令に関する実体的要件の概要

(1)　**課徴金対象行為**　景表法における課徴金対象行為は2つ存在する。それは、①自己の供給する商品または役務の内容について、実際のものまたは競合する他の事業者によるものよりも著しく優良であると一般消費者に示す表示、②自己の供給する商品または役務の取引条件について、実際のものまたは競合する他の事業者によるものよりも著しく有利であると一般消費者に誤認される表示、である(5①②・8①)。

つまり、課徴金対象行為は5条1号違反行為(優良誤認表示)および5条2号違反行為(有利誤認表示)であり、5条3号違反行為(指定告示違反行為)については課徴金納付命令の対象行為とはなっていない。

(2)　**課徴金算定方法**　課徴金納付命令によって課される課徴金額は、原則として、課徴金対象期間における課徴金対象行為に係る商品または役務の売上額の3％である(8①)。なお、売上額の算定方法については、政令で定めることとされており、景表令(平成21年政令第218号)にて定められている(景表令1・2)。

(3)　**課徴金算定期間**　課徴金算定期間は、原則として、課徴金対象行為をした期間(事業者が課徴金対象行為を始めた日からやめた日までの期間)である(課徴金ガイドライン第4-1(2))。例外として、①課徴金対象行為をやめた日から6か月経過日、または、②一般消費者による自主的かつ合理的な選択を阻害するおそれを解消するための措置をとった日、のいずれか早い日までの間に当該課徴金対象行為に係る商品または役務の取引をした場合には、課徴金対象行為をやめてから当該取引をした日までの期間を加える。

なお、この算定の結果、期間が3年を超えた場合には、当該期間の末日から遡って3年間を課徴金算定期間とする(8②)。

(4)　**主観的要素**　違反行為をした事業者が、課徴金対象行為をした期間を通じて、自ら行った表示が不当表示(具体的には、8条1項1号または2号に該当する表示)であることを知らず、また、知らないことについて相当の注意を怠った者ではないと認められる場合には、課徴金納付命令の主体である内閣総理大臣(消費者庁長官)は、課徴金の納付を命ずることができないとされている(8①ただし書)。

なお、「知らないことにつき相当の注意を怠った者でないと認められる」か否かは、当該事業者が課徴金対象行為に係る表示をする際に、当該表示の根拠となる情報を確認するなど、正常な商慣習に照らして必要とされる注意をしていたか否

510　　第3章　措置と課徴金

第 8 条前注-*3*(5)〜(10)

かによって、個別に判断される。

(5)　**規模基準**　　上記(2)の算定方法によって課徴金額を算定した結果、当該課徴金額が150万円未満である場合には、内閣総理大臣(消費者庁長官)は、課徴金の納付を命じることができない(8①ただし書)。

(6)　**売上額の推計**　　違反行為をした事業者が、内閣総理大臣(消費者庁長官)からの報告徴収の求めに応じず、報告をしない場合には、内閣総理大臣(消費者庁長官)は、当該違反行為をした事業者に係る課徴金対象期間のうち、当該計算の基礎となるべき事実を把握することができない期間における売上額を、合理的な方法で推計し、課徴金の納付を命ずることができる(8④)。

(7)　**加算要件**　　違反行為をした事業者が、①報告徴収等、②8条3項の規定による資料の提出の求め、③課徴金納付命令に係る弁明の機会の付与に関する15条1項の通知、が行われた日のうち、最も早い日から遡って10年以内に課徴金納付命令を受けたことがある場合には、新しい課徴金納付命令において、その課徴金算定率が4.5％となる。つまり、上記(2)で記載した通常の課徴金算定率の1.5倍となる(8⑤⑥)。

(8)　**除斥期間**　　違反行為をした事業者が課徴金対象行為をやめた日から5年を経過したときは、内閣総理大臣(消費者庁長官)は、課徴金納付命令を行うことができない(12⑦)。

(9)　**自主報告による減額**　　違反行為をした事業者が、内閣府令(具体的には、景表規9)で定められた方法によって、課徴金対象行為に該当する事実を内閣総理大臣(消費者庁長官)に対して報告したときは、課徴金額から50％相当額を減額する(9)。

なお、本制度においては、独禁法における課徴金減免制度と異なり、たとえ調査前に自主報告したとしても、課徴金納付命令の免除は認められていない。これは、免除を認めてしまうと、事業者が意図的に不当表示を行い、対象商品および対象役務について売上げを一定程度得た上で、調査開始前に自主申告をしさえすれば課徴金納付命令が免除されるという事態が生じてしまうところ、事業者による不当表示の防止という課徴金制度の趣旨に反してしまうためである。

(10)　**返金措置による課徴金額の減額等**　　違反行為をした事業者が、所定の手続に沿って返金措置をした場合、当該返金措置によって実際に交付された金額を課徴金額から減額する。この減額の結果、課徴金額が1万円未満となる場合には、内閣総理大臣(消費者庁長官)は、課徴金の納付を命じない(10・11)。

なお、この制度は、一般消費者の被害回復を促進することも目的としている景表法の課徴金制度の趣旨から設けられたものであり、独禁法の課徴金制度におい

第3章　措置と課徴金　　*511*

ては、同様の制度は存在しない。

4 課徴金納付命令に関する手続

（1） **事前手続**　内閣総理大臣(消費者庁長官)は、課徴金納付命令をしようとするときは、その名宛人となるべき事業者に対して、弁明の機会を付与しなくてはならない(13)。これは、課徴金納付命令が金銭の納付を命じるものであるため、行政手続法の事前手続規制が適用されないところ(同13②(4))、事業者の手続保障と迅速な執行との調和の観点から設けられたものである。

（2） **賦課手続**　課徴金納付命令は、文書によって行われ、当該文書(課徴金納付命令書)には、納付すべき課徴金の額、課徴金の計算の基礎および当該課徴金に係る課徴金対象行為並びに納期限が記載される(17①)。また、課徴金納付命令は、その名宛人に対して、課徴金納付命令書の謄本を送達することによって、効力が生じる(同②)。なお、送達については、民事訴訟法における送達に関する規定の一部が、読み替えの上で準用されている(43)。

（3） **不服申立手続**　課徴金納付命令に対する不服申立ては、以下に述べるとおり、行政不服審査法に基づく審査請求(同2・4(1))または行政事件訴訟法に基づく処分の取消しの訴え(同3②)のいずれかによることとなる。なお、景表法に基づく課徴金納付命令については、審査請求前置の定めはないため、課徴金納付命令を受けた事業者は、審査請求または取消訴訟のいずれも提起することができる。

　(a)　**審査請求**　課徴金納付命令を受けた事業者は、その内容に不服がある場合、消費者庁長官に対して、審査請求を行うことができる(行政不服審査2・4(1))。なお、審査請求は、原則として、課徴金納付命令があったことを知った日の翌日から起算して3か月以内にしなくてはならない(同18①)。

　課徴金納付命令に対する審査請求としては、平成29(2017)年6月14日に出された日産自動車株式会社に対する課徴金納付命令(消表対第769号)に対する審査請求がある(**事例❺**参照)。当該審査請求に対する裁決においては、8条1項ただし書の「相当の注意」を怠ったかどうかが主に問題となり、日産自動車は相当の注意を怠ったものではないと認められ、平成30(2018)年12月21日、課徴金納付命令は取り消された(消総総第710号)。

　(b)　**取消訴訟**　課徴金納付命令を受けた事業者は、その内容に不服がある場合、国に対して、課徴金納付命令の取消訴訟を提起することができる(行政事件訴訟3②・11①)。なお、取消訴訟は、原則として、課徴金納付命令があったことを知った日から6か月以内にしなくてはならない(同14①)。

512　　第3章　措置と課徴金

第 8 条前注-5⑴〜⑶, 6⑴

　課徴金納付命令に対する取消訴訟としては、令和 3 (2021)年 7 月 2 日に出され
た株式会社ユニクエストに対する課徴金納付命令(消表対第1185号)に対する取消訴
訟および令和 3 年 2 月 3 日に出された株式会社だいいち堂に対する課徴金納付命
令(消表対145号)に対する取消訴訟がある(**事例❸**参照)。

　　(C)　執行停止　　審査請求も取消訴訟も、課徴金納付命令の効力や執行を妨
げるものではない(行政不服審査25①、行政事件訴訟25①)。そのため、その効力や執行
を停止するためには、執行停止の申立て(行政事件訴訟25②)を行う必要がある。
もっとも、執行停止の申立ては、対象となる処分により「重大な損害」(同②)が生
じる場合に認められるところ、一般に、財産的な損害は、事後的な金銭賠償によ
り回復できるとされ、重大な損害として認められにくい。そのため、金銭的な不
利益処分である課徴金納付命令に対しては、執行停止が認められる可能性は必ず
しも高くないと考えられる(この点に関して、独禁法における課徴金納付命令について、同
様のことを述べているものとして、村上政博ほか編『条解 独占禁止法〔第 2 版〕』(弘文堂・2022)
1014頁)。

5　課徴金納付命令の効果等

　(1)　納付義務　　課徴金納付命令を受けた者は、課徴金を納付しなければな
らない(12①)なお、計算された課徴金額に 1 万円未満の端数がある場合には、当
該端数部分は切り捨てられる(12②)。

　(2)　納期限　　課徴金納付命令を受けた者は、課徴金納付命令書に記載され
た納期限までに、課徴金を納付しなくてはならない。当該納期限は、課徴金納付
命令書の謄本を発する日から 7 か月を経過した日である(17①③)。

　(3)　執　　　行　　内閣総理大臣(消費者庁長官)は、納期限までに課徴金を納付し
ない者がいるときは、督促状により、期限を指定して納付を督促しなくてはなら
ない(18①)。

　課徴金納付命令を受けた者が、督促を受けたにも関わらず、指定された期限を
過ぎても納付すべき金額を納付しないときは、内閣総理大臣(消費者庁長官)の命
で、課徴金納付命令は執行されることになる(19①)。

6　独占禁止法の課徴金制度との比較

　(1)　課徴金制度の趣旨・目的　　独禁法の課徴金制度の趣旨・目的は、違反行
為の抑止にある。同制度は、「カルテルの摘発に伴う不利益を増大させてその経
済的誘因を小さくし、カルテルの予防効果を強化することを目的として、既存の
刑事罰の定め(独禁89)やカルテルによる損害を回復するための損害賠償制度(独禁

第 3 章　措置と課徴金　　*513*

第8条前注-6(2)

25)に加えて設けられたものであり、カルテル禁止の実効性確保のための行政上の措置」(最判平成17年9月13日審決集52巻723頁・民集59巻7号1950頁〔機械保険連盟カルテル課徴金事件〕)とされる。公取委も、平成17年改正後の課徴金制度を「カルテル・入札談合等の違反行為防止という行政目的を達成するため、不当利得相当額以上の金銭を徴収する行政上の措置」であると説明している。(公取委「独占禁止法改正(案)の概要及び独占禁止法改正(案)の考え方に対して寄せられた主な意見と公正取引委員会の考え方」)。明確に不当利得以上の金員の納付を命じることとし、累犯加算、主導的役割加算、早期離脱減算を設けて、課徴金減免制度を伴っていることから、課徴金制度の法的性格は行政上の制裁であるとする見解(村上政博『独占禁止法〔第10版〕』(弘文堂・2022)499頁)も、上記公取委の説明と軌を一にするものと考えられる。

景表法の課徴金制度の趣旨・目的は、前述のとおり、違反行為を行った事業者に対して金銭的な不利益を課すことにより事業者に不当表示を行う動機を失わせて違反行為を事前抑止するとともに、一般消費者の被害回復も目的としている。

このように、独禁法と景表法は、いずれも違反行為の抑止を目的としているものの、景表法はさらに一般消費者の被害回復も目的としている点で異なっており、この消費者法的な性質が景表法の課徴金制度を独禁法の課徴金制度とは少し異なるものにしている。

(2)　**課徴金対象期間**　独禁法における課徴金対象期間、すなわち違反行為の対象となる商品または役務の売上高算定のための対象期間(実行期間)について、その終期は、違反行為の実行としての事業活動がなくなる日である。実務上は、違反行為が終了した日の前日とされることが多い(菅久修一編著『独占禁止法〔第5版〕』(商事法務・2024)228頁)。課徴金制度の法的性格を行政上の制裁と捉えると、違反行為の対象となる商品または役務の売上高の算定方法を不当利得の算出と結びつける必要はなく、簡易な算定方式が望ましいことになる(村上政博「独占禁止法の新潮流(第65回)景表法における課徴金制度および確約制度」国際商事法務52巻10号(2024)3頁)。また、独禁法の課徴金対象行為(実行期間)は、従前は3年間を上限としていたが、令和元年改正により調査開始日から10年遡れることになり、仮に調査開始後も違反行為が継続している場合は10年を超える可能性がある(独禁2の2⑬等)。

他方、前述のとおり〔3(3)〕景表法の課徴金対象期間は、課徴金対象行為をした期間だけでなく、当該課徴金対象行為をやめた後もその行為によって生じた一般消費者の誤認を利用した取引を含めるため、当該課徴金対象行為に係る商品もしくは役務の取引をした最後の日まで原則として含む(ただし、課徴金対象行為をやめた日から6か月を経過する日と、誤認解消措置として内閣府令で定める措置をとった日との、いずれか早い方の日までとなる)(8②)。また、課徴金対象期間の上限は、課徴金制度の実

514　第3章　措置と課徴金

第8条前注-6(3)(4)

効性と、法的安定性や法執行の負担も考慮して、3年とされている(同②)。

(3) **返金制度**　独禁法には、景表法の返金制度(10・11)のように違反行為によって被害を受けた一般消費者に対して返金を行う制度は存在しない。ただし、平成30(2018)年に導入された確約制度において、確約計画が認定されるための要件である措置の十分性を満たすために有益な措置として、取引先等に提供させた金銭的価値の回復が挙げられている(「確約手続に関する対応方針」〔公取委平成30年9月26日策定、最終改正令和3年5月19日〕6(3)イ(カ))。実際に、優越的地位の濫用(独禁法2⑨(5))を違反被疑行為とする確約事件の多くにおいて(令和6年7月時点で5件)、取引先等に対する返金措置が確約計画に盛り込まれ、実施されている。

　景表法は、その課徴金制度の趣旨・目的に一般消費者の被害回復も含まれていることから、法律で返金制度(10・11)を設けている。もっとも、平成26(2014)年11月に景表法において課徴金制度が導入されてから現在(令和6年7月時点)に至るまで、返金制度が利用されたのはわずか4件に留まっている。令和5(2023)年改正は、事業者側の返金制度の利用のインセンティブを向上などの観点から返金手段を拡充して金銭以外の支払手段も一部認め、例えば、金額表示の第三者型前払式支払手段の電子マネー等などが認められている。

(4) **義務型課徴金制度**　独禁法においては、同法7条の2第1項に「課徴金を国庫に納付することを命じなければならない」とあるとおり、課徴金対象行為を認定した場合、裾切りなど一定の場合を除き、公取委は違反行為者に対して課徴金を課さなければならない。もっとも、実際に課徴金が課されることが最も多いのは、独禁法上の課徴金対象行為のうちの不当な取引制限(独禁2⑥)であり、他には不公正な取引方法のうちの優越的地位の濫用(同⑨(5))や排除型私的独占(同⑤)であり、優越的地位の濫用以外の不公正な取引方法については要件との関係からもこれまで課徴金が課されたことはない。また、優越的地位の濫用についても、同行為に対して課徴金が導入されてから現在まで(令和6年7月時点)課徴金納付命令が行われた5件についていずれも審判で争われており、最後に課徴金が課されたダイレックス事件以降、公取委は優越的地位の濫用に関する事件を取り上げてはいるものの、課徴金納付命令を行っていない。

　景表法は、8条1項に「課徴金を国庫に納付することを命じなければならない」とあるとおり、課徴金対象行為を認定した場合、裾切りなど一定の場合を除き、消費者庁は違反行為者に対して課徴金を課さなければならないのが原則であるが、課徴金納付命令の消極要件として相当の注意という主観的要件を求めており、かかる消極要件を求めている点で独禁法とは異なる。独禁法との比較で考えてみると、独禁法上の義務型課徴金制度が一律かつ画一的であることで、執行に

第3章　措置と課徴金　*515*

第8条前注-6(5)(6)

困難を来しているようにもみえ、景表法が主観的要件付きの義務的課徴金制度を採用したのは独禁法のこのような経験を参考にしたのではないかと推測する見方もある(根岸哲「三菱・日産自動車不当表示課徴金納付命令(平成29・1・27、平29・6・14)」公取804号(2017)13頁)。

(5) **課徴金算定率** 独禁法の課徴金算定率は違反行為類型によって異なっており、例えば、不当な取引制限や支配型私的独占は10%(独禁7の2①・7の9①)、排除型私的独占は6%(同7の9②)不公正な取引方法は3%(不公正な取引方法のうち優越的地位の濫用は1%)などである。さらに、不当な取引制限等に係る違反行為者が中小企業の場合は軽減算定率が適用される(同7の2②)。なお、従前は、不当な取引制限と支配型私的独占の課徴金算定率は違反行為に係る業種(卸売業、小売業、製造業などそれ以外)によって異なっていたが、独禁法の令和元(2019)年改正によって業種ごとの課徴金算定率は廃止された。

景表法は、優良誤認表示または有利誤認表示問わず課徴金算定率は3%であり、中小企業の軽減算定率や業種ごとの課徴金納付命令も存在しない。景表法において課徴金算定率を一律3%としているのは、制度の透明性・公平性の確保の観点から課徴金の賦課要件を明確に規定するとともに、違反行為に迅速に対応できるようにするためである。独禁法において、業種によって算定率が異なるために種々の難しい問題が生じたことを踏まえたものと考えられる(白石忠志「景品表示法の構造と要点(第5回)課徴金納付命令(中)」NBL1051号(2015)61頁)。

(6) **課徴金の減免に関する制度** 独禁法においては、課徴金減免制度により、調査開始日前に最初に違反行為に係る事実の報告等を公正取引委員会に対して行った違反事業者は課徴金が免除され(独禁7の4等)、その後に事実の報告等を行った違反事業者もその順位や調査開始日の前後によって減算率が異なるものの課徴金の減額を受ける。また、調査協力減算制度(同法7の5)に基づいて公取委と合意をした違反事業者は、その協力度合いによってさらに課徴金の減算率が加算される。なお、独禁法の課徴金減免制度は、あくまで不当な取引制限に該当する行為を行った違反事業者のみが対象となっており(同7の4)、私的独占や不公正な取引方法など単独行為は対象となっていない。

景表法においては、自主報告の制度(9)により、課徴金対象行為に該当する事実を一定の要件に従って内閣総理大臣(消費者庁長官)に報告を行った場合は、50%の減算率によって課徴金が減額される。景表法は、前述のとおり、独禁法と異なり、課徴金の免除は認めていない。また、景表法においても、1つの商流において複数の違反事業者が現れることはあり得るが、独禁法のように報告について順位付けはせず、課徴金の減算率は一律50%である。景表法の自主報告の制度で

516　第3章　措置と課徴金

は、当該課徴金対象行為に該当する事実の報告が、調査により当該課徴金対象行為について課徴金納付命令があるべきことを予知されて行われた場合には、同制度が予定する課徴金の減額を受けられる報告には該当しないとされている(9)。この点、独禁法の「調査開始日前」(独禁7の4)は立入検査(同47①(4))または臨検等(同102①)が最初に行われた日とされ、調査権限を行使せずに相手方の協力の下で報告を求めるようないわゆる任意調査は含まれないが、景表法の「調査」(9)はこのような任意調査も含まれる。

(7) **今後の運用**　独禁法においては、平成30(2018)年に確約制度が導入されて以降、同制度が積極的に活用されており、令和5(2023)年度までに公取委が確約計画の認定した事件は18件ある。独禁法の確約制度は、課徴金納付命令が行われることが最も多かった、いわゆるハードコアカルテルに該当する不当な取引制限は対象としておらず、むしろ課徴金対象とならない不当な取引制限やそれ以外の不公正な取引方法等を広く対象としている。そのため、前述のとおり優越的地位の濫用については確約認定によって課徴金が課されなくなった事例は存在するものの、課徴金制度の運用自体は確約制度の導入により大きく変わったことは見受けられない。

景表法の確約制度(26等)は、課徴金対象行為である優良誤認表示および有利誤認表示を対象とすることから、仮に上記課徴金対象行為の多くが確約計画の認定を受ける場合、課徴金納付命令が行われる件数がかなり減少すると想像される。また、確約計画の認定によって課徴金が課されなくなることから、課徴金が50%減算されることになる自主報告(9)の利用も限定的になる可能性があると考えられる。

〔石田健＝橋本康〕

〔課徴金納付命令〕

第8条　①　事業者が、第5条の規定に違反する行為(同条第3号に該当する表示に係るものを除く。以下「課徴金対象行為」という。)をしたときは、内閣総理大臣は、当該事業者に対し、当該課徴金対象行為に係る課徴金対象期間に取引をした当該課徴金対象行為に係る商品又は役務の政令で定める方法により算定した売上額に100分の3を乗じて得た額に相当する額の課徴金を国庫に納付することを命じなければならない。ただし、当該事業者が当該課徴金対象行為をした期間を通じて当該課徴金対象行為に係る表示が次の各号のいずれかに該当することを知らず、かつ、知らないことにつき相

§ 8 ①②-1, 2

当の注意を怠つた者でないと認められるとき、又はその額が150万円未満
であるときは、その納付を命ずることができない。

(1) 商品又は役務の品質、規格その他の内容について、実際のものよりも
著しく優良であること又は事実に相違して当該事業者と同種若しくは類
似の商品若しくは役務を供給している他の事業者に係るものよりも著し
く優良であることを示す表示

(2) 商品又は役務の価格その他の取引条件について、実際のものよりも取
引の相手方に著しく有利であること又は事実に相違して当該事業者と同
種若しくは類似の商品若しくは役務を供給している他の事業者に係るも
のよりも取引の相手方に著しく有利であることを示す表示

② 前項に規定する「課徴金対象期間」とは、課徴金対象行為をした期間（課
徴金対象行為をやめた後そのやめた日から6月を経過する日（同日前に、当該事
業者が当該課徴金対象行為に係る表示が不当に顧客を誘引し、一般消費者による
自主的かつ合理的な選択を阻害するおそれを解消するための措置として内閣府令
で定める措置をとつたときは、その日）までの間に当該事業者が当該課徴金対象
行為に係る商品又は役務の取引をしたときは、当該課徴金対象行為をやめてから
最後に当該取引をした日までの期間を加えた期間とし、当該期間が3年を超える
ときは、当該期間の末日から遡つて3年間とする。）をいう。

---

1 概　　要　　**2** 趣　　旨　　**3** 非裁量的処分　　**4** 「課徴金対象行為」
5 課徴金額の算定方法　　**6** 主観的要素　　**7** 規模基準

1 概　　要

本条1項は、内閣総理大臣(消費者庁長官)が、課徴金納付命令をするに当たっ
て、その主体、客体、対象行為および計算方法を定めたものである。また、ただ
し書において、内閣総理大臣(消費者庁長官)が課徴金納付命令を行うことができな
い場合についても規定している。

2 趣　　旨

本条1項は、不当表示を行った事業者に経済的不利益を課すことにより、事業
者が不当表示を行う動機を失わせ、不当表示規制の抑止力を高めることによって
不当表示を防止することを目的としたものである(逐条解説・平成26年11月改正33頁)。

518　第3章　措置と課徴金

§ 8 ①②-3, 4

3 非裁量的処分

本条1項は、事業者が、5条の規定(同条3号に該当する表示に係るものを除く)に違反する行為をしたときは、内閣総理大臣(消費者庁長官)は、「課徴金を国庫に納付することを命じなければならない」としている。つまり、本規定は、内閣総理大臣(消費者庁長官)に対して、優良誤認・有利誤認表示をした事業者へ課徴金納付命令を行うことを義務付けるものである。そのため、内閣総理大臣(消費者庁長官)は、課徴金納付命令を発するか否かおよびその内容をどのようなものとするかについて、裁量を有しておらず、規定に沿って計算された内容の課徴金納付命令を発しなくてはならないこととなる。この点は、命令を発するか否かおよび命令の内容について裁量が認められている措置命令と異なる(7①)。なお、現在のところ、課徴金納付命令の対象となった案件については、多くの案件では措置命令が前置されており、残りの案件でも、措置命令と課徴金納付命令が同時に発出されており、課徴金納付命令が前置されている例は見当たらない(なお、措置命令の主体が、消費者庁ではなく、地方自治体である場合もある)。その理由としては、同一の違反事実を基礎とするところ、消費者被害の拡大を一刻も早く食い止める観点から、多くの案件において、まずは措置命令が出され、その後に課徴金算定のための事実を固めて課徴金納付命令を出すという実務が確立しているためであると考えられる。

4 「課徴金対象行為」

本条1項は、「課徴金対象行為」を「第5条の規定に違反する行為」とした上で、「(同条第3号に該当する表示に係るものを除く。)」としている。そのため、課徴金対象行為とは、5条1号および2号の規定に違反する行為であり、具体的には、①自己の供給する商品または役務の内容について、実際のものや競合する他の事業者のものよりも著しく優良であると一般消費者に対し示す表示(優良誤認表示。5⑴)、②自己の供給する商品または役務の取引条件について、実際のものや競合する他の事業者のものよりも著しく有利であると一般消費者に誤認される表示(有利誤認表示。同⑵)のことを指す。

優良誤認表示および有利誤認表示が課徴金対象行為とされた趣旨は、課徴金納付命令制度の立案当時、優良誤認表示および有利誤認表示が景表法における主たる不当表示類型であり、景表法の所管が消費者庁に移管されてからの措置命令事案の大半を占めており、当該不当表示に対する抑止力強化の必要性が高いと考えられたためである。

他方で、商品または役務の取引に関する事項について一般消費者に誤認される

第3章 措置と課徴金　　519

§ 8 ①②-5(1)

おそれがある表示であって、内閣総理大臣が指定し告示した表示(5(3))をすることは、課徴金対象行為とはされなかった。これは、景表法の所管が消費者庁に移管された平成21(2009)年9月から平成26(2014)年10月までの措置命令事案が全部で146件あったところ、そのうち指定告示に係る表示についての事案は8件のみであり、課徴金を賦課して違反行為の抑止力を強化するに足りる立法事実が認められないと考えられたためとされている(逐条解説・平成26年11月改正36頁)。

もっとも、指定告示による表示に該当するような表示であっても、同時に優良誤認表示または有利誤認表示にも該当する表示である場合には、事業者は課徴金対象行為を行っているのであるから、当該表示は課徴金納付命令の対象となる。例えば、令和5(2023)年10月に、「一般消費者が事業者の表示であることを判別することが困難である表示」(いわゆる「ステルスマーケティング」)は、指定告示による表示に加えられたが、そのような表示が、同時に優良誤認表示や有利誤認表示に該当する場合はあり得る。そういった場合には、課徴金納付命令の対象となり得る(ステルスマーケティングに関する検討会「報告書」〔令和4年12月28日〕24頁)。

5 課徴金額の算定方法

課徴金額は、課徴金対象行為に係る「課徴金対象期間に取引をした」「当該課徴金対象行為に係る商品又は役務」の「政令で定める方法により算定した売上額」に「100分の3」つまり3%(本条5項および6項に基づき課徴金の額が加算される場合は4.5%)を乗じて得た額となる。

(1) **「課徴金対象期間」**　　課徴金額は、課徴金対象期間にされた取引の売上額を算定基礎とするため、まずは、課徴金対象期間の内容が問題となる。

(a) 2項の規定　　本条2項は、課徴金対象期間について定めている。定めている内容を整理すると、課徴金対象期間とは以下の(i)または(ii)の期間であるということになる。また、同項では、当該期間が3年を超えるときは、当該期間の末日から遡って3年間を課徴金対象期間と定めている。

(i) 原則：課徴金対象行為をした期間

(ii) 課徴金対象行為をやめた日から①6か月を経過する日、または、②「不当に顧客を誘引し、一般消費者による自主的かつ合理的な選択を阻害するおそれを解消するための措置として内閣府令で定める措置」(以下、「一般消費者の誤認のおそれの解消措置」という)をとった日のいずれか早い日までの間に、当該課徴金対象行為に係る商品または役務の取引をした場合：課徴金対象行為をした期間に、当該「課徴金対象行為をやめてから最後に当該取引をした日までの期間」を加えた期間

520　　第3章　措置と課徴金

§ 8 ①②-5(1)

本条2項おいて、課徴金対象期間について例外的に加算期間が設けられた趣旨は、事業者が課徴金対象行為をやめた後も、一般消費者の誤認のおそれの解消措置をとらないまま当該課徴金対象行為に係る商品または役務の取引を行う場合、かかる取引には当該課徴金対象行為によって生じた一般消費者の誤認を利用した取引が含まれると考えられるため、かかる取引の売上額も課徴金額算定の基礎に含めることとしたものである(逐条解説・平成26年11月改正47頁)。そこで、本条2項にいう「当該課徴金対象行為をやめてから最後に当該取引をした日までの期間」とは、課徴金対象行為をやめた日から①「6月を経過する日」、または、②一般消費者の誤認のおそれの解消措置をとった日のいずれか早い日までの間に課徴金対象行為に係る商品または役務の取引をした日までの期間を意味し、当該期間が課徴金対象期間に加算される。そのため、例えば仮に②の一般消費者の誤認のおそれの解消措置がとらないまま9か月間取引を継続しても、①によって課徴金対象行為をやめた日から6か月を経過する日が課徴金対象期間の終期となるのであって、9か月を経過した日が終期となるわけではない。

(b) 課徴金対象行為をした期間　　課徴金対象行為をした期間とは、事業者が課徴金対象行為(優良・有利誤認表示をする行為)を始めた日からやめた日までの期間をいう(課徴金ガイドライン第4-1(2))。

課徴金対象行為を始めた日は、実際に優良・有利誤認表示を初めて行った日であり、比較的明確である。

課徴金対象行為を「やめた日」に該当する日としては、例えば、事業者が、特定の商品の内容について著しく優良であると示す表示を内容とするウェブサイトを公開していた場合の当該公開行為を終了した日が挙げられる。また、表示内容を変更することにより、変更した後の表示内容を実際の商品または役務の内容や取引条件と一致させたと認められるときは、当該一致させた日が課徴金対象行為を「やめた日」に該当する(課徴金ガイドライン・パブリックコメント結果番号7(2)後段)。

他方で、当該表示を終了していない場合であっても、課徴金対象行為に係る商品の実態を変更し、実態を表示に一致させることにより、当該表示が優良・有利誤認表示ではなくなれば、課徴金対象行為とはいえなくなる。したがって、当該事業者が、当該実態を当該表示内容と一致させたと認められる場合には、もはや表示は優良・有利誤認表示ではなくなるため、当該変更日が課徴金対象行為を「やめた日」に該当する(課徴金ガイドライン第4-1(2))。例えば、カタログ、広告宣伝媒体等の表示内容は訂正せず、他方で、課徴金対象行為に係る商品の市場在庫品を回収するとともに、当該商品の仕様を変更し、課徴金対象行為に係る商品の内容を変更することにより、表示内容と一致させたと認められるときは、当該変

§8①②-5⑴

更日が課徴金対象行為を「やめた日」に該当する(課徴金ガイドライン・パブリックコメント結果番号7(2)前段)。また、表示内容と一致しない商品の出荷をやめ、各小売業者等において当該商品について一般消費者の取引し得る状態に置かなくなったと認められる場合、課徴金対象行為に係る商品の内容を表示内容と一致させた上で表示内容と一致しない商品の供給をやめていることから、課徴金対象行為に係る商品の内容を変更することにより、表示内容と一致させたと認められ、当該出荷をやめた日が課徴金対象行為を「やめた日」に該当する(課徴金ガイドライン・パブリックコメント結果番号6)。

　(c)　「課徴金対象行為をやめてから最後に当該取引をした日までの期間」　本条2項は、課徴金対象期間の例外として、課徴金対象行為をやめた後であっても、その後、当該課徴金対象行為に係る商品または役務の取引をした場合、課徴金対象期間が加算されることがあることを定めている。なお、ここでいう「取引」とは、課徴金対象行為に係る商品または役務に係る契約締結、商品の引き渡し、または役務の提供のいずれも含むものである(詳説課徴金制度29頁)。

　このような加算期間が設けられた趣旨は、課徴金対象行為をやめた後も、当該課徴金対象行為によって生じた一般消費者による自主的かつ合理的な選択を阻害するおそれを解消するための措置をとらないまま当該課徴金対象行為に係る取引を行う場合、当該課徴金対象行為による誤認の影響が残存しており、当該取引の中には、当該課徴金対象行為によって生じた一般消費者の誤認を利用した取引が含まれているといえるためである。もっとも、そのような誤認の影響は、永続するものではなく、時の経過とともに薄れていくといえる。そこで、誤認の影響が存続する期間を、課徴金対象行為をやめた後(一般消費者の誤認のおそれの解消措置をとらない限り)最長6か月とみなし、「課徴金対象行為をやめた後そのやめた日から6月を経過する日」という規定となっている。

　(d)　一般消費者の誤認のおそれの解消措置　「一般消費者による自主的かつ合理的な選択を阻害するおそれを解消するための措置として内閣府令で定める措置」は、景表規(平成28年内閣府令第6号)8条として、以下のとおり規定されている。

> 〔法第8条第2項に規定する内閣府令で定める措置〕
> 第8条　法第8条第2項に規定する内閣府令で定める措置は、課徴金対象行為に係る表示が同条第1項ただし書各号のいずれかに該当することを時事に関する事項を掲載する日刊新聞紙に掲載する方法その他の不当に顧客を誘引し、一般消費者による自主的かつ合理的な選択を阻害するおそれを解消する相当な方法により一般消費者に周知する措置とする。

§ 8 ①②-5(1)

　課徴金対象行為に係る表示方法、表示内容や行為態様等は個別事案により多様であるため、当該課徴金対象行為に係る表示から生じる「不当に顧客を誘引し、一般消費者による自主的かつ合理的な選択を阻害するおそれ」を解消するため相当と認められる方法がどのようなものであるかは、個別事案によって異なるが、少なくとも、「一般消費者に周知する措置」である必要がある（課徴金ガイドライン第4-1(4)）。

　この点に関して、「一般消費者」とは、5条の「一般消費者」と同様であり、表示の対象となる商品または役務の需要者一般を指すのであって、課徴金対象行為に係る表示を事業者が直接示した（または直接示すことを意図した）特定の消費者に限られるものではない。したがって、例えば、特定の一般消費者にしか配布していない表示物（広告や販売用資料等）に誤りがあった場合、当該一般消費者に対してのみ訂正したことが上記措置に該当するか否かは、個別事案に応じて、かかる方法で足りるといえる特段の事情の有無を勘案して判断されることとなる。もっとも、当該方法で足りる場合は極めてまれとされている（課徴金ガイドライン・パブリックコメント結果番号13）。

　「一般消費者による自主的かつ合理的な選択を阻害するおそれを解消する相当な方法」の認定は、個別事案による。なお、この点について、課徴金ガイドラインのパブリックコメント回答12においては、日刊紙2紙への掲載も含む周知方法が例示されている（課徴金ガイドライン・パブリックコメント結果番号12）。これは、実務上、一般消費者の誤認のおそれの解消措置としての十分性を考える際に1つの目安となると考えられている。

　(e)　想定例　　上記のとおり、課徴金算定期間に「課徴金対象行為をやめてから最後に当該取引をした日までの期間」が加算されるのは、課徴金対象行為をやめた後に課徴金対象行為に係る商品または役務の取引をした場合である。そのため、課徴金対象行為をやめた後に課徴金対象行為に係る商品または役務の取引をしていない場合は、「課徴金対象期間」は「課徴金対象行為をした期間」と同一期間となる。

　他方、事業者が課徴金対象行為をやめた後に課徴金対象行為に係る商品または役務の取引をした場合は、課徴金対象行為をやめた日から6か月を経過する日または一般消費者の誤認のおそれの解消措置をとった日のいずれか早い日までの間においていつまで取引をしていたかによって、課徴金対象期間として加算される期間の有無や長さが異なり、課徴金対象期間が異なることとなる。

　この点、課徴金ガイドラインは、以下のような想定を記載している。

第3章　措置と課徴金　　*523*

§8①②-5(1)

〈事例1〉

　商品aを製造する事業者Aが、小売業者を通じて一般消費者に対して供給する商品aの取引に際して、商品aについて優良誤認表示を内容とする包装をし、その包装がされた商品aを、平成30年4月1日から同年9月30日までの間、毎日小売業者に対し販売して引き渡した場合、事業者Aの課徴金対象行為をした期間は、平成30年4月1日から同年9月30日までとなる（小売業者の一般消費者に対する販売行為は、事業者Aの行為ではない。なお、当該小売業者が事業者Aとともに当該優良誤認表示の内容の決定に関与していた場合は、当該小売業者が一般消費者に対して商品aを販売して引き渡す行為について、別途課徴金対象行為の該当性が問題となる）。

　事業者Aは、課徴金対象行為をやめた日の翌日である平成30年10月1日以降は商品aの取引をしていないため、課徴金対象期間は、平成30年4月1日から同年9月30日までとなる。

　本想定例においては、事業者Aは、包装において優良誤認となる表示をしている。そのため、表示と商品の販売・引渡しが同時にされていると考えられる。したがって、商品aの販売・引渡しをやめたときが課徴金対象行為をやめたときとなるので、課徴金対象行為をやめたときは、平成30年9月30日となる。そして、事業者Aは、課徴金対象行為をやめた後に商品aの取引をしていない。したがって、例外としての期間の加算がなく、課徴金対象行為をした期間、つまり、事業者が課徴金対象行為（優良誤認表示をする行為）を始めた日からやめた日までの期間（平成30年4月1日から同年9月30日まで）が、課徴金対象期間となる。

〈事例2〉

　事業者Bが、自ら直接一般消費者に対して販売する商品bの取引に際して、商品bについて有利誤認表示を内容とするチラシを、自ら平成30年10月1日から平成31年3月31日までの間配布した場合、事業者Bの課徴金対象行為をした期間は、平成30年10月1日から平成31年3月31日までとなる。

　事業者Bが、平成31年4月1日以降は商品bの取引をしなかった場合、課徴金対象期間は平成30年10月1日から平成31年3月31日までとなる。

　本想定例においては、事象者Bは、チラシにおいて有利誤認表示をしており、〈事例1〉とは異なり、必ずしも表示と商品bの販売・引渡しは同時ではない。課徴金対象行為は、取引ではなく、あくまでも表示であるから、課徴金対象行為をやめたときは、有利誤認表示を内容とするチラシの配布をやめた平成31年3月31日となる。もっとも、事業者Bは、課徴金対象行為をやめた後に商品bの取引をしていない。そのため、例外としての期間の加算がなく、課徴金対象行為をした期間、つまり、事業者が課徴金対象行為（有利誤認表示をする行為）を始めた日か

524　　第3章　措置と課徴金

§ 8 ①②-5⑴

らやめた日までの期間（平成30年10月1日から平成31年3月31日まで）が、課徴金対象期間となる。

〈事例3〉
　事業者Cが、自ら直接一般消費者に対して販売する商品cの取引に際して、商品cについて優良誤認表示を内容とするポスターを平成31年4月1日から令和元年9月30日までの間自己の店舗内および店頭に掲示した場合、事業者Cの課徴金対象行為をした期間は、平成31年4月1日から令和元年9月30日までとなる。
　事業者Cが、令和元年10月1日以降、一般消費者の誤認のおそれの解消措置をとらないまま、商品cの取引を継続し、最後に取引をした日が令和元年12月31日であった場合、課徴金対象期間は平成31年4月1日から令和元年12月31日までとなる。

　本想定例においては、事業者Cが課徴金対象行為をした期間は、商品cについて優良誤認表示を内容とするポスターを掲示していた期間であるから、平成31年4月1日から令和元年9月30日までとなる。また、事象者Cは、当該課徴金対象行為をやめてから、令和元年12月31日まで商品cの取引をしており、それは、課徴金対象行為をやめた令和元年9月30日から6か月を経過する日（令和2年3月31日）までのことであり、かつ、一般消費者の誤認のおそれの解消措置をとらないままである。そのため、課徴金対象行為をした期間（平成31年4月1日から令和元年9月30日まで）に当該課徴金対象行為をやめてから最後に当該取引をした日までの期間（令和元年10月1日から同年12月31日まで）を加えた期間（平成31年4月1日から令和元年12月31日まで）が、課徴金対象期間となる。

〈事例4〉
　事業者Dが、自ら直接一般消費者に対して販売する商品dの取引に際して、商品dについて優良誤認表示を内容とするテレビコマーシャルを令和元年10月1日から同月31日までの間テレビ放送局に放送させた場合、事業者Dの課徴金対象行為をした期間は、令和元年10月1日から同月31日までとなる。
　事業者Dが、令和元年11月1日以降、一般消費者の誤認のおそれの解消措置をとらないまま、商品dの取引を継続し、令和2年4月30日に取引をした上で、最後に取引をした日が令和2年8月31日であった場合、課徴金対象期間は、令和元年10月1日から令和2年4月30日（課徴金対象行為をやめてから6か月経過日までの最後の取引日）までとなる。

　本想定例においては、事業者Dが課徴金対象行為をした期間は、商品dについて優良誤認表示を内容とするテレビコマーシャルを放送させた期間であるか

第3章　措置と課徴金　　525

ら、令和元(2019)年10月１日から同月31日までとなる。また、事業者Ｄは、当該課徴金対象行為をやめてから、令和２年８月31日まで商品ｄの取引をしており、それは課徴金対象行為をやめた令和元年10月31日から６か月を経過する日(令和２年４月30日)までの日を含んでおり、かつ、一般消費者の誤認のおそれの解消措置をとらないままである。そのため、課徴金対象行為をした期間(令和元年10月１日から同月31日まで)に、当該課徴金対象行為をやめた日から６か月を経過する日(令和２年４月30日)までの間で、当該課徴金対象行為をやめてから最後に当該取引をした日までの期間(最後の取引自体は令和２年８月31日まで行われているが、「令和２年４月30日までの間」という条件があるので、令和元年11月１日から令和２年４月30日までの期間)を加えた期間(令和元年10月１日から令和２年４月30日)が、課徴金対象期間となる。

〈事例５〉
　事業者Ｅが、自ら直接一般消費者に対して販売する商品ｅの取引に際して、商品ｅについて有利誤認表示を内容とするウェブサイトを令和元年11月１日から令和２年４月30日までの間公開した場合、事業者Ｅの課徴金対象行為をした期間は、令和元年11月１日から令和２年４月30日までとなる。
　事業者Ｅが令和２年５月１日以降も商品ｅの取引を継続し(同年７月31日にも取引をしていた)、最後に取引をした日が令和４年９月30日であったが、令和２年７月31日に一般消費者の誤認のおそれの解消措置をとっていた場合、課徴金対象期間は、令和元年11月１日から令和２年７月31日までとなる。

　本想定例においては、事業者Ｅが課徴金対象行為をした期間は、商品ｅについて有利誤認表示を内容とするウェブサイトを公開していた期間であるから、令和元年11月１日から令和２年４月30日までとなる。また、事業者Ｅは、当該課徴金対象行為をやめてから、令和２年７月31日を含め、令和４年９月30日まで商品ｅの取引をしていたが、それは課徴金対象行為をやめた日から６か月を経過する日(令和２年10月31日)または一般消費者の誤認のおそれの解消措置をとっていたときのその日(令和２年７月31日)までのいずれか早い日までの日を含んでいる。そのため、課徴金対象行為をした期間(令和元年11月１日から令和２年４月30日まで)に、当該課徴金対象行為をやめた日から６か月を経過する日または一般消費者の誤認のおそれの解消措置をとっていたときのその日のいずれか早い日(当該課徴金対象行為をやめた日から６か月を経過する日は令和２年10月31日であり、一般消費者の誤認のおそれの解消措置をとっていたときのその日は同年７月31日なので、同日が早い日となる)までの間で、当該課徴金対象行為をやめてから最後に当該取引をした日までの期間(最後の取引自体は令和４年９月30日まで行われているが、一般消費者の誤認のおそれの解消措置をとった令和２年７月31日までの間となるので、令和２年５月１日から同年７月31日までの間までの期

間)を加えた期間(令和元年11月1日から令和2年7月31日まで)が、課徴金対象期間となる。

　(f)　課徴金対象期間の上限(3年間)　　課徴金対象期間の上限は、3年間である。当該期間が3年間を超えるときは、当該期間の末日から遡って3年間となる。この「3年間」という期間は、当時の独禁法における違反行為に対する課徴金に係る対象期間の上限に倣ったものである(旧独禁7の2①)。

　課徴金制度の目的は、事業者に経済的不利益を賦課することで、不当表示規制の抑止力を高め、不当表示を防止することにあるため、課徴金対象期間は当該目的を達成するのに必要な範囲を設定する必要があった。

　この点に関し、課徴金制度の実効性を確保しつつ、法的安定性を害さずに事業者の報告の負担や行政の法執行における負担が過度なものともならないように過去に遡及し得る期間に合理的な限定をするとの考えの下、課徴金対象期間の上限は3年間とされた。同期間は、消費者庁設置後に措置命令を受けた事業者が行った表示期間の平均値も参考にして設定された(逐条解説・平成26年11月改正48頁)。なお、独禁法においては、令和元年改正において、課徴金の対象期間は10年間と改正されている(同2の2⑬)が、景表法においては、令和5(2023)年改正においても改正はなく、3年間の上限が維持されている。

(2)　「課徴金対象行為に係る商品又は役務」　　課徴金対象行為は優良・有利誤認表示をする行為であるから、「課徴金対象行為に係る商品又は役務」とは、優良・有利誤認表示をする行為の対象となった商品または役務である。

　「課徴金対象行為に係る商品又は役務」として、どこまでの商品または役務が「課徴金対象行為に係る」と評価することができるのかは、課徴金の額に直接の影響を与える。この評価においては、当該課徴金対象行為に係る表示内容や行為態様等が考慮される。課徴金ガイドラインにおいて、以下のように考え方の例が挙げられている。

　(a)　表示の影響が地理的に限定的な場合　　全国(または特定地域)において供給する商品または役務であっても、具体的な表示の内容や実際に優良・有利誤認表示をした地域から、一部の地域や店舗において供給した当該商品または役務が「課徴金対象行為に係る商品又は役務」となることがある。課徴金ガイドラインの想定や過去の課徴金納付命令では、以下のような考え方・判断が示されている。

〈事例6〉
　事業者Aが、自ら全国において運営する複数の店舗においてうなぎ加工食品aを一般消費者に販売しているところ、平成30年4月1日から同年11月30

§ 8 ①②-5⑵

日までの間、北海道内で配布した「北海道版」と明記したチラシにおいて、当該うなぎ加工食品について「国産うなぎ」等と記載することにより、あたかも、当該うなぎ加工食品に国産うなぎを使用しているかのように示す表示をしていたものの、実際には、同期間を通じ、外国産のうなぎを使用していた事案。
事業者Aの課徴金対象行為に係る商品は、事業者Aが北海道内の店舗において販売する当該うなぎ加工食品となる。

本想定例においては、事業者Aは、うなぎ加工食品aを全国において販売しているが、国産ではないうなぎ加工食品を「国産うなぎ」として記載し、配布したのは、北海道版チラシに限られている。そのため、うなぎ加工食品について、実際には外国産うなぎであるにもかかわらず、国産うなぎであると優良誤認表示をした行為の対象となった商品は、北海道内の店舗において販売する当該うなぎ加工食品に限られることとなる。したがって、北海道内の店舗において販売する当該うなぎ加工食品が、「課徴金対象行為に係る商品」ということになる。

〈事例7〉
　事業者Bが、自ら東京都内で運営する10店舗において振り袖bを一般消費者に販売しているところ、平成30年9月1日から同年11月30日までの間、東京都内で配布したチラシにおいて、当該振り袖について「○○店、××店、△△店限定セール実施！通常価格50万円がセール価格20万円！」(○○店、××店、△△店は東京都内にある店舗)等と記載することにより、あたかも、実売価格が「通常価格」と記載した価格に比して安いかのように表示をしていたものの、実際には、「通常価格」と記載した価格は、事業者Bが任意に設定した架空の価格であって、○○店、××店、△△店において販売された実績のないものであった事案。
　事業者Bの課徴金対象行為に係る商品は、事業者Bが東京都内の○○店、××店、△△店において販売する当該振り袖となる。

本想定例においては、事業者Bは、振袖bを東京都内で運営する10店舗において販売している。しかし、東京都内で配布したチラシには、「○○店、××店、△△店限定」との表示があるため、有利誤認表示をした行為の対象となった商品は、これらの店舗で販売された振袖bに限られているといえる。そのため、事業者Bが東京都内の○○店、××店、△△店において販売する当該振り袖が、「課徴金対象行為に係る商品」ということになる。

〈課徴金納付命令事例〉
　実際に課徴金納付命令において、このような点が影響していると考えられる例としては、課徴金納付命令令和4年8月9日(有限会社ファミリア薬品に対する件[消表

528　第3章　措置と課徴金

§ 8 ①②-5(2)

対第1037号]**事例⓯**)がある。当該事案においては、課徴金の計算において、その対象地域について、不当表示の対象となった表示媒体が自社ウェブサイトと3種の情報紙であったところ、情報紙は、それぞれ特定の地域で配布されたものであり、かつ、情報紙の配布されたタイミングは異なっていたため、それぞれの地域ごとに課徴金対象行為をした期間が認定された。表示の影響が地理的に限定的な場合、そのことは、課徴金対象行為に係る商品または役務の認定に影響を与えるのみならず、それぞれの地域ごとに表示の期間も異なって認定されることがあることに留意を促す先例である。

　(b)　一部についての表示の影響が商品・役務そのものに影響を与える場合　事業者が、自己の供給する商品または役務を構成する一部分の内容や取引条件について問題となる表示をした場合、当該商品または役務の一部分が別の商品または役務として独立の選択〔取引〕対象となるか否かにかかわらず、その問題となる表示が、商品または役務の一部分ではなく商品または役務そのものの選択に影響を与えることがある。そのようなときには、問題となる表示の対象となった当該商品または役務の一部分でなく、当該商品または役務そのものが「課徴金対象行為に係る商品又は役務」となる。課徴金ガイドラインは、以下のような想定を記載している。

〈事例8〉
　事業者Cが、自ら運営するレストラン1店舗においてコース料理cを一般消費者に提供するに当たり、平成31年1月10日から令和元年12月28日までの間、当該料理について、「松阪牛ステーキを堪能できるコース料理」等との記載があるウェブサイトを公開することにより、あたかも、当該コース料理中のステーキに松阪牛を使用しているかのように表示をしていたものの、実際には、同期間を通じ、松阪牛ではない国産の牛肉を使用していた事案。
　当該ウェブサイトでの表示は、一般消費者による当該コース料理の選択に影響を与えることとなるから、事業者Cの課徴金対象行為に係る役務（料理）は、「松阪牛ステーキを堪能できるコース料理」と示して提供した当該コース料理となる。

　この例においては、優良誤認表示の直接の対象となっているのは、コース料理の一部であるステーキの部分である。しかし、事業者Cの表示においては、コース料理c全体について、「松阪牛ステーキを堪能できるコース料理」との表示がされている。そのため、一般消費者にとっては、コースのメインであるステーキが松坂牛であることは、コース料理全体を選択する際に影響を与えているということがいえる。よって、ステーキの部分のみではなく、コース料理c全体が

第3章　措置と課徴金　　529

§ 8 ①②-5(2)

「課徴金対象行為に係る商品」ということになる。

> 〈事例9〉
>
> 　事業者Dが、自ら運営する旅館1軒において宿泊役務dを一般消費者に提供するに当たり、令和3年4月1日から令和4年3月31日までの間、当該宿泊役務について、「一番人気！肉食系集合‼松阪牛ステーキ宿泊プラン」等との記載があるウェブサイトを公開することにより、あたかも、当該宿泊役務の利用者に提供する料理に松阪牛を使用しているかのように示す表示をしていたものの、実際には、同期間を通じ、松阪牛ではない国産の牛肉を使用していた事案。
>
> 　当該ウェブサイトでの表示は、一般消費者による当該宿泊役務の選択に影響を与えることとなるから、事業者Dの課徴金対象行為に係る役務は、「松阪牛ステーキ」と示して提供した料理を含む当該宿泊役務となる。

　本想定例においては、優良誤認表示の直接の対象となっているのは、宿泊役務の一部である食事の提供のうちの牛肉の部分である。しかし、表示においては、宿泊プランとして「一番人気！肉食系集合‼松阪牛ステーキ宿泊プラン」との表示がされている。そのため、一般消費者にとっては、宿泊において提供される牛肉が松坂牛であることが、当該宿泊プランを選択する際に影響を与えているということができる。そのため、食事の提供のうちの牛肉の部分のみではなく、宿泊プラン全体が「課徴金対象行為に係る役務」ということになる。

〈課徴金納付命令例〉

　実際に課徴金納付命令において、この点が大きく課徴金額に影響している例としては、課徴金納付命令令和6年3月12日（メルセデス・ベンツ日本株式会社に対する件[消表対第209・210号]**事例㊷**）がある。当該事案において、課徴金対象行為は、メルセデス・ベンツ日本株式会社が販売する小型SUVモデルの車両3種（GLA200d 4MATIC、GLB200dおよびGLB250 4MATICスポーツ）およびパッケージオプション（GLA200d 4MATICおよびGLB200dに係るAMGラインと称するパッケージオプション）について、同社のカタログ、諸元・装備・オプション等に関する冊子ならびにこれらを掲載した自社のウェブサイトにおいて、標準装備ではないオプショナル装備または有料のパッケージオプションを、あたかも標準装備であるかのように表示していたことが、一般の消費者に対し、実際のものよりも著しく優良であると示している、という評価を受けたものであった。

　このうち、車両の標準装備については、車両にまつわるすべての表示が問題となったわけではなく、一部の装備に関する表示が問題となった。しかし、課徴金額の算定においては、その売上額は車両全体の売上額を基に計算されており、結

530　　第3章　措置と課徴金

§ 8 ①②-5(2)

果として、非常に高額な課徴金が課されている。自動車のような多機能かつ高額
な商品の場合には、一部の機能についての不当表示によって、課徴金額が高額に
なる可能性について留意を促す先例である。

　(c)　「著しく優良」または「著しく有利」な商品または役務　「課徴金対象行為に
係る商品又は役務」は、「著しく優良」（または「著しく有利」）であることが示された商
品または役務に限られる。つまり、表示が「著しく優良」（または「著しく有利」）とは
いえず、課徴金対象行為に該当しない表示に係る商品または役務は、「課徴金対
象行為に係る商品又は役務」とはいえない。例えば、継続的に提供されている商
品において、特定の日までは表示どおりの商品を提供していたものの、特定の日
以降は表示している商品とは異なるものを提供するようになり、結果として、特
定の日以降は、表示が実際の商品よりも「著しく優良」となった場合、当該特定の
日までに提供された表示どおりの商品は「課徴金対象行為に係る商品」に該当しな
いが、当該特定の日以降は表示が実際の商品よりも「著しく優良」であるため「課
徴金対象行為に係る商品又は役務」に該当することになる。この点について、課
徴金ガイドラインは、以下のような想定を記載している。

〈事例10〉
　事業者Ｅが、自ら運営するレストラン１店舗において料理ｅを一般消費者
に提供するに当たり、平成30年７月１日から令和元年12月31日までの間、同
店舗内に設置したメニューにおいて、当該料理について、「松阪牛すき焼き」
等と記載することにより、あたかも、記載された料理に松阪牛を使用してい
るかのように表示をしていたものの、実際には、平成30年７月14日から令和
元年12月31日までの間、松阪牛ではない国産の牛肉を使用していた事案。
　事業者Ｅの課徴金対象行為に係る役務（料理）は、事業者Ｅが松阪牛を使用
していないにもかかわらず松阪牛すき焼きと示して提供した当該すき焼き料
理となる（つまり、事業者Ｅが平成30年７月１日から同月13日までの間に実際に松阪
牛を使用して提供したすきやき料理は課徴金対象行為に係る役務〔料理〕とならない）。

　本想定例においては、事業者Ｅは、料理ｅを提供する際して、松坂牛を使
用していないにもかかわらず、料理ｅについて、「松阪牛すきやき」等との表示を
している。この点に関して、一般消費者にとっては、すき焼きで使用する牛肉が
松坂牛であることは、料理そのものを選択する際に影響を与えているといえる。
そのため、牛肉の部分のみではなく、料理ｅ全体が「課徴金対象行為に係る役務」
となるのは、前述の(b)の〈事例８〉と同様である。なお、この例においては、事業
者Ｅは、平成30年７月１日から同月13日までの間に実際に松阪牛を使用して、
すきやき料理を提供しており、この間においては、表示が実際の料理ｅを提供す

第３章　措置と課徴金　　531

§8①②-5(3)

る役務よりも「著しく優良」とはならないことから、この期間の料理eを提供する役務は、「課徴金対象行為に係る役務」とはならない。

〈事例11〉

　事業者Fが、自ら全国において運営する複数の店舗においてスーツを一般消費者に販売するに当たり、平成30年3月1日から同年6月30日までの間、テレビコマーシャルにおいて、当該スーツについて、「スーツ全品半額」等との文字を使用した映像、「スーツ全品半額」等との音声をテレビ放送局に放送させることにより、あたかも、事業者Fが全店舗において販売するスーツのすべてが表示価格の半額で販売されているかのように表示をしていたものの、実際には、表示価格2万円未満のスーツは半額対象外であった事案。

　事業者Fの課徴金対象行為に係る商品は、事業者Fが全店舗において販売するスーツ商品のうち、半額対象外であるにもかかわらず半額と示した表示価格2万円未満のスーツとなる(実際に半額対象であった表示価格2万円以上のスーツは課徴金対象行為に係る商品とならない)。

　本想定例においては、事業者Fは、スーツを販売するに際して、スーツの一部(表示価格2万円未満のもの)は対象外であるにもかかわらず、「スーツ全品半額」と表示した。しかし、表示価格2万円以上のスーツについては実際に半額であったため、表示が実際の商品よりも「著しく有利」とはならないことから、表示価格2万円以上のスーツは、「課徴金対象行為に係る商品」とはならず、実際には半額ではなかった表示価格2万円未満のスーツが「課徴金対象行為に係る商品」となる。

　(3)　政令で定める方法で算定した売上額　(a)　売上額　「売上額」とは、事業者の事業活動から生ずる収益から費用を差し引く前の数値(消費税相当額も含む)をいう。

　また、この「売上額」とは、「事業者の直接の取引先に対する売上額」のことを指す。ここでいう「直接の取引先」には一般消費者のほか、卸売業者や小売業者等も含む。例えば、自ら特定の商品を製造する事業者が、同商品について優良誤認表示をした場合において、その商品の流通経路として、当該製造事業者が一般消費者に対して直接販売する経路のほか、当該製造事業者が卸売業者や小売業者等を介して一般消費者に販売する経路があるときには、当該製造事業者から一般消費者に対する同商品の直接の販売額のみならず、当該卸売業者や小売業者等に対する販売額も、課徴金算定の基礎となる「売上額」に含まれる。他方、製造業者が卸売業者や小売業者を介して消費者に販売する経路においては、例えば当該小売業者から消費者への販売についての売上額については、直接の取引先に対する売上額ではないため、含まれない。

552　第3章　措置と課徴金

§ 8 ①②-5⑶

　なお、課徴金対象行為に係る役務の「売上額」については、事業者が提供する役務の内容に応じて異なる。例えば、①住宅建築請負工事や住宅リフォーム工事については工事役務の対価である工事代金、②電気通信役務については通信役務の対価である通信料金、③不動産仲介については仲介役務の対価である仲介手数料、④物品運送については運送役務の対価である運賃、⑤保険については保険の引受けの対価である保険料が、それぞれ「売上額」となる（課徴金ガイドライン第4-3⑴）。

　　（b）　政令で定める方法　　売上額の算定方法は、政令で定めることとされており、具体的には、景表令(平成21年政令第218号)1条および2条において、以下のように定められている。

〔法第8条第1項に規定する政令で定める売上額の算定の方法〕

第1条　不当景品類及び不当表示防止法(以下「法」という。)第8条第1項に規定する政令で定める売上額の算定の方法は、次条に定めるものを除き、法第8条第2項に規定する課徴金対象期間(以下単に「課徴金対象期間」という。)において引き渡した商品又は提供した役務の対価の額を合計する方法とする。この場合において、次の各号に掲げる場合に該当するときは、当該各号に定める額を控除するものとする。

　⑴　課徴金対象期間において商品の量目不足、品質不良又は破損、役務の不足又は不良その他の事由により対価の額の全部又は一部を控除した場合　控除した額

　⑵　課徴金対象期間において商品が返品された場合　返品された商品の対価の額

　⑶　商品の引渡し又は役務の提供を行う者が引渡し又は提供の実績に応じて割戻金の支払を行うべき旨が書面によって明らかな契約(一定の期間内の実績が一定の額又は数量に達しない場合に割戻しを行わない旨を定めるものを除く。)があった場合　課徴金対象期間におけるその実績について当該契約で定めるところにより算定した割戻金の額(一定の期間内の実績に応じて異なる割定又は額によって算定すべき場合にあっては、それらのうち最も低い割定又は額により算定した額)

第2条　①　法第8条第1項に規定する課徴金対象行為(以下単に「課徴金対象行為」という。)に係る商品又は役務の対価がその販売又は提供に係る契約の締結の際に定められる場合において、課徴金対象期間において引き渡した商品又は提供した役務の対価の額の合計額と課徴金対象期間において締結した契約により定められた商品の販売又は役務の提供の対価の額の合計額との間に著しい差異を生ずる事情があると認められるときは、同項に規定する売上額の算定の方法は、課徴金対象期間において締結した契約により定められた商品の販売又は役務の提供の対価の額を合計する方法とする。

§ 8①②-5⑶

② 前条(第3号に係る部分に限る。)の規定は、前項に規定する方法により売上
額を算定する場合に準用する。

(i) 売上額の算定方法　　景表令1条と2条は、原則と例外の関係にあ
る。

景表令1条は原則を定めている。そこでは、算定方法は、課徴金対象期間にお
いて引き渡されたまたは提供された、課徴金対象行為に係る商品または役務の対
価を合計する方法による、とされている。つまり、引き渡した時の商品または提
供した時の役務の価格を基準(以下、「引渡基準」という)として合計するとしたもので
ある。これは、計算における簡明性を重視したものと考えられる(そのような方針
を示したものとして、逐条解説・平成26年11月改正38頁)。

他方、景表令2条は例外を定めている。そこでは、課徴金対象行為に係る商品
または役務の対価がその販売または提供に関する契約を締結する際に定められる
場合であって、引渡基準により算定した額と、当該課徴金対象期間において締結
した契約額を合計する方法(以下、契約基準」という)により算定した額の間に著しい
差異を生ずる事情がある場合には、算定方法は契約基準によるとされている。契
約基準によるべきかどうかは、実際に両方の方法で額を計算し、その額に著しい
差異が生じたか否かによってではなく、そのような著しい差異が生じる蓋然性が
類型的または定性的に認められるか否かによって判断される。このような場合に
該当する例としては、商品が新築戸建分譲住宅であるときのように契約から引渡
しまでに長期間を要するような場合が考えられる(課徴金ガイドライン第4-3⑵ア
(イ))。

(ii) 総売上額からの控除項目　　景表令1条は、各号において、売上額か
ら控除される項目を定めている。これは、商取引上の事情に対応するためである
(逐条解説・平成26年11月改正38頁)。

控除項目は、以下のとおりとなっている。

①景表令1条1号に該当する値引き額

課徴金対象期間において商品の量目不足、品質不良または破損、役務の不
足または不良その他の事由により対価の額の全部または一部が控除された場
合における控除額

②景表令1条2号に該当する返品額

課徴金対象期間に返品された場合における返品商品の対価相当額

③景表令1条3号に該当する割戻金の額

商品の引渡しまたは役務の提供の実績に応じて割戻金を支払うべき旨が書

534　第3章　措置と課徴金

§ 8 ①②-5(4), 6(1)

面によって明らかな契約があった場合に、当該契約に基づき課徴金対象期間
におけるその実績により算定した割戻金の額

なお、契約基準による場合には、景表令2条2項で「(前条第3号に係る部分に
限る。)」とされているとおり、3号の割戻金のみが準用される。契約基準である
場合、①や②は、契約の修正という形で行われるためである。

また、文言上、①および②については、課徴金対象期間中に対価の控除等がさ
れれば足りる。そのため、課徴金対象期間中に引き渡した商品または役務ではな
かったとしても、控除の対象となる。しかし、③については、課徴金対象期間中
に引き渡した商品または提供した役務に対応する割戻額であることを要する。

(4) **100分の3を乗じて得た額**　景表法における課徴金額の算定率は3%で
ある。

算定率が3%となった趣旨は、不当表示によって得られる不当な利益につい
て、消費者庁設置後の措置命令事案における事業者の売上高営業利益率のデータ
を検討し、概ねその中央値である3%を採用したものとされている。

この点に関連して、法政策としては、事業者が意図的に課徴金対象行為を行っ
たかどうかで課徴金算定率を変える制度にすることも考えられるものの、課徴金
算定率は一律に設定された。これは、制度の透明性や公平性の確保の観点から、
課徴金の賦課要件を明確に規定するとともに違反行為に迅速に対応できるように
するため、という趣旨である(逐条解説・平成26年11月改正39頁)。

6　主観的要素

(1) **趣　　旨**　本条1項ただし書前半部分は、「当該事業者が当該課徴金対
象行為をした期間を通じて」「当該課徴金対象行為に係る表示が次の各号のいずれ
かに該当すること」「を知らず、かつ、知らないことにつき相当の注意を怠つた者
でないと認められるとき」には、課徴金納付命令を行うことができないとしてい
る。

本条1項ただし書において主観的要件が設けられた趣旨は、課徴金制度を、事
業者が表示を行うに当たりどのような注意を払ったかにかかわらず課徴金が課さ
れる制度とした場合、事業者が表示内容の真実性について確認を行うインセン
ティブが損なわれ、課徴金制度導入による不当表示防止の目的を果たせないおそ
れがあると考えられたためである(逐条解説・平成26年11月改正40頁)。本条1項ただ
し書の存在によって、事業者は、表示を行うに当たり当該表示の根拠となる情報
を確認するなど正常な商慣習に照らして必要とされる注意をしていた場合には、
課徴金納付命令を受けることがないという制度設計となっている。つまり、本条

第3章　措置と課徴金　　*535*

§ 8 ①②-6⑵⑶

1 項ただし書は、事業者に対して、表示の際に適切な注意をするように促しているものといえる。

　⑵　**当該事業者が当該課徴金対象行為をした期間を通じて**　「当該事業者が当該課徴金対象行為をした期間」とは、課徴金対象行為を始めた日からやめた日までの全期間を指す（課徴金対象期間とは異なる）。例えば、事業者が、課徴金対象行為を始めた日には「知らず、かつ、知らないことにつき相当の注意を怠つた者でないと認められる」場合であっても、当該課徴金対象行為をしている期間中に、同事業者の従業員の報告や第三者からの指摘を受けるなどしたにもかかわらず、その後、事業者が何ら必要かつ適切な調査・確認等を行わなかったときには、「課徴金対象行為をした期間を通じて」「知らず、かつ、知らないことにつき相当の注意を怠つた者でないと認められ」ず、内閣総理大臣（消費者庁長官）は課徴金の納付を命ずることとなる。

　また、当該事業者が、当該表示が本条 1 項 1 号または 2 号に該当することを知った後に速やかに課徴金対象行為をやめなかったときも、課徴金対象行為をした期間を通じて相当の注意を怠った者でないとは認められない。なお、かかる場合の課徴金額算定の基礎は、「課徴金対象期間に取引をした当該課徴金対象行為に係る商品又は役務の……売上額」となる。（課徴金ガイドライン第 5 - 2 ⑶）つまり、不当表示であることを知ってからの課徴金対象行為に係る商品または役務の売上額のみが課徴金額の算定の基礎となるわけではない。

　他方、課徴金対象行為を行った事業者が、当該課徴金対象行為を始めた日から当該課徴金対象行為に係る表示が本条 1 項 1 号または 2 号に該当することを知るまでの期間を通じて、当該事実を知らないことにつき相当の注意を怠った者でない場合であって、当該事実を知った後に速やかに課徴金対象行為をやめたときは、かかる相当の注意を怠った者でないと認められ、命令を受けなくなると考えられる。

　⑶　**当該課徴金対象行為に係る表示が次の各号のいずれかに該当すること**　本条 1 項ただし書前半部分の「知らず」または「知らないこと」の対象となる主観的要素の対象は、自らの表示が不当に顧客を誘引し、一般消費者による自主的かつ合理的な選択を阻害するおそれがあると認められる優良誤認表示（5 ⑴）または有利誤認表示（同⑵）に該当することとはなっていない。本条ただし書前半部分によれば、主観的要素の対象は、当該表示が実際のものと異なり（事実に相違し）、著しく優良または有利であること、とされている。

　これは、本条 1 項ただし書前半部分の趣旨が、事業者が表示内容の真実性について確認を行うインセンティブを付与する点にあるため、事実に相違することの

536　　第 3 章　措置と課徴金

§8①②-6(4)

認識を要求したものである(逐条解説・平成26年11月改正42頁)。

(4) **「知らず、かつ、知らないことにつき相当の注意を怠つた者でないと認められるとき」** (a) 判断枠組み 「相当の注意を怠つた者でないと認められるとき」に該当するかどうかは、個別の事案ごとに、当該事業者が課徴金対象行為に係る表示をする際、当該表示の根拠となる情報を確認するなど、一般消費者の利益の保護の見地から是認される正常な商慣習に照らし必要とされる注意を払つていたか否かによつて判断される。なお、例えば、自己の供給する商品の内容について一切確認することなく表示をするといつた一定の商慣習が業界において存在し、それには反していなかつたとしても、そのことによつて直ちに「知らないことにつき相当の注意を怠つた者でないと認められる」わけではない(課徴金ガイドライン第5-1)。

当該判断に当たっては、当該事業者の業態や規模、課徴金対象行為に係る商品または役務の内容、課徴金対象行為に係る表示内容および課徴金対象行為の態様等を勘案することとなる。当該事業者が、必要かつ適切な範囲で、「事業者が講ずべき景品類の提供及び表示の管理上の措置についての指針」(平成26年内閣府告示第276号)に沿うような具体的な措置を講じていた場合には、「相当の注意を怠つた者でない」と認められると考えられるとされている(課徴金ガイドライン第5-1)。例えば、取引先から提供される書類等で当該表示の根拠を確認するなど、表示をする際必要とされる通常の商慣行に則った注意を行っていれば足りるものと考えられている(逐条解説・平成26年11月改正41頁)。

「相当の注意を怠つた者」か否かの判断対象については、後述する日産自動車株式会社に対する件に関する裁決のとおり、必ずしもいわゆる表示等管理担当者(管理上の措置の指針第4-5)に限らず、表示内容の決定や真実性の確認を行う実質的権限を有する者の認識および行為を基準として判断され、調達部門や開発部門といった現場責任者も含まれる可能性がある。

(b) 課徴金納付命令取消裁決平成30年12月21日(日産自動車株式会社に対する件)(**事例❺**) (i) 事件の概要 「知らず、かつ、知らないことにつき相当の注意を怠つた者でないと認められるとき」に該当するかどうかが主要な争点となった事例として、消費者庁課徴金納付命令平成30年12月21日(日産自動車に対する件)の取消しの裁決がある(消総総第710号)。

消費者庁長官は、日産自動車株式会社(以下、「日産自動車」という)が、三菱自動車工業株式会社から OEM による供給を受けていた軽自動車27商品について、ディーラーを通して配布するカタログおよび自社ウェブサイトにおいて、その燃費性能について、国が定める試験方法に基づく燃費性能の値等であるかのように

第3章 措置と課徴金 *537*

示す表示をしていたものの、実際には当該燃費性能の値等は国が定める試験方法に基づくものとはいえないものであったため、当該表示が優良誤認表示に該当するとして、平成29(2017)年1月27日、措置命令を行った(消表対第73号)。また、消費者庁長官は、同年6月14日、上記27商品のうち、6商品(以下、「本件6商品」という)について、課徴金納付命令を行った(消表対第769号)。この課徴金納付命令について、日産自動車は、同年9月13日、消費者庁長官に対して、自らは本条1項ただし書の「相当の注意を行った者」には該当しないとして、この課徴金納付命令について行政不服審査法に基づく審査請求を行った。消費者庁長官は、平成30年7月6日、行政不服審査会に対して諮問を行ったところ、同年10月31日、同審査会から「本件課徴金納付命令は取り消されるべき」との答申(以下、「本件答申」という)を受けた。消費者庁は証拠関係を精査の上、同年12月21日、課徴金納付命令を取り消す裁決を行った(同月26日公表。以下、「本件裁決」という)。以下では、本件答申の概要を(ii)に記載し、本件裁決において示された考え方について、(iii)以降で述べる。

　(ii)　本件答申の概要　　本件答申においては、5条1号の解釈について、「法令に義務付けられたとおりの内容を表示した場合であっても、客観的には実際の商品等よりも著しく優良であると示した結果となることは起こり得ることであり、その場合、法を遵守した者の行為を不当と評価することは相当でなく、特に現在の景品表示法においては、事業者が5条の規定に違反する行為(同条3号に該当する表示に係るものを除く。)を行った場合には、8条1項の規定により、同項各号のいずれかに該当することを知らず、かつ、知らないことにつき相当の注意を怠った者でないと認められるとき、又はその額が150万円未満であるときを除き、課徴金の納付を課されるという責任が発生するとされていることからしても、妥当なものとは解されない。」とし、問題となった表示はエネルギーの使用の合理化及び非化石エネルギーへの転換等に関する法律(省エネ法)80条1号イ等(当時)による義務の履行として行われたものであるから、不当に顧客を誘引したものと認めることは困難であるとした。なお、この点は、答申自身が認めているとおり、審査請求人からも特に争いのない点であった。

　また、本件答申は、相当の注意義務についても、事実を丹念に認定した上で、「審査請求人が処分庁において主張するように」「注意を怠ったために本件表示が実際のものよりも著しく優良であることを知らなかったものであると認めることは困難である。」とし、相当の注意義務を怠ったことを否定した。

　(iii)　優良誤認表示該当性　　本件裁決においては、まず、優良誤認表示該当性について、国が定める試験方法に基づかない値等であるにもかかわらず、国が定める試験方法に基づいた値等であるかのように表示していたことについて、

538　第3章　措置と課徴金

§8①②-6⑷

一般消費者が当該表示から受ける印象・認識とその実際の燃費性との間には乖離があり、本件6商品の燃費性能について一般消費者に誤認を生じさせるものとして、優良誤認表示該当性を認めている。日産自動車は、本件課徴金納付命令における優良誤認表示該当性については争っていないものの、本件裁決で言及されているのは、本件答申において、優良誤認について、客観的には実際の商品等よりも著しく優良であると示していたとしても主観的要素によっては5条1号該当性が否定される可能性を示唆していたところ、5条1号違反の認定に主観的要素の判断を持ち込もうとする本件答申の判断を受け入れれば、不当表示の排除措置を命じられられなくなることがあり得るところ、主観的要素の存否にかかわらず一般消費者を保護する観点から必要な措置が命じられるべき（東京高判平成19年10月12日審決集54巻661頁〔ビームスに対する件〕）と考えたためと思われる（伊永大輔「経済法判例研究会（Number 274）OEM供給された商品の優良誤認表示における『相当の注意を怠った者』の該当性判断」ジュリ1530号（2019）109頁）。

　⒤　相当の注意義務の主体　　また、当該表示が、優良誤認表示に該当することを「知らず、かつ、知らないことにつき相当の注意を怠つた者でないと認められるとき」に関しては、まずは当該相当注意義務の主体が問題となった。この点につき、本件裁決は、①課徴金納付命令の目的が、課徴金対象行為をした事業者に対して経済的不利益を課すことによって事業者が不当表示を行う動機を失わせ、不当表示の抑止力を高めることよって不当表示を防止することにあること、②本項ただし書において主観的要件が定められた趣旨は、事業者が表示を行うに当たり、表示内容の真実性を確認するインセンティブを確保することにあること、を述べた上で、「そうである以上、かかる主観的要件を充足するか否かは、その表示内容の決定や真実性の確認を行う実質的権限を有する者の認識及び行為を基準として判断するのが相当である」とし、「法人である事業者が行う表示については、代表機関や表示を行う権限を有する者のみならず、その法人内における業務上の地位及び権限等に照らし、表示内容の決定や真実性の確認を行う実質的権限を付与された者がいる場合には、その者も、景品表示法第8条第1項ただし書にいう相当の注意を怠ったか否かの判断の基準となる主体たり得るとするのが相当である」としている。その上で、主観的要件の主体となるかどうかが問題となった人物について、その実質的権限を認定した上で、本要件の判断の基準となる主体となり得る、と判断した。このように、本件裁決では、上記の表示内容の決定や真実性の確認を行う実質的権限を有する者であれば、いわゆる表示等管理担当者（管理上の措置の指針第4-5）に該当しない職員であっても相当の注意を怠ったか否かの判断主体になるとしており、相当注意義務の判断主体を調達部門や開

発部門といった現場責任者にも広げている。この点については、立案担当者としては、法人の表示に関係する構成員による不当表示を防止する注意義務を分析した上で事業者全体としての「相当の注意を怠ったか」否かを認定する、という考え方を示唆しており、若干の乖離があると指摘する見解(染谷隆明「独禁法事例速報　日産自動車に対する課徴金納付命令を取り消す判決」ジュリ1530号(2019) 7頁)や、特定個人の事情しか考慮できない判断枠組みでは、事業者全体としては正常な商慣習に則った注意を果たしていたといえる場合にも、主観的要素が満たされることがあり得るといった指摘がある(伊永・前掲110頁)。

　　(ⅴ)　相当の注意の判断基準　　また、「相当の注意を怠った」かどうかについて、本件裁決は、「課徴金対象行為をした事業者が、そのような相当の注意を怠ったか否かは、当該事業者の業態や規模、課徴金対象行為の態様等を勘案して、当該事業者が課徴金対象行為に係る商品又は役務の内容、課徴金対象行為に係る表示内容や課徴金対象行為に係る表示をする際に、当該表示の根拠となる情報を確認するなど、正常な商慣習に照らし必要とされる注意、すなわち当該分野に適用する正常な商慣習に照らし通常払うべき程度の注意を欠いていたか否かにより判断するのが相当である。そして、景品表示法第1条所定の目的に照らせば、いかなる商慣習であってもそれに従って表示をすれば足りるとするのは不当であり、一般消費者の利益の保護の見地から是認されないようなものが『正常な商慣習』に当たらないことはいうまでもない」としている。その上で、具体的な事実関係に基づいて個々の事案ごとに決するほかないとしつつ、「当該事業者が、自ら行う表示の内容の真実性に疑義を生じさせる情報に接した場合には、一般消費者の利益の保護の見地から、通常、当該事業者には、当該疑義を払拭するに足りる程度の調査確認を尽くす注意義務が課せられるものというべきである」とし、「ただし、不可能な義務を課すことはできない以上、当該事業者がある表示の内容の真実性について十分に調査確認をしたとしても、その表示が景品表示法第8条第1項各号に該当することを知り得ないと認められるならば、そのような場合にまで『知らないことにつき相当の注意を怠った』ということはできないと解される」とする。その上で、本件裁決は、審査請求人が相当の注意を怠ったとは認められないとした本件答申の内容について、「審査請求人が相当の注意を怠ったとは認められないとした答申の結論的判断は相応の合理性がある」とした上で、本件裁決自身の認定においても、主観的要件の判断基準の主体となる人物が認識した時点において、上記の調査確認義務が直ちに発生したと認めることは困難であると認定し、結果回避可能性については述べることなく、「相当の注意を怠った」者ではないとし、課徴金納付命令を取り消している。本件裁決は、課徴金ガイ

§8①②-6(5)(6)

ライン第5-1を踏まえつつも、本件の個別の事情に即した相当注意義務の水準が示されている。なお、本件裁決では日産自動車の行った調査確認に関する答申の判断について合理性を認めているが、日産自動車が行った調査確認を超えてさらに高い水準の調査確認を法的に要求するには、本条1項ただし書の前半部分において主観的要素を規定している趣旨に照らして、それが正常な商慣習に照らし通常払うべき注意の範囲内だといえるとともに、高い水準の注意義務を課してもOEM供給を受けた事業者の表示に過度の萎縮が生じないといえなければならないとする意見がある(伊永・前掲110頁)。

本件裁決においては、主観的要件の主体と判断枠組みについて、課徴金ガイドラインよりも一歩踏み込んだ判断がされており、実務上、参考になるものといえる。

(5)　**立証責任**　　事業者が相当の注意を怠ったものでないと認められるときは、課徴金納付命令を行うことができないと本条1項ただし書の前半部分が規定していることから、行政側が立証責任を負う。

なお、この点について、実際の課徴金納付命令に関する争訟において、本条1項ただし書前半部分に該当するかどうかが実際に争点となるのは、同命令を受けた事業者が当該部分についての具体的主張を行った場合であるとされている(逐条解説・平成26年11月改正44頁)。

(6)　**想定例**　　課徴金対象行為をした事業者が、上記のような課徴金対象行為をした期間を通じて、自らが行った表示が本条1項1号または2号に該当することを「知らず、かつ、知らないことにつき相当の注意を怠った者でないと認められる」か否かは、個別事案ごとに異なる(課徴金ガイドライン第5-3)。このような観点から、すべてを網羅的に論じることはできないものの、事業者の参考のために、課徴金ガイドラインでは、「知らず、かつ、知らないことにつき相当の注意を怠った者でないと認められる」と考えられる想定例が記載されており、以下に紹介する。

> 〈事例12〉
> 　製造業者Aが、自ら製造するシャツを、小売業者を通じて一般消費者に販売するに当たり、当該シャツについて、「通気性が従来製品の10倍」等との記載があるウェブサイトを公開することにより、あたかも、当該シャツの通気性が自社の従来製品の10倍であるかのように示す表示をしていたものの、実際には、そのような通気性を有さなかった事案。
> 　当該事案において、製造業者Aが、
> ・上記表示をする際に、実績がある等信頼できる検査機関に通気性試験を依

第3章　措置と課徴金　　*541*

§ 8 ①②-6 (6)

頼し、通気性が自社の従来製品の10倍であるという試験結果報告を受けて当該報告内容を確認していたところ、

・当該検査機関による再試験の結果、実際には、上記表示をする際に依頼した試験結果に誤りがあったことが明らかとなり、速やかに当該表示に係る課徴金対象行為をやめた場合。

本想定例においては、製造業者Ａは、信頼できる検査機関に通気性試験を依頼し、「通気性が従来製品の10倍」との試験結果報告を受けて、その内容を確認した上で、小売業者を通じて一般消費者に販売する自らが製造するシャツについて「通気性が従来製品の10倍」と表示している。また、当該試験結果が誤りであったことを知った後は、速やかに当該表示に係る課徴金対象行為をやめている。このような場合には、製造業者Ａは、「課徴金対象行為をした期間を通じて」「知らず、かつ、知らないことにつき相当の注意を怠った者でないと認められる」ことになる。なお、この想定例においては、検査機関が「信頼できる検査機関」であることが前提となっており、検査機関が実績非常に乏しいなど、客観的にみて信頼に値しないと認められる場合には、結論が変わることもあり得よう。

> 〈事例13〉
> 小売業者Ｂが、卸売業者から仕入れた鶏肉を用いて自ら製造したおにぎりを一般消費者に供給するに当たり、当該おにぎりについて、当該おにぎりの包装袋に貼付したシールにおいて、「国産鶏肉使用」等と記載することにより、あたかも、当該商品の原材料に我が国で肥育された鶏の肉を用いているかのように示す表示をしていたものの、実際には、当該商品の原材料に外国で肥育された鶏の肉を用いていた事案。
> 当該事案において、小売業者Ｂが、
> ・上記表示をする際に、卸売業者から交付された生産者作成に係る証明書に「国産鶏」と記載されていることを確認していたところ、
> ・当該卸売業者から鶏肉の仕入れをしていた別の小売業者の指摘を契機として、実際には、当該証明書の記載は当該生産者による虚偽の記載であったことが明らかになり、速やかに当該表示に係る課徴金対象行為をやめた場合。

本想定例においては、小売業者Ｂは、取引先である卸売業者から交付された生産者作成に係る証明書に「国産鶏」と記載されているのを確認した上で、当該鶏肉を用いて自ら製造したおにぎりを一般消費者に供給するに当たり、「国産鶏肉使用」と表示している。また、当該証明書の記載が虚偽のものであったと知った後は、速やかに当該表示に係る課徴金対象行為をやめている。このような場合に

542　第3章　措置と課徴金

§ 8 ①②-6(6)

は、小売業者Bは、「課徴金対象行為をした期間を通じて」「知らず、かつ、知らないことにつき相当の注意を怠つた者でないと認められる」ことになる。上記(4)(a)のとおり、一般的に、取引先から提供される書類等で当該表示の根拠を確認するなど、表示をする際に必要とされる通常の商慣行に則った注意を行っていれば足りるものと考えられるものの、上記日産自動車に対する件のように具体的に求められる相当の注意義務は個別の事案によると考えられる。

〈事例14〉

　小売業者Cが、卸売業者から仕入れた健康食品を、自ら全国において運営するドラッグストアにおいて一般消費者に販売するに当たり、当該健康食品について、全店舗の店頭ポップにおいて、「アセロラ由来のビタミンC含有の健康食品です」等と記載することにより、あたかも、当該健康食品に含有されているビタミンCがアセロラ果実から得られたものであるかのように示す表示をしていたものの、実際には、当該健康食品に含有されているビタミンCは化学合成により製造されたものであった事案。

　当該事案において、小売業者Cが、

・上記表示をする際に、卸売業者から仕入れた当該健康食品のパッケージに「アセロラ由来のビタミンC含有」との記載があることを確認していたところ、

・消費者庁から当該健康食品の表示に関する質問を受け、この後に速やかに当該健康食品の製造業者に問い質したところ、実際には、当該健康食品に含有されているビタミンCはアセロラ果実から得られたものではなく化学合成により製造されたものであったことが明らかとなり、速やかに当該表示に係る課徴金対象行為をやめた場合。

　本想定例においては、小売業者Cは、卸売業者から仕入れた当該健康食品のパッケージに「アセロラ由来のビタミンC含有」との記載があることを確認した上で、「アセロラ由来のビタミンC含有の健康食品です」と表示している。小売業者Cは、消費者庁から当該健康食品の表示に関する質問を受けた後、速やかに当該健康食品の製造業者に問い質し、当該パッケージの記載が虚偽のものであったと知った後は、速やかに当該表示に係る課徴金対象行為をやめている。このように、小売業者が卸売業者から仕入れた商品のパッケージの記載を確認したのみでそれ以上の確認措置をとらなかった場合でも、直ちに相当の注意を怠ったとまではいえない場合があり、さらに、消費者庁から質問を受けた後に速やかに当該表示に係る課徴金対象行為をやめている。このような場合には、小売業者Cは、「課徴金対象行為をした期間を通じて」「知らず、かつ、知らないことにつき相当の注意を怠つた者でないと認められる」ことになる。

第3章　措置と課徴金　　543

§8①②-6⑹

〈事例15〉

　小売業者Ｄが、製造業者から仕入れた布団を通信販売の方法により一般消費者に販売するに当たり、当該布団について、テレビショッピング番組において、「カシミヤ80%」との文字を使用した映像および「ぜいたくにカシミヤを80% 使いました」等の音声をテレビ放送局に放送させることにより、あたかも、当該布団の詰め物の原材料としてカシミヤが80% 用いられているかのように示す表示をしていたものの、実際には、当該布団の詰め物の原材料にカシミヤは用いられていなかった事案。

　当該事案において、小売業者Ｄが、

・上記表示をする際に、当該布団を製造した事業者からカシミヤを80% 含んでいる旨の混合率に関する検査結果報告を提出させ、当該報告を確認していたところ、

・当該布団を含め自社で取り扱っている全商品について実施した抜き打ち検査により、実際には、当該布団にはカシミヤが用いられていないことが明らかとなり、速やかに当該表示に係る課徴金対象行為をやめた場合。

　本想定例においては、小売業者Ｄは、まず、「カシミヤ80%」等と表示する際に、当該布団を製造した事業者からカシミヤを80% 含んでいる旨の混合率に関する検査結果報告を提出させ、当該報告を確認している。さらに、小売業者Ｄは、自社で取り扱っている全商品について抜き打ち検査を自ら実施した上で、当該報告が虚偽のものであったと知った後は、速やかに当該表示に係る課徴金対象行為をやめている。このように表示をする際に取引先から表示の根拠資料を提出させて確認し、さらに自社で取り扱う商品の表示根拠について自主的に点検を行い、虚偽であることが判明した場合には速やかに表示に係る課徴金対象行為をやめる場合には、小売業者Ｄは、「課徴金対象行為をした期間を通じて」「知らず、かつ、知らないことにつき相当の注意を怠つた者でないと認められる」ことになる。

〈事例16〉

　旅行業者Ｅが、自ら企画した募集型企画旅行（旅行業者があらかじめ旅行計画を作成し、旅行者を募集するもの）を、自ら全国において運営する複数の店舗において一般消費者に提供するに当たり、当該旅行について、全店舗に設置したパンフレットにおいて、「豪華　松阪牛のすき焼きを食す旅」等と記載することにより、あたかも、当該旅行の行程中に提供される料理（すき焼き）が松阪牛を使用したものであるかのように示す表示をしていたものの、実際には、松阪牛ではない外国産の牛肉を使用したすき焼きが提供されていた事案。

　当該事案において、旅行業者Ｅが、

・上記表示をする際に、当該旅行の行程における宿泊先であるホテルで提供

544　第3章　措置と課徴金

§ 8 ①②-7(1)

> されるすき焼きの食材について、ホテル運営事業者との間で当該旅行の宿
> 泊客に対して松阪牛を使用したすき焼きを提供することを合意し、当該ホ
> テル運営事業者を通じて松阪牛を納入する事業者から松阪牛の納入に関す
> る証明書の提出を受けて確認していたところ、
> ・当該ホテル運営事業者の従業員からの申告を契機として、実際には、当該
> 　ホテル運営事業者の独断ですき焼きに松阪牛以外の外国産の牛肉を使用し
> 　たすき焼きが提供されていたことが明らかとなり、速やかに当該表示に係
> 　る課徴金対象行為をやめた場合。

　本想定例においては、旅行業者Eは、当該旅行の行程における宿泊先である
ホテルで提供されるすき焼きの食材について、ホテル運営事業者との間で当該旅
行の宿泊客に対して松阪牛を使用したすき焼きを提供することを合意し、当該ホ
テル運営事業者を通じて松阪牛を納入する事業者から松阪牛の納入に関する証明
書の提出を受けて確認した上で、「豪華　松阪牛のすき焼きを食す旅」等と表示し
ている。また、当該証明書の内容が虚偽のものであったと知った後は、速やかに
当該表示に係る課徴金対象行為をやめている。このような場合には、旅行業者D
は、「課徴金対象行為をした期間を通じて」「知らず、かつ、知らないことにつき
相当の注意を怠った者でないと認められる」ことになる。

7　規模基準

　(1)　趣　旨　本条1項ただし書後半部分は、「その額が150万円未満であ
るときは、その納付を命ずることができない」としている。ここでいう「その額」
とは、「課徴金対象期間に取引をした当該課徴金対象行為に係る商品又は役務の
政令で定める方法により算定した売上額」に3％を乗じて得た額(つまり、本条1項
本文の規定により算定した課徴金額)のことであり、この金額が150万円未満であると
きには、内閣総理大臣(消費者庁長官)は、課徴金納付命令をすることができなくな
る。

　このような規模基準が設けられた趣旨は、不当表示防止効果を発揮させる必要
性および行政効率の観点からであるとされている。つまり、不当表示事案におい
て、事業者の不当表示行為に係る商品または役務の売上額が大きければ大きいほ
ど、消費生活への影響が大きいと考えられ、課徴金による不当表示防止効果を発
揮させる必要性が高い。他方で、規模基準を設けず、すべての事案を課徴金賦課
の対象とすると、不当表示行為に係る商品または役務の売上額が小さく、消費生
活への影響が相対的に小さいと考えられるような事案にまで、課徴金を課さねば
ならないこととなり、現実的には消費者庁のリソースが限られている中で、執行

第3章　措置と課徴金　　545

§§ 8 ①②-7⑵・8 ③-1, 2

に支障を及ぼすおそれがあるからである（逐条解説・平成26年11月改正44〜45頁）。

（2）　**基準額**　　基準額が150万円未満となった理由は、消費者庁設置後の措置命令事案における不当表示に係る商品または役務の売上額の中位層に含まれる売上額が5000万円であったためであるとされている。

なお、本規定にある「その額」すなわち「課徴金対象期間に取引をした当該課徴金対象行為に係る商品又は役務の政令で定める方法により算定した売上額」に3％を乗じて得た額が150万円以上である場合、基準額を上回るため、本条1項ただし書後半部分には該当せず、課徴金対象行為に該当する事実の報告や返金措置の実施による課徴金額の減額の結果、減額後の金額が150万円未満になったとしても、内閣総理大臣（消費者庁長官）は、当該減額後の金額について、課徴金の納付を命ずることとなる（逐条解説・平成26年11月改正45頁）。　　〔石田健＝橋本康〕

第8条　③　内閣総理大臣は、第1項の規定による命令（以下「課徴金納付命令」という。）に関し、事業者がした表示が第5条第1号に該当するか否かを判断するため必要があると認めるときは、当該表示をした事業者に対し、期間を定めて、当該表示の裏付けとなる合理的な根拠を示す資料の提出を求めることができる。この場合において、当該事業者が当該資料を提出しないときは、同項の規定の適用については、当該表示は同号に該当する表示と推定する。

　　　1　趣旨・沿革　　*2*　要件に関する解説──「推定」の趣旨　　*3*　実務運用

1　趣旨・沿革

本項の趣旨は、7条2項について述べたのと同様であり、課徴金納付命令が導入されたことに伴って、課徴金納付命令との関係における不実証広告規制を定めるものとして、平成26（2014）年11月改正によって新設されたものである。

2　要件に関する解説──「推定」の趣旨

本項の要件は、基本的には、7条2項の不実証広告規制と共通するものである。唯一、効果が異なり、7条2項の効果は、優良誤認表示と「みなす」ものであるのに対し、本項の効果は、優良誤認表示と「推定する」ものである。

546　　第3章　措置と課徴金

§§ 8③-3・8④

すなわち、本項との関係においては、資料提出期間経過後であっても、(資料提出期間経過時までに提出しなかった)合理的な根拠を示す新しい資料を提出して当該表示の優良誤認表示該当性を争うことができる。

なお、措置命令に関する7条2項の効果が「みなす」ものであるのに対し、本条の効果が「推定する」ものとされているのは、課徴金納付命令は事業者の過去の行為を捉えて命令をした時点で処分が完了するものであり、本条の効果を「みなす」とした場合、事後的に合理点な根拠を示す新資料が備わり、客観的には不当表示ではなかったとしても、課徴金納付命令の効果が維持されることとなってしまうことを踏まえて、事業者の財産権または営利的言論の自由の保障の観点から、当該新資料によって争える余地を残したものである旨の説明がされている(逐条解説・平成26年11月改正52頁)。

3 実務運用

不実証広告規制が適用された事案において、①措置命令と課徴金納付命令が同日に同時に発令される場合もあれば、②まず、措置命令が行われ、その後、時間をおいて課徴金納付命令が行われる場合もある。いずれの場合であっても、現状の消費者庁の実務においては、措置命令との関係における資料提出要求(7②)と課徴金納付命令との関係における資料提出要求(本項)は同時に発令される(1つの文書番号に紐づく1通の資料提出要求書が交付される)。

この場合、資料提出要求書自体は1通であるが、回答(資料の提出)に当たっては、措置命令との関係における資料提出要求(7②)と課徴金納付命令との関係における資料提出要求(本項)のそれぞれに対して提出することを求められる点に留意する必要がある。基本的には、各資料提出要求に対して提出することとなる資料は共通であることが多いと思われるため、その場合は、各資料提出要求に対して1部ずつ(同じ資料を計2部)提出することとなる。　　〔鈴木弘記＝飯田浩貴〕

第8条　④　第1項の規定により課徴金の納付を命ずる場合において、事業者が当該課徴金対象行為に係る課徴金の計算の基礎となるべき事実について第25条第1項の規定による報告を求められたにもかかわらずその報告をしないときは、内閣総理大臣は、当該事業者に係る課徴金対象期間のうち当該事実の報告がされず課徴金の計算の基礎となるべき事実を把握することができない期間における第1項に定める売上額を、当該事業者又は当該

第3章　措置と課徴金　*547*

§8④-1, 2

課徴金対象行為に係る商品若しくは役務を供給する他の事業者若しくは当該商品若しくは役務の供給を受ける他の事業者から入手した資料その他の資料を用いて、内閣府令で定める合理的な方法により推計して、課徴金の納付を命ずることができる。

1 概　　要　　*2* 趣　　旨　　*3* 課徴金の計算の基礎となるべき事実　　*4* 25条1項による報告を求められたにもかかわらずその報告をしない場合　　*5* 具体的な推計方法

1 概　　要

　本項は、違反行為をした事業者が、当該課徴金対象行為に係る課徴金の計算の基礎となるべき事実について25条1項の規定による報告を求められたにもかかわらずその報告をしない場合において、内閣総理大臣(消費者庁長官)は、当該違反行為をした事業者に係る課徴金対象期間のうち当該事実を把握することができない期間における売上額(本条1項に定める売上額)を、内閣府令で定める合理的な方法により推計して、課徴金の納付を命ずることができることを定めている(課徴金ガイドライン第4-4)。

2 趣　　旨

　内閣総理大臣(消費者庁長官)が課徴金納付命令を行う場合において、その計算の基礎となるべき事実は、個別案件ごとに内閣総理大臣(消費者庁長官)が認定する不当表示に関する事実が前提となる。このような事実を認定し、課徴金を計算するため、消費者庁長官は、25条1項の規定による報告によって、当該事実を把握しようとする。もっとも、違反行為をした事業者によっては、必ずしも、内閣総理大臣(消費者庁長官)が認定した不当表示に対応する「商品又は役務」の売上額に係るデータを整備・保管していない場合や、「課徴金対象期間」に相当する売上額を算定するための帳簿書類の一部が欠落している場合がある。そのような場合、内閣総理大臣(消費者庁長官)が課徴金納付命令を出すまでに通常の調査と比べて調査に時間を要し、結果として売上額に係る課徴金の計算の基礎となるべき事実を把握できない事態が生じる可能性もある。このため、課徴金の計算の基礎となるべき事実を把握できない期間に係る推計規定が整備された(逐条解説・令和5年改正20頁)。なお、独禁法7条の2第3項においても、売上額等の推計について同様の規定がある。

548　　第3章　措置と課徴金

§ 8 ④-3~5

3 課徴金の計算の基礎となるべき事実

「課徴金の計算の基礎となるべき事実」は、課徴金の算定基礎となる売上額を把握するために必要となる証拠に基づき認定される。

4 25条1項による報告を求められたにもかかわらずその報告をしない場合

「第25条第1項による報告を求められたにもかかわらずその報告をしない場合」とは、例えば、内閣総理大臣(消費者庁長官)が課徴金の計算の基礎となる事実を把握するために、事業者に対して報告命令(25①)を発したにもかかわらず、事業者が課徴金を計算するために必要となる事実に関する資料を保管していない(欠落している)等により、その報告をしないときである(課徴金ガイドライン第4-4(1))。

なお、本項には報告をしない場合について故意または過失を求める文言がないこと、事業者が資料を保管していない場合には売上額の全容を解明できないことになることなどから、事業者が資料を保管していないことについて故意または過失を問わず推計規定が適用される可能性がある。

5 具体的な推計方法

推計に当たっては、内閣総理大臣(消費者庁長官)は、「当該事業者」、「当該課徴金対象行為に係る商品若しくは役務を供給する他の事業者」または「当該商品若しくは役務の供給を受ける他の事業者」から入手した情報を考慮することができる。

具体的な算定方法については、「内閣府令で定める合理的な方法」とされているところ、景表規(平成28年内閣府令第6号)の8条の2の規定は以下のとおりである。

〔法第8条第4項に規定する内閣府令で定める合理的な方法〕
　第8条の2　法第8条第4項に規定する内閣府令で定める合理的な方法は、課徴金対象期間のうち課徴金の計算の基礎となるべき事実を把握した期間における同条第1項に定める売上額を当該期間の日数で除して得た額に、課徴金対象期間のうち当該事実を把握することができない期間の日数を乗ずる方法とする。

課徴金対象期間のうち課徴金の計算の基礎となるべき事実を把握した期間における売上額の日割平均額に、課徴金対象期間のうち当該事実を把握することができない期間の日数を乗じて算出することとなる(課徴金ガイドライン第4-4(2))。つまり、不明な部分については、わかっている部分の平均を基に計算する、ということである。

〔石田健＝橋本康〕

第3章　措置と課徴金　　549

第8条 ⑤　事業者が、基準日から遡り10年以内に、課徴金納付命令(当該課徴金納付命令が確定している場合に限る。)を受けたことがあり、かつ、当該課徴金納付命令の日以後において課徴金対象行為をしていた者であるときにおける第1項の規定の適用については、同項中「100分の3」とあるのは、「100分の4.5」とする。

⑥　前項に規定する「基準日」とは、同項に規定する課徴金対象行為に係る事案について、次に掲げる行為が行われた日のうち最も早い日をいう。

(1)　報告徴収等(第25条第1項の規定による報告の徴収、帳簿書類その他の物件の提出の命令、立入検査又は質問をいう。第12条第4項において同じ。)

(2)　第3項の規定による資料の提出の求め

(3)　第15条第1項の規定による通知

1 概　　要　　*2* 趣　　旨　　*3* 基準日　　*4* 「10年以内に」　　*5* 「課徴金納付命令(当該課徴金納付命令が確定している場合に限る。)を受けたこと」　　*6* 「当該課徴金納付命令の日以後において課徴金対象行為をしていた者」

1　概　　要

　本条5項および6項は、事業者が、基準日から遡って10年以内に課徴金納付命令を受けたことがある場合、繰り返し違反に対する課徴金の算定率の増加を規定している。

2　趣　　旨

　事業者の中には違反行為を繰り返す者もいるところ、そのような事業者は、課徴金納付命令を受けてもなお違反行為を行うインセンティブが生じるほどの利得を得ていると考えられることから、基準日から遡って10年以内に課徴金納付命令を受けたことがある者に対し、割増算定率を適用することとされたものである(逐条解説・令和5年改正23頁)。

3　基準日

　基準日については、本条6項に規定があり、①報告徴収等(本条⑥(1))、②本条3項の規定による資料の提出の求め(本条⑥(2))、③課徴金納付命令に係る弁明の機会の付与に関する15条1項の規定による通知(本条⑥(3))が挙げられており、そ

550　　第3章　措置と課徴金

§ 8 ⑤⑥-4〜6

れらの行為が行われた日のうち最も早い日となる。

　1回目の違反行為と2回目の違反行為のそれぞれにつき、どの時点を基準として遡る期間をみるかという点について、単純に2回目の課徴金納付命令の対象となる違反行為の始期とする点も法政策上は考えられる。しかし、違反行為は長期間にわたって行われることがあるため証拠が散逸し、その始期を特定することが困難な場合もあること、また、場合によっては2回目の命令の対象となる違反行為が1回目の違反行為よりも前から行われている場合も想定できることから、上記のような基準日を設けることとされた（逐条解説・令和5年改正23頁）。

4　「10年以内に」

　上記の基準日から10年以内を遡る期間としている。違反行為は長期間にわたって行われる場合が多いことから、遡る期間に限定を加えないとすると、法的安定性を害することになる。そこで、違反行為を抑止するための実効性を確保する観点から、遡る期間を10年と定めたものである。なお、独禁法における繰り返し違反に対する課徴金も、遡る期間を10年としている（独禁7の3①）。

5　「課徴金納付命令（当該課徴金納付命令が確定している場合に限る。）を受けたこと」

　繰り返し違反に対する課徴金の割増算定率の適用に当たり、何をもって過去の違反歴の基準とするかという点については、違反行為をした事業者は、課徴金納付命令を受けて初めて、それによって当該事業者が受けることとなる不利益等を認識する。したがって、課徴金納付命令（当該課徴金納付命令が確定している場合に限る）を受けたことを違反歴の基準としている（逐条解説・令和5年改正24頁）。

6　「当該課徴金納付命令の日以後において課徴金対象行為をしていた者」

　「当該課徴金納付命令の日以後において課徴金対象行為をしていた者」に該当するのは、実質的に当該事業者が繰り返し違反行為を行ったとの評価が可能となるという観点から、基準日から遡り10年以内に課徴金納付命令を受けた日のうち最も早い日以後において課徴金対象行為をしていた場合に限ったものである。なお、課徴金対象行為をした事業者が合併により消滅したときは、当該事業者がした課徴金対象行為を、合併後存続し、または合併により設立された法人（以下、「存続会社等」という）がした課徴金対象行為とみなして課徴金の納付を命ずることとなるが（12③）、この場合において、存続会社等が基準日から遡り10年以内に課徴金納付命令を受けていたとしても、割増算定率が適用されることはない（12条4項

第3章　措置と課徴金　*551*

§ 9-1(1)

の場合も同様である）（課徴金ガイドライン第4-5）。

　なお、独禁法においても、同法7条の3第1項において、同一事業者による繰り返し違反に対する割増算定率の適用対象は「当該納付命令等の日以後において当該違反行為をしていた場合に限る」と規定している。当該部分は同法の令和元年改正によって規定されたもので、実質的に当該事業者が繰り返し違反行為を行ったとの評価を可能とするためにも、課徴金納付命令等によりも前に別の違反行為を取りやめた場合は除かれた。　　　　　　　　　　〔石田健＝橋本康〕

┌───┐

〔課徴金対象行為に該当する事実の報告による課徴金の額の減額〕

第9条　前条第1項（同条第5項の規定により読み替えて適用する場合を含む。以下この節において同じ。）の場合において、内閣総理大臣は、当該事業者が課徴金対象行為に該当する事実を内閣府令で定めるところにより内閣総理大臣に報告したときは、同条第1項の規定により計算した課徴金の額に100分の50を乗じて得た額を当該課徴金の額から減額するものとする。ただし、その報告が、当該課徴金対象行為についての調査があつたことにより当該課徴金対象行為について課徴金納付命令があるべきことを予知してされたものであるときは、この限りでない。

└───┘

---

　　1 趣　　旨　　*2* 要　　件　　*3* 効果等　　*4* 自主的報告の事例　　*5* 今後の運用の見通し

1 趣　　旨

　（1）**本　　文**　　本条本文は、事業者が、課徴金対象行為に該当する事実を内閣府令で定めるところにより消費者庁長官に報告したときは、8条1項により算定した課徴金額から50％相当額を減額することを定めている。

　景表法の目的は、一般消費者による自主的かつ合理的な選択を阻害するおそれのある行為の制限および禁止によって一般消費者の利益を保護することにある（1）ところ、一般消費者の利益の保護のためには早期に不当表示を発見して対処することが重要である。不当表示の早期発見のためには、事業者が自らの不当表示を発見した場合に自ら対処することが重要であり、事業者が自らの不当表示を発見した場合に自ら対処するインセンティブを与える仕組みを設ける必要がある。また、事業者は、22条1項により、表示等を適正に管理するための必要な体

552　　第3章　措置と課徴金

§9-1(2)

制の整備その他の必要な措置を講じる義務を負うところ、当該措置を講じることにより、事業者が自律的に不当表示の発生を防止するだけでなく、仮に不当表示が行われた場合にはそれを事業者自ら発見できるようにするとともに、不当表示を自ら発見した場合には自主的に消費者庁庁長官に報告し、公表するといった対応をとることも期待される。

そこで、不当表示の早期発見・防止およびコンプライアンス体制構築の促進のために本条本文が定められた（逐条解説・平成26年11月改正53〜54頁、松本博明＝古川昌平＝染谷隆明「改正景品表示法における課徴金制度の解説」NBL 1043号（2015）22〜23頁、詳説課徴金制度71頁ほか）。

なお、本条による自主的に報告をした者に対する一種の恩典は、あくまで課徴金納付命令に関してであり、措置命令は免除されない。

独禁法の運用では、公正取引委員会の調査開始前に、最初に違反行為を自主的に報告した者については、同法の規定により課徴金が免除されるだけでなく、運用上、排除措置命令についても、その必要がないとして行われないことが多い。これに対し、景表法では、本条の施行後、本条により減額が認定された事案において、本条に基づく減額を認定しつつも措置命令は行われており、違反行為の自主的報告者に対して措置命令を行わないという運用はなされていない。

また、独禁法では、違反行為の報告の順位によって課徴金が全額免除され、または適用される課徴金の減額率が異なるが（独禁7の4①②）、景表法では報告の順位を付けることなく課徴金の額に100分の50を乗じて得た額が当該課徴金の額から減額される。

なお、令和5（2023）年改正において、繰り返し違反の場合に課徴金を加算することを定める8条5項が新設されたことに伴い、同条1項が同条5項の規定により読み替えて適用される場合が生じたことから、本条がその場合を含むことが明記された。

（2） **ただし書** 本条ただし書は、事業者が行った報告が、当該課徴金対象行為についての調査があったことにより、当該課徴金対象行為について課徴金納付命令があるべきことを予知してされたものであるときは、本条本文に基づく課徴金額の減額はしないこととしている。仮に、課徴金納付命令を受ける可能性を認識しながら事実の報告を行った場合も課徴金額を減額することとすれば、本条の趣旨が没却されるばかりか、ほとんどの不当表示事案について課徴金額が50%減額され、本課徴金制度による不当表示防止効果が不十分なものとなるからである（逐条解説・平成26年11月改正53〜54頁、松本＝古川＝染谷・前掲22〜23頁）。

第3章 措置と課徴金 *553*

§ 9-2(1)(2)

2 要 件

(1) 報告主体 本条に基づく事実の報告の主体は、課徴金対象行為をした事業者であり、当該報告は、当該事業者の意思に基づき行われる必要がある。したがって、課徴金対象行為をした事業者の代表権を有さない役員や従業員個人による報告(公益通報その他形式を問わない)は、本条の事実の報告には該当しない(逐条解説・平成26年11月改正55頁)。

なお、1本の商流に関与する複数の事業者が違反者とされることはあるし、社会的にみて1個といえる事件において複数の違反者が現れることがあるところ、本条では、本条に基づく報告を行うことができる事業者の数の上限を置いていない(白石忠志「景品表示法の構造と要点 第6回課徴金納付命令(下)」NBL1053号(2015)61頁)。

(2) 「課徴金対象行為に該当する事実を内閣府令で定めるところにより内閣総理大臣に報告したとき」(積極的要件) 本条による課徴金額の減額が認められるための積極的要件は、課徴金対象行為をした事業者が、①当該課徴金対象行為に該当する事実を②内閣府令で定めるところにより内閣総理大臣(消費者庁長官)に報告することである。

①当該課徴金対象行為に該当する事実

事業者が報告する「課徴金対象行為に該当する事実」とは、優良誤認表示または有利誤認表示をする行為に該当する具体的な事実をいう。

「課徴金対象行為に該当する事実」は、内閣総理大臣(消費者庁長官)が認定した課徴金納付命令上の課徴金対象行為と同一である必要がある。したがって、課徴金納付命令で認定された課徴金対象行為と事業者が報告した「課徴金対象行為に該当する事実」に同一性(少なくとも事業者が報告した「課徴金対象行為に該当する事実」に課徴金納付命令で認定した課徴金対象行為が包含される関係)が認められない場合、本条に基づく課徴金額の減額は認められない(逐条解説・平成26年11月改正55～56頁)。

②「内閣府令で定めるところ」による消費者庁長官に対する報告

課徴金対象行為に該当する事実の報告をしようとする者は、「様式第1(9条関係)」(「課徴金対象行為に該当する事実の報告書」)を用いて報告書(当該報告書に記載すべき事項を記録した電磁的記録〔電子的方式、磁気的方式その他人の知覚によっては認識することができない方式で作られる記録であって、電子計算機による情報処理の用に供されるものをいう〕を含む)を作成し、ⅰ直接持参する方法、ⅱ書留郵便、信書便等により送付する方法、ⅲ電子情報処理組織(電子メール)を用いて送信する方法のいずれかの方法で消費者庁長官に提出する必要がある(景表規9①)。

なお、内閣総理大臣(消費者庁長官)に報告することが要件となっているため、消

554 第3章 措置と課徴金

§ 9-2(3)

費者庁は、いずれの提出方法であっても、公正取引委員会や各都道府県に報告書を提出しても本条に基づく事実の報告としては認めないとしており、報告書は消費者庁長官宛に提出しなければならない。

(a)　様式第1の記載内容　　様式第1には、(i)報告する課徴金対象行為に該当する事実の概要、(ii)その他参考となるべき事項、(iii)添付資料について記載する必要がある。

(i)　報告する課徴金対象行為に該当する事実の概要には、当該課徴金対象行為に係る商品または役務、当該課徴金対象行為に係る表示の内容および当該当該課徴金対象行為に係る商品または役務の実際、および当該課徴金対象行為をした期間の3つの記載事項が含まれる。

(ii)　その他参考となるべき事項について、事実の報告は、調査の端緒となるものであるから、例えば、当該課徴金対象行為に係る商品または役務の内容(特性等)、売上高、商流等、調査において参考となるべき事項を記載することになる。

(iii)　添付資料について、報告書には、課徴金対象行為に該当する事実の内容を示す資料を添付しなければならない(景表規9②)。上記(ア)のとおり、課徴金対象行為に該当する事実とは、具体的には、当該課徴金対象行為に係る商品または役務、当該課徴金対象行為に係る表示の内容および当該当該課徴金対象行為に係る商品または役務の実際、および当該課徴金対象行為をした期間であるから、これらの3つの事実を示す資料を添付する必要がある。

(b)　独禁法との比較　　独禁法の課徴金減免申請(独禁7の4)に基づく事実の報告においても、報告する違反行為の概要として「当該行為の対象となった商品又は役務」、「当該行為の態様」、「開始時期(終了時期)」等を指定された様式に記載して報告することとなっており、また、「その他参考となるべき事項」において事案の詳細を報告する点についても、本条に基づく報告に類似している。

もっとも、報告書の提出方法について、独禁法の課徴金減免申請では、現在、電子メールでの提出方法しか認められていない点で、本条に基づく事実の報告と異なっている。

(3)　**「その報告が、当該課徴金対象行為についての調査があつたことにより当該課徴金対象行為について課徴金納付命令があるべきことを予知してされたものであるとき」**
(消極的要件)　　本条ただし書の「調査」とは、罰則によって間接的に履行を担保する調査(25①)のみならず、当該調査権限を行使せずに相手方の協力の下で報告を求めるなどのいわゆる任意調査も含まれる。また、「調査」の主体は消費者庁に限られるものではなく、都道府県や消費者庁長官から委任を受けた公取委等も「調

第3章　措置と課徴金　　555

§ 9 -3

査」の主体に含まれる。

　「当該課徴金対象行為についての調査」とは、事業者の報告する特定の課徴金対象行為についての調査を指す。消費者庁等が「調査」時点で課徴金納付命令を行おうと決定している必要はなく、優良・有利誤認表示についての調査はすべて「当該課徴金対象行為についての調査」に該当する(詳説課徴金制度73頁)。

　他方で、事業者の予測可能性を確保するため、課徴金納付命令があるべきことを「予知してされたものであるとき」という要件を置いて、報告により課徴金額が減額される終期について事業者の予測可能性を確保している(逐条解説・平成26年11月改正56頁、松本＝古川＝染谷・前掲22〜23頁)。

　本条ただし書は、「調査」があったことにより、報告をした事業者が「課徴金納付命令があるべきことを」認識(予知)して報告したものであることを問題としているのであって、条文上は、「調査」があったことにより直ちに当該報告が行えなくなるわけではない。もっとも、実際に事業者が、課徴金納付命令があることを認識しているか否かは関係がないため、事業者は「調査」を受けた場合、当該課徴金対象行為について課徴金納付命令があるべきことを「予知」したことになると考えられる(後掲・課徴金納付命令平成29年1月27日〔三菱自動車工業株式会社に対する件〕参照)。例えば、事業者が、自らの課徴金対象行為について「調査」を受けたが、課徴金納付命令までは行われないであろうと認識しつつ、念のため、本条の事実の報告を行ったという場合であっても、「当該課徴金対象行為について課徴金納付命令があるべきことを予知してされたものであるとき」に該当し、当該報告は課徴金額の減額対象とはならない。

3　効果等

　本条の要件を充足した場合、8条1項の規定により計算した課徴金の額に100分の50を乗じて得た額が、当該課徴金の額から減額される。課徴金納付命令そのものに内閣総理大臣(消費者庁長官)の裁量が認められていないことと同様に、自主申告による減額制度についても、裁量は認められない(逐条解説・平成26年11月改正57頁)。

　8条1項ただし書後半部分は、課徴金の額が150万円未満であるときは課徴金を課すことができないと定めるところ、本条本文は「同条第1項の規定により計算した課徴金の額に100分の50を乗じて得た額」と定めているため、減額される前の課徴金の額が150万円以上であれば、本条本文の規定により減額された課徴金の額が150万円未満となったとしても、課徴金が課されることとなる。

　返金措置の実施による課徴金の額の減額等(10・11)との関係においては、11条

556　第3章　措置と課徴金

§9-4

2項に「第8条第1項若しくは第4項又は第9条の規定により計算した課徴金の額から減額する」とあることから、本条本文の規定により減額された課徴金の額から返金措置において交付した金銭の額が減額されることとなる。

　また、1万円未満の場合の端数計算(12②)は、本条本文の規定により減額された課徴金の額に対しても行われる。

　本条に基づく減額が認定された場合、課徴金納付命令書には、課徴金対象行為を認定する記載の後に、自主的報告による2分の1減額についての項目が設けられ、当該事業者が課徴金対象行為に該当する事実を消費者庁長官に報告したこと、当該報告が本条ただし書の規定に該当しないことが記載される。

4　自主的報告の事例

　本条が施行されて以後、令和6(2024)年10月までの間、課徴金納付命令書において本条に基づく減額が認定された事例は7件(一部商品のみ減額が認定された事例を含む)、全部について減額が認定されなかった事案が1件存在する。各事案の概要は下表のとおりである。以下、本条の自主的報告が問題となった最初の事例と、最新の事例について取り挙げる。

No.	違反行為者	課徴金納付命令発令日	減額の認定状況
1	三菱自動車工業株式会社 (**事例❹**)	平成29(2017)年1月27日、同年6月14日	自主的報告による減額が認められた。
2	日産自動車株式会社 (**事例❺**)	平成29(2017)年6月14日	自主的報告による減額が認められた。
3	ガンホー・オンライン・エンターテイメント株式会社	平成30(2018)年3月28日	自主的報告による減額が認められた。
4	合同会社 DMM.com	平成30(2018)年10月19日	自主的報告による減額が認められた。
5	イオンペット株式会社 (**事例㉟**)	令和元(2019)年8月7日	自主的報告による減額が認められた。
6	有限会社鹿北製油	令和2(2020)年6月12日	自主的報告による減額が認められた。
7	株式会社サプリメント・ワールド	令和4(2022)年6月22日	報告に先立ち消費者庁が調査を行っていたため、自主的報告による減額が認められなかった。
8	メルセデス・ベンツ日本株式会社 (**事例㊷**)	令和6(2024)年3月12日	一部商品については自主的報告による減額が認められ、一部商品については認められなかった。

第3章　措置と課徴金　557

§ 9−4(1)

(1) **課徴金納付命令平成29年1月27日、同年6月14日(同年7月21日一部変更)(三菱自動車および日産自動車に対する件)**　(a) 概要　消費者庁が認定した事実によると、三菱自動車工業株式会社(以下、「三菱自動車」という)は、カタログおよび自社ウェブサイトにおいて、普通自動車および小型自動車ならびに軽自動車に係る燃費性能について、あたかも国が定める試験方法に基づく性能が自ら記載したとおりであるかのように表示していた。また、日産自動車株式会社(以下、「日産自動車」という)は、三菱自動車から軽自動車のOEM供給を受け、ディーラーを通じて一般消費者に販売していたところ、三菱自動車と同様の方法により燃費性能の表示を行っていた。しかし、実際には、三菱自動車および日産自動車によるこれらの燃費性能の表示は、国が定める試験方法に基づくものとはいえないものであって、燃費性能として表示できる上限は異なるものであった。

消費者庁は、これら表示が優良誤認表示(5①)に該当するとして、三菱自動車に対し、平成29(2017)年1月27日に、措置命令(7①)を行った。

(b) **三菱自動車に対する課徴金納付命令**　三菱自動車に対しては、消費者庁は、平成29年1月27日、普通自動車および小型自動車26商品(以下、「普通自動車等26商品」という)に関する表示行為につき、4億8507万円の課徴金納付命令(8①)を行った。課徴金納付命令書によると、三菱自動車は、普通自動車等26商品につき、平成28(2016)年8月31日午後に、課徴金対象行為に該当する事実の報告を行った。しかし、消費者庁は、同年5月27日または同年8月31日午前に、三菱自動車に対する調査開始の通知をしていた。消費者庁は、課徴金納付命令書において、このように三菱自動車による上記報告が調査開始の通知がなされたときよりも後であったことを指摘し、「よって、当該報告は、当該課徴金対象行為についての調査があったことにより当該課徴金対象行為について課徴金納付命令があるべきことを予知してなされたものである。」と判断した(同課徴金納付命令書の理由2(2))。これは上記**2**(3)のとおり、事業者が課徴金対象行為に該当する事実の報告も行うよりも前に消費者庁の「調査」を受けていることから、当該課徴金対象行為について課徴金納付命令があるべきことを「予知」したと認定されたものである。

他方で、三菱自動車に対して、消費者庁は、平成29年6月14日、軽自動車8商品に関する表示行為につき、453万円の課徴金納付命令を行った。軽自動車8商品については、三菱自動車が課徴金対象行為に係る事実を自主的に報告したことによる2分の1の減額(本条)がなされ、かつ、一部対象商品につき返金措置が実施されたと認められたため、453万円の課徴金の納付が命じられた。その後、三菱自動車からの指摘により、消費者庁において、同社が実施した返金措置の一部

558　第3章　措置と課徴金

§ 9 –4(2)

につき、認定実施予定返金措置計画への適合性を改めて評価した結果、適合して実施されたと認められたため、平成29年7月21日に、原処分を撤回するとともに、三菱自動車に対して、368万円の新たな課徴金納付命令が行われた。軽自動車8商品について、普通自動車等26商品と異なり、自主的報告(本条)による課徴金の減額が認められた理由は、課徴金納付命令書からは明らかではない。課徴金納付命令書では、「課徴金対象行為に該当する事実を、景品表示法施行規則第9条に定めるところにより消費者庁長官に報告したところ、当該報告は当該課徴金対象行為についての調査があったことにより当該課徴金対象行為について課徴金納付命令があるべきことを予知してされたものではない」と認定されているのみである(同課徴金納付命令書〔一部変更〕の理由2(2))。

(c) 日産自動車に対する課徴金納付命令　消費者庁は、日産自動車に対しては、平成29年6月14日に、軽自動車6商品(以下、「軽自動車6商品」という)に関する表示行為つき、317万円の課徴金納付命令を行った。日産自動車についても、上記三菱自動車の軽自動車8商品に係る課徴金納付命令と同様に、本条の定めるところにより消費者庁長官に報告がなされ、当該報告は当該課徴金対象行為についての調査があったことにより当該課徴金対象行為について課徴金納付命令があるべきことを予知してされたものではないとして、同条に基づく課徴金の減額が認められている。

なお、日産自動車は、平成29年9月13日、行政不服審査法に基づく審査請求を行い、消費者庁は、日産自動車が行った追加主張も含め、改めて、本件の証拠関係を審査し、平成30(2018)年7月6日に行政不服審査会に諮問をしたところ、同審査会は、同年10月31日に、①本件6商品の燃費性能に関する表示が5条1号に定める優良誤認表示には該当しないこと、②日産自動車は、課徴金対象行為を行った期間(平成28年4月1日から同月20日までの間)を通じて、本件表示が8条1項1号に該当することを知らないことにつき「相当の注意を怠った」とは認められないことを理由に、「本件命令は取り消されるべき」との答申(平成30年度答申第47号)を行った。消費者庁は、答申を受け、改めて本件の証拠関係を精査した。この結果、消費者庁は、平成30年12月21日に、本件において日産自動車が「相当の注意を怠った」とは認められないとする答申の結論的判断には相応の合理性があるとして、裁決により、本件命令を取り消した。

(2)　課徴金納付命令令和6年3月12日(メルセデス・ベンツ日本株式会社に対する件)(事例㊷)　消費者庁が認定した事実によると、メルセデス・ベンツ日本株式会社(以下、「メルセデス・ベンツ日本」という)は、同社が販売する普通自動車であるGLA200d 4 MATIC(以下、「商品①」という)、商品①に係る AMG ラインと称する

第3章　措置と課徴金　　559

§ 9-4(2)

パッケージオプション(以下、「商品②」という)、普通自動車である GLB200d(以下、「商品③」という)、商品③に係る AMG ラインと称するパッケージオプション(以下、「商品④」という)および普通自動車である GLB250 4 MATIC スポーツ(以下、「商品⑤」という)について、同社のカタログ、諸元・装備・オプション等に関する冊子ならびにこれらを掲載した自社のウェブサイトにおいて、標準装備ではないオプショナル装備または有料のパッケージオプションを別途装備しなければ機能しない装備を、あたかも「標準装備」であるかのように表示していた。しかし、実際には、これらの機能は標準的に装備されたものではなく、装備するためには追加料金が必要であった。

　メルセデス・ベンツ日本に対して、消費者庁は、上記表示が優良誤認表示(5(1))に該当するとして、メルセデス・ベンツ日本に対し、令和3(2021)年12月10日に措置命令(7①)を行い、令和6(2024)年3月12日に、12億3097万円の課徴金納付命令(8①)を行った。

　課徴金納付命令によると、メルセデス・ベンツ日本は、上記対象商品のうち、その理由は明らかでないが、商品①および商品④についてのみ課徴金対象行為に係る自主的報告(本条)を行ったようである。このうち、商品④については、上記三菱自動車に対する軽自動車8商品に係る課徴金納付命令や日産自動車に対する課徴金納付命令と同様に、本条の定めるところにより消費者庁長官に報告がなされ、当該報告は当該課徴金対象行為についての調査があったことにより当該課徴金対象行為について課徴金納付命令があるべきことを予知してされたものではないとして、同条に基づく課徴金の減額が認められている。他方で、商品①については「課徴金対象行為に係る景品表示法第9条に規定する報告に該当するものとは認められない」として、課徴金の減額が認められなかった。この点、課徴金納付命令書における自主的報告の該当性を否定した記載は、自主的報告の該当性を否定した上記三菱自動車に対する普通自動車等26商品に係る課徴金納付命令書の記載とは若干異なる。上記三菱自動車に対する普通自動車等26商品に係る課徴金納付命令書では、本条の要件を満たさない理由として、本条ただし書の消極要件である課徴金納付命令があるべきことを予知してなされたものであることが明記されている。これに対し、メルセデス・ベンツ日本に対する商品①に係る課徴金納付命令では、「景品表示法施行規則第9条に規定する報告書の提出を行ったが、当該報告書の提出は、前記1〔注：課徴金納付命令書2(2)課徴金対象行為を指す〕の課徴金対象行為に係る景品表示法第9条に規定する報告に該当するものとは認められない」と記載されており、本条ただし書の消極要件に関する記載はなく、そもそも本条に規定する報告に該当しないとしていることから、本条ただし書以外の理

560　第3章　措置と課徴金

§ 9–5

由で本条に規定する報告に該当しないと判断された可能性もあるが、課徴金納付命令書からはその点は不明である。

なお、上記のような「景品表示法施行規則第9条に規定する報告書の提出を行ったが」「景品表示法第9条に規定する報告に該当するものとは認められない」という記載ぶりは、独禁法に基づく課徴金減免申請においても、実際に課徴金減免申請規則で定める様式に従った課徴金減免申請がなされたものの、独禁法で規定する当該違反行為に係る事実の報告および資料の提出に該当するものとは認められないとして課徴金減免申請による減額が認めなかった課徴金納付命令書の記載に類似している（村上政博ほか編『条解 独占禁止法〔第2版〕』(弘文堂・2022)452〜453頁)。独禁法においては、例えば、違反事業者が、違反事実の全体像に係る包括的情報を把握していながら、故意にその提供を控え、一部の部分的な情報しか公取委に提供しないという行動の場合、そのように当該違反行為に係る事実の報告および資料の提出に該当するものとは認められない可能性があるとされている（村上ほか編・前掲452〜453頁)。

5　今後の運用の見通し

本条に基づく自主的報告は、課徴金対象行為についての調査があったことにより当該課徴金対象行為について課徴金納付命令があるべきことを予知する前に、課徴金対象行為を自認した上で、調査協力を行うことで、課徴金が2分の1に減額されるという制度である。他方で、令和5 (2023)年改正で導入された確約制度についても、当事会社としては、事前に課徴金対象行為を自認した上で、調査協力を行うものであるという点で同様の意義を有し、さらに、確約制度は、課徴金対象行為についての調査開始以後であっても利用可能であること、確約制度を利用した場合には課徴金が賦課されないことという点で大きな利点がある。

そのため、確約制度の施行後、自主的報告による減額も可能な事案においても、当事会社としては可能な限り確約手続に基づく処理を求めることが想定され、自主的報告による減額の適用は限定的になる可能性がある（自主的報告がなされる行為については、むしろ確約手続により処理されるものと考えられ、自主的報告による課徴金減額制度は廃止することが相当であると指摘するものとして、村上政博「独占禁止法の新潮流(第65回)─景表法における課徴金制度および確約制度」国際商事法務52巻10号(2024) 4 頁)。

〔石田健＝久米野乃香〕

§10①-*1*

〔返金措置の実施による課徴金の額の減額等〕

第10条 ①　第15条第1項の規定による通知を受けた者は、第8条第2項に規定する課徴金対象期間において当該商品又は役務の取引を行つた一般消費者であつて政令で定めるところにより特定されているものからの申出があつた場合に、当該申出をした一般消費者の取引に係る商品又は役務の政令で定める方法により算定した購入額に100分の3を乗じて得た額以上の金銭(資金決済に関する法律(平成21年法律第59号)第3条第7項に規定する第三者型発行者が発行する同条第1項第1号の前払式支払手段その他内閣府令で定めるものであつて、金銭と同様に通常使用することができるものとして内閣府令で定める基準に適合するもの(以下この項において「金銭以外の支払手段」という。)を含む。以下この条及び次条第2項において同じ。)を交付する措置(金銭以外の支払手段を交付する措置にあつては、当該金銭以外の支払手段の交付を承諾した者に対し行うものに限る。以下この条及び次条において「返金措置」という。)を実施しようとするときは、内閣府令で定めるところにより、その実施しようとする返金措置(以下この条において「実施予定返金措置」という。)に関する計画(以下この条において「実施予定返金措置計画」という。)を作成し、これを第15条第1項に規定する弁明書の提出期限までに内閣総理大臣に提出して、その認定を受けることができる。

1 趣　旨　*2* 確約手続との関係　*3* 寄附制度の検討と不採用　*4* 本減額制度の内容　*5* 本減額制度を利用できる事業者　*6* 返金措置の対象となる一般消費者　*7* 特定消費者からの申出　*8* 返金の額　*9* 特定消費者への返金手段　*10* 実施予定返金措置計画の提出期限

1 趣　旨

　本項および10条(本条)は、返金措置による課徴金の減額について定めたものである。これは、不当表示により一般消費者に生じた被害の回復を促進するため、課徴金制度の導入と同時に導入された制度であり、事業者が消費者に対して本条に従って返金措置を行った場合には、課徴金額から返金相当額を減額し、または課徴金の納付を命じないものとする制度である(以下、本条および11条において「本減額制度」という)。

　なお、本減額制度は、本邦の課徴金制度において、事業者が一般消費者に対して返金した額を差し引くことができるという仕組みを、最初に導入したものとさ

562　第3章　措置と課徴金

§10①-2

れている(黒田岳士＝河上正二「改正景品表示法の狙い—課徴金制度導入を中心に」NBL1043号(2015)8頁)。

消費者契約に関する一般消費者の救済としては、消費者契約に関して相当多数の消費者に生じた財産的被害を集団的に回復するための裁判手続を定める法律として、特例法が平成28(2016)年に施行されたが、事業者が不当表示を行った場合には、当該裁判手続による回復だけでは不十分であると考えられる。すなわち、不当表示の事案においては、①事業者による不当表示と、一般消費者による商品・役務の購入の因果関係の立証が困難であること、②個々の消費者の損害額を算出することは困難であること、および③損害額を算出できたとしても、個々の消費者に生じた損害額は僅少であるという意味で、当該裁判手続による救済には限界がある。

一方で、消費者側から裁判手続により救済を求めるのではなく、事業者が自主的に返金を行うのであれば、消費者はこれらの困難には直面せず、より実効的な救済を受けることができる。そこで、事業者による返金を促すため、本減額制度が設置された(逐条解説・平成26年11月改正58頁)。

本減額制度については、違反要件を含む課徴金要件を満たすことを自認することが本減額制度の利用の前提となるという意味で、違反被疑行為を行った事業者が要件の成否を争うことのないようにさせる制度として機能する懸念があるとの指摘もある(白石忠志「景品表示法の構造と要点　第6回課徴金納付命令(下)」NBL1053号(2015)62頁)。

2　確約手続との関係

なお、確約手続ガイドラインによれば、令和5(2023)年改正によって導入された確約手続においては、返金が被害回復に資することおよび本減額制度が設けられている趣旨に鑑み、事業者が違反被疑行為に係る商品または役務を購入した一般消費者に対し、その購入額の全部または一部について返金することは、確約措置内容の十分性を満たすために有益であり、重要な事情として考慮するとされている。そうすると、令和5年改正後は、本減額制度における返金措置よりも、確約措置としての返金措置が積極的に活用されることが見込まれる。また、確約手続ガイドラインにおいては、確約措置としての返金措置の方法等については本減額制度における返金措置の方法等が参考になるとした上で、確約措置として返金措置を行ったにもかかわらずその後確約計画に係る認定が取り消され、課徴金納付命令が課されようとする場合でも、当該返金措置が本減額制度における返金措置としての要件を満たす限りにおいて、「認定の申請前に既に実施した返金措置」

§ 10①-3, 4

（本条③）として、実施予定返金措置計画に記載し、ひいては本減額制度における減額の対象となり得るとの考えが示されている。

3 寄附制度の検討と不採用

　本減額制度の導入に当たっては、返金措置に加え、寄附制度についても検討されていたが、これは最終的には採用されなかった。すなわち、本減額制度の導入の検討開始当初においては、返金額が納付すべき課徴金額を超えた場合に初めて課徴金を免除するという、オール・オア・ナッシングの制度が検討されていたところ、返金する対象の特定が困難である等により、返金額が納付すべき課徴金額に達しない場合も想定される。このような場合には、独立行政法人国民生活センターに対して、返金額と合計して課徴金額以上となるような金額を寄附することで、当該不足額を寄附により補完し、課徴金額が免除されるという仕組みが想定されていた（黒田＝河上・前掲13〜14頁）。

　しかし、本減額制度の導入を検討する中で、オール・オア・ナッシングではなく、返金額に応じて課徴金を減額する制度が導入されることになったことで、寄附による補完の必要がなくなった。また、パブリック・コメント等において、原則的には課徴金の納付を行うべきであって寄附によって補完してまで課徴金の免除を行う必要がないこと、寄附は直接の被害回復ではないこと、また事業者としても国民生活センターに寄附をするよりも（課徴金として）国庫に納めたいという意見が存在したことも、寄附制度が採用されなかった理由である（黒田＝河上・前掲13〜14頁）。

4 本減額制度の内容

　本減額制度は、①事業者による実施予定返金措置計画の作成、提出、②内閣総理大臣（消費者庁長官）による計画に対する認定、③事業者による、認定された計画に基づく返金の実施、および④事業者による完了報告を経ることにより、課徴金が減額され、または納付が命じられないこととなる制度である。すなわち、課徴金納付命令に関する弁明の機会の付与の通知がなされた場合に、事業者が実施予定返金措置計画を作成し、弁明書の提出期限までに内閣総理大臣（消費者庁長官）に提出して、その認定を受けることができる。認定を受けた実施予定返金措置計画に適合して、事業者により返金措置が実施されたと認められるときには、当該返金措置により交付された金銭の額が、課徴金額から減額される（11②）。

564　第3章　措置と課徴金

§10①-5, 6(1)(2)

5 本減額制度を利用できる事業者

本減額制度を利用できる事業者は、15条1項の規定による通知を受けた者、すなわち課徴金納付命令に係る弁明の機会の付与の通知を受けた者である。

15条2項は、課徴金納付命令の名宛人となるべき者の所在が判明しない場合、公示の措置を行うことで、弁明の通知が到達したとみなすと定めているが、本項においては、あくまで15条「第1項」の通知を受けた者に限定されていることから、同条2項により通知が到達したとみなされる者は本減額制度を利用することができない。

これは、当該事業者の所在が判明しない場合、①（弁明の機会の付与の通知の前には、消費者庁が事業者に接触して調査を行っていることが一般的であるところ）事業者が課徴金納付命令が発出されることを予期して所在をくらませた蓋然性が高く、本減額制度による課徴金の減額という恩典を与えるに値せず、また、②当該事業者において返金措置の実施に必要な資金の調達が困難であり、返金措置が円滑かつ確実に実施されると見込まれるための認定要件（本条⑤）を充足する蓋然性が低く、実施予定返金措置計画の審査の必要性が乏しいためである（逐条解説・平成26年11月改正64～65頁）。

6 返金措置の対象となる一般消費者

返金措置の対象となるのは、「課徴金対象期間において当該商品又は役務の取引を行つた一般消費者であつて政令で定めるところにより特定されているもの」（以下、「特定消費者」という）である。

（1）**「課徴金対象期間において当該商品又は役務の取引を行つた一般消費者」**　返金措置の対象となるのは、「課徴金対象期間において当該商品又は役務の取引を行つた一般消費者」、すなわち、課徴金対象行為に係る商品または役務を購入した一般消費者である。本減額制度における返金措置の対象がこれらの一般消費者に限られるのは、課徴金は、課徴金対象行為に係る商品または役務の売上額を基礎に算定されるものであり、かつ、本来は国庫に納付されるべきものであるためである（逐条解説・平成26年11月改正60頁）。このように、返金措置における特定方法は、基本的に課徴金の算定方法を一般消費者の側から裏返したものとなっており、「課徴金対象期間」や「当該商品又は役務」も課徴金の算定方法と基本的に同様の考え方となる。そのため、例えば、課徴金対象行為に係る商品または役務が限定されてそこに含まれないこととされた商品または役務を購入した一般消費者に返金をしても課徴金の減額対象とはされないことになる（白石・前掲62頁）。

（2）**「政令で定めるところにより特定されているもの」**　本減額制度は、被害回

第3章 措置と課徴金　565

復の促進を図る観点から自主返金を行ったことに対する恩典として導入されたものであるところ、減額を行う前提として、返金措置は適正に履行される必要がある。適正な返金措置が適切に履行されることを担保するため、「課徴金対象期間において当該商品又は役務の取引を行つた一般消費者」は「特定」されている必要がある。これを受けて、景表令3条は、特定のための資料として、①当該商品の購入または役務の提供の対価の支払に充てた金銭に係る領収書、②当該商品の購入または役務の提供に係る契約に係る契約書、③その他の当該事実を証する資料を挙げ、かつ、これらの資料により、商品の引渡しまたは役務の提供を受けた日（「売上額」を契約基準により算定する場合には、契約を締結した日）が課徴金対象期間内であることが特定されている必要があると定める。

　特定のための資料は、個別事案により異なることが想定され、領収書（レシート等）や契約書以外には、例えば、事業者が保有する取引履歴データ、納品書や表示の対象商品そのもの（現物）が該当する場合もあると考えられる（詳説課徴金制度78頁）。また、複数の資料を総合して証明されることも考えられる（古川昌平＝染谷隆明「景品表示法の課徴金制度（本年4月運用開始）の概説（下）―政令・内閣府令・ガイドラインの解説とともに」NBL1069号（2016）54頁）。

(3)　個別事案における特定方法　　消費者の特定の難しさが、事業者の利用を促進できていない一因となっているとの指摘があるが（岩本諭＝佐藤吾郎＝白石忠志＝片桐一幸「座談会 最近の景品表示法違反事件をめぐって」公取842号（2020）13頁）、一般的にはディーラーを介して販売する自動車や、通信販売によって販売された商品については、事業者として、購入者の住所および氏名等は当然把握しているため、特定は容易であるという指摘もある（平成29（2017）年消費者委員会本会議（第250回）議事録）。

　個別事案についてみれば、オンラインゲームのキャンペーンの当選本数表記に誤りがあったグリー株式会社の返金措置では、同社のウェブサイトによれば、消費者による返金の申出に当たって「GREE ID」でのログインを求めており、また返金の対象も当該オンラインゲーム内で利用できるゲーム内通貨の取得に係る購入金額であったことから、同社が付与したIDと購入記録が紐づけられており、店頭販売等に比べれば、消費者の特定は容易であったと考えられる。

　また、痩身効果を標ぼうする自社ウェブサイトにおけるサプリメント広告において優良誤認が認められた株式会社モイストの返金措置では、同社は対象期間内に同社から対象商品を直接購入した消費者を返金の対象としており、同社のウェブサイトの返金専用フォームにおいては、会員番号（同社から購入者に対して送信したメールに記載されている数字）を記載するように求めている。すなわち、同社は、会員番号と購入記録を紐づけていたものと考えられ、同様に、消費者の特定は比較

的容易であったと考えられる。

7 特定消費者からの申出

本減額制度の対象となる返金措置については、特定消費者からの「申出」があることを条件とする。この趣旨は、事業者による返金を受領するか否かは特定消費者の自由な意思に委ねるべきであるためである。そのため、事業者が、申出を受ける前に返金を行った場合、本減額制度の対象となる返金措置には該当しない（逐条解説・平成26年11月改正61頁）。

なお、事業者が、特定消費者からの「申出」を条件とする以外には、返金のための条件を付すことは認められない。例えば、商品の返品を返金の条件とすることは認められない。もっとも、特定消費者からの申出に応じて無条件で金銭を交付する前提で、特定消費者からの希望を受けて、返品を受けることには問題がない（逐条解説・平成26年11月改正62頁）。なお、特定消費者として特定するために領収書等の提出を求める行為は、ここでいう条件を付す行為には当たらない。

8 返金の額

（1） 最低返金額を定める趣旨　本減額制度の対象となる返金措置においては、特定消費者に対して返金される額は、「当該申出をした一般消費者の取引に係る商品又は役務の政令で定める方法により算定した購入額に100分の3を乗じて得た額」（以下、「最低返金額」という）以上でなければならない。返金の額は事業者が任意に決定できるにもかかわらず、このような最低返金額を定めている趣旨としては、返金措置の認定が行われた場合、返金措置の結果報告（11①）の期限まで、内閣総理大臣（消費者庁長官）は課徴金の納付を命ずることができない（本条⑩）ところ、返金額が僅少である場合、例えば特定消費者1人当たり1円ずつ返金する場合であっても返金措置の結果報告まで課徴金納付命令を行えないとすると、いたずらに手続が遅延し、不当表示規制の抑止力が低下するためである。そこで、特定消費者に対する返金額が最低返金額未満である場合には、類型的に適正な返金手続に該当せず、本減額制度の対象とするのは相当ではないとされる（逐条解説・平成26年11月改正63頁）。

（2）　「当該申出をした一般消費者の取引に係る商品又は役務の政令で定める方法により算定した購入額」　景表令4条および5条は、最低返金額の算定の基礎となる「購入額」の算定方法を定めており、「売上額」を引渡基準（景表令1）により算定する場合は引渡基準により、「売上額」を契約基準（景表令2）により算定する場合には契約基準により算定することとしている。

第3章　措置と課徴金　　*567*

§ 10①-8(3)(4), 9(1)(2)

　また、返品があった場合の返品した商品の対価の額は、ここにいう購入額から控除される(景表令4⑵)。

　(3)　「**100分の3を乗じて得た額**」　最低返金額の算定方法は、上記(2)にかかる「購入額」×「3％」である。この3％という算定率は、課徴金額の算定式(課徴金対象行為の対象となった商品または役務の「売上額」×「算定率(3％)」)における算定率と平仄を合わせたものである。

　(4)　**最低返金額以上の返金**　本項に定める最低返金額はあくまで最低限度額であるから、事業者が任意にこれを超える返金を行うことについては問題がない。ただし、「購入額」を超える返金を行う場合には、購入額を超える部分については、本減額制度における課徴金減額の対象とはならない(11②、景表規16①⑴)。

9　特定消費者への返金手段

　(1)　**令和5年改正の概要と理由**　令和5(2023)年改正前においては、特定消費者への返金手段は、金銭の交付、例えば、現金の手交、現金書留による送付および銀行振込みに限定されていた。

　この点、返金措置は、平成28(2016)年4月の本減額制度の導入後、令和6(2024)年7月までの間にわずか4件(日産自動車株式会社、三菱自動車工業株式会社、グリー株式会社および株式会社モイストの件)であり、課徴金納付命令117件のうちわずか3.4％にとどまり、事業者の利用を促進できていないところ、これは返金手段が金銭の交付に限定されていたことにより、柔軟かつ簡便な金銭以外の支払手段が利用できなかったことが一因であると考えられたためである。令和5年改正により、返金の際の「金銭」に、一定の要件を満たす第三者型前払式支払手段(以下、「金銭以外の支払手段」という)が含まれることとされた。現在においては、第三者型前払式支払手段は一般消費者間で広く普及しており、現金とほぼ同等の社会的通用性を有すると考えられ、かつ消費者の被害回復を担保しつつ、事業者による制度利用のインセンティブを高めることによって一般消費者の被害の回復になることが企図された。

　(2)　**金銭以外の支払手段**　本項に定める金銭以外の支払手段に該当するものは、金銭代替性および法律による規制の有無を考慮し、資金決済に関する法律(平成21年法律第59号)(以下、「資金決済法」という)3条7項に規定する第三者型発行者が発行する前払式支払手段(同3①⑴)その他内閣府令で定めるものであって「金銭と同様に通常使用することができるものとして内閣府令で定める基準に適合するもの」とされている。

　(a)　**第三者型前払式支払手段**　第三者型前払式支払手段とは、自家型前払式

568　第3章　措置と課徴金

支払手段以外の前払式支払手段をいう(資金決済3⑤)。前払式支払手段を発行する発行者以外の加盟店から物品の購入もしくは借受けを行い、または役務の提供を受ける場合に、これらの代価の弁済のために使用することができる前払式支払手段や、加盟店に対して物品の供給または役務の提供を請求することができる前払式支払手段がこれに該当する(堀天子『実務解説 資金決済法〔第5版〕』(商事法務・2022)24頁)。

　なお、景表法は「前払式支払手段その他内閣府令で定めるもの」としており、第三者型前払式支払手段に限定していない。これは社会経済情勢の変化に伴い、金銭代替性が認められる支払手段が変更した際に、内閣府令において柔軟に追加できるようにするためである(逐条解説・令和5年改正31頁)。なお、令和6(2024)年7月の時点で公表されている内閣府令においては、内閣府令に基づいて追加された支払手段は存在しない。

　　(b)　「金銭と同様に通常使用することができるものとして内閣府令で定める基準に適合するもの」　第三者型前払式支払手段は、一般的に地域、店舗、サービス、時期等、様々な要素で利用できる場面が限定されている可能性もあり、またこのような場合には、一律に第三者型前払式支払手段を金銭以外の支払手段として許容することは適当ではないことから、特定消費者にとって「金銭と同様に通常使用することができるものとして内閣府令で定める基準に適合するもの」に限定されている。これを受けて、景表規10条の2は、当該第三者型前払式支払手段について、①使用できる地域の範囲等に照らし特定消費者による使用が困難でないこと、②使用期間・使用期限が設定されているときは、それが著しく短いものでないこと、③代価を弁済できる物品等の範囲が極めて限定されたものでないこと、および④その他特定消費者の利益を不当に害するおそれがないこと、を基準として設定している。

　例えば、代表的な金額表示の第三者型前払式支払手段(いわゆる電子マネー)である楽天Edy、Suica、PASMO、nanaco等は、これらの基準を満たし、本項に定める金銭以外の支払手段に該当すると考えられる(逐条解説・令和5年改正32頁)。

　(3)　金銭以外の支払手段を承諾しない者に対する金銭の交付　金銭以外の支払手段は、金銭以外の支払手段を承諾した者に限って交付することができ、承諾しない者に対しては、金銭によって交付しなければならない。これは、金銭の交付を望む一般消費者が一定数存在すると考えられるところ、当該一般消費者の意思を尊重するためである(逐条解説・令和5年改正32頁)。

　(4)　返金以外の方法　返金以外の方法として、商品の交換や、商品券を交付する等の方法を用いた場合には、本減額制度における課徴金の減額の対象とはな

§§ 10①-*10*・10②-*1, 2*

らない。

　これは、一般消費者にとって、商品交換等による場合には、依然として、他の事業者の商品または役務も含めた自主的かつ合理的な選択をすることができず、引き続き不当表示を行った事業者との取引が維持され、ひいては他の事業者との取引の機会を引き続き失わせられることとなるためである（逐条解説・平成26年11月改正64頁）。

10　実施予定返金措置計画の提出期限

　実施予定返金措置計画は、弁明書の提出期限までに提出しなければならない。なお、後述のとおり（§15①-*2*を参照）、実務上、弁明書の提出期限は、通知日から２週間と設定されることが一般的であるから、事業者は、実施予定返金措置計画についても、一般的に、弁明書および証拠書類と併せて２週間で作成・提出する必要がある。　　　　　　　　　　　　　　　　　〔石田健＝吉川智美＝齊藤三佳〕

〔返金措置の実施による課徴金の額の減額等──実施予定返金措置計画の必要的記載事項〕

第10条　②　実施予定返金措置計画には、次に掲げる事項を記載しなければならない。

　(1)　実施予定返金措置の内容及び実施期間

　(2)　実施予定返金措置の対象となる者が当該実施予定返金措置の内容を把握するための周知の方法に関する事項

　(3)　実施予定返金措置の実施に必要な資金の額及びその調達方法

　　1　趣　　旨　　*2*　実施予定返金措置計画の必要的記載事項および添付書類
　　3　行政手続法との関係

1　趣　　旨

　本項は、実施予定返金措置の認定（本条⑤）の判断に当たり最低限必要となる実施予定返金措置計画の必要的記載事項を定めるものである。

2　実施予定返金措置計画の必要的記載事項および添付書類

　本項は、実施予定返金措置計画の必要的記載事項として、①実施予定返金措置

570　第3章　措置と課徴金

の内容および実施期間、②実施予定返金措置の対象となる者が当該実施予定返金措置の内容を把握するための周知の方法に関する事項、ならびに③実施予定返金措置の実施に必要な資金の額およびその調達方法を規定している。

本条1項の委任を受けた景表規10条によって、様式第2による申請書（当該申請書に記載すべき事項を記録した電磁的記録を含む）を内閣総理大臣（消費者庁長官）に提出しなければならないと規定されている。様式第2には、本条各号に定める上記事項を記載することが求められており、さらに、実施予定返金措置の実施に必要な資金の額およびその調達方法（本項(3)）については、自己資金、資金の借入れおよびその他の調達方法につき、それぞれの金額と調達先名称を記載することが求められている。

また、当該申請書の添付資料として、①金銭以外の支払手段を交付する措置を実施しようとする場合には、当該支払手段が所定の要件を満たすことを明らかにする資料、②実施予定返金措置の対象となる者が当該実施予定返金措置の内容を把握するための周知に関する事項を示す資料、③実施予定返金措置の実施に必要な資金の調達方法を証する資料、および④その他実施予定返金措置計画の認定をするため参考となるべき事項を記載した資料を添付するものとされている（景表規10②）。③としては、例えば預金残高証明書や融資証明書が想定される。

3　行政手続法との関係

事業者による実施予定返金措置計画の提出は、行政手続法2条3号の「申請」に該当するものと考えられ、したがって計画の認定については、同法第2章「申請に対する処分」の規定が適用される（白石忠志「景品表示法の構造と要点　第6回課徴金納付命令（下）」NBL1053号（2015）64頁）。事業者が提出した実施予定返金措置計画が、本項に定める記載事項を満たしていない場合、内閣総理大臣（消費者庁長官）は、速やかに、申請者に対して相当の期間を定めて申請の補正を求め、またはその申請の認定を拒否しなければならない（同7）。　　　　　〔石田健＝吉川智美＝齊藤三佳〕

〔返金措置の実施による課徴金の額の減額等——申請前の返金措置の実施〕

第10条　③　実施予定返金措置計画には、第1項の認定の申請前に既に実施した返金措置の対象となつた者の氏名又は名称、その者に対して交付した金銭の額及びその計算方法その他の当該申請前に実施した返金措置に関する事項として内閣府令で定めるものを記載することができる。

§10③-1, 2

1 趣　旨　*2* 具体的な任意記載事項

1 趣　旨

　本項は、実施予定返金措置計画に、事業者が申請前にすでに実施した返金措置の内容を任意に記載することができる旨を定めるものである。本減額制度においては、本項により記載される、申請前に実施された返金措置の相当額についても、課徴金の減額の対象とされている（11②かっこ書）。これは、速やかな被害回復の促進という本減額制度の趣旨からすれば、事業者による返金は速やかに実施されるべきところ、仮に、内閣総理大臣（消費者庁長官）による実施予定返金措置計画の認定（本条⑤）を待たなければ、消費者に対して返金措置を行ったとしても本減額制度による課徴金の減額を受けられないのであれば、事業者が申請前または認定前に返金措置を実施することを躊躇することとなり、もって、本減額制度の趣旨が損なわれるためである。そこで、本減額制度においては、実施予定返金措置計画の申請前に行われた返金措置についても、課徴金の減額の対象としている。

　本条4項における認定前の返金措置が義務的記載事項とされているのに対し、本項における申請前の返金措置が任意的記載事項とされているのは、申請前の返金措置を実施した事業者は、弁明の機会の付与の通知を受ける前に実施した場合が多いと考えられ、自主性が高いと考えられるためである（逐条解説・平成26年11月改正70頁）。

2 具体的な任意記載事項

　本項の委任を受けた景表規11条1項は、任意的記載事項を具体的に定めている。同項に定める任意的記載事項は、①認定の申請前にすでに実施した返金措置の対象となった者の氏名または名称、②①に規定する者が課徴金対象行為に係る商品の引渡しまたは役務の提供を受けた日、③①に規定する者から本条1項に基づく申出があったこと、④金銭以外の支払手段を交付した場合は、①に規定する者から本条1項に規定する承諾があったこと、⑤取引に係る商品または役務の購入額および当該購入額に100分の3を乗じて得た額、⑥①に規定する者に対して金銭を交付した日、⑦①に規定する者に対して交付した金銭の額および計算方法、⑧①に規定する者に対する金銭の交付方法、ならびに⑨その他参考となるべき事項である。また、上記事項を申請書に記載する場合には、認定の申請前の返金措置を実施したことを証する資料を添付するものとされている（景表規11②）。

〔**石田健＝吉川智美＝齊藤三佳**〕

§ 10④-1, 2

〔返金措置の実施による課徴金の額の減額等——認定前の返金措置の実施〕

第10条 ④ 第1項の認定の申請をした者は、当該申請後これに対する処分を受けるまでの間に返金措置を実施したときは、遅滞なく、内閣府令で定めるところにより、当該返金措置の対象となつた者の氏名又は名称、その者に対して交付した金銭の額及びその計算方法その他の当該返金措置に関する事項として内閣府令で定めるものについて、内閣総理大臣に報告しなければならない。

---

1 趣　旨　*2* 具体的な報告書記載事項

1 趣　　旨

　本項は、実施予定返金措置計画に関する認定の申請を行い、処分を受けるまでの間に返金措置を行った場合の報告について定めたものである。本項は、前項と同様、速やかな被害回復の促進の観点から、実施予定返金措置計画の認定の申請後の認定前に行われた返金措置についても、課徴金の減額の対象とすべく（11②かっこ書）、かかる返金措置について報告を求めるものである。

　本条3項においては申請前の返金措置が任意的記載事項とされているのに対し、本項において申請後認定前の返金措置を行った場合は報告が義務である。

2 具体的な報告書記載事項

　当該報告は、景表規の様式第3による報告書を内閣総理大臣（消費者庁長官）に提出することによってなされなければならない（景表規12①）。同条2項に定める報告書記載事項は、①認定前に実施した返金措置の対象となった者の氏名または名称、②①に規定する者が課徴金対象行為に係る商品の引渡しまたは役務の提供を受けた日、③①に規定する者から本条1項に基づく申出があったこと、④金銭以外の支払手段を交付した場合は、①に規定する者から本条1項に規定する承諾があったこと、⑤取引に係る商品または役務の購入額および当該購入額に100分の3を乗じて得た額、⑥①に規定する者に対して金銭を交付した日、⑦①に規定する者に対して交付した金銭の額および計算方法、⑧①に規定する者に対する金銭の交付方法、⑨申請後認定前の返金措置に要した資金の額およびその調達方法、ならびに⑩その他参考となるべき事項である。また、返金措置を行った場合の報告をする場合には、申請後認定前の返金措置を実施したことを証する資

第3章　措置と課徴金　*573*

§10⑤-1

料および当該返金措置の実施に要した資金の調達方法を証する資料を添付するものとされている（景表規12③）。　　　　　　　　　　〔石田健＝吉川智美＝齊藤三佳〕

〔返金措置の実施による課徴金の額の減額等──実施予定返金措置計画の認定要件〕

第10条　⑤　内閣総理大臣は、第１項の認定の申請があつた場合において、その実施予定返金措置計画が次の各号のいずれにも適合すると認める場合でなければ、その認定をしてはならない。

(1)　当該実施予定返金措置計画に係る実施予定返金措置が円滑かつ確実に実施されると見込まれるものであること。

(2)　当該実施予定返金措置計画に係る実施予定返金措置の対象となる者（当該実施予定返金措置計画に第３項に規定する事項が記載されている場合又は前項の規定による報告がされている場合にあつては、当該記載又は報告に係る返金措置が実施された者を含む。）のうち特定の者について不当に差別的でないものであること。

(3)　当該実施予定返金措置計画に記載されている第２項第１号に規定する実施期間が、当該課徴金対象行為による一般消費者の被害の回復を促進するため相当と認められる期間として内閣府令で定める期間内に終了するものであること。

---

　　1 趣　　旨　　**2**「実施予定返金措置が円滑かつ確実に実施されると見込まれるものであること」（１号）　　**3**「特定の者について不当に差別的でないものであること」（２号）　　**4**「実施期間が……内閣府令で定める期間内に終了するものであること」（３号）

1　趣　　旨

　本項において、事業者に対して実施予定返金措置計画を提出させ、内閣総理大臣(消費者庁長官)により認定することとしている趣旨は、事業者が実施しようとする返金措置について、課徴金の減額等を認めるに足りる適正性を有していることを担保することにある。本項各号の認定要件を満たすものは、返金措置が適切に実施されることが類型的に期待できるものとして、返金措置の認定の対象となる（逐条解説・平成26年11月改正71〜72頁）。なお、返金措置を実施してから本減額制度の対象となるべきかを判断するのではなく、返金措置計画の段階で認定を行う趣旨は、弁明書提出期限後も一定期間返金措置を実施させるのに相当な場合か否かを

574　　第3章　措置と課徴金

§ 10⑤-2, 3(1)

予め選別し、課徴金納付命令の発出がいたずらに引き延ばされることがないようにする点にもあると考えられる。

2 「実施予定返金措置が円滑かつ確実に実施されると見込まれるものであること」(1号)

「実施予定返金措置が円滑かつ確実に実施されると見込まれるものであること」については、資金の調達方法を証する資料(景表規10②(3))として提出された預金残高証明書や融資証明書に鑑みて、返金対象となるべき者全員が申出をした場合でも、全員に対して返金措置を実施することが可能であるかという観点から、判断される。また、返金措置の周知方法(本条②(2))が、返金対象となるべき者に返金を受ける機会を確保できているか、という点についても、本号において判断される。

3 「特定の者について不当に差別的でないものであること」(2号)

(1) **「不当に差別的」** 「不当に差別的」な返金としては、例えば、事業者が自らの従業員等にのみ高額な返金措置を行うことや、返金合計額が課徴金額に達した時点で、それ以後に申出を行った特定消費者に対しては返金措置を行わない取扱いとするような場合が挙げられる(逐条解説・平成26年11月改正81〜82頁)。

また、例えば、事業者がある商品を通信販売の方法により販売し、これを購入した一般消費者が全国に点在するような場合において、返金の実施の方法として、当該事業者の本店に来店した者に対してのみその場で現金を手交するという取扱いとする場合、当該本店所在地の近隣に所在する一般消費者以外は事実上返金を受けることが困難になることから、「不当に差別的」な返金に該当すると考えられる(詳説課徴金制度82〜83頁)。

なお、前述の三菱自動車・日産自動車による自動車燃費偽装事案における返金措置においては、三菱自動車の軽自動車8商品については本減額制度による減額の対象とされているが、同社の普通自動車および小型自動車26商品(以下、「普通自動車等26商品」という)については減額の対象とされていない。この理由として、平成29(2017)年2月2日付日本流通産業新聞の報道によれば、三菱自動車は実施予定返金措置計画の認定の申請を行ったが、消費者庁がこれを認定しなかったとのことであり、消費者庁の説明によれば、これは当該実施予定返金措置計画が「全購入者を対象としたもの」ではなかったため、普通自動車等26商品に係る実施予定返金措置計画が、本要件を満たさないと判断されたものと考えられる。さらに、同報道によれば、消費者庁は、具体的には①対象期間に普通自動車等26商品

第3章 措置と課徴金 575

§ 10⑤-3 ⑵⑶, 4

を購入したがすでに手放している人および②残価クレジットによって購入した人を返金対象外としていたことを挙げており、このような返金措置計画については、消費者庁は「不当に差別的」であると考えていることが窺われる。

(2) **合理的な理由による区別**　認定要件は「不当に差別的でない」ことであるため、事業者が、返金措置の実施に当たり、「不当に差別的でない」合理的な理由による区別を行うことは問題がない。

例えば、同一の商品につき、個々の消費者によって、購入額が異なることが想定される。この場合、返金措置において、「商品又は役務の購入額」に一定率を乗じた金額を返金するのではなく、一律の金額での返金とする場合、そもそも安い金額で購入した消費者に比べて、高い金額で購入した消費者は、購入代金に比して低い割合の返金しか受けられないことになる。しかし、一定率を乗じた金額を返金しようとする場合、最終需要者ごとに返金額が異なることとなり、特に最終需要者が多数存在する場合には、手続が煩瑣となって返金手続が遅滞し、速やかな最終需要者の被害回復の促進を図るという本減額制度の趣旨を図れないおそれがある。したがって、この場合に、返金額に一定率を乗じた金額とせずに一律の金額とすることとしても、合理的な理由があり、差別的でないものに該当すると考えられる（逐条解説・平成26年11月改正72～73頁）。

また、返金の対象となる一般消費者が「特定されている」場合にのみ返金を行い、「特定されていない」一般消費者に対しては返金を行わない場合は、恣意的な返金措置ではなく、「不当に差別的でない」といえると考えられる（第187回国会衆議院消費者問題に関する特別委員会第5号〔平成26年11月6日〕における菅久修一消費者庁審議官の答弁）。

(3) **申請前または認定前に行った返金措置**　本号においては、実施予定返金措置計画に係る実施予定返金措置の対象となる者の間で、特定の者について不当に差別的でないことが求められる。そのため、事業者が実施予定返金措置計画の申請前(本条③)または実施予定返金措置計画の認定前(本条④)に消費者に対して返金を行い、それが実施予定返金措置計画において記載または報告された場合、これらの消費者も「実施予定返金措置の対象となる者」に該当することから、これらの消費者についても「特定の者について不当に差別的でない」ことが必要である。

4　「実施期間が……内閣府令で定める期間内に終了するものであること」(3号)

15条1項の規定による通知を受けた者が、実施予定返金措置計画を内閣総理大臣(消費者庁長官)に提出した日から4か月を経過する日(認定実施予定返金措置計画の変更の申請を行う場合にあっては、当初の実施予定返金措置計画に記載された実施期間の末日から

576　第3章　措置と課徴金

§ 10⑥-1

１か月を経過する日)までの期間とされている(景表規13)。当該期間は、消費者庁において、過去に不当表示事案による措置命令を受けた事業者に対して行った、自主返金に関するアンケート調査の結果を参考にして定められたものである。

　なお、消費者庁のウェブサイトによれば、前述の三菱自動車・日産自動車による自動車燃費偽装事案における返金措置においては、三菱自動車は、軽自動車８商品について平成28(2016)年８月25日から平成29(2017)年４月７日までの間(７か月14日)、日産自動車は、軽自動車20商品について平成28年12月26日から平成29年４月25日までの間(４か月０日)、返金措置が実施された。上記のとおり法定の期間は、認定実施予定返金措置計画の変更の申請を行ったとしても５か月が上限であり、三菱自動車の軽自動車８商品はこれを超えているが、それにもかかわらず軽自動車８商品について本減額制度の対象とされている理由は不明である(染谷隆明「三菱・日産の燃費不正事例からひもとく景品表示法の課徴金制度」NBL1092号(2017)57頁、根岸哲「三菱・日産自動車不当表示課徴金納付命令(平29・１・27、平29・６・14)」公取804号(2017)16頁)。

〔石田健＝吉川智美＝齊藤三佳〕

〔返金措置の実施による課徴金の額の減額等──実施予定返金措置計画の変更〕

第10条　⑥　第１項の認定を受けた者(以下この条及び次条において「認定事業者」という。)は、当該認定に係る実施予定返金措置計画を変更しようとするときは、内閣府令で定めるところにより、内閣総理大臣の認定を受けなければならない。

---

1 趣　　旨　　*2* 変更認定申請書の記載事項

1　趣　　旨

　本項は、本条１項の認定を受けた者が、実施予定返金措置計画どおりに返金措置が進まない場合に、実効的に返金措置を行えるよう、実施予定返金措置計画の変更を認めるものである。実施予定返金措置計画を変更しようとする場合には、変更に係る申請書を提出し、内閣総理大臣(消費者庁長官)から認定を受けなければならない。変更認定申請書が提出される場合としては、例えば、①事業者の当初の想定に比して、返金額が低い等の理由から返金の申出をする一般消費者が少ない場合や、②実施期間の終期直前になって返金の申出をした一般消費者が多く、

第３章　措置と課徴金　　577

§§ 10⑥-2・10⑦-1, 2

返金事務が追い付かないような場合が想定される（逐条解説・平成26年11月改正73頁）。

2　変更認定申請書の記載事項

　本項に基づく申請は、景表規の様式第4による申請書を内閣総理大臣（消費者庁長官）に提出することによって行うところ（景表規14①）、様式第4においては、変更事項および変更事項の内容のほか、変更理由として、認定実施予定返金措置計画の変更が必要となった理由を具体的に記載しなければならない。

　また、当該申請書には、当初の実施予定返金措置計画の認定の通知（本条⑨）に係る資料の写しその他実施予定返金措置計画の変更の認定をするため参考となるべき事項を記載または記録した資料を添付するものとするとされている（景表規14②）。

　なお、変更認定申請書は、認定実施予定返金措置計画に記載された実施期間の終了日までに提出する必要がある。　　　　　　　　　〔石田健＝吉川智美＝齊藤三佳〕

〔返金措置の実施による課徴金の額の減額等——変更後の実施予定返金措置計画の認定要件〕

第10条　⑦　第5項の規定は、前項の認定について準用する。

　　　　1　趣　　旨　　**2**　「実施予定返金措置の対象となる者」のうち「特定の者について不当
　　に差別的でない」（本項の準用する5項2号）

1　趣　　旨

　実施予定返金措置計画の認定要件については本条5項で定められているところ、本項は、本条6項の変更があった場合の認定も本条5項の要件を準用することを定めている。

2　「実施予定返金措置の対象となる者」のうち「特定の者について不当に差別的でない」（本項の準用する5項2号）

　本項により準用される本条5項2号により、変更後の実施予定返金措置計画についても、「実施予定返金措置の対象となる者」のうち「特定の者について不当に差別的でない」必要がある。そして、ここにいう「実施予定返金措置の対象となる者」には、変更後の実施予定返金措置計画により返金措置の対象となる者に加え

§10⑧-1, 2

て、変更前の実施予定返金措置計画における返金措置の対象となる者も含む。そのため、変更後の実施予定返金措置計画において返金額を増額する場合、変更前の実施予定返金措置計画に基づいて返金を行った者に対しても差額を支払わなければ、合理的な理由がない限り、「不当に差別的」であると考えられる。また、実施予定返金措置計画における返金額を単純に減額する変更は、変更後の返金措置の対象となる者を不利益に扱うものであるから、特別の事情がない限り、「不当に差別的」であると考えられる（逐条解説・平成26年11月改正74～75頁）。

〔石田健＝吉川智美＝齊藤三佳〕

〔返金措置の実施による課徴金の額の減額等〕
第10条 ⑧ 内閣総理大臣は、認定事業者による返金措置が第1項の認定を受けた実施予定返金措置計画（第6項の規定による変更の認定があつたときは、その変更後のもの。次条第1項及び第2項において「認定実施予定返金措置計画」という。）に適合して実施されていないと認めるときは、第1項の認定（第6項の規定による変更の認定を含む。次項及び第10項ただし書において単に「認定」という。）を取り消さなければならない。

---

1 趣　　旨　*2* 「適合して実施されていない」の具体例　*3* 認定の取消処分を争う方法

1 趣　　旨

　本減額制度は、被害回復の促進を図る観点から自主返金を行ったことに対する恩典として導入されたものであるところ、適切な被害回復がなされていない場合には、課徴金を減額することは適切ではない。本項は、そのような場合には認定を取り消さなければならない旨を定めたものである。なお、認定が取り消された場合には、事業者は返金措置の実施報告を行うことができず(11①)、その結果、本減額制度による課徴金の減額を受けることができないこととなる(同②)。

2 「適合して実施されていない」の具体例

　「適合して実施されていない」の具体例として、①返金措置の内容を把握するための周知の方法が、認定実施予定返金措置計画記載のものと異なり、返金措置対象者の一部にしか認識し得ない方法のみで行われた場合（本条②(2)参照）や②返金の

第3章　措置と課徴金　　*579*

§10⑧-3

申出をした消費者のうち一部の者に対して、認定実施予定返金措置計画に記載されている返金額よりも著しく高い額を不当に返金した場合(本条⑤(2)参照)が挙げられる(逐条解説・平成26年11月改正76頁)。

3 認定の取消処分を争う方法

　事業者が認定の取消処分を争う場合、認定取消処分の取消訴訟を提起するのではなく、課徴金納付命令の取消訴訟を提起してその違法事由として認定取消処分の違法性を主張すべきことになると考えられる。そもそも、内閣総理大臣(消費者庁長官)が、本項に基づき認定を取り消した場合、直ちに課徴金納付命令を課すことになるため、実施予定返金措置計画の認定取消処分と課徴金納付命令が同じタイミングで発せられることとなる。この段階で、仮に認定取消処分が取り消されたとしても、すでに課徴金納付命令が発出されている以上、課徴金額が当然に減額されるわけではない。したがって、権利救済の手段としては、課徴金納付命令の取消訴訟において、課徴金納付命令の違法事由として、認定取消処分の違法性を争うことがより直截であり、認定取消処分それ自体を争うことは、訴えの利益を欠き却下されるものと考えられる。また、課徴金納付命令の取消訴訟において、課徴金納付命令に先行する認定取消処分の違法性は、課徴金納付命令の違法性として承継されると考えられる(いわゆる「違法性の承継」)ところ、課徴金納付命令の違法事由として認定取消理由の不存在を主張し、課徴金納付命令を争うことは許容されると解される(逐条解説・平成26年11月改正66〜68頁、76頁)。なお、課徴金納付命令に係る処分については、基本的に行政手続法第3章(不利益処分)の規定は適用されないものとされているが(21)、本項の返金措置に関して受けた認定の取消処分には、処分の基準(行政手続12)および不利益処分の理由の提示(同14)の適用が除外されていない(21ただし書)。

　なお、上記の違法性の承継の議論については、本条1項に基づく認定処分が当初から行われなかった場合においても同様であると考えられる。すなわち、実施予定返金措置計画不認定処分と課徴金納付命令は同時に存在することになるところ、不認定処分の違法性は課徴金納付命令に承継されるから、事業者が不認定処分の違法性を争う場合には、不認定処分の取消訴訟ではなく、課徴金納付命令の取消訴訟を提起すべきことになると考えられる(逐条解説・平成26年11月改正66〜68頁、76頁)。

〔石田健＝吉川智美＝齊藤三佳〕

§§ 10⑨・10⑩・11①

〔返金措置の実施による課徴金の額の減額等〕

第10条 ⑨ 内閣総理大臣は、認定をしたとき又は前項の規定により認定を取り消したときは、速やかに、これらの処分の対象者に対し、文書をもつてその旨を通知するものとする。

　本項は、実施予定返金措置計画の認定が事業者にとって重要なものであることに鑑み、事業者に対し認定の事実および取消しの事実を確実に伝えるため、速やかに、文書をもってその旨を通知することを定めたものである。

〔石田健＝吉川智美＝齊藤三佳〕

〔返金措置の実施による課徴金の額の減額等〕

第10条 ⑩ 内閣総理大臣は、第1項の認定をしたときは、第8条第1項の規定にかかわらず、次条第1項に規定する報告の期限までの間は、認定事業者に対し、課徴金の納付を命ずることができない。ただし、第8項の規定により認定を取り消した場合には、この限りでない。

　本項は、実施予定返金措置計画を認定した後、当該計画実施に係る報告期限までの間は、当該認定事業者に課徴金の納付命令を発することができない旨を定めたものである。なお、この前提として、事業者により実施予定返金措置計画が提出されてから内閣総理大臣（消費者庁長官）がこれを認定するまでの間についても、課徴金の納付を命じることはないと考えられる。

　本条8項の認定取消処分を受けた場合にはこの限りではなく（本項ただし書）、内閣総理大臣（消費者庁長官）は、認定措置計画を取り消す場合には直ちに課徴金納付命令を課すこととなる。

〔石田健＝吉川智美＝齊藤三佳〕

第11条 ① 認定事業者（前条第8項の規定により同条第1項の認定（同条第6項の規定による変更の認定を含む。）を取り消されたものを除く。第3項において同じ。）は、同条第1項の認定後に実施された認定実施予定返金措置計画に係る返金措置の結果について、当該認定実施予定返金措置計画に記載されている同条第2項第1号に規定する実施期間の経過後1週間以内に、内閣府

第3章　措置と課徴金　　581

§11①-*1~3*

> 令で定めるところにより、内閣総理大臣に報告しなければならない。

1 趣　　旨　　*2* 報告の主体　　*3* 報告の様式および添付書類　　*4* 報告が虚偽
であった場合

1　趣　　旨

　本項は、事業者が返金措置を実施した場合には、当該措置について実施期間の
経過後1週間以内に報告書を内閣総理大臣(消費者庁長官)に提出しなければならな
いことを定めたものである。

　これは、本減額制度に基づく課徴金の減額が行われるのは、事業者によって実
施された返金措置が認定実施予定返金措置計画に適合して実施された場合に限ら
れるところ、内閣総理大臣(消費者庁長官)においてこれを確認する前提として、事
業者からの報告が必要となるためである。

2　報告の主体

　10条8項により認定を取り消された事業者は、本項に基づく報告を行うことが
できない(本項かっこ書)。その結果、当該事業者は、本減額制度による課徴金の減
額を受けることができないこととなる(本条②)。

3　報告の様式および添付書類

　報告書の様式は、景表規の様式第5による(景表規15①)。当該様式においては、
①認定後に実施された返金措置に関する事項、すなわち、課徴金対象行為に係る
商品または役務の取引日や購入額、返金の交付金額、交付日、交付方法および交
付した金銭の額の計算方法等を、返金措置の対象となった者ごとに記載するほ
か、②返金措置の周知の実施状況ならびに③返金措置に要した資金の額およびそ
の調達方法を記載する(様式第5)。

　また、当該報告書においては、①認定後に実施された返金措置が認定実施予定
返金措置計画(10条6項の規定による変更の認定があったときは、その変更後のもの)に適合
して実施されたことを証する資料、②認定実施予定返金措置計画に係る実施予定
返金措置の対象となる者が当該実施予定返金措置の内容を把握するための周知に
関する実施状況を証する資料、および③認定後に実施された返金措置に要した資
金の調達方法を証する資料を添付するものとされている(景表規15②)。

　なお、認定前の返金措置については、すでに10条3項または4項により計画に

582　　第3章　措置と課徴金

§§ 11①-4・11②-1

記載または報告されているため、本項に基づく報告の対象とはならない。また、事業者が、特定消費者から認定実施予定返金措置計画における実施期間内に申出を受けたが、当該実施期間経過後に返金を実施した場合、「認定実施予定返金措置計画に係る返金措置」(本項)に当たらないため、報告の対象者にならず、ひいては本減額制度における課徴金の減額の対象とはならない(詳説課徴金制度91頁)。

4 報告が虚偽であった場合

本項に基づく報告に基づいて課徴金を減額しまたは課徴金を命じないこととした場合において、事後的に当該報告が虚偽であることが判明し、実際には実施された返金措置の一部または全部が認定実施予定返金措置計画に適合していなかった場合、内閣総理大臣(消費者庁長官)は、減額した課徴金額での課徴金納付命令を取り消した上で、改めて課徴金納付命令を課すこととなる(逐条解説・平成26年11月改正79頁)。　　　　　　　　　　　　　　　　〔石田健＝吉川智美＝齊藤三佳〕

> **第11条** ② 内閣総理大臣は、第8条第1項の場合において、前項の規定による報告に基づき、前条第1項の認定後に実施された返金措置が認定実施予定返金措置計画に適合して実施されたと認めるときは、当該返金措置(当該認定実施予定返金措置計画に同条第3項に規定する事項が記載されている場合又は同条第4項の規定による報告がされている場合にあつては、当該記載又は報告に係る返金措置を含む。)において交付された金銭の額として内閣府令で定めるところにより計算した額を第8条第1項若しくは第4項又は第9条の規定により計算した課徴金の額から減額するものとする。この場合において、当該内閣府令で定めるところにより計算した額を当該課徴金の額から減額した額が零を下回るときは、当該額は、零とする。

---

1 趣　　旨　　*2* 「認定後に実施された返金措置が認定実施予定返金措置計画に適合して実施されたと認めるとき」　　*3* 減額対象となる金額

1　趣　　旨

本項は、本減額制度における減額要件として、「前条第1項の認定後に実施された返金措置が認定実施予定返金措置計画に適合して実施された」と認められることを求めるものである。本減額制度は、被害回復の促進を図る観点から自主返

第3章　措置と課徴金　　*583*

§ 11②-2, 3

金を行ったことに対する恩典として導入されたものであるところ、実施予定返金措置計画が、当該恩典を与えるに足りる適性を有することについては、10条1項に基づく実施予定返金措置計画の認定により担保されている。そこで、実際に行われた返金措置が、当該認定実施予定返金措置計画に適合していれば、当該返金措置について、本減額制度に基づく課徴金の減額の対象とする適性を有するといえると考えられる。そのため、本項においては、本減額制度における減額要件として、認定実施予定返金措置計画との適合性を求めるものである。

2　「認定後に実施された返金措置が認定実施予定返金措置計画に適合して実施されたと認めるとき」

　認定後に実施された返金措置について認定実施予定返金措置計画との適合性が認められない場合、認定後に実施された返金措置のみならず、認定前に実施され、計画において記載または報告された返金措置(10③④)についても、本減額制度の対象とはならない。

　また、事業者が、認定実施予定返金措置計画とは異なり、特定の者について不当に差別的な返金措置を行った場合も、「適合して実施された」とはいえず、本減額制度における課徴金の減額の対象とはならない。

3　減額対象となる金額

　返金措置において交付された金銭の額をそのまま課徴金額から減額すると不都合が生じる場合があり得るため、減額対象となる金銭の額の算定方法については、景表規16条において定められている。

　そして、景表規16条1項1号によれば、「購入額」を超える返金を行う場合には、購入額を超える部分については、本減額制度における課徴金減額の対象とはならない。これは、一部の者に対して過大な返金を行うことにより、返金額を安易に増大させ、課徴金の減額を増大させることを防止するためである(逐条解説・平成26年11月改正82頁)。

　なお、前述の三菱自動車・日産自動車による自動車燃費偽装事案においては、三菱自動車の軽自動車8商品について、一部対象商品につき返金措置が実施されたと認められたことを前提に、平成29(2017)年6月14日、453万円の課徴金納付が命じられた。その後、三菱自動車からの指摘により、消費者庁において、同社が実施した返金措置の一部につき認定実施予定返金措置計画への適合性を改めて評価した結果、同年7月21日に、原処分を撤回し、368万円の新たな課徴金納付命令が行われた。このような実質的な課徴金額の減額の処理が行われることになっ

§§ 11③・12①・12②

たのは、三菱自動車の軽自動車8商品について、当初消費者庁が認定実施予定返金措置計画の適合性を正しく判断できなかったためであり、適合性の認定の判断が必ずしも容易でないことを示すものであるという指摘が存在する（根岸哲「三菱・日産自動車不当表示課徴金納付命令（平29・1・27、平29・6・14）」公取804号（2017）15〜16頁）。

〔石田健＝吉川智美＝齊藤三佳〕

> **第11条　③**　内閣総理大臣は、前項の規定により計算した課徴金の額が1万円未満となつたときは、第8条第1項の規定にかかわらず、認定事業者に対し、課徴金の納付を命じないものとする。この場合において、内閣総理大臣は、速やかに、当該認定事業者に対し、文書をもつてその旨を通知するものとする。

本項の趣旨は、本減額制度による課徴金の減額を行い、1万円未満となった場合には課徴金納付を行わないこと、およびかかる場合には速やかに文書をもってその旨を通知することを定めたものである。　　　　〔石田健＝吉川智美＝齊藤三佳〕

> 〔課徴金の納付義務等〕
> **第12条　①**　課徴金納付命令を受けた者は、第8条第1項若しくは第4項、第9条又は前条第2項の規定により計算した課徴金を納付しなければならない。

本項は、優良誤認または有利誤認の違反行為を行い、課徴金納付命令を受けた事業者に対して、課徴金の納付を義務付けている。　　　　〔石田健＝橋本康〕

> **第12条　②**　第8条第1項若しくは第4項、第9条又は前条第2項の規定により計算した課徴金の額に1万円未満の端数があるときは、その端数は、切り捨てる。

本項は、8条1項等の規定に基づいて算定された課徴金の額について、1万円

第3章　措置と課徴金　　585

§12③-*1, 2*

未満の端数がある場合、かかる端数を切り捨てることとしている。

〔石田健＝橋本康〕

> **第12条** ③ 課徴金対象行為をした事業者が法人である場合において、当該
> 法人が合併により消滅したときは、当該法人がした課徴金対象行為は、合
> 併後存続し、又は合併により設立された法人がした課徴金対象行為とみな
> して、第8条から前条まで並びに前2項及び次項の規定を適用する。

---

1 概　　要　　*2* 本項の趣旨　　*3* 関連規定の適用　　*4* 近時の事例

1 概　　要

　本項は、課徴金対象行為を行った事業者が合併によって消滅した場合の取り扱いについて規定している。

　本来、課徴金納付命令を受けるのは、課徴金対象行為をした事業者(以下、「課徴金対象行為事業者」という)ということになるが(なお、仮に課徴金対象行為事業者が組織再編をし、例えば株式会社から合同会社に変わったとしても、法人格としては存続している以上、当該課徴金対象行為事業者が課徴金納付命令を受けることになる〔合同会社DMM.comに対する課徴金納付命令(平成30年10月19日)〕)、当該課徴金対象行為事業者が、課徴金納付命令を受ける前に合併により消滅してしまうことがある。そこで、かかる場合には、当該課徴金対象行為事業者が行った課徴金対象行為を、合併後に存続する法人(以下、「存続法人」という)または合併により新設された法人(以下、「新設法人」という)がした課徴金対象行為とみなして、課徴金納付命令の諸規定を準用するものである。

2 本項の趣旨

　事業者は、課徴金対象行為を行うことによって、課徴金納付命令という特定の不利益処分を受ける具体的可能性がある地位となる。もっとも、そのような地位は、公法上の権利義務そのものではないため、合併によって存続会社または新設会社に当然に承継されるかどうかは明らかではない。

　他方、景表法における課徴金制度の目的は、経済的不利益を課すことにより、事業者が不当法事を行う動機を失わせ、不当表示を防止するという点にある。消

586　　第3章　措置と課徴金

§§ 12③-3, 4・12④⑤

滅する課徴金対象行為事業者と存続法人または新設法人は、実質的に同一である
といえるところ、不当表示を防止するという課徴金制度の目的を達成するために
は、存続法人または新設法人に対して、経済的不利益を課すことが適当であると
考えられたものである（逐条解説・平成26年11月改正85頁）。

3　関連規定の適用

　前述のとおり、合併によって消滅する法人の行った課徴金対象行為について
は、存続法人または新設法人が行ったものとみなされるところ、それによる具体
的効果として、8条から11条までならびに本条1項、2項および4項の規定が適
用される。課徴金対象行為を行った事業者の行為が存続法人または新設法人の行
為とみなされる以上、当該存続法人または新設法人は、8条や本条1項、2項お
よび4項の規定の適用を受けることを明らかにしたものである。また、事業者が
課徴金対象行為に係る事実を報告した場合や返金措置を実施した場合に課徴金額
を減額する趣旨は、存続法人または新設法人が当該報告や返金措置を実施した場
合にも妥当する。そのため、本項は、これらの規定についても、適用することを
定めている。

4　近時の事例

　消費者庁長官は、令和5（2023）年2月14日、マクセル株式会社に対して、本項
に基づいて、課徴金納付命令を行った（**事例㉑**）。当該課徴金納付命令の対象と
なったマクセル株式会社は、マクセルホールディングス株式会社が、平成29
（2017）年4月25日に設立されたマクセル株式会社（以下、「旧マクセル」という）を令和
3（2021）年10月1日に吸収合併し、同日、存続会社であるマクセルホールディン
グス株式会社が「マクセル株式会社」と商号変更したものであった。認定された課
徴金対象行為は、旧マクセルが、令和2（2020）年10月27日から令和3年1月29日
までの間に行った課徴金対象行為であったところ、当該行為について、本項の規
定により、存続法人であるマクセル株式会社が行った課徴金対象行為とみなし
て、同社に対して課徴金納付命令が発出された。　　　　〔石田健＝橋本康〕

第12条　④　課徴金対象行為をした事業者が法人である場合において、当該
　法人が当該課徴金対象行為に係る事案について報告徴収等が最初に行われ
　た日（当該報告徴収等が行われなかつたときは、当該法人が当該課徴金対象行為

第3章　措置と課徴金　　587

§12④⑤

について第15条第1項の規定による通知を受けた日。以下この項において「調査開始日」という。)以後においてその1若しくは2以上の子会社等(事業者の子会社若しくは親会社(会社を子会社とする他の会社をいう。以下この項において同じ。)又は当該事業者と親会社が同一である他の会社をいう。以下この項において同じ。)に対して当該課徴金対象行為に係る事業の全部を譲渡し、又は当該法人(会社に限る。)が当該課徴金対象行為に係る事案についての調査開始日以後においてその1若しくは2以上の子会社等に対して分割により当該課徴金対象行為に係る事業の全部を承継させ、かつ、合併以外の事由により消滅したときは、当該法人がした課徴金対象行為は、当該事業の全部若しくは一部を譲り受け、又は分割により当該事業の全部若しくは一部を承継した子会社等(以下この項において「特定事業承継子会社等」という。)がした課徴金対象行為とみなして、第8条から前条まで及び前3項の規定を適用する。この場合において、当該特定事業承継子会社等が2以上あるときは、第8条第1項中「当該事業者に対し」とあるのは「特定事業承継子会社等(第12条第4項に規定する特定事業承継子会社等をいう。以下この項において同じ。)に対し、この項の規定による命令を受けた他の特定事業承継子会社等と連帯して」と、第1項中「受けた者は、第8条第1項」とあるのは「受けた特定事業承継子会社等(第4項に規定する特定事業承継子会社等をいう。以下この項において同じ。)は、第8条第1項の規定による命令を受けた他の特定事業承継子会社等と連帯して、同項」とする。
⑤　前項に規定する「子会社」とは、会社がその総株主(総社員を含む。以下この項において同じ。)の議決権(株主総会において決議をすることができる事項の全部につき議決権を行使することができない株式についての議決権を除き、会社法(平成17年法律第86号)第879条第3項の規定により議決権を有するものとみなされる株式についての議決権を含む。以下この項において同じ。)の過半数を有する他の会社をいう。この場合において、会社及びその1若しくは2以上の子会社又は会社の1若しくは2以上の子会社がその総株主の議決権の過半数を有する他の会社は、当該会社の子会社とみなす。

1　概　　要　　*2*　趣　　旨　　*3*　「特定事業承継等子会社」

§12④⑤-1〜3(1)

1 概　　要

　課徴金対象行為事業者が、事業の分割や譲渡を行った場合であっても、当該課徴金対象行為事業者が引き続き存在している場合には、当該存在している課徴金対象行為事業者に対して、課徴金納付命令が課されることになる。

　本条4項は、3項における合併と同じく、課徴金対象行為事業者が消滅した場合で、所定の要件を満たすときに、「特定事業承継子会社等」に対して、課徴金納付命令を課すことを定めたものである。

　本条5項は、4項に定義されている「特定事業承継子会社等」を構成する用語である「子会社」について定義したものである。

2 趣　　旨

　不当表示を防止するという課徴金制度の実効性確保の観点から、合併と同様、課徴金対象行為事業者が消滅した場合には、課徴金対象行為に係る事業を譲り受けまたは承継した事業者に課徴金の納付を命じることが必要となる。他方で、課徴金対象行為に係る事業を譲り受けまたは承継しただけで直ちに当該譲受会社または承継事業者が課徴金納付命令の対象になるとすれば、事業を譲り受けまたは承継するリスクが大きくなってしまう。そこで、本条4項においては、譲受会社または分割承継会社が、以下に説明する「特定事業承継子会社等」に該当する場合に、課徴金納付命令を課すこととなっている（逐条解説・令和26年11月改正85頁）。

　また、「特定事業承継子会社等」が複数ある場合の法適用に備える観点から、各特定事業子会社等が連帯して課徴金納付命令の客体となるよう、読み替え規定が置かれている。

3 「特定事業承継等子会社」

　特定事業承継等子会社に該当する会社は、次の3つの要件を満たす必要がある。

　(1) **「調査開始日」以後に分割・譲渡がなされたこと**　　本条4項の「調査開始日」とは、「当該課徴金対象行為に係る事案について報告徴収等」が最初に行われた日である。そして、「報告徴収等」とは8条6項1号に規定されているとおり、「25条1項の規定による報告の徴収、帳簿書類その他の物件の提出の命令、立入検査又は質問」を指す。つまり、「調査開始日」とは、これらの強制力のある調査権限が行使された日のことを指す。これは、当該調査権限を行使せずに事業者の協力の下で報告を求めるなどのいわゆる任意調査が開始された日は含まれず、そのため、9条1項の「調査」が最初に行われた日とは必ずしも一致しない。

第3章　措置と課徴金　　589

§§ 12④⑤-3(2)(3)・12⑥

このような要件が設けられた趣旨は、強制力のある調査権限が行使されたということは、課徴金対象行為事業者および事業の譲受・承継者の双方が、消滅する課徴金対象行為事業者の行為が課徴金対象行為として認定される可能性が高いということを認識した上で事業譲渡・会社分割をしたものと考えられるためである（逐条解説・平成26年11月改正85頁）。

(2)　課徴金対象行為事業者が、課徴金対象行為に係る事業の全部について、譲渡または分割を行った上で消滅していること　　課徴金対象行為事業者が、課徴金対象行為に係る事業の全部について譲渡または分割を行った場合であったとしても、当該課徴金対象行為事業者が存続している場合には、課徴金納付命令は、当該課徴金対象行為事業者に対して課されることとなる。そのため、課徴金納付命令の前までに、課徴金対象行為事業者が消滅していることが要件となっている。

(3)　課徴金対象行為に係る事業の承継相手が子会社等であること　　本条５項において、「子会社」とは、ある会社が50％超の議決権を保有している他の会社のことをいうとされている。「会社及びその１若しくは２以上の子会社又は会社の１若しくは２以上の子会社がその総株主の議決権の過半数を有する他の会社は、当該会社の子会社とみなす」とは、要するに、ある会社およびその子会社からなるグループの保有する議決権保有率が50％超となっている他の会社のことを子会社とみなす、としているものである。

その上で、本条４項において、「子会社等」とは、子会社もしくは親会社（会社を子会社とする他の会社のことをいう）または兄弟会社（当該事業者と親会社が同一である他の会社のことをいう）のことを指す、とされている。

〔石田健＝橋本康〕

> **第12条**　⑥　第３項及び第４項の場合において、第８条第２項及び第３項並びに第９条から前条までの規定の適用に関し必要な事項は、政令で定める。

本項は、本条３項および４項の規定によって、課徴金納付命令の対象が、存続法人、新設法人または特定事業承継等子会社となる場合に、必要な事項を政令で定めることを規定したものである。

本項を受けて、景表令６条から13条までにおいて、以下のとおり規定している。

590　第３章　措置と課徴金

§12⑦

　景表令6条、8条および9条までの規定は、合併によって課徴金対象行為事業者が消滅し、当該消滅した課徴金対象行為事業者が行った行為について、景表法12条3項に基づいて存続法人または新設法人が行ったものとみなす場合に、必要な規定となっている。具体的には、課徴金対象行為後の取引または不当顧客誘引の解消措置、景表法9条の規定による報告および実施予定返金計画申請等については、当該消滅した課徴金対象行為事業者が行った行為について、存続法人または新設法人が行ったものとみなすことになる。また、実施予定返金措置計画認定等については、当該消滅した課徴金対象行為事業者が受けたものについて、存続法人または新設法人が行ったものとみなすことになる。加えて、景表令7条は、存続法人または新設法人に景表法8条3項の規定を適用するため、必要となる読み替えを規定している。

　景表令10条から12条までの規定は、課徴金対象行為事業者が、課徴金対象行為に係る事業の全部について分割・譲渡をした上で消滅し、景表法12条4項に基づいて当該消滅した課徴金対象行為事業者が行った課徴金対象行為について、特定事業承継子会社等が行ったものとみなす場合に、必要な規定となっている。その具体的な内容は、合併における規定と同様となっている。なお、特定事業承継子会社等については、複数存在することもあり得るため、景表令11条では、その点の手当もされている。

〔石田健＝橋本康〕

> **第12条**　⑦　課徴金対象行為をやめた日から5年を経過したときは、内閣総理大臣は、当該課徴金対象行為に係る課徴金の納付を命ずることができない。

　本項は、課徴金納付命令に関する除斥期間を定めたものである。

　独禁法において、課徴金の除斥期間が5年とされていたことから、本項でも除斥期間が5年とされた(逐条解説・平成26年11月改正90頁)。もっとも、独禁法における課徴金の除斥期間は令和元(2019)年改正によって7年に延長されたが、本項は本法の令和5(2023)年改正の対象とならず、5年の期間が維持されている。

〔石田健＝橋本康〕

§ 13-*1~3*

〔課徴金納付命令に対する弁明の機会の付与〕

第13条 内閣総理大臣は、課徴金納付命令をしようとするときは、当該課徴金納付命令の名宛人となるべき者に対し、弁明の機会を与えなければならない。

---

  1 趣　　旨　 *2* 行政手続法上の意見陳述手続の適用がないこと　 *3* 景表法において弁明の機会の付与が設けられた理由　 *4* 独占禁止法との関係　 *5*「名宛人となるべき者」

1　趣　　旨

　本条は、課徴金納付命令の名宛人となるべき者に対する手続保障として、課徴金納付命令に先立って、弁明の機会を与えることを定めるものである。

2　行政手続法上の意見陳述手続の適用がないこと

　行政手続法は、行政庁が、不利益処分をしようとする場合に、当該不利益処分の名宛人となるべき者について、意見陳述のための手続を執らなければならないと定め、意見陳述のための手続として、その不利益処分の区分に従い、聴聞または弁明の機会の付与を設けている（同13①）。もっとも、不利益処分のうち、「納付すべき金銭の額を確定し、一定の額の金銭の納付を命じ、又は金銭の給付決定の取消しその他の金銭の給付を制限する不利益処分をしようとするとき」には、上記の意見陳述のための手続を執る必要はない（同②(4)）。

　課徴金納付命令は、「一定の額の金銭の納付を命じ」る処分（同②(4)）であるため、行政手続法に基づく意見陳述のための手続を行うことは求められず、同法上の意見陳述に係る規定は課徴金納付命令に適用されない。そのため、内閣総理大臣（消費者庁長官）は、行政手続法に基づく聴聞または弁明の機会の付与を行う必要はない。

3　景表法において弁明の機会の付与が設けられた理由

　上記のとおり、内閣総理大臣（消費者庁長官）は、行政手続法に基づく聴聞または弁明の機会の付与を行う必要はないが、本法では個別に手続保障のための事前手続として、弁明の機会の付与が定められている。その理由は、①課徴金納付命令の賦課要件に、課徴金対象行為該当性、課徴金額算定のための売上額の算定、主観的要素等個別具体的な判断が必要となる要素が多いことおよび②課徴金の額次

592　　第3章　措置と課徴金

§ 13-*3*(1)(2), *4*

第では、事業者の経営に著しい悪化を招来するおそれがあること等の課徴金納付命令の性質に鑑み、事後の争訟において処分が否定された際に清算されれば足りるとするのではなく、事案ごとの事情について、事業者に事前に説明する機会を与えることが適切だからである（逐条解説・平成26年11月改正91頁）。

なお、聴聞ではなく、より簡易迅速な弁明の機会の付与が採用された理由としては、以下のとおり(1)迅速性および(2)措置命令の手続との平仄が挙げられる。

(1)　**迅速性**　　本法の制定の経緯として、不当表示を含む欺瞞的公告や不当な利益による顧客誘引について、独禁法が不公正な取引方法の一類型として規制していたところ、特に一般消費者との関係で問題が大きいと考えられた不当表示および過大な景品類の提供について迅速かつ効果的な規制を行うため、本法が独禁法の特則として制定された。

課徴金制度は、当該目的を達成するため、不当表示を行った事業者に対して経済的不利益を課すことにより、不当表示規制の抑止力を強化し、もって不当表示を防止することを趣旨とするものであるところ、当該抑止力の強化のためには、課徴金納付命令は迅速に行われる必要がある（逐条解説・平成26年11月改正92頁）。

弁明の機会の付与は、原則として書面審理方式によることから、口頭審理主義をとる聴聞に比して、迅速な執行が可能であるため、景表法に基づく課徴金納付命令については、聴聞ではなく、弁明の機会の付与が適当であると解されている。

(2)　**措置命令との平仄**　　景表法に基づく措置命令における意見陳述のための手続は、弁明の機会の付与である（行政手続13①(2)）。課徴金納付命令と措置命令が、同一の違反行為に係る意見陳述手続であるにもかかわらず、異なるレベルの手続保障を行うとした場合、行政効率の無用な低下を招くおそれがある。そこで、措置命令との平仄の観点から、聴聞ではなく、弁明の機会の付与が適当であると解されている。

なお、実務上、課徴金納付命令の多くが措置命令と同時ではなく、措置命令の1年から2年後に行われている。

4　独占禁止法との関係

独禁法における課徴金納付命令においては、公正取引委員会は、課徴金納付命令をしようとするときは、当該課徴金納付命令の名宛人となるべき者について、意見聴取手続を執ることが定められている（独禁62(4)・49）。独禁法における意見聴取手続(以下、「意見聴取手続」という)は、独禁法に基づく処分の特殊性等を反映しつつ、行政手続法における聴聞を参考として設けられた手続である。意見聴取手続

第3章　措置と課徴金　　*593*

§ 13-5

と聴聞との違いは、聴聞は行政庁が相当と認めるときは例外的に公開されるのに対し(行政手続20⑥)、具体的な独禁法違反被疑事件においては当事者の営業秘密や従業員のプライバシー等の秘匿性の高い情報が含まれる証拠が事実認定に用いられることも多いため、当該情報を保護する必要性から、意見聴取手続は例外なく非公開とされている点にある(独禁54④)。また、当事者に与える影響が大きいことから、十分な防御の機会を与える必要があることに鑑み、証拠の閲覧に加え、謄写請求権についても認めている(同52①)(村上政博ほか編『条解 独占禁止法〔第2版〕』(弘文堂・2022)920〜921頁)。

意見聴取手続と景表法上の弁明の機会の付与の違いとしては、意見聴取手続は口頭審理主義によるのに対し、弁明の機会の付与は原則として書面審理方式によることが挙げられる。具体的には、意見聴取手続は、事前に公正取引委員会の認定した事実を立証する証拠の閲覧・謄写の機会を与えた上、審理の場において口頭による意見陳述・質問等の機会を与えるものであるのに対し、弁明の機会の付与では、消費者庁の認定した事実を立証する証拠の閲覧・謄写の機会も与えられず、原則として書面により処分の原因となる事実に関する意見陳述のための機会を与えるにすぎない。

このように、弁明の機会の付与は、意見聴取手続に比して手続保障のレベルが低いといえる。そこで、消費者庁における本法の法制化作業においては、本法上の課徴金納付命令における手続保障についても、意見聴取手続と同水準の手続を置くべきであるという意見が寄せられることもあった(逐条解説・平成26年11月改正92〜93頁)。

しかし、景表法は、当該商品または役務に係る表示から一般消費者が受ける印象が実際の商品または役務に比べ著しく優良または有利等であるとの誤認を生じさせる表示行為を規制するものであるところ、①当該表示自体は一般公衆に対してさらされており、表示の対象となっている商品または役務の実際の内容等は事業者が把握している事実である上、②課徴金対象行為に係る商品または役務の売上額および主観的要素に関する証拠も事業者側に存在するのであり、弁明の機会において、事業者は十分に防御することが可能であると解されることや、③迅速かつ効果的な規制を行うために独禁法の特則として景品表示法が制定された経緯に鑑みて、景表法上の課徴金納付命令との関係における意見陳述手続は、書面によることを原則とする弁明の機会の付与とされた(逐条解説・平成26年11月改正93頁)。

5 「名宛人となるべき者」

「課徴金納付命令の名宛人となるべき者」とは、弁明の機会の付与の段階におい

§14-*1, 2*

て、消費者庁が予定している課徴金納付命令の名宛人である。

〔石田健＝德備隆太＝吉川智美〕

〔弁明の機会の付与の方式〕

第14条　①　弁明は、内閣総理大臣が口頭ですることを認めたときを除き、弁明を記載した書面(次条第1項において「弁明書」という。)を提出してするものとする。

②　弁明をするときは、証拠書類又は証拠物を提出することができる。

---

1 趣　　旨　*2* 弁明書の提出(1項)　*3* 証拠書類等の提出(2項)

1　趣　　旨

　本条は、課徴金納付命令に対する弁明の機会の付与の方式について定めたものである。具体的には、課徴金納付命令の名宛人となるべき者による弁明は、原則として書面を提出して行うこと、および書面とともに証拠書類または証拠物を提出することができることを定めるものである。本条は、行政手続法29条の定めと同様であり、概ね同様の解釈が当てはまると解される。

2　弁明書の提出(1項)

　名宛人における弁明は、原則として書面を提出して行うこととしている。ここでいう「弁明」とは、15条によって通知された課徴金納付命令に関する意見の表明をいう。弁明を書面によって提出することで、弁明内容を明確化し、また審理が迅速になると考えられる。

　ただし、内閣総理大臣(消費者庁長官)が認めたときは、口頭で弁明することも認められる(本項)が、口頭で弁明をする場合の手続については、具体的な定めは置かれていない。

　実務上は、消費者庁が特に必要があると認める場合には、口頭による弁明を認めており、弁明の機会の付与の通知(15①)において、弁明書の提出に代えて、またはこれに加えて、口頭による弁明を希望する場合には、その理由を付して、消費者庁の設定する期限までに申し出る必要がある旨が記載されている。なお、当該期限は、通知日から1週間後に設定されることが一般的である。

第3章　措置と課徴金　　595

§§ 14-*3*・15

3 証拠書類等の提出（2項）

　名宛人の権利保障のために、弁明による主張だけでなく、当該主張を裏付ける証拠書類または証拠物の提出も認められている。

　なお、証拠書類または証拠物は、弁明書の提出期限（口頭で弁明する場合には、その出頭日時）までに提出される必要がある。実務上、弁明書および証拠の提出期限は、通知日から2週間後に設定されることが一般的である。

〔石田健＝德備隆太＝吉川智美〕

〔弁明の機会の付与の通知の方式〕

第15条　①　内閣総理大臣は、弁明書の提出期限（口頭による弁明の機会の付与を行う場合には、その日時）までに相当な期間をおいて、課徴金納付命令の名宛人となるべき者に対し、次に掲げる事項を書面により通知しなければならない。

　(1)　納付を命じようとする課徴金の額

　(2)　課徴金の計算の基礎及び当該課徴金に係る課徴金対象行為

　(3)　弁明書の提出先及び提出期限（口頭による弁明の機会の付与を行う場合には、その旨並びに出頭すべき日時及び場所）

　②　内閣総理大臣は、課徴金納付命令の名宛人となるべき者の所在が判明しない場合においては、前項の規定による通知を、その者の氏名（法人にあつては、その名称及び代表者の氏名）、同項第3号に掲げる事項及び内閣総理大臣が同項各号に掲げる事項を記載した書面をいつでもその者に交付する旨（以下この項において「公示事項」という。）を内閣府令で定める方法により不特定多数の者が閲覧することができる状態に置くとともに、公示事項が記載された書面を消費者庁の掲示場に掲示し、又は公示事項を消費者庁の事務所に設置した電子計算機の映像面に表示したものを閲覧することができる状態に置く措置を執ることによつて行うことができる。この場合においては、当該措置をとつた日から2週間を経過したときに、当該通知がその者に到達したものとみなす。

1　趣　　旨　　*2*　相当な期間（1項柱書）　　*3*　通知の記載事項（1項各号）

4　公示による通知（2項）

§ 15-*1*〜*3* (1)(2)

1 趣　　旨

　本条は、弁明の機会の付与の通知(以下、「弁明の通知」という)の方式を定めたものである。課徴金納付命令の名宛人となるべき者が、実効的な防御権の行使としての弁明を行うには、いかなる原因に基づいて課徴金納付命令の対象となると評価されたのかについて、あらかじめ相当の期間をおいて示される必要がある。また、事前の通知を行うことにより、不意打ちを防止する効果がある。

　本条は、上記の趣旨から、弁明書の提出期限または出頭日時までに相当な期間をおいて、書面により弁明の通知を行うとともに、名宛人となるべき者の所在が判明しない場合の公示の措置を行うことについて定めたものである。

2　相当な期間(1項柱書)

　「相当な期間」は、名宛人となるべき者の防御の準備を可能にしつつ、一定の期間内に手続を終わらせるために、内閣総理大臣(消費者庁長官)が決するものである。したがって、「相当な期間」は、名宛人となるべき者が防御の準備を行うに足りる期間でなければならない。「相当な期間」は画一的に法定されておらず、これは、個々の課徴金対象行為の態様によって、内閣総理大臣(消費者庁長官)に事案に応じて必要な期間を設定させようするものと考えられる。もっとも、実務上、「相当な期間」は、通知日から2週間として定められることが一般的である。

3　通知の記載事項(1項各号)

　(1)　「納付を命じようとする課徴金の額」　　弁明の通知には、弁明の通知の発送時点で内閣総理大臣(消費者庁長官)が想定している課徴金の額を記載する必要がある。

　実務上は、通知の別紙として、「予定される課徴金納付命令の内容」と題して課徴金納付命令書の案が添付され、当該命令案の「主文」に相当する箇所に、納付を命じようとする課徴金の額が記載される。

　(2)　「課徴金の計算の基礎及び当該課徴金に係る課徴金対象行為」　　「課徴金の計算の基礎」については、§17-*2* を参照。

　「課徴金対象行為」には、課徴金納付命令の要件を充足する行為について、網羅的かつ具体的に記載しなければならないと考えられる。課徴金対象行為の特定性の程度としては、名宛人となるべき者にとって具体的な事実が認識され、その者の防御権の行使を妨げない程度に記載する必要があると考えられる。

　実務上は、通知の別紙として添付される命令書案の「理由」に相当する箇所に、課徴金の計算の基礎および当該課徴金に係る課徴金対象行為が記載される。

第3章 措置と課徴金　　*597*

§ 15-3 (3), 4 (1)

　なお、課徴金の計算の基礎および当該課徴金に係る課徴金対象行為は、あくまで弁明の通知の発送時点で内閣総理大臣（消費者庁長官）が想定していたものであり、その後の弁明の機会の付与や証拠の提出を経て変更されることは問題がない。もっとも、その基礎となる事実が大きく変動するような場合には、弁明の機会の付与を経ていない内容に基づく不意打ち的な処分であり、改めて弁明の機会を付与することが必要であると考えられる。

　(3)　**「弁明書の提出先及び提出期限」**　　弁明の通知には、弁明書の提出先および提出期限を記載する必要がある。

　実務上は、郵送による提出先として消費者庁の担当課の住所が示されるとともに、電子メールによる提出先としてメールアドレスが記載される。

　本条は、通知を発して名宛人に到達したにもかかわらず、提出期限までに名宛人となるべき者から何らの応答がなかったときの取扱いについては定められていない。しかし、意思表示は、その通知が名宛人に到達した時からその効力を生ずる（民97参照）ところ、行政手続法においても到達主義の考えがとられている（一般財団法人行政管理研究センター編『逐条解説 行政手続法〔改正行審法対応版〕』（ぎょうせい・2016)238頁）ことから、本法における弁明についても、通知が名宛人に到達すれば弁明の機会を付与したといえると考えられる。そのため、名宛人から何らの応答がなかったとしても、提出期限を過ぎれば、弁明の機会の付与の手続が完了したことになるといえる（逐条解説・平成26年11月改正95頁）。

4　公示による通知 (2項)

　名宛人の所在が判明しない場合における弁明の通知について、民事訴訟法および行政手続法と類似した手続を設けている。

　(1)　**課徴金納付命令の名宛人となるべき者の所在が判明しない場合**　　「課徴金納付命令の名宛人となるべき者の所在が判明しない場合」とは、課徴金納付命令の名宛人となるべき者の所在が判明していない場合や、通知を郵送したものの、名宛人の居所が不明である場合等において、必要に応じて追跡調査を行ったにもかかわらず、なお当該名宛人となるべき者の住所・居所等が明らかでない場合を指すと考えられる（逐条解説・平成26年11月改正96頁）。

　追跡調査が必要であるのは、本項の措置は通知が名宛人に到達したことを擬制するものであり、現実には、名宛人がこれを現実に認知せず、したがって弁明書を提出することができないという事態により、名宛人の利益が損なわれる場合があり得るためである（室井力＝芝池義一＝浜川清＝本多滝夫編著『コンメンタール行政法Ⅰ〔第3版〕行政手続法・行政不服審査法』（日本評論社・2018)248頁）。

598　　第3章　措置と課徴金

§§ 15-4(2)～(4)・16

(2)　**公示事項**　　公示事項については、行政手続法15条3項に準じ、①課徴金納付命令の名宛人となるべき者の氏名(法人の場合は名称および代表者の氏名)、②弁明の通知に記載されるべき事項、および③内閣総理大臣(消費者庁長官)が15条1項各号に掲げる事項を記載した書面をいつでもその者に交付する旨と定められている。

(3)　**公示の方法**　　民事訴訟法111条は、これまで公示送達の方法を「裁判所の掲示場に掲示」する方法によってするとしていたが、民事訴訟手続のIT化の一環として、当事者の利便を向上するとともに、公示送達を実質化する観点から、民事訴訟法等の一部を改正する法律(令和4年法律第48号)により、公示送達にインターネットが利用されることとなった。一方で、インターネットを利用することができない者に配慮する観点から、これまでどおり、裁判所に赴けば確認することができる制度が維持されている。

　景表法においても、これまで公示送達に準じた弁明の機会の付与の通知については、「消費者庁の掲示場に掲示」することによってなされていたが、上記の民事訴訟法の改正を受けて、インターネットを利用した方法が導入された。これは、当事者の利便を向上し、景品表示法上の弁明の機会の付与の制度を合理化する観点で導入されたものである(逐条解説・令和5年改正36～37頁)。

　この場合の具体的な方法としては内閣府令で定めることとされている。内閣府令においては、消費者庁のウェブサイトに公示すべき事項を掲載し、不特定多数の者がインターネットを通じて閲覧できるようにすることを定めることが想定されている(逐条解説・令和5年改正36～37頁)。また、民事訴訟法上の公示送達と同様に、インターネットを利用することができない者に配慮する観点から、公示事項が記載された書面を消費者庁の掲示場に掲示し、または公示事項を消費者庁の事務所に設置した電子計算機の映像面に表示したものを閲覧することができる状態に置く措置をとることとされた。

(4)　**公示の期間**　　民事訴訟法112条1項および行政手続法15条3項に準じ、公示のための措置をとった日から2週間を経過したときに、通知の到達が擬制される。

〔石田健＝徳備隆太＝吉川智美〕

〔代理人〕

第16条　①　前条第1項の規定による通知を受けた者(同条第2項後段の規定により当該通知が到達したものとみなされる者を含む。次項及び第4項において

§16-*1*~*3*

「当事者」という。)は、代理人を選任することができる。

② 代理人は、各自、当事者のために、弁明に関する一切の行為をすることができる。

③ 代理人の資格は、書面で証明しなければならない。

④ 代理人がその資格を失つたときは、当該代理人を選任した当事者は、書面でその旨を内閣総理大臣に届け出なければならない。

1 趣　　旨　　*2* 代理人の選任(1項)　　*3* 代理人の権限(2項)　　*4* 代理人の資格の証明(3項)　　*5* 代理人の資格の喪失(4項)

1　趣　　旨

　本条は、弁明の機会の付与の当事者による代理人選任の根拠、権限の範囲ならびにその選任時および資格喪失時の手続について定めるものである。ここでは、弁明の機会の付与の通知を受けた者を「当事者」として定義する。この「当事者」には、15条2項の措置により、通知が到達したものとみなされる者を含む。

　本条は、弁明に当たり当事者の防御権の行使を有効なものとし権利利益を十分に保護すると同時に、手続の円滑化・迅速化を図ることを意図したものである。本条は、行政手続法31条によって弁明の機会の付与に準用される行政手続法16条の定めと同様であり、概ね同様の解釈が当てはまると解される。

2　代理人の選任(1項)

　代理人とは、民法上の代理人と同義であると考えられる。すなわち、当事者本人以外の者であって、当事者本人のためにすることを示して、当事者本人の名において、自己の意思決定に基づき、弁明の機会の付与に関する行為を行う者をいう。代理人がその権限の範囲内でした行為の効果は、当事者本人に帰属する。

　代理人の資格については、訴訟代理人とは異なり、弁護士に限定されない。また、代理人となるにつき消費者庁の承認も必要ない。そのため、代理人は弁護士でなくてもよく、例えば研究者等の専門家を選任することも可能である。また、自然人に限られず、法人、権利能力なき社団・財団も代理人となり得る。

3　代理人の権限(2項)

　代理人は、当事者のために弁明に関する一切の行為をすることができる。これは、通常、代理人を選任する際は、委任契約等においてその委任の範囲を合意す

§§ 16-4, 5・17

るが、個々の代理人ごとに委任の範囲が異なると、手続が煩雑になるため、弁明を迅速に進めるという要請から、権限の内容を画一的に定めている。この「一切の行為」には、弁明書や証拠書類の提出、口頭の弁明における意見陳述等を含む。また、「一切の行為」は受動的な行為も含み、代理人に対する通知は、本人に対して通知したものと同じ効果を生ずると解される。

また、代理人は「各自」、弁明に関する一切の行為ができるため、代理人が複数選任されている場合であっても、それぞれが単独で行為をすることができる。なお、代理人の人数を制限する定めは存在しない。

4 代理人の資格の証明（3項）

代理人の選任に際し、その資格は書面で証明しなければならない。これは、代理人が当事者により正当に選任されていることが、手続の適法性の要件であるところ、当初から代理人の資格を明確にしておくためである。また、届出ではなく書面での証明を義務付けているのは、選任行為の正当性を担保させるためである。

なお、資格証明のための書面の様式については明記されていないが、通常は委任状またはその写しを示すことが想定される。

5 代理人の資格の喪失（4項）

「その資格を失つた」ときは、書面でその旨を届け出る必要がある。委任契約の解除等により、代理権が失われた場合が想定される。なお、この場合の届出義務者は、資格を喪失した代理人ではなく、当事者本人とされている。この届出がなされるまでは、内閣総理大臣（消費者庁長官）は、代理権があるものとして扱うことができると解される。　　　　　　　　　　　　　〔石田健＝徳備隆太＝吉川智美〕

〔課徴金納付命令の方式等〕

第17条　①　課徴金納付命令は、文書によつて行い、課徴金納付命令書には、納付すべき課徴金の額、課徴金の計算の基礎及び当該課徴金に係る課徴金対象行為並びに納期限を記載しなければならない。

②　課徴金納付命令は、その名宛人に課徴金納付命令書の謄本を送達することによつて、その効力を生ずる。

③　第1項の課徴金の納期限は、課徴金納付命令書の謄本を発する日から7

§ 17-*1, 2*

月を経過した日とする。

---

1 趣　　旨　　*2* 課徴金納付命令の方式　　*3* 課徴金納付命令の効力発生時期
4 課徴金の納期限

1 趣　　旨

　本条は、課徴金納付命令の方式、効力発生時期および納期限を定めるものである。

2 課徴金納付命令の方式

　課徴金納付命令は、文書によって行わなければならず、課徴金納付命令の発出に当たっては、課徴金納付命令書が作成されることになる(本条①)。

　課徴金納付命令書には、①納付すべき課徴金の額、②課徴金の計算の基礎および③当該課徴金に係る課徴金対象行為ならびに④課徴金の納期限が記載されなければならない。実際の課徴金納付命令書においては、通常、主文に①および④、「1　課徴金対象行為」として③、「2　課徴金の計算の基礎」として②が記載されている。

　②の「課徴金の計算の基礎」とは、納付すべき課徴金の額の計算過程を意味する。課徴金納付命令書において、「課徴金の計算の基礎」として、具体的には、課徴金対象行為に係る商品または役務の範囲、課徴金対象期間、当該商品または役務の売上高、課徴金対象行為をした期間を通じて課徴金対象行為に係る表示が8条1項1号または2号に該当することを知らずかつ知らないことにつき相当の注意を怠つた者でないと認められないこと、課徴金算定率による課徴金の計算、課徴金対象行為に該当する事実の報告や返金措置の実施による課徴金額の減額、端数切捨ての計算、が記載される(逐条解説・平成26年11月改正99頁、詳説課徴金制度95〜96頁)。

　9条の規定に基づく課徴金対象行為に該当する事実の報告(自主的報告)による課徴金額の減額について、これにより課徴金の減額が認められた場合、通常、課徴金納付命令書の「2　課徴金の計算の基礎」において、違反行為者が9条の規定により課徴金対象行為に該当する事実を景表規9条の定めるところにより消費者庁長官に報告したこと、および当該報告は当該課徴金対象行為についての調査があったことにより当該課徴金対象行為について課徴金納付命令があるべきことを予知してされたものではないことが記載される。また、課徴金対象行為に該当す

602　　第3章　措置と課徴金

§ 17-3, 4

る事実の報告を行ったものの課徴金対象行為に係る景表法9条に規定する報告に該当するものとは認められなかった場合、課徴金納付命令書にもその旨が記載される場合がある（令和6年3月12日メルセデス・ベンツ日本株式会社に対する課徴金納付命令[消表対第209号]ほか）。

10条の規定に基づく返金措置の実施による課徴金額の減額が認められた場合、通常、課徴金納付命令書の「2　課徴金の計算の基礎」において、違反行為者が10条1項に規定する実施予定返金措置計画を15条1項に規定する弁明書の提出期限までに消費者庁長官に提出したこと、消費者庁長官が当該実施予定返金措置計画の認定をしたこと、違反行為者が11条1項の規定により認定実施予定返金措置計画に係る返金措置の結果を景表規15条1項に定めるところにより消費者庁長官に報告したこと、および当該返金措置が認定実施予定返金措置計画に適合して実施されたと認められることが記載される（平成29(2017)年7月21日三菱自動車工業株式会社に対する課徴金納付命令[消表対第1060号]（**事例❹**）ほか）。

3　課徴金納付命令の効力発生時期

課徴金納付命令は、その名宛人に課徴金納付命令書の謄本を送達することによって効力が生ずる（本条②）。

送達方法は、民事訴訟法における規定が一部準用されており（43）、所定の場合には公示送達も認められる（44①）。また、課徴金納付命令書の電子情報処理組織（オンライン）による送達も認められている（45）。

課徴金納付命令書の謄本の送達を受けた事業者は、金融商品取引法等に基づく課徴金等の納付手続の特例に関する省令（平成28年財務省令第10号）別紙書式の納付書とともに、当該課徴金納付命令書に記載された課徴金の額を国庫に納付しなければならない（12①、金融商品取引法等に基づく課徴金等の納付手続の特例に関する省令(3)）。

また、課徴金納付命令書の謄本が送達された日の翌日から、課徴金納付命令の取消訴訟の出訴期間等が起算されることになる（行政事件訴訟14等）（逐条解説・平成26年11月改正99頁）。

4　課徴金の納期限

課徴金の徴収手続は、経済的不利益を賦課する処分の執行として必要かつ適切な手続とすべきであり、課徴金の納付に当たって、課徴金納付命令の名宛人である事業者に対し、争訟手続によって課徴金納付命令を争うか否かを熟慮するのに必要な期間を与える必要がある。また、当該期間を与えた趣旨を確保するため、当該期間中に課徴金額の金銭を準備した上で納付させることは適当ではない。そ

第3章　措置と課徴金　　*603*

§18-*1*

こで、課徴金の納期限は、熟慮に必要な期間が経過した後、さらに相当期間を置いて設定する必要がある。

上記の趣旨から、課徴金納付命令の終局的な争訟手続である課徴金納付命令の処分の取消しの訴え(行政事件訴訟3②)は、処分があったことを知った日から6か月経過する前までに行わなくてはならない(同14①)とされていることを参考に、景表法における課徴金の納期限は、さらに1か月を相当期間として加算し、課徴金納付命令書の謄本を発する日から7か月とされた(本条③)(逐条解説・平成26年11月改正100頁)。課徴金納付命令の効力発生は命令書の謄本が送達された時であるが(本条②)、納期限の起算日は謄本を発する日とされている。

なお、独禁法における課徴金の納期限も課徴金納付命令書の謄本を発する日から7か月と定められており(同62③)、景表法における課徴金の納期限も独禁法の課徴金徴収手続に倣って定められていると考えられる。　〔石田健＝久米野乃香〕

〔納付の督促〕

第18条　①　内閣総理大臣は、課徴金をその納期限までに納付しない者があるときは、督促状により期限を指定してその納付を督促しなければならない。

②　内閣総理大臣は、前項の規定による督促をしたときは、その督促に係る課徴金の額につき年14.5パーセントの割合で、納期限の翌日からその納付の日までの日数により計算した延滞金を徴収することができる。ただし、延滞金の額が1000円未満であるときは、この限りでない。

③　前項の規定により計算された延滞金の額に100円未満の端数があるときは、その端数は、切り捨てる。

1　趣　　旨　*2*　督促命令　*3*　督促命令の効果

1　趣　　旨

本条は、課徴金納付命令の名宛人となった事業者が、納期限までに課徴金を納付しない場合の納付督促およびその効果について定めるものである。

604　第3章　措置と課徴金

§§ 18-2, 3 · 19

2　督促命令

内閣総理大臣(38条1項に基づき権限を委任された消費者庁長官)は、課徴金を納期限までに納付しない事業者に対して、督促状により、期限を指定して当該課徴金の納付を督促しなければならない(本条①)。督促命令は非裁量的処分である。

督促状は、課徴金の納付の督促を受ける者に送達しなければならない(景表規18)。

なお、督促命令には行政手続法第3章(不利益処分)の規定が適用されない(21)。

3　督促命令の効果

督促命令は、本条2項により延滞金を発生させる効果を有するとともに、督促状の指定期限までに課徴金および延滞金を納付しなければ、19条1項により課徴金納付命令の執行を受ける立場に立たせる効果も有する。

消費者庁長官は、本条1項に基づく督促命令を行ったときは、納期限の翌日から年14.5%の割合による延滞金を徴収することができる(本条②)。督促は、延滞金発生の要件となっている(逐条解説・平成26年11月改正101頁)。

算定された延滞金の額が1000円未満であるときは延滞金を徴収することができず(本条②ただし書)、100円未満の端数があるときはこれを切り捨てる(本条③)。

課徴金と延滞金とを併せて徴収する場合に、事業者の納付した金額が当該延滞金の額の計算の基礎となる課徴金の額に達しない場合、その納付した金額は、まずその計算の基礎となる課徴金に充当される(景表規19)。　　〔石田健＝久米野乃香〕

〔課徴金納付命令の執行〕

第19条　①　前条第1項の規定により督促を受けた者がその指定する期限までにその納付すべき金額を納付しないときは、内閣総理大臣の命令で、課徴金納付命令を執行する。この命令は、執行力のある債務名義と同一の効力を有する。

②　課徴金納付命令の執行は、民事執行法(昭和54年法律第4号)その他強制執行の手続に関する法令の規定に従つてする。

③　内閣総理大臣は、課徴金納付命令の執行に関して必要があると認めるときは、公務所又は公私の団体に照会して必要な事項の報告を求めることができる。

§19-*1*〜*3*

1 趣　　旨　　*2*　課徴金納付命令の効力　　*3*　公務所または公私の団体に対する照会

1 趣　　旨

　本条は、課徴金納付命令の執行に関して、消費者庁長官の執行命令が債務名義（民事執行22）と同一の効力を有すること、強制手続に関する法令の適用があること、消費者庁長官が公務所または公私の団体に照会することができる旨を定めるものである。

2 課徴金納付命令の効力

　課徴金の納付の督促を受けた者がその指定する期限までに納付をしなかった場合、消費者庁長官の命令で課徴金納付命令が執行される。当該執行命令は、執行力のある債務名義と同一の効力を有するため、消費者庁長官は、執行文の付与を受けることなく、執行命令によって課徴金請求権を強制執行することができる（民事執行51①・25）。消費者庁長官による執行命令は文書をもって行う必要があり（景表規20①）、当該命令書は課徴金納付命令の執行を受ける者に送達しなければならない（同②）。

　本条2項は、課徴金納付命令の執行は、民事執行法（昭和54年法律第4号）その他強制執行の手続に関する法令の規定に従って行うことを定めている。課徴金および延滞金の請求権は倒産手続において劣後的に取り扱われるため（20）、優先権のある国税徴収法の例に倣うことは不適切であることから、当該規定は、金融商品取引法（昭和23年法律第25号）および公認会計士法（昭和23年法律第103号）の課徴金制度の例（金融商品取引185の15②、公認会計士34の60②）に倣って、民事執行法その他強制執行の手続に関する法令に従って行うものと規定されている（逐条解説・平成26年11月改正102頁、103頁）。

3 公務所または公私の団体に対する照会

　本条3項は、内閣総理大臣（消費者庁長官）は、課徴金納付命令の執行に関して必要があると認めるときは、公務所または公私の団体に照会して必要な事項の報告を求めることができることを規定している。課徴金納付命令の執行に当たり、その執行を受ける者の所在や資産等の調査を行う必要があることから、照会権限について定めるものである（逐条解説・平成26年11月改正103頁）。　　〔石田健＝齊藤三佳〕

606　　第3章　措置と課徴金

§§ 20-*1, 2*・21

〔課徴金等の請求権〕

第20条 破産法(平成16年法律第75号)、民事再生法(平成11年法律第225号)、会
社更生法(平成14年法律第154号)及び金融機関等の更生手続の特例等に関す
る法律(平成8年法律第95号)の規定の適用については、課徴金納付命令に
係る課徴金の請求権及び第18条第2項の規定による延滞金の請求権は、過
料の請求権とみなす。

1 趣　　旨　　*2* 独占禁止法との相違

1 　趣　　旨

　景表法は、一般消費者の利益の保護を目的としているため(1)、課徴金の賦課
に伴って、一般消費者が課徴金を納付する者から損害の賠償を満足に受けられ
ず、一般消費者の利益の保護が損なわれる事態を回避する必要がある(逐条解説・
平成26年11月改正104頁)。そこで、本条は、課徴金納付命令に係る課徴金の請求権
について、不当表示の防止を図る課徴金制度と一般消費者の利益の保護の調和の
観点から、倒産手続において劣後的取扱いを受ける「過料の請求権」とみなすもの
である。なお、金融商品取引法および公認会計士法においても、倒産手続におい
て課徴金の請求権を過料の請求権とみなし、他の債権より劣後的取扱いを受ける
請求権とみなすとしている(金融商品取引185の16、公認会計士34の61)。

2 　独占禁止法との相違

　独禁法における課徴金および延滞金の徴収は、景表法(19)と異なり、国税滞納
処分の例によるとされている(独禁69④)。そして、独禁法の当該徴収金の先取特
権の順位は、国税および地方税に次ぐものと規定されて優先徴収権が認められて
おり(同⑤)、上記のとおり、景表法の課徴金および延滞金は、倒産手続において
劣後的取扱いを受ける債権とされている。　　　　　　　　　〔石田健＝齊藤三佳〕

〔行政手続法の適用除外〕

第21条 内閣総理大臣がする課徴金納付命令その他のこの節の規定による処
分については、行政手続法(平成5年法律第88号)第3章の規定は、適用し
ない。ただし、第10条第8項の規定に係る同法第12条及び第14条の規定の

§ 21-*1〜3*

> 適用については、この限りでない。

1 趣　　旨　　**2** 行政手続法第3章の規定の適用がない不利益処分　　**3** 認定実施予定返金措置計画取消処分に係る行政手続法12条および14条の規定の適用

1　趣　　旨

　本条は、課徴金納付命令などの課徴金に関する処分については、景表法10条8項の返金措置が実施予定返金措置計画に適合しないことによる、返金措置に関して受けた認定の取消処分に係る処分基準（行政手続12）および不利益処分の理由の提示（同14）を除き、行政手続法第3章の「不利益処分」の規定は適用されない旨を定めるものである。

2　行政手続法第3章の規定の適用がない不利益処分

　行政手続法第3章は、行政庁が不利益処分（同2(4)）をする場合、処分の基準を定め（同12）、事前手続をし（同13）、不利益処分の理由の提示（同14）等をしなければならないと定めている（同12・14につき、後述**3**参照）。

　本条の「内閣総理大臣がする課徴金納付命令その他のこの節の規定による処分」とは、「第3節　課徴金」の処分である。具体的には、課徴金納付命令（8①）、認定実施予定返金措置計画取消処分（10⑧）、課徴金納付命令の督促命令（18①）および執行に関する命令（19）である。本条は、課徴金納付命令に関する不利益処分について行政手続法第3章の適用がない旨を定めている。

　なお、課徴金納付命令は「金銭の納付を命じ」る処分であるため行政手続法の事前手続規定は適用されないが（行政手続13②(4)）、事業者の手続保障と迅速な執行との調和の観点から、同命令に対する弁明の機会を付与する手続規定（13〜16）が景表法に設けられている（詳説課徴金制度94頁）。

3　認定実施予定返金措置計画取消処分に係る行政手続法12条および14条の規定の適用

　認定実施予定返金措置計画取消処分の要件である「認定を受けた実施予定返金措置計画……に適合して実施されていないと認めるとき」の判断には規範的な判断を伴うため、処分基準を定めることが適当であるので、行政手続法12条を適用することとした（逐条解説・平成26年11月改正113頁）。同法12条は、行政庁は処分基準を定め、かつ、これを公にしておくこと、処分基準を定めるに当たって不利益処

608　第3章　措置と課徴金

§22

分の性質に照らしてできる限り具体的なものとしなければならない旨を規定している。

　また、認定実施予定返金措置計画取消処分がなされた場合、同処分の適法性は課徴金納付命令の不服申立手続の中で課徴金納付命令の違法事由として争うことになる〔§10⑧-3参照〕。そこで、課徴金納付命令を受けた事業者の不服申立ての便宜のため、同処分の理由の提示が必要であることから、同処分に行政手続法14条を適用することとした（逐条解説・平成26年11月改正113頁）。同法14条は、行政庁は不利益処分をする場合には、その名宛人に対し、当該不利益処分の理由を書面で示さなければならないことなどを規定している。　　　　　　　　〔石田健＝齊藤三佳〕

〔事業者が講ずべき景品類の提供及び表示の管理上の措置〕

第22条　①　事業者は、自己の供給する商品又は役務の取引について、景品類の提供又は表示により不当に顧客を誘引し、一般消費者による自主的かつ合理的な選択を阻害することのないよう、景品類の価額の最高額、総額その他の景品類の提供に関する事項及び商品又は役務の品質、規格その他の内容に係る表示に関する事項を適正に管理するために必要な体制の整備その他の必要な措置を講じなければならない。

②　内閣総理大臣は、前項の規定に基づき事業者が講ずべき措置に関して、その適切かつ有効な実施を図るために必要な指針（以下この条において単に「指針」という。）を定めるものとする。

③　内閣総理大臣は、指針を定めようとするときは、あらかじめ、事業者の事業を所管する大臣及び公正取引委員会に協議するとともに、消費者委員会の意見を聴かなければならない。

④　内閣総理大臣は、指針を定めたときは、遅滞なく、これを公表するものとする。

⑤　前2項の規定は、指針の変更について準用する。

　1　本条が設けられた背景　　*2*　本条の規定内容　　*3*　管理措置指針の基本的な考え方・用語の説明　　*4*　具体的な措置の内容　　*5*　管理措置指針と8条1項柱書ただし書の関係について

第3章　措置と課徴金　　*609*

§ 22-1～3 (1)

1　本条が設けられた背景

　本条は平成26(2014)年6月の改正により新設された規定である(新設時は26条。その後令和5年改正により現在の条文となる)。本条が設けられた背景として、平成25(2013)年秋以降、わが国で全国的にホテルやレストランのメニュー表示等における食品表示偽装が社会問題となったことが挙げられる。具体的には、ホテルやレストランで提供された料理について、例えば地鶏の定義に該当しない鶏肉を「大和地鶏」と表示したこと、加工食肉製品(牛の成形肉)を使用した料理を「牛フィレ肉のステーキ」と表示したこと、ブラックタイガーを使用した料理を「車エビのチリソース煮」と表示したこと等について、優良誤認表示に該当する行為をしたものとして、該当事業者が消費者庁から措置命令を受けた。その後、他の事業者の食品表示偽装も次々と発覚し、これが社会問題となったことを受け、監視指導体制を強化するため、平成26年6月および11月に景表法が改正された。本条は、その一環として平成26年6月の改正で新設されたものである〔総論I-Ⅱ-5参照〕。

2　本条の規定内容

　本条は、事業者のコンプライアンス意識の確立と景表法の内容の周知徹底のために、景品・表示の管理体制の整備その他の必要な措置(以下、「管理上の措置」という)をとることを各事業者に義務付け(本条①)、併せて、その適切・有効な実施を図るために必要な指針を消費者庁長官が作成することとした(本条②)。これを受けて、消費者庁は管理措置指針を公表した。

　なお、消費者庁長官は、管理措置指針を定めようとするときは、あらかじめ事業者の事業を所管する大臣および公正取引委員会と協議するとともに、消費者委員会の意見を聴かなければならず(本条③)、また、管理措置指針を定めたときは遅滞なくそれを公表することとされている(本条④)。本条3項および4項は、管理措置指針の変更についても準用される(本条⑤)。

3　管理措置指針の基本的な考え方・用語の説明

　(1)　**対象となる事業者**(管理措置指針第2-1)　　本条1項は、それぞれの事業者内部において、4条に基づく告示に違反する景品類の提供および5条に違反する表示(以下、本条の解説において「不当表示等」という)を未然に防止するために必要な措置(管理上の措置)を講じることを求めるものである。すなわち、管理措置指針の対象となる事業者は、景品類の提供または自己の供給する商品もしくは役務についての一般消費者向けの表示(以下、「表示等」という)を行う事業者ということになる。他方で、例えば、当該事業者と取引関係はあるが、表示等を行っていない事業者

610　　第3章　措置と課徴金

§ 22-3(1)

(以下、「取引関係事業者」という)に対して何らかの措置を講じること求めるものではない。ただし、表示等を行う事業者は、取引関係事業者その他の第三者に対して表示等の作成に関する作業を委ねる場合には、自らの講じる管理上の措置の実効性が確保できるよう、取引関係事業者に対し、その措置について理解を求めた上で、取引関係事業者が作成に関与する表示等が不当表示等に該当することのないよう指示等を行うことが求められる。

　管理措置指針における「事業者」は、2条1項に規定する「事業者」と同義である。したがって、表示等を行う学校法人、非営利団体、地方公共団体等および個人事業主も管理措置指針の対象となる事業者に含まれる(指針Q&A・Q1～Q2)。

　一般消費者に供給する製品に用いられる部品等を当該製品の製造業者に供給している部品事業者については、表示等を行わない限り、管理上の措置を講じる義務を負う事業者には含まれない。もっとも、例えば、当該部品事業者が製品製造業者に対して表示を行っており、その表示が一般消費者の目にも触れ、直接的に一般消費者に誤認を生じさせ得るときや、当該部品が当該製品に用いられていることが当該製品を購入する一般消費者に明らかであって、部品事業者が当該製品の表示の作成に関与しているようなときには、当該事業者も一般消費者向けの表示を行っているものとして、管理上の措置を講じることが求められる(指針Q&A・Q3)。

　広告媒体事業者等(マスメディア、広告制作会社、デザイナー、広告代理店、モール運営事業者等の広告媒体を発行する事業者〔指針Q&A・Q5〕)は、通常は、自己の供給する商品または役務について一般消費者に対する表示を行うことはない(管理上の措置が求められる事業者には含まれない)と考えられる。もっとも、例えば、広告媒体事業者等が、商品または役務を一般消費者に供給している他の事業者と共同して商品または役務を一般消費者に供給していると認められる場合は、これに伴う表示等について景表法の適用を受けることになるから、このような場合には、管理上の措置を講じることが求められるものとされている。消費者庁は、このような場合の例として、モール運営事業者と出店事業者が共同キャンペーンを行うなど、商品等の販売を共同して行い、共同で広告を行っている場合を挙げている(指針Q&A・Q7)。広告媒体事業者等が、他の事業者と共同して商品または役務を一般消費者に供給する場合、遅くとも表示等を行うことになる時点までに管理上の措置を講じる必要がある(指針Q&A・Q8)。

　なお、懸賞による景品類の提供や、医療関係告示に定める景品類の提供については、事業者に対するものであっても景表法の適用対象となる(指針Q&A・Q4〔§2①-3(1)参照〕)。そのため、このような景品類の提供を行う事業者も、管理上

第3章　措置と課徴金　　611

§ 22-*3*(2)(3)

の措置を講じることが求められる事業者に含まれることとなる。

(2)　**規模や業態等による管理上の措置の相違**(管理措置指針第 2 - 2)　　景表法の適用対象となる事業者は、その規模や業態、取り扱う商品または役務の内容、取引の態様等が様々であるところ、管理措置指針においては、これらに応じて、不当表示等を未然に防止する措置(管理上の措置)を講じることが求められている。そのため、事業者によって、求められる管理上の措置の内容は異なることとなる。

事業者の組織が大規模かつ複雑になれば、不当表示等を防止するために、より多くの措置が必要となる(例えば、関係者や関係部門が多くなれば、表示の根拠となる情報の確認や表示に関する情報共有等に必要な措置が多くなることが想定される)。他方、中小企業者においては、必ずしも大企業と同等の措置が求められるわけではなく、各社の規模等に応じて十分な措置を講じていれば足りる(例えば、個人事業主等の小規模企業者や規模の小さい中小企業者において、代表者が表示等を管理している場合には、代表者を表示等管理担当者と定めることも考えられる(管理措置指針注 2))。

業態によっても講ずべき措置は異なる。例えば、同じ商品を取り扱う事業者であっても、店舗で販売する事業者であるか、通信販売を行う事業者であるかなどの相違により、講ずべき管理上の措置の内容が異なる。具体的には、表示等に関する事項を適正に管理する表示等管理担当者については、複数の店舗で商品等を販売する事業者であれば、店舗ごとに設置することが想定されるが、通信販売のみを行う事業者であれば、ウェブサイト等の表示作成部門等に設置することが想定される(指針 Q&A・Q 9)。

(3)　**必要な措置**(管理措置指針第 3 - 1)　　本条 1 項に規定する「必要な措置」(管理上の措置)とは、事業者が景表法を遵守するために必要な措置を包括的に表現したものであり、同項に記載されている「景品類の価額の最高額、総額その他の景品類の提供に関する事項及び商品又は役務の品質、規格その他の内容に係る表示に関する事項を適正に管理するために必要な体制の整備」は、事業者が講ずべき「必要な措置」の一例にすぎず、これを具体化し、また、補足するために管理措置指針が定められている。なお、ここには「商品又は役務の品質、規格その他の内容に係る表示」しか挙げられていないが、管理上の措置は、優良誤認表示のみならず、有利誤認表示や指定告示事項等、景表法で規制・禁止される事項全般を対象として講じるものである(指針 Q&A・Q11)。

管理措置指針には別添「事業者が講ずべき表示等の管理上の措置の具体的事例」が付されており、そこでは下記 *4* (1)記載の類型ごとに具体的な措置の例が記載されている。しかし(2)において述べたとおり講ずべき管理上の措置の詳細は、事業者の規模や業態等によって異なることが想定されるため、同別添で記載され

612　　第 3 章　措置と課徴金

§ 22-3 (4)(5)

ている具体的措置を常にすべて履践しなければならないものではなく、同別添記
載の措置と同じものではなくても、不当表示等を未然に防止するために必要な措
置として適切なものを講じていれば、本条1項に基づく管理上の措置を講じてい
ると判断される。一方で、当該具体的措置に形式的に従っただけでは管理上の措
置を講じたものとは認められず、当該事業者の規模や業態等に応じて、不当表示
等を未然に防止するために実効性のある措置を講じる必要がある（古川昌平『エッセ
ンス景品表示法』（商事法務・2018）198〜199頁）。

（4）　**正当な理由**（管理措置指針第3-2）　　24条1項は、事業者が正当な理由なく
管理上の措置を講じていないと認めるときは、当該事業者に対し、これを講ずべ
き旨の勧告をすることができると定めている。ここに規定する「正当な理由」があ
る場合としては、例えば、事業者が管理上の措置として表示等の根拠となる資料
等を保管していたが、災害等の不可抗力によってそれらが失われた場合が挙げら
れる。「正当な理由」があるか否かは、専ら一般消費者の利益の保護の見地から判
断されるものであって、一般消費者の利益の保護とは直接関係しない事業経営上
または取引上の観点だけからみて合理性または必要性があるにすぎない場合など
は、正当な理由があるとはいえないとされている。

（5）　**アフィリエイトプログラムを利用した広告について**　　管理措置指針では、
アフィリエイトプログラムを利用した広告について具体的に言及されている。
「アフィリエイトプログラム」とは、インターネットを用いた広告手法の1つであ
る（以下、広告される商品または役務を供給する事業者を「広告主」と、広告を掲載するウェブサ
イトを「アフィリエイトサイト」と、アフィリエイトサイトを運営する者を「アフィリエイター」と
いう）。アフィリエイトプログラムのビジネスモデルは、商品等の比較サイト、
ポイント付与サイト、ブログその他のウェブサイト（アフィリエイトサイト）の運営
者等（アフィリエイター）が、当該アフィリエイトサイトに当該運営者等以外の者（広
告主）が供給する商品または役務のバナー広告、商品画像リンクおよびテキスト
リンク等を掲載し、当該アフィリエイトサイト等を閲覧した者がバナー広告等を
クリックしたり、バナー広告等を通じて広告主のサイトにアクセスして広告主の
商品または役務を購入したり、購入の申込みを行ったりした場合等、あらかじめ
定められた条件に従って、アフィリエイターに対して、広告主から成功報酬が支
払われるものである（管理措置指針注4）。

　アフィリエイターは、広告主の商品または役務について一定の表示を行ったと
しても、自己の供給する商品または役務についての表示ではないことから、景表
法の適用対象とならないのが通常である。一方、アフィリエイトプログラムを利
用して広告を行う広告主は、表示の作成等を広告代理店やアフィリエイターに委

第3章　措置と課徴金　　*613*

§ 22-4 (1)

ねていたとしても、表示内容の決定に関与した事業者として、通常は景表法の適用対象となる。したがって、アフィリエイトプログラムを利用して広告を行う広告主には、管理上の措置として、アフィリエイターによる表示が不当表示等に当たることを防止するために必要な措置を講じることが求められる。

　ただし、例えば、アフィリエイターが自らのアフィリエイトサイトに単に広告主のウェブサイトの URL を記載するだけの場合など、当該事業者の商品または役務の内容や取引条件についての詳細な表示を行わないようなアフィリエイトプログラムを利用した広告については、通常、不当表示等が発生することはないと考えられる。また、アフィリエイターの表示であっても、広告主とアフィリエイターとの間で当該表示に係る情報のやり取りが直接的にも間接的にも一切行われていない場合など、当該表示がアフィリエイトプログラムを利用した広告主による表示とは認められない実態にあるものについては、通常、広告主が表示内容の決定に関与したとされることはないと考えられる(管理措置指針注5)。

　なお、アフィリエイトプログラムを利用した広告には、広告主が直接アフィリエイターと契約する場合と、広告主が ASP(アフィリエイト・サービス・プロバイダーの略。ASP は、法人または個人のアフィリエイターを幅広く募り、アフィリエイトネットワークを構築し、広告主とのマッチングをさせるなど、アフィリエイトプログラムを提供する事業者であり、広告主が ASP を通じてアフィリエイター等と契約する場合、広告主は ASP に対してアフィリエイターの管理を委託することがある)と契約してその ASP を通じてアフィリエイター等と契約する場合がある。広告主としては、管理上の措置の実効性を確保するために、自らの表示等の作成に関係する ASP やアフィリエイター等との間で、表示等の作成を委ねる契約において、どの主体が何を行うか、役割分担および責任の所在をあらかじめ明記するなどの対応を行うことが考えられる(管理措置指針別添「事業者が講ずべき表示等の管理上の具体的事例」前文)。

4 具体的な措置の内容

　(1)　**概　　要**　　管理措置指針の第4は、事業者は、管理上の措置として、その規模、業態、取り扱う商品または役務の内容、取引の態様等に応じ、必要かつ適切な範囲で、次の7つの事項に沿うような具体的な措置を講じる必要があるとしている。

❶景表法の考え方の周知・啓発
❷法令遵守の方針等の明確化
❸表示等に関する情報の確認
❹表示等に関する情報の共有

§22-4⑵

❺表示等を管理するための担当者等を定めること

❻表示等の根拠となる情報を事後的に確認するために必要な措置を採ること

❼不当な表示等が明らかになった場合における迅速かつ適切な対応

なお、あらゆる事業者がこれら７つの事項に沿う措置をすべて講じなければならないわけではないとする見解もみられる(加藤公司ほか編『景品表示法の法律相談〔改訂版〕』(青林書院・2018)309頁〔吉田倫子〕)。しかし、それぞれの事項に対応して講じる具体的な措置の内容については事業者によって異なるものと思われるが、７つの事項に沿う措置をすべて講じることは、対象となるすべての事業者に求められているものと考えられる(指針Q&A・Q13)。

以下では、各項目の基本的な考え方と具体的な措置の例について解説する。

⑵　❶景表法の考え方の周知・啓発(管理措置指針第４−１)　　管理措置指針第４−１は、措置を講ずべき事項の１点目として、事業者が、不当表示等の防止のため、景表法の考え方について、表示等に関係している自社の役員および従業員(表示等の内容を決定するまたは管理する役員および従業員のほか、決定された表示内容に基づき一般消費者に対する表示〔商品説明、セールストーク等〕を行うことが想定される者を含む。以下、「関係従業員等」という。管理措置指針注３)にその職務に応じた周知・啓発を行うことを挙げる。

また、一般的に事業者が行う表示等の作成に当該事業者以外の複数の事業者が関係する場合、景表法の考え方を関係者間で共有することが困難になる結果、不当表示等が生じる可能性が高くなることを踏まえ、事業者が表示等の作成を他の事業者に委ねる場合、当該他の事業者に対しても、その業務に応じた周知・啓発を行うことが求められている。

周知・啓発を行うに当たっては、例えば、一般消費者にとって、表示等が商品または役務を購入するかどうかを判断する重要な要素となること、その商品または役務について最も多くの情報・知識を有している事業者が正しい表示を行うことが、一般消費者の利益を保護することになるばかりか、最終的にはその事業者や業界全体の利益となることを十分理解する必要があるとされている。

なお、すべての関係従業員等に対して一律の内容で周知・啓発を行う必要はなく、職務や表示等への関与の程度に応じて、不当表示等の防止の観点から必要な周知・啓発を行うことが求められる。例えば、表示等の決定に関与する者に対しては、当該表示等が景表法上問題となり得るか否かを判断できる程度の知識(景表法に関する告示や運用基準、ガイドライン等の知識を含む)を周知・啓発する必要がある場合がある一方、マニュアル等に沿って一般消費者に商品の説明のみを行う従業員に対しては、販売マニュアル等を通じて景表法の考え方に則した適切な商品説

第３章　措置と課徴金　　*615*

§22-4(3)

明の方法等を周知することで足りる(指針 Q&A・Q14・15)。

この措置について、管理措置指針別添に記載された具体的事例は以下のとおりである(管理措置指針別添1)。

- ・朝礼・終礼において、関係従業員等に対し、表示等に関する社内外からの問合せに備えるため、景表法の考え方を周知すること。
- ・適時、関係従業員等に対し、表示等に関する社内外からの問合せに備えるため、景表法の考え方をメール等によって配信し、周知・啓発すること。
- ・社内報、社内メールマガジン、社内ポータルサイト等において、景表法を含む法令の遵守に係る事業者の方針、景表法を含む自社に関わる法令の内容、自社の取り扱っている商品・役務と類似する景表法の違反事例等を掲載し、周知・啓発すること。
- ・関係従業員等が景表法に関する都道府県、事業者団体、消費者団体等が主催する社外講習会等に参加すること。
- ・関係従業員等に対し、景表法に関して一定の知識等を獲得することができるよう構成した社内の教育・研修等を行うこと。
- ・景表法に関する勉強会を定期的に開催すること。
- ・調達・生産・製造・加工部門と、営業部門との間での商品知識および景表法上の理解に関する相互研修を行い、認識の共有化を図ること。
- ・社内資格制度を設け、景表法等の表示関連法令について一定の知識を有すると認められた者でなければ、表示等の作成や決定をすることができないこととすること。
- ・適正表示等のための定例的な広告審査会(複数部署が参加して表示等を相互に批評する会合)を開催すること。
- ・アフィリエイトプログラムを利用した広告を行い、自社の表示の作成をアフィリエイター等に委ねる場合、自らまたは ASP 等を通じて、アフィリエイター等に対しても景表法の考え方の周知・啓発を行うこと。

このほか、例えば、公正取引協議会に加入している事業者であれば、同協議会が運用する公正競争規約の内容について周知・啓発を行うという方法も考えられる(指針 Q&A・Q17)。

(3) **❷法令遵守の方針等の明確化**(管理措置指針第4-2) 管理措置指針第4-2は、措置を講ずべき事項の2点目として、事業者が、不当表示等の防止のため、自社の景表法を含む法令遵守の方針や法令遵守のためにとるべき手順等を明確化することを挙げる。

また、前記(2)と同様、事業者が表示等の作成を他の事業者に委ねる場合、当

616　第3章　措置と課徴金

§22-4(3)

該他の事業者に対しても、その業務に応じて法令遵守の方針や法令遵守のために
とるべき手順等を明確化することが求められている。

　なお、管理措置指針第4-2は、必ずしも不当表示等を防止する目的に特化し
た(要するに景表法に係る)法令遵守の方針等を、一般的な法令遵守の方針等とは別
に明確化することを求めるものではない。また、例えば、個人事業主等の小規模
企業者やその他の中小企業者においては、その規模や組織体制等にもよるもの
の、社内規程等を明文化しなくても、法令遵守の方針等を口頭で説明する等の方
法により個々の従業員(従業員を雇用していない代表者1人の事業者にあっては当該代表者)
が認識することで足りることもある。他方、大企業においては、従業員数が多
く、その組織も大規模かつ複雑であることが多いと考えられるため、口頭説明に
よってすべての従業員に対して法令遵守等の方針を認識させることは一般的に困
難であると考えられる。そのような大企業においては、社内規程等を明文化する
方法のほか、例えば、社内メール、イントラネットその他のコミュニケーション
ツールを活用するなどして、すべての従業員に法令遵守の方針等を認識させる方
法も考えられる(指針Q&A・Q19)。

　また、事業者団体等が加入事業者向けに法令遵守の方針のひな形を提示してい
るような場合であって、これが不当表示等の防止のために適当な内容を定めるも
のであり、かつ、自社の規模や業態、取り扱う商品または役務の内容等に照らし
て自社の方針とすることが適当と認められるものであれば、これを自社の方針と
して社内に周知することによって法令遵守の方針等を明確化していると考えられ
る(指針Q&A・Q18)。

　このほか、この措置について、管理措置指針別添に記載された具体的事例は以
下のとおりである(管理措置指針別添2)。

・法令遵守の方針等を社内規程、行動規範等として定めること。
・パンフレット、ウェブサイト、メールマガジン等の広報資料等に法令遵守に
　係る事業者の方針を記載すること。
・法令違反があった場合に、役員に対しても厳正に対処する方針および対処の
　内容を役員規程に定めること。
・法令違反があった場合に、懲戒処分の対象となる旨を就業規則その他の社内
　規則等において明記すること。
・禁止される表示等の内容、表示等を行う際の手順等を定めたマニュアルを作
　成すること。
・社内規程において、不当表示等が発生した場合に係る連絡体制、具体的な回
　収等の方法、関係行政機関への報告の手順等を規定すること。

第3章　措置と課徴金　　617

§ 22-4(4)

・アフィリエイトプログラムを利用した広告を行い、自社の表示の作成をアフィリエイター等に委ねる場合、自らまたは ASP 等を通じて、あらかじめこれらのアフィリエイター等との間で、不当表示等を行わないよう確認するなど、法令遵守の方針等を明確にしておくこと。

・アフィリエイトプログラムを利用した広告を行い、アフィリエイター等が上記の法令遵守の方針に違反した場合における、債務不履行を理由とする成果報酬の支払いの停止や契約解除等の具体的な措置内容について、自らまたはASP 等を通じて、あらかじめアフィリエイター等との間で明確にしておくこと。

(4)　❸表示等に関する情報の確認(管理措置指針第4-3)

(a)　管理措置指針の内容　　管理措置指針第4-3は、措置を講ずべき事項の3点目として、以下を挙げている。

・事業者が、景品類を提供しようとする場合、違法とならない景品類の価額の最高額・総額・種類・提供の方法等を確認すること。

・事業者が、とりわけ、商品または役務の長所や要点を一般消費者に訴求するために、その内容等について積極的に表示を行う場合には、当該表示の根拠となる情報を確認すること。

　これは、個別具体的なケースとの関係で、景品類を提供するキャンペーンを企画する場面、または、新たに広告を行う場面において、景表法に抵触することがないように事前の確認を行うことを求めるものである。

(b)　景品規制との関係で確認すべき事項　　景品規制との関係では、例えば、提供しようとしている経済上の利益が景品類に当たるか、提供の方法が懸賞か総付か、それぞれ許容される景品類の価額の最高額・総額はいくらか、取引の価額、景品類の価額、懸賞の場合には対象となる取引の売上予定総額等がいくらか等の各点について、それぞれ検討した上で、算定根拠等についても確認しておくことが想定される。

(c)　表示規制との関係で確認すべき事項　　表示規制との関係では、例えば、商品または役務の内容や取引条件について、当該表示内容全体から一般消費者が受ける印象・認識がどのようなものかを検討した上で、実際の商品または役務の内容や取引条件がこれと相違ないといえるかという点について、その根拠となる情報の存否・内容を確認しておくことが想定される。なお、管理措置指針においては「とりわけ」とした上で、「長所や要点を一般消費者に訴求」するために「積極的に表示を行う場合」について記載されているが、根拠となる情報の確認は、事業者自身が積極的に訴求したいと考えるポイントに限って行えば足りるものでは

618　　第3章　措置と課徴金

§22-4(4)

なく、一般消費者による商品・役務の選択に影響を与える事項について（あるいは、一般消費者による商品・役務の選択に影響を与えるような内容・方法で）表示する場合に行うべきであると考えられる（古川昌平『エッセンス景品表示法』(商事法務・2018)202頁）。例えば、多数の部品を組み合わせて製造する家電製品等の販売において、性能等を殊更に強調して訴求する部品がある場合、当該部品の性能等は一般消費者による商品・役務の選択に影響を与える事項であるため、その根拠を確認する必要があると考えられる。他方で、当該部品に関する情報であっても訴求する当該製品の性質等と特段の関係がない情報（当該部品の型番等）については必ずしも根拠を確認する必要はない。また、事業者がその性能等について全く訴求していない部品については、当該部品の性能等の根拠を確認しないことをもって、直ちに管理上の措置が講じられていないと判断されるものではないと考えられる（指針Q&A・Q21）。

また、当該表示内容全体から一般消費者が受ける印象・認識を検討した上で、その根拠となる情報の確認を行うことになる以上、表示の仕方（字の大きさや打消し表示の位置）や用語の選択（例えば、原材料名が法令の定義に適合しているかなど）など、表示規制違反防止のための全般的な検証を行うことが必要となるものと考えられる（波光巖＝横田直和＝小畑徳彦＝高橋省三「改訂　Q&A 広告宣伝・景品表示に関する法律と実務』(日本加除出版・2024)319頁）。

管理措置指針第4-3における「確認」がなされたといえるかどうかは、表示等の内容、その検証の容易性、当該事業者が払った注意の内容・方法等によって個別具体的に判断される。例えば、小売業者が商品の内容等について積極的に表示を行う場合には、通常、直接の仕入先に対する確認や、商品自体の表示の確認など、当該小売業者が当然把握し得る範囲の情報を表示内容等に応じて適切に確認することが求められるが、すべての場合について、商品の流通過程を遡って調査を行うことや商品の鑑定・検査等を行うことまでが求められるものではない。もっとも、景表法上の措置命令は、事業者の故意過失を問わずに発せられるので、例えば、小売業者が仕入先への確認を行っていたとしても（その他の点も含め本条1項に基づく義務は果たしていたとしても）、仕入先から伝えられた情報に誤りがあれば、小売業者が行った表示が不当表示とされ、小売業者が措置命令の対象となることはあり得る（指針Q&A・Q22、「パブリックコメントにおける意見に対して示された消費者庁の見解（平成26年11月14日）消費者庁表示対策課『事業者が講ずべき景品類の提供及び表示の管理上の措置についての指針（案）』に対する御意見の概要及び御意見に対する考え方」16頁）。

なお、事業者の業態等に応じて、確認が必要となる場面は異なり得る。例えば、小売業のように商品を提供する段階における情報の確認のみで足りる業態も

§22-4(4)

あれば、飲食業のように、提供する料理を企画する段階、その材料を調達する段階、加工(製造)する段階および実際に提供する段階に至るまでの複数の段階における情報の確認を組み合わせて実施することが必要となる業態もある。また、アフィリエイトプログラムを利用した広告を行う場合には、当該広告を利用する事業者がアフィリエイター等の作成する表示等を確認することが必要となる場合がある。

　(d)　管理措置指針別添において示されている具体例　　この措置について、管理措置指針別添には、以下のとおり、(i)企画・設計段階、(ii)調達段階、(iii)生産・製造・加工段階および(iv)提供段階という4段階に分けて具体的事例が記載されている(管理措置指針別添3)。

　(i)　企画・設計段階における確認等

・企画・設計段階で特定の表示等を行うことを想定している場合には、当該表示等が実現可能か(例えば、原材料の安定供給が可能か、取引の予定総額が実現可能か)検討すること。

・景表法の各種運用基準、過去の不当表示等事案の先例等を参考にして、どのような景品類の提供や表示が可能なのか、または当該表示等をするためにはどのような根拠が必要なのか検討すること。

・最終的な商品・役務についてどのような表示が可能なのか、または当該表示をするためにはどのような根拠が必要なのか検討すること。

・企画・設計段階で特定の表示を行うことを想定している場合には、どのような仕様であれば当該表示が可能か検討すること。

・景品類を提供しようとする場合、商品・役務の販売価格や売上総額を試算し、景品関係の告示等に照らし、違法とならない景品類の価額の最高額・総額・種類・提供の方法等を確認すること。

・アフィリエイトプログラムを利用した広告を行い、自社の表示の作成に当たり、コンサルティング会社や広告代理店等の他の事業者にプロモーションを委ねる場合、これらの事業者がアフィリエイターに対して、不当表示等を助長するような指示等をしていないかを確認すること。

　(ii)　調達段階における確認等

・調達する原材料等の仕様、規格、表示内容を確認し、最終的な表示内容に与える影響を検討すること。

・地理的表示等の保護ルール等が存在する場合には、それらの制度を利用して原産地等を確認すること。

・規格・基準等の認証制度が存在する場合(ブランド食材の認証マーク等)には、そ

§ 22-4 (4)

れらの制度を利用して品質や呼称を確認すること。

・無作為に抽出したサンプルの成分検査を実施すること。

(iii) 生産・製造・加工段階における確認等

・生産・製造・加工が仕様書・企画書と整合しているかどうか確認すること。

・特定の表示を行うことが予定されている場合、生産・製造・加工の過程が表示に与える影響(「オーガニック」等の表示の可否、再加工等による原産地の変更等)を確認すること。

・生産・製造・加工の過程における誤りが表示に影響を与え得る場合、そのような誤りを防止するために必要な措置を講じること(誤混入の防止のため、保管場所の施設を区画し、帳簿等で在庫を管理する等)。

・流通に用いるこん包材の表示が一般消費者に訴求する表示につながる可能性がある場合、こん包材の表示についても確認すること。

・定期的に原料配合表に基づいた成分検査等を実施すること。

(iv) 提供段階における確認等

・景表法の各種運用基準、過去の不当表示等事案の先例等を参照し、表示等を検証すること。

・企画・設計・調達・生産・製造・加工の各段階における確認事項を集約し、表示の根拠を確認して、最終的な表示を検証すること。

・企画・設計・調達・生産・製造・加工・営業の各部門の間で表示しようとする内容と実際の商品・役務とを照合すること。

・他の法令(JAS法、食品衛生法、食品表示法、酒税法等)が定める規格・表示基準との整合性を確認すること。

・社内外に依頼したモニター等の一般消費者の視点を活用することにより、一般消費者が誤認する可能性があるかどうかを検証すること。

・景品類を提供する場合、景品関係の告示等に照らし、景品類の価額の最高額・総額・種類・提供の方法等を確認すること。

・アフィリエイトプログラムを利用した広告を行い、自社の表示の作成をアフィリエイター等に委ねる場合、不当表示等を未然に防止する観点から、アフィリエイター等が作成する表示内容を事前に確認すること。

・アフィリエイトプログラムを利用した広告を行い、アフィリエイター等に作成を委ねた自社の表示について、自社の人員体制の制約等の理由により、すべての当該表示内容を事前に確認することが困難である場合には、例えば、表示後可能な限り早い段階ですべての当該表示内容を確認することや、成果報酬の支払額または支払頻度が高いアフィリエイター等の表示内容を重点的

第3章 措置と課徴金　*621*

§22-4(5)

に確認することや、ASP等の他の事業者に表示内容の確認を委託すること。

(5) **❹表示等に関する情報の共有(管理措置指針第4-4)** 管理措置指針第4-4は、措置を講ずべき事項の4点目として、事業者が、その規模等に応じ、前記(4)のとおり確認した情報を、当該表示等に関係する各組織部門が不当表示等を防止する上で必要に応じて共有し確認できるようにするとともに、事業者が表示等の作成を他の事業者に委ねる場合には、当該他の事業者に対しても同様の対応を行うことを挙げている。

不当表示等は、企画・調達・生産・製造・加工を行う部門と実際に表示等を行う営業・広報部門等との間における情報共有が希薄であることや、複数の者による確認が行われていないこと、表示等の作成に自社以外の複数の事業者が関係する場合における関係者間の連携や情報共有が希薄であること等により発生する場合がある。このため、情報の共有を行うに当たっては、このような不当表示等が発生する原因や背景を十分に踏まえた対応を行うことが重要である。例えば外食チェーンを経営する会社において、各店舗で提供する料理について、仕入れ、加工等はすべて本部で行い、本部から配送された食材を各店舗で調理して提供しているような場合、原材料や加工の内容がメニュー表等に記載されていれば、本部の仕入れ、加工等の担当者と、各店舗で勤務している表示に関係する従業員との間で当該情報を共有する必要があると考えられる(指針Q&A・Q24)。

なお、個人事業主等の小規模企業者やその他の中小企業者においては、その規模等に応じて、代表者が表示等を管理している場合には、代表者が表示等に関する情報を把握していることで足りるとされている。

この措置について、管理措置指針別添に記載された具体的事例は以下のとおりである(管理措置指針別添4)。

・社内イントラネットや共有電子ファイル等を利用して、関係従業員等が表示等の根拠となる情報を閲覧できるようにしておくこと。
・企画・設計・調達・生産・製造・加工・営業等の各部門の間で、表示等の内容と実際の商品もしくは役務または提供する景品類等とを照合すること。
・企画・設計・調達・生産・製造・加工・営業等の各部門の間で、表示等の根拠となる情報を証票(仕様書等)をもって伝達すること(紙、電子媒体を問わない)。
・表示等に影響を与え得る商品または役務の内容の変更を行う場合、担当部門が速やかに表示等担当部門に当該情報を伝達すること。
・表示等の変更を行う場合、企画・設計部門および品質管理部門の確認を得ること。
・関係従業員等に対し、朝礼等において、表示等の根拠となる情報(その日の原

§22-4(6)

材料・原産地等、景品類の提供の方法等)を共有しておくこと。

・表示等の根拠となる情報(その日の原材料・原産地等、景品類の提供の方法等)を共有スペースに掲示しておくこと。

・生産・製造・加工の過程が表示に影響を与える可能性があり(食肉への脂の注入等)、その有無をその後の過程で判断することが難しい場合には、その有無をその後の過程において認識できるようにしておくこと。

・表示物の最終チェックを品質管理部門が運用する申請・承認システムで行い、合格した表示物の内容をデータベースにて関係従業員等に公開すること。

・アフィリエイトプログラムを利用した広告を行い、自社の表示の作成をアフィリエイター等に委ねる場合、不当表示等を未然に防止する観点から、表示内容の方針や表示の根拠となる情報等をアフィリエイター等と事前に共有しておくこと。

・アフィリエイトプログラムを利用した広告を行い、アフィリエイター等に作成を委ねた自社の表示について、自社の人員体制の制約やアフィリエイター等が複数に上る等の理由により、当該表示に関する表示の根拠となるすべての情報を事前にアフィリエイター等に共有することが困難である場合には、例えば、アフィリエイター等から表示内容の方針について相談を受け付ける体制を構築することや、ASP等の他の事業者を通じて共有するなどの対応を行うこと。

(6) **❺表示等を管理するための担当者等を定めること**(管理措置指針第4-5)　管理措置指針第4-5は、措置を講ずべき事項の5点目として、事業者が、表示等に関する事項を適正に管理するため、表示等を管理する担当者または担当部門(以下、「表示等管理担当者」という)をあらかじめ定めることを挙げている。

表示等管理担当者の果たすべき役割は、表示等に関する事項を適正に管理することであるから、その具体的な職務としては、表示の根拠となる情報を自ら確認する、表示作成者が表示を適切に作成しているかを監督することなどが挙げられる(指針Q&A・Q25)。

表示等管理担当者を定めるに際しては、以下のⓐ〜ⓔを満たすことが求められる。

ⓐ表示等管理担当者が自社の表示等に関して監視・監督権限を有していること。

ⓑ表示等の作成を他の事業者に委ねる場合は、表示等管理担当者が当該他の事業者が作成する表示等に関して指示・確認権限を有していること。

第3章 措置と課徴金　623

§22-4(6)

ⓒ表示等管理担当者が複数存在する場合、それぞれの権限または所掌が明確で
　あること。

ⓓ表示等管理担当者となる者が、例えば、景表法の研修を受けるなど、景表法
　に関する一定の知識の習得に努めていること。

ⓔ表示等管理担当者を社内等（表示等の作成を他の事業者に委ねる場合は当該他の事業
　者も含む）において周知する方法が確立していること。

　ⓐについて、自社の表示等に関する監視・監督権限としては、例えば、当該表
示等が景表法上問題となるおそれがあるか否かを判断する権限、景表法上問題と
なるおそれがあると判断した際に社内調査を実施する権限、景表法上問題となり
得ると判断した際に当該表示等の是正を求める権限（ただし、実際に表示等を行うか否
かについての最終判断を行う権限までは不要と考えられる）（植村幸也『景品表示法対応ガイド
ブック〔改訂版〕』（第一法規・2024）216頁）、社内の表示等の管理体制を監査する権限等
が挙げられる（指針Q&A・Q27）。

　ⓑについても、表示等の作成を委ねた他の事業者に対して、景表法上問題とな
るおそれがある表示については、調査や根拠の確認等を行った上で、是正の指示
を行う権限を有していることが求められる。

　ⓒについて、規模が大きく販売する商品の種類も多岐にわたるような事業者
や、販売する商品のカテゴリごとに部門が分かれている事業者等においては、商
品の種類やカテゴリごとの表示等管理担当者、部門ごとの表示等管理担当者と
いった形で、複数の表示等管理担当者を定めることも考えられる。そのような場
合には、それぞれの表示等管理担当者の権限や所掌を明確にすることにより、管
理の対象から漏れる表示がないようにする必要がある。

　ⓓについて、景表法に関する一定の知識の習得に努める方法としては、例え
ば、事業者団体、都道府県、消費者団体等が主催する景表法の研修会に参加す
る、自主的な勉強会に参加する、顧問弁護士その他の法律の専門家によるセミ
ナーや社内研修等を受ける、景表法に関する書籍や消費者庁のウェブサイトに掲
載されている景表法に関する各種情報により自主的に知識の習得に努めるといっ
た方法が考えられる（指針Q&A・Q28）。

　ⓔについて、表示等管理担当者の周知は、最低限、当該表示等に関係する役員
および従業員に対して行う必要がある。すなわち、例えば、支社ごとに表示が行
われ、表示等管理担当者が各支社に定められている場合には、ある支社の表示等
管理担当者が誰であるかを、別の支社の従業員に対して周知しなくとも、直ちに
問題となるものではない（指針Q&A・Q29）。

　他方で、表示等管理担当者について、行政機関への届出、資格・免許等の保持

624　　第3章　措置と課徴金

§ 22-4(6)

といったものは必要ない(指針 Q&A・Q26)。また、例えば、個人事業主等の小規模企業者やその他の中小企業者においては、その規模等に応じて、代表者が表示等を管理している場合には、代表者をその担当者と定めることも可能である(管理措置指針注 6)。さらに、表示等管理担当者は、必ずしも専任の担当者または担当部門である必要はなく、他の業務を兼任しても差し支えない。例えば、一般的な法令遵守等の担当者または担当部門がその業務の一環として表示等の管理を行うことが可能な場合には、それらの担当者または担当部門を表示等管理担当者に指定することで足りる(管理措置指針注 7)。

なお、表示等管理担当者は、表示主体ごとに設置する必要がある。例えば、フランチャイズチェーンの本部で表示等管理担当者を定め、各店舗の表示等の管理がなされているとしても、店舗独自に表示等を行っている実態があるときには、各店舗においても表示等管理担当者を定める必要がある(指針 Q&A・Q30)。

この措置について、管理措置指針別添には、以下のとおり、(i)担当者または担当部門を指定し、その者が表示等の内容を確認する例、(ii)表示等の内容や商品カテゴリごとに表示等を確認する者を指定し、その者が表示等の内容を確認する例、および(iii)アフィリエイトプログラムを利用した広告の表示等の作成をアフィリエイター等に委ねる場合における表示等の内容を確認する例の 3 類型に分けて、具体的事例が示されている(管理措置指針別添 5)。

(i) 担当者または担当部門を指定し、その者が表示等の内容を確認する例

・代表者自身が表示等を管理している場合に、その代表者を表示等管理担当者と定め、代表者が表示等の内容を確認すること。

・既存の品質管理部門・法務部門・コンプライアンス部門を表示等管理部門と定め、当該部門において表示等の内容を確認すること。

・店舗ごとに表示等を策定している場合において、店長を表示等管理担当者と定め、店長が表示等の内容を確認すること。

・売り場ごとに表示等を策定している場合において、売り場責任者を表示等管理担当者と定め、その者が表示等の内容を確認すること。

(ii) 表示等の内容や商品カテゴリごとに表示等を確認する者を指定し、その者が表示等の内容を確認する例

・商品カテゴリごとに異なる部門が表示等を策定している場合、各部門の長を表示等管理担当者と定め、部門長が表示等の内容を確認すること。

・チラシ等の販売促進に関する表示等については営業部門の長を表示等管理担当者と定め、商品ラベルに関する表示等については品質管理部門の長を表示等管理担当者と定め、それぞれが担当する表示等の内容を確認すること。

第 3 章 措置と課徴金 625

§22-4(7)

・社内資格制度を設け、表示等管理担当者となるためには、景表法等の表示等
関連法令についての試験に合格することを要件とすること。

(iii) アフィリエイトプログラムを利用した広告の表示等の作成をアフィリエイ
ター等に委ねる場合における表示等の内容を確認する例

・アフィリエイトプログラムを利用した広告を行い表示等の作成をアフィリエ
イター等に委ねる場合であっても、事業者は、自社の広告として、指示・確
認権限を有していることをアフィリエイター等との間で確認すること。

・アフィリエイトプログラムを利用した広告を行う事業者の表示等管理担当者
については、事業者の社内だけでなく、アフィリエイター等に対しても周知
すること。

・アフィリエイトプログラムを利用した広告の作成において、事業者の社内だ
けでなく、アフィリエイター等においても、表示等管理担当者が設置される
など、複数の表示等管理担当者が設置される場合、事業者とアフィリエイ
ター等との間で、それぞれの表示等管理担当者の権限や所掌を確認するこ
と。

・アフィリエイトプログラムを利用した広告の作成において、事業者の社内だ
けでなく、表示等の作成を委ねるアフィリエイター等においても、表示等管
理担当者が設置されるなど、複数の表示等管理担当者が設置される場合、事
業者だけでなく、アフィリエイター等の表示等管理担当者も含めて景表法等
の表示に関連する法令についての講習を実施すること。

(7) ❻表示等の根拠となる情報を事後的に確認するために必要な措置をとること(管
理措置指針第4-6) 　管理措置指針第4-6は、措置を講ずべき事項の6点目とし
て、事業者が、前記(4)のとおり確認した表示等に関する情報を、表示等の対象
となる商品または役務が一般消費者に供給され得ると合理的に考えられる期間、
事後的に確認するために、例えば、資料の保管等必要な措置をとるとともに、表
示等の作成を他の事業者に委ねる場合であっても同様の措置をとることを挙げて
いる。

　なお、表示等の根拠となる情報を事後的に確認するための措置として資料を保
管する場合、保管する必要がある資料等はあくまで表示等を行うに当たって根拠
として確認したものに限られる。また、保管方法は紙媒体による保管方法に限ら
れるものではなく、電子媒体による方法であっても、その保管方法が適切であれ
ば問題とならない。また、例えば、原材料を仕入れた上で製品を製造している事
業者において、製品の原材料に関する表示の根拠について、原材料メーカーに問
い合わせることによってこれを確認できるのであれば(これが適切な期間継続するこ

626　第3章　措置と課徴金

§22-4(7)

とが見込まれるのであれば）、自社で原資料を保管せずとも、原材料メーカーに問い合わせができる体制を構築しておくことで足りる（指針Q&A・Q31）。

また、表示等の対象となる商品または役務が一般消費者に供給され得ると合理的に考えられる期間について、管理措置指針別添に記載された具体的事例では、商品の消費期限や保証期間を基準として保管期間を決定する例が挙げられているものの、これらは合理的期間の例示にすぎず、一般消費者が50年、100年と長期にわたって使用するものであっても、例えば商品の流通期間等に応じた適切な期間を資料の保存期間とすれば問題とならない（指針Q&A・Q32）。

この措置について、管理措置指針別添に記載された具体的事例は以下のとおりである（管理措置指針別添6）。

・表示等の根拠となる情報を記録し、保存しておくこと。
・製造業者等に問い合わせれば足りる事項について、製造業者等に問合せができる体制を構築しておくこと。
・調達先業者との間で、品質・規格・原産地等に変更があった場合には、その旨の伝達を行うことをあらかじめ申し合わせておくこと。
・トレーサビリティ制度に基づく情報により原産地等を確認できる場合には、同制度を利用して原産地等を確認できるようにしておくこと。
・アフィリエイトプログラムを利用した広告の表示等のように、一旦、削除されると、回復させることが困難であるような表示等については、事業者が表示等の保存も含め、根拠となる情報を事後的に確認できるようにするための資料の保管等を行うこと。
・アフィリエイトプログラムを利用した広告の表示等のように、表示等の根拠となる情報が多数に上り、すべての情報の保管等をすることが困難である場合、事業者は表示等の作成を委ねるアフィリエイター等に対して、アフィリエイター等が当該情報の保管等をすることを明確にすることや、ASP等の他の事業者に当該情報の保管等を委託すること。
・アフィリエイトプログラムを利用した広告の表示等のように、表示等の根拠となる情報が多数に上り、すべての情報の保管等をすることが困難である場合、事業者は、保管等をする代わりに定期的な表示等の確認を行うなど、不当表示等の未然防止に必要十分な取組をすることや、成果報酬の支払額または支払頻度が高いアフィリエイター等が作成する表示等の根拠となる情報について重点的に保管等をすること。

記録・保存しておくべき「表示等の根拠となる情報についての資料の例」としては、以下のものが挙げられている。

§22-4(8)

- 原材料、原産地、品質、成分等に関する表示であれば、企画書、仕様書、契約書等の取引上の書類、原材料調達時の伝票、生産者の証明書、製造工程表、原材料配合表、帳簿、商品そのもの等
- 効果、性能に関する表示であれば、検査データや専門機関による鑑定結果等
- 価格に関する表示であれば、必要とされる期間の売上伝票、帳簿類、製造業者による希望小売価格・参考小売価格の記載のあるカタログ等
- 景品類の提供であれば、景品類の購入伝票、提供期間中の当該商品または役務に関する売上伝票等
- その他、商談記録、会議議事録、決裁文書、試算結果、統計資料等
- アフィリエイトプログラムを利用した広告の表示等の作成をアフィリエイター等に委ねる際に行うアフィリエイター等とのやり取り(メール、チャット等)の内容、事業者の社内における表示内容の確認および決定の過程を示す資料、アフィリエイター等が作成する広告の表示内容に係るソースコード等

このほか、例えば二重価格表示をする際には対象商品についての価格の推移を示す資料も必要になると考えられる(前掲・植村216頁)。

また、「合理的と考えられる資料の保存期間の例」として、以下の期間が挙げられている。

- 即時に消費される場合または消費期限が定められている場合には販売を開始した日から3か月の期間
- 賞味期限、保証期間、流通期間、耐用年数等に応じて定められた期間
- 他法令に基づく保存期間が定められている場合(法人税法、所得税法、米穀等の取引等に係る情報の記録及び産地情報の伝達に関する法律〔米トレサ法〕等)の当該期間
- アフィリエイトプログラムを利用した広告においては、当該アフィリエイトプログラムを利用した広告に掲載されているアフィリエイトリンクから事業者の供給する当該アフィリエイトプログラムを利用した広告の対象となっている商品又は役務を購入することができなくなるまでの期間に加え、当該商品または役務の特徴、性質に応じた合理的な期間

(8) **❼不当な表示等が明らかになった場合における迅速かつ適切な対応(管理措置指針第4-7)**　管理措置指針第4-7は、措置を講ずべき事項の7点目として、事業者は、特定の商品または役務に景表法違反またはそのおそれがある事案が発生した場合、その事案に対処するため、次の措置を講じることを挙げている。

　ⓐ当該事案に係る事実関係を迅速かつ正確に確認すること。

　ⓑ前記ⓐにおける事実確認に即して、不当表示等による一般消費者の誤認排除を迅速かつ適正に行うこと。

628　第3章　措置と課徴金

§ 22-4 (8)

ⓒ再発防止に向けた措置を講じること。

また、上記の措置は、事業者が表示等の作成を他の事業者に委ねた場合の表示等において当該事案が発生した場合も含むとされている。なお、不当表示等による一般消費者の誤認の排除に当たっては、不当表示等を単に是正するだけでは、すでに不当に誘引された一般消費者の誤認がなくなったことにはならず、当該商品または役務に不当表示等があった事実を一般消費者に認知させるなどの措置が求められる場合がある。そのため、既に販売が終了している商品であっても、不当な表示が行われていたことが判明した場合には、本事項に定められている対応を速やかに行う必要がある(指針 Q&A・Q34)。

なお、不当表示等を行っていることが判明した場合、当該事業者に対して措置命令を行う必要があるか否かは当該不当表示等に関する事実関係に基づいて個別に判断されるので、事業者が自主的に一般消費者の誤認排除等を行ったという事実のみをもって、措置命令を行う必要がないと判断されるものではない(指針 Q&A・Q36)。

この措置について、管理措置指針別添には、以下のとおり、(i)事実関係を迅速かつ正確に確認する例、(ii)不当表示等による一般消費者の誤認排除を迅速かつ適正に行う例、(iii)再発防止に向けた措置の例および(iv)その他の例の類型ごとに具体的事例が以下のとおり挙げられている(管理措置指針別添7)。

(i) 事実関係を迅速かつ正確に確認する例

・表示等管理担当者、事業者の代表者または専門の委員会等が、表示物・景品類および表示等の根拠となった情報を確認し、関係従業員等から事実関係を聴取するなどして事実関係を確認すること。

・事案に係る情報を入手した者から法務部門・コンプライアンス部門に速やかに連絡する体制を整備すること。

・不当表示等が明らかになった場合、当該表示等が行われた商品または役務について消費者からの情報を収集するための窓口を迅速に設置し、必要な期間設置を継続すること。

(ii) 不当表示等による一般消費者の誤認排除を迅速かつ適正に行う例

・速やかに当該違反を是正すること。

・一般消費者に対する誤認を取り除くために必要がある場合には、速やかに一般消費者に対する周知(例えば、新聞、自社ウェブサイト、店頭での貼り紙)および回収を行うこと。

・当該事案に係る事実関係を関係行政機関(消費者庁のほか、都道府県の景表法担当部局、公取委の地方事務所等で報告を受け付けている〔指針 Q&A・Q38〕)へ速やかに報

§22-4(8)

告すること(なお、違反行為について関係行政機関に自主的に報告することは社会的に望ましい行為ではあるものの、措置命令については自主的な報告を積極的に評価する制度はなく、課徴金については定められた方式で消費者庁に対して報告した場合にのみ半減されることに留意が必要である〔波光＝横田＝小畑＝高橋・前掲272頁〕。課徴金の半減について§3①-2(3)(4)参照)。

・アフィリエイトプログラムを利用した広告において、不当表示等が明らかになった場合、事業者は、自ら、ASPまたはアフィリエイター等を通じて、迅速に不当表示等を削除・修正できる体制を構築すること。

・アフィリエイトプログラムを利用した広告において、表示等の作成を委ねるアフィリエイター等が事業者との契約内容に違反して、不当表示等を生じさせた場合、事業者は、あらかじめ契約において取り決めた債務不履行の場合にとることとされている措置(例えば、成果報酬の支払いの停止、支払った成果報酬を返還させる、提携契約の解除等)を迅速かつ確実に行うこと。

　なお、一般消費者の誤認排除のために、新聞を用いた周知を行うに当たっては、不当表示等が全国で行われ、かつその購入者も全国に存在するものと考えられる場合には全国紙、不当表示等が特定の地域のみにおいて行われていたと考えられる場合には当該地域の地方紙で周知することが考えられる(指針Q&A・Q37)。

(iii)　再発防止に向けた措置の例

・関係従業員等に対して必要な教育・研修等を改めて行うこと。

・当該事案を関係従業員等で共有し、表示等の改善のための施策を講じること。

(iv)　その他の例

・内部通報制度を整備し、内部通報窓口担当者が適切に対応すること。

・アフィリエイトプログラムを利用した広告のように、アフィリエイター等に表示等の作成を委ねている場合においては、事業者が不当表示等に関する事実関係を迅速かつ正確に確認することが困難であることも考えられるため、不当表示等に関する事実関係を明らかにし、不当表示等による消費者被害の発生・拡大を効果的に防止する観点から、事業者は消費者等の外部からの相談や情報提供を日常的かつ確実に受け付けられる窓口を設置すること(すでに設置している連絡相談窓口を活用することを含む)。

・第三者が所掌する法令遵守調査室や第三者委員会を設置すること。

・就業規則その他の職務規律を定めた文書において、関係従業員等が景表法違反に関し、情報を提供したことまたは事実関係の確認に協力したこと等を理由として、不利益な扱いを行ってはならない旨を定め、従業員に周知するこ

630　　第3章　措置と課徴金

§ 22-4(9)

と。

(9) それ以外の措置の例(管理措置指針別添8)　　(a) アフィリエイトプログラムを利用した広告を行う事業者の表示であることの明示　　アフィリエイトプログラムを利用した広告においては、アフィリエイトサイトにおける表示が、広告主以外の第三者の体験談や感想であるのか、広告主が対価を支払って作成を委ねた表示であるのかについて、一般消費者には判断できない場合がある。そのため、管理措置指針別添8(1)は、一般消費者の自主的かつ合理的な選択を阻害することのないよう、広告主が、当該広告は広告主の表示であるということを一般消費者が認識できるよう、アフィリエイトサイトにおける表示において、広告主とアフィリエイターとの関係性を理解できるような表示を行うよう、アフィリエイターに求めるなどの対応を行うことを、管理上の措置の一例として挙げている。

　アフィリエイトサイトにおける表示が広告主の表示であることを明示するに当たっては、一般消費者が、当該表示が広告主の表示であることを理解できる文言の使用や、当該文言を表示する位置、大きさおよび色等も含めた、アフィリエイトサイトにおける表示内容全体から、一般消費者において当該表示が広告主の表示であることを容易に理解できるようなものとなっていることが望ましい。

　管理措置指針別添8(1)には、望ましい表示について、以下の説明がされている。

(i)　アフィリエイトプログラムを利用した広告を行う事業者の表示であることの明示に関する望ましい文言

・一般消費者が広告である旨認識することが困難であると考えられる文言ではなく、例えば、「広告」という文言のように、アフィリエイトサイトにおける表示について、一般消費者がアフィリエイトプログラムを利用した広告を行う事業者の表示であることを認識しやすい文言を使用すること。

・その上で、当該事業者の具体的な名称等を記載するなど、アフィリエイトプログラムを利用した広告を行う事業者の表示であることについて更なる明示をすること。

(ii)　アフィリエイトプログラムを利用した広告を行う事業者の表示であることの明示に関する望ましい表示位置

・一般消費者が当該表示を見る際の視線の動きの方向を踏まえた上で、視野に最初に入る画面内に表示すること。

・当該表示が他の表示の情報に埋もれないようにすること。

・アフィリエイトサイトにおける当該事業者の商品または役務についての表示と当該表示が近接していること。

第3章　措置と課徴金　　*631*

§22-4(9)

(iii) アフィリエイトプログラムを利用した広告を行う事業者の表示であることの明示に関する望ましい表示の大きさ

・アフィリエイトサイトにおける表示において使用されている文字の平均的な大きさと比べて、少なくとも同程度の大きさにするなど、一般消費者が認識しやすい大きさにすること。

(iv) アフィリエイトプログラムを利用した広告を行う事業者の表示であることの明示に関する望ましい表示の色

・当該表示の背景等に使用されている色と比べて、区別しにくい色ではなく、明確に区別できる色にするなど、一般消費者が認識しやすい色にすること。

(v) アフィリエイトプログラムを利用した広告を行う事業者の表示であることの明示に関するその他の望ましい対応

・例えば、景表法において「著しく優良であると示す表示」か否かの判断に当たっては、表示内容全体から一般消費者が受ける印象・認識が基準となることを踏まえると、アフィリエイトサイトにおいて一般消費者がアフィリエイトプログラムを利用した事業者の広告であることを理解できるようにするための表示を行う場合も、表示内容全体から、一般消費者がそのように理解できる表示となっているかについて留意すること。

・特に、アフィリエイトサイトが、スマートフォンの利用におけるウェブサイト、ソーシャルネットワーキングサービス(SNS)等の表示である場合には、画面全体の表示領域の制約等により、広告と広告以外の情報が明確に区別されにくい場合もあることから、一般消費者の理解を妨げないようになっていないかについて留意すること。

なお、アフィリエイトサイトにおける表示も含め、実際には事業者の表示であるにもかかわらず、事業者の表示であることを明瞭にしないことにより、一般消費者が事業者の表示であることを判別することが困難となる表示については、別途ステルスマーケティングとして規制の対象とされている(5③、ステマ告示)。

(b) その他　　その他の措置として、管理措置指針別添8(2)には以下の例が挙げられている。

・景表法違反の未然防止または被害の拡大の防止の観点から、速やかに景表法違反を発見する監視体制の整備および関係従業員等が報復のおそれなく報告できる報告体制を設け、実施すること。

・表示等が適正かどうかの検討に際し、疑義のある事項について関係行政機関や公正取引協議会に事前に問い合わせること。

・表示等が適正かどうかの検討に際し、当該業界の自主ルールまたは公正競争

§§ 22-5・23-1

規約を参考にすること。

5　管理措置指針と8条1項柱書ただし書の関係について

　事業者が課徴金納付命令の対象となる行為(優良誤認表示または有利誤認表示)をした場合であっても、当該事業者が、自らの行った表示が優良誤認表示または有利誤認表示であることを、当該課徴金対象行為をした期間を通じて知らず、かつ、知らないことにつき、「相当の注意」を怠った者でないと認められるときは、課徴金の納付を命じることができない(8①柱書ただし書)。これに当たるか否かは、当該事業者が課徴金対象行為に係る表示について、当該表示の根拠となる情報を確認するなど、正常な商慣習に照らし必要とされる注意をしていたか否かにより、個別事案ごとに判断される。この判断に当たっては、当該事業者の業態や規模、課徴金対象行為に係る商品または役務の内容、課徴金対象行為に係る表示内容や課徴金対象行為の態様等を勘案することとなるが、当該事業者が、必要かつ適切な範囲で、管理措置指針に沿うような具体的な措置を講じていた場合には、「相当の注意」を怠った者でないと認められるとされている(高居〔第7版〕337～338頁)。

〔森大樹＝須藤希祥＝栗原杏珠〕

〔指導及び助言〕

第23条　内閣総理大臣は、前条第1項の規定に基づき事業者が講ずべき措置に関して、その適切かつ有効な実施を図るため必要があると認めるときは、当該事業者に対し、その措置について必要な指導及び助言をすることができる。

---

　　　1 本条の意義　　*2* 執行状況　　*3* 具体的事例

1　本条の意義

　消費者庁長官は、22条1項に基づき事業者が講ずべき管理上の措置に関して、その適切かつ有効な実施を図るため必要があると認めるときは、その措置について必要な指導および助言をすることができる。本条の規定上、消費者庁長官は、事業者に不当表示等を行った事実がなくとも、管理上の措置に関する指導や助言を行うことができることとされている。もっとも、実際の運用においては、消費

第3章　措置と課徴金　　*633*

§23-*2, 3*

者庁は、通常、不当表示等の疑いで調査を行う過程で管理上の措置についても併せて調査を行い、問題が認められた場合には本条の指導等を行っているといわれている（波光巖＝横田直和＝小畑徳彦＝高橋省三『改訂　Q&A　広告宣伝・景品表示に関する法律と実務』（日本加除出版・2024）319頁）。

　なお、本条の定める指導および助言の法的性質は行政指導であるため、取消訴訟の対象にはなり得ず、それに不服のある事業者は、行政手続法36条の2に基づき、指導等が要件に適合しないとして、当該行政指導をした行政機関に対し、当該行政指導の中止その他必要な措置をとることを求めるほか、国家賠償請求訴訟により争うほかない（大島義則ほか編著『消費者行政法─安全・取引・表示・個人情報保護分野における執行の実務』（勁草書房・2016）205～206頁〔関口岳史〕）。

2　執行状況

　本条に定められている指導および助言の件数の推移をみると、管理上の措置に係る規定が導入されてしばらくは、年間100件前後で推移していたが、近年は減少傾向にある。具体的には、平成26年12月の施行以来、平成27年度には84件、平成28年度には年間で100件、平成29年度には86件、平成30年度には90件、令和元年度には96件、令和2年度には109件、令和3年度には102件、令和4年度には60件、令和5年度には45件の指導・助言が行われている（消費者庁「平成28年度における景品表示法の運用状況及び表示等の適正化への取組（平成29年6月30日）」第2-1、同「平成29年度における景品表示法の運用状況及び表示等の適正化への取組（平成30年6月15日）」第2-3、同「平成30年度における景品表示法の運用状況及び表示等の適正化への取組（令和元年6月25日）」第2-3、同「令和元年度における景品表示法の運用状況及び表示等の適正化への取組（令和2年6月26日）」第2-2、同「令和2年度における景品表示法の運用状況及び表示等の適正化への取組（令和3年7月21日）」第2-4、同「令和3年度における景品表示法の運用状況及び表示等の適正化への取組（令和5年9月22日）」第1-1(7)、同「令和4年度における景品表示法の運用状況及び表示等の適正化への取組（令和5年9月22日）」第1-1(8)、同「令和5年度における景品表示法の運用状況及び表示等の適正化への取組」（令和6年6月3日）第1-1(7)）。

3　具体的事例

　令和2(2020)年度以降、消費者庁により指導が行われた事例が公表されている。令和5(2023)年度までの公表事例の類型としては、表示との関係で、①優良誤認表示について景表法の考え方の周知啓発・法令遵守の方針等の明確化・表示等を管理するための担当者等を定めることを行っておらず、自社ウェブサイトにおいて当該商品の効果について、表示の根拠となる情報を確認していなかった事例、

§24-1

②優良誤認表示についてアフィリエイトサイトにおいて当該商品の効果について、表示の根拠となる情報を確認していなかった事例、③有利誤認表示について景表法の考え方の周知啓発・法令遵守の方針等の明確化・表示等を管理するための担当者等を定めることを行っておらず、自社ウェブサイトにおいて当該商品の販売方法について、表示の根拠となる情報を確認していなかった事例、④原産国表示について自社ウェブサイトにおいて実際と異なる表示をしていたところ、当該表示の根拠となる情報を確認していなかった事例等がある。また、景品類提供との関係で、景表法の考え方の周知啓発・法令遵守の方針等の明確化・景品類の提供等を管理するための担当者等を定めること・不当な景品類の提供等が明らかになった場合における迅速かつ適切な対応を行っておらず、違法とならない景品類の価額の最高額・総額・種類・提供の方法等を確認していなかった事例等がある（消費者庁「令和4年度における景品表示法の運用状況及び表示等の適正化への取組（令和5年9月22日）」第1-1 (7)、同「令和3年度における景品表示法の運用状況及び表示等の適正化への取組（令和5年9月22日）」第1-1 (7)）。

〔森大樹＝須藤希祥＝栗原杏珠〕

〔勧告及び公表〕

第24条 ① 内閣総理大臣は、事業者が正当な理由がなくて第22条第1項の規定に基づき事業者が講ずべき措置を講じていないと認めるときは、当該事業者に対し、景品類の提供又は表示の管理上必要な措置を講ずべき旨の勧告をすることができる。

② 内閣総理大臣は、前項の規定による勧告を行つた場合において当該事業者がその勧告に従わないときは、その旨を公表することができる。

---

1 本条の意義　　*2* 執行状況

1 本条の意義

消費者庁は、事業者が正当な理由なく管理上の措置を講じていないと認めるときは、管理上の措置を講ずべき旨の勧告をすることができる（本条①）。事業者が勧告に従わないときは、その旨を公表することができる（本条②）。「正当な理由」の意義については、§22-3 (4)を参照されたい。なお、本条の定める勧告の法的性質は行政指導であるため、取消訴訟の対象にはなり得ず、それに不服のある

第3章 措置と課徴金　　*635*

§24-2

事業者は、行政手続法36条の2に基づき、勧告が要件に適合しないとして、勧告をした行政機関に対し、勧告の中止その他必要な措置をとることを求めるほか、国家賠償請求訴訟により争うほかないことは23条の指導および助言と同様である。また、勧告に従わなかった場合の公表については、行政指導にも該当しないため、たとえ不服があったとしても、行政手続法36条の2に基づく必要な措置を求めることもできず、国家賠償請求訴訟により争うということが想定されるのみである(大島義則ほか編著『消費者行政法─安全・取引・表示・個人情報保護分野における執行の実務』(勁草書房・2016)205～206頁〔関口岳史〕)。

このように、管理上の措置を講じなかった場合の措置を、行政処分ではない勧告・公表にとどめている趣旨は、管理上の措置は主として事業者内部に関する事項であって、できる限り事業者の自主性を尊重することが望ましいと考えられたためである(高居〔第7版〕284頁)。

2 執行状況

消費者庁の公表資料によると、令和5(2023)年度までに、勧告、公表が行われた事例はない。　　　　　　　　　　　　　〔森大樹＝須藤希祥＝栗原杏珠〕

4 章前注-*1, 2*(1)

第 4 章　行政調査

前注　行政調査から措置までの流れ

1 概　　要　　*2* 執行主体　　*3* 端　　緒　　*4* 調　　査　　*5* 事前手続（弁明
の機会の付与）　　*6* 措　　置

1 概　　要

　消費者庁等（38条により内閣総理大臣の景表法による権限は消費者庁長官等に委任されてお
り、実務上の執行主体は消費者庁長官等となるが、本章では、執行主体を総称するときは「消費
者等」という）は、次頁図表1のとおり外部からの情報提供や職権探知等の端緒に
より、景表法違反の疑いがあると認めた場合、調査を開始する。具体的には、景
表法により付与された調査権限を駆使して調査を行うほか、調査の対象となる事
業者に対して報告を求めたり、事情聴取を行ったりするなどの任意調査により、
景表法違反の疑いがある事業者について、景表法に違反した事実の有無を調査す
る。

　消費者庁等は、調査の結果、景表法違反の事実が認められた場合には、行政処
分である措置命令（7①柱書前段・38）を行うことができる。また、消費者庁長官は、
事業者が5条1号または2号の規定に違反する行為をしたときは、課徴金納付命
令を行わなければならないとされている（8①本文・38①）。

　他方、景表法違反の事実が認められない場合であっても、違反の疑いのある行
為がみられた場合は、行政指導（行政手続2⑹）が行われる。

2 執行主体

　景表法の執行主体は、①消費者庁長官、②公取委、③事業所管大臣および金融
庁長官、④都道府県知事である。

　（1）　**消費者庁長官**　　景表法の調査および措置の主体は内閣総理大臣とされて
いるが（7①②・8①・25①等）、これらの権限は、一定の事項を除き内閣総理大臣
から消費者庁長官に委任されている（38①）。

第 4 章　行政調査　　*637*

4章前注-2(2)〜(4)

図表1　景表法違反被疑事件の調査の手順

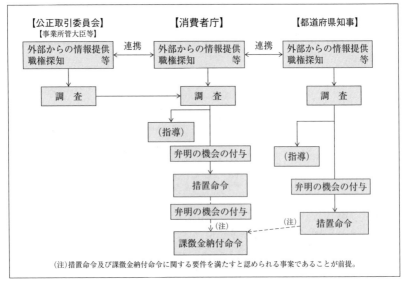

出典：消費者庁ウェブサイト「景品表示法違反被疑事件の調査の手順」より作成

　(2)　**公取委**　消費者庁は地方支分部局(地方出先機関)を有さないため、地方における景表法の執行に対応するため、消費者庁長官は、内閣総理大臣から委任された権限の一部を公取委に委任することができることとされており(38②)、これを受けて、25条1項の調査権限は、消費者庁長官から公取委に委任されている(景表令15)。

　(3)　**事業所管大臣および金融庁長官**　消費者庁長官は、緊急かつ重点的に不当な景品類または表示に対処する必要があることその他の政令で定める事情(景表令16)があるため、事業者に対し、措置命令、課徴金納付命令または24条1項の規定による勧告を効果的に行う上で必要があると認めるときは、25条1項の調査権限を、事業者の事業を所管する大臣または金融庁長官に委任することができる(38③)。

　なお、事業所管大臣および金融庁長官に25条1項の調査権限が委任されるのは、前記のとおり限定的な場面であり、当該委任がされたことはない(令和6年11月現在)。

　(4)　**都道府県知事**　景表法における消費者庁長官に委任された権限に属する事務の一部は、都道府県知事が行うこととすることができ(38⑪)、これを受けて、

638　第4章　行政調査

4章前注-*3*(1)(2)

景表法違反の疑いのある行為が当該都道府県の区域内において存在すれば、当該都道府県知事が、措置命令、合理的根拠を示す資料の提出要求、報告命令、提出命令、立入検査および質問調査をできることとされている(景表令23①本文)。ただし、事業者による事業活動およびそれに伴う違反行為が広範囲に及ぶこともあるため、2以上の都道府県の区域にわたり一般消費者による自主的かつ合理的な選択を阻害するおそれがあり、消費者庁長官がその事態に適正かつ効率的に対処するため特に必要があると認めるとき、または都道府県知事から要請があったときは、消費者庁長官が直接当該事務を行うことは妨げられない(景表令23①ただし書)。

3 端 緒

消費者庁等が景表法違反被疑事件の調査を開始する端緒としては、①外部からの情報提供、②職権探知、③事業者の自主報告、④公益通報、⑤消費者安全法による通知、⑥都道府県知事からの要請、⑦都道府県知事からの報告が挙げられる。

(1) **外部からの情報提供** 消費者庁表示対策課では、景表法違反の被疑情報を収集すべく、オンラインによる情報提供として「景品表示法違反被疑情報提供フォーム」、「ステルスマーケティングに関する景品表示法違反被疑情報提供フォーム」および「携帯電話に関する景品表示法違反被疑情報提供フォーム」を設けるとともに、郵送または電話による情報提供も受け付けている。

また、消費者庁のほか、都道府県の景表法主管課、公正取引委員会地方事務所・支所取引課、沖縄総合事務局総務部公正取引課でも情報提供を受け付けている。

なお、独禁法の場合、書面で独禁法に違反する具体的な事実を摘示して適当な措置をとるべきことを求める報告があったときは、公取委は、その報告に関する処理結果を速やかに報告者に通知しなければならないとされているが(独禁45③)、景表法ではそのような通知を義務付ける規定はない(西川〔第6版〕297頁)。

(2) **職権探知** 消費者庁等では、景表法違反の被疑情報について、職権探知を行っている。例えば、PIO-NET(Practical Living Information Online Network System:全国消費生活情報ネットワークシステム)に集積された苦情相談情報を確認し、調査の端緒とする場合があり得る。PIO-NETとは、国民生活センターと全国の消費生活センターをネットワークで結び、消費者から消費生活センターに寄せられる消費生活に関する苦情相談情報(消費生活相談情報)の収集を行っているシステムである。地方公共団体は、様々な苦情相談を受け付ける相談窓口(消費生活センター)を設置し、消費生活相談員による問題解決の支援(相談処理)を行っており(消

4章前注-*3*(3)～(6)

費者安全10)、消費生活相談員が消費者(相談者)から相談を受けた苦情相談情報(消費
生活相談情報)の記録が PIO-NET に集積されている。

(3) **事業者の自主申告**　　事業者が、5条1号または2号の規定に違反する行
為(課徴金対象行為)をした場合において、当該事業者が課徴金対象行為に該当する
事実を報告したときは、課徴金の額が50% 減額されることとなるところ(9本文)、
この自主申告も調査の端緒となる〔**§ 9-2**(1)参照〕。

(4) **公益通報**　　景表法において刑罰または過料の対象となる行為(46～52)は、
公益通報の対象となる(公益通報者保護2③(1)・別表(8)、公益通報者保護法別表第8号の法
律を定める政令(189))。

　通報者は、通報対象事実について処分等をする権限を有する行政機関に通報を
することができ(公益通報者保護2①柱書・④)、景表法に関しては、実際の運用上、
消費者庁、都道府県、市区町村、事業者の所在地を管轄する捜査機関とされてい
る(消費者庁ウェブサイト「公益通報の通報先・相談先 行政機関検索」)。

　消費者庁では、公益通報窓口を設置しており、保護要件を満たす公益通報(公
益通報保護者3(2))を受理した場合、必要な調査を行い、当該公益通報に係る通報
対象事実があると認めるときは、法令に基づく措置その他適当な措置をとること
になる(同13①)。

(5) **消費者安全法による通知**　　消費者安全法では、行政機関の長、都道府県
知事、市町村長および国民生活センターの長は、消費者事故等(重大事故等を除く)
が発生した旨の情報を得た場合であって、当該消費者事故等による被害が拡大
し、または当該消費者事故等と同種もしくは類似の消費者事故等が発生するおそ
れがあると認めるときは、消費者庁長官に対して所定の事項を通知するものとさ
れている(消費者安全12②・47①)。

　景表法との関係では、消費者事故等(消費者安全2⑤)のうち、消費者安全法2条
5項3号に規定する財産被害に係るものが端緒情報となり得る。

　具体的には、消費者安全法施行令3条6号において、景表法4条の規定に違反
して景品類を提供することが消費者事故等として明示されている。また、景表法
の規定は明示されていないものの、消費者安全法施行令3条1号に規定する「商
品等又は役務について、虚偽の又は誇大な広告又は表示をすること」は、完全に
重なり合うわけではないが、基本的には景表法の表示規制対象と同様の事態が想
定されている(消費者庁消費者政策課ほか編『逐条解説 消費者安全法〔第2版〕』(商事法務・
2013)43頁)。

(6) **都道府県知事からの要請**　　景表法における消費者庁長官に委任された権
限に属する事務の一部は、都道府県知事が行うことができるが(38⑪、景表令23①本

640　　第4章　行政調査

4章前注-3(7), 4(1)(2), 5(1)

文)、都道府県知事から要請があったときは、消費者庁長官が直接当該事務を行うことは妨げられないとされており(景表令23①ただし書)、このような要請も端緒の1つとなる。

（7）　**都道府県知事からの報告**　都道府県知事が措置命令を行った場合には、消費者庁長官に報告することとされており(景表令23②)、課徴金納付命令に関する調査との関係では、当該報告も端緒の1つとなる。

4　調　査

（1）　**任意調査**　景表法違反被疑事件は、景表法に基づく調査権限を行使せずに調査が行われることも多い。

具体的には、試買、実地調査等による表示物の収集(商品の包装や広告等)のほか、相手方事業者から必要な報告や物件の提出を求め、事情を聴取することもあれば、効能・効果に係る不当表示事案等、違反被疑事実の内容が専門的である場合には、その分野における専門家の意見を聴取したりすることもある(高居〔第7版〕319頁)。

（2）　**景表法に基づく調査権限**　景表法に基づく調査権限としては、①報告命令、提出命令、立入検査および質問調査(25①)、②不実証広告規制がある(7②・8③)。

5　事前手続（弁明の機会の付与）

（1）　**措置命令**　行政庁は、不利益処分をしようとする場合、不利益処分の名宛人について、意見陳述のための手続をとらなければならない(行政手続13①柱書)。

景表法に基づく措置命令は、聴聞手続をとらなければならない場合(行政手続13①(1))には該当しないため、裁量的判断により聴聞手続をとる場合(同(1)ニ)を除き、弁明の機会の付与手続(同(2))がとられることとなる。

弁明の機会の付与手続について、行政手続法30条は、「弁明書の提出期限……までに相当な期間をおいて、不利益処分の名あて人となるべき者に対し、次に掲げる事項を書面により通知しなければならない」と規定しており、弁明の機会の付与は、①予定される不利益処分の内容および根拠となる法令の条項、②不利益処分の原因となる事実、③弁明書の提出先および提出期限を記載した書面により通知される。

弁明の機会の付与を受けた事業者は、原則として書面(弁明書)を提出して弁明をする必要があり(行政手続29①)、弁明をするときは、証拠書類等を提出すること

第4章　行政調査　*641*

ができる(同②)。行政庁が口頭で弁明することを認めた場合は、口頭で弁明することも可能ではあるが、景表法の執行においては、書面にて弁明することが通常である。なお、事業者は、弁明の機会の付与手続について、代理人を選定することができる(行政手続31・16①)。

弁明の機会の付与の通知をしたにもかかわらず、事業者から弁明書の提出がないまま提出期限を過ぎれば、弁明の機会を与え終えたことになると解されている(一般財団法人行政管理研究センター編「逐条解説 行政不服審査法 新政省令対応版」(ぎょうせい・2016)238頁)。

消費者庁は、弁明書の提出があった場合には、調査した事実と事業者の弁明の内容等を勘案して、措置命令を行うかどうか、行う場合にはその内容を決定する。事業者から弁明書の提出がなかった場合や予定される措置命令の内容に異議がない旨の書面が提出された場合には、通常、弁明の機会の付与の際に通知した予定される措置命令と同内容の措置命令が行われる(高居〔第7版〕326頁)。

(2) **課徴金納付命令**　課徴金納付命令は、「一定の額の金銭の納付を命じ」る処分であることから、行政手続法の事前手続に係る規定は適用されないが(行政手続13②(4))、事業者の手続保証および迅速な執行の調和の観点から、景表法上、独自の事前手続が設けられている(13〜16)(課徴金納付命令の事前手続については前述§13〜§17参照)。

6 措　　置

(1) **措置命令・課徴金納付命令**　消費者庁は、調査の結果、景表法違反の事実が認められた場合には、行政処分である措置命令(7①柱書前段・38①)を発することができる。また、消費者庁長官は、事業者が5条1号または2号の規定に違反する行為をしたときは、課徴金納付命令を行わなければならないとされている(8①本文・38①)(措置命令・課徴金納付命令については前述§7①、§8①参照)。

(2) **行政指導**　消費者庁では、景表法違反の事実が認められない場合であっても、違反の疑いのある行為がみられた場合は、事業者に対し、是正措置をとるよう行政指導(行政手続2(6))を行っている。これは行政手続法上の行政指導であるため、同法第4章の適用を受けるが、他方で、この行政指導は、その根拠となる規定が法律に置かれているものではないことから、同法36条の2第1項および36条の3第1項の適用は受けない(高居〔第7版〕322頁)。

〔金山貴昭＝村田昇洋〕

§ 25-*1*, *2*(1)(2)

〔報告の徴収及び立入検査等〕

第25条 ① 内閣総理大臣は、この法律を施行するため必要があると認める
ときは、当該事業者若しくはその者とその事業に関して関係のある事業者
に対し、その業務若しくは財産に関して報告をさせ、若しくは帳簿書類そ
の他の物件の提出を命じ、又はその職員に、当該事業者若しくはその者と
その事業に関して関係のある事業者の事務所、事業所その他その事業を行
う場所に立ち入り、帳簿書類その他の物件を検査させ、若しくは関係者に
質問させることができる。

② 前項の規定により立入検査をする職員は、その身分を示す証明書を携帯
し、関係者に提示しなければならない。

③ 第1項の規定による権限は、犯罪捜査のために認められたものと解釈し
てはならない。

---

1 本条の趣旨　*2* 行政調査権限　*3* 立入検査に関する手続規定（2項）
4 行政調査権限と犯罪捜査権限の関係（3項）

1 本条の趣旨

　本条1項は、消費者庁が、景表法を施行するために用いることができる調査権
限として、報告命令、提出命令、立入検査および質問調査を規定している。

　これらの調査は、間接強制調査であり、調査の拒否等に対して罰則を設けて間
接的に調査受諾を強制している。すなわち、報告命令の拒否・虚偽報告、提出命
令の拒否・虚偽の物件提出、立入検査の拒否・妨害・忌避、質問調査の拒否・虚
偽の陳述をしたときは、当該違反行為をした者は、1年以下の懲役または300万
円以下の罰金に処せられ(47)、法人は300万円以下の罰金刑が科せられる(49①(2))。

2 行政調査権限

　(1)　**報告命令・提出命令**（1項前段）　　報告命令とは、業務または財産に関して
報告を命じることをいう。また、提出命令とは、帳簿書類その他の物件の提出を
命じることをいう。

　(2)　**立入検査・質問調査**（1項後段）　　立入検査とは、その職員に、事務所、事
業所その他その事業を行う場所に立ち入り、帳簿書類その他の物件を検査させる
ことをいう。また、質問調査とは、立入検査の際に、その職員に、関係者に質問
させることをいう。

第4章　行政調査　*643*

§25-*3, 4*

　なお、立入検査の対象場所は「事務所、事業所その他その事業を行う場所」と規定されており、同様の規定が設けられている特商法66条1項では、「事務所、事業所その他その事業を行う場所」について、恒常的に使用する一般的な事務所や事業所のほか、業務に事実上使用されている場所であれば、一時的にしか使用されていない流動的な場所であっても、立入検査の場所となると解されており(消費者庁ウェブサイト「特定商取引に関する法律・解説(令和5年6月1日時点版)」485頁)、景表法においても基本的には同様と考えられる。

3　立入検査に関する手続規定（2項）

　本項は、立入検査を行う職員の身分証明書の携帯や関係者に対する提示について規定している。これを受け、景表規21条は、身分証明書の様式を定めている。

4　行政調査権限と犯罪捜査権限の関係（3項）

　本項は、行政調査権限が、犯罪捜査の目的ではなく行政目的達成のためだけに用いられることを確認的に規定するものである。

　犯罪捜査の場合、一方において強力な捜査権限が認められると同時に、他方において人権侵害とならないように慎重な手続が設けられている。これに対して、(実質的に刑事手続に近い犯罪調査は例外であるが)通常の行政調査の場合には、一般に手続的統制が犯罪捜査ほど厳格ではないことから、通常の行政調査を用いて、実質的な犯罪捜査を行うことは、刑事訴訟法の趣旨を潜脱するものであり、許されない(宇賀克也『行政法概説 I 行政法総論〔第8版〕』(有斐閣・2023)184頁)。

〔金山貴昭＝村田昇洋〕

5章前注-1

第5章　確約手続

前注　是正措置計画の認定および独占禁止法の確約手続との異同

1 確約手続導入の背景および経緯　*2* 概　　要　*3* 確約手続の対象となる行為　*4* 手続の流れ　*5* 独占禁止法における確約手続との異同　*6* その他確約手続と類似の制度　*7* 諸外国における類似の制度　*8* 確約手続の長所および短所　*9* 民事訴訟・抗告訴訟

1　確約手続導入の背景および経緯

　現行法では、違反被疑行為の調査の結果、消費者庁は、違反行為が認められた場合は違反事業者に対して措置命令を行うことができ(7①)、また5条の不当表示(同条3号に係るものを除く)があった場合には義務的に課徴金納付命令を課す(8①柱書)ことになっている。また、措置命令を行うに足る事実が認められない場合であっても、違反のおそれのある行為が認められたときには、行政指導(行政手続2(6))を行うことができる。

　一方、違反被疑行為の調査を受けた事業者が、早期是正や再発防止に向けた社内体制の整備等の措置を自主的かつ積極的に講じる場合がある。消費者庁が措置命令・課徴金納付命令を行う際には事実認定に相当の時間を要することになるが、各種命令等を待たずに違反被疑行為の早期是正や再発防止、被害回復等を自主的に行う事業者に対しては、比例原則の観点からも当該命令を行うために行政資源を割く必要性は低いといえる。

　しかし、現行法では、事業者の自主的な早期是正・再発防止等の実施を法執行において加味する法律上の制度は存在しない。あり得る選択としては、早期是正・再発防止等の実施を前提として、措置命令を行うに足る事実が認められないとして行政指導を行うという対応であるが、それでは、行政運営の透明性の確保や、違反被疑行為の是正等の実効性の確保が必ずしも担保されず、また事業者にとっても処分を受けないという法的地位を得ることができないため、自主的な取

第5章　確約手続　*645*

5章前注-*2*(1)(2)

組みを行うインセンティブを十分に確保できない。

　そこで、令和 5 (2023)年景表法改正により、新たに確約手続が導入された。導入に当たっては、平成28(2016)年に公布された「環太平洋パートナーシップ協定の締結及び環太平洋パートナーシップに関する包括的及び先進的な協定の締結に伴う関係法律の整備に関する法律」によって創設され、平成30(2018)年12月30日から施行されている独禁法上の確約手続の制度が参照されている。景表法の確約手続によって、一般消費者にとっては、違反被疑行為が早期に是正され、自主的かつ合理的な商品選択をより迅速に確保できるようになり、また事業者にとっては、自主的に十分かつ確実な措置を行うことで違反行為の認定を避けられ、調査に対応する負担も軽減されることが期待できることとなった。

2　概　　要

　(1)　**確約手続の概要**　　令和 5 (2023)年景表法改正で導入された確約手続は、26条から33条に規定され、是正措置計画の認定の手続または影響是正措置計画の認定の手続を内容とする。確約手続では、消費者庁が調査を開始した後に、違反の疑いのある行為の概要等について調査対象事業者に通知し、この通知を受けて、調査対象事業者が違反の疑いのある行為を排除するための措置の計画を作成および申請し、消費者庁が当該計画を十分かつ確実なものとして認定した場合には、行政処分が行われないこととなる。このように、確約手続は、調査の対象となった事業者が自主的に措置を講じるインセンティブを設けることによって、一般消費者による自主的かつ合理的な選択を阻害するおそれのある行為をより早期に是正し、消費者庁長官と事業者が協調的に問題解決を行う領域を拡大することで、景表法の効率的かつ効果的な執行に資することを目的としている。

　(2)　**法整備の流れおよび状況**　　消費者庁は、令和 4 (2022)年 3 月から同年12月までに10回の「景品表示法検討会」を開催し、令和 5 (2023)年 1 月13日付で消費者庁報告書を取りまとめた。そして、国会での審議および議決を経て、同年 2 月28日付で「不当景品類及び不当表示防止法の一部を改正する法律案」が閣議決定され、同年 5 月10日に改正法が成立し、同月17日に公布された。

　確約手続を新設する改正法の施行日は、令和 6 (2024)年10月 1 日とされている。ただし、改正法15条 2 項(弁明の機会の付与の通知の方式)に限り、公布の日から起算して 3 年を超えない範囲(令和 8 年 5 月まで)において政令で定める日から施行されることになる。

　改正法の施行に先立ち、令和 6 年 4 月18日付で確約手続パブコメが公表された。また、改正法の成立に伴い、確約手続の実施に必要な規定の整備を行う目的

646　　第 5 章　確約手続

5章前注-*3*(1)～(3)

で、確約手続府令が制定された。加えて、確約手続に係る法運用の透明性および事業者の予見可能性を確保するために、確約手続ガイドラインが策定されている。

3 確約手続の対象となる行為

(1) 行為類型　確約手続の対象となるのは、以下の違反被疑行為である(26①)。

　①4条の規定による制限または禁止(景品類の制限または禁止)

　②5条で禁止された表示(有利誤認表示、優良誤認表示、指定告示に係る表示)

　③30条が適用される既往の上記①または②に係る行為

(2) 判断基準および考慮要素　消費者庁は、上記行為類型のいずれかに該当する違反被疑行為につき確約手続通知をする際には、個別具体的な事案ごとに、確約手続で問題を解決することが「一般消費者による自主的かつ合理的な商品及び役務の選択を確保する上で必要がある」か否かを判断する(26柱書)。確約手続運用基準によれば、「一般消費者による自主的かつ合理的な商品及び役務の選択を確保する上で必要がある」か否かは、違反被疑行為を事業者が早期に是正することで、一般消費者の自主的かつ合理的な選択を迅速に確保し、消費者庁と事業者が協調的に問題解決を行う領域を拡大するという確約手続の趣旨を踏まえ、個別具体的な事案に応じて、違反被疑行為等を迅速に是正する必要性、あるいは、違反被疑行為者の提案に基づいた方がより実態に即した効果的な措置となる可能性等の観点から判断することとされている。そして、その判断においては、違反被疑行為がなされるに至った経緯(22条1項に規定する義務の遵守の状況を含む)、違反被疑行為の規模および態様、一般消費者に与える影響の程度ならびに確約計画において見込まれる内容その他当該事案における一切の事情を考慮することとされている。

(3) 確約手続の対象外となる行為　確約手続ガイドライン(5(3))によれば、以下の場合は確約手続の対象外となるとされている。

　①違反被疑行為者が違反被疑行為に係る事案についての調査を開始した旨の通知を受けた日、25条1項の報告徴収等が行われた日または7条2項もしくは8条3項による資料提出の求めが行われた日のうち最も早い日から遡り10年以内に、法的措置を受けたことがある場合(法的措置が確定している場合に限る)

　②違反被疑行為者が、違反被疑行為とされた表示について根拠がないことを当初から認識しているにもかかわらず、あえて当該表示を行っているなど、悪質かつ重大な違反被疑行為と考えられる場合

第5章　確約手続　**647**

5章前注-4(1)

　その理由としては、これらの行為は、違反被疑行為等の迅速な是正を期待することができず、違反行為を認定して法的措置をとることにより厳正に対処する必要があるため、「一般消費者による自主的かつ合理的な商品及び役務の選択を確保する上で必要がある」と認めることができないことが挙げられている。なお、上記①②は、あくまで確約手続の対象外となる行為の例示とされており、限定列挙ではない点に留意が必要である。

4　手続の流れ

　確約手続は、①消費者庁からの事業者に対する通知（26・30）、②事業者からの計画の申請（27①・31①）、③消費者庁長官による計画の認定（27③・31③）のプロセスを経る。

　その概要は、下記図のとおりである。なお、下記では、26条から29条までにおいて定められている是正措置計画に関する手続を念頭に解説するが、30条から33条までにおいて定められている影響是正措置計画に関する手続にも同様に妥当する。

　（1）　**継続中の違反被疑行為に係る通知**　　消費者庁は、4条の規定による制限もしくは禁止または5条の規定に違反する行為があると疑うに足りる事実がある場合において、その疑いの理由となった行為について、一般消費者による自主的

確約手続の概要

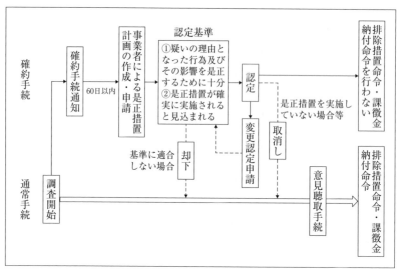

5章前注-4(2)〜(4)

かつ合理的な商品および役務の選択を確保する上で必要があると認めるときは、当該疑いの理由となった行為をしている者に対し、①当該疑いの理由となった行為の概要、②違反する疑いのある法令の条項および③27条1項に基づく是正措置計画の認定の申請(以下、「確約認定申請」という)ができる旨を、文書を送達する方法により通知(以下、「確約手続通知」という)することができる。

ただし、措置命令や課徴金納付命令に関する弁明の機会の付与(15①、行政手続30)の通知をした後は、この限りでない。

なお、消費者庁が確約手続通知を行う前であっても、違反被疑行為に関して調査を受けている事業者は、いつでも、調査を受けている行為について、確約手続の対象となるかどうかを確認したり、確約手続に付すことを希望する旨を申し出たりするなど、確約手続に関して消費者庁に相談することができる(確約手続ガイドライン3)。

(2) **是正措置計画に係る認定の申請**　　上記(1)の通知を受けた者は、疑いの理由となった行為およびその影響を是正するために必要な措置を自ら策定し、実施しようとするときは、内閣府令で定めるところにより、その実施しようとする是正措置に関して、①是正措置の内容、②是正措置の実施期限および③その他内閣府令で定める事項を記載した是正措置計画を作成し、これを当該通知を受けた日から60日以内に消費者庁に提出して、その認定を申請することができる(27①②)。

(3) **消費者庁による是正措置計画の認定または却下**　　消費者庁は、上記(2)の是正措置計画の認定の申請があった場合において、その是正措置計画が、①是正措置が疑いの理由となった行為およびその影響を是正するために十分なものであり、かつ、②是正措置が確実に実施されると見込まれるものであると認めるときは、文書によって、その認定をする(27③)。この認定は、その名宛人に認定書の謄本を送達することによって、その効力を生ずる(27④)。

他方で、消費者庁は、上記(2)の是正措置計画の認定の申請があった場合において、その是正措置計画が上記①または②のいずれかに適合しないと認めるときは、これを文書によって却下する(27⑥⑦)。この却下は、その名宛人に不認定書の謄本を送達することによって、その効力を生ずる(27⑦)。

(4) **是正措置計画の変更**　　上記(3)の認定を受けた者は、当該認定に係る是正措置計画(以下、「認定是正措置計画」という)を変更しようとするときは、内閣府令で定めるところにより、消費者庁の認定を受けなければならない(27⑧)。

消費者庁は、変更後の是正措置計画が①是正措置が疑いの理由となった行為およびその影響を是正するために十分なものであり、かつ、②是正措置が確実に実施されると見込まれるものであると認めるときは(27③各号)、文書によって、そ

第5章　確約手続　　649

の認定をする。この認定は、その名宛人に認定書の謄本を送達することによって、その効力を生ずる(27⑨)。

(5) 是正措置計画の認定の取消し 消費者庁は、①上記(3)の認定を受けた認定是正措置計画に従って是正措置が実施されていないと認めるとき、または、②認定を受けた者が虚偽または不正の事実に基づいて当該認定を受けたことが判明したときは、認定を文書により取り消さなければならない(29①)。この取消しは、その名宛人に取消書の謄本を送達することによって、その効力を生ずる(29②)。

(6) 是正措置計画の認定に関する公表 是正措置計画の認定をした後、消費者庁は、確約手続に係る法運用の透明性および事業者の予見可能性を確保する観点から、認定是正措置計画の概要、当該認定に係る違反被疑行為の概要、確約認定を受けた事業者名その他必要な事項を公表する。また、公表に当たっては、景表法の規定に違反することを認定したものではないことを付記する。

なお、消費者庁が確約認定申請を却下した場合もしくは認定是正措置計画の認定を取り消した場合または申請者が確約認定申請を取り下げた場合については、その後、確約手続通知を行う前の調査を再開することとなるため、原則として、いずれの場合も公表しない(確約手続ガイドライン9)。

5 独占禁止法における確約手続との異同

独禁法の確約手続と景表法の確約手続を比較したときに、それぞれの法律において確約手続を規定する条文自体には大きな違いはない。以下では、主要な箇所に焦点を当てて両者の異同について概説する。

(1) 目 的 景表法の確約手続は、独禁法の確約手続を参照して創設されたものであるが、独禁法の確約手続と同一の制度ではなく、景表法独自の制度として導入された。すなわち、独禁法では事業者間取引が基本的な対象であるのに対して、景表法では取引対象が一般消費者であり、消費者庁への移管後、景表法は、競争政策ではなく、消費者政策のための法律として位置付けられている。そのため、景表法の確約手続は、計画が認定された場合に措置命令や課徴金納付命令を行わず、違反被疑行為者の対応によって自主的な取組みを促進するという独禁法の確約手続と共通する目的に加えて、一般消費者の利益の保護を追求するという目的も有する。

(2) 確約手続の開始時点 景表法の確約手続は、消費者庁が「違反する行為があると疑うに足りる事実がある場合」(30条における既往の行為の場合には、「違反する行為があると疑うに足りる事実が既になくなっている場合」)において、「一般消費者による自主的かつ合理的な商品及び役務の選択を確保する上で必要があると認めると

650 第5章 確約手続

5章前注－5(3)(4)

き」に、被疑事業者に対して確約計画の認定申請ができる旨を通知することによって開始される。そのため、消費者庁が確約手続通知を発して確約手続に移行することが可能になるのは、「違反する行為があると疑うに足りる」と判断された時点となる調査開始以降であると解される。

これに対して、独禁法の確約手続は、公取委が「違反する事実があると思料する場合」において、「公正かつ自由な競争の促進を図る上で必要があると認めるとき」に、被疑事業者に対して排除措置計画の認定申請ができる旨を通知することによって開始されるため、公取委が確約手続通知を発して確約手続に移行することが可能になるのは、「違反する事実があると疑うに足りる」と判断された時点となる調査開始以降である。

そのため、独禁法と景表法で文言に若干の差異はあるものの、実際の手続の開始時点は同様に解釈されることになる。

(3)　**確約手続の適用対象外となる行為**　景表法の確約手続における適用対象外となる行為類型は、前述 *3*(3)のとおりであり、確約手続ガイドラインにおいて明文化されている。

これに対し、独禁法における適用対象外となる行為類型は、①独禁法 3 条、6 条または 8 条 1 号もしくは 2 号に関する違反被疑行為(入札談合およびカルテル等)であって、かつ、同法 7 条の 2 第 1 項(同 8 条の 3 で準用する場合を含む)に掲げるものに関する違反被疑行為である場合、②事業者が違反被疑行為に係る事件について同法47条 1 項各号に掲げる処分を初めて受けた日から遡って10年以内に違反被疑行為に係る条項の規定と同一の条項の規定に違反する行為について法的措置を受けたことがある場合(法的措置が確定している場合に限る)、および③一定の取引分野における競争を実質的に制限することにより国民生活に広範な影響を及ぼすと考えられる悪質かつ重大な違反被疑行為である場合とされており、「確約手続に関する対応方針」(平成30年 9 月26日公取委、改定令和 3 年 5 月19日)において明文化されている。

(4)　**確約計画の認定要件**　景表法の確約手続における確約計画は、「疑いの理由となつた行為及びその影響を是正するために十分なもの」(30条における既往の行為の場合には、「疑いの理由となった行為による影響を是正するために十分なもの」)であって、「確実に実施されると見込まれるもの」でなければならない(27③・31③)。

これに対し、独禁法の確約手続における確約計画は、「疑いの理由となつた行為を排除するために十分なものであること」かつ「確実に実施されると見込まれるものであること」が要件とされており(同48の 3 ③)、景表法の確約手続の内容として要求されている、「影響を是正するために十分なもの」であることまでは要求さ

第 5 章　確約手続　*651*

5章前注-5(5)(6)

れていない。

(5) **被害回復措置(返金措置)**　景表法の確約手続の導入に際しては、景品表示法検討会において、確約計画の内容として、可能な限り、被疑事業者による返金措置の実施を義務化すべきではないかという意見が提示された。しかし、確約手続運用基準では、一般消費者に対して被疑事業者が自主的に返金することは措置内容の十分性を満たすために有益であるとして重要な事情として考慮することとするにとどまっており、必須の要件とはされていない(確約手続ガイドライン6(3)イ(オ))。また、確約手続パブコメ No.33 は、確約措置として一般消費者への返金が定められない場合であっても、措置内容の十分性が認められる場合はあり得るとしている。これは、景表法が一般消費者による自主的かつ合理的な選択を阻害するおそれのある行為を規制して一般消費者の商品選択を保護することを目的としており、個々の一般消費者の被害回復そのものを直接の目的としていないこと、返金措置を確約計画の必須要素とすることは、行政が司法手続を経ずに民事上の法律関係を認定することとなり妥当でないこと、現実的にも一般消費者と直接取引のないメーカーによる事案等では返金が困難であることが理由として分析されている(長澤哲也「景品表示法における確約手続の導入」ジュリ1587号(2023)40頁)。

独禁法の確約手続では、「確約手続に関する対応方針」(6(3)イ(カ))において、取引先等に提供させた金銭的価値の回復が措置内容の十分性を満たすために有益であるとされているものの、景表法と同様、必須の要件とまではされていない。

(6) **第三者からの意見募集**　景表法の確約手続では、確約計画の早期認定が実現困難となることを懸念して、第三者からの意見募集を行うことは想定されていない。

これに対して、独禁法の確約手続では、「確約手続に関する対応方針」(7)において第三者からの意見募集手続が定められており、公取委は、申請を受けた確約計画が認定要件に適合するか否かの判断に当たって、広く第三者の意見を参考にする必要があると認める場合には、原則として30日以内の意見提出期間を定め、ウェブサイト等を通じて、申請を受けた確約計画の概要について第三者からの意見を募集するものとし、公取委が意見募集を開始した場合において、確約計画の概要について意見がある者は、何人も、意見提出期間内において、公取委に対して意見書を提出することができるとされている。もっとも、独禁法の確約手続においても、これまで第三者からの意見募集が実施されたことはないと指摘されている(長澤・前掲41頁)。

5章前注-6(1)(2)

6 その他確約手続と類似の制度

（1） **行政指導**　　行政指導は、措置命令を行うに足る事実が認められない場合であっても、違反のおそれのある行為が認められたときに行うことができるとされている。一方で、確約手続は、「違反する行為があると疑うに足りる」ことを前提として開始される。そのため、違反する行為があると疑うに足りる事実が認められなかった場合には、確約手続は開始されないが、行政指導がなされる可能性はある。

　また、消費者庁として違反要件を立証できる見通しがないわけではないが、調査を継続して措置命令等まで至るのではなく、あえて「措置命令を行うに足る事実が認められなかった」ものとして行政指導で処理することがあり得る。このような運用がなされる場合には、消費者庁にとって行政指導と確約手続による処理は選択的となる（長澤哲也「景品表示法における確約手続の導入」ジュリ1587頁(2023)38頁）。

（2） **自発的措置による調査の終了**　　近年、独禁法の事例では、公取委による調査開始後に事業者側が自発的に懸念を解消するための措置を申し出、公取委がそれを受け入れて調査手続を終了する事例が複数みられるところであり、かかる事例は独禁法に確約手続が施行された平成30(2018)年12月30日以降も存在している。例えば、公取委の公表資料（公取委「令和5年度における独占禁止法違反事件の処理状況について」〔令和6年5月28日〕）によれば、令和元(2019)年度から令和5(2023)年度にかけて、公取委は、年間1～3件の事案について、事業者の自発的な改善措置に基づいて調査を終了している。そのため、景表法上の確約手続が問題となり得る事案においても、同様の状況が今後生じる可能性はある考えられる。

　このような自発的措置と確約手続は、いずれも独禁法違反または景表法違反の認定を伴わない措置であり、従来の審査手続に比べて早期に手続が終了することが期待され、また事業者が一定の問題解消措置を講ずる必要があるという点で類似する。相違点としては、自発的措置には確約手続のように法定の手続要件がないことから、確約手続に比べてさらに早期に手続が終了することが考えられる。ただし、自発的措置による調査の終了は独禁法または景表法で正式に定められた手続ではないことから、自発的措置を講じていたとしても、公取委または消費者庁による調査が開始される可能性を完全に排除するものではない。また、懸念を解消するための措置についても、自発的措置の場合、措置内容の十分性および措置実施の確実性の要件が明文で課されているわけではないため、確約手続における措置と同程度の厳格性が要求されるかは必ずしも明らかではない（長澤哲也ほか『最新・改正独禁法と実務 令和元年改正・平成28年改正』(商事法務・2020)228頁）。

5章前注-7(1)〜(4), 8(1)

7　諸外国における類似の制度

（1）**EU**　EUのエンフォースメントは、基本的にEU加盟国の所轄当局に委ねられているが、EUでのエンフォースメントにおける連携に関わる立法として、消費者保護協力規則(EU)2017/2394が定められている。同規則は、国内法化等の手続を経ることなく、加盟国の国内法の一部となる。そして、同規則は、EU加盟国の所轄当局に対して暫定的措置を採択する権限や事業者からの確約を得る権限といった「最小限の権限」を付与しているため、EU加盟国の所轄当局は、違反被疑行為を行った事業者に対し、当該違反被疑行為の修正や停止について確約を求めることができる。

（2）**イギリス**　イギリスでは、所轄当局は、執行命令またはオンライン・インターフェイス命令を行うことができる場合には、対象となる者からの確約（該当する規定の遵守を約束するもの）を受け入れることができるとされている（2002年企業法219条）。なお、オンライン・インターフェイス命令とは、所轄当局の申立に基づいて裁判所が発するものであり（2002年企業法218ZA条以下）、「違反行為を停止または禁止するための効果的な他の手段がない場合であって、消費者の集団的利益に対する著しい侵害の危険を回避するために必要なとき」が発令要件とされており、その内容は、オンライン・インターフェイスからのコンテンツの除去や変更、アクセスの遮断や制限、アクセスした消費者への警告の表示等とされている。

（3）**オーストラリア**　オーストラリアでは、所轄当局に対する確約手続が法定されており、確約手続に対する違反行為があった場合には、所轄当局は裁判所に申し立てることによって、確約手続の遵守命令、制裁金の支払命令、違反行為によって損害を受けたものに対する賠償命令、その他裁判所が適切と判断する命令を得ることができるとされている。

（4）**アメリカ**　アメリカでは、排除措置命令のための、連邦取引委員会による審判開始決定後に、該当する者と連邦取引委員会との間で和解を行うことで出される同意命令(consent order)の制度が存在する。同意命令に当たっては、公の意見募集期間を経ることとされている。

8　確約手続の長所および短所

（1）**長　所**　排除措置命令や課徴金納付命令といった行政処分を目的とする行政手続は、処分に先立って対象者の意見聴取手続が要求されるなど、手続的要件が厳格であり、要件を認定するための調査にも時間を要するのに対し、確約手続では、消費者庁と違反被疑事業者が協調的に事件処理を行うことになり、

654　第5章　確約手続

5章前注-*8*(2), *9*

景表法上の問題の早期是正が図られるため、景表法の効果的・効率的な執行に資する。景表法上問題となる行為は、当該行為を取りやめた後も一般消費者に対する影響が残存することが多く、被疑事業者によって早期の是正措置が講じられることが望ましいところ、景表法の違反被疑行為は通常の商行為の一環である広告宣伝活動等の延長線として違法性を認識せずに行われ得る性質のものであり、そのような事業者の中には過ちの指摘を受けて速やかに表示の改善等の自主的な是正措置を積極的に行おうとする者も存在することから、基本的には景表法の違反被疑行為は確約手続の対象として適していると考えられる。

また、確約手続を実効的に運用するためには、認定した確約計画によって被疑事業者が確実に違反被疑行為を排除することが必要である。この点、確約手続は、消費者庁と被疑事業者の協働において事業者側の知見を活用することにより、実態に即した効率的かつ現実的な確約計画を設計することができるため、十分かつ確実性のある確約計画を策定し、実行することが期待できる。

事業者側にとっては、排除措置命令や課徴金納付命令を回避できることは大きなメリットとなる。

（2）短　所　確約手続は、悪質性の高い違反行為に対しては、被疑事業者に対する抑止効果も事業者一般に対する抑止効果も乏しいという短所が挙げられる。また、確約手続は、消費者庁が確約計画を認定したとしても、証拠上事実を確定して景表法違反行為であることを認定するものではないため、確約計画自体に実体法上の先例価値はなく、基本的な性質は行政上の和解に近いものであることから、過度に確約手続に依存することは判例法によるルール形成を妨げかねない。消費者庁の認定を受けた確約計画は、従来の判例法を変更したり維持したりするという法的効果・意味を有するものではないため、認定を受けた被疑事業者は、同一の違反被疑行為について、将来、一から事実の認定や法適用を争うことが可能であるものの、違反行為に対する抑止効果を少しでも高める観点から、消費者庁としては、是正措置を命じて先例価値をもたせるべき行為や課徴金納付命令を出して違反抑止を図るべき行為については、確約手続の適用を避けるなど、事案の個別具体性に応じて柔軟に運用することが求められる。

9　民事訴訟・抗告訴訟

消費者庁が確約認定申請を却下する決定をした場合、また認定した確約計画を取り消す旨の決定をした場合に、申請事業者は、当該処分の取消しを求める抗告訴訟を提起することができる。ただし、そのような確約認定申請の却下や確約計画の取消の決定がされ、かつ措置命令や課徴金納付命令が当該事業者に対して出

§26-*1*

された場合に、当該却下・取消処分の取消しを求めることに訴えの利益があるかは論点となり得る。これらの訴訟については、東京地方裁判所が専属管轄となる。また、是正措置が認定された場合に、その内容に被害回復措置(返金措置)が含まれていない場合に、被害者等の第三者が当該認定が不服であるとして抗告訴訟を提起することも考えられる。

　確約手続の認定を受けた行為について、被害者は、民法709条に基づいて、被疑事業者に対して、景表法違反を立証して損害賠償請求訴訟をすることができる。

〔竹腰沙織＝小髙綾太〕

〔継続中の違反被疑行為に係る通知〕

第26条　内閣総理大臣は、第４条の規定による制限若しくは禁止又は第５条の規定に違反する行為があると疑うに足りる事実がある場合において、その疑いの理由となつた行為について、一般消費者による自主的かつ合理的な商品及び役務の選択を確保する上で必要があると認めるときは、当該疑いの理由となつた行為をしている者に対し、次に掲げる事項を書面により通知することができる。ただし、措置命令に係る行政手続法第30条の規定による通知又は第15条第１項の規定による通知をした後は、この限りでない。

(1)　当該疑いの理由となつた行為の概要

(2)　違反する疑いのある法令の条項

(3)　次条第１項の規定による認定の申請をすることができる旨

---

1 確約手続通知をすることができる時期　　**2** 確約手続の対象　　**3** 確約手続通知の効果　　**4** 確約手続通知の内容

1　確約手続通知をすることができる時期

　消費者庁は、４条の規定による制限もしくは禁止(景品類規制)または５条の規定(不当表示)に違反する行為があると疑うに足りる事実がある場合において、その疑いの理由となった違反被疑行為について、一般消費者による自主的かつ合理的な商品および役務の選択を確保する上で必要があると認めるときは、違反被疑行為を行っている者に対し、是正措置計画の認定の申請(確約認定申請)ができる旨を、文書を送達する方法により通知(確約手続通知)することができる。確約手続開

656　　第５章　確約手続

§26-2

始の要件である、消費者庁が「景品表示法の規定に違反する行為があると疑うに足りる事実がある場合」(確約手続ガイドライン2)とは、所要の調査を行うことが必要であると思料する程度に、違反被疑行為の存在が認められる場合を指す(確約手続パブコメNo. 10)。

なお、消費者庁が確約手続通知をすることができるのは、違反被疑行為に関する調査の開始から、措置命令または課徴金納付命令に係る弁明の機会の付与の通知を行うまで(本条ただし書)の期間である(確約手続ガイドライン4)。ここでいう違反被疑行為に関する調査には、25条の規定による報告徴収等のみならず、違反被疑行為を行っている者の協力の下で行われるいわゆる任意調査が含まれる。消費者庁は、違反被疑行為に関する調査を開始する場合には、違反被疑行為を行っている者に対して通知する運用としている(確約手続パブコメNo. 11)。

2 確約手続の対象

消費者庁は、違反被疑行為について確約手続通知をするに当たり、個別具体的な事案ごとに、確約手続により問題を解決することが「一般消費者による自主的かつ合理的な商品及び役務の選択を確保する上で必要がある」か否かを判断する。確約手続ガイドラインによれば、その具体的な判断基準等は、以下のとおりとされる(確約手続ガイドライン5)。

> (1) 判断基準
> 　一般消費者による自主的かつ合理的な商品及び役務の選択を確保する上で必要があるか否かは、違反被疑行為を事業者が早期に是正することで、一般消費者の自主的かつ合理的な選択を迅速に確保し、消費者庁と事業者が協調的に問題解決を行う領域を拡大するという確約手続の趣旨を踏まえ、個別具体的な事案に応じて、違反被疑行為等を迅速に是正する必要性、あるいは、違反被疑行為者の提案に基づいた方がより実態に即した効果的な措置となる可能性などの観点から判断する。

上記(1)にいう「より実態に即した効果的な措置となる可能性」のある措置かどうかについては、個別の事案ごとに判断されるが、例えば、一般消費者への被害回復や、取引条件の変更は、措置命令および課徴金納付命令においては必ずしも実現することができない一般消費者の直接的な被害回復に資するものであり、これらの法的措置と同等以上に、違反被疑行為およびその影響を是正するものと考えられている(確約手続パブコメNo. 15)。

第5章　確約手続　657

§26-3

（2）　考慮要素

　上記の判断に当たっては、違反被疑行為がなされるに至った経緯（景品表示法第22条第1項に規定する義務の遵守の状況を含む。）、違反被疑行為の規模及び態様、一般消費者に与える影響の程度並びに確約計画において見込まれる内容その他当該事案における一切の事情を考慮する。

（3）　確約手続の対象外となる場合

　①違反被疑行為者が、違反被疑行為に係る事案についての調査を開始した旨の通知を受けた日、景品表示法第25条第1項の規定による報告徴収等が行われた日又は景品表示法第7条第2項若しくは第8条第3項の規定による資料提出の求めが行われた日のうち最も早い日から遡り10年以内に、法的措置を受けたことがある場合（法的措置が確定している場合に限る。）、及び②違反被疑行為者が、違反被疑行為とされた表示について根拠がないことを当初から認識しているにもかかわらず、あえて当該表示を行っているなど、悪質かつ重大な違反被疑行為と考えられる場合には、違反被疑行為等の迅速な是正を期待することができず、違反行為を認定して法的措置をとることにより厳正に対処する必要があることから、一般消費者による自主的かつ合理的な商品及び役務の選択を確保する上で必要があると認めることができないため、確約手続の対象としない。

　上記（3）にいう「悪質かつ重大な違反被疑行為と考えられる場合」には、違反被疑行為を行っている者に、違反被疑行為についての故意がある場合のほか、故意と同視し得る重大な過失が認められる場合が含まれる（確約手続パブコメNo.17）。

　また、①においては、「10年以内に、法的措置を受けたことがある場合」とされているところ、当該過去の法的措置については、違反被疑事実に係る条項と同一の条項（号）に係る行為に限定されるものではない。過去10年以内に法的措置を受けた事業者が再度違反被疑行為を行った場合、措置命令に基づく取組み（措置命令の対象となった行為と同一の条項〔号〕に違反する行為に限られない再発防止策の実施や、景表法違反行為を未然に防止するための管理上の措置（22①）の見直し、徹底）が不十分であった可能性が高いものと考えられ、このような事業者については、自主的な対応による違反被疑行為等の迅速な是正を期待することができず、違反行為を認定して法的措置をとることにより厳正に対処する必要があり、「一般消費者による自主的かつ合理的な商品及び役務の選択を確保する上で必要がある」と認めることができないためである（確約手続パブコメNo.19・24ほか）。

3　確約手続通知の効果

　確約手続通知を受けた者（以下「被通知事業者」という）は、60日以内に確約認定申請

§§ 26-4・27

をすることにより、確約手続を利用することができる〔§27-1〕。この期間計算は民法の原則に従い通知の日の翌日から起算され(民140)、行政機関の休日に関する法律1条1項各号に掲げる日(土日祝日・年末年始〔12月29日～1月3日〕)が期間の末日となるときはこれらの日の翌日が末日となる(行政休日2)。

なお、消費者庁が確約手続通知を行う前であっても、違反被疑行為に関して調査を受けている事業者は、いつでも、調査を受けている行為について、確約手続の対象となるかどうかを確認したり、確約手続に付すことを希望する旨を申し出たりするなど、確約手続に関して消費者庁に相談することができる(確約手続ガイドライン3)。

4 確約手続通知の内容

消費者庁は、被通知事業者においてどのような是正措置計画を作成すればよいのかの検討に資するため、確約手続通知を行う時点で把握している事実に基づき、確約手続通知に以下の内容を記載する(本条各号)。

　①当該疑いの理由となった行為の概要

　②違反する疑いのある法令の条項

　③27条1項の規定による認定の申請をすることができる旨

なお、確約手続通知は、被通知事業者の行為が景表法の規定に違反することを認定するものではなく、また、あくまで確約手続通知を行う時点で把握している事実が前提となる。そのため、確約手続通知には、措置命令書や課徴金納付命令書と同程度に詳細な事実の認定や法令の適用の記載がなされるものではない(確約手続ガイドライン4)。　　　　　　　　　　　　　　　　　　　〔髙宮雄介＝門田航希〕

〔是正措置計画に係る認定の申請等〕

第27条　①　前条の規定による通知を受けた者は、疑いの理由となつた行為及びその影響を是正するために必要な措置を自ら策定し、実施しようとするときは、内閣府令で定めるところにより、その実施しようとする措置(以下この条及び第29条第1項第1号において「是正措置」という。)に関する計画(以下この条及び同号において「是正措置計画」という。)を作成し、これを当該通知を受けた日から60日以内に内閣総理大臣に提出して、その認定を申請することができる。

②　是正措置計画には、次に掲げる事項を記載しなければならない。

第5章　確約手続　　659

§ 27–1

 (1) 是正措置の内容

 (2) 是正措置の実施期限

 (3) その他内閣府令で定める事項

③ 内閣総理大臣は、第1項の規定による認定の申請があつた場合において、その是正措置計画が次の各号のいずれにも適合すると認めるときは、その認定をするものとする。

 (1) 是正措置が疑いの理由となつた行為及びその影響を是正するために十分なものであること。

 (2) 是正措置が確実に実施されると見込まれるものであること。

④ 前項の認定は、文書によつて行わなければならない。

⑤ 第3項の認定は、その名宛人に認定書の謄本を送達することによつて、その効力を生ずる。

⑥ 内閣総理大臣は、第1項の規定による認定の申請があつた場合において、その是正措置計画が第3項各号のいずれかに適合しないと認めるときは、これを却下しなければならない。

⑦ 第4項及び第5項の規定は、前項の規定による処分について準用する。この場合において、第5項中「認定書」とあるのは、「不認定書」と読み替えるものとする。

⑧ 第3項の認定を受けた者は、当該認定に係る是正措置計画を変更しようとするときは、内閣府令で定めるところにより、内閣総理大臣の認定を受けなければならない。

⑨ 第3項から第7項までの規定は、前項の変更の認定について準用する。

---

    1 確約認定申請の方法 *2* 認定申請書の内容 *3* 確約認定申請の変更または取下げ *4* 是正措置の内容 *5* 認定または却下 *6* 認定を受けた是正措置計画の変更 *7* 是正措置計画の認定に関する公表

1 確約認定申請の方法

 被通知事業者は、違反被疑行為およびその影響を是正するために必要な措置を自ら策定し、実施しようとするときは、60日以内に確約認定申請をすることができる。申請を行う場合、確約手続府令様式第1号による是正措置計画の認定申請書(当該申請書に記載すべき事項を記録した電磁的記録を含む。以下、「認定申請書」という)を、下記*2*の添付書類とともに、以下のいずれかの方法(またはそれらの方法の併用)によ

§27-2, 3

り、消費者庁長官に提出する必要がある(確約手続府令4・6)。

　①直接持参する方法

　②書留郵便等により送付する方法

　③電磁的記録を電子情報処理組織を使用して送信する方法

　消費者庁から確約手続通知が行われた場合であっても、確約認定申請をするか否かは、被通知事業者が自主的に判断するものである。被通知事業者が確約認定申請をしない場合には、消費者庁は、確約手続通知を行う前の調査を再開することとなる。この場合、その後の調査において、確約認定申請をしなかったことを理由として被通知事業者が不利益に取り扱われることはない(確約手続ガイドライン6(1))。

2　認定申請書の内容

　認定申請書には、是正措置の内容、是正措置の実施期限およびその他内閣府令で定める事項を記載する必要がある(本条②)。ただし、現時点では、確約手続府令において「その他内閣府令で定める事項」は定められていない。

　また、認定申請書には、下記の①〜③の資料を添付する必要がある(確約手続府令4②)。このうち、「③その他参考となるべき資料」には、文言上は独禁法上の確約手続に関する公正取引委員会の確約に関する規則8条2項3号のように「認定をするため参考となるべき事項を記載した」などの限定は付されていないものの、是正措置計画の認定のために参考となるべき資料を意味し(確約手続パブコメ No. 6)、例えば、すでに実施している措置の関連資料等が挙げられる。

　なお、申請者は、申請日から処分までの間、いつでも、「③その他参考となるべき資料」の提出を追加して行うことができる(確約手続府令7)。

　①是正措置が疑いの理由となった行為およびその影響を是正するために十分なものであることを示す資料

　②是正措置が確実に実施されると見込まれるものであることを示す資料

　③その他参考となるべき資料

3　確約認定申請の変更または取下げ

　申請者は、通知日から60日以内であり、かつ、申請に係る処分がなされるまでの間であれば、確約認定申請後も、変更内容を記載した報告書を消費者庁に提出することができる(確約手続府令5)。

　また、申請者は、確約認定申請をした日から確約認定申請に係る処分がされるまでの間、いつでも、確約認定申請を取り下げることができる(確約手続府令21①)。

第5章　確約手続　*661*

§27-4

確約認定申請の取下げは、申請を取り下げる旨を記載した書面(電磁的記録を含む)を消費者庁に提出して行う必要がある(確約手続府令21②)。確約認定申請が取り下げられた場合には、消費者庁は、確約手続通知を行う前の調査を再開することとなる。この場合、被通知事業者は、その後の調査において、確約認定申請を取り下げたことを理由として不利益に取り扱われることはない(確約手続ガイドライン6(2))。

4 是正措置の内容

是正措置の内容は、被通知事業者が個々の事案に応じて個別具体的に検討することとなる。消費者庁が是正措置計画を認定するにあたっては、一般消費者による自主的かつ合理的な商品および役務の選択を確保する観点から、当該是正措置計画における是正措置が、①違反被疑行為等を是正するために十分なものであること(措置内容の十分性)および②確実に実施されると見込まれるものであること(措置実施の確実性)を満たす必要がある(本条③)。消費者庁は、措置内容の十分性については個別具体的な事案ごとに判断するが、その判断にあたっては、過去に法的措置で違反行為が認定された事案等のうち、行為の概要、適用条項等について、確約手続通知の書面に記載した内容と一定程度合致すると考えられる事案の措置の内容を参考にする。また、措置実施の確実性について、例えば、是正措置として一般消費者への被害回復を行う場合には、当該措置の内容、被害回復の対象となる一般消費者が当該措置の内容を把握するための周知の方法ならびに当該措置の実施に必要な資金の額およびその調達方法が具体的に明らかにされていなければ、原則として、措置実施の確実性を満たすと認めることはできないとされる(確約手続ガイドライン6(3)ア)。

典型的な是正措置としては、確約手続ガイドライン上、以下①〜③のような例が考えられる。ただし、是正措置はこれらに限られるものではなく、確約手続ガイドラインに記載されていない措置であっても、違反被疑行為を是正するために十分なものであれば評価される(確約手続パブコメNo.26ほか)。

また、事案により、単独の是正措置で認定要件に適合する場合もあれば、複数の是正措置を組み合わせなければ認定要件に適合しない場合もある。例えば、是正措置として、一般消費者に対する違反被疑行為に係る商品または役務の購入金額の返金が定められていなくとも、措置内容の十分性が認められる場合はあり得る(確約手続パブコメNo.33)。なお、確約手続ガイドライン上は、①から④までの措置については「措置内容の十分性/措置実施の確実性を満たすために必要」、⑤の措置については「措置内容の十分性を満たすために有益であり、重要な事情とし

§ 27-5

て考慮する」、⑥および⑦の措置については「措置内容の十分性を満たすために有益」として、措置内容の十分性および措置実施の確実性との関係で、重要度に差が設けられている。

いずれの是正措置についても、措置実施の確実性を満たすために、実施期限を設定する必要がある(確約手続ガイドライン6(3)イ)。

①違反被疑行為を継続している場合において、違反被疑行為を取りやめること
（違反被疑行為がアフィリエイターやインフルエンサー等の第三者をして行わせる表示の場合には、当該行為をやめさせることを含む〔確約手続パブコメ No.32〕）

②違反被疑行為の一般消費者への周知徹底

③違反被疑行為および同種の行為が再び行われることを防止するための措置
（被通知事業者のコンプライアンス体制の整備等や措置についての役員および従業員への周知徹底）

④消費者庁に対する是正措置の履行状況の報告

⑤一般消費者への被害回復(違反被疑行為に係る商品または役務の購入額の全部または一部の返金等)

⑥違反被疑行為の要因が既存の取引先にも存する場合における取引先や契約内容の変更

⑦取引条件の変更(取引条件について実際のものよりも取引の相手方に有利に表示した場合〔有利誤認〕に、表示内容に合致するように取引条件を変更するなど)

このうち、一般消費者への被害回復(⑤)については、一般論として、確約認定申請時点で特定できない一般消費者が存在する場合でも、当該一般消費者については「一般消費者への被害回復」を実施する旨を適切に周知するなどして特定し、返金を行うという計画を立てることは否定されない(確約手続パブコメ No.28)。また、周知の手段、方法等は事業者の自主的な判断に委ねられるが、一般消費者への被害回復についての周知期間、方法等が十分ではない場合には、措置内容の十分性を満たさないと判断される(確約手続パブコメ No.29)。なお、一般消費者への被害回復として、提供した景品類の回収を行うことは必須ではない(確約手続パブコメ No.34・35)。

5　認定または却下

消費者庁は、確約認定申請があった場合においては、認定申請書類に基づき、その是正措置計画が認定要件(措置内容の十分性および措置実施の確実性)に適合するか否かの判断を行い、認定要件に適合する場合には、是正措置計画の認定を行う(本条③)。是正措置計画の認定は文書(認定書)によって行われ(本条④)、その名宛人

第5章　確約手続　　**663**

§27-6

に認定書の謄本を送達することによって、その効力を生ずる(本条⑤)。

他方で、消費者庁は、是正措置計画が認定要件に適合しないと認めるときは、これを却下しなければならない(本条⑥)。この却下は文書(不認定書)によって行われ、その名宛人に不認定書の謄本を送達することによって、その効力を生ずる(本条⑦)。この場合には、消費者庁は、確約手続通知を行う前の調査を再開することとなる。なお、不認定書には、是正措置計画に係る認定の申請を却下した旨および却下の理由が記載される(確約手続府令8)。

なお、消費者庁と事業者との間の意思疎通を密にすることは迅速な確約手続に係る法運用を可能とし、消費者庁と事業者の双方にとって有益である。そのため、消費者庁は、確約手続通知後、必要と認める場合や申請者から認定における論点等について説明を求められた場合にはその時点における論点等について説明を行うことがあり、また逆に、消費者庁が申請者に対して申請内容の説明を求めることもある(確約手続ガイドライン7(1))。

6 認定を受けた是正措置計画の変更

申請者は、是正措置計画の認定を受けた場合、当該是正措置計画(認定是正措置計画)に記載した是正措置を実施することになる。しかし、例えば、実施期限までに認定是正措置を実施することが困難となった等の理由で認定是正措置計画の変更を行う必要が生じる場合もある。このような場合には、認定を受けた申請者(以下、「被認定事業者」という)は、自主的な判断の下で、当該認定是正措置計画の変更の認定の申請(以下、「変更認定申請」という)を行うことができる(本条⑧)。

被認定事業者は、変更認定申請を行う場合、確約手続府令様式第2号による是正措置計画の変更認定申請書(当該申請書に記載すべき事項を記録した電磁的記録を含む。以下、「変更認定申請書」という)を、認定書の写しその他変更認定をするため参考となるべき資料とともに、上記*1*で述べた①から③までのいずれかの方法(またはそれらの方法の併用)により、消費者庁長官に提出する必要がある(確約手続府令9・10)。

上記*5*の是正措置計画の認定の場合と同様に、消費者庁は、認定是正措置計画の変更の認定にあたっては、変更後の是正措置の内容が認定要件に適合すると認めるときには当該変更の認定をし、適合しないと認めるときにはこれを却下する。なお、景表法および確約手続府令上は変更認定申請を行い得る期限は定められていないが、例えば、是正措置の実施期限の直前に変更認定申請が行われた場合には、消費者庁は、そのような時期に被認定事業者が変更認定申請をすることとなった事情を考慮した上で、措置内容の十分性および措置実施の確実性を判断することになる(確約手続ガイドライン8)。

664　第5章　確約手続

§§ 27-7・28-1

7　是正措置計画の認定に関する公表

　是正措置計画の認定をした後、消費者庁は、確約手続に係る法運用の透明性および事業者の予見可能性を確保する観点から、認定是正措置計画の概要、当該認定に係る違反被疑行為の概要、認定を受けた事業者名その他必要な事項を公表するものとされる。また、公表に当たっては、景表法の規定に違反することを認定したものではないことが付記される(確約手続ガイドライン9)。是正措置として一般消費者への被害回復が定められている場合には、必要に応じて、一般消費者が違反被疑行為を行っている者に対して当該措置についての問合せ等を行う際に必要となる事項等も公表される予定である(確約手続パブコメ No. 40)。なお、類似の制度である独禁法上の確約手続においても同様に、認定確約計画の概要、当該認定に係る違反被疑行為の概要その他必要な事項が公表されるが(確約手続に関する対応方針11)、当該手続の運用上、公表される内容は、申請者の概要、違反被疑行為の概要、確約計画の概要および確約計画の認定に関する比較的簡素なものにとどまっている。

　これに対し、消費者庁が確約認定申請を却下した場合もしくは認定是正措置計画の認定を取り消した場合または申請者が確約認定申請を取り下げた場合には、消費者庁は、その後改めて確約手続通知を行う前の調査を再開することとなるため、原則として、いずれの場合も公表は行われない。　　　　　〔髙宮雄介＝門田航希〕

〔是正措置計画に係る認定の効果〕

第28条　第7条第1項及び第8条第1項の規定は、内閣総理大臣が前条第3項の認定(同条第8項の変更の認定を含む。次条において同じ。)をした場合における当該認定に係る疑いの理由となつた行為については、適用しない。ただし、次条第1項の規定による当該認定の取消しがあつた場合は、この限りでない。

　　1　是正措置計画の認定の効果　　　*2*　確約手続移行前の手続との関係等

1　是正措置計画の認定の効果

　消費者庁が是正措置計画の認定をした場合(認定是正措置計画の変更の認定を行った場合を含む)においては、是正措置計画に係る違反被疑行為については、認定の取消しがあった場合を除き、7条1項(措置命令)および8条1項(課徴金納付命令)の規

第5章　確約手続　　665

§ 28-2

定が適用されない。

　なお、前述のとおり、消費者庁が是正措置計画の認定を行う要件(27③)は、是正措置計画が認定要件(措置内容の十分性および措置実施の確実性)に適合することである〔§ 27-5〕。そのため、是正措置計画の認定は、消費者庁が、当該認定に係る疑いの理由となった行為について措置命令および課徴金納付命令を行わないということにとどまり、申請者が景表法の規定に違反する行為を行ったとの認定・判断を行うものではない(確約手続ガイドライン7(2))。同様に、是正措置計画の認定は、一般消費者が申請者に対して有する民事上の請求権の有無および内容について何らかの判断を行うものではない。そのため、是正措置計画の認定は、一般消費者や特定適格消費者団体が申請者に対して自ら民事上の請求を行うことを妨げるものではない(確約手続パブコメ No. 39)。

2　確約手続移行前の手続との関係等

　消費者庁は、確約手続通知を行った後であっても、法律上は、25条の規定に基づく調査権限の行使や任意の供述聴取といった、法的措置をとる上で必要となる事実の認定をするための調査を行うことは妨げられない。もっとも、運用上は、確約手続を円滑に進める観点から、確約認定申請に係る処分がされるまでの間に、被通知事業者に対しては、当該被通知事業者に対する法的措置をとる上で必要となる事実の認定をするための調査は原則として行わないこととされている(確約手続ガイドライン10(1))。

　しかし、例えば、確約手続通知後、確約計画の認定に当たって、①消費者庁が確約計画の却下事由に該当する心証を得ており、申請者から十分な疎明資料等が提出される見込みがない場合や、②申請者の取引先等に対して事実関係の確認等を行うに当たり、当該取引先等から任意の調査に対する協力が得られない場合などについては、確約認定申請に係る処分がされるまでの間であっても、法的措置をとる上で必要となる事実の認定をするための調査を行うこともあり得るとされる(確約手続ガイドライン10(1))。また、消費者庁が確約認定申請を却下した場合もしくは是正措置計画の認定を取り消した場合または申請者が確約認定申請を取り下げた場合に、申請に当たって申請者から提出された資料が証拠として一切使用できないとすれば、法的措置をとる上で必要となる事実の認定に支障が生じるおそれがある。そのため、そうした場合には、申請者から提出された資料を返却することはせず、かつ、法的措置をとる上で必要となる事実の認定を行うための証拠として使用することもあり得るとされる(確約手続ガイドライン10(3))。そのため、被通知事業者としては、確約手続に際して資料を提出する際には、当該点に

666　　第5章　確約手続

§ 29-*1*

留意の上、慎重な対応が必要になる。

　なお、消費者庁は、確約手続通知を行った後であっても、法律上は、確約認定申請に係る処分がされるまでの間に、被通知事業者に対して弁明の手続の付与の通知を行うことは妨げられるものではないが、運用上は、原則として行わないこととされている（確約手続ガイドライン10（2））。　〔髙宮雄介＝門田航希〕

〔是正措置計画に係る認定の取消し等〕

第29条　①　内閣総理大臣は、次の各号のいずれかに該当するときは、第27条第3項の認定を取り消さなければならない。

（1）　第27条第3項の認定を受けた是正措置計画に従つて是正措置が実施されていないと認めるとき。

（2）　第27条第3項の認定を受けた者が虚偽又は不正の事実に基づいて当該認定を受けたことが判明したとき。

②　第27条第4項及び第5項の規定は、前項の規定による同条第3項の認定の取消しについて準用する。この場合において、同条第5項中「認定書」とあるのは、「取消書」と読み替えるものとする。

③　第1項の規定による第27条第3項の認定の取消しがあつた場合において、当該取消しが第12条第7項に規定する期間の満了する日の2年前の日以後にあつたときは、当該認定に係る疑いの理由となつた行為に対する課徴金納付命令は、同項の規定にかかわらず、当該取消しの日から2年間においても、することができる。

　　1　是正措置計画に係る認定の取消しの手続　　　*2*　認定の取消しの効果

1　是正措置計画に係る認定の取消しの手続

　消費者庁は、被認定事業者において、①認定是正措置計画に従って是正措置が実施されていないと認めるとき、または、②虚偽または不正の事実に基づいて認定を受けたことが判明したときには、認定を取り消さなければならない（本条①）。この取消しは文書（取消書）によって行われ、その名宛人に取消書の謄本を送達することによって、その効力を生ずる（本条②）。なお、取消書には、是正措置計画に係る認定を取り消した旨および取消しの理由が記載される（確約手続府令12）。

§§ 29-2・30

2 認定の取消しの効果

確約認定が取り消された場合には、消費者庁は、確約手続通知を行う前の調査を再開することとなる(28ただし書、確約手続ガイドライン9)。

なお、この場合、消費者庁は、課徴金について、12条7項に規定されている5年間の除斥期間にかかわらず、認定の取消しの日(除斥期間の満了する日の2年前の日以降である場合に限る)から2年間は取り消された認定是正措置計画に係る違反被疑行為に対する課徴金納付命令を行うことができる(本条③)。〔髙宮雄介＝門田航希〕

〔既往の違反被疑行為に係る通知〕

第30条 内閣総理大臣は、第4条の規定による制限若しくは禁止又は第5条の規定に違反する行為があると疑うに足りる事実が既になくなつている場合においても、その疑いの理由となつた行為について、一般消費者による自主的かつ合理的な商品及び役務の選択を確保する上で必要があると認めるときは、第1号に掲げる者に対し、第2号に掲げる事項を書面により通知することができる。ただし、措置命令に係る行政手続法第30条の規定による通知又は第15条第1項の規定による通知をした後は、この限りでない。

(1) 次に掲げる者

イ 当該疑いの理由となつた行為をした者

ロ 当該疑いの理由となつた行為をした者が法人である場合において、当該法人が合併により消滅したときにおける合併後存続し、又は合併により設立された法人

ハ 当該疑いの理由となつた行為をした者が法人である場合において、当該法人から分割により当該疑いの理由となつた行為に係る事業の全部又は一部を承継した法人

ニ 当該疑いの理由となつた行為をした者から当該疑いの理由となつた行為に係る事業の全部又は一部を譲り受けた者

(2) 次に掲げる事項

イ 当該疑いの理由となつた行為の概要

ロ 違反する疑いのあつた法令の条項

ハ 次条第1項の規定による認定の申請をすることができる旨

26条が違反被疑行為が継続している場合における確約手続通知を定めているの

§31

に対し、本条は、通知の時点では既に違反被疑行為がなくなっている場合において
も、一般消費者による自主的かつ合理的な商品および役務の選択を確保する上
で必要があると認めるときには、違反被疑行為を行っていた者等に対し、消費者
庁が通知を行い得る旨を定めた規定である。本条に基づく通知を行う場合、消費
者庁は、文書により、違反被疑行為の概要、違反する疑いのあった法令の条項、
および31条に基づき影響是正措置計画の認定の申請ができる旨を通知する(本条
(2)、確約手続府令13)。

　なお、本条から33条までにおいては、既往の違反被疑行為に関して、違反被疑
行為を行っていた事業者により行われる影響是正措置計画に関する手続(通知、認
定の申請等、認定の効果および認定の取消し等)が定められている。しかし、確約手続運
用基準上は、是正措置計画および影響是正措置計画を「確約計画」と総称した上
で、両者を特段区別することなく、その運用を定めている。したがって、26条か
ら29条までの各解説で述べた是正措置計画に関する運用については、本条から33
条までの影響是正措置計画に関する運用にも同様に妥当する。

〔髙宮雄介＝門田航希〕

〔影響是正措置計画に係る認定の申請等〕

第31条　①　前条の規定による通知を受けた者は、疑いの理由となつた行為
　　による影響を是正するために必要な措置を自ら策定し、実施しようとする
　　ときは、内閣府令で定めるところにより、その実施しようとする措置(以
　　下この条及び第33条第1項第1号において「影響是正措置」という。)に関する計
　　画(以下この条及び同号において「影響是正措置計画」という。)を作成し、これ
　　を当該通知を受けた日から60日以内に内閣総理大臣に提出して、その認定
　　を申請することができる。

②　影響是正措置計画には、次に掲げる事項を記載しなければならない。

　(1)　影響是正措置の内容

　(2)　影響是正措置の実施期限

　(3)　その他内閣府令で定める事項

③　内閣総理大臣は、第1項の規定による認定の申請があつた場合におい
　　て、その影響是正措置計画が次の各号のいずれにも適合すると認めるとき
　　は、その認定をするものとする。

　(1)　影響是正措置が疑いの理由となつた行為による影響を是正するために

第5章　確約手続　669

§32

十分なものであること。

(2) 影響是正措置が確実に実施されると見込まれるものであること。

④ 第27条第4項及び第5項の規定は、前項の認定について準用する。

⑤ 内閣総理大臣は、第1項の規定による認定の申請があつた場合において、その影響是正措置計画が第3項各号のいずれかに適合しないと認めるときは、これを却下しなければならない。

⑥ 第27条第4項及び第5項の規定は、前項の規定による処分について準用する。この場合において、同条第5項中「認定書」とあるのは、「不認定書」と読み替えるものとする。

⑦ 第3項の認定を受けた者は、当該認定に係る影響是正措置計画を変更しようとするときは、内閣府令で定めるところにより、内閣総理大臣の認定を受けなければならない。

⑧ 第3項から第6項までの規定は、前項の変更の認定について準用する。

本条は、30条に基づく通知を受けた事業者において、既往の違反被疑行為による影響を是正するために必要な措置を自ら策定し、実施しようとするときは、60日以内に影響是正措置計画の認定の申請を行い得る旨を定めた規定である。本条およびこれに対応する確約手続府令の規定内容ならびにこれらに対する運用については、継続中の違反被疑行為に関する確約認定申請について定めた27条と同様であるため、詳細は、§27を参照されたい。　　　　　　　　　〔髙宮雄介＝門田航希〕

〔影響是正措置計画に係る認定の効果〕

第32条　第7条第1項及び第8条第1項の規定は、内閣総理大臣が前条第3項の認定(同条第7項の変更の認定を含む。次条において同じ。)をした場合における当該認定に係る疑いの理由となった行為については、適用しない。ただし、次条第1項の規定による当該認定の取消しがあつた場合は、この限りでない。

本条は、消費者庁が影響是正措置計画の認定をした場合(認定した影響是正措置計画の変更の認定を行った場合を含む)においては、影響是正措置計画に係る既往の違反被疑行為については、認定の取消しがあった場合を除き、7条1項(措置命令)お

670　　第5章　確約手続

§33

および 8 条 1 項（課徴金納付命令）の規定が適用されないことを定めた規定である。本条およびこれに対する運用については、継続中の違反被疑行為に関する是正措置計画に係る認定の効果について定めた28条と同様であるため、詳細は、§28を参照されたい。

〔髙宮雄介＝門田航希〕

〔影響是正措置計画に係る認定の取消し等〕

第33条 ①　内閣総理大臣は、次の各号のいずれかに該当するときは、第31条第 3 項の認定を取り消さなければならない。

⑴　第31条第 3 項の認定を受けた影響是正措置計画に従つて影響是正措置が実施されていないと認めるとき。

⑵　第31条第 3 項の認定を受けた者が虚偽又は不正の事実に基づいて当該認定を受けたことが判明したとき。

②　第27条第 4 項及び第 5 項の規定は、前項の規定による第31条第 3 項の認定の取消しについて準用する。この場合において、第27条第 5 項中「認定書」とあるのは、「取消書」と読み替えるものとする。

③　第 1 項の規定による第31条第 3 項の認定の取消しがあつた場合において、当該取消しが第12条第 7 項に規定する期間の満了する日の 2 年前の日以後にあつたときは、当該認定に係る疑いの理由となつた行為に対する課徴金納付命令は、同項の規定にかかわらず、当該取消しの日から 2 年間においても、することができる。

本条は、消費者庁が影響是正措置計画の取消しを行わなければならない場合および取消しの手続について定めた規定である。本条およびこれに対応する確約手続府令の規定内容ならびにこれらに対する運用については、継続中の違反被疑行為に関する是正措置計画に係る認定の取消しについて定めた29条と同様であるため、詳細は、§29を参照されたい。

〔髙宮雄介＝門田航希〕

第 5 章　確約手続　　*671*

第6章　適格消費者団体

前注　民事救済(消費者団体訴訟制度)

1 総　　論　　*2* 適格消費者団体による差止請求(事前の救済)　　*3* 特定適格消費者団体による被害回復請求(事後の救済)

1　総　　論

　景表法は、消費者に被害をもたらすおそれのある不当表示を禁止し(5)、措置命令(第2章第2節)や課徴金(同第3節)といった手段により実効性の確保を図っている。これらの行政手段に加え、事業者による不当表示に対しては、一定の消費者団体を通じた事前および事後の民事救済の手段(消費者団体訴訟制度)が用意されている。

　民事訴訟の原則からすれば、事業者の不当な行為により消費者が被害を受けた場合には、被害者である消費者自身が加害者である事業者に対して損害の回復等を求めて訴えを提起することとなる。しかし、①消費者と事業者との間には情報の質および量ならびに交渉力に構造的な格差があること、②消費者被害は少額であることが多いところ、訴訟には時間・費用・労力がかかり、少額被害の回復に見合わないこと、③消費者被害は地理的に拡散している場合が多く、被害者が集まって統一的に訴えを起こすことが難しいこと、④被害回復の当否の判断が容易ではなく、少額訴訟のような既存の制度では限界があること等から、内閣総理大臣が認定した一定の消費者団体に特別な権限が与えられた(山本和彦『解説 消費者裁判手続特例法〔第3版〕』(弘文堂・2023) 1 ~ 3頁)。

　本前注では、そのような権限に基づく民事救済の手段としての消費者団体訴訟制度を紹介し、適格消費者団体による差止請求(事前の救済手段)および特定適格消費者団体による被害回復請求(事後の救済手段)について概説する。

2　適格消費者団体による差止請求(事前の救済)

　34条1項は、優良誤認表示および有利誤認表示について、適格消費者団体によ

6章前注-*2*(1)(2)

る差止請求権の対象とすることを規定する。その要件・効果や手続については§34において詳述することとして、本前注ではその概要を紹介し、適格消費者団体の意義・認定要件および制度の利用状況を説明するに留める。

(1) **制度の概要**　適格消費者団体は一定の要件の下、事業者が優良誤認表示および有利誤認表示(過大な景品類の提供および告示によって指定された不当表示は対象に含まれない)を現に行いまたは行うおそれがあるときは、その差止め(当該行為の停止・予防、当該行為が不当表示をしたものである旨の周知その他の当該行為の停止・予防に必要な措置をとること)を請求することができる(34①(1)(2))。なお、差止請求権は、裁判外で行使することもできるし、訴えを提起することもできる(訴えを提起する場合の手続等については、消契法第3章第3節参照)。

適格消費者団体による差止請求の制度は、平成18(2006)年の消契法改正において最初に導入され(平成19年6月施行)、その後、平成20(2008)年には景表法(平成21年4月施行)および特商法(平成21年12月施行)に、平成25(2013)年には食品表示法にも(平成27年4月施行)その対象が拡張された。景表法に導入されたのは、多数の消費者に急速に拡大する被害をもたらす不当表示について、行政機関による執行を強化するだけでは十分に抑止することができるとはいい難いことから、これを排除する仕組みを複線化することで、不当表示の速やかな排除と抑止力の強化を図ることを目的としたものである(高居〔第7版〕384頁、**総論Ⅰ-Ⅱ-3**も参照)。

(2) **適格消費者団体**　上記の経緯から、適格消費者団体の定義やその認定・監督等に関する定めは消契法に置かれている。

(a) 定義　適格消費者団体とは、不特定かつ多数の消費者の利益のために消契法の規定による差止請求権を行使するのに必要な適格性を有する法人である消費者団体(消費者基本8)として内閣総理大臣の認定を受けた者をいう(消契2④)。

(b) 認定・監督　消費者団体が差止請求権を行使するためには、内閣総理大臣により適格消費者団体としての認定を受ける必要がある(消契13①)。その認定要件は、消契法13条3項から5項までに定められており、その概要は以下のとおりである。

①特定非営利活動法人、一般社団法人または一般財団法人であること(消契13③(1))

②不特定多数の消費者の利益の擁護を図るための活動を主目的とし、現にその活動を相当期間(原則2年以上)にわたり継続して適正に行っていること(同(2))

③差止請求関係業務(同①)の実施に係る組織、差止請求関係業務の実施の方法、差止請求関係業務に関して知り得た情報の管理および秘密の保持の方法その他の差止請求関係業務を適正に遂行するための体制および業務規程が適切に

674　第6章　適格消費者団体

6章前注-**2**(3)

整備されていること(同③(3)・④)

④差止請求関係業務の執行を決定する機関として、過半数以上の多数決を決議要件とする理事会が設置されており、理事のうち特定の事業者の関係者が3分の1以内であり、同一の業種の事業を行う事業者の関係者が2分の1以内であること(同③(4))

⑤差止請求の要否・内容を検討する部門において、専門委員(消費生活相談の有識者または法律の専門家)が助言等を行う体制が整備されているなど、差止請求関係業務を適正に遂行し得る専門的な知識経験を有すること(同(5))

⑥差止請求関係業務を適正に遂行するに足りる経理的基礎を有すること(同(6))

⑦差止請求関係業務以外の業務を行う場合には、その業務を行うことによって差止請求関係業務の適正な遂行に支障を及ぼすおそれがないこと(同(7))

⑧欠格事由(同⑤。例えば、消費者の利益の擁護に関する法律やこれに基づく命令等に違反して刑事罰を受けてから間もない場合、暴力団員等の関与がある場合、団体が政治資金規正法上の政治団体に当たる場合等)に該当しないこと

認定の有効期間は6年であり、継続的に活動するためには6年ごとに更新を受ける必要がある(消契17)。

認定を受けた適格消費者団体は、内閣総理大臣(一部消費者庁長官に権限を委任)による監督を受けることになる(消契法第3章第2節第3款)。具体的には、例えば、内閣総理大臣は、適格消費者団体に対し、必要な限度で、業務・経理の状況に関する報告をさせたり、適格消費者団体の事務所への立入検査を実施したりすることができる(消契32①)。また、適格消費者団体が認定要件に適合しなくなったときにこれに適合させるために必要な措置を命じたり、適格消費者団体の業務の適正な運営を確保するために必要があるときに業務の運営の改善に必要な措置を命じたりすることができる(同33①)。さらに、認定要件に適合しなくなったり欠格事由に該当するに至ったりした場合等には、その認定を取り消すこともできる(同34①)。

適格消費者団体の認定や監督に係る詳細な内容については、消費者庁の制定した「適格消費者団体の認定、監督等に関するガイドライン」(平成19年2月16日制定。最終改訂令和6年4月18日)において定められている。

(3) 利用状況 　内閣総理大臣の認定を受けた適格消費者団体は全国に26団体ある(令和6年12月現在。全国の適格消費者団体の一覧は消費者庁ウェブサイト「全国の適格消費者団体一覧」を参照)。

平成19(2007)年6月の施行から令和3(2021)年3月までの約14年間に、788の事業者に対して差止請求が行われている(解決に至らなかったものも含む)。また、1つ

6章前注-*2*(3)

の事案で複数の根拠に基づいて複数の申入れを行っている場合も多いところ、これを根拠法令ごとにカウントすると、差止請求は合計で1493件となり、その内訳は、消契法に基づくものが1280件、特商法に基づくものが63件、景表法に基づくものが150件、食品表示法に基づくものが0件である（消費者庁「消費者団体訴訟制度の現状と課題」（令和3年4月22日））。

　なお、令和6（2024）年10月現在、景表法を根拠として差止請求訴訟が提起されて判決に至った事例は5件みられ、以下の①〜⑤のとおりである。

①サン・クロレラ販売株式会社事件（確定）

　　健康食品の小売販売等を目的とするサン・クロレラ販売株式会社に対し、特定非営利活動法人京都消費者契約ネットワークが差止請求の訴えを提起した事件。被告事業者が自らまたは第三者をして配布した新聞折込みチラシにおける表示に関し、医薬品としての承認を受けていない商品につき医薬品的な効能効果があると表示するものであって、一般消費者において当該商品が医薬品であるとの誤認を引き起こすおそれのある優良誤認表示に該当するとして、一審判決で差止請求が容認された（京都地判平成27年1月21日判時2267号83頁）。被告事業者は、チラシを配布していた団体は被告とは別の主体であるとか、チラシは被告商品の内容を表示したものではないとの主張も行ったが、いずれも排斥された。その後、被告がチラシの配布行為を取りやめ、以降も配布する予定がない旨を陳述したことなどから、控訴審は差止めの必要性なしとして差止請求を棄却した（大阪高判平成28年2月25日判時2296号81頁）。原告団体が上告したものの、上告棄却により確定した（最判平成29年1月24日民集71巻1号1頁）。なお、本事件については、§2④-*2*(3)(b)(i)、§5(1)-*5*(2)(g)(ii)も参照。

②ファビウス株式会社事件（確定）

　　インターネット通販により健康食品を販売するファビウス株式会社に対し、特定非営利活動法人消費者被害防止ネットワーク東海が差止請求の訴えを提起した事件。青汁の購入契約に関し、実際には最低4回は継続して購入することを条件に初回を84%割引とするものであったにもかかわらず、表示上、1回だけ購入する契約であるかのように装ったとし、有利誤認表示に該当するとして差止請求がなされた。一審判決は、表示を全体として考慮し、健全な常識を備えた一般消費者をして、契約を初回のみの契約と誤認させる表示とはいえないとして差止請求を棄却した（名古屋地判令和元年12月26日〔平成30年（ワ）第171号〕公刊物未登載）。原告団体が控訴したが、控訴審判決も有利誤認表示該当性を否定し、控訴を棄却（名古屋高判令和3年9月29日〔令和2年

676　　第6章　適格消費者団体

6章前注-2(3)

(ネ)第74号〕公刊物未登載)。その後、原告団体の上告および上告受理申立てを最高裁が退け(最決令和4年3月31日〔令和4年(オ)第125号、令和4年(受)第162号〕公刊物未登載)、控訴審判決が確定した。

③株式会社防災センター事件(確定)

　火災報知器・消火器のリースショップの経営等を目的とする株式会社防災センターに対し、特定非営利活動法人消費者市民ネットとうほくが差止請求の訴えを提起した事件。消費者契約法および特商法を根拠とする請求と併せて、パッケージリース契約が全国一有利であるとする表示および消火器の点検等を無料とする旨の表示が有利誤認表示に該当し、消火器につき高級ブランド品であるとする表示が優良誤認表示に該当するとして、差止請求がなされた。景表法上の請求については一審判決においていずれも認容され(仙台地判令和3年3月30日判時2538号44頁)、控訴審においてもこれが維持された(仙台高判令和3年12月16日判時2541号5頁)。その後、被告事業者の上告および上告受理申立てを最高裁が退け(最決令和4年6月3日〔令和4年(オ)第416号、令和4年(受)第517号〕公刊物未登載)、控訴審判決が確定した。

④株式会社インシップ事件(確定)

　栄養補助食品の製造・通信販売を行う株式会社インシップに対し、特定非営利活動法人消費者ネットおかやまが差止請求の訴えを提起した事件。「ノコギリヤシエキス」という名称のサプリメントに関して、医薬品として承認されていないにもかかわらず、広告において頻尿の改善という医薬品的な効能効果を表示していること等が優良誤認表示に該当するとして、差止請求がなされた。原告団体は、医薬品であるとの誤認のおそれがある、また、仮にそうでないとしても、頻尿改善効果があるとの誤認のおそれがあると主張したが、一審判決においていずれも排斥された(岡山地判令和4年9月20日〔令和2年(ワ)第144号〕公刊物未登載)。控訴審において原告団体は、適格消費者団体による差止請求においては事業者側が優良誤認表示ではないことの立証責任を負担すべきである、そうでないとしても、表示内容につき事業者が合理的根拠を備えていない場合には優良誤認表示に当たることが事実上推定されるべきである等と主張したが、いずれの主張も退けられ、控訴が棄却された(広島高岡山支判令和5年12月7日原告団体ウェブサイト)。その後、原告団体の上告および上告受理申立てを最高裁が退け(最決令和6年10月24日原告団体ウェブサイト)、控訴審判決が確定した。

⑤株式会社 CRAVE ARKS 事件(和解により終結)

　通信販売業等を営む株式会社 CRAVE ARKS に対し、特定非営利活動法

6章前注-3(1)

人京都消費者契約ネットワークが差止請求の訴えを提起した事件。化粧品の定期購入契約に関し、初回限定で定価よりも低額で購入できるとするウェブサイト上の表示が、実際には、初回分1個の購入後、2回目分を購入しなければ初回分について通常価格との差額を支払わなければならないにもかかわらず、初回分1個のみを廉価な特別価格で購入可能であると誤認させるものであって、有利誤認表示に該当するとして、差止請求がなされた。原告団体による訴え提起後に被告事業者が表示を変更し、原告団体は当該変更によっても有利誤認表示であることに変わりはないと主張していたが、一審判決は、口頭弁論終結時点の表示(変更後の表示)は有利誤認表示に該当しないものとして原告団体の差止請求を棄却した(京都地判令和5年8月30日〔令和4年(ワ)第1678号〕公刊物未登載)。原告団体が控訴したが、令和6(2024)年6月7日、控訴審において、事業者側が「消費者が早期に視認する蓋然性が高い箇所」に「明瞭な方法で、かつ、他の事項に隠れて埋没してしまうようなことがないように」実際の契約条件を表示することを約する和解が成立した。

3 特定適格消費者団体による被害回復請求(事後の救済)

(1) 制度の概要 適格消費者団体による差止請求は、これに基づいて事業者が一定の措置を講ずることにより、将来の消費者被害の発生を防止することに繋がるものである。他方で、差止請求によってすでに発生した消費者被害の回復が図られるわけではない。消費者被害は少額であることが多い反面、訴訟を提起して被害の回復を図るためには、相応の費用や労力を要するし、被害の回復が実現するかはわからない。また、そもそも被害の回復を請求することができるということを知らない消費者や、中には被害に遭ったことに気づいていない消費者もいる。このような状況の下、被害を受けた消費者のうち3割以上が誰にも相談せず泣き寝入りしているとか、被害を受けた消費者で訴訟を提起した者はごく僅かであったという調査結果も見られた(消費者庁消費者制度課編『一問一答 消費者裁判手続特例法』(商事法務・2014)1頁)。そこで、同種の被害が拡散的に多発するという消費者被害の特性に鑑み、消費者被害の集団的な回復を図るための特別の訴訟制度を設けるものとして(消費者庁消費者制度課編・前掲『一問一答』3頁)「消費者の財産的被害等の集団的な回復のための民事の裁判手続の特例に関する法律」(特例法。平成25年法律第96号)が制定され、平成28年10月1日に施行された。

同法の制定により導入された訴訟制度(以下、本章において「本制度」という)には、原告適格を有するのは内閣総理大臣の認定を受けた特定適格消費者団体のみであること、共通義務確認訴訟(1段階目の手続)において事業者の金銭支払義務を抽象

6章前注-3(2)

的な形で確定させ、原則として被害回復が受けられる見通しが立った後に個別の消費者が手続に加入して簡易・迅速な対象債権の確定手続(2段階目の手続)を行うという2段階型の訴訟制度であること、2段階目の手続に参加した消費者の請求権についてのみ審理・判断を行うオプト・イン型の制度であること等の特徴がみられる。ある者が共通の利害を有する一定の集団を代表して訴えを提起する訴訟形態である点で「日本版クラス・アクション」と呼称されることもあるが、前述のような特徴がある点等において、米国のクラス・アクションとは大きく構造を異にしている(消費者庁消費者制度課編・前掲『一問一答』9頁)。なお、クラス・アクションとは異なるという意味で、本制度は「集合訴訟」の制度であると整理されることがある(「集合訴訟」はクラス・アクション〔class action〕ではなくコレクティブ・アクション〔collective action〕の訳語ととされる)(三木浩一「消費者集合訴訟制度の理論と課題」NBL1016号(2014)41頁、42頁)。本制度において消費者が「集団」を形成することはなく、特定適格消費者団体による手続遂行の下で消費者が「集合」してその利益を実現することから、「クラス・アクション」や「集団訴訟」といった呼称よりも「集合訴訟」と表現することがより適切であるという考えに基づくものである。

(2)　**2段階構造**　本制度に基づく手続は、①共通義務確認訴訟と②対象債権の確定手続の2段階に分かれていることを特色とする。

(a)　**1段階目の手続(共通義務確認訴訟)**　1段階目の手続は共通義務確認訴訟と呼ばれる(特例法第2章第1節)。共通義務確認訴訟では、特定適格消費者団体が原告、事業者が被告となり、相当多数の消費者と事業者との間の共通義務(同2(4))の存否について裁判所が判断する。ここでは、相当多数の消費者に共通する原因に基づいて、個々の消費者の事情によりその金銭の支払請求に理由がない場合(例えば、特定の消費者との関係では消滅時効が成立している場合)を除いて、事業者が支払義務を負うか否かが決定される。共通義務確認訴訟において、事業者に支払義務が認められた場合にのみ、2段階目の手続((b)で後述する簡易確定手続)が開始されることとなる。

共通義務確認訴訟は、その性質としては民事訴訟法上の通常の確認訴訟であるが、本制度の特殊性ゆえの特則が定められている。例えば、後述するとおり、多数性、共通性、支配性という特有の訴訟要件が設けられている(特例2(4)・3④)。また、その確定判決の既判力は、他の特定適格消費者団体および2段階目の手続に参加した消費者にも及ぶ(同10)。すなわち、共通義務確認訴訟において事業者の支払義務が認められた場合には、すべての特定適格消費者団体と2段階目の手続に参加した消費者を拘束することとなる(事業者の支払義務が部分的に確認された場合、2段階目の手続に参加した消費者は共通義務確認訴訟で認められなかった部分の支払いを求

第6章　適格消費者団体　679

6章前注-*3*(2)

めて別訴を提起することはできない)。他方で、事業者の支払義務が認められなかった
場合には、2段階目の手続は開始しないから、消費者に既判力が及ぶことはない。このことから、消費者との関係では判決効を片面的に拡張するものと整理される(なお、他の特定適格消費者団体は同一事案について重ねて提訴することはできない)。

　共通義務確認訴訟において、原告である特定適格消費者団体と被告である事業者の間で和解により手続を終結させることも可能である。共通義務確認訴訟における和解の規律は特例法の令和4 (2022)年改正(令和5年10月1日施行)によって変更され、柔軟化された。同改正前特例法10条では和解の対象が事業者の共通義務の存否のみに限定されていたため、共通義務の全部または一部が存在することまたはしないことについて合意する内容の和解(あるいはこれと併せて消費者の権利義務に直接関係しない事項について合意する和解)しかできなかったが、同改正によってこの限定が取り払われ、事業者が消費者に対して和解金を支払う旨の和解や、金銭を支払う以外の和解も可能となった(例えば、想定されるものとしては、共通義務の存否について明らかにせず解決金の支払いを約す和解、事業者が対象消費者全体に支払うべき金額の総額を定める和解、事業者が第三者に寄附を行うことを合意する和解、共通義務の存在を認めるとともに個々の消費者への支払額またはその算定方法を定める和解、金銭の支払いによらない和解等が挙げられる〔消費者裁判手続特例法等に関する検討会「報告書」(令和3年10月)19〜20頁〕)。この改正によって、より早期に柔軟な和解を行う余地が生じ、本制度の紛争解決機能が向上することが期待されている。なお、事業者が消費者に対する和解金債務の存在を認める和解をする場合、当該和解においては、①和解の目的となる権利または法律関係の範囲、②和解金債権の額または算定方法および③和解金債権を有する消費者の範囲を定めなければならない(特例法11②(1)〜(3))。また、問題とされた共通義務について被告である事業者に対して重ねて訴えを提起しない旨を定める不起訴の合意を和解条項に盛り込むことも可能である。これを盛り込んだ場合には、不起訴の合意の効力は原告である特定適格消費者団体以外の特定適格消費者団体にも及ぶものとされており(同③)、被告である事業者の地位の安定によって和解成立を促進させることが図られている(伊藤眞『消費者裁判手続特例法〔第3版〕』(商事法務・2024)74頁)。共通義務確認訴訟における和解の内容や手続に関する留意点は、消費者庁の制定した「特定適格消費者団体の認定、監督等に関するガイドライン」(平成27年11月11日制定、最終改訂令和5年8月31日)において定められている。

　　(b)　2段階目の手続(対象債権の確定手続)　　2段階目の手続は対象債権の確定手続と呼ばれる(特例法第2章第2節)。2段階目の手続は、1段階目の手続(共通義務確認訴訟)で相当多数の消費者に共通する原因による事業者の支払義務が認めら

680　第6章　適格消費者団体

6 章前注-*3*(3)

れた場合に、個々の消費者が手続に参加し、各々が被告事業者に対して債権を有するか否かおよびその額を確定するための手続である。2段階目の手続は、簡易確定手続(共通義務確認訴訟で確認された被告事業者の共通義務を前提として、各消費者の債権の存否・内容を迅速に確定するための簡易な手続)と異議後の訴訟(簡易確定決定に対して適法な異議申立てがあった場合に訴えの提起が擬制される訴訟)に分かれる。共通義務確認訴訟の原告であった特定適格消費者団体の申立て(特例15)を受けて簡易確定手続の開始決定(同20①)がなされた場合、これを申し立てた特定適格消費者団体(簡易確定手続申立団体)は事案の内容等を公告し、かつ、知れている消費者にはこれを通知する(同26①・27①)。簡易確定手続申立団体の求めがある場合には、相手方もこの通知を行う(同28①)。簡易確定手続申立団体は個別の消費者からの授権を受けて(同34①)裁判所に債権届出を行う(同33①)。届出債権について相手方が認否を行った結果(同45①)、争いのない債権についてはそのまま確定し(同③)、争いのあるものについては裁判所が双方審尋を経て簡易確定決定を行う(同47)。当事者(簡易確定手続申立団体および被告事業者)または個別の消費者から異議が申し立てられた場合には異議後の訴訟に移行する(同56①②)。相手方から届出債権に係る給付を受けた場合、特定適格消費者団体は費用(同51・52)および報酬(同82)を回収した上で、授権をした各消費者に分配する。

　本制度の流れの概要は、次頁の図を参照されたい(図に含まれる数字は特例法の条文を指す)。

(3)　特定適格消費者団体　　ⓐ　定義　　特定適格消費者団体とは、適格消費者団体(消契2④)のうち、さらに一定の認定要件を満たし、本制度に基づく手続を追行するのに必要な適格性を有するものとして内閣総理大臣の認定を受けた者をいう(特例2⑩)。

　　ⓑ　認定・監督　　その認定要件は、特例法71条4項から6項までに定められている。特定適格消費者団体の認定を受けることができる法人は適格消費者団体に限られるから、適格消費者団体の認定要件(前述*2*(2)ⓑ参照)を充足していることが前提となるが、これに加えて、個別の消費者との間で授権を受けたり金銭の授受を行ったりするなど新たな業務を担当すること等を踏まえ、大要次の要件を満たす必要がある。

①差止請求関係業務(消契13①)を相当期間にわたり継続して適正に行っていると認められること(特例71④(1))

②被害回復関係業務(特例71②)を適正に遂行するための体制および業務規程が適切に整備されていること(同④(2))

③被害回復関係業務の執行を決定する機関として、過半数以上の多数決を決議

第6章　適格消費者団体　　*681*

6章前注-3(3)

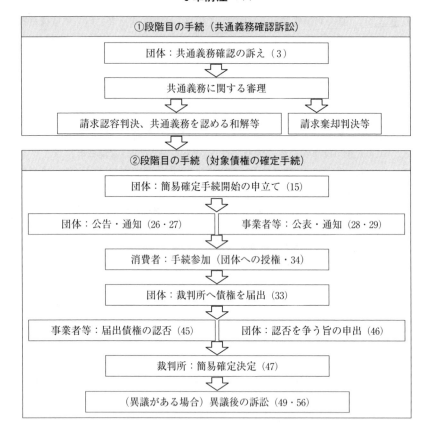

要件とする理事会が設置されており、理事のうち1人以上が弁護士であること(同(3))

④人的体制に照らして、被害回復関係業務を適正に遂行し得る専門的な知識経験を有すること(同(4))

⑤被害回復関係業務を適正に遂行するに足りる経理的基礎を有すること(同(5))

⑥被害回復関係業務に関して支払いを受ける報酬または費用がある場合には、その額または算定方法、支払方法その他必要な事項を定めており、これが消費者の利益の擁護の見地から不当なものでないこと(同(6))

⑦被害回復関係業務以外の業務を行うことによって被害回復関係業務の適正な遂行に支障を及ぼすおそれがないこと(同(7))

⑧欠格事由(同⑥)に該当しないこと

6章前注-*3*(4)

認定の有効期間は 6 年(初回の認定に関しては、適格消費者団体としての認定の有効期間の残存期間と同一の期間)であり、継続的に活動するためには適格消費者団体としての認定と同じタイミングで更新を受ける必要がある(特例75)。

認定を受けた特定適格消費者団体は、適格消費者団体におけるのと同様、内閣総理大臣(一部消費者庁長官に権限を委任)による監督を受けることになる(特例法第3章第3節)。

特定適格消費者団体の認定や監督に係る詳細な内容については、消費者庁の制定した「特定適格消費者団体の認定、監督等に関するガイドライン」において定められている。

(c) 報酬　　適格消費者団体が差止請求を行う場合とは異なり、特定適格消費者団体は、被害回復関係業務について授権をした消費者から適正な範囲内で報酬・費用の支払いを受けることができる(特例82)。これは、差止請求関係業務に比べて被害回復関係業務において団体が負担する手続遂行上の事務作業が多いことや、団体に授権をした消費者が具体的な金銭的利益を受ける可能性があることなどに照らして認められたものである(消費者庁消費者制度課編・前掲『一問一答』149頁)。ただし、その金額の適正性を確保するため、報酬・費用を受ける場合にはこれに関する規程を定める必要があり、前述のとおり、その内容が不当なものでないかについては特定認定に際して審査の対象とされる(特例71④(6))。

(4) 特有の訴訟要件　　制度の特殊性から、共通義務確認の訴えについては、本手続によることが適切である事案を選別するための特有の訴訟要件(多数性、共通性、支配性)が定められている。

(a) 多数性(特例2条4号)　　多数性の要件とは、財産的被害が生じた消費者が「相当多数」に上ることであり、個別の訴訟よりも本制度を活用した方が審理の効率化が図られるといえるような事案を選別するための要件である。そこで、「相当多数」とは、社会通念からみて、不特定かつ多数の消費者の利益保護を活動目的とする特定適格消費者団体の訴権の行使を正当化する程度に対象被害者の範囲が広がっていることを意味すると解されている(伊藤・前掲45頁)。一般的な事案では、数十人程度であれば本制度の対象になると考えられており(消費者庁消費者制度課編・前掲『一問一答』17頁)、令和6 (2024)年12月時点で提訴が確認できる事案については、いずれにおいても数十人以上の被害者の存在が主張されている。

(b) 共通性(同号)　　共通性の要件とは、相当多数の「消費者に共通する事実上及び法律上の原因」に基づいて発生する金銭支払義務について訴えが提起されることをいい、「消費者に共通する事実上及び法律上の原因」とは、個々の消費者の事業者に対する請求を基礎付ける事実関係がその主要部分において共通であ

6章前注-*3*⁽⁴⁾

り、かつ、その基本的な法的根拠が共通であることを意味する。もっとも、個々の消費者に関する具体的な因果関係や損害については、必ずしも共通している必要はないとされる(消費者庁消費者制度課編・前掲『一問一答』18頁)。例えば、不当利得返還請求権について、同じ内容の消費者契約に基づいて金銭を支払っており(事実関係の共通性)、同じ原因に基づいて取消し・無効を主張するような場合(法的根拠の共通性)には、共通性が認められると考えられる。

　　(c)　支配性(特例3条4項)　　1段階目の手続(共通義務確認訴訟)において認容判決をしたとしても、2段階目の手続(簡易確定手続)において対象債権の存否・内容を適切かつ迅速に判断することが困難であるような場合、当該事案は本制度による被害回復になじまない。そこで、そのような事情が存在しないことが共通義務確認の訴えの訴訟要件とされており、これを一般に支配性の要件と呼ぶ(対象消費者の権利の確定について共通義務の存在が支配的であるという意味で、「支配性」の要件と呼ばれている)。支配性を欠く場合とは、個々の消費者に固有の損害、因果関係の有無等を判断するのに相当程度の審理を要することが想定される場合、具体的には、契約不適合責任に基づく損害賠償請求の事案で個々の消費者が購入した商品に不具合があるかどうかの認定判断が一律には困難である場合や、事業者の詐欺的な勧誘方法が不法行為に該当するものの消費者との間での過失相殺の可否・程度が問題になるような事案で、個々の消費者ごとの過失相殺の認定判断が難しい場合等が挙げられる(消費者庁消費者制度課編・前掲『一問一答』36～37頁)。

　なお、支配性の要件に関しては、これを厳格に捉えすぎると、対象となる事案が過度に限定され、本制度を設けた趣旨に悖ることにもなりかねない。この点について、仮想通貨(暗号資産)に関する情報商材の販売に際して誰でも確実に金銭を稼ぐことができる簡単な方法があると誤信させたことが不法行為に当たるとして、特定適格消費者団体が共通義務確認訴訟を提起した事案で、個々の消費者との関係で過失相殺や因果関係の有無が争点になることから支配性の有無が争点となり、最高裁まで争われた。同事案で、最高裁は、一般論として、「〔消費者裁判手続特例〕法は、消費者契約に関して相当多数の消費者に生じた財産的被害を集団的に回復するため、共通義務確認訴訟において、事業者がこれらの消費者に対して共通の原因に基づき金銭の支払義務を負うべきことが確認された場合に、当該訴訟の結果を前提として、簡易確定手続において、対象債権の存否及び内容に関し、個々の消費者の個別の事情について審理判断をすることを予定している(2条4号、7号参照)。そうすると、法3条4項により簡易確定手続において対象債権の存否及び内容を適切かつ迅速に判断することが困難であるとして共通義務確認の訴えを却下することができるのは、個々の消費者の対象債権の存否及び内

684　　第6章　適格消費者団体

6章前注-*3*(5)

容に関して審理判断をすることが予想される争点の多寡及び内容、当該争点に関する個々の消費者の個別の事情の共通性及び重要性、想定される審理内容等に照らして、消費者ごとに相当程度の審理を要する場合であると解される」と述べた上で、まず、当該事案における過失相殺との関係で、「本件各商品は、投資対象である仮想通貨の内容等を解説し、又は取引のためのシステム等を提供するものにすぎず、仮想通貨への投資そのものではないことからすれば、過失相殺の審理において、本件対象消費者ごとに仮想通貨への投資を含む投資の知識や経験の有無及び程度を考慮する必要性が高いとはいえない。また、本件対象消費者につき、過失相殺をするかどうか及び仮に過失相殺をするとした場合のその過失の割合が争われたときには、簡易確定手続を行うこととなる裁判所において、適切な審理運営上の工夫を講ずることも考えられる。これらの事情に照らせば、過失相殺に関して本件対象消費者ごとに相当程度の審理を要するとはいえない」と判示し、また、因果関係の有無との関係で、「本件対象消費者が上記説明を受けて本件各商品を購入したという主要な経緯は共通しているところ、上記説明から生じた誤信に基づき本件対象消費者が本件各商品を購入したと考えることには合理性があることに鑑みれば、本件対象消費者ごとに因果関係の存否に関する事情が様々であるとはいえないから、因果関係に関して本件対象消費者ごとに相当程度の審理を要するとはいえない」と判示し、支配性を満たすものと判断した(最判令和6年3月12日裁時1835号1頁)。

(5)　**対象となる請求**　特定適格消費者団体が本制度により訴えの目的とすることができる請求権は、事業者が消費者に対して負う金銭支払義務であって、以下のいずれかに該当するものに限られる(特例3①)。

①契約上の債務の履行請求権(同①(1))

②不当利得返還請求権(同(2))

③契約上の債務の不履行を理由とする損害賠償請求権(同(3))

④不法行為に基づく損害賠償請求権(ただし、民法の規定によるものに限る)(同(4))

⑤事業者の被用者が消費者契約に関する業務の執行について第三者に損害を加えた場合の、事業者に対する民法715条1項に基づく請求、事業監督者に対する民法715条2項に基づく請求または被用者(第三者に損害を加えたことについて故意または重過失があるもの)に対する不法行為に基づく民法上の損害賠償請求(特例3①(5))

また、いわゆる拡大損害、人身損害および逸失利益については本制度により請求することはできず、慰謝料の請求についても一定の場合に限られている(特例3②)。本制度の特性上、その対象となる請求は、簡易確定手続において対象債権

第6章　適格消費者団体　　685

の存否および内容を適切・迅速に判断することが可能であり、かつ、共通義務確認訴訟の審理において、被告事業者が、対象債権の確定手続で争われる被害額についておおよその見通しを把握して攻撃防御を尽くすことができるものである必要がある。拡大損害、人身損害、逸失利益および慰謝料については類型的に個別事情によるところが大きく、これらの要請を充たさない場合が多いとの考慮から、上述のような制限が設けられた(消費者庁消費者制度課編・前掲『一問一答』30頁)。慰謝料については、立法当初は一律に対象から除外されていたものの、令和4(2022)年改正(令和4年法律第59号)において、金額算定の基礎となる主要な事実関係が相当多数の消費者につき共通しており、かつ、財産的請求と同一の訴えでそれと共通する事実上の原因に基づく慰謝料を請求するもの、または、事業者の故意によって生じた精神的損害に係る慰謝料を請求するものについては本制度の対象に含まれることとなった(特例3②(6)柱書かっこ書)。

活用の場面としては、例えば、大学入試における性別等による差別の事案で、受験料相当額等と併せて慰謝料を請求する場合や、多数の顧客の個人情報が名簿屋に売却されて漏洩したことによる慰謝料を請求する場合などが想定されている(上原敏夫＝松本恒雄編著『新しい消費者契約法・消費者裁判手続特例法 解説＋全条文』(三省堂・2023)65頁)。

(6)　**景表法との関係**　(a)　**問題となる場面**　景表法の規制する行為との関係では、ある商品または役務についての表示が優良誤認表示であるとして措置命令が出された場合、消費者が返品・返金や損害賠償等を求めることが考えられる。このような事案において、本制度を用いることができるかということが問題となり得る。

(b)　**本制度の利用可能性**　法律構成としては、例えば、契約締結時に商品または役務の内容について実際のものよりも著しく優良であると誤認される表示がなされた場合で、当該表示の内容が事業者の債務の本旨に含まれるといえるときは、実際に提供された商品または役務がその内容を備えていなかったことを理由として債務不履行に基づく損害賠償請求を行うということが考えられる。例えば、エステの施術を行う契約において、事業者が施術において特定の成分を含む薬剤を使用することが契約の内容となっている場合に、当該成分を含むことを表示していたにもかかわらず、実際には薬剤に当該成分が含まれておらず、債務の本旨に従った履行がされなかったという事案では、「被告事業者が、エステ施術の際に使用する薬剤が契約の内容となっている成分を含有していなかった」という点で事実関係が共通であり、「債務の本旨に従った履行の提供がされず、債務不履行に基づく損害賠償請求権が生じた」という点で法的根拠も共通しているも

6章前注-*3*(6)

のと考えられる(消費者庁消費者制度課編・前掲『一問一答』19頁)。

　ほかにも、例えば、優良誤認表示や有利誤認表示により商品または役務の内容や取引条件について誤信した結果として契約を締結して、代金を支払ったような場合には、不法行為に基づく損害賠償請求を行うことも考えられる。

　ただし、これらの構成においては、措置命令においては求められていない事業者の故意・過失が問題となるほか、損害をどのように考えるか、当該損害との間に因果関係が認められるかというような課題もある。とりわけ因果関係について個別性が高い場合には、支配性を欠くために本制度の対象とならない場合もあり得る。

　また、景表法に違反する表示が勧誘に当たり、これによって消費者が品質等について誤認して商品を購入した場合に、消契法に基づいて意思表示を取り消した上で不当利得返還請求権を主張することも考えられる。消契法上の意思表示の取消しには事業者の故意・過失は不要である点で、立証のハードルは一定程度下がるといえるが、当該表示に接した消費者が実際に誤認したことや因果関係(勧誘と誤認との間、誤認と意思表示との間の2段階で必要とされる)に係る個別性は事案によって様々であると思われ、この点は本制度との親和性にも影響があるものと考えられる。また、そのような消費者からの意思表示の取消しといった権利行使が必要な類型については、権利行使期間の制約もあり、例えば約款の無効を原因とするような場合と比較すると本制度の対象とはなりにくいと思われるとの指摘もある(森・濱田松本法律事務所編『消費者取引の法務』(商事法務・2015)255頁)。

　　ⓒ　事業者の立場　　なお、措置命令を受けた事業者においては、例えば、表示は不適切であったものの品質や安全性に問題はないことから返品や返金は受け付けないという立場をとることも考えられる。この点がどのように評価されるかは、債務不履行や不法行為との関係では、優良誤認表示の対象となる事項が契約においてどのような取扱いを受けるものであったか(契約の内容・事業者の債務の本旨に含まれるものであったか、付随的なものにすぎなかったか)、消契法上の取消しとの関係では、優良誤認表示の対象となる事項が「重要事項」(消契4①(1)・⑤)に当たるか否かといった論点において検討されるべきものであると思われる。

　この点について参考になる裁判例として、大阪地判令和3年1月29日(裁判所ウェブサイト)が挙げられる。軽自動車のカタログ記載の燃費値について優良誤認表示があったとして措置命令が出された事案で、当該軽自動車の売買契約の勧誘に際して車両の燃費値について不実告知があったとして、消契法4条1項による取消しが主張されたものである。事業者は、車両の安全性や走行性能に問題はないこと、燃費値の差異による購入者の負担増は1年間で5000円に満たない程度で

第6章　適格消費者団体　　687

6章前注-*3*(7)(8)

あること、燃費値は車両購入時に考慮される要素としての重みは大きくないこと等を理由に「重要事項」に当たらないと主張したが、裁判所は、車両の燃費値は、消費者にとって、経済的な観点のみならず、環境問題への配慮がされた車両か否かという売買において購入の1つの重要な要素である等として、「重要事項」に当たると判示した。

(7) **仮差押えによる保全**　消費者被害の集団的な回復のための制度を設けたとしても、手続の係属中に被告事業者が財産を散逸させてしまえば、その実効性が損なわれることになる。そこで、特例法は、特定適格消費者団体に、被告事業者の財産を保全するための仮差押命令の申立てを認めており、そのための規定を同法第2章第3節(同61~64)に設けている。基本的には民事保全法の定めに従いつつ、本制度の特殊性を考慮した若干の特則を設けている。

(8) **利用状況**　被害回復請求訴訟については、現時点で十分に活用されているとはいい難い状況である。まず、内閣総理大臣の認定を受けた特定適格消費者団体は全国で4団体に留まる(令和6年12月現在。特定適格消費者団体の一覧は、消費者庁ウェブサイト「全国の特定適格消費者団体一覧」を参照)。

また、平成28(2016)年10月の施行以来、令和6(2024)年11月末時点までに、8件の提訴が確認されている(消費者庁〔COCoLiSポータルサイト〕「被害回復裁判」)。それぞれの概要を紹介すると、①私立大学を運営する学校法人に対し、大学入試の際に性別や浪人年数等による差別的選抜を行ったことを原因として不法行為等に基づく損害賠償を求めた事案(2件、学校法人東京医科大学・学校法人順天堂)、②給料ファクタリング業務を営む事業者に対し、当該給料ファクタリングが実質的には利息制限法・出資法違反の高利率の貸付けに該当するとして不法行為に基づく損害賠償を求めた事案(株式会社ZERUTA)、③いわゆる情報商材を販売する事業者に対し、商品について誇大な説明をしたり、価格について有利誤認を招くような表示をしたりして消費者を誤信させたことを理由に不法行為に基づく損害賠償を求めた事案(株式会社ONE MESSAGE)、④イベント事業者に対し、悪天候を理由にイベントを中止したことは不当であるとして債務不履行に基づく損害賠償または不当利得の返還としてチケット代金相当額の支払い(返金)を求めた事案(株式会社スターリーナイトカンパニー)、⑤文化芸能分野での催事を行う一般社団法人に対し、音楽イベントが予定どおり開催されなかったことを理由に不当利得返還請求権に基づき参加費の返金を求めた事案(一般社団法人文化芸能国際交流機構)、⑥脱毛エステサロンを運営する事業者に対し、契約に重要事項の記載不備があり、また、勧誘時に不実告知があったなどとして、特商法上のクーリング・オフまたは契約の取消しを主張して契約代金の返還を求めた事案(株式会社ラドルチェ)、⑦信販事業等を

6章前注-*3*(9)・§34

営む事業者に対し、当該事業者が個別信用購入あっせんの対象とした訴外法人の脱毛エステ契約等に関して特商法上のクーリング・オフまたは契約の取消しを主張して、支払済み割賦金相当額の不当利得の返還を求めた事案(ライフティ株式会社)である。法律構成は、不当利得構成が3件、不法行為構成が2件、不法行為構成と債務不履行構成との併合が2件、債務不履行に基づく損害賠償請求権と不当利得返還請求権との併合が1件である。

(9) **今後の課題** 本制度の今後の利用促進のためには、特定適格消費者団体の活動を支える環境整備が重要である。令和3(2021)年3月から同年9月にかけて開催された「消費者裁判手続特例法等に関する検討会」においては、制度や特定適格消費者団体についての認知度・理解度に課題があり、情報や寄附等が十分に取得できていないことや、特定適格消費者団体に十分な人的・物的体制がなく財政面・体制面に課題があること、現行制度下での特定適格消費者団体の事務負担が過大であることが指摘された(消費者裁判手続特例法等に関する検討会「報告書」〔令和3年10月〕36頁)。現状の厳格な報酬規定を前提とすると特定適格消費者団体の費用負担は過重であり、団体が公益的役割を一部代替しているという側面も考慮すれば、公的な助成を拡充する必要があるとの指摘もある(大澤彩『消費者法』(商事法務・2023)399頁)。特例法の令和4(2022)年改正(令和5年10月1日施行)においては、特定適格消費者団体の消費者への通知が一部簡略化され(特例27②)、団体の事務の受託等の支援業務を担う「消費者団体訴訟等支援法人」制度(同法第4章〔98~113〕)が導入されるなどしたが(令和6年12月現在、1つの法人が消費者団体訴訟等支援法人としての認定を受けている)、利用拡大に向けて継続的に制度を見直すことが必要であると考えられる。 〔森大樹＝須藤希祥＝生田敦志〕

〔差止請求権等〕

第34条 消費者契約法(平成12年法律第61号)第2条第4項に規定する適格消費者団体(以下「適格消費者団体」という。)は、事業者が、不特定かつ多数の一般消費者に対して次の各号に掲げる行為を現に行い又は行うおそれがあるときは、当該事業者に対し、当該行為の停止若しくは予防又は当該行為が当該各号に規定する表示をしたものである旨の周知その他の当該行為の停止若しくは予防に必要な措置をとることを請求することができる。

(1) 商品又は役務の品質、規格その他の内容について、実際のもの又は当該事業者と同種若しくは類似の商品若しくは役務を供給している他の事

§ 34-*1*(1)〜(3)

業者に係るものよりも著しく優良であると誤認される表示をすること。

(2) 商品又は役務の価格その他の取引条件について、実際のもの又は当該事業者と同種若しくは類似の商品若しくは役務を供給している他の事業者に係るものよりも取引の相手方に著しく有利であると誤認される表示をすること。

② 消費者安全法(平成21年法律第50号)第11条の7第1項に規定する消費生活協力団体及び消費生活協力員は、事業者が不特定かつ多数の一般消費者に対して前項各号に掲げる行為を現に行い又は行うおそれがある旨の情報を得たときは、適格消費者団体が同項の規定による請求をする権利を適切に行使するために必要な限度において、当該適格消費者団体に対し、当該情報を提供することができる。

③ 前項の規定により情報の提供を受けた適格消費者団体は、当該情報を第1項の規定による請求をする権利の適切な行使の用に供する目的以外の目的のために利用し、又は提供してはならない。

---

1 適格消費者団体の差止請求権(1項)　　*2* 適格消費者団体への情報提供(2項)
3 適格消費者団体が提供を受けた情報の目的外利用・提供の禁止(3項)　　*4* 独占禁止法上の差止請求権(同24条)との比較

1　適格消費者団体の差止請求権(1項)

(1)　**趣　　旨**　　適格消費者団体による差止請求の制度の趣旨については、**前注-*2*(1)**を参照されたい。

(2)　**差止請求権の法的性質**　　適格消費者団体の差止請求権の法的性質については、①適格消費者団体に実体法上の請求権が与えられたという考え方と、②適格消費者団体に実体法上の請求権を認めたものではないという考え方(法定訴訟担当とする考え方や民衆訴訟であるとする考え方等)とがあり得るが、差止請求導入に当たっての第19次国民生活審議会消費者団体訴訟制度検討委員会報告書(「消費者団体訴訟制度の在り方について」〔平成17年6月23日〕)5頁においては「一定の消費者団体に対して民事実体法上の請求権を認めるものと考えるのが適切」とされており、上記①のとおりに理解することが適切であると考えられる(中田邦博＝鹿野菜穂子『基本講義 消費者法〔第5版〕』(日本評論社・2022)413頁)。

(3)　**差止請求の要件**　　(a)　「適格消費者団体」　　本規定にいう「適格消費者団体」は消契法2条4項が定めるものを差し、同法13条に基づいて内閣総理大臣の

690　第6章　適格消費者団体

§ 34-**1**(3)

認定を受けた消費者団体がこれに当たる（認定の要件等については、**前注-2**(2)(b)参照）。

　　(b)　「事業者」　　「事業者」の意義は、**§ 2①-2**を参照されたい。

　なお、消契法上の「事業者」は「法人その他の団体及び事業として又は事業のために契約の当事者となる場合における個人」（同2②）と定義されるが、同規定では「第43条第2項第2号を除く」との留保が付されており（同法43条2項2号は、景表法に基づく差止請求に係る訴訟について、優良誤認表示および有利誤認表示に該当する「事業者の行為」があった地を管轄する裁判所にも提起できるとするものである）、消契法上の「事業者」は、景表法上の差止請求の相手方たる「事業者」とは区別されている。

　　(c)　「不特定かつ多数の」消費者に対して　　多数の消費者に急速に拡大する被害をもたらす不当表示の速やかな排除と抑止力強化を図る制度趣旨からすれば、不当表示による被害が拡散する蓋然性が存在することが必要である。そこで、本条においては、不当表示が「不特定かつ多数の消費者」に対して現に行われ、または行われるおそれがあることが差止請求の要件とされている。よって、事業者等が特定の消費者のみに対して不当表示を行っている場合や、不特定の消費者に対して行っていてもそれが少数にとどまっており、多数に及ぶおそれもないような場合には、差止請求の対象とはならない。

　もっとも、差止請求権の行使は、事業者が不当表示を現に行っている場合に限らず、その「おそれ」がある場合にも認められている。そのため、現時点では特定または少数の消費者に対してのみ不当表示が行われていても、将来的に不特定かつ多数の消費者に対してこれが行われる蓋然性が認められるような場合には、差止請求が認められ得る。

　　(d)　「一般消費者」（1項柱書）　　「一般消費者」の意義については、**§ 1-2**を参照されたい。

　　(e)　「現に行い又は行うおそれがあるとき」　　「おそれがあるとき」に該当するためには、現実に差止請求の対象となる不当な行為がされていることまでは必要でなく、不当な行為がされる蓋然性が客観的に存在していれば足りる（消費者庁消費者制度課編『逐条解説 消費者契約法〔第5版〕』（商事法務・2024）260頁）。基本的には、過去または現在において当該行為が事業者等により行われた事実があれば、特段の事情（事業者等が行為の違法性を認めた上で、これを防止する適切な措置をとったことや、当該行為が中止されてから相当の期間が経過していること等）がない限り、将来においてもこれが行われる「おそれ」が認められるものと考えられる。

　もっとも、景表法に基づく消費者庁の措置命令は「違反行為が既になくなっている場合においても……することができる」とされているのに対し（7①柱書後段）、

第6章　適格消費者団体　　*691*

§34-1 (4)(5)

差止請求訴訟については、違反が既に解消しており、以後もなされないことが見込まれるような場合には差止めの必要性が欠けるものとして請求が棄却される〔大阪高判平成28年2月25日判時2296号81頁〔サン・クロレラ販売株式会社事件〕。上告審である最判平成29年1月24日民集71巻1号1頁においても維持〕。

(4) **対象となる行為**　本項に基づき差止請求の対象となる表示は、「不特定かつ多数の一般消費者に対して」という要件が加わっているものの、実質的には、優良誤認表示（5⑴）および有利誤認表示（同⑵）に相当する行為である（景品規制〔4〕違反や告示によって指定された不当表示〔5⑶〕は対象に含まれていない）。なお、5条1号・2号が行政規制を定める条文であるのに対して本条が民事上の権利関係を定めるものであることから若干の文言調整がなされており（加納克利ほか「消費者契約法等の一部を改正する法律について」NBL884号(2008)32頁）、前者においては要件とされている「一般消費者による自主的かつ合理的な選択を阻害するおそれ」が本条には含まれていない（なお、行政規制との関係でも、「一般消費者による自主的かつ合理的な選択を阻害するおそれ」については、その他の優良誤認表示・有利誤認表示の要件が認められれば通常認められると考えられている〔高居〔第7版〕70～71頁〕）。

なお、景品規制違反行為については、直接の被害が消費者ではなく競争事業者に発生することが多いとの考慮から、本制度による差止請求の対象とはされていない。

(5) **請求の内容**　本項に基づいて事業者に対して行うことができる具体的な請求の内容は、「当該行為の停止若しくは予防又は当該行為が当該各号に規定する表示〔優良誤認表示または有利誤認表示〕をしたものである旨の周知その他の当該行為の停止若しくは予防に必要な措置をとること」である。

「停止」については、典型的には、問題とされた表示を削除したり、誤認を生じないような表示に修正したりすることが想定される。

「予防」については、問題とされた不当表示が再度行われないようにする措置を講じることがこれに含まれる。具体例として、広告制作に従事する従業員への周知・教育を行うことなどが挙げられる。

「停止若しくは予防に必要な措置」の例として、問題とされた表示が不当表示に該当するものであることの周知が挙げられている。これは、本項に基づく差止請求の対象となる表示の媒体が商品、容器または包装、見本、チラシ、パンフレット、ポスター、看板、新聞紙等の出版物、放送、インターネットによる広告等極めて多岐・広範に及ぶところ、既に流通した表示物を全て回収することは困難である場合も多く、これを試みるよりも、訂正広告等により当該表示が不当表示である旨を消費者に周知することの方が合理的な場合も多いと考えられることによ

692　第6章　適格消費者団体

§34-**1**(5)

る。ここでいう「周知」の態様や程度については、不当表示そのものの態様や程度と比較し、当該不当表示によって誤認した不特定かつ多数の消費者のうち、少なくとも合理性が認められる程度の割合を占める者が不当表示の事実を知ることができるような適切な方法・内容の周知が必要であると考えられている（加納ほか・前掲33頁）。

　なお、いわゆるアフィリエイトプログラムを用いて広告主たる事業者がアフィリエイターに商品・役務の宣伝・広告をさせている場合のアフィリエイトサイト上の表示について、消費者庁は、「広告主がその表示内容を具体的に認識していない場合であっても、広告主自らが表示内容を決定することができるにもかかわらず他の者であるアフィリエイターに表示内容の決定を委ねている場合など、表示内容の決定に関与したと評価される場合」には、広告主に表示主体性が認められるとの見解を示している（留意事項7頁）。このような場合においては、広告主たる事業主に対し、アフィリエイト仲介代理店等に連絡をして対象となる表示を行うウェブサイトへの削除要請を行うよう求めるという形の差止請求を行う事例が見受けられる（消費者庁「消費者団体訴訟制度　適格消費者団体による差止請求事例集」〔2019年3月〕60頁【項番5】、61頁「差止請求の結果、是正・改善された内容」）。アフィリエイトプログラムにおける広告主、アフィリエイター等の表示主体制については、**§2**④-**2**(3)(a)(vii)も参照。

　差止請求については、訴えの適法性との関係で請求の特定が問題となる場合がある。消契法上の不当条項に関するものとして、京都地判平成21年9月30日判時2068号134頁およびその控訴審である大阪高判平成22年3月26日〔平成21年(ネ)第2692号〕公刊物未登載がある（消契法上の不当条項を含む契約に係る意思表示を行うための事務を行わないことを従業員に指示せよ、という内容の請求について、第一審は「書面によることの要否、その方法、程度等、事業者の義務の内容が一義的に明らかではなく、請求の特定を欠く」として不適法却下した。これに対し、控訴審は「従業員177名ほどを擁する第1審被告の事業規模……においては、そのような業務上の指示は、上記指示を記載した各従業員に対する書面の配布もしくは社内メールの送信などによって行われるべきことは当然予想されることであるから、このような作為を求めたとしても、その履行の有無について判別できないようなことは想定し得ない」として判断を覆した）。景表法との関係では、例えば、不当表示行為の予防のための措置として広告物制作に従事する従業員への周知・教育を行うことを求めるような場合には、上記裁判例と同様の問題が生じ得ると考えられる。

　この点は従来、公害関係訴訟や不正競争・知的財産権関係訴訟において問題とされてきた点である。近年は、請求の趣旨や判決主文の記載そのものに一定の幅がある場合であっても、被告においていかなる行為をすれば義務を履行したこと

第6章　適格消費者団体　*693*

§34-*1*(6)

になるかが客観的にみて認識可能であり、少なくとも間接強制による強制執行が可能であるような場合には訴えは適法であるとする考えが強くなっているとする見解もある(後藤巻則＝齋藤雅弘＝池本誠司『条解 消費者三法〔第2版〕』(弘文堂・2021)173頁)。

(6) **差止請求の制限**(消契12条の2)　　差止請求に係るその他の要件を満たす場合であっても、差止請求が制限される場合がある(消契12の2)。

〔差止請求の制限〕

第12条の2　①　前条、不当景品類及び不当表示防止法(昭和37年法律第134号)第34条第1項、特定商取引に関する法律(昭和51年法律第57号)第58条の18から第58条の24まで又は食品表示法(平成25年法律第70号)第11条の規定による請求(以下「差止請求」という。)は、次に掲げる場合には、することができない。

(1)　当該適格消費者団体若しくは第三者の不正な利益を図り又は当該差止請求に係る相手方に損害を加えることを目的とする場合

(2)　他の適格消費者団体を当事者とする差止請求に係る訴訟等(訴訟並びに和解の申立てに係る手続、調停及び仲裁をいう。以下同じ。)につき既に確定判決等(確定判決及びこれと同一の効力を有するものをいい、次のイからハまでに掲げるものを除く。以下同じ。)が存する場合において、請求の内容及び相手方が同一である場合。ただし、当該他の適格消費者団体について、当該確定判決等に係る訴訟等の手続に関し、第13条第1項の認定が第34条第1項第4号に掲げる事由により取り消され、又は同条第3項の規定により同号に掲げる事由があった旨の認定がされたときは、この限りでない。

イ　訴えを却下した確定判決

ロ　前号に掲げる場合に該当することのみを理由として差止請求を棄却した確定判決及び仲裁判断

ハ　差止請求をする権利(以下「差止請求権」という。)の不存在又は差止請求権に係る債務の不存在の確認の請求(第24条において「差止請求権不存在等確認請求」という。)を棄却した確定判決及びこれと同一の効力を有するもの

②　前項第2号本文の規定は、当該確定判決に係る訴訟の口頭弁論の終結後又は当該確定判決と同一の効力を有するものの成立後に生じた事由に基づいて同号本文に掲げる場合の当該差止請求をすることを妨げない。

(a) **図利加害目的の場合**　　消契法12条の2第1項1号は、適格消費者団体による差止請求が、当該団体または第三者の不正な利益を図る目的に出たものである場合や、相手方事業者に損害を与える目的に出たものである場合には、そのような差止請求は認めないことを定めている。この規定は、形式的には要件を充足した差止請求が実質的には権利濫用に該当するような場合に、一般原則(民1

694　第6章　適格消費者団体

§34-*1*(6)

③)に照らしてそのような請求が認められないことを前提に、権利濫用に該当するものを類型化・明確化したものである(消費者庁消費者制度課編・前掲『逐条解説』268頁)。

(b) **請求内容および相手方が同一である判決等が存在する場合** 消契法12条の2第1項2号は、他の適格消費者団体が原告となって同じ内容の差止請求訴訟等を同じ事業者に対して提起し、すでに確定判決等により解決している場合には、新たな差止請求は認めないことを定めている。本規定は、実体法的権利としては同じ事業者に対する同内容の差止請求権が複数の適格消費者団体に帰属し得ることを念頭に置いた上で、複数の適格消費者団体が各々これを訴訟上行使した場合には相互に矛盾する判決が生じるおそれがあるとともに、相手方である事業者には過度の応訴負担を課すこととなり、訴訟経済にも反するといった訴訟法的な考慮から設けられた制限である(消費者庁消費者制度課編・前掲『逐条解説』268頁)。ここで「請求の内容」の同一性とは訴訟物たる差止請求権の同一性から当事者たる適格当事者団体の同一性を捨象した概念を指し、これが認められるためには、各請求の間に①社会的事実関係の同一性と②差止請求の根拠となる該当法規(どの法令のどの条・項・号か)の同一性がいずれも認められることが必要であると解されている(消費者庁消費者制度課編・前掲『逐条解説』269頁)。①については個別具体的に判断されることとなるが、景表法上の不当表示との関係では、問題とされる表示の同一性が判断の基礎となるものと考えられる。②に関しては、差止請求の根拠とする法規が異なれば「請求の内容」が異なるものと判断されるため、例えばある広告における表示が消契法上の断定的判断の提供(消契4①(2))に該当するとの理由で提起された先行の差止請求訴訟の確定判決が存在する場合であっても、同じ表示が商品の内容について著しく優良であると誤認される表示(本条①(1))に該当するとして別途の差止請求を行うことはなお可能である(もっとも、前訴において求釈明等を通じて請求の範囲が画定される過程で、消契法上の請求と併せて景表法に基づく請求もなされたものと判断されることもあり得るとの指摘があり〔高居〔第7版〕386頁〕、その場合には後行の差止請求は排斥されることとなる)。

なお、先行する差止請求に係る判決等が、訴え却下の確定判決である場合(消契12の2①(2)イ)や濫用的差止請求であることのみを理由とした棄却判決等である場合(同ロ)には実質的な判断がされたとはいえず、事業者側からの差止請求権等の不存在確認請求を棄却する確定判決等である場合(同ハ)にはその後の差止請求を禁ずる理由はないから、これらの場合は除外されている。また、先行する訴訟が適格消費者団体と事業者との通謀により不当な結論に至ったとみられるような場合についても、除外されている(同柱書ただし書)。

第6章 適格消費者団体 **695**

§34-*1*(7)

(7) 差止請求の手続　　適格消費者団体が差止請求権を裁判上行使する場合の手続は、民事訴訟法の規定によるほか、消契法第3章第3節(同41〜47)に定められた訴訟手続等の特例による。

（a）**訴え提起前の書面による差止請求**(消契41条)　　適格消費者団体は、原則として、差止請求訴訟の提起または差止請求に係る仮処分命令の申立てに先立って、事業者に対して書面(「請求の要旨及び紛争の要点その他の内閣府令で定める事項を記載した書面」)による差止請求をしなければならず、その到達から一週間が経過していることが訴訟提起や仮処分命令申立ての要件とされている(消契41①本文・③。ただし、事業者が差止請求を拒んだ場合を除く〔同①ただし書〕)。これは、事業者に対して早期に取引の実情を把握して自ら是正する機会を与えるとともに紛争の早期解決と取引の適正化を図る趣旨によるもので、「請求の要旨」とは被告となるべき事業者に対してどのような訴えを提起することになりそうかを示す程度の事項の記載をいい、「紛争の要点」とは争いになっている実情についてまとめて表示したものをいう(消費者庁消費者制度課編・前掲『逐条解説』434〜435頁)。「内閣府令で定める事項」は消契法施行規則32条1項に定められており、請求の要旨および紛争の要点(同①(6))に加えて①名称および住所ならびに代表者の氏名(同①(1))、②電話番号、電子メールアドレスおよびファクシミリの番号(同(2))、③被告となるべき者の氏名または名称および住所(同(3))、④請求の年月日(同(4))および⑤消契法41条1項の請求である旨(同規32①(5))を記載した上、できる限り、訴えを提起しまたは仮処分命令を申し立てる予定の裁判所も明示するものとされている(同②)。

なお、適格消費者団体が不当表示の差止請求を行う場合、実際には本規定に基づく書面による差止請求を行う前に、当該事業者と事実上の協議を行い、任意の改善を求める交渉を行うのが通常である(高居〔第7版〕387頁)。

（b）**差止めの仮処分**　　不当表示による消費者被害が時々刻々と拡大することを防止するためには、表示の差止めを求める本案訴訟の判決を待っていたのでは不十分である場合も考えられることから、事業者が任意に表示を取りやめない場合には、差止めの仮処分を活用することも考えられる。消契法や景表法にはこれに関する規律を定めた特段の規定はないため(ただし、消契法41条3項はこれを想定した規定である)、民事保全法の定めに従うこととなる。差止めの仮処分は「仮の地位を定める仮処分」(民事保全23②)に当たり、保全の必要性の要件として「債権者に生ずる著しい損害又は急迫の危険を避けるため」に仮処分が必要であることが求められる。ここでいう「債権者」については、適格消費者団体による差止め請求の文脈では申立人たる適格消費者団体ではなく、差止請求の根拠法規が保護を図る不特定かつ多数の消費者を指すと解するべきとの見解がある(上原敏夫=松本恒雄編

§ 34-*1*(7)

著『新しい消費者契約法・消費者裁判手続特例法 解説＋全条文』(三省堂・2023)54頁)。

　　(c)　その他の訴訟手続の特例(訴額・管轄等)　　差止請求に係る訴えは、訴額の算定上、財産権上の請求でない請求に係る訴えとみなされ(消契42)、その結果、訴額は160万円とみなされる(民事訴訟費用等に関する法律4②前段)。不当表示の差止めにより不特定かつ多数の消費者が被害を免れるという財産的利益を目的とすることから、差止めの訴えは本来的には財産権上の請求であると整理されるものの、その価額を算定することが類型的に極めて困難であるため、非財産権上の請求とみなして訴額を算定することとされた(高居〔第7版〕387頁)。

　　裁判管轄については、原則として民事訴訟法の規定が適用され、被告となる事業者等の普通裁判籍の所在地を管轄する地方裁判所(上記のとおり訴額は160万円とみなされるため、事物管轄は地方裁判所にある〔裁判所24(1)・33①(1)〕)に認められる(民事訴訟4①)。これに加えて消契法43条が特則を定めており、民事訴訟法5条の定める特別裁判籍のうち5号(被告の事務所または営業所の所在地)以外は適用が排除される反面(消契43①)、景表法34条1項に規定される事業者の行為(優良誤認表示または有利誤認表示)があった地を管轄する裁判所にも管轄が認められている(消契43②(2))。不当表示があった地とは、問題となる表示が一般消費者の目に触れる場所であると解されており、広告やチラシについては掲出・設置されたり配布されたりした場所が、テレビやラジオ、ウェブサイトといった媒体の場合は消費者がこれを受信した場所がこれに当たると考えられている(高居〔第7版〕387頁)。

　　以上の管轄の定めからすれば、同一の事業者等による不当表示を対象とした差止めの訴えが複数の裁判所に提起されることも想定される。そこで、消契法44条は、事件の移送について民事訴訟法の規定に加えて特別の定めを設けており、「他の裁判所に同一又は同種の行為の差止請求に係る訴訟が係属している場合」には裁判所の裁量により事件を他の裁判所に移送することができるものとされている(「同一」の行為のみならず「同種」の行為も対象に含まれていることから、理論的には、被告たる事業者が異なる場合であっても同条に基づいて移送がなされる可能性があると指摘されている〔上原＝松本編著・前掲55〜56頁〕)。また、同法45条1項は、「請求の内容及び相手方が同一である差止請求に係る訴訟」が同一の第一審裁判所または控訴裁判所に同時に係属したときは、それが著しく不相当と認められる場合を除いて弁論および裁判を併合しなければならないものとし、同条2項は、当事者に同時係属の事実を裁判所に申し出ることを義務付けている。これらの規定により、同一の事業者による不当表示を対象とした差止めの訴えについては、一箇所の裁判所に集約し、かつ弁論を併合して審理・判断することとなる。

　　(d)　差止請求に関する情報共有・公表(消契23条3〜5項、39条1項)　　適格消費

第6章　適格消費者団体　　697

§34-2

者団体が実効的にその権限を行使するために、法は団体相互が情報を共有しつつ連携・協力することを求め(消契23③～⑤)、また、権限行使の成果を広く消費者に還元するために、判決等に関する情報は公表されることとしている(同39①)。

具体的には、適格消費者団体は、事業者に対して訴訟外で差止請求を行った場合、差止めの訴えを提起した場合、当該訴えに係る判決が言い渡された場合やこれが確定した場合、裁判上あるいは裁判外の和解が事業者との間で成立した場合等、事件処理のマイルストーンとなる場面ごとにその旨を他の適格消費者団体に通知し、内閣総理大臣に報告する義務を負う(消契23④)。報告を受けた内閣総理大臣は、一定の場合(判決の言渡し・確定や和解の成立等)には、インターネット等を通じて、判決または和解の概要、当該適格消費者団体の名称および相手方の氏名・名称等を公表する(同39①。ただし、公表に係る内閣総理大臣の権限は、同法48の2により、消費者庁長官に委任されている)。

(e) 確定判決・和解の波及効　前記のとおり、差止請求訴訟において判決が確定したり、和解が成立したりした場合には、請求の内容および相手方が同一である差止請求は排斥される(消契12の2①(2))。民事訴訟法上の既判力が拡張されているものではないものの、先行訴訟における確定判決や和解は、その意味で他の適格消費者団体を事実上拘束する。

(f) 強制執行　表示の差止めを命ずる判決が確定したり、差止めを含む裁判上の和解が成立したりしたにもかかわらず事業者等がこれに従わない場合、適格消費者団体は強制執行によりその実現を図ることとなる。この場合の債務(表示を削除したり、不当表示に該当する表示であることを周知したりする義務)は不代替的作為義務であることから、強制執行は間接強制の方法によることとなる(民事執行172①)。その場合に債務者たる事業者等に支払いを命ずる金銭の額は、執行裁判所が「債務の履行を確保するために相当と認める」一定の額であるとされるが(同①)、適格消費者団体による差止請求においては、その判断に際して「債務不履行により不特定かつ多数の消費者が受けるべき不利益」を特に考慮しなければならないものとされている(消契47)。これは、手続上の債権者である適格消費者団体自身には差止請求に係る事業者の行為によって受ける固有の損害が観念されず、損害は一般消費者において発生するという特殊性を考慮したものである(消費者庁消費者制度課編・前掲『逐条解説』452～453頁)。

2　適格消費者団体への情報提供(2項)

差止請求を適時・適切に行うためにはその対象となる表示の情報を迅速かつ充実して収集することが必要である。この情報収集の面で適格消費者団体を支援

§34-*3, 4*

し、差止請求制度を実効あらしめるために、平成26（2014）年6月改正の際、消費生活協力団体または消費生活協力員（消費者安全11の7）が適格消費者団体に情報提供を行い得る規定が設けられた。

　適格消費者団体の情報収集手段としては、本規定に定めるもののほかに、消契法40条1項に基づく独立行政法人国民生活センターおよび地方公共団体による情報提供の制度がある。同制度は適格消費者団体からの求めに応じて情報提供がなされることとされている点や、情報を提供する主体、提供される情報の内容等において本規定とは異なるが、本規定と同様に、差止請求権を適切に行使するために必要な限度において情報提供をなし得るものとされている。ただし、目的外利用のおそれが強い情報や、適格消費者団体の権利行使とはおよそ関係がないような情報については、提供の対象外と考えられる（消費者庁消費者制度課編『逐条解説 消費者契約法〔第5版〕』（商事法務・2024）432頁）。

3　適格消費者団体が提供を受けた情報の目的外利用・提供の禁止（3項）

　本条2項の規定により消費生活協力団体または消費生活協力員から提供を受けた情報を、適格消費者団体が差止請求権の適切な行使以外の目的のために利用・提供することを禁ずる規定である。適格消費者団体が当該情報を利用して書籍を出版・販売したり、当該情報に含まれる連絡先情報を利用してダイレクトメールを送付したりする事態を防ぐことを目的としている（高居〔第7版〕389頁）。本項に違反する情報の利用・提供には、罰則（30万円以下の過料）が用意されている（52）。

4　独占禁止法上の差止請求権（同24条）との比較

　なお、独禁法においても、民事救済の1つの手段として、「不公正な取引方法」等を対象とした差止請求権が規定されている（同24）。ここでは、同じく違反行為の差止めを可能とする景表法上の差止請求権と、独禁法上の差止請求権との相違について概説する。

〔差止請求権〕

独禁法第24条　第8条第5号又は第19条の規定に違反する行為によってその利益を侵害され、又は侵害されるおそれがある者は、これにより著しい損害を生じ、又は生ずるおそれがあるときは、その利益を侵害する事業者若しくは事業者団体又は侵害するおそれがある事業者若しくは事業者団体に対し、その侵害の停止又は予防を請求することができる。

　第1に、差止請求の主体が異なる。独禁法24条による差止請求は、同法「第8

§ 34-4

条第5号又は第19条の規定に違反する行為によってその利益を侵害され、又は侵害されるおそれがある者」が行い得るものとされている。すなわち、事業者による「不公正な取引方法」が行われていること、または事業者団体が「不公正な取引方法」に該当する行為をさせるようにしていることを前提に（村上政博ほか編『条解 独占禁止法〔第2版〕』(弘文堂・2022)737頁）、それによって利益を侵害され、または侵害されるおそれがある者が、同条に基づく差止請求権の主体となる。景表法上の差止請求権は適格消費者団体のみが行使し得るものとして主体が限定されており、被害者自身が差止請求をすることができるわけではない点で、独禁法上の差止請求権と大きく異なっている。一般消費者などの需要者が不当表示の差止請求をするということは、その表示が不当表示であることを知っているのであるから、もはや被害を受ける可能性はなく、差止めの必要性が類型的に欠けるとの指摘もある一方で、将来的な誤認の可能性を包括的に封ずる差止命令を適切に設計し得る事例も想定できるのではないか、との指摘も見受けられるところである（白石忠志『独占禁止法〔第4版〕』(有斐閣・2023)785頁）。

　制度趣旨に目を向けると、独禁法24条は、「独占禁止法違反の行為による被害者の民事的救済手段を充実するとともに、これに付随して違反行為の抑止を図るとの観点から、私人に対して差止請求権を付与するもの」であると理解されている（東京地判平成平成16年3月18日判タ1155号161頁〔日本テクノ事件〕）。請求権者が適格消費者団体のみに限定されている景表法上の差止請求権は、独禁法上の差止請求権に比して、違反行為の抑止のための公益的手段としての性質がより強いといえるだろう。

　第2に、差止請求を行い得る場面について、規定上の違いがみられる。すなわち、景表法上の差止請求は、事業者が優良誤認表示または有利誤認表示を「現に行い又は行うおそれがあるとき」になし得るとしており、違反行為の現存が不要であることが明示されている（本条①柱書）。他方、独禁法上の差止請求においては、事業者または事業者団体による違反行為の現存が必要か否か、規定の文言上は明らかでない。この点については、事実審口頭弁論終結時において違反行為が行われていない事例においては「利益を侵害され、又は侵害されるおそれ」との要件の充足のハードルが相対的に高くなるとは思われるものの、違反行為そのものの現存は必須ではなく、将来の侵害・損害の「おそれ」があれば差止めは可能であると考えられている（白石・前掲789頁）。したがって、規定の文言には差異があるものの、実際には必ずしも違反行為そのものの現存が要件となるわけでないという点においては共通している。

　第3に、独禁法上の差止請求権においては、景表法上の差止請求権とは異な

700　　第6章　適格消費者団体

§35

り、差止請求権を行使する原告に、事業者または事業者団体による違反行為との因果関係が認められる「著しい損害」またはその「おそれ」があることを要件としている（この要件については、批判する見解も見られる（村上ほか編・前掲742頁））。この点にも、適格消費者団体が一般消費者の拡散的利益を保護するために行使する景表法上の差止請求権と、原告が自己の具体的な利益を保全するために利用する独禁法上の差止請求権との相違があらわれているものといえる。

　以上が要件面における両制度の対比である。このほか、その効果について、本条1項柱書が、同項各号該当行為の「停止若しくは予防又は当該行為が当該各号に規定する表示をしたものである旨の周知その他の当該行為の停止若しくは予防に必要な措置をとること」を請求できると定める一方、独禁法24条は単に「侵害の停止又は予防」を請求できるとのみ規定している。例えば、不正競争防止法上の差止請求においては、「侵害の停止又は予防」（不正競争防止3①）に加えて「侵害の停止又は予防に必要な行為」も請求し得る（同3②）とされていることとの関係で、独禁法上の差止請求の具体的内容はより狭く規定されていると解する余地もある。しかし、立法担当官の見解は「『侵害の停止又は予防』には、違反行為の取りやめのほか、違反行為の実効を確保するための措置の取りやめも含まれると解される。また、取引の相手方に対して拘束をしない旨通知させるなどの作為も含まれると解される」というものであり、一定の作為請求が認められる余地があるという点においては景表法上の差止請求権と同様といえるとされている（村上ほか編・前掲744頁）。

　なお、景表法違反行為と独禁法24条に基づく差止請求との関係については、景表法違反行為が、不公正な取引方法に関する一般指定8項（ぎまん的顧客誘引）・9項（不当な利益による顧客誘引）にも該当する限りにおいて、景表法違反行為が独禁法上の差止請求の対象となると考えられる（白石・前掲785頁）。

〔森大樹＝須藤希祥＝生田敦志〕

〔資料開示要請等〕

第35条　①　適格消費者団体は、事業者が現にする表示が前条第1項第1号に規定する表示に該当すると疑うに足りる相当な理由があるときは、内閣府令で定めるところにより、当該事業者に対し、その理由を示して、当該事業者のする表示の裏付けとなる合理的な根拠を示す資料を開示するよう要請することができる。

第6章　適格消費者団体　　701

§ 35-*1, 2*(1)

> ②　事業者は、前項の資料に営業秘密(不正競争防止法(平成5年法律第47号)第2条第6項に規定する営業秘密をいう。)が含まれる場合その他の正当な理由がある場合を除き、前項の規定による要請に応じるよう努めなければならない。

1 趣　　旨　　*2* 適格消費者団体による資料開示要請(1項)　　*3* 資料開示要請を受けた事業者の努力義務(2項)

1　趣　　旨

　適格消費者団体は一定の不当表示について差止めを求めることができるが(34①)、差止めの要件を満たす事実を主張・立証する責任は適格消費者団体の側にあり、例えば効果や性能に関する優良誤認表示の差止めを求めるためには、これを求める適格消費者団体において、対象製品が表示どおりの効果や性能を欠くことを立証しなければならない(逐条解説・令和5年改正88頁)。この点の立証困難を救済する1つの方策として、優良誤認表示が疑われる場合を対象として、適格消費者団体が事業者に対して表示の裏付けとなる根拠を示すよう求め得ることを明示的に定めるとともに(本条①)、事業者側にこれに応じる努力義務を課すこととした(本条②)。

　令和4 (2022)年改正により消契法に同様の規定が導入されたこと(同12の4)に倣い、令和5 (2023)年改正の際に景表法にも導入されたものである。

2　適格消費者団体による資料開示要請(1項)

　(1)　**「事業者が現にする表示が前条第1項第1号に規定する表示に該当すると疑うに足りる相当な理由があるとき」**　　「事業者が現にする表示が前条第1項第1号に規定する表示に該当すると疑うに足りる相当な理由があるとき」とは、具体的には、単なる憶測や伝聞等ではなく、例えば、同種の商品に係る同種の効果・性能表示について優良誤認表示に該当するとして行政庁が処分を行ったことがあるなど、適格消費者団体が、事業者が現に行う表示が優良誤認表示に該当する可能性があると考えるに相当な理由がある場合を意味するものとされる(逐条解説・令和5年改正89頁)。本条の導入に際しては適格消費者団体による根拠の開示要請が乱発されることへの懸念が表明されたことから(公益社団法人日本通信販売協会の意見〔同協会作成の資料「景品表示法検討会におけるヒヤリング項目について」〔2022年9月15日〕17頁〔7-3.〕参照〕)、消契法12条の4に倣い、不当表示に該当すると疑うに足りる「相当な理由」

702　第6章　適格消費者団体

§35-*2*(2), *3*(1)(2)

が要件として定められたものである(消費者庁報告書30頁)。

(2) 「その理由を示して」　本規定に基づいて事業者に対して資料の開示を求めようとする適格消費者団体は、具体的にいかなる優良誤認表示の疑いがあるのか等、資料の開示を求める理由・趣旨を示す必要がある。

3　資料開示要請を受けた事業者の努力義務(2項)

(1) 「前項の資料に営業秘密……が含まれる場合その他の正当な理由がある場合を除き」　表示の裏付けとなる合理的な根拠を示す資料については、事業者の営業秘密に該当する内容が含まれるなど、適格消費者団体に対して開示することに合理的な支障がある場合も想定される。営業秘密が資料に含まれるか否かの判断主体は事業者とすることが適切であるとの考慮も踏まえ、事業者の行為規範として、そのような場合に開示を免れ得るものとされた(逐条解説・令和5年改正89頁)。

(2) 「前項の規定による要請に応じるよう努めなければならない」　本条1項に基づく要請を適格消費者団体から受けた事業者は、これに応じるべき努力義務を負うものとされた。

7条2項の不実証広告規制とは異なり、仮に本条に基づく要請に応じず資料を開示しなかったとしても、そのことから問題の表示が優良誤認表示であるとみなされることとはされていないが、開示しないことが裁判所の心証に事実上の影響を与えることは考えられる(景品表示法研究会編著『景品表示法質疑応答集』(第一法規・1983)1399の174頁)。　　　　　　　　　　　　　〔森大樹＝須藤希祥＝生田敦志〕

36条前注-*1, 2*

第7章　公正競争規約

36条前注　公正競争規約

1　公正競争規約とは　　*2*　制定・改正経緯　　*3*　制度の趣旨・存在理由　　*4*　公正競争規約制度の淵源等

1　公正競争規約とは

　36条は、いわゆる公正競争規約について規定している。公正競争規約とは、事業者または事業者団体が、内閣総理大臣および公取委の認定を受けて、表示または景品類に関する事項について自主的に締結・設定する業界のルールである。

　「公正競争規約」という語は、現在の景表法の条文に存在しないが、景表法制定以来平成21(2009)年まで、景表法に基づく協定または規約の総称として法に規定されており、条文の見出しともなっていた。現在でも、36条にいうところの協定または規約を「公正競争規約」と呼ぶことが一般的である。

　以下、これらの協定または規約を指すものとして「公正競争規約」との語を用いる。また、これを短縮して単に「規約」という場合がある。「公正競争規約の設定」との文言も同様に、規約の締結を含むものとして使用する。

　また、公正競争規約には景品提供に関する規約と表示に関する規約があり、以下、前者を「景品規約」、後者を「表示規約」という。

　現在の公正競争規約の一覧は次頁からの表のとおりである。

2　制定・改正経緯

　公正競争規約制度は、昭和37(1962)年の景表法制定の際にその柱の1つとして設けられたものである。

　その後しばらく条文の改変はなかった(他法令の改正に伴う修正を除く)が、平成21(2009)年の消費者庁設置に伴う景表法改正において、「協定又は規約」の総称であった「公正競争規約」の語が廃止され、また、従前の<u>不当な顧客の誘引を防止し、公正な競争を確保するための協定又は規約</u>の部分が、「<u>一般消費者による自</u>

第7章　公正競争規約　　*705*

36条前注-2

公正競争規約一覧

(2024年3月末現在)

No	運用機関	景品規約	表示規約
1	全国飲用牛乳公正取引協議会	—	飲用乳の表示に関する公正競争規約
2	発酵乳乳酸菌飲料公正取引協議会	—	発酵乳・乳酸菌飲料の表示に関する公正競争規約
3	チーズ公正取引協議会	—	ナチュラルチーズ、プロセスチーズ及びチーズフードの表示に関する公正競争規約
4	アイスクリーム類及び氷菓公正取引協議会	アイスクリーム類及び氷菓業における景品類の提供の制限に関する公正競争規約	アイスクリーム類及び氷菓の表示に関する公正競争規約
5	(一社)全国はちみつ公正取引協議会	—	はちみつ類の表示に関する公正競争規約
6	(一社)全国ローヤルゼリー公正取引協議会	—	ローヤルゼリーの表示に関する公正競争規約
7	全国辛子めんたいこ食品公正取引協議会	—	辛子めんたいこ食品の表示に関する公正競争規約
8	全国削節公正取引協議会	—	削りぶしの表示に関する公正競争規約
9	全国食品缶詰公正取引協議会	—	食品缶詰の表示に関する公正競争規約
10	全国トマト加工品業公正取引協議会	トマト加工品業における景品類の提供の制限に関する公正競争規約	トマト加工品の表示に関する公正競争規約
11	全国粉わさび公正取引協議会	—	粉わさびの表示に関する公正競争規約
12	全国生めん類公正取引協議会	—	生めん類の表示に関する公正競争規約
13	日本即席食品工業公正取引協議会	即席めん製造業における景品類の提供の制限に関する公正競争規約	即席めんの表示に関する公正競争規約
14	全国ビスケット公正取引協議会	ビスケット業における景品類の提供の制限に関する公正競争規約	ビスケット類の表示に関する公正競争規約
15	全国チョコレート業公正取引協議会	チョコレート業における景品類の提供の制限に関する公正競争規約	・チョコレート類の表示に関する公正競争規約 ・チョコレート利用食品の表示に関する公正競争規約
16	全国チューインガム業公正取引協議会	チューインガム業における景品類の提供の制限に関する公正競争規約	チューインガムの表示に関する公正競争規約
17	凍豆腐製造業公正取引協議会	凍り豆腐製造業における景品類の提供の制限及び凍り豆腐の表示に関する公正競争規約	

706　第7章　公正競争規約

36条前注-2

No	運用機関	景品規約	表示規約
18	全国味噌業公正取引協議会	みそ業における景品類の提供の制限に関する公正競争規約	みその表示に関する公正競争規約
19	醤油業中央公正取引協議会	しょうゆ業における景品類の提供の制限に関する公正競争規約	しょうゆの表示に関する公正競争規約
20	日本ソース業公正取引協議会	ソース業における景品類の提供の制限に関する公正競争規約	―
21	全国食酢公正取引協議会	―	食酢の表示に関する公正競争規約
22	カレー業全国公正取引協議会	カレー業における景品類の提供の制限に関する公正競争規約	―
23	果実飲料公正取引協議会	―	果実飲料等の表示に関する公正競争規約
24	全国コーヒー飲料公正取引協議会	―	コーヒー飲料等の表示に関する公正競争規約
25	全日本コーヒー公正取引協議会	―	レギュラーコーヒー及びインスタントコーヒーの表示に関する公正競争規約
26	日本豆乳公正取引協議会	―	豆乳類の表示に関する公正競争規約
27	マーガリン公正取引協議会	―	マーガリン類の表示に関する公正競争規約
28	全国観光土産品公正取引協議会	―	観光土産品の表示に関する公正競争規約
29	ハム・ソーセージ類公正取引協議会	―	ハム・ソーセージ類の表示に関する公正競争規約
30	日本パン公正取引協議会	―	包装食パンの表示に関する公正競争規約
31	全国食肉公正取引協議会	―	食肉の表示に関する公正競争規約
32	全国ドレッシング類公正取引協議会	―	ドレッシング類の表示に関する公正競争規約
33	もろみ酢公正取引協議会	―	もろみ酢の表示に関する公正競争規約
34	食用塩公正取引協議会	―	食用塩の表示に関する公正競争規約
35	鶏卵公正取引協議会	―	鶏卵の表示に関する公正競争規約
36	日本ワイナリー協会	果実酒製造業における景品類の提供の制限に関する公正競争規約	―
37	ビール酒造組合	ビール製造業における景品類の提供の制限に関する公正競争規約	ビールの表示に関する公正競争規約

第7章　公正競争規約　　707

36条前注-2

No	運用機関	景品規約	表示規約
38	日本洋酒輸入協会	酒類輸入販売業における景品類の提供の制限に関する公正競争規約	・輸入ウイスキーの表示に関する公正競争規約 ・輸入ビールの表示に関する公正競争規約
39	日本洋酒酒造組合	洋酒製造業における景品類の提供の制限に関する公正競争規約	ウイスキーの表示に関する公正競争規約
40	日本酒造組合中央会	・清酒製造業における景品類の提供の制限に関する公正競争規約 ・単式蒸留しようちゆう製造業における景品類の提供の制限に関する公正競争規約	・単式蒸留焼酎の表示に関する公正競争規約 ・泡盛の表示に関する公正競争規約
41	日本蒸留酒造組合	合成清酒及び連続式蒸留しょうちゅうの製造業における景品類の提供の制限に関する公正競争規約	―
42	全国小売酒販組合中央会	―	酒類小売業における酒類の表示に関する公正競争規約
43	全国帯締め羽織ひも公正取引協議会	―	帯締め及び羽織ひもの表示に関する公正競争規約
44	眼鏡公正取引協議会	―	眼鏡類の表示に関する公正競争規約
45	(公社)全国家庭電気製品公正取引協議会	家庭電気製品業における景品類の提供に関する公正競争規約	・家庭電気製品製造業における表示に関する公正競争規約 ・家庭電気製品小売業における表示に関する公正競争規約
46	医療用医薬品製造販売業公正取引協議会	医療用医薬品製造販売業における景品類の提供の制限に関する公正競争規約	―
47	医療用医薬品卸売業公正取引協議会	医療用医薬品卸売業における景品類の提供の制限に関する公正競争規約	―
48	化粧品公正取引協議会	―	化粧品の表示に関する公正競争規約
49	化粧石けん公正取引協議会	化粧石けん業における景品類の提供の制限に関する公正競争規約	化粧石けんの表示に関する公正競争規約
50	洗剤・石けん公正取引協議会	家庭用合成洗剤及び家庭用石けん製造業における景品類の提供の制限に関する公正競争規約	家庭用合成洗剤及び家庭用石けんの表示に関する公正競争規約

36条前注-2

No	運用機関	景品規約	表示規約
51	歯磨公正取引協議会	歯みがき業における景品類の提供の制限に関する公正競争規約	歯みがき類の表示に関する公正競争規約
52	防虫剤公正取引協議会	—	防虫剤の表示に関する公正競争規約
53	新聞公正取引協議会	新聞業における景品類の提供の制限に関する公正競争規約	—
54	出版物小売業公正取引協議会	出版物小売業における景品類の提供の制限に関する公正競争規約	—
55	雑誌公正取引協議会	雑誌業における景品類の提供の制限に関する公正競争規約	—
56	(一社)自動車公正取引協議会	自動車業における景品類の提供の制限に関する公正競争規約	・自動車業における表示に関する公正競争規約 ・二輪自動車業における表示に関する公正競争規約
57	タイヤ公正取引協議会	タイヤ業における景品類の提供の制限に関する公正競争規約	タイヤの表示に関する公正競争規約
58	農業機械公正取引協議会	農業機械業における景品類の提供の制限に関する公正競争規約	農業機械の表示に関する公正競争規約
59	不動産公正取引協議会連合会	不動産業における景品類の提供の制限に関する公正競争規約	不動産の表示に関する公正競争規約
60	(一社)北海道不動産公正取引協議会		
61	東北地区不動産公正取引協議会		
62	(公社)首都圏不動産公正取引協議会		
63	北陸不動産公正取引協議会		
64	東海不動産公正取引協議会		
65	(公社)近畿地区不動産公正取引協議会		
66	中国地区不動産公正取引協議会		
67	四国地区不動産公正取引協議会		
68	(一社)九州不動産公正取引協議会		

36条前注-2

No	運用機関	景品規約	表示規約
69	旅行業公正取引協議会	旅行業における景品類の提供の制限に関する公正競争規約	募集型企画旅行の表示に関する公正競争規約
70	全国銀行公正取引協議会	銀行業における景品類の提供の制限に関する公正競争規約	銀行業における表示に関する公正競争規約
71	指定自動車教習所公正取引協議会	指定自動車教習所業における景品類の提供の制限に関する公正競争規約	指定自動車教習所業における表示に関する公正競争規約
72	ペットフード公正取引協議会	ペットフード業における景品類の提供の制限に関する公正競争規約	ペットフードの表示に関する公正競争規約
73	全国釣竿公正取引協議会	—	釣竿の表示に関する公正競争規約
74	鍵盤楽器公正取引協議会	—	・ピアノの表示に関する公正競争規約 ・電子鍵盤楽器の表示に関する公正競争規約
75	衛生検査所業公正取引協議会	衛生検査所業における景品類の提供の制限に関する公正競争規約	—
76	スポーツ用品公正取引協議会	—	スポーツ用品の表示に関する公正競争規約
77	医療機器業公正取引協議会	医療機器業における景品類の提供の制限に関する公正競争規約	—
78	仏壇公正取引協議会	—	仏壇の表示に関する公正競争規約
79	特定保健用食品公正取引協議会	—	特定保健用食品の表示に関する公正競争規約
80	日本オリーブオイル公正取引協議会	—	エキストラバージンオリーブオイルの表示に関する公正競争規約
合計	80	37	66

出典：「公正取引委員会令和5年度年次報告」(一部修正)

主的かつ合理的な選択及び事業者間の公正な競争を確保するための協定又は規約」に改められる等の改正が行われた。

　なお、公正競争規約は制定時には10条に規定されていた。平成18(2006)年の独禁法改正に伴う法改正により12条に繰り下がり、消費者庁設置に伴う平成21年法改正で11条に移動した。さらに、平成26(2014)年改正(平成28年施行)で31条に、令和5(2023)年改正(令和6年10月施行)で36条に移動した。

36条前注-3(1)(2)

3 制度の趣旨・存在理由

(1) 相互不信の除去・法の規定の具体化・明確化(立法当時の説明) 公正競争規約制度は、業界の自主規制により景表法の規制の実効性を確保するための制度として導入された。

景表法の「法案提案理由説明」(昭和37年4月11日、衆議院商工委員会)においては、不当な景品類提供・不当表示は競争事業者が対抗的に行うものであるので、同時に多発し(解説等では「波及性」と呼ばれる)、規模も次第に拡大する(同じく「亢進性」と呼ばれる)という性質があり、これに対応するための手段として、①独禁法の手続よりも迅速かつ効果的な規制手続を定めるとともに、②「事業者が景品類及び表示について公正競争規約を締結できることとし、自主的に不当な行為を規制できることとしたい」と述べられている。

不当な景品類提供や不当表示に対して、自主規制が有効に機能する理由として、法制定直後に刊行された公取委担当者による解説書(公取委事務局編『誇大広告と懸賞販売の規制—不当景品類及び不当表示防止法の解説』(ダイヤモンド社・1962))では、以下の2点が挙げられている。

①事業者間の相互不信の除去

「不当な景品類提供や不当表示は、あらゆる事業者が好んで行っているわけではないが、他の事業者が行っている限りは自分だけがやめることもできない。そこで、大部分の事業者の持っている良識を明文化し、それを自分も守れば他の事業者も守るという保証を与え、不当表示等の蔓延の大きな原因となっている事業者間の無益な対抗意識、相互不信を取り除いて、有害無益な商慣行を防止しようというのである」(同書122頁)。

②景表法実体規定の具体化・明確化

「法律の第3条や第4条に基づく措置〔注:不当な景品類・表示の指定を指すものと考えられる〕をするとしても、多種多様な業界のすべてについて詳細、具体的なきめの細かい規定を法律で定めることは非常に困難であるため、この法的措置は、ある程度抽象的、一般的なものにならざるを得ない。したがってこれを受けて、業界自らがその実態や取引形態に応じて、禁止事項や許容事項が一目瞭然とするような公正競争規約の設定されることが望ましいし、また必要でもある」(同書123頁)。

(2) 景表法の規制を補完するルールの設定 その後の規制当局関係者等による解説も立法当初の説明とほぼ同旨であるが、ルールの内容に関して、「法律や告示で線引きすることが困難な表示基準なども、対象となる商品や役務の内容に即して設定することや、法令上義務づけられていない事項についての表示を規約

第7章 公正競争規約 *711*

36条前注-*3*(3)(4)

参加者間の約束事としてお互いに義務づけ合うことも可能である」(高居〔第7版〕288頁)と、法の規定の具体化・明確化にとどまらず、法では規制できないこと、あるいは法では規制されていないことも規約であれば規律が可能となることが、規約の利点として挙げられている。

(3)　**用語の統一化・標準化**　　規約によって用語の統一化、標準化が進むことの意義を重視する見解もある(高瀬恒一＝黒田武＝鈴木深雪監修『独占禁止政策苦難の時代の回顧録』(公正取引協会・2001)223頁〔伊従寛発言部分〕)。

この見解は、「不当表示の背景には言葉の曖昧さや混乱があるので、不当表示を排除するためには言葉の整理と標準化が必要である。例えば、不動産の表示で徒歩1分が何メートルを意味するのか標準化されることや、ジュースという言葉が果汁を意味すると定義されることが、不当表示規制の基礎として必要不可欠である。それは、規制当局ではなく、業界が消費者と協議して決め、当局が背後で支援することが適切である」(要旨)というものである。

確かに、表示とは事業者と消費者との間のコミュニケーションの手段であり、そこで使われる用語の意義等が統一化され確定していることはコミュニケーションが成立するための必須条件である。この点で、規約は大きな役割を果たしていると考えられる。

(4)　**規約の運用・執行による違反行為の防止**　　以上は、主として「公正競争規約を設定すること」の意義を説くものであるが、これに劣らず「公正競争規約を運用すること」が重要な意義を持っている。

規約は単にルールとして存在するだけではなく、その運用機関(いわゆる公正取引協議会)の活動によって、規約や景表法に違反する行為が是正・抑止され、また、業界内の研修や普及啓蒙活動、事前相談への対応等によって違反の未然防止が図られている。

このような規約運用機関の活動(その一部は「執行」というにふさわしい)は、規制当局のリソース不足を補うものとの説明がなされることもあったが、むしろ、業界の取組みによってこそ違反行為の抑止がより効果的に行われているというべきであろう。

その背景としては、業界に、当該業界における景品類・表示を適正化することにより消費者に対する業界全体の信用を高めたいという基本認識があることもさることながら、とりわけ不当な景品類や表示については、その特性から同業者の相互監視が効果的に機能することが挙げられる。なぜなら、景品類・表示は他の事業者に感知されやすく(「密行できない」と表現される)、かつ、事業者にとっては競争事業者の不当な行為は自社の不利益に直結するので、その是正を求めるインセ

36条前注-*3*(5)

ンティブが強く働くからである。

　現時点においては、規約制度には、その運用によって積み重ねられてきた実績がある。この成果が制度の存在意義を何よりも雄弁に物語っているといえよう。このことは、すなわち、今後、将来にわたって規約の有用性はそれぞれの規約の運用のいかんにかかっているということでもある。

　(5)　公正競争規約制度に対する批判等　　以上に挙げた公正競争規約制度の根拠、存在理由については批判もある。その代表的なものとして、穂積忠夫による批判が挙げられる(穂積忠夫「景品表示の規制(3)公正競争規約」加藤一郎＝竹内昭夫編『消費者法講座4　取引の公正Ⅱ』(日本評論社・1988)91頁以下)。

　その要点は、規約によって実現しようとする事柄は、規約ではなく、規制当局の法運用によって達成されるべきことであり、しかも、規約は事業者が共同して策定するものであるので、事業者の都合が優先され消費者の利益が軽視される内容になる危険が大きいという点にある。

　批判の具体例を一部挙げれば、以下のとおりである。

・「不当景品類・不当表示の波及性・亢進性に対応するために規約が必要」というが、放置すればエスカレートする傾向があるとしても、それは放置するのがおかしいのであって、規制当局が速やかに断固たる措置をとれば防止できるはずである。

・相互保証が必要であるとしても、それは自主規制である必要はなく、むしろ法規で規制する方がすぐれている。

・景表法の規定が抽象的なものにならざるを得ないのは当然であるが、業界や商品役務に即した細かいルールについては、(業界団体ではなく)規制当局が、(業界の実情を追認するのではなく)消費者の利益を守るという立場に立って、具体化した規範を定めればよい。

・「規約であれば表示の義務付けができる」というが、指定告示の定め方次第では積極的な表示義務を定めたのと同等の規制が可能である。

・「法律で禁止されていない事項であっても規約であれば禁止することができる」というが、法が規制せずに容認している事項を規約で禁止するとすれば、それは事業者の自由な事業活動を制限することになる。規約で定めることができる内容であれば規制当局が告示等で規制することもできるはずである。

　しかし、規約制度はその目的達成のための唯一の方策として存在するわけではなく、当局の法執行をはじめとする他の手段と併置されているものであるので、これらの批判によって規約制度が無用であるとの結論が導かれるものではないと考えられる。穂積の論説は、むしろ規約制度の運用を含む景表法運用全般に対す

第7章　公正競争規約　　713

36条前注-4(1)(2)

る警鐘であり、とりわけ規約制度や規約の運用に当たって留意すべき点を厳しく指摘したものとして受け止めることができよう。

前述したように、公正競争規約制度の有用性は、各規約の運用のいかんにかかっている。また、この制度は決して万能のものではなく、さらに、運用次第では弊害が生じる可能性も否定できない。殊に公正競争規約については、§36①-1にも述べるとおり、法の規定は必ずしも詳細にわたるものではなく運用に委ねられている部分も少なくない。あらゆる制度に当てはまることではあるが、この制度の持つ特質や限界を踏まえつつ、規制当局による制度運営および規約関係者による運用が適切になされていくことが望まれる。

4 公正競争規約制度の淵源等

公正競争規約制度が創設されるに当たっては、以下のようなモデルや経験が参考とされたとの説明が当時行われている。

(1) **米国連邦取引委員会の取引慣行規則** 景表法制定直後の解説書(公取委事務局編『誇大広告と懸賞販売の規制—不当景品類及び不当表示防止法の解説』(ダイヤモンド社・1962))では、「公正競争規約の制度的淵源は、アメリカの連邦取引委員会(FTC)で制定されている取引慣行規則にある。アメリカにおいてはすでに200余の業種にわたってこの規則が制定され、不公正な取引方法の規制に重要な役割を果たしている。日本においてもこれにならって、さしあたり、景品類の提供と表示に関して今回の法が制定されたのである」と記述されている。

この取引慣行規則(Trade Practice Rules)とは、取引慣行会議規則(Trade Practice Conference Rules)とも呼ばれ、1919年頃から1972年頃まで、FTC が事業者間の統一的な自主規制確保の目的で利用していた制度である。当時、FTC は、産業ごとに事業者やその他の利害関係者の参加を得て取引慣行会議(Trade Practice Conference)を開催し、この会議における合意を基に産業ごとに不公正な競争方法に関する規定(取引慣行規則)を作成していた。

しかしながら、1962年(景表法が制定された年に当たる)から、FTC はその規則制定権に基づき、法規としての性格を帯びる取引規制規則(Trade Regulation Rules)を制定するようになったため、その後は取引慣行規則が新設されることはなくなり、既存の取引慣行規則も1970年代にはほとんど廃止された(満田重昭「公正競争規約」経済法学会編『独占禁止法講座Ⅵ 不公正な取引方法(下)』(商事法務研究会・1987)376頁以下)。

なお、旧西ドイツでも、米国の取引慣行規則をモデルとして、1958年に競争制限禁止法に競争規約制度が導入されていた(満田・前掲378頁)。

(2) **独禁法の特殊指定** 業界の自主規制を活用するという手法は、景表法制

36条前注-*4*(3)

定前から、公取委において特に景品規制の実務で盛んに用いられていた。

景表法制定前は、景品規制は主として独禁法の不公正な取引方法の特殊指定によって行われていた(いわゆる特殊指定の制度は昭和28年独禁法改正で整備されたものであるが、同改正前にも特定の事業分野における不公正な競争方法を指定する制度があり、この指定による景品規制が行われていた)。公取委は、しょう油業、ゴム履物業、新聞業などの業種ごとに景品規制を内容とする特殊指定を行い、各業界には「○○公正取引協議会」という名称の団体が設立され、公取委の業界指導の受け皿になるとともに、協議会が特殊指定違反の調査や違反に対する是正指導を行っていた。

例えば、昭和36(1961)年の公取委年次報告には、「しょう油業、みそ業、ソース業、カレー粉またはこしょう業、ゴム履物業、マッチ業、マーガリン業またはショートニング業における特殊指定は、……等の景品付販売を不公正な取引方法として禁止したものであるが、これらの業種に関する指定の運用は、その性質上当該業界の公正取引協議会を中心として自主的な規制を行なわせているので、業務の中心は公正取引協議会の指導監督に重点が置かれた」(同書48頁)との記述がある。

表示規制に関しても、公取委は、昭和35(1960)年のニセ牛缶事件を契機として、当初は不当表示に係る関係業界の特殊指定を行うことによって対応していた(ニセ牛缶事件については、**総論Ⅰ-Ⅰ-1**を参照)。そして、ここでも景品規制と同様、業界団体への指導を通じて業界の自主規制を重視する姿勢をとっていた(例えば、内田徳右エ門「食品かん詰食品びん詰業における特殊指定」公取137号(1962)38頁)。

このように、景品類および表示について、業種ごとに規制を設け、その運用を業界の自主規制に一定程度委ねるという経験を公取委は景表法制定前から有しており、公正競争規約制度はこれをさらに進化させるものとの認識があったとみられる。

公取委事務局編・前掲『誇大広告と懸賞販売の規制』においては、「公正競争規約制度の有効性は、現在の独禁法のもとで不公正な取引方法の業種別指定がなされている業界で事実上実施され、ある程度確認されている。本法の公正競争規約制度は、これを法的に明確にしようとしたものである」と明言されている(同書123頁)。

特殊指定は、業界が自主規制を行うことに法的根拠を与えるものではなく、また、その規制内容を公取委が立案・決定する点で、公正競争規約とは異なるものではあるが、景表法制定前からの特殊指定の運用(景表法制定後も特殊指定とその運用は維持されていた)と公正競争規約制度との間には、業界の自主規制に期待するという点において連続性をみることができる。

(3) 昭和33年の独禁法改正案(廃案)の「公正取引規約制度」　　昭和33(1958)年に国

§36①

会に提出され廃案となった独禁法改正案にあった「公正取引規約制度」が、公正競争規約制度の立案に影響を与えたとする見解もある。

この制度は、不公正な取引方法全般について、業界で自主規制のための規約を設定することができ、その規約は独禁法の手続規定の適用が除外されるというものであって、外形的には公正競争規約制度に類似しているともいえる。

公取委事務局編・前掲『誇大広告と懸賞販売の規制』では、「公正競争規約制度は、31年に独禁法の改正が問題になったときに、不公正な取引方法規制強化の手段として採り上げられた『公正取引規約』という制度とほとんど同じである」(同書123頁以下)とさえ述べられている。

しかしながら、不公正な取引方法全般について業界で自主規制のための規約を作るなどという考え方は、独禁法のあり方として到底受け入れられるものではなく、両者は「ほとんど同じ」どころか、まさに似て非なるものである。したがって、昭和33年法案が公正競争規約制度のモデルになったとみることは客観的評価として適切ではないと考えられる。

とはいえ、景表法制定当時このような解説が行われていたことは事実であり、また、景表法案の立案当初には(後の)公正競争規約について「公正取引規約」の名称が付されていたことや、景表法の公正競争規約の独禁法適用除外規定の方式が昭和33年法案にあった公正取引規約の適用除外規定に類似していることなどに、33年法案の影響の痕跡を見ることもできる(なお、「公正競争規約」という名称は、法制局法案審査中に法制局の担当参事官が発案したものと伝えられている〔K・U「話のくずかご(8)」公取415号(1985)14頁〕)。

〔高橋省三〕

〔協定又は規約〕

第36条 ①　事業者又は事業者団体は、内閣府令で定めるところにより、景品類又は表示に関する事項について、内閣総理大臣及び公正取引委員会の認定を受けて、不当な顧客の誘引を防止し、一般消費者による自主的かつ合理的な選択及び事業者間の公正な競争を確保するための協定又は規約を締結し、又は設定することができる。これを変更しようとするときも、同様とする。

1　概　　要　　*2*　規約・規約制度の目的　　*3*　規約の業種と設定主体　　*4*　規約の運用機関(公正取引協議会)　　*5*　規約に定める事項　　*6*　協定・規約　　*7*　規約

§ 36①-*1, 2*(1)(2)

の認定　　*8*　認定の手続(内閣府令)　　*9*　規約の内容のまとめ　　*10*　規約の変
更　　*11*　規約によって生じる効果　　*12*　「事業者が講ずべき管理上の措置」における公
正競争規約

1　概　　要

　本条は、その1項から5項において、公正競争規約の目的、設定主体、認定および変更の要件、認定の手続、認定の取消、認定の取消の手続、規約の独禁法適用除外などを規定している。

　他方、本制度において重要と考えられる事項、例えば、規約に定めるべき事項、規約の参加者、規約の運用主体等については規定がなく、すべて解釈運用に委ねられている。また、規約と規制当局の法執行との関係についても特段の定めはなく、運用に任されている。

　以下では、条文の規定内容に沿って、法には規定されていない事項も含めて、公正競争規約制度について解説する(なお、公正競争規約については、**総論Ⅲ-*1*(3)**にも記述があるが、本条の解説には総論とは相容れない部分があることに留意されたい(とりわけ規約の「法律効果」に係る論理構成と法解釈には見解の相違がある))。

2　規約・規約制度の目的

　「不当な顧客の誘引を防止し、一般消費者による自主的かつ合理的な選択及び事業者間の公正な競争を確保するための協定又は規約」の部分は、形式的には公正競争規約の目的・属性を規定するものであるが、その実質は公正競争規約制度の目的を定めた規定と解される。

　(1)　**「不当な顧客の誘引を防止し、一般消費者による自主的かつ合理的な選択……を確保するための」**　　この部分は、(2)に説明する「事業者間の公正な競争を確保するための」の部分を除き、1条の目的規定や、4条および5条の条文に沿ったものであり、公正競争規約は、景表法の規制目的を達成するためのものであることが示されている。

　(2)　**「事業者間の公正な競争の確保」を目的に掲げている趣旨**　　消費者庁設置に伴う景表法改正(平成21年改正)の際に、1条の目的規定から「公正な競争を確保し」との文言が削除された(平成21年改正については、**総論Ⅰ-Ⅱ-*4*を参照**)。

　しかし、公正競争規約に関しては、旧法では「公正な競争を確保するための協定又は規約」と規定されていたところ、平成21(2009)年改正後も、従前と同様に「事業者間の公正な競争の確保」が目的の1つとして規定されている。

　これは、本制度創設以来、公正競争規約が、一般消費者による自主的かつ合理

第7章　公正競争規約　　*717*

§ 36①-3(1)

的な選択に資すると同時に、事業者間の公正な競争のルールとして機能してきたことを踏まえ、その位置付けが不変であることを確認したものと考えられる。また、公正競争規約は競争事業者が共同するとの側面を持つものであり、これによって事業者間の公正な競争が損なわれることのないようにすることを要するので、この点からも「事業者間の公正な競争を確保すること」が目的に掲げられているものと解される。

3 規約の業種と設定主体

（1）　**業　　種**　　規約は業種ごとに設定される。条文上、規約は業種ごとのものでなければならないと規定されているわけではないが、公正競争規約は、業界・業種の自主規制ルールであることを想定して設けられた制度であるので、そのように解され運用されている。

規約が当局から認定された場合には官報に告示されることとなる（§ 36④を参照）が、その際には「規約に係る事業の種類」が示されることが定められている（景表規23①）ことからも明らかなとおり、規約と業種は不可分の関係にあると考えられている。

一般に、業種とは、供給される商品または役務と取引段階（製造・販売など）の要素からなるものである。設定されている規約の表題は、景品規制については「○○業における景品類の提供の制限に関する公正競争規約」、表示規約についてはほとんどの場合「△△の表示に関する公正競争規約」となっており、前者は業種に着目した名称、後者の多くは商品または役務に着目した名称となっている。しかし、いずれの規約においてもその規定の中では対象となる商品または役務および取引段階が特定されている。

業種の区切り方について法令上の制限はない。ただし、区切り方の広狭によっては、規約が適切に機能しない可能性はあり得る。業種を広く取れば、規約関係者のコンセンサスが得られにくいとか、組織率が低くなるといったことが考えられ、逆に狭く取れば有力な隣接業種との間で整合性が取れないといった事態も考えられる。

経済環境や競争状況の変化に応じて、規約の対象商品が変動することもある。例えば、二輪自動車の表示については、自動車業の表示規約において新車の二輪自動車のみが規約の対象とされてきたところ、中古二輪自動車の表示の適正化を図る観点から、平成15(2003)年に新車・中古車を含めた二輪自動車の表示規約が新たに設定された。これに伴い、従前の自動車業の表示規約から、新車の二輪自動車に係る規定が削除された。他方、景品類については、自動車の景品規約にお

718　　第7章　公正競争規約

いて、二輪自動車は自動車に含まれるものとして規定されている。

同じ商品について、製造業や販売業に特定して規約が設定される場合もあれば、複数の取引段階を包含する形で規約が設定される場合もある。例えば、新聞業の景品規約は新聞発行から販売までを対象としている。同様に、自動車業の規約は、表示規約・景品規約とも製造業から小売業までを対象としている。これに対し、医療用医薬品については製造業と卸売業で別の景品規約が設定されている。また、家庭電気製品では、表示については製造業の表示規約と小売業の表示規約がそれぞれ設定されているが、景品については家庭電気製品業として１つの規約が設定されている（ただし、複数の取引段階を包含する規約においても、特定の取引段階の事業者のみを対象とする規定はある）。

規約の対象地域にも制約はない。現在の規約はすべて全国を対象とする規約である（ただし、対象商品の供給者が特定の地域に集中している規約はある）が、市場が地域で成立している場合には当該地域を対象とする規約を設定することがむしろ自然である。その上で、規約内容が全国共通であっても差し支えない、あるいは、その方が好ましいという事情があれば、全国的な規約として設定されることになろう。例えば、不動産の表示規約は、もともと地域ブロックごとに規約が設定され、後にそれらが統合される形で現在の規約となったものであり、統合後も規約の運用は地域ブロックごとに行われている。食肉の表示規約も同様の経緯で、都道府県ごとの規約が後に全国の規約に統合されたものである。

異業種の事業者や業種横断的な事業者団体（商工会議所や商店街など）が規約を設定することは、法文上排除されているわけではないが、この制度の趣旨には馴染まないと考えられる。もちろん、これらの者が公正競争規約制度によらずに景表法に係る自主規制活動を行うこと自体が禁止されているわけではない。

（2）**規約の設定主体**　公正競争規約を設定できる主体は、事業者または事業者団体である。事業者および事業者団体の定義は２条１項および同２項に規定されているとおりである（独禁法における定義と基本的に同じである。§２①②を参照）。事業者団体は任意団体でも差し支えない。

なお、２条１項後段は、独禁法と同様、「当該事業を行う者の利益のためにする行為を行う役員、従業員、代理人その他の者は、次項及び第36条の規定の適用については、これを当該事業者とみなす」と規定しているので、例えば、事業者の表示実務担当者を構成員とする団体が事業者団体として公正競争規約を設定することも可能と解されるが、そのような取扱いを要する場合は稀であろう。

規約の性質上、事業者が単独で公正競争規約を設定することはあり得ないが、複数事業者による設定や単独の事業者団体による設定以外にも様々な組み合わせ

があり得る。過去には、複数事業者と複数の事業者団体による設定、複数の事業者団体による設定などの例がある。例えば、新聞業における景品規約は、朝日新聞社ほか新聞発行事業者104社および道新会連合会ほか新聞販売事業者団体346団体によって設定されている。また、自動車業における表示規約は、一般社団法人日本自動車工業会など自動車業界の計7団体によって設定されている。

　実際には、ある事業者団体が単独で公正競争規約を設定することが最も多い。その場合、既存の事業者団体が規約を設定するか、または、規約締結のための団体（「○○公正取引協議会準備委員会」といった名称であることが多い）が設立され、これが主体となって規約を設定することが通例である。

　ある業界に景品または表示規約のどちらかがすでに設定されている場合には、通例、その運用機関（事業者団体）である公正取引協議会（公正取引協議会については、後記4参照）が設定主体となって、当該業界に関する別の規約を設定している。例えば、自動車業の表示規約は、自動車業界の7団体によって昭和46(1971)年に設定されたものであるが、自動車業の景品規約は、表示規約の運用機関である自動車公正取引協議会が主体となって昭和54(1979)年に設定された。

　(3)　設定主体と業種　　自主規制であるとの規約の制度趣旨から、規約の設定者は、規約に係る業種の事業を営む事業者またはその事業者団体であることを要すると考えられる。

　ただし、(2)に述べたとおり、ある業種において複数の取引段階をカバーする規約が設定されることがあり、その場合には、すべての設定主体（設定主体が事業者団体である場合はその構成事業者）が同業である必要はない。

　しかしながら、自ら行っている事業ではない事業に係る規約を設定すること（例えば、ある商品の需要者団体が供給事業者の商品供給に係る規約を設定することや、製造業者が小売事業者の規約を設定すること）は、自主規制という制度趣旨に外れるものと考えられる。

　(4)　規約の対象者　　⒜　規約の対象者　　以下、規約に参加し、その当事者となって規約の適用を受ける者のことを「規約の参加者」といい、規約に参加する資格がある者（言い換えれば、規約が、規約の参加者となることを想定している者）のこと「規約の対象者」ということとする。規約の対象者が規約に参加するかどうかは各事業者の任意である（参加を強制することができないことについて§36②を参照）。

　また、一般に、規約の参加者をインサイダー、規約の対象者ではあるが規約に参加していない者をアウトサイダーと呼ぶことがあるので、以下それに従う。

　景表法は、規約の対象者に関しては何も規定していないが、規約制度の趣旨から、規約が対象とする事業を行っている事業者が規約の対象者であり、かつ、こ

れ以外の者は規約の対象者ではないことを想定しているものと解される（下記(d)参照）。

(b)　規約における規約の対象者の規定方法　　各規約の「規約の対象者」は、当然、当該規約によって規定される。ただし、いずれの規約も、「規約の対象者」といった見出しの条文ではなく、規約上の「事業者」を定義することによって規約の対象者を画定している。

すなわち、各規約では、事業者の定義として「この規約において「『事業者』とは、○○をする事業者をいう」と定めた上で、「事業者は……してはならない」「事業者は……しなければならない」といった事業者を名宛人とする規定をおいているので、事業者の定義によって規約の対象となる者の範囲が画定されるのが基本的なフォーマットとなっている（この形を法が要求しているわけではない）。

例えば、自動車業の表示規約では、「この規約において『事業者』とは、新車を製造する事業者及び輸入車を取り扱う事業者であって海外の製造業者に代わり責任を有する事業者(以下『製造業者』という。)、自動車を販売する事業者(以下『販売業者』という。)並びに自動車の取引を仲介する事業者をいう」と規定されている（自動車業の表示規約は、製造業と販売業を包含しているため、「事業者」を名宛人とする規定のほか、「製造業者」、「販売業者」を名宛人とする規定がある）。

なお、規約の事業者の定義において、例えば「○○を販売する事業者であって、この規約に参加する者をいう」と、規約に参加していることを「事業者」(すなわち規約の対象者)の要件としている規約がある。これは、規約に参加していなければ、規約の適用を受けることはないことを念のために述べる趣旨と考えられる。しかし、規約に参加していなければ規約の規律を受けないことは当然であり、規約における事業者(すなわち規約の対象者)の定義において規約参加を要件とすることは本来不要である。

(c)　規約の参加者と設定主体　　規約の参加者は、規約の設定主体と事実上重なる部分も多いが、概念的に異なるものであり、実際にも、規約の設定主体と規約参加者は同一であるとは限らない（規約設定主体がしばしば事業者団体であるのに対し、規約参加者は事業者に限られるが、そのことを措いても、同一であるとは限らない）。

例えば、自動車業の表示規約は業界の関連7団体によって設定されたものであるが、規約参加者は、概ねこれらの事業者団体に所属する事業者であるものの、これらの団体に所属していなくとも規約に参加することは可能であり、これら団体に所属する事業者の中には規約に参加しない者もいる。

(d)　対象事業を行っていない事業者　　対象事業を行っていない事業者が規約に参加することができるかどうか(そのような規約が可能であるかどうか)について、法

第7章　公正競争規約　**721**

§ 36①-4(1)

の規定はないが、景表法が事業者を名宛人とする規範であり、規約がその自主規制のための制度であることから、規約の適用を受ける者(すなわち規約の参加者)は規約対象事業を営む事業者に限られることが想定されているものと考えられる。現在の規約でも、対象事業を営んでいない事業者を規約の対象としている例はない。

しかし、規約の運用上、とりわけ広告代理店や広告メディアなどの広告に関係する事業者や隣接分野の事業者等の参画が望ましいことがある。そのような場合に、規約対象事業者以外の者が運用機関(公正取引協議会)の会員となることは何ら妨げられず、例えば賛助会員という形で規約運用に関与している例は少なくない。

(e) 事業者団体　　事業者団体は景表法の規制対象ではない〔§2②〕ので、自主規制である規約への参加は想定されていないと解されるが、規約運用機関(公正取引協議会)の構成者として、業界団体が規約の運用において重要な役割を果たしていることが多い。

なお、一部の規約では、事業者団体が規約へ参加していることを前提として、規約に参加している事業者団体の構成事業者を規約上の事業者とすることを規定するものがある(例:家庭電気製品小売業の表示規約、コーヒー飲料の表示規約)。しかし、これらの規約においても事業者団体が規約の規律に服することが定められているわけではなく、ここでいう「事業者団体の規約への参加」とは、当該団体が公正取引協議会の構成者であることを意味するものと解される。

4　規約の運用機関(公正取引協議会)

(1)　概　　要　　規約の運用機関について法は何ら規定していないが、実際には規約の運用機関が設置され、当該運用機関のことを一般に公正取引協議会と呼んでいる(この点、「公正競争規約」が、法律に規定された制度であり、かつては法律上の用語でもあったのとは異なる。ただし、公正取引協議会の名称は、景表法が制定される前から独禁法の特殊指定の自主規制団体の名称として使用されていたものであり、用語としては公正競争規約よりも古い)。その一覧は、前注の表のとおりである。

ある業界で初めて公正競争規約が設定された場合に、通常、規約を運用する機関として「○○公正取引協議会」が設置される(ただし、酒類関係の規約は、既存の業界団体が規約を設定し、かつ運用しており、公正取引協議会という名称の団体は設立されていない。しかし、これらの酒類業関係団体も規約運用機関を言い表す「公正取引協議会」に該当するものと認識されている。名称に公正取引協議会という文言があるかどうかを問わず、規約の運用機関のことを「公正取引協議会」という)。

722　　第7章　公正競争規約

§36①-4(2)(3), 5(1)

これらの公正取引協議会については、各規約において「この規約の目的を達成するため○○公正取引協議会を設置する」「この規約の運用機関は○○公正取引協議会とする」といった定めがなされることが通例である。その組織については、規約に定めがあるほか、別途、定款等で定められていることが多い。

(2)　公正取引協議会の組織　　現在存在する公正取引協議会は、すべて独禁法上および景表法上の事業者団体に当たる。

これらは、任意団体であっても差し支えなく、実際その多くは任意団体である。法人格を有する場合、一般社団法人である場合もあれば、公益社団法人である場合もある（酒類関係の規約の運用機関には、特別法に基づく法人である場合がある）。また、組織的には団体の連合体である場合もある。

その会員資格や内部組織については、ほとんどの場合、規約ではなく定款等で定められている。

例えば、一般社団法人自動車公正取引協議会は、その組織の基本形態は自動車関連の事業者団体の連合体である。その組織上の会員については、定款で以下のように規定されている。

①普通会員（本協議会の事業に賛同して入会した事業者団体）

②特別会員（本協議会の目的を推進するため必要があるとして普通会員が推薦した者または学識経験者であって、理事会において承認された者）

③維持会員（本協議会の事業に賛同して入会した事業者）

④賛助会員（本協議会の事業を賛助する個人、事業者または事業者団体）

これら会員のうち、正会員とされるのは、「普通会員」（団体）および「特別会員」（個人）であり、これが「一般社団法人及び一般財団法人に関する法律」上の社員である。

他方、公正競争規約に参加している者（事業者）は、上記のうちの維持会員である。

(3)　協議会への入会と規約への参加　　一般に、日常用語としては、「公正取引協議会への入会」と「規約への参加」とほぼ同義に用いられており、協議会の定款等でそのような定めをすることも可能ではあるが、以上の例にもみられるとおり、「協議会に入会してその構成者となること」と「規約に参加してその規律を受けること」とは概念的には異なるものである。

5　規約に定める事項

(1)　景品類または表示に関する事項　　「景品類又は表示に関する事項について」とあるので、それ以外の項目を公正競争規約に規定することはできないと解

§36①-5(2)

される（「景品類又は表示」の範囲は、景表法2条3項および4項の定義に従う）。もっとも、事業者や事業者団体が公正競争規約以外の取決めをすることが禁止されるわけではなく、法の許す範囲で（とりわけ独禁法に抵触しない範囲で）、公正競争規約以外の形で取決めをすることが妨げられるものではない。

規約には、景品類または表示に関することであれば、景表法では定められていないルールを定めることができる。例えば、景表法違反とまではいえないが消費者の誤認につながるような表示を禁止することや表示の義務付け、特定の用語の使用基準、特定の用語の使用禁止などを規定することができる。

また、他法令の表示に係る規制内容を規約に盛り込むこともできる。このため、規約が、業界における表示規制をまとめた総覧のような外観を呈している場合もある。この場合、規約は景表法の自主規制という枠を超えて、広く表示全般の自主規制のプラットフォームとの性格を持つことになる。ただし、そのような規約においては、他法令の規制を自主規制として担うことになるが、他法令違反たる規約違反が景表法違反と評価されるか否かは別の問題である。また、他法令が許容している事項について法令よりも厳格な規制を置くことについては、事業者の自由な事業活動を制限することのないように留意する必要がある。

景品規約の中には、事業者に対する懸賞によらない景品について、「独禁法の不公正な取引方法の禁止に違反して景品類を提供してはならない」との規定を有するものもある（家庭電気製品業、農業機械業など）。独禁法に係る判断をどのように行うかとの問題はあるが、このような規定を置くこと自体は可能である。

もちろん、景品類または表示に関することであれば、その内容を問わず規約に規定してよいというわけではなく、規約が認定されるためには本条2項各号の要件〔§36②-1〜4〕を満たす必要がある。例えば、あたかも景品類・表示に関する事項であるかのような形で、値引き規制とか、供給する商品の種類や提供方法の制限を規約に盛り込むことは許されない。

なお、規約には、規約の運用機関や規約違反の調査手続、規約違反に対する制裁などが規定されることが通例であるが、これらも「景品類又は表示に関すること」であるので、規約に規定することに問題はない。

規約の運用機関（公正取引協議会）が、景表法に関すること以外の業務を担うことも問題がない。実際にも、公正取引協議会が独禁法や下請法の周知活動などを行うこととされていることが通例である。

（2）事業者に対する景品類・表示　本条の「景品類」および「表示」の意義については、2条3項および同4項に定義されているとおりであり、一般消費者に対する景品類・表示に限定されていない。

§ 36①-*6, 7*(1)

したがって、規約において、事業者に対する景品類・表示についての規定を置くことが、景表法の規制体系上は可能である（5条で禁止される不当表示は、一般消費者に対する表示に限定されているのに対し、それよりも規制できる範囲が広い。景品類の制限については、4条においても事業者景品を規制することは排除されていない。ただし、景表法の規制としては、医療関係の4業種を除き、事業者景品規制は、懸賞による景品に限られており、懸賞によらない景品の規制はない〔**§ 4-1**(3)(C)〕）。

事業者向けの表示に関しては、一部の規約において事業者向けの取引に規約が適用され得る場合がある（自動車業の表示規約における大型車など）が、事業者向けの表示について特別の定めを置いている規約はない。

事業者景品については、医療関係4業種の規約は懸賞によらない事業者景品を制限しているが、これは4条に基づく医療関係告示がこれらを対象としていること〔**§ 4-5**(4)〕に呼応するものであり、規約によって事業者景品の規制が創設されているわけではない。懸賞によらない事業者景品については、このほか、独禁法の不公正な取引方法に該当するものを禁止する規約が少数存在する（(1)参照）。これら以外の規約では、懸賞による景品提供について一般的な規制と同レベルの制限を定めるものがある（全く定めのない規約も多数ある）が、事業者景品について景表法による一般的な規制と異なる規制をしている例はない。

6　協定・規約

「協定」とは、一般に複数当事者間における取決めを指す語（法令用語研究会編『有斐閣法律用語辞典〔第5版〕』（有斐閣・2020））であり、本条では、複数の事業者が共同して取り決める場合を想定した文言であると考えられる。これに対し、「規約」とは一般に団体内部の取決めのことを指す用語（同上）であって、事業者団体が取り決める場合を想定したものと考えられる。また、「締結」は協定に対応し、「設定」は規約に対応する語である。

実務的には、協定と規約を区別する実益はなく、総称としての「公正競争規約」で足りる。

7　規約の認定

(1)　**認定とは**　　認定とは、一般に「一定の事実の存否又は法律関係の存否を有権的に確認すること」とされている（法令用語研究会編『有斐閣法律用語辞典〔第5版〕』（有斐閣・2020））。また、公取委事務局編『誇大広告と懸賞販売の規制─不当景品類及び不当表示防止法の解説』（ダイヤモンド社・1962）では、「公の権威をもって、行政庁がある事実の存否または法律の要件を確認すること」（同書128頁）であるとさ

第7章　公正競争規約　　725

§ 36①-7 (2)~(4)

れている(高居〔第 7 版〕307頁も同文である)。

設定者が策定した公正競争規約案は、内閣総理大臣および公取委の認定を受けて、初めてその設定が完了し、法に根拠を持つ正式な「公正競争規約」となる。これが認定の中核的な意義である。

なお、「認定とは、2 項各号の要件を満たすことを認定するものである」と解説する文献も見受けられるが、正確には、これらは認定のための要件であって、これらの要件に適合することは認定の理由に過ぎない(§36④-2の官報告示の例を参照されたい)。

認定はいわゆる行政処分であり、行政不服審査法の対象となる。認定の不服審査については§36②-2で述べる。

(2)　**認定の主体**　公正競争規約を設定するためには、内閣総理大臣および公取委の認定を要する。なお、規約の認定に係る内閣総理大臣の権限は、消費者庁長官に委任されている(38①および景表令14)ので、以下、消費者庁長官の権限として記述する。

認定は、設定しようとするものの申請を受けて行われる(申請については8 (2)参照)。

(3)　**消費者庁長官および公取委の認定を必要としている理由**　公正競争規約は景表法の自主規制のための制度であるので、個々の規約がこの目的に照らして有効かつ適切であるか否かを、景表法を所管する消費者庁長官が判断し、是とする場合にこれを認定することとされていることは当然であるが、これに加えて公取委の認定が必要とされている。

その理由は、公正競争規約は、景品類または表示に関する事項に限られるものとはいえ、競争関係にある事業者またはその団体が、商品または役務の提供に係る競争手段を共同で制限するものであるので、その内容次第で事業者間の競争に悪影響を生じる可能性があるため、独禁法を所管する公取委が競争政策の観点からネガティブチェックを行う必要があるからである。なお、「認定されれば独禁法の適用除外となるという効果が法定されているので、独禁法を所管する公取委が、規約が競争に与える影響について審査を行う必要がある」との説明がされることがあるが、それは論理が逆であり、公取委が認定を行うことの帰結として、独禁法の手続についての適用除外が規定されているものと解される。

(4)　**認定審査の観点**　本条 2 項に規定されている認定の要件は、消費者庁長官の認定および公取委の認定における共通の認定要件となっている。すなわち、両者はすべての要件について判断しなければならない。

とはいえ、実際には、消費者庁長官は、主として消費者の合理的な商品選択を

726　第 7 章　公正競争規約

可能にするという観点から、公取委は、主に事業者間の公正な競争確保の観点から検討を行っていると考えられる。公取委の年次報告においても、「〔公取委は、公正競争規約の認定に当たり〕事業者間の公正な競争の確保等の観点から審査を行っている」との記述がみられる（「令和5年度公取委年次報告」186頁）。

　なお、規約案の認定審査においては、規約案の文案だけではなく、実態を踏まえた上で、申請された規約が本条2項の要件を充足するか否かを判断する必要がある。

8　認定の手続（内閣府令）

　(1)　**「内閣府令で定めるところにより」**　　内閣府令で定めるとあるが、景表規（平成28年内閣府令第6号）22条がこれに当たる。景表規22条は、専ら規約認定の手続を定めるものである。

　(2)　**認定の申請**　　認定の手続は、認定を受けようとするもの（「規約を設定しようとするもの」でもある）の申請を受けて始まる（実務としては、規約を設定しようとするものと認定当局〔とりわけ消費者庁〕との間で調整〔事前相談とこれに対する対応〕が行われている。これらの流れについては次頁の図および高居〔第7版〕309頁を参照されたい）。

　規約の認定を受けようとするものは、規約案を作成し、景表規22条1項に定められた手続・様式に基づいて、公取委および消費者庁長官に規約の認定を申請する。申請書の様式は景表規の様式第7に定められている。

　申請書等の書類の提出は電磁的方法によって行うこともできる（景表規22②）。

　申請は消費者庁長官と公取委の双方に行う必要があるが、申請書の提出はいずれか一方に行えば足りる（景表規22①）（実務では提出を受けた機関がもう一方に写しを送付することとされている）。

　(3)　**意見公募手続（パブリックコメント）**　　公正競争規約の認定に当たっては、景表法4条1項3号の指定告示等とは異なり、公聴会の開催や消費者委員会からの意見聴取は義務付けられていない。ただし、必要に応じ、行政手続法10条に基づく公聴会を開催することはできる（消費者庁設置後、これまで公聴会が行われた事例はない）。

　行政手続法39条の規定による意見公募手続（パブリックコメント）については、行政手続法上の実施義務はないと考えられているが、消費者庁設置後に行われた規約認定の手続においては、行政手続法の手続に準じた意見公募手続（いわゆる「任意の意見募集」）が、公取委および消費者庁の連名で例外なく実施されている。

§36①-9

公正競争規約設定までの流れ

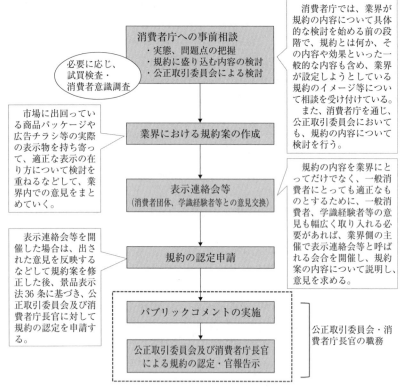

消費者庁ウェブサイトおよび消費者庁「よくわかる景品表示法と公正競争規約」（令和6年7月）を元に筆者作成

9　規約の内容のまとめ

　以上のとおり、景表法は、公正競争規約の内容について、①景品類または表示に関する事項についてのものであること(本項)、②本条2項各号の要件を満たすべきことを定めているが、規約に定めるべき内容が具体的に法令に規定されているわけではなく、規約の内容はいわば運用に任されている。

　実際の公正競争規約には、一般的に、次頁の表のような事項が規定されている(各規約の条文は、各協議会のウェブサイトから入手可能であり、公正取引協議会連合会のウェブサイトからアクセスするのが便利である。なお、景品表示法研究会編著『景品表示法質疑応答集』(第一法規・1983)には、すべての規約の概要が掲載されている(加除式であり、規則改正も含めて毎年更新される))。

§ 36①-10

表示規約	景品規約
規約の目的	
定義	
定義①規約の対象となる商品・役務 定義②規約の対象事業者	
定義③公正競争規約の対象となる表示	定義③公正競争規約の対象となる景品類
必要表示事項(表示しなければならない事項)	景品類の提供の制限
特定表示事項 (表示する場合には従わなければならないルール〔例：徒歩による所要時間を1分間80mとして算出することや、「生ビール」の定義など〕)	
不当表示の禁止 (表示してはならない事項・過大包装の禁止等)	
公正マーク等 (公正マーク：公正競争規約に則って適正な表示がなされている商品等に表示されるマーク)	
公正取引協議会の設置	
公正取引協議会等の事業	
違反に関する調査・措置・決定 (協議会が行うことができる調査の内容、違反に対する警告・違約金・除名等の措置、措置に対する異議申立ての手続等)	
施行規則の制定 (規約実施に関する事項を、施行規則として公取委および消費者庁長官の承認を得て定めることができる旨)	

10 規約の変更

規約の変更(改正)についても、設定と同様の手続による必要がある。

実務では、当該規約の運用機関であり当該業界の事業者団体でもある公正取引協議会が規約変更を決議し、変更の認定を申請している。本条1項の規定上、規約の変更は規約を設定したものによって行われるべきものと考えられるところ、公正取引協議会は規約の設定者ではない場合もあるので、疑義がないわけではない。しかし、公正取引協議会は規約の設定者によって規約運用に係る業務一切を委ねられていることが実態であるので、当局は、公正取引協議会が規約の設定者ではない場合であっても、両者を実質的に同一と捉えて、公正取引協議会からの申請を受けて規約変更の認定を行っているものと考えられる。

規約の変更についても意見公募手続が実施されることがあるが、規約設定の場合とは異なり、常に実施されているわけではなく、変更内容の軽重による(平成26年以降行われた例はない)。

第7章　公正競争規約　729

§36①-*11*(1)

11 規約によって生じる効果

規約が規約参加者(インサイダー)を拘束することは当然であり、規約参加者の規約遵守と運用機関の規約運用の下、規約参加者の景表法違反行為が抑止されるとともに適正な広告宣伝活動が行われることが期待される。これは、まさに、規約の目指すところにほかならない。

しかし、規約は、これ以外の局面においても、様々な経路を通じて、効果を及ぼす。

まず、規約に基づき、規約運用機関たる公正取引協議会はインサイダーの景表法違反の事案処理を一部行うこととなるが、規制当局はそのことを踏まえて違反事件処理を行うので、インサイダーが関わる違反事件の処理に影響が生じることとなる。

さらに、規約はインサイダーばかりでなく、規約が対象とする事業を行っているが規約に参加していない者(アウトサイダー)にも事実上の効果を及ぼし得る。なぜなら、規約の規定内容は、規制当局の実体法の解釈運用に影響を与えることがあり、その影響がアウトサイダーにも及び得るからである。

また、アウトサイダーには規約を遵守する義務はないが、アウトサイダーも規約の規定内容に従っていれば、景表法違反に問われることはないという予測の下に事業を展開することができる。つまり、規約はアウトサイダーにとっての行動準則ともなり得る。

以下、順に述べる。

(1) 事件処理手続における影響(規約を踏まえた規制当局の事件処理) (a) 公正取引協議会への移送 消費者庁が、インサイダーの景表法違反行為の情報に接した場合、公正取引協議会に処理を委ねることが適切と判断する場合には、協議会に移送し、協議会において是正するよう指導することがあり、その場合には、インサイダーに対して消費者庁の命令は行われないことになる(ただし、協議会の処理が不十分であると消費者庁が考えれば、消費者庁が自ら事件調査を行い、自ら命令を行う可能性はある)。これに対して、アウトサイダーの違反行為事案が協議会に移送されることはあり得ない。

もちろん、消費者庁はインサイダーの違反事案をもれなく協議会に移送するわけではなく、自ら違反事件として処理する場合もあるので、インサイダーが当局の命令等を常に免れるというわけではない。現に、インサイダーが消費者庁の措置命令を受ける例は決して珍しくない。

かつて、一部には「事業者は、規約に参加していれば、仮に景表法違反行為を行っても(すべて協議会が規約違反として処理するので)当局から命令を受けることはな

730 第7章 公正競争規約

§36①-*II*(1)

い」と伝えられていたことがあったようであるが、それは誤りである(なお、インサイダーが当局の命令を受ける頻度が相対的に低いとすれば、それは規制当局がインサイダーの違反行為事案処理を協議会に任せることがあることもさることながら、インサイダー自身や協議会が違反の未然防止に努めていることによるところが大きいであろう)。

なお、消費者庁から協議会への移送は、法令上の根拠があるわけではなく、事実上行われているものであるが、消費者庁の事件処理統計にも「協議会処理」としてその件数が公表されている。例えば、消費者庁「令和5年度における景品表示法等の運用状況及び表示等の適正化への取組」〔令和6年6月3日〕によれば、「公正競争規約により処理することが適当として当該公正競争規約を運用している公正取引協議会等に移送して同協議会等が処理したものが14件」であったとされている(同年度の消費者庁の処理件数は、協議会処理を含め195件である)。

(b) **移送に係る当局の裁量**　違反被疑事案を消費者庁が自ら処理をするか協議会に移送するかは、消費者庁の自由裁量に属すると解される。

小林勇作ほか3名による損害賠償請求事件判決(金沢地判昭和53年8月2日〔昭和50年(ワ)第278号〕。新聞発行本社および新聞販売店の過大な景品提供について、原告が公取委に措置を求めて事件を報告したのに対し、公取委は当該行為を行っていた事業者が協議会の会員であったことから、事件の処理を協議会に委ね、法的措置をとらなかった。原告はこれによって損害を受けたとして国家賠償を請求した)では、裁判所は、規制当局(当時は公取委)が自ら処理をするか協議会に移送するかは規制当局の自由裁量であるとした上で、本件の事実に照らして以下のように判示している。

「〔自由裁量といえども、その処分が裁量権の範囲をこえ、又はその濫用があった場合には違法性を帯びることになるが、〕景品表示法が公正競争規約による自主規制の制度を設けた趣旨は、第一次的には、自主規制の可能な限りはこれを機能させる点にあると考えられること」、「〔規約参加者に対して公取委が行った〕排除命令、警告の事例に対比して本件の措置がいわゆる平等原則に反しているとは結論できないこと」等からすると、「本件に関する自主規制と排除命令の合目的的な選択についての同委員会の裁量が、その裁量権の範囲を超え、あるいは濫用にわたり違法なものであるとは到底いえない」。

(c) **アウトサイダーの違反被疑行為への対応**　公正取引協議会がアウトサイダーの景表法違反被疑行為に接した場合に、協議会にアウトサイダーに是正を求める権限がないことは当然であるが、規制当局に申告(情報提供)して当局による是正を求めることはできる。ただし、景表法には、独禁法45条3項に規定されているような申告者に対する通知制度はなく、情報提供を行った協議会がその結果を知る手段は担保されていない。

§ 36①-*11*(2)

(2)　規制当局の解釈に与える影響およびこれを通じてアウトサイダーに及ぶ効果

　規約は、消費者庁の景表法の法解釈・事実評価に一定の影響を与えることがある。その場合には、アウトサイダーにも規約の影響が及ぶことになる。

　かつては、規制当局担当者が執筆した解説書において、公正競争規約が直ちに景表法解釈の基準となるかのような見解が示されていたことがあったが、現在ではそのような見解はとられていない（このような考え方は、ローヤルゼリー審決取消訴訟〔§ 36②-*1*(2)(b)〕で、公取委側の主張として否定されており、判決もそれを前提とした内容となっている）。

　現在の消費者庁の考え方は、担当者執筆の解説(高居〔第7版〕289頁)を敷衍すれば、例えば、ある規約の規定内容に従った表示が業界で広く行われることに至った結果、一般消費者がその規約の規定内容に沿って商品選択を行うことが一般的な状況になった場合には、規約のルールに外れた表示は、インサイダーが行えば規約違反となることは当然として、アウトサイダー・インサイダーのいかんを問わず、景表法違反と評価されることになるというものである。

　例えば、不動産の表示規約において、徒歩による所要時間は道路距離80 mにつき1分間を要するものとして算出する旨が定められているが、現在では、この基準は一般的な社会通念として定着していると考えられるので、アウトサイダーであってもこの基準に外れる表示をすれば、景表法違反となるということである。

　裏返せば、規約の規定内容が社会的に定着しておらず、一般消費者が規約の規定内容に沿って商品選択をする状況に至っていなければ、規約の規定内容は、消費者庁の法適用には影響を及ぼさず、したがってアウトサイダーにも影響を及ぼさないということになる。

　このように、規約の規定は、直ちに景表法の解釈基準となるものではないが、それが一般消費者の商品選択に与える影響を通じて、当局の法適用に影響を与え得るというのが消費者庁の公式見解と考えられる。

　しかしながら、規約と景表法との関係について以上のような一般的な考え方がとられていても、個別の事案において、規制当局が「○○規約の規定内容が一般消費者にとって判断基準となっている」と認めれば、かつての見解によるのと同じ結論になることには留意を要する。

　景品類については、景表法の指定告示の解釈において、規約の規定が一定の影響を及ぼすことが、以下のとおり、当局の運用基準において明言されている〔§ 2③-*3*〕。

　定義告示運用基準の6(2)では、「正常な商慣習に照らして値引と認められる経

732　　第7章　公正競争規約

§36①-11⑶,12

済上の利益」に関し、これに当たるか否かについては、「公正競争規約が設定され
ている業種については、当該公正競争規約の定めるところを参酌する」と述べら
れている。「正常な商慣習に照らしてアフターサービスと認められる経済上の利
益」（同7⑵）および「正常な商慣習に照らして当該取引に係る商品又は役務に附属
すると認められる経済上の利益」（同8⑵）についても同様である。

　また、総付運用基準においても、「本告示〔注：総付制限告示〕で規定する景品類の
提供に関する事項について、本告示及び運用基準の範囲内で公正競争規約が設定
された場合には、本告示の運用に当たつて、その定めるところを参酌する」と述
べられている（同5）。

　「規約の定めるところを参酌する」とは、規約の規定内容が当然に解釈基準とな
るのではなく、個別に判断する余地を残したものではあるが、実際には規約の規
定内容が重要な基準となるものと考えられる。

　例えば、景品に係る医療関係告示は医療関係4業種の規約に比べて極めて抽象
的であるが、定義告示運用基準に従って、景品類ではない値引、アフターサービ
ス等に当たるかどうかに関して規約の規定が規制当局の告示の解釈において参酌
されることになる。

　　⑶　アウトサイダーに対する意義　　規約はアウトサイダーを拘束しないが、
アウトサイダーにとっても（守る義務はないが）有益な行動準則となるものである。

　なぜなら、規約の規定は、景表法の規制と比べて同等ないし厳格なので、規約
を遵守していれば、基本的に法違反に問われることはなく、これは、インサイ
ダーばかりでなくアウトサイダーにも当てはまることであるからである。

　仮に、同様の行為であるのに、インサイダーが行えば景表法違反と評価され
ず、アウトサイダーが行えば（規約に参加していないがゆえに）景表法違反と評価され
るとすれば、それは平等原則に反することとなろう（もっとも、インサイダー・アウト
サイダーを問わずに同様の行為が行われていた場合、手続上、インサイダーについては規約違反
として協議会で処理される結果、アウトサイダーだけが景表法違反として当局から命令を受ける
という事態は想定し得る）。

　したがって、規約は、アウトサイダーに対しても、インサイダーに対するのと
同様に「規約に従っていれば景表法違反に問われることはない」という準則的機能
を果たすことになる。

12　「事業者が講ずべき管理上の措置」における公正競争規約

　景表法に関する事業者のコンプライアンス体制を確立することをねらいとし
て、いわゆる「事業者が講ずべき景品類の提供及び表示の管理上の措置」の規定が

第7章　公正競争規約　　733

§36②-*1*(1)

平成26(2014)年6月の法改正で新設された(改正当時は7条。現在は22条)。

これとの関連で、管理措置指針が定められている〔§22参照〕。

この管理措置指針は、公正競争規約に関し、「従来から景品表示法や景品表示法第36条1項の規定に基づく協定又は規約(以下「公正競争規約」という。)を遵守するために必要な措置を講じている事業者にとっては、本指針によって、新たに、特段の措置を講じることが求められるものではない」と述べている(管理措置指針第2-2)。

「景品表示法や公正競争規約を遵守するために必要な措置を講じて」いれば改めて景表法遵守のために新たな措置を講じる必要がないのは当然のことであるが、この指針は、規約参加事業者の従来からの法令遵守への取組みを尊重することを念の為にアナウンスしたものと考えられる。

ただし、公正競争規約に参加さえしていれば、それだけで必要な措置を講じたことになるわけではないことに十分留意する必要がある。   〔髙橋省三〕

〔認定の要件〕

第36条　②　内閣総理大臣及び公正取引委員会は、前項の協定又は規約が次の各号のいずれにも適合すると認める場合でなければ、同項の認定をしてはならない。

(1)　不当な顧客の誘引を防止し、一般消費者による自主的かつ合理的な選択及び事業者間の公正な競争を確保するために適切なものであること。

(2)　一般消費者及び関連事業者の利益を不当に害するおそれがないこと。

(3)　不当に差別的でないこと。

(4)　当該協定若しくは規約に参加し、又は当該協定若しくは規約から脱退することを不当に制限しないこと。

　　　　1　認定要件　　　*2*　認定処分の不服審査等

1　認定要件

(1)　**1　号**　　公正競争規約とは、「不当な顧客の誘引を防止し、一般消費者による自主的かつ合理的な選択及び事業者間の公正な競争を確保するため」(本項(1))のものであるので、当然の要件である。

(a)　消費者の自主的・合理的な選択　　「一般消費者による自主的かつ合理的

734　　第7章　公正競争規約

§36②-1 (2)

な選択を確保するために適切なもの」といえない場合としては、例えば、規約における規制が緩すぎるために消費者を誤認させるような表示や過大な景品が許容されている場合がこれに当たる。

(b) 事業者間の公正な競争　「事業者間の公正な競争を確保するために適切なもの」といえない場合としては、例えば、規約が価格・品質による競争を制限したり、新規参入を阻害したりするような内容を含む場合がこれに当たる。あからさまな競争制限を内容とする場合はもちろんのことであるが、例えば、表示や景品類の規制が過度に厳しく、事業者の自由な事業活動を阻害すると判断される場合には、この要件に抵触することになる。例えば、過去には比較広告を厳しく制限する条項を持つ規約が存在したが、今日ではそのような条項はこの要件の問題となろう。

(c) 組織率　以上のような規約の内容に関することのほか、いわゆる規約の組織率についてこの要件との関係で論じられることがある。下記の裁判例は、組織率は絶対的な要件ではないとしているが、消費者庁担当者の解説では、「規約に参加しない事業者が多すぎて事実上実効が上がらず、その業界におけるルールとして機能することが期待できないと考えられる場合には、この要件は充足されない」(高居〔第7版〕308頁)とされている。

ローヤルゼリー審決取消請求事件(後記(2)(b))では、本項2号の問題として判断されたものであるが、組織率について、原告が「規約参加事業者の組織率が低いときは、規約が関連事業者の利益を不当に害するおそれがあるから、規約の認定には過半数の事業者の参加を要する」と主張した(提出された証拠によれば、規約認定前における組織率は、商品の取扱量で約45〜50%、事業者数で約40〜45%であった)のに対し、裁判所は、「単に組織率が低い……というだけで関連事業者の利益が不当に害されることにはなるとはいえない」と判示した。

ただし、この事件では、公取委は、組織率は公正競争規約を認定するための要件ではないと主張しつつも、「ちなみに」として、規約認定後の規約参加事業者の取り扱うローヤルゼリーの数量は全体の74%であることを述べている。判決理由も、なお書きではあるが、この数値に言及しており、判決を読解する上ではこのような事実があったことにも留意する必要があろう。

(2)　2　号　本項2号にいう「一般消費者及び関連事業者の利益」の意義については、とりわけ、規約認定についての不服申立適格との関連で論じられてきた経緯がある。2号の「利益」が広く解されれば、その利益が不当に害されるおそれがあるとして、不服申立適格を広く認める方に作用し得るからである(ただし、2号の利益が不当に害されるおそれがある者であるからといって、不服申立適格があるとの

第7章　公正競争規約　*735*

§36②-*1*(2)

結論が直ちに導かれるものではない）。もちろん、この「利益」の範囲と並んで、具体的事実に照らしてこれらの利益を不当に害するおそれがあるか否かも論点となり得る。

(a)　一般消費者の利益　　主婦連ジュース訴訟(最判昭和53年3月14日民集32巻2号211頁)の経緯は以下のとおりである。公取委が果実飲料等の表示規約の認定を行ったところ、消費者団体である主婦連合会および同会長が、同規約は消費者に正しい情報を与えるものではないとして、不服申立てを行った。これに対し、公取委は、主婦連合会らには不服申立適格がないとして申立てを却下する審決を行った(昭和48年3月14日〔昭和46年(判)第5号〕)。主婦連合会らは同審決の取消しを求めて東京高裁に出訴したが、審決と同様の理由で請求棄却となった(昭和49年7月19日〔昭和48年(行ケ)第34号〕)ため、最高裁に上告した。最高裁は、消費者団体または個々の消費者の不服申立適格を否定した。

判決は、本項2号の「一般消費者の利益」の意義に言及することなく結論を導いているが、本判決の調査官解説(越山安久・曹時34巻1号)は、一般消費者の利益の配慮に関して、「個々の消費者の個人的利益を保護する趣旨ではなく、国民の消費者としての側面における利益が侵害されないようこれを保護することを目的としたもの」と考えるべきであるとしている。すなわち、本項2号は公益保護を目的としたものであるとの見解が示されている。

(b)　関連事業者の利益　　上記最高裁判決の論点ではないが、上記調査官解説は、関連事業者の利益にも言及し、「関連事業者の個人的利益というのではなく、業者相互の公正な競争上の利益、すなわち、不当に競争の制限をすることにより公正な競争秩序を害することのないよう配慮をすべきことを定めたものというべきで公益保護の趣旨と解すべきであろう」と述べている。すなわち、本項2号に「関連事業者の利益」とあるのは、公正な競争秩序を保護する趣旨であるとの注目すべき見解が示されている。

しかしながら、その後のローヤルゼリー審決取消請求事件(東京高判昭和57年11月19日判時1061号3頁)(公取委が、ローヤルゼリーの表示規約の認定を行ったところ、株式会社三燿およびジャパンヘルス株式会社が、不服申立てを行った。公取委は、①ジャパンヘルス株式会社については不服申立適格がない、②株式会社三燿についてはその主張に理由がないとして、申立てを却下する審決を行った(昭和55年10月21日公取委審決〔昭和54年(判)第3号〕)ところ、両社から取消訴訟が提起された)において、判決は、①ジャパンヘルス株式会社に関し、同社は、規約対象外の事業者(関連事業者)であるとした上で、2号の関連事業者の利益とは、法律上保護された利益に該当しない事実上の利益ないし一般的利益を含むものであるとしている(法律上保護された利益に該当しない利益を含むものであるがゆ

736　　第7章　公正競争規約

えに、単に関連事業者であるというだけでは不服申立適格があるとはいえないとした。その他の論点について、後述 **2** (3)(b)参照)。

この判決は、不服申立適格を否定したという結論においては上記最高裁判決と同様であるが、本項2号にいう利益を個々の事業者の利益を含むものと捉えた点において、上記調査官解説とは異なる見解に立つものと考えられる。

(3)　**3　号**　　規約の内容が、規約への参加について特定の者を不当に差別するものである場合や、特定の者に不当に有利または不利である場合には、この要件を満たさないこととなる。この「不当に」については、公正な競争を阻害するかどうかの観点から、独禁法の判断基準に則って判断されるものと考えられる。例えば、大企業に有利になり中小企業には不利になるような規定を設けることは一般的に不可と考えられているが、逆に、大企業に限定して厳格な規制を課すことについては必ずしも不当と評価されるものではないと考えられる。

過去には、景品提供について、生産量や市場シェアの大きい事業者に厳しい制限を課すことを定める規約が存在した(例：歯みがき業の景品規約、家庭用合成洗剤等製造業の景品規約)。このような制限が、大企業の資金力まかせの景品提供を特に厳しく抑止することにより消費者の合理的な選択を確保することに資するのであれば景表法の目的に沿うものと考えられ、また、新規参入を促進する効果を持つのであれば競争政策上も肯定的に評価されると考えられるが、いずれにしても個別の判断を要するものと考えられる。現在は、規約で景表法の規制内容と異なる景品の制限を定めること自体が例外的であり、このような規定を持つ規約は存在しない。

(4)　**4　号**　(a)　**趣　旨**　　本項4号は参加・脱退の「制限」を禁ずる内容であり、参加・脱退の「強制」については触れられていないが、これらも包含して加入脱退の自由を求めるものであると解される。その趣旨について「業界の自主規制において強制参加や脱退拒否を定めることはその趣旨に反するからである」といった説明が行われることがあるが、「業界の」自主規制であるからではなく、規約はあくまでも個々の事業者の自主性に基づくべきものとの考え方に立脚するものと考えるべきであろう。

規約は景表法の目的達成のために好ましいものであり、その参加者は多い方が一般的に望ましいものではあるが、それでもなお事業者の自由は尊重されなければならないのである。

さらに、加入脱退の自由がなければ、そのこと自体、事業活動の自由を制限し競争を制限することになるともいえるであろう。例えば、公正競争規約に参加していることが顧客に対するアピールポイントになる場合に、規約への参加を制限

§ 36②-2(1)

することは参加希望者の事業活動を妨げることになる。規約参加者が公正競争規約の規制が厳しすぎると考えて規約を脱退しようとする場合に、脱退を認めない場合も同様である。

ちなみに、加入脱退の自由については、独禁法22条の協同組合の適用除外についても要件として規定されているところである。

　(b)　参加資格要件・除名等　　加入脱退については、不当に制限することが禁止されているのであって、合理的な制限を課すことは可能である。規約参加について合理的な資格要件を定めることは不当とは解されない。また、規約に従わない者について相当の手続を踏んだ上で除名その他の不利益処分を課す規定を置くことは不当とは解されない。すなわち、規約には強制力・拘束力を持たせることができる。

実際、規約には、規約違反に対して、除名・違約金等の制裁が規定されていることが通例である。この点、独禁法の事業者団体規制(公取委「事業者団体の活動に関する独占禁止法上の指針」平成7年10月30日)においては、「虚偽若しくは誇大な表示・広告を排除し、又は表示・広告されるべき事項の最低限度を定める等、消費者の正しい商品選択を容易にすると認められる自主的な基準を設定すること」は原則として独禁法違反とならないとしつつも、この自主的な基準に拘束力がある場合の取扱いについては必ずしも明確ではなく、ケースバイケースの判断に委ねられているものと考えられる。これに対して、公正競争規約において違反に対する制裁を定めることについては、独禁法の観点からも一般的に許容されているものと考えられる。

2　認定処分の不服審査等

　(1)　総　　説　　規約の認定は行政不服審査法上の処分に当たり、行政不服審査の対象となる。また、行政不服審査を経るか否かを問わず、行政事件訴訟法に基づき取消訴訟を提起することができる。

消費者庁移管前は、景表法は独禁法の特別法であり、規約認定に係る不服審査は独禁法の審判手続によることとされていた(平成21年改正前の12⑥)。取消訴訟についても独禁法に定める手続によることとされていた。なお、景表法全体についても行政不服審査法の適用が除外されていた(平成21年改正前の13①)。

しかし、消費者庁設置に伴う法改正により、景表法は独禁法の特例という位置付けではなくなり、不服審査は、一般的な行政処分として行政不服審査法によることとなった。規約の認定に係る不服審査も、行政不服審査法に従って処理されることとなり、不服審査の特例を定めていた旧12条6項は削除された(その後、独

738　第7章　公正競争規約

§ 36②-2(2)～(4)

禁法の審判手続は平成25年の独禁法改正で廃止された)。

なお、規約の認定申請に対して当局が認定をしない場合の不服審査については、不作為に対する不服審査として行政不服審査法に基づき処理されることとなる(消費者庁移管前の景表法には、不作為についての不服審査についての規定はなかった)。

(2)　不服申立ての相手方　規約の認定者は消費者庁長官および公取委であるので、不服申立てはこの両者に対して行うことになる。どちらか一方に対してのみ不服申立てをすることも可能と考えられるが、その必要が生じる事態は想定しがたい。

取消訴訟については、国が被告となる(行政事件訴訟11)。

(3)　不服を申し立てることができる期間　行政不服審査法の規定に従い、認定があったことを知った日の翌日から起算して3か月以内、認定があったことを知らなかった場合、認定があった日の翌日から起算して1年以内である(行政不服審査法18)。

不作為についての不服申立ては、不作為が解消される前であればいつでも可能である。

(4)　不服申立適格　不服を申し立てることができる者の範囲(不服申立適格)は、景表法のみならず行政法における重要論点である。

主婦連ジュース訴訟最高裁判決(最判昭和53年3月14日民集32巻2号211頁〔前掲*1*(2)ⓐ〕)では、行政処分について不服申立てができるものは、「当該処分により自己の権利若しくは法律上保護された利益を侵害され又は必然的に侵害されるおそれのある者」であるとの一般的規範が示されている(行政不服審査一般において不服申立てができるものについての規範として示された)。

以下、不服申立者の属性により分けて記述する。

　ⓐ　一般消費者の不服申立適格　(i)　主婦連ジュース訴訟　主婦連ジュース訴訟において、最高裁は、上記の規範の下で、景表法の規定にいう一般消費者であるというだけでは、公正競争規約の認定に対し不服申立てをする法律上の利益を有するとはいえないとし、不服申立適格はない旨判示した。

なお、この訴訟は、当時の景表法10条6項の定める不服申立手続に係るものであり、行政不服審査法の手続に関するものではない。しかし、最高裁は、これは行政上の不服申立ての一種にほかならないとして、一般の行政処分の不服申立てと同じ判断の枠組を明示的に用いて判断した。このため、本判決は、行政不服審査一般についてのリーディングケースとして理解されている。一方、この判決当時に存在した景表法の不服審査手続は平成21(2009)年に廃止され、現在では行政不服審査法の手続に服することとなっているが、この判決の射程は元々行政不服

第7章　公正競争規約　　739

§ 36②-2⑷

審査全般に及ぶものであるので、現在の規約認定に係る不服審査においても、この判決の判例としての価値は不変である（高橋滋「公取委の処分に対する不服申立て―原告適格（ジュース表示事件）」金井貴嗣＝泉水文雄＝武田邦宣編『経済法判例・審決百選〔第2版〕』（有斐閣・2017）220頁）。

　(ii)　最高裁判決の概要　　同判決の概要は以下のとおりである。

　公正競争規約の認定について不服申立てができるものは、「当該処分により自己の権利若しくは法律上保護された利益を侵害され又は必然的に侵害されるおそれのある者」である。

　なぜなら、「現行法制のもとにおける行政上の不服申立制度は、原則として、国民の権利・利益の救済を図ることを主眼としたものであり、行政の適正な運営を確保することは行政上の不服申立に基づく国民の権利・利益の救済を通じて達成される間接的な効果にすぎないものと解すべく、したがって、行政庁の処分に対し不服申立をすることができる者は、法律に特別の定めがない限り、当該処分により自己の権利若しくは法律上保護された利益を侵害され又は必然的に侵害されるおそれがあり、その取消等によってこれを回復すべき法律上の利益をもつ者に限られるべきであり、そして、景表法の右規定が自己の法律上の利益にかかわりなく不服申立をすることができる旨を特に定めたもの、すなわち、いわゆる民衆争訟を認めたものと解しがたい」からである。

　「法律上保護された利益とは、行政法規が私人等権利主体の個人的利益を保護することを目的として行政権の行使に制約を課していることにより保障されている利益であって、それは、行政法規が他の目的、特に公益の実現を目的として行政権の行使に制約を課している結果たまたま一定の者が受けることとなる反射的利益とは区別されるべきものである」。

　「景表法の規定により一般消費者が受ける利益は、公正取引委員会による同法の適正な運用によって実現されるべき公益の保護を通じ国民一般が共通してもつにいたる抽象的、平均的、一般的な利益、換言すれば、同法の規定の目的である公益の保護の結果として生ずる反射的な利益ないし事実上の利益であって、本来私人等権利主体の個人的な利益を保護することを目的とする法規により保障される法律上保護された利益とはいえない」。

　よって、最高裁は、景表法の規定にいう一般消費者であるというだけでは、公正競争規約の認定に対し不服申立てをする法律上の利益を有するとはいえないと判示した。

　(b)　規約の認定を申請したものの不服申立適格　　規約の認定を申請したものに不服申立適格があることには異論がない。もっとも、規約が認定されたことに

740　第7章　公正競争規約

§ 36②-2(4)

ついて申請者が不満を持つことは考え難く、申請したにもかかわらず認定がなされない場合に不服申立てを行うことが想定されるが、いずれについても前例はない。

(c) 認定申請者以外の事業者の不服申立適格 認定申請者以外の事業者が不服申立てを行った事例としては、①内田MFC研究所に対する件（昭和45年2月17日公取委審判審決〔昭和43年（判）第1号〕）、②株式会社三燿およびジャパンヘルス株式会社に対する件（ローヤルゼリー事件。前記 *1*(1)(b)）、③株式会社信夫屋ほか酒類小売業者4名に対する件（昭和57年4月2日公取委審判審決〔昭和55年（判）第1号〕）の3件がある。いずれも、公取委が景表法を所管していた時期のものであり、公取委の審決による判断が示された。

(i) 不服申立適格が否定されたケース 以上のうち、審決において不服申立適格がないとされたのは、ローヤルゼリー事件の不服申立人のうちの1名であるジャパンヘルス株式会社（以下、「同社」という）のみである。

本件については、さらに審決取消訴訟が提起され、裁判所も審決の判断を是認した〔前記 *1*(1)(b)〕。その理由は、大要以下のとおりである。

①同社は本項2号の「関連事業者」であるとしても、2号の「関連事業者の利益」とは、法律上保護された利益に該当しない利益を含むものであるから、関連事業者であるということだけでは法律上保護された利益があるとはいえない。

②同社は、規約の対象事業者ではない（規約の対象事業者に該当するとの主張を裁判所は否定した）。それゆえ、規約の認定は同社の法律上の利益に影響を及ぼさない（なぜなら、規約の規定は対象事業者以外（同社）には適用されず、また、規定の内容が直ちに業界の正常な商慣習となるわけでもないから）。

なお、原告は、対象事業者ではなくとも、本件規約が認定されれば、正常な商慣習として4条の解釈基準とされ、それに反する原告らの行為が4条違反として命令を受ける可能性があると主張したが、被告公取委は、そのような実態も関連性もないと反論し、裁判所は、公取委の当該主張を受け入れて上記の判断を下している。この公取委の見解は、現在の消費者庁担当者の説明に沿うものではあるが、当時、公取委における実務として認識されていたことは異なるとして厳しく批判された（例えば、畠山武道「ローヤルゼリーの表示に関する公正競争規約の認定に対し景表法10条6項の規定により不服申立ができる者の範囲」公取390号(1983)50頁以下）。この高裁判決は公取委の当該主張を前提とした判断であることに留意する必要がある。

(ii) 不服申立適格が肯定されたケース 上記の審決例において、ジャパンヘルス株式会社以外の事業者については、不服申立適格が審決で特段言及され

第7章 公正競争規約 *741*

§ 36②-2(5)(6)

ることもなく認められている。

このうち、株式会社三耀、株式会社信夫屋ほか4名については規約の対象事業者であることは明らかであり、規約の対象事業者であれば不服申立適格が認められてきたといえる。

これに対し、内田MFC研究所については、審決記載の事実からは、牛乳の生産技術を開発中の者であって規約の対象事業者ではないものと考えられ、また、審決では、同社が本項2号の「関連事業者」に該当するかどうかも留保されているが、それでも不服申立適格を否定せずに実体判断が行われている。

これに関連して、主婦連ジュース訴訟において、原告が、内田MFC研究所に不服申立適格が認められたこととの整合性を問うたのに対し、最高裁は、「内田MFC研究所に対する件の審決が本来不服申立資格のない者による不服申立についても実体判断をすることができるとしたものであるとすれば、その判断は誤りであるというべき」としており、内田MFC研究所には不服申立適格がなかったとの断言は避けつつも、同研究所について実体判断を行ったことに否定的な見解を示している。

(5) **規則承認に対する不服申立て**　規約では、規約の委任を受けて規則を定めることができる旨の定めを置くことが通例である。そして、規則に関しては、通例「規則を定め、またはこれを変更しようとするときは、事前に公取委および消費者庁長官の承認を受けるものとする」といった規定が置かれている。ただし、この承認は法令に直接の根拠があるものではない。

この規則の承認が、行政不服審査の対象となるか否かについて判断された前例はないが、上記不服申立適格に関する最高裁の規範を踏まえれば、その承認が法律上保護される利益を侵害するものであるのであれば、承認について不服申立てを行うことを否定する理由はないと思われる。

ただし、規則については、規約と異なり意見公募手続や官報告示が行われることはないのが通例であり、第三者が規則の改変を知る手段は規約よりも限定される(公正取引協議会連合会や各協議会のウェブサイトで知ることはできる)。

(6) **取消訴訟**　行政事件訴訟法の定めるところにより、規約の認定について、取消訴訟を提起することができる。

なお、ローヤルゼリー事件〔前掲1(2)(b)〕以降、公正競争規約の認定について取消訴訟が提起された例はない。　　　　　　　　　　　　　　　　〔高橋省三〕

§36③-*1, 2*

［認定の取消し］

第36条 ③ 内閣総理大臣及び公正取引委員会は、第１項の認定を受けた協
定又は規約が前項各号のいずれかに適合するものでなくなつたと認めると
きは、当該認定を取り消さなければならない。

1 概　要　　*2* 認定取消しの手続　　*3* 規約の廃止

1 概　要

　認定当時には本条２項の要件を満たすと認められた規約であっても、その後の
状況変化(例：組織率の低下、技術革新による新製品の出現、景表法の規制内容の変化、解釈
の変更)等によって、要件に適合しなくなったと認められる場合があり得る。その
場合には、内閣総理大臣(消費者庁長官)および公取委は当該認定を取り消さなけれ
ばならない(本項)。認定の取消しは行政処分に当たる。

　現在まで、認定取消しの処分が行われたことはない(ただし、規約が「廃止」された
事例は少なくない。廃止については*3*で後述する)。

　認定取消しは、認定の名宛人すなわち認定を申請したもの(設定主体)に対して
行われるべきものと考えられる。取消しを要する時点で設定主体がすでに消滅し
ている場合も想定されるが、そのような状況に備えた規定はない。

　認定が取り消されたからといって、規約の内容を取り決めているという事実や
規約運用の実態が自動的に消滅するわけではない。仮に規約に独禁法上の問題が
あり、２項の要件を欠くとして認定が取り消された場合、認定取消し後において
もなお独禁法違反の実態があるのであれば、公取委は独禁法違反被疑事件として
対応することとなろう。

　なお、理論上、認定取消しについて消費者庁長官と公取委の判断が分かれる可
能性があるが、どちらかが認定を取り消せば、当該規約は本条の規約としての効
力を失う。

2 認定取消しの手続

　認定の取消しは、行政手続法上の不利益処分に当たるので、認定の取消しをし
ようとする場合は、聴聞を行い、公正競争規約の設定者などに、意見を述べ、証
拠を提出する機会を与えなければならない(行政手続13①)。

第７章　公正競争規約　　743

§ 36③-3 (1)(2)

3 規約の廃止

景表法は、設定者が自ら規約を廃止する場合についての定めを置いていないが、実際には様々な事情により規約が廃止される例がある。

(1) **実務における取扱い** 実務では、規約を運用している公正取引協議会から、公取委および消費者庁長官に対し、規約を廃止する旨の報告が行われ、これを受けて、公取委および消費者庁長官が、規約を廃止する旨の報告があった旨を官報に告示するとの取扱いとなっている(この官報告示は、行うことが法令で義務付けられているものではない)。

規約の廃止は、本来、規約認定処分の名宛人でもある設定主体(認定申請者)によって行われるべきものと考えられるが、必ずしも設定主体ではない公正取引協議会の当局に対する規約廃止の報告および廃止の報告があったことの告示によって、当該規約が事実上廃止されたとの取扱いが行われているものと解される。

規約の廃止の報告があった場合には、当局は、当該規約が本条2項の要件を満たさなくなったとして、認定の取消し(本項)を行うことも考えられるが、そのような手続がとられた例はない。

(2) **規約廃止によって生じる問題** 公正競争規約は、法の手続を踏んで設定された業界の景品類・表示のルールであり、事業者にも消費者にもメリットをもたらすものとして存在していたはずのものである。このような規約が、場合によっては業界側の都合で特段の手続もなく廃止される可能性があることについては疑問なしとしない。

しかし、規約とは業界の発意に基づいて設定されたものであり、当該規約の当事者が自らこれを廃止しようとするのであれば、その意に反してこれを止めることは不可能である。

規約廃止後においても業界の景品類・表示ルールが必要と判断される場合には、消費者庁が新たに業種別告示またはガイドラインを発出するなどの対応をとることが考えられる。　　　　　　　　　　　　　　　　　　　　　〔高橋省三〕

§36④-*1, 2*

> 〔告　　示〕
> **第36条**　④　内閣総理大臣及び公正取引委員会は、第1項又は前項の規定による処分をしたときは、内閣府令で定めるところにより、告示しなければならない。

1　告示の内容　　*2*　官報告示の例

1　告示の内容

　内閣総理大臣(消費者庁長官)および公取委は、公正競争規約を認定した場合(変更を認定した場合を含む)、その旨を告示する。この告示は、内閣府令(景表規23①)の定めにより、官報掲載によって行われる。認定を取り消した場合も同様である(同②)。

　規約が認定された場合(規約の変更が認定された場合を含む)に官報に掲載する事項は以下のとおりである(景表規23①)。

①認定があった旨
②当該協定または規約に係る事業の種類
③当該協定または規約の内容
④認定の理由

規約の認定取消しの場合は以下のとおりである(景表規23②)。
①取消しがあった旨
②当該協定または規約に係る事業の種類
③取消しの理由

2　官報告示の例

　官報告示は、公取委委員長および消費者庁長官の連名で一括して行われている。規約の内容については、規約全文が官報に掲載される(次頁の例を参照)。なお、実務では、規約が認定(変更の場合を含む)された場合、申請者に対し公取委員長および消費者庁長官の連名の認定書が交付される。

第7章　公正競争規約　　745

§36⑤-1

官報告示の例〔「別記」の内容は省略〕

○公正取引委員会・消費者庁告示第一号

不当景品類及び不当表示防止法（昭和三十七年法律第百三十四号）第三十一条第一項の規定に基づき、エキストラバージンオリーブオイルの表示に関する公正競争規約を認定したので、同条第四項の規定により、次のとおり告示する。

令和五年三月二十二日

公正取引委員会委員長　古谷　一之

消費者庁長官　新井ゆたか

一　日本オリーブオイル公正取引協議会検討会（代表　齊藤　昭）の申請に係るエキストラバージンオリーブオイルの表示に関する公正競争規約を令和五年二月十七日付けで認定した。

二　規約に係る事業の種類
エキストラバージンオリーブオイルの製造、加工、販売及び輸入販売業

三　規約の内容
別記のとおり。

四　認定の理由
エキストラバージンオリーブオイルの表示の実態及び規約の内容を検討した結果、当該規約は、不当景品類及び不当表示防止法第三十一条第二項各号の認定要件に適合すると認められる。

別記
（略）

〔条文番号は当時のもの〕

〔高橋省三〕

〔独占禁止法の適用除外〕

第36条　⑤　私的独占の禁止及び公正取引の確保に関する法律（昭和22年法律第54号）第7条第1項及び第2項（同法第8条の2第2項及び第20条第2項において準用する場合を含む。）、第8条の2第1項及び第3項、第20条第1項、第70条の4第1項並びに第74条の規定は、第1項の認定を受けた協定又は規約及びこれらに基づいてする事業者又は事業者団体の行為には、適用しない。

1　本項の内容　　**2**　独占禁止法適用除外の趣旨　　**3**　事業者団体による景品表示の自主規制等と独占禁止法

1　本項の内容

　本項は、認定の効果として、認定された規約の独禁法適用除外を規定している。本項の適用除外規定は、独禁法の実体規定の適用を除外するのではなく、独

§36⑤-2

禁法の手続規定（7条〔私的独占・不当な取引制限等の排除措置〕、8条の2〔事業者団体の禁止行為の排除措置〕、20条〔不公正な取引方法の排除措置〕、70条の4第1項〔緊急停止命令〕および74条〔告発〕）の適用を除外する点で特徴的である。

2　独占禁止法適用除外の趣旨

　本項が手続規定の適用除外を規定している趣旨は、規約認定の際に公取委が競争政策の観点から審査を行い、問題なしとして認定を行ったものである以上、その判断を翻して、規約および規約に基づく行為（規約実施のための統制行為など）を独禁法違反事件として取り上げることはしないという取扱いを法定したものと解される。

　独禁法の事前相談制度においては、公取委が法律の規定に抵触するものでない旨の回答をした場合においては、当該相談の対象とされた行為について、法律の規定に抵触することを理由として法的措置を採ることはないものとするとされている（公取委「事業者等の活動に係る事前相談制度」平成13年10月1日）が、景表法における規約の独禁法適用除外はこれと同様のシステムを先駆けて採用していたといえるであろう。

　これに対して、規約は当該業界における公正な取引秩序を維持するためのルールであって競争制限とは無縁のものであり、本来的に独禁法に抵触するものではないといった説明も一応考えられるが、それでは適用除外の対象を手続規定に限定していることの説明がつかない。また、このような考え方は、同業者が共同で行う行為はたとえ景品類や表示に関することではあっても競争制限の可能性を内在していることを看過しており、現にこの可能性があるが故に公取委が規約の認定に関わっていることと矛盾する。

　もちろん、規約は、認定時点において実体的に独禁法に抵触するものではないと判断されたものではあるが、規約認定後に、市場の環境変化や独禁法の解釈変更のために、規約や規約に基づいて行った行為が独禁法に抵触する事態に至ることもあり得る。しかし、その場合であっても、本適用除外規定が存在するため、独禁法違反として公取委から法的措置がとられることはない。ただし、そのような事実は規約の認定取消事由となる（本条③）。さらに、認定が取り消された後の行為について公取委が独禁法違反に問うことは妨げられない。

　また、実体規定の適用除外ではないため、公取委の手続外で、規約や規約に基づく行為が独禁法違反であると主張され、そのように評価される可能性はある。

　なお、適用除外に関しては、**総論Ⅲ-1**(3)(C)において本書編集代表の見解が述べられているが、特に適用除外のメカニズムに関して、総論該当部分と本解説と

§§ 36⑤-3・37-1

の間には基本的な見解の相違があることに留意されたい。

3　事業者団体による景品表示の自主規制等と独占禁止法

適用除外の対象は、規約または規約に基づく行為に限定される。規約の運用機関（公正取引協議会）が、事業者団体として、規約に規定されていること以外に、表示の自主基準の設定などの活動を行うことがあるが、それは適用除外の対象ではない。

一般に、事業者が表示・広告について自主的な基準を設定することは独禁法上の問題を特段生じないことが多いとは考えられるが、内容、態様等によっては、消費者への情報提供を制限し競争を阻害する可能性があり、独禁法上の問題（独禁8等）が生じるおそれもある（「事業者団体の活動に関する独占禁止法上の指針」〔平成7年10月30日〕の第2-8「営業の種類、内容、方法等に関する行為」参照）。したがって、公正取引協議会が規約以外の自主規制基準等を策定しようとする場合、公取委の事前相談制度を利用して公取委の回答を得ておくことが安全である。　　　〔高橋省三〕

〔協　　議〕

第37条　内閣総理大臣は、前条第1項及び第4項に規定する内閣府令を定めようとするときは、あらかじめ、公正取引委員会に協議しなければならない。

1　概　　要　　*2*　制定経緯

1　概　　要

36条1項および4項が「内閣府令に定めるところにより」と、内閣府令への委任を規定しているところ、当該内閣府令を定めるに当たって、内閣総理大臣は公取委に協議しなければならない旨を規定するものである。この内閣総理大臣の権限は、消費者庁長官に委任されている（38①、景表令14）。

景表規22条（協定または規約の認定の申請）が景表法36条1項に規定する内閣府令に当たり、景表規23条（協定または規約に関する処分の告示）が景表法36条4項に規定する内閣府令に当たる。

748　第7章　公正競争規約

§37-2・7章後注-1(1)

2 制定経緯

平成21(2009)年改正前は、公正競争規約の認定は公取委単独の権限であり、その手続については公取委規則に委任されていた。平成21年改正により内閣総理大臣および公取委の認定を要することとなったことに伴い、その手続が内閣府令により規定されることとなり、当該内閣府令についての公取委への協議規定が設けられたものである(平成21年改正法では、14条としてこの趣旨の規定が置かれていた)。

〔高橋省三〕

後注　公正競争規約

1 公正競争規約の構成　　*2* 表示規約　　*3* 景品規約

1 公正競争規約の構成

(1)　**分析対象となる個別公正競争規約**　　表示規約およびその施行規則の定める禁止行為および表示ルールは、極めて細かく、具体的なものとなっている。業種別告示が指定されている業種における景品規約における景品類提供のルールもきめ細かなものとなっている。ここでは、現実の個別規約における規定内容とその機能を理解するために、以下、主要公正競争規約の規約の内容(施行規則の内容は省略する)を解説する。

まず、市場規模が大きく、生活に身近なもので(国民生活に密着している)、しかも規約自体の歴史があるという点から、日本経済における影響の大きい業界の公正競争規約として、家庭電気製品業における公正競争規約、自動車業における公正競争規約、不動産業における公正競争規約の内容を解説する。この3業種では、表示規約と景品規約の双方が設定されている。

表示規約については、数多くの特定商品の表示に関する公正競争規約のみが設定されている。その中で、もっとも伝統を有しルールの実効性の確保のための手法が効果的に活用されている「飲用乳の表示に関する公正競争規約」、指定告示との関係を有する「果実飲料等の表示に関する公正競争規約」を解説する。

景品規約として、家庭電気製品業および自動車業における景品類の提供の制限に関する公正競争規約のほか、業種別指定告示との関係で、「不動産業における景品類の提供の制限に関する公正競争規約」、「新聞業における景品類の提供の制限に関する公正競争規約」、「雑誌業における景品類の提供の制限に関する公正競

7章後注-1(2)(3)

争規約」、「医療用医薬品製造販売業における景品類の提供の制限に関する公正競争規約」、「医療用医薬品卸売業における景品類の提供の制限に関する公正競争規約」、「衛生検査所業における景品類の提供の制限に関する公正競争規約」、「医療機器業における景品類の提供の制限に関する公正競争規約」を解説する。

(2) **3部構成** 公正競争規約は、総則的規定、実体法規定、手続的規定の3部から成る。

総則的規定は、規約のはじめに置かれ、1条「目的」、2条「定義」から成ることが多く(定義規定は、家庭用合成洗剤表示規約では3条、不動産業表示規約では4条である)、当該規則の適用範囲を定める。

手続的規定は、規約の最後に置かれ、公正取引協議会の設置とルールの実効性を確保するための手続規定を定める。公正取引協議会の設置とその事業内容、違反に対する調査、違反に対する措置、違反に対する決定、施行規則の制定権限を規定する。

実体法規定は、表示または景品類の提供に関する当該商品、当該業種における実体ルールおよび景表法の禁止行為と同等の内容の行為(景表法の禁止行為と直接関係する行為)を定める。

総則的規定と手続的規定の間に規定される、景表法上の禁止行為との関係を規定し、当該業種、当該商品等についてのルールを定める実体法規定が各規約の中核部分となる。以下では、公正競争規約の実体法規定についてできる限りその内容を記載する。

(3) **総則的規定** 「家庭電気製品製造業における表示に関する公正競争規約」は1条および2条を次のとおり規定する。

・1条(目 的)

「この公正競争規約(以下「規約」という。)は、日本国内における家庭電気製品(以下「家電品」という。)の取引について行う表示に関する事項を定めることにより、不当な顧客の誘引を防止し、一般消費者による自主的かつ合理的な選択及び事業者間の公正な競争を確保することを目的とする。」

・2条(定 義)

1 「この規約において「表示」とは、「不当景品類及び不当表示防止法第2条の規定により景品類及び表示を指定する件」……第2項各号に規定するものであって、家庭電気製品製造業における表示に関する公正競争規約施行規則……に定めるものをいう。

2 この規約において「家電品」とは、一般消費者の生活の用に供され、電気を機能上重要な作動のために使用する機械器具及びこれらの電源として使用される電

7章後注-*1*(4)

池類であって、施行規則で定める種類のものをいう。

3 この規約において「事業者」とは、家電品を製造して販売する事業者及び輸入して販売する事業者並びにこれらに準ずる事業者であって、この規約に参加する者をいう。」

その他「家庭電気製品製造業における表示に関する公正競争規約」に特有な概念として、「カタログ」「取扱説明書」「保証書」について定義する。

他方、「自動車業における表示に関する公正競争規約」も1条(目的)では、「この公正競争規約……は、不当景品類及び不当表示防止法……第36条第1項の規定に基づき、日本国内における自動車の取引について行う表示に関する事項を定めることにより」と規定する。自動車業における表示に関する公正競争規約2条(定義)では、「自動車」「新車」「中古自動車」「事業者」「表示」について定義を行う。これにより、自動車業における表示に関する公正競争規約の適用範囲を定める。

このように、表示規約では、1条(目的)において「表示に関する事項」と明示され、2条の「表示」の定義において景表法2条4項の定義が規定される。他方、景品規約では、1条(目的)において「景品類の提供の制限を定める」と明示され、2条の「景品類」の定義において景表法2条3項の定義が規定される。このように、1条、2条により、表示規約と景品規約が明白に分けられる。

(4) 手続的規定 「家庭電気製品製造業における表示に関する公正競争規約」では、手続的規定は次のとおり規定されている。

・13条(公益社団法人全国家庭電気製品公正取引協議会の設置)

「この規約の目的を達成するため、公益社団法人全国家庭電気製品公正取引協議会(以下「公正取引協議会」という。)を設置する。」

・14条(公正取引協議会の事業)

「公正取引協議会は、次の事業を行う。

(1) 一般消費者及び事業者に対するこの規約の普及啓発に関すること。

(2) 一般消費者及び事業者からのこの規約に関する相談並びに事業者の指導に関すること。

(3) この規約の遵守状況の調査に関すること。

(4) この規約の規定に違反する疑いある事実の調査及び違反した事業者に対する措置に関すること。

(5) 一般消費者からの苦情処理に関すること。

(6) 不当景品類及び不当表示防止法(昭和37年法律第134号)及び公正取引に関する法令の普及並びに違反の防止に関すること。

(7) 家電品の取引の公正化について研究すること。

7章後注-1⁽⁴⁾

(8) 関係官公庁及び関係団体との連絡に関すること。

(9) その他この規約の施行に関すること。」

・15条(違反に対する調査及び措置)

1　「公正取引協議会は、第4条から第11条までの規定又は第12条第1項の規定に違反する事実があると判断するときは、関係者から事情を聴取し、必要な調査を行うことができる。

2　事業者は、前項の規定に基づく公正取引協議会の調査に協力しなければならない。

3　公正取引協議会は、調査に協力しない事業者に対し、文書をもって警告することができる。

4　第1項に規定する調査により、違反する事実があると認められたときは、その違反行為を行った事業者に対し、その違反行為を排除するために必要な措置を直ちに採ること、その違反行為と同様又は類似の行為を再び行わないことなどを文書をもって警告することができる。

5　前2項に規定する文書警告に従わないときは、当該事業者に対し30万円を限度として違約金を課し、若しくは除名処分をし、又は消費者庁長官に必要な措置を講ずるよう求めることができる。

6　前項の規定に基づき違約金を課し、又は除名処分をしたときは、遅滞なくその旨を文書をもって消費者庁長官に報告するものとする。」

・16条(違反に対する異議申立て)

1　「前条第3項又は第4項の規定に基づく文書警告を受けた事業者は、当該警告の内容に異議がある場合には、文書の送付を受けた日から10日以内に、公正取引協議会に文書をもって異議申立てをすることができる。

2　公正取引協議会は、前項の異議申立てがあった場合には、当該事業者に追加の主張及び立証の機会を与え、それに基づき更に審理を行い決定を行うものとする。

3　第1項に規定する期間内に異議申立てがない場合には、違反事実が確定したものとする。」

・17条(規則の制定、変更)

1　「公正取引協議会は、この規約の実施に関する規則を定めることができる。

2　前項の規則を定め、又は変更しようとするときは、事前に公正取引委員会及び消費者庁長官の承認を受けるものとする。」

　「自動車業における表示に関する公正競争規約」も、手続的規定は、17条(規約の運用機関)、18条(公正取引協議会の事業)、19条(違反に対する調査等)、20条(違反に対する

752　　第7章　公正競争規約

7章後注-*1*(5)

措置)、21条(違反に対する決定)、22条(施行規則)と規定して「家庭電気製品製造業における表示に関する公正競争規約」と同じものとなっている。ただし、違反行為を行い文書警告を受けた事業者が文書警告に従わないときには、200万円以下の違約金を課し、さらに違約金を課された事業者が一定期間内に同様の違反行為をしたときは、500万円以下の違約金を課すことができるものとしている。このように、商品の価格等を反映して違約金の額等については公正競争規約ごとに異なっている。

また、景品規約について、「家庭電気製品業における景品類の提供に関する公正競争規約」は、6条(公益社団法人全国家庭電気製品公正取引協議会の設置)、7条(公正取引協議会の事業)、8条(違反に対する調査及び措置)、9条(違反に対する異議申し立て)、10条(規則の制定、変更)と表示規約と同様に規定する。同様に、また「自動車業における景品類の提供の制限に関する公正競争規約」も5条(規約の運用機関)、6条(公正取引協議会の事業)、7条(違反に対する調査)、8条(違反に対する措置)、9条(違反に対する決定)、10条(規則の制定)と表示に関する規約と同様に規定している。手続的規定については、表示規約と景品規約で同一の内容となっている。

現実には、公正競争規約の手続に従って措置等がとられることは多くはなく、家電製品や医療用医薬品卸売業の公正取引協議会は、概ね、年1回の割合で、文書注意を行う程度であるといわれる。

ただし、公正競争規約のルールの実効性確保のためには、実際には、参加事業者による相互監視による効果が大きい。相談や協議会の積極的な調査活動により、違反が早期に除去されることもあるとされる。

(5)　**表示規約と景品規約の実体法規定**　　公正競争規約は、表示規約と、景品規約とに分かれる。

景表法の表示規制と景品規制の大きな差異を反映して、公正競争規約の実体法規定についても表示規約と景品規約とでは大きな差異がみられる。

表示規約における実体法規定は、不当表示の禁止等として景表法5条の表示規制と結びつける内容の部分と必要表示事項、特定事項の表示基準など当該業種、商品等に特有な細かなかつ具体的な表示ルールを定める部分とに分かれる。

このうち、5条の表示規制と結びつける内容の部分は、不当表示の禁止等として一般消費者に誤認されるおそれがある表示をかなり広範囲に規定している。

必要表示事項、特定事項の表示基準など当該業種、商品等に特有な内容の部分が遵守されていれば、基本的に5条違反の問題は生じず、5条違反に当たることはない。

他方、景品規約の実体法規定は、景表法の景品規制である、懸賞制限告示、総

第7章　公正競争規約　*753*

7章後注-2(1)

付制限告示のルールと同じものとなっている。景表法の景品規制である、懸賞制限告示、総付制限告示をそのまま適用する旨規定する景品規約も多い。

景表法上の業種別告示(4)として、不動産業告示、新聞業告示、雑誌業告示、医療関係告示が指定されている。これらの業種については、景品規約である不動産業規約、新聞業規約、雑誌業規約、医療関係の4規約が設けられている。特に、医療関係告示に対応する医療関係4景品規約については、医療関係告示内容とは異なる独自のルールを採用している。業種別告示と景品規約という両者の関係について、業種別告示は、公正競争規約に参加していない当該業種の事業者を中心に適用されることになる。

2 表示規約

(1) **総 論** 表示規約について、景表法上の規制である優良誤認表示、有利誤認表示などに対応する一般的禁止行為が規定されるほか、必要表示事項、特定事項の表示基準、特定用語の使用基準(または特定用語の表示基準)など(以下、「必要表示事項など」という)の当該業種、当該商品等に特有な事情に対応した細かな、具体的なルールが規定されている。表示規約の実体法規定については、不当表示の禁止など景表法上の表示規制と結びつける禁止行為と当該業種、当該商品等に即した必要表示事項などの細かな、具体的な表示ルールとに大別される。さらに、表示ルールについては、規則に加えて、施行規則において極めて細かなルールが定められている。

実体法規定のうちでは、当該業種、当該商品等に特有な必要表示事項などに対応した細かな、具体的なルールが大きな価値を有する。表示規約が設定されている商品や業種については規約および施行規則におけるルールを遵守していると、基本的に景表法上問題は生じないまたは景表法に違反することはないと評価される。

当該業種、当該商品等に特有な必要表示事項などの、表示ルールは、商品等、業種によって大きく異なっている。さらに、それらの実効性を確保するための公正取引協議会の人数、態勢も大きく公正取引協議会ごとに異なっている。

また、多くの食品関係については、表示規約のみが設けられている。そのうち、「飲用乳の表示に関する公正競争規約」がもっとも伝統がありかつその実効性が有効に確保されていると評価されている。「果実飲料等の表示に関する公正競争規約」は、告示で指定されている無果汁の清涼飲料水等についての表示と密接に関連する。そこで、まずこの2つ表示規約について解説する。

その上で、主要な業種である家庭電気製品業、自動車業、不動産業の表示に関

754　第7章　公正競争規約

7章後注-2⑵

する規約の実体法規定について解説する。中でも、家庭電気製品製造業および家庭電気製品小売業における表示規約が対象製品群からみて代表的な表示規約と評価される。さらに、不動産業については業種の特性から当初景表法違反事件が多かった業種であるとともに、不動産業における公正競争規約が業界の表示の適正化に向けて大きな役割を果たしてきた。

　⑵　**「飲用乳の表示に関する公正競争規約」**　　ⓐ　特質　　第1に、飲用乳の公正マークは、①飲用乳の容器やキャップに付けられ、多くの消費者に知られている、②全国飲用牛乳公正取引協議会会員の証および公正競争規約に基づく「適正な表示がなされている飲用乳」の証である。そのため、飲用乳の公正マークの信用を確保するための事業活動に力を入れている。

　第2に、公正取引協議会は、会員による公正マークの表示の信用および規約遵守確保のため、次の事業を行っている(全国飲用牛乳公正取引協議会ウェブサイト参照)。

　①適正表示指導

　会員が新しい容器やキャップをつくるときや表示を変えるときは、表示を点検し、会員に指導する。

　②市販品成分調査

　市販の飲用乳を買い取り、乳成分を分析し、容器やキャップに表示された乳成分値と合っているかどうかをチェックする。

　③定期成分検査

　協議会が認定した検査機関で、会員の製造した飲用乳について4か月ごとに乳成分を検査する。

　④生乳の使用割合および原産地表示に関する調査

　生乳の使用割合や原産地が表示された飲用乳を生産している事業者に対し、6か月ごとに生乳の使用状況を調査する。

　⑤検査技術研修会の実施

　会員の検査技術向上のための研修を行う。

　　ⓑ　内容　　「飲用乳の表示に関する公正競争規約」は、次のとおり規定する。

・3条(必要な表示事項)

1　「事業者は、飲用乳の容器包装(食品衛生法第4条第5項に規定する容器包装をいう。以下同じ。)に、次に掲げる事項を、それぞれ飲用乳の表示に関する公正競争規約施行規則(以下「施行規則」という。)に定めるところにより、見やすい場所に邦文で明瞭に表示しなければならない。

　⑴　種類別名称

第7章　公正競争規約　　755

7章後注-2(2)

(2)　常温保存可能品にあっては、その旨

(3)　商品名

(4)　主要成分

(5)　原材料名

(6)　原料原産地名

(7)　殺菌温度及び時間

(8)　内容量

(9)　消費期限又は賞味期限

(10)　保存方法

(11)　開封後の取扱い

(12)　乳処理場又は製造所の所在地及び乳処理業者又は製造者の氏名又は名称

2　事業者は、飲用乳の容器包装に、栄養成分(たんぱく質、脂質、炭水化物及びナトリウム(食塩相当量に換算したもの))の量(次条第4項第7号に規定するナトリウムの量を除く。)及び熱量を施行規則に定めるところにより、見やすい場所に邦文で明瞭に表示しなければならない。

3　事業者は、飲用乳の容器包装に、容器包装の分別回収のための識別表示を施行規則に定めるところにより、見やすい場所に明瞭に表示しなければならない。」

・4条(特定事項の表示基準)

1　「事業者は、「牛乳」、「特別牛乳」、「成分調整牛乳」、「低脂肪牛乳」及び「無脂肪牛乳」以外の飲用乳を示す文言(商品名)として「牛乳」を用いることはできない。

2　事業者は、「特別牛乳」、「成分調整牛乳」、「低脂肪牛乳」及び「無脂肪牛乳」にあっては、施行規則で定める表示基準により「牛乳」の文言を表示しなければならない。

3　事業者は、飲用乳を示す文言(商品名)として「ミルク」又は「乳」を用いる場合は、施行規則で定める表示基準によらなければならない。

4　事業者は、次に掲げる表示をする場合には、施行規則で定める表示基準によらなければならない。

(1)　「特濃」、「濃厚」その他当該飲用乳の乳成分を強調する表示

(2)　「特選」、「厳選」、「優良」その他当該飲用乳の品質を強調する表示

(3)　「生乳使用」に係る表示

(4)　生乳の原産地の表示

(5)　生乳以外の特色のある原材料の表示

(6)　栄養成分の量及び熱量の表示(第3条第2項及び次号の規定の基づく表示を除く。)

(7)　ナトリウムの量(ナトリウム塩を添加していない食品の容器包装に表示される場合に

756　第7章　公正競争規約

7章後注-*2*(3)

限る。)の表示
- (8) 栄養機能食品である旨の表示
- (9) 特定保健用食品である旨の表示
- (10) 機能性表示食品である旨の表示

5　事業者は、「無果汁の清涼飲料水等についての表示」(昭和48年公正取引委員会告示第4号)の適用を受ける乳飲料にあっては、施行規則で定める表示基準により、「無果汁である旨」を明瞭に表示しなければならない。」

・5条(その他の表示事項等)
「全国飲用牛乳公正取引協議会は、第1条の目的を達成するため特に必要があると認められる場合には、前2条に規定する事項のほか、これらの事項に関連する表示事項又は表示基準を施行規則により定めることができる。」

・6条(不当表示の禁止)
「事業者は、飲用乳の取引に関し、次の各号に掲げる表示をしてはならない。
- (1) 飲用乳でないものを飲用乳であるかのように誤認されるおそれがある表示
- (2) 飲用乳の種類について誤認されるおそれがある表示
- (3) 飲用乳の原料、成分、品質その他の内容について、実際のものよりも著しく優良であると一般消費者に誤認されるおそれがある表示
- (4) 病気の予防等に効能効果があるかのように誤認されるおそれがある表示
- (5) 客観的な根拠に基づかないで、特製、高級等の文言を用いることにより、特に優良であるかのように誤認されるおそれがある表示
- (6) 他の事業者の飲用乳を中傷し又はひぼうするような表示
- (7) その他飲用乳の内容又は取引条件について一般消費者に誤認されるおそれがある表示」

(3)　「果実飲料等の表示に関する公正競争規約」　　(a)　特質　　「無果汁の清涼飲料水等についての表示」(昭和48年3月20日公取委告示第4号)(いわゆる無果汁告示)は次のとおり規定する。

対象となる表示は次の3つである。

原材料に果汁・果肉が使用されていない清涼飲料水、乳飲料、はつ酵乳、乳酸菌飲料、粉末飲料、アイスクリーム類または氷菓(以下「清涼飲料水等」といい、容器に入っているものまたは包装されているものに限る)についての次に各号の一に該当する表示である。

一　当該清涼飲料水等の容器または包装に記載されている果実の名称を用いた商品名等の表示

二　当該清涼飲料水等の容器または包装に掲載されている果実の絵、写真または

第7章　公正競争規約　　757

7章後注-*2*(3)

図案の表示

三　当該清涼飲料水等またはその容器もしくは包装が、果汁、果皮または果肉と同一または類似の色、かおりまたは味に着色、着香または味付けがされている場合のその表示

　不当表示に該当するものは、①当該清涼飲料水等の原材料に果汁または果肉が使用されていない旨が明瞭に記載されていないもの、②原材料に僅少な量の果汁または果肉が使用されている清涼飲料水等について、当該清涼飲料水等の原材料に果汁もしくは果汁が使用されていない旨、または当該清涼飲料水等の原材料に果汁もしくは果肉の割合が明瞭に記載されていないものである。

　他方、果実飲料等の表示に関する公正競争規約施行規則は、1条(定義)において、果実ジュース、果実ミックスジュース、果粒入り果実ジュース、果実・野菜ミックスジュースおよび果汁入り飲料について細かく定義した上で、表示ルールを定めている。

　その結果、「果実飲料等の表示に関する公正競争規約」の表示ルールを遵守していると、告示である「無果汁の清涼飲料水等についての表示」を含めて景表法の問題は生じない。無果汁の清涼飲料水等についての指定告示は、「果実飲料等の表示に関する公正競争規約」のうち、不当表示の一部を例示したものとなる。

　　⒝　内容　　「果実飲料等の表示に関する公正競争規約」は次のとおり規定する。

・3条(必要な表示事項)

1　「事業者は、果実飲料等の容器又は包装に、次の各号に掲げる事項を施行規則に定める基準に従い、日本工業規格 Z8305……に規定する8ポイントの活字以上の大きさの文字で邦文で明瞭に表示しなければならない。……

　⑴　名称

　⑵　原材料名

　⑶　添加物

　⑷　原料原産地名

　⑸　内容量

　⑹　賞味期限

　⑺　保存方法

　⑻　使用方法

　⑼　原産国名

　⑽　事業者の氏名又は名称及び住所

　⑾　製造所又は加工所の所在地及び製造者又は加工者の氏名又は名称

7章後注-*2*(3)

⑿　栄養成分の量及び熱量

2　事業者は、前項に掲げる事項のほか、果実飲料等の容器又は包装に、次の各号に掲げる事項を当該各号に掲げる基準に従い、邦文で明瞭に表示しなければならない。……

　(1)　果汁の使用割合　〔略〕

　(2)　加糖　〔略〕

　(3)　濃縮還元　〔略〕

　(4)　冷凍果実飲料　〔略〕

　(5)　使用上の注意　〔略〕

〔3項・4項略〕」

・4条（特定事項の表示基準）

「果汁100%」「△△果粒○○％入り」「果汁・野菜汁100%（果汁分○○％）」などの表示について、果汁の使用割合を表示する場合は、商品名を表す文字と同一視野に、14ポイントの活字以上の大きさの文字により表示するなどを規定する。

・5条（その他の特定表示事項）

「果実飲料公正取引協議会……は、第1条の目的を達成するため特に必要があると認める場合には、第3条及び第4条に規定する事項のほか、これらの事項に関連する特定の表示事項又は表示の基準を規則により定めることができる。」

・6条（不当表示の禁止）

「事業者は、果実飲料等の取引に関し、次の各号に掲げる表示をしてはならない。

　(1)　果汁の使用割合が50％以上100％未満の果汁入り飲料にあっては、果実の搾汁そのままのものと一般消費者に誤認されるおそれがある表示

　(2)　果汁の使用割合が10％以上50％未満の果汁入り飲料にあっては、果実の搾汁そのままのもの又はそれが主原料であると一般消費者に誤認されるおそれがある表示

　(3)　果汁の使用割合が5％以上10％未満のその他の飲料にあっては、果実飲料であると一般消費者に誤認されるおそれがある表示

　(4)　果汁の使用割合が5％未満又は果汁を含まないその他の飲料にあっては、果実の搾汁を使用していると一般消費者に誤認されるおそれがある表示

　(5)　施行規則に定める果汁入り飲料以外の果実飲料の定義に合致しない飲料について、それらのものが当該飲料であるかのように一般消費者に誤認されるおそれがある表示

　(6)　果実飲料でないものが果実飲料であるかのように一般消費者に誤認されるおそれがある表示

第7章　公正競争規約　　759

7章後注-2(4)

(7)　他の事業者又は他の事業者に係る果実飲料等を中傷し、誹謗するような表示

(8)　果実飲料等の商品名、商標、意匠その他の事項について、自己と競争関係にある他の事業者の製造又は販売に係るものと同一又は著しく類似した表示

(9)　その他果実飲料等の取引に関し、当該商品の内容又は取引条件について、実際のもの又は自己と競争関係にある他の事業者に係るものよりも著しく優良又は有利であると一般消費者に誤認されるおそれがある文字、絵、写真その他の表示」

(4)　「家庭電気製品製造業における表示に関する公正競争規約」　　(a)　特質　この公正競争規約は、①映像、音響機器、②情報通信機器、③冷凍、冷蔵機器、④調理機器、⑤家事関連機器、⑥理美容、健康機器、⑦空調機器、⑧暖房機器、⑨電球、照明器具、⑩電池、(同規約別表1)を対象製品とする。消費者になじみのある製品が対象であるため、実体法規定すべてを掲載する。

　不当表示の禁止が4条で極めて簡潔に記載されていることが特色であり、家電製品ごとに特有な表示ルールを中心に定めている。

　実際には、テレビ、BD／DVDレコーダー・プレーヤー、パーソナルコンピューター、電気冷蔵庫、電子レンジ、電気掃除機、エアコン、空気清浄機、ホットカーペットなどの14項目に関してカタログについて細かな表示事項と表示基準を定めている(同規約別表2-1~14)。

　　(b)　内容　「家庭電気製品製造業における表示に関する公正競争規約」(昭和53年6月1日認定、平成12年11月22日全部変更認定、令和5年4月27日変更認定)は、次のとおり規定する。

・3条(表示の基本)

1　「家電品は、快適な日常生活を求める一般消費者の期待の実現に深くかかわり、大きな役割を担っている。

　これらは、電気エネルギーを使い、頻繁に使用され、多様な機能を持ち、技術変化の著しい機器であることから、安全性、使いやすさ、保守サービス性、地球環境への配慮等が求められ、一般消費者の商品選択や購入、使用に際しては、商品についての正しい理解が重要である。

　したがって、事業者は、これらのことを踏まえ、家電品に関する表示に当たっては、次のことを守るものとする。

(1)　正しい表示をし、虚偽の又は誇大な表示をしないこと。

(2)　一般消費者の知りたい情報を迅速かつ的確に提供するよう努めること。

(3)　一般消費者の正しい理解を得るために、提供する情報の前提条件を明瞭に

760　　第7章　公正競争規約

7 章後注-2(4)

表示するように努めること。

(4) 人の身体及び生命財産への影響並びに社会的影響を常に配慮し、誠意と責任のある表示を行うこと。

(5) 製品の安全保持、品質保持、機能保持等のため必要十分な注意事項及び禁止事項は漏れのないように表示するとともに、常に消費者啓発に努めること。

2 第1条の目的を達成するため、事業者は家電品に関する表示をする場合は、次に掲げる事項を銘記し、一般消費者にとって分りやすい表示の実施に努めなくてはならない。

(1) 不当表示の禁止

表示に当たっては、一般消費者の誤認を招かないよう十分に配慮すること。

(2) 必要表示事項

一般消費者の商品の選択、購入又は使用に当たっては必要な情報の提供は漏れのないよう十分注意すること。

(3) 特定用語の使用基準

表示に当たっては、一般消費者の事実誤認や過度な期待が生じぬよう用語の使用に十分注意すること。

(4) 特定事項の表示基準

表示に当たっては、特に重要とされる事項については事実誤認や漏れのないよう十分注意すること。

(5) 流通業者への情報提供

家電品の小売業者に対し、正確な情報の速やかな提供に努めること。」

・4条(不当表示の禁止)

「事業者は、自社の家電品の品質、規格その他の内容について、実際のもの若しくは競争事業者に係るものよりも著しく優良である、又は価格その他の取引条件について実際のもの若しくは競争事業者に係るものよりも著しく有利であると一般消費者に誤認されるおそれのある、次の各号に掲げる表示をしてはならない。

(1) 事実と相違する表示

(2) 事実を著しく誇張した表示

(3) 家電品の選択、購入又は使用に当たり重要な事項についての不表示又は不明瞭な表示

(4) 合理的な根拠のない表示」

・5条(カタログの必要表示事項)

第7章 公正競争規約 761

7章後注-2⑷

1 「事業者は、カタログを作成する場合は、次に掲げる事項を施行規則で定めるところにより、明瞭に表示しなければならない。

(1) 事業者の名称及び所在地

(2) 品名及び形名

(3) 仕様

(4) カタログの作成時期

(5) 補修用性能部品の保有期間

(6) その他家電品の選択又は購入において参考となる事項

(7) カタログの内容についての問い合わせ先及び販売店名記載欄

2 前項の規定にかかわらず、用途の異なる多数品目について総合的に記載したカタログについては、前項のうち第3号及び第5号の表示を省略することができる。省略した場合には詳しい内容を知る方法を表示しなければならない。」

・6条(取扱説明書の必要表示事項)

「事業者は、取扱説明書を作成する場合は、次に掲げる事項を施行規則で定めるところにより、明瞭に表示しなければならない。

(1) 事業者の名称及び所在地

(2) 品名及び形名

(3) 仕様

(4) 主要部分の名称、働き及び操作方法

(5) 付属品の名称及び数

(6) 取扱上の注意事項

(7) 修理等に関する事項

　ア 故障に際して消費者が採るべき処置

　イ 保証書を添付しない場合の修理及び保証書を添付している場合であってその保証期間が経過した後の修理に関する事項

　ウ 補修用性能部品に関する事項

(8) 事業者の消費者相談窓口に関する事項」

・7条(保証書の必要表示事項)

「事業者は、保証書を作成する場合又は取扱説明書の一部を保証書とする場合は、次に掲げる事項を施行規則で定めるところにより、明瞭に表示しなければならない。

(1) 保証書である旨

(2) 保証者の名称、所在地及び電話番号

(3) 品名及び形名

7章後注-2(4)

(4) 保証期間

(5) 保証対象となる部分

(6) 保証の態様

(7) 消費者の費用負担となる場合があればその内容

(8) 保証を受けるための手続

(9) 適用除外に関する事項

(10) 無料修理等の実施者

(11) その他施行規則で定める事項」

・8条(本体の必要表示事項)

「事業者は、家電品の本体に電気用品安全法……、家庭用品品質表示法……、消費生活用製品安全法……、フロン類の使用の合理化及び管理の適正化に関する法律……等の関連法令に基づく表示を行うほか、次に掲げる事項を施行規則で定めるところにより、明瞭に表示しなければならない。

(1) 原産国名(国名で表示することが適切でない場合は、原産地名)。ただし国産品であるものについては除く。

(2) 前号の規定にかかわらず、原産国について誤認されるおそれのある国産品については国産品ある旨

(3) 施行規則で定める家電品については製造時期」

・9条(カタログ等の閲覧)

「事業者は、一般消費者に家電品を公開展示する場合は、当該家電品のカタログ、取扱説明書及び保証書を、一般消費者が閲覧できるようにしなければならない。ただし、施行規則で定める展示の場合は、この限りでない。」

・10条(特定用語の使用基準)

「事業者は、家電品の品質、性能等に関する次の各号に掲げる用語の使用については、当該各号に定めるところによらなければならない。

(1) 永久を意味する用語は断定的に使用することはできない。

(2) 完全を意味する用語は断定的に使用することはできない。

(3) 安全性を意味する用語は強調して使用することはできない。

(4) 最上級及び優位性を意味する用語は客観的事実に基づく具体的根拠を表示しなければならない。

(5) その他の用語の使用基準は、施行規則で定めるところによる。〔2項略〕」

・11条(特定事項の表示基準)

「事業者は、次の各号に掲げる事項について表示する場合は、当該各号に定めるところによらなければならない。

7章後注-*2*⁽⁴⁾

(1)　比較表示

　　　家電品の品質、性能、取引条件等について比較表示する場合は、下記の要件を満たしていること。

　　ア　比較対象事項は客観的に実証され、測定又は評価できる数値や事実であること。

　　イ　実証されている数値や事実を正確かつ適正に引用すること。

　　ウ　比較の方法が公正であること。

(2)　数値表示

　　家電品の品質、性能、取引条件等を数値で表示する場合は、次の要件を満たしていること。

　　ア　実証されている数値や事実を正確かつ適正に引用すること。

　　イ　数値は客観的に測定又は評価できるものとし、測定方法等具体的根拠を表示すること。

(3)　認定等の表示

　　　公共機関、公共的団体及びその他の団体の認定、賞、推奨等を受けた旨を表示する場合は、その内容、時期及び団体名を近接して表示すること。申請するだけで容易にとれる認定、賞、推奨等は表示してはならない。

(4)　消費電力量の表示

　　　消費電力量を表示する場合は、その算定の基礎とした使用環境、使用時間等の使用条件を表示する。

(5)　電気代の表示

　　　電気代を表示する場合は、施行規則に定める補足する事項を表示する。」

・12条(希望小売価格等の表示)

1　「事業者は、自己の販売する家電品に係る希望小売価格(あらかじめカタログ等により一般消費者に公表されているもの)等の表示に当たっては、次の各号に定めるところによらなければならない。

　(1)　希望小売価格がある場合は、「希望小売価格」の名称を用いて表示をすること。

　(2)　希望小売価格を表示する場合であって、当該希望小売価格には含まれない別途の費用がかかる場合には、その旨を明瞭に表示すること。

　(3)　希望小売価格がない場合は、カタログ等にその旨を明瞭に表示すること。

　(4)　希望小売価格がない場合において、小売業者向けカタログ等で、一般消費者が希望小売価格と誤認するおそれのある名称を用いて価格表示をしないこと。

764　　第7章　公正競争規約

7章後注-2(5)

2 事業者は、市場価格と著しくかけ離れた希望小売価格を表示してはならない。」

(5) 「家庭電気製品小売業における表示に関する公正競争規約」 ⓐ 小売業の特質

家庭電気製品については、製造業とは別個に、小売業についての表示に関する規約が設けられている。

この規約では、小売業の特色を反映して、①チラシ等についての必要表示事項等が規定され、②不当表示の禁止とおとり広告の禁止の内容が特に細かく規定されている。

ⓑ 主たる内容

・3条(チラシ等の必要表示事項)

1 「事業者は、チラシ等において家電品の販売条件を表示する場合には、施行規則で定めるところにより、次に掲げる第1号から第3号までの事項を当該チラシ等に表示されている家電品ごとに、第4号及び第5号の事項を当該チラシ等に、明瞭に表示しなければならない。

(1) 品名及び型名

(2) 製造事業者名又は商標名

(3) 自店販売価格

(4) 事業者の住所、氏名又は名称及び電話番号

(5) 取引条件の有効期間

2 前項の規定にかかわらず、複数商品のセット販売に係る家電品の自店販売価格の表示は、施行規則で定めるところによるものとする。

3 事業者は、チラシ等において、付帯据付工事等を必要とする家電品であって施行規則で定めるものについては、第1項に規定する事項を表示するほか、その付帯据付工事料金等を施行規則で定めるところにより表示しなければならない。」

・3条の2(家電品の必要表示事項)

「事業者は、販売する家電品が中古品、店舗展示現品、未使用品等であるときは、その旨表示しなければならない。また、未使用品については、併せて用語の説明を表示しなければならない。」

・4条(チラシ等の家電品の保証、修理等の取引条件に係る必要表示事項)

「事業者は、チラシ等において家電品の保証、修理、配送、支払条件、割賦販売条件等を表示する場合には、施行規則で定める事項を表示しなければならない。」

・5条(特定用語の使用基準)

「事業者は、家電品を販売するに当たって、次の用語を使用するときは、当該各号に定めるところによらなければならない。

第7章 公正競争規約 **765**

7章後注-2(6)

(1) 最上級を意味する用語

「最高」、「最安」等最上級を意味する用語は、客観的事実に基づく場合にのみ使用することができる。

(2) 優位性を意味する用語

「世界一」、「日本一」、「第一位」、「ナンバーワン」等優位性を意味する用語は、客観的事実に基づく場合にのみ使用することができる。

(3) その他の用語の使用基準は、施行規則で定めるところによる。」

このほか、景表法上の禁止行為に関しては、6条(二重価格表示の制限)、7条(不当表示の禁止)、8条(おとり広告の禁止)において詳細に禁止行為を規定している。

(6) 「**自動車業における表示に関する公正競争規約**」　(a) 特質　新車(同規約第2章〔3～10〕)および中古自動車(同規約第3章〔11～16〕)とに二分して、「必要な表示事項」、「特定用語の表示基準」、「特定事項の表示基準」と並ぶ前半部分と、不当表示の禁止から始まる後半部分から成るが、両者の整合性、バランスがとれている。公正競争規約として内容的に重要なのは前半部分である。

新車に関する施行規則および中古自動車に関する施行規則によりさらに詳細な表示方法、表示ルールが定められている。

(b) 内容　「自動車業における表示に関する公正競争規約」は、次のとおり規定する。

第2章(新車)

・3条(必要な表示事項)

1 「事業者は、新車に関するカタログを作成するときは、次に掲げる事項をそれぞれ自動車業における表示に関する公正競争規約の施行規則……で定めるところにより邦文で明瞭に表示しなければならない。

(1) 事業者の住所及び氏名又は名称

(2) 車名及び主な仕様区分

(3) 標準装備品及びオプション装備品の内容

(4) 主要諸元

2 販売業者は、一般消費者に新車の商談を行うときは、次に掲げるいずれかの方法により、販売価格を表示しなければならない。

(1) 価格表

(2) 価格表に準ずるもの

3 販売業者は、一般消費者に販売する目的で新車を店頭に展示する場合には、前項の表示方法によるほか、価格表示用紙により販売価格を表示することができる。この場合、施行規則で定めるところにより、邦文で見やすい場所に明瞭に表

766　第7章　公正競争規約

7章後注-2(6)

示しなければならない。

4　事業者は、新聞等の新車に関する商品広告において、値引額、値引率、「特価」等により価格が有利である旨を表示する場合には、その根拠となる販売価格を表示しなければならない。

5　事業者が前3項の規定に基づく場合を含め、インターネット及び新聞、雑誌等の広告、カタログ等に販売価格を表示する場合は、施行規則で定めるところにより表示しなければならない。

6　事業者は、インターネット及び新聞、雑誌等の広告に通信販売を行う旨を表示する場合には、前項の規定により販売価格を表示するほか、施行規則で定める通信販売を行う際の必要表示事項を表示しなければならない。」

・4条(特定用語の表示基準)

「事業者は、新車の表示に関し、次の各号に掲げる用語について表示する場合は、それぞれ当該各号の定める基準に従い、施行規則で定めるところによるものとする。

　(1)　最上級を意味する用語

　　　「首位」、「第1位」、「トップ」、「最高」、「最長」、「BIGGEST」その他の最上級を意味する用語を示す場合は、その裏付けとなる客観的数値等又は根拠を付記すること。

　(2)　「完全な…」等の用語

　　　「完全な…」、「完璧な…」、「絶対的な…」等の用語は、その内容が社会通念上、妥当な範囲を超えない程度において表示すること。

　(3)　「このクラス…」等の抽象的用語

　　　「このクラス…」、「ひとつ上のクラス…」等の抽象的用語を表示する場合は、エンジン排気量、積載重量等のクラス区分の具体的内容を付記すること。

　(4)　「新発売」等の用語

　　　「新発売」、「新型登場」等の商品が新しくなったことを意味する用語を新聞、雑誌、テレビ、ラジオ及びインターネット等を用いて表示する場合は、施行規則で定めるところにより表示すること。」

・5条(特定事項の表示基準)

「事業者は、新車の表示に関し、次の各号に掲げる事項について表示する場合は、それぞれ当該各号の定める基準に従い、施行規則で定めるところによるものとする。

　(1)　ランキング表示

第7章　公正競争規約　　767

7章後注-2(6)

生産台数、登録台数等のランキング表示を行う場合は、過去1か月以上その順位を確保しているときに限るものとし、その確保期間を明瞭に表示すること。

(2)　概数表示

　　生産量、国内販売量、輸出入量等に関する統計について、これを概数で表示する場合は、その誤差の許容範囲は、次のとおりとすること。

　ア　金額表示　　　1パーセント以下

　イ　自動車の台数表示　　　3パーセント以下

(3)　統計数値の出典

　　統計数値を表示する場合の数値の出典等については、団体等による統計数値とし、出典先を明瞭に表示すること。

(4)　燃料消費率

　　燃費の表示に使用できるデータは、公式テスト値又は公的第三者によるテスト値に限るものとし、必ずその旨を付記するものとする。併せて、当該値は、一定の試験条件下での数値であり、実際の走行条件等により異なる旨を明瞭に表示すること。

(5)　最高速度及び発進加速並びに最高出力

　　最高速度及び発進加速並びに最高出力については、これを新聞、雑誌、テレビ、ラジオ、インターネット等を用いて表示する場合は、キャッチフレーズ又はアイキャッチャーとして使用しないこと。

(6)　安全、環境、衛生

　　新車の安全、環境、衛生に関する表示を行う場合は、客観的な根拠に基づき、具体的な内容を明瞭に表示すること。

(7)　写真、イラスト等

　ア　新車の写真又はイラストを新聞、雑誌等に表示する場合は、具体的な説明を付記すること。

　イ　写真又はイラストと販売価格を併用して表示する場合は、その写真又はイラストに使用する新車の販売価格を明瞭に表示すること。

(8)　競合銘柄との比較

　　競合銘柄との比較表示をする場合は、客観的な数値等を用い、その根拠を明示すること。

(9)　自動車競技

　　自動車競技の結果に関する表示を行う場合は、その競技の名称及び内容を明瞭に表示すること。

7章後注-2(6)

⑽　雑誌等における年間最優秀車賞等の受賞

　　雑誌等における年間最優秀車賞等の受賞に関する表示を行う場合は、その名称、主催者名、賞のカテゴリー、受賞時期等を明瞭に表示すること。

⑾　特別仕様車等

　　特別仕様車等の表示を行う場合は、特別仕様の内容と販売台数等に限定がある場合にあってはその内容を、施行規則に定めるところにより表示すること。」

・6条(特定の表示事項)

「一般社団法人自動車公正取引協議会は、前3条に規定するもののほか、特定の表示事項又はその表示基準を施行規則で定めることができる。」

・7条(不当表示の禁止)

「事業者は、新車に関する表示において、次の各号に掲げる表示をしてはならない。

⑴　第3条から第5条に規定する事項についての虚偽又は誇大な表示

⑵　新車の品質、性能その他の内容について虚偽若しくは誇大又はたとえ真実であっても一般消費者に誤認されるおそれのある表示

⑶　特定車種にのみ適用する装備内容、仕様等による品質向上についてあたかも他の車種に適用するように誤認するおそれのある表示

⑷　部分的にしか該当しない統計数値や内容等を表示する場合において、これがあたかも全般的に該当するかのように誤認されるおそれのある表示

⑸　新機構、新素材等の初搭載に関する表示を行う場合において、虚偽又は事実であっても一般消費者に誤認されるおそれのある表示

⑹　他の事業者の信用度、経営政策、事業内容又は新車の品質、性能及び取引条件等について中傷し又はひぼうするような表示

⑺　その他新車の内容又は取引条件について、実際のもの又は自己と競争関係にある他の事業者に係るものよりも著しく優良又は有利であると一般消費者に誤認されるおそれのある表示」

・8条(不当な価格表示の禁止)

「事業者は、新車に関する価格表示において、次の各号に掲げる表示をしてはならない。

⑴　表示価格では実際に購入できないにもかかわらず、購入できるかのように誤認されるおそれのある表示

⑵　実際には表示価格に含まれていない付属品、特別仕様等を表示価格に含まれているかのように誤認されるおそれのある表示

7章後注-*2*(6)

(3) 実際には表示価格に含まれている付属品、特別仕様等を無償で供与するかのように誤認されるおそれのある表示

(4) 表示価格に含まれている付属品、特別仕様等について、実際に提供するものよりも有利であるかのように誤認されるおそれのある表示

(5) 「超激安」、「超特価」等の安いという印象を与える用語を用い、実際のものよりも有利であるかのように誤認されるおそれのある表示

(6) 割賦販売の表示の場合において、割賦手数料、頭金、支払回数、支払期間、支払額、終了時の条件その他割賦販売条件について、実際のものよりも有利であるかのように誤認されるおそれのある表示

(7) 個人リースの表示の場合において、頭金、支払回数、支払期間、支払額その他リース契約に関する条件について、実際のものよりも有利であるかのように誤認されるおそれのある表示

(8) サブスクリプション等の賃貸の表示の場合において、頭金、支払回数、支払期間、支払額その他賃貸に関する条件について、実際のものよりも有利であるかのように誤認されるおそれのある表示

(9) 実際には値引きでないにもかかわらず、値引きしているかのように誤認されるおそれのある表示

(10) 希望小売価格又は自店通常価格を比較対照価格として二重価格表示を行う場合における虚偽又は誇大な表示

(11) その他、新車の価格又は取引条件について、実際のものよりも著しく有利であると一般消費者に誤認されるおそれのある表示」

・9条(おとり広告の禁止)

「事業者は、新車に関する広告において、次の各号に掲げる表示をしてはならない。

(1) 取引の申出に係る新車について、取引を行うための準備がなされていない場合その他実際には取引には応じることができない場合のその新車についての表示

(2) 取引の申出に係る新車の供給量が著しく限定されているにもかかわらず、その限定の内容が明瞭に記載されていない場合のその新車についての表示

(3) 取引の申出に係る新車の供給期間、供給の相手方又は顧客1人当たりの供給量が限定されているにもかかわらず、その限定の内容が明瞭に記載されていない場合のその新車についての表示

(4) 取引の申出に係る新車について、合理的な理由がないのに取引の成立を妨げる行為が行われる場合その他実際には取引する意思がない場合のその新車

7章後注-2(6)

についての表示」

・10条(不当表示の教唆等の禁止)〔略〕

第3章(中古自動車)

・11条(必要な表示事項)

1 「販売業者は、一般消費者に直接販売する目的で展示する中古自動車には、次に掲げる事項を施行規則で定めるところにより、邦文で外部から見やすい場所に明瞭に表示しなければならない。

(1) 車名及び主な仕様区分

(2) 初度登録年月(軽自動車にあっては初度検査年)

(3) 販売価格

(4) 走行距離数

(5) 自家用、営業用、レンタカー、その他の別

(6) 自動車検査証の有効期限

(7) 前使用者の点検整備記録簿の有無

(8) 保証の有無

(9) 定期点検整備実施の有無

(10) 修復歴(車体の骨格に当たる部位の修正及び交換歴)の有無

2 販売業者は、インターネット及び新聞、雑誌等の広告に中古自動車の販売価格を表示する場合は、前項各号の事項及び塗色を表示するほか、施行規則で定めるところにより車台番号を表示しなければならない。

3 販売業者は、インターネット及び新聞、雑誌等の広告に中古自動車の通信販売を行う旨を表示する場合は、前項の規定により表示するほか、施行規則で定める通信販売の必要表示事項を表示しなければならない。」

・12条(特定の車両状態についての表示及び書面の交付)

「販売業者は、中古自動車が次の各号のいずれかに該当する場合は、それぞれ当該各号に定める事項を、書面を用いて、明瞭に表示しなければならない。ただし、前条第2項及び第3項の場合においては、施行規則で定める表示によることができるものとする。

(1) 走行距離計が取り替えられている車両……であって、次条第1号に定めるシールが貼付されているもの
   走行距離計が取り替えられている旨並びに取替え前及び取替え後のキロ数

(2) 走行距離数に疑義がある車両……
   走行距離数に疑義がある旨

(3) 走行距離計が改ざんされている車両……

第7章 公正競争規約 *771*

7章後注-*2*(7)

走行距離計が改ざんされている旨

(4)　定期点検整備実施の有無が「定期点検整備なし」で要整備箇所がある車両
　　　要整備箇所

(5)　修復歴(車体の骨格に当たる部位の修正及び交換歴)がある車両
　　　修復歴の部位

〔2～4項略〕」

・12条の2（走行距離計が取り替えられている場合等のシールの貼付）

「販売業者は、中古自動車が次の各号の一に該当する場合は、その旨を、施行規則に定めるシールを用いて、センターピラー(運転席側)に貼付することにより、明瞭に表示しなければならない。

(1)　走行距離が取り替えられている車両

(2)　走行距離計が改ざんされている車両」

・13条（特定事項の表示基準）

「販売業者は、中古自動車に関し、次の各号に掲げる事項について表示する場合は、それぞれ当該各号に定める基準に従い表示するものとする。

(1)　写真、イラスト等

　　　中古自動車の写真、イラスト等と販売価格を併用して表示する場合は、その写真、イラスト等に使用する中古自動車の販売価格を表示する。

(2)　最上級を意味する用語

　　　「最高」、「最上」、「超極上」等の最上級を意味する用語を表示する場合は、その裏付けとなる客観的、具体的根拠を付記する。

(3)　「完全な」、「完璧な」等の表示

　　　「完全な」、「完璧な」、「絶対的な」等の用語は、客観的、具体的根拠に基づき、社会通念上、妥当な範囲を超えない程度において表示する。」

14条(不当表示の禁止)および15条(おとり広告の禁止)の内容は省略する。

・16条（準用）

「中古自動車の販売については、第6条及び第10条の規定を準用する。……」

　(7)　「不動産業の表示に関する公正競争規約」　　(a)　特質　　不動産公正取引協議会は、地区別に、北海道、東北地区、首都圏、北陸、東海、近畿地区、中国地区、四国地区、九州と9つ存在する。不動産公正取引協議会連合会がとりまとめのため設置されている。

　不動産業界が景表法上の問題が生じやすい業界であるため、一般消費者に誤認されるおそれのある表示などについて広範に禁止している。

　しかし、「不動産の表示に関する公正競争規約」(以下、「不動産表示公正競争規約」と

7章後注-2(7)

いう)の中核ルールは、第4章(必要な表示事項)、第5章(特定事項等の明示義務)、第6章(表示基準)、第7章(特定用語等の使用基準)という表示ルールであり、これらの規定を遵守していれば景表法違反とならないものと解釈される。さらに、実際には、「表示規約第8条に規定する必要な表示事項の一覧表(別表)」において、分譲宅地、現況有姿分譲地、新築分譲マンション、中古マンションなど10種類に分けて、広告媒体ごとに表示事項をきめ細かく定めている。

また、不動産表示公正競争規約は、不動産業界がかねてから景表法の問題を生じやすい業界であることでもあり、公正取引協議会が一般消費者に対する啓蒙活動を最も積極的に行っている上一般消費者からの相談事例も多いなど、一般消費者に最もよく知られている公正競争規約となっている。

不動産表示公正競争規約については、他の公正競争規約と比べて、公正取引協議会による違反行為に対する調査件数および措置件数とも圧倒的に多く、違反行為に対して厳正な対処がなされている。不動産業におけるおとり広告についても実質的に不動産表示公正競争規約に基づいて措置がなされている。

(b) 内容　「不動産の表示に関する公正競争規約」(昭和38年6月21日認定、令和4年9月1日変更認定)は、次のとおり規定する。

(i) 特殊な用語の定義　「建築条件付土地」とは、自己が所有し取引をしようとする土地に建設する建物について一定期間内に建築請負契約が成立することを条件として取引される土地をいう。

「自由設計型マンション企画」とは、一般消費者の意見を反映させた実施計画を確定し、広告表示の開始の要件を満たした後に、売買契約をする方式によるマンションの建築企画をいう。

「予告広告」とは、新築分譲マンション、一棟リノベーションマンション等で、価格または賃料が確定していないため、直ちに取引することができない物件について、その本広告に先立ち、その取引開始時期をあらかじめ告知する広告表示をいう。

「副次的表示」とは、分譲宅地等に関する広告表示であって、一の広告物において、主として取引しようとする物件の広告表示に付加して行う他の物件に関する広告表示をいう。

「シリーズ広告」とは、販売戸数が2以上の分譲宅地等、または賃貸戸数が2以上の新築賃貸マンション・アパート等に関する広告表示であって、一の企画に基づき、1年以内に、順次、連続して4回以上または6か月以内に3回以上にわたって行う一連の広告をいう。

(ii) 構成に係る要約版　不動産表示公正競争規約は、条建てのみではな

第7章　公正競争規約　　*773*

7章後注-*2*(7)

く、章・節建てであるためにかえって理解しにくいものとなっている。章・節と条を対応させると次のようになる。

第4章　必要な表示事項
　　第1節　必要な表示事項(8条)
　　第2節　予告広告・副次的表示・シリーズ広告における特例(9〜11条)
　　第3節　必要な表示事項の適用除外(12条)
第5章　特定事項等の明示義務
　　第1節　特定事項の明示義務(13条)
　　第2節　記事広告における「広告である旨」の明示義務(14条)
第6章　表示基準
　　第1節　物件の内容・取引条件等に係る表示基準(15条)
　　第2節　節税効果等の表示基準(16条)
　　第3節　入札及び競り売りの方法による場合の表示基準(17条)
第7章　特定用語等の使用基準
　　第1節　特定用語の使用基準(18条)
　　第2節　物件の名称の使用基準(19条)
第8章　不当表示の禁止
　　第1節　不当な二重価格表示(20条)
　　第2節　おとり広告(21条)
　　第3節　不当な比較広告(22条)
　　第4節　その他の不当表示(23条)

　　(ⅲ)　具体的な記載事項　　不動産表示公正競争規約の具体的な内容をいくつか掲載する。

・8条(必要な表示事項)(第4章第1節)

「事業者は、規則で定める表示媒体を用いて物件の表示をするときは、規則で定める物件の種別ごとに、次に掲げる事項について、規則で定めるところにより、見やすい場所に、見やすい大きさ、見やすい色彩の文字により、分かりやすい表現で明瞭に表示しなければならない。

（１）　広告主に関する事項
（２）　物件の所在地、規模、形質その他の内容に関する事項
（３）　物件の価格その他の取引条件に関する事項
（４）　物件の交通その他の利便及び環境に関する事項
（５）　前各号に掲げるもののほか、規則で定める事項」

　　第4章第2節は、9条(予告広告における特例)、10条(副次的表示における特例)、11

7章後注-*2*(7)

条(シリーズ広告における特例)で、内容は省略する。

・12条(必要な表示事項の適用除外)(第4章第3節)

「次の各号に掲げる広告表示については、第8条の規定を適用しない。ただし、物件の内容又は取引条件を併せて表示するものを除く。〔1〜4号略〕」

・13条(特定事項の明示義務)(第5章第1節)

「事業者は、一般消費者が通常予期することができない物件の地勢、形質、立地、環境等に関する事項又は取引の相手方に著しく不利な取引条件であって、規則で定める事項については、賃貸住宅を除き、それぞれその定めるところにより、見やすい場所に、見やすい大きさ、見やすい色彩の文字により、分かりやすい表現で明瞭に表示しなければならない。」

・14条(記事広告における「広告である旨」の明示義務)(第5章第2節)

「事業者は、記事広告(編集記事形式の広告表示)にあっては、当該広告表示中に広告である旨を、規則で定めるところにより、見やすい場所に、見やすい大きさ、見やすい色彩の文字により、分わかりやすい表現で明瞭に表示しなければならない。」

・15条(物件の内容・取引条件等に係る表示基準)(第6章第1節)

「事業者は、次に掲げる事項について表示するときは、規則で定めるところにより表示しなければならない。

（1） 取引態様
（2） 物件の所在地
（3） 交通の利便性
（4） 各種施設までの距離又は所要時間
（5） 団地の規模
（6） 面積
（7） 物件の形質
（8） 写真・絵図
（9） 設備・施設等
（10） 生活関連施設
（11） 価格・賃料
（12） 住宅ローン等」

・16条(節税効果等の表示基準)(第6章第2節)

「事業者は、リース方式によるマンション等について、節税効果……又は当該マンション等に係る賃料収入の確実性等について表示するときは、規則で定めるところにより表示しなければならない。」

第7章 公正競争規約 775

7章後注-*2*(7)

・17条(入札及び競り売りの方法による場合の表示基準)(第6章第3節)

「事業者は、入札又は競り売りの方法により取引する場合は、規則で定めるところにより表示しなければならない。」

・18条(特定用語の使用基準)(第7章第1節)

「事業者は、次に掲げる用語又はこれらの用語に類する用語を用いて表示するときは、それぞれ当該各号に定める意義に即して使用しなければならない。

　（1）　新築　〔略〕

　（2）　新発売　〔略〕

　（3）　ダイニング・キッチン(DK)　〔略〕

　（4）　リビング・ダイニング・キッチン(LDK)　〔略〕

　（5）　宅地の造成工事の完了　〔略〕

　（6）　建物の建築工事の完了　〔略〕

〔2項略〕」

・19条(物件の名称の使用基準)(第7章第2節)

「物件の名称として地名等を用いる場合において、当該物件が所在する市区町村内の町若しくは字の名称又は地理上の名称を用いる場合を除いては、次の各号に定めるところによるものとする。

〔1～4号、2項略〕」

・20条(不当な二重価格表示)(第8章第1節)

「事業者は、物件の価格、賃料又は役務の対価について、二重価格表示(実際に販売する価格(以下「実売価格」という。)にこれよりも高い価格(以下「比較対照価格」という。)を併記する等の方法により、実売価格に比較対照価格を付すことをいう。)をする場合において、事実に相違する広告表示又は実際のもの若しくは競争事業者に係るものよりも有利であると誤認されるおそれのある広告表示をしてはならない。」

・21条(おとり広告)(第8章第2節)

「事業者は、次に掲げる広告表示をしてはならない。

　（1）　物件が存在しないため、実際には取引することができない物件に関する表示

　（2）　物件は存在するが、実際には取引の対象となり得ない物件に関する表示

　（3）　物件は存在するが、実際には取引する意思がない物件に関する表示」

　「不動産のおとり広告に関する表示」(昭和55年4月12日公取委告示第14号)とほぼ同一内容を規定している。

・22条(不当な比較広告)(第8章第3節)

「事業者は、比較広告において、次に掲げる広告表示をしてはならない。

7章後注-2(8)

（1）　実証されていない、又は実証することができない事項を挙げて比較する
　　　表示
（2）　一般消費者の物件等の選択にとって重要でない事項を重要であるかのよ
　　　うに強調して比較するもの及び比較する物件等を恣意的に選び出すなど不
　　　公正な基準によって比較する表示
（3）　一般消費者に対する具体的な情報ではなく、単に競争事業者又はその物
　　　件等を誹謗し又は中傷する表示」
・23条（その他の不当表示）（第8章第4節）
「事業者は、次に掲げる広告表示をしてはならない。」
　事業者は次の各号について、実際のものよりも優良もしくは有利である等誤認
されるおそれのある広告表示をしてはならない。
「〔取引態様〕（1）〔略〕
　〔物件の所在地〕（2）〔略〕
　〔交通の利便性〕（3）〜（5）〔略〕
　〔各種施設までの距離〕（6）〔略〕
　〔団地の規模〕（7）〔略〕
　〔面積〕（8）〔略〕
　〔建物の間取り・用途〕（9）〜（11）〔略〕
　〔物件の形質〕（12）〜（28）〔以下、略〕
　〔2項略〕」

　（8）　**表示規約・表示規制の今後の課題**　　公正競争規約が設定されている業界
においては、表示規制について、必要表示事項などという表示ルールが実効性の
ある表示ルールとして有効に機能している。抜き打ち調査の実施、違反行為に対
する厳格な措置の実施という実効性確保手段のあり方については、各公正競争規
約によって異なるが、公正競争規約による表示に関するルールは、参加事業者に
よって遵守されてルールの実効性が確保されている。
　このように、表示規約が設けられている業種等では、公正競争規約の方が必要
表示事項などを定めることにより、景表法の表示規制よりも実質的に有効なルー
ルとなっている。また、現在問題となっている No. 1表示についても、表示規約
が設けられている業種では、特定用語の使用基準として一応ルールが定められて
いる。
　ところが、アマゾンジャパン合同会社、楽天グループ株式会社などによる電子
商取引に関して表示規約は存在しない。さらに、当面、電子商取引に関する表示
規約が設定されることはないと評価されている。そのため、電子商取引に関する

第7章　公正競争規約　　777

7章後注-*3*(1)(2)

表示、広くはインターネット上の表示については、消費者庁が専ら景表法による表示規制で対応せざるを得ない。このことが、消費者庁が電子商取引に関する表示やインターネット上の表示に積極的に取り組むべき理由の１つとなる。

3　景品規約

(1)　**総　　論**　　前述のとおり〔*2*(4)〕、景品規約の実体法規定は、基本的に、①懸賞景品、②総付景品、③事業者間景品から成る。①②については、懸賞制限告示、総付制限告示をそのまま引用しているものが多い。事業者間景品が規定されていない景品規約としては、化粧石けん業、家庭用合成洗剤および家庭用石けん製造業、出版物小売業、雑誌業、不動産業、ペットフード業の景品規約がある。

景表法上の業種別告示(4)として、不動産業告示、新聞業告示、雑誌業告示、医療関係告示が指定されている。これらの業種については、景品規約として、不動産業規約、新聞業規約、雑誌業規約、医療関係４景品規約という７景品規約が設けられている。業種別告示と同一業種における景品規約の関係については、業種別告示は、公正競争規約に参加していない当該業種の事業者にも適用される。

このうち、不動産業、新聞業および雑誌業の景品規約の内容は、不動産業告示、新聞業告示、および雑誌業告示ほぼ同じ内容を定めている。ただし、医療関係告示と医療関係４景品規約の関係については、医療関係告示の内容が極めて抽象的であり、医療関係４景品規約の内容が具体的に細かくルールを定めているため、医療関係４景品規約の方が実質的に実効性のあるルールとして機能している。

そこで、業種別告示の存在しない業種における代表的景品規約として、家電製品業、自動車業の規約における景品に係る規制を先に解説する。次いで各業種別告示と対照させながら、新聞業規約、雑誌業規約、不動産業規約、医療関係４景品規約の順に景品に関する規約の内容を解説する。

(2)　**家庭電気製品業および自動車業規約**　　(a)　景表法上の景品規制　　景品表示法上の規制については、総付景品についての総付制限告示と懸賞景品についての懸賞制限告示が規定する。

その概要は、一覧表にすると次頁のとおりである。

業種別告示が制定されている業種以外の業種においては、基本的に景表法上の景品規制がそのまま規定されている。

778　　第7章　公正競争規約

7章後注-3(2)

	取引価額	景品類の最高額	景品類の総額
一般懸賞	5000円未満	取引価額の20倍	懸賞に係る売上予定総額の2%
	5000円以上	10万円	
共同懸賞		30万円	懸賞に係る売上予定総額の3%
総付景品	1000円未満	200円	制限なし
	1000円以上	取引価額の20%	

　(b)　家庭電気製品業景品規約　「家庭電気製品業における景品類の提供に関する公正競争規約」(昭和54年1月12日認定、平成30年7月18日変更認定)は、次のとおり規定する。

・3条(一般消費者に対する景品類の提供の制限)

「事業者は、一般消費者に対し、次に掲げる範囲を超えて景品類を提供してはならない。

　(1)　懸賞により提供する景品類にあっては、「懸賞による景品類の提供に関する事項の制限」(昭和52年公正取引委員会告示第3号)の範囲

　(2)　懸賞によらないで提供する景品類にあっては、「一般消費者に対する景品類の提供に関する事項の制限」(昭和52年公正取引委員会告示第5号)の範囲。ただし、特定の売出しに際し、来場者又は入店者にもれなく提供するきん少な額の景品類については施行規則において規定する範囲のもの」

・4条(製造業者が販売業者に対して行う景品類の提供の制限)

1　「家電品を製造する事業者は、これを販売する事業者に対し、懸賞により景品類を提供する場合は、「懸賞による景品類の提供に関する事項の制限」(昭和52年公正取引委員会告示第3号)の範囲を超えて景品類を提供してはならない。

2　家電品を製造する事業者は、これを販売する事業者に対し、懸賞によらないで提供する景品類にあっては、「私的独占の禁止及び公正取引の確保に関する法律」(昭和22年法律第54号)第19条(不公正な取引方法の禁止)の規定に違反して景品類を提供してはならない。」

・5条(景品類の提供に係る不当表示の禁止)

「事業者は、景品類を提供する旨を告知する際、当該景品類の提供数量、当選率、提供総額等の提供内容又は品質、機能、価値等の内容若しくは提供条件等について、一般消費者に誤認させるおそれがある表示をしてはならない。〔2項略〕」

　このうち、4条2項の事業者間景品規制の内容は、景表法の規制の範囲を超えている。

第7章　公正競争規約　　779

7章後注-*3*(3)

(c) 自動車業景品規約　「自動車業における景品類の提供の制限に関する公正競争規約」(昭和54年12月3日認定、平成27年2月6日変更認定)は、次のとおり規定する。

・3条(一般消費者に対する景品類の提供の制限)

「事業者は、一般消費者に対し、次に掲げる範囲を超えて景品類を提供してはならない。

(1)　懸賞により提供する景品類にあっては、「懸賞による景品類の提供に関する事項の制限」(昭和52年公正取引委員会告示第3号)の範囲

(2)　懸賞によらないで提供する景品類にあっては、「一般消費者に対する景品類の提供に関する事項の制限」(昭和52年公正取引委員会告示第5号)の範囲

・4条(販売業者等に対する景品類の提供の制限)

「事業者は、販売業者又は自動車を使用して一般消費者に役務を提供する事業者に対し、懸賞により景品類を提供する場合は、「懸賞による景品類の提供に関する事項の制限」(昭和52年公正取引委員会告示第3号)の範囲を超えて景品類を提供してはならない。」

(3)　**新聞業**　(a)　新聞業における景品類の提供に関する事項の制限(新聞業告示)

新聞業告示は、次のとおり規定する。

「1　新聞の発行又は販売を業とする者は、新聞を購読するものに対し、次に掲げる範囲を超えて景品類を提供してはならない。

一　懸賞により提供する景品類にあっては、次に該当する範囲内であって、新聞業……における正常な商慣習に照らして適当と認められる範囲……

イ　景品類の最高額は、懸賞に係る取引の価額の10倍又は5万円のいずれか低い金額の範囲

ロ　景品類の総額は、懸賞に係る予定総額の1000分の7金額の範囲

二　「懸賞による景品類の提供に関する事項の制限」(昭和52年公正取引委員会告示第3号)第4項各号に該当する場合において、懸賞により提供する景品類にあっては、同項の範囲内の景品類であって、新聞業における正常な商慣習に照らして適当と認められる範囲

三　懸賞によらないで提供する景品類にあっては、次に掲げる範囲

イ　景品類の提供に係る取引の価額の100分の8又は6か月分の購読料金の100分の8のいずれか低い金額(ロ又はハに該当する者を除く。)

ロ　自己が発行し、又は販売する新聞に付随して提供する印刷物であって、新聞に類似するもの又は新聞業における正常な商慣習に照らして適当と認められるもの

7章後注-*3*(3)

2　新聞の発行を業とする者が、その新聞の編集に関連してアンケート、クイズ等の回答、将来の予想等の募集を行い、その対象を自己の発行する新聞を購読するものに限定しないで懸賞により景品類を提供する場合には、前項の規定にかかわらず、当該景品類の価額の最高額は、3万円を超えない額とすることができる。」

(b)　「新聞業における景品類の提供の制限に関する公正競争規約」　「新聞業における景品類の提供の制限に関する公正競争規約」(平成10年8月31日認定、平成21年8月31日変更認定)(以下、「新聞業における景品規約」という)は、次のとおり規定する。

・3条(景品類提供の制限)

1　「新聞事業者は、新聞を購読するものに対し、次に掲げる範囲を超えて景品類を提供してはならない。

　①懸賞により提供する景品類にあっては、次に掲げる範囲(②に該当するものを除く。)

　　イ　提供する景品類の最高額は、懸賞に係る取引の価額の10倍又は5万円のいずれか低い金額を超えない範囲。

　　ロ　提供する景品類の総額は、懸賞に係る取引の予定総額の1000分の7を超えない額の範囲。ただし、当選者の数は過大にわたらないものとする。

　　ハ　懸賞の実施地域の最小単位は、都道府県とすること。……

　　ニ　原則として年間の実施回数は3回を、実施期間については3か月をそれぞれ限度とするが、年間の実施期間の通算が9か月を超えない範囲で、実施回数の増加、及び実施期間の延長を行うことができるものとする。

　②次の各号に定める場合において懸賞により提供する景品類にあっては、それぞれ各号に掲げる範囲

　　イ　一定の地域における小売業者又はサービス業者の相当多数が共同して行う懸賞に販売業者が参加する場合にあっては、当該懸賞により提供する景品類の最高額については30万円を超えない額の範囲、景品類の総額については懸賞に係る取引の予定総額の100分の3を超えない額の範囲。

　〔ロ〜ニ略〕

　③懸賞によらないで提供する景品類にあっては、次に掲げる範囲

　　イ　景品類の提供に係る取引の価額の100分の8又は6か月分の購読料金の100分の8のいずれか低い金額の範囲……

　〔ロ・ハおよび4号略〕

2　新聞社が、その新聞の編集に関連してアンケート、クイズ等の回答、将来の予想等の募集を行い、その対象を自己の発行する新聞を購読するものに限定しな

7章後注-3⁽⁴⁾

いで懸賞により景品類を提供する場合……には、前項の規定にかかわらず、当該
景品類の価額の最高額は、3万円を超えない額とすることができる。」

このように、新聞業における景品規約では、新聞業告示と比べて、共同懸賞の
場合に、景品の最高額について30万円を超えない範囲、景品類の総額について取
引の予定総額の100分の15を超えない範囲としている。

このほか、新聞業における景品規約では、懸賞によらないで提供する景品類に
ついて、①新聞に附随して提供する印刷物であって新聞に類似するもの等（新聞類
似の付録等）、②催物等への招待または優待、③無償で提供する新聞（予約紙等）を含
むことを明記している。

(4) 雑誌業 (a) 雑誌業における景品類の提供に関する事項の制限（雑誌業告示）
雑誌業告示は、次のとおり規定する。

「1 雑誌の発行を業とする者は、一般消費者に対し、次に掲げる範囲を超えて
景品類を提供してはならない。

一 懸賞により提供する景品類にあっては、「懸賞による景品類の提供に関す
る事項の制限」（昭和52年公正取引委員会告示第3号）の範囲

二 懸賞によらないで提供する景品類にあっては、「一般消費者に対する景品
類の提供に関する事項の制限」（昭和52年公正取引委員会告示第5号）の範囲

三 編集に関連し、かつ、雑誌と一体として利用する教材その他これに類似す
る物品であって、雑誌の発行をする事業における正常な商慣習に照らして適
当と認められる範囲

2 雑誌に募集の内容を掲載して、その雑誌の編集に関連するアンケート、パズ
ル等の回答、将来の予想、学力テスト、感想文、写真等の募集を行い、懸賞に
より景品類を提供する場合には、前項の規定にかかわらず、当該景品類の価額
の最高額は、3万円を超えない額とすることができる。」

(b) 「雑誌業における景品類の提供の制限に関する公正競争規約」 「雑誌業に
おける景品類の提供の制限に関する公正競争規約」（昭和58年3月30日認定、平成8年
12月10日変更認定）（以下、「雑誌業における景品規約」という）は、次のとおり規定する。

・3条（雑誌の編集に関連する報酬）〔略〕

・4条（一般消費者に対する景品類の提供の制限）〔1項柱書略〕

「(1) 懸賞により提供する景品類にあっては、「懸賞による景品類の提供に関する
事項の制限」（昭和52年公正取引委員会告示第3号）の範囲

(2) 懸賞によらないで提供する景品類にあっては、「一般消費者に対する景品類
の提供に関する事項の制限」（昭和52年公正取引委員会告示第5号）の範囲

(3) 雑誌の編集に関連し、かつ、雑誌と一体として利用する教材その他これに類

782 第7章 公正競争規約

7章後注-3(5)

似する物品であって、正常な商慣習に照らして適当と認められる範囲

2　雑誌に募集の内容を掲載して、その雑誌の編集に関連するアンケート、パズル等の回答、将来の予想、学力テスト、感想文、写真等の募集を行い、懸賞により景品類を提供する場合には、前項の規定にかかわらず、3万円を超えない額の景品を提供することができる。」

雑誌業における景品規約では、雑誌業告示と比べて、①雑誌発行業者によるオープン懸賞について、同施行規則で定める条件を満たすときには自己の発行する雑誌に当該企画を記事として掲載しまたは広告できること、②同規則で定める方法により、当該雑誌発行業者以外の者による経済上利益を提供する旨の広告等を掲載することができることを明記している(同規約5)。

(5)　**不動産業**　　(a)　不動産業における一般消費者に対する景品類の提供に関する事項の制限(不動産告示)　　不動産業告示は、次のとおり規定する。

「不動産の売買、交換若しくは賃貸又は不動産の売買、交換若しくは賃貸の代理若しくは媒介を業とする者は、一般消費者に対し、次に掲げる範囲を超えて景品類を提供してはならない。

一　懸賞により提供する景品類にあっては、「懸賞による景品類の提供に関する事項の制限」(昭和52年公正取引委員会告示第3号)の範囲

二　懸賞によらないで提供する景品類にあっては、景品類の提供に係る取引の価額の10分の1又は100万円のいずれか低い金額の範囲」

総付景品における景品類の最高限度額について、取引価額の10分の1または100万円のいずれか低い価額の範囲としている。

(b)　「不動産業における景品類の提供の制限に関する公正競争規約」　　「不動産業における景品類の提供の制限に関する公正競争規約」(昭和58年10月25日認定、平成25年4月25日変更認定)は、次のとおり規定する。

・3条(一般消費者に対する景品類の提供の制限)

1　「事業者は、一般消費者に対し、次に掲げる範囲を超えて景品類を提供してはならない。

(1)　懸賞により提供する景品類にあっては、取引価額の20倍又は10万円のいずれか低い価額の範囲。ただし、この場合において提供できる景品類の総額は、当該懸賞に係る取引予定総額の100分の2以内とする。

(2)　懸賞によらないで提供する景品類にあっては、取引価額の10分の1又は100万円のいずれか低い価額の範囲

2　次に掲げる経済上の利益については、景品類に該当する場合であっても、懸賞によらないで提供するときは、前項の規定を適用しない。

第7章　公正競争規約　　783

7章後注-3(6)

（1）　不動産の取引又は使用のため必要な物品、便益その他の経済上の利益で
あって、正常な商慣習に照らして適当と認められるもの

（2）　開店披露、創業記念等の行事に際して提供する物品又はサービスであっ
て、正常な商慣習に照らして適当と認められるもの

3　第1項第1号の規定にかかわらず、「懸賞による景品類の提供に関する事項
の制限」（昭和52年3月1日公正取引員会告示第3号）第4項の規定（共同懸賞）に該当す
る景品類の提供については、同項の定めるところによるものとする。

4　事業者は、一般消費者に対し、旅行、視察会その他名目のいかんを問わず、
旅行先において不動産の取引の勧誘をする旨を明示しないで、宿泊旅行等への
招待又は優待をしてはならない。」

　この結果、不動産業における一般消費者に対する景品類の提供の制限（景品規則
3条関係）は、①一般懸賞景品は取引価額の20倍または10万円のいずれか低い価額
（同規約3①(1)）、②総付景品は取引価額の10％または100万のいずれか低い価額（同
3①(2)）、③共同懸賞景品は30万円（同3③）と不動産業告示と同一になる。

　また、取引価額（不動産業景品規約施行規則第5条関係）について、①売買等で売り主
または代理の場合は物件価格、②賃貸（貸主または代理の場合で賃貸住宅等の場合）は賃
貸借契約を締結するために必要な費用の額などと細かく定めている。

　(6)　医療関係業　(a) 特質　(i) 規約の対象取引　医療関係業の景品類
の提供に関する公正競争規約はもともと、一般消費者ではなく、医療機関等に対
する景品類の提供を対象とするものである。

　医療機関等には、本来の医療機関である病院、診療所のほか、医療を行う施設
である介護老人保健施設ならびに疾病の予防や検診を行う保健所、地方公共団体
（学校）、健康保険組合等も含まれる。(b)で述べる医療関係告示は、これらの役員、
医療担当者、その他の従業員を含むと規定する。この医療担当者には、医療機関
に所属する医師、歯科医師、薬剤師、看護師、診療放射線技師、臨床検査技師、
臨床工学技士、歯科技工士などで、その他の医療機関等の役員、職務上、医療機
器の選択または購入に関与するものも含まれる。

　「医療機器業における景品類の提供の制限に関する公正競争規約」は、医療業務
関係者をも相手方とする。医療業務関係者には、医療機関等において実際に医療
機器の購入の業務を担当し、医療機器の選択または購入に関与するもので、事務
長をはじめ会計、用度などの担当者が該当する。

　　(ii) 規約内容の独自性　医療関係4景品規約は、医療関係告示に対応し
た一般的禁止行為を規定した上、当該業種における独自規定として、景品提供が
制限される例または景品提供が制限されない例を規定している。しかも、この業

7章後注-3(6)

界独自のルールは施行規則や、運用基準によりかなりきめ細かな内容のものとなっている。さらに、販売業者を相手方とする事業者間取引に関するルールを規定している。

そのため、医療関係告示による、医療用医薬品の製造または販売を業とする者、医療機器の製造または販売を業とする者および衛生検査を行うことを業とする者は、医療機関等に対し、医療用医薬品、医療機器または衛生検査の取引を不当に誘引する手段として、「医療用医薬品若しくは医療機器の使用又は衛生検査の利用のために必要な物品又はサービスその他正常な商慣習に照らして適当と認められる範囲を超えて景品類を提供してはならない」という一般原則から業界ごとのルールは導けないものとなっている。

また、医療関係景品規約の参加事業者が当該景品規約のルールを遵守している場合には、景表法(4)上の医療関係告示との関係で問題とならない。そのため、消費者庁が告示に基づき措置命令を行う場合には、業界ごとの独自ルールを尊重した上で対応せざるを得ない。

(iii) 4つの公正競争規約　「医療用医薬品製造販売業における景品類の提供の制限に関する公正競争規約」と「医療機器業における景品類の提供の制限に関する公正競争規約」とではかなり異なる内容となっている。医療機器については、売却後の使用期間が長く、操作についての説明が必要であるという特性を反映している。

他方、「医療用医薬品卸売業における景品類の提供の制限に関する公正競争規約」と「衛生検査所業における景品類の提供の制限に関する公正競争規約」は、医療用医薬品製造販売業における景品類の提供の制限に関する公正競争規約に準ずる内容となっている。

そこで、ここでは、「医療用医薬品製造販売業における景品類の提供の制限に関する公正競争規約」、「医療用医薬品卸売業における景品類の提供の制限に関する公正競争規約」、「衛生検査所業における景品類の提供の制限に関する公正競争規約」、「医療機器業における景品類の提供の制限に関する公正競争規約」の順に解説する。

(b)　「医療用医薬品業、医療機器業及び衛生検査所業における景品類の提供に関する事項の制限」(医療関係告示)　　医療関係告示は、医療用医薬品業、医療機器業および衛生検査所業に共通のものとして、次のとおり規定する。

「医療用医薬品の製造又は販売を業とする者、医療機器の製造又は販売を業とする者及び衛生検査を行うことを業とする者は、医療機関等に対し、医療用医薬品、医療機器又は衛生検査の取引を不当に誘引する手段として、医療用医薬品若

7章後注-3(6)

しくは医療機器の使用又は衛生検査の利用のために必要な物品又はサービスその他正常な商慣習に照らして適当と認められる範囲を超えて景品類を提供してはならない。」

　　(c)　医療用医薬品製造販売業における景品類の提供の制限に関する公正競争規約

　　「医療用医薬品製造販売業における景品類の提供の制限に関する公正競争規約」(認定昭和59年3月10日公取委告示第8号、最終認定令和6年9月9日公取委・消費者庁告示第4号)は次のとおり規定する。

・3条(景品類提供の制限の原則)

「医療用医薬品製造販売業者は、医療機関等に対し、医療用医薬品の取引を不当に誘引する手段として、景品類を提供してはならない。ただし、前条第5項ただし書に規定する経済上の利益については、この限りでない。」

・4条(提供が制限される例)

「前条の規定に違反する景品類の提供を例示すると、次のとおりである。

　(1)　医療機関等に所属する医師、歯科医師その他の医療担当者に対し、医療用医薬品の選択又は購入を誘引する手段として提供する金品、旅行招待、きょう応等

　(2)　医療機関等に対し、医療用医薬品の選択又は購入を誘引する手段として無償で提供する医療用医薬品」

・5条(提供が制限されない例)

「この規約に違反しない景品類又は経済上の利益の提供を例示すると、次のとおりである。

　(1)　医療機関等における自社の医療用医薬品の使用に際して必要な物品若しくはサービス又はその効用、便益を高めるような物品若しくはサービスの提供

　(2)　医療用医薬品に関する医学・薬学的情報その他自社の医療用医薬品に関する資料、説明用資材等の提供

　(3)　施行規則で定める基準による試用医薬品の提供

　(4)　医療機関等に依頼した医療用医薬品の製造販売後の調査・試験等、治験その他医学、薬学的調査・研究の報酬及び費用の支払

　(5)　医療機関等を対象として行う自社医薬品の講演会等に際して提供する華美、過大にわたらない物品若しくはサービスの提供又は出席費用の負担」

・6条(医療用医薬品卸売業者に対する景品類提供の制限)

「医療用医薬品製造販売業者は、医療用医薬品卸売業者に対し、私的独占の禁止及び公正取引の確保に関する法律(昭和22年法律第54号)第19条(不公正な取引方法の禁

786　　第7章　公正競争規約

7章後注-3(6)

止)の規定に違反して景品類を提供してはならない。」

次いで、公正競争規約施行規則において、2条(試用医薬品提供基準)、3条(症例報告に対する報酬等)、4条(自社医薬品の講演会等)、5条(少額の景品類の提供など)として細かなルールが定められている。

実務上は、公正競争規約施行規則によるルールよりも、以下の運用基準の方がより具体的なルールを定め、重要であると評価されている。

・規約第3条の運用基準(景品類提供の制限の原則に関する運用基準)
  1　景品類提供の原則に関する基準
  2　寄附に関する基準
・規約第4条の運用基準(提供が制限される例に関する運用基準)
  金品、旅行招待、きよう応
・規約第5条の運用基準(提供が制限されない例に関する運用基準)
  1　必要・有益な物品・サービスに関する基準
  2　医学・薬学的情報に関する基準
  3　試用医薬品に関する基準
  4　調査・研究委託に関する基準
  5　自社医薬品の講演会等に関する基準
・施行規則第5条の運用基準(少額の景品類の提供などに関する運用基準)
  1　少額・適正な景品類に関する基準
  2　親睦会合に関する基準
  3　記念行事に関する基準

　　(d)　医療用医薬品卸売業における景品類の提供の制限に関する公正競争規約

「医療用医薬品卸売業における景品類の提供の制限に関する公正競争規約」(認定昭和59年12月26日公取委告示第35号、最終認定平成28年4月1日公取委・消費者庁告示第1号)は次のとおり規定する。

・3条(景品類提供の制限の原則)

「事業者は、医療用医薬品の取引を不当に誘引する手段として、医療機関等に対し、景品類の提供をしてはならない。ただし、前条第4項ただし書に規定する経済上の利益については、この限りでない。」

・4条(提供が制限される例)

「前条の規定に違反する景品類の提供を例示すると、次のとおりである。

　　(1)　医療機関等に所属する医師、歯科医師、薬剤師その他の医療担当者に対し、医療用医薬品の選択又は購入を誘引する手段として提供する金品、旅行招待、便益労務等

第7章　公正競争規約　　787

7章後注-3(6)

 (2) 医療機関等に対し、医療用医薬品の選択若しくは購入を条件として又は
その見返りとして提供する金品、便益労務等

・5条(提供が制限されない例)

「この規約に違反しない景品類又は経済上の利益の提供を例示すると、次のとお
りである。

 (1) 医療用医薬品に関する医学・薬学的情報の他自社の供給する医療用医薬
品に関する資料、説明用資材等の提供

 (2) 医療機関等を対象として行う講演会・研修会に際して提供する華美、過
大にわたらない物品若しくはサービスの提供又は出席費用の負担

 (3) 新たに取引を行おうとする相手方に提供するもの及び宣伝用品として提
供するもので、正常な商慣習に照らして適当と認められるもの」

 次いで、公正競争規約施行規則において、2条(便益労務の提供)、3条(学術情報
の提供)、4条(医学、薬学、経営の向上のための講演会・研修会等)、5条(少額の景品類の提
供など)で細かなルールを定めている。

 (e) 衛生検査所業における景品類の提供の制限に関する公正競争規約 「衛生検
査所業における景品類の提供の制限に関する公正競争規約」(制定昭和59年9月5日
認定、最終変更令和6年9月9日認定)は次のとおり規定する。

・3条(景品類提供の制限の原則)

1 「事業者は、医療機関等に対し、衛生検査の取引を不当に誘引する手段とし
て、景品類を提供してはならない。ただし、前条第4項ただし書に規定する経済
上の利益については、この限りではない。

2 前項の規定に違反する景品類の提供とは、衛生検査の利用を誘引する手段と
して提供する金品、旅行招待、その他の経済上の利益をいう。」

・4条(提供が制限されない例)

「この規約に違反しない景品類又は経済上の利益を例示すると、次のとおりであ
る。

 (1) 医療機関等における自社の衛生検査の利用に際して必要な容器類又は便
益を高めるような物品の提供

 (2) 衛生検査に関する情報その他自社の衛生検査に関する資料、説明用資材
等の提供

 (3) 施行規則で定める基準による短期間のテスト検査の提供」

 さらに、公正競争規約施行規則において、実務上重要な、2条(衛生検査の利用
に際しての必要な容器類の基準)、3条(テスト検査の基準)を定めている。

 (f) 医療機器業における景品類の提供の制限に関する公正競争規約 「医療機器

788 第7章 公正競争規約

7章後注-*3*(6)

業における景品類の提供の制限に関する公正競争規約」(認定平成10年11月16日公取委告示第19号、最終変更令和6年9月9日公取委・消費者庁認定)は次のとおり規定する。

・3条(景品類提供の制限の原則)

「事業者は、医療機関等に対し、医療機器の取引を不当に誘引する手段として、景品類を提供してはならない。」

・4条(提供が制限される例)

「前条の規定に違反する景品類の提供を例示すると、次のとおりである。

 (1) 医療機関等に所属する医師、歯科医師その他の医療担当者及び医療業務関係者に対し、医療機器の選択又は購入を誘引する手段として提供する金品、旅行招待、きょう応、便益労務等

 (2) 医療機関等に対し、医療機器の選択又は購入を誘引する手段として無償で提供する医療機器、便益労務等」

・5条(提供が制限されない例)

「この規約に違反しない景品類又は経済上の利益の提供を例示すると、次のとおりである。

 (1) 自社の取り扱う医療機器の適正使用又は緊急時対応のために必要な物品又は便益その他のサービスの提供

 (2) 医療機器に関する医学情報その他自社の取り扱う医療機器に関する資料、説明用資材等の提供

 (3) 施行規則で定める基準による試用医療機器の提供

 (4) 医療機関等に依頼した医療機器の市販後調査、治験その他医学及び医療機器に関する調査・研究の報酬及び費用の支払

 (5) 医療機関等を対象として行う自社の取り扱う医療機器の講演会等に際して提供する華美、過大にわたらない物品若しくはサービスの提供又は出席費用の負担」

・6条(医療機器販売業者に対する景品類提供の制限)

「医療機器製造業者は、医療機器販売業者に対し、私的独占の禁止及び公正取引の確保に関する法律(昭和22年法律第54号)第19条(不公正な取引方法の禁止)の規定に違反して景品類を提供してはならない。」

 さらに、公正競争規約施行規則において、2条(試用医療機器)、3条(症例報告に対する報酬等)、4条(自社の取り扱う医療機器の講演会等)、5条(少額の景品類の提供など)、6条(細則)と細かなルールを定めている。

 この結果、提供が制限される例(上記4条)として、第1に、医療機関等に所属する医師、歯科医師その他の医療担当者および医療業務関係者に対し、医療機器

第7章　公正競争規約　789

7章後注-3(6)

の選択または購入を誘引する手段として提供する、①金品、②旅行招待、③饗応、③便益労務等、第2に、医療機関等に対し、医療機器の選択または誘引する手段として無償で提供する医療機器、便益労務等(医療機器の貸出し、医療機器の立会い等)が挙げられる。また、提供が制限されない例(上記5条)として、①自社医療機器の適正使用または緊急時対応のために必要な物品または便益その他のサービス、②医療機器に関する医学情報、資料、説明用資材等、③試用医療機器、④市販後調査、治験その他医学および医療機器に関する調査・研究の報酬および費用、⑤自社医療機器の講演会時の華美、過大にわたらない物品、サービスまたは出席費用、⑥医療機関の施設全体の記念行事に際して提供する華美、過大にわたらない金品、⑦少額・適正な景品類、が挙げられる。

　医療機器業公正取引協議会では「貸出しに関する基準」と「立会いに関する基準」の遵守を重点事項としている。

　「貸出し」とは、事業者が一定の目的・用途のために所有権を留保したまま、医療機関等(病院などの組織)に医療機器を無償で使用させることをいう。

　原則として制限される貸出しには、①医療機関等に対する費用の肩代わりになる貸出し、②医療機器の販売を目的とした貸出し、③医療機関等が自社の取り扱う医療機器をすでに購入し、使用している場合における同一医療機器の貸出し(既に購入済医療機器と同一医療機器の貸出し)、④自社の取り扱う医療機器と直接関連のない医療機器の貸出しは、医療機器の取引を不当に誘引する行為が該当する。さらに、「医療機器の貸出しに関する確認書」を医療機関等から受領し、記載された目的以外に使用されないようにしなければならないとしている。

　また、「立会い」とは、医療機関等の管理下にある患者に対して、医師等の医療担当者が診断や治療を行うに当たり、事業者がその医療現場に立ち入り、医療機器に関する情報提供や便益労務の提供を行うことをいう。

　医療機器の取引を不当に誘引する行為と認められて原則として提供が制限される立会いには、①医療機器の販売を目的とした立会い、②医療機関等に対する費用の肩代わりとなる立会い、が該当する。さらに、立会いに当たっては、「立会い実施確認書」を医療機関から受領することにしている。

　ただし、①自社の取り扱う医療機器の適正使用のため、医療現場で添付文書等の記載内容を補足的に説明するための立会い、②自社の取り扱う医療機器の安全使用のための立会い、③在宅医療における医療機器の適正使用の確保と安全使用のための立会いは、不当な取引誘引行為と認められず、原則として制限されないが、立合いの回数や期間が目的別に定めた基準を超えて無償で行われた場合は、不当な取引誘引行為として制限される立会いに当たるとしている。

7章後注-3(7)

貸出し、立会いとも、提供が制限される例に当たるか、許容される例に当たるかの限界はかなり微妙である。

(7)　**景表法運用における景品規約の参酌**　　定義告示運用基準は、「正常な商慣習に照らして値引と認められる経済上の利益」「正常な商慣習に照らしてアフターサービスと認められる経済上の利益」および「正常な商慣習に照らして当該取引に係る商品又は役務に附属すると認められる経済上の利益」について、公正取引規約が設定されている業種については、当該公正競争規約の定めるところを参酌するとしている。

さらに総付運用基準は、「5. 公正競争規約との関係について」と題して、本告示および運用基準の範囲内で公正競争規約が設定された場合には、本告示の運用に当たってその定めるところを参酌するとしている。

「参酌」という用語が用いられているため必ずしも明確ではないが、景品規制においては景品規約が重視されることを宣言したものといえる。　　　　〔村上政博〕

8章前注-*1*

第8章　執行機関等

前　注

1 執行機関総論　　*2* 景表法に関連した権限を有する機関　　*3* 景表法の運用に関する機関

1　執行機関総論

　景表法上、内閣総理大臣は、規制対象となる景品類および表示の指定(2③④)、景品類の制限および禁止(4)、商品または役務の内容、取引条件以外の取引に関する事項についての不当表示の指定(5⑶)、同法違反行為に対する措置命令(7)、措置命令のために行う表示の裏付けとなる合理的根拠を示す資料の提出の求め(以下、「合理的根拠資料提出要求」という)(同②)、違反行為に対する課徴金納付命令(8)、課徴金納付命令のために行う合理的根拠資料提出要求(同③)実施予定返金措置計画の認定(10①)、同計画変更の認定(同⑥)、同計画の取消し(同⑧)、景品類の提供および表示の管理上の措置に関する指針の制定(22②)、管理上の措置に係る指導および助言(23)、管理上の措置に係る勧告および公表(24)、調査のための処分(25)、継続中の違反被疑行為に係る通知(26)、是正措置計画の認定(27③)、是正措置計画の認定の取消し(29)、既往の違反被疑行為に係る通知(30)、影響是正措置計画に係る認定(31③)、同計画の変更に係る認定(同⑦)、同計画の認定の取消し(33)、いわゆる公正競争規約の認定(36①、公取委も認定権者である)ならびに同規約の認定の取消し(同③)の権限が与えられている。これらの権限について、内閣総理大臣から、一部を消費者庁長官に、さらにその一部が公正取引委員会、事業所管大臣等に委任し得ることを定めているのが、38条である。加えて、都道府県知事も自治事務として、景表法の執行権限の一部を有している(38⑪)。

　また、景表法に基づく措置をとる主体ではないが、同法の執行について関連の深い業務を行う機関として、消費者委員会、国民生活センターおよび消費生活センターがある。

　さらに、景表法に違反する行為は、少なくともその一部が消費者事故(消費者安

第8章　執行機関等　*793*

8章前注-2(1)

全2⑤(3)、同令3(1)〔不当表示(またはその一部)〕・(6)〔過大な景品提供〕。表示に関し、同法令3(1)〔が規定する「虚偽の又は誇大な広告又は表示」と景表法に違反する不当表示に差異がある可能性を述べるものとして、消費者庁消費者政策課＝消費者制度課＝地方協力課＝消費者安全課編『逐条解説 消費者安全法〔第2版〕』(商事法務・2013)42～43頁〕)に当たり、消費者安全法に基づく情報提供等(38)の措置が規定されている。

景表法に基づく権限の委任の内容については、関係各条の解説で述べることとし、前注では、関係する機関について述べる。

2 景表法に関連した権限を有する機関

(1) **消費者庁** 消費者庁及び消費者委員会設置法(以下、「消費者庁等設置法」という)2条に基づき、内閣府の外局として、平成21(2009)年9月1日に設立された。福田康夫首相が主導した消費者行政一元化政策によるものである(詳しい経過等は、原早苗＝木村茂樹編著『消費者庁・消費者委員会創設に込めた想い』(商事法務・2017)主に第1章および第2章)。

(a) **消費者庁の長** 消費者庁の長は、消費者庁長官である(消費者庁等設置2(2))。

(b) **景表法に基づく消費者庁の権限** 消費者庁の所管業務のうち、景表法に係るものは、同法2条3項または4項に規定する、「景品類又は表示の適正化による商品及び役務の消費者による自主的かつ合理的な選択の確保に関すること」である(消費者庁等設置4①(14))。

(c) **消費者安全法に基づく消費者庁の権限(景表法違反行為関係)** 消費者庁が所管する消費者安全法は、主務大臣である内閣総理大臣が、同法に基づく通知を受けた場合その他消費者事故等の発生に関する情報を得た場合において、当該消費者事故等による被害の拡大または当該消費者事故等と同種もしくは類似の消費者事故等の発生の防止を図るため消費者の注意を喚起する必要があると認めるときは、当該消費者事故等の態様、当該消費者事故等による被害の状況その他の消費者被害の発生または拡大の防止に資する情報を都道府県および市町村に提供するとともに、これを公表するものとする旨(消費者安全38①)、また、消費者被害の発生または拡大の防止を図るために相当であると認めるときは、関係行政機関の長等に対し、消費者被害の発生または拡大の防止に資する情報を提供することができる旨(同②)定めている。

「消費者事故等」には、「虚偽の又は誇大な広告その他の消費者の利益を不当に害し、又は消費者の自主的かつ合理的な選択を阻害するおそれがある行為であって政令で定めるものが事業者により行われた事態」が含まれている(消費者安全2⑤

794 第8章 執行機関等

8章前注-2(1)

(3))。同規定の委任を受けた消費者安全法施行令は、商品または役務について、虚偽のまたは誇大な広告または表示をすること(同令3(1))および景表法4条の規定に違反して景品類を提供すること(消費者安全令3(6))を挙げていることから、内閣総理大臣は、景表法違反行為に係る消費者事故等について、必要と認める場合には、消費者への注意喚起や関係行政機関の長への情報提供が可能である。

(d) 内閣府特命担当大臣　消費者庁の所掌事務に関しては、「消費者基本法(昭和43年法律第78号)第2条の消費者の権利の尊重及びその自立の支援その他の基本理念の実現並びに消費者が安心して安全で豊かな消費生活を営むことができる社会の実現のための基本的な政策に関する事項」(内閣府設置4①28)を担当する内閣府特命担当大臣が置かれている。同大臣が処理するのは、消費者庁の所掌事務に関連する事項であるが、あくまでも、同事項について、「行政各部の施策の統一を図るために必要となる企画及び立案並びに総合調整に関する事務」(消費者庁等設置法4②)、すなわち、内閣補助事務である。また、消費者担当特命大臣は、消費者庁の所掌事務のうち、「消費者の利益の擁護及び増進に関する基本的な政策の企画及び立案並びに推進に関すること」(消費者庁等設置4①(1))についても、分担管理する。したがって、消費者担当特命大臣は、景表法の適用・執行について、権限を有しているわけではない。これは、景表法上の処分・措置の権限が内閣総理大臣に属し、権限の委任先にも、消費者担当特命大臣が含まれていないことからも明らかである。

(e) 消費者庁内の担当組織　消費者庁において、景表法を所管するのは、同庁設立以来、表示対策課である。消費者庁設立に向けた基本構想を定めた「消費者行政推進基本計画」(平成20年6月27日閣議決定)は、消費者庁において関与すべき個別作用法を、「表示」「取引」「安全」および「消費者や生活者が主役となる社会の構築、物価行政」に関するものに分類して示しているところ、景表法は、同計画において「表示」に関するものとして挙げられている。消費者庁が所管することとなった「表示」に関する法律中、消費者庁設立時点において表示対策課が所管したのは、景表法のほかには、住宅の品質確保の促進等に関する法律に基づく住宅性能表示制度(国土交通大臣との共管)であり、JAS法、食品衛生法および健康増進法の表示に係るものは食品表示課が、家庭用品品質表示法は消費者安全課が、それぞれ所管していた。他方、「取引」に関する法律と整理された特定電子メールの送信の適正化等に関する法律は、表示対策課の所管とされていた。その後、平成23(2011)年7月1日、家庭用品品質表示法3条1項に規定する表示の標準となるべき事項に関すること、健康増進法65条1項に規定する表示に関すること(同法66条1項の規定による勧告、同条2項の規定による命令ならびに同条3項において準用する同法61条

第8章　執行機関等　　795

8章前注-2(2)(3)

1項の規定による立入検査および収去の実施に係るものに限る)は表示対策課の所管に移され、特定電子メールの送信の適正化等に関する法律は、取引対策課の所管に移された。

(2) 公取委 独禁法の目的を達するために、内閣府設置法49条3項の規定に基づいて、内閣府の外局として設置されている(独禁27①)。

公取委は、消費者庁が設立され、景表法を所管するようになる前は、同法を所管していた。

(a) **公取委の権限** 現在は、公正競争規約について内閣総理大臣(消費者庁長官に委任)とともに認定する権限(36①)を有するほか、同法を施行するために必要があると認めるときに行う、報告徴収、物件提出命令、立入検査についての内閣総理大臣の権限(25①)を消費者庁長官から再委任されて有している(38②、景表令15)。公取委が景表法25条1項の権限を行使して調査を実施した場合には、調査により判明した事実およびその証拠を消費者庁表示対策課に提出し、同課において措置をとるか否か、措置の内容を検討する。公取委が調査を行った事案に係る処分を公表する場合、公取委において調査を担当した地方事務所等で記者発表を行うことが多い。

(b) **公取委における事務の分担** 公取委の事務は、事務総局が処理するが(独禁35①)、景表法25条1項に基づく調査に関する事務は、各地方事務所または支所の取引課または沖縄総合事務局組織規則18条9号により、景表法に基づく政令によって公取委の事務に属させられた、報告の徴収および立入検査等に関する事務に関することを所掌する沖縄総合事務局総務部公正取引課が所掌し(公正取引委員会事務総局組織規程4の2(6))、本局内には、同事務を所掌する組織はない。このため、いずれの地方事務所・支所の所管にも属さない全国案件および関東甲信越地方(茨城県、栃木県、群馬県、埼玉県、千葉県、東京都、神奈川県、新潟県、山梨県および長野県)の事案については、公取委以外の機関において調査を行うこととなる(全国案件について、公取委地方事務所等の職員が、管轄地域内での調査を行うことはある)。また、複数の都道府県が連携して調査を行い、各都道府県が同時に措置をとることにより、事実上、広域的な執行を行うこともある(高居〔第7版〕323頁)。

(3) 都道府県知事等 (a) **平成26年6月改正前の状況** 昭和47(1972)年景表法改正(昭和47年法律第44号)により、景表法違反行為に対し、行為を取りやめるべきことまたはこれに関連する公示を指示する権限が、都道府県知事に、機関委任事務として付与された(当時の9の2)。また、都道府県知事には、指示を行った場合において当該事業者がその指示に従わないとき、その他違反行為を取りやめさせるためまたは再発を防止するために必要があると認めるときは、公取委に対し

8章前注-*2*⁽⁴⁾

て、適当な措置をとるべきことを求める措置請求権が付与された(当時の9の3)。

これらの事務は、地方分権の推進を図るための関係法律の整備等に関する法律(平成11年法律第87号。いわゆる「地方分権一括法」)8条により、機関委任事務制度が廃止されたことを受けて、自治事務となった。

(b)　平成26年6月改正　　その後、平成25(2013)年秋頃から、ホテル等が、提供するメニュー表示の記載と異なる食材を提供していた事実が明らかとなり、他の業態における食品表示の問題と合わせ、社会問題となった。このことを背景に、食品表示等の適正化対策の一環として、平成26(2014)年6月13日の景表法改正(平成26年法律第71号)により、都道府県知事に、景表法違反行為に対して措置命令を行う権限(7①)および合理的根拠資料提出要求の権限(同②)が付与された。また、措置命令を行うために必要な調査のための処分の権限(25①)も付与された。

(c)　地理的管轄　　都道府県知事のこれらの権限は、不当な景品類の提供または表示がされた場所または地域を含む都道府県の区域を管轄する都道府県知事が行うこととされている(景表令23①)。ただし、2以上の都道府県の区域にわたり一般消費者による自主的かつ合理的な選択を阻害するおそれがあり、消費者庁長官(公取委、事業所管大臣または金融庁長官、証券取引等監視委員会に権限が委任されている場合には、これらの機関)がその事態に適正かつ効率的に対処するため特に必要があると認めるとき、または都道府県知事から要請があったときは、消費者庁長官またはこれら機関が自ら、その事務を、自らの権限の範囲内で行うことを妨げないとされる(景表令23①ただし書)。

(d)　市町村による処理　　地方自治法252条の17の2第1項は、都道府県は、都道府県知事の権限に属する事務の一部を、条例の定めるところにより、市町村が処理することとすることができる旨定めている。この規定に基づく条例により、景表法上都道府県知事の権限とされているものを市町村が処理できることとしているのは、令和6(2024)年7月31日現在、新潟県、大阪府および鳥取県であり、それぞれ、新潟市、大阪市および鳥取市に対して、景表法7条(措置命令、合理的根拠を示す資料の提出要求)、29条1項(調査権。景表令23条1項により、7条の命令のために必要な場合に限る)に基づく処分を行うことができるとされている(各都道府県ウェブサイト上の例規集による)。

(4)　事業所管大臣　　消費者行政推進基本計画は、消費者庁設立による消費者行政の一元化を、「各府省庁縦割りの仕組みの下それぞれの領域で事業者の保護育成を通して国民経済の発展を図ってきたが、この間『消費者の保護』はあくまでも産業振興の間接的、派生的テーマとして、しかも縦割り的に行われてきた」と総括し、かかる「明治以来の日本の政府機能を見直」すものと位置付けて、「『安全

8章前注-3(1)

安心な市場』、『良質な市場』の実現こそが新たな公共的目標」であるとし、この目標の実現に向けて政府が積極的に取り組むことを示すものであり、「行政の『パラダイム（価値規範）転換』の拠点であり、真の意味での『行政の改革』のための拠点」と位置付けていた。また、個別作用法については、「これまで各府省庁の所管業種、所管物資ごとに分断され、個別に行われてきた規制を横断的に体系化することにより、他分野に比べ遅れた分野の規制を改善する。また、各府省庁の法律で錯そうした規制を行ってきたものについては一元化し、分かりやすいものに変更する」等の観点から、「消費者に身近な問題を取り扱う法律は消費者庁が所管することとし、各府省庁から消費者庁に移管（一部移管を含む）・共管する」としていた。このように、消費者庁設立時には、消費者に関連の深い個別作用法は、原則として、消費者庁に「移す」ことが目指されてきた。

しかし、平成25(2013)年秋以降、ホテル等におけるメニューの不当表示が多数摘発された（同年度内に、消費者庁の措置命令4件、指導170件、都道府県知事による指示が45件〔公表したもののみ〕）。この過程で、不当表示に対応する消費者庁の景表法執行体制の強化・補完の必要性が指摘された。このような状況を受け、消費者庁は、農林水産省の協力を得て、同省の食品表示Gメン、米穀流通監視官等に対し、一定期間、消費者庁の職員として一時的に併任発令することにより、景表法に基づくレストラン、百貨店等への監視業務を実施することを決定し、平成26(2014)年2月26日に、同省の食品表示Gメン、米穀流通監視官等に対し、併任発令を行った。

平成26年6月6日に成立した景表法改正法により、事業所管大臣等に景表法上の調査権限を委任することができる規定が設けられたのは、かかる体制強化を、時機に応じて適切に行えるようにするものであった。ただし、この改正以降、令和6(2024年)年10月末まで、事業所管大臣に対して権限が委任されたことはない。

3 景表法の運用に関与する機関

（1）**消費者委員会**　　消費者委員会は、消費者庁等設置法6条に基づき、平成21(2009)年9月1日に、内閣府の外局として設置された。同法の政府案では、内閣総理大臣、関係大臣または消費者庁長官の諮問に応じて一定の重要事項を調査審議すること、内閣総理大臣または各省大臣に意見を述べることを主たる所掌事務とする「消費者政策委員会」として、消費者庁の下に設置するものとされていたが、第171回国会での衆議院の消費者問題に関する特別委員会における与野党間の修正協議の結果、「消費者委員会」とその名を改め、内閣府の下に設置するとともに、一定の重要事項について、内閣総理大臣等からの諮問に応じた調査審議に

8章前注-3(2)

加え、自ら調査審議し、必要と認められる事項を内閣総理大臣、関係各大臣または消費者庁長官に建議することが追加され(消費者庁等設置6②(1))、また、委員の職権行使の独立性が規定された(同7)。

消費者委員会の委員の定員は10名以内であり(消費者庁等設置9①)、令和6(2024)年7月末現在の委員数は10名である。委員の任期は2年であり(同11①)、再任が可能である(同②)。

景表法との関係では、内閣総理大臣が、以下の行為を行おうとする場合には、あらかじめ、消費者委員会の意見を聴かなければならないこととされている。

①景品類および表示の指定(3①)、

②景品類について4条の規定に基づき景品類の制限もしくは禁止について、また、5条の規定に基づいて禁止される表示の指定(6①)、

③景品類の提供に関する事項および表示に関する事項を適正に管理するために事業者が講ずべき措置に係る指針の策定(22③)。

消費者委員会の下には食品表示部会が置かれている。また、消費者委員会の直下に、公共料金等専門調査会、消費者法制度のパラダイムシフトに関する専門調査会および消費者をエンパワーするデジタル技術に関する専門調査会が置かれている(令和6(2024)年7月末現在)。

(2) 独立行政法人国民生活センター　独立行政法人国民生活センター(以下、「国民生活センター」という)は、独立行政法人国民生活センター法(平成14年法律第132号。以下、「国民センター法」という)に基づき、国民生活の安定および向上に寄与するため、総合的見地から国民生活に関する情報の提供および調査研究を行うこと、消費者紛争を予防するための活動を支援することならびに重要消費者紛争について法による解決のための手続を適正かつ迅速に実施し、およびその利用を容易にすることを目的として設立された、中期目標管理法人(独立行政法人通則2②)である(国民生活センター3の2)。

国民生活センターの業務は、①国民に対して国民生活の改善に関する情報を提供すること、②国民生活に関する国民からの苦情、問合せ等に対して必要な情報を提供すること、③①②に掲げる業務に類する業務を行う行政庁、団体等の依頼に応じて国民生活に関する情報を提供すること、④国民生活の実情および動向に関する総合的な調査研究を行うこと、⑤国民生活に関する情報を収集すること、⑥適格消費者団体が行う差止請求関係業務の円滑な実施のために必要な援助を行うこと、⑦重要消費者紛争の解決を図ること、⑧特定適格消費者団体(特例法〔下記(5)〕2条10号に規定する「特定適格消費者団体」をいう)が行う国民生活センター法61条1項の申立てに係る仮差押命令の担保を立てること、および⑨これらに付帯す

第8章　執行機関等　*799*

8章前注-3(3)(4)

る業務である(国民生活センター10)。

(3) **消費生活センター**　消費者安全法8条1項により、都道府県は次に掲げる事務を行う。

①市町村の事務の実施に関し、市町村相互間の連絡調整および市町村に対する必要な助言、協力、情報の提供その他の援助を行うこと(消費者安全8①(1))。

②消費者安全の確保に関し、主として次に掲げる事務を行うこと(同(2))。

　　イ　事業者に対する消費者からの苦情に係る相談のうち、その対応に各市町村の区域を超えた広域的な見地を必要とするものに応じること。

　　ロ　事業者に対する消費者からの苦情の処理のためのあっせんのうち、その実施に各市町村の区域を超えた広域的な見地を必要とするものを行うこと。

　　ハ　消費者事故等の状況および動向を把握するために必要な調査または分析であって、専門的な知識および技術を必要とするものを行うこと。

　　ニ　各市町村の区域を超えた広域的な見地から、消費者安全の確保のために必要な情報を収集し、および住民に対し提供すること。

③市町村との間で消費者事故等の発生に関する情報を交換すること。

④消費者安全の確保に関し、関係機関との連絡調整を行うこと。

⑤前①〜④に掲げる事務に附帯する事務を行うこと。

上記事務実施のための施設または機関として、消費者安全法10条1項により、都道府県には必置義務が、同条2項により、市町村は必要に応じた設置の努力義務が課されている。消費生活センターは、消費生活相談員を置き(消費者安全10①(1))、適切な電子情報処理組織等の設備を備え(同(2))、消費者からの苦情相談およびあっせんを1週間に4日以上行えること(同令6)が必要である。ここに規定する電子情報処理組織として、全国消費者情報ネットワークシステム(PIO-NET)がある。全国の消費生活センターの消費生活相談員は、消費者からの苦情相談を受けた際は、当該相談内容から、苦情解決のための相談処理までのすべての過程を記録し、PIO-NETに登録する。その記録の要約は、全国の消費生活センターで共有されて、消費生活相談業務に活用されるとともに、中央省庁および国会から検索することが可能であり、法執行や政策立案、国民への情報提供等に活用されている。また、警察、適格消費者団体、特定適格消費者団体、裁判所および弁護士会にも情報提供がなされる。

(4) **適格消費者団体**　不特定かつ多数の消費者の利益のため消費契約の定めにより差止請求権を行使するのに必要な適格性を有する法人である消費者団体であって、消契法13条1項により、差止請求関係業務を行う者として内閣総理大臣

800　　第8章　執行機関等

8章前注-*3*(5)・§38

の認定を受けた者をいう(消契2④)。適格消費者団体として認定を受けるために
は、①特定非営利活動促進法2条2項に規定する特定非営利活動法人または一般
社団法人もしくは一般財団法人であって、②消費生活に関する情報収集・提供、
消費者被害の防止・救済その他の不特定かつ多数の消費者の利益の擁護を図るた
めの活動を行うことを目的として、現にその活動を相当期間にわたり継続して適
正に行っていると認められること、③差止請求関係業務を適正に遂行するための
体制および業務規程が適切に整備されていること等の要件(消契13③④)および欠格
事由(同⑤)が定められている。

　景表法34条1項は、優良誤認表示および有利誤認表示を、適格消費者団体によ
る差止請求の対象としている。

(5)　特定適格消費者団体　　被害回復裁判手続(特例法に基づく、被害回復裁判手続
〔同2(9)〕をいう)を追行するのに必要な適格性を有する法人である適格消費者団体
として、特例法71条により内閣総理大臣の認定を受けた者をいう(同2⑽)。特定
適格消費者団体は、消費者契約に関して相当多数の消費者に生じて財産的被害等
について、事業者等が金銭を支払うべきことの確認を求める訴え(同2⑷)、同債
権に関し取得した債務名義による民事執行の手続を行うことができる(同2(9)ロ)。

　景表法違反行為に関して、同手続による被害回復裁判手続ができるかどうかに
ついて、法令上の定めはないが、景表法違反行為の性格上、認められ得るものと
される(実務471頁)。　　　　　　　　　　　　　　　　　　　　　　　　〔笠原宏〕

〔権限の委任等〕

第38条　①　内閣総理大臣は、この法律による権限(政令で定めるものを除
　く。)を消費者庁長官に委任する。

②　消費者庁長官は、政令で定めるところにより、前項の規定により委任さ
　れた権限の一部を公正取引委員会に委任することができる。

③　消費者庁長官は、緊急かつ重点的に不当な景品類及び表示に対処する必
　要があることその他の政令で定める事情があるため、事業者に対し、措置
　命令、課徴金納付命令又は第24条第1項の規定による勧告を効果的に行う
　上で必要があると認めるときは、政令で定めるところにより、第1項の規
　定により委任された権限(第25条第1項の規定による権限に限る。)を当該事業
　者の事業を所管する大臣又は金融庁長官に委任することができる。

④　公正取引委員会、事業者の事業を所管する大臣又は金融庁長官は、前2

第8章　執行機関等　*801*

§38

項の規定により委任された権限を行使したときは、政令で定めるところにより、その結果について消費者庁長官に報告するものとする。

⑤ 事業者の事業を所管する大臣は、政令で定めるところにより、第3項の規定により委任された権限及び前項の規定による権限について、その全部又は一部を地方支分部局の長に委任することができる。

⑥ 金融庁長官は、政令で定めるところにより、第3項の規定により委任された権限及び第4項の規定による権限(次項において「金融庁長官権限」と総称する。)について、その一部を証券取引等監視委員会に委任することができる。

⑦ 金融庁長官は、政令で定めるところにより、金融庁長官権限(前項の規定により証券取引等監視委員会に委任されたものを除く。)の一部を財務局長又は財務支局長に委任することができる。

⑧ 証券取引等監視委員会は、政令で定めるところにより、第6項の規定により委任された権限の一部を財務局長又は財務支局長に委任することができる。

⑨ 前項の規定により財務局長又は財務支局長に委任された権限に係る事務に関しては、証券取引等監視委員会が財務局長又は財務支局長を指揮監督する。

⑩ 第6項の場合において、証券取引等監視委員会が行う報告又は物件の提出の命令(第8項の規定により財務局長又は財務支局長が行う場合を含む。)についての審査請求は、証券取引等監視委員会に対してのみ行うことができる。

⑪ 第1項の規定により消費者庁長官に委任された権限に属する事務の一部は、政令で定めるところにより、都道府県知事が行うこととすることができる。

---

1 本条の趣旨　*2* 消費者庁長官への委任(1項)　*3* 公取委への再委任(2項)　*4* 事業所管大臣等への再委任(3項)　*5* 受任した権限行使の結果の報告(4項)　*6* 事業所管大臣から地方支分部局の長への委任(5項)　*7* 金融庁長官から証券取引等監視委員会への再委任(6項)　*8* 金融庁長官から財務局長等への再委任(7項)　*9* 証券取引等監視委員会から財務局長等への再委任(8項・9項)　*10* 証券取引等監視委員会に委任された報告命令・処分に係る審査請求先(10項)　*11* 都道府県が処理する事務(11項)

802　第8章　執行機関等

§38-*1, 2*(1)

1 本条の趣旨

内閣総理大臣を主務大臣とすることとなる景表法に基づく諸権限については、内閣府の外局である消費者庁への移管によって、消費者庁の長である消費者庁長官との間で、しかるべく権限を分配する必要があった。

消費者行政一元化について議論をしていた消費者行政推進会議第6回会合（平成20年4月23日）に、内閣総理大臣が提示した「消費者庁（仮称）の創設に向けて」と題する資料には、消費者庁の在り方として、6つの原則が掲げられた。この原則は、のちに、消費者行政推進基本計画（平成20年6月27日閣議決定）にそのまま採用されたが、その1つに、「効率性の確保」が掲げられており、「消費者庁は、消費者の立場に立って強力な指導力を発揮する機動的で賢い組織とする。このため、消費者庁を簡素で効率的な仕組みとするため、たとえば、窓口機能、情報収集、法執行を中心に、関係機関への事務の委任や地方自治体への権限移譲などを進めることとされていた。その際、消費者庁が所掌する事務の地方における円滑かつ確実な遂行を可能とするよう配慮する」こととされていた。

他方、「消費者に身近な問題を取り扱う法律は、消費者庁に移管する」とされており、消費者庁が主導的に意思決定を行うことを確保することと、従来の所管省庁等の資源を有効に活用することとの両立を図ることが求められていた。消費者庁に移管された法律の多くが、消費者庁と共管する形となったのに対し、景表法は、公正競争規約の認定に関する36条（当時の12）に係る権限を除き、すべて、消費者庁の主任の大臣たる内閣総理大臣の権限とした。

2 消費者庁長官への委任（1項）

(1) 委任された権限 内閣総理大臣が有する権限を消費者庁長官に委任することの根拠および内閣総理大臣に留保すべき権限の指定を政令（景表令）に委ねる規定である。

景表令14条は、内閣総理大臣に留保される権限として、景品類の指定（2③）、表示の指定（同④）、これらに係る消費者委員会からの意見聴取（3①）、景品類および表示の指定に係る告示の発出（同②）、景品類の提供に関する事項の制限または提供の禁止（4）、商品または役務の内容または取引条件以外の、商品または役務の取引に関する事項について禁止すべき表示の指定（5(3)）、景品類の提供の制限・禁止、不当表示の指定に関する消費者委員会への意見聴取（6①）、これら指定に係る告示の発出（同②）、景品類の提供および表示の管理上の措置に関する指針の制定（22②）、指針を定めようとする際の、事業所管大臣および公取委からの意見聴取（同③）、制定した指針の公表（同④）、指針を変更する際の事業所管大臣お

第8章 執行機関等 *803*

§ 38-*2*(2), *3*(1)(2)

よび公取委からの意見聴取ならびに変更した指針の公表(22⑤による同③・④の準用)を定めている。

(2) **委任の意味**　　行政法上の委任は、民法上の委任と異なり、権限を委任機関から受任機関に移譲するものであり、委任機関は別途の定めがない限り、当該権限を失うものと解されている(宇賀克也『行政法概説Ⅲ　行政組織法／公務員法／公物法〔第5版〕』(有斐閣・2019)41〜42頁)。抗告訴訟の被告を原則として処分庁または裁決庁としていた、平成16(2014)年改正前の行政事件訴訟法のもとでの判例であるが、「行政庁相互の間においていわゆる権限の委任がされ、委任を受けた行政庁が委任された権限に基づいて行政処分を行う場合には、委任を受けた行政庁はその処分を自己の行為としてする」、「処分の取消しを求める訴えは、右委任を受けた行政庁を被告として提起すべきものであって、委任をした行政庁を被告として右訴えを提起することは許されない」としている(最判昭和54年7月20日判時943号46頁)。

本項の委任規定は、消費者庁長官に委任される権限について、委任機関である内閣総理大臣の権限の行使を留保していないので、委任対象となる権限は、専ら消費者庁長官または消費者庁長官が再委任した受任機関が行使し得る。

3　公取委への再委任(2項)

(1) **概　　説**　　消費者庁長官に委任された権限の一部を公取委に再委任することについて、政令に授権する規定である。景表令15条ただし書は、委任された権限を消費者庁長官が自ら行使することを妨げないとしている。

(2) **委任された権限**　　本項を受けた景表令15条により、公取委に委任される権限は、景表法25条1項が定める、「この法律を施行するため必要があると認めるとき」に、「当該事業者若しくはその者とその事業に関して関係のある事業者に対し、その業務若しくは財産に関して報告をさせ、若しくは帳簿書類その他の物件の提出を命じ、又はその職員に、当該事業者若しくはその者とその事業に関して関係のある事業者の事務所、事業所その他その事業を行う場所に立ち入り、帳簿書類その他の物件を検査させ、若しくは関係者に質問させること」である。

措置命令、課徴金納付命令および管理上の措置に係る処分に係る権限は、委任されていない。これは、消費者庁設立時に移管された、いわゆる個別作用法の中でも、景表法の移管が最も徹底したものであったことを反映している。

7条2項(措置命令に係る合理的根拠資料提出要求)、8条3項(課徴金納付命令に係る合理的根拠資料提出要求)に基づく権限は委任されていない。これは、合理的根拠資料提出要求権限が、措置命令の立証の負担を軽減するものと位置付けられている

804　　第8章　執行機関等

§ 38-*3*(3)(4), *4*(1)～(4)

(平成26年6月4日参議院消費者問題に関する特別委員会における菅久修一政府参考人答弁)ことから、措置命令の権限のない公取委に委任する必要はないとされたものと考えられる。

(3)　**委任の範囲**　　前記(2)記載の権限は、包括的に委任されており、個別の事案ごとに委任しているわけではない。しかし、これら権限は、消費者庁による景表法施行のためのものであること、少なくとも令和6(2024)年度までの間、景表法施行に係る経費は公取委の予算には計上されておらず消費者庁の予算により支弁されることから、実際には、消費者庁において、調査の対象案件を特定して、公取委が調査を行う案件を決定することとなる。

(4)　**消費者庁長官による権限行使の留保**　　景表令15条ただし書は、公取委に委任した権限を消費者庁長官が自ら行使することを妨げないとしている。このため、同一案件について、消費者庁長官と公取委が合同で調査を行うこともできる。

4　事業所管大臣等への再委任(3項)

(1)　**概　　説**　　前注-*2*(4)のとおり、外食産業等における不当表示事案の頻発を機に、所管業界における技術的事項や商慣行に詳しい業所管当局の知見とリソースを、必要な場合には活用するために、消費者庁長官の権限の一部を事業所管大臣等に委任するものである。

(2)　**受任機関**　　本項による委任は、事業所管大臣または金融庁長官に対して行われる。銀行業その他の金融庁がその監督を所管する事業に係る業法(銀行法等)の主任の大臣は内閣総理大臣であるが、景表法上の権限の委任先は、金融庁長官である。

(3)　**委任することができる事情**　　景表令16条は、本項で定める、「緊急かつ重点的に不当な景品類及び表示に対処する必要があること」に加え、「効果的かつ効率的に不当な景品類又は表示に対処するために事業者の事業を所管する大臣又は金融庁長官が有する専門的知見を特に活用する必要があること」を定めている。委任が期間を定めて行われることとされていること(後記(4)参照)と併せ、消費者庁設立の本旨である「消費者行政一元化」〔前注-*2*(4)〕と、事業所管官庁の情報・知見・リソースの活用による、違反事案の大量・迅速な処理のバランスをとるための規定であると考えられる。

(4)　**委任される権限の範囲等**　　本項条は、事業所管大臣に委任することができる権限を、消費者庁長官が、措置命令(7①)、課徴金納付命令(8①)または管理上の措置に係る勧告(24①)を効率的に行う上で必要がある範囲で、25条1項の規

第8章　執行機関等　　*805*

§ 38-*4*(5), 5, 6(1)(2)

定による調査権限に限定しており、景表令17条2項は、委任に際して、委任しようとする事務の範囲および期間を定めて行うものとしている。委任する事務の範囲および期間を定めて委任するのは、無限定・恒久的な委任が、膨大な事務負担をもたらし、逆に適正な行政処分が遅延するとの懸念があることも踏まえてのものであると説明されている（平成26年4月22日衆議院消費者問題に関する特別委員会における森まさこ消費者問題特命担当大臣の答弁）。

　また、消費者庁長官が、委任しようとする事務の範囲および期間を定めようとするときは、あらかじめ、事業所管大臣または金融庁長官に協議することが義務付けられている（景表令17②）。これも、受任機関の混乱等を防止するための措置であると考えられる。

　(5)　**消費者庁長官による権限行使の留保**　　景表令17条1項ただし書は、事業所管大臣等に権限を委任した場合にも、消費者庁長官が当該権限を自ら行使することを妨げないとしている。これにより、消費者庁長官、事業所管大臣等、公正取引委員会による合同調査も可能となる。

5　受任した権限行使の結果の報告（4項）

　委任された調査権限の行使は、措置命令等の消費者庁長官による処分のための証拠収集を目的として（公取委の場合には、その他の景表法施行に資することを目的とする場合もある。前記**3**(2)参照）行われるから、消費者庁長官への結果報告が必要である。報告は、①報告もしくは物件の提出の命令または立入検査もしくは質問を行った結果により判明した事実、および②その他参考となるべき事項を記載した書面を速やかに提出することにより行われるものとされている。書面は、電子的方式等によることも可能である（景表令18）。

6　事業所管大臣から地方支分部局の長への委任（5項）

　(1)　**趣　旨**　　事業所管大臣への調査権限の委任は、業法の施行等を通じて事業所管官庁がもつ、所管業界・事業者に関する情報・知見・リソースを活用することにあるところ、地域における業法の施行等は、地方支分部局の長に委任されている場合が多い。このため、事業所管大臣から地方支分部局の長に権限を委任することを可能とするものである。消費者庁から受任された権限の行使の結果を消費者庁長官に報告する事務についても、地方支分部局の長に委任することができる。

　(2)　**政令の規定**　　景表令19条は、事業所管大臣ごとに、再委任を行う場合における再委任先の地方支分部局の長を指定している。

§38-6(3), 7

　財務大臣については、具体的な再委任に関する定めを置いている。これは、国税庁所掌事業に係るものとそれ以外のものとで、受任機関を切り分ける規定で、前者は、調査対象事業者の事務所等の所在地を管轄する国税局長(景表令19②。当該所在地が沖縄県内である場合は、沖縄国税事務所長)または税務署長に、後者は調査対象事業者の事務所等所在地を管轄する財務局長(同①。当該所在地が福岡財務支局の管轄区域内にある場合は、福岡財務支局長)または税関長に委任するものとしている。

　厚生労働大臣については、調査対象事業者の事務所等の所在地を管轄する地方厚生局長(景表令19③。当該所在地が四国厚生支局の管轄区域内にある場合は、四国厚生支局長)または都道府県労働局長に委任するものとしている。

　農林水産大臣については、調査対象事業者の事務所等の所在地を管轄する地方農政局長または北海道農政事務所長に委任するものとしている(景表令19④)。

　経済産業大臣については、調査対象事業者の事務所等の所在地を管轄する経済産業局長に委任するものとしている(景表令19⑤)。

　国土交通大臣については、調査対象事業者の事務所等の所在地を管轄する地方整備局長、北海道開発局長、地方運輸局長、運輸監理部長、運輸支局長または地方航空局長に委任するものとしている(景表令19⑥)。

　環境大臣については、調査対象事業者の事務所等の所在地を管轄する地方環境事務所長に委任するものとしている(景表令19⑦)。

　(3)　**事業所管大臣による権限行使の留保**　景表令19条各項のただし書は、地方支分部局の長に権限を委任した場合にも、事業所管大臣が当該権限を自ら行使することを妨げないとしている。

7　金融庁長官から証券取引等監視委員会への再委任(6項)

　金融庁長官が消費者庁長官から受任した権限の一部は、証券取引等監視委員会に再委任することができるものとしている。同委員会の所掌に属するものが対象となると考えられる。

　証券取引等監視委員会に委任される事務は、金融商品取引業者(金融商品取引2⑨)が行う有価証券の売買等の金融商品取引業(同⑧)に係る商品または役務の取引、金融商品仲介業者(同⑫)が行う有価証券の売買の媒介等の金融商品仲介業に係る商品または役務の取引(同⑪)、銀行、協同組織金融機関等の登録金融機関(同⑪)のうち投資信託等の委託契約その他投資一任契約(同⑫)を行う金融商品仲介業者が行う投資顧問契約の締結およびこれに基づく助言(同⑪)、および同法2条11項に規定する登録金融機関がその立場において行う高速取引行為(同1㊶)に係る商品または役務の取引、金融サービス仲介業者(金融サービス11⑥)が行う有価証券

第8章　執行機関等　　*807*

§38-8, 9

等仲介業務（同④）に係る商品または役務の取引に関するものについて行う景表法25条１項に基づく調査権限である（景表令20①）。

証券取引等監視委員会が、委任された権限を行使したときは、速やかに、その結果について金融庁長官に報告しなければならない（景表令20②）。

8 金融庁長官から財務局長等への再委任（7項）

金融庁の所管事業のうち、証券取引等監視委員会の所掌に属さないものに係る景表法上の権限を、金融庁所管業務に係る業法上の処分等の権限について金融庁長官から委任を受けている財務局長および財務支局長に委任することを可能にする規定である。

受任機関は、調査対象事業者の主たる事務所等の所在地を管轄する財務局長（景表令19①。当該所在地が福岡財務支局の管轄区域内にある場合は、福岡財務支局長）である。また、当該事業者の主たる事務所等以外の事務所等に関するものについては、当該事務所等の所在地を管轄する財務局長（当該所在地が福岡財務支局の管轄区域内にある場合は、福岡財務支局長）も、権限を行使することができるものとされている（景表令21②）。

例えば、金融庁が所管する銀行法上の権限で、主任の大臣である内閣総理大臣から金融庁長官に委任された権限を財務局長等に委任することについては、銀行の本店所在地を管轄区域とする財務局長・財務支局長に委任し（銀行令17の２①）、支店等に関するものについては、当該支店等の所在地を管轄する財務局長・財務支局長も当該権限を行使することができるとしている（同②）建付けと同様である。

また、金融庁長官が自ら当該権限を行使することを妨げない（景表令21①ただし書）。

財務局長等が、委任された権限を行使したときは、速やかに、その結果について金融庁長官に報告しなければならない（財務省設置法（平成11年法律第95号）13②）。

9 証券取引等監視委員会から財務局長等への再委任（8項・9項）

証券取引等監視委員会は、金融庁長官から委任された権限を、さらに財務局長または財務支局長に委任することができる。

受任機関は、調査対象事業者の主たる事務所等の所在地を管轄する財務局長（景表令22①。当該所在地が福岡財務支局の管轄区域内にある場合は、福岡財務支局長）である。また、当該事業者の主たる事務所等以外の事務所等に関するものについては、当該事務所等の所在地を管轄する財務局長（当該所在地が福岡財務支局の管轄区域内にある場合は、福岡財務支局長）も、権限を行使することができるものとされている（同②）。

§ 38-*10*

　このような委任の仕方は、証券取引等監視委員会が委任された事業に係る法律（金融商品取引法等）に係る権限の財務局長等への委任の建付け（例えば、高速取引行為者に関する権限に係る同法施行令43の3①③）と同様である。

　権限の委任は、移譲を意味するので、上級機関から下級機関への委任でない限り、委任機関から受任機関に対する指揮監督権を伴うことはない（宇賀克也『行政法概説Ⅲ　行政組織法／公務員法／公物法〔第5版〕』（有斐閣・2019）46頁）。指揮監督が必要な場合には、法律上の根拠規定が必要であり、本条9項が、その根拠規定である。

　このように受任機関である証券取引等監視委員会が指揮監督権を保持することは、同委員会が所管し、財務局長等にその権限の一部を委任している法律（例えば、金融商品取引194の7⑧）の建付けと同様である。

10　証券取引等監視委員会に委任された報告命令・処分に係る審査請求先（10項）

　行政不服審査法4条は、処分に係る法律または条令に特別の定めがある場合を除く、審査請求を行うべき行政庁（審査庁）を定めているところ、本項は、ここにいう「特別の定め」に当たる。

　行政不服審査法は、処分庁の処分に対する審査請求先については、当該処分庁に上級行政庁（行政組織ないし行政手続上において処分庁の上位にある行政庁であり、当該行政事務に関し、一般的、直接的に処分庁を指揮監督する権限を有し、処分庁が違法または不当な処分をしたときには、これを是正すべき職責を担うもの〔大阪高判昭和57年7月15日行集33巻7号1532頁〕）がある場合には、最上級行政庁とすることを原則としつつ（行政不服審査4(4)）、処分庁が、職務上一定の独立性を有する場合には、組織上の上級行政庁に審査請求への対応を委ねることが適当でないことから、当該処分庁等において審査請求に対応する趣旨とされ、具体的には、「処分庁等が主任の大臣若しくは宮内庁長官若しくは内閣府設置法（平成11年法律第89号）第49条第1項若しくは第2項若しくは国家行政組織法（昭和23年法律第120号）第3条第2項に規定する庁の長」である場合が挙げられている（行政不服審査4(2)）。

　証券取引等監視委員会については職権行使の独立性に関する規定があり（金融庁設置9）、審査請求を上級行政庁（金融庁長官）に行うことが適当でないことは、行政不服審査法4条2号の趣旨と通ずるところであるが、証券取引等監視委員会は、金融庁の審議会等と位置付けられており（金融庁設置6）、行政不服審査法4条2号に列挙された機関には当たらないことを踏まえて、本項が設けられたものと考えられる。

　本項は、証券取引等監視委員会から委任を受けて財務局長等が行う処分に係る審査請求も同委員会が行う旨定めているが、これは、審査請求を処理する機関が

§§ 38-*11*(1)〜(3)・39

処分庁等の最上級行政庁よりも下位の上級行政庁が、職務上一定の独立性を有する場合には、下位行政庁の処分に対する審査請求も当該上級行政庁が行うとしている行政不服審査法4条3号の考え方に通じるものであると考えられる。

11 都道府県が処理する事務(11項)

(1) **概　説**　　消費者庁長官に委任された事務の一部を都道府県知事の事務とする規定である。都道府県知事は、平成26(2014)年6月改正前においても、自治事務として、違反被疑行為に対する措置権限(指示)とそのための調査権限を有していたから、同改正に基づき付与される権限も、委任ではなく、都道府県知事の事務に加えられた。

(2) **都道府県知事の事務**　　景表令23条は、措置命令(景表法7①)、合理的根拠資料提出要求(同②)、措置命令を行うために必要があると認める場合における調査権限(25①)を都道府県知事が行う事務として規定している。公取委と異なり、合理的根拠資料提出要求に係る権限が付与され、かつ、同権限が認められるのは措置命令との関係に限られているのは、合理的根拠資料提出要求権限が、違反行為に対する行政処分を行うための立証の負担を軽減するためだからであり、課徴金納付命令の権限を付与されていない都道府県知事に、同命令との関係での合理的根拠資料提出要求権限(8③)を付与する必要がないとされたものと考えられる。

なお、これらの権限を都道府県知事に付与することを定めた平成26年6月改正時に、公取委に対する措置請求の事務は廃止された。これは、措置請求の制度が、行政指導にとどまる指示の実効性を確保することにあったところ、都道府県知事が自ら行政処分たる措置命令を行えるようになったことで、その必要性が失われたためと考えられる。

(3) **市町村の権限**　　地方自治法252条の17の2の規定に基づき、都道府県の条例によって、上記知事の権限を市町村長の権限とすることができることは、**前注-*2*(3)(d)**のとおりである。　　　　　　　　　　　　　　　　　　〔笠原宏〕

〔内閣府令への委任等〕

第39条　①　この法律に定めるもののほか、この法律を実施するため必要な事項は、内閣府令で定める。

②　第37条の規定は、内閣総理大臣が前項に規定する内閣府令(第36条第1項の協定又は規約について定めるものに限る。)を定めようとする場合について

810　　第8章　執行機関等

§39-*1, 2*

> 準用する。

    1 概要等　　*2* 内閣府令への委任事項

1　概要等

　平成21(2009)年、景表法が、消費者庁及び消費者委員会設置法の施行に伴う関係法律の整備に関する法律(以下、「一括整備法」という)により消費者庁に移管される前は、景表法施行上の細則は、公取委規則に委任されており、内閣府令はなかった。当時、公取委規則に委任されていたのは、景品類もしくは表示の指定(現2③④)または指定の変更・廃止に係る公聴会に係る事項(現3)、いわゆる公正競争規約の認定に係る事項(現36①)、認定または取消しの処分をしたときの告示に係る事項(同④)であった。また、移管前は、景表法違反行為は、その調査、措置に関しては、独禁法上の不公正な取引方法に違反するものとみなして、同法上の調査、措置に関する規定が適用されていた(移管時の景表法6②)。このため、これら独禁法の規定に基づき公取委規則に規定されていた事項は、そのまま、景表法についても適用されていた(審査官指定等)。

　消費者庁移管に際して、本条(当時は13条)が設けられるとともに、附則6条により、それまでの公取委規則のうち、公聴会および告示に係るものと、いわゆる公正競争規約の認定・変更および告示に係るものについては、内閣府設置法7条3項に基づく内閣府令としての効力を有するものとされた。そして、一括整備法の施行に合わせて、内閣府令が制定された。その後、平成26(2014)年10月改正に合わせて、従来からの内閣府令と、新たに定めるものとを統合した、景表規が制定された。

2　内閣府令への委任事項

　内閣府令である景表規には、以下の事項が定められている(個別の内容は、景表法の対応する条文の解説を参照されたい)。

　①公聴会開催に際しての公告事項と公告方法(景表規2。景表法3①・6①)

　②公述人の選定(景表規3・4。景表法3①・6①)

　③公聴会の実施(景表規5。景表法3①・6①)

　④公聴会の記録(景表規6。景表法3①・6①関係)

　⑤合理的根拠提出要求の方法・提出期限(景表規7。景表法7②・8③)

第8章　執行機関等　　*811*

§40

⑥課徴金対象期間の終期に係る問題解消措置(景表規8。景表法8②)

⑦課徴金減免申請の方法(景表規9。景表法9)

⑧実施予定返金措置計画の認定の申請の方法(景表規10。景表法10①)

⑨返金措置に際し金銭と同様に使用できるもの(景表規10の2。景表法10①)

⑩実施予定返金措置計画の記載事項(景表規11。景表法10①)

⑪返金措置計画申請前に実施した返金措置の記載事項(景表規11。景表法10③)

⑫返金措置計画申請後認定前の返金の実施についての報告事項(景表規12。景表法10④)

⑬実施予定返金措置計画の実施期間(景表規13。景表法10⑤(3))

⑭認定実施予定返金措置計画の変更に係る認定の申請の方法(景表規14。景表法10⑥)

⑮認定実施予定返金措置計画の実施結果の報告の方法(景表規15。景表法11①)

⑯返金措置を踏まえ減額すべき課徴金額(景表規16。景表法11②)

⑰違反行為者から違反行為に係る事業を譲り受けた者が複数あるときの課徴金の額の減額等の特例(景表規17。景表法12④)

⑱課徴金の納付の督促の方法(景表規18。景表法18①)

⑲課徴金および延滞金を納付すべき場合の充当の順序(景表規19。景表法18②)

⑳課徴金納付命令の執行の命令の方式等(景表規20。景表法19①)

㉑身分を示す証明書(景表規21。景表法25②)

㉒差止請求をしようとする適格消費者団体による資料開示要請の方法(景表規21の2。景表法35①)

㉓公正競争規約の認定の申請の方法(景表規22。景表法36①)

㉔公正競争規約の認定・取消しの告示の方法(景表規23。景表法36④)

㉕公正競争規約の認定を受けた者が認定に係る事項について通知を受けるべき者の届出(景表規24)

㉖公取委または消費者庁に提出する資料の言語(景表規25)　　　　　　〔笠原宏〕

〔関係者相互の連携〕

第40条　内閣総理大臣、関係行政機関の長(当該行政機関が合議制の機関である場合にあつては、当該行政機関)、関係地方公共団体の長、独立行政法人国民生活センターの長その他の関係者は、不当な景品類及び表示による顧客の誘引を防止して一般消費者の利益を保護するため、必要な情報交換を

§40

> 行うことその他相互の密接な連携の確保に努めるものとする。

　本条は、平成26(2014)年6月改正において新設された規定である。前年の料理、食品に係る不当表示が多発した中で、都道府県知事や事業所管大臣への措置・調査権限の委任規定が設けられたことを受け、消費者庁を中心とする一体的な法執行を確保するため、規定された。

　具体的内容について、法改正時の国会審議では、「各機関の窓口担当者の間で景品表示法違反が疑われる事案について必要な情報交換を行って、より効率的な法執行を行うことや、景品表示法に関して、協力して普及啓発活動を行うなどの連携を想定しております」としていた(平成26年6月4日参議院消費者問題に関する特別委員会における森まさこ消費者担当特命大臣答弁)。

　消費者基本計画には、例えば、令和3(2021)年6月15日策定のものには、「景品表示法については、事業者の表示管理体制の強化、関係府省庁への調査権限の付与、都道府県への措置命令権限の付与、不当な表示を行った事業者に対する課徴金制度の導入等の制度整備を行っており、引き続き、適切な制度運用を図る。不当な表示を行う事業者に対しては、必要に応じて都道府県や関係府省庁等と連携し、課徴金制度の運用を含め、同法に基づく厳正な執行を行い、消費者による自主的かつ合理的な選択の確保を図る」とされており、これに基づいて、都道府県職員を含む執行担当者に対して、景表法の理解を促進するよう、研修や意見交換を行うとしている。

〔笠原宏〕

§41

第9章　行政手続

〔外国執行当局への情報提供〕

第41条　①　内閣総理大臣は、この法律に相当する外国の法令を執行する外国の当局（次項及び第3項において「外国執行当局」という。）に対し、その職務（この法律に規定する職務に相当するものに限る。次項において同じ。）の遂行に資すると認める情報の提供を行うことができる。

②　前項の規定による情報の提供については、当該情報が当該外国執行当局の職務の遂行以外に使用されず、かつ、次項の同意がなければ外国の刑事事件の捜査（その対象たる犯罪事実が特定された後のものに限る。）又は審判（同項において「捜査等」という。）に使用されないよう適切な措置がとられなければならない。

③　内閣総理大臣は、外国執行当局からの要請があつたときは、次の各号のいずれかに該当する場合を除き、第1項の規定により提供した情報を当該要請に係る外国（第3号において「要請国」という。）の刑事事件の捜査等に使用することについて同意をすることができる。

　(1)　当該要請に係る刑事事件の捜査等の対象とされている犯罪が政治犯罪であるとき、又は当該要請が政治犯罪について捜査等を行う目的で行われたものと認められるとき。

　(2)　当該要請に係る刑事事件の捜査等の対象とされている犯罪に係る行為が日本国内において行われたとした場合において、その行為が日本国の法令によれば罪に当たるものでないとき。

　(3)　日本国が行う同種の要請に応ずる旨の要請国の保証がないとき。

④　内閣総理大臣は、前項の同意をする場合においては、あらかじめ、同項第1号及び第2号に該当しないことについて法務大臣の確認を、同項第3号に該当しないことについて外務大臣の確認を、それぞれ受けなければならない。

§ 41-*1*(1)(2)

1 改正の概要　　*2* 本条の構成・趣旨　　*3* 要　　件

1　改正の概要

（1）**改正の趣旨**　　昨今、消費者を取り巻く環境は国際化しており、特に消費者は日本の事業者だけではなく、海外の事業者からもインターネットを通じて取引を行えるようになった。物理的な拠点を外国に置く事業者もさることながら、外国にサーバーのあるウェブページを経由して商品を購入する事例等も増加している。この点、日本国内の一般消費者向けに商品を販売し、日本国内の一般消費者向けに表示を行っている場合、外国の事業者であっても景表法の適用を受けるものであることから（消費者庁報告書22~23頁、高居〔第7版〕45頁）、日本の消費者に向けられた外国の事業者または通販サイトの表示が景表法の規制に違反するものである場合には、こうした表示を行う事業者に対しても行政上の措置を講じる必要性が生じる可能性がある。しかし、日本の執行当局すなわち消費者庁は、その執行権限が当該事業者の諸外国に及ばないことや物理的な遠隔性から景表法に基づく各種執行を実効的に実現することができない可能性が高い。また、外国の執行当局が日本の事業者に対して、自国の消費者保護法に基づく行政上の措置を行う場合も同様の問題点があり、国際連合等の国際機関を通じて連携を図る必要性が高いことが確認されている（United Nations"Resolution adopted by the General Assembly on 22 December 2015（70/186. Consumer protection）", OECD"OECD Guidelines for Protecting Consumers from Fraudulent and Deceptive Commercial Practices across Borders" June 2003, p.14）。

このように、国際化の進展への対応を図ることを背景に、日本を含む各国の消費者保護法の執行を円滑にするため、国際的な協力基盤を備え相互主義を確保する目的の下、令和5（2023）年改正により本条が新設されることとなった（消費者庁表示対策課「令和5年改正景品表示法の概要について」、実務446頁）。

（2）**他の法令における同様の規定**　　上記（1）と同様の趣旨の下、外国の執行機関との情報交換に関する規定を設けている日本の法令はすでに複数存在している。まず、新設された上記41条は、特商法69条の3を踏襲する形で規定されており（消費者庁報告書23~24頁）、他にも個人情報の保護に関する法律（以下、「個人情報保護法」という）172条や特定電子メールの送信の適正化等に関する法律30条にもほぼ同内容の規定が置かれている。また、条文の構造は若干異なるものの、独禁法43条の2、犯罪による収益の移動防止に関する法律14条1項等も、同様の趣旨から外国執行当局に対する情報提供を規定したものと解することができる。

816　第9章　行政手続

§ 41-2, 3(1)(2)

2 本条の構成・趣旨

　本条１項は、消費者庁が、外国執行当局に対し、職務の遂行に資すると認める情報の提供を行うことができる旨を規定している。この規定は、上記(1)に記載した趣旨に照らし、相互主義の確保を図る観点から設けられたものである。しかし、相互主義の下においても、情報提供を無制限に認めるとかえって自国民や自国の主権にとって不利益になる可能性もあることから、情報提供の範囲を職務の遂行に資する情報のみに限定している。

　また、外国執行当局に提供した情報が無制限に利用されることになれば、「職務の遂行」のために情報提供をすることとした趣旨を没却するおそれがあることから、本条２項において職務の遂行以外の目的のために利用されないよう適切な措置が講じられることを要件としている(個人情報保護法の同種規定に関して同趣旨を述べるものとして、宇賀克也『新・個人情報保護法の逐条解説』(有斐閣・2021)849頁)。さらに、当該外国執行当局に対する情報提供制度に基づき提供された情報が、刑事事件の捜査等に使用される場合には、内閣総理大臣の同意を得ることを要件とした上で、本条３項によって一定の場合には同意をすることができないと定めることにより、国際捜査共助等に関する法律(以下、「国際捜査共助法」という)に定められた捜査共助の要件と一定程度平仄を取る形としている(本条３項１号および２号は国際捜査共助法２条１号・２号と、本条３項３号は同法４条２号とそれぞれパラレルな規定である。同様の規定は、他の法令による外国執行当局への情報提供制度においても設けられている)。

　また、国際捜査共助法において、共助が制限される場合に該当するかの判断は法務大臣が専権を有しており(同５①柱書)、情報提供を要請した外国による保証の有無は外務大臣が判断することとなっているため(同４)、本条４項において、それぞれの大臣の確認を受ける旨が規定されている。

3 要　件

　(1)　**外国執行当局**　　外国執行当局とは、日本の景表法に相当する外国の法令を執行する外国の執行機関を意味する。各国の消費者保護のための法令を司る執行機関が加盟する国際機関としては ICPEN(International Consumer Protection and Enforcement Network)が存在するところ、当該国際機関に参加している各国の執行機関のうち、各国の景表法に相当する法令を所管しているものは、本条にいう「外国執行当局」に該当する可能性が高いと考えられる。なお、ICPEN には日本の消費者庁も参加しており、2023年９月時点において、オブザーバーを含め82の国の執行当局が加盟している。

　(2)　**職務の遂行に資すると認める情報**　　外国執行当局がその職務遂行上必要

第９章　行政手続　　*817*

§§ 41-3(3)・42

と認められる情報であればよく、提供する情報に限定は付されていないことから、論理的には消費者庁が外国執行当局に対して提供することができる情報に制限はない。

しかし、事業者の秘密について、了承を得ることなく外国執行当局に無制限に提供をすることを認めることになれば、事業者の営業活動の自由を害する可能性や、消費者庁の活動に対する事業者の信頼を損ない、今後の活動の萎縮効果を生じさせかねない。そのため、外国執行当局との情報交換が盛んに行われている独禁法の実務においては、外国執行当局との情報交換に関する規定が存在するにもかかわらず、外国執行当局に情報提供を行う旨の同意書(事業者において、当局に課された秘密保持義務の適用を一定の限度で放棄するものであることから、実務上「ウェイバー(waiver)」と呼ばれることが多い)を事業者から取得した上で情報提供を行うという運用が一般的に行われている(村上政博ほか編『条解 独占禁止法〔第2版〕』(弘文堂・2022)828頁)。

本条の導入後、独禁法等と同様にウェイバーを取得する運用が踏襲されるかは定かではなく、実際に当該情報提供制度が運用された後の実務の蓄積が待たれるところである。

(3)　適切な措置　消費者庁が外国執行当局に情報提供を行うためには、当該情報が当該外国執行当局の職務の遂行以外に使用されず、かつ、本条3項の規定による同意なく外国の刑事事件の捜査等に使用されないよう適切な措置を講じる必要がある(本条②)。「適切な措置」として、提供された情報が「職務の遂行」のために実際に使用されているか、刑事事件の捜査等に使用されていないか等を外国執行当局に都度確認することは、各国の主権との関係上、一定の限界があると思料される。「適切な措置」を担保する手段としては、当該外国との間で国際約束を締結したり、目的外使用を行わない旨の口上書を提出させたりするなど、国家間の約束により相手国を縛ることが考えられるが(宇賀・前掲850頁)、具体的にどのような方法が採用されるかは、今後の実務の蓄積が待たれるところである。

〔柿元將希＝田中達基〕

〔送達書類〕
第42条　送達すべき書類は、この法律に規定するもののほか、内閣府令で定める。

818　　第9章　行政手続

§§ 42-1, 2・43

1 本条の趣旨　　*2* 送達すべき書類

1　本条の趣旨

　本条は、送達すべき書類について、景表法および内閣府令によって定める旨を規定している。

　令和5(2023)年改正以前は、送達すべき書類として、課徴金に関する書類のみが規定されており、本条に当たる規定は、課徴金に関する節に置かれていたところ、同改正において、措置命令(7③)および是正措置計画の認定(27⑤)についても書類の送達によって行うことが規定されるとともに、本条が本節に置かれた。これは、措置命令等に関しても、公示送達や外国に所在する事業者(以下、「在外事業者」という)に対する送達についての規定を整備し、外国事業者による違反行為等に関して、送達が奏功しない場合等に対処すべく行われたものである。

2　送達すべき書類

　送達すべき書類としては、以下が挙げられる。
　①措置命令：措置命令書の謄本(7③)
　②課徴金納付命令：課徴金納付命令書の謄本(17②)
　③課徴金納付の督促：督促状(18①、景表規18)
　④課徴金納付命令の執行の命令：命令書の謄本(19①、景表規20)
　⑤是正措置計画に係る認定：認定書の謄本(27⑤)

〔西本良輔＝岩並野乃佳〕

〔送達に関する民事訴訟法の準用〕

第43条　書類の送達については、民事訴訟法(平成8年法律第109号)第99条、第101条、第103条、第105条、第106条、第107条第1項(第1号に係る部分に限る。次条第1項第2号において同じ。)及び第3項、第108条並びに第109条の規定を準用する。この場合において、同法第99条第1項中「執行官」とあり、及び同法第107条第1項中「裁判所書記官」とあるのは「消費者庁の職員」と、同項中「最高裁判所規則」とあるのは「内閣府令」と、同法第108条中「裁判長」とあり、及び同法第109条中「裁判所」とあるのは「内閣総理大臣」と読み替えるものとする。

第9章　行政手続　　*819*

§43-*1~3*

1 本条の趣旨 　**2** 付郵便送達 　**3** 在外事業者への送達

1 本条の趣旨

　本条は、書類の送達手続につき、民事訴訟法の規定の一部が準用されることを定めている(なお、民事訴訟法等の一部を改正する法律〔令和4年法律第48号〕が、令和4年5月25日の交付から4年以内に施行される予定であり、当該改正に合わせ、本条によって準用される民事訴訟法の規定の条文番号も変更される予定である)。以下、変更後の条文番号について「改正後○条」と付記する。

　具体的には、送達は、特別の定めがある場合を除き、郵便または消費者庁の職員によってなされ、郵便の場合は郵便の業務に従事する者が送達者となる(民事訴訟99(改正後101条)の「執行官」の「消費者庁の職員」への読み替え)。

　送達者は、特別の定めがある場合を除き、送達を受ける者に送達すべき書類を交付し(民事訴訟101〔改正後102条の2〕)、送達報告書を内閣総理大臣に提出しなければならない(同109〔改正後100条1項〕の「裁判所」の「内閣総理大臣」への読み替え。なお、景表法38条1項により内閣総理大臣の権限は消費者庁長官に委任されている。以下同じ)。

　送達場所は、原則として、送達を受けるべき者の住所、居所、営業所または事務所であるが、これらの場所が知れないとき、またはその場所での送達に支障があるときは、就業場所での送達等も可能であるほか(民事訴訟103)、日本国内に住所等を有することが明らかでない者に対しては、その者に出会った場所での出会送達も認められている(同105)。さらに、使用人その他の従業者または同居者であって、書類の受領について相当のわきまえのある者に対して交付する補充送達(同106①)、正当な理由なく受領を拒否された際に書類を差し置く差置送達(同③)、以下にて詳述する付郵便送達(同107①(1))等の規定も準用されている。

2 付郵便送達

　上記の補充送達および差置送達(民事訴訟106)によって送達をすることができない場合には、消費者庁の職員は、書類を書留郵便等に付して発送することができる(同107条1項の「裁判所書記官」の「消費者庁の職員」への読み替え)。

　景表法違反を行う事業者の中には、事業規模が小さく所在が流動的である事業者や行政からの接触を拒否する事業者も存在することから、これらの事業者に対応すべく、付郵便送達もとり得ることとされた。

3 在外事業者への送達

　景表法の規制対象は、事業者(2①)であり、所在地等の要件は課されていない

820　第9章　行政手続

§44

ため、国外の事業者にも、景表法は適用され得る。グローバル化およびデジタル化に伴い、在外事業者による景表法違反も増加していることを受け、在外事業者への送達方法を整備する必要がある。

　本条では、民事訴訟法108条が準用され、外国においてすべき送達は、内閣総理大臣がその国の管轄官庁またはその国に駐在する日本の大使、公使もしくは領事に嘱託してすることとされている（「裁判長」の「内閣総理大臣」への読み替え）。

　相手方に対し、金銭の支払義務や出頭義務を課すなどの命令的・強制的効果を発生させる場合、主権侵害の問題が生じ得るため、当該外国の同意が必要と考えられる。景表法上の送達は、そのような効果を発生させるものであるであるため、在外事業者に対して、領事送達等の方法により書類を送達する必要が生じた場合には、外交上のルートにより、相手国の同意を得た上で、これを行う必要があるものと考えられる。

　なお、在外事業者であっても、営業所、事業所等の国内拠点を有する場合は、当該国内拠点に対して送達することで足り、また代理人が選任されている場合は、当該代理人に送達することで足りるため、外国における送達を要しない。会社法817条１項により、外国会社が日本において取引を継続してしようとするときは、日本における代表者（うち１人以上は、日本に住所を有するもの）を定めなければならないため、景表法の規制の対象となる在外事業者は、本来、日本において送達を受け得る環境にあるはずであるものの、当該規制を遵守していない事業者も存在することから、本条には一定の意義がある。　　　　　〔西本良輔＝岩並野乃佳〕

〔公示送達〕

第44条　①　内閣総理大臣は、次に掲げる場合には、公示送達をすることができる。

　(1)　送達を受けるべき者の住所、居所その他送達をすべき場所が知れない場合

　(2)　前条において読み替えて準用する民事訴訟法第107条第１項の規定により送達をすることができない場合

　(3)　外国においてすべき送達について、前条において読み替えて準用する民事訴訟法第108条の規定によることができず、又はこれによつても送達をすることができないと認めるべき場合

　(4)　前条において読み替えて準用する民事訴訟法第108条の規定により外

第9章　行政手続　*821*

§44-*1*, *2*(1)

> 　国の管轄官庁に嘱託を発した後6月を経過してもその送達を証する書面の送付がない場合
> ②　公示送達は、送達すべき書類を送達を受けるべき者にいつでも交付すべき旨を内閣府令で定める方法により不特定多数の者が閲覧することができる状態に置くとともに、その旨が記載された書面を消費者庁の掲示場に掲示し、又はその旨を消費者庁の事務所に設置した電子計算機の映像面に表示したものを閲覧することができる状態に置く措置をとることにより行う。
> ③　公示送達は、前項の規定による措置をとつた日から2週間を経過することによつて、その効力を生ずる。
> ④　外国においてすべき送達についてした公示送達にあつては、前項の期間は、6週間とする。

1　本条の趣旨　　*2*　公示送達を行う場合(1項)　　*3*　公示送達の方法(2項)
4　公示送達の効力発生時期(3項・4項)

1　本条の趣旨

　公示送達とは、行政庁が相手方を知ることができず、またはその所在が不明であるときに、一定の掲示場における掲示その他の方法をもってする送達方法である。景表法においては、インターネット通販事業者等、その所在が不明であって、43条において準用する送達方法によっては送達ができない場合もあるため、本条により、公示送達ができるものとされている。

　また、43条で民事訴訟法(以下、「民訴法」という)108条の在外事業者への送達規定が準用され送達が可能となったものの、相手国の協力が得られない場合等には奏功しない可能性があるため、在外事業者に対しても、一定の場合に補充的に公示送達が可能となるものとされた。

2　公示送達を行う場合(1項)

　(1)　**送達を受けるべき者の住所、居所その他送達をすべき場所が知れない場合(1号)**　　本号の要件は、民訴法110条1項1号と同様である。

　「住所、居所その他送達をすべき場所」とは、43条で準用される民訴法の規定上、送達すべき場所として特定され得るすべての場所を対象とする趣旨であると考えられる。また、「知れない場合」とは、主観的に送達者が知らないというだけ

822　第9章　行政手続

§ 44-2 (2)～(4), 3

では足りず、前記の送達すべき場所において、探索したものの送達すべき場所が判明しないという客観的事情が認められることが必要と解されている。

(2) **43条において読み替えて準用する民訴法107条1項の規定により送達をすることができない場合(2号)**　本号の要件は、民訴法110条1項2号と同じ要件であり、同法107条1項による付郵便送達ができない場合に、公示送達を認めるものである。

(3) **外国においてすべき送達について、43条において読み替えて準用する民訴法108条の規定によることができず、またはこれによっても送達をすることができないと認めるべき場合(3号)**　本号の要件のうち、「民事訴訟法第108条の規定によることができず」とは、民訴法110条1項3号前段と同じ要件であり、領事送達を行うことについて相手国の同意を得ることができない場合や、わが国の領事等が駐在していない場合等をいう。また、「これによつても送達をすることができないと認めるべき場合」とは、同号後段と同じ要件であり、当該外国に戦乱、革命、大災害等の特段の事情が認められ、送達の目的を達成する見込みがないと判断される場合をいう。

(4) **43条において読み替えて準用する民訴法108条の規定により外国の管轄官庁に嘱託を発した後6か月を経過してもその送達を証する書面の送付がない場合(4号)**　本号の要件は、民訴法110条1項4号と同じ要件である。民訴法108条による外国においてすべき送達のうち、その国の管轄官庁に嘱託してするものを前提に、その嘱託から一定期間を経過しても送達を証する書面の送付がない場合について、公示送達を可能とするものである。

3　公示送達の方法(2項)

本項により、公示送達を行う場合、15条2項と同様に、消費者庁の掲示場において、送達すべき書類を、送達を受けるべき者にいつでも交付すべき旨を掲示する等の方法がとられる。

なお、「内閣府令で定める方法」については、民事訴訟法等の一部を改正する法律(令和4年法律第48号)の施行(令和4年5月25日の交付から4年以内の政令で定める日)とともに改正される予定であり、本書執筆時点では未定である。法15条2項についても、当該民訴法の改正と平仄をあわせるべく、公布の日から起算して3年を超えない範囲内において政令で定める日が施行期日とされているところ(本改正法附則1(2))、本項についても、同施行日の前日までの間においては、「公示送達は、送達すべき書類を送達を受けるべき者にいつでも交付すべき旨を消費者庁の掲示場に掲示することにより行う」と読み替えるものとされている(本改正法附則3)。

第9章　行政手続　*823*

§§ 44-*4*・45-*1, 2*

4 公示送達の効力発生時期(3項・4項)

公示送達は、民訴法上の公示送達と同様、掲示を始めた日から2週間(外国においてすべき送達についてした公示送達にあっては6週間)が経過することにより効力を生ずると定められている。 〔西本良輔＝岩並野乃佳〕

〔電子情報処理組織の使用〕

第45条　消費者庁の職員が、情報通信技術を活用した行政の推進等に関する法律(平成14年法律第151号)第3条第9号に規定する処分通知等であつてこの法律又は内閣府令の規定により書類を送達して行うこととしているものに関する事務を、情報通信技術を活用した行政の推進等に関する法律第7条第1項の規定により同法第6条第1項に規定する電子情報処理組織を使用して行つたときは、第43条において読み替えて準用する民事訴訟法第109条の規定による送達に関する事項を記載した書面の作成及び提出に代えて、当該事項を当該電子情報処理組織を使用して消費者庁の使用に係る電子計算機(入出力装置を含む。)に備えられたファイルに記録しなければならない。

---

1 電子情報処理組織による処分通知等　　*2* 送達報告書に代わる電子ファイル記録

1 電子情報処理組織による処分通知等

情報通信技術を活用した行政の推進等に関する法律(以下、「情報通信活用行政法」という)により処分通知等(行政庁の処分その他公権力の行使に当たる行為の通知その他の法令の規定に基づき行政機関等が行う通知〔不特定の者に対して行うものおよび裁判手続等において行うものを除く〕。同3(9))のうち当該処分通知等に関する法令において、書面等により行うことその他のその方法が規定されているものについては、当該法令の規定にかかわらず、主務省令で定めるところにより、電子情報処理組織を使用する方法により行うことができる(ただし、当該処分通知等を受ける者が当該電子情報処理組織を使用する方法により受ける旨の主務省令で定める方式による表示をする場合に限る。同7①)。

2 送達報告書に代わる電子ファイル記録

本条では、情報通信活用行政法により電子情報処理組織を使用して書面の送達

§45-2

を行った場合には、43条において読み替えて準用する民事訴訟法109条(改正後100条1項)の規定による送達報告書の提出に代えて、消費者庁の使用に係る電子計算機に備えられたファイルに記録しなければならない旨が規定されている。

〔**西本良輔＝岩並野乃佳**〕

第10章 罰　　則

前　　注

> **1** はじめに　　**2** 景表法の罰則規定の運用状況　　**3** 令和5年改正による直罰規定の新設　　**4** 独占禁止法の刑罰規定との異同　　**5** 課徴金との併科

1　はじめに

　景表法は、同法の実効性を確保する観点から、①措置命令違反(46)、②検査拒否等(47)、③優良誤認・有利誤認(48)、および④適格消費者団体による情報の目的外利用等(52)に対する罰則規定を設けている。

　刑法は自然人処罰を基本としていることから、景表法の刑罰規定も基本的には自然人を処罰対象としている。もっとも、景表法の違反行為は、実態としては組織体としての法人等の業務に関して行われることが多く、法人処罰のための両罰規定が設けられている(49)。また、措置命令違反の罪については、法人の代表者に対する、いわゆる三罰規定も設けられている(50・51)。

2　景表法の罰則規定の運用状況

　令和5(2023)年改正前から、措置命令違反(令和5年改正前36)や、虚偽報告、検査拒否等(同37)は、刑事罰の対象とされていたが、不当表示に対して行政処分を介さず直接刑罰の対象とする規定は存在していなかった。また、確定した排除命令違反に対して刑事罰が科された例も数少なかった。

　他法令では、誇大広告等の不当表示が刑事罰の対象となっているものがあり、例えば、不正競争防止法では、「不正の目的」をもって行う混同惹起行為および誤認惹起行為(同2①(1)⑳・21③(1))は、5年以下の懲役もしくは500万円以下の罰金またはその併科の対象となっている。違反事例として、牛肉に豚肉等の他の畜肉を加えるなどして製造した挽肉等を梱包した段ボール箱に、牛肉のみを原料とするかのようなシールを貼付して取引業者に引き渡したミートホープ事件(札幌地判平成20年3月19日裁判所ウェブサイト。懲役4年。詐欺罪との併合罪)や、日本ライス事件(大

10章前注-*3*

阪地判平成20年4月17日裁判所ウェブサイト)、給食用豚肉産地偽装事件(仙台地判平成21年2月25日裁判所ウェブサイト)、魚秀ウナギ産地偽装事件(神戸地判平成21年4月27日裁判所ウェブサイト)等がある(経済産業省知的財産政策室編『逐条解説 不正競争防止法〔第3版〕』(商事法務・2024)300頁)。

　また、不正の目的をもっていない場合や、不正の目的が立証されない場合であっても、商品または役務に関し、原産地、品質等について誤認させるような「虚偽の」表示を行う行為は、不正競争防止法21条3項5号で、5年以下の懲役もしくは500万円以下の罰金またはその併科の対象となっている。同号が適用された事例として、牛乳にクリーム、脱脂粉乳等が混入された「加工乳」であるにもかかわらず、「種類別牛乳」「成分無調整」と表示し販売等された、全酪連不正表示牛乳事件(仙台地判平成9年3月27日判タ954号295頁。工場長らに懲役1年6か月〔執行猶予3年〕および懲役10か月〔執行猶予3年〕、法人〔全国酪農業協同組合連合会〕に2000万円の罰金刑)等がある(経済産業省知的財産政策室編・前掲305頁)。

　その他、誇大広告等が行政処分に加えて刑事罰の対象となっている法令として、薬機法(2年以下の懲役もしくは200万円以下の罰金またはその併科。同66①・85(4))、宅地建物取引業法(6か月以下の懲役もしくは100万円以下の罰金またはその併科。同32・81(1))、特商法(100万円以下の罰金。同12・72(1))、旅行業法(30万円以下の罰金。同12の8・79(12))、食品表示法(原産地についての虚偽表示。2年以下の懲役または200万円以下の罰金。同19)等がある。

　実務的には、不当表示に対する罰則の適用は、不正競争防止法等の他法令で対応されていた。平成24(2012)年の食品の産地等偽装表示事犯の検挙事件20事件中、不正競争防止法違反が19事件、当時の農林物資の規格化及び品質表示の適正化に関する法律(JAS法)違反が1事件となっており(第142回本会議・第2回景品表示法における不当表示に係る課徴金制度等に関する専門調査会合同会議「資料3 消費者委員会への諮問について」〔2014年2月13日〕7頁)、近年でも、わかめやあさりの産地等偽装について、不正競争防止法違反や食品表示法違反で検挙されている(警察庁生活安全局 生活経済対策管理官「令和4年における生活経済事犯の検挙状況等について」〔令和5年3月〕23頁、警察庁生活安全局生活経済対策管理官「令和5年における生活経済事犯の検挙状況等について」〔令和6年4月〕22頁)。

3　令和5年改正による直罰規定の新設

　優良誤認表示・有利誤認表示の事例の中には、表示内容について何ら根拠を有していないことを認識したまま表示を行うなど、表示と実際に乖離があることを認識しつつ、これを認容して違反行為を行うような悪質なものも存在する。消費

10章前注-4

者庁に設置され、令和4（2022）年3月に第1回の検討会が開催された「景品表示法検討会」では、このような悪質な事業者への対応についても議論がされた。これらの事業者は、ある程度の根拠はあるが過度に誇張してしまったというような、結果的に景表法違反行為を行ってしまった事業者とは違って、表示と実際が異なり、一般消費者を誤認させることを認識しながら不当な表示をしているものであり、行政処分にとどまらず、刑事罰による抑止の対象とする必要があるとされた。この点、景表法は元々独禁法のぎまん的顧客誘引の特例法として定められた法律であるが、独禁法のぎまん的顧客誘引については刑事罰の定めがないため、景表法に罰則を設けるのは均衡を失するのではないかとの意見もあったが、消費者庁報告書では、優良誤認表示・有利誤認表示について、表示と実際に乖離があることを認識しつつ、これを認容して違反を行うという悪質な者に対応できるよう、特商法など他法令の表示規制における行政措置と罰則規定の関係なども参照しつつ、直罰規定導入を検討すべきであることが提言された（消費者庁報告書21頁）。そして、令和5年景表法改正において、故意で優良誤認表示および有利誤認表示を行った者に対する直罰規定が設けられた(48)。

　なお、令和5（2023）年改正法には、「不当表示に対する十分な抑止力が働いたか否かを改めて評価し、抑止力が不十分と評価された場合には、原則的な課徴金算定率の引上げ、課徴金対象期間の延長、規模基準の引下げ、罰則の強化等について検討すること」との附帯決議がなされている。

4　独占禁止法の刑罰規定との異同

　景表法の刑罰規定は、基本的には、独禁法の刑罰規定を下敷きとしており、そのため、独禁法の刑罰規定に倣った規定もみられるものの、多くの点で重要な違いもある。

　景表法の刑事罰規定においても、基本的に自然人事業者を対象としているものの、景表法の違反行為は、実態としては組織体としての法人等の業務に関して行われることが多いことから、法人処罰のための両罰規定が設けられていること、法人の代表者に対する、いわゆる三罰規定が設けられていることは、独禁法と同じである。

　独禁法では、①独禁法の保護法益である自由経済秩序を侵害または危険にさらす行為を処罰する実体的犯罪に関する刑罰規定、②公取委による独禁法の円滑な執行を保護するための手続的犯罪に関する刑罰規定、および③行政罰規定という三種の罰則を規定している。このうち、景表法では、令和5（2023）年改正までは、②の手続的犯罪、具体的には措置命令違反に関する刑罰規定(46)および検査妨害

第10章　罰　則　　829

10章前注-*4*

等に関する規定(47)と、③の行政罰(適格消費者団体に対する過料、52)のみがあったところ、令和5年改正にて、①の実体的犯罪に関する刑罰規定である48条が初めて盛り込まれることとなった。独禁法においては、排除措置命令違反は③の行政罰に位置付けられており、排除措置命令に違反した者は、50万円以下の過料(独禁97)の対象となるが、景表法では、措置命令違反は、②の手続的犯罪として、2年以下の懲役または300万円以下の罰金(46)の対象となっている。独禁法において、排除措置命令違反に対する過料が定められているのは、排除措置命令の実効性確保を目的とし、その履行を強制するためとされているが(審決についての決定として東京高決昭和51年6月24日高民集29巻2号79頁)、独禁法においては従前、事前審査としての審判制度が存在し、行政処分である審決が確定前でも執行力を有していたことから、審決の違反に対しても行政罰を科すこととされたものと考えられる。その後、平成17年独禁法改正により事後の不服審査型の審判手続となり、さらに平成25年独禁法改正により審判制度自体が廃止されたが、それにより審決が排除措置命令に置き換わっても、独禁法97条の趣旨自体が変更されたものではないと考えられる。一方で景表法においては、そのような経緯がないため、確定前の措置命令違反であっても確定後の排除措置命令と同様の手続的犯罪として刑事罰規定の対象となっていると考えられる。

また、独禁法89条については未遂罪が存在するが、景表法における罰則規定については、未遂罪を罰する規定はない。とはいえ、現在まで独禁法89条の未遂罪を認定した裁判例はなく、この点に関する学説上の議論もほとんどなされていないところ、独禁法89条の未遂罪が活用されない背景には、公取委による専属告発(同96)が関係していると考えられるとの指摘がある(村上政博ほか編『条解 独占禁止法〔第2版〕』(弘文堂・2022)1073頁〔川合弘造＝根本拓＝根立隆史〕)。景表法では、消費者庁の専属告発権はないため、未遂罪が存在すれば活用される可能性もあると思われるが、未遂罪を罰するという規定は設けられていない。

上記のとおり、独禁法89条から91条までの罪は、公取委による専属告発の対象となっており、事件が刑事訴追に値するかどうかの一次的判断権が公取委に与えられている。そのため、独禁法89条から91条までの罪については、公取委の告発がなくては公訴提起を行うことができない。一方、景表法では、直罰規定(48)を含めて、消費者庁に専属告発権は認められておらず、公訴提起を行うかどうかは、検察官の裁量に服する(伊永大輔「景品表示法の課徴金制度における理論と課題」ジュリ1587号(2023)51頁)。この観点では、独禁法の刑罰規定では、公取委による専属告発権があることから、平成18(2006)年1月から施行されている公取委の犯則調査権によって、検察当局との捜査上の連携が図られ、検察庁と公取委との間の合同

830 第10章 罰 則

10章前注-5

捜査が行われる等、公取委と検察庁の間での密接な協力関係が確立されている。これに対し、景表法においては、既存の刑罰規定である46条および47条、令和5年改正にて導入された直罰規定である48条のいずれに関しても、このように、検察庁と消費者庁をつなぐ手続は存在していない。景表法について、直罰規定を導入した後もなお、独禁法とこのような差異を設けている趣旨は必ずしも明らかではないが、直罰規定の法定刑が100万円以下という少額であり、略式命令（検察官の請求により、簡易裁判所の管轄に属する100万円以下の罰金または科料に相当する事件について、被疑者に異議のない場合、正式裁判によらないで、検察官の提出した書面により審査する裁判手続〔刑事訴訟461〕）の対象となる水準であることもあり、実際にこの規定に基づいた執行がどこまで行われることとなるのかは、今後の執行状況を注視する必要がある。

　なお、景表法においては、課徴金減額の申告と刑罰規定とは、現段階で明らかになっている限り、特段のつながりを持つものではない。この点、独禁法においては、課徴金減免制度のもとで、課徴金の免除を受けることになる事業者（調査開始日前に単独または他の事業者と共同して最初に課徴金の免除に係る事実の報告および資料の提出を行った事業者）およびその自然人行為者については、公取委は告発を行わないとの方針が明らかにされている（公取委「独占禁止法違反に対する刑事告発及び犯則事件の調査に関する公正取引委員会の方針」〔最終改定：令和2年12月16日〕）。これは、課徴金減免制度の利用を促す趣旨であるが、上記のとおり、景表法では、訴訟条件として消費者庁の告発を要するという制度にはなっていない。したがって、少なくとも制度面では、課徴金減額の申告制度と直罰規定の執行は関連性を持たず、いずれにせよ直罰規定の執行については警察主導で刑事捜査が行われる可能性がある。ステラ漢方事件では、薬機法の未承認医薬品の広告禁止規制違反（薬機68）により、広告主である健康食品販売会社の従業員、広告代理店の社長、および広告代理店の社員ら計6名が逮捕され、法人としての健康食品販売会社およびその従業員ならびに広告代理店およびその従業員が略式起訴されている〔§48-2(1)参照〕。景表法における刑罰規定の運用については、今後の執行状況を注視する必要がある。

5　課徴金との併科

　憲法39条後段は、「同一の犯罪について、重ねて刑事上の責任を問はれない。」と二重処罰の禁止を定めており、刑事罰と課徴金の併科も二重処罰の禁止に反しないかが問題となり得る。最大判昭和33年4月30日民集12巻6号938頁（当時の法人税法43条の追徴税と同法48条の罰金の併科）は、罰金と行政処分の目的の違いから、両者の併科は憲法39条に反しないとした。最判昭和45年9月11日刑集24巻10号

10章前注-5

1333頁(国税通則法68条の重加算税と所得税法69条の罰金の併科)も、重加算税は、「納税義務違反の発生を防止し、もつて徴税の実を挙げようとする趣旨に出た行政上の措置であり、違反者の不正行為の反社会性ないし反道徳性に着目してこれに対する制裁として科せられる刑罰とは趣旨、性質を異にするものと解すべきであつて、それゆえ、同一の租税逋脱行為について重加算税のほかに刑罰を科しても憲法39条に違反するものでない」としている。

独禁法の課徴金規定については、その法的性質をめぐって、事業者が得た不当利得の返還であるのか、あるいは違反者の不正行為の反社会性に対する制裁であるのかという点で長らく議論がなされてきた。結果として、罰金額の調整規定(独禁法7の7・63)が設けられている。

この点、景表法の課徴金は、違反行為者(事業者)に経済的不利益を課すことにより、事業者が不当表示を行う動機を失わせ、不当表示規制の抑止力を高めることによって不当表示を防止することを目的としていると説明されている(逐条解説・平成26年11月改正 33頁)。景表法には、一般消費者の被害回復を促進する目的から、自主返金の実施による課徴金額の減額制度があることからすれば、その法的性質としては、どちらかといえば不当利得の返還という位置付けになりやすいようにも思われる。また、違反行為が認定されれば一定の課徴金納付を「命じなければならない」(8①)という義務的賦課の手続や、過去の違反事業者のデータから抽出した売上高営業利益率の中央値が採用された課徴金算定率が維持されたことを踏まえれば、違反者の不正行為の反社会性ないし反道徳性に着目してこれに対する制裁として運用されるかという観点からも、景表法の課徴金と罰金の二重処罰の問題は先鋭化しないとする見解もある(伊永大輔「景品表示法の課徴金制度における理論と課題」ジュリ1587号(2023)52頁参照)。

ただし、罪刑均衡(比例原則)の観点から、賦課総額が過剰なものとならないことは必要と考えられる(伊永・前掲52頁参照)。独禁法と異なり、罰金額の調整規定(独禁7の7・63。同一事件について、刑事裁判において罰金刑が確定している場合等に、課徴金の額から罰金額の2分の1に相当する金額が控除等される)は設けられていない。平成17(2005)年独禁法改正において課徴金算定率が大幅に引き上げられた際には、行政処分による課徴金と刑事罰である罰金は趣旨・目的・性格が異なるが、いずれも国が強制的に課す金銭的不利益であり、違反行為を抑止するという機能面で共通する部分がある制度であるため、この共通する部分についての調整を行い、所要の減額を行うことが政策的に適当であると判断された。消費者庁報告書では、景表法の課徴金算定率は3%(繰り返し違反の場合は4.5%)であり、かつ直罰規定の法定刑が100万円を上限とするため、直罰規定を導入しても、独禁法のような調整規

832 第10章 罰 則

§46-*1*~*3*

定を設ける必要はないとされた(消費者庁報告書17頁)。ただし、今後、景表法の課徴金算定率を大幅に引き上げることとなり、さらに罰金についても独禁法におけるカルテル・入札談合に対するものと同等のもの(法人に対して5億円以下の罰金〔独禁95①(1)参照〕)を導入することとなった場合には、このような調整規定を設けることが政策的に必要となる可能性があるとされている(消費者庁報告書21頁)。

〔島田まどか＝森田多恵子〕

第46条 ① 措置命令に違反したときは、当該違反行為をした者は、2年以下の懲役又は300万円以下の罰金に処する。
② 前項の罪を犯した者には、情状により、懲役及び罰金を併科することができる。

---

1 本条の趣旨　*2* 主　　体　*3* 対象行為

1　本条の趣旨

本条は、措置命令の違反に対する罰則を規定している。措置命令という行政処分の実効性を確保するためである。

2　主　　体

措置命令の対象となるのは事業者であるが、日本の刑事法は、自然人処罰を基本としていることから、一次的に刑罰の対象となるのは自然人である。したがって、本条の対象となる主体は、自然人事業者となる。法人事業者の従業員として措置命令違反の行為を行った自然人や、法人である事業者は、49条1項柱書により初めて本罪による処罰の対象となる。

3　対象行為

措置命令の内容として、違反行為の一般消費者への周知徹底等の他、同種の商品または役務の取引に関し同様の不当表示を行ってはならない旨が含まれるのが通常であり、これらに違反した場合に本条の対象となる。ただし、本条に基づき刑事処分がされる例は少ない。確定した排除命令違反に対して刑事罰が科された例として、株式会社三愛土地告発事件(東京高判昭和46年1月29日判タ257号114頁。被告

§47

会社に罰金20万円、被告会社の代表者である被告人に懲役1年・執行猶予3年、罰金10万円)等
がある。景表法の消費者庁移管後に措置命令違反で刑事罰が科された事例はない。

〔島田まどか＝森田多恵子〕

第47条　第25条第1項の規定による報告若しくは物件の提出をせず、若しく
　　は虚偽の報告若しくは虚偽の物件の提出をし、又は同項の規定による検査
　　を拒み、妨げ、若しくは忌避し、若しくは同項の規定による質問に対して
　　答弁をせず、若しくは虚偽の答弁をしたときは、当該違反行為をした者
　　は、1年以下の懲役又は300万円以下の罰金に処する。

　本条は、行政調査を妨害する等の行為を処罰する罪について規定している。25
条1項の調査に相手方が従わない場合に、罰則によって間接的に履行を担保する
ものである(高居〔第7版〕320頁)。本罪には両罰規定が適用される(49)が、景表法の
罰則として、これまで本罪が適用された事例はない。

　なお、独禁法の行政調査の拒否等の罪(独禁94)に関しては、単に出頭せず、報
告をしないだけの場合や、虚偽の陳述・報告をすれば当然に同罪の対象となる
が、刑事訴追を受けるおそれのある事件関係人に対して不利益な供述を強要する
ことは、不利益供述の強要を禁止した憲法38条1項違反となるおそれがあるため
(平野龍一＝佐々木史朗＝藤永幸治編『注解特別刑法　補巻(3)』(青林書院・1996)114頁〔小木曽国
隆〕)、事件関係人が黙秘権を主張して陳述を拒んだ場合には、正当な権利行使と
認められる限り、独禁法94条で処罰することはできないと指摘されている(根岸哲
編『注釈独占禁止法』(有斐閣・2009)831頁〔佐伯仁志〕参照)。

　また、公務執行妨害罪において公務の適法性が要件とされているように、独禁
法94条との関係でも立入検査が刑法で保護に値するだけの適法性を備えているこ
とが必要であり、重大な手続上の瑕疵がある場合には、検査拒否等の罪は成立し
ないと解されている(平野＝佐々木＝藤永編・前掲111頁〔小木曽〕、根岸編・前掲832頁〔佐
伯〕)。検査の拒否等が暴行・脅迫を用いてなされた場合には、公務執行妨害罪(刑
95①)が成立するが、その場合に本条の検査妨害の罪も成立するかについては、
本条の検査妨害罪は公務執行妨害罪に至らない程度の行為を禁ずるものであると
して消極に解する説と(伊藤榮樹＝小野慶二＝荘子邦雄編『注釈特別刑法　第5巻1　経済法編
1』(立花書房・1986)80頁〔小泉祐康〕)、そのような限定解釈は不要であるとして積極
に解する説(根岸編・前掲832頁〔佐伯〕)とがある。

§48-*1*

これらの議論は、本条との関係でも妥当するものと考えられる。

〔島田まどか＝森田多恵子〕

第48条 次の各号のいずれかに該当する場合には、当該違反行為をした者は、100万円以下の罰金に処する。

(1) 自己の供給する商品又は役務の取引における当該商品又は役務の品質、規格その他の内容について、実際のもの又は当該事業者と同種若しくは類似の商品若しくは役務を供給している他の事業者に係るものよりも著しく優良であると一般消費者を誤認させるような表示をしたとき。

(2) 自己の供給する商品又は役務の取引における当該商品又は役務の価格その他の取引条件について、実際のもの又は当該事業者と同種若しくは類似の商品若しくは役務を供給している他の事業者に係るものよりも取引の相手方に著しく有利であると一般消費者を誤認させるような表示をしたとき。

---

1 本条の趣旨　*2* 主　体　*3* 実行行為　*4* 主　観　*5* 法定刑

1　本条の趣旨

本条は、故意に優良誤認表示または有利誤認表示を行う行為を刑罰の対象とするものである。

令和5 (2023)年改正前景表法の下においても、行政処分としての措置命令に違反した場合の罰則規定(46)は設けられていたが、不当表示を行ったこと自体に対する直接の刑事罰規定はなかった。しかしながら、景表法違反に係る端緒件数は年々増加傾向にあり、また、事業者の中には、表示内容について何ら根拠を有しないことを認識したまま表示を行うなど、表示と実際に乖離があることを認識しながら違反行為を行うような悪質な事業者も存在していた。

このような、法規範に直面しながらあえてそれを乗り越えて違反行為を行う者に対しては、措置命令では抑止力として不十分であると考えられたことから、令和5年改正で、より強い抑止手段として、社会的制裁を与えるために、優良誤認表示および有利誤認表示を行った者を直接罰する規定が導入された(「第211回国会参議院消費者問題に関する特別委員会　第6号」〔令和5年4月28日〕〔真渕博参考人発言〕参照)。

第10章　罰　則　*835*

§48-2(1)

　措置命令および課徴金納付命令という行政処分では不十分な悪質な事例について、刑事罰で対処していくことが想定される(前掲〔真渕参考人発言〕参照)。

2 主　体

　(1)　**事業者**　　主体は、自己の供給する商品または役務の取引において優良誤認表示または有利誤認表示をした者である。日本の刑事法は、自然人処罰を基本としていることから、措置命令違反の罪(46)と同様に、本条の対象となる主体は、自然人事業者となると考えられる。法人事業者の従業員として優良誤認表示または有利誤認表示をした自然人および当該法人は、49条により処罰の対象となる。

　また、「自己の供給する」という文言が示すとおり、供給主体性が要件となることから、自ら商品または役務を供給していない広告作成者(クリエーター、アフィリエイト広告の作成者、インフルエンサー、クチコミを書き込む者等)、広告取引の媒介者(広告代理店、アフィリエイト・サービス・プロバイダー、アドネットワーク事業者、種々の広告コンサルタント等)、媒体社(新聞テレビ等の古典メデイアおよびソーシャルメデイアや検索、EC等のデジタルプラットフォーマー)などは、原則として直罰の対象とはならない(「第211回国会参議院消費者問題に関する特別委員会　第5号」〔令和5年4月11日〕〔真渕博参考人発言〕参照、中川丈久「景品表示法検討会等のとりまとめに当たって」公取870号(2023)14頁参照)。ただし、これらの事業者が、商品または役務を一般消費者に供給している他の事業者と共同して商品または役務を一般消費者に供給していると認められるような場合(管理措置指針第2-1、§2③-2(3)参照)には、供給主体性が認められ、直罰の対象となり得る。

　過去の措置命令等の事例をみると、メーカーなど消費者と直接の契約関係にない事業者が処分の対象とされた事例は多い。百貨店(百貨店に入店していた売場から売上額に一定の比率を乗じた額を仕入額として受領していた。〔排除命令平成14年10月25日〔株式会社京王百貨店および明治屋産業株式会社に対する件〕〕)、輸入卸売業者(排除命令平成16年11月24日〔八木通商株式会社および株式会社ベイクルーズに対する件〕)、事業者グループ名を含むサービス名の下に一般消費者を特約店葬儀社に斡旋し、特約店の支援、顧客管理等を行っていた者(措置命令平成29年12月22日〔イオンライフ株式会社に対する件。**事例❸**〕)、通販事業の企画、運営プロモーション業務等の受託者(措置命令令和3年11月9日〔株式会社アクガレージおよびアシスト株式会社に対する件。**事例㉒**〕。アクガレージの従業員はアシストの代表取締役を兼務)などがある。

　なお、薬機法の未承認医薬品の広告禁止規制(薬機68)は、規制対象を「何人も」としており、アフィリエイト広告に関連して広告代理店の社長ら6名が逮捕(広

§48-2(2)

告主である企業および同社従業員は略式命令による罰金刑)されたステラ漢方事件や、アフィリエイターが書類送検された事例(通販新聞令和3年3月25日4面)がある。

景表法の適用を受ける主体について、供給主体性の要件を廃して不当表示の規制対象を「何人も」とすることに関しては、消費者庁アフィリエイト広告等に関する検討会「報告書」(令和4年2月15日)において、そもそも景表法は、表示規制の一般法であることから、現在の表示主体・供給主体について対象を拡大することは、広く様々な業態についても規制対象になり得ることを意味し、アフィリエイト広告の対応だけには収まらないという問題もあり、慎重に検討する必要があるとされたことや、広告主である事業者がアフィリエイト広告の表示の管理等の措置を講じるとされた(管理措置指針)こと等を受け、消費者庁報告書においても、対象者の拡大は見送られている。

(2) 共 犯 行政法規の名宛人とされていない者に対しても、共犯は成立し得る。例えば、東京高判平成19年12月7日(判タ1259号142頁〔旧日本道路公団理事の談合等事件〕)は、発注者である旧日本道路公団の理事に独禁法の不当な取引制限の罪の共謀共同正犯の成立を認めている。景表法の直罰規定についても、担当大臣から、有利誤認表示や優良誤認表示であることをわかってそれに加担していれば共犯になり得る旨、およびインフルエンサーやアフィリエイター、仲介業者などが共同して犯罪を実行していると評価できる場合は、このインフルエンサー等も共犯として直罰の対象となり得る旨が説明されている(河野太郎内閣府特命担当大臣記者会見「要旨」〔令和5年5月12日〕)。

本条の直罰規定は、供給主体性を有する事業者のみを名宛人とするため、刑法65条1項の身分犯に該当し得る(景表法の罰則規定についても、商品または役務の「供給主体性」の要件は「身分」に該当するとする見解として、中川丈久ほか「座談会 景品表示法の改正および運用改善について」ジュリ1587号(2023)25頁〔染谷隆明発言〕)。刑法65条1項は、犯人の身分によって構成すべき犯罪行為に加功したときは、身分のない者であっても共犯とすると規定しているところ、ここでいう「身分」とは、「男女の性別、内外国人の別、親族の関係、公務員たる資格のような関係のみに限らず、総て一定の犯罪行為に関する犯人の人的関係である特殊の地位又は状態を指称する」(最判昭和27年9月19日刑集6巻8号1083頁)。刑法65条1項の身分に当たるものとして、例えば、虚偽公文書作成罪(刑156)における「公務員」(大判明治44年4月17日刑録17輯605頁)や背任罪(刑247)における「他人のためにその事務を処理する者」(大判昭和4年4月30日刑集8巻207頁)のほか、特別法上のものとして、関税ほ脱の罪における納税義務者(最判昭和34年5月8日刑集13巻5号657頁)、独禁法の不当な取引制限の罪における事業者(前掲・東京高判平成19年12月7日〔旧日本道路公団理事の談合等事件〕)等がある。

第10章 罰 則 *837*

§ 48-*3, 4*

学説上、刑法65条1項の「共犯」は狭義の共犯、つまり教唆犯と幇助犯をいうとする見解もあるが、教唆犯、幇助犯のほか、共同正犯も含まれる(大判大正4年3月2日刑録21輯194頁、大判昭和5年12月12日刑集9巻862頁)(前田雅英ほか編『条解 刑法〔第4版補訂版〕』(弘文堂・2023)270頁)とするのが判例・通説である。

これまで処分対象とならなかった者にも共犯が成立する可能性が生じることを通じて、直罰規定の導入は、景表法による処分範囲を著しく拡大する可能性を孕んでいる。一方で、供給要件を満たさないことから行政調査の対象とならない者について、刑事罰の対象とすることについては、検察当局の実際の執行として慎重な姿勢となる可能性も考えられる。アフィリエイト広告等に関しては、アフィリエイト広告を利用した事業者への措置命令や、表示等管理指針へのアフィリエイター等の追加など、様々な対応が近年講じられてきた。直罰規定の導入は、法規範に直面しながらあえてそれを乗り越えて違反行為を行う者に対してはより強い抑止手段として、社会的制裁を与える必要があるということも考慮すれば、事業者以外の者による不当表示への対応としてどのような方法がとられていくのか今後の運用が注目される。

3 実行行為

本罪における実行行為は、優良誤認表示(本条(1))および有利誤認表示(本条(2))である。

指定告示違反(5(3)参照)は、本罪の対象ではない。いわゆるステルスマーケティング規制違反(同(3)、消費者庁「一般消費者が事業者の表示であることを判別することが困難である表示」〔令和5年3月28日内閣府告示第19号〕)を直罰行為の対象とすべきとの意見もあったが、指定告示の対象行為の一部だけを刑罰の対象に取り込むことができるのかとの立法技術上の問題と、当時直罰規定の導入とステルスマーケティング規制の導入は別の検討会で同時並行で進められており、ステルスマーケティング規制の成立を前提に議論することもできないことから、消費者庁報告書では、ステルスマーケティング規制を含む指定告示違反は本罪の対象とされていない(中川丈久ほか「座談会 景品表示法の改正および運用改善について」ジュリ1587号(2023)24~25頁〔中川丈久発言〕)。

4 主 観

措置命令は行為者の故意・過失を要件としていないが〔§7-5(1)参照〕、罰則規定には刑法総則の適用があることから(刑8本文)、「罪を犯す意思」(刑38①本文)のある者、つまり故意犯が前提とされている(逐条解説・令和5年改正105頁)。

838 第10章 罰 則

§§ 48-5・49

もっとも、「一般消費者に誤認される」(5⑵)との文言では、過失犯(刑38①ただし書)を含むとの疑義が生じ得ることから、故意犯に限られることを明確にする趣旨で、本条では「一般消費者を誤認させるような」との文言が用いられている(逐条解説・令和5年改正105頁)。

5　法定刑

100万円以下の罰金である。措置命令違反の罪(46・49①⑴2年以下の懲役または300万円以下の罰金。法人について3億円以下の罰金)と比べ低額となっているが、広範な商品に係る取引に適用される特商法(100万円以下の罰金。12・72①⑴)と同じ罰金100万円でスタートしたと説明されている(中川丈久ほか「座談会 景品表示法の改正および運用改善について」ジュリ1587号(2023)26頁〔片岡克俊発言〕)。また、46条の罪との罰金額の違いは、46条が行政処分の実効性確保の趣旨で設けられており、不当表示という犯罪に対しての罰則を科す直罰規定とは趣旨、目的が異なるとの説明がされている(「第211回国会参議院消費者問題に関する特別委員会 第5号」〔令和5年4月11日〕〔河野太郎国務大臣発言〕)。

〔島田まどか＝森田多恵子〕

第49条　①　法人の代表者又は法人若しくは人の代理人、使用人その他の従業者が、その法人又は人の業務又は財産に関して、次の各号に掲げる規定の違反行為をしたときは、行為者を罰するほか、その法人又は人に対しても、当該各号に定める罰金刑を科する。

(1)　第46条第1項　3億円以下の罰金刑

(2)　前2条　各本条の罰金刑

②　法人でない団体の代表者、管理人、代理人、使用人その他の従業者がその団体の業務又は財産に関して、前項各号に掲げる規定の違反行為をしたときは、行為者を罰するほか、その団体に対しても、当該各号に定める罰金刑を科する。

③　前項の場合においては、代表者又は管理人が、その訴訟行為につきその団体を代表するほか、法人を被告人又は被疑者とする場合の訴訟行為に関する刑事訴訟法(昭和23年法律第131号)の規定を準用する。

---

1 本条の趣旨　*2* 法人等に対する罰金刑(1項)　*3* 法人でない団体等に対する罰金刑(2項・3項)

第10章 罰 則　*839*

§49-1, 2(1)～(4)

1 本条の趣旨

　景表法において規制の対象となるのは原則として事業者である一方で、刑罰の対象となるのは自然人である。したがって、46条以下で刑罰を科されるのは、原則として自然人事業者が自ら違反行為を行ったと評価される場合にとどまる。本条の趣旨は、46条以下だけでは処罰の対象とはならない事業者、事業者団体および違反行為の実行行為者に処罰範囲を拡張することにある。

　両罰規定の意義について最高裁は、事業主が行為者に対して有する選任、監督その他違反行為を防止するために必要な注意義務を尽くさなかった過失の存在を推定する規定であるとし、事業主は前記の注意義務を尽くしたことを証明しない限り、刑責を免れることはできない（最大判昭和32年11月27日刑集11巻12号3113頁〔入場税法違反被告事件〕、最判昭和40年3月26日刑集19巻2号83頁〔外国為替及び外国貿易管理法違反被告事件〕）とした。

2 法人等に対する罰金刑（1項）

　(1)　法人または人　　自己の計算においてその事業を経営する者をいい、実質的に事業を経営し、事業利益の帰属する者がこれに該当する（伊藤榮樹＝小野慶二＝荘子邦雄編『注釈特別刑法　第5巻1　経済法編1』（立花書房・1986）84頁〔小泉祐康〕）。

　(2)　法人または人の代理人、使用人その他の従業者（以下「従業者等」という）　　従業者とは、事業主の監督のもとにおいてその事業に使用される者であれば足り、必ずしも事業主との間の雇用契約関係があることは必要ない（大判昭和9年4月26日刑集13巻527頁〔銃砲火薬類取締法施行規則違反被告事件〕）。

　(3)　業務または財産関連性　　従業者等の違反行為は、法人等の「業務又は財産に関して」行われていなければならない。従業者等の違反行為が、客観的外形的に事業主の業務に属しており、事業主の事業活動の一環として行われていると評価できるものであれば、業務関連性が認められる（根岸哲編『注釈独占禁止法』（有斐閣・2009）836頁〔佐伯仁志〕、伊藤＝小野＝荘子・前掲84頁〔小泉〕）。

　(4)　対象となる違反行為　　対象となる違反行為は、措置命令違反(46)、検査妨害等(47)、優良誤認表示・有利誤認表示(48)である。

　「違反行為」の意義について石油価格協定刑事事件高裁判決（東京高判昭和55年9月26日高刑集33巻5号511頁）、石油生産調整刑事事件高裁判決（東京高判昭和55年9月26日高刑集33巻5号359頁）で、東京高裁は、所定の罰則の構成要件を充足し違法かつ有責な犯罪行為をいうとしているが、本条で事業主が処罰される根拠は、事業主に固有の選任または監督上の過失が認められることにあることから、違反行為については構成要件該当性および違法性が認められれば足り、有責性までは必要では

840　第10章　罰　　則

ないとする指摘がある（根岸編・前掲836頁〔佐伯〕、伊藤＝小野＝荘子編・前掲85頁〔小泉〕）。

（5）　**行為者の処罰**　　前記のとおり、46条以下の規定のみでは、自然人事業者しか処罰の対象とすることができず、「行為者を罰するほか」という文言があることにより、実際に違反行為を行った「法人の代表者又は法人若しくは人の代理人、使用人その他の従業者」（「従業者等」）も処罰対象となる。従業者等を処罰する場合には、46条以下の規定だけでなく本条も適用法条となり、46条以下の刑が科せられる。

（6）　**刑　　罰**　　本条は、46条の罪（本条①(1)）について、事業主に科し得る罰金の多額を、従業者等に科し得る罰金の多額よりも大きくしている（いわゆる「法人重科」）。47条の罪および48条の罪（本条①(2)）については、従業者等に科し得る額と同等の罰金額が科され得る。

3　法人でない団体等に対する罰金刑（2項・3項）

　2項は、法人ではない団体およびその従業者等に対する処罰を拡張した規定である。対象となる罪および科し得る罰金の額について、本条1項と同様の要件および効果が定められている。

　3項は、法人でない団体等の刑事事件における訴訟行為の特例を定めている。類似の規定を有する独禁法95条5項については、代表者または管理人が法人でない団体等の訴訟行為を代表するのは、その団体が法人格を有しないが社会的に独立の団体として活動しており、それぞれの内部規約により、代表者または管理人の定め、総会の運営、財産の管理等の規定を通じてこれらの者が団体等を外部に対して代表すると認められる場合に限られ、そのような意味で団体等を代表すべき者がいないときは、特別代理人（刑事訴訟29）を選任することになると解されている（伊藤榮樹＝小野慶二＝荘子邦雄編『注釈特別刑法 第5巻1 経済法編1』（立花書房・1980）87頁〔小泉祐康〕）。

　　　　　　　　　　　　　　　　　　　　　　　　　　〔島田まどか＝森田多恵子〕

第50条　第46条第1項の違反があつた場合においては、その違反の計画を知り、その防止に必要な措置を講ぜず、又はその違反行為を知り、その是正に必要な措置を講じなかつた当該法人（当該法人で事業者団体に該当するものを除く。）の代表者に対しても、同項の罰金刑を科する。

　　1　本条の趣旨　　*2*　従業者の違反行為　　*3*　法人の代表者の行為

§§ 50-*1~3*・51

1　本条の趣旨

　49条１項で実行行為者たる従業者等、事業者たる法人等が処罰の対象とされるのに加え、法人の従業者等が違反行為を行った場合に、当該法人の代表者も処罰の対象とする、いわゆる三罰規定である。

　事業者団体の理事その他の役員もしくは管理人またはその構成事業者については、51条に三罰規定が設けられている。

2　従業者の違反行為

　措置命令違反(46条１項違反)である。

　令和５(2023)年改正前も、調査妨害等の罪(令和５年改正前景表法37条)について、三罰規定は設けられていなかった。令和５年改正で導入された直罰の刑罰(100万円以下の罰金。48)は、調査妨害等の罪の刑罰(１年以下の懲役または300万円以下の罰金。47)よりも軽いものであることから、景表法の中での罪刑均衡の観点から、直罰の刑罰について三罰規定は設けられなかった(逐条解説・令和５年改正107頁参照)。

3　法人の代表者の行為

　法人の代表者は、「その違反の計画を知り、その防止に必要な措置を講ぜず、又はその違反行為を知り、その是正に必要な措置を講じなかつた」場合に、本条により罰せられる。

　本条は故意犯であり、過失犯(当然知り得た場合)を含まない。ただし、代表者と従業員との間に明示または黙示の共謀があれば、代表者も共謀共同正犯となり得るものと考えられる。

〔島田まどか＝森田多恵子〕

第51条　①　第46条第１項の違反があつた場合においては、その違反の計画を知り、その防止に必要な措置を講ぜず、又はその違反行為を知り、その是正に必要な措置を講じなかつた当該事業者団体の理事その他の役員若しくは管理人又はその構成事業者(事業者の利益のためにする行為を行う役員、従業員、代理人その他の者が構成事業者である場合には、当該事業者を含む。)に対しても、それぞれ同項の罰金刑を科する。

②　前項の規定は、同項に規定する事業者団体の理事その他の役員若しくは管理人又はその構成事業者が法人その他の団体である場合においては、当該団体の理事その他の役員又は管理人に、これを適用する。

§52

　本条の趣旨は、50条と同様である。本条１項は、49条により実行行為者たる従業者等および事業者団体が処罰の対象とされるのに加え、当該事業者団体の理事その他の役員等まで処罰対象とするいわゆる三罰規定を定めるものである。

　本条２項は、事業者団体の理事その他の役員等が法人その他の団体である場合に、当該団体の理事その他の役員等まで処罰対象を拡張するものである。

〔島田まどか＝森田多恵子〕

第52条　第34条第３項の規定に違反して、情報を同項に定める目的以外の目的のために利用し、又は提供した適格消費者団体は、30万円以下の過料に処する。

　消費生活協力団体または消費生活協力員（消費者安全11の７①）は、適格消費者団体が事業者に対する差止請求権（34①）を適切に行使するために必要な限度において、当該適格消費者団体に対し、事業者が、不特定かつ多数の一般消費者に対して優良誤認表示や有利誤認表示を現に行いまたは行うおそれがある旨の情報を提供することができるが（同②）、情報提供を受けた適格消費者団体は、当該情報を、差止請求をする権利の適切な行使の用に供する目的以外のために利用し、または提供してはならないこととされている（同③）。本条は、これに違反した適格消費者団体に対する過料処分を定めている。

　本条は、消費生活協力団体または消費生活協力員から取得した情報が、例えば、集めた事例をまとめた書籍の出版・販売や入手した連絡先へのダイレクトメールの送付などの目的で、みだりに利用されることを防止するため、目的外利用を禁止し、違反に対して過料に処すこととしたものである（高居〔第７版〕389頁）。

〔島田まどか＝森田多恵子〕

あ～か

事項索引

あ

握手会 ……………………………………… 144
アフィリエイター ………………………… 266, 304
アフィリエイト広告 ………… 37, 257, 304, 837
アフィリエイト広告等に関する検討会報告書
………………………………… 47, 265, 308
アフィリエイト・サービス・プロバイダー
（ASP） ……………… 46, 265, 304, 309
アフィリエイトプログラム
……… 37, 46, 167, 304, 306, 613, 625, 631, 693
アフターサービス ………………………… 155

い

eコマースサイト ………………………… 138
eスポーツ …………………………………… 146
異議後の訴訟 ……………………………… 681
意見公募手続 ……………………… 727, 729
著しい優良性 ………………… 269, 270, 475
著しく有利である ………………………… 270
一般懸賞 …………………………………… 181
一般消費者 …………………………… 69, 87, 114
一般消費者が事業者の表示であることを判別す
ることが困難である表示 ……………… 429
イメージ広告 ……………………………… 172
イメージ調査 ………………… 63, 299, 303
医療関係告示 ………… 248, 754, 784, 788
医療関係4景品規約 ……………………… 784
医療機器業における景品類の提供の制限に関
する公正競争規約 ………… 750, 785, 788
医療用医薬品卸売業における景品類の提供の
制限に関する公正競争規約 … 750, 785, 787
医療用医薬品製造販売業における景品類の提供
の制限に関する公正競争規約 … 750, 785, 786
インターネット上の懸賞企画 ……………… 137
飲用乳の表示に関する公正競争規約
………………………………… 749, 754, 755

う

打消し表示 ………………………………… 270
──に関する実態調査報告書 …………… 271
──に関する表示方法及び表示内容に関する
留意点 ………………………………… 271
売上額 ……………………………………… 532
売上額等の推計 …………………………… 548

え

営業の自由 ………………………………… 32
営業秘密 …………………………………… 703
衛生検査所業における景品類の提供の制限に
関する公正競争規約 ………… 750, 785, 788
栄養機能食品 ……………………………… 282
FTC ………………………………………… 714
延滞金 ……………………………………… 605

お

オープン懸賞 ……………………… 141, 220
オープン懸賞告示 ……………… 6, 28, 83
おとり広告に関する表示 ………… 77, 250, 410
オンラインゲーム ………………… 143, 329
オンライン・ショッピングモール …… 166, 232

か

カード合わせ ……………………………… 214
外国人 ……………………………………… 117
外国の事業者 ……………………………… 118
会社分割 …………………………………… 590
開店披露 …………………………………… 233
買取りサービス ………………… 89, 130, 189
価格表示ガイドライン …………………… 347
確定金額算定方式の義務的課徴金制度 … 30, 83
確約計画の先例価値 ……………………… 98
確約制度 …………………………………… 561

事項索引　　*845*

か〜け

確約手続 ································· 98, 563
　——の対象 ························· 647
　——の導入 ························· 645
確約手続ガイドライン ··················· 99
過去に取引をした者 ··················· 191
貸出しに関する基準 ··················· 790
果実飲料等の表示に関する公正競争規約
　······························· 749, 754, 757
カタログ ···························· 761
課徴金ガイドライン ··············· 96, 105
課徴金額算定期間の終期 ················· 35
　——最後の取引を行った日 ············· 35
　——やめた日 ···················· 35, 97
　——6か月経過日 ····················· 35
課徴金額算定における推計規定 ··········· 98
課徴金制度 ·························· 30
課徴金対象期間 ··············· 94, 97, 520
　——の上限 ························· 527
課徴金対象行為 ······················ 519
　——に係る商品または役務 ··········· 527
　——をした期間 ··············· 48, 94, 97
課徴金納付命令 ··················· 30, 518
課徴金納付命令書 ··················· 602
課徴金の計算の基礎 ··············· 597, 602
課徴金の請求権 ······················ 607
課徴金の徴収手続 ··················· 603
課徴金の納期限 ······················ 604
学校法人 ···························· 120
合併 ······························· 586
家庭電気製品業における景品類の提供に関する
　公正競争規約 ······················ 779
家庭電気製品小売業における表示に関する公正
　競争規約 ·························· 765
家庭電気製品製造業における表示に関する公正
　競争規約 ··················· 750, 751, 760
簡易確定手続 ······················ 681
勧告 ······························· 635
勧誘 ······························· 139
管理上の措置 ······················ 610
管理措置指針 ··················· 610, 734

き

期間限定表示 ························· 72
基準額 ···························· 546

機能性表示食品 ··············· 282, 287
寄附制度 ···························· 564
希望小売価格 ······················ 367
規模基準 ·························· 545
ぎまん的顧客誘引 ··················· 86
旧4条2項 ··················· 102, 477
供給主体性 ············· 86, 89, 162, 256, 836
供給する ·························· 162
共済組合 ·························· 119
協賛、後援 ························ 136
業種別告示 ························ 243
行政指導 ··············· 180, 472, 653
行政上の制裁 ··················· 94, 95
行政上の和解 ······················ 98
行政制裁金 ························ 98
競争事業者 ············· 251, 269, 339
共通義務確認訴訟 ··················· 679
共通性 ···························· 683
協同組合 ·························· 119
共同懸賞 ·························· 182
共犯 ······························· 837
共犯関係 ·························· 101
金額証 ···························· 230
禁止行為 ·························· 92
禁止された表示 ····················· 92
金融庁長官 ························ 807

く

偶然性を利用して定める方法 ··········· 197
口コミ投稿者 ······················ 64
口コミ投稿代行者 ··············· 64, 266
繰り返し違反 ······················ 550
クレジットカードサービス ··········· 332

け

経済上の利益 ······················ 142
刑事当局への事件付託制度 ··········· 100
継続的取引 ························ 195
景品表示法検討会 ··················· 21
景品類 ···························· 123
　——の価額 ························ 183
　——の重ね使い ····················· 80
　——の提供者 ······················ 195

846　　事項索引

け〜し

契約基準 …………………………………… 534
結婚相手の紹介サービス ……………… 327
減額制度 …………………………………… 563
減額対象 …………………………………… 584
健康食品に関する景品表示法及び健康増進法上
　の留意事項 ……………………… 281, 506
健康増進法65条１項 ………………………… 282
検査拒否 …………………………………… 834
原産国告示 …………………………………… 75
原産国表示規制 …………………………… 261
懸賞 ………………………………… 181, 197
　──に係る取引の予定総額 ……………… 205
原料原産地表示 …………………………… 311

こ

故意犯 ……………………………………… 838
合格実績に関する不当表示 …………… 301
広告 ………………………………………… 172
広告代理店 ……………………… 166, 257
広告主 ……………………………………… 257
広告主以外の者 ………………… 256, 257
公示事項 …………………………………… 599
公示送達 ……………………… 599, 603, 821
亢進性 ……………………………… 711, 713
公正競争規約 ……………………………… 235
　──の法律効果 …………………………… 84
　医療機器業における景品類の提供の制限に
　　関する── ……………… 750, 785, 788
　医療用医薬品卸売業における景品類の提供
　　の制限に関する── ………… 750, 785, 787
　医療用医薬品製造販売業における景品類の
　　提供の制限に関する── …… 750, 785, 786
　飲用乳の表示に関する── … 749, 754, 755
　衛生検査所業における景品類の提供の制限
　　に関する── ……………… 750, 785, 788
　果実飲料等の表示に関する──
　　…………………………… 749, 754, 757
　家庭電気製品業における景品類の提供に
　　関する── ……………………………… 779
　家庭電気製品小売業における表示に関する
　　── ……………………………………… 765
　家庭電気製品製造業における表示に関する
　　── ……………………… 750, 751, 760
　雑誌業における景品類の提供の制限に関

　　する── ……………………… 749, 782
　自動車業における景品類の提供の制限に
　　関する── ……………………………… 780
　自動車業における表示に関する──
　　………………………………… 326, 766
　食用塩の表示に関する── …………… 313
　新聞業における景品類の提供の制限に関
　　する── ……………………… 749, 781
　不動産業における景品類の提供の制限に
　　関する── ……………………… 749, 783
　不動産業の表示に関する── ………… 772
公正取引協議会への移送 ……………… 730
公正マーク ……………………… 729, 755
公聴会 ……………………………………… 392
公表 ………………………………………… 635
合理的な根拠資料要求書 ……………… 547
子会社 ……………………………………… 590
顧客満足度調査 …………………………… 299
顧客誘引 …………………………………… 86
顧客を誘引するための手段として …… 124, 161
国民生活センター ……………… 699, 799
誤認排除措置 ……………………………… 473
コンプガチャ ……………………………… 214

さ

最高額 ……………………………… 204, 225
財務局長等 ………………………………… 808
差止請求 …………………… 106, 673, 690
雑誌業告示 ……………………… 246, 754, 782
雑誌業における景品類の提供の制限に関する
　公正競争規約 ……………………… 749, 782
３号告示 …………………………………… 23
暫定的な処分 ……………………………… 478
算定方法 …………………………………… 534
算定率 ……………………………………… 535
三罰規定 ……………………………… 842, 843

し

事業者 ……………………………… 88, 691
　──が第三者をして行わせる表示 ……… 435
　──が自ら行う表示 …………………… 433
　──に対する景品類提供 ……………… 182
　──の表示 ……………………………… 431

事項索引　847

し

外国の―― ………………………………… 118
他の事業者にその決定を委ねた――
　　………………………………… 253, 254
他の者の表示内容に関する説明に基づき
　その内容を定めた―― ………………… 253
表示内容の決定に関与した―― …… 253, 254
不当表示を行った――（違反行為主体）
　　………………………………………… 75, 92
　利益を得る―― ……………………………… 252
事業者間景品（B to B 取引） ………………… 778
事業者間取引 ……………………………………… 183
事業者景品告示 ……………………………… 6, 27, 83
事業者性 ……………………………………………… 61
事業者団体 ……………………………………… 88, 121
事業者団体の活動に関する独占禁止法上の指針
　　………………………………………… 738, 748
事業者等の活動に係る事前相談制度 ………… 747
事業譲渡 …………………………………………… 590
事業所管大臣 ……………………………………… 797
事件処理方針 ………………………………………… 82
仕事の報酬 ………………………………………… 145
自己の供給する ………………………… 126, 161, 162
自己の店舗への入店者 …………………………… 135
事実に相違して …………………………………… 339
自主的かつ合理的な選択 ………………………… 343
自主的報告 …………………………………… 552, 602
　――による課徴金50% 減額 ………… 95, 107
自然人処罰 ………………………………………… 833
自他共通割引券 …………………………… 155, 230
自治事務 …………………………………………… 797
市町村 ……………………………………………… 797
執行停止 …………………………………………… 513
実質的な変更 ………………………………………… 75
実施予定返金措置計画 ……………………… 564, 570
　――の変更 ……………………………………… 577
実体法規定 ………………………………………… 750
指定告示 …………………………………………… 390
指導 ………………………………………………… 633
自動車業における景品類の提供の制限に関する
　公正競争規約 ………………………………… 780
自動車業における表示に関する公正競争規約
　　………………………………………… 326, 766
支配性 ……………………………………………… 684
自発的措置による調査の終了 ………………… 653
謝礼 ………………………………………………… 141

宗教法人 …………………………………………… 120
集合訴訟 …………………………………………… 679
集団的消費者被害救済制度研究会 ……………… 19
主観的要件（課徴金制度） ………… 34, 259, 535
出訴期間 …………………………………………… 603
主婦連ジュース訴訟 …… 112, 114, 736, 739, 742
上限金額方式の裁量型課徴金制度 ……………… 97
証券取引等監視委員会 …………………………… 807
商店街 ……………………………………………… 210
商店街振興組合 …………………………………… 210
消費者 ……………………………………………… 114
消費者安全法 ……………………………………… 794
消費者委員会 ………………………………… 449, 798
消費者基本法 ……………………………………… 113
消費者行政一元化 …………………………… 14, 15
消費者事故等 ……………………………………… 794
消費者信用の融資費用に関する不当な表示
　　………………………………………… 250, 405
消費者団体訴訟制度 ……………………………… 673
消費者団体による差止請求事件 ……………… 295
消費者担当特命大臣 ……………………………… 795
消費者庁 …………………………………… 113, 794
　――の認定 ………………………………………… 85
消費者庁設置法 ……………………………………… 85
消費者取引問題研究会 ……………………… 10, 476
消費者の財産的被害等の集団的な回復のための
　民事の裁判手続の特例に関する法律 …… 678
消費者法 ……………………………………………… 85
消費者保護法 ………………………………………… 82
消費税 ……………………………………………… 184
消費生活協力員 …………………………………… 699
消費生活協力団体 ………………………………… 699
消費生活センター ………………………………… 800
証票 ………………………………………………… 230
商品の原産国に関する不当な表示 …… 250, 395
将来の販売価格を比較対照価格とする二重価格
　表示に対する執行方針 ……………………… 361
食品表示偽装 ……………………………………… 610
食品表示法4条1項 ………………………………… 44
食品表示法6条1項 ………………………………… 44
食用塩の表示に関する公正競争規約 ………… 313
助言 ………………………………………………… 633
除斥期間 ……………………………………… 4, 591
ショッピングセンター …………………………… 127
資料提出要求書 …………………………………… 547

848　　事項索引

し～て

新車 ·································· 766
新設法人 ····························· 586
新聞業における景品類の提供に関する事項の制
　限（新聞業告示）·········· 80, 244, 754, 780
新聞業における景品類の提供の制限に関する公
　正競争規約 ···················· 749, 781

す

推定規定（推定効果）··········· 104, 477
　課徴金額算定における―― ·············· 98
　8条3項の―― ····················· 104
スタンプラリー ····················· 190
ステルスマーケティング告示
　············ 47, 64, 79, 257, 265, 429, 430
ステルスマーケティングに関する検討会報告書
　···································· 47, 265

せ

正常な商慣習 ······················· 147
正当な理由 ························· 613
成分広告 ······················ 170, 171
成分の効果を訴求する表示 ············ 293
セールストーク ····················· 174
世界貿易機関（WTO）················· 26
セット販売 ························· 224
先着順 ························· 203, 224
宣伝用の物品又はサービス ············ 228

そ

総額 ························· 204, 225
創業記念 ························· 233
総則的規定 ························· 750
送達 ··························· 818
相当注意義務の主体 ················· 539
相当な期間 ························· 597
相当の注意を怠つた者でないと認められるとき
　···································· 537
総付景品 ····················· 182, 222
組織率 ··························· 735
措置請求 ························· 797
措置命令 ·············· 66, 179, 465, 468
　――の違反 ······················· 833

――の撤回 ················· 32, 103, 483
――の名宛人 ························ 66
――の内容の工夫 ·················· 306
存続法人 ························· 586

た

対価の減額 ························· 150
第5条第3号の規定による指定 ········· 250
第三者型前払式支払手段 ············· 568
第三者からの意見募集 ··············· 652
対象債権の確定手続 ················· 680
対戦型ゲーム ······················ 134
ダイナミック・プライシング ········· 185
代理人 ··························· 600
多数性 ··························· 683
立会いに関する基準 ················· 790
他の事業者にその決定を委ねた事業者
　···································· 253, 254
他の者の表示内容に関する説明に基づきその内
　容を定めた事業者 ················· 253
ダブルチャンス ····················· 243
団体訴権 ··························· 13

ち

地方支分部局の長 ··················· 806
地方事務所等 ······················ 796
中古自動車 ············· 326, 766, 771
懲役 ··························· 470
調査 ··························· 555
調査開始日 ························· 589
調査協力による課徴金減免制度 ·········· 95
直罰規定 ························· 829
チラシ ··························· 765
　――に係る表示 ··················· 295

て

適格消費者団体 ········· 674, 690, 800, 843
デジタルプラットフォーム ··········· 127
手続的規定 ····················· 750, 751
電子情報処理組織 ··················· 603

事項索引　　849

と

同一の企画で懸賞により数回の景品類提供の
　機会を付与する場合 ························· 242
同一の商品または役務の付加提供 ·········· 151
同一の取引に付随して2以上の景品類提供が
　行われる場合 ······························· 236
都営芝浦と畜場事件 ························· 118
独占禁止法基本問題懇談会 ·················· 18
督促命令 ····································· 605
特定事業承継等子会社 ······················ 589
特定消費者 ··································· 567
特定適格消費者団体 ···················· 681, 801
特定の行為の優劣または正誤によって定める
　方法 ······································· 200
特定表示事項 ································· 729
特定保健用食品 ················· 282, 291, 292
都道府県知事 ···················· 469, 796
取扱説明書 ··································· 762
取消訴訟 ····································· 512
取引 ··· 130
　——に附随して ···························· 131
　——の価額 ································· 187
取引慣行規則 ································· 714

な

No.1表示 ······················ 63, 296, 299
何人も規制 ···················· 90, 107, 257

に

二重価格表示 ······················ 72, 351
二重処罰の禁止 ···················· 101, 831
ニセ牛缶事件 ······················ 2, 715
日米構造問題協議(SII) ···················· 26
認定実施予定返金措置計画 ·················· 584
認定実施予定返金措置計画取消処分 ········· 608
認定取消処分 ································· 580

ね

値引 ··· 224

は

PIO―NET ··································· 800
排除型私的独占に係る課徴金 ················ 95
排除措置命令 ································· 465
排除命令 ···························· 179, 465
波及性 ···························· 711, 713
端数 ··· 586
8条3項の推定効果 ·························· 104
罰金 ··· 470
反対給付 ····································· 61

ひ

被害回復請求 ································· 678
被害回復措置 ····················· 99, 652
比較広告ガイドライン ················ 41, 339
引渡基準 ····································· 534
必要表示事項 ································· 729
百貨店 ······································· 165
表現の自由 ··································· 32
表示 ··· 160
表示主体性 ················· 86, 253, 256
表示対策課 ··································· 795
表示等管理担当者 ···················· 612, 623
表示内容の決定に関与した事業者 ······ 253, 254
表示連絡会 ··································· 728
品質、規格その他の内容 ···················· 268

ふ

不実証広告ガイドライン ·············· 479, 480
不実証広告規制 ········ 31, 101, 270, 303, 476, 703
不正競争防止法 ······························ 827
附属品または附属サービス ·················· 157
不当景品類及び不当表示防止法上の不当表示規
　制の実効性を確保するための課徴金制度の
　導入等の違反行為に対する措置の在り方に
　ついて ····································· 477
不動産 ······································· 248
不動産業告示 ···················· 248, 754, 783
不動産業における景品類の提供の制限に関する
　公正競争規約 ···················· 749, 783
不動産業の表示に関する公正競争規約 ······· 772

ふ〜り

不動産のおとり広告に関する表示
　……………………………250, 408, 776
不当な利益による誘引…………………86
不当に差別的………………………575
不当表示を行った事業者（違反行為主体）
　…………………………………66, 75, 92
不当利得（不当利益）……………19, 93
不当廉売………………………………226
不服申立適格…………………735, 739
フランチャイズチェーン……………127, 164
フリーペーパー………………………233
プレスリリース………………………175
プロバイダー……………………………138

へ

平成15（2003）年改正………………476
平成21（2009）年改正…………………85
平成26（2014）年改正………83, 93, 103, 476, 610
返金措置……………………562, 603
　――による課徴金額額減額措置………95, 107
変更認定申請書………………………578
弁明……………………………………595
弁明の機会……………………………469
　――の付与…………………………592
　――の付与の通知の方式………………596
　――の付与の方式……………………595

ほ

ポイント………………128, 188, 232
報告徴収等……………………589, 643
法人重科………………………………841
保健機能食品…………………………282
保険サービス…………………………333
保証書…………………………………762

ま

マイレージサービス……………………233
マスコミ4媒体（新聞社、雑誌社、テレビ局、
　ラジオ局）………………………90, 258

み

未遂罪…………………………………830
みなし規定（みなし効果）……102, 104, 476, 483
身分犯…………………………………837
見本……………………………………228

む

無果汁の清涼飲料水等についての表示
　……………………250, 393, 754, 757
無償契約………………………………131

め

メニュー表示…………………………314
メニュー表示問題………………………83
メニュー・料理等の食品表示に係る景品表示法
　上の考え方について……………………315

も

モバイルデータ通信サービス………………342

や

薬機法…………………………………170

ゆ

有償性…………………………………131
有利誤認表示…………………………344
有料老人ホームに関する不当な表示…250, 418

よ

容器・包装……………………133, 173

り

利益を得る事業者………………………252
リサーチ会社（調査会社）………………303
立証責任………………………………541
リニューアルオープン…………………234

事項索引　　851

り～わ

両罰規定 ……………………………… 101, 840

れ

令和 5 (2023)年改正 ……… 93, 550, 568, 646, 828
連邦取引委員会(FTC) ………………… 714

ろ

ローヤルゼリー審決取消請求事件
　　………………… 732, 735, 736, 741, 742

わ

割引券 ………………………… 154, 229, 230
割増算定率 ……………………………… 551
割戻し ……………………………………… 150

判決　明44～平21

判審決・命令索引

判審決

【判決】

明44・4・17　大判　刑録17-605〔涜職公文書偽造行使横領等の件〕……………………837
大4・3・2　大判　刑録21-194〔業務上横領の件〕……………………………………………838
昭4・4・30　大判　刑集8-207〔背任被告事件〕………………………………………………837
昭5・12・12　大判　刑集9-862〔銃砲火薬類取締法等違反幇助等被告事件〕………………838
昭9・4・26　大判　刑集13-527〔銃砲火薬類取締法施行規則違反被告事件〕………………840
昭27・9・19　最判　刑集6-8-1083〔恐喝未遂横領被告事件〕………………………………837
昭32・11・27　最大判　刑集11-12-3113〔入場税法違反被告事件〕…………………………840
昭33・4・30　最大判　民集12-6-938〔法人税額更正決定取消等請求上告事件〕……………831
昭34・5・8　最判　刑集13-5-657〔関税法違反被告事件〕…………………………………837
昭40・3・26　最判　刑集19-2-83〔外国為替及び外国貿易管理法違反被告事件〕…………840
昭45・9・11　最判　刑集24-10-1333〔所得税法違反被告事件〕……………………………831
昭46・1・29　東京高判　判タ257-114〔株式会社三愛土地告発事件〕……………………470, 833
昭49・7・19　東京高判　判タ310-119〔昭和48年(行ケ)第34号〕〔主婦連ジュース訴訟〕…………736
昭51・6・24　東京高決　高民集29-2-79〔独占禁止法違反審決不履行事件〕………………830
昭53・3・14　最判　民集32-2-211〔主婦連ジュース訴訟〕………………112, 114, 395, 736, 739
昭53・8・2　金沢地判　審決集25-175〔小林勇作ほか3名による損害賠償請求事件〕……………731
昭54・7・20　最判　判時943-46〔権限委任における処分取消請求事件〕……………………804
昭55・9・26　東京高判　高刑集33-5-511〔石油価格協定刑事事件〕………………………840
昭55・9・26　東京高判　高刑集33-5-359〔石油生産調整刑事事件〕………………………840
昭56・4・2　東京高判　行集32-8-1379〔栄光時計株式会社事件〕…………………………147
昭57・7・15　大阪高判　行集33-7-1532〔異議申立却下決定取消等請求控訴事件〕…………809
昭57・11・19　東京高判　判時1061-3〔ローヤルゼリー審決取消請求事件〕…………………736
平元・12・14　最判　民集43-12-2078〔都営芝浦と蓄場事件〕………………………………118
平9・3・27　仙台地判　判タ954-295〔全酪連不正表示牛乳事件〕…………………………828
平14・6・7　東京高判　審決集49-579〔カンキョー管財人による審決取消請求事件〕………269
平16・3・18　東京地判　判タ1155-161〔日本テクノ事件〕…………………………………700
平16・10・19　東京高判　判時1904-128〔ヤマダ電機対コジマ事件〕……………………115, 380
平17・9・13　最判　民集59-7-1950・審決集52-723〔機械保険連盟カルテル課徴金事件〕………514
平19・10・12　東京高判　審決集54-661〔ビームス事件〕………………75, 76, 253, 402, 539
平19・12・7　東京高判　判タ1259-142〔旧日本道路公団理事の談合等事件〕………………837
平20・3・19　札幌地判　裁判所ウェブサイト〔ミートホープ事件〕…………………………827
平20・4・17　大阪地判　裁判所ウェブサイト〔日本ライス事件〕……………………………828
平20・5・23　東京高判　審決集55-842〔ベイクルーズ事件〕
……………………………………64, 76, 92, 163, 253, 309, 403, 432, 471
平21・2・25　仙台地判　裁判所ウェブサイト〔給食用豚肉産地偽装事件〕…………………828
平21・4・27　神戸地判　裁判所ウェブサイト〔魚秀ウナギ産地偽装事件〕…………………828
平21・9・30　京都地判　判時2068-134〔定額補修分担金条項使用差止請求事件〕…………693

判審決・命令索引　　*853*

判決　平22〜令6・審決　昭45〜57

平22・3・26 大阪高判 公刊物未登載（平成21年（ネ）第2692号）〔定額補修分担金条項使用差止請求
控訴事件〕‥‥‥‥‥‥‥‥‥‥‥‥‥‥‥‥‥‥‥‥‥‥‥‥‥‥‥‥‥‥‥‥‥‥‥‥‥‥693
平22・7・16 東京高判 審決集57-第2分冊152〔株式会社カクダイによる審決取消請求事件〕‥‥‥46
平22・10・29 東京高判 審決集57-第2分冊162〔オーシロ事件〕‥‥‥‥‥‥31, 103, 117, 483, 484
平22・11・26 東京高判 審決集57-第2分冊181〔ミュー株式会社による審決取消請求事件〕‥‥475, 478
平27・1・21 京都地判 判時2267-83〔サン・クロレラ販売株式会社に対する件〕‥‥‥‥170, 295, 676
平27・4・20 東京地決 判タ1424-205〔執行停止申立事件〕‥‥‥‥‥‥‥‥‥‥‥‥‥‥‥‥‥‥471
平28・2・25 大阪高判 判時2296-81〔サン・クロレラ販売株式会社事件〕‥‥‥‥‥‥171, 676, 692
平28・11・10 東京地判 判タ1443-122〔株式会社翠光トップラインおよび株式会社ジェイトップライ
ンによる措置命令取消等請求事件〕‥‥‥‥‥‥‥‥‥‥‥‥‥32, 103, 482, 483, 494
平29・1・24 最判 民集71-1-1〔サン・クロレラ販売株式会社事件〕‥‥‥‥‥‥‥‥‥‥171, 676
平29・6・27 東京地判 判タ1462-119〔株式会社村田園に対する措置命令取消請求事件〕‥‥‥‥‥312
令元・11・15 東京地判 判タ1491-142〔アマゾンジャパン合同会社に対する件〕‥‥‥65, 115, 254, 255
令元・12・26 名古屋地判 公刊物未登載（平成30年（ワ）第171号）〔ファビウス株式会社事件〕‥‥676
令2・3・4 東京地判 金商1651-19〔株式会社だいにち堂による措置命令処分取消請求事件〕
‥‥‥‥‥‥‥‥‥‥‥‥‥‥‥‥‥‥‥‥‥‥‥‥‥‥‥‥‥‥‥32, 482, 493
令2・10・28 東京高判 金商1651-17〔株式会社だいにち堂事件〕‥‥‥‥‥‥‥‥‥‥‥‥32, 104
令2・12・3 東京高判 ジュリ1559-6〔アマゾンジャパン合同会社に対する件〕‥‥‥66, 92, 115, 255
令3・1・29 大阪地判 裁判所ウェブサイト〔軽自動車燃費偽装事件〕‥‥‥‥‥‥‥‥‥‥‥‥‥687
令3・3・30 仙台地判 判時2538-44〔株式会社防災センター事件〕‥‥‥‥‥‥‥‥‥‥‥‥‥‥677
令3・4・22 大阪地判 ジュリ1574-111〔ライフサポート事件〕‥‥‥‥‥‥69, 115, 116, 343
令3・9・29 名古屋高判 公刊物未登載（令和2年（ネ）第74号）〔ファビウス株式会社事件〕‥‥116, 676
令3・12・16 仙台高判 判時2541-5〔株式会社防災センター事件〕‥‥‥‥‥‥‥‥‥‥‥‥‥‥677
令4・1・12 東京地決 公刊物未登載（令和3年（行ク）第331号）〔大幸薬品株式会社による措置命令
処分仮の差止申立事件〕‥‥‥‥‥‥‥‥‥‥‥‥‥‥‥‥‥‥‥‥‥‥48, 486
令4・3・8 最判 判タ1500-76〔株式会社だいにち堂事件〕‥‥‥‥‥33, 81, 104, 280, 476
令4・3・31 最決 公刊物未登載（令和4年（オ）第125号、令和4年（受）第162号）〔ファビウス株式
会社事件〕‥‥‥‥‥‥‥‥‥‥‥‥‥‥‥‥‥‥‥‥‥‥‥‥‥‥‥‥‥‥‥677
令4・4・13 東京高決 ジュリ1597-239〔大幸薬品株式会社による措置命令処分仮の差止申立事件〕
‥‥‥‥‥‥‥‥‥‥‥‥‥‥‥‥‥‥‥‥‥‥‥‥‥‥‥‥‥‥‥‥48, 485
令4・4・28 東京地判 裁判所ウェブサイト〔ティーライフ株式会社による措置命令取消請求事件〕
‥‥‥‥‥‥‥‥‥‥‥‥‥‥‥‥‥‥‥‥‥‥43, 274, 482, 490
令4・6・3 最決 公刊物未登載（令和4年（オ）第416号、令和4年（受）第517号）〔株式会社防災
センター事件〕‥‥‥‥‥‥‥‥‥‥‥‥‥‥‥‥‥‥‥‥‥‥‥‥‥‥‥‥677
令4・9・20 岡山地判 公刊物未登載（令和2年（ワ）第144号）〔株式会社インシップ事件〕‥‥‥‥677
令5・8・30 京都地判 公刊物未登載（令和4年（ワ）第1678号）〔株式会社 CRAVE ARKS 事件〕
‥‥‥‥‥‥‥‥‥‥‥‥‥‥‥‥‥‥‥‥‥‥‥‥‥‥‥‥‥‥‥‥‥‥678
令5・12・7 広島高岡山支判 原告団体ウェブサイト〔株式会社インシップ事件〕‥‥‥‥‥‥‥‥677
令6・10・24 最決 原告団体ウェブサイト〔株式会社インシップ事件〕‥‥‥‥‥‥‥‥‥‥‥‥677

【審決—公正取引委員会】
昭45・2・17 審判審決 審決集16-174〔株式会社パルン本社に対する件〕‥‥‥‥‥‥‥‥125, 145
昭45・2・17 審判審決 審決集16-169〔内田 MFC 研究所に対する件〕‥‥‥‥‥‥‥‥‥‥‥‥741
昭47・9・27 審判審決 審決集19-97〔株式会社東美およびエスマートに対する件〕‥‥‥‥‥‥‥136
昭48・3・14 審判審決 審決集19-159〔主婦連ジュース訴訟〕‥‥‥‥‥‥‥‥‥‥‥‥‥‥‥‥736

854　判審決・命令索引

審決　昭55〜平22・命令　昭42〜58

昭55・10・21　審判審決　審決集27-92〔ローヤルゼリー表示規約の件〕……………………736
昭57・4・2　審判審決　審決集29-3〔株式会社信夫屋ほか酒類小売業者4名に対する件〕………741
昭61・7・23　審判審決　審決集33-7〔有限会社湘南ハウジングに対する件〕……………………408
平3・11・21　審判審決　審決集38-3〔日本交通公社事件〕……………………270, 343, 344
平18・5・15　審判審決　審決集53-173〔ユナイテッドアローズに対する件〕……………75, 252, 402
平21・10・28　審判審決　審決集56-第1分冊316〔株式会社オーシロ事件〕……………………31, 497
平21・10・28　審判審決　審決集56-第1分冊285〔ミュー株式会社事件〕……………………499
平22・1・20　審判審決　審決集56-第1分冊512〔株式会社カクダイ事件〕……………………501

命令

【公正取引委員会】

昭42・5・31　排除命令〔株式会社明治屋食品工場および株式会社明治屋に対する件〕……………394
昭42・5・31　排除命令〔サントリー株式会社に対する件〕……………………………………395
昭42・5・31　排除命令〔ヤンズ通商株式会社および明治商事株式会社に対する件〕……………395
昭42・5・31　排除命令〔ポッカレモン株式会社に対する件〕……………………………………395
昭42・6・13　排除命令〔日本ジュース販売株式会社に対する件〕……………………………………395
昭42・6・13　排除命令〔スター食品工業株式会社に対する件〕……………………………………395
昭42・6・13　排除命令〔モロゾフ酒造株式会社に対する件〕……………………………………395
昭42・6・13　排除命令〔株式会社の々川産業に対する件〕……………………………………395
昭42・6・13　排除命令〔森永製菓株式会社に対する件〕……………………………………395
昭42・6・13　排除命令〔サンコー食品株式会社および株式会社東食に対する件〕……………395
昭43・7・5　排除命令〔ダイヤ工業株式会社に対する件〕……………………………………117
昭44・6・5　排除命令〔株式会社山下家具店に対する件および株式会社新潟大丸に対する件〕……153
昭45・3・11　排除命令〔昭和石油株式会社に対する件〕……………………………………194
昭45・9・7　排除命令〔千歳市開拓農業協同組合に対する件〕……………………………………119
昭45・12・8　排除命令〔株式会社東美および株式会社エスマートに対する件〕……………………193
昭46・3・26　排除命令〔いせやに対する件〕……………………………………202
昭46・7・9　排除命令〔株式会社葵丸進に対する件〕……………………………………191
昭46・7・29　排除命令〔日本ペプシコーラ株式会社および北海道飲料株式会社に対する件〕……129
昭48・5・16　排除命令〔札幌上島コーヒー株式会社に対する件〕……………………………………129
昭48・7・11　排除命令〔森永乳業に対する件〕……………………………………206
昭48・9・26　排除命令〔スター食糧株式会社に対する件〕……………………………………183
昭48・9・26　排除命令〔小野田レジャーに対する件〕……………………………………202
昭48・9・26　排除命令〔中川電気商会ほか39名に対する件〕……………………………………214
昭49・5・24　排除命令〔学校法人文化学園に対する件〕……………………………………120
昭50・10・21　排除命令〔関西服装株式会社に対する件〕……………………………………153
昭52・12・7　排除命令〔イクセエンタープライゼズほか17名に対する件〕……………………………214
昭53・4・6　排除命令〔株式会社共同通信社に対する件〕……………………………………248
昭53・4・21　排除命令〔北見シグナス商事株式会社に対する件〕……………………………………235
昭53・5・29　排除命令〔オリエンタル商事有限会社に対する件〕……………………192, 204
昭55・10・29　排除命令〔有限会社金沢うえの屋に対する件〕……………………………………235
昭56・10・28　排除命令〔当摩建設株式会社に対する件〕……………………………………236
昭57・3・30　排除命令〔株式会社フレンズオブフリージアに対する件〕……………………………………236
昭58・3・31　排除命令〔株式会社日本旅行に対する件〕……………………236, 240

判審決・命令索引　*855*

命令　昭58～平19

昭58・11・22　排除命令〔有限会社都開発に対する件〕…………………………………410
昭59・7・13　排除命令〔有限会社湘南ハウジングに対する件〕…………………………408
昭59・9・5　排除命令〔有限会社協和住宅に対する件〕…………………………………410
平元・3・1　排除命令〔株式会社九州ニチイに対する件〕………………………………166
平元・3・17　排除命令〔株式会社マキに対する件〕………………………………………401
平2・3・12　排除命令〔ヤマハ株式会社に対する件〕……………………………………183
平2・10・2　排除命令〔株式会社アートライフに対する件〕……………………………410
平3・11・12　排除命令〔光陽不動産株式会社に対する件〕………………………………408
平4・2・18　排除命令〔ミシン流通センター厚木店に対する件〕………………………414
平4・8・5　排除命令〔日本電池株式会社に対する件〕…………………………………401
平5・3・15　排除命令〔有限会社エス・ケイ・プランニングに対する件〕……………408
平5・3・15　排除命令〔株式会社エヌ・ビー・エスに対する件〕………………………408
平5・6・18　排除命令〔株式会社アークに対する件〕……………………………………234
平5・12・22　排除命令〔丸の内カラー現像所に対する件〕………………………………206
平6・7・1　排除命令〔株式会社サン・フェルメールに対する件〕……………………401
平7・7・17　排除命令〔九州ミシンセンター福岡店に対する件〕………………………414
平8・5・28　排除命令〔全国酪農業協同組合連合会に対する件〕………………………119
平11・3・30　排除命令〔ジャパンエンバ株式会社に対する件〕……………………194, 204
平13・10・15　排除命令〔有限会社新ヨコハマ自動車販売に対する件〕…………………326
平14・10・25　排除命令〔株式会社京王百貨店および明治屋産業株式会社に対する件〕………166, 836
平15・4・16　排除命令〔石川ライフクリエート株式会社に対する件〕…………………474
平15・11・5　排除命令〔有限会社ユニバーサルワールドおよびトレードインオートモービルこと
　酒向均に対する件〕………………………………………………………………………326
平16・2・27　排除命令〔国分株式会社に対する件〕………………………………………395
平16・7・13　排除命令〔株式会社ベルーナに対する件〕…………………………………311
平16・11・24　排除命令〔八木通商株式会社および株式会社ユナイテッドアローズに対する件〕…402
平16・11・24　排除命令〔八木通商株式会社および株式会社ベイクルーズに対する件〕………403, 836
平17・2・10　排除命令　排除命令集4-217〔東京リーガルマインドに対する件〕……………300
平17・2・25　排除命令〔学校法人フジ学園に対する件〕……………………………120, 301
平17・2・25　排除命令〔学校法人石川学園に対する件〕……………………………120, 301
平17・2・25　排除命令〔有限会社サンライズ学院に対する件〕…………………………301
平17・8・2　排除命令〔有限会社ビックイレブンに対する件〕…………………………379
平17・11・15　排除命令〔株式会社フォルクスに対する件〕………………………………317
平18・3・13　排除命令〔株式会社川島コーポレーションに対する件〕…………………428
平18・3・13　排除命令〔株式会社ライフケアサービスに対する件〕……………………428
平18・5・19　排除命令〔株式会社サンマークライフクリエーションおよび株式会社オーエムエム
　ジーに対する件〕……………………………………………………………………301, 326
平18・5・24　排除命令〔株式会社代々木ライブ・アニメイションに対する件〕………389
平18・6・19　排除命令〔株式会社丸井今井に対する件〕…………………………………385
平18・10・18　排除命令〔株式会社アイビーに対する件〕…………………………………325
平18・10・19　排除命令〔株式会社オーシロに対する件〕…………………………………31
平18・11・13　排除命令〔学校法人西日本松永学園に対する件〕…………………………120
平19・1・26　排除命令〔学習塾による県立高校合格実績に関する件〕…………………301
平19・2・8　排除命令〔株式会社原弘産に対する件〕……………………………………429
平19・2・8　排除命令〔株式会社ディア・レスト三次に対する件〕……………………429

856　判審決・命令索引

命令　平19〜27

平19・5・18　排除命令〔株式会社テレマートに対する件〕‥‥‥‥‥‥‥‥‥‥‥‥‥‥174，317
平19・6・18　排除命令〔琉球ガラス工芸協業組合ほか2名に対する件〕‥‥‥‥‥‥‥‥‥‥‥403
平19・6・29　排除命令〔浴室用洗桶および台所用洗桶の製造販売業者および通信販売業者13社に
　　対する件〕‥‥‥‥‥‥‥‥‥‥‥‥‥‥‥‥‥‥‥‥‥‥‥‥‥‥‥‥‥‥‥‥‥‥‥‥‥505
平19・8・29　排除命令〔ロッテ健康産業株式会社に対する件〕‥‥‥‥‥‥‥‥‥‥‥‥‥‥‥‥317
平19・10・19　排除命令〔アメリカン・ライフ・インシュアランス・カンパニーに対する件〕‥‥‥333
平19・12・14　排除命令〔株式会社村さ来本社に対する件〕‥‥‥‥‥‥‥‥‥‥‥‥‥‥‥‥‥‥164
平19・12・14　排除命令〔馬肉商品の製造販売業者ら5社に対する件〕‥‥‥‥‥‥‥‥‥‥‥‥‥‥317
平20・4・25　排除命令〔製紙会社8社に対する件〕‥‥‥‥‥‥‥‥‥‥‥‥‥‥‥‥‥‥‥‥‥‥334
平20・6・18　排除命令〔株式会社エイブルに対する件〕‥‥‥‥‥‥‥‥‥‥‥‥‥‥‥164，410
平20・12・5　排除命令〔株式会社ポッカコーポレーションに対する件〕‥‥‥‥‥‥‥‥‥‥‥‥474
平20・12・16　排除命令〔日本ヒルトン株式会社に対する件〕‥‥‥‥‥‥‥‥‥‥‥‥‥‥‥‥‥314
平21・1・8　排除命令　排除命令集26-587〔全日空商事株式会社に対する件〕‥‥‥‥‥‥‥‥‥404
平21・1・8　排除命令〔株式会社ウイングツーワンに対する件〕‥‥‥‥‥‥‥‥‥‥‥‥‥‥‥404
平21・1・14　排除命令〔株式会社QVCジャパンに対する件〕‥‥‥‥‥‥‥‥‥‥‥‥‥473，474
平21・6・9　排除命令　排除命令集26-745〔アドルフォ・ドミンゲスジャパン株式会社に対する件〕
　　‥‥404
平21・8・7　排除命令〔西日本旅客鉄道株式会社に対する件〕‥‥‥‥‥‥‥‥‥‥‥‥‥‥‥‥389

【消費者庁】
平21・11・10　措置命令〔株式会社ファミリーマートに対する件〕‥‥‥‥‥‥‥‥‥‥‥164，311
平22・3・25　措置命令〔株式会社ボンシックに対する件〕‥‥‥‥‥‥‥‥‥‥‥‥‥‥‥‥‥‥404
平22・11・30　措置命令〔株式会社光洋に対する件〕‥‥‥‥‥‥‥‥‥‥‥‥‥‥‥‥‥‥‥‥‥404
平23・3・3　措置命令〔シンワオックス株式会社に対する件〕‥‥‥‥‥‥‥‥‥‥‥‥‥‥‥‥317
平23・3・4　措置命令〔株式会社パークジャパンに対する件〕‥‥‥‥‥‥‥‥‥‥‥‥‥‥‥‥315
平23・3・28　措置命令〔株式会社ガリバーインターナショナルに対する件〕‥‥‥‥‥‥386，387
平23・6・14　措置命令〔日本緑茶センター株式会社に対する件〕‥‥‥‥‥‥‥‥‥‥‥‥‥‥‥312
平23・6・29　措置命令（学校法人北海道安達学園に対する件）‥‥‥‥‥‥‥‥‥‥‥‥‥‥‥‥120
平23・7・26　措置命令〔株式会社AOKIほかに対する件〕‥‥‥‥‥‥‥‥‥‥‥‥‥‥‥‥‥‥376
平24・2・28　措置命令〔岩切自動車こと岩切明春など5社に対する件〕‥‥‥‥‥‥‥‥‥‥‥‥325
平24・6・7　措置命令〔ニフティ株式会社に対する件〕‥‥‥‥‥‥‥‥‥‥‥‥‥‥‥‥41，342
平24・6・14　措置命令〔株式会社エコリカ等12社に対する件〕‥‥‥‥‥‥‥‥‥‥‥‥‥‥‥‥319
平24・9・28　措置命令〔有限会社藤原アイスクリーム工場に対する件〕‥‥‥‥‥‥‥‥‥‥‥‥404
平24・10・18　措置命令〔株式会社ホテル椿館に対する件〕‥‥‥‥‥‥‥‥‥‥‥‥‥‥‥‥‥‥314
平25・2・8　措置命令〔振袖に係るセット商品のレンタル業者3社に対する件〕‥‥‥‥‥‥‥‥390
平25・8・20　措置命令〔株式会社秋田書店に対する件〕‥‥‥‥‥‥‥‥‥‥‥‥‥‥‥‥‥‥‥161
平25・10・17　措置命令〔株式会社ヘルスに対する件〕‥‥‥‥‥‥‥‥‥‥‥‥‥‥‥‥‥‥‥‥174
平25・12・19　措置命令〔株式会社阪神ホテルシステムズに対する件〕‥‥‥‥‥‥‥‥‥163，314
平25・12・19　措置命令〔近畿日本鉄道株式会社に対する件〕‥‥‥‥‥‥‥‥‥‥163，314，415
平25・12・19　措置命令〔株式会社阪急阪神ホテルズに対する件〕‥‥‥‥‥‥‥‥‥‥‥‥‥‥314
平26・1・21　措置命令〔株式会社きむらに対する件〕‥‥‥‥‥‥‥‥‥‥‥‥‥‥‥‥‥‥‥‥415
平26・1・28　措置命令〔株式会社シニアに対する件〕‥‥‥‥‥‥‥‥‥‥‥‥‥‥‥‥‥‥‥‥389
平26・7・4　措置命令〔医療法人社団バイオファミリーに対する件〕‥‥‥‥‥‥‥‥‥‥‥‥‥504
平26・11・26　措置命令〔株式会社ジャストライトに対する件〕‥‥‥‥‥‥‥‥‥‥‥‥‥‥‥‥415
平27・2・4　措置命令〔株式会社ロイヤルパークホテルズアンドリゾーツに対する件〕‥‥‥163，314

判審決・命令索引　　857

命令　平27〜30

平27・2・27　措置命令〔株式会社翠光トップラインおよび株式会社ジェイトップラインに対する件〕
　　　　　　……………………………………………………………………………………………32
平27・3・13　措置命令〔株式会社竹書房に対する件〕……………………………………………386
平27・12・11　措置命令〔株式会社ダスキンに対する件〕…………………………………………165
平27・12・25　措置命令〔株式会社ローラインターナショナルに対する件〕……………………325
平28・3・10　措置命令〔株式会社村田園に対する件〕……………………………………………312
平28・3・31　措置命令〔ココナッツジャパン株式会社に対する件〕……………………………171
平28・9・1　措置命令〔株式会社オークローンマーケティングに対する件〕…………………321
平28・12・21　措置命令〔イズミヤ株式会社および株式会社牛肉商但馬屋に対する件〕……166, 416
平29・1・27　措置命令〔三菱自動車工業株式会社に対する件〕…………………………33, 558
平29・1・27　措置命令〔日産自動車株式会社に対する件〕……………………………………33, 538
平29・1・27　課徴金納付命令〔三菱自動車工業株式会社に対する件〕…………………33, 556, 558
平29・2・14　措置命令〔日本サプリメント株式会社に対する件〕………………………………292
平29・3・9　措置命令〔株式会社だいにち堂に対する件〕………………………………………32
平29・3・24　措置命令〔株式会社エネルギア・コミュニケーションズに対する件〕……………64
平29・3・30　措置命令〔株式会社ミーロードに対する件〕………………………………………34
平29・4・21　措置命令〔プラスワン・マーケティング株式会社に対する件〕……………303, 480
平29・6・14　課徴金納付命令〔三菱自動車工業株式会社に対する件〕…………………33, 558, 584
平29・6・14　課徴金納付命令〔日産自動車株式会社に対する件〕…………33, 512, 538, 558, 559
平29・6・23　措置命令〔株式会社ボーネルンドに対する件〕……………………………………405
平29・7・11　措置命令〔東京瓦斯株式会社に対する件〕…………………………………………163
平29・7・11　措置命令〔東京ガスイズミエナジー株式会社に対する件〕………………………416
平29・7・19　措置命令〔グリー株式会社に対する件〕……………………………………………386
平29・7・21　課徴金納付命令〔三菱自動車工業株式会社に対する件〕………………559, 584, 603
平29・7・27　措置命令〔ソフトバンク株式会社に対する件〕……………………………………416
平29・10・19　措置命令〔キッセイ薬品工業株式会社に対する件〕………………………………293
平29・11・2　措置命令〔株式会社 ARS および株式会社リュウセンに対する件〕………41, 303, 480
平29・11・7　措置命令〔イソフラボン販売会社16社に対する件〕………………………35, 273, 288
平29・12・1　措置命令〔株式会社イエローハットに対する件〕…………………………65, 163, 260
平29・12・19　措置命令〔株式会社 e-chance に対する件〕…………………………………………322
平29・12・22　措置命令〔イオンライフ株式会社に対する件〕…………66, 165, 260, 276, 836
平29・12・27　措置命令〔アマゾンジャパン合同会社に対する件〕………………………………65
平30・1・19　課徴金納付命令〔イソフラボン販売会社16社に対する件〕………………………37
平30・1・26　措置命令〔アワ・パーム・カンパニー・リミテッドに対する件〕……………67, 118
平30・2・26　棄却裁決〔株式会社だいにち堂に対する件〕………………………………………32
平30・3・16　措置命令〔ジュピターショップチャンネル株式会社に対する件〕………41, 68, 343
平30・3・23　課徴金納付命令〔株式会社ミーロードに対する件〕………………………………35
平30・3・23　課徴金納付命令〔株式会社エネルギア・コミュニケーションズに対する件〕………65
平30・3・28　課徴金納付命令〔ガンホー・オンライン・エンターテイメント株式会社に対する件〕
　　　　　　……………………………………………………………………………………………557
平30・5・22　措置命令〔株式会社エー・ピーカンパニーに対する件〕…………53, 165, 261, 315
平30・5・30　措置命令〔株式会社 TSUTAYA に対する件〕………………53, 68, 165, 274
平30・6・15　措置命令〔株式会社ブレインハーツに対する件〕………37, 305, 263, 473
平30・6・15　課徴金納付命令〔株式会社ブレインハーツに対する件〕…………………………37
平30・6・29　課徴金納付命令〔株式会社 ARS に対する件〕………………………………………341

858　　判審決・命令索引

命令　平30～令2

平30・7・3　措置命令〔HITOWA ケアサービス株式会社に対する件〕…………………………429
平30・7・24　措置命令〔日本マクドナルド株式会社に対する件〕………………………54, 165
平30・7・25　措置命令〔株式会社 Life Leaf に対する件〕………………………………………38
平30・7・30　措置命令〔株式会社 GLORIA に対する件〕………………………………38, 274
平30・10・18　措置命令〔株式会社ジャパネットたかたに対する件〕…………………………69
平30・10・19　課徴金納付命令〔合同会社 DMM.com に対する件〕………………557, 586
平30・10・26　課徴金納付命令〔株式会社 Life Leaf に対する件〕……………………………38
平30・10・31　措置命令〔株式会社シエルに対する件〕…………………………………39, 346
平30・10・31　課徴金納付命令〔株式会社シエルに対する件〕………………………40, 346
平30・11・7　措置命令〔チムニー株式会社に対する件〕………………………………54, 315
平30・12・21　課徴金納付命令取消し裁決〔日産自動車株式会社に対する件〕……33, 94, 512, 537, 559
平30・12・21　措置命令〔株式会社ユニクエストに対する件〕…………………………………165
平31・2・22　課徴金納付命令〔株式会社 TSUTAYA に対する件〕……………………54, 68
平31・3・1　課徴金納付命令〔株式会社エー・ピーカンパニーに対する件〕…………………53
平31・3・6　措置命令〔株式会社ライフサポートに対する件〕…………………………………69
平31・3・19　措置命令〔株式会社産業経済新聞社・新聞販売店2店に対する件〕……80, 245
平31・3・22　課徴金納付命令〔株式会社 GLORIA に対する件〕……………………………39
平31・3・29　課徴金納付命令〔ジュピターショップチャンネル株式会社に対する件〕………68
平31・4・3　措置命令〔イオンペット株式会社に対する件〕……………………………55, 327
平31・4・12　課徴金納付命令〔イオンライフ株式会社に対する件〕…………………………67
令元・5・24　課徴金納付命令〔日本マクドナルド株式会社に対する件〕……………………54
令元・6・5　措置命令〔株式会社 EC ホールディングスに対する件〕…………………40, 273
令元・6・13　措置命令〔株式会社髙島屋に対する件〕………………………76, 261, 405
令元・6・14　措置命令〔株式会社よりそうに対する件〕…………………70, 165, 276
令元・6・21　措置命令〔フィリップ・モリス・ジャパン合同会社に対する件〕…………………70
令元・7・2　措置命令〔LINE モバイル株式会社に対する件〕…………………………55, 275
令元・7・8　措置命令〔株式会社エムアイカードに対する件〕…………………………………330
令元・8・7　課徴金納付命令〔イオンペット株式会社に対する件〕……………………55, 557
令元・8・7　措置命令〔株式会社ブルースターに対する件〕…………………………………377
令元・10・9　措置命令〔株式会社ファクトリージャパングループに対する件〕……………71, 165
令元・10・16　措置命令〔株式会社プラスワンに対する件〕…………………………………311
令元・11・1　措置命令〔イマジン・グローバル・ケア株式会社に対する件〕……………171, 294
令元・12・10　措置命令〔毎日新聞瓢箪山南販売所、毎日新聞北山本販売所および毎日新聞八尾北
　　販売所に対する件〕…………………………………………………………………………246
令元・12・20　措置命令〔株式会社ダッドウェイに対する件〕…………………………40, 340
令元・12・27　課徴金納付命令〔LINE モバイル株式会社に対する件〕………………………56
令2・1・17　措置命令〔株式会社キュラーズに対する件〕……………………………71, 389
令2・3・10　措置命令〔株式会社ゼネラルリンクに対する件〕…………………………41, 262
令2・3・18　課徴金納付命令〔株式会社ファクトリージャパングループに対する件〕……………71
令2・3・24　措置命令〔株式会社イオン銀行に対する件〕……………………………………388
令2・3・27　課徴金納付命令〔株式会社よりそうに対する件〕………………………………70
令2・3・30　措置命令〔株式会社ファミリーマートおよび山崎製パン株式会社に対する件〕
　　……………………………………………………………………………56, 164, 262
令2・6・12　課徴金納付命令〔有限会社鹿北製油に対する件〕………………………………557
令2・6・24　課徴金納付命令〔フィリップ・モリス・ジャパン合同会社に対する件〕……………70

判審決・命令索引　　*859*

命令　令2〜4

令2・6・24　措置命令〔株式会社サンドラッグに対する件〕……………………371
令2・6・26　措置命令〔有限会社ファミリア薬品に対する件〕…………………42
令2・12・16　課徴金納付命令〔株式会社ダッドウェイに対する件〕……………41
令2・12・23　課徴金納付命令〔株式会社ゼネラルリンクに対する件〕…………42
令2・12・23　課徴金納付命令〔株式会社ジャパネットたかたに対する件〕……69
令3・1・28　課徴金納付命令〔株式会社 EC ホールディングスに対する件〕……40
令3・2・3　課徴金納付命令〔株式会社だいいち堂に対する件〕…………………513
令3・3・3　措置命令〔株式会社 T.S コーポレーションに対する件〕……………305
令3・3・4　措置命令〔スプレー販売会社3社に対する件〕………………………42
令3・3・23　措置命令〔ティーライフ株式会社に対する件〕…………………43, 274
令3・3・24　措置命令〔株式会社晋遊舎に対する件〕……………………56, 73, 387
令3・3・29　課徴金納付命令〔アワ・パーム・カンパニー・リミテッドに対する件〕……67
令3・3・30　措置命令〔高知県農業協同組合に対する件〕………………………57, 120
令3・5・14　措置命令〔株式会社シーズコーポレーションに対する件〕…………44
令3・6・2　措置命令〔クリエイト株式会社に対する件〕……………77, 278, 417
令3・6・3　措置命令〔株式会社ハウワイに対する件〕……………………………44
令3・6・22　措置命令〔ビジョンズ株式会社に対する件〕………………………45
令3・6・28　措置命令〔株式会社 gumi および株式会社スクウェア・エニックスに対する件〕
　　　　　　……………………………………………………………………………58, 329
令3・7・2　課徴金納付命令〔株式会社ユニクエストに対する件〕………………513
令3・7・28　措置命令〔マクセル株式会社に対する件〕…………………………45
令3・8・31　措置命令〔タイガー魔法瓶株式会社に対する件〕…………………58
令3・9・3　措置命令〔株式会社ビックカメラおよび株式会社ビック酒販に対する一件〕
　　　　　　………………………………………………………………………77, 261, 405
令3・9・14　措置命令〔株式会社ハピリィに対する件〕……………346, 359, 361
令3・11・9　措置命令〔株式会社アクガレージおよびアシスト株式会社に対する件〕
　　　　　　…………………………………46, 162, 261, 264, 308, 446, 836
令3・12・10　措置命令〔メルセデス・ベンツ日本株式会社に対する件〕……59, 560
令3・12・16　措置命令〔大木製薬株式会社に対する件〕…………………………47
令3・12・16　措置命令〔有限会社菊池商事および株式会社ブレイズに対する件〕……71, 277
令3・12・16　措置命令〔石油製品の販売事業者2社に対する件〕………………383
令3・12・22　措置命令〔株式会社 Needs および有限会社ガレージゼストに対する件〕………59, 325
令4・1・20　措置命令〔大幸薬品株式会社に対する件〕…………………………48
令4・2・9　課徴金納付命令〔タイガー魔法瓶株式会社に対する件〕……………59
令4・3・15　措置命令〔株式会社セドナエンタープライズに対する件〕…………72
令4・3・24　措置命令〔株式会社 EE21に対する件〕………………………………380
令4・3・29　課徴金納付命令〔株式会社ハウワイに対する件〕…………………45
令4・4・5　措置命令〔株式会社 W-ENDLESS に対する件〕……………………49
令4・4・27　措置命令〔株式会社 DYM に対する件〕……………60, 88, 264, 301, 304, 307, 432
令4・5・24　措置命令〔株式会社ファイテック等5社に対する件〕………………49
令4・6・9　措置命令〔株式会社あきんどスシローに対する件〕………………78, 417
令4・6・15　措置命令〔株式会社 PMK メディカルラボに対する件〕………302, 304
令4・6・22　課徴金納付命令〔株式会社サプリメント・ワールドに対する件〕……557
令4・7・29　措置命令〔株式会社北海道産地直産センターに対する件〕…………72
令4・8・5　課徴金納付命令〔株式会社晋遊舎に対する件〕……………………57, 73

命令　令 4 ～ 6

令 4・8・9　課徴金納付命令〔有限会社ファミリア薬品に対する件〕‥‥‥‥‥‥‥‥‥42, 528
令 4・9・6　措置命令〔キリンビバレッジ株式会社に対する件〕‥‥‥‥‥‥‥‥‥‥‥‥‥‥61
令 4・9・9　措置命令〔株式会社山田養蜂場に対する件〕‥‥‥‥‥‥‥‥‥‥‥‥‥‥51, 175
令 4・12・19～23　措置命令〔株式会社 BM ターゲット等に対する件〕‥‥‥‥‥‥‥‥51, 337
令 4・12・20　措置命令〔Guay Guay Trading Co., LTD. に対する件〕‥‥‥‥‥‥‥‥‥‥118
令 5・1・12　措置命令〔株式会社バンザンに対する件〕‥‥‥‥‥‥61, 73, 302, 304, 346, 387
令 5・1・18　課徴金納付命令〔キリンビバレッジ株式会社に対する件〕‥‥‥‥‥‥‥‥‥‥61
令 5・1・24　課徴金納付命令〔アシスト株式会社に対する件〕‥‥‥‥‥‥‥‥‥‥‥‥‥‥46
令 5・1・27　課徴金納付命令〔株式会社ファイテック等に対する件〕‥‥‥‥‥‥‥‥‥‥‥51
令 5・2・8　課徴金納付命令〔ビジョンズ株式会社に対する件〕‥‥‥‥‥‥‥‥‥‥‥‥‥‥45
令 5・2・14　課徴金納付命令〔マクセル株式会社に対する件〕‥‥‥‥‥‥‥‥‥‥‥‥46, 587
令 5・2・15　措置命令〔株式会社ボードウォーク等 3 社に対する件〕‥‥‥‥‥‥‥‥‥‥‥62
令 5・3・2　措置命令〔株式会社 5 コーポレーションに対する件〕‥‥‥‥‥‥‥‥‥‥‥‥373
令 5・3・24　課徴金納付命令〔株式会社シーズコーポレーションに対する件〕‥‥‥‥‥‥‥44
令 5・3・30　課徴金納付命令〔株式会社アクガレージに対する件〕‥‥‥‥‥‥‥‥‥‥‥‥46
令 5・3・30　措置命令〔株式会社産経新聞社に対する件〕‥‥‥‥‥‥‥‥‥‥‥‥‥‥80, 246
令 5・4・11　課徴金納付命令〔大幸薬品株式会社に対する件〕‥‥‥‥‥‥‥‥‥‥‥‥‥‥48
令 5・5・17　課徴金納付命令〔大木製薬株式会社に対する件〕‥‥‥‥‥‥‥‥‥‥‥‥‥‥48
令 5・5・19　課徴金納付命令〔株式会社 W-ENDLESS に対する件〕‥‥‥‥‥‥‥‥‥‥‥‥49
令 5・6・23　措置命令〔富士通クライアントコンピューティング株式会社に対する件〕
　　　　　　‥‥‥‥‥‥‥‥‥‥‥‥‥‥‥‥‥‥‥‥‥‥‥‥‥‥‥‥‥‥‥346, 359, 361
令 5・6・27　措置命令〔株式会社ドミノ・ピザジャパンに対する件〕‥‥‥‥‥‥‥‥74, 350
令 5・6・30　措置命令〔さくらフォレスト株式会社に対する件〕‥‥‥‥‥‥‥‥‥‥‥‥288
令 5・7・28　措置命令〔北海道電力株式会社に対する件〕‥‥‥‥‥‥‥‥‥‥‥‥‥‥‥377
令 5・8・1　課徴金納付命令〔株式会社バンザンに対する件〕‥‥‥‥‥‥‥‥‥62, 74, 346
令 5・8・30　措置命令〔中国電力株式会社に対する件〕‥‥‥‥‥‥‥‥‥‥‥‥‥‥74, 350
令 5・11・27　措置命令〔株式会社アリュールに対する件〕‥‥‥‥‥‥‥‥‥‥‥‥‥‥‥289
令 6・1・26　措置命令〔株式会社三和製作所に対する件〕‥‥‥‥‥‥‥‥‥‥‥‥‥‥‥‥52
令 6・1・29　措置命令〔株式会社中京医療品に対する件〕‥‥‥‥‥‥‥‥‥‥‥‥‥‥‥‥52
令 6・1・29　措置命令〔ピップ株式会社に対する件〕‥‥‥‥‥‥‥‥‥‥‥‥‥‥‥‥‥‥52
令 6・1・30　措置命令〔興和株式会社に対する件〕‥‥‥‥‥‥‥‥‥‥‥‥‥‥‥‥‥‥‥52
令 6・2・1　措置命令〔リソウジャパン株式会社に対する件〕‥‥‥‥‥‥‥‥‥‥‥‥‥‥53
令 6・2・5　措置命令〔AINX 株式会社に対する件〕‥‥‥‥‥‥‥‥‥‥‥‥‥‥‥‥‥‥‥53
令 6・2・6　措置命令〔Areti 株式会社に対する件〕‥‥‥‥‥‥‥‥‥‥‥‥‥‥‥‥‥‥‥53
令 6・2・7　措置命令〔株式会社ニトリに対する件〕‥‥‥‥‥‥‥‥‥‥‥‥‥‥‥‥‥‥52
令 6・2・27　措置命令〔株式会社新日本エネックスに対する件〕‥‥‥‥‥‥‥‥63, 303, 304
令 6・2・27　措置命令〔株式会社安心頼ホームに対する件〕‥‥‥‥‥‥‥‥‥‥‥‥63, 303
令 6・2・29　措置命令〔フロンティアジャパン株式会社に対する件〕‥‥‥‥‥‥‥‥63, 303
令 6・3・5　措置命令〔株式会社エスイーライフに対する件〕‥‥‥‥‥‥‥‥‥‥‥63, 303
令 6・3・6　課徴金納付命令〔ティーライフ株式会社に対する件〕‥‥‥‥‥‥‥‥‥‥‥‥44
令 6・3・12　課徴金納付命令〔メルセデス・ベンツ日本株式会社に対する件〕
　　　　　　‥‥‥‥‥‥‥‥‥‥‥‥‥‥‥‥‥‥‥‥‥‥‥‥59, 530, 557, 559, 603
令 6・5・28　課徴金納付命令〔中国電力株式会社に対する件〕‥‥‥‥‥‥‥‥‥‥‥‥‥‥75
令 6・6・6　措置命令〔医療法人社団祐真会に対する件〕‥‥‥‥‥‥‥‥‥‥‥‥‥‥79, 447
令 6・8・8　措置命令〔RIZAP 株式会社に対する件〕‥‥‥‥‥‥‥‥‥‥‥‥‥‥63, 79, 447

判審決・命令索引　*861*

命令　令6・警告　平16〜22

令 6 ･11･13 措置命令〔大正製薬株式会社に対する件〕………………………………………448

警告

【公正取引委員会】
平16･ 5 ･28 警告〔シティバンク、エヌ・エイおよび株式会社新生銀行に対する件〕……………386
平16･ 7 ･21 警告〔家庭用塩の製造業者 9 社に対する件〕……………………………………………312
平16･ 8 ･ 9 警告〔株式会社天然の温泉村に対する件〕………………………………………………173
平18･ 2 ･28 警告〔株式会社ドン・キホーテに対する件〕……………………………………………415

【消費者庁】
平22･ 1 ･21 警告〔株式会社ティンカーベルに対する件〕……………………………………………404

【編集代表】

村上政博 一橋大学名誉教授・昭和女子大学客員教授・弁護士

【編集委員】

伊藤憲二 弁護士

森　大樹 弁護士・慶應義塾大学大学院法務研究科教授

藤井大悟 弁護士

条解　景品表示法

2025(令和7)年3月15日　初　版1刷発行

編　者　村上政博・伊藤憲二
　　　　森　大樹・藤井大悟

発行者　鯉渕友南

発行所　株式会社　弘文堂　101-0062　東京都千代田区神田駿河台1の7
　　　　　　　　　　　　　　TEL 03(3294)4801　振替 00120-6-53909
　　　　　　　　　　　　　　https://www.koubundou.co.jp

印　刷　三美印刷株式会社

製　本　牧製本印刷株式会社

© 2025 Masahiro Murakami, et al.　Printed in Japan

JCOPY 〈(社)出版者著作権管理機構　委託出版物〉

本書の無断複写は著作権法上での例外を除き禁じられています。複写される場合は、
そのつど事前に、(社)出版者著作権管理機構（電話03-5244-5088、FAX 03-5244-
5089、e-mail：info@jcopy.or.jp）の許諾を得てください。
また本書を代行業者等の第三者に依頼してスキャンやデジタル化することは、たとえ
個人や家庭内での利用であっても一切認められておりません。

ISBN 978-4-335-36012-1

―――――― 条解シリーズ ――――――

条解独占禁止法〔第2版〕	村上政博=編集代表　石田英遠・川合弘造・渡邉惠理子・伊藤憲二=編
条解景品表示法	村上政博=編集代表 伊藤憲二・森大樹・藤井大悟=編集委員
条解消費者三法〔第2版〕 消費者契約法・特定商取引法・割賦販売法	後藤巻則・齋藤雅弘・池本誠司=著
条解民事訴訟法〔第2版〕	兼子一=原著　松浦馨・新堂幸司・竹下守夫・高橋宏志・加藤新太郎・上原敏夫・高田裕成
条解民事執行法〔第2版〕	伊藤眞・園尾隆司=編集代表 林道晴・山本和彦・古賀政治=編
条解破産法〔第3版〕	伊藤眞・岡正晶・田原睦夫・中井康之・林道晴・松下淳一・森宏司=著
条解民事再生法〔第3版〕	園尾隆司・小林秀之=編
条解弁護士法〔第5版〕	日本弁護士連合会調査室=編著
条解刑事訴訟法〔第5版増補版〕	松尾浩也=監修 松本時夫・土本武司=編集顧問 池田修・河村博・酒巻匡=編集代表
条解刑法〔第4版補訂版〕	前田雅英=編集代表　松本時夫・池田修・渡邉一弘・河村博・秋吉淳一郎・伊藤雅人・田野尻猛=編
条解行政手続法〔第2版〕	髙木光・常岡孝好・須田守=著
条解行政事件訴訟法〔第5版〕	南博方=原編著 高橋滋・市村陽典・山本隆司=編
条解行政不服審査法〔第2版〕	小早川光郎・高橋　滋=編著
条解国家賠償法	宇賀克也・小幡純子=編著
条解行政情報関連三法〔第2版〕 公文書管理法・行政機関情報公開法・個人情報保護法	高橋滋・斎藤誠・上村進=編著
条解信託法	道垣内弘人=編
条解著作権法	小泉直樹・茶園成樹・蘆立順美・井関涼子・上野達弘・愛知靖之・奥邨弘司・小島　立・宮脇正晴・横山久芳=著

―――――― 弘　文　堂 ――――――

＊2025年2月現在